Ralf Albrecht, Natascha Nicol

Microsoft Office Access 2003 – Das Handbuch

2., erweiterte und aktualisierte Auflage

W0193674

Ralf Albrecht, Natascha Nicol

Microsoft Office Access 2003 – Das Handbuch

2., erweiterte und aktualisierte Auflage

Ralf Albrecht, Natascha Nicol: Microsoft Office Access 2003 – Das Handbuch,
2., erweiterte und aktualisierte Auflage
Microsoft Press Deutschland, Konrad-Zuse-Str. 1, D-85716 Unterschleißheim
Copyright © 2006 by Microsoft Press Deutschland

15 14 13 12 11 10 9 8 7 6 5 4 3 2 1
08 07 06

ISBN 3-86063-195-0

© Microsoft Press Deutschland
(ein Unternehmensbereich der Microsoft Deutschland GmbH)
Konrad-Zuse-Str. 1, D-85716 Unterschleißheim
Alle Rechte vorbehalten

Korrektorat: Frauke Wilkens, München
Layout und Satz: Gerhard Alfes, mediaService, Siegen (www.media-service.tv)
Umschlaggestaltung: Hommer Design GmbH, Haar (www.HommerDesign.com)
Gesamtherstellung: Kösel, Krugzell (www.KoeselBuch.de)

Übersicht

Inhaltsverzeichnis

22 Steuerelemente für Formulare

27 PivotTable- und PivotChart-Ansicht

Teil E
Berichte

28 Berichte gestalten

29 Berichte für Fortgeschrittene

Einleitung

Microsoft Access 2003 ist die inzwischen achte Version der erfolgreichen Microsoft-Datenbank. Obwohl es in den Anfangsjahren von Microsoft so aussah, als ob die Firma es nicht schaffen würde, eine vernünftige Datenbank anzubieten, hat sich das in den letzten Jahren stark geändert. Access ist inzwischen der Marktführer in seinem Datenbanksegment.

Ursprünglich als ein Datenbankprogramm für Endanwender konzipiert, ist Access ein sehr komplexes Programm, mit dem auch professionelle Lösungen erstellt werden können. Das vorliegende Buch richtet sich nicht an Datenbankprofis, sondern an PC-Benutzer, die mit Access einfache und auch komplizierte Aufgabenstellungen mit einer Datenbank lösen wollen. Wir versuchen, den Leser Schritt für Schritt von einfachen Access-Beispielen bis hin zur Programmierung mit Visual Basic zu führen.

Die Kunst der Erstellung einer Datenbank liegt in der richtigen Definition der Daten. Welche Daten sollen gespeichert werden, wie sind die Beziehungen der Daten untereinander und wie kann man die Daten wiederfinden? Die Analyse eines Datenbankproblems und das Design der Datenbanken erfordern theoretische Grundkenntnisse, die Sie eigentlich vor der Arbeit mit Access erlernen sollten. Aus diesem Grund haben wir – nach einem Schnelleinstieg in Access in Teil A – in Teil B des Buches einiges zu den theoretischen Grundlagen von Datenbanken einfließen lassen. Die erfahrenen Datenbankanwender unter unseren Lesern mögen uns die Vereinfachungen verzeihen, die wir zum besseren Verständnis für Datenbankeinsteiger vorgenommen haben.

Die Beispieldatenbank »CineCity«

Wir wählten für dieses Buch ein durchgängiges Datenbankbeispiel, damit allen Beispielen für Abfragen, Formulare und Berichte die gleiche Datenbank mit den gleichen Tabellen zugrunde liegt. Das hat für Sie den Vorteil, dass Sie sich nicht für jedes neue Beispiel auch in ein neues Datenmodell eindenken müssen.

Als Beispiel wählten wir das Kinocenter »CineCity«, das auf mehreren Leinwänden aktuelle Filme zeigt. In der Beispieldatenbank werden die Spielpläne für die einzelnen Kinos verwaltet, also welcher Film zu welcher Zeit gezeigt wird. Im ersten Kapitel von Teil B finden Sie am Ende eine ausführliche Beschreibung aller Daten von »CineCity«. Übrigens sind Ähnlichkeiten mit lebenden oder verstorbenen Kinocentern nicht beabsichtigt und rein zufällig.

TIPP   Sollten Sie mit Access Probleme haben, finden Sie nicht die richtigen Funktionen oder tut Access einfach nicht das, was sie von dem Programm erwarten, dann entspannt vielleicht ein Besuch im Kino ...

Die CD-ROM zum Buch

Auf der CD-ROM zum Buch finden Sie für jeden Teil des Buches eine Access-Datenbank mit den Daten, die zum Verständnis des Teils bzw. des Kapitels hilfreich ist und ein Nachvollziehen der Beispiele im Buch erlaubt.

Beschreibung der Inhalte

In Teil A, »Der Schnelleinstieg«, geben wir Ihnen einen schnellen Überblick über die Bestandteile und Funktionen von Access. Wir stellen Ihnen die verschiedenen Assistenten vor, die von Microsoft zu Ihrer Unterstützung in das Programm aufgenommen wurden. Mithilfe der Assistenten können Sie bereits schnell und einfach viele der Möglichkeiten von Access nutzen.

Der Teil B, »Tabellen«, behandelt im ersten Kapitel die theoretischen Datenbankgrundlagen. Wir zeigen Ihnen dort, was Sie beim Anlegen Ihrer Datentabellen berücksichtigen sollten und welche Definitionsmöglichkeiten von Access geboten werden. Erläutert wird auch die Normalisierung von Datenbanken, d.h. die Aufteilung von Datenbeständen in mehrere Datentabellen, um beispielsweise die doppelte und damit redundante Speicherung von Daten zu vermeiden. Ein weiteres Thema in Teil B ist der Aufbau von Beziehungen zwischen Tabellen bis hin zur referentiellen Integrität.

Zu den leistungsfähigsten Bestandteilen von Access gehören die in Teil C beschriebenen »Abfragen«. Mithilfe von Abfragen können Sie Ihre Daten nach den vielfältigsten Kriterien auswerten. Abfragen können auch als Grundlage für Formulare und Berichte dienen. Um die Leistungen von Access ausschöpfen zu können, ist die Beherrschung von Abfragen unumgänglich.

Ihre Daten können Sie mithilfe von Bildschirmmasken sehr komfortabel eingeben, die in Access als »Formulare« bezeichnet werden. In Teil D werden Sie mit den Möglichkeiten, Formulare zu erstellen, sowie mit den vielfältigen Gestaltungsmöglichkeiten für ein ansprechendes Layout der Formulare vertraut gemacht. Wir stellen Ihnen die einzelnen Werkzeuge zur Formulargestaltung vor, die eingesetzt werden können, um Options-, Kombinations- und Listenfelder, Bilder oder Unterformulare für Eingabemasken zu erstellen und anzupassen.

Mithilfe von Berichten gibt Ihnen Access die Möglichkeit, Ihre Daten in der von Ihnen gewünschten Form zu Papier zu bringen. In Teil E, »Berichte«, werden wir viele Beispiele liefern, wie Sie Ihre Daten aufbereiten und ausgeben können. Von einfachen Listen bis zu ausgefeilten Kinoprogrammen reicht das Spektrum der Beispiele in diesem Teil.

In Teil F, »Dienstprogramme und Datenweitergabe«, werden Hilfsprogramme zur Reparatur und Komprimierung von Datenbanken sowie die Assistenten zur Datenbankanalyse beschrieben. Sie werden darüber hinaus mit den notwendigen Schritten vertraut gemacht, die für die Dokumentation der Datenstrukturen und des Aufbaus Ihrer Datenbank erforderlich sind. Der Datenaustausch mit anderen Programmen, insbesondere mit den Microsoft Office-Anwendungen Word und Excel ist das Thema des zweiten Kapitels von Teil F.

Teil G, »Programmierung«, behandelt die Programmierung von Access-Funktionen mit Makros und Visual Basic für Applikationen (VBA). Erst mithilfe der Visual Basic-Programme können Sie die ganzen Möglichkeiten von Access nutzen. Neben einer schrittweisen Einführung in Visual Basic finden Sie in diesem Teil eine Einführung in die Access-Objekttechnik sowie eine Erläuterung der wichtigsten Access-VBA-Funktionen. In den letzten beiden Kapiteln dieses Teils werden die für die Datenbankprogrammierung konzipierten Datenzugriffsobjekte ADO und DAO beschrieben.

Möchten Sie mit Access eigenständige Applikationen entwickeln, so finden Sie dazu Informationen in Teil H, »Erstellung kompletter Anwendungen«. Hier werden auch die Datensicherheitsfunktionen von Access sowie der Betrieb in Mehrbenutzerumgebungen erklärt.

Eine spezielle Variante von Access-Dateien, so genannte Access-Projekte, erlauben den einfachen Zugriff auf Daten des Microsoft SQL Server bzw. der mit Microsoft Office 2003 mitgelieferten Microsoft Desktop Engine (MSDE). In Teil I erläutern wir die Grundlagen von Access-Projekten.

Die Internetkomponenten von Access werden in Teil J, »Access im Internet«, erläutert. Wir zeigen den Einsatz von Hyperlinks sowie die Erstellung von statischen und dynamischen HTML-Dateien, die im Internet publiziert werden können. Access 2003 erlaubt mithilfe von Datenzugriffsseiten die einfache Gestaltung von Internetseiten zum Zugriff auf Daten in Ihren Access-Datenbanken. Des Weiteren geben wir Ihnen einen kurzen Überblick über die XML-Funktionen von Access. Anschließend stellen wir Ihnen die Möglichkeiten von Windows SharePoint Services zur Veröffentlichung von Access-Daten im Internet vor.

Die Reddick-VBA-Namenskonventionen sowie ein Überblick über Operatoren, Funktionen, Felddatentypen und Spezifikationen in Teil K, »Anhang«, schließen das Buch ab.

Teil A

Der Schnelleinstieg

Wer mit Microsoft Access schnell zu einem Ergebnis kommen will, der kann mit einem der vielen Assistenten arbeiten. Dabei gibt es eine Reihe von Assistenten, die eine Datenbank für einen bestimmten Anwendungszweck mit allen Tabellen, Formularen und Berichten erstellen. Andere Assistenten werden dazu verwendet, vordefinierte Tabellen, Formulare oder Berichte zu generieren.

Manchmal ist es auch sinnvoll, einen Assistenten einzusetzen, um beispielsweise ein Formular anzulegen, das man dann später noch nach Bedarf abändern kann.

In diesem Teil werden die einzelnen Assistenten von Access vorgestellt. Zudem lernen Sie die grundlegenden Techniken kennen, um mit Tabellen, Formularen, Abfragen und Berichten zu arbeiten.

Kapitel 1

Die Datenbank-Assistenten

In diesem Kapitel:

Datenbank-Assistenten erstellen fertige Anwendungen. Das ist sehr hilfreich, wenn so eine Datenbank entsteht, die genau Ihren Bedürfnissen entspricht. Falls dem nicht so ist, haben Sie mit den Datenbank-Assistenten das Problem, dass die Datenbank nicht sehr flexibel ist und sich nur mühsam nachträglich anpassen lässt.

So rufen Sie einen Assistenten auf

Im Folgenden möchten wir Ihnen den Datenbank-Assistenten *Kontaktverwaltung* vorstellen. Dazu müssen Sie zunächst erst einmal Access starten.

Starten Sie Access

1. Starten Sie Access, indem Sie auf die *Start*-Schaltfläche klicken, im Startmenü den Eintrag *Alle Programme* auswählen und im daraufhin geöffneten Untermenü auf *Microsoft Office* klicken. Nun wird ein weiteres Untermenü aktiviert, in dem Sie *Microsoft Office Access 2003* auswählen können

Abbildg. 1.1   Access starten in drei Schritten

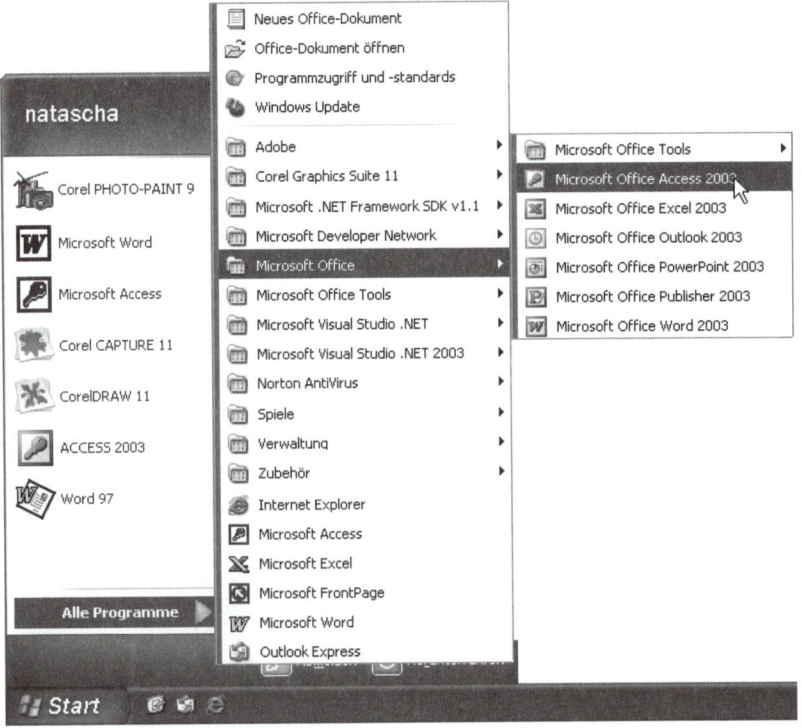

> **HINWEIS** Schneller können Sie ein Programm starten, wenn Sie das Programmsymbol auf den Desktop legen. Starten Sie den Windows-Explorer und wählen Sie darin den Ordner *Programme\Microsoft Office\Office11* aus. Klicken Sie auf das Symbol, das den Programmaufruf von Microsoft Access anzeigt, und ziehen Sie das Symbol mit der Maus auf den Desktop. Beachten Sie dabei, dass der Programmaufruf *MSACCESS* und nicht etwa nur *ACCESS* heißt.

> **HINWEIS** Um das Programm wirklich nutzen zu können, müssen Sie Ihr Access bei Microsoft aktivieren. Dies ist entweder über das Internet oder per Telefon möglich. Nachdem Sie Access gestartet haben, können Sie die Aktivierung durchführen, indem Sie in der Menüleiste auf das Fragezeichen klicken und im aufklappenden Menü *Produkt aktivieren* wählen.

Standardmäßig wird Access mit einem geöffneten Aufgabenbereich *Erste Schritte* auf der rechten Seite gestartet. Über diesen Aufgabenbereich besteht die Möglichkeit,

- sich mit der Internetseite von Microsoft zu verbinden,
- eine Frage an Access zu stellen und auf eine sinnvolle Antwort zu hoffen,
- eine Datenbank zu öffnen bzw.
- eine neue Datenbank anzulegen.

Abbildg. 1.2   Klicken Sie, um eine neue Datenbank anzulegen, auf den untersten Eintrag des Aufgabenbereichs

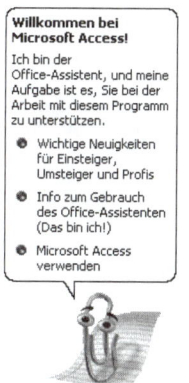

2. Klicken Sie, um einen der Assistenten zu starten, in der untersten Zeile im Aufgabenbereich auf *Eine neue Datei erstellen*.

   Daraufhin wechselt die Anzeige im Aufgabenbereich. Ihnen wird nun der Aufgabenbereich *Neue Datei* angezeigt. Sie können entweder

   - eine neue, leere Datenbank anlegen,
   - eine leere Datenzugriffsseite, also eine Website fürs Internet, erstellen,
   - ein Projekt aus bestehenden oder neuen Dateien anlegen (unter Projekt versteht man eine spezielle Access-Anwendung, bei der Daten von einem Microsoft SQL Server verwaltet werden) oder
   - eine neue Datenbank auf Grundlage einer bestehenden Datei erstellen.

Der untere Bereich des Aufgabenbereichs ermöglicht Ihnen das Anlegen einer Datenbank auf der Basis einer so genannten Vorlage.

Abbildg. 1.3   Wahlmöglichkeiten im Aufgabenbereich *Neue Datei*

3. Klicken Sie, um einen Assistenten aufzurufen, auf den Eintrag *Auf meinem Computer*.

   Daraufhin wird das Dialogfeld *Vorlagen* aktiviert. Hier finden Sie wieder die bereits beschriebenen Standarddatenbanken. Legen Sie eigene Vorlagen an, so können Sie sie ebenfalls in diesem Dialogfeld aufrufen.

Abbildg. 1.4   Hier können Standardvorlagen ausgewählt werden

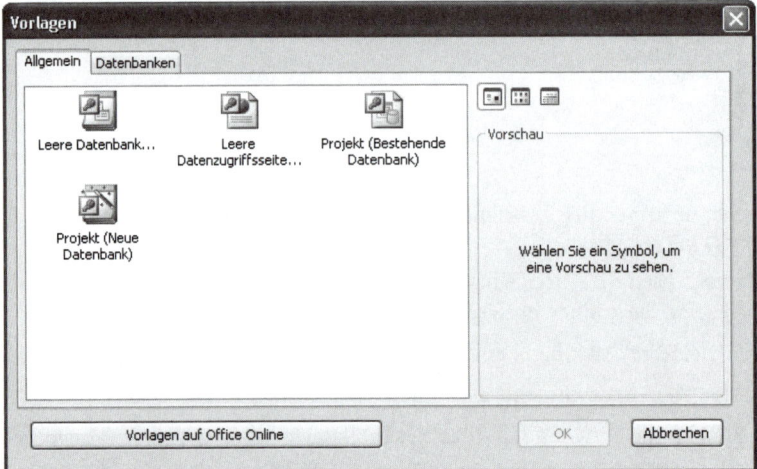

4. Aktivieren Sie die Registerkarte *Datenbanken*.

Abbildg. 1.5   Wählen Sie einen der Assistenten aus

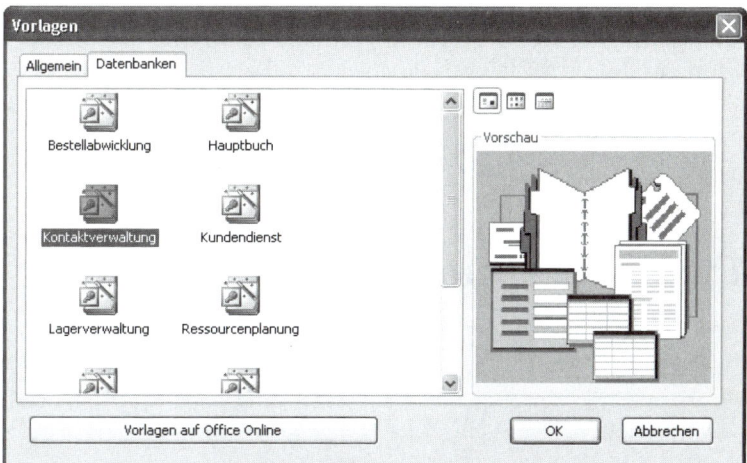

So speichern Sie die neue Datenbank

Egal, welchen Assistenten Sie auswählen, Sie werden im nächsten Schritt aufgefordert, der neuen Datenbank einen Namen zuzuweisen.

1. Überschreiben Sie den vorgeschlagenen Namen beispielsweise mit *Kundenkontakte* oder einem anderen Namen.

2. Wählen Sie zudem den gewünschten Ordner aus.

Abbildg. 1.6   Speichern Sie die neue Datenbank

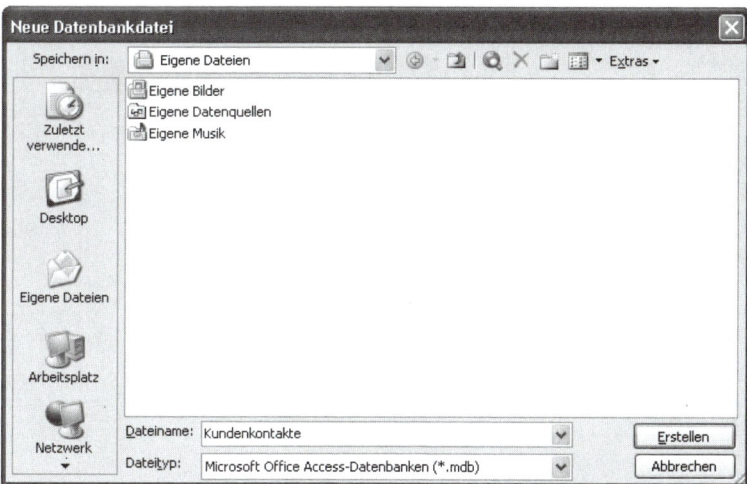

Access verwendet hier standardmäßig den Ordner *Eigene Dateien*. Der aktuelle Ordner wird links oben im Dialogfeld hinter *Speichern in* angezeigt. Es ist auch durchaus sinnvoll, diesen Ordner für eigene Dokumente, Datenbanken etc. zu verwenden. Speichern Sie beispielsweise alle Ihre Dateien in diesen Ordner, so erleichtern Sie sich später das Sichern Ihrer Daten. Sie müssen nur diesen einen Ordner auf Diskette, CD-ROM oder Band sichern und haben automatisch alle eigenen Dokumente gespeichert. Meist ist es sinnvoll, im Ordner *Eigene Dateien* weitere Ordner anzulegen. Wie das geht, können Sie in Kapitel 2 nachlesen.

3. Bestätigen Sie die Auswahl mit der Schaltfläche *Erstellen*.

Sie starten so den eigentlichen Assistenten, der über mehrere Dialogfelder zu einer neuen Datenbank führt.

So navigieren Sie durch die Assistenten

Zum Navigieren durch die Dialogfelder der Assistenten stehen Ihnen die folgenden vier Schaltflächen zur Verfügung:

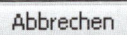 Möchten Sie den Assistenten abbrechen und doch lieber eine andere Datenbank öffnen, klicken Sie auf die Schaltfläche *Abbrechen*.

 Möchten Sie eine Änderung in einem vorherigen Dialogfeld vornehmen, können Sie mithilfe der Schaltfläche *Zurück* in ein bereits bestätigtes Dialogfeld zurückblättern.

 Sind im aktuellen Dialogfeld alle Einstellungen so, wie Sie sie benötigen, klicken Sie auf die Schaltfläche *Weiter*, um sich das nächste Dialogfeld anzeigen zu lassen.

Fertig stellen — Sie können jederzeit den Auswahlvorgang unterbrechen und sich von Ihrem Assistenten eine Datenbank mit Standardeinstellungen erstellen lassen.

Der Datenbank-Assistent *Kontaktverwaltung* – Schritt für Schritt

Haben Sie den Datenbank-Assistenten *Kontaktverwaltung* gewählt, müssen Sie im ersten Dialogfeld gar nichts tun. Es wird Ihnen darin nur angezeigt, was in der von Ihnen ausgewählten Datenbank gespeichert werden soll. Klicken Sie daher auf die Schaltfläche *Weiter*.

Abbildg. 1.7   Das erste Dialogfeld des Datenbank-Assistenten *Kontaktverwaltung*

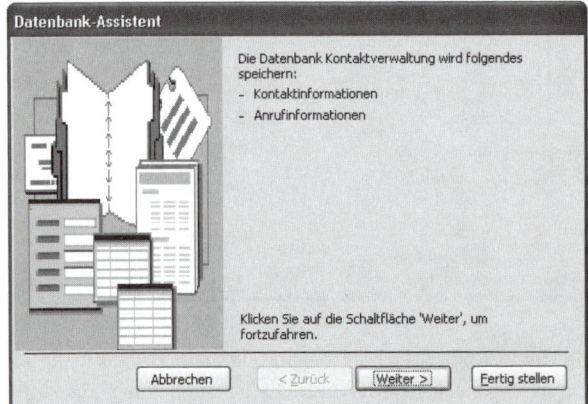

Die Felder für die neue Datenbank

Im zweiten Dialogfeld besteht die Möglichkeit, zu den Feldern, die bereits für die Datenbank vorgesehen und in der Liste ausgewählt sind, weitere hinzuzufügen, falls Sie beispielsweise für Ihre Kontaktverwaltung Felder wie Geburtsdatum, den Namen des Ehepartners oder die Namen der Kinder benötigen. Hier ist es jedoch leider nicht möglich, Felder, die Sie eigentlich nicht brauchen, abzuwählen und damit zu unterdrücken.

Abbildg. 1.8 Brauchen Sie noch mehr Felder?

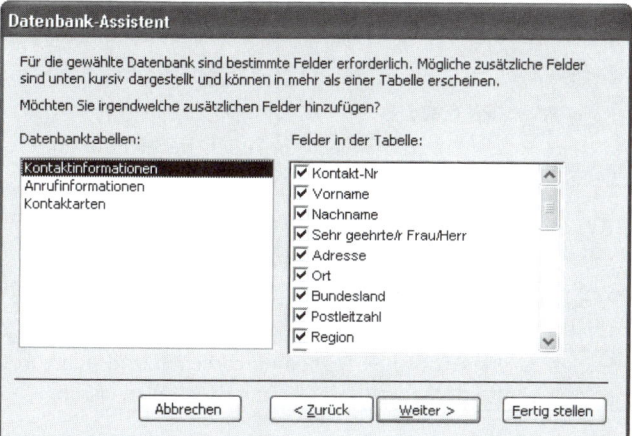

Der Hintergrund für die Eingabemaske

Im nächsten Schritt geht es darum, das Layout für die Formulare festzulegen, in denen Sie Ihre Eingaben vornehmen wollen. Um das richtige Layout auswählen zu können, klicken Sie rechts im Dialogfeld auf einen Namen und sehen sich dann links an, wie das Ganze aussehen wird.

Abbildg. 1.9 Wie sollen die Formulare aussehen?

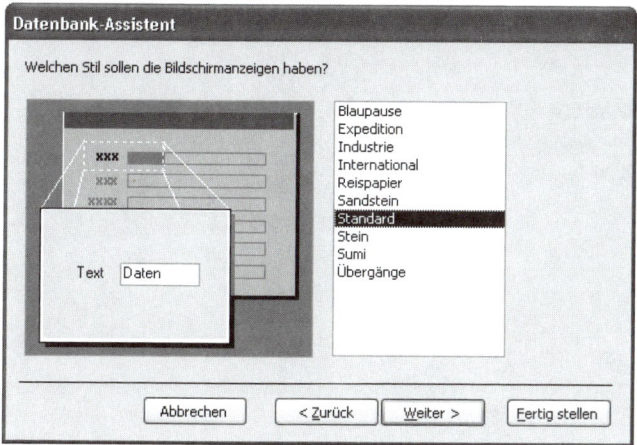

Das Layout für die Berichte

In fast allen Datenbanken werden nicht nur Daten eingegeben, sie sollen später auch nach bestimmten Kriterien zusammengestellt und ausgegeben werden. Solche Zusammenstellungen werden in Access als Bericht bezeichnet. Legen Sie dafür das Layout im folgenden Dialogfeld fest. Auch hier gilt: Klicken Sie rechts auf einen der Namen eines Stils und sehen Sie sich links das Ergebnis an.

Abbildg. 1.10   Wie sollen Ihre Berichte aussehen?

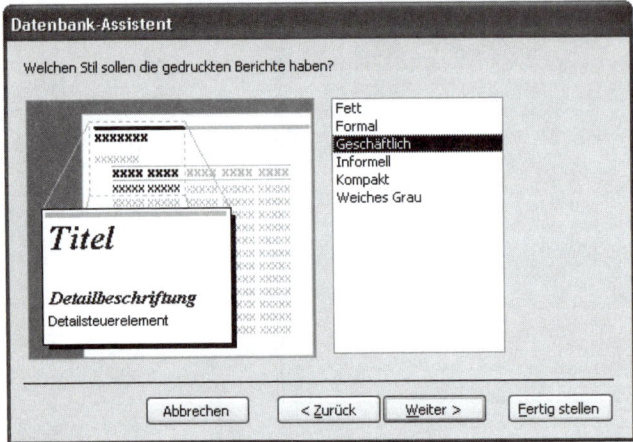

Ein Name für die Datenbank

Jetzt braucht Ihre Datenbank noch einen Namen, der in der Titelleiste des Dialogfeldes erscheinen soll, das Sie später beim Aufruf Ihrer Datenbank empfängt. Möchten Sie einen anderen Namen verwenden, überschreiben Sie einfach den von Access vorgeschlagenen. Hier können Sie auch festlegen, ob beispielsweise Ihr Logo oder ein anderes Bild auf den Berichten erscheinen soll.

Abbildg. 1.11   Wie soll Ihre Datenbank heißen?

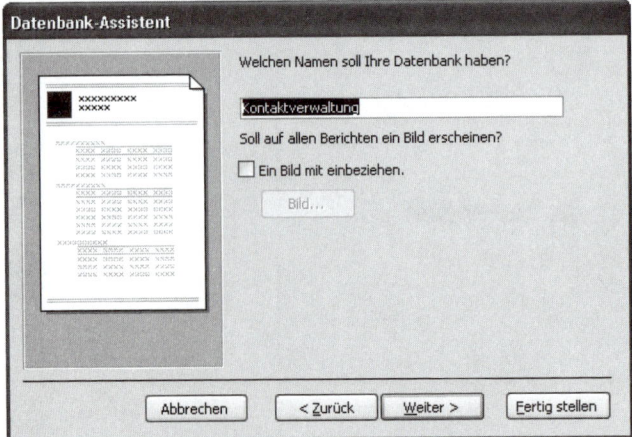

Die Datenbank fertig stellen

Möchten Sie nun auch gleich damit beginnen, Daten in Ihre neue Datenbank einzugeben, achten Sie darauf, dass im folgenden Dialogfeld im Kontrollkästchen vor *Die Datenbank öffnen* ein Häkchen zu sehen ist.

Abbildg. 1.12   Wollen Sie gleich mit der Arbeit beginnen?

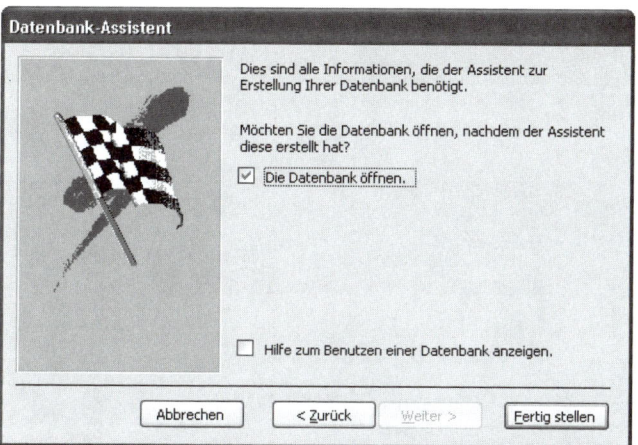

Unten im Dialogfeld verspricht Access Hilfe. Klicken Sie das Kontrollkästchen an, wird nach dem Klicken auf die Schaltfläche *Fertig stellen* nicht nur die Datenbank generiert, sondern auch das in Abbildung 1.13 zu sehende Hilfefenster aktiviert.

Abbildg. 1.13   Hilfe zur Selbsthilfe

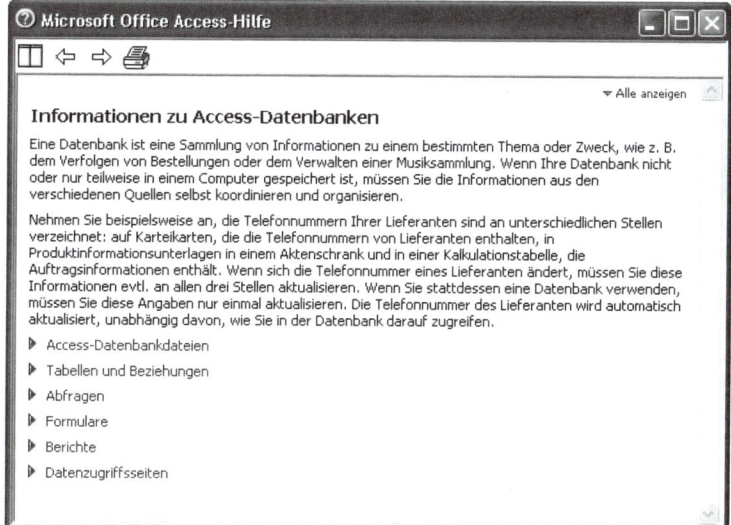

Wenn Sie möchten, stöbern Sie ein wenig in den verschiedenen Hilfethemen herum. Kommen Sie mit der angebotenen Hilfe nicht zurecht, blättern Sie in diesem Buch weiter zu Kapitel 8, das Ihnen den Umgang mit der Hilfe erklärt.

Das Hilfefenster schließen Sie mit einem Klick auf die *Schließen*-Schaltfläche rechts oben in dessen Titelleiste. Darunter kommt dann die eigentliche Datenbank zum Vorschein. Sie wurde mit einem Eingangsdialogfeld versehen, das Ihnen die Arbeit mit der Datenbank erleichtert.

Abbildg. 1.14   Die neue Datenbank

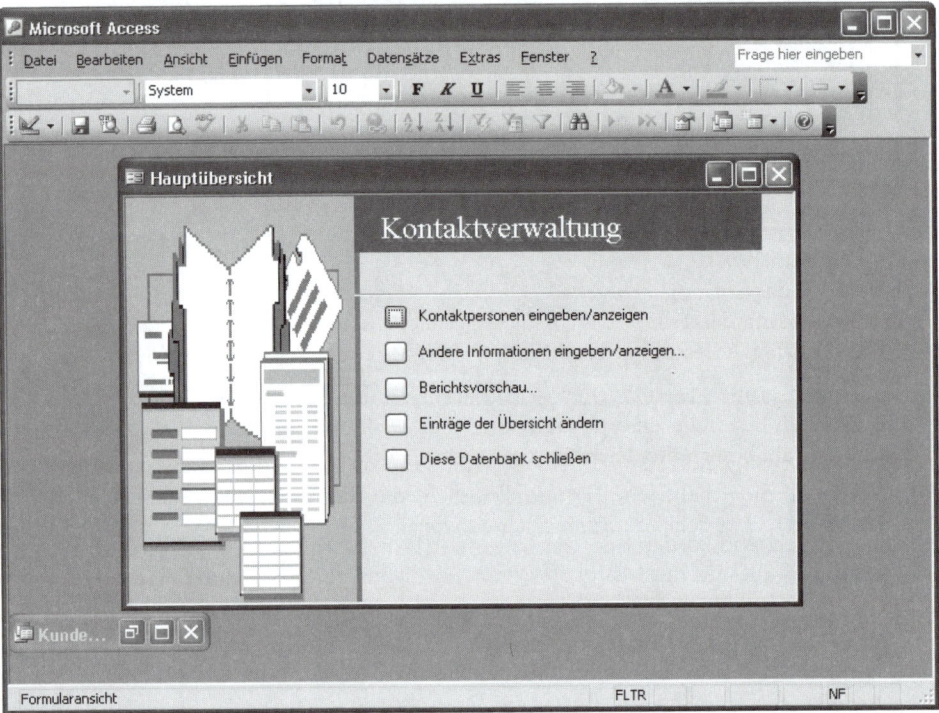

So geben Sie Daten in die neue Datenbank ein

Beginnen Sie mit der ersten Option und geben Sie zunächst die erste Kontaktperson ein. Klicken Sie auf die entsprechende Schaltfläche, wird das in Abbildung 1.15 gezeigte Dialogfeld geöffnet.

Solche Eingabemasken werden in Access als Formulare bezeichnet. Sie bewegen sich von Feld zu Feld, indem Sie die ⇆-Taste verwenden. Alternativ können Sie auch mit der Maus in das gewünschte Feld klicken. Zum Löschen stehen Ihnen die Tasten (Entf) und (←──) zur Verfügung (siehe auch Kapitel 5). Füllen Sie einfach probehalber ein Formular aus.

Abbildg. 1.15   Geben Sie hier Ihre Adressen ein

```
Kontaktpersonen                                              _ □ X

 ▶  Vorname       [              ]      Kontakt-Nr   [(AutoWert)]
    Nachname      [              ]      Titel        [          ]
    Firma         [              ]      Telefon/beruflich [     ]
    Sehr geehrte/r Frau/ [       ]      Durchwahl Büro    [     ]
    Adresse       [              ]      Mobiles Telefon   [     ]
                                        Faxnummer         [     ]
    Postleitzahl  [         ]
    Ort           [         ]
    Bundesland    [         ]
    Land/Region   [              ]


    [Anrufe...] [Wählen...]       Seite:  [1] [2]
Datensatz: [I◀] [◀] [    1  ] [▶] [▶I] [▶*]  von 1
```

Haben Sie das Formular ausgefüllt, gibt es noch eine zweite Seite zum Ausfüllen, die Sie über die Schaltfläche mit der 2 unten im Dialogfeld erreichen. Auf dieser Seite werden Angaben wie Kontaktart und E-Mail-Adresse abgefragt. Zudem gibt es dort ein großes Feld für Anmerkungen.

Die beiden großen Schaltflächen *Anrufe* und *Wählen*, die Sie links unten im Dialogfeld finden, ermöglichen Ihnen die Zusammenfassung aller Telefonate mit der Kontaktperson bzw. die automatische Anwahl bestimmter Telefonnummern.

HINWEIS   Die automatische Anwahl von Telefonnummern funktioniert nur, wenn Ihr Rechner entsprechend konfiguriert ist. Access ruft zum Wählen einer Telefonnummer das Programm »Wählhilfe« auf, das mit Microsoft Windows ausgeliefert wird. Ist die »Wählhilfe« in Verbindung mit Ihrem Modem und Telefon entsprechend eingerichtet, können Sie Access die gewünschte Telefonnummer wählen lassen. Ist die Verbindung hergestellt, übernehmen Sie das Gespräch am Telefon.

Ist die Eingabe Ihrer Datensätze abgeschlossen, klicken Sie auf die Schaltfläche mit dem Pfeil nach rechts. Dadurch wird zum nächsten Datensatz geblättert (zur Arbeit mit Formularen siehe Kapitel 5).

Abbildg. 1.16   So wählen Sie den nächsten Datensatz aus

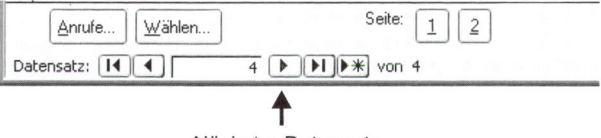

Nächster Datensatz

Haben Sie die Eingabe beendet und möchten das Dialogfeld schließen, klicken Sie – wie Sie das aus anderen Windows-Programmen gewohnt sind – auf die *Schließen*-Schaltfläche (die mit dem Kreuz) in der Titelleiste des Dialogfeldes. Sie gelangen wieder zurück in das Hauptmenü. Über den Eintrag *Andere Informationen eingeben/anzeigen* können Sie verschiedene Kontaktarten definieren, wie Kunden, Freunde, Verwandtschaft etc. Der dritte Eintrag führt Sie zu zwei verschiedenen Berichten.

Die Berichte

Wählen Sie im Hauptmenü die Option *Berichtsvorschau*, so wird ein weiteres Menü geöffnet, über das Sie zwei verschiedene Berichte anwählen können: zum einen eine Übersicht aller eingegebenen Kontakte (mit dem Namen, der Firma und verschiedenen Telefonnummern der Kontaktperson), zum anderen eine wöchentliche Übersicht über die Anrufe.

Selektieren Sie einen der aufgeführten Berichte, werden die entsprechenden Daten in einer Vorschau angezeigt. Klicken Sie mit der Maus auf den Text, so wird dieser wie mit einer Lupe herangeholt oder die Gesamtansicht der Seite dargestellt. Dieselbe Funktion hat auch die Schaltfläche mit der Lupe, die Sie in der für die Vorschau angepassten Symbolleiste finden.

Abbildg. 1.17   Vorschau auf die nach Nachnamen sortierten Telefonnummern

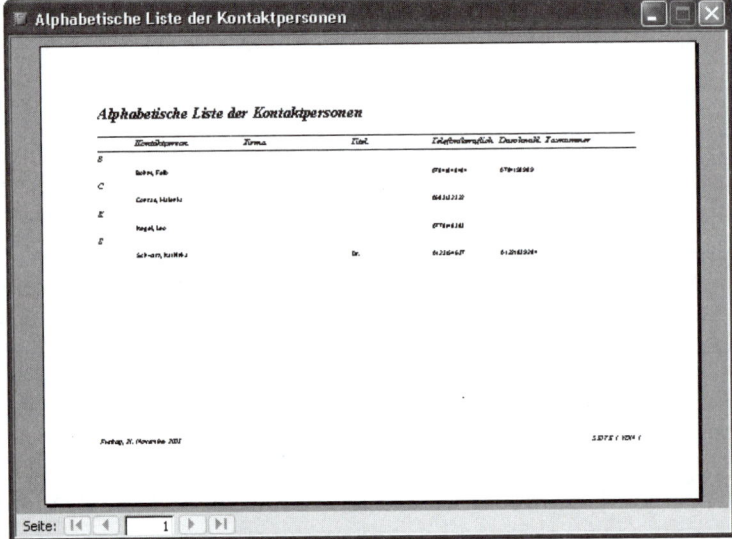

Die Vorschau

In Tabelle 1.1 werden die Schaltflächen der Vorschau dargestellt und ihre Bedeutung erklärt.

Tabelle 1.1   Die Schaltflächen der Symbolleiste *Seitenansicht*

Schaltfläche	Bezeichnung	Bedeutung
	Ansicht	Möglichkeit zum Umschalten zwischen der Seitenansicht und der Entwurfsansicht für Berichte (siehe zu Berichten Teil E dieses Buches).
	Drucken	Der in der Seitenansicht angezeigte Bericht kann über diese Schaltfläche ausgedruckt werden.
	Zoom	Ein Klick auf die Schaltfläche *Zoom* bewirkt ein Umschalten zwischen der Ganzseitenansicht und der Vergrößerung eines Ausschnitts des dargestellten Berichts.

Tabelle 1.1 Die Schaltflächen der Symbolleiste *Seitenansicht (Fortsetzung)*

Schaltfläche	Bezeichnung	Bedeutung
	Eine Seite	Soll die aktuelle Seite in der Ganzseitenansicht dargestellt werden, verwenden Sie die Schaltfläche *Eine Seite*.
	Zwei Seiten	Um zwei ganze Seiten nebeneinander darstellen zu können, verwenden Sie die Schaltfläche *Zwei Seiten*.
	Mehrere Seiten	Mithilfe der Schaltfläche *Mehrere Seiten* können Sie bis zu 20 Seiten gleichzeitig anzeigen lassen.
Passend	Zoom	Wählen Sie hier den passenden Zoomfaktor; mit der Auswahl *Passend* wird je nach eingestellter Seitenzahl die Ganzseitenansicht von einer, zwei oder mehreren Seiten dargestellt.
	Schließen	Um wieder zur Maske mit der Berichtsauswahl zu gelangen, klicken Sie auf die Schaltfläche *Schließen*. Haben Sie zuvor allerdings die Entwurfsansicht ausprobiert, gelangen Sie mit *Schließen* aus der Vorschau zurück in die Entwurfsansicht.
Seite einrichten	Seite einrichten	Als Vorbereitung auf den Ausdruck können Sie hier unterschiedliche Einstellungen vornehmen. Ändern Sie beispielsweise die Randbreite, die Anzahl der Spalten oder wählen Sie zwischen Hoch- und Querformat.
	Office-Verknüpfungen	Möchten Sie Ihren Bericht in Word oder Excel exportieren, klicken Sie auf das Dreieck neben dieser Schaltfläche und wählen das entsprechende Programm im Menü aus. Näheres dazu finden Sie in Teil F.
	Datenbankfenster	Möchten Sie sich das Datenbankfenster anzeigen lassen, genügt ein Klick auf diese Schaltfläche (das Arbeiten mit dem Datenbankfenster wird in Kapitel 2).
Neu	Neues Objekt: Tabelle	Mit der Schaltfläche *Neues Objekt* lassen sich blitzschnell neue Tabellen, Formulare oder Berichte erzeugen (siehe Kapitel 3).
	Microsoft Office Access-Hilfe	Die Access-Hilfe unterstützt Sie bei aktuellen Problemen (siehe Kapitel 8).

So ändern Sie die Übersicht

Wirklich ändern lässt sich die Datenbank ohne weiteres Vorwissen zunächst nicht. Das Einzige, was Sie ändern können, sind die angezeigten Übersichten, also die Hauptübersicht oder die Berichtsübersicht.

Dazu gibt es in der Hauptübersicht die Option *Einträge der Übersicht ändern*. Wählen Sie diese Option aus, wird ein Dialogfeld aktiviert, in dem Sie zunächst angeben müssen, ob Sie die Hauptübersicht oder die Übersicht der Berichte bzw. der Formulare bearbeiten möchten.

Wählen Sie die entsprechende Übersicht aus und klicken Sie auf *Bearbeiten*. Alternativ können Sie über die Schaltfläche *Neu* eine neue Übersicht einfügen oder mit der Schaltfläche *Löschen* eine der angegebenen Übersichten löschen.

Abbildg. 1.18   Welche Übersicht soll geändert werden?

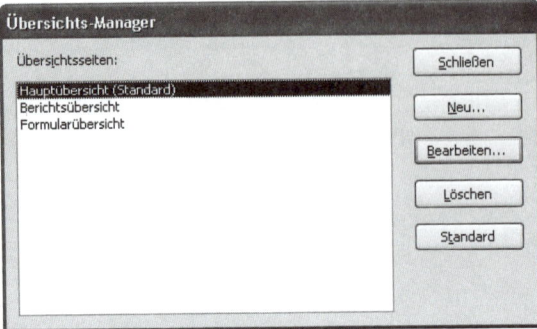

Für die Hauptübersicht können Sie

- die Reihenfolge der Einträge verändern: Markieren Sie dazu einen der Einträge und verschieben Sie ihn mithilfe der Schaltflächen *Nach oben* bzw. *Nach unten*.

- einen Eintrag löschen: Markieren Sie den entsprechenden Eintrag und klicken Sie auf *Löschen*.

- einen neuen Eintrag erzeugen: Klicken Sie auf die Schaltfläche *Neu*.

- einen der Einträge bearbeiten: Markieren Sie dazu den entsprechenden Eintrag und klicken Sie auf *Bearbeiten*.

Abbildg. 1.19   Die Hauptübersicht bearbeiten

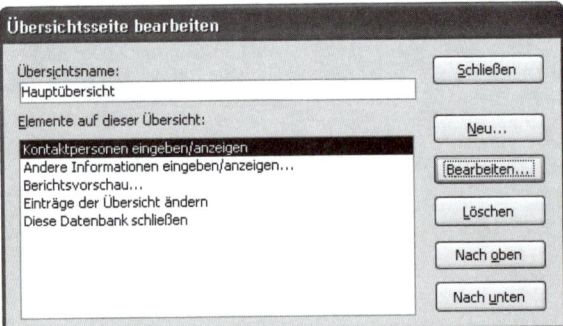

Über die Schaltflächen *Neu* und *Bearbeiten* wird ein weiteres Dialogfeld geöffnet, in dem Sie den Text des Eintrags bearbeiten können oder den Befehl, der durch Auswahl des Eintrags aufgerufen wird, oder gar das Formular, auf das sich der Eintrag bezieht.

Abbildg. 1.20   Bearbeiten eines Übersichtselements

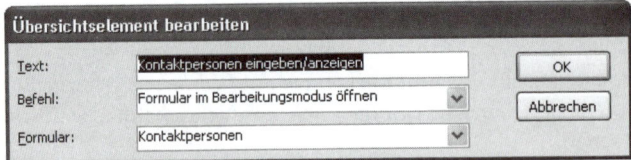

So schließen Sie die Datenbank

Um die Datenbank zu schließen, klicken Sie entweder auf die *Schließen*-Schaltfläche (das Kreuz) in der Titelleiste des Access-Programmfensters, dann beenden Sie gleichzeitig auch das Programm selbst, oder Sie klicken in der Hauptübersicht auf die Option *Diese Datenbank schließen*. Damit schließen Sie nur die Datenbank, Access selbst bleibt aber weiter geöffnet.

... und so können Sie sie wieder öffnen

Ist Access gestartet, laden Sie eine bereits angelegte Datenbank mit dem Menübefehl *Datei/Öffnen* oder der nebenstehend abgebildeten Schaltfläche *Öffnen*. Sie aktivieren so das in Abbildung 1.21 gezeigte Dialogfeld.

Abbildg. 1.21 Öffnen der angelegten Datenbank

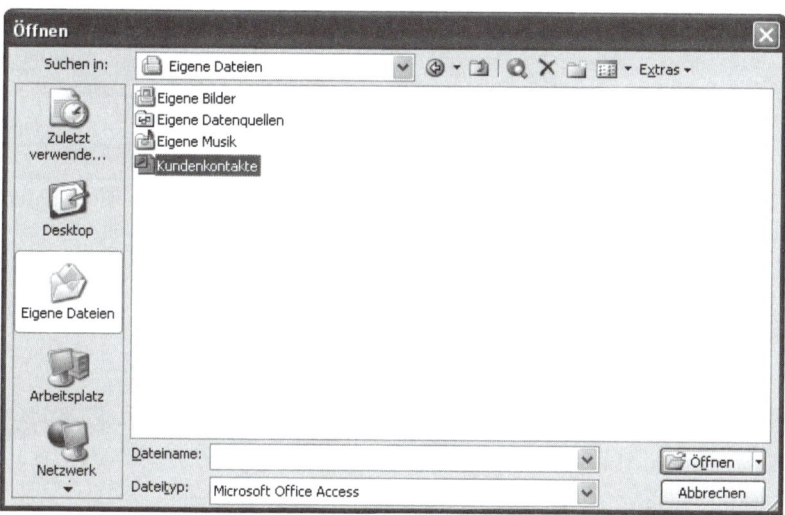

Wählen Sie zunächst den entsprechenden Ordner aus (siehe dazu auch Kapitel 2) und doppelklicken Sie dann auf den Namen der Datenbank.

> **TIPP** Die zuvor geöffnete Datenbank finden Sie auch im Menü *Datei*. Klicken Sie dazu in der Menüleiste auf *Datei*, so finden Sie unten im Menü die vier zuletzt aufgerufenen Datenbanken.

Das Öffnen einer Datenbank müssen Sie in einem Hinweisdialogfeld bestätigen. Microsoft hat diese Warnung hinzugefügt, da beim Öffnen einer Datenbank in der Datenbank enthaltene Programme ausgeführt werden können. Die Warnmeldung erscheint leider aber auch, wenn gar keine Programme in der Datenbank enthalten sind.

Abbildg. 1.22
Diese Warnmeldung erscheint standardmäßig beim Öffnen einer Datenbank

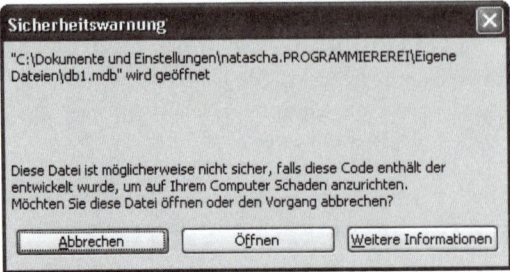

Die Warnmeldung wird nur dann nicht gezeigt, wenn die Programmmodule in der Datenbank zertifiziert sind. Das bedeutet, dass der Programmierer einen Herkunftsnachweis in Form eines Zertifikats hinterlassen hat. Sie können dann festlegen, dass Sie Programmen mit diesem Zertifikat vertrauen; für eine solche Datenbank wird keine Warnmeldung mehr angezeigt.

PROFITIPP

Sie können auch selbst Ihre eigenen Datenbanken zertifizieren, um die Sicherheitswarnung zu unterdrücken. Eine entsprechende Anleitung finden Sie in Kapitel 40 im Abschnitt »Sicherheit von Visual Basic-Programmen«.

Es kann sein, dass Sie noch eine weitere Warnmeldung erhalten, die Sie auf ein fehlendes Update hinweist. Nachdem Microsoft für die teilweise ungenügende Sicherheit seiner Produkte einige Kritik erfahren hat, gehört der Hinweis auf das fehlende Update zu den Gegenmaßnahmen. Sie finden das Update auf der dem Buch beigelegten CD-ROM.

Abbildg. 1.23
Hinweis auf fehlendes Update

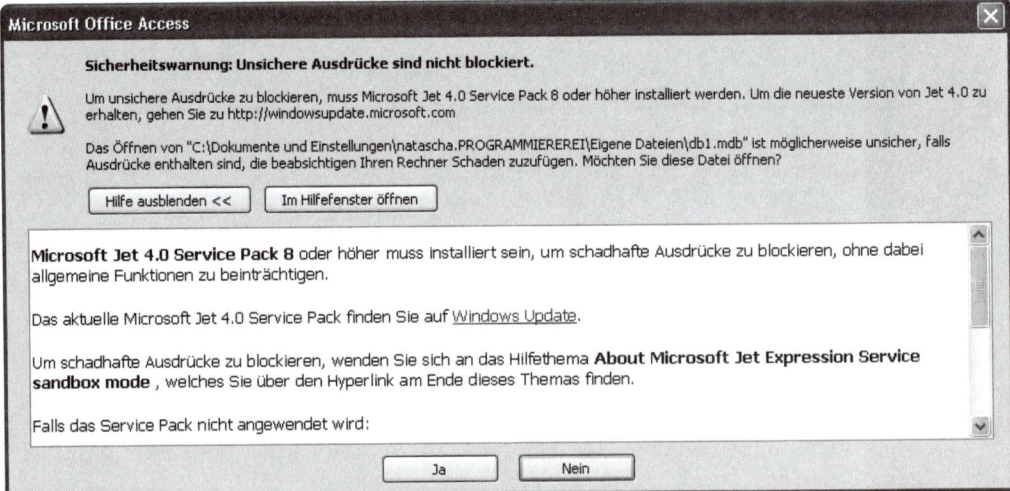

Die Datenbank-Assistenten im Überblick

Neben dem zuvor beschriebenen Datenbank-Assistenten zur Generierung einer Adressen-Datenbank gibt es noch weitere Assistenten. Tabelle 1.2 zeigt eine Übersicht über ihre Funktionen.

1. Zum Aufrufen eines Assistenten klicken Sie auf die Schaltfläche *Neu*, die den Aufgabenbereich *Neue Datei* aktiviert.

2. Klicken Sie dann auf die Option *Auf meinem Computer*.

3. Wählen Sie nun im Dialogfeld *Vorlagen* den Assistenten auf der Registerkarte *Datenbanken* aus.

Tabelle 1.2   Die Datenbank-Assistenten

Assistent	Wofür er sich eignet
Bestellabwicklung	Mit der Datenbank *Bestellabwicklung* können Sie sämtliche Vorgänge rund um den Versand von Waren bearbeiten: Informationen über Kunden, Zahlungen, Artikel, Firmen, Bestellungen und Bestelldetails. Außerdem können Sie Datenbanktabellen über Versandarten, Zahlungsweisen und Informationen über Personal anlegen. Als Berichte sind vorbereitet: Kundenliste, Alter der Außenbestände, Verkäufe nach Kunden, Verkäufe nach Mitarbeitern und Verkäufe nach Artikeln.
Hauptbuch	Diese Datenbank bietet Ihnen die Möglichkeit, sämtliche Kontenbewegungen zu dokumentieren. Sie können in den Datenbanktabellen Überweisungsinformationen, Konten und die Einteilung von Kontonummern speichern. In der Berichtsvorschau lassen sich Kontenübersicht, Überweisungsliste oder Übersicht nach Kontoart auswählen.
Kontaktverwaltung	Die Datenbank *Kontaktverwaltung* ermöglicht Ihnen einen genauen Überblick über die Personen, die Sie – mündlich oder schriftlich – kontaktiert haben. Sie haben die Wahl zwischen *Kontaktpersonen eingeben/anzeigen* und *Kontaktarten eingeben/anzeigen*. In der Berichtsvorschau kann selektiert werden: alphabetische Liste der Kontaktpersonen oder wöchentliche Übersicht über Anrufe.
Kundendienst	Die Datenbank *Kundendienst* bietet Ihnen vorbereitete Formulare zu allen Bereichen des Kundendienstes; z.B. Informationen über Kunden und Kundenaufträge, erforderliche Arbeitskräfte zur Auftragserledigung, Teileinformationen, Zahlungsinformationen etc. Als Berichte können abgerufen werden: Einkünfte nach Mitarbeitern, Verkäufe nach Monaten, intern erledigte Arbeitsaufträge, unerledigte Arbeitsaufträge und Arbeitsauftragsübersicht.
Lagerverwaltung	Mithilfe der Datenbank *Lagerverwaltung* sind Sie in der Lage, sämtliche Lagerstandsbewegungen zu erfassen und zu kontrollieren. Als Formulare stehen Ihnen zur Verfügung: Informationen über Firmen, Artikel, Personal, Kauf und Verkauf sowie über Kategorien, Versandarten und Lieferanten. Die Berichte bieten Ihnen Listen zu Artikeleinkäufen, Artikelübersichten, Artikelkostenvergleichen nach Lieferanten und Artikeltransaktionendetails.
Ressourcenplanung	Die Datenbank *Ressourcenplanung* ist ausgestattet mit folgenden Formularen: Ressourceninformation, Informationen zum Ressourcenplan, detaillierte Übersichtsinformation nach Zeit, Information zur Ressourcenart und zu den Kunden. Die Listen Ressourcenplan und Ressourcen nach Art sind in der Berichtsübersicht verfügbar.

Tabelle 1.2   Die Datenbank-Assistenten *(Fortsetzung)*

Assistent	Wofür er sich eignet
Sachvermögensverwaltung	Die Datenbank *Sachvermögensverwaltung* hilft Ihnen, den Überblick über Ihr Sachvermögen zu bewahren. Es können Informationen über die einzelnen Posten, über die Postenkategorien und den Status gespeichert werden. Außerdem gibt es die Möglichkeit einer Protokollierung der Postenabschreibung und -instandhaltung. Informationen über Personal, Abteilung und Händler vervollständigen die Datenbankoptionen. Als Berichte sind voreingestellt: Posten nach Kategorie, Posten nach Datum des Erwerbs, Posten nach Mitarbeiter/in, Abschreibungsübersicht und Wartungsprotokoll.
Spesen	Die Datenbank *Spesen* unterstützt Sie bei der Erfassung der Informationen über Personal, Informationen zum Kostenbericht, Kostendetails und Kostenkategorien. Als Listen lassen sich auswählen: Kostenberichtsübersicht nach Kategorien und Kostenberichtsübersicht nach Mitarbeitern.
Stundenabrechnung	Diese umfangreiche Datenbank dient vor allem der Abrechnung und Verwaltung von Außendiensttätigkeiten. Beispielsweise können als Formulare angelegt werden: Informationen über Klienten, Projekte, Zeitkarten, Personal und Zahlungen sowie Informationen zum Arbeits- und Kostencode. In der Berichtsübersicht können Sie wählen zwischen: Klientenrechnungen nach Bericht, Klientenliste, Mitarbeiterrechnungen nach Projekten und Projektrechnungen nach Arbeitscode.
Veranstaltungs-Management	Diese Datenbank unterstützt Sie bei der Verwaltung von Veranstaltungen jeglicher Art. Sie haben die Möglichkeit, Informationen zu den Veranstaltungsteilnehmern und -preisen, der Veranstaltungsanmeldung und dem Veranstaltungstyp zu speichern. Des Weiteren können Informationen zum Personal, zu den Firmen und den Zahlungen gesammelt werden. Als Berichte sind Verkäufe nach Veranstaltungen, Verkäufe nach Mitarbeitern und Teilnehmerliste wählbar.

Zusammenfassung

Am einfachsten erstellen Sie eine neue Datenbank mithilfe eines der Datenbank-Assistenten, wie es in diesem Kapitel beschrieben wurde.

- Sie lernen zunächst, wie Sie Access starten (Seite 34), einen der vorbereiteten Assistenten aufrufen (Seite 36) sowie am Beispiel des Kontaktverwaltungsassistenten den Umgang mit den Assistenten (Seite 38).

- Ab Seite 42 können Sie sehen, wie sich Daten in die fertige Datenbank eingeben lassen.

- Um Daten beispielsweise auszudrucken, sind Berichte hilfreich. Der Aufruf eines der vom Assistenten erstellten Berichte sowie der Umgang mit der Vorschau auf den Bericht wird ab Seite 44 erklärt.

- Auf Seite 47 können Sie nachlesen, wie eine Datenbank geöffnet bzw. geschlossen wird.

- Das Kapitel endet mit einer Beschreibung aller Datenbank-Assistenten ab Seite 49.

Kapitel 2

Datenbanken, Ordner & Co.

In diesem Kapitel:

Wir wollen Ihnen in diesem Kapitel einige Datenbankbegriffe, die im Folgenden immer wieder auftauchen, näher erläutern. Das eigentliche Kapitel über die Theorie der Datenbanken folgt erst im zweiten Teil dieses Buches in Kapitel 9. Bis dahin sollten Sie bereits so viel über Datenbanken gelernt haben, dass Sie motiviert sind, sich auch mit der Theorie auseinander zu setzen. In diesem Teil werden nur gängige und immer wieder verwendete Begriffe geklärt.

Egal ob Sie eine Datenbank mit oder ohne Hilfe des Datenbank-Assistenten anlegen oder eine existierende Datenbank öffnen möchten, Sie müssen sich mit Ordnern und Laufwerken auskennen. Sie müssen wissen, wie Sie Ordner wechseln können, wie Sie das richtige Laufwerk auswählen und auch wie Sie gegebenenfalls einen neuen Ordner oder gar eine ganze Ordnerstruktur anlegen können. Auch dies sollen Sie in diesem Kapitel lernen.

Was ist eine Access-Datenbank?

Wozu eine Datenbank da ist, das kann sich noch fast jeder vorstellen: zum Sammeln und Aufbereiten von Daten. Doch was ist eigentlich eine Datenbank?

In Access besteht eine Datenbank generell aus vier wichtigen Komponenten:

- *Tabellen* enthalten die eigentlichen Daten.
- *Formulare* erleichtern die Eingabe von Daten.
- *Abfragen* ermöglichen das gezielte Auswählen von Daten.
- *Berichte* sind für die Ausgabe von Daten zuständig.

Eine Datenbank wird in der Regel aus verschiedenen Tabellen mit mehreren Formularen, Abfragen und Berichten bestehen, die untereinander verknüpft sind. So müssen Formulare auf Tabellen zugreifen, um bereits eingegebene Daten darstellen zu können. Sollen andererseits Daten in Formulare eingegeben werden, so muss es auch eine Verbindung zwischen dem Formular und der entsprechenden Tabelle geben. Abfragen basieren auf Tabellen. In Abfragen wird ein bestimmter Ausschnitt einer Tabelle angezeigt. Es können aber auch Änderungen des Datenbestands mithilfe von Abfragen vorgenommen werden. Berichte wiederum können auf Tabellen, Teilen von Tabellen oder auf Abfragen beruhen. Diese Zusammenhänge zwischen Tabellen, ihren Abfragen, Formularen und Berichten soll Abbildung 2.1 verdeutlichen.

Abbildg. 2.1   Aufbau einer Access-Datenbank

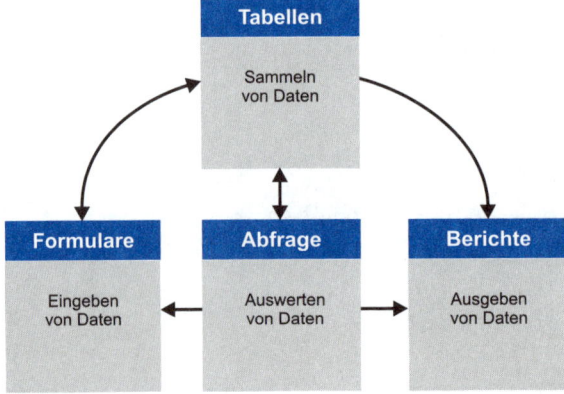

In dem Beispiel im vorangegangenen Kapitel haben Sie bereits eine Datenbank angelegt. Im Folgenden wollen wir uns die einzelnen Komponenten näher ansehen.

1. Öffnen Sie mit dem Menübefehl *Datei/Öffnen* die im Ordner *Eigene Dateien* gespeicherte Datenbank *Kundenkontakte*.

   Bevor die Datenbank geöffnet wird, wird erst einmal eine Sicherheitswarnung angezeigt. Dieses Dialogfeld weist Sie darauf hin, dass die Datenbank, die Sie gerade öffnen möchten, einen Makrovirus enthalten könnte. Allerdings erhalten Sie diese Sicherheitswarnung bei jeder Datei, die Sie öffnen – egal ob sie nur eine einzige Tabelle enthält und somit mit Sicherheit kein Makro oder ob die Datenbank tatsächlich Makros oder anderen Programmcode enthält. Daher muss man sich fragen, wie sinnvoll diese Meldung tatsächlich ist.

Abbildg. 2.2   Diese Sicherheitswarnung wird bei jedem Öffnen einer Datei angezeigt

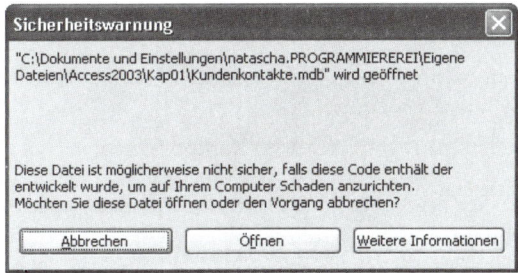

2. Klicken Sie also auf *Öffnen*, um die Datenbank *Kundenkontakte* zu laden.

3. Schließen Sie die Hauptübersicht mit einem Klick auf die *Schließen*-Schaltfläche in der Titelleiste der Hauptübersicht.

   Im leeren Programmfenster sehen Sie links unten das minimierte Datenbankfenster.

Abbildg. 2.3   Das minimierte Datenbankfenster

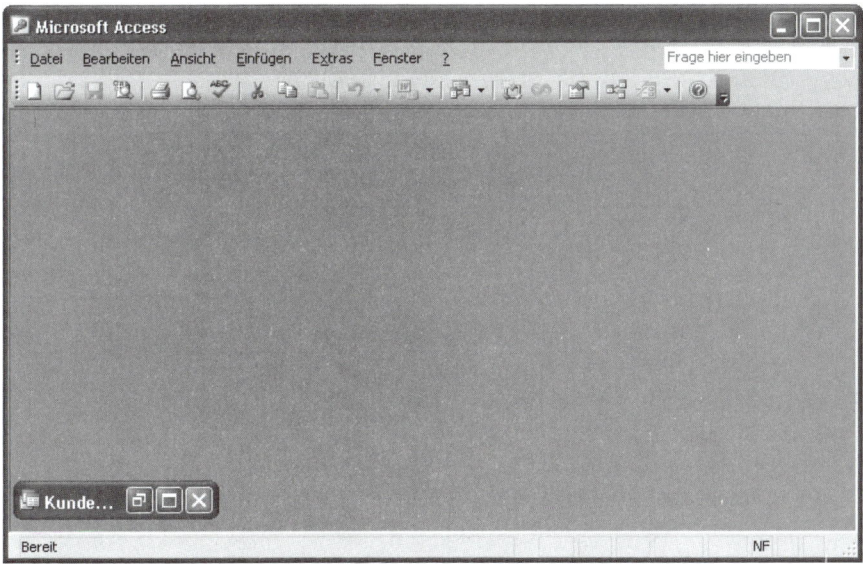

4. Klicken Sie auf die Schaltfläche *Vergrößern*, um das Datenbankfenster im Programmfenster zu öffnen.

Abbildg. 2.4Das Datenbankfenster im Programmfenster

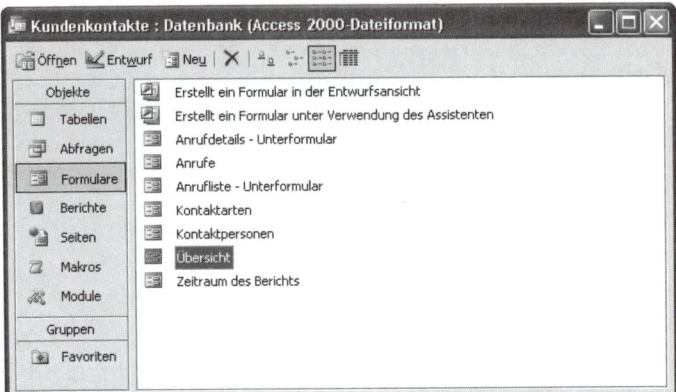

Die Titelleiste des Datenbankfensters zeigt den Namen der Datenbank an, hier *Kundenkontakte*. Ansonsten sind links im Datenbankfenster die verschiedenen Objekttypen durch Anklicken ihres Namens auswählbar. Je nachdem, welcher Objekttyp links im Datenbankfenster ausgewählt ist, werden rechts die entsprechenden Objekte dargestellt. Wahrscheinlich ist bei Ihnen ebenfalls *Formulare* aktiviert; wenn nicht, klicken Sie einfach auf diesen Objekttyp. Im rechten Bereich sehen Sie oben zwei Einträge, mit denen sich neue Formulare erstellen lassen, darunter finden Sie einige bereits definierte Formulare. Sie öffnen ein Formular mit einem Doppelklick auf seinen Namen und schließen es wieder über die *Schließen*-Schaltfläche in der Titelleiste.

HINWEIS   Standardmäßig wird eine Datei im *Access 2000-Dateiformat* gespeichert. Damit kann sie sowohl in Access 2000 als auch in Access 2003 oder in Access 2002 geöffnet werden. Eine Datei im *Access 2002-2003-Format* kann nur in Access 2003 bzw. in Access 2002 geöffnet werden. Die Standardeinstellung können Sie ändern, indem Sie im Menü *Extras* auf *Optionen* und dann auf die Registerkarte *Weitere* klicken. Unter *Standarddateiformat* können Sie das gewünschte Access-Dateiformat wählen.

Der grundlegende Bestandteil der Datenbank sind die Tabellen. Gibt es mehrere Tabellen, so werden sie in der Regel so angelegt, dass sie Daten zu unterschiedlichen Themen enthalten (siehe dazu auch Kapitel 9). Oft gibt es zudem Beziehungen zwischen den einzelnen Tabellen. Im Verlauf des Buches werden Sie verschiedene Tabellen und ihre Beziehungen in der Datenbank *CineCity* kennen lernen.

5. Klicken Sie links in der Leiste im Datenbankfenster auf den Objekttyp *Tabellen*, so können Sie sehen, dass für die aktuelle Datenbank vier verschiedene Tabellen definiert sind.

6. Doppelklicken Sie auf die Tabelle *Kontaktpersonen*, um sich alle Adressen anzusehen, die Sie bereits eingegeben haben.

Die Ansicht auf eine Tabelle, wie sie beispielsweise in der Abbildung 2.5 dargestellt ist, wird unter Access als *Datenblattansicht* bezeichnet. Eine ganze Zeile in einer Tabelle heißt *Datensatz* (engl. record). Jede Zeile wiederum besteht aus einzelnen *Feldern* (engl. fields), die in Spalten angeordnet sind.

Abbildg. 2.5   Datenblatt mit hinterlegtem Datensatz und Feld

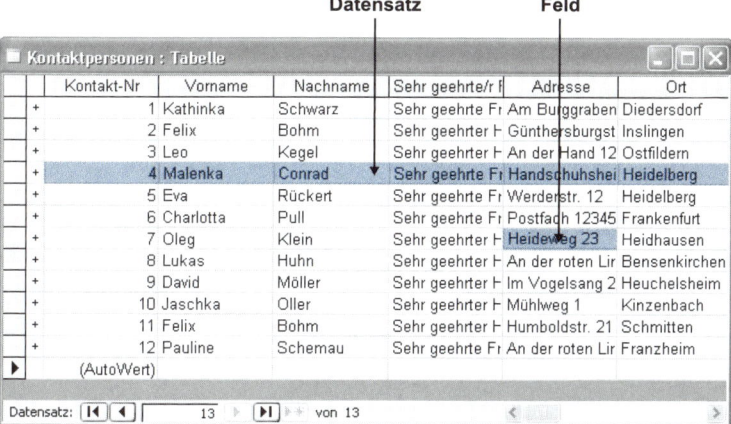

7. Wenn Sie möchten, können Sie sich nun noch die in der Berichtsübersicht aufgelisteten Berichte ansehen. Dazu klicken Sie im Datenbankfenster auf *Berichte*.

Eine neue, leere Datenbank

Nachdem Sie Ihre erste Datenbank mit dem Assistenten angelegt haben und Sie jetzt auch die Einzelteile dieser Datenbank kennen, soll in diesem Abschnitt eine neue Datenbank angelegt werden, für die im Weiteren dann Tabellen, Formulare, Abfragen und Berichte definiert werden.

1. Schließen Sie die Datenbank *Kundenkontakte*.

2. Verwenden Sie den Menübefehl *Datei/Neu* oder klicken Sie einfach auf die Schaltfläche *Neu*. Access aktiviert den Aufgabenbereich *Neue Datei*.

Abbildg. 2.6   Eine neue, leere Datenbank entsteht

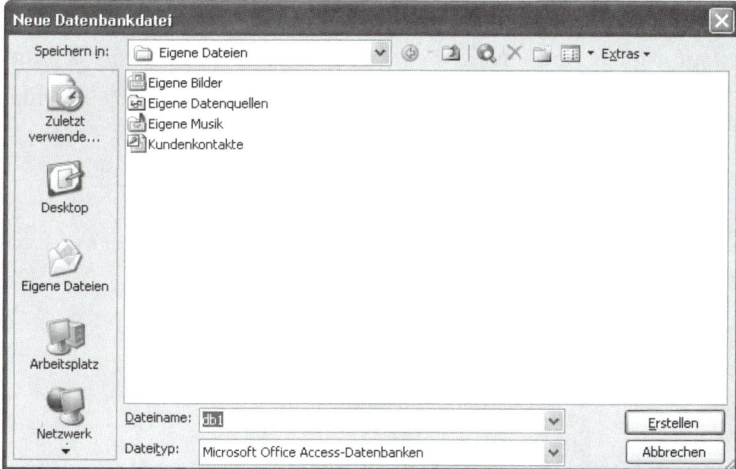

3. Klicken Sie im Aufgabenbereich unter *Neu* auf *Leere Datenbank*.

Access öffnet das Dialogfeld *Neue Datenbankdatei*, in dem Sie der neuen Datenbankdatei einen Namen zuweisen und den Speicherort bestimmen.

Neue Ordner anlegen

Das Kinocenter CineCity möchte die zu erstellende Datenbank nicht einfach in den Ordner *Eigene Dateien* speichern, sondern einen Ordner *Kinocenter* nutzen, in dem neben der Datenbank auch Rechnungen, Mahnungen, Zeichnungen, Briefe und mehr aufgehoben werden sollen. Damit man auch später noch etwas findet, soll gleich von Anfang an Ordnung geschaffen werden.

Es ist geplant, zunächst die in Abbildung 2.7 dargestellte Ordnerstruktur im Ordner *Eigene Dateien* anzulegen.

Abbildg. 2.7   Die neue Ordnerstruktur

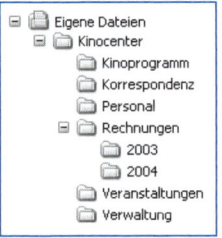

Eine Möglichkeit, eine solche Ordnerstruktur anzulegen, besteht darin, den Windows-Explorer zu starten, im Menü *Datei* den Befehl *Neu* auszuwählen und in dem damit aktivierten Untermenü auf *Ordner* zu klicken.

Einfacher legen Sie einen Ordner direkt in Access an. Im Dialogfeld *Neue Datenbankdatei* finden Sie gleich oben rechts im Feld *Speichern in* den Namen des aktuellen Ordners angegeben. Speichern Sie jetzt Ihre neue Datenbankdatei, so wird sie in diesem Ordner abgelegt. Standardmäßig sollte dieser Ordner *Eigene Dateien* heißen. Der Ordner *Eigene Dateien* wird bei der Installation von Office automatisch angelegt und als Standardordner verwendet. Der Ordner soll Ihre Datenbanken, Texte, Kalkulationen etc. aufnehmen. Auch unsere Ordnerstruktur soll im Ordner *Eigene Dateien* entstehen.

 Im Dialogfeld *Neue Datenbankdatei* finden Sie oben in der Symbolleiste die Schaltfläche *Neuen Ordner erstellen*.

Möchten Sie die oben abgebildete Ordnerstruktur anlegen, gehen Sie so vor:

1. Klicken Sie auf die Schaltfläche *Neuen Ordner erstellen*.

2. Überschreiben Sie im Dialogfeld die Vorgabe *Neuer Ordner* mit *Kinocenter*.

Abbildg. 2.8   Der neue Ordner erhält seinen Namen

Bestätigen Sie die Änderung mit der *OK*-Schaltfläche, so erscheint im Feld *Speichern in* der neue Ordnername. Das heißt, der neue Ordner wurde angelegt und auch sofort geöffnet. Im Dialogfeld werden im Listenfeld die Dateien angezeigt, die sich im neuen Ordner befinden. Da der Ordner *Kinocenter* gerade erst angelegt wurde, ist er natürlich zunächst noch leer.

Erstellen Sie nun im Ordner *Kinocenter* den Ordner *Kinoprogramm*. Dazu klicken Sie wieder auf die Schaltfläche *Neuen Ordner erstellen* und vergeben als Ordnernamen *Kinoprogramm*.

Abbildg. 2.9 Unterordner im Ordner *Kinocenter*

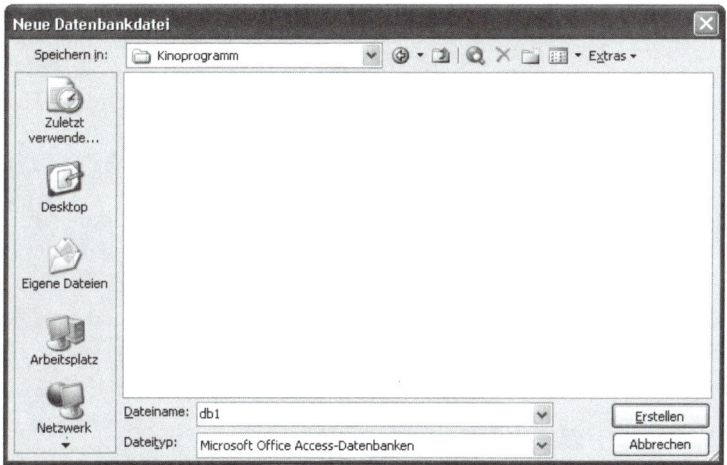

TIPP Möchten Sie einen neuen Ordner anlegen, so können Sie dies später auch im Dialogfeld *Öffnen* tun. Es wird dann schneller gehen, dieses aufzurufen als das Dialogfeld *Neue Datenbankdatei*.

Um einen Ordner *Rechnungen* auf derselben Ebene anlegen zu können wie den Ordner *Kinoprogramm*, müssen Sie nun als Erstes wissen, wie Sie aus dem Ordner *Kinoprogramm* wieder heraus und in den Ordner *Kinocenter* kommen können.

Zwischen Ordnern und Laufwerken wechseln

Zunächst werden wir Ihnen zeigen, wie Sie aus einem angelegten Ordner wieder »herauskommen«, dann erfahren Sie, wie Sie in einen Ordner hineinwechseln.

So wechseln Sie in den darüber liegenden Ordner

Möchten Sie aus einem Ordner in den darüber liegenden wechseln, klicken Sie im Dialogfeld einfach auf die Schaltfläche *Eine Ebene nach oben*.

Haben Sie gerade den Ordner *Kinoprogramm* angelegt und ist dieser Ordner der aktuelle, bewirkt ein Klick auf die Schaltfläche, dass der darüber liegende Ordner *Kinocenter* wieder zum aktuellen Ordner wird.

Nun können Sie den Ordner *Rechnungen* anlegen und im Ordner *Rechnungen* die beiden Unterordner *2003* sowie *2004*.

So wechseln Sie in einen darunter liegenden Ordner

Angenommen, Sie befinden sich in dem Ordner *Kinocenter* und möchten nun im Ordner *Rechnungen* den Ordner *Mahnungen* anlegen, so müssen Sie sich zunächst in den Ordner *Rechnungen* begeben. Was haben Sie zu tun?

Doppelklicken Sie einfach auf den Ordner, den Sie öffnen möchten.

So wechseln Sie zurück in den Vorgängerordner

Möchten Sie zurückwechseln in den Ordner, den Sie zuvor angewählt hatten, können Sie dazu die Schaltfläche mit dem grünen, nach links weisenden Pfeil verwenden. Damit wird der Ordner, aus dem Sie in den aktuellen Ordner gewechselt sind, zum aktuellen.

Über den Dropdownpfeil rechts im Feld *Speichern in* erreichen Sie eine Auswahl mehrerer zuletzt verwendeter Ordner.

So wechseln Sie das Laufwerk

Arbeiten Sie nicht nur auf dem eigenen PC, sondern in einem Netzwerk, oder verfügt Ihr PC über mehrere Festplatten, so ist es für Sie wichtig zu erfahren, wie Sie das Laufwerk wechseln, um Ihre Datenbank auch auf einer anderen Festplatte speichern zu können.

1. Klicken Sie im Dialogfeld auf den Dropdownpfeil rechts im Feld *Speichern in*.

   Sie öffnen so eine Auswahlliste mit dem Pfad des aktuellen Laufwerks, allen weiteren Laufwerken und Platten Ihres Rechners sowie allen Netzlaufwerken, die für Sie freigegeben sind.

Abbildg. 2.10   Auswahl der Laufwerke

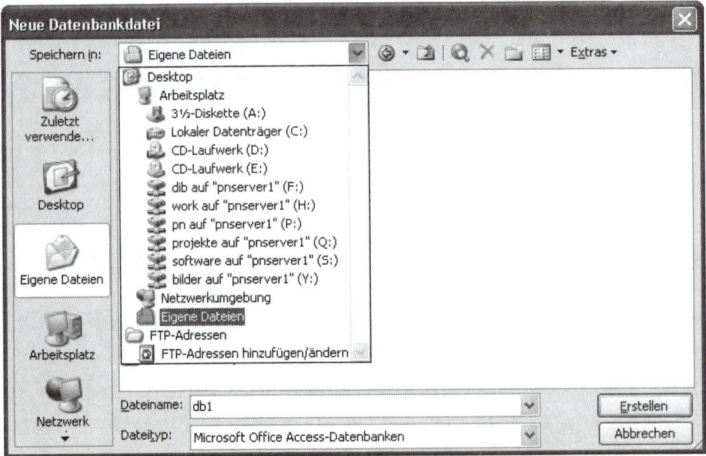

Der Rechner, auf dem die Liste der Laufwerke aktiviert wurde, zeigt folgende Laufwerke an:

Tabelle 2.1   Bedeutung der Symbole der Liste der Laufwerke

Symbol	Bedeutung	Name in der Liste
🖿	Diskettenlaufwerk	3½ -Diskette (A:)
🖿	Festplatte	Lokaler Datenträger (C:)
🖸	CD-ROM-Laufwerk	CD-Laufwerk (D:) und (E:)
🖥	Netzwerklaufwerk	Name der Netzlaufwerke (F:), (H:), (P:), (Q:), (S:) und (Y:)

2. Klicken Sie nun das gewünschte Laufwerk an.

Namensregeln für Ordner und Dateien

Es ist generell sinnvoll, für Ordner und Dateien »sprechende« Namen zu verwenden. Benennen Sie Ihre Ordner und Datenbanken so, dass Sie auch in einem Jahr noch wissen, was der Ordner/die Datenbank beinhaltet. Vermeiden Sie kryptische Namen wie *Brief 12.2.2004* oder *Dokument 13*. Schreiben Sie lieber *Mahnung Hase 12.2.2004* und *Vertrag Schulte wg ProjectTimer*.

Sie können – wie Sie in den Beispielen sehen – in einem Namen sowohl Leerzeichen als auch Ziffern verwenden. Namen können auch – fast – beliebig lang sein. Mitsamt seinem Pfad darf ein Dateiname bis zu 215 Zeichen enthalten. Unter Pfad versteht man die Auflistung des Laufwerks und aller Ordner, die man durchlaufen muss, um schließlich in dem zu landen, in dem die Datei abgelegt ist. Würde beispielsweise die Datei *RNr 10323 13.2.2004* im Unterordner *2004* des Ordners *Rechnungen* gespeichert, der wiederum Unterordner des Ordners *Kinocenter* im Ordner *Eigene Dateien* ist, so würde der Pfad *C:\Dokumente und Einstellungen\Maier\Eigene Dateien\Kinocenter\Rechnungen\2004* lauten, da sich der Ordner *Eigene Dateien* auf der Festplatte *C:* im Ordner *Dokumente und Einstellungen* und dem Ordner mit dem Namen des Benutzers befindet. Zusammen mit dem Dateinamen ergeben sich hier im Beispiel 79 plus 19 Zeichen. Da zu jeder Datei zudem noch eine Endung gehört, erhöht sich die Zeichenanzahl noch einmal um vier weitere Zeichen, nämlich einen Punkt und im Falle einer Access-Datenbank um die Zeichen *mdb*. Alles in allem macht das 102 Zeichen.

> **HINWEIS**   Möchten Sie Dateiendungen anzeigen lassen, starten Sie den Windows-Explorer und wählen den Menübefehl *Ansicht/Optionen* bzw. *Ansicht/Ordneroptionen* bzw. *Extras/Ordneroptionen*. Auf der Registerkarte *Ansicht* klicken Sie dann auf das Häkchen vor *Keine DOS-Erweiterungen für registrierte Dateien* bzw. *Erweiterungen bei bekannten Dateitypen ausblenden*, um es zu entfernen.

Neben den Buchstaben und allen Ziffern können Sie für Ordner- und Dateinamen auch die meisten Zeichen Ihrer Tastatur verwenden. Nicht erlaubt sind die Zeichen »*«, »?«, »:«, »/«, »\«, »<«, »>«, »|« sowie »"«. Schwierigkeiten kann es außerdem mit »ä«, »ö« und »ü« sowie »ß« geben, da einige Programme beispielsweise keine Umlaute in Dateinamen zulassen. Arbeiten Sie also noch mit anderen Programmen und wollen Sie Daten weitergeben, kann es besser sein, diese Zeichen zu meiden.

Unsere neue Datenbank soll den Namen *CineCity* erhalten und im Ordner *Kinoprogramm* abgelegt werden. Gehen Sie dazu so vor:

1. Wählen Sie zunächst den Ordner *Kinoprogramm* per Doppelklick aus.

2. Ersetzen Sie den von Access vorgeschlagenen Namen *db1* durch *CineCity*.

3. Bestätigen Sie die Änderungen mit der Schaltfläche *Erstellen*.

Abbildg. 2.11 Die neue Datenbank bekommt einen Namen

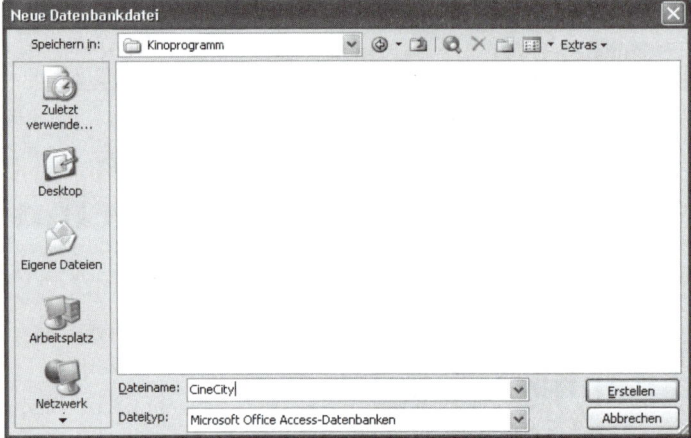

Access legt nun die neue Datenbank mit dem Namen *CineCity* an (Abbildung 2.12).

Abbildg. 2.12 Die neue, leere Datenbank *CineCity*

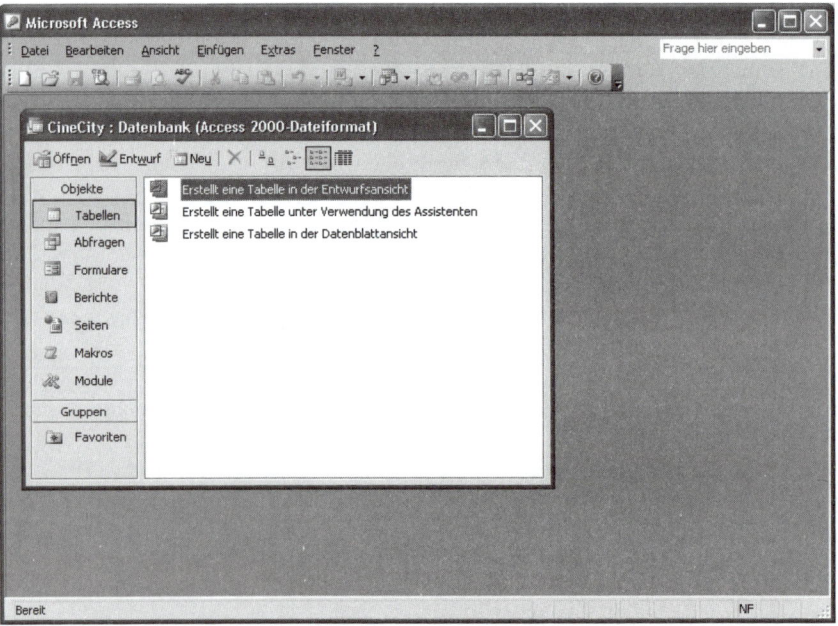

An dieser Stelle würde man jetzt damit beginnen, die ersten Tabellen für die Datenbank anzulegen. Möchten Sie das tun, überblättern Sie den Rest des Kapitels und lesen in Kapitel 3 weiter.

Im folgenden Abschnitt möchten wir Ihnen zeigen, wie Sie aus Access heraus den Standardordner ändern, Ordner und Dateien löschen bzw. umbenennen können, wie Sie nach Datenbanken suchen und was Favoriten sind.

Der Standarddatenbankordner

Speichern Sie eine Datenbank, so wird als Standarddatenbankordner der Ordner *Eigene Dateien* verwendet. Dies ist ein Vorschlag von Access, Sie müssen sich nicht daran halten. Manchmal ist es beispielsweise lästig, dass sich der Ordner *Eigene Dateien* in Windows XP so versteckt im Ordner *Dokumente und Einstellungen* befindet. Arbeiten Sie alleine an Ihrem Rechner, kann es einfacher sein, Sie erstellen Ihren Standardordner direkt auf Laufwerk *C:*.

Sie können also einen anderen Ordner als Standardordner definieren oder aber auch den Ordner *Eigene Dateien* umbenennen.

So definieren Sie einen anderen Standarddatenbankordner

Verwenden Sie bereits einen anderen Ordner sehr häufig und möchten Sie diesen als Ihren Standarddatenbankordner verwenden, verfahren Sie folgendermaßen:

1. Klicken Sie in der Menüleiste von Access auf *Extras* und im Menü dann auf *Optionen*.
2. Wechseln Sie im Dialogfeld zur Registerkarte *Allgemein*.

Abbildg. 2.13 Definieren Sie hier den Standarddatenbankordner

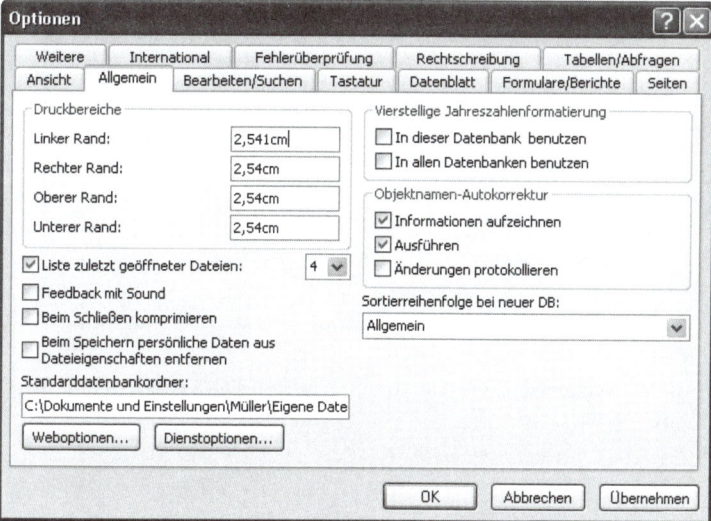

Links unten ist der Pfad des Standarddatenbankordners angegeben. Soll ein anderer Ordner zum Standard werden, überschreiben oder ergänzen Sie einfach den angegebenen Pfad.

Oder ändern Sie den Namen *Eigene Dateien*

Ebenso können Sie den Namen des Ordners *Eigene Dateien* ändern. Dieser Ordner wird dann auch weiterhin als Standarddatenbankordner verwendet, auch wenn er anders heißt.

Wie Sie Ordner oder Dateien einfach umbenennen können, lesen Sie im folgenden Abschnitt.

Dateien und Ordner umbenennen

Um eine Datei oder einen Ordner umbenennen zu können, öffnen Sie entweder das Dialogfeld *Öffnen* oder das Dialogfeld *Speichern unter*. Oft ist es einfacher, sich das Dialogfeld *Öffnen* anzeigen zu lassen. Sie können darin auch die Aktionen an Ordnern und Dateien vornehmen.

1. Klicken Sie auf die Schaltfläche *Öffnen*.
2. Wählen Sie den Ordner aus, der den Ordner oder die Datei enthält, dessen bzw. deren Namen Sie ändern möchten. Für dieses Beispiel wurde im Ordner *Kinocenter* ein Ordner *Briefe* angelegt. Nun soll der Ordner *Briefe* in *Korrespondenz* umbenannt werden, das klingt seriöser.

Abbildg. 2.14   Der Ordner *Briefe* soll einen neuen Namen erhalten

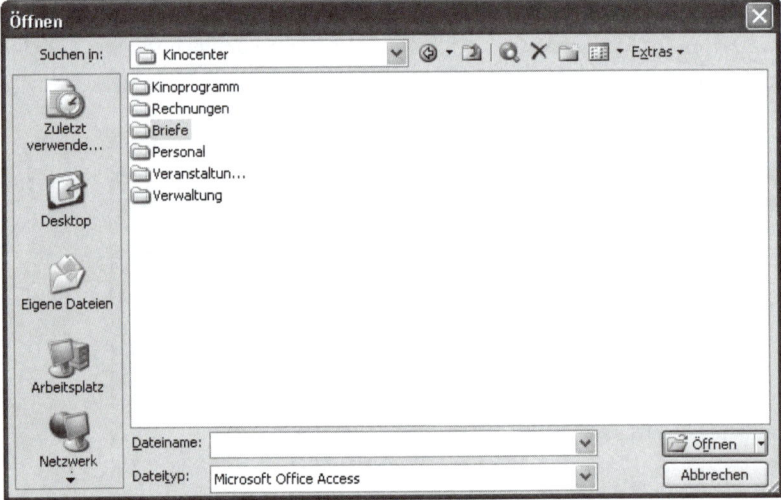

3. Klicken Sie mit der *rechten* Maustaste auf den Ordner *Briefe*. Sie aktivieren damit ein so genanntes Kontextmenü.
4. Wählen Sie darin die Option *Umbenennen*.

Der Schnelleinstieg

Abbildg. 2.15   Das Kontextmenü eines Ordners

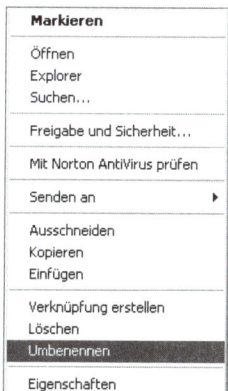

Markieren

Öffnen
Explorer
Suchen...

Freigabe und Sicherheit...

Mit Norton AntiVirus prüfen

Senden an ▸

Ausschneiden
Kopieren
Einfügen

Verknüpfung erstellen
Löschen
Umbenennen

Eigenschaften

Dadurch wird um den ursprünglichen Namen eine Umrandung angezeigt. Zudem sehen Sie hinter dem Namen die Einfügemarke blinken.

5. Korrigieren Sie den Namen.

6. Bestätigen Sie die Änderung mit der ⏎-Taste.

Abbildg. 2.16   Aus *Briefe* wird *Korrespondenz*

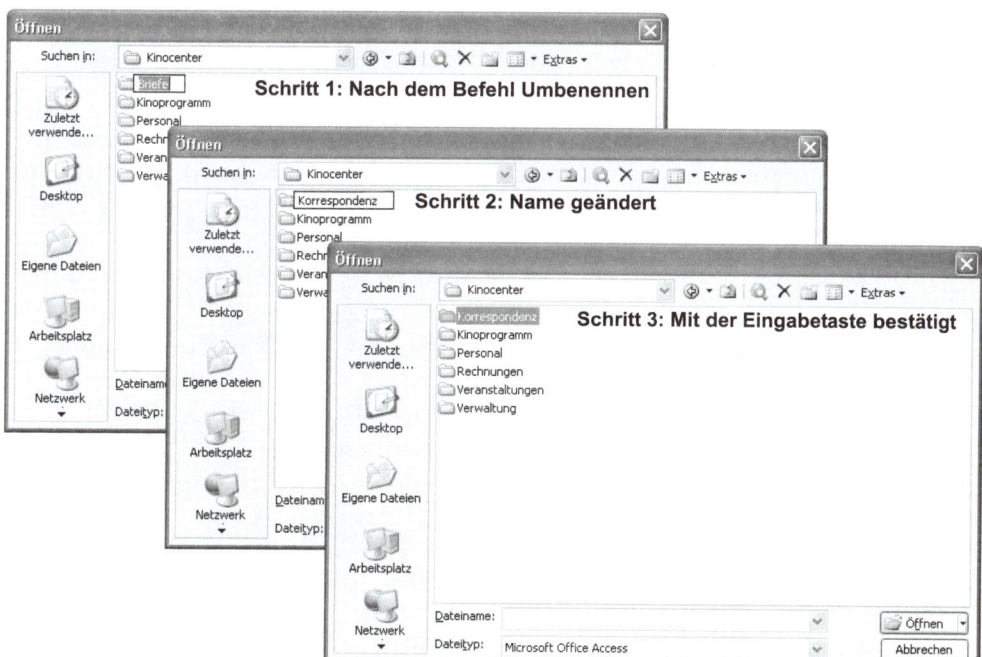

Schritt 1: Nach dem Befehl Umbenennen

Schritt 2: Name geändert

Schritt 3: Mit der Eingabetaste bestätigt

Dateien und Ordner löschen

Soll eine Datei oder ein Ordner gelöscht werden, können Sie dazu ebenfalls das Kontextmenü verwenden.

1. Öffnen Sie das Dialogfeld *Öffnen*.
2. Wählen Sie den Ordner aus, der die Datei bzw. den Ordner enthält, der gelöscht werden soll.
3. Klicken Sie mit der rechten Maustaste auf die Datei oder den Ordner.
4. Wählen Sie im Kontextmenü *Löschen*.
5. Bejahen Sie die Nachfrage von Access, ob die Datei wirklich in den Papierkorb verschoben werden soll.

WICHTIG   Beachten Sie beim Löschen von Ordnern, dass mit dem Ordner auch dessen gesamter Inhalt gelöscht wird. Sämtliche Dateien, die sich im Ordner befinden, landen also zusammen mit dem Ordner im Papierkorb.

ACHTUNG   Den Papierkorb gibt es nur für die lokalen Laufwerke in Ihrem Computer, nicht aber für Netzlaufwerke.

Dateien und Ordner kopieren und verschieben

Dateien und Ordner können sehr leicht mithilfe des Kontextmenüs kopiert oder verschoben werden. Kopieren Sie eine Datei oder einen Ordner, ist die Datei/der Ordner nach dem Kopiervorgang zweimal vorhanden. Verschieben Sie die Datei/den Ordner, gibt es sie/ihn nach dem Vorgang nur einmal. Dazu muss sie/er in ihrem/seinem ursprünglichen Ordner ausgeschnitten und an ihrem/seinem neuen Speicherort eingefügt werden.

Möchten Sie eine Datei oder einen Ordner kopieren oder verschieben, verfahren Sie so:

1. Öffnen Sie das Dialogfeld *Öffnen*.
2. Wählen Sie den Ordner aus, der die Datei bzw. den Ordner enthält, die/der kopiert oder verschoben werden soll.
3. Klicken Sie mit der rechten Maustaste auf die Datei oder den Ordner.
4. Wählen Sie im Kontextmenü *Kopieren* bzw. *Ausschneiden*.
5. Selektieren Sie nun den Ordner, in den die Datei oder der Ordner kopiert oder verschoben werden soll.
6. Klicken Sie dann mit der rechten Maustaste auf das Listenfeld in der Mitte des Dialogfeldes.
7. Wählen Sie im Kontextmenü *Einfügen*.

Dateien auf Diskette kopieren

Möchten Sie eine Datei oder einen Ordner auf Diskette kopieren, unterstützt Sie auch dabei das Kontextmenü:

1. Öffnen Sie das Dialogfeld *Öffnen*.
2. Wählen Sie den Ordner aus, der die Datei bzw. den Ordner enthält, die/der kopiert oder verschoben werden soll.
3. Klicken Sie mit der rechten Maustaste auf die Datei oder den Ordner.
4. Wählen Sie im Kontextmenü *Senden an*. Sie aktivieren so ein Untermenü, in dem Sie die Option *Diskette* finden.
5. Klicken Sie auf *Diskette*, um den Kopiervorgang zu starten.

Datenbanken suchen

Wenn Sie längere Zeit mit Access gearbeitet haben, kann es natürlich sein, dass Sie trotz der von Ihnen angelegten Ordnerstruktur nicht mehr wissen, wo eine bestimmte Datenbank gespeichert ist. Sie können dann nach ihr suchen lassen. Dazu nutzen Sie am besten den Aufgabenbereich *Einfache Suchoptionen*, den Sie über die Schaltfläche *Suchen* angezeigt bekommen.

1. Klicken Sie auf die Schaltfläche *Suchen*.
2. Im Aufgabenbereich *Einfache Suchoptionen* tragen Sie den Namen der zu suchenden Datenbank im Feld *Text suchen* ein.

Abbildg. 2.17   Aufgabenbereich *Einfache Suchoptionen*

Der Schnelleinstieg

Bei Bedarf lässt sich die Suche einschränken oder erweitern. Standardmäßig durchsucht Access den Arbeitsplatz. Die Suche lässt sich einschränken bzw. erweitern, indem Sie auf den Dropdownpfeil hinter *Ausgewählte Speicherorte* klicken. Wählen Sie dort die gewünschten Ordner bzw. Laufwerke aus.

Darunter können Sie auswählen, nach welchen Dateitypen Sie suchen möchten. Standardmäßig wird dort nach allen Office-Datentypen gesucht. Auch diese Suchoption können Sie ändern, indem Sie den Dropdownpfeil am rechten Rand des Kombinationsfeldes anklicken.

3. Ist alles korrekt eingestellt, klicken Sie auf die Schaltfläche *Suche starten*.

Die Suche kann unter Umständen einige Zeit in Anspruch nehmen. Vielleicht lässt sich ja der Speicherort weiter einschränken? Am Ende der Suche werden die Suchresultate im Aufgabenbereich angezeigt. Mit einem Klick auf die gefundene Datenbank wird diese in Access geöffnet.

Abbildg. 2.18 Ein Klick öffnet die gefundene Datenbank

Kennen Sie den Namen nicht mehr vollständig, können Sie sich auch mit Teilen und Platzhaltern behelfen.

■ Tippen Sie einfach den Teil des Namens ein, an den Sie sich noch erinnern können, z.B. *Cine*. Access sucht dann nach allen Datenbanken, in denen diese Zeichen vorkommen. Mit dieser Eingabe werden Datenbanken mit den Namen »Cine«, »FraCine«, »CineCity«, »Cine2Mega« etc. gefunden.

Suchresultate mit *Cine*

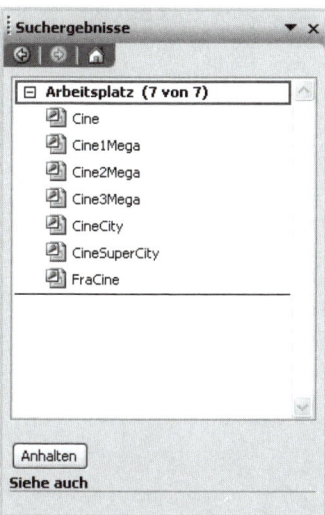

- Erinnern Sie sich daran, dass der Name der Datenbank mit »Cine« angefangen hat, verwenden Sie den Platzhalter »*«, z.B. *Cine**. Damit findet Access ebenfalls alle oben angegebenen Datenbanken mit Ausnahme von »FranCine«, da mit der Eingabe von *Cine** nach Namen gesucht wird, die zwingend mit »Cine« beginnen.

Suchresultate mit *Cine**

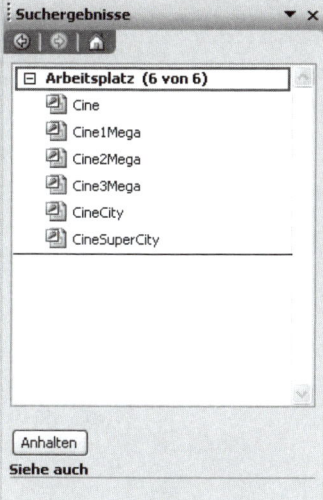

- Benutzen Sie hingegen den Platzhalter »?«, wenn in einem Wort nur ein einziges Zeichen variiert werden soll wie *Cine?Mega*.

Suchresultate mit *Cine?Mega*

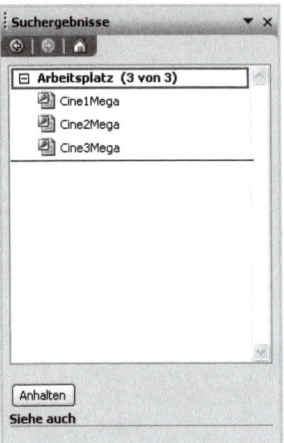

Ordner, die Sie häufig brauchen

Ordner, die Sie häufig verwenden, können Sie in die Umgebungsleiste einfügen. Solche Ordner finden Sie dann immer sehr schnell, sozusagen per Knopfdruck. Wie das geht? Ganz einfach:

So fügen Sie Ordner in die Umgebungsleiste ein

1. Öffnen Sie das Dialogfeld *Öffnen*.
2. Markieren Sie den Ordner, der auf die Umgebungsleiste soll.
3. Wählen Sie dann den Menübefehl *Extras/Zu meiner Umgebung hinzufügen*.
4. Klicken Sie nun unten in der Umgebungsleiste auf das kleine schwarze Dreieck, um den hinzugefügten Ordner zu sehen.

Abbildg. 2.22   Die Umgebungsleiste wurde um den Ordner *Kinocenter* erweitert

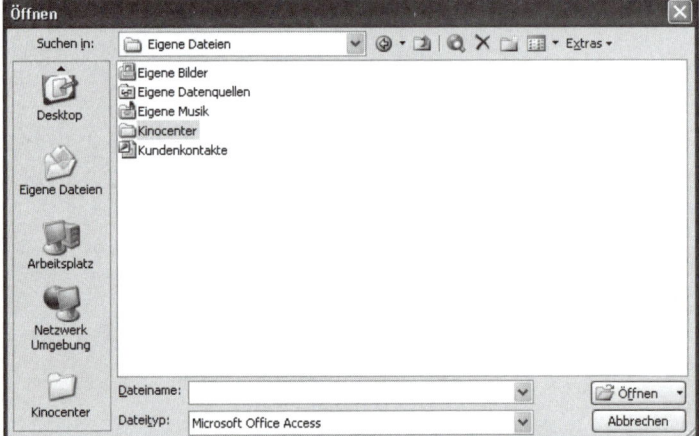

Möchten Sie den neu eingefügten Ordner in der Umgebungsleiste immer angezeigt bekommen, können Sie das Dialogfeld *Öffnen* größer ziehen. Schieben Sie dazu einfach den Mauszeiger über den unteren Rand des Dialogfeldes und ziehen Sie den Rand nach unten.

Die Umgebungsleiste verändern

Haben Sie mehrere Ordner in die Umgebungsleiste eingefügt, so ist das Verlängern des Dialogfeldes keine Lösung mehr. Es gibt aber zwei weitere Möglichkeiten, sich zu helfen: Sie können die Reihenfolge der Symbole in der Umgebungsleiste nach Belieben anpassen und/oder kleine Symbole verwenden.

Reihenfolge der Einträge in der Umgebungsleiste ändern

Im Folgenden möchten wir Ihnen zeigen, wie Sie Ihren Lieblingsordner in der Umgebungsleiste nach oben verschieben können.

1. Verschieben Sie die Umgebungsleiste so, dass Sie den Ordner sehen können, den Sie verschieben möchten.

2. Klicken Sie mit der rechten Maustaste auf das Symbol des Ordners.

3. Wählen Sie im Kontextmenü *Nach oben*.

Ebenso ist es natürlich auch möglich, einen nicht häufig benötigten Eintrag nach unten zu verschieben.

Abbildg. 2.23   Der neue Ordner wurde auf der Umgebungsleiste nach oben verschoben

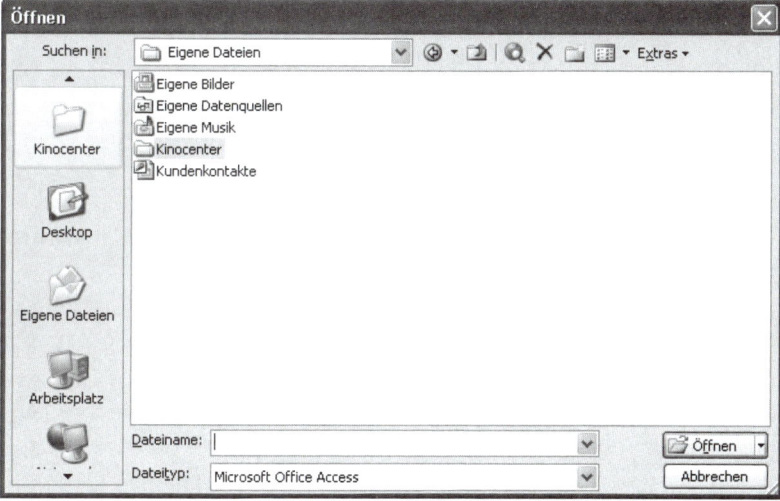

Kleine Symbole in der Umgebungsleiste

Haben Sie viele Symbole in die Umgebungsleiste eingefügt, so ist es sinnvoll, kleine Symbole zu verwenden.

1. Klicken Sie mit der rechten Maustaste auf die Umgebungsleiste.

2. Wählen Sie im Kontextmenü die Option *Kleine Symbole.*

Die Umgebungsleiste sieht dann aus wie in Abbildung 2.24 gezeigt.

Abbildg. 2.24 Die Ordner in der Umgebungsleiste werden mit kleinen Symbolen angezeigt

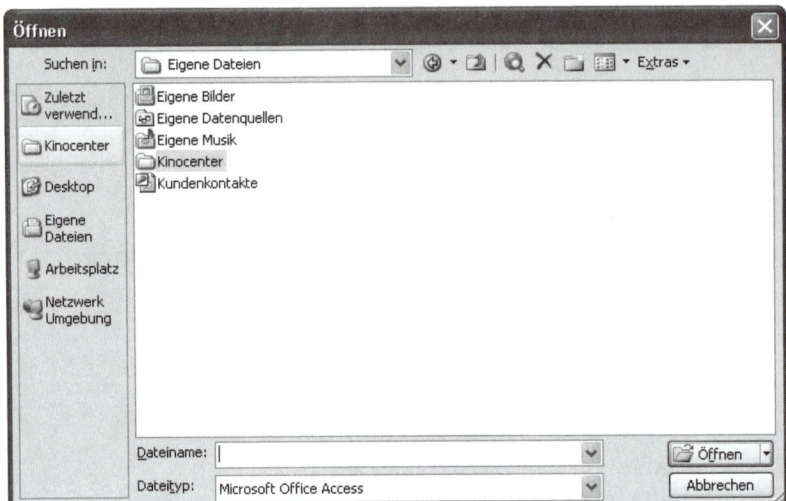

So löschen Sie einen Eintrag aus der Leiste

1. Klicken Sie mit der rechten Maustaste auf das Symbol in der Umgebungsleiste, das Sie löschen möchten.

2. Wählen Sie im Kontextmenü den Befehl *Entfernen.*

Zusammenfassung

In diesem Kapitel haben Sie bereits die ersten Datenbankbegriffe sowie einen weiteren Weg, wie man eine Datenbank anlegt, kennen gelernt.

- Das Kapitel beginnt mit den vier wichtigsten Komponenten einer Access-Datenbank auf Seite 52. Des Weiteren werden wichtige Bergriffe wie Datensatz und Datenfeld auf Seite 55 eingeführt.

- Datenbanken können nicht nur mithilfe eines Assistenten angelegt werden. Auf Seite 56 können Sie nachlesen, wie eine leere Datenbank angelegt wird, für die Sie später Tabellen, Formulare, Berichte sowie Abfragen definieren können.

- Um die Datenbank in den gewünschten Ordner speichern zu können, haben Sie in diesem Kapitel erfahren, wie die Namensregeln für Dateien und Ordner lauten (Seite 59), wie sich neue Ordner anlegen lassen (Seite 56) und wie Sie Ordner bzw. Laufwerke wechseln (ab Seite 57).

- Manchmal kann es hilfreich sein, den Standardordner zu wechseln. Wie das geht, wird ab Seite 61 beschrieben.

- Der Rest des Kapitels ab Seite 62 beschäftigt sich mit nützlichen Tipps rund um das Thema Dateien und Ordner.

Kapitel 3

Der Tabellen-Assistent

In diesem Kapitel:

In einer Datenbank werden verschiedene Tabellen, die die eigentlichen Daten enthalten, zusammen mit Abfragen, Formularen und Berichten gespeichert. Nachdem Sie im letzten Kapitel eine leere Datenbank angelegt haben, zeigen wir Ihnen jetzt, wie Sie Ihre erste Tabelle für die Datenbank erstellen. Dazu nehmen wir in diesem Kapitel den Tabellen-Assistenten zu Hilfe. In Kapitel 10 beschreiben wir, wie Sie Tabellen ohne den Assistenten anlegen.

In diesem Kapitel möchten wir Ihnen den Tabellen-Assistenten vorstellen, mit dem es ein Leichtes ist, eine neue Tabelle zu definieren. Als Beispiel soll uns hier wieder eine Adressdatenbank dienen, die allerdings nur solche Felder enthalten soll, die CineCity für die Anwendung braucht.

1. Starten Sie Access, falls noch nicht geschehen.
2. Öffnen Sie die Datenbank *CineCity*.

Der Entwurf für die Tabelle

Bevor Sie mit Access eine Tabelle erstellen, sollten Sie sich überlegen, was Sie in der Tabelle darstellen wollen. Dazu nehmen Sie am besten Papier und Bleistift zu Hilfe und planen zunächst, welche Daten Sie benötigen (siehe auch Kapitel 9).

CineCity braucht eine Tabelle mit Adressen aller Zeitungen, Zeitschriften und Regionalsender, an die das Kinoprogramm geschickt wird, um es zu veröffentlichen.

Abbildg. 3.1   Handschriftliche Tabelle (Ausschnitt)

Wichtige Felder für die Tabelle sind der Name der Zeitungen, Zeitschriften und Sender sowie der Ansprechpartner, die Adresse, Telefon- und Faxnummer sowie die E-Mail-Adresse, um das Kinoprogramm auch mailen zu können. Dazu wird nun ein Entwurf für die Felder erstellt.

Abbildg. 3.2   Entwurf der Tabelle *Adressenliste*

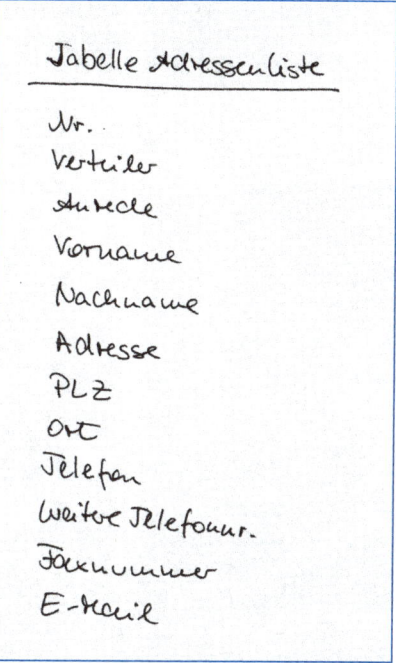

Diese Planung soll im nächsten Schritt auf die Tabelle übertragen werden.

Der Assistent – Schritt für Schritt

Soll eine neue Tabelle angelegt werden, achten Sie darauf, dass in der Objektleiste im Datenbankfenster der Objekttyp *Tabellen* aktiviert ist.

1. Doppelklicken Sie dann auf den Eintrag *Erstellt eine Tabelle unter Verwendung des Assistenten*.

   Alternativ könnten Sie eine Tabelle auch in der Datenblattansicht erstellen. Sie erhalten dabei eine Tabelle, in die Sie wie oben im ersten Entwurf auf Papier die benötigten Daten eintragen können.

   In der Entwurfsansicht können Sie, bevor Sie Daten eintragen, festlegen, welche Art von Daten eine Spalte enthalten soll; wir werden in Kapitel 10 eine Tabelle in der Entwurfsansicht erstellen.

HINWEIS   Möchten Sie eine bereits in einer anderen Datenbank erstellte Tabelle importieren, klicken Sie auf die Schaltfläche *Neu* in der Symbolleiste des Datenbankfensters und wählen *Tabelle importieren* aus. Wir werden das Importieren von Tabellen in Kapitel 13 besprechen.

Soll eine Tabelle einer anderen Datenbank verknüpft eingefügt werden, so dass Sie zwar auf die Daten der Tabelle zugreifen, aber an der Struktur dieser Tabelle keine Änderungen vornehmen können, klicken Sie ebenfalls auf die Schaltfläche *Neu* und wählen dann *Tabelle verknüpfen* aus. In Kapitel 13 befassen wir uns auch mit dem Verknüpfen von Tabellen.

Haben Sie den Tabellen-Assistenten gestartet, wird das in Abbildung 3.3 gezeigte Dialogfeld geöffnet, in dem Sie links verschiedene Beispieltabellen finden. Darüber sehen Sie zwei Optionsfelder, mit deren Hilfe Sie die geschäftlichen oder die privaten Beispieltabellen anzeigen lassen können. Wählen Sie eine der Tabellen aus, so werden in der mittleren Liste verschiedene zu dieser Tabelle passende Felder angezeigt.

Abbildg. 3.3   Wählen Sie die benötigten Felder aus

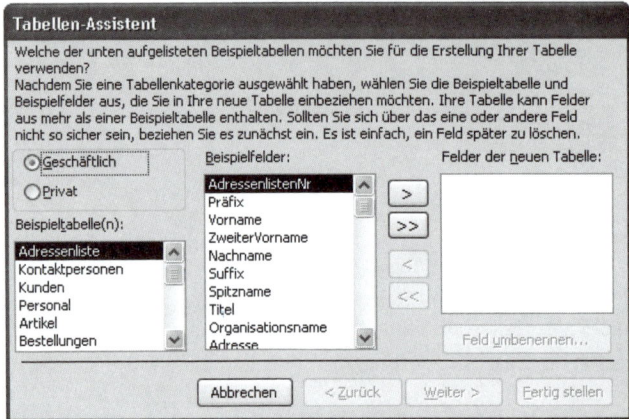

2. Selektieren Sie nacheinander die Felder, die für die Tabelle benötigt werden.

3. Klicken Sie auf die Schaltfläche mit dem nach rechts weisenden Pfeil, um das entsprechende Feld in Ihre Liste aufzunehmen.

   Zum Hin- und Herschieben der Felder stehen Ihnen die folgenden Schaltflächen zur Verfügung:

   > sorgt dafür, dass das Feld aus der Mitte in die rechte Liste übernommen wird.

   >> übernimmt alle Felder der mittleren Liste in die neue Tabelle.

   < nimmt das markierte Feld aus der rechten Liste wieder heraus.

   << entfernt alle Felder aus der rechten Liste.

In Abbildung 3.4 sehen Sie einige der Felder, die CineCity für die benötigte Tabelle ausgewählt hat. Dabei können Sie die Felder in der Reihenfolge eingeben, die Sie benötigen, unabhängig von der in der mittleren Liste vorgegebenen Reihenfolge. Die ersten fünf Felder, die Sie nicht im Bild sehen können, lauten: *AdressenlistenNr, Organisationsname, Präfix, Vorname* und *Nachname*.

Abbildg. 3.4 Die Felder der Tabelle *CineCity*

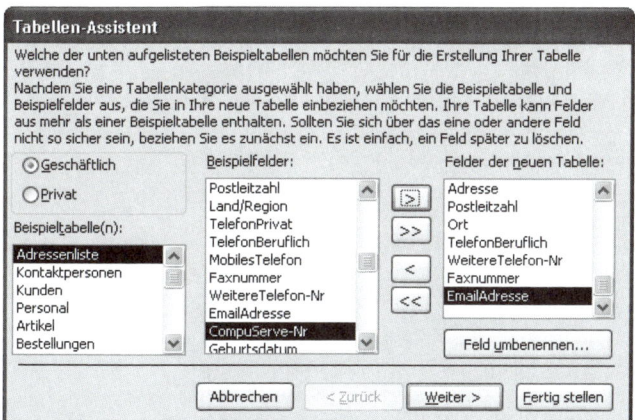

Benennen Sie die Felder um, die in Ihrer Tabelle anders heißen sollen. Im Beispiel soll das Feld *Organisationsname* in *Verteiler* geändert werden.

4. Markieren Sie dazu das Feld *Organisationsname* und klicken Sie auf die Schaltfläche *Feld umbenennen*.

5. Überschreiben Sie den angezeigten Namen im Dialogfeld *Feld umbenennen* durch *Verteiler*.

Abbildg. 3.5 *Organisationsname* soll *Verteiler* heißen

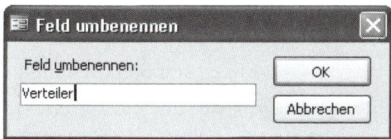

6. Ändern Sie zudem das Feld *Präfix* in *Anrede* und das Feld *Postleitzahl* in *PLZ* um.

Im nächsten Schritt, den Sie nach dem Anklicken der Schaltfläche *Weiter* erreichen, geht es um den Namen der Tabelle und den Primärschlüssel. Möchten Sie den vorgeschlagenen Namen für die Tabelle ändern, überschreiben Sie ihn einfach.

Was ein Primärschlüssel ist, erfahren Sie im Detail in Kapitel 9. Hier nur so viel: Jede Tabelle in Access braucht zwingend einen Primärschlüssel. Das ist in der Regel eine Zahl, die in der gesamten Tabelle nur ein einziges Mal vorkommt. Sie wird dazu benötigt, jeden Eintrag der Tabelle eindeutig identifizieren zu können. Am besten lassen Sie an dieser Stelle den Assistenten sich den Kopf darüber zerbrechen, welches Feld für einen Primärschlüssel geeignet ist. Verwenden Sie eine Nummerierung in der Tabelle, wird er sich dieses Feld aussuchen. Falls ein solches Feld nicht vorgesehen ist, fügt der Assistent einfach eines dazu.

Primärschlüssel vom Assistenten festlegen lassen

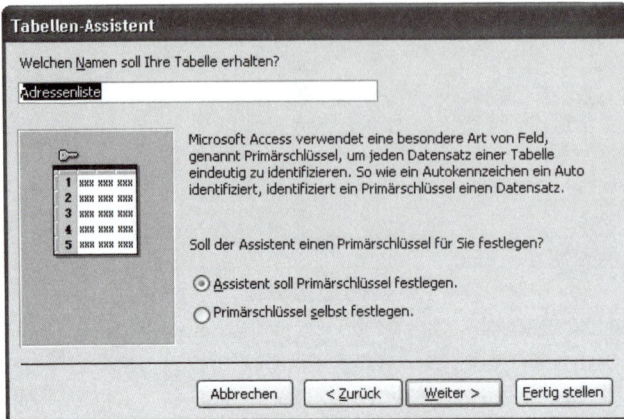

Klicken Sie auf *Weiter*, können Sie im nächsten Schritt auswählen, was Sie tun wollen, wenn die Tabelle fertig gestellt ist. Da manche Access-Anwender den Tabellen-Assistenten nur dazu verwenden, den ersten Anfang zu machen und dann die Tabelle weiter verändern möchten, wird zunächst angeboten, dass Sie den Tabellenentwurf ändern können. Wie das geht, können Sie in Kapitel 11 nachlesen. Die zweite Option legt nahe, sofort Daten in die Tabelle einzugeben. Mit der dritten Option rufen Sie direkt im Anschluss einen weiteren Assistenten auf, um ein Eingabeformular zu definieren. Der Umgang mit dem Formular-Assistenten ist Inhalt des Kapitels 5.

7. Lassen Sie also die zweite Option aktiviert und klicken Sie auf *Fertig stellen*.

Danach geht's ans Eintippen

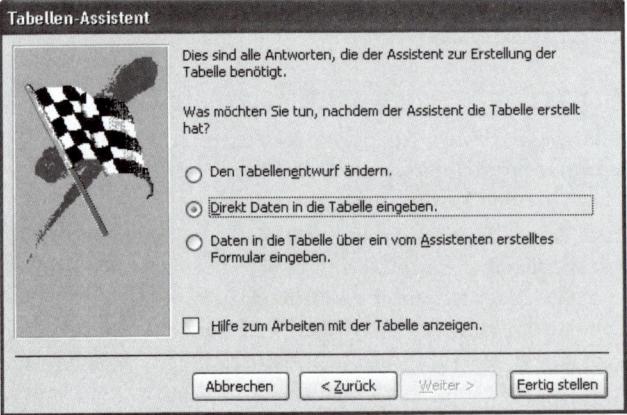

Sie erhalten so die in Abbildung 3.8 gezeigte Tabelle, in der Sie sogleich mit der Dateneingabe beginnen können. Sollten Sie Fragen dazu haben, lesen Sie einfach im nächsten Kapitel weiter.

Abbildg. 3.8 Hier können Sie jetzt Ihre Adressen eingeben

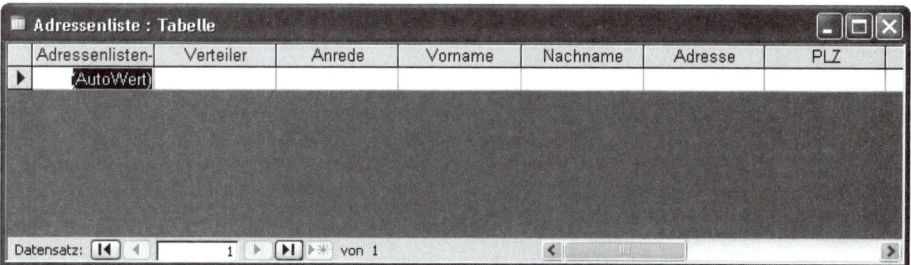

 Schließen Sie die Tabelle mit einem Klick auf die *Schließen*-Schaltfläche in der Titelleiste, so finden Sie jetzt im Datenbankfenster die neue Tabelle eingetragen.

Abbildg. 3.9 Die neue Tabelle

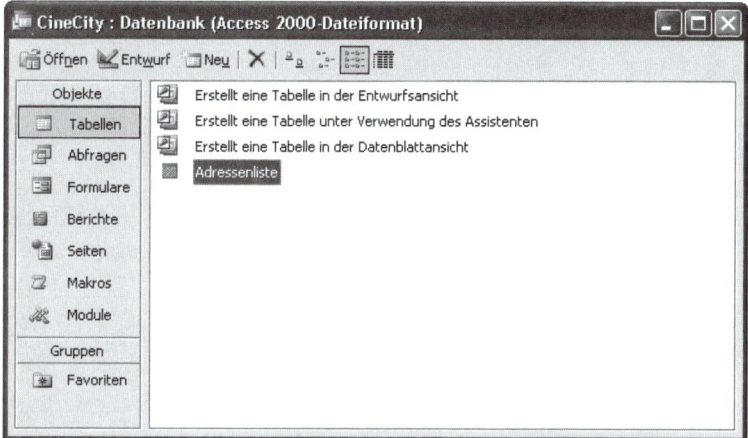

Und die anderen Beispieltabellen?

Im ersten Fenster des Tabellen-Assistenten haben Sie im vorherigen Abschnitt als Beispieldatenbank die Adressenliste ausgewählt. Neben dieser Liste gibt es weitere Beispieltabellen. Im Folgenden sollen die vorgesehenen Felder der einzelnen Beispieltabellen zusammengefasst werden.

Viele der Felder kommen in mehreren Beispieltabellen vor. Da Sie Felder aus verschiedenen Beispieltabellen mischen können, um so Wiederholungen zu vermeiden, wurden in der Tabelle nur die neuen Felder der neuen Beispieltabelle aufgeführt. Die Tabelle zeigt zuerst die Option *Geschäftlich* und anschließend die Option *Privat*.

Tabelle 3.1   Felder der Beispieltabellen

Beispieltabelle	Felder
Adressenliste	AdressenlistenNr, Präfix, Vorname, ZweiterVorname, Nachname, Suffix, Spitzname, Titel, Organisationsname, Adresse, Ort, Bundesland, Region, Postleitzahl, Land, Land/Region, TelefonPrivat, TelefonBeruflich, MobilesTelefon, Faxnummer, Weitere-Telefon-Nr, EmailAdresse, CompuServe-Nr, Geburtsdatum, Nationalität, NotfallKontaktperson, NotfallTelefon, Aktualisierungsdatum, Mitgliedsstatus, Beitrittsdatum, Spendenbetrag, SpendenzahlungDatum, Beitragshöhe, Beitragszahlungsdatum, Hobbies, Gesundheitsthemen, Foto, Anmerkungen
Kontaktpersonen	Kontakt-Nr, Vorname, Nachname, Sehr geehrte/r Frau/Herr, Adresse, Ort, Bundesland, Postleitzahl, Region, Land/Region, Firma, Titel, TelefonBeruflich, Durchwahl Büro, TelefonPrivat, MobilesTelefon, Faxnummer, EmailAdresse, Geburtsdatum, DatumLetzteBesprechung, Kontaktart-Nr, BezugnahmeDurch, Foto, Anmerkungen, Familienstand, EhepartnerName, EhepartnerInteressen, KinderNamen, Heimatort, KontaktpersonenInteressen
Kunden	Kunden-Nr, Firma, KontaktVorname, KontaktNachname, FirmaOderAbteilung, Rechnungsadresse, Ort, Bundesland, Postleitzahl, Land/Region, KontaktpersonPosition, Telefonnummer, Durchwahl, Faxnummer, EmailAdresse, Anmerkungen
Personal	Abteilungsname, PersonalNr, Sozialversicherungsnummer, PersonalNummer, Versicherungsnummer, Vorname, ZweiterVorname, Nachname, Titel, EmailName, Durchwahl, Adresse, Ort, Bundesland, Region, Postleitzahl, Land/Region, TelefonPrivat, TelefonBeruflich, Abteilungs-Nr, Geburtsdatum, Leihdatum, Gehalt, Zahlungsrate, Abzüge, LeiterNr, EhepartnerName, NotfallKontaktperson, NotfallTelefon, Foto, Anmerkungen, Bürostandort
Artikel	ArtikelNr, Artikelname, Artikelbeschreibung, Kategorie-Nr, LieferantenNr, Seriennummer, Lagerbestand, VorrätigeEinheiten, Einzelpreis, Mindestbestand, Auslaufartikel, Entwicklungszeit
Bestellungen	BestellNr, Kunden-Nr, PersonalNr, Bestelldatum, EinkaufBestellNummer, ErforderlichAb, Zusagedatum, Liefername, Lieferadresse, Lieferort, Bundesland, BundeslandOderRegion, BestimmungsortPLZ, Bestimmungsland, LieferantTelefonnummer, Lieferdatum, VersandartNr., Frachtkosten, Umsatzsteuersatz
Bestelldetails	BestelldetailNr, BestellNr, ArtikelNr, Verkaufsdatum, Menge, Einzelpreis, Rabatt, Verkaufspreis, Umsatzsteuer, Summenzeile
Lieferanten	LieferantenNr, Lieferantenname, Kontaktperson, KontaktpersonPosition, Adresse, Ort, Postleitzahl, Bundesland, Land/Region, Telefonnummer, Faxnummer, Zahlungsfristen, EmailAdresse, Anmerkungen
Kategorien	Kategorie-Nr, Kategoriename
Zahlungen	ZahlungsNr, KundenNr, ArbeitsauftragsNr, BestellNr, ReservierungsNr, MitgliedsNr, RegistrierungsNr, ProjektNr, Zahlungsbetrag, Zahlungsdatum, Zahlungsweise, Schecknummer, Kreditkartenart, Kreditkartennummer, KartenbesitzerName, KreditkarteGültig, KreditkartenBerechtigung, Zahlungsfristen, ZahlungsweiseNr, Anmerkungen
Rechnungen	RechnungsNr, KundenNr, PersonalNr, Liefer-Nr, Status, Rechnungsdatum, Verkaufsberatername, Lieferdatum, VersandAn, VersandÜber, Versandkosten, Anmerkungen
Rechnungsdetails	RechnungsdetailNr, RechnungsNr, BestellNr, ArtikelNr, Menge, Stückpreis, Zahlungsfristen, Rabatt
Projekte	ProjektNr, Projektname, Projektbeschreibung, Klienten-Nr, EinkaufBestellNr, ProjektGeschätzteGesamtrechnung, PersonalNr, ProjektAnfangsdatum, ProjektEnddatum

Tabelle 3.1   Felder der Beispieltabellen *(Fortsetzung)*

Beispieltabelle	Felder
Veranstaltungen	VeranstaltungsNr, Veranstaltungsname, VeranstaltungsartNr, Status, Veranstaltungsort, Anfangsdatum, Enddatum, Anfangszeit, Endzeit, ErforderlichesPersonal, Bestätigt, VerfügbareBereiche, KostenProPerson, Veranstaltungsbeschreibung, Anmerkungen, PersonalNr
Reservierungen	ReservierungsNr, KundenNr, VeranstaltungsNr, PersonalNr, ReservierteMenge, Reservierungsdatum, FälligkeitEinzahlung, FälligeSumme, BezahlterBetrag, Bestätigt, Anmerkungen
Abgerechnete Zeit	AbgerechneteZeitNr, KundenNr, ProjektNr, PersonalNr, Abrechnungsdatum, BetragProStunde, AbzurechnendeStunden, Anmerkungen
Kosten	KostenNr, PersonalNr, Kostenart, ZweckderKosten, AusgegebenerBetrag, Beschreibung, Kaufdatum, Vorlagedatum, Darlehensbetrag, Zahlungsweise
Lieferungen	Liefer-Nr, Kunden-Nr, BestellNr, PersonalNr, VersandÜber, VersandprotokollCode, Lieferdatum, TelefonnummerLieferant, LieferungVon, Bestimmungsadresse, Zielort, Zielregion, ZielortPLZ, Zielland, AnkunftDatumZeit, AktuellerOrt, Päckchengröße, PäckchenGewicht, Aufnahmeort, Aufnahmedatum/-zeit, ErhaltenVon, Frachtkosten, Anmerkungen
Posten	Posten-Nr, Postenbeschreibung, PersonalNr, Postenkategorie-Nr, StatusNr, Abteilungs-Nr, HändlerNr, Fabrikat, Modell, Modellnummer, Seriennummer, Strichcode-Nr, Erwerbsdatum, Verkaufsdatum, Einkaufspreis, Abschreibungsmethode, Abschreibungsdauer, Altmaterialwert, AktuellerWert, Kommentare, Beschreibung, NächsteGeplanteWartung
Dienstleistungsakten	DienstleistungsaktenNr, Posten-Nr, Servicedatum, PersonalNr, Problembeschreibung, Beschreibung, Zusagedatum, Auslieferdatum, ErhaltenVon, Arbeitsstunden, GeschätzteKosten, AktuelleKosten, ErsetzteTeile, DatumLetzterService, NächstesSevicedatum, KilometerSeitLetztemService, StundenSeitLetztem Service, BerechtigtDurch, Fertigstellungsdatum, Geschlossen
Überweisungen	ÜberweisungsNr, ZahlungsNr, Überweisungsnummer, Überweisungsdatum, Überweisungsbeschreibung, Überweisungsbetrag, KontoNr, Referenznummer, AnzahlEinheiten, Entnahmebetrag, Einzahlungsbetrag, AngefalleneZinsen, Kauf- oder Verkaufsdatum, Kauf- oder Verkaufspreis, Servicekosten, Steuerpflichtig, Anmerkungen
Aufgaben	AufgabenNr, Aufgabenbeschreibung, Anfangsdatum, Enddatum, Anmerkungen
PersonalUndAufgaben	PersonalaufgabenNr, PersonalNr, AufgabenNr
Kursteilnehmer	KursteilnehmerNr, Vorname, ZweiterVorname, Nachname, NamenEltern, Adresse, Ort, Bundesland, Postleitzahl, Telefonnummer, EmailName, Hauptfach, Kursteilnehmernummer, Anmerkungen
Kursteilnehmer und Kurse	KursNr, Kurs-Nr, KursteilnehmerNr, Klasse
Adressen, privat	Adressen-Nr, Vorname, Nachname, Ehepartnername, KinderNamen, Adresse, Ort, Bundesland, Postleitzahl, Land/Region, EmailAdresse, TelefonPrivat, TelefonBeruflich, Durchwahl Büro, MobilesTelefon, Faxnummer, Geburtsdatum, SendenKarte, DatumLetztesGespräch, Aktualisierungsdatum, Spitzname, Anmerkungen, Hobbies, Gesundheitsthemen, Foto

Tabelle 3.1 Felder der Beispieltabellen *(Fortsetzung)*

Beispieltabelle	Felder
Gäste	GastNr, Präfix, Vornamen, Nachnamen, EhepartnerName, KinderNamen, Adresse, Ort, Bundesland, Region, Postleitzahl, Land/Region, TelefonPrivat, TelefonBeruflich, MobilesTelefon, WeitereTelefon-Nr, Faxnummer, EmailAdresse, Aktualisierungsdatum, DatumLetztesGespräch, AnzahlBesuche, Bestätigt, TagesbetreuungErforderlich, Gesundheitsthemen, Aufenthaltsort, Raumnummer, EincheckDatumZeit, AuscheckDatumZeit, Eingecheckt, Geschenkübergabe, DankeNotizGesendet, Anmerkungen
Kategorien	Kategorie-Nr., Kategoriename
Haushaltsinventar	HaushaltsinventarNr, Kategorie-Nr, RaumNr, Elementname, Elementtyp, Beschreibung, Hersteller, Modell, Modellnummer, Seriennummer, Kaufdatum, Einkaufsort, Einkaufspreis, Schätzwert, Versichert, Anmerkungen, Foto
Rezepte	RezeptNr, Rezeptname, Rezeptbeschreibung, Herkunft, WelcheMahlzeit, Nahrungsmittelkategorie, Vegetarisch, Vorbereitungszeit, AnzahlPortionen, Kalorien/Portion, Ernährungsinformationen, Zutaten, Anleitungen, Anmerkungen, Küchengeräte
Pflanzen	PflanzenNr, AllgemeinerName, Gattung, Art, Blütezeit, Lichterfordernisse, TemporäreBevorzugungen, Düngeintervall, Gießintervall, Kaufdatum, Einkaufsort, Pflanzdatum, Umtopfdatum, Schneidedatum, Düngedatum, Gießdatum, Foto, Anmerkungen
Übungsprotokoll	ÜbungsprotokollNr, PersonenNr, Aktivität, Trainingsdatum, Übungsart, AerobicOderAnaerobic, Übungszeit, StreckeZurückgelegt, Ruhepuls, MaximalerPuls, VerbrauchteKalorien, StundenGeschlafene, Anmerkungen
Ernährungsprotokoll	ErnährungsprotokollNr, PersonenNr, Ernährungsart, Erwerbsdatum, WelcheMahlzeit, KohlehydrateInGramm, EiweißInGramm, FettInGramm, SummeKalorien, NatriumInMilligramm, Vitamine, Anmerkungen
Weinliste	WeinlistenNr, Weinname, Weinberg, Auswahl, Jahrgang, WeinsortenNr, Farbe, HalbtrockenOderTrocken, Ursprungsland, Region, Ausschankanleitungen, ProzentAlkohol, VorrätigeMenge, MarktwertProFlasche, Flaschengröße, Anmerkungen
Filmrollen	FilmNr, Filmname, Filmart, Filmempfindlichkeit, Farbfilm, Film-Ablaufdatum, Entwicklungsdatum, EntwickeltVon, Kamera, Anmerkungen
Fotos	FotoNr, FilmNr, AufnahmeortNr, Fotonummer, Aufnahmedatum, Aufnahmezeit, Aufnahmestelle, Fachname, Fachtelefon, VerwendeteLinse, Blende, Belichtungszeit, VerwendeterFilter, Blitzlicht, Abzugsgröße, Anmerkungen
Autoren	Autor-Nr, Vorname, Nachname, Nationalität, Geburtsdatum, Geburtsort, Trainingsort, Haupteinflüsse, VerstorbenAm, Foto, Anmerkungen
Bücher	Buch-Nr, Titel, ThemenNr, CopyrightJahr, ISBNNummer, Herausgebername, OrtVeröffentlichung, ÜbersetzerIn, Einkaufspreis, Ausgabenummer, Einband, Kaufdatum, Seiten, Regalnummer, Anmerkungen
Gruppen	Foto, Anmerkungen
Dienstleistungsakten	DienstleistungsaktenNr, Posten-Nr, Servicedatum, PersonalNr, Problembeschreibung, Beschreibung, Zusagedatum, Auslieferdatum, ErhaltenVon, Arbeitsstunden, GeschätzteKosten, AktuelleKosten, ErsetzteTeile, DatumLetztenService, NächstesServicedatum, KilometerSeitLetztemService, StundenSeitLetztemService, BerechtigtDurch, Fertigstellungsdatum, Geschlossen
Unterhaltungskünstler	UnterhaltungskünstlerNr, Unterhaltungskünstlername, MitgliedInNr, Foto, Geburtsdatum, Geburtsort, VerstorbenAm, Anmerkungen

Tabelle 3.1 Felder der Beispieltabellen *(Fortsetzung)*

Beispieltabelle	Felder
Aufnahmen	AufnahmeNr, Aufnahmetitel, UnterhaltungskünstlerNr, MusikkategorieNr, Aufnahmebeschriftung, Herausgabejahr, Format, AnzahlSpuren, Kaufdatum, Einkaufspreis, Anmerkungen
Videosammlung	VideoSammlungsNr, Filmtitel, Schauspielerin-Nr, Schauspieler-Nr, DirektorNr, HerstellerNr, Herausgabejahr, Bewertung, Fach, Länge, Erwerbsdatum, EingekauftBei, Einkaufspreis, Beurteilung, BeispielVideoClip, Anmerkungen
Konten	KontoNr, Kontonummer, Kontoname, Kontoart-Nr, Kontoart, Beschreibung, Anmerkungen
Investitionen	InvestitionsNr, KontoNr, Sicherheitsname, Sicherheitssymbol, Sicherheitstyp, AktienImBesitz, Aktion, Typ, Netto, Anmerkungen

Zusammenfassung

Tabellen lassen sich am einfachsten mithilfe des Tabellen-Assistenten erstellen.

- Um eine Tabelle anzulegen, sollten Sie mit dem Entwurf auf Papier beginnen (Seite 72).

- Bei der Umsetzung können Sie sich dann von einem der Tabellen-Assistenten unterstützen lassen, deren Funktionsweise ab Seite 73 beschrieben wird.

- Ab Seite 77 finden Sie eine Übersicht über die zur Verfügung stehenden Tabellen-Assistenten.

Kapitel 4

Der Umgang mit Tabellen

Die erste Tabelle der Datenbank *CineCity* ist angelegt, nun soll es in diesem Kapitel darum gehen, wie eine solche Tabelle gefüllt wird, wie Eingabefehler korrigiert werden können, wie Sie nach bestimmten Begriffen suchen und nach Spalten sortieren können u.Ä. Möchten Sie nicht alle Datensätze angezeigt bekommen, sondern nur diejenigen, die einer bestimmten Bedingung genügen, so können Sie einen Filter verwenden. Filterbedingungen lassen sich zudem miteinander verknüpfen und so auch komplexe Suchkriterien angeben.

Wir werden Ihnen in diesem Kapitel außerdem zeigen, wie Sie eine Tabelle formatieren und drucken können. Dies macht allerdings nur im Einzelfall Sinn. Normalerweise würde man einen Bericht generieren, für den es viel mehr Möglichkeiten der Formatierung gibt, und diesen dann auch drucken.

Datensätze eingeben und korrigieren

Daten können in Tabellen direkt eingegeben werden, wie wir es in diesem Kapitel beschreiben, oder Sie definieren ein Formular, um Daten darin komfortabler eingeben zu können. Wie Sie Formulare definieren, ist in Kapitel 5 und ausführlich in Teil D beschrieben.

Datensätze eingeben

Öffnen Sie die Tabelle *Adressenliste*, indem Sie wie folgt vorgehen:

1. Wählen Sie im Datenbankfenster links den Objekttyp *Tabellen*.
2. Markieren Sie den Namen der Tabelle.

3. Klicken Sie auf die Schaltfläche *Öffnen*.

Alternativ können Sie zum Öffnen auch auf den Namen der Tabelle doppelklicken.

Abbildg. 4.1 Die leere Tabelle *Adressenliste*

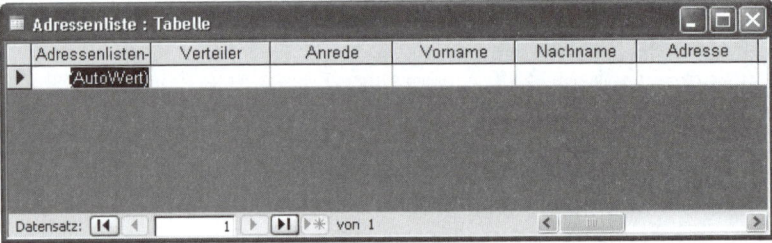

Die im Assistenten festgelegten Felder finden Sie in der Tabelle nun als Spaltenüberschriften.

Im allerersten Eingabefeld sehen Sie den Eintrag *(AutoWert)*. Erst wenn Sie die Zeile vollständig ausgefüllt haben und in die nächste Zeile wechseln, wird dieser Eintrag durch eine Zahl ersetzt. Diese Zahl wird von Access selbsttätig zugewiesen und zwar so, dass jede Nummer in der gesamten Datenbank nur ein einziges Mal vorkommt. Möchten Sie sich in der Tabelle von Zelle zu Zelle bewegen, verwenden Sie dazu

- die Maus,
- die ⏎-Taste,

- die ⟨⇆⟩-Taste oder
- die Pfeiltasten.

Um das Speichern Ihrer Datensätze brauchen Sie sich nicht zu kümmern, das tut Access für Sie: Sobald Sie eine Zeile verlassen, wird der entsprechende Datensatz automatisch gespeichert.

Datensätze korrigieren

Haben Sie sich beim Eingeben der Daten vertippt, verwenden Sie zum Korrigieren die ⟨Entf⟩- oder die ⟨⟵⟩-Taste.

Einen bereits gespeicherten Datensatz können Sie bearbeiten, indem Sie

1. einfach vor oder hinter das falsche Zeichen klicken und
2. dieses mit der ⟨Entf⟩- und der ⟨⟵⟩-Taste löschen.

Beim Eingeben und Korrigieren von Datensätzen werden in der Spalte der Zeilenmarkierer (das ist die Schaltfläche vor jeder Zeile) unterschiedliche Symbole angezeigt:

 zeigt den ersten leeren Datensatz an.

▶ kennzeichnet den aktuellen Datensatz, also den Datensatz, in dem sich gerade die Einfügemarke befindet.

 kennzeichnet einen Datensatz, der nachträglich bearbeitet oder korrigiert wird.

Verlassen Sie einen Datensatz, den Sie nachträglich korrigieren, verschwindet das Stiftsymbol und der Datensatz wird gespeichert.

Änderungen rückgängig machen

 Unter bestimmten Bedingungen können Sie Änderungen an Datensätzen und Datenfeldern auch wieder zurücknehmen. Verwenden Sie den Menübefehl *Bearbeiten/Rückgängig* oder die Schaltfläche *Rückgängig*, um die letzte Aktion rückgängig zu machen. Sollten Sie beispielsweise Daten aus Versehen gelöscht haben, können Sie sie zurückholen, falls zwischen dem Löschen und *Rückgängig*-Befehl kein weiterer Vorgang lag. *Bearbeiten/Rückgängig* nimmt jeden Access-Befehl zurück, für den es möglich ist. Je nach vorangegangener Aktion besteht im Menü *Bearbeiten* hinter *Rückgängig* die Möglichkeit zum Herstellen des Zustands vor der letzten Änderung, z.B. *Rückgängig: Eingabe* oder *Rückgängig: Gespeicherter Datensatz* oder aber eben *Rückgängig: nicht möglich*.

Das Eingeben von Daten erleichtern

Es gibt Funktionen, die die Eingabe in Tabellen vereinfachen. Sie finden im Menü *Datensätze* die Option *Daten eingeben*. Haben Sie diesen Menüpunkt gewählt, erscheint eine scheinbar leere Tabelle am Bildschirm. Es werden jetzt nur die von Ihnen neu eingegebenen Datensätze im Datenblatt gezeigt.

Abbildg. 4.2 Nur der neu eingegebene Datensatz ist sichtbar

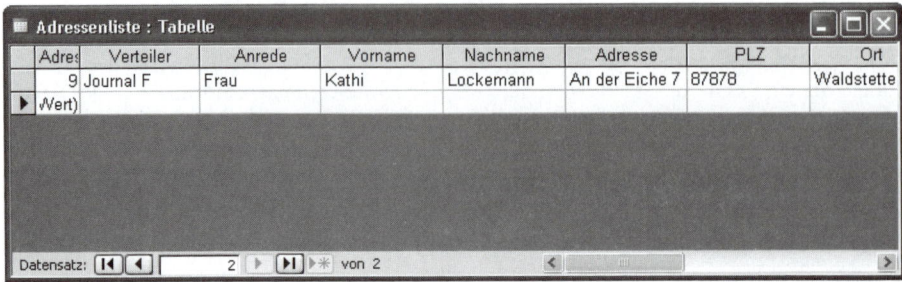

Möchten Sie wieder alle Datensätze der Tabelle sehen, verwenden Sie den Menübefehl *Datensätze/ Filter/Sortierung entfernen*.

Spalten fixieren

Angenommen, Sie möchten die Faxnummern Ihrer Adressenliste korrigieren. Im Moment ist das sehr schwierig, da Sie sich entweder die Spalte *Verteiler* anzeigen lassen können oder die Faxnummern. Haben Sie in der Tabelle nach rechts geblättert, so dass Sie die Faxnummer sehen können, ist links der Name des Verteilers verschwunden. Um sich das Ablesen in diesem Fall zu erleichtern, kann man die Spalte der Verteiler links fixieren und sich dann mit den Pfeiltasten so weit nach rechts bewegen, bis die Spalte der Faxnummern auf dem Bildschirm erscheint.

Für das folgende Beispiel soll die Spalte *Verteiler* fixiert werden.

1. Platzieren Sie dazu die Einfügemarke in ein Feld dieser Spalte.
2. Wählen Sie dann den Menübefehl *Format/Spalten fixieren* aus.

Wenn Sie eine Spalte fixieren, wird sie zunächst am linken Rand der Tabelle angeordnet. Zudem finden Sie rechts von der fixierten Spalte eine verstärkte Spaltentrennlinie. Bewegen Sie sich in Ihrer Tabelle nach rechts, erscheinen die Spalten, die zuvor zu weit rechts lagen, um angezeigt zu werden.

Abbildg. 4.3 Fixierte Spalte *Verteiler*

Spaltenfixierung aufheben

Benötigen Sie die Fixierung nicht mehr, können Sie sie über den Menübefehl *Format/Spaltenfixierung aufheben* rückgängig machen. Sie werden feststellen, dass dabei aber die Reihenfolge der Spalten geändert wird. Die fixierte Spalte erscheint nun ganz links. Möchten Sie die ursprüngliche

Reihenfolge wiederherstellen, lesen Sie dazu den Abschnitt »Spalten verschieben« weiter hinten in diesem Kapitel.

Abbildg. 4.4   Die Reihenfolge der Spalten wurde verschoben

	Verteiler	Adres	Anrede	Vorname	Nachname	Adresse	PLZ	Or
	Allgemeine Zeit	1	Frau	Sabine	Maier	Hauptstr. 12	80321	Poing
	Sonntagsblatt	2	Herrn	Kurt	Wächter	Hintergasse 4	81234	Kirchhei
▶	BFF	3	Frau	Helene Susann	Sauer	Ringstr. 123	83233	Friedhei
	Journal Bayern	4	Frau	Sophie	Ertl	Höhenblick 60	82222	Berghau
	Das Blattl	5	Herrn	Simon	Klein	Hauptstr. 1	82111	Seehein
	Nachrichten in !	6	Herrn	Sebastian	Seidler	Finkenhof 33	82121	Häuser
	Kulturzeiten	7	Frau	Sigrid	Sonnemann	Birkenweg 2	83433	Erhause
	Radio 105,9	8	Herrn	Lukas	Richter	Am hohen Steir	83233	Friedhei

Datensatz: |◀ ◀   3   ▶ ▶| ▶✱   von 9

Felder oder Datensätze markieren

Möchten Sie ein Feld – also eine einzelne Zelle – oder einen Datensatz – eine ganze Zeile – löschen oder kopieren, müssen Sie sie zunächst markieren. Sie können ein Feld markieren, indem Sie

- den Text im Feld mit der Maus per Doppelklick markieren,
- sich mit den Pfeiltasten Ihrer Tastatur in das entsprechende Feld bewegen oder
- den Mauszeiger an den linken Rand der Zelle des gewünschten Feldes stellen, so dass sich der Mauszeiger vom normalen Texteingabesymbol in ein dickes Kreuz umwandelt, und damit die Zelle anklicken.

Einen Datensatz markieren Sie, indem Sie

- den Zeilenmarkierer der gewünschten Zeile anklicken oder
- den Cursor in die entsprechende Zeile stellen und dann den Menübefehl *Bearbeiten/Datensatz auswählen* selektieren.

Sie können alle Datensätze auf einmal markieren, indem Sie

- den Cursor in ein beliebiges Feld stellen und dann den Menübefehl *Bearbeiten/Alle Datensätze auswählen* wählen oder
- die Tastenkombination Strg + A drücken.

Felder oder Datensätze löschen

Haben Sie ein Feld oder einen Datensatz markiert, ist es ein Einfaches, es bzw. ihn zu löschen. Wählen Sie entweder den Menübefehl *Bearbeiten/Löschen*, drücken Sie die Entf-Taste oder klicken Sie auf die Schaltfläche *Datensatz löschen* der Symbolleiste.

Hatten Sie einen ganzen Datensatz markiert, fragt Access noch einmal nach, ob Sie wirklich den Datensatz löschen möchten.

Abbildg. 4.5 Soll der Datensatz wirklich gelöscht werden?

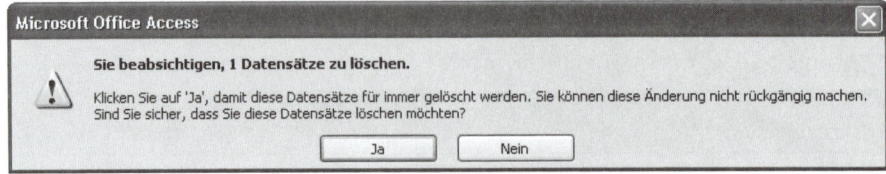

Ein Klick auf die Schaltfläche *Nein* zaubert den Datensatz zurück auf den Bildschirm. Bestätigen Sie mit *Ja*, ist er wirklich weg.

Felder oder Datensätze kopieren und verschieben

Möchten Sie ein Feld oder einen Datensatz kopieren oder verschieben, so müssen Sie das Feld oder den Datensatz zuallererst einmal markieren.

Zum Kopieren verfahren Sie dann so:

1. Markieren Sie das Feld oder den Datensatz.

2. Kopieren Sie die Markierung mit dem Menübefehl *Bearbeiten/Kopieren*, mit der Tastenkombination Strg + C , mit der Schaltfläche *Kopieren* oder mit dem Befehl *Kopieren* aus dem Kontextmenü (Mausklick mit der rechten Maustaste auf die Markierung).

3. Markieren Sie nun das Feld oder den Datensatz, an dessen Stelle das kopierte Feld/der kopierte Datensatz eingefügt werden soll.

4. Verwenden Sie dann den Menübefehl *Bearbeiten/Einfügen*, die Tastenkombination Strg + V , die Schaltfläche *Einfügen* oder den Befehl *Einfügen* im Kontextmenü.

Und so verfahren Sie zum Verschieben:

Das Verschieben funktioniert nach genau demselben Prinzip. Da Sie dabei allerdings ausschneiden und nicht kopieren möchten, verwenden Sie im zweiten Schritt den Menübefehl *Bearbeiten/Ausschneiden*, die Tastenkombination Strg + X , die Schaltfläche *Ausschneiden* oder die gleichlautende Option im Kontextmenü.

Beachten Sie beim Einfügen:

Befindet sich in einem Feld bereits Text, der beim Einfügen überschrieben werden soll, achten Sie beim Markieren darauf, dass auch wirklich der gesamte Text der Zelle markiert ist.

Abbildg. 4.6 Überschreiben des Feldes

Markierung vor dem Einfügen			Nach dem Einfügen		
Herr	Kurt	Wächter	Herr	Kurt	Wächter
Frau	Helene	Sauer	Frau	Susanne	Sauer
Frau	Sophie	Ertl	Frau	Sophie	Ertl

Haben Sie nur die Einfügemarke im Feld platziert, so wird beim Einfügen der Text zum ursprünglichen Text hinzugefügt.

Abbildg. 4.7   Zum Text hinzufügen

Markierung vor dem Einfügen			Nach dem Einfügen		
Herr	Kurt	Wächter	Herr	Kurt	Wächter
Frau	Helene|	Sauer	Frau	HeleneSusanne	Sauer
Frau	Sophie	Ertl	Frau	Sophie	Ertl

Möchten Sie einen ganzen Datensatz einfügen, besteht die Möglichkeit,

■ ihn mit *Bearbeiten/Am Ende anfügen* hinter alle bisherigen Datensätze der Tabelle anzuhängen oder

■ mit dem ausgeschnittenen oder kopierten Datensatz einen anderen markierten Datensatz zu überschreiben.

Spalten verschieben

Spalten lassen sich leicht verschieben. Als Beispiel soll im Folgenden die Spalte *Verteiler* wieder hinter die Spalte *Adressenlisten-Nr* verschoben werden.

1. Markieren Sie die Spalte *Verteiler*, indem Sie auf den Spaltenmarkierer über der Spalte klicken.

Abbildg. 4.8   Markierte Spalte *Verteiler*

2. Klicken Sie erneut auf den Spaltenmarkierer und halten Sie die Maustaste gedrückt.

3. Ziehen Sie die markierte Spalte über die Spalte *Anrede*.

WICHTIG   Ziehen Sie die markierte Spalte immer über die Spalte, die später rechts von der verschobenen liegen soll. Beim Ziehen können Sie dabei anhand einer schwarzen dicken Linie sehen, wo die markierte Spalte eingefügt wird.

Möchten Sie mehrere nebeneinander liegende Spalten markieren, klicken Sie deren Spaltenmarkierer an und halten dabei die ⟨⇧⟩-Taste gedrückt. Klicken Sie dann erneut auf die Markierung, können Sie alle markierten Spalten gleichzeitig verschieben.

Suchen und Ersetzen

In der Regel werden Tabellen, mit denen Sie später arbeiten, nicht so übersichtlich sein wie die als Beispiel verwendete Tabelle *Adressenliste*. Stellen Sie sich vor, Sie müssten unter 1000 Datensätzen die Adresse von Maria Kowalew finden. Da wären Sie einen Moment beschäftigt. Eben deshalb bietet Ihnen Access die im Folgenden beschriebene Unterstützung.

Nach Datensätzen suchen

Angenommen, Sie möchten nach einem bestimmten Namen suchen.

1. Platzieren Sie die Einfügemarke irgendwo in der Spalte mit den Namen.

2. Klicken Sie auf die Schaltfläche *Suchen*.

   Alternativ können Sie auch den Menübefehl *Bearbeiten/Suchen* oder die Tastenkombination ⟨Strg⟩+⟨F⟩ verwenden.

3. Sie aktivieren in jedem Fall ein Dialogfeld, in das Sie zunächst den Suchbegriff eingeben müssen.

Abbildg. 4.9 Suche in der Spalte *Nachname*

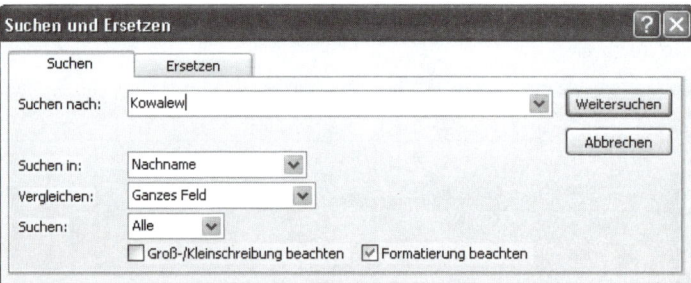

4. Klicken Sie nun auf die Schaltfläche *Weitersuchen*, dann sucht Access von der aktuell selektierten Zelle in der Spalte nach unten.

Im Feld *Suchen in* können Sie festlegen, ob in der aktuellen Spalte – hier der Spalte *Nachname* – oder in der gesamten Tabelle gesucht werden soll.

Definieren Sie im Feld *Vergleichen*, was Access mit Ihrem Suchbegriff vergleichen soll – einen *Teil des Feldinhaltes*, ein *Ganzes Feld* oder den *Anfang des Feldinhaltes*. Suchen Sie beispielsweise nach dem Begriff »Hahn«, so finden Sie mit der Option *Ganzes Feld* alle Ansprechpartner, die Hahn heißen. Mit der Option *Anfang des Feldinhaltes* finden Sie zudem auch noch Namen wie Hahnenkamm oder Hahnheim. Die allgemeinste Form ist die Option *Teil des Feldinhaltes*. Damit finden Sie zusätzlich auch Namen wie Auerhahn.

Im Feld *Suchen* legen Sie bei Bedarf eine Suchrichtung fest. Klappen Sie das Dropdown-Listenfeld auf, können Sie angeben, dass Access in der aktuellen Spalte nur nach unten (*Abwärts*), nur nach oben (*Aufwärts*) oder in beide Richtungen (*Alle*) suchen soll.

Mithilfe des Kontrollkästchens *Groß-/Kleinschreibung beachten* legen Sie fest, dass nur nach der eingegebenen Schreibweise gesucht wird. Mit dem Suchbegriff »Hahn« finden Sie beispielsweise Auerhahn nicht mehr, aber immer noch den Doppelnamen Auer-Hahn.

Das Kontrollkästchen *Formatierung beachten* bezieht sich auf Zahlenfelder. Suchen Sie beispielsweise nach einem Datum und möchten – aus irgendeinem Grund – nur Datumswerte in der Schreibweise 2.2.04 anstelle von 02.02.04 berücksichtigt wissen, sollte das Optionsfeld aktiviert sein.

Ersetzen

Möchten Sie einen bestimmten Begriff durchgängig in der gesamten Tabelle durch einen anderen ersetzen, verwenden Sie den Menübefehl *Bearbeiten/Ersetzen* oder die Tastenkombination ⌨Strg⌨+⌨H⌨.

Als Beispiel sollen in der gesamten Tabelle die Einträge »Herr« in »Herrn« geändert werden. Dann kann man später bei der Erstellung von Serienbriefen für die Adresse direkt die Einträge der Tabelle verwenden.

1. Platzieren Sie die Einfügemarke in der Spalte *Anrede*.
2. Öffnen Sie das Dialogfeld *Ersetzen*.
3. Tragen Sie den Suchbegriff ein und dann den Begriff, durch den der Suchbegriff ersetzt werden soll.

Abbildg. 4.10   Begriffe in der Tabelle ersetzen

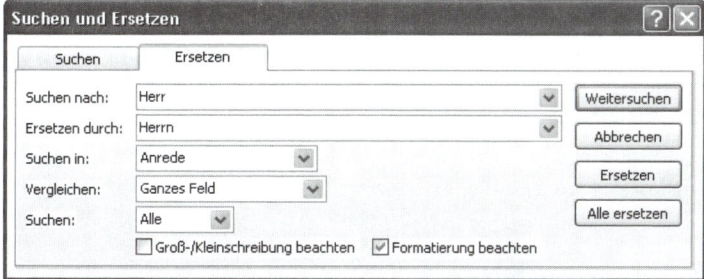

Klicken Sie dann auf die Schaltfläche *Alle ersetzen*, so sucht Access in der aktuellen Spalte nach den Suchbegriffen und ersetzt alle. Manchmal ist es erforderlich, dass man das Ersetzen der einzelnen Begriffe überwacht. Dann können Sie mit der Schaltfläche *Weitersuchen* jeweils den Begriff suchen. Soll er ersetzt werden, klicken Sie auf die entsprechende Schaltfläche, falls nicht, klicken Sie auf *Weitersuchen*.

Tabellen sortieren

Wenn Sie möchten, können Sie Ihre Tabelle sehr leicht nach verschiedenen Spalten sortiert anzeigen lassen. So soll die Tabelle *Adressenliste* alphabetisch nach dem Verteiler sortiert angezeigt werden.

1. Klicken Sie in die Spalte *Verteiler*.

2. Klicken Sie dann auf die Schaltfläche *Aufsteigend*.

Abbildg. 4.11   Die Tabelle *Adressenliste* wurde alphabetisch nach dem Feld *Verteiler* sortiert

Adres	Verteiler	Anrede	Vorname	Nachname	Adresse	PLZ	Ort
1	Allgemeine Zeit	Frau	Sabine	Maier	Hauptstr. 12	80321	Poing
3	BFF	Frau	Helene Susann	Sauer	Ringstr. 123	83233	Friedheim
5	Das Blattl	Herrn	Simon	Klein	Hauptstr. 1	82111	Seeheim
4	Journal Bayern	Frau	Sophie	Ertl	Höhenblick 60	82222	Berghausen
9	Journal F	Frau	Kathi	Lockemann	An der Eiche 7	87878	Waldstette
7	Kulturzeiten	Frau	Sigrid	Sonnemann	Birkenweg 2	83433	Erhausen
6	Nachrichten in :	Herrn	Sebastian	Seidler	Finkenhof 33	82121	Häuser
8	Radio 105,9	Herrn	Lukas	Richter	Am hohen Stein	83233	Friedheim
2	Sonntagsblatt	Herrn	Kurt	Wächter	Hintergasse 4	81234	Kirchheim

Adressenliste : Tabelle

Datensatz: |◄ ◄ 1 ► ►| ►* von 9

Möchten Sie eine Spalte von Z bis A sortieren oder sollen die großen Zahlen nach oben, so verwenden Sie einfach die nächste Schaltfläche, nämlich *Absteigend*.

Datensätze filtern

Bisweilen kommt es vor, dass Sie nur bestimmte Datensätze angezeigt bekommen möchten, beispielsweise alle Datensätze, in deren Adresse ein bestimmter Ort vorkommt, oder alle Datensätze eines bestimmten Postleitzahlengebiets oder alle Frauen oder, oder ...

Der Tabelle *Adressenliste* wurde zu Demonstrationszwecken ein weiterer Datensatz eines Radiosenders zugefügt, der wie der Sender BFF in Friedheim angesiedelt ist.

Auswahlbasierte Filter

Aufgabe soll es nun sein, aus der Tabelle alle Datensätze herauszufiltern, für die in der Spalte *Ort* Friedheim eingetragen ist. Verfahren Sie dazu so:

1. Positionieren Sie die Einfügemarke in eine Zelle, in der Friedheim eingetragen ist.

2. Klicken Sie dann auf die Schaltfläche *Auswahlbasierter Filter*.

Es werden alle Datensätze ausgeblendet, bis auf die beiden Sender aus Friedheim.

Abbildg. 4.12   Zwei herausgefilterte Datensätze

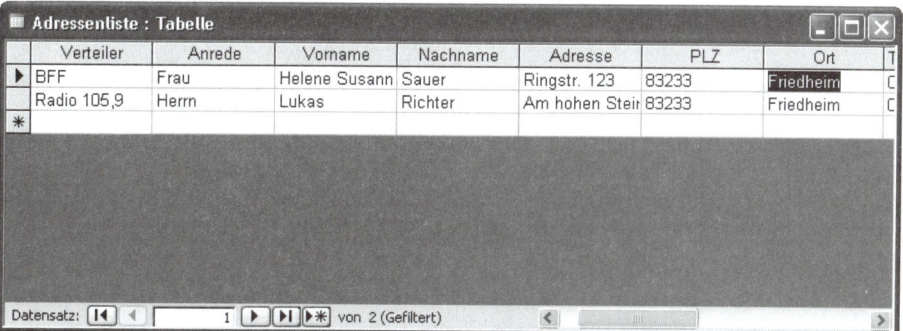

 Möchten Sie wieder alle Datensätze sehen, klicken Sie einfach auf die Schaltfläche *Filter entfernen*, die jetzt »gedrückt« dargestellt wird.

Im nächsten Schritt sollen alle Datensätze gefiltert werden, für die die Postleitzahl mit den Ziffern *83* beginnt.

1. Markieren Sie in der Spalte der Postleitzahlen in einer Zelle die ersten beiden Ziffern einer Postleitzahl, die mit *83* beginnt.

2. Klicken Sie dann auf die Schaltfläche *Auswahlbasierter Filter*, um die in Abbildung 4.13 zu sehenden Auswahl angezeigt zu bekommen.

Abbildg. 4.13   Alle Verteiler, deren Postleitzahl mit *83* beginnt

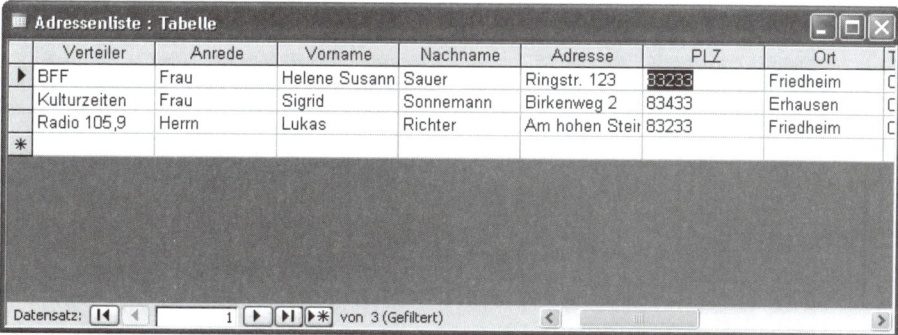

Sie sehen, Sie können eine Tabelle sowohl nach dem Inhalt einer ganzen Zelle als auch nach einem Teil einer Zelle filtern. Das Ergebnis ist einfach davon abhängig, was Sie in einer Zelle markiert haben.

Formularbasierte Filter

Zwischen den beiden bereits besprochenen Filterschaltflächen finden Sie eine weitere, die *Formularbasierter Filter* heißt. Wie dieser Filter angewendet werden kann, soll das folgende Beispiel zeigen:

1. Klicken Sie auf die Schaltfläche *Formularbasierter Filter*.

Damit blenden Sie alle Datensätze aus.

2. Möchten Sie beispielsweise nach einem bestimmten Ort suchen, klicken Sie in das Feld *Ort*. Es erscheint eine Schaltfläche mit einem Dropdownpfeil auf der rechten Seite der Zelle.

3. Klicken Sie auf die Schaltfläche, so aktivieren Sie eine alphabetisch sortierte Liste mit allen in dieser Spalte eingetragenen Orten.

HINWEIS　　Haben Sie zuvor einen anderen Filter verwendet, so müssen Sie die in der entsprechenden Spalte eingetragene Filterbedingung zunächst löschen.

Abbildg. 4.14　　Auswahlliste des formularbasierten Filters

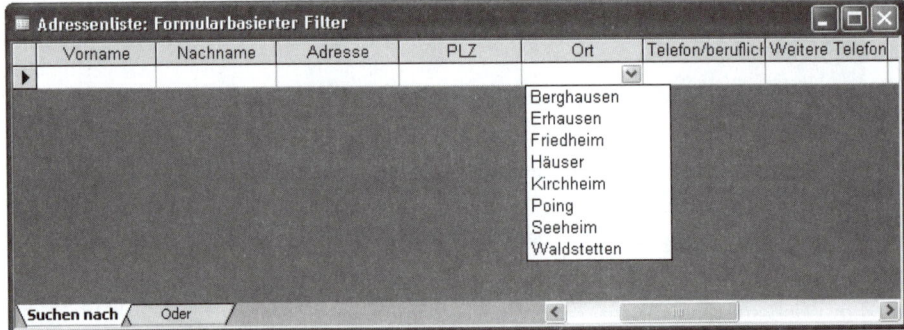

4. Wählen Sie den gewünschten Ort aus, so wird er in Anführungsstrichen in die Zelle eingetragen.

Abbildg. 4.15　　Ausgewählter Suchbegriff

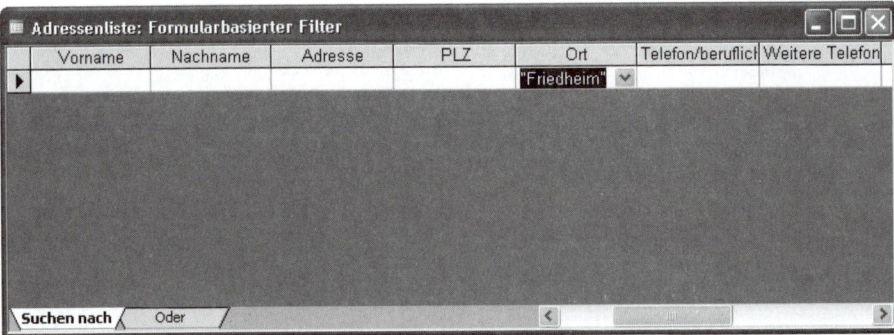

5. Ein Klick auf die Schaltfläche *Filter anwenden* startet nun die Auswahl.

WICHTIG　　Wenn Sie jetzt ein neues Filterkriterium festlegen, achten Sie darauf, dass das alte gelöscht ist. Markieren Sie einfach das eingetragene Kriterium und löschen Sie es mit der ⌈Entf⌉-Taste.

Der Und-Filter

Wenn Sie möchten, können Sie für formularbasierte Filter auch mehrere Bedingungen angeben und diese durch den logischen Befehl *Und* verknüpfen. Was das bedeutet? Angenommen, Sie möchten alle Datensätze filtern, für die gilt, dass ihre Adresse in Friedheim und zudem die Kontaktperson weiblich ist. Dann wählen Sie einfach für *Anrede* »Frau« und für *Ort* »Friedheim« aus.

Abbildg. 4.16 Auswahl für eine Und-Verknüpfung

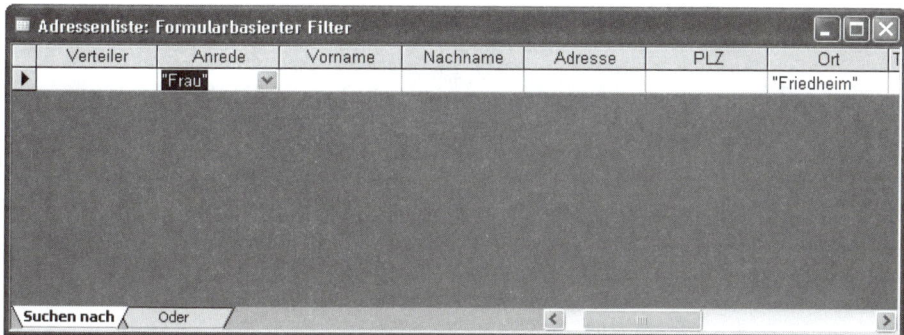

Ein Klick auf die Schaltfläche *Filter/Sortierung anwenden* sorgt dann dafür, dass der Datensatz der Chefredakteurin Frau Helene Susanne Sauer angezeigt wird.

Abbildg. 4.17 Ergebnis der Und-Verknüpfung

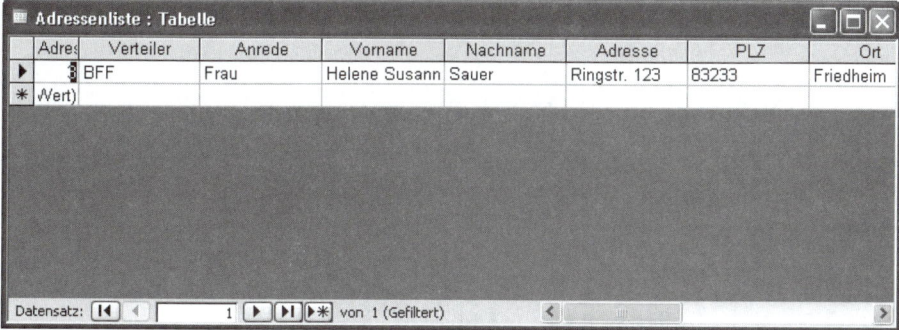

Entweder-Oder-Filter

Sie können auch Oder-Filter verwenden. Was das nun wieder ist? Stellen Sie sich vor, Sie möchten alle Datensätze herausfiltern, für deren Verteiler Männer zuständig sind. Jetzt haben Sie aber bereits festgestellt, dass versehentlich sowohl die Anrede »Herrn« als auch »Herr« in die Datenbank eingegeben wurde. Das heißt, Sie möchten nun alle Datensätze anzeigen lassen, für die entweder die *Anrede* »Herrn« oder die *Anrede* »Herr« verwendet wurde. Gehen Sie dazu einfach so vor:

1. Wählen Sie als *Anrede* »Herr« aus.
2. Klicken Sie dann unten im Filterfenster auf die Registerkarte *Oder*. Sie erhalten so eine neue, leere Registerkarte angezeigt.

3. Wählen Sie hier in der Liste der *Anrede* »Herrn« aus.

Abbildg. 4.18   Herr oder Herrn?

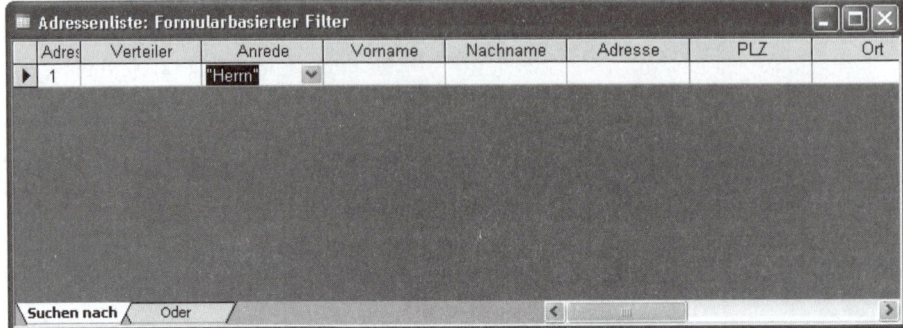

Starten Sie die Suche, so erhalten Sie nun alle Datensätze, für die im Feld *Anrede* entweder der Eintrag »Herrn« oder der Eintrag »Herr« zu finden ist.

Abbildg. 4.19   Die Gesamtheit der Herren

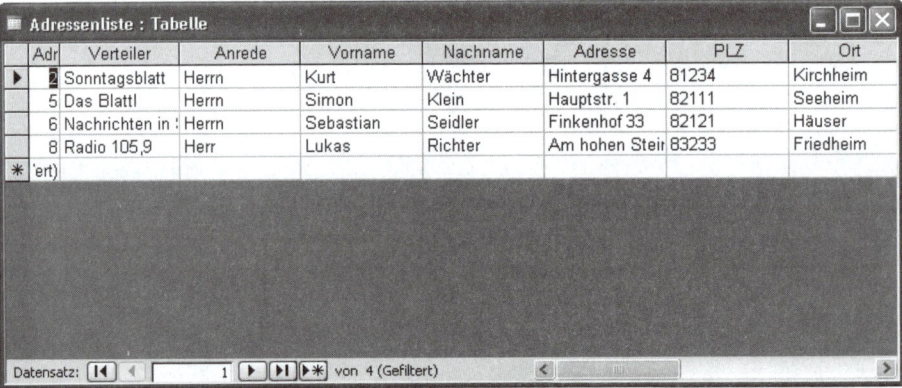

Formatierungen für Tabellen

Ob es sich wirklich lohnt, eine Tabelle zu formatieren, müssen Sie selbst entscheiden. Vielleicht möchten Sie sie ausdrucken und hätten den Ausdruck gerne in einer bestimmten Form. Dann mag sich der Aufwand lohnen. Die Formatierungsfunktionen finden Sie im Menü *Format*.

Zeichenformat

Möchten Sie das Zeichenformat in Ihrer Tabelle verändern, verwenden Sie dazu den Menübefehl *Format/Zeichen*. Beachten Sie dabei, dass Sie immer das Zeichenformat der gesamten Tabelle bearbeiten.

Normalerweise verwendet Access als Schrift in den Tabellen die Schriftart Arial mit der Schriftgröße 10 Punkt. Links im Dialogfeld finden Sie eine Auswahlliste aller installierten Schriften. Wählen Sie eine aus und kontrollieren Sie deren Aussehen im *Beispiel*-Feld.

Abbildg. 4.20 Soll das Zeichenformat geändert werden?

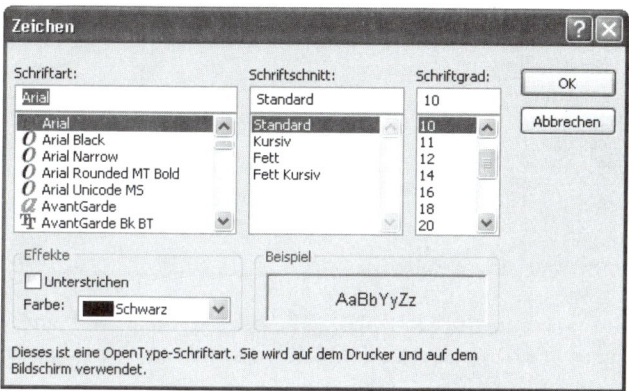

Rechts neben der Schriftart können Sie den Schriftschnitt, ganz rechts die Größe der verwendeten Schrift einstellen. Links unten stellen Sie die Farbe Ihres Textes ein oder definieren eine Unterstreichung für alle Einträge.

Die Spaltenbreite verändern

Die Spaltenbreite zu ändern, kann durchaus Sinn machen. Bei der Definition der Tabelle legt Access jede Spalte gleich breit an. Manche Spalten, wie etwa die der Postleitzahlen, können jedoch ruhig kleiner gezogen werden, andere wiederum sollten breiter definiert werden, um den gesamten Text eines Feldes lesen zu können.

Um die Breite einer Spalte zu verändern, gibt es zwei Möglichkeiten: Verwenden Sie dazu die Maus oder den Menübefehl.

Spaltenbreite mit der Maus verändern

Um die Breite einer bestimmten Spalte zu ändern, gehen Sie wie folgt vor:

1. Positionieren Sie den Mauszeiger über dem rechten Rand des Spaltenmarkierers. Der Mauszeiger wird zu einer dicken senkrechten Linie mit je einem Pfeil nach links und nach rechts.
2. Klicken Sie damit auf die Linie und halten Sie die Maustaste gedrückt.
3. Ziehen Sie sie nach links, um die Spalte zu verkleinern, bzw. nach rechts, wenn sie breiter werden soll.

Möchten Sie mehrere nebeneinander liegende Spalten gleich breit ziehen, markieren Sie die betreffenden Spalten und ziehen dann am rechten Rand eines Spaltenmarkierers.

> **HINWEIS** Ein Doppelklick auf den rechten Rand des Spaltenmarkierers bewirkt, dass die Spalte genau so breit wird, dass der breiteste Eintrag gerade hineinpasst.

Spaltenbreite über den Menübefehl bearbeiten

Ebenso leicht lässt sich die Breite über den Menübefehl festlegen:

1. Positionieren Sie zuerst die Einfügemarke in der Spalte, deren Breite festgelegt werden soll.

2. Verwenden Sie dann den Menübefehl *Format/Spaltenbreite*, um das Dialogfeld *Spaltenbreite* zu öffnen.

Abbildg. 4.21   Die Breite einer Spalte wird festgelegt

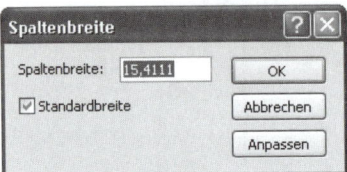

Mit *Standardbreite* wird die Spaltenbreite bezeichnet, die Access automatisch beim Erstellen der Tabelle zuweist. Sie beträgt etwa 12 Zeichen mit der Standardschrift Arial in der Schriftgröße 10 Punkt.

3. Überschreiben Sie einfach die eingetragene Zahl.

HINWEIS   Die Schaltfläche *Anpassen* im Dialogfeld *Spaltenbreite* verändert die Spaltenbreite so, dass auch der längste Eintrag noch komplett in der Spalte angezeigt wird.

Die Zeilenhöhe festlegen

Auch zum Ändern der Zeilenhöhe gibt es die Maus- und die Menüvariante. Allerdings ändern Sie dabei die Zeilenhöhe aller Zeilen der Tabelle.

1. Möchten Sie die Zeilenhöhe mit der Maus bearbeiten, schieben Sie den Mauszeiger auf den unteren Rand einer Zeile. Wieder ändert sich der Zeiger zu einer Linie mit einem Doppelpfeil.

2. Klicken Sie damit die Linie an und ziehen Sie sie nach oben, um die Zeilenhöhe zu verkleinern, bzw. nach unten, wenn Sie die Höhe vergrößern möchten.

Möchten Sie die Zeilenhöhe über das Menü einstellen, verwenden Sie den Menübefehl *Format/Zeilenhöhe*. Die Standardhöhe einer Zeile beträgt 12,75 Punkt, wenn Sie eine 10-Punkt-Schrift verwenden. Ist Ihre Schrift größer formatiert, beispielsweise in einer 12-Punkt-Schrift, so wird auch die Standardhöhe vergrößert, nämlich auf 15 Punkt.

Abbildg. 4.22   Zeilenhöhe ändern

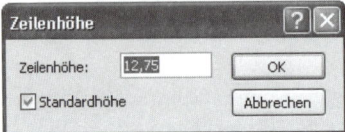

Spaltennamen ändern

Manchmal stellt man erst nach einer Weile fest, dass ein Spaltenname doch eher anders heißen soll, als er zunächst definiert wurde. Kein Problem!

1. Positionieren Sie die Einfügemarke in der Spalte, deren Name geändert werden soll.

2. Verwenden Sie dann den Menübefehl *Format/Spalte umbenennen*, so wird der Spaltenname schwarz hinterlegt.

3. Überschreiben Sie nun einfach den alten Namen mit dem neuen.

4. Bestätigen Sie die Änderung dann mit der ⏎-Taste.

Abbildg. 4.23   Den Spaltennamen ändern

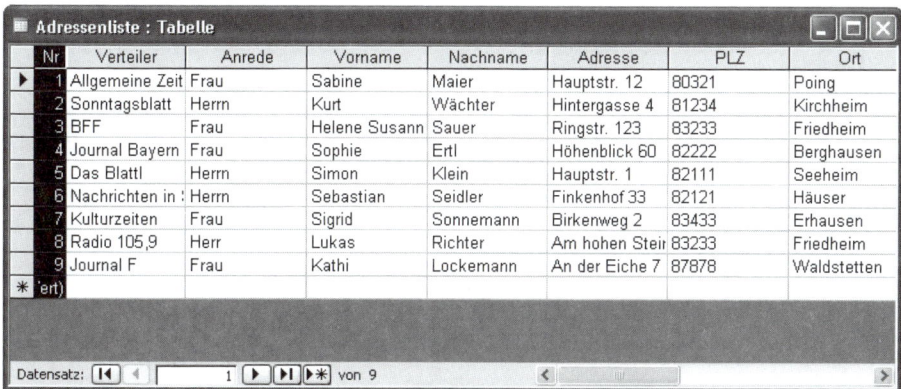

Im Beispiel wurde der ursprüngliche ewig lange Name *Adressenlisten-Nr* in *Nr* abgekürzt.

HINWEIS   Alternativ können Sie auch nur die Maus zum Bearbeiten des Spaltennamens verwenden. Doppelklicken Sie dazu auf den Namen. Dadurch erscheint ebenfalls die schwarze Markierung und Sie können den Namen durch Überschreiben ändern.

Spalten verstecken

Soll eine bestimmte Spalte nicht angezeigt werden, weil sie beispielsweise nicht ausgedruckt werden soll, so verstecken Sie sie einfach.

1. Platzieren Sie die Einfügemarke in der Spalte, die ausgeblendet werden soll.

2. Wählen Sie dann den Menübefehl *Format/Spalten ausblenden*, so verschwindet die Spalte scheinbar.

Möchten Sie sie später wieder einschalten, rufen Sie den Menübefehl *Format/Spalten einblenden* auf, um das in Abbildung 4.24 gezeigte Dialogfeld zu öffnen.

Abbildg. 4.24 Spalten ein- bzw. ausblenden

Hier können Sie diejenigen Felder wieder einblenden, die ausgeblendet sind, bzw. ebenso gut bestimmen, welche anderen Felder ausgeblendet werden sollen.

Das Layout speichern

Haben Sie Änderungen am Layout der Tabelle vorgenommen und wollen nun die Tabelle schließen, werden Sie von Access explizit gefragt, ob die Änderungen gespeichert werden sollen.

Abbildg. 4.25 Möchten Sie die Layoutänderungen speichern?

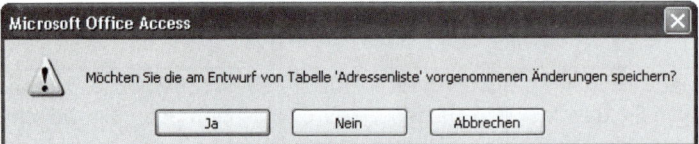

Möchten Sie zwischendurch beim Arbeiten am Layout die Änderungen speichern, verwenden Sie die Schaltfläche *Speichern*, den Menübefehl *Datei/Speichern* oder die Tastenkombination `Strg`+`S`.

Eine Tabelle drucken

Soll Ihre Tabelle gedruckt werden, so führt der Weg in der Regel erst einmal über die Seitenansicht, die Sie bereits in Kapitel 1 kennen gelernt haben. Mit ihrer Hilfe lässt sich einiges an Papier sparen, da die Seitenansicht die zu druckenden Daten so anzeigt, wie sie später zu Papier gebracht werden.

Von der Seitenansicht aus lässt sich der eigentliche Druckvorgang über die Schaltfläche *Drucken* starten. Haben Sie die Seitenansicht gar nicht aufgerufen, können Sie die Schaltfläche *Drucken* in der Symbolleiste, den Menübefehl *Datei/Drucken* oder die Tastenkombination `Strg`+`P` verwenden. Die beiden letzten Varianten öffnen das Dialogfeld *Drucken*.

Abbildg. 4.26 Seitenansicht der Tabelle *Adressenliste*

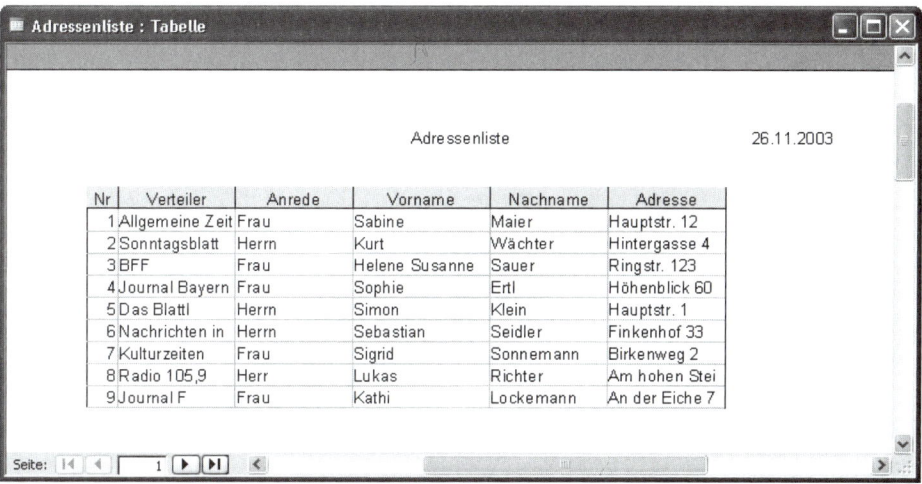

Abbildg. 4.27 Dialogfeld zum Drucken der Adressenliste

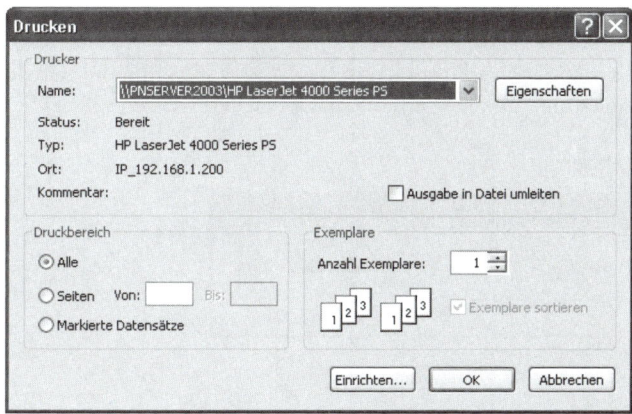

Im oberen Teil des Dialogfeldes wird der Drucker angezeigt, im Dropdown-Listenfeld gibt es zudem die Möglichkeit, einen anderen Drucker auszuwählen. Unten links wählen Sie aus, was gedruckt werden soll.

■ Drucken Sie mit *Alle* die gesamte Tabelle, also alle Datensätze auf allen Seiten, oder

■ drucken Sie nur eine bestimmte Auswahl von Seiten, indem Sie die erste Seite im Feld *Von* und die letzte Seite im Feld *Bis* eingeben, oder

■ drucken Sie nur die Datensätze, die Sie zuvor in der Tabelle markiert haben.

Geben Sie rechts davon an, wie viele Exemplare gedruckt werden sollen. Dort können Sie auch die Reihenfolge der Ausgabe bestimmen. Ist das Kontrollkästchen *Exemplare sortieren* aktiviert, werden mehrseitige Ausdrucke so ausgegeben, dass jeweils die Seiten eines Exemplars hintereinander gedruckt werden. Klicken Sie das Häkchen weg, ist der Ausdruck oft schneller, allerdings müssen Sie dann nachträglich die einzelnen Exemplare sortieren.

Drucker auswählen

Oben im Dialogfeld *Drucken* wird der aktuelle Drucker angezeigt. Das ist der in Windows vereinbarte Standarddrucker. Möchten Sie den Drucker wechseln, öffnen Sie das Dropdown-Listenfeld und suchen darin den gewünschten Drucker aus.

Über das Kontrollkästchen *Ausgabe in Datei umleiten* erzeugen Sie statt Papier eine Datei.

Mithilfe der Schaltfläche *Eigenschaften* lässt sich das Dialogfeld zur Druckereinrichtung aufrufen. Je nach installiertem Drucker ändert sich das Aussehen der folgenden Abbildungen, bleibt jedoch in den Grundzügen identisch. Wir haben den Drucker »HP LaserJet 4000« zur Veranschaulichung gewählt. Hier können Sie festlegen, ob Sie im Hoch- oder Querformat drucken möchten, ob Sie beide Seiten bedrucken möchten (der vorliegende Drucker kann beide Seiten eines Blattes bedrucken), in welcher Reihenfolge die Seiten sortiert werden sollen, ob mehrere Seiten auf eine Seite Papier gedruckt werden sollen und einiges mehr. Wir möchten auf die Einstellungsoptionen im Einzelnen nicht weiter eingehen, denn sie betreffen nur den von uns eingesetzten Druckertyp. Für Ihren Drucker können sich völlig andere Einstellungsmöglichkeiten ergeben.

Abbildg. 4.28 Eigenschaften des ausgewählten Druckers

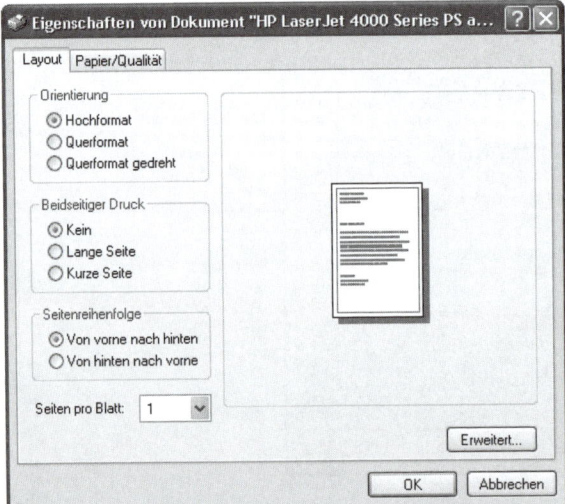

Seiteneinrichtung

Durch den Menübefehl *Datei/Seite einrichten* erhalten Sie das Dialogfeld *Seite einrichten* auf Ihrem Bildschirm (siehe Abbildung 4.29). Dieses Dialogfeld enthält ein (Aufruf aus dem Dialogfeld *Drucken* heraus) oder zwei (Aufruf über den Menübefehl *Datei/Seite einrichten*) Registerkarten, die im Folgenden kurz beschrieben werden sollen.

Registerkarte *Ränder*

Auf der Registerkarte *Ränder* stellen Sie die Ränder um das zu druckende Objekt ein. Beim Setzen der Ränder sollten Sie darauf achten, dass viele (Laser-)Drucker einen technisch bedingten Rand lassen müssen. Aus diesem Grund können Sie das Papier, auch wenn Sie in Access alle Ränder auf 0 setzen, nicht bis in die letzte Ecke bedrucken.

Abbildg. 4.29 Definieren Sie hier die Ränder für Ihre Tabelle

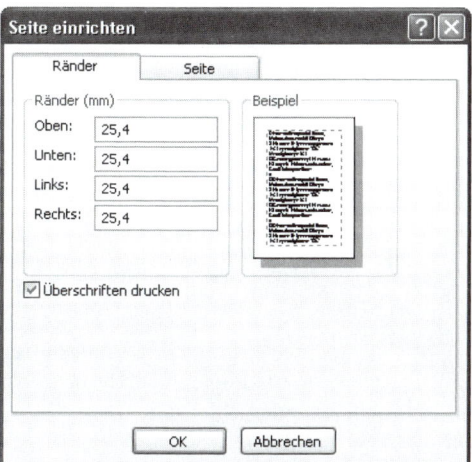

Im Feld *Beispiel* können Sie Ihr Layout schon hier kontrollieren. Mithilfe des Kontrollkästchens *Überschriften drucken* legen Sie fest, ob die Spaltenüberschriften gedruckt oder unterdrückt werden sollen.

Registerkarte *Seite*

Die zweite Registerkarte, *Seite*, des Dialogfeldes *Seite einrichten* ermöglicht Ihnen die Festlegung von Seiteneinstellungen und Druckertyp für die Tabelle. Da sich dummerweise Access die geänderten Einstellungen aber nicht merkt, macht eine Einstellung für Tabellen in diesem Dialogfeld wenig Sinn. Allerdings können Sie später beim Arbeiten mit Berichten verschiedenen Berichten auf dieser Registerkarte sowohl die Seitenausrichtung als auch unterschiedliche Drucker zuweisen.

Abbildg. 4.30 Legen Sie das Seitenformat und den Drucker fest

Druckränder allgemein vorgeben

Möchten Sie die Ränder für Ihre Ausdrucke allgemein gültig vorgeben, so können Sie sie im Dialogfeld *Optionen* auf der Registerkarte *Allgemein* einstellen. Sie rufen das Dialogfeld über den Menübefehl *Extras/Optionen* auf.

Abbildg. 4.31   Einstellen der Standardränder

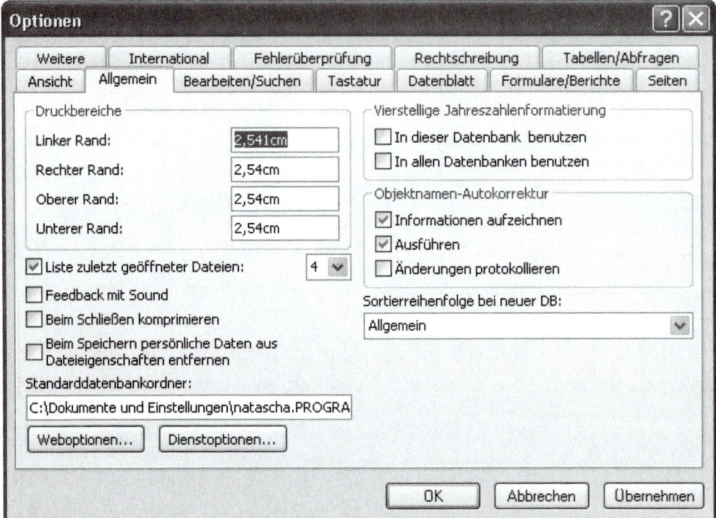

Zusammenfassung

Dieses Kapitel befasste sich mit dem Umgang mit Tabellen.

- Zunächst können Sie sehen, wie Datensätze in einer Tabelle erfasst und korrigiert werden können (Seite 84).

- Der darauf folgende Abschnitt beschreibt den Umgang mit Feldern und Datensätzen. Sie lernen, Felder und Datensätze zu markieren (Seite 87), zu löschen (Seite 87) und zu kopieren bzw. zu verschieben (Seite 88). Manchmal müssen auch ganze Spalten verschoben werden (Seite 89).

- Wie Sie auf Seite 92 nachlesen können, ist es sehr einfach, eine Tabelle nach einer bestimmten Spalte auf- bzw. absteigend zu sortieren.

- Mithilfe von Filtern lassen sich gezielt nur bestimmte Datensätze einer Tabelle anzeigen. Ab Seite 92 wird der Umgang mit auswahlbasierten Filtern, ab Seite 93 werden formularbasierte Filter beschrieben.

- Manchmal besteht die Notwendigkeit, an Tabellen Formatierungen vorzunehmen. Sie können das Zeichenformat ändern (Seite 96), die Spaltenbreite (Seite 97) sowie die Zeilenhöhe anpassen (Seite 98). Ebenso können Spaltennamen angepasst (Seite 99) und bei Bedarf Spalten versteckt werden (Seite 99).

- Zum Schluss (ab Seite 100) beschreibt das Kapitel alles, was man wissen muss, um eine Tabelle auszudrucken.

Kapitel 5

Formulare – echt einfach

In diesem Kapitel:

In diesem Kapitel möchten wir Sie zunächst mit den Möglichkeiten vertraut machen, ein Formular zu erstellen. Für einfache Eingabeformulare steht Ihnen wieder ein hilfreicher Assistent zur Seite. Zudem besteht die Möglichkeit, Formulare nach Auswahl einer Tabelle oder Abfrage automatisch von Access generieren zu lassen, mithilfe so genannter AutoFormulare.

Oft erstellt man ein Formular mithilfe des Formular-Assistenten und überarbeitet die so erzeugte Version später. Wie das geht, erfahren Sie in Kapitel 21.

Zudem lernen Sie in diesem Kapitel den Umgang mit einem Formular kennen.

AutoFormulare – die einfachsten Formulare

Zunächst möchten wir Ihnen die schnellste Art zeigen, ein Formular zu erstellen. Danach sollen Sie den Assistenten kennen lernen, mit dessen Hilfe Sie vielfältige Formulare generieren können.

Das AutoFormular *Einspaltig*

Hinter dieser sperrigen Bezeichnung verbirgt sich ein Assistent, der für Sie ein Formular so aufbereitet, dass Sie in einer Eingabemaske genau einen Datensatz sehen können. Mit solchen Formularen haben Sie den besten Überblick beim Eingeben von Datensätzen.

1. Klicken Sie links im Datenbankfenster auf den Objekttyp *Formulare*.

2. Klicken Sie dann auf die Schaltfläche *Neu*.

3. Wählen Sie im Dialogfeld *AutoFormular: Einspaltig* aus.

4. Öffnen Sie dann unten im Dialogfeld das Dropdown-Listenfeld.

5. Selektieren Sie die Tabelle *Adressenliste*.

Abbildg. 5.1   Formular-Assistenten

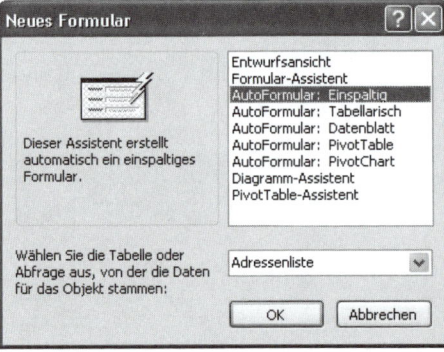

6. Ein Klick auf die Schaltfläche *OK* erstellt automatisch ein neues Formular.

Das Layout entspricht der Standardeinstellung von Access. Haben Sie allerdings bereits ein Formular mit einer anderen Einstellung mithilfe des Formular-Assistenten erstellt, wird Ihr AutoFormular mit diesem zuletzt verwendeten Stil generiert.

Abbildg. 5.2   Das einspaltige AutoFormular

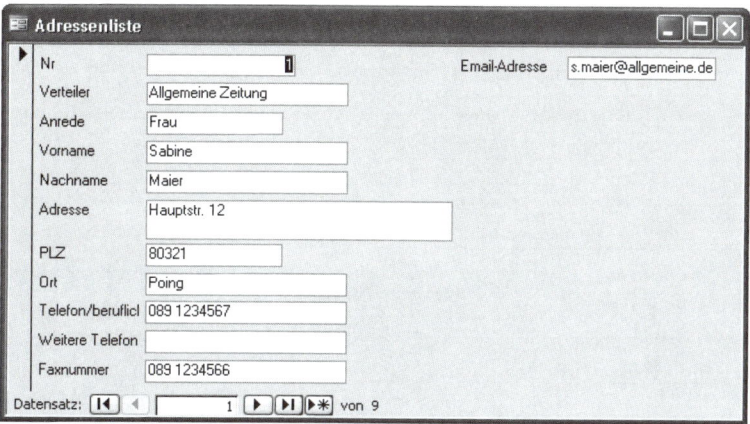

HINWEIS   Alternativ können Sie ein einspaltiges AutoFormular auch so anlegen:

1. Wählen Sie links im Datenbankfenster den Objekttyp *Tabellen* aus.

2. Markieren Sie die Tabelle *Adressenliste*.

3. Klicken Sie in der Symbolleiste auf die Schaltfläche *Neues Objekt: AutoFormular*.

Sollte die aktuelle Auswahl für das neue Objekt nicht das AutoFormular sein (Sie erkennen das am Symbol bzw. dem Text der gelben QuickInfo, wenn Sie den Mauszeiger über die Schaltfläche schieben), dann klicken Sie auf den Dropdownpfeil, der zur Schaltfläche gehört, und wählen in der Liste *AutoFormular* aus.

Die AutoFormulare *Tabellarisch* und *Datenblatt*

Neben dem einspaltigen AutoFormular gibt es zwei weitere AutoFormulare mit geringerer Bedeutung. Bei einem tabellarischen AutoFormular sind die Datensätze untereinander in einem Endlosformular aufgeführt.

In einem mit *AutoFormular: Datenblatt* erzeugten Formular entspricht die Darstellung der Ihnen bereits bekannten Tabellendarstellung.

Abbildg. 5.3   Das tabellarische AutoFormular

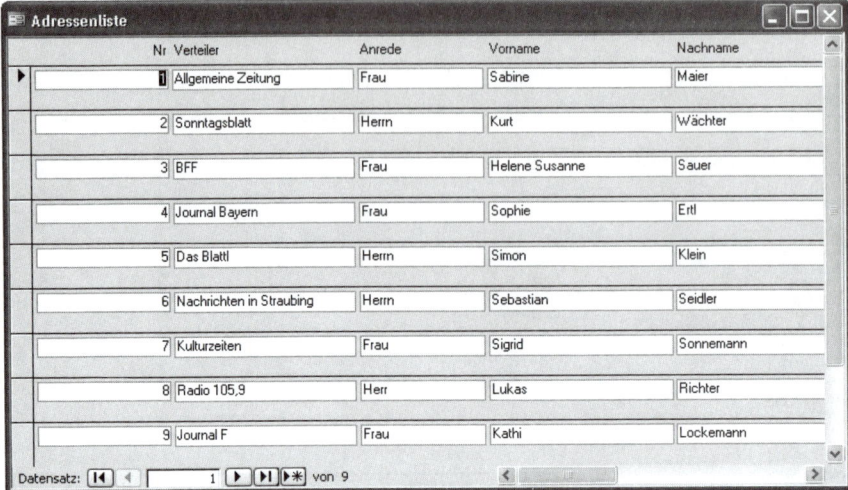

Abbildg. 5.4   Das AutoFormular *Datenblatt*

Die Arbeit mit den AutoFormularen *PivotTable* und *PivotChart* werden in Kapitel 27 behandelt.

Der Formular-Assistent

Möchten Sie mitbestimmen, wie Ihr Formular aussehen soll, verwenden Sie den Formular-Assistenten.

1. Wählen Sie links im Datenbankfenster den Objekttyp *Formulare* aus.

2. Doppelklicken Sie rechts im Datenbankfenster auf *Erstellt ein Formular unter Verwendung des Assistenten*.

   Alternativ können Sie auch die Schaltfläche *Neu* verwenden.

3. Wählen Sie im Dialogfeld die Option *Formular-Assistent* aus und selektieren Sie die gewünschte Tabelle.

4. Im ersten Schritt des Assistenten legen Sie die Felder fest, die in Ihrem Formular dargestellt werden sollen. Hier können Sie bei Bedarf auch noch die Tabelle wechseln.

5. Schieben Sie für das aktuelle Beispiel alle Felder der linken Liste bis auf die Nummer der Datensätze in das rechte Fenster.

Wählen Sie die Felder für das Formular aus

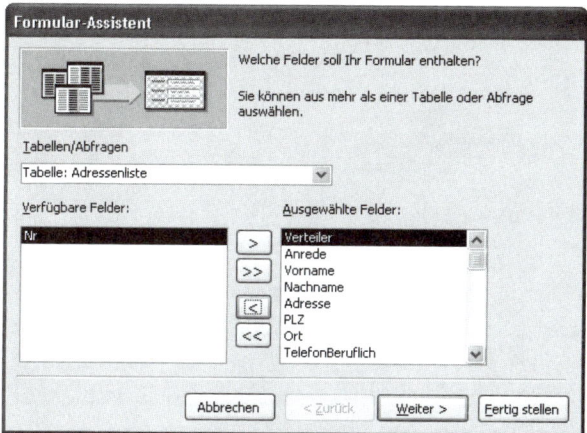

6. Im nächsten Schritt stellt sich wieder die Frage des Layouts. Abbildung 5.6 zeigt die verschiedenen Layouts im Standardstil.

Layout des Formulars festlegen

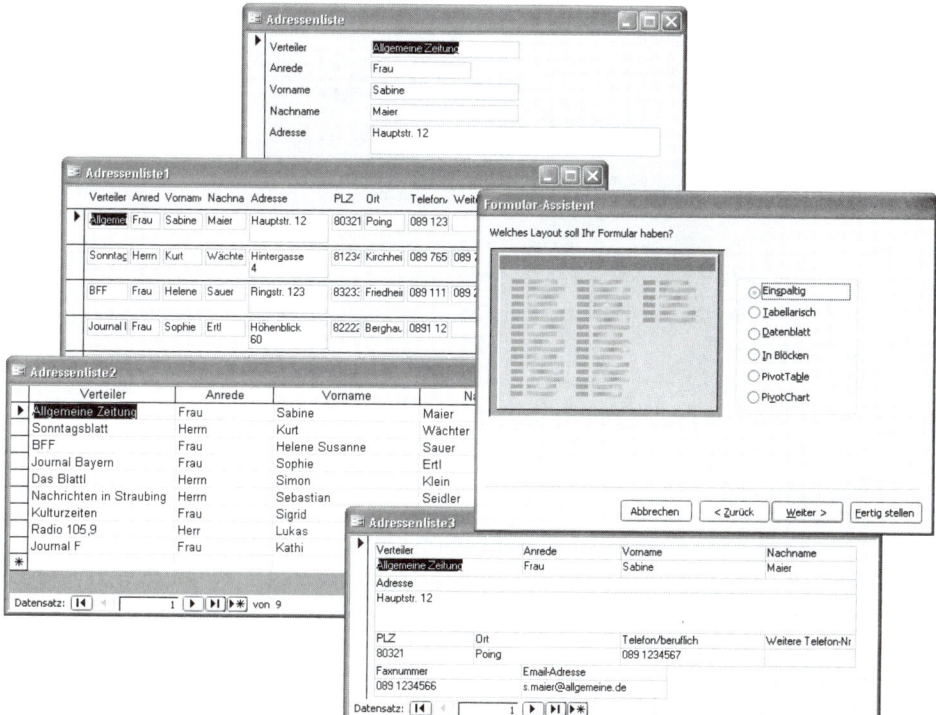

7. Nach der Auswahl des Layouts werden Sie dazu aufgefordert, sich für einen Stil zu entscheiden.

Auch wenn es auf den ersten Blick so aussieht, als stünde eine große Auswahl verschiedener Stile zur Verfügung, werden Sie ziemlich bald feststellen, dass einige davon schlicht ungeeignet sind. Manche haben zu grelle Farben, andere zu geringe Kontraste. Wir arbeiten meistens mit dem Stil *Standard*. Er ist zwar eher langweilig, aber dafür lenkt die Formulargestaltung nicht von der eigentlichen Aufgabe ab – der Eingabe von Daten.

Abbildg. 5.7   Verschiedene Stile für das Formular

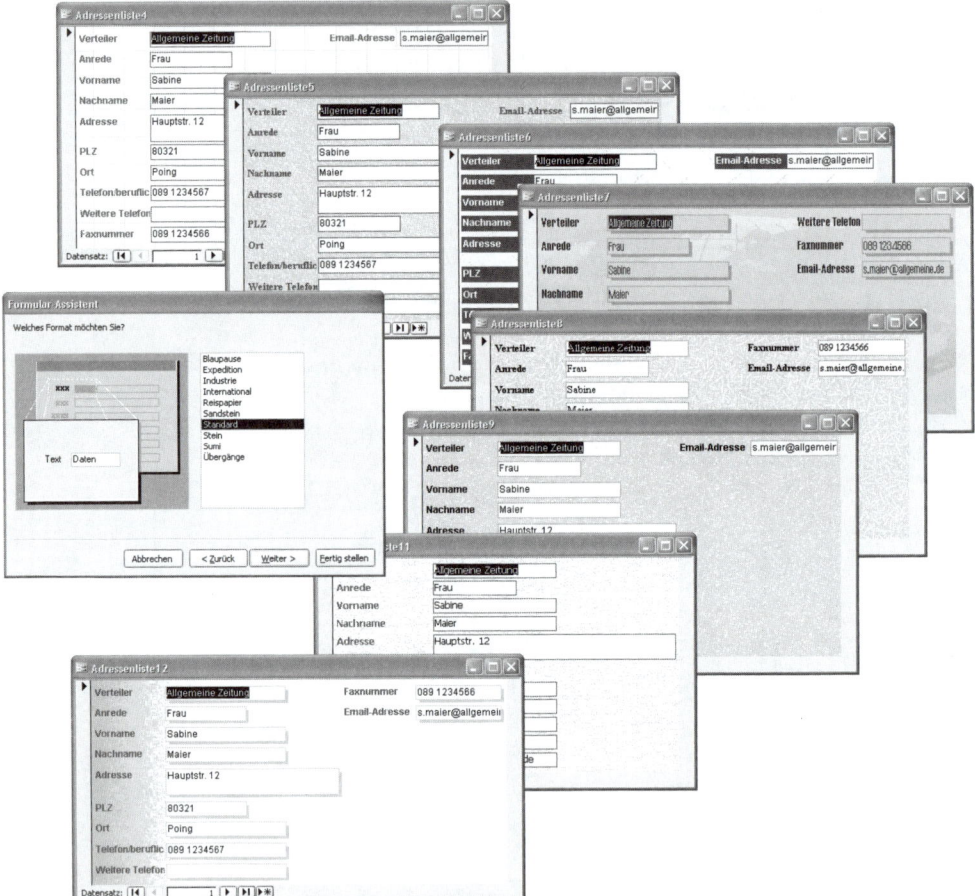

8. Jetzt müssen Sie Ihrem Formular nur noch einen Namen geben. Standardmäßig übernimmt der Assistent hier einfach den Namen der zugrunde liegenden Tabelle. Sie können es erst einmal bei dem vorgeschlagenen Namen belassen.

Abbildg. 5.8   Wie soll das Formular heißen?

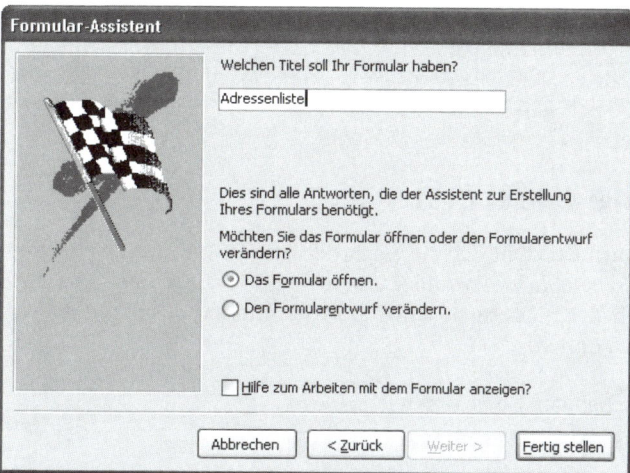

9. Ist das Optionsfeld *Das Formular öffnen* aktiviert, klicken Sie nun auf die Schaltfläche *Fertig stellen*, damit Ihnen das fertige Formular gezeigt wird.

Abbildg. 5.9   Das fertige Eingabeformular

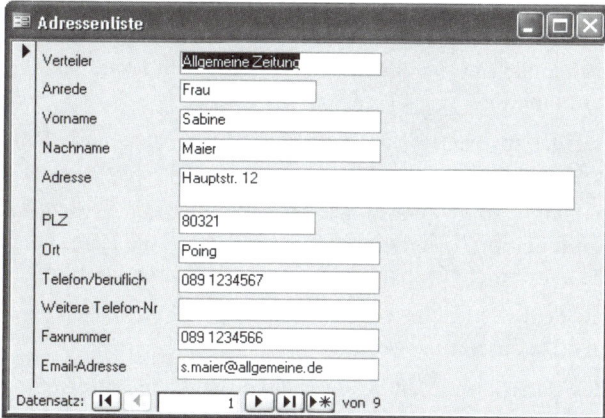

Wie Sie mit Formularen arbeiten, erfahren Sie im nächsten Abschnitt.

Der Umgang mit einem Formular

In diesem Abschnitt soll die Bedienung von Formularen besprochen werden. Dabei soll als Beispiel das im vorangegangenen Abschnitt erstellte einspaltige Formular *Adressenliste* verwendet werden. Sie werden feststellen, dass Sie vieles bereits aus der Arbeit mit Tabellen kennen. Wir werden an den entsprechenden Stellen verweisen, um nicht alles zu wiederholen.

Im Formular bewegen Sie sich von Feld zu Feld, indem Sie einfach die `⇆`-Taste zu Hilfe nehmen. Mit `⇧`+`⇆` gelangen Sie wieder zurück in das vorhergehende Feld. Alternativ können Sie auch die Maus zu Hilfe nehmen und das gewünschte Feld anklicken. Die Taste `Ende` springt das letzte Feld des Formulars, `Pos1` das erste an. Es sei denn, Sie haben in ein Textfeld geklickt, dann springen Sie mit `Pos1` zum ersten Zeichen, mit `Ende` zum letzten Zeichen des Textfeldes.

So können Sie blättern

In einem einspaltigen Formular stellt sich die Frage, wie man vom ersten angezeigten Datensatz zum nächsten gelangt. Dazu sehen Sie im Formular unten einige Schaltflächen, die Sie zum Blättern verwenden können. Daneben gibt es auch einige Tastenkombinationen und Menübefehle, die Sie ebenso zu Hilfe nehmen können.

Abbildg. 5.10   Tasten zum Blättern zwischen den Datensätzen

Weiter – also zum nächsten Datensatz – blättern Sie mit der Schaltfläche *Nächster*. Verwenden Sie alternativ den Menübefehl *Bearbeiten/Gehe zu/Nächster* oder die Tastenkombination `Strg`+`Bild↓`.

Zurück – also zum vorherigen Datensatz – gelangen Sie mit der Schaltfläche *Vorheriger*. Alternativ verwenden Sie den Menübefehl *Bearbeiten/Gehe zu/Vorheriger* oder die Tastenkombination `Strg`+`Bild↑`.

Den letzten Datensatz erreichen Sie mit der Schaltfläche *Letzter*, dem Menübefehl *Bearbeiten/Gehe zu/Letzter* oder der Tastenkombination `Strg`+`Ende`.

Zum allerersten Datensatz zurück springen Sie mit der Schaltfläche *Erster*, dem Menübefehl *Bearbeiten/Gehe zu/Erster* oder der Tastenkombination `Strg`+`Pos1`.

Die Schaltfläche *Neuer Datensatz* sorgt ebenso wie der Menübefehl *Bearbeiten/Gehe zu/Neuer Datensatz* oder die Tastenkombination `Strg`+`+` dafür, dass Ihnen ein leeres Formular zum Ausfüllen bereitgestellt wird. Sie blättern damit sozusagen zum ersten leeren Datensatz.

Befinden Sie sich im letzten Feld des letzten Datensatzes, so genügt auch das Drücken der `⇆`-Taste, um einen neuen, leeren Datensatz anzuzeigen.

Kennen Sie die Nummer des Datensatzes, den Sie bearbeiten möchten, können Sie ihn auch direkt anwählen. Markieren Sie die Zahl im Feld *Datensatznummer*, überschreiben Sie sie mit der gewünschten und drücken Sie danach die `↵`-Taste, so wird der gewünschte Datensatz angezeigt.

So bearbeiten Sie Datensätze im Formular

Fehler beheben Sie – ähnlich wie in einer Tabelle und allen anderen Windows-Programmen – mithilfe der Tasten `Entf` bzw. `←`. Sowie Sie den vorherigen oder den nächsten Datensatz anwählen, wird die Änderung gespeichert. Alternativ können Sie auch den Menübefehl *Datensätze/Datensatz speichern* oder die Tastenkombination `⇧`+`↵` verwenden.

Möchten Sie Ihre Änderung verwerfen, drücken Sie auf die `Esc`-Taste.

So löschen Sie Datensätze im Formular

Sie können auch aus einem Formular heraus Datensätze Ihrer Tabelle löschen. Für diesen Vorgang stehen Ihnen vier verschiedene Methoden zur Verfügung. Voraussetzung dafür ist allerdings, dass der Datensatz, der gelöscht werden soll, markiert ist.

Sie markieren den aktuellen Datensatz, indem Sie auf den Datensatzmarkierer klicken, der danach invers dargestellt wird.

Abbildg. 5.11   Ein markierter Datensatz

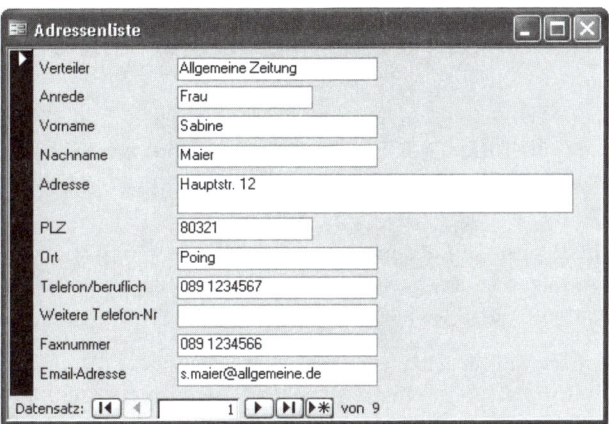

Löschen Sie diesen Datensatz auf eine der vier folgenden Arten:

- Drücken Sie die Taste ⌈Entf⌋.
- Verwenden Sie die Tastenkombination ⌈Strg⌋+⌈-⌋.
- Wählen Sie den Menübefehl *Bearbeiten/Datensatz löschen*.
 - Klicken Sie auf die Schaltfläche *Löschen*.

Sie erhalten den bereits in Kapitel 4 abgebildeten Warnhinweis angezeigt und können sich für *Ja* (also löschen) oder *Nein* (Datensatz erhalten) entscheiden.

So sortieren Sie Datensätze

 Auch in Formularen lassen sich Datensätze sortiert anzeigen. Klicken Sie dazu zunächst in das Feld, das sortiert angezeigt werden soll, und klicken Sie dann auf die Schaltfläche *Aufsteigend* oder *Absteigend*. Über das Menü können Sie die Sortierung mit dem Befehl *Datensätze/Sortieren* einstellen.

Möchten Sie wieder in der ursprünglichen Reihenfolge sortieren, wählen Sie den Menübefehl *Datensätze/Filter/Sortierung entfernen*.

Der Schnelleinstieg

So filtern Sie Datensätze

Datensätze, die in Formularen angezeigt werden, lassen sich ebenso wie die Datensätze in Tabellen filtern, d.h., Sie können die dargestellten Daten nach Kriterien einschränken.

In Kapitel 4, Abschnitt »Datensätze filtern« haben wir die Möglichkeiten und die Bedienung des auswahlbasierten und des formularbasierten Filters beschrieben.

Zusammenfassung

Dieses Kapitel bot einen ersten kurzen Überblick über den Umgang mit Formularen, den Access-Eingabemasken für Daten.

- Zunächst werden zwei Möglichkeiten dargestellt, Formulare zu erstellen: mithilfe der Schaltfläche *AutoFormular* (Seite 106), über die per Klick ein Standardformular erstellt wird, bzw. mit dem Formular-Assistenten (Seite 108), der mehr Flexibilität, verschiedene Layouts und Stile ermöglicht.

- Des Weiteren erhalten Sie in diesem Kapitel einen Überblick über den Umgang mit Formularen (ab Seite 112). Dazu werden folgende Fragestellungen behandelt: wie man in Formularen blättert, wie sich Datensätze bearbeiten bzw. löschen lassen.

Kapitel 6

Berichte – echt einfach

Berichte werden in Access zum Ausdrucken verwendet. Dabei ist eine weitgehende Formatierung und Gestaltung der Druckausgabe möglich. Ausführlich werden die Möglichkeiten der Formatierung für Berichte in Teil E dieses Buches beschrieben.

Der AutoBericht

Per Mausklick lässt sich sehr schnell ein AutoBericht erzeugen. Solche Berichte erfordern zwar die wenigste Arbeit, dafür haben Sie aber auch den geringsten Einfluss auf deren Gestaltung.

So erstellen Sie den AutoBericht

1. Klicken Sie im Datenbankfenster auf den Objekttyp *Tabellen*.
2. Wählen Sie die Tabelle *Adressenliste* aus und klicken auf die Schaltfläche *Neues Objekt*, falls der AutoBericht ausgewählt sein sollte (dann trägt die Schaltfläche das in der Marginalspalte dargestellte Symbol).

   Ist das nicht der Fall, öffnen Sie die Liste zur Schaltfläche *Neues Objekt* durch einen Klick auf den Dropdownpfeil der Schaltfläche. Wählen Sie darin den *AutoBericht* aus, so erhalten Sie eine Liste aller eingegebenen Adressen.

Abbildg. 6.1   Der AutoBericht

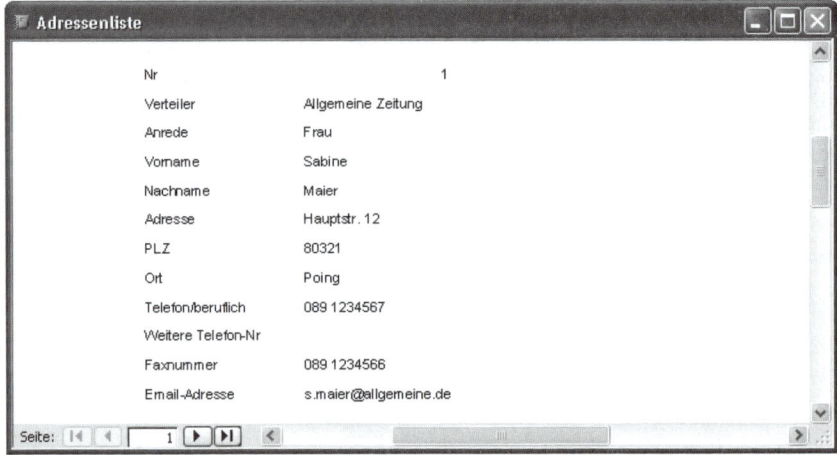

Möchten Sie die Liste so drucken, klicken Sie auf die entsprechende Schaltfläche. Wie Sie einen erstellten Bericht ändern können, erfahren Sie in Teil E.

Alternativ können Sie einen AutoBericht auch so erstellen:

1. Wählen Sie im Datenbankfenster den Objekttyp *Berichte*.

2. Klicken Sie dann auf die Schaltfläche *Neu* in der Symbolleiste des Datenbankfensters. Daraufhin wird das Dialogfeld *Neuer Bericht* aktiviert.
3. Wählen Sie hier die Tabelle aus, die die Basis des Berichts bilden soll.
4. Klicken Sie auf *AutoBericht: Einspaltig* und bestätigen Sie dann diese Auswahl mit *OK*.

Abbildg. 6.2 Der zweite Weg, einen AutoBericht zu erstellen, führt über das Dialogfeld *Neuer Bericht*

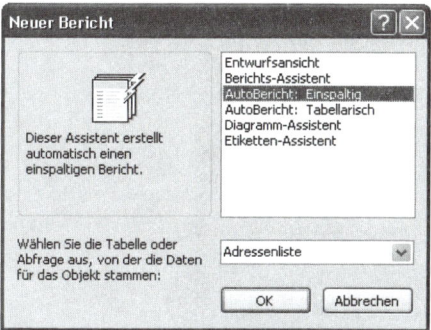

Der Berichts-Assistent

Möchten Sie mehr Einfluss darauf haben, wie Ihr Bericht aussehen soll, verwenden Sie den Berichts-Assistenten.

1. Aktivieren Sie *Berichte* im Datenbankfenster.

2. Klicken Sie dann rechts im Datenbankfenster auf den Eintrag *Erstellt einen Bericht unter Verwendung des Assistenten*.

3. Wählen Sie oben im ersten Dialogfeld des *Berichts-Assistenten* aus, auf welche Tabelle sich der Bericht beziehen soll.

4. Wie Sie es bereits vom Formular-Assistenten her kennen, können Sie jetzt die Felder auswählen, die in Ihrem Bericht dargestellt werden sollen. Für das Beispiel wurden wieder alle Felder bis auf die Nummer in die Liste auf der rechten Seite übernommen.

5. Möchten Sie Ihre Daten nach einem bestimmten Feld gruppieren, so können Sie dies im nächsten Schritt definieren. Klicken Sie das entsprechende Feld einfach an und definieren Sie es mit einem Klick auf die Schaltfläche mit dem Größer-Zeichen zum Gruppierkriterium.

Abbildg. 6.3 Sollen Gruppierungen definiert werden?

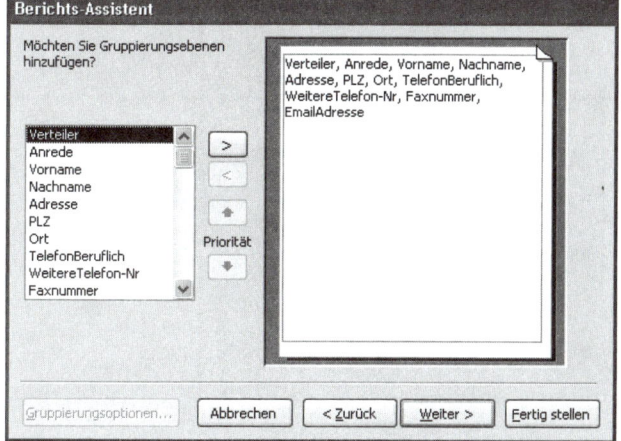

Im Beispiel wurden die Daten nach dem Ort und dem Verteiler gruppiert. Das heißt, in der Liste werden alle Adressen sortiert nach dem Ort aufgeführt; sollte es mehrere Adressen in einem Ort geben, so wird in einer weiteren Gruppierung nach dem Verteiler sortiert.

Abbildg. 6.4   Gruppierung der Daten nach Ort und Verteiler

Mit den beiden Schaltflächen unter und über dem Wort *Priorität* können Sie die Reihenfolge der Gruppierkriterien verändern. Klicken Sie ein Gruppierkriterium an und klicken Sie auf die entsprechende Schaltfläche, um es nach oben oder nach unten zu verschieben.

6. Des Weiteren können Sie im nächsten Schritt innerhalb der Gruppierung die Sortierreihenfolge bestimmen. Im Beispiel wurde eine erste Sortierung nach Nachnamen und eine zweite nach Vornamen festgelegt. Wählen Sie das Feld aus, nach dem sortiert werden soll. Sollen die Daten nicht aufsteigend, sondern absteigend sortiert werden, klicken Sie auf die Schaltfläche hinter dem ausgewählten Feld.

Abbildg. 6.5   Eine Sortierung festlegen

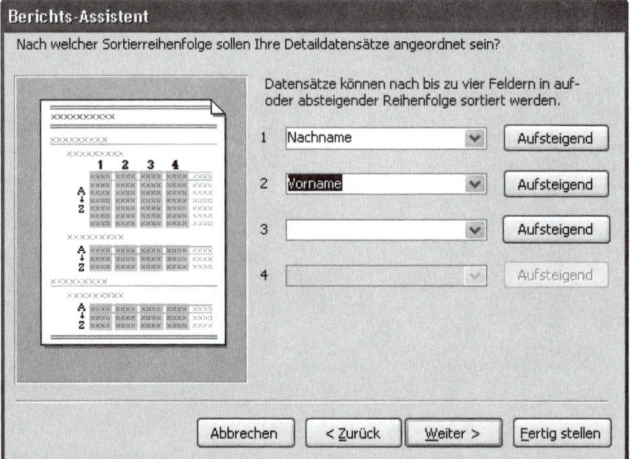

7. Bestimmen Sie im folgenden Schritt das Layout Ihres Berichts. Testen Sie – bevor Sie sich festlegen – die einzelnen Optionen aus und prüfen Sie das Ergebnis links im Vorschaufenster. Wechseln Sie dann bei Bedarf auch die Ausrichtung der Seite. Im Beispiel ist das sehr sinnvoll, da sonst die einzelnen Felder so kurz werden, dass man die Einträge nicht richtig lesen kann.

Abbildg. 6.6   Das Layout des Berichts

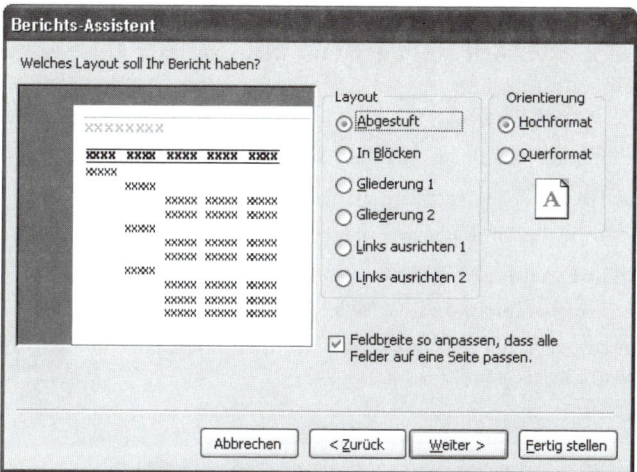

8. Suchen Sie sich jetzt im folgenden Schritt noch »Ihren« Stil heraus, und der Bericht ist fast fertig.
9. Im letzten Schritt werden Sie – ähnlich wie bei Formularen – wieder gefragt, ob Sie den Bericht sogleich in der Berichtsvorschau sehen oder ob Sie in die Berichtsentwurfsansicht wechseln wollen, um den Bericht zunächst zu bearbeiten.

Abbildg. 6.7   Der fertige Bericht

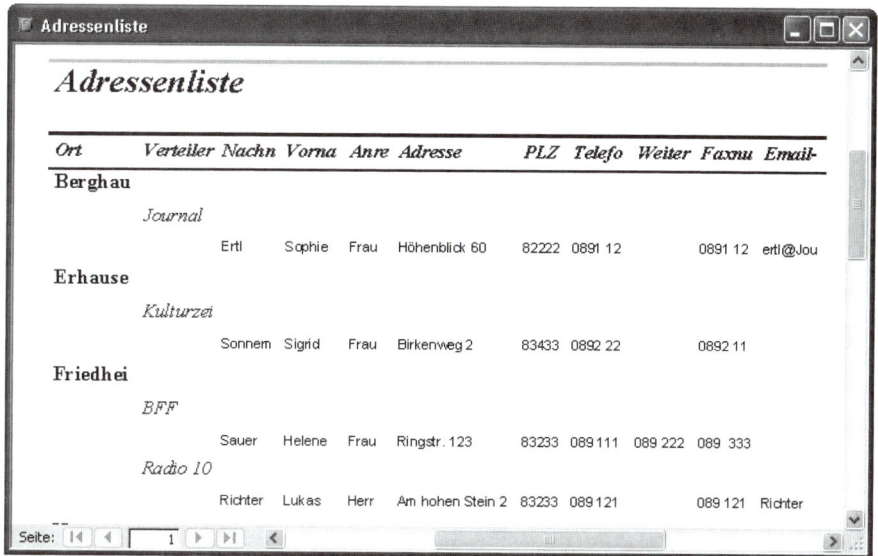

Der Etiketten-Assistent

Benötigen Sie Etiketten, beispielsweise als Aufkleber für Briefe oder Päckchen, für Disketten oder als Namensschilder, so steht Ihnen der Etiketten-Assistent zur Seite. Der Vorteil der Verwendung des Etiketten-Assistenten liegt unter anderem darin, dass es viele vordefinierte Etiketten gibt, unter denen Sie wählen können. Sie finden hier beispielsweise die Formate der meisten Zweckform-Etiketten, die Sie für Ihren Drucker kaufen können. Für Laser- und Tintenstrahldrucker werden Etiketten auf einzelnen Bögen verwendet, während für Matrixdrucker Etiketten auf Endlospapier mit Traktorführung erhältlich sind.

Sollten Sie ein Format benötigen, das Sie nicht in der Liste der vorbereiteten Etiketten finden, so haben Sie auch die Möglichkeit, auf relativ einfache Weise eigene Etiketten anzulegen.

Möchten Sie den Etiketten-Assistenten verwenden, gehen Sie wie folgt vor:

1. Wählen Sie zunächst im Datenbankfenster links den Objekttyp *Berichte*.

2. Klicken Sie dann auf die Schaltfläche *Neu*.

3. Wählen Sie nun den *Etiketten-Assistent* und die benötigte Tabelle aus.

4. Im Etiketten-Assistent werden Sie als Erstes dazu aufgefordert, die Größe der Etiketten festzulegen, die Sie erstellen möchten.

Abbildg. 6.8   Etikettengröße festlegen

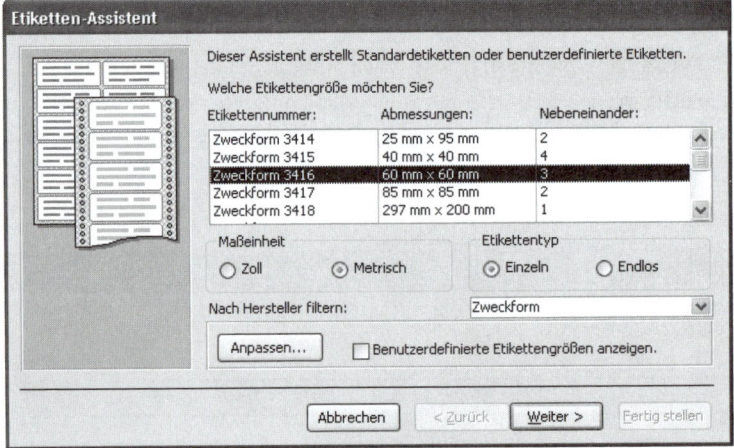

Sie finden hier eine große Anzahl an Standardetiketten, gegliedert nach der Etikettennummer, den Abmessungen und der Anzahl Etiketten pro Bogen. Dabei können Sie die Maßeinheit (*Zoll* oder *Metrisch*) und den Typ (*Einzeln* oder *Endlos*) auswählen. Mithilfe des Dropdown-Listenfeldes *Nach Hersteller filtern* können Sie nur die Etiketten des gewünschten Herstellers anzeigen lassen und so schneller das benötigte Etikettenformat finden.

5. Stellen Sie im nächsten Schritt die von Ihnen gewünschte Schriftart (Schriftname, -größe und -breite) und Textfarbe ein.

Abbildg. 6.9   Stellen Sie hier die Schriftart, -größe und -farbe ein

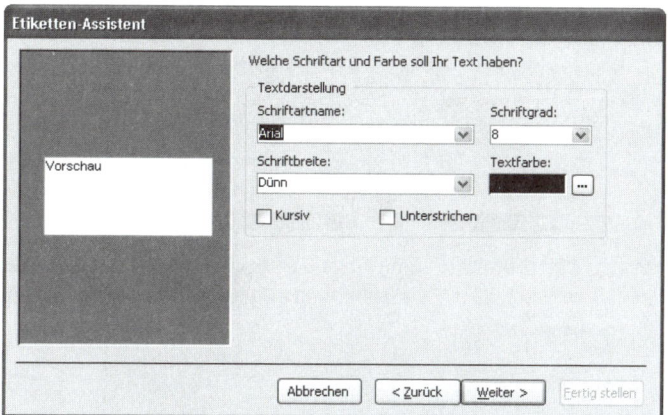

6. Das Layout des Etiketts bestimmen Sie im folgenden Fenster. Dazu kopieren Sie die gewünschten Felder nach dem Markieren mithilfe der nebenstehend gezeigten Schaltfläche in das Etikettenentwurfsfenster. Vergessen Sie nicht die Leerzeichen zwischen den Feldern *Vorname* und *Nachname* bzw. *PLZ* und *Ort*.

Abbildg. 6.10   Etikettenentwurf für Adressaufkleber

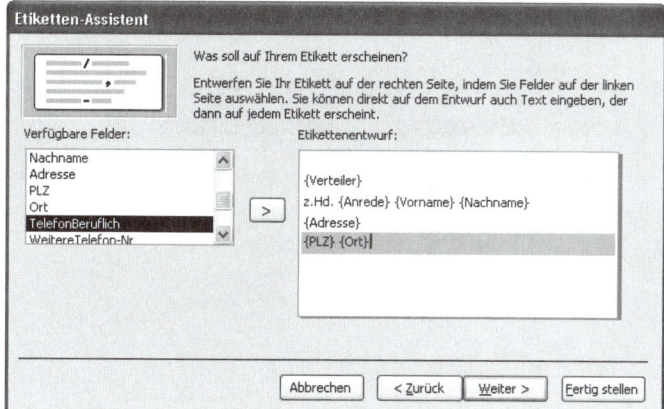

7. Im vorletzten Dialogfeld des Etiketten-Assistenten ist es möglich, Ihre Etiketten zu sortieren. Wir haben uns wieder für die Sortierung nach dem Ort und dem Verteiler entschieden.

8. Zum Schluss schlägt der Etiketten-Assistent einen Namen für den Bericht vor, den Sie mittels der Schaltfläche *Fertig stellen* übernehmen können.

HINWEIS   Sollten die Ränder für Ihre Etiketten falsch eingestellt sein, erscheint jetzt der Hinweis, dass Sie mit dem Menübefehl *Datei/Seite einrichten* die Druckgröße neu einrichten müssen. Auf der Registerkarte *Ränder* haben Sie die Möglichkeit, die Druckränder neu zu bestimmen. Die Registerkarte *Spalte* bietet Ihnen die Anzahl und Größe der Spalten für eventuelle Änderungen an.

Abbildg. 6.11   Legen Sie jetzt die Sortierung der Etiketten fest

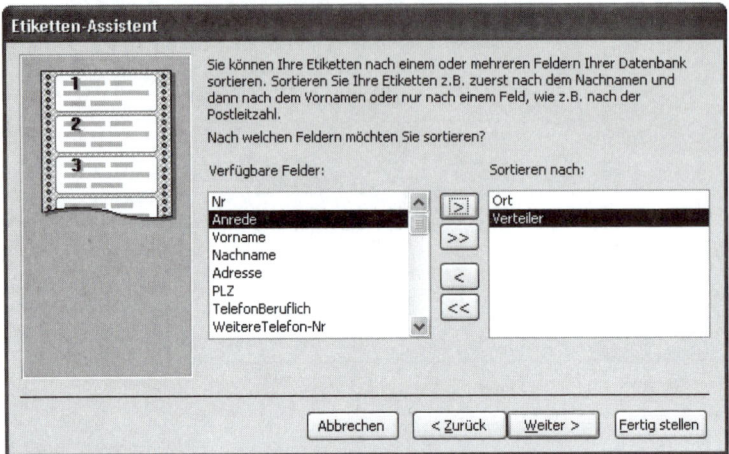

Die fertigen Etiketten sehen Sie in der Seitenansicht Ihres Berichts.

Abbildg. 6.12   Die fertigen Etiketten

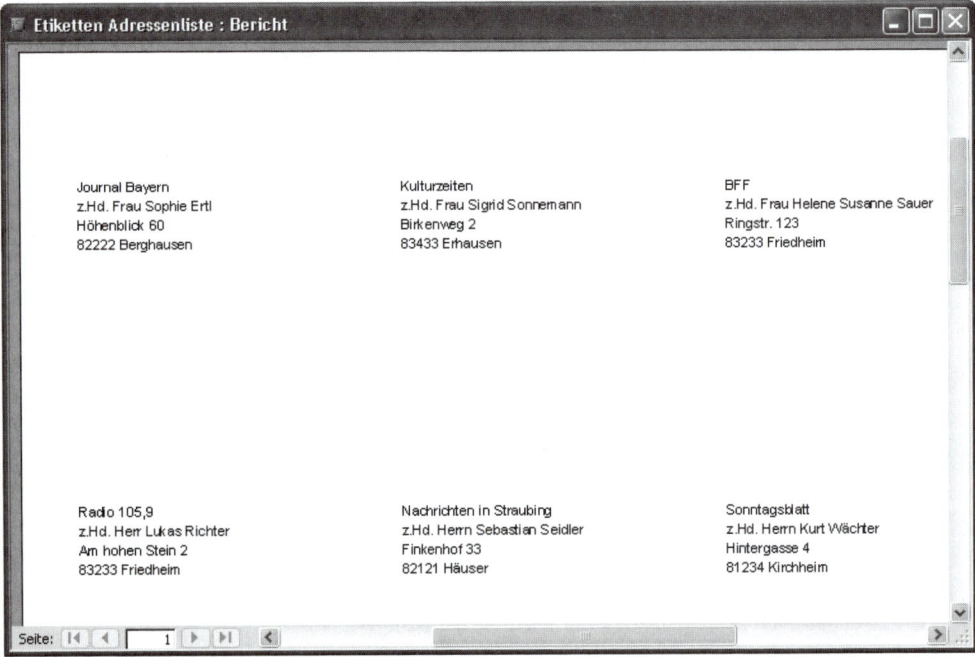

Eigene Etikettenvorlagen definieren

Es gibt zwar mittlerweile eine große Zahl verschiedener Etikettenvorlagen zur Auswahl. CineCity plant jedoch eine Veranstaltung, für die jeder Teilnehmer ein Namensschild erhalten soll. Die für die Namensschilder benötigte Größe von 4 cm x 7,5 cm findet sich nicht in der Auswahl. Das heißt also: Es muss eine eigene Etikettenvorlage definiert werden.

1. Starten Sie den Etiketten-Assistenten.
2. Gleich im ersten Dialogfeld gibt Ihnen die Schaltfläche *Anpassen* (siehe Abbildung 6.8) die Möglichkeit, im Dialogfeld *Neue Etikettengröße* Ihre Etiketten selbst zu definieren.

Abbildg. 6.13   Neue Etiketten lassen sich mit *Neu* definieren

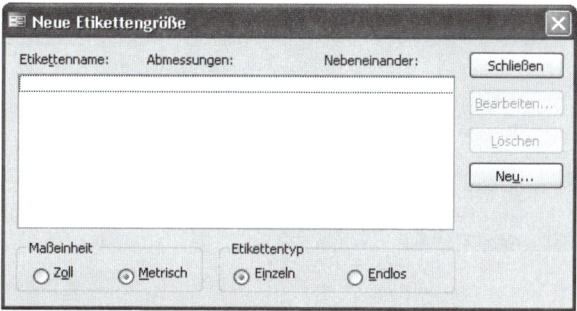

3. Klicken Sie auf die Schaltfläche *Neu*.

Bei der Anzeige der Etiketten in diesem Dialogfeld wird unterschieden, ob ein Etikett in Zoll oder Zentimeter, ob es für Einzelblatt- oder Endlospapier definiert ist und ob es im Hoch- oder Querformat vorliegt. Entsprechend können Sie mit den Optionsfeldern in den Gruppen *Maßeinheit*, *Etikettentyp* und *Format* die Anzeige festlegen.

Abbildg. 6.14   Die Maße für die neuen Etiketten

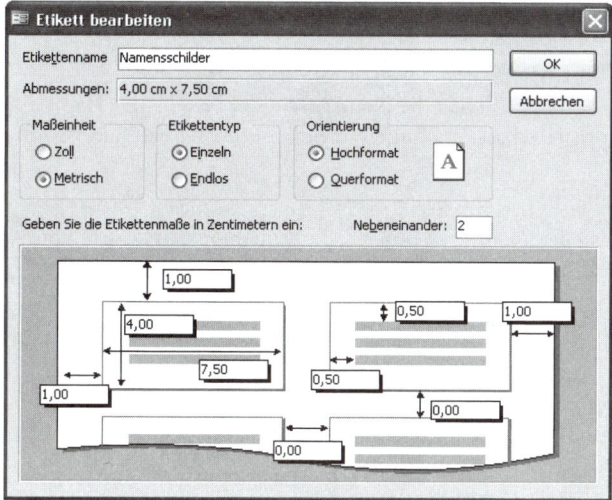

4. Beginnen Sie damit, Ihre selbst definierte Etikettenvorlage im Feld *Etikettenname* mit *Namens-schilder* zu benennen.

5. Da die Namensschilder 7 cm breit werden sollen und wir für den Laserdrucker noch einen nicht bedruckbaren Rand berechnen müssen, können nur zwei Etiketten nebeneinander auf eine DIN-A4-Seite gedruckt werden. Tragen Sie entsprechend in das Feld *Nebeneinander* eine *2* ein.

HINWEIS Beachten Sie bitte die unterschiedlichen Maßeinheiten der Ränder (in Millimeter) und der Druckgröße (in Zentimeter).

---

6. Geben Sie die Höhe und Breite der Namensschilder in das erste Etikett ein, eventuell auch die benötigten Ränder.

Das selbst definierte Etikett für die Namensschilder wird jetzt im Dialogfeld *Neue Etikettengröße* angezeigt und kann dort bearbeitet, gelöscht und auch als Basis für weitere Etiketten kopiert werden.

Abbildg. 6.15 Die selbst definierte Etikettenvorlage

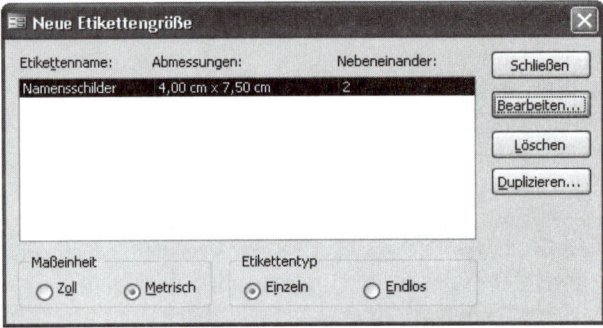

Die neue Etikettenvorlage verwenden

In diesem Abschnitt möchten wir Ihnen zeigen, wie Sie mithilfe der neuen Etikettenvorlage die Namensschilder erstellen können.

1. Erzeugen Sie dazu einen neuen Bericht mit dem Etiketten-Assistenten.

   Für die geplante Veranstaltung soll auf die Namensschilder jeweils der Name und der Verteiler gedruckt werden. Entsprechend soll auch diesem Bericht die Tabelle *Adressenliste* zugrunde liegen.

2. Selektieren Sie die Tabelle *Adressenliste*.

   Mithilfe des Kontrollkästchens *Benutzerdefinierte Etikettengrößen anzeigen* können Sie jetzt zwischen den Standard- und Ihren persönlichen Etiketten hin- und herschalten.

Abbildg. 6.16   Etikettengröße auswählen

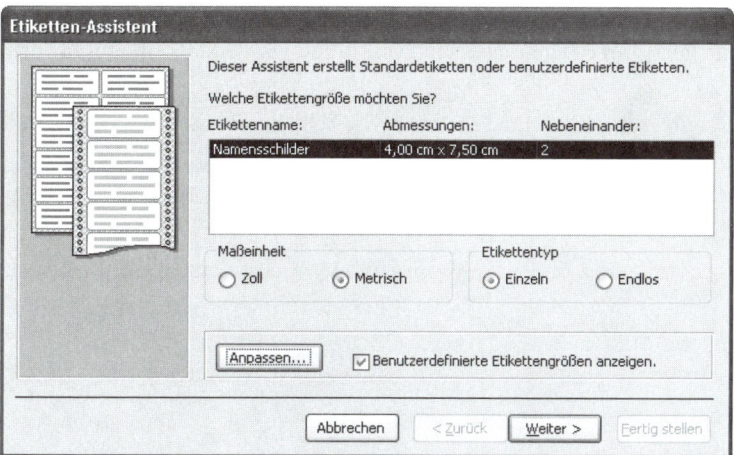

3. Ist das Kontrollkästchen *Benutzerdefinierte Etikettengrößen anzeigen* aktiviert und das Etikett *Namensschilder* markiert, klicken Sie auf *Weiter*.

4. Bestimmen Sie im nächsten Schritt die Schriftart, -größe, -breite und -farbe.

5. Legen Sie dann fest, welche Felder auf dem Namensschild dargestellt werden sollen.

Abbildg. 6.17   Felder für das Namensschild auswählen

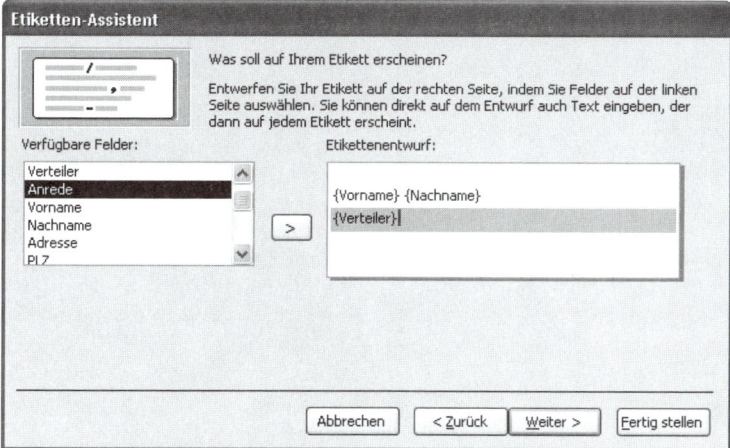

6. Bestimmen Sie im folgenden Schritt die Sortierreihenfolge.

7. Geben Sie Ihren Etiketten nun noch einen Namen und sehen Sie sich diese in der Seitenansicht an.

Falls Sie das Bedürfnis haben, diese Etiketten anders zu formatieren, finden Sie weitere Informationen in Teil E dieses Buches.

Zusammenfassung

Berichte stellen Daten Ihrer Datenbank nach von Ihnen gewählten Kriterien für den Druck zusammen.

- In diesem Kapitel sehen Sie zunächst, wie leicht sich AutoBerichte erstellen lassen (Seite 116).

- Im darauf folgenden Abschnitt wird der Berichts-Assistent vorgestellt (Seite 117).

- Der letzte Abschnitt dieses Kapitels befasst sich mit dem Etiketten-Assistent (Seite 120).

Kapitel 7

Abfragen

Mit Abfragen erhalten Sie die Möglichkeit, Ihre Daten in den Access-Tabellen nach vielfältigen Kriterien auszuwerten und zu sortieren sowie beispielsweise Ihre Daten aufzusummieren oder Ähnliches.

Die Möglichkeiten von Abfragen lassen sich am besten mit Beispielen erklären. Darum, ohne viel Vorrede, direkt hinein ins Vergnügen!

Öffnen Sie, um genügend Daten zum Abfragen zur Verfügung zu haben und die Abfragen in diesem Kapitel nachvollziehen zu können, die Datenbank *CineCity* von Teil A auf der CD-ROM.

Abfragen in der Entwurfsansicht

Zunächst möchten wir Ihnen zeigen, wie Sie eine Abfrage definieren.

1. Aktivieren Sie links im Datenbankfenster den Objekttyp *Abfragen*.

Abbildg. 7.1   Datenbankfenster

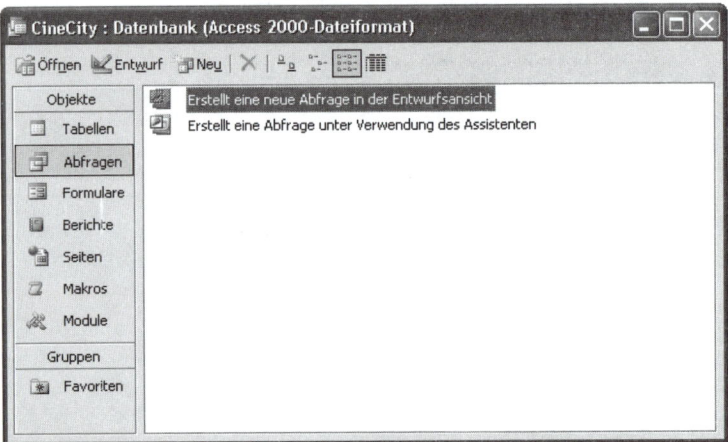

2. Doppelklicken Sie nun rechts auf den Eintrag *Erstellt eine neue Abfrage in der Entwurfsansicht*.
3. Selektieren Sie die Tabelle *Adressenliste*, die die Datenbank *CineCity* auf der CD-ROM bereitstellt. Diese Tabelle entspricht im Entwurf exakt der Tabelle *Adressenliste*, sie enthält allerdings mehr Datensätze.
4. Klicken Sie auf die Schaltfläche *Hinzufügen* und danach auf *Schließen*.

Abbildg. 7.2   Hier wird die Tabelle ausgewählt, auf der die Abfrage basieren soll

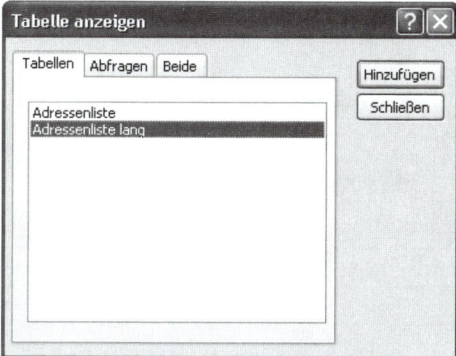

In der dann gezeigten Entwurfsansicht für Abfragen wird die ausgewählte Tabelle mit den in ihr definierten Feldern in einem kleinen Fenster eingeblendet.

Abbildg. 7.3   Abfragen-Entwurfsansicht mit den Feldern der Tabelle

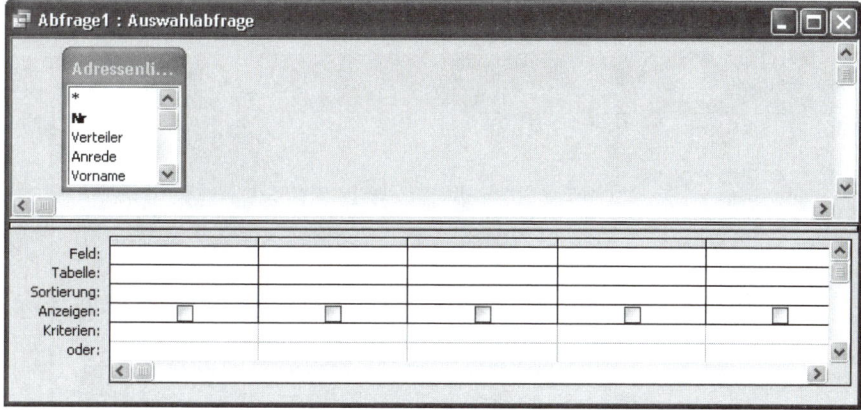

Ausgewählte Daten sortiert anzeigen

Das Abfrage-Entwurfsfenster besteht aus zwei Teilen: der Anzeige der Tabellenfenster oberhalb der Trennlinie und dem Definitionsbereich unterhalb.

Stellen Sie sich nun vor, Sie möchten eine Telefonliste erstellen, in der Nachname, Vorname, Verteiler, Telefon- und Faxnummern aufgelistet werden. Gehen Sie dazu wie folgt vor:

1. Suchen Sie im Fenster mit der Tabelle *Adressenliste lang* im oberen Bereich der Entwurfsansicht die Feldbezeichnung *Nachname*. Dazu müssen Sie gegebenenfalls die Liste mithilfe der Bildlaufleiste im Tabellenfenster entsprechend weiterblättern.

2. Doppelklicken Sie auf das Feld *Nachname*. Die Feldbezeichnung taucht nun im unteren Bereich auf.

3. Wiederholen Sie die Schritte für alle gewünschten Felder.

Abbildg. 7.4 Felder in der Entwurfsansicht

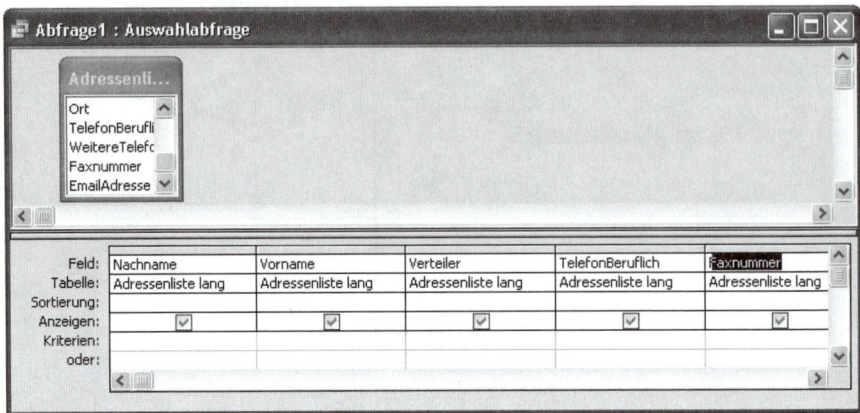

Sie haben nun eine Abfragedefinition erstellt. Klicken Sie jetzt auf die Schaltfläche *Ausführen*. Access führt die Abfrage aus und zeigt Ihnen in einer Datenblattansicht das Ergebnis der Abfrage.

Abbildg. 7.5 Ergebnis der Abfrage

Nachname	Vorname	Verteiler	Telefon/beruflich	Faxnummer
Maier	Sabine	Allgemeine Zeit	089 1234567	089 1234566
Wächter	Kurt	Sonntagsblatt	089 7654321	089 7654323
Sauer	Helene Susann	BFF	089 1111111	089 3333333
Ertl	Sophie	Journal Bayern	0891 122112	0891 122111
Klein	Simon	Das Blattl	089 333333	
Seidler	Sebastian	Nachrichten in !	0889 889988	0889 998899
Sonnemann	Sigrid	Kulturzeiten	0892 222222	0892 111111
Richter	Lukas	Radio 105,9	089 121212	089 121222
Wagner	Klaus	Landbote	0891 222111	0891 222122
Müller	Frank	Oberallgäuer Ta	0892 333333	0892 333332
Kron	Gabriela	Allgäuer Zeitun(	0888 434343	0888 434344
Hund	Andrea	Augsburger Pre	08992 12345	08992 12347
Baum	Herbert	Erdinger Blatt	0888 55555	0888 5566
Haase	Elke	Zeitung für Freis	01882 323232	01882 2121212

Datensatz: |◄ ◄ [1] ► ►| ►*

Bei einer Telefonliste ist es natürlich sinnvoll, wenn diese alphabetisch nach Nachnamen und Vornamen sortiert ist. Nichts leichter als das:

1. Schalten Sie mithilfe der Schaltfläche *Ansicht* oder über den Menübefehl *Ansicht/Entwurfsansicht* in die Entwurfsansicht um.
2. Klicken Sie im unteren Bereich des Fensters in der Spalte *Nachname* auf die Zeile *Sortierung*. Klappen Sie die Liste der Sortiermöglichkeiten auf und wählen Sie *Aufsteigend*.

Abbildg. 7.6 Sortiermöglichkeiten

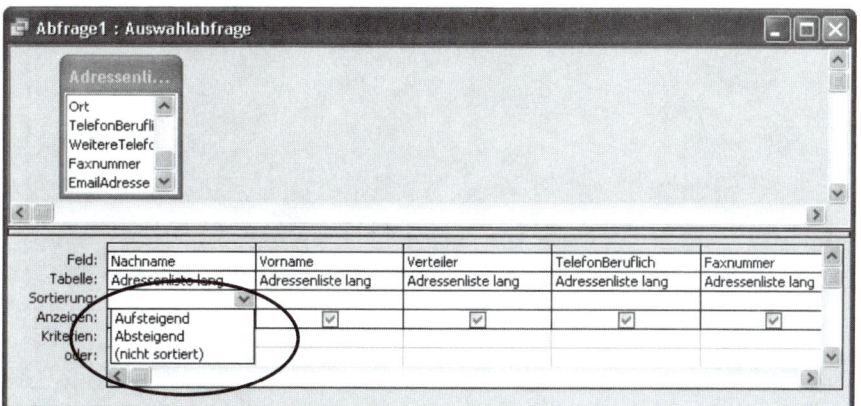

3. Stellen Sie für die Spalte *Vorname* ebenfalls *Aufsteigend* ein. Damit erreichen Sie, dass innerhalb der Nachnamen nach Vornamen sortiert wird, also wenn Sie zehn Müllers in der Tabelle haben, diese nach Vornamen geordnet werden.

4. Klicken Sie erneut auf die Schaltfläche *Ausführen*.

Abbildg. 7.7 Sortierte Telefonliste

Stellen Sie sich nun vor, Sie hätten viele hundert Namen in Ihrer Adressliste und möchten die Telefonnummer von Frau Maier von der Allgemeinen Zeitung ermitteln. Nun könnten Sie in Ihrer Abfrage blättern, bis der Eintrag am Bildschirm angezeigt wird. Sie können aber auch Access die Arbeit erledigen lassen:

1. Schalten Sie zurück in die Entwurfsansicht.

2. Geben Sie in die Zeile *Kriterien* im unteren Entwurfsbereich *Maier* für die Spalte *Nachname* ein. Access ergänzt übrigens automatisch die in Abbildung 7.8 dargestellten Anführungszeichen.

Entwurf mit Auswahlkriterium

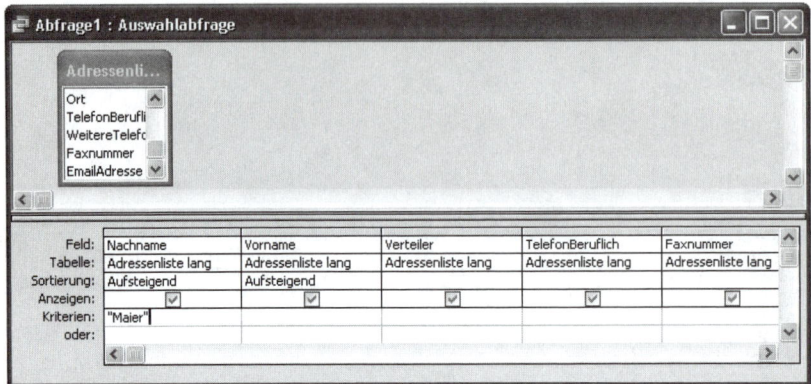

3. Führen Sie die Abfrage erneut aus.

Das Ergebnis der Abfrage sind alle Adressen, für die der Nachname Maier lautet. Hier in unserem Beispiel findet Access nur einen Eintrag.

Abfrageergebnis

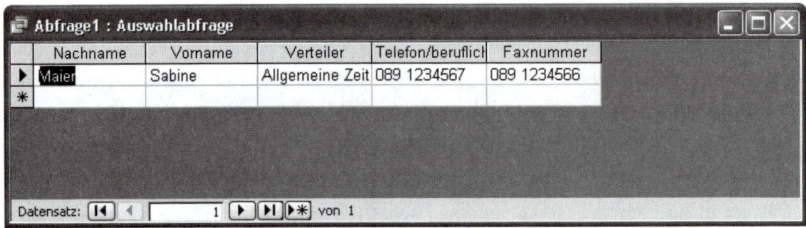

Vielleicht möchten Sie alle Einträge anzeigen lassen, bei denen der Nachname mit »M« anfängt, da Sie nicht mehr wissen, ob sich Frau Maier mit »ai« oder »ei« schreibt?

Legen Sie dazu einfach das Kriterium für den Nachnamen mit *M** fest.

Neue Abfragebedingung

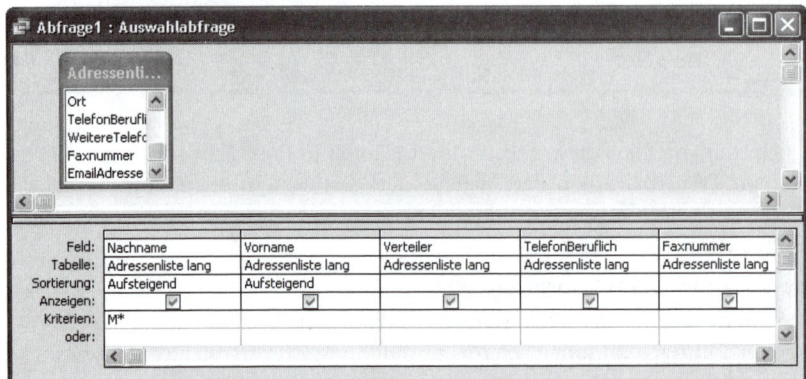

Verlassen Sie die Zeile *Kriterien*, d.h. bewegen Sie die Einfügemarke in eine andere Zelle, so formt Access die Bedingung wie in Abbildung 7.11 gezeigt um.

Abbildg. 7.11 »Wie«-Abfrage

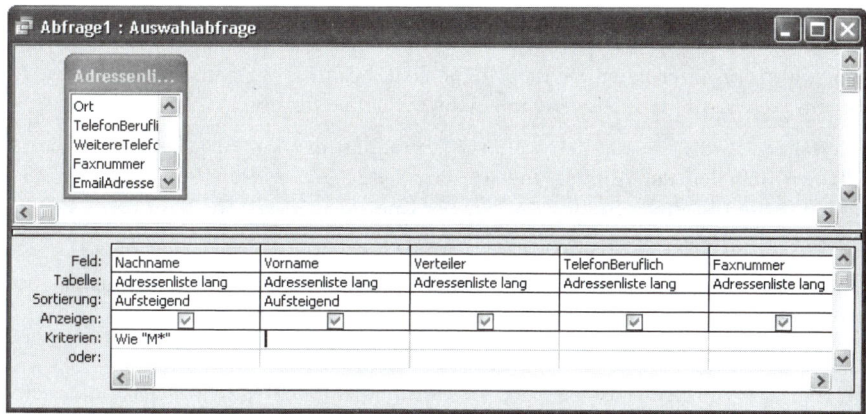

Das Sternchen steht für beliebig viele beliebige Zeichen, die hinter dem »M« folgen können. Die Details zu »Wie«-Abfragen finden Sie in Teil C dieses Buches.

Ein Klick auf die Schaltfläche *Ausführen* bringt das Ergebnis auf den Bildschirm.

Abfragen lassen sich speichern (Menübefehl *Datei/Speichern unter*) und jederzeit erneut aufrufen. Darüber hinaus lassen sich Abfragen als Grundlagen für Formulare und Berichte verwenden, so dass dort nur die Daten gezeigt werden, die das Abfrageergebnis bilden.

Alle Abfragen basieren Access-intern auf der Programmiersprache SQL, »Structured Query Language«. SQL ist ursprünglich eine Erfindung von IBM. Sie wurde im Laufe der Jahre standardisiert und ist heute die wichtigste Abfragesprache für Datenbanken. In Teil C dieses Buches finden Sie ein eigenes Kapitel zum Thema SQL: Kapitel 20. Sie werden auf Abfragen in SQL-Schreibweise, die meist mit *SELECT * FROM ...* beginnen, an vielen Stellen in Access treffen.

Abbildg. 7.12 Alle Adressen mit »M*«

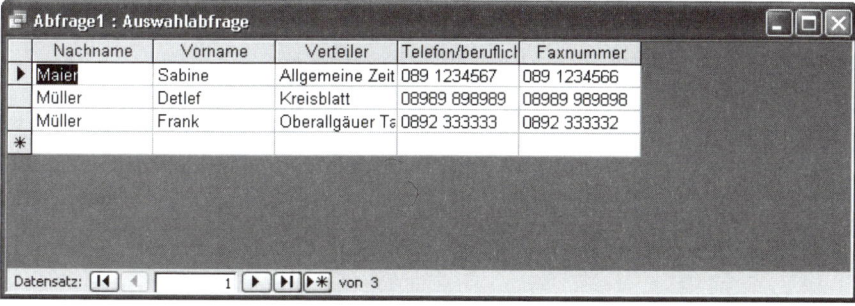

So, dies soll zunächst als kleine Einführung zum Thema Abfragen genügen. Sie werden später erfahren, wie Sie beispielsweise alle Telefonlisteneinträge abfragen können, deren Nachname mit M oder

N beginnt, wie Sie ermitteln, wie viele Adressen aus München vorliegen und wie kompliziertere Fragestellungen gelöst werden können.

Zusammenfassung

Mithilfe von Abfragen erhalten Sie die Möglichkeit, bestimmte Daten aus Ihrer Datenbank auszuwählen, um diese dann beispielsweise in einem Bericht auszugeben.

- Sie erfahren in diesem Kapitel, wie eine Abfrage in der Entwurfsansicht definiert wird (Seite 128), wie Tabellen der Abfrage zugewiesen (Seite 129), wie die benötigten Felder ausgewählt werden (Seite 130) und wie eine Abfrage per Knopfdruck gestartet wird (Seite 130).

- Bei Bedarf lässt sich das Ergebnis einer Abfrage per Knopfdruck sortiert darstellen (Seite 131).

- Zudem erfahren Sie, wie ein einfaches Kriterium für ein Feld eingefügt werden kann (Seite 132).

Kapitel 8

Die Access-Hilfe

In diesem Kapitel:

Da sich niemand den kompletten Funktionsumfang von Access mit allen Möglichkeiten merken kann, ist die Hilfefunktion eine gute Unterstützung.

Das Feld *Frage hier eingeben*

In der Access-Menüleiste finden Sie das Feld *Frage hier eingeben*, über das Sie direkt auf die Hilfe zugreifen können. Klicken Sie in das Feld und geben Sie ein Stichwort oder mehrere ein. Nachdem Sie Ihre Eingabe mit der ⏎-Taste bestätigt haben, wird eine Liste von Hilfethemen im Aufgabenbereich zur Auswahl angeboten. Wenn Sie beispielsweise *Formular erstellen* eingeben, bekommen Sie direkt unter dem Feld die in Abbildung 8.1 zu sehende Auswahl angezeigt.

Abbildg. 8.1 Hilfethemen bei Eingabe von *Formular erstellen*

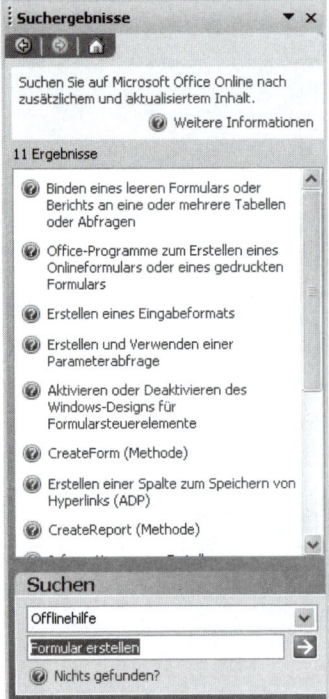

Und jetzt beginnt das eigentliche Problem: Access zeigt zwar elf gefundene Hilfestellen an, aber wenn man ehrlich ist, erklärt keine einzige davon, wie ein Formular erstellt werden kann. Was nun? Manchmal hilft es, wenn Sie andere Stichwörter verwenden. Geben Sie beispielsweise *Formular anlegen* an, so findet Access plötzlich die gewünschte Hilfeseite.

Abbildg. 8.2   Mit anderen Stichwörtern kommt man manchmal besser ans Ziel

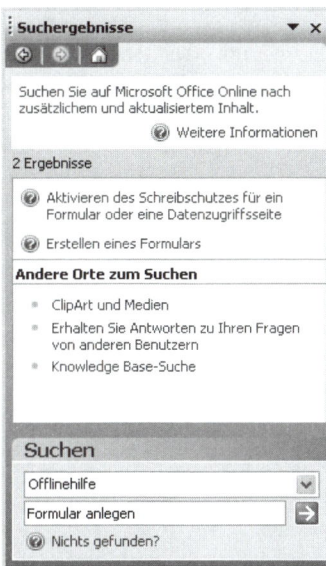

Wenn Sie den Eintrag *Erstellen eines Formulars* anklicken, öffnet sich ein Fenster mit der *Microsoft Office Access-Hilfe*. In Abbildung 8.3 sehen Sie die Hilfsangebote von Access zum gewählten Thema. Per Klick auf *So wird´s gemacht* können Sie weitergehende Erläuterungen ein- und wieder ausblenden. Zu Texten in blauer Farbe lassen sich per Klick erläuternde Hilfetexte ein- und wieder ausblenden.

Abbildg. 8.3   Access-Hilfefenster

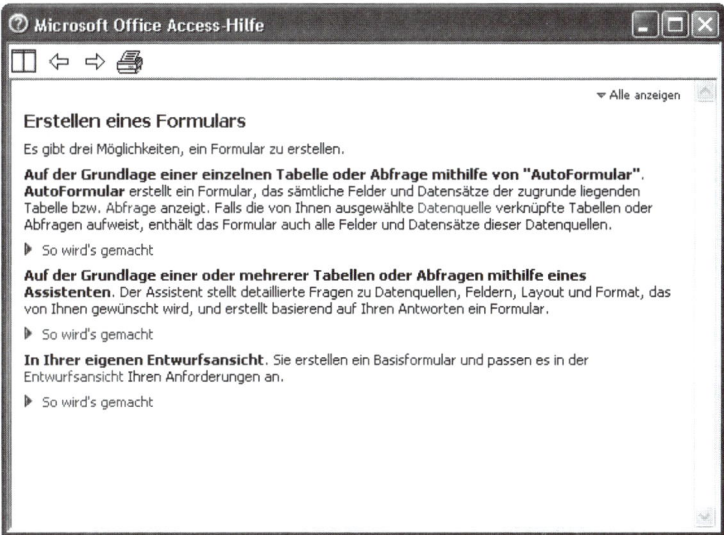

Der Aufgabenbereich *Access-Hilfe*

Mit der F1-Taste, dem Menübefehl *?/Microsoft Office Access-Hilfe* oder der gleichnamigen Schaltfläche in der Symbolleiste aktivieren Sie den Aufgabenbereich *Access-Hilfe*. Wenn Sie den standardmäßig deaktivierten Office-Assistenten nutzen, wird statt des Aufgabenbereichs der Office-Assistent angezeigt. Über die Arbeit mit dem Office-Assistenten lesen Sie weiter hinten in diesem Kapitel.

Abbildg. 8.4 Den Aufgabenbereich *Access-Hilfe* aktivieren

Im oberen Teil sehen Sie ein Eingabefeld wie in der Menüleiste. Geben Sie ein oder mehrere Stichwörter ein und drücken Sie die ↵-Taste oder klicken Sie auf den grünen Pfeil.

Unter dem Eingabefeld finden Sie einen Verweis auf das Inhaltsverzeichnis der Hilfe. Klicken Sie auf diesen Link, so werden verschiedene Hilfethemen angeboten. Wie Sie damit arbeiten, können Sie im Abschnitt »Themenbezogene Hilfe« weiter hinten in diesem Kapitel nachlesen.

Navigieren durch Hilfetexte

Um ein Hilfethema aufzurufen, klicken Sie auf den entsprechenden Text. Einen solchen Text, der durch einen Klick auf eine andere Seite weiterleitet, bezeichnet man als Link. Sie kennen das vielleicht auch aus dem Internet.

Ansonsten helfen beim Navigieren durch die Hilfetexte die Schaltflächen *Zurück* bzw. *Vorwärts*. Die Schaltfläche *Homepage* führt Sie zum Aufgabenbereich *Erste Schritte*.

Internetangebote von Microsoft

Alle weiteren Optionen dieses Aufgabenbereichs verbinden Sie mit den Internetangeboten von Microsoft. Sie gelangen über *Mit Microsoft Office Online verbinden* auf eine Internetseite mit verschiedensten Hilfestellungen, Tipps und Support-Angeboten zu den verschiedenen Office-Produkten. Auch wenn Sie auf *Unterstützung*, *Schulung*, *Communities* oder *Downloads* klicken, werden Sie mit einer Internetseite von Microsoft verbunden. Es lohnt sich, auf diesen Seiten zu stöbern.

Themenbezogene Hilfe

Die themenbezogene Hilfe, die Sie über den Link *Inhaltsverzeichnis* aktivieren können, ist in verschiedene »Bücher« gegliedert. Durch einen Klick auf eine der Überschriften können Sie das jeweilige Buch aufschlagen.

Abbildg. 8.5 Verschiedene Überschriften im Inhaltsverzeichnis

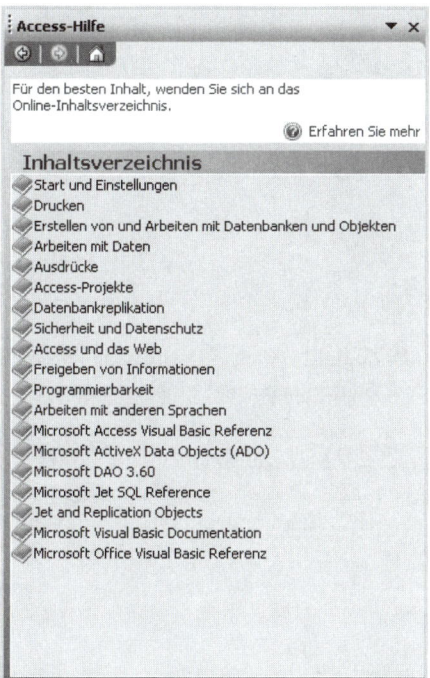

Die Bücher können mehrfach ineinander verschachtelt sein, so wie es Abbildung 8.6 zeigt.

Abbildg. 8.6 Ein Klick auf eine Überschrift zeigt weitere Überschriften oder Aufrufe von Hilfefenstern an

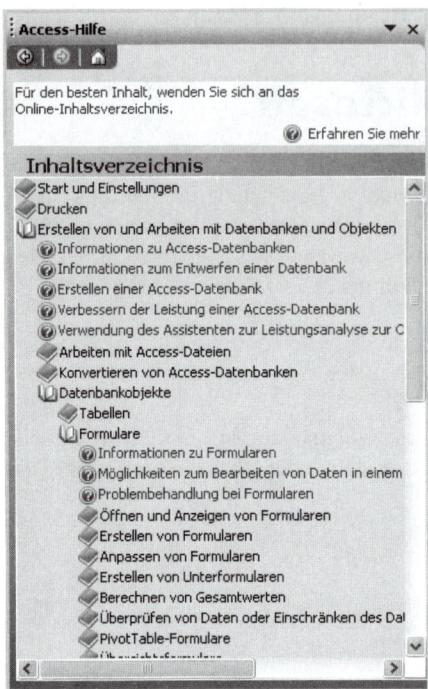

Klicken Sie auf eines der Fragezeichen, erhalten Sie eine Hilfestellung zum entsprechenden Punkt, wie Sie in Abbildung 8.3 sehen.

Die Direkthilfe

In einigen Dialogfeldern – wie beispielsweise im Dialogfeld *Drucken* – wird eine Direkthilfe angeboten, wenn in der Titelleiste des Dialogfeldes eine Schaltfläche mit einem Fragezeichen angezeigt wird.

Klicken Sie auf diese Schaltfläche, so verändert sich der Mauszeiger in einen Pfeil mit einem Fragezeichen. Klicken Sie mit diesem neuen Mauseiger auf die Option im Dialogfeld, zu der Sie Direkthilfe benötigen, so wird ein Kästchen mit Erklärungen zu dem angeklickten Element angezeigt.

Der Office-Assistent

Der Office-Assistent Karl Klammer ist standardmäßig deaktiviert. Mit dem Menübefehl *?/Office-Assistenten einblenden* lässt er sich auf den Bildschirm holen.

Klicken Sie auf den Office-Assistenten, so wird eine Sprechblase aktiviert und Sie können, ähnlich wie im Feld *Frage hier eingeben*, eine Frage an Karl stellen und ihn mit *Suchen* dazu veranlassen, Hilfestellungen zum angegebenen Problem zu finden.

Abbildg. 8.7   Der Office-Assistent Karl Klammer wartet auf Ihre Frage

Ist der Office-Assistent aktiviert, können Sie ihn direkt mit Klick auf die Schaltfläche *Microsoft Office Access-Hilfe* in der Symbolleiste oder durch Drücken der F1-Taste aufrufen.

Klicken Sie in der Sprechblase des Office-Assistenten auf *Optionen*, öffnet sich ein Dialogfeld, in dem Sie die Fähigkeiten des Assistenten und die Art der angezeigten Tipps einstellen können. Zudem besteht auf der Registerkarte *Katalog* die Möglichkeit, Karl Klammer gegen den Hüpfer, den Professor oder Rocky einzutauschen.

Abbildg. 8.8   Vorgabe für den Office-Assistenten

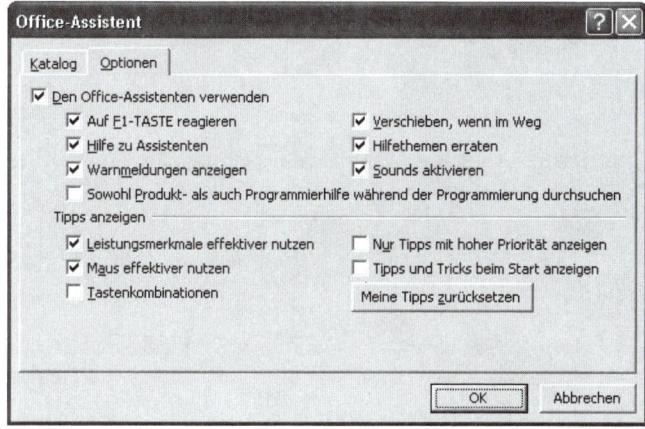

Zum Deaktivieren des Assistenten entfernen Sie im Dialogfeld *Office-Assistent* auf der Registerkarte *Optionen* das Häkchen vor *Den Office-Assistenten verwenden*.

Wollen Sie den Assistenten ausblenden, klicken Sie ihn mit der rechten Maustaste an und wählen aus dem Kontextmenü den ersten Eintrag.

Abbildg. 8.9   Kontextmenü zum Office-Assistenten

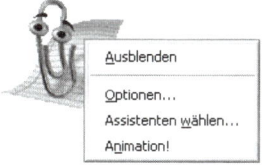

Zusammenfassung

In diesem Kapitel wurde der Umgang mit der Hilfe von Access beschrieben. Um Hilfe zu erhalten, gibt es verschiedene Möglichkeiten:

- Verwenden Sie das Feld *Frage hier eingeben* (Seite 136).

- Verwenden Sie die F1 -Taste oder den Menübefehl *?/Microsoft Office Access-Hilfe* (Seite 138).

- Verwenden Sie den Office-Assistenten über *?/Office-Assistent einblenden* (Seite 140).

Teil B

Tabellen

In diesem Teil:

Nachdem Sie in den vorangegangenen Kapiteln einen Überblick über die Leistungen und Möglichkeiten von Microsoft Access erhalten haben, soll in diesem Teil das Thema Tabellen ausführlich behandelt werden.

- Access gehört zur Klasse der relationalen Datenbanken, d.h., die Daten in Access werden in Tabellen gespeichert, die zueinander in Beziehung stehen. Wir möchten Sie mit den Datenbankgrundlagen vertraut machen und Ihnen das theoretische Handwerkszeug vermitteln. Wir beschreiben, worauf Sie zu achten haben und wie Sie am besten vorgehen.

- Als Beispiel wird eine Datenbank zur Verwaltung des Kinocenters »CineCity« besprochen.

- Im Anschluss daran zeigen wir Ihnen, wie Sie Ihren Entwurf in die Tabellen in Access übertragen. Wir stellen Ihnen die Entwurfsansicht vor sowie die Einstellmöglichkeiten für Felder und Tabellen.

- Trotz sorgfältigen Designs ist es bisweilen notwendig, Tabellenstrukturen im Nachhinein noch zu bearbeiten. Wir zeigen Ihnen, wie Sie eine Tabellenstruktur auch später noch bearbeiten können und worauf Sie achten müssen.

- Damit Ihre Daten sinnvoll in Tabellen gespeichert werden können, empfiehlt es sich, die Tabellen nach den Regeln der Normalisierung zu strukturieren.

- Sind Ihre Daten normalisiert, können zwischen ihnen Beziehungen aufgebaut werden.

Kapitel 9

Datenbankgrundlagen

In diesem Kapitel:

In diesem Kapitel sollen Sie endlich eine Antwort auf viele Fragen erhalten, die sich zwischenzeitlich ergeben haben: Was ist eigentlich eine Datenbank? Was sind Primärschlüssel oder Fremdschlüssel? Was haben Datenbanken mit Beziehungen zu tun? Wie und warum normalisiert man eine Datenbank? Was ist ein Index?

Um die graue Theorie gleich an einem Beispiel in die Praxis umsetzen zu können, werden wir Ihnen die Datenbank von CineCity vorstellen. Anhand dieses Beispiels demonstrieren wir den Weg von der Problemstellung zum Entwurf einer Datenbank. Als Ergebnis des Entwurfs sollen in diesem Kapitel die einzelnen Tabellen der Datenbank *CineCity* mit ihren Feldern definiert werden, auf die im Laufe des Buches immer wieder zurückgegriffen wird.

Was ist eine relationale Datenbank?

Access ist eine relationale Datenbank – im Gegensatz zu einer hierarchischen oder objektorientierten Datenbank –, doch was bedeutet das eigentlich? Eine Datenbank ist eine Sammlung nicht redundanter – sich nicht wiederholender – Daten, die von mehreren Applikationen benutzt werden können. Relationale Datenbanken speichern Daten in einer oder mehreren Tabellen, die miteinander in Beziehung stehen können. Der Mathematiker E. F. Codd – damals Forscher bei IBM – hat 1970 das relationale Datenmodell entwickelt. Seine Definition liest sich wie: Sind $W(A_1)$, $W(A_2)$, ... , $W(A_n)$ endliche Mengen, so heißt die Menge aller Kombinationen ihrer Elemente ihr kartesisches Produkt $[W(A_1) \times W(A_2) \times ... \times W(A_n)]$. Die Elemente von kartesischen Produkten heißen Tupel. Jede Teilmenge von R eines kartesischen Produkts $W(A_1) \times W(A_2) \times ... \times W(A_n)$ heißt eine (n-stellige) Relation über $W(A_1) \times W(A_2) \times ... \times W(A_n)$. Jede Relation $R \subseteq W(A_1) \times W(A_2) \times ... \times W(A_n)$ kann als Tabelle dargestellt werden. Die Spalten tragen die Namen der Attribute, in den Zeilen sind die Elemente von R (die Tupel) aufgeführt.

Stopp!! So soll das nicht weitergehen. Heute sind zwar die meisten Datenbanken mit dem relationalen Datenmodell implementiert, aber man kann sich relationalen Datenbanken auch weniger mathematisch nähern.

Tabellen und Primärschlüssel

Tabellen stellen in einem relationalen Modell »Dinge« der realen Welt dar: Kunden, Städte, Fahrräder oder auch Kinofilme. Jede Tabelle sollte nur eine einzige Art eines solchen Dings (oft mit Entität oder Objekt bezeichnet) beschreiben. Jede Tabelle besteht aus mehreren Zeilen und Spalten. Das relationale Datenbankmodell schreibt vor, dass jede Zeile einer Tabelle *eindeutig* sein muss. Diese Voraussetzung ist durchaus sinnvoll, denn ist sie nicht erfüllt, kann man sich bei der Wahl eines Kunden nicht sicher sein, ob man zufällig die richtige Adresse des entsprechenden Kunden oder dummerweise die falsche ausgewählt hat.

Man kann Eindeutigkeit mithilfe eines so genannten *Primärschlüssels* erreichen: Dazu werden eine oder mehrere Spalten einer Tabelle verwendet, die eindeutige Werte für diese Tabelle enthalten. Jede Tabelle kann nur einen Primärschlüssel besitzen, auch wenn mehr als eine Spalte oder Spaltenkombinationen eindeutige Werte bereitstellen. Alle Spalten (oder Spaltenkombinationen) mit eindeutigen Werten werden als *Schlüsselkandidaten* bezeichnet. Einer davon muss als Primärschlüssel ausgewählt werden.

Es gibt keine Regeln, welchen Schlüssel man am besten unter den Schlüsselkandidaten für den Primärschlüssel auswählt, aber einige Punkte sind zu bedenken: Es ist sicher sinnvoll, einen Schlüssel zu wählen,

- der sich aus so wenig Spalten wie möglich zusammensetzt,

- der sich so wenig wie möglich ändert bzw.

- der möglichst einfach und, wenn möglich, dem Benutzer bekannt ist.

Man stelle sich eine Firma vor, die eine Tabelle *Kunden* pflegt, die Sie in Abbildung 9.1 sehen können.

Abbildg. 9.1   Die Tabelle *Kunden*

	KundenNr	Anrede	Vorname	Name	Straße	PLZ	Ort	Telefon
▶ +	1	Herr	Walter	Vogel	Weidenstr.12	12345	Heimhausen	069 1111122
+	2	Frau	Sabine	Leut	Lindenstr. 32	23456	Haubergen	089 232323
+	3	Herr	Ulrich	Krabbe	Hauptstr. 3	98765	Auen	0721 554892
+	4	Frau	Monika	Kolbe	Rosenweg 4	97531	Marburgen	06421 86623
+	5	Frau	Karen	Korn	An der Ecke 2	32322	Sindhausen	
+	6	Herr	Dietmar	Bommel	Friesenweg 43	12323	Windingen	
+	7	Frau	Karin	Blume	Antonius-Str.2	84837	Vilbeln	
+	8	Herr	Sebastian	Herr	Am Feld 65	43982	Walde	
+	9	Frau	Angelika	Stein	Am Hessendenkmal 2	64323	Heuchelheim	
*	(AutoWert)							

Datensatz: I◀ ◀   1 ▶ ▶I ▶* von 9

Schlüsselkandidaten sind hier die *KundenNr*, die Kombination aus *Name* und *Vorname*, die *Telefonnummer*, die Kombination aus *Ort* und *Straße*. Nach obigen Überlegungen würde man sofort die Telefonnummer und die Adresse aussortieren, da sich diese Angaben häufig ändern. Die Wahl zwischen der *KundenNr* und der Kombination aus *Name* und *Vorname* ist weniger offensichtlich. Wie wahrscheinlich ist es, dass sich der Name ändert? Kommt es häufig zu Schreibfehlern bei der Namenseingabe? Ist auf der anderen Seite dem Benutzer die *KundenNr* geläufig?

Die meisten Entwickler bevorzugen numerische Primärschlüssel, weil Suchen und Sortierungen in Access in numerischen Feldern schneller sind als in Textfeldern. Das bedeutet, dass man der *KundenNr* den Vorzug geben würde.

In Access werden häufig so genannte *AutoWerte* für den Primärschlüssel verwendet. Ein AutoWert ist eine Zahl, die automatisch von Access vergeben wird. Eine solche Zahl eignet sich hervorragend für Spalten, in denen kein Wert doppelt vorkommt, da Access dabei von selbst nur Zahlen wählt, die zuvor noch nicht benutzt wurden. Es gibt zwei verschiedene Arten von AutoWerten: Entweder man wählt die Art *Inkrement*, dabei nummeriert Access ab 1 jeden neu hinzukommenden Datensatz, oder man verwendet *Zufall*, dann wählt Access Zahlen zufällig aus.

Müsste man also für die Tabelle *Kunden* einen Primärschlüssel definieren, würde man dazu die Spalte *KundenNr* verwenden und diese *KundenNr* als AutoWert der Art *Inkrement* definieren. Damit wird jeder eingegebene Kunde automatisch gezählt.

WICHTIG   Löschen Sie eine Zeile Ihrer Tabelle, wird die so ebenfalls gelöschte *KundenNr* trotzdem nicht noch ein zweites Mal vergeben. Brauchen Sie in Ihrer Tabelle lückenlos nummerierte Einträge, sollten Sie keine AutoWerte verwenden.

Fremdschlüssel

Primärschlüssel werden nicht nur in jeder Tabelle zwingend gebraucht, um die einzelnen Datensätze eindeutig beschreiben zu können, sie sind zudem beim Definieren von Beziehungen zwischen mehreren Tabellen von großem Nutzen. Lassen Sie uns Rechnungen an unsere Kunden schreiben und diese zur Überprüfung in der Tabelle *Rechnungen* protokollieren.

Abbildg. 9.2   Die Tabelle *Rechnungen*

RechNr	KundenNr	Datum	Bezahlt	Bemerkung
1	2	19.02.2001	☑	
2	1	19.02.2001	☑	
3	3	19.02.2001	☐	
4	9	20.02.2001	☐	
5	2	21.02.2001	☐	
6	7	21.02.2001	☑	
7	3	21.02.2001	☑	
8	6	21.02.2001	☑	
9	5	21.02.2001	☑	
10	4	21.02.2001	☐	
11	8	21.02.2001	☐	
12	2	22.02.2001	☑	

Datensatz: 1 von 12

Dann wird nun die Beziehung zwischen den beiden Tabellen über die *KundenNr* definiert. In der Tabelle *Rechnungen* erscheinen die Kundennummern und somit ist festgelegt, an wen die Rechnung geschrieben wurde. Eine Spalte in einer Tabelle, die den Primärschlüssel einer anderen Tabelle beinhaltet, wird *Fremdschlüssel* genannt. So wird in der Tabelle *Rechnungen* die Spalte *KundenNr* als Fremdschlüssel bezeichnet, weil Sie sie dazu verwenden können, auf eine Zeile in der Tabelle *Kunden* zu verweisen. Des Weiteren bezeichnet man die Tabelle *Kunden*, also die Tabelle, die den Primärschlüssel enthält, als die *Mastertabelle*. Die Tabelle *Rechnungen*, also die Tabelle mit dem Fremdschlüssel, wird *Detailtabelle* genannt.

Es ist wichtig, dass der Primärschlüssel und der Fremdschlüssel, der auf ihn verweist, für ihre Werte denselben *Wertebereich* definiert haben. Unter Wertebereich – oft auch als *Domäne* bezeichnet – versteht man einfach eine Menge von Werten, aus der die Spalte gefüllt wird. So kann dieser Wertebereich für *KundenNr* Zahlen zwischen 0 und 30.000 beinhalten oder für das Feld *Bezahlt* nur die beiden Werte *Ja* und *Nein*. Access unterstützt Sie insofern, als es keine Beziehungen zwischen zwei Spalten zulässt, deren Wertebereiche verschiedene Datentypen beinhalten, wie die *KundenNr* oder die Spalte *Bezahlt*. Allerdings lässt Sie Access jede Beziehung definieren, solange der Datentyp übereinstimmt. So könnten Sie – auch wenn das gar keinen Sinn macht – eine Beziehung zwischen der *KundenNr* der Tabelle *Kunden* und der *RechnungsNr* der Tabelle *Rechnungen* definieren.

Beziehungen

Wie wir bereits festgestellt haben, verwendet man Fremdschlüssel, um Beziehungen zwischen Tabellen aufzubauen. Damit sollen Wechselwirkungen und Abhängigkeiten verschiedener Dinge der realen Welt beschrieben werden. In Wirklichkeit können solche Abhängigkeiten sehr vielschichtig sein. Access schränkt Sie in der Weise ein, dass Sie immer nur eine Abhängigkeit zwischen zwei Tabellen beschreiben können. Diese beiden Tabellen können dabei auf drei unterschiedliche Arten miteinander in Beziehung stehen: eins zu eins, eins zu viele und viele zu viele. Oft wird die kürzere Schreibweise 1:1, 1:n und m:n verwendet.

In Access definieren Sie die Beziehungen zwischen Tabellen im Fenster *Beziehungen* (siehe z.B. Abbildung 9.4). Beziehungen werden darin mit einer Linie zwischen den entsprechenden Spalten der Tabellen dargestellt. An den Enden der Linien finden Sie entweder eine 1 oder das Zeichen ∞ für Unendlich, um anzugeben, mit wie vielen anderen Zeilen einer Spalte eine Zeile dieser Spalte in Beziehung stehen kann.

1:1-Beziehung

Zwei Tabellen sind über eine 1:1-Beziehung miteinander verbunden, wenn eine Zeile der ersten Tabelle mit höchstens einer Zeile der zweiten Tabelle in Beziehung steht. Diese Beziehung kommt nicht sehr häufig vor, sie wird bisweilen aus Gründen der Sicherheit oder Schnelligkeit verwendet.

Als Beispiel könnten Sie sich vorstellen, Sie hätten eine Tabelle mit Daten über Ihre Mitarbeiter mit Position, Adresse, Telefonnummer und einigem mehr, auf die viele Sachbearbeiter in Ihrem Unternehmen Zugriff haben. Zu dieser Aufstellung gehören eigentlich auch Angaben zum Gehalt. Bei solch sensiblen Daten möchte man natürlich nicht, dass sie alle Mitarbeiter des Unternehmens einsehen können. Daher kann man sie in eine Extratabelle auslagern, auf die nur der Personalchef Zugriff hat.

Abbildg. 9.3   Mitarbeiter- und Gehaltsliste

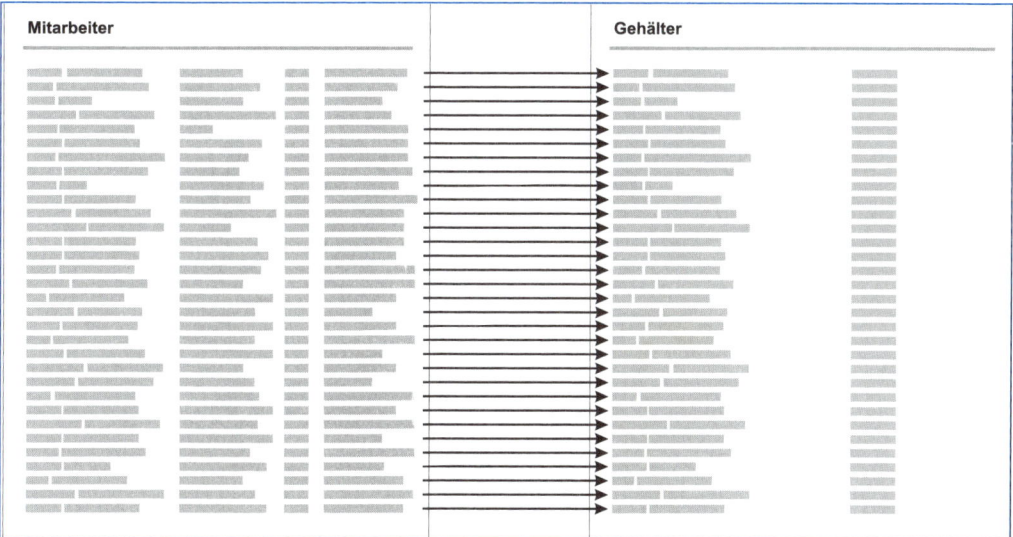

Die beiden Tabellen mit den Mitarbeitern und dem Gehalt wären dann über eine 1:1-Beziehung miteinander verknüpft: Zu jedem Eintrag in der Tabelle *Mitarbeiter* gibt es in der Tabelle *Gehalt* genau einen oder aber keinen Eintrag.

Abbildg. 9.4 Tabellen mit einer 1:1-Beziehung

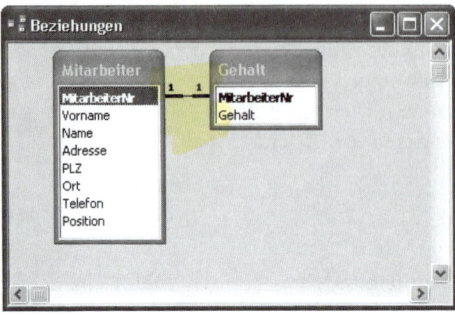

1:n-Beziehung

Tabellen sind mit einer 1:n-Beziehung miteinander verbunden, wenn es zu einem Feld der ersten Tabelle in der zweiten Tabelle keine, eine oder mehrere Zeilen gibt. Zur zweiten Tabelle gibt es in der ersten hingegen genau eine Entsprechung.

Schreiben Sie an Ihre Kunden Rechnungen, so werden sich sicher in der Liste der Kunden einige finden, die keine Rechnung erhalten haben, aber auch welche mit einer oder mehreren Rechnungen. Eine Rechnung wiederum wird immer an einen bestimmten einzelnen Kunden geschrieben.

Abbildg. 9.5 Kundenliste und Rechnungen

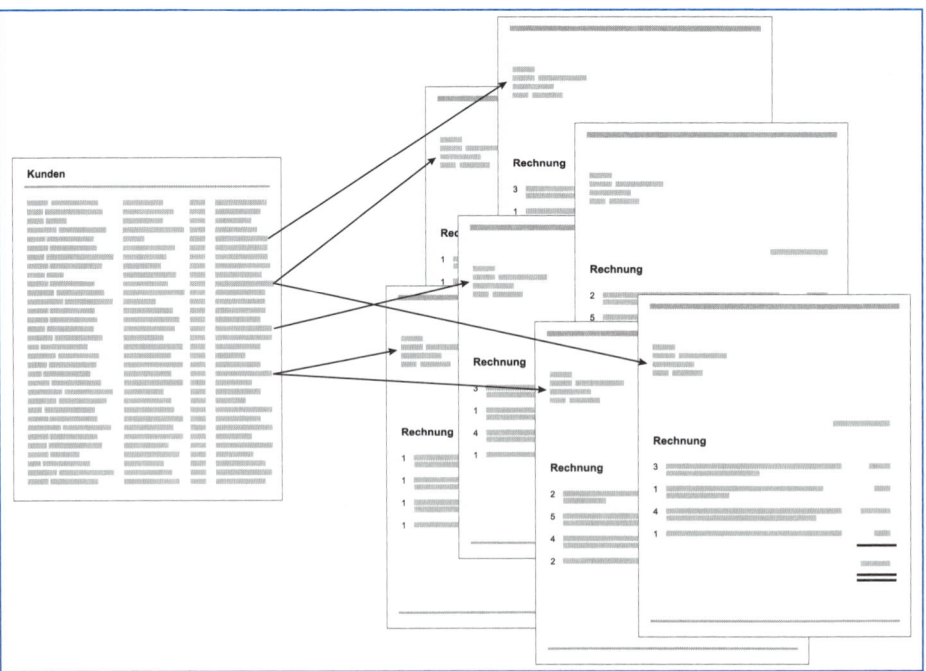

So stehen die Spalten *KundenNr* der beiden Tabellen *Kunden* und *Rechnungen* in einer 1:n-Beziehung zueinander, wie Sie es in dem in Abbildung 9.6 gezeigten *Beziehungen*-Fenster sehen können.

Tabellen mit einer 1:n-Beziehung

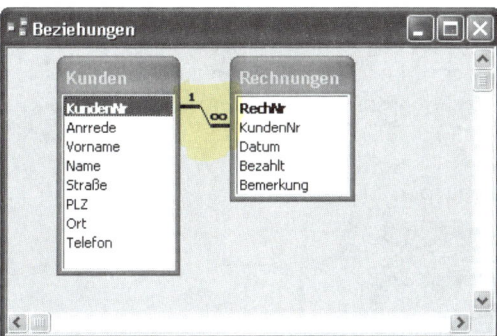

n:m-Beziehung

Zwei Tabellen stehen in einer n:m-Beziehung, wenn es zu einem Feld der ersten Tabelle eine, keine oder mehrere Zeilen der zweiten Tabelle gibt, aber umgekehrt auch zu einer Zeile der zweiten Tabelle keine, eine oder mehrere Zeilen der ersten Tabelle existieren.

So könnte man sich beispielsweise eine dritte Tabelle mit den zu verkaufenden Artikeln vorstellen. Zu dieser Tabelle existiert mit der Tabelle *Rechnungen* eine n:m-Beziehung, da zu jeder Rechnung ein oder mehrere Artikel der Tabelle *Artikel* ausgewählt wurden und umgekehrt es zu jedem Artikel keine, eine oder mehrere Rechnungen gibt. Dies soll Abbildung 9.7 verdeutlichen, in der Sie links die Artikelliste sehen und rechts die geschriebenen Rechnungen.

Rechnungen und ihre Positionen aus der Artikelliste

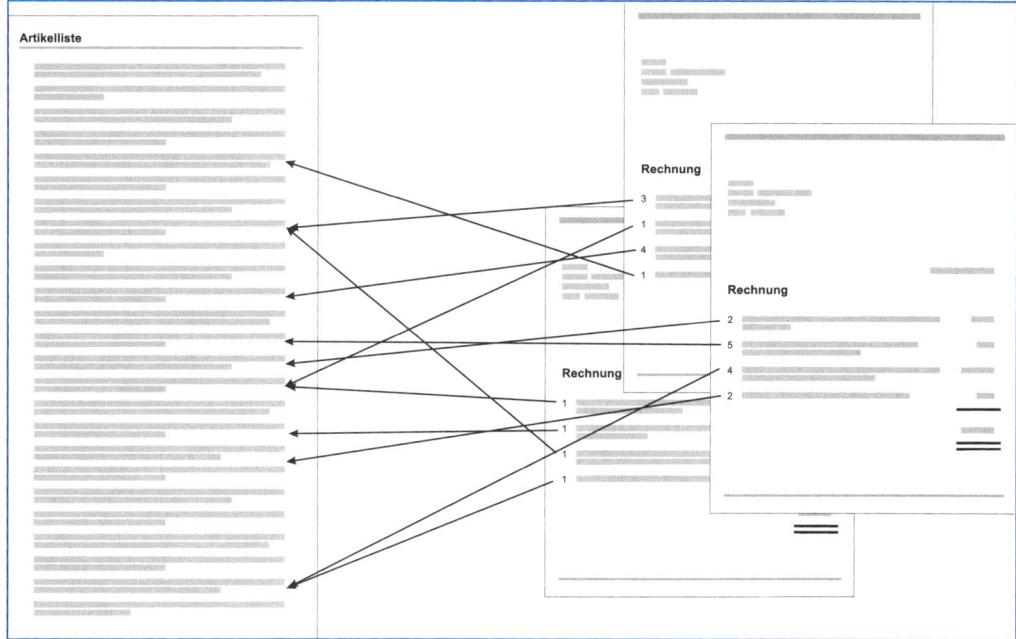

Access kann eine n:m-Beziehung nicht direkt darstellen. Um eine solche Beziehung darzustellen, müssen Sie die Beziehung in zwei 1:n-Beziehungen auseinander brechen. Soll die Beziehung aus obigem Beispiel dargestellt werden, muss man eine weitere Tabelle einführen, über die die beiden Tabellen *Rechnungen* und *Artikel* miteinander verknüpft werden können. Diese Tabelle könnte *RechnungDetail* heißen und würde zu jeder Rechnungsnummer die entsprechenden gekauften Artikel aufführen.

Abbildg. 9.8 Die m:n-Beziehung wurde in zwei 1:n-Beziehungen aufgelöst

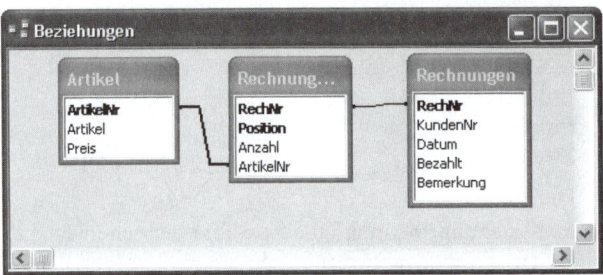

Tabellen normalisieren

Beginnen Sie Ihre Datenbank anzulegen, werden Sie sogleich mit mehreren Problemen konfrontiert. Wie viele Tabellen sind sinnvoll? Was soll darin dargestellt werden? Wie viele Spalten sollen in welcher Tabelle angelegt werden? Wie sehen die Beziehungen zwischen den Tabellen aus? Die Antwort auf viele dieser Fragen gibt die so genannte *Normalisierung*. Mithilfe der Regeln der Normalisierung vereinfachen Sie Ihre Tabellen, um so die optimale Struktur zu erreichen. Durch die Normalisierung von Tabellen werden Redundanzen der Daten vermieden, die nicht nur einen höheren Speicherbedarf erfordern, sondern auch für eine höhere Fehlerrate verantwortlich sind.

Es gibt fünf Normalisierungsformen, wobei die ersten drei die wichtigsten sind und auch nur diese drei in diesem Buch besprochen werden sollen. Um Tabellen normalisieren zu können, müssen die folgenden vier Bedingungen erfüllt sein:

- Jede Tabelle beschreibt eine Entität (ein Objekt).

- Tabellen enthalten keine doppelten Zeilen.

- Die Spalten sind nicht sortiert.

- Die Zeilen sind nicht sortiert.

In Access sind in der Regel die beiden letzten Bedingungen sowieso erfüllt. Zudem erzwingt Access die Definition eines Primärschlüssels für jede Tabelle, damit kann es keine doppelten Zeilen geben. Bleibt vor allem die erste Bedingung zu beachten.

Die erste Normalform

Eine Tabelle ist in der *ersten Normalform*, wenn in jeder Tabellenposition immer nur ein Wert steht, niemals eine Liste von Werten. Man sagt auch, dass in jeder Spalte nur atomare – nicht weiter zerlegbare – Werte gespeichert werden dürfen.

Wir wollen Ihnen nun zeigen, dass das eine durchaus sinnvolle Forderung ist. Stellen Sie sich einmal vor, Ihre Tabelle *Rechnung* würde wie in Abbildung 9.9 gezeigt aussehen.

Abbildg. 9.9   Tabelle mit verkauften Artikeln in einer Spalte

Stellen Sie sich des Weiteren vor, es soll ein Bericht über alle verkauften Artikel erstellt werden. Dies ist in der in Abbildung 9.9 dargestellten Tabelle sehr schwierig, wenn sich in einer Zelle mehrere Artikel und die Mengenangaben befinden. Wie wollen Sie den Text der Spalte auseinander nehmen, um jeweils an die Anzahl und die Artikel zu kommen? Jetzt könnte man natürlich auf die Idee kommen, die Spalte *Artikel* aufzuteilen, wie Sie es in Abbildung 9.10 sehen können.

Abbildg. 9.10   Tabelle mit verkauften Artikeln in drei Spalten

Um den Bericht zusammenzustellen, können Sie jetzt über die Spalten mit der Anzahl der jeweiligen Artikel summieren. Was aber, wenn ein Kunde mehr als drei verschiedene Artikel gekauft hat? In diesem Fall müsste es vier Spaltenpaare für Artikel geben. Daraus ergibt sich sofort die Frage: Wie viele Spaltenpaare sind in einer solchen Tabelle sinnvoll? 10? 100? Spätestens an dieser Stelle wird klar, dass das auch keine gute Lösung ist.

Eine Tabelle, die die gewünschten Informationen darstellt und der ersten Normalform gehorcht, sehen Sie in Abbildung 9.11. Hier gibt es nur atomare Werte und keine sich wiederholenden Gruppen. Damit die Tabelle der ersten Normalform gehorcht, wurde die Spalte *Position* zugefügt, die angibt, um welche Positionen auf der Rechnung es sich handelt. Der Primärschlüssel setzt sich jetzt aus der Kombination von Rechnungsnummer und der Position zusammen.

Tabelle in der ersten Normalform

RechNr	Position	KundenNr	Datum	Anzahl	Artikel
1	1	1	03.04.2002	2	Apfelbäume
2	1	6	03.04.2002	3	Apfelbäume
2	2	6	03.04.2002	2	Johannisbeeren
2	3	6	03.04.2002	2	Birnbäume
3	1	12	03.04.2002	1	Johannisbeere
4	1	9	03.04.2002	2	Pflaumenbäume
5	1	21	03.04.2002	1	Miralbellenbaum
5	2	21	03.04.2002	1	Quittenbaum
6	1	32	03.04.2002	3	schwarze Johannisbeeren
7	1	4	04.04.2002	1	Mirabellenbaum
8	1	19	04.04.2002	4	Birnbäume
9	1	17	04.04.2002	1	Quittenbaum
9	2	17	04.04.2002	1	Mirabellenbaum
9	3	17	04.04.2002	1	Birnbaum
0	0	0		0	

Datensatz: 1 von 14

Die zweite Normalform

Eine Tabelle ist in der *zweiten Normalform*, wenn sie der ersten Normalform genügt und jede Nicht-Schlüsselspalte vollständig vom (gesamten) Primärschlüssel abhängt. Anders ausgedrückt: Tabellen sollen nur Daten zu einem Objekt bzw. einer Entität beinhalten und diese Entität soll vollständig durch den Primärschlüssel beschrieben werden.

Sehen Sie sich als Beispiel die Tabelle in Abbildung 9.11 an. Der Primärschlüssel für diese Tabelle setzt sich aus der Kombination von Rechnungsnummer und Position zusammen. Sind hier alle Spalten nur von der Kombination des Primärschlüssels abhängig? Nein! Das *Datum* und die *KundenNr* sind abhängig von der Rechnungsnummer, diese beiden Spalten sind nicht nur von der Kombination abhängig. Das heißt, diese Tabelle genügt der zweiten Normalform nicht.

Die zweite Normalform erreichen Sie erst, wenn Sie die Tabelle ein weiteres Mal auseinander brechen. Erstellen Sie wie in Abbildung 9.12 zwei Tabellen, in denen die einzelnen Spalten nur von ihrem Primärschlüssel abhängen. Zwei neue Tabellen mit jeweils einem Primärschlüssel zu definieren, ist insofern nicht schwierig, als der Primärschlüssel der ursprünglichen Tabelle sich aus zwei Schlüsseln zusammengesetzt hat. In der Tabelle *Rechnung* wird als Primärschlüssel weiter die Rechnungsnummer verwendet, die Tabelle *RechnungDetails* verwendet als Primärschlüssel den aus der Rechnungsnummer und der Position zusammengesetzten Schlüssel.

Die zwei neuen Tabellen sind beide in der zweiten Normalform

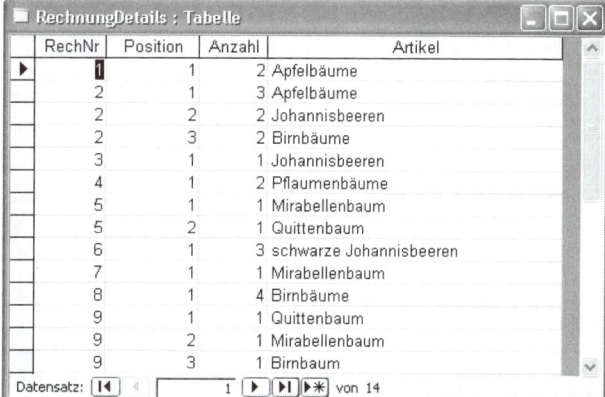

Die dritte Normalform

Eine Tabelle befindet sich in der *dritten Normalform*, wenn sie in der zweiten Normalform ist und alle Nicht-Schlüsselspalten unabhängig voneinander sind.

Eigentlich befinden sich beide Tabellen in Abbildung 9.12 in der dritten Normalform. Wenn man allerdings davon ausgeht, dass man – um eine Rechnung zu schreiben – von den Artikeln auch deren Preis speichern muss, ist es sinnvoll, die Tabelle *RechnungDetails* weiter aufzuteilen. So entsteht eine weitere Tabelle für das Objekt *Artikel*.

Abbildg. 9.13 Die neue Tabelle *ArtikelBeschreibung*

Referentielle Integrität

Haben Sie sich eigentlich schon einmal überlegt, was in der Tabelle *Rechnungen* passiert, wenn Sie nachträglich eine Zeile aus der Tabelle *Kunden* löschen? Oder wenn Sie die Kundennummer nachträglich ändern? Dann fehlen auf einmal die Angaben über den Kunden, auf den in der Tabelle *Rechnung* durch den Fremdschlüssel der Kundennummer verwiesen wird. Was soll jetzt mit dem Datensatz in der Tabelle *Rechnung* passieren? Zu einer oder mehreren Rechnungen gibt es plötzlich keine Anschrift des Kunden mehr. Oder bei geänderten Kundennummern wird die Rechnung an den falschen Kunden geschrieben.

Um solche Problemfälle zu vermeiden, gibt es in Access die Möglichkeit, die so genannte *referentielle Integrität* zu sichern. Die Regeln der referentiellen Integrität verbieten verwaiste Fremdschlüssel. Sie verbieten auch, eine Zeile mit einem Fremdschlüssel einzufügen, wenn es zu diesem Fremdschlüssel in der Kundentabelle, auf die er verweist, keinen Eintrag gibt.

In Access können Sie für eine Beziehung die referentielle Integrität erzwingen. Dabei kann die referentielle Integrität in dem in Abbildung 9.14 dargestellten Dialogfeld in verschiedenen Stufen realisiert werden.

Abbildg. 9.14   Hier wird referentielle Integrität für eine Beziehung definiert

Ist nur das Kontrollkästchen *Mit referentieller Integrität* aktiviert, so wie im Dialogfeld in Abbildung 9.14 gezeigt, können Sie keine Werte für den Fremdschlüssel in der Detailtabelle verwenden, wenn es keinen entsprechenden Eintrag in der Primärschlüsselspalte der Mastertabelle gibt. Auch werden Änderungen am Primärschlüssel der Detailtabelle nicht zugelassen. Sie erhalten dann einen entsprechenden Hinweis von Access.

Möchten Sie zwar die referentielle Integrität wahren, aber trotzdem in der Lage sein, in der Mastertabelle einen Eintrag löschen oder ändern zu können, sollten Sie dazu die Kontrollkästchen *Aktualisierungsweitergabe an verwandte Felder* und *Löschweitergabe an verwandte Datensätze* aktivieren.

Wurde die Aktualisierungsweitergabe aktiviert, so wird jede Änderung am Primärschlüssel der Mastertabelle automatisch an alle betroffenen Datensätze der Detailtabelle weitergegeben. Der Wert des Fremdschlüssels wird entsprechend aktualisiert. Haben Sie die Löschweitergabe ausgewählt, so werden automatisch auf den gelöschten Primärschlüssel verweisende Spalten der Detailtabelle gelöscht.

Tabellen indizieren

Definieren Sie einen Primärschlüssel, so wird für diese Spalte automatisch ein so genannter *Index* definiert. Für einen Index legt Access – ohne dass Sie das merken – eine interne Hilfstabelle an, in der nur die Werte der Indexspalte und ihre Position in der ursprünglichen Tabelle definiert sind. Die Hilfstabelle ist so aufgebaut, dass die Suchvorgänge optimiert werden. Suchen Sie später einen bestimmten Wert dieser Spalte oder möchten Sie Ihre Tabelle nach einer indizierten Spalte sortieren, so muss Access nur diese Spalte der Hilfstabelle sortieren oder absuchen, nicht die gesamte von Ihnen definierte Tabelle.

Auch wenn das hier auf den ersten Blick komplizierter aussieht, als die gesamte Tabelle zu sortieren, ist ein Sortiervorgang mit einer Indextabelle viel schneller, weil weniger Daten bewegt werden müssen. Daher ist es sinnvoll, auch andere Felder als die Primärspalte mit einem Index zu versehen.

Während der Index für einen Primärschlüssel so definiert ist, dass ein Wert nur ein einziges Mal in der Tabelle vorhanden sein darf, kann es für andere Spalten mit Index durchaus Wiederholungen geben. Solche Indizes werden oft auch als *Sekundärschlüssel* bezeichnet.

Generell sollte man für Spalten, in denen häufig nach bestimmten Einträgen gesucht wird, wie die Spalte der Nachnamen, einen Index definieren. Das Gleiche gilt für Spalten, die häufig umsortiert werden.

Aufgrund der Vorteile der Indizierung von Tabellen ist man schnell versucht, für alle nur möglichen Felder, nach denen irgendwann einmal gesucht oder sortiert werden soll, einen Index anzulegen. Leider hat die Indizierung auch Nachteile.

- Da Access für jedes indizierte Feld eine interne Hilfstabelle anlegt, steigt der Speicherplatzverbrauch entsprechend an. Je mehr Indizes eingesetzt werden, desto mehr muss Access von der Festplatte lesen oder schreiben.

- Wenn Sie einen Datensatz in eine Tabelle einfügen oder ihn verändern, müssen alle Indizes entsprechend auf den neuesten Stand gebracht werden. Haben Sie viele Felder indiziert, so kann dieser Vorgang einige Zeit in Anspruch nehmen. Wenn Sie nach der Neueingabe eines Datensatzes jedes Mal eine kleine Pause einlegen müssen, in der Access die Hilfstabelle ergänzt, so ist das eher unangenehm.

PROFITIPP

Planen Sie den Einsatz von Indizes sorgfältig. Indizieren Sie nur die Felder, die oft für Sortier- und Suchvorgänge verwendet werden, aber lieber eins zu viel als zu wenig.

Vorgehensweise beim Datenbank-Design

Es gibt Leute, die behaupten, dass das Design einer Datenbank eher eine Kunst als eine Wissenschaft sei. Trotzdem haben wir versucht, eine Vorgehensweise in zwölf Schritten zusammenzustellen, mit deren Hilfe Sie Ihre Datenbank planen und erstellen können.

1. Lernen Sie zunächst einmal das System gut kennen, das Sie in Ihrer Datenbank abbilden möchten.
2. Schreiben Sie dann eine Liste aller Vorgänge, die die Datenbank abbilden soll.
3. Überlegen Sie, wie die Eingabemasken Ihrer Datenbank aussehen und welche Daten eingegeben werden sollen. Welche Listen und Berichte möchten Sie ausgeben bzw. welche Auswertungen sollen durchgeführt werden?
4. Denken Sie nun darüber nach, welche Tabelle Sie benötigen, um die entsprechenden Daten zu speichern. Definieren Sie eine Tabelle für jedes Objekt.
5. Überlegen Sie nun, welche Spalten Sie für die einzelnen Tabellen benötigen. Am einfachsten ist das oft, wenn Sie eine Liste realer Daten vorliegen haben und die Spaltenüberschriften dann in der Tabelle weiterverwenden.
6. Definieren Sie jetzt für jede Tabelle einen Primärschlüssel. Achten Sie dabei darauf, dass die Werte der Spalte des Primärschlüssels eindeutig sein müssen.

7. Definieren Sie nun die Beziehungen zwischen den einzelnen Tabellen. Fügen Sie – falls das nötig ist – die Fremdschlüssel in die Detailtabellen ein. Überlegen Sie, welche Beziehungen zwischen den Tabellen vorliegen. Für n:m-Beziehungen definieren Sie eine weitere Tabelle.

8. Untersuchen Sie jetzt, ob Ihre Tabellen in der ersten Normalform vorliegen. Sind alle Werte atomar? Gibt es Wiederholungsgruppen? Falls es Wiederholungsgruppen gibt, dann definieren Sie eine weitere Tabelle.

9. Untersuchen Sie nun Ihre Tabellen auf die zweite Normalform. Wird durch den Primärschlüssel jede andere Spalte der Tabelle eindeutig beschrieben? Wenn nicht, definieren Sie eine neue Tabelle.

10. Gehorchen Ihre Tabellen der dritten Normalform? Gibt es irgendwelche Nicht-Schlüsselspalten, die voneinander abhängig sind? Dann definieren Sie eine neue Nachschlagetabelle.

11. Mussten Sie neue Tabellen anlegen, so definieren Sie die Beziehungen zwischen den einzelnen Tabellen erneut.

12. Erstellen Sie die Tabellen nun in Access. Definieren Sie die Beziehungen zwischen den Tabellen und legen Sie die Indizes fest.

Namensregeln in Access

Unter Programmierern versucht man – wenn irgend möglich –, Standards zu definieren. Dann wird es einfacher, Programme anderer Programmierer zu verstehen, aber auch die eigenen – vor Jahren geschriebenen Module – nachzuvollziehen. Teil dieser Standardisierung in Access sind die so genannten Reddick-VBA-Namenskonventionen (oder kurz: RVBA-Konventionen). Sie sind nach Greg Reddick, der einige Jahre im Access-Entwicklungsteam bei Microsoft gearbeitet hat, benannt worden.

Da die Namensregeln durchaus nicht nur für Programmierer sinnvoll sind, verwenden wir sie auch in diesem Buch. Sie finden im Anhang eine Übersetzung des Originalartikels zur Definition der Namenskonventionen. Wir möchten Ihnen in diesem Abschnitt erst einmal nur die Namensregeln für die Objekttypen der Datenbank – sprich: Tabellen, Abfragen, Formulare, Berichte, Seiten, Makros und Module – näher bringen, an die wir uns im weiteren Verlauf des Buches halten werden.

Um bereits an ihrem Namen beispielsweise Tabellen von Abfragen oder Formularen unterscheiden zu können, erhalten alle diese Datenbankobjekte eine Vorsilbe aus drei Buchstaben, die Sie in Tabelle 9.1 finden.

Tabelle 9.1 Vorsilben für Objekttypen nach der RVBA-Namenskonvention

Objekttyp	Vorsilbe	englischer Name
Tabellen	tbl	tables
Abfragen	qry	queries
Formulare	frm	forms
Berichte	rpt	reports
Seiten	pge	pages
Makros	mcr	macros
Module	bas	modules

Erstellen Sie nun also eine neue Tabelle, so würden Sie sie nicht *Kunden* nennen, sondern nach der Namenskonvention *tblKunden*. Entsprechend heißt das Eingabeformular zu dieser Tabelle *frmKunden* und der Bericht, der Ihnen Ihre Kundenliste ausdruckt, *rptKunden*.

> **HINWEIS** Namensregeln gibt es nicht nur für die Namen von Datenbankobjekten, sondern auch für Feldnamen, wie Sie im folgenden Kapitel sehen werden, für Programmnamen, für Variablennamen usw. Wir werden Sie in den entsprechenden Kapiteln mit den Regeln der Namensgebung vertraut machen. Ansonsten finden Sie im Anhang eine Zusammenfassung aller Konventionen.

Die Beispieldatenbank *CineCity*

Am Beispiel der Datenbank für CineCity möchten wir Ihnen Schritt für Schritt zeigen, wie Sie eine Datenbank planen und anlegen. Bei der Reihenfolge der Schritte orientieren wir uns an der weiter vorn in diesem Kapitel im Abschnitt »Vorgehensweise beim Datenbank-Design« abgedruckten Auflistung.

Zuerst skizzieren wir die geplante Anwendung:

Schritt 1

CineCity will seine Filme, Termine und Kinosäle mit Access verwalten. Im Prinzip existiert für jede Kalenderwoche eine Liste von Filmen, die diese Woche laufen, jeweils mit ihrer Länge, einer Angabe darüber, die wievielte Woche der Film läuft, die einzelnen Tage, an denen er läuft mit den entsprechenden Uhrzeiten, dem Preis, dem Mindestalter (kurz: FSK als Abkürzung für »Freiwillige Selbstkontrolle«), dem Kinosaal, in dem der Film läuft, der Anzahl der Plätze im Saal und dem so genannten Turnaround (das ist die Zeit, die benötigt wird, das Kino zu räumen und mit dem Publikum des folgenden Films zu füllen).

Schritt 2

Die Datenbank soll darüber Informationen liefern,

- wann welcher Film in welchem Kino läuft,
- welcher Kinosaal wann belegt ist,
- um welche Uhrzeiten an einem bestimmten Tag welche Filme laufen,
- wie viele Besucher welchen Film gesehen haben,
- seit wie vielen Wochen ein Film läuft,
- wie die Auslastung der Kinos ist und
- viele andere Fragestellungen.

Schritt 3

Über Eingabemasken, also Formulare, sollen die Daten bequem eingegeben werden. Es sollen Berichte definiert werden, um verschiedene Auswertungen auszudrucken und beispielsweise das Kinoprogramm für eine bestimmte Woche als Werbeanzeige aufzubereiten. Benötigt werden Formulare für

- die Eingabe der Stammdaten für jeden Film,
- die Eingabe der Stammdaten für jedes Kino,

- die Eingabe der Bewegungsdaten für die Kalenderwochen,
- die Eingabe der Bewegungsdaten für die Vorstellungstermine

sowie Berichte für

- das Kinoprogramm für eine bestimmte Woche,
- den Belegungsplan für die Kinosäle,
- die Anzeige mit dem Kinoprogramm für Werbezwecke,
- die Listen für diverse Auswertung u.v.a.m.

Schritt 4

Es wird eine Tabelle *tblKinos* gebraucht, in der alle Einzelheiten zu einem bestimmten Kinosaal gespeichert werden, und die Tabelle *tblFilme* mit den Details zu den einzelnen Filmen. Dabei beschreibt jede Tabelle eine Entität.

Schritt 5

In Abbildung 9.15 sehen Sie die Tabelle *tblKinos* mit den dazugehörenden Spalten.

Abbildg. 9.15 Die Tabelle *tblKinos*

In Abbildung 9.16 ist die Tabelle *tblFilme* mit den entsprechenden Spalten zu sehen. Dabei werden die Wochentage durch Ziffern abgekürzt, wobei die Kinowoche immer donnerstags mit »1« beginnt.

Abbildg. 9.16 Die Tabelle *tblFilme*

Schritt 6

Als Primärschlüssel würde man für die Tabelle *tblKinos* die Spalte *KinoNr* sowie für die Tabelle *tblFilme* die Spalte *FilmNr* verwenden. Im Prinzip könnte man die Filmnummer auch weglassen und einen Primärschlüssel auf den Filmtitel setzen. Dann muss allerdings der Filmtitel eindeutig sein und das muss ja bei Filmen nicht zwingend gegeben sein. Stellen Sie sich vor, der Film »Titanic« läuft einmal in der deutschen, einmal in der englischen Fassung. Der Titel des Films ist in beiden Fassungen derselbe und somit nicht eindeutig.

Schritt 7

Um eine Beziehung zwischen den beiden Tabellen definieren zu können, muss in die Tabelle *tblFilme* der Fremdschlüssel *KinoNr* aufgenommen werden.

Abbildg. 9.17   Die Beziehung zwischen den beiden Tabellen

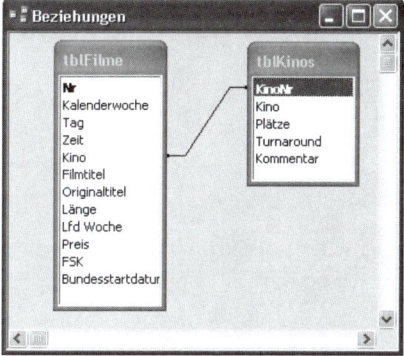

Schritt 8

Die Tabelle *tblFilme* liegt eindeutig nicht in der ersten Normalform vor, da weder die Einträge der Spalte *Tag* noch die der Spalte *Uhrzeit* atomar sind. Man müsste diese Tabelle in zwei Tabellen aufteilen: *tblFilme* und *tblTermine*.

In der ersten Tabelle, *tblFilme*, befinden sich dann alle Angaben zum Film, wie Filmnummer, Filmtitel, Originaltitel, Länge, FSK und Bundesstartdatum.

Abbildg. 9.18   Die Tabelle *tblFilme* ist nun in der ersten Normalform

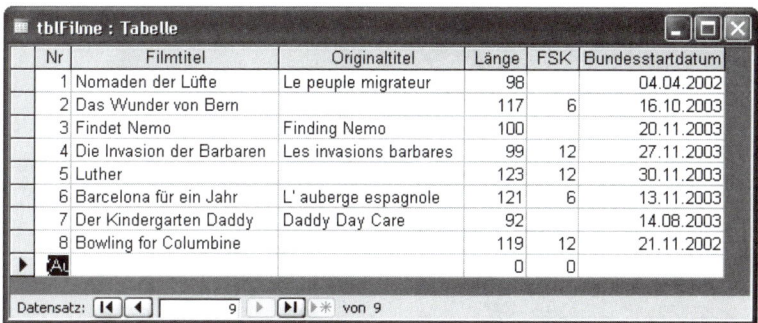

Nr	Filmtitel	Originaltitel	Länge	FSK	Bundesstartdatum
1	Nomaden der Lüfte	Le peuple migrateur	98		04.04.2002
2	Das Wunder von Bern		117	6	16.10.2003
3	Findet Nemo	Finding Nemo	100		20.11.2003
4	Die Invasion der Barbaren	Les invasions barbares	99	12	27.11.2003
5	Luther		123	12	30.11.2003
6	Barcelona für ein Jahr	L' auberge espagnole	121	6	13.11.2003
7	Der Kindergarten Daddy	Daddy Day Care	92		14.08.2003
8	Bowling for Columbine		119	12	21.11.2002
			0	0	

Die zweite Tabelle, *tblTermine*, umfasst die Kalenderwoche, den Tag und die Uhrzeit, die laufende Woche (die sich für jede neue Kalenderwoche ändert) und den Preis (könnte sich theoretisch auch jede Woche ändern) sowie die Fremdschlüssel *FilmNr* und *KinoNr*. Zudem eine *TerminNr*, um ein Feld für den Primärschlüssel zu haben.

Abbildg. 9.19 Die Tabelle *tblTermine* ebenfalls in der Normalform

Schritt 9

Die zweite Normalform ist für unsere Tabelle unerheblich, da der Primärschlüssel nicht zusammengesetzt ist, sondern in allen Tabellen aus nur einer Spalte besteht.

Schritt 10

Nach der dritten Normalform dürfen zwischen Spalten, die nicht vom Primärschlüssel abhängen, keine Abhängigkeiten bestehen.

Die Tabelle *tblTermine* verstößt gegen die dritte Normalform. Die laufende Woche und der Preis sind Angaben, die sich jeweils auf die Kalenderwoche beziehen, d.h., dass diese beiden Spalten von der Kalenderwoche und nicht vom Primärschlüssel abhängen. Daher wurde die Tabelle *tblTermine* noch ein weiteres Mal aufgeteilt. Die neue Tabelle soll *tblWochen* heißen und die Angaben enthalten, die über die gesamte Woche konstant bleiben: Kalenderwoche, laufende Woche und Preis. Um zu wissen, für welchen Film diese Angaben sind, brauchen wir auch hier die Filmnummer.

Abbildg. 9.20 Die Tabelle *tblWochen* mit Angaben, die während einer Kalenderwoche gleich bleiben

Übrig bleiben nun für die Tabelle *tblTermine* die Fremdschlüssel *WochenNr* und *KinoNr*, die Angabe über den Tag und die Zeit.

Tabelle *tblTermine* mit den einzelnen Vorstellungen

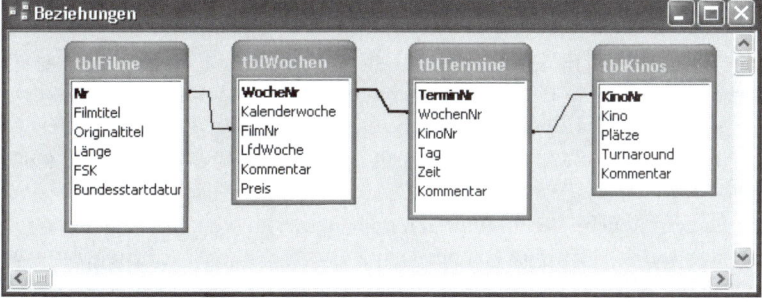

Schritt 11

Die neu definierten Beziehungen zwischen den vier Tabellen sehen Sie in Abbildung 9.22. Aufgrund der beiden neu entstandenen Tabellen mussten sie neu definiert werden.

Die Beziehungen zwischen den vier Tabellen

Schritt 12

Das Umsetzen des Entwurfs auf die eigentliche Datenbank wird Inhalt des folgenden Kapitels 10 sein.

Datentypen und -größen der CineCity-Tabellen

Wir wollen in diesem Abschnitt die Datentypen und -größen von CineCity ausführlich vorstellen. Dies soll beispielhaft zunächst anhand der Tabelle *tblFilme* geschehen. Die Datentypen und -größen der anderen Tabellen finden Sie in Tabelle 9.2 bis Tabelle 9.5 zusammengefasst. Ausführlich werden die Datentypen in Kapitel 10 behandelt.

FilmNr

Die Tabelle *tblFilme* beginnt mit dem Feld *FilmNr*. Da dieses Feld zum Primärschlüssel werden soll, muss es eindeutig sein. Dabei ist es in der Regel am sinnvollsten, Access die Zahlen vergeben zu lassen, dann kann man nicht versehentlich eine Nummer doppelt eingeben. Der Felddatentyp, der die Nummerierung in Access regelt, heißt *AutoWert*. Die Standardform des AutoWertes (Inkrement) zählt einfach ab 1 für jeden neuen Datensatz die Nummer um eins weiter.

Filmtitel

Für den *Filmtitel* sollte man ein Textfeld verwenden. Die Feldgröße sollte so lang bemessen sein, dass ein Filmtitel problemlos eingegeben werden kann, mit 100 Zeichen können auch sehr lange Filmtitel erfasst werden.

FSK

Zu vielen Filmen gibt es eine Altersbeschränkung (kurz: FSK). Dabei handelt es sich um eine Zahl, die nie größer werden wird als 18. Daher kann die kleinste von Access angebotene Größe für Zahlen verwendet werden. Sie heißt *Byte* und erlaubt Zahlen von 0 bis 255.

Länge

Die Länge des Films wird in Minuten angegeben. Also braucht man auch für dieses Feld den Felddatentyp *Zahl*. Als Feldgröße ist hier der Typ *Byte* nicht geeignet, da ein Film im Prinzip auch länger als 255 Minuten sein könnte. Also verwenden wir am besten den nächstgrößeren Typ *Integer*, der Zahlen zwischen etwa -32.000 und +32.000 erlaubt.

Original

In der Tabelle *tblFilme* soll sich zudem die Angabe über den Originaltitel befinden. In der Regel stimmt dieser ja nicht mit dem deutschen Titel überein. Das Feld *Original* ist (wie das Feld *Titel*) als Textfeld zu definieren. Die Feldlänge kann auch hier mit 100 festgelegt werden.

Sonderveranstaltung

In manchen Kinos werden nicht nur Filme für die Öffentlichkeit veranstaltet, es gibt auch so genannte Sonderveranstaltungen: Geburtstagsfeiern mit dem Lieblingsfilm des Geburtstagskindes, Jubiläumsfeiern mit einem Film über die Entstehung und das Wachstum des Unternehmens usw. Für ein solches Feld ist der Datentyp *Ja/Nein* sinnvoll. Entweder handelt es sich um eine Sonderveranstaltung (*Ja*) oder eben nicht (*Nein*).

Zusatztext

Oft gibt es zu Filmen zusätzliche Beschreibungen oder Bemerkungen, die teilweise mit in Filmprogrammen abgedruckt werden. Um ein solches Feld *Zusatztext* zu ermöglichen, ist es sinnvoll, ein Memofeld zu definieren. Dieses Feld kann viel länger sein als ein Textfeld – Sie können darin bis zu 64.000 Zeichen speichern.

Bundesstartdatum

Das letzte Feld der Tabelle *tblFilme* ist das *Bundesstartdatum*, es gibt den Zeitpunkt an, zu dem ein Film in Deutschland in die Kinos kommt. Hierbei ist es sinnvoll, den Felddatentyp *Datum/Zeit* zu verwenden.

Die folgenden Tabellen fassen die Felder, Datentypen und Größen der vier Datenbanktabellen *tblFilme*, *tblKinos*, *tblWochen* und *tblTermine* zusammen. Jeweils die erste Zeile jeder Tabelle enthält den Primärschlüssel.

Tabelle 9.2   Struktur der Tabelle *tblFilme*

Feldname	Felddatentyp	Feldgröße
FilmNr	AutoWert	
Filmtitel	Text	100
FSK	Zahl	Byte
Länge	Zahl	Integer
Original	Text	100
Sonderveranstaltung	Ja/Nein	
Zusatztext	Memo	
Bundesstartdatum	Datum/Zeit	

Zur Tabelle *tblKinos* ist neben den im Beispiel verwendeten Feldern ein weiteres für Kommentare hinzugekommen.

Tabelle 9.3   Struktur der Tabelle *tblKinos*

Feldname	Felddatentyp	Feldgröße
KinoNr	AutoWert	
Kino	Text	50
Plätze	Zahl	Integer
Turnaround	Zahl	Integer
Kommentar	Memo	

Auch die Tabelle *tblWochen* hat ein zusätzliches Kommentarfeld erhalten, ansonsten sind die Felder, wie bereits beschrieben, übernommen worden. Die Filmnummer, die aus der Tabelle *tblFilme* übernommen wurde, um die Beziehung zwischen beiden Tabellen herzustellen, muss in der Tabelle *tblWochen* mit derselben Feldgröße definiert werden wie in der Tabelle *Filme*. Da *FilmNr* in der Tabelle *tblFilme* als *AutoWert* definiert ist und für den AutoWert die Standardgröße *Long Integer* ist, muss in der neuen Tabelle *FilmNr* ebenfalls als *Long Integer* definiert werden.

Tabelle 9.4   Struktur der Tabelle *tblWochen*

Feldname	Felddatentyp	Feldgröße
WocheNr	AutoWert	
FilmNr	Zahl	Long Integer
Kalenderwoche	Datum/Zeit	
LfdWoche	Zahl	Integer
Kommentar	Memo	
Preis	Währung	

Tabellen

Zuletzt fehlt nur noch die Tabelle *tblTermine* mit ihren Feldern. Auch hier muss der Fremdschlüssel (*KinoNr*) als Zahl der Feldgröße *Long Integer* definiert werden. Außerdem wurde ein Kommentarfeld eingefügt.

Tabelle 9.5 Die Tabelle *tblTermine*

Feldname	Felddatentyp	Feldgröße
TerminNr	AutoWert	
WochenNr	Zahl	Long Integer
KinoNr	Zahl	Long Integer
Kommentar	Memo	
Tag	Zahl	Byte
Zeit	Datum/Zeit	

Indizes für die Tabellen

Der Primärschlüssel ist bereits für jede Tabelle definiert, bleibt jetzt noch die Frage, ob es sinnvoll ist, weitere Felder zu indizieren. Dazu sollte man die Frage beantworten: Gibt es Felder, nach denen ich oder ein Benutzer häufiger suchen werde/wird?

In der Tabelle *tblFilme* ist das mit Sicherheit der Titel der Filme, in der Tabelle *tblKinos* das Feld *Kino* usw. Tabelle 9.6 stellt die Felder mit den entsprechenden Indizes zusammen.

Tabelle 9.6 Tabellenfelder mit Index

Tabelle	Feldname	Index	Duplikate
tblFilme	FilmNr	Primär	Nein
	Titel	Sekundär	Ja
tblKinos	KinoNr	Primär	Nein
	Kino	Sekundär	Ja
tblWochen	WochenNr	Primär	Nein
	FilmNr	Sekundär	Ja
	Kalenderwoche	Sekundär	Ja
tblTermine	TerminNr	Primär	Nein
	WochenNr	Sekundär	Ja
	KinoNr	Sekundär	Ja
	Tag	Sekundär	Ja
	Zeit	Sekundär	Ja

Zusammenfassung

Der Schwerpunkt dieses Kapitels liegt auf der Theorie der Datenbanken. Sie lernen folgende wichtige Fachbegriffe kennen:

■ Sie wissen nun, dass Access eine *relationale Datenbank* ist. Relationale Datenbanken bestehen aus einer oder mehreren *Tabellen*, die miteinander in *Beziehung* stehen (Seite 146). Jede Tabelle muss einen *Primärschlüssel* enthalten, das ist in der Regel eine Spalte, die eindeutige Werte enthält (bisweilen wird auch die Kombination von mehreren Spalten verwendet, deren Werte eindeutig sind).

■ Die *Beziehungen* zwischen den Tabellen werden sinnvollerweise über den Primärschlüssel definiert (Seite 148). Dabei wird die Tabelle, die den Primärschlüssel enthält, als *Mastertabelle* bezeichnet, die Tabelle, die den *Fremdschlüssel* (Spalte mit Primärschlüssel der Mastertabelle) enthält, wird als *Detailtabelle* bezeichnet.

■ Es gibt drei Arten von Beziehungen:

  ▪ *1:1-Beziehung:* Eine Spalte der ersten Tabelle steht mit keiner oder einer Spalte der zweiten Tabelle in Beziehung.

  ▪ *1:n-Beziehung:* Eine Spalte der ersten Tabelle steht mit keiner, einer oder mehreren Spalten der zweiten Tabelle in Beziehung.

  ▪ *n:m-Beziehung:* Eine Spalte der ersten Tabelle steht mit keiner, einer oder mehreren Spalten der zweiten Tabelle in Beziehung, aber umgekehrt steht auch eine Spalte der zweiten Tabelle mit keiner, einer oder mehreren Spalten der ersten Tabelle in Beziehung.

■ Die Tabellen einer Datenbank haben dann eine optimale Struktur, wenn sie normalisiert sind (Seite 152). Um eine Tabelle normalisieren zu können, muss man darauf achten, dass sie jeweils ein *einziges Objekt* (oder eine *Entität*) beschreibt und einen Primärschlüssel enthält.

  ▪ *1. Normalform:* An jeder Tabellenposition darf nur ein Wert stehen, niemals eine Liste. Eine Spalte darf also nur atomare, nicht weiter unterteilbare Werte enthalten.

  ▪ *2. Normalform:* Eine Tabelle muss der ersten Normalform gehorchen und zudem muss gelten: Jede Spalte, die nicht Schlüsselspalte ist, darf nur vom Primärschlüssel abhängen.

  ▪ *3. Normalform:* Eine Tabelle muss der ersten und der zweiten Normalform entsprechen und zudem muss gelten: Nicht-Schlüsselspalten dürfen nicht voneinander abhängig sein.

■ Um verwaiste Fremdschlüssel zu vermeiden, können Sie in Access für Beziehungen die so genannte *referentielle Integrität* erzwingen (Seite 155).

■ Um in eine Tabelle schnell sortieren zu können bzw. um schnell ein Suchergebnis zu erhalten, sollte ein *Index* für die benötigten Spalten definiert werden (Seite 156).

■ Am Ende dieses Kapitels werden die Beispieltabellen definiert sowie die Datentypen und -größen der verwendeten Felder festgelegt (ab Seite 159).

Tabellen

Kapitel 10

Einen Tabellenentwurf anlegen

In diesem Kapitel:

Bereits in Kapitel 3 dieses Buches wurde eine Tabelle angelegt. Dabei wurde der Tabellen-Assistent zu Hilfe genommen. Standardtabellen lassen sich damit sehr gut anlegen. Brauchen Sie aber Felder, die der Tabellen-Assistent nicht vorsieht, müssen Sie die Tabelle ohne den Assistenten anlegen oder mit dem Assistenten angelegte Tabellen von Hand ergänzen.

Beispielhaft soll in diesem Kapitel die Tabelle *tblFilme* ohne den Tabellen-Assistenten angelegt werden, deren Design Sie in Abbildung 10.1 sehen können.

Abbildg. 10.1   Entwurf der Tabelle *tblFilme*

Wir werden Ihnen Schritt für Schritt zeigen, wie Sie die Tabelle *tblFilme* erstellen. Der Ausschnitt aus der Titelleiste in der Spalte neben dem Text wird Ihnen dabei zeigen, wo es mit dem Erstellen der Tabelle weitergeht. Zwischen den einzelnen Entstehungsschritten finden Sie Erklärungen zu den jeweiligen Felddatentypen und -eigenschaften. Wir kommen aber immer wieder auf die Tabelle *tblFilme* zurück.

Danach werden zudem die restlichen Tabellen für die Datenbank *CineCity* eingerichtet.

Der Tabellenentwurf (*tblFilme*)

1. Klicken Sie im Datenbankfenster auf der linken Leiste auf den Objekttyp *Tabellen*.
2. Doppelklicken Sie nun rechts im Datenbankfenster auf *Erstellt eine Tabelle in der Entwurfsansicht*.

Alternativ können Sie auch den Menübefehl *Einfügen/Tabelle* wählen oder auf die Schaltfläche *Neu* im Datenbankfenster klicken und in dem dann geöffneten Dialogfeld *Entwurfsansicht* auswählen.

Sie öffnen damit das so genannte Tabellenentwurfsfenster. Wie Sie darin sehen können, wird ein Feld in einer Tabelle durch seinen *Feldnamen* und seinen *Felddatentyp* definiert. Zudem lässt sich für jedes Feld eine *Beschreibung* festlegen, die später beispielsweise als Hilfetext in einem Formular in der Statusleiste erscheinen kann. Abhängig vom ausgewählten Felddatentyp werden im unteren Teil des Fensters, der mit *Feldeigenschaften* überschrieben ist, unterschiedliche Einstellungen eingeblendet, die im Detail noch beschrieben werden.

Das Tabellenentwurfsfenster

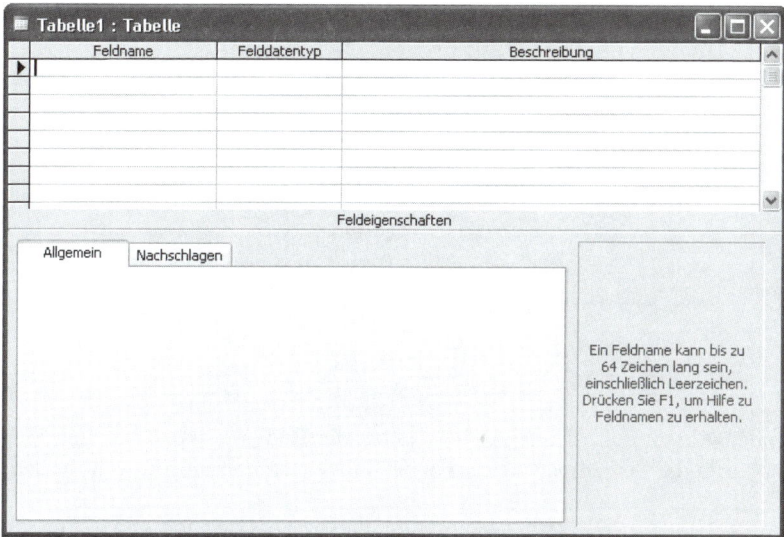

Feldnamen

Im Prinzip haben Sie beim Vergeben von Feldnamen fast alle Freiheiten. Feldnamen dürfen zwar höchstens 64 Buchstaben lang sein, aber das ist eine Größe, die in der Regel keine Einschränkung bedeutet. Sie dürfen für Feldnamen beliebige Kombinationen aus Buchstaben, Zahlen und Sonderzeichen verwenden. Ausgenommen sind nur die Zeichen ».« (Punkt), »!« (Ausrufezeichen), Akzentzeichen und »[« sowie »]« (eckige Klammern). Außerdem darf ein Name nicht mit einem Leerzeichen beginnen (er darf allerdings Leerzeichen enthalten) und keine Steuerzeichen (ASCII-Werte 0 bis 31) beinhalten.

Felddatentypen

Jedem Feld wird ein Datentyp zugeordnet, wie das bereits in Tabelle 9.2 geschehen ist. Standardmäßig wird der Felddatentyp *Text* einem neuen Feld zugeordnet. Soll der Felddatentyp geändert werden, klicken Sie in das Feld des Felddatentyps und öffnen das Dropdown-Listenfeld. Selektieren Sie in der Liste den gewünschten Felddatentyp mit einem Klick auf seinen Namen. Die einzelnen Felddatentypen werden im Detail im Laufe des Kapitels ausführlich besprochen. Tabelle 10.1 zeigt eine Zusammenstellung aller Felddatentypen mit Beschreibung und Beispielen.

Tabelle 10.1 Die Felddatentypen von Access

Felddatentyp	Beschreibung	Beispiel
Text	Alphanumerische Zeichen	Name, Telefonnummer
Memo	Alphanumerische Zeichen	Bemerkungen

Tabelle 10.1 Die Felddatentypen von Access *(Fortsetzung)*

Felddatentyp	Beschreibung	Beispiel
Zahl	Numerische Werte	1.234; 0,44; 3
Datum/Uhrzeit	Datum und/oder Uhrzeiten	22.12.04 15:30:00
Währung	Währungsangaben	3.000 €; 1,99 €, -3 €
AutoWert	Numerischer Wert, wird von Access automatisch weitergezählt	1; 2; 3; 4; ...
Ja/Nein	Boolesche Werte	Ja; Nein; Wahr; Falsch
OLE-Objekte	OLE-Objekt	
Hyperlink	Querverweis zu einer Internetadresse (URL) oder zu einer Datei	http://www.microsoft.com
Nachschlage-Assistent	Dies ist kein Felddatentyp, sondern Sie rufen hiermit einen Assistenten zur Gestaltung von Nachschlagefeldern auf	

In den folgenden Abschnitten dieses Kapitels sollen die Felddatentypen im Einzelnen betrachtet werden, und zwar in der Reihenfolge, wie sie in der Tabelle *tblFilme* eingetragen werden.

HINWEIS   Der Standardfelddatentyp kann bei Bedarf geändert werden. Öffnen Sie über den Menübefehl *Extras/Optionen* das Dialogfeld *Optionen* und wechseln Sie darin zur Registerkarte *Tabellen/Abfragen*. Im oberen Teil können Einstellungen zum Tabellenentwurf vorgenommen werden. Rechts finden Sie unter *Standardfeldtyp* die Auswahl *Text*. Stellen Sie hier einfach einen anderen Felddatentyp als Standardvorgabe ein.

Feldeigenschaften

Abhängig vom ausgewählten Felddatentyp werden hier bestimmte Eigenschaften eines Feldes festgelegt. Im Folgenden werden alle möglichen Einträge der *Feldeigenschaften* kurz erklärt. Wir werden bei Bedarf die einzelnen Punkte später weiter ausführen.

Tabelle 10.2 Feldeigenschaften

Feldeigenschaft	Beschreibung
Feldgröße	legt für Textfelder Größe, für Zahlen den erlaubten Wertebereich fest.
Format	enthält oft vordefinierte Formate für Zahlen, Uhrzeiten, Datumswerte usw.
Dezimalstellenanzeige	legt für Zahlenformate die Anzahl der Nachkommastellen fest.
Eingabeformat	definiert Formate, die das Eingeben von bestimmten Werten unterstützen sollen, wie beispielsweise das Format \(99999\)999999999 für eine Telefonnummer mit Vorwahl.
Beschriftung	definiert eine neue Spaltenüberschrift, falls diese vom Feldnamen abweichen soll.
Standardwert	spezifiziert Werte oder Texte, die in das entsprechende Feld als Vorgabewert automatisch in der Tabelle eingetragen werden sollen; Standardwerte können nachträglich in einer Tabelle oder einem Formular bearbeitet werden.

Tabelle 10.2 Feldeigenschaften *(Fortsetzung)*

Feldeigenschaft	Beschreibung
Gültigkeitsregel	legt fest, welche Eingaben in ein bestimmtes Feld erlaubt sind und welche nicht.
Gültigkeitsmeldung	erscheint in einem Dialogfeld, wenn die Gültigkeitsregel nicht eingehalten wird.
Eingabe erforderlich	legt fest, ob das Feld einen Wert enthalten muss oder auch leer bleiben darf.
Leere Zeichenfolge	vereinbart, ob bei Feldern vom Felddatentyp *Text* eine leere Zeichenfolge zulässig ist.
Neue Werte	legt die Art des Felddatentyps *AutoWert* fest, der entweder als aufsteigende Nummerierung (*Inkrement*) oder als zufällige Zahlenfolge (*Zufall*) definiert werden kann.
Indiziert	bestimmt, ob für ein Feld ein Index vergeben wird oder nicht; wird für das betreffende Feld ein Primärschlüssel vergeben, erscheint der Eintrag *Ja* (*Ohne Duplikate*), bei Sekundärschlüsseln hingegen *Ja* (*Duplikate möglich*).
Unicode-Kompression	legt fest, ob für die sprachübergreifende Unicode-Zeichencodierung eine komprimierte Speicherung zugelassen werden soll.
IME-Modus	IME steht für *Input Message Editor*. Dieser Eingabemethoden-Editor wandelt Tastenfolgen in komplexe ostasiatische Zeichen um. Die IME-Modus-Eigenschaften gelten für alle ostasiatischen Sprachen.
IME-Satzmodus	sind Eigenschaften, die nur für Japanisch gelten.
Smarttags	sollen Ihnen Zeit ersparen, wenn Sie von ihnen Aktionen durchführen lassen, für die normalerweise andere Programme geöffnet werden müssen.

Der Felddatentyp *AutoWert*

Das erste Feld der Tabelle ist die *FilmNr*. Als Felddatentyp wurde dafür *AutoWert* verwendet. So können automatisch doppelte Filmnummern vermieden werden, und Sie erhalten zudem ein Feld, das zur Vergabe des Primärschlüssels geeignet ist.

1. Tippen Sie als ersten Feldnamen *FilmNr* ein.
2. Wählen Sie als Felddatentyp *AutoWert* aus.

   Verändern Sie bei den *Feldeigenschaften* in der Rubrik *Neue Werte* nichts, werden für den *Auto-Wert* Zahlen wie 1, 2 usw. vergeben. Um etwas Platz in der Spaltenüberschrift in der Tabelle zu sparen, können Sie hier im Feld *Beschriftung* beispielsweise nur *Nr.* eintragen. Während für Feldnamen Punkte verboten sind, ist es in Beschriftungen möglich, Punkte zum Abkürzen von Namen zu benutzen.

Abbildg. 10.3 Das erste Feld wurde angelegt

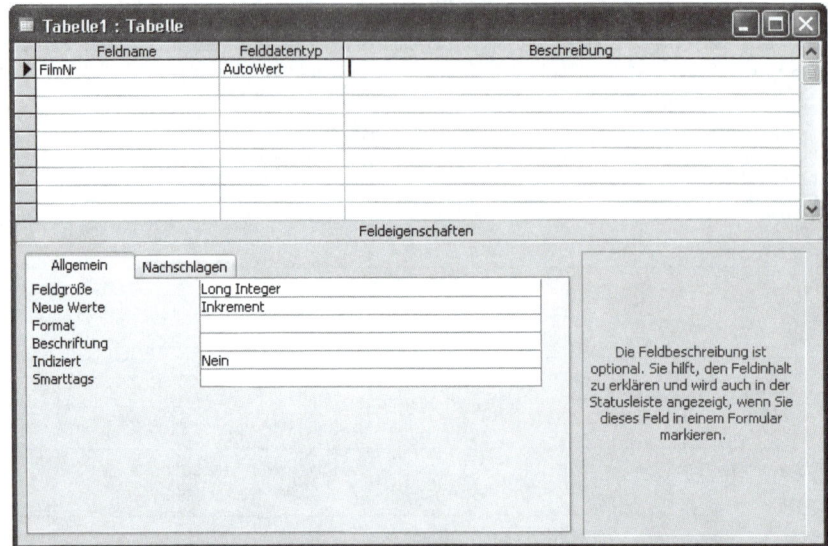

Bevor Sie die Zeile der Filmnummer verlassen, können Sie bereits den Primärschlüssel setzen. Verwenden Sie dazu eine der drei folgenden Möglichkeiten:

- Klicken Sie die Schaltfläche *Primärschlüssel* in der Symbolleiste an.

- Wählen Sie den Menübefehl *Bearbeiten/Primärschlüssel*, um so das Häkchen vor dem Befehl zu aktivieren.

- Klicken Sie mit der rechten Maustaste in die erste Zeile und wählen Sie im Kontextmenü *Primärschlüssel*.

3. Klicken Sie auf die Schaltfläche *Primärschlüssel*.

Im Zeilenmarkierer, dem Feld vor dem Feldnamen *FilmNr*, erscheint nun ein Schlüsselsymbol, um den gesetzten Primärschlüssel anzuzeigen. Zudem finden Sie in den *Feldeigenschaften* hinter *Indiziert* den Eintrag *Ja (Ohne Duplikate)*.

Abbildg. 10.4 Das Feld *FilmNr* als Primärschlüssel

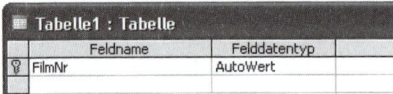

Der Felddatentyp *Text*

Sowohl der Filmtitel als auch der Originaltitel sollen als Textfelder in die Tabelle eingetragen werden. Als Beschreibung zum Filmtitel soll der Text »Filmtitel, wie er im Programm erscheint« eingegeben werden.

1. Legen Sie das Feld *Filmtitel* als Textfeld mit der *Beschreibung* »Filmtitel, wie er im Programm erscheint« an.

2. Definieren Sie zudem das Feld *Originaltitel* als Textfeld.

Abbildg. 10.5   Der Filmtitel mit Beschreibung

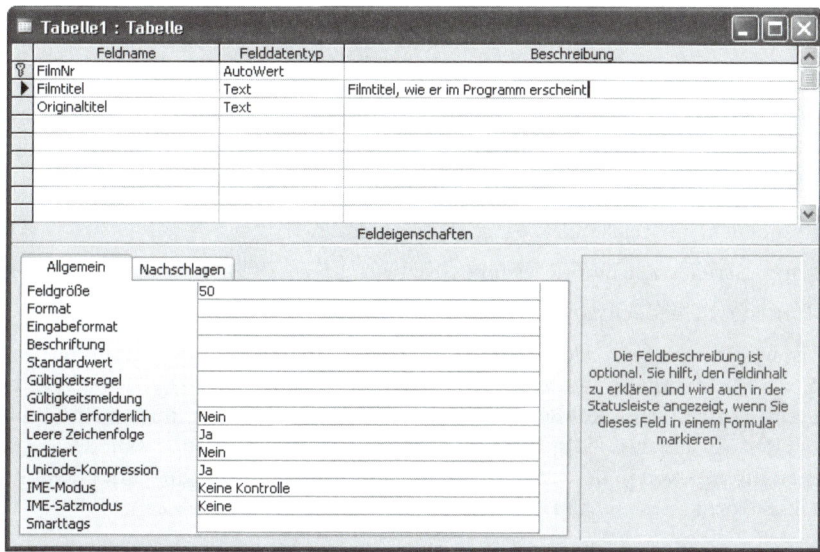

Außer für Texte wird oft auch beispielsweise für Telefonnummern oder Postleitzahlen der Felddatentyp *Text* verwendet. Für Telefonnummern hat der Datentyp *Text* den Vorteil, dass Sie in den Telefonnummern Klammern oder führende Nullen für die Vorwahl verwenden können. Bei Postleitzahlen sind bei der Verwendung des Felddatentyps *Text* auch Eintragungen wie D-80316 oder CH-2345 möglich. Grundsätzlich kann man für alle Felder, mit denen nicht gerechnet werden soll, den Felddatentyp *Text* verwenden.

Feldgröße

Die *Feldgröße* wird bei Textfeldern von Access automatisch auf den Wert *50* festgelegt, d.h., in einem solchen Textfeld können bis zu 50 Zeichen gespeichert werden. Textfelder dürfen bis zu 255 Zeichen groß werden. Ein Textfeld, das auf eine bestimmte Anzahl von Zeichen festgelegt wurde, verweigert das Eingeben von mehr Zeichen. In einem Eingabeformular ist das Eingabefeld genauso groß wie die vorgegebene Anzahl von Zeichen.

- Ändern Sie die Feldgröße für den *Filmtitel* und den *Originaltitel* auf 100.

WICHTIG   Soll die Feldgröße von Textfeldern nachträglich verkleinert werden, so ist Vorsicht geboten, wenn bereits Einträge für diese Felder in der Tabelle aufgenommen wurden. Wird ein Feld nachträglich verkleinert, werden dabei alle Daten abgeschnitten, die länger als die neu vereinbarte Größe sind.

> **HINWEIS** Möchten Sie die Standardeinstellung für die Feldlänge von Texten ändern, verwenden Sie den Menübefehl *Extras/Optionen*, aktivieren die Registerkarte *Tabellen/Abfragen* und vergrößern im oberen Teil der Registerkarte unter *Standardfeldgrößen* die Zahl im Feld *Text*.

Format

Sollen die eingegebenen Texte in einer bestimmten Form dargestellt werden, können Sie das im Eigenschaftenfeld *Format* definieren. Benutzerdefinierte Formate für Text- und Memofelder können mithilfe der folgenden Zeichen definiert werden:

- @ erzwingt ein Zeichen; wird nichts anderes eingegeben, wird ein Leerzeichen eingesetzt.

- & ermöglicht ein Zeichen, erzwingt es aber nicht.

- < formatiert alle Zeichen als Kleinbuchstaben.

- > formatiert alle Buchstaben als Großbuchstaben.

Als Beispiel kann man sich eine bestimmte Schreibweise für Rechnungsnummern vorstellen. Angenommen alle Rechnungsnummern sollen in der Form »CineCity 0001/04« oder »CineCity 4567/04« dargestellt werden. Dann können Sie das Format so angeben wie links in Abbildung 10.6 gezeigt. Dies hat den Vorteil, dass Sie später nur die eigentliche sich ändernde Zahl der Rechnungsnummer eintippen müssen, wie in der Mitte, die dann automatisch entsprechend des definierten Formats in die richtige Form (siehe rechts) gebracht wird.

Abbildg. 10.6 Benutzerdefiniertes Format für eine Rechnungsnummer

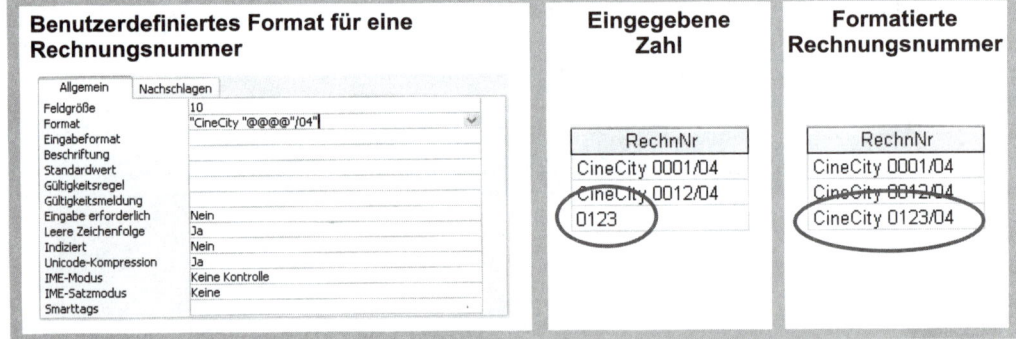

> **HINWEIS** Wenn Sie sich ansehen möchten, welche Auswirkungen Ihre Einstellungen in der Entwurfsansicht auf die Daten Ihrer Tabelle haben, schalten Sie immer mal wieder in die Datenblattansicht um. Verwenden Sie dazu entweder die Schaltfläche *Ansicht* oder den Menübefehl *Ansicht/Datenblattansicht*. Zunächst werden Sie dann aufgefordert, Ihren Entwurf zu speichern. Speichern Sie die Tabelle unter dem Namen *tblFilme*. Zurück in die Entwurfsansicht schalten Sie ebenfalls mit der Schaltfläche *Ansicht*, die jetzt das Symbol für die Entwurfsansicht anzeigt.

In einem weiteren Beispiel sollen E-Mail-Adressen gesammelt werden. Diese Adressen sollen durchgängig in kleinen Buchstaben eingegeben werden. Also geben Sie als Format einfach ein »<«-Zeichen ein.

Es ist zudem möglich, für ein Format zwei Teile zu definieren, die durch ein Semikolon zu trennen sind. Der erste Teil vor dem Semikolon gilt dann, wenn es eine Eingabe in das Feld gibt, der zweite gilt nur, wenn es keine Eingabe gibt. So wurde für das E-Mail-Adressenformat festgelegt, dass dann, wenn es keine E-Mail-Adresse gibt, der Ausdruck »keine« im Feld erscheinen soll.

Abbildg. 10.7   Benutzerdefiniertes Format für eine E-Mail-Adresse

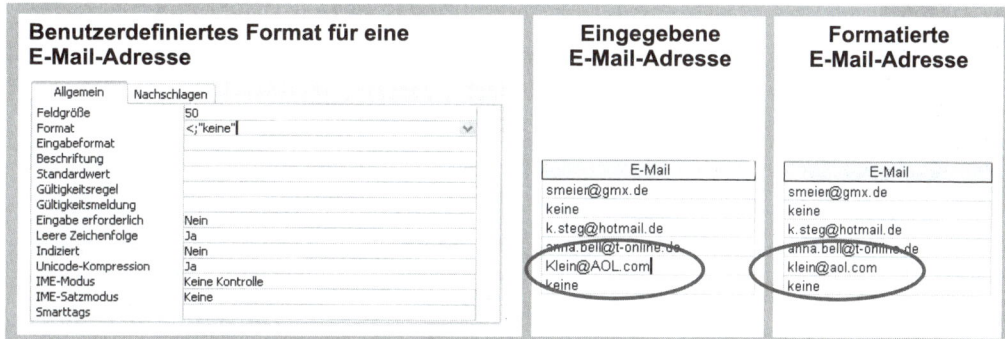

Eingabeformat

Eingabeformate werden definiert, um einem Benutzer in einer Tabelle oder einem Formular die Eingabe von Daten zu vereinfachen. So können Eingabeformate beispielsweise zum einfacheren Eintippen von Telefonnummern vergeben werden.

Tabelle 10.3 beschreibt die möglichen Sonderzeichen, die für die Definition eines Eingabeformats verwendet werden können.

Tabelle 10.3   Eingabeformate

Zeichen	Bedeutung	Zusatz
0	Ziffern (0 bis 9)	Eingabe erforderlich; Plus- und Minuszeichen sind nicht erlaubt.
9	Ziffern oder Leerzeichen	Eingabe nicht erforderlich; Plus- und Minuszeichen sind nicht erlaubt.
#	Ziffern oder Leerzeichen	Eingabe nicht erforderlich; Leerstellen werden in Leerzeichen umgewandelt; Plus- und Minuszeichen sind erlaubt.
L	Buchstaben (A bis Z)	Eingabe erforderlich
?	Buchstabe (A bis Z)	Eingabe nicht erforderlich
A	Buchstabe oder Ziffer	Eingabe erforderlich
a	Buchstabe oder Ziffer	Eingabe nicht erforderlich
&	Beliebiges Zeichen oder Leerzeichen	Eingabe erforderlich
C	Beliebiges Zeichen oder Leerzeichen	Eingabe nicht erforderlich

Tabelle 10.3 Eingabeformate *(Fortsetzung)*

Zeichen	Bedeutung	Zusatz
. , ; : – /	Platzhalter für Dezimalstellen und Trennzeichen für Tausender, Datum und Zeit	Das eigentliche Zeichen ist abhängig von den in der Windows-Systemsteuerung unter Ländereinstellungen definierten Einstellungen.
<		formatiert alle nachfolgenden Zeichen in Kleinbuchstaben.
>		formatiert alle nachfolgenden Zeichen in Großbuchstaben.
!		bewirkt, dass das Eingabeformat nicht von links nach rechts, sondern von rechts nach links ausgefüllt wird, wenn die Eingabe von Zeichen auf der linken Seite des Eingabeformats nicht erforderlich ist. Kann an beliebiger Stelle im Eingabeformat eingefügt werden.
\		bewirkt, dass das nachfolgende Zeichen im Format angezeigt wird.

Geben Sie hinter *Eingabeformat* beispielsweise *(99999)999999999* ein. Dann erscheinen in der Datenblattansicht bei Aktivierung des entsprechenden Feldes die Klammern der Vorwahl und Sie können die Telefonnummer eintippen. Beachten Sie bei der Eingabe, dass Sie bei weniger als fünf Vorwahlziffern entsprechend viele Leerzeichen eintippen müssen, damit die Durchwahl hinter der Klammer beginnt.

Abbildg. 10.8 Neu definiertes Eingabeformat

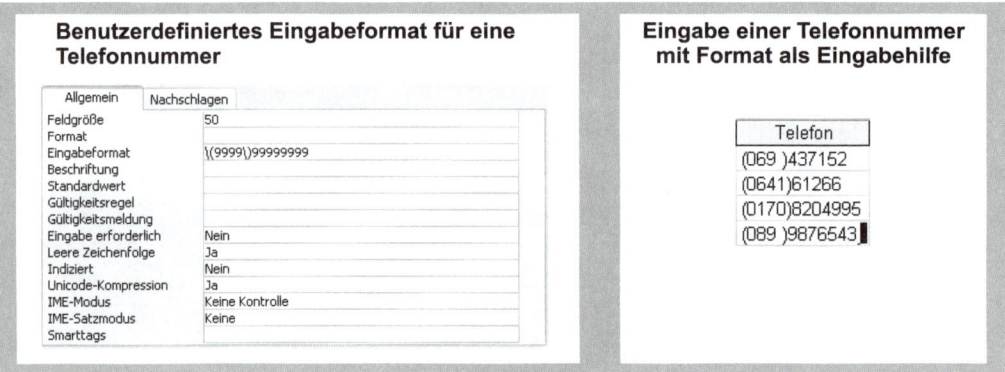

HINWEIS Bei Bedarf können Sie sich bei der Definition von Eingabeformaten auch von einem Assistenten unterstützen lassen. Weitere Hinweise zum Gebrauch des Eingabe-Assistenten finden Sie in Kapitel 22.

Beschriftung

Haben Sie für ein Textfeld einen sehr langen Feldnamen definiert, können Sie einfach hinter *Beschriftung* einen anderen Namen angeben, der in der Tabelle als Spaltenüberschrift und in Formularen als Feldname erscheint.

Standardwert

Gibt es eine bestimmte Eingabe, die in der Mehrzahl der Fälle verwendet werden wird, können Sie diesen Text als Standardwert definieren. Dazu ist es ausreichend, den Text in das Eingabefeld hinter *Standardwert* einzugeben.

Eingabe erforderlich

Mithilfe dieser Feldeigenschaft kann man die Eingabe in ein Feld erzwingen. So sollte beispielsweise eine Eingabe in das Feld *Filmtitel* erfolgen.

Leere Zeichenfolge

Wurde in der Tabelle *tblFilme* festgelegt, dass ein Filmtitel eingetragen werden soll, so sollte man hier festlegen, dass eine leere Zeichenfolge nicht erlaubt ist.

Indiziert

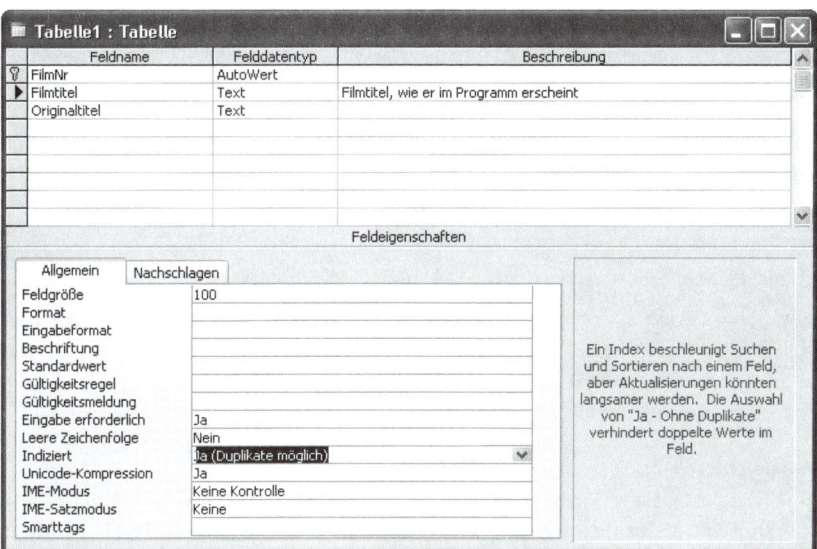

Soll die Tabelle nach einem Textfeld wie beispielsweise nach dem Filmtitel sortiert werden, ist es sinnvoll, dieses Feld zu indizieren, damit später schneller sortiert werden kann. Da ein Filmtitel unter Umständen zweimal in der Tabelle *tblFilme* auftauchen kann, z.B. einmal in der Original- und einmal in der Kurzversion, sollte hier *Ja (Duplikate möglich)* ausgewählt werden.

Abbildg. 10.9   Das Feld *Filmtitel* wird indiziert

Unicode-Kompression

Seit Microsoft Office XP werden alle Daten in der Unicode-Zeichencodierung abgelegt. Unicode ist eine übergreifende Zeichencodierung für lateinische, kyrillische, arabische, chinesische usw. Sprachen, die die bisher verwendete ANSI-Codierung ablöst. Während bei ANSI ein Byte pro Zeichen definiert war und damit 256 Zeichen darstellbar waren, werden bei Unicode 2 Byte verwendet, so dass über 65.000 Zeichen darstellbar sind. Bei der standardmäßig eingeschalteten Unicode-Kompression wird für alle Unicode-Zeichen, deren erstes Byte 0 ist, eine komprimierte Speicherung durchgeführt. Das erste Byte ist bei allen Zeichen der lateinischen Schriftarten 0.

IME-Modus/IME-Satzmodus

Da hier keine asiatischen Zeichen verwendet werden, bleiben die Einstellungen, wie sie standardmäßig festgelegt wurden.

Smarttags

Smarttags sollen einem Benutzer einer Tabelle oder eines Formulars den Umgang damit vereinfachen. Sie können über einen Smarttag bestimmte Aktionen aufrufen lassen. Beispielsweise könnte man in einem Textfeld mit dem Namen eines Kunden per Smarttag den Namen den Kontakten von Microsoft Outlook hinzufügen.

Der Felddatentyp *Zahl*

Die beiden Felder *FSK* und *Länge* sind vom Felddatentyp *Zahl*. Beide Felder sollen vor dem Originaltitel eingefügt werden. Dazu benötigen wir zunächst vor der dritten Zeile eine Leerzeile:

1. Markieren Sie die Zeile des Originaltitels mithilfe der Schaltfläche des Zeilenmarkierers.

2. Klicken Sie dann auf die Schaltfläche *Zeile einfügen*.
   In diese leere Zeile soll nun das Feld für die Altersbeschränkung *FSK* eingegeben werden.
3. Geben Sie den Feldnamen *FSK* ein.
4. Wählen Sie dann den Felddatentyp *Zahl* aus.
5. Tippen Sie als Beschreibung beispielsweise *Altersbeschränkung* ein.

Im nächsten Schritt wird es darum gehen, den Felddatentyp *Zahl* näher zu spezifizieren. Zunächst einmal gibt es die Möglichkeit, verschiedene Größen für den Datentyp *Zahl* einzustellen, die entsprechend unterschiedlich viel Speicherplatz belegen.

Feldgröße

Standardmäßig wird als Feldgröße *Long Integer* angegeben. Mithilfe dieser Einstellung können Sie Zahlen bis zu 2.147.483.647 verwenden, allerdings beispielsweise keine Zahlen mit Nachkommastellen.

Klicken Sie in das Feld hinter *Feldgröße*, wird die Schaltfläche mit dem Dropdownpfeil zum Öffnen der Liste der Felddatentypen angezeigt.

In unserem Fall geht es nur um Zahlen bis höchstens 18, danach gibt es keine Altersbeschränkungen mehr für Kinofilme. Daher könnten wir eine Feldgröße verwenden, die nur kleinere Zahlen erlaubt, dafür aber auch weniger Speicherplatz belegt. Hier bietet sich die Feldgröße *Byte* an. Damit können Zahlen zwischen 0 und 255 beschrieben werden. Es gibt keine Dezimalzahlen (aber die brauchen wir für die Altersangabe auch nicht) und keine negativen Zahlen (auch die werden nicht benötigt).

▪ Stellen Sie für das Feld *FSK* die Feldgröße *Byte* ein.

Um einen Überblick über die verschiedenen Feldgrößen in Access zu erhalten, finden Sie in Tabelle 10.4 eine Zusammenstellung über die erlaubten Bereiche der einzelnen Größen, die Anzahl der erlaubten Dezimalzahlen und die Größe, die Access intern zur Speicherung benötigt.

HINWEIS Es ist sinnvoll, bei der Definition von Zahlen darauf zu achten, die benutzte Feldgröße nicht zu groß zu wählen. Je kleiner die Feldgröße ist, desto schneller kann Access mit Ihren Zahlen rechnen.

Tabelle 10.4 Beschreibung der Feldgrößen für den Felddatentyp *Zahl*

Feldgröße	Bereich	Dezimalstellen	Größe
Byte	0 … 255	Keine	1 Byte
Integer	-32768 … 32767	Keine	2 Byte
Long Integer	-2.147.483.648 … 2.147.483.647	Keine	4 Byte
Single	$-3,4 \times 10^{38}$ … $3,4 \times 10^{38}$	7	4 Byte
Double	$-1,797 \times 10^{308}$ … $1,797 \times 10^{308}$	15	8 Byte
Replikations-ID	Interner Wert	Keine	16 Byte
Dezimal	$-10^{28}-1$ … $10^{28}-1$	28	12 Byte

Überschreiten Sie beim Eingeben von Zahlen die erlaubte Feldgröße und geben Sie beispielsweise in ein Feld, für das die Feldgröße *Byte* definiert wurde, eine negative Zahl oder eine Zahl größer als 255 ein, wird diese Zahl von Access nicht angenommen. Geben Sie eine Zahl mit Dezimalstellen ein, wird diese auf- bzw. abgerundet.

WICHTIG Möchten Sie nachträglich eine Feldgröße verkleinern, sollten Sie dabei sehr vorsichtig sein, da Zahlen, die größer als die neu eingestellte Feldgröße sind, von Access einfach abgeschnitten werden.

HINWEIS Soll die Standardeinstellung für die Feldgröße für Zahlen geändert werden, verwenden Sie den Menübefehl *Extras/Optionen*, aktivieren die Registerkarte *Tabellen/Abfragen* und ändern in der Gruppe *Standardfeldgrößen* den Eintrag im Feld *Zahl*.

Tabellen

Format

Unter der Feldgröße können Sie wieder ein Format definieren, mit dem die von Ihnen eingegebenen Zahlen dargestellt werden sollen. In der Auswahlliste finden Sie Währungs- und Prozentformate, aber auch eine Schreibweise mit Tausenderpunkt und für Exponentialzahlen.

Für Zahlen mit der Feldgröße *Byte* macht das nicht viel Sinn. Bei Zahlen, die in anderen Feldgrößen mit Nachkommastellen definiert wurden, ist das etwas anderes. Zusätzlich zu den angegebenen Formaten können Sie auch wieder eigene Ausgabeformate definieren. Wir werden zunächst die Formate der Auswahlliste kurz erklären und danach ein eigenes Format für *FSK* definieren.

Wir möchten in diesem Abschnitt kurz alle möglichen Zahlenformate vorstellen. Am Ende finden Sie eine Tabelle, in der die verschiedenen Formate mit einem Beispiel aufgeführt sind.

Allgemeine Zahl Wird eine Spalte einer Tabelle mit dem Format *Allgemeine Zahl* versehen, so erhalten alle eingegebenen Zahlen so viele Dezimalstellen in der Anzeige, wie eingegeben werden. Dieses Zahlenformat sieht keine Punkte zur Abtrennung der Tausenderstellen vor.

Währung Es besteht die Möglichkeit, einer Zahl die Formatierung *Währung* zu übertragen. Zahlen, für die dieses Format vergeben wird, werden – bei automatischer Einstellung der Dezimalstellen – mit zwei Dezimalstellen, einer Tausenderabtrennung und der »€«-Bezeichnung versehen.

Euro Dieses Format ist ein Überbleibsel aus der Vor-Euro-Zeit. Dieses Format verwendet eine Zahlendarstellung im *Euro*-Format unabhängig von der in der Systemsteuerung eingestellten Währung.

Festkommazahl Das Format *Festkommazahl* sieht Zahlen ohne Tausendertrennung vor. Standardmäßig werden für dieses Format bei automatischer Einstellung der Dezimalstellen zwei Dezimalstellen benutzt.

Standardzahl Die *Standardzahl* unterscheidet sich von der Festkommazahl nur durch den Tausenderpunkt.

Prozentzahl Standardmäßig werden in Access Prozentzahlen mit zwei Dezimalstellen angegeben. Bei der Eingabe von Prozentzahlen muss darauf geachtet werden, dass sie entweder als Zahlen zusammen mit dem »%«-Zeichen eingegeben werden, oder man teilt die Prozentzahl durch 100 und gibt sie dann ein. So gibt man beispielsweise 0,12 für 12% ein.

Exponentialzahl Mit der Formatierung *Exponentialzahl* lassen sich sehr große oder sehr kleine Zahlen übersichtlich darstellen. Für 123.000.000 wird in der Exponentialschreibweise z.B. 1,23E+08 geschrieben, d.h. $1{,}23 \times 10^8$.

In Tabelle 10.5 können die Auswirkungen verschiedener Formate auf dieselben Eingaben in den Spalten »Formatiert« verglichen werden. Für diese Zahlen wurde die Feldgröße *Double* definiert. Es wurde nur die Einstellung *Automatisch* für die Dezimalzahlen verwendet.

Tabelle 10.5 Eingaben und formatierte Darstellung

Format	Eingabe	Formatiert	Eingabe	Formatiert
Allgemeine Zahl	22345	22345	0,556	0,556
Währung	22345	22.345,00 €	0,556	0,56 €
Euro	22345	22.345,00 €	0,556	0,56 €
Festkommazahl	22345	22345,00	0,556	0,56
Standardzahl	22345	22.345,00	0,556	0,56
Prozentzahl	22345	2234500,00%	0,556	55,60%

Tabelle 10.5 Eingaben und formatierte Darstellung *(Fortsetzung)*

Format	Eingabe	Formatiert	Eingabe	Formatiert
Exponentialzahl	22345	2,23E+4	0,556	5,56E-01

Benutzerdefiniertes Format

Für das Feld *FSK* soll nun ein eigenes Ausgabeformat definiert werden. Die Eingabe eines Alters wie »16« soll als »ab 16« ausgegeben werden. Dazu werden dieselben Ausgabeformate verwendet wie bereits im vorherigen Abschnitt. Ein Format kann aus vier durch ein Semikolon voneinander getrennten Abschnitten bestehen: *positiver Wert; negativer Wert; 0; NULL-Wert*.

Dabei kann ein Format für positive Werte, eines für negative Werte, eines für den Wert 0 und eines für so genannte NULL-Werte definiert werden.

HINWEIS   Der NULL-Wert – gesprochen »nall« – wird von vielen Datenbanksystemen verwendet. Er kennzeichnet einen »leeren«, also nicht vorhandenen Wert. Um deutlich zu machen, dass es sich dabei nicht um eine 0 handelt, wird er im Folgenden in Großbuchstaben geschrieben. Sie dürfen »NULL« nicht mit dem Wert 0 oder der leeren Zeichenfolge "" gleichsetzen. *NULL* tritt immer dann auf, wenn Sie einen Datensatz abspeichern, aber nicht in jedes Feld des Datensatzes einen Wert geschrieben haben. Alle Felder, die Sie leer gelassen haben, erhalten als Inhalt *NULL*.

Zur Definition der Zahlen in einem benutzerdefinierten Format können die Zeichen *0* und *#* verwendet werden. Dabei wird die *0* dann verwendet, wenn man an seiner Stelle eine Zahl erzwingen möchte. In der Regel verwendet man die *0*, um die Anzahl der Nachkommastellen festzulegen. Eine mit *0,00* definierte Zahl beispielsweise enthält zwingend zwei Nachkommastellen, eine mit *0,0000* hingegen vier. Das *#*-Zeichen wird in Zahlenformaten verwendet, in denen es durch Zahlen ersetzt werden kann, aber nicht muss. Um beispielsweise ein Zahlenformat mit Tausenderpunkt zu definieren, schreiben Sie *#.##0* oder *#.##0,00*.

Abbildg. 10.10 Das benutzerdefinierte Format für FSK

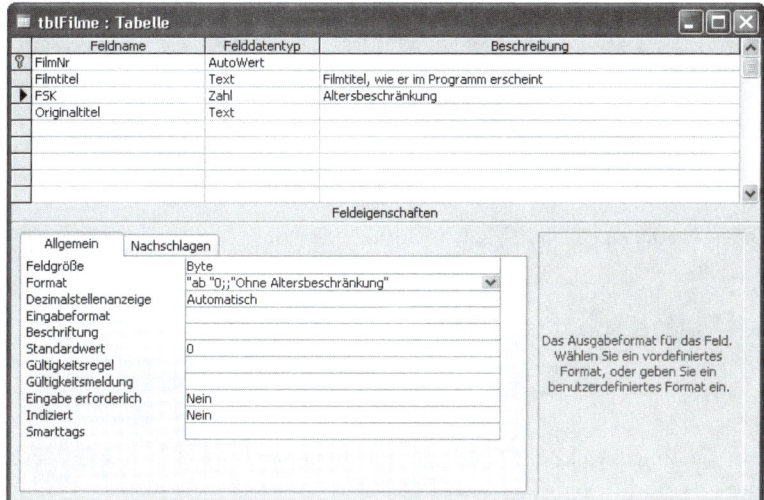

Um das benutzerdefinierte Format für die FSK festzulegen, wird für positive Zahlen das Format *"ab "0* definiert. Negative Werte für ein Alter werden nicht vorkommen, aber es gibt durchaus Filme ohne Altersbegrenzung. Ist 0 eingetippt, soll *"Ohne Altersbeschränkung"* erscheinen.

- Geben Sie das benutzerdefinierte Format so ein: *"ab "0;; "Ohne Altersbeschränkung"*

Dezimalstellen

Haben Sie eine Feldgröße eingestellt, die Nachkommastellen erlaubt, können Sie hinter Dezimalstellen die Anzahl der Nachkommastellen festlegen, die Ihre Zahlen aufweisen sollen. Hat eine Zahl mehr Dezimalstellen, als angezeigt werden, wird die Anzeige automatisch gerundet.

Standardwert

Standardmäßig ist für Zahlen ein Standardwert von 0 eingetragen. Damit erscheint in der Spalte der FSK für jeden neuen Film der Eintrag *Ohne Altersbeschränkung*. Schöner wäre es, wenn die Zeile einfach leer bliebe.

- Löschen Sie dazu die Null in der Zeile *Standardwert*.

Gültigkeitsregel

In diesem Feld können Sie festlegen, wann eine Eingabe gültig sein soll und wann nicht. Beispielsweise gibt es nach 18 keine weitere Altersbeschränkung. Das heißt, alle eingegebenen Werte, die größer als 18 sind, sind ungültig.

- Um diese Bedingung einzugeben, können Sie in die Zeile *<=18* eingeben.

Geben Sie nun in der Datenblattansicht einen Wert ein, der von der Gültigkeitsregel ausgeschlossen wird, so erscheint eine Fehlermeldung von Access.

Abbildg. 10.11   Fehlermeldung, da die definierte Gültigkeitsregel nicht eingehalten wurde

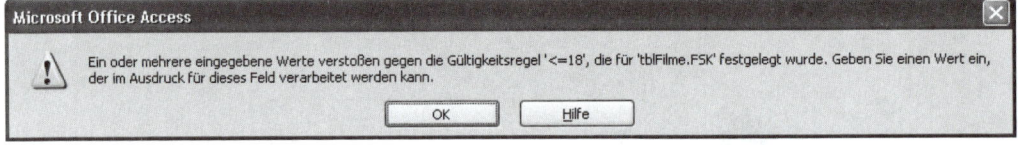

Bei Bedarf können Sie eine eigene Gültigkeitsmeldung verfassen.

Gültigkeitsmeldung

Geben Sie hier einfach den Text ein, der im Dialogfeld erscheinen soll, wenn die Gültigkeitsregel überschritten ist.

- Tippen Sie in das Eingabefeld der Gültigkeitsmeldung den Text »Bitte einen Wert zwischen 0 und 18 eingeben!« ein.

Wenn nun ein falsches Alter eingegeben wird, erscheint die soeben definierte Meldung.

Abbildg. 10.12 Selbst definierte Gültigkeitsmeldung

Weitere Einstellungen

Für das Feld *FSK* soll keine Eingabe erzwungen werden. Entsprechend bleibt hinter *Eingabe erforderlich* der Wert *Nein* ebenso stehen, wie hinter *Indiziert*.

Abbildg. 10.13 Das Feld *FSK*

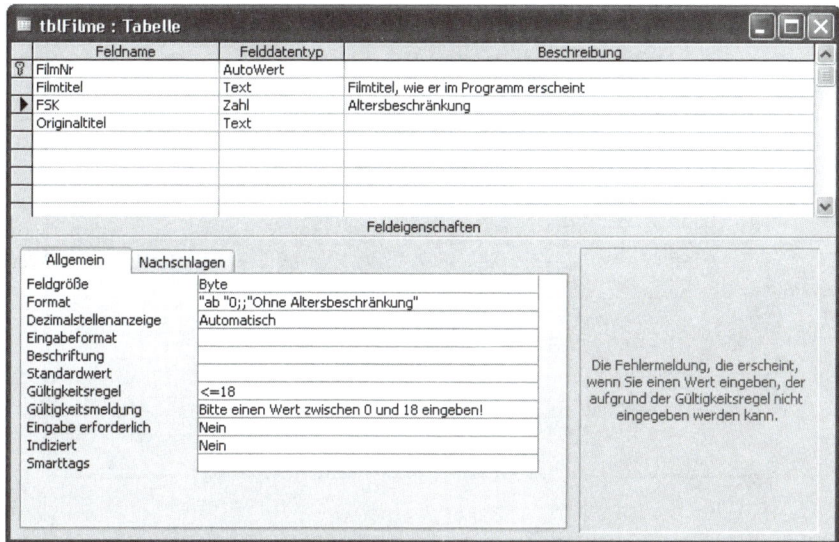

Das Feld *Länge*

Auch das Feld *Länge* erhält den Felddatentyp *Zahl*.

1. Legen Sie direkt nach dem Feld *FSK* das Feld *Länge* an. Fügen Sie dazu wiederum zunächst eine Leerzeile wie weiter oben beschrieben ein. Verwenden Sie den Felddatentyp *Zahl* und die Beschreibung *Spieldauer des Films*.

2. Verwenden Sie als Feldgröße den Typ *Integer* ohne Dezimalzahlen mit dem Standardwert 0.

3. Legen Sie *0″ min″* als benutzerdefiniertes Format fest.

Der Felddatentyp *Ja/Nein*

Bisweilen finden in den Räumen von CineCity auch andere Veranstaltungen statt wie Firmenjubiläen, Vorträge oder private Filmvorführungen. Diese Veranstaltungen sind oft nicht öffentlich und werden beispielsweise nicht in derselben Art beworben wie das normale Kinoprogramm. Daher ist es wichtig, erkennen zu können, was eine normale Kinovorführung ist und was ein Sonderprogramm.

1. Legen Sie aus diesem Grunde in der Tabelle *tblFilme* ein Feld an, das *Sonderveranstaltung* heißt und als *Ja/Nein*-Feld formatiert ist.

2. Geben Sie als Standardwert *Nein* an. Für das Feld ist eine Eingabe nicht unbedingt erforderlich und es wird auch nicht indiziert.

Abbildg. 10.14   Das *Ja/Nein*-Feld für Sonderveranstaltungen

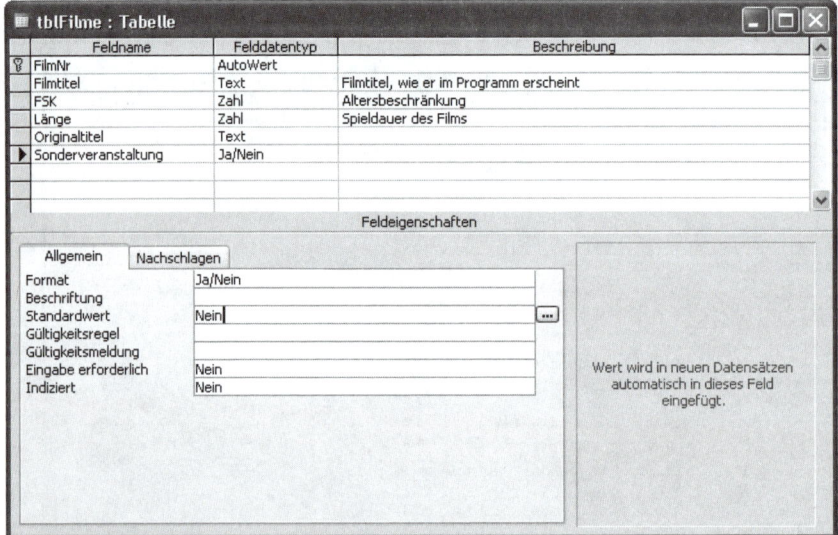

Der Felddatentyp *Memo*

Ergänzungen oder Zusatztexte werden in der Regel als Felddatentyp *Memo* formatiert. In solche Felder wird normaler Text eingegeben, der bis zu 65.536 Zeichen lang sein kann. In einem Memofeld kann nur nach den ersten 256 Zeichen eines Memofeldes sortiert werden.

■ Legen Sie das Feld *Zusatztext* als Memofeld an. Auch für dieses Feld ist keine Eingabe erforderlich und es wird nicht indiziert.

Der Felddatentyp *Datum/Zeit*

1. Das *Bundesstartdatum*, also das Datum, zu dem ein Film deutschlandweit in die Kinos kommt, soll als Datumsfeld angegeben werden.

In den Feldeigenschaften stehen Ihnen für Datums- und Zeitwerte verschiedene Formatierungen zur Verfügung, die sich in Tabelle 10.6 anhand von Beispielen selbst erklären. Dabei wird jeweils das Datum 16.3.04 17:18 formatiert.

Tabelle 10.6   Der Datumswert 16.3.04 17:18 wird beispielhaft formatiert

Format	Formatierte Ausgabe
Standarddatum	16.03.04 17:18:32
Datum, lang	Montag, 16. März 2004
Datum, mittel	16. Mrz. 04
Datum, kurz	16.03.04
Zeit, lang	17:18:32
Zeit, 12Std	05:18
Zeit, 24Std	17:18

2. Formatieren Sie das *Bundesstartdatum* als kurzes Datum.

Abbildg. 10.15   Das Datumsfeld

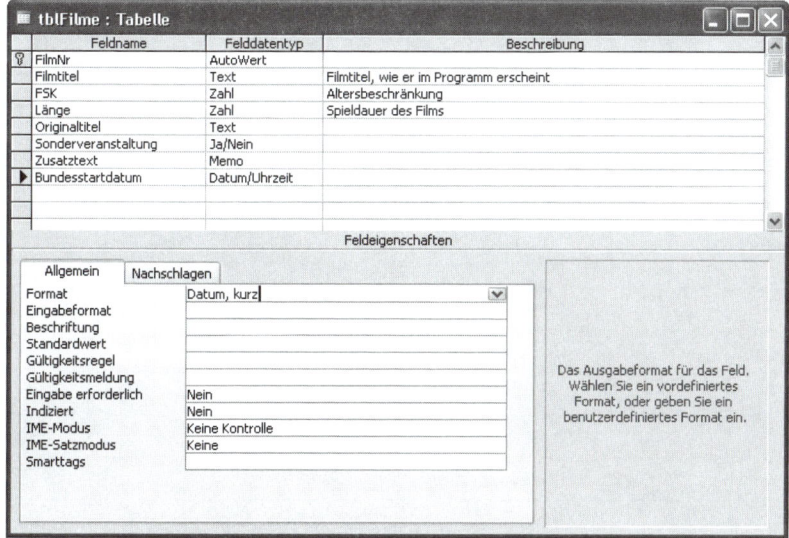

WICHTIG   Für Daten, die als kurzes Datum formatiert sind, ist darauf zu achten, dass eingegebene Datumswerte, die zwischen dem 1.1.00 und dem 31.12.29 liegen, von Access als Daten im 21. Jahrhundert angesehen werden. Geben Sie beispielsweise 8.3.22 ein, so lautet dieses Datum für Access automatisch 8.3.2022. Alle Daten, die zwischen dem 1.1.30 und dem 31.12.99 liegen, werden von Access als Datumswerte des 20. Jahrhunderts behandelt, also als Daten zwischen dem 1.1.1930 und dem 31.12.1999.

HINWEIS   Wollen Sie lieber mit vierstelligen Jahreszahlen arbeiten, können Sie mit dem Menübefehl *Extras/Optionen* auf der Registerkarte *Allgemein* unter *Vierstellige Jahreszahlformatierung* das Kontrollkästchen *In dieser Datenbank benutzen* oder das Kontrollkästchen *In allen Datenbanken benutzen* aktivieren. Damit wird das Format *Datum, kurz* standardmäßig mit vierstelligen Jahreszahlen also beispielsweise als 8.3.2004 angezeigt.

Datumswerte und Uhrzeiten eingeben

In einer Tabelle oder in einem Formular, in der bzw. dem Sie Datumswerte eintragen, bietet Ihnen Access vier mögliche Trennzeichen zwischen Tag, Monat und Jahr an. Im Deutschen ist der ».« am gebräuchlichsten. Es ist aber ebenso möglich, »/«, »,« oder »-« zu verwenden. Für die Eingabe einer Uhrzeit ist das »:«-Zeichen als Trennung zwischen Stunden, Minuten und Sekunden erforderlich.

Benutzerdefinierte Formate

Bei Bedarf lassen sich auch eigene Datumsformate erstellen. Verwenden Sie dazu die in Tabelle 10.7 dargestellten Formate.

Tabelle 10.7   Symbol zum Erstellen benutzerdefinierter Formate

Symbol	Bedeutung
t	Tag eines Monats von 1 bis 31
tt	Tag eines Monats mit zwei Ziffern von 01 bis 31
ttt	Die ersten drei Buchstaben eines Wochentages
tttt	Vollständiger Name eines Wochentages
ttttt	Vordefiniertes Format: Datum, kurz
tttttt	Vordefiniertes Format: Datum, lang
w	Von 1 bis 7 durchnummerierte Wochentage mit 1 als Montag
ww	Kalenderwoche von 1 bis 53
m	Monat eines Jahres von 1 bis 12
mm	Monat eines Jahres von 01 bis 12
mmm	Die ersten drei Buchstaben eines Monatsnamens
mmmm	Vollständig ausgeschriebener Monatsname
q	Quartal von 1 bis 4
j	Kalendertag von 1 bis 366
jj	Die letzten zwei Ziffern einer Jahreszahl von 00 bis 99
jjjj	Vollständige Jahreszahl
h	Stunde von 0 bis 23

Tabelle 10.7   Symbol zum Erstellen benutzerdefinierter Formate *(Fortsetzung)*

Symbol	Bedeutung
hh	Stunde in zwei Ziffern von 00 bis 23
n	Minute von 0 bis 59
nn	Minute in zwei Ziffern von 00 bis 59
s	Sekunde von 0 bis 59
SMS	Sekunde in zwei Ziffern von 00 bis 59
zzzzz	Vordefiniertes Format: Zeit, lang

Als kleine Übung kann das Bundesstartdatum sowohl als möglichst kurzes Datum als auch unter Angabe der Kalenderwoche angegeben werden. Das könnte dann so

t.m.jj", "ww".KW"

aussehen. Zusätzliche Texte werden in Anführungszeichen gesetzt, ansonsten werden sowohl für den Tag als auch für den Monat je nach Wert eine oder zwei Ziffern verwendet.

Abbildg. 10.16   Ein benutzerdefiniertes Datumsformat

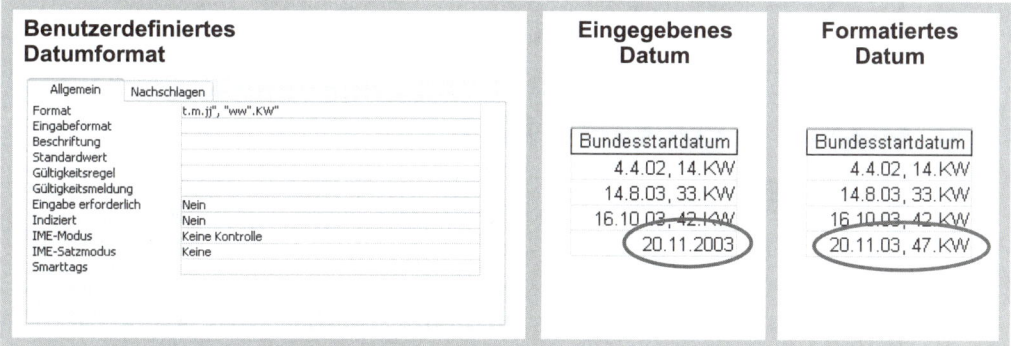

Die Tabelle *tblKinos*

Die Tabelle *tblFilme* ist vollständig angelegt, legen Sie nun entsprechend Tabelle 9.3 die Tabelle *tblKinos* an.

1. Dabei wird das Feld *KinoNr* als Primärschlüssel definiert.

2. Das Feld *Kino* soll als Textfeld der Länge 50 definiert und zudem indiziert werden, damit das Sortieren nach Kinosälen vereinfacht wird.

3. Die Anzahl der *Plätze* wird als Zahl der Feldgröße *Integer* mit dem Standardwert 0 definiert.

4. Der *Turnaround*, als die Standardzeit zwischen Filmen, ist eine Zahl der Feldgröße *Integer*.

5. Schließlich ist das Feld *Kommentar* ein Memofeld.

Der Tabellenentwurf der Tabelle *tblKinos*

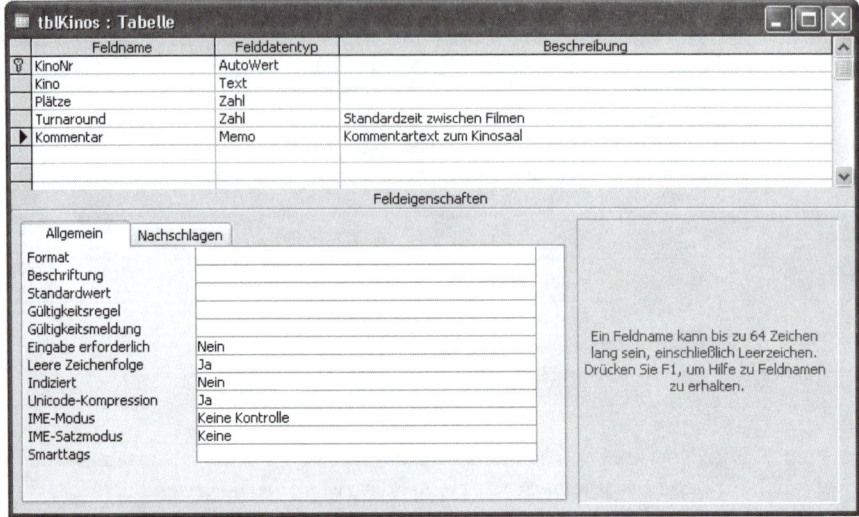

Damit sind die beiden Tabellen der Stammdaten bereits angelegt. Es geht nun weiter mit den Bewegungsdaten. Dazu soll zunächst die Tabelle *tblWochen* angelegt werden.

Die Tabelle *tblWochen*

Die Tabelle *tblWochen* enthält in erster Linie für jeden Film die Kalenderwoche und die laufende Woche dieses Films. Zudem finden Sie darin auch den Preis des Films, der unter Umständen unterschiedlich sein kann, beispielsweise, wenn der Film schon am Auslaufen ist.

Wie die Kalenderwoche und die laufende Woche zusammengehören, soll Abbildung 10.18 verdeutlichen. Ab dem Start eines Films (meist dem Bundesstartdatum) werden durchgängig die Wochen seiner Spieldauer (jeweils ab Donnerstag) gezählt.

Abbildg. 10.18   Kalenderwochen und laufende Wochen

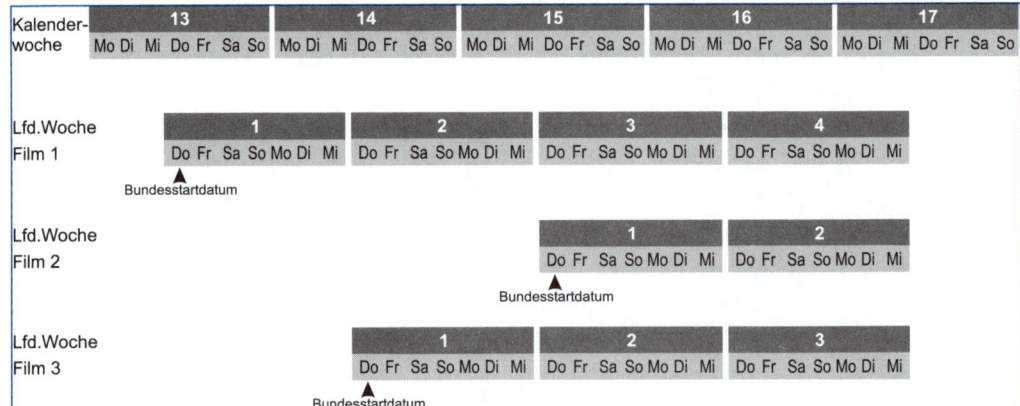

In dieser Tabelle lernen Sie als neuen Felddatentyp den Datentyp *Währung* kennen. Zudem werden Sie Bekanntschaft mit einem neuen Assistenten, dem *Nachschlage-Assistent*, machen.

1. Beginnen Sie die Tabelle *tblWochen* mit dem Feld *WocheNr*, das als Felddatentyp *AutoWert* definiert wird. Definieren Sie für dieses Feld einen Primärschlüssel.

2. Legen Sie als zweites Feld zunächst das Feld *Kalenderwoche* mit dem Datentyp *Datum/Zeit* an. Definieren Sie dafür ein Format, wie *ww". KW"*. Indizieren Sie dieses Feld und erlauben Sie dabei Duplikate.

3. Legen Sie danach das Feld *LfdWoche* als Zahl der Feldgröße *Integer* ohne Dezimalzahlen an.

4. Es fehlt noch ein *Kommentar*-Feld als Memofeld.

Die beiden fehlenden Felder werden in den beiden folgenden Abschnitten beschrieben.

Abbildg. 10.19 Der Beginn der Tabelle *tblWochen*

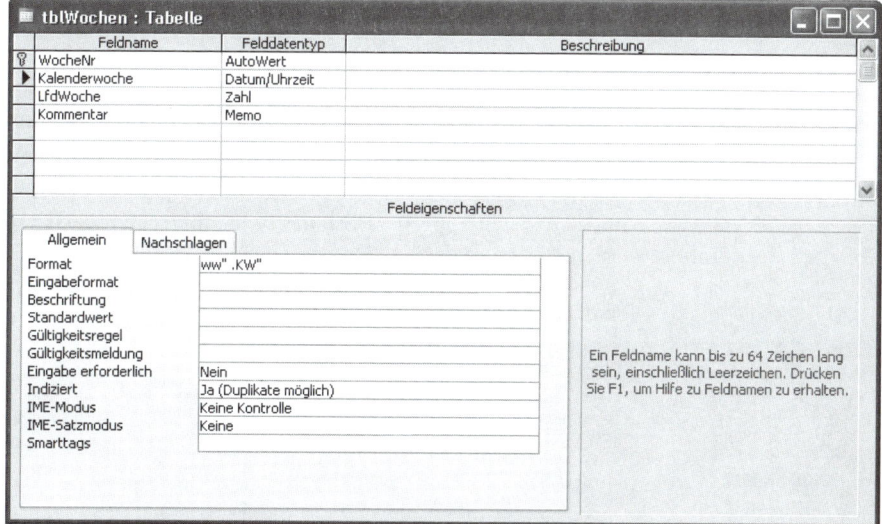

Der Felddatentyp *Währung*

Der Felddatentyp *Währung* scheint erst einmal nichts anderes als ein vordefiniertes Zahlenformat zu sein. Das Anzeigeformat ist mit zwei Dezimalstellen und einem Tausenderpunkt sowie dem Währungssymbol festgelegt, das in der Systemsteuerung unter *Regions- und Sprachoptionen* auf der Registerkarte *Regionale Einstellungen* im Feld *Währung* eingetragen ist. Für einen als Währung definierten Zahlenwert werden 15 Stellen vor und vier Stellen nach dem Komma gespeichert. Eingegebene Zahlen, die mehr Nachkommastellen enthalten, werden so gerundet, dass nur vier Dezimalstellen gespeichert werden.

Das Feld *Preis* wird (wie vermutlich erwartet) als Felddatentyp *Währung* definiert. Ändern Sie nichts an der Einstellung *Automatisch* für die Dezimalzahlen, so werden zur Darstellung zwei Dezimalstellen verwendet. Sie können den Standardwert *0* belassen, zudem muss weder eine Eingabe erzwungen noch soll dieses Feld indiziert werden.

■ Legen Sie das Feld *Preis* als Währungsfeld an.

Der Nachschlage-Assistent

Das letzte Feld, das jetzt noch fehlt, ist das Feld *FilmNr*, das als Fremdschlüssel in Tabelle *tblWochen* auf die Tabelle *tblFilme* verweist.

1. Fügen Sie vor der Kalenderwoche mit der Schaltfläche *Zeilen einfügen* eine leere Zeile ein und nennen Sie das neue Feld *FilmNr*.

In der Tabelle *tblFilme* wurde jeder einzelne Film mit einer laufenden Nummer versehen. In der Tabelle *tblWochen* beziehen sich alle Eintragungen auf einen der Filme der Tabelle *tblFilme*. Das heißt, hier muss in das Feld *FilmNr* die entsprechende Nummer eingetragen werden. Die *FilmNr* verwendet man, weil sie eindeutig ist, was der Filmtitel nicht unbedingt sein muss. So entsteht eine eindeutige Beziehung zwischen der Tabelle *tblFilme* und der Tabelle *tblWochen*. Zudem ist der Speicherplatz, den die *FilmNr* belegt (4 Byte), sehr viel geringer als für den Filmtitel (1 Byte pro Zeichen). So weit, so gut. Trotzdem wäre es schöner, Sie könnten die Filmtitel in der Tabelle *tblWochen* sehen. Dann wüssten Sie nämlich, dass es sich bei *FilmNr* 1 um den Film »The Hours« handelt.

Um einerseits nur die Nummer in der Tabelle abzulegen und so Speicherplatz zu sparen, andererseits aber den Titel anzuzeigen, um so einen besseren Überblick zu erhalten, können Sie den Nachschlage-Assistenten verwenden: Er schlägt zur *FilmNr* den *Filmtitel* für Sie nach.

2. Wählen Sie als Felddatentyp *Nachschlage-Assistent* aus.

3. Legen Sie im ersten Schritt des Assistenten fest, dass in das Nachschlagefeld Werte einer anderen Tabelle aufgenommen werden sollen.

Abbildg. 10.20 Das Nachschlagefeld soll mit Daten der Tabelle *tblFilme* gefüllt werden

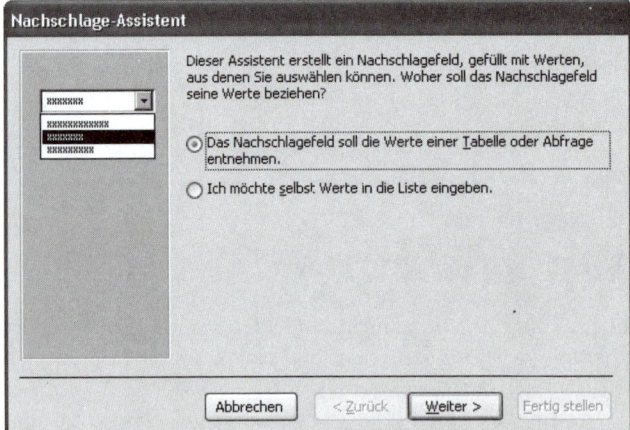

4. Wählen Sie dann die korrekte Tabelle – *tblFilme* – aus.

Abbildg. 10.21   Legen Sie hier die benötigte Tabelle fest

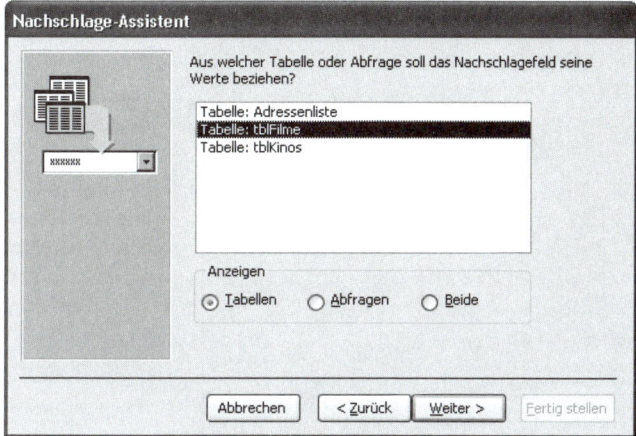

5. Im dritten Schritt werden die Felder festgelegt, die einbezogen werden sollen. Dabei handelt es sich um die Felder *FilmNr* und *Filmtitel*.

Abbildg. 10.22   Die Felder für den Nachschlage-Assistenten

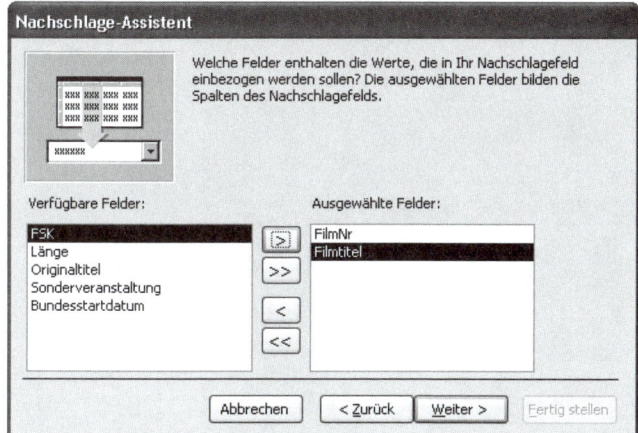

6. Das daraufhin geöffnete Dialogfeld ermöglicht Ihnen, eine Sortierung der Daten festzulegen.

Die Filmtitel sollen in aufsteigender Reihenfolge angezeigt werden

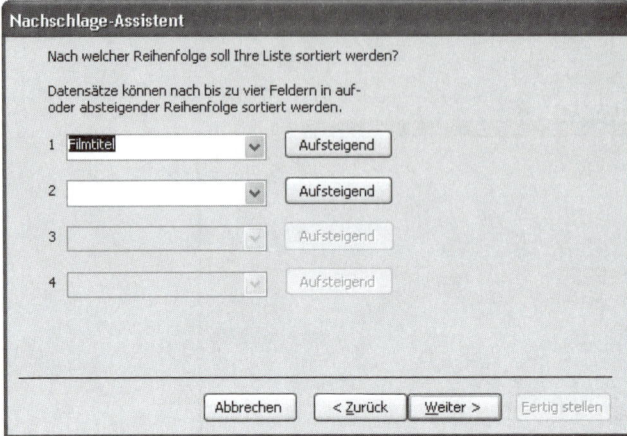

7. Im nächsten Dialogfeld zeigt Access, wie die Anzeige der ausgewählten Felder erfolgen soll: Sie sehen nur die *Filmtitel* in der Tabelle *tblWochen*.

Festlegen der Spaltenbreiten

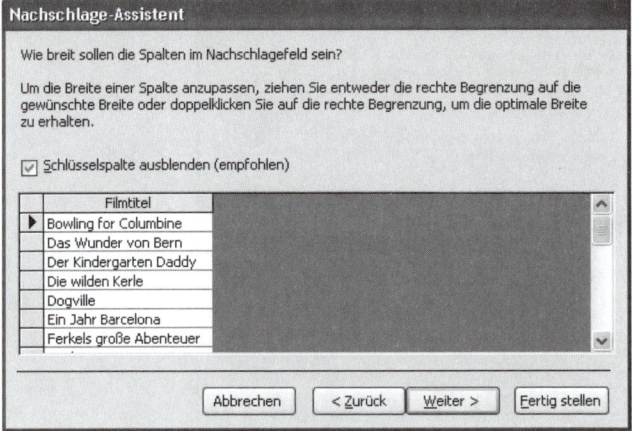

Deaktivieren Sie das Kontrollkästchen *Schlüsselspalte ausblenden*. So können Sie erkennen, dass es sich eigentlich um zwei Spalten handelt. Allerdings wird die *FilmNr* ausgeblendet und nur intern zum Speichern verwendet. Aktivieren Sie das Kontrollkästchen *Schlüsselspalte ausblenden* wieder.

8. Legen Sie im letzten Schritt fest, wie das Feld heißen soll. Wir haben den vorgeschlagenen Namen *FilmNr* übernommen – fertig!

9. Sie erhalten nun die Aufforderung, Ihre Tabelle zu speichern, bevor Access die Beziehung zwischen den beiden Tabellen anlegen kann. Haben Sie Ihre Tabelle noch nicht benannt, nennen Sie sie jetzt *tblWochen*.

10. Definieren Sie für das Feld *FilmNr* einen Index und erlauben Sie Duplikate.

11. Schalten Sie nun in die Datenblattansicht um.

In der Spalte *FilmNr* erhalten Sie jetzt ein Dropdown-Listenfeld angezeigt, in dem Sie sehr einfach den Namen des gewünschten Films auswählen können.

Abbildg. 10.25 Die Nachschlageliste

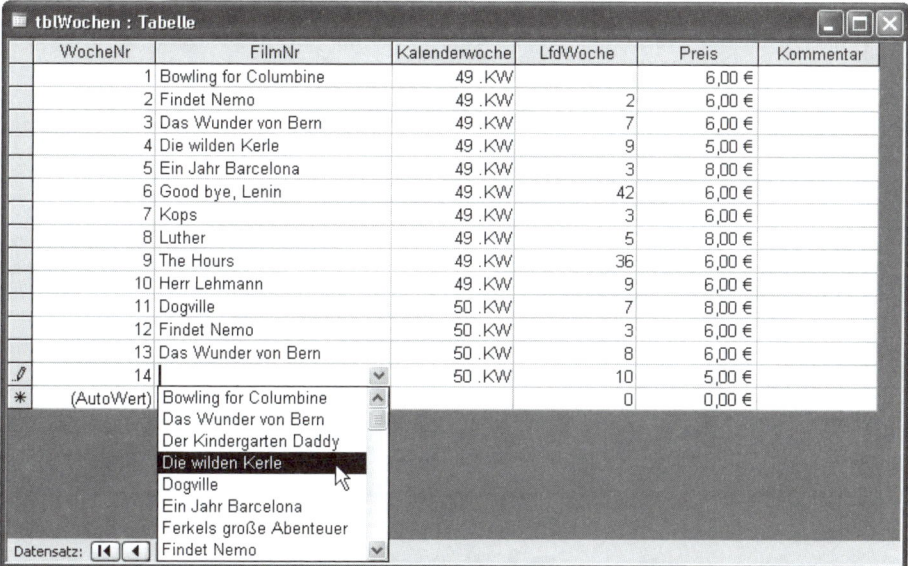

> **HINWEIS** Sollen später Änderungen an Eingaben gemacht werden, die über den Nachschlage-Assistenten festgelegt wurden, so lesen Sie in Kapitel 20 nach, wie das geht.

Die Tabelle *tblTermine*

Jetzt fehlt eigentlich nur noch die vierte Tabelle: *tblTermine*. Ihre Struktur wurde bereits in Tabelle 9.5 abgebildet. Da Sie mittlerweile alle benötigten Felddatentypen kennen: Legen Sie sie einfach an!

1. Als Primärschlüssel für diese Tabelle wird ein *AutoWert*-Feld angelegt.

2. Die Felder *WochenNr* und *KinoNr* müssen als Zahlenfelder der Größe *Long Integer* definiert werden, da sie Fremdschlüssel in der Tabelle *tblTermine* sind. Definieren Sie für beide Felder einen Index und erlauben Sie Duplikate.

3. Das Feld *Tag* wird als Zahl der Größe *Byte* angelegt. In diesem Feld werden die Tage der aktuellen Woche durchnummeriert. Dabei beginnt eine Kinowoche donnerstags mit »1« und endet mittwochs mit »7«. Neben den Werten 1 bis 7 wurden auch die Werte 8, 9, 10 und 11 festgelegt. Sie stehen für »Do/So-Mi«, »Fr/Sa«, »Sa/So« und die gesamte Woche. Diese Zuordnung wurde getroffen, damit beispielsweise, wenn ein Film die ganze Woche zur gleichen Zeit läuft, nur ein Termineintrag benötigt wird und nicht sieben.

4. Indizieren Sie das Feld *Tag*.

5. Für das Feld *Zeit* vereinbaren Sie ein Feld des Datentyps *Datum/Uhrzeit*. Wählen Sie als Format *Zeit, 24 Std* aus und definieren Sie einen Index.

Abbildg. 10.26   Der Tabellenentwurf für *tblTermine*

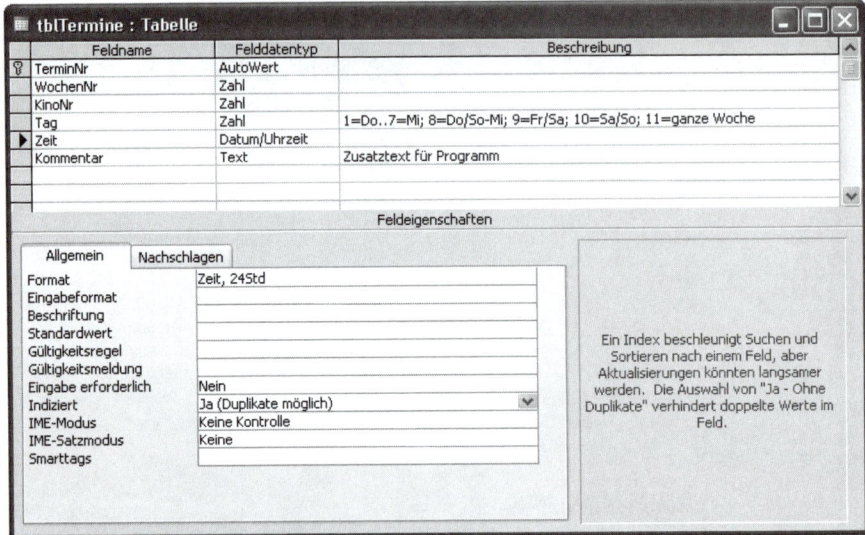

Der Felddatentyp *OLE-Objekt*

Dieser Felddatentyp wird zwar in der Beispielanwendung nicht verwendet, trotzdem sollen Sie ihn hier kennen lernen.

Mit diesem Felddatentyp können Sie einem Feld Ihrer Tabelle ein OLE-Objekt zuweisen. Das kann eine Tabelle aus Microsoft Excel, ein Dokument aus Microsoft Word, eine Grafik, Klänge oder auch binäre Daten sein. Die Objekte können dabei mit der Access-Tabelle verknüpft oder darin eingebettet werden.

In der Tabelle *tblFilme* soll ein Feld *Werbungstexte* erstellt werden. Mit Microsoft Word erfasste Texte sollen hierbei als OLE-Objekte den einzelnen Filmen zugeordnet werden.

1. Öffnen Sie den Entwurf der Tabelle *tblFilme*.
2. Fügen Sie in der Entwurfsansicht ein neues Feld mit dem Feldnamen *Werbungstexte* (siehe Abbildung 10.27) ein.
3. Wählen Sie als Felddatentyp *OLE-Objekt* aus.

Abbildg. 10.27   Das neue OLE-Feld

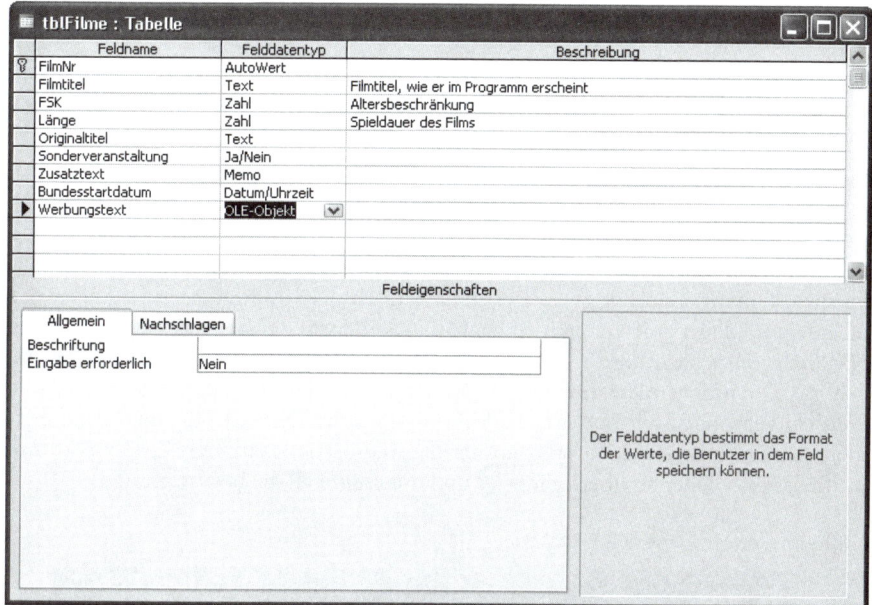

Schalten Sie in die Datenblattansicht; wir wollen jetzt zeigen, wie Sie ein OLE-Objekt in die Tabelle einfügen.

1. Klicken Sie das Feld *Werbungstext* an und wählen Sie den Menübefehl *Einfügen/Objekt*.

2. Suchen Sie – wenn Sie einen Word-Text einfügen möchten – die Option *Microsoft Word-Dokument*.

Abbildg. 10.28   Einfügen eines OLE-Objekts

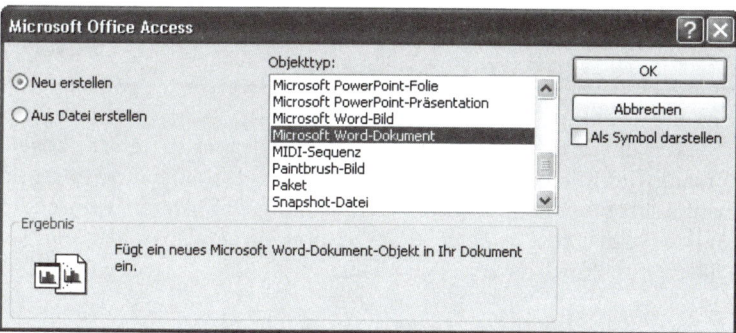

3. Zunächst können Sie auswählen, ob Ihr Word-Dokument als Symbol dargestellt werden soll oder nicht. Dies hat in der Tabelle erst einmal keine Auswirkung, dort finden Sie in der entsprechenden Zeile immer den Eintrag *Microsoft Word-Dokument*. Erstellen Sie daraus später jedoch ein Formular, wird entweder eine Vorschau auf den Text angezeigt oder nur das Word-Symbol. Dabei haben beide Einstellungen durchaus ihre Berechtigung. Welche man verwendet, muss im

Einzelfall überlegt werden: Die Vorschau mit dem Word-Text liefert dem Anwender mehr Information, das Word-Symbol erlaubt gerade bei Texten mit Bildern ein wesentlich schnelleres Blättern und Arbeiten.

4. Möchten Sie das neue Dokument erst noch anlegen, verwenden Sie die Standardeinstellung *Neu erstellen*. Klicken Sie jetzt auf *OK*, wird automatisch Word gestartet, und Sie können Ihr Dokument anlegen.

Haben Sie bereits ein Dokument erstellt, das Sie einfügen möchten, wählen Sie das Optionsfeld *Aus Datei erstellen* aus. Sie erhalten daraufhin die Möglichkeit, mithilfe der *Durchsuchen*-Schaltfläche das entsprechende Dokument anzugeben. Sie können nun noch diese Datei entweder mit der Tabelle verknüpfen (ein Klick auf das Kontrollkästchen genügt) oder Sie betten das Dokument in die Tabelle ein (Standardeinstellung). Eingebettete OLE-Objekte führen oft zu riesigen Access-Datenbanken und sind daher mit Vorsicht zu genießen. Andererseits sind verknüpfte OLE-Objekte dann von Nachteil, wenn das eingefügte Dokument (versehentlich) gelöscht wird. Dann findet Access nämlich das Dokument nicht mehr und kann es auch nicht anzeigen. Wird das Dokument zwischenzeitlich bearbeitet, wird bei der Verknüpfung immer der aktuelle Stand angezeigt. Bei einem eingebetteten Dokument jedoch wird immer der Stand zum Zeitpunkt der Einbettung dargestellt. Hier heißt es also wieder zu überlegen, was im konkreten Fall die beste Lösung ist.

Abbildg. 10.29 In die Tabelle eingetragenes OLE-Objekt

OLE-Objekte werden durch Doppelklick in der Tabelle oder im Formular aktiviert. Für ein verknüpftes Dokument wird Microsoft Word gestartet und das Dokument darin geöffnet. Sie können so das Dokument selbst bearbeiten. Haben Sie ein neues Dokument angelegt oder das Dokument eingebettet, können Sie den Text bearbeiten; am ursprünglichen Dokument, das von Ihnen eingebettet wurde, ändert eine Bearbeitung jedoch nichts.

Der Felddatentyp *Hyperlink*

Mit dem Felddatentyp *Hyperlink* können Sie ebenso eine Verknüpfung (in Neudeutsch einen »Link«) auf ein bestimmtes Dokument erzeugen. Der Vorteil des Hyperlinks besteht darin, dass Sie hiermit auch eine Verknüpfung auf eine Datei oder eine Seite im Internet vornehmen können. Ein Hyperlink kann also einen URL (beispielsweise *http://www.microsoft.com*) speichern.

tblFilme

1. Fügen Sie in der Tabelle *tblFilme* eine weitere Zeile für die Website ein.
2. Verwenden Sie dazu den Felddatentyp *Hyperlink*.

Abbildg. 10.30   Ein eingefügtes Hyperlink-Feld

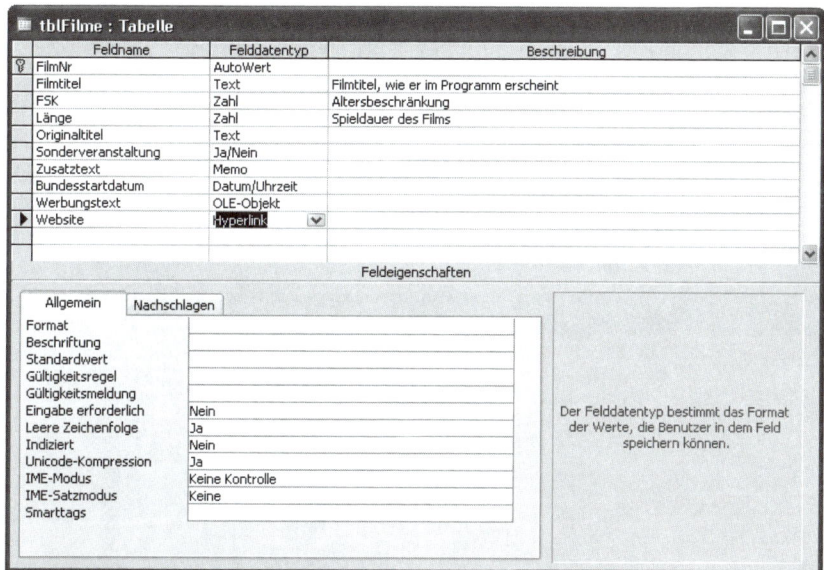

Schalten Sie in die Datenblattansicht und fügen Sie nun einen Hyperlink ein.

1. Platzieren Sie die Einfügemarke in einem Feld der Spalte *Website*.
2. Rufen Sie den Menübefehl *Einfügen/Hyperlink* auf.

3. Suchen Sie direkt im aktuellen Ordner oder lassen Sie sich besuchte Webseiten zur Auswahl anzeigen. Die Schaltfläche *Web durchsuchen* startet Ihren Browser und Sie können im Internet nach der gewünschten Seite suchen. Sie haben die Möglichkeit, einen Link auf eine HTML-Datei einzufügen, aber auch auf ein Word-Dokument, ein Excel-Tabellenblatt oder Ähnliches mehr.

Abbildg. 10.31   Einen Hyperlink zu einem anderen Ordner definieren

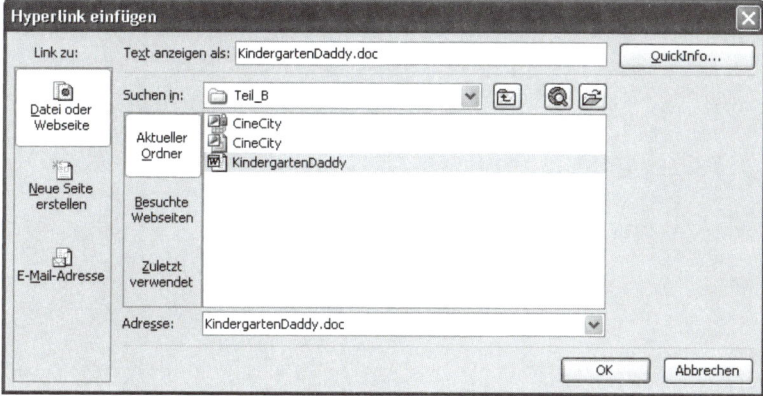

Tabellen

Haben Sie einen Link auf ein Word-Dokument definiert oder auf eine Excel-Tabelle, können Sie dies jetzt noch weiter spezifizieren. Sie können in einem Dokument eine Textmarke definieren und den Namen dieser Textmarke unten im zweiten Eingabefeld einfach eintippen. Oder Sie haben in Excel einen bestimmten Bereich benannt, dann schreiben Sie in das zweite Eingabefeld einfach den Namen dieses Bereichs. Klicken Sie später den Hyperlink an, wird zum einen die angegebene Datei geöffnet, zum anderen springt Word an die Stelle der Textmarke bzw. Excel zeigt den benannten Bereich an.

Wenn Sie möchten, können Sie auch einen Link auf eine neue Datei einfügen oder einen Link so anlegen, dass eine Mail an die angegebene Adresse erstellt wird. Wählen Sie dazu in der linken Leiste des Dialogfeldes *Hyperlink einfügen* das gewünschte Feld an.

Abbildg. 10.32 Hyperlinks in der Tabelle *tblFilme*

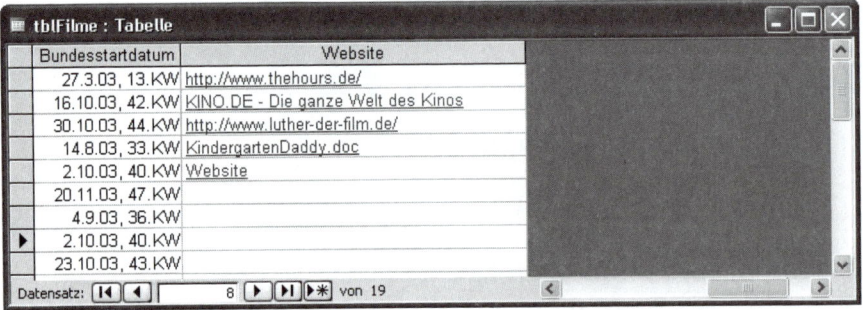

Um die Datei eines eingefügten Hyperlinks zu öffnen, klicken Sie einfach auf den (standardmäßig) blau unterstrichenen Text. Wird dieser Text lila dargestellt, wissen Sie, dass Sie diesen Link bereits zuvor benutzt haben.

Zusammenfassung

In diesem Kapitel wurden alle Felddatentypen von Access sowie ihre wichtigsten Eigenschaften vorgestellt. Dies erfolgte anhand der für die Beispieldatenbank *CineCity* verwendeten Felder.

Kapitel 11

Überarbeiten eines Tabellenentwurfs

In diesem Kapitel:

Trotz einer sorgfältigen Planung mit Papier und Bleistift vor der Erstellung eines Tabellenentwurfs lässt es sich manchmal nicht vermeiden, dass im Nachhinein Felddefinitionen verändert werden müssen. Solange Ihre Tabelle noch keine Daten enthält, ist ein Ändern des Entwurfs kein Problem. Schwieriger gestaltet sich das jedoch, wenn bereits Datensätze eingetragen sind.

Löschen von Feldern im Tabellenentwurf

Im letzten Kapitel wurden in der Tabelle *tblFilme* zwei Felder angelegt, die nicht weiter gebraucht werden, nämlich die Felder *Werbungstext* und *Website*. Das erste Feld soll jetzt beispielhaft gelöscht werden.

1. Rufen Sie die Tabelle *tblFilme* in der Entwurfsansicht auf.

2. Markieren Sie das Feld *Werbungstext*, indem Sie den Zeilenmarkierer anklicken. Dadurch wird die gesamte Zeile invers dargestellt.

 3. Klicken Sie dann auf die Schaltfläche *Zeilen löschen* oder verwenden Sie den Menübefehl *Bearbeiten/Löschen* bzw. schneller die [Entf]-Taste auf Ihrer Tastatur.

Haben Sie bereits Datensätze in die Tabelle eingetragen und möchten Sie dann ein Feld löschen, löscht Access natürlich auch alle Einträge, die für dieses Feld vorhanden sind (siehe Abbildung 11.1).

Abbildg. 11.1 Warnmeldung beim Löschen einer Zeile aus dem Tabellenentwurf

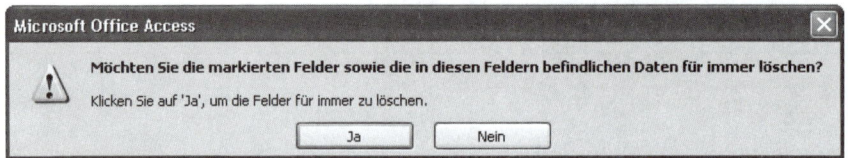

Existieren bereits andere Objekte wie Abfragen oder Formulare, die das gelöschte Feld beinhalten, sollten Sie das Feld auch darin löschen, um leere Felder und Fehlermeldungen zu vermeiden.

Hinzufügen von Feldern im Entwurf

 Stellen Sie fest, dass in Ihrem Tabellenentwurf ein Feld fehlt, können Sie es auch nachträglich noch hinzufügen. Tragen Sie es entweder nach dem letzten Feld im Entwurf ein oder markieren Sie die Zeile, vor der die neue Zeile eingefügt werden soll, und klicken Sie dann auf die Schaltfläche *Zeilen einfügen* oder rufen Sie den Menübefehl *Einfügen/Zeilen* auf.

Haben Sie bereits andere Objekte erstellt, die auf der Tabelle basieren, so müssen Sie das Feld auch im Entwurf für jedes andere Objekt eintragen, das es verwenden soll.

> **HINWEIS** Wenn Sie beim Hinzufügen von Feldern die Feldeigenschaft *Eingabe erforderlich* auf den Wert *Ja* setzen wollen, die dazugehörige Tabelle aber bereits Datensätze enthält, wird ein entsprechender Warnhinweis angezeigt. Einfacher ist es, im ersten Schritt nur das Feld hinzuzufügen, danach die neuen Felder aller Datensätze zu ergänzen und dann im zweiten Schritt die Feldeigenschaft *Eingabe erforderlich* auf den Wert *Ja* zu setzen.

Verschieben von Feldern im Entwurf

Um die Reihenfolge der Felder im Tabellenentwurf zu korrigieren, können Sie ein Feld auf einfache Weise mit der Maus verschieben. Wir möchten Ihnen hier zeigen, wie Sie das Feld *Website* der Tabelle *tblFilme* vor das Feld *Original* verschieben können.

1. Markieren Sie die Zeile, die verschoben werden soll, indem Sie den Zeilenmarkierer vor *Website* anklicken.

2. Klicken Sie dann erneut auf die Schaltfläche des Zeilenmarkierers und halten Sie dann die Maustaste gedrückt.

3. Ziehen Sie mit gedrückter Maustaste die Zeile an die Stelle, an die sie verschoben werden soll, also vor *Original*. Die Einfügestelle wird durch eine dickere schwarze Linie gekennzeichnet.

Abbildg. 11.2 Eine Zeile wird im Entwurf verschoben

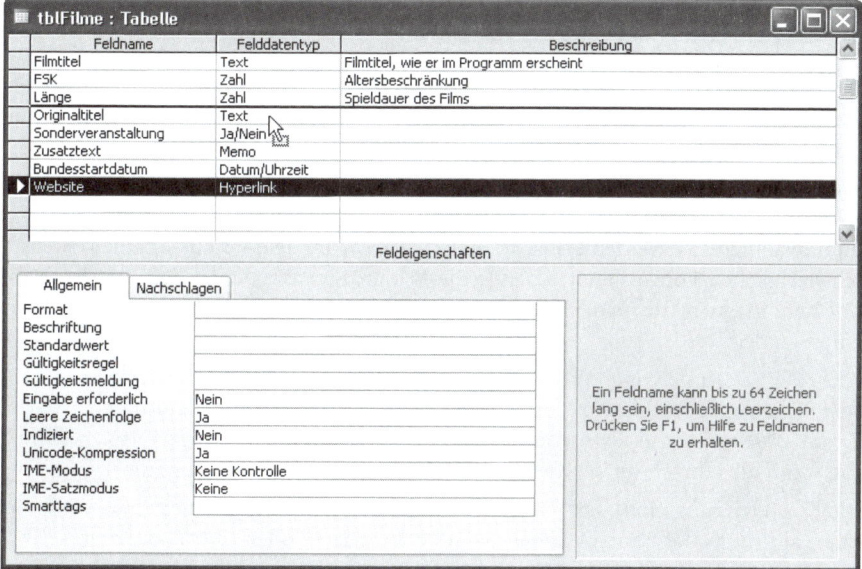

Sie können ein Feld auch mithilfe der Befehle des Menüs *Bearbeiten* verschieben.

1. Selektieren Sie dazu zunächst die Zeile des Feldes, das verschoben werden soll.

2. Wählen Sie dann den Menübefehl *Bearbeiten/Ausschneiden*.

3. Setzen Sie die Einfügemarke in ein Feld der Zeile, in die Sie die ausgeschnittene Zeile verschieben möchten.

4. Rufen Sie dann den Menübefehl *Bearbeiten/Einfügen* auf.

> **HINWEIS** Achten Sie vor dem Einfügen darauf, dass in der Zeile, in die eingefügt werden soll, nichts markiert ist, sonst wird die ursprüngliche Zeile durch die eingefügte Zeile überschrieben.

Ändern eines Felddatentyps

Manchmal möchte man im Nachhinein den zuvor definierten Felddatentyp ändern. Das ist zwar im Prinzip möglich, aber nicht immer problemlos. Findet Access Daten, die sich nicht umwandeln lassen, werden diese gelöscht, allerdings nicht, ohne Sie vor dem Datenverlust zu warnen.

Abbildg. 11.3 Vorsicht, es werden Daten gelöscht!

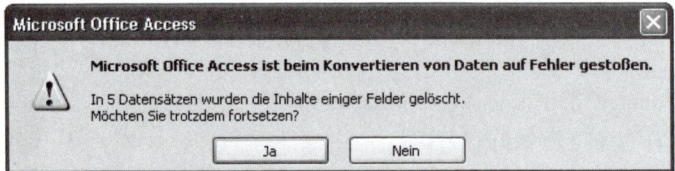

Textfelder umwandeln

War der ursprüngliche Datentyp ein Textfeld, das nun umgewandelt werden soll, so ist der Erfolg davon abhängig, wie die bereits eingegebenen Daten aussehen. Zunächst ist es kein Problem, ein Textfeld in ein Memofeld umzuwandeln.

Datentyp *Zahl*

Soll ein Textfeld in ein Feld vom Datentyp *Zahl* umgewandelt werden, kann es unter Umständen zu Problemen kommen. Texte, also Buchstaben und andere Zeichen, lassen sich natürlich nicht in Zahlen umwandeln, sie werden gelöscht. Stehen in dem Textfeld wirklich Zahlen, so lassen sie sich ohne Schwierigkeiten konvertieren, solange die Feldgröße ausreichend definiert ist. Beispielsweise wird eine Zahl in einem Textfeld, die größer ist als 255, gelöscht, wenn sie in eine Zahl der Feldgröße *Byte* umgewandelt werden soll.

Datentyp *Datum/ Zeit*

Textfelder lassen sich dann problemlos in den Felddatentyp *Datum/Zeit* ändern, wenn Datumswerte oder Zeiten eingetragen wurden. Dabei ist es gleichgültig, ob ein Datum in der Form *1.1.04* oder *01. Januar 2004* verwendet wurde. Bei einer Umwandlung in eine Uhrzeit treten dann keine Probleme auf, wenn die Uhrzeit im Textfeld mit Doppelpunkt (z.B. *13:10*) eingegeben war.

Datentyp *Währung*

Die Konvertierung eines Textfeldes in ein Währungsfeld funktioniert, egal ob in dem Textfeld nur eine Zahl (mit oder ohne Dezimalstellen) steht, wie *12* oder *12,567*, oder eine Zahl zusammen mit dem in den Ländereinstellungen eingetragenen Währungssymbol wie *12,567 €*. In jedem Fall wird diese Zahl in die Standardeinstellung des Datentyps *Währung* umgewandelt, also in eine Zahl mit zwei Nachkommastellen, dem Währungssymbol und einem Tausenderpunkt.

> **HINWEIS** Das standardmäßig verwendete Währungssymbol ändern Sie über *Start/Systemsteuerung/Regions- und Sprachoptionen* auf der Registerkarte *Regionale Einstellungen*.

Datentyp *AutoWert*	Ein Textfeld lässt sich nur dann in ein Feld des Datentyps *AutoWert* umwandeln, solange noch keine Daten in die Datenbank eingegeben sind. Danach weigert sich Access, den Datentyp zu ändern.
Datentyp *Ja/Nein*	Die Umwandlung von deutschsprachigem Text (*ja*, *nein*, *wahr*, *falsch*, *an* oder *aus*) in ein *Ja/Nein*-Feld funktioniert nicht. Sie erhalten in der Tabelle immer ein nicht aktiviertes *Ja/Nein*-Feld. Das bedeutet letztendlich, egal welche Eingabe im Feld zuvor stand, sie wird in *Nein* konvertiert. Geben Sie hingegen die englischen Begriffe *yes*, *true* oder *on* ein, klappt die Umwandlung.
Datentyp *OLE* und *Hyperlink*	Eine Umwandlung eines Textfeldes in ein *OLE*- oder *Hyperlink*-Feld ist ohne Datenverlust nicht möglich.

Memofelder umwandeln

Memofelder verhalten sich im Prinzip wie Textfelder. Zahlen, Datumswerte und Währungsfelder lassen sich umwandeln, wenn die Felder zuvor entsprechende Daten enthielten. Sollen Memofelder zu Textfeldern konvertiert werden, ist darauf zu achten, dass Einträge im Memofeld bei der Umwandlung nach dem 255sten Zeichen abgeschnitten werden.

Zahlenfelder umwandeln

Bei Zahlenfeldern ist es nicht nur interessant, was passiert, wenn man ein Zahlenfeld in einen anderen Felddatentyp konvertiert, es können auch Probleme auftreten, wenn man eine Zahl einer bestimmten Feldgröße in eine andere Feldgröße umwandelt. Dabei ist es unproblematisch, wenn die Feldgröße größer als die zuvor verwendete ist, Sie also beispielsweise ein Zahlenfeld der Größe *Byte* in ein Feld der Größe *Integer* verwandeln. Soll dies jedoch umgekehrt geschehen, werden jene Zahlen gelöscht, die größer als der erlaubte Wertebereich sind.

Eine Umwandlung in die Datentypen *AutoWert*, *OLE-Objekt* und *Hyperlink* ist ebenso wenig mit einer Zahl wie mit einem Text möglich.

Datentyp *Text*	Zahlenfelder lassen sich eigentlich immer in Textfelder umwandeln, allerdings gehen dabei Formatierungen verloren. Übrig bleibt die »nackte« Zahl ohne Tausenderpunkt, ohne Beschränkung der Dezimalzahl und ohne das Währungssymbol.
Datentyp *Datum/ Uhrzeit*	Wandeln Sie Zahlenfelder in das Format *Datum/Uhrzeit* um, wird sich vielleicht mancher wundern, wie aus der Zahl *1* das Datum *31.12.1899* werden kann oder aus der Zahl *38019* das Datum *2.2.2004*. Um das zu verstehen, muss man einiges über die Art und Weise wissen, wie Access mit Datumswerten umgeht.

Access legt einfach den 31.12.1899 als Tag eins fest. Tag zwei ist entsprechend der 1.1.1900. Wenn Sie immer weiterzählen, gelangen Sie irgendwann zur Zahl *38019*, die dann dem *2.2.2004* entspricht. Ebenso können Zahlen negativ angegeben werden, wenn sie vor dem 31.12.1899 liegen. Die Zahl -1 beschreibt den 30.12.1899, die Zahl -1000 entspricht dem 4.4.1897.

Zahlen kleiner als 1 werden dazu verwendet, Uhrzeiten darzustellen. Die Zahl 0,5 beschreibt 12:00 Uhr, die Zahl 0,25 6:00 Uhr, 0,75 hingegen 18:00 Uhr. Wird ein Datum zusammen mit einer Uhrzeit angegeben, so ergibt sich eine Zahl mit Nachkommastellen, wie *38019,54* für den Wert 2.2.2004 12:57:36 Uhr.

Datentyp *Währung*	Wandeln Sie eine Zahl in den Felddatentyp *Währung* um, so passiert dabei nichts anderes, als dass diese Zahl mit einem Tausenderpunkt, zwei Nachkommastellen und dem Währungszeichen € versehen wird.

Tabellen

Datentyp
Ja/Nein

Wird ein Feld des Datentyps *Zahl* zu einem *Ja/Nein*-Feld konvertiert, geschieht Folgendes: Die Zahl 0 und Zahlen mit Dezimalstellen werden zu *Nein*, also einem nicht aktivierten Kontrollkästchen, alle anderen ganzen Zahlen – egal, ob positiv oder negativ – werden zu *Ja*, also einem aktivierten Kontrollkästchen umgesetzt.

Datum/Uhrzeit-Felder umwandeln

Wir haben bereits im vorangegangenen Abschnitt »Zahlenfelder umwandeln« bei der Besprechung der Umwandlung einer Zahl in einen Datums- oder Zeitwert beschrieben, wie Access Datums- und Zeitwerte intern verwaltet. Hat man diese Darstellung im Hinterkopf, versteht man leicht, was bei der Umwandlung von Datums- und Zeitwerten passiert.

Datentyp
Text oder
Memo

Bei der Umwandlung in ein Text- oder Memofeld geschieht rein äußerlich nicht viel mehr, als dass die Werte jetzt links- und nicht mehr rechtsbündig ausgerichtet dargestellt werden. Die Angaben sind nun reiner Text, d.h., man kann nicht mehr mit den Eingaben rechnen.

Datentyp
Zahl

Wird ein Datumsfeld in eine Zahl umgewandelt, wird die so genannte serielle Zahl dargestellt, die Ihnen anzeigt, um den wievielten Tag nach (oder vor) dem 31.12.1899 es sich handelt. Wandeln Sie das Datum in eine Zahl ohne Dezimalstelle um, werden alle Angaben zur Uhrzeit einfach auf- oder abgerundet. Dabei werden alle Angaben bis einschließlich 12:00 Uhr abgerundet, bereits eine Sekunde mehr (12:00:01 Uhr) sorgt für die Erhöhung der seriellen Zahl des Tages.

Datentyp
Währung

Eine Umwandlung eines Datumstyps in ein Feld des Datentyps *Währung* ist zwar möglich, aber nicht sehr sinnvoll. Dazu wird das Datum in seine serielle Zahl umgewandelt und mit Tausenderpunkt, zwei Dezimalstellen und dem Währungszeichen dargestellt.

Währungsfeld umwandeln

Ein Währungsfeld ist lediglich durch eine bestimmte Formatierung von Zahlen charakterisiert.

Daten-
feld *Text*
oder
Memo

Wandeln Sie Zahlen eines Währungsfeldes in ein Text- oder Memofeld um, so werden die Zahlen unformatiert wiedergegeben. Das bedeutet beispielsweise, dass Zahlen, die mit mehr als zwei Dezimalstellen eingegeben und von dem Währungsformat gerundet wurden, wieder mit der eingegebenen Anzahl an Nachkommastellen angezeigt werden.

Datentyp
Zahl

Werden Eingaben eines Währungsfeldes in Zahlen umgewandelt, so verschwinden (je nach Formatierung der Zahlen) der Tausenderpunkt, die beiden Dezimalstellen und das Währungssymbol. Allerdings besteht die Möglichkeit, auch Zahlen mit dem Format *Währung* zu versehen. Dann ändert sich nichts an der Darstellung. Achten Sie dabei aber darauf, dass als Feldgröße *Single* oder *Double* ausgewählt wurde, sonst werden die Dezimalstellen Ihrer Beträge gerundet.

Datentyp
*Datum/
Uhrzeit*

Sinn macht es keinen, einen Währungsbetrag in ein Datum oder eine Uhrzeit umzurechnen, aber möglich ist es. Die als Währung formatierte Zahl wird als serielle Zahl in ein Datum und – falls sie Dezimalstellen besitzt – in eine Uhrzeit umgerechnet.

Feld mit AutoWerten umwandeln

Ein AutoWert lässt sich problemlos in einen Text oder eine Zahl umwandeln. Da in der Regel das Feld mit dem AutoWert den Primärschlüssel der Tabelle enthält, muss dann der Benutzer der Datenbank selbst darauf achten, dass kein Eintrag doppelt vorkommt.

Versuchen Sie ein Feld eines AutoWertes in ein *Ja/Nein*-Feld umzuwandeln, erhalten Sie eine Spalte mit aktivierten Kontrollkästchen und den Hinweis darauf, dass der Primärschlüssel für die entsprechende Spalte gelöscht wurde, da die Einträge nun nicht mehr eindeutig sind.

Ja/Nein-Felder umwandeln

Datentyp
Text oder
Memo

Wird ein *Ja/Nein*-Feld in ein Textfeld umgewandelt, so erscheint für ein aktiviertes Kontrollkästchen *Ja*, für ein nicht aktiviertes Kontrollkästchen *Nein* in der Spalte.

Datentyp
Zahl

Wandeln Sie ein *Ja/Nein*-Feld in ein Feld des Datentyps *Zahl* um, erhalten Sie für ein aktiviertes Kontrollkästchen *-1*, für das nicht aktivierte den Eintrag *0*.

OLE-Felder umwandeln

Ein *OLE*-Feld lässt sich in keinen anderen Felddatentyp umwandeln, das würde auch keinen Sinn machen, da es sich bei einem *OLE*-Feld um ein Dokument, eine Grafik oder eine Tabelle handelt.

Felder mit Hyperlinks umwandeln

Wandeln Sie einen Hyperlink in ein Textfeld um, so erscheint derselbe Eintrag zweimal, allerdings nicht blau und unterstrichen, sondern der zweite Eintrag wird mit »#«-Zeichen vor und hinter dem Text versehen.

Tabellen teilen

Angenommen, Sie haben festgestellt, dass Ihre Tabelle unterteilt werden muss, beispielsweise, weil sie einer der Normalformen nicht entspricht. Was können Sie dann tun?

1. Am einfachsten ist es, Sie kopieren im Datenbankfenster die Tabelle, die Sie unterteilen möchten. Klicken Sie dazu beispielsweise mit der rechten Maustaste auf die Tabelle und wählen Sie dann im Kontextmenü den Befehl *Kopieren*.

2. Klicken Sie erneut mit der rechten Maustaste in das Datenbankfenster und wählen Sie nun im Kontextmenü den Befehl *Einfügen*.

   Es wird ein Dialogfeld geöffnet, in dem Sie Ihrer neuen Tabelle einen Namen geben können und worin Sie festlegen können, wie die Tabelle kopiert werden soll.

Abbildg. 11.4   Ein neuer Name für die kopierte Tabelle

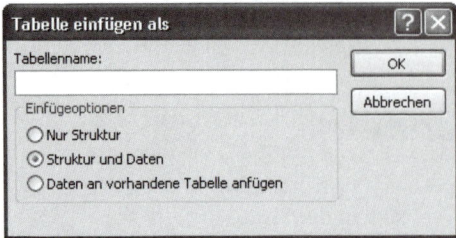

3. Wählen Sie die Option *Struktur und Daten*.
4. Öffnen Sie nun nacheinander den Entwurf der alten und der neuen Tabelle und löschen Sie jeweils die Felder, die darin nicht auftauchen sollen.

Schlüssel von Tabellen ändern

Sie können auch nachträglich die Schlüssel Ihrer Tabelle bearbeiten. Dabei lässt sich zum einen der Primärschlüssel ändern, zum anderen beispielsweise ein weiterer Sekundärschlüssel setzen.

Primärschlüssel ändern

Einen Primärschlüssel ändern Sie sehr leicht. Sie können ihn einfach löschen, indem Sie im Entwurf die Zeile anklicken, für die der Primärschlüssel definiert wurde, und dann die Schaltfläche *Primär-schlüssel* anklicken. Damit wird dann auch das Schlüsselsymbol des Zeilenmarkierers gelöscht. Alternativ besteht die Möglichkeit, den Befehl *Primärschlüssel* im Kontextmenü oder im Menü *Bear-beiten* anzuwählen.

Soll der Primärschlüssel auf eine andere Zeile übertragen werden, genügt es, die neue Zeile zu markieren und auf die Schaltfläche *Primärschlüssel* zu klicken, um das Schlüsselsymbol zu verschieben.

Sekundärschlüssel setzen

In Kapitel 9 finden Sie in Tabelle 9.6 eine Aufstellung aller zu indizierenden Felder. Die angegebenen Primärschlüssel wurden bereits beim Erstellen der Tabellen von Access angefordert. Eventuell haben Sie noch nicht alle Sekundärschlüssel vergeben. Vergleichen Sie einfach die bereits angelegten Tabellen *tblFilme*, *tblKinos*, *tblTermine* und *tblWochen* mit Tabelle 9.6. Möchten Sie im Nachhinein ein Feld indizieren, verfahren Sie so:

1. Öffnen Sie die entsprechende Tabelle in der Entwurfsansicht.
2. Klicken Sie das Feld an, das indiziert werden soll.
3. Klicken Sie dann in den Feldeigenschaften in das Feld *Indiziert*.
4. Aktivieren Sie die Auswahlliste und selektieren Sie darin den Eintrag *Ja (Duplikate möglich)*.

Zusammenfassung

In diesem Kapitel wurde gezeigt, wie Sie nachträglich einen Tabellenentwurf bearbeiten können.

- Sie erfahren, wie Sie Felder im Tabellenentwurf löschen (Seite 202), wie Felder hinzugefügt werden (Seite 202) bzw. wie Felder verschoben werden können (Seite 203).

- Sie können nachlesen, welche Felddatentypen sich in welche Felddatentypen umwandeln lassen (ab Seite 204).

- Müssen Sie nachträglich eine Tabelle in zwei Tabellen aufteilen, können Sie ab Seite 207 nachlesen, wie Sie dazu am besten vorgehen.

- Soll nachträglich der Primärschlüssel geändert werden, so blättern Sie zu Seite 208.

Kapitel 12

Beziehungen zwischen Tabellen

In diesem Kapitel:

In Kapitel 10 wurden die Tabellen mit den Stammdaten (*tblFilme* und *tblKinos*) sowie die Bewegungsdaten (*tblWochen* und *tblTermine*) angelegt. In diesem Kapitel möchten wir nun die Beziehungen zwischen den vier Tabellen definieren.

Beziehungen anzeigen lassen

Zwischen der Tabelle *tblFilme* und der Tabelle *tblWochen* besteht eine Beziehung über das Feld *FilmNr*. Zu einem bestimmten Film der Tabelle *tblFilme* gibt es in einer bestimmten Kalenderwoche Angaben über die laufende Woche sowie den aktuellen Preis des Films. Diese Beziehung haben wir bereits über den Nachschlage-Assistenten erstellt, ohne es eigentlich gemerkt zu haben.

 Möchten Sie sich die bereits existierenden Beziehungen ansehen, schließen Sie alle Tabellen und rufen dann über den Menübefehl *Extras/Beziehungen* oder die Schaltfläche *Beziehungen* einfach das in Abbildung 12.1 gezeigte Dialogfeld auf. Die darin angezeigten Linien zeigen die definierten Beziehungen an.

Abbildg. 12.1 Die bereits definierten Beziehungen zwischen den Tabellen *tblFilme* und *tblWochen*

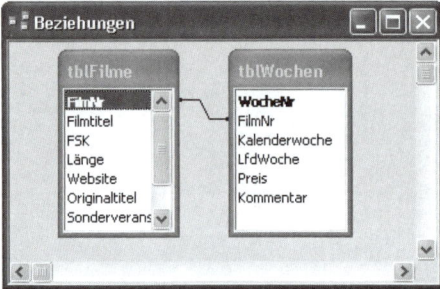

Beziehungen definieren

Haben Sie das *Beziehungen*-Fenster geöffnet, können Sie nun auch die Beziehungen zwischen den restlichen Tabellen definieren. Dazu müssen zunächst die Tabellen angezeigt werden, zwischen denen die Beziehungen definiert werden sollen.

Tabellen in das Beziehungen-Fenster einfügen

 Um eine neue Tabelle in das *Beziehungen*-Fenster einzufügen, klicken Sie entweder auf die Schaltfläche *Tabelle anzeigen* oder Sie wählen den gleichlautenden Befehl im Kontextmenü zum Hintergrund des Dialogfeldes oder im Menü *Beziehungen*. Sie aktivieren so ein Dialogfeld, in dem Sie die gewünschte Tabelle (oder auch Abfrage) finden.

Abbildg. 12.2 Dialogfeld zum Einfügen weiterer Tabellen in das *Beziehungen*-Fenster

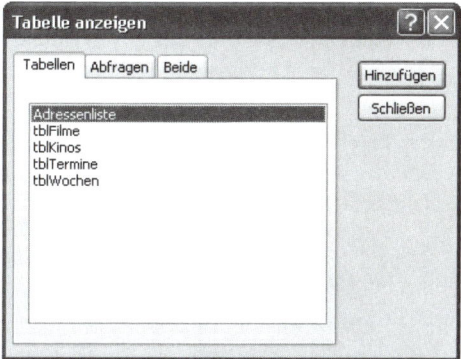

- Fügen Sie die Tabellen *tblKinos* und *tblTermine* durch Doppelklick auf die jeweiligen Namen im *Beziehungen*-Fenster ein und schließen Sie dann das Dialogfeld *Tabelle anzeigen*.

Abbildg. 12.3 Alle Tabellen sind im *Beziehungen*-Fenster vorhanden

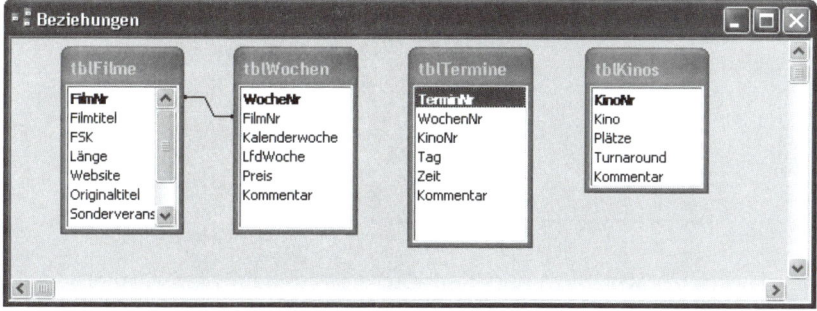

TIPP   Möchten Sie die Tabellen im *Beziehungen*-Fenster verschieben, so ist das kein Problem: Klicken Sie sie an der Titelleiste an und ziehen Sie sie an die gewünschte Position.

HINWEIS   Haben Sie versehentlich eine Tabelle zu viel eingefügt und möchten Sie sie wieder löschen, klicken Sie mit der rechten Maustaste auf die Titelleiste der Tabelle und selektieren dann im Kontextmenü *Tabelle ausblenden*.

Access erlaubt es, zwei unterschiedliche Beziehungsarten zu definieren: Entweder können Sie sie in einem *Beziehungen*-Fenster fest »verdrahten« oder Sie vereinbaren sie ad hoc, wie Sie in Teil C dieses Buches sehen werden.

Mit einer fest definierten Beziehung zwischen zwei Tabellen können Sie auch vereinbaren, dass die *referentielle Integrität* gewahrt bleiben soll, um die Konsistenz Ihrer Daten sicherzustellen.

Eine Beziehung aufbauen

Um eine Beziehung zwischen zwei Tabellen aufzubauen, klicken Sie auf das gewünschte Feld der einen Tabelle und ziehen es dann mit gedrückter Maustaste auf das entsprechende Feld der zweiten Tabelle.

In unserem Beispiel wird die *KinoNr* der beiden Tabellen *tblKinos* und *tblTermine* miteinander in Beziehung gesetzt. In der Tabelle *tblKinos* wurde die *KinoNr* als Primärschlüssel definiert, in der Tabelle *tblTermine* wurde sie als Fremdschlüssel eingefügt, um die Beziehung erstellen zu können.

1. Klicken Sie also beispielsweise auf den Namen *KinoNr* der Tabelle *tblKinos*.

2. Ziehen Sie das Feld auf die *KinoNr* der Tabelle *tblTermine*.

Haben Sie mit der Maus die Verbindung hergestellt, wird das in Abbildung 12.4 dargestellte Dialogfeld eingeblendet.

Abbildg. 12.4   Hier wird die Art der Beziehung definiert

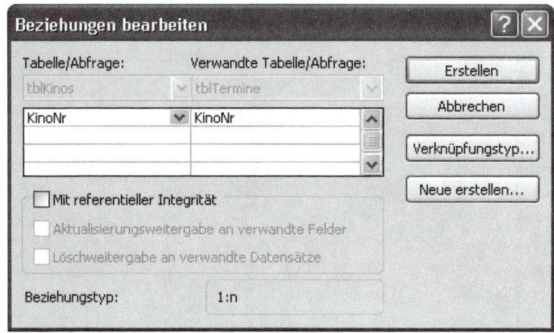

Durch Anklicken der Schaltfläche *Erstellen* wird die Verbindung zwischen den beiden Tabellen aufgebaut und durch eine Linie zwischen den Tabellen angezeigt. Zudem besteht in diesem Dialogfeld die Möglichkeit, den Verknüpfungstyp zu definieren (siehe Abschnitt »Verknüpfungstyp einer Beziehung« weiter hinten in diesem Kapitel) und referentielle Integrität zu erzwingen (siehe Abschnitt »Referentielle Integrität« weiter hinten in diesem Kapitel).

Abbildg. 12.5   Hier wurde eine Beziehung zwischen den Tabellen *tblKinos* und *tblTermine* definiert

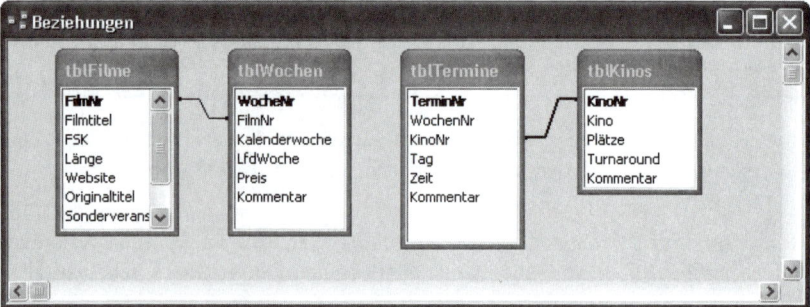

Eine Beziehung löschen

Möchten Sie eine Verknüpfung entfernen, markieren Sie die Linie zwischen den entsprechenden Tabellen und

- drücken dann die ⌐Entf⌐-Taste oder

- klicken dann mit der rechten Maustaste auf die Verknüpfungslinie und wählen im Kontextmenü den Befehl *Löschen*.

Verknüpfungstyp einer Beziehung

Öffnen Sie das Dialogfeld *Beziehungen bearbeiten* erneut, beispielsweise durch einen Doppelklick auf die Linie, die die Beziehung zwischen den Tabellen *tblKinos* und *tblTermine* kennzeichnet. Ein Klick auf die Schaltfläche *Verknüpfungstyp* im Dialogfeld *Beziehungen bearbeiten* (Abbildung 12.4) aktiviert das in Abbildung 12.6 gezeigte Dialogfeld.

Abbildg. 12.6 Legen Sie hier die Verknüpfungseigenschaften fest!

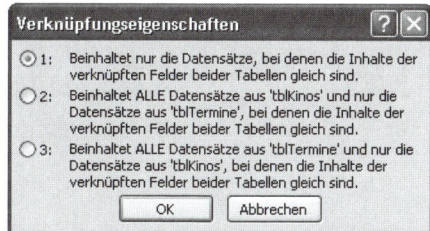

Die Eigenschaften einer Verknüpfung haben dann Bedeutung, wenn Sie beispielsweise Abfragen definieren, in denen die verknüpften Tabellen ausgewertet werden.

- Die Standardeinstellung (auch als Exklusionsverknüpfung bezeichnet) verknüpft zwei Tabellen dann, wenn gleiche Werte in beiden Tabellen vorliegen.

- Die zweite Variante verwendet alle Datensätze aus der Tabelle *tblKinos*, auch wenn kein entsprechender Datensatz in der Tabelle *tblTermine* existiert (Links-Inklusionsverknüpfung).

- In der dritten Variante werden alle Datensätze der Tabelle *tblTermine* ausgegeben, auch wenn kein Kino mit der entsprechenden Kinonummer definiert wurde (Rechts-Inklusionsverknüpfung).

Weitere Informationen und Beispiele zu den Auswirkungen der Verknüpfungseigenschaften finden Sie in Kapitel 17.

Referentielle Integrität

Das Dialogfeld *Beziehungen bearbeiten* (Abbildung 12.4) verfügt über eine Auswahloption *Mit referentieller Integrität*. Wenn zwischen zwei Tabellen eine referentielle Integrität vereinbart wird, ändert sich das Verhalten der Tabelle beim Löschen und Ändern von Datensätzen.

Haben Sie referentielle Integrität vereinbart, können keine Datensätze in eine Detailtabelle eingegeben werden, wenn kein entsprechender Datensatz in der Mastertabelle vorhanden ist. Für die Daten der Termintabelle bedeutet dies, dass Sie keinen Kinosaal belegen können, der nicht in der Tabelle *tblKinos* eingetragen ist.

Außerdem können Sie das Feld, über das eine Mastertabelle mit einer Detailtabelle verknüpft wird, nicht ändern, wenn dadurch »verwaiste« Datensätze in der Detailtabelle entstehen würden. Sie können die *KinoNr* eines Kinosaals beispielsweise nicht ändern, wenn er belegt ist, also Einträge in der Tabelle *tblTermine* existieren.

> **HINWEIS**   Wir empfehlen Ihnen, für Ihre Beziehungen referentielle Integrität zu definieren.

Aktualisierungsweitergabe

Eine Änderung des verknüpften Feldes in der Mastertabelle wird für alle verknüpften Datensätze der Detailtabelle weitergegeben. In unserem Beispiel bedeutet dies, dass alle betroffenen Datensätze der Tabelle *tblTermine* auch geändert werden, wenn Sie eine *KinoNr* in der Tabelle *tblKinos* ändern.

Löschweitergabe

Schalten Sie die Löschweitergabe ein, dann werden, wenn Sie einen Datensatz der Mastertabelle löschen, alle verknüpften Datensätze der Detailtabelle ebenso gelöscht.

> **HINWEIS**   Die Einstellungen zu Beziehungen, wie Inklusionsverknüpfungen und referentielle Integrität, sollten Sie erst einsetzen, wenn Sie mit Access-Abfragen, die in Teil C dieses Buches behandelt werden, vertraut sind oder über Kenntnisse der Datenmodellierung verfügen.

Unterdatenblätter

Durch die Vereinbarung von Beziehungen zwischen Tabellen erweitert Access selbsttätig die Darstellung von Tabellen in der Datenblattansicht. Für Tabellen, die die 1-Seite einer 1:n-Beziehung sind, wird in der Datenblattansicht, wie in Abbildung 12.7 gezeigt, ein Pluszeichen am linken Rand eingeblendet.

Abbildg. 12.7   Die Tabelle besitzt Beziehungen

Die Tabelle *tblFilme* ist mit der Tabelle *tblWochen* verknüpft, wobei jeder Film in *n* Wochen gespielt werden kann.

Durch einen Klick auf das Pluszeichen wird ein so genanntes Unterdatenblatt geöffnet, das die Datensätze aus der Tabelle *tblWochen* zeigt, die für den selektierten Film existieren.

Abbildg. 12.8   Aufgeklapptes Unterdatenblatt

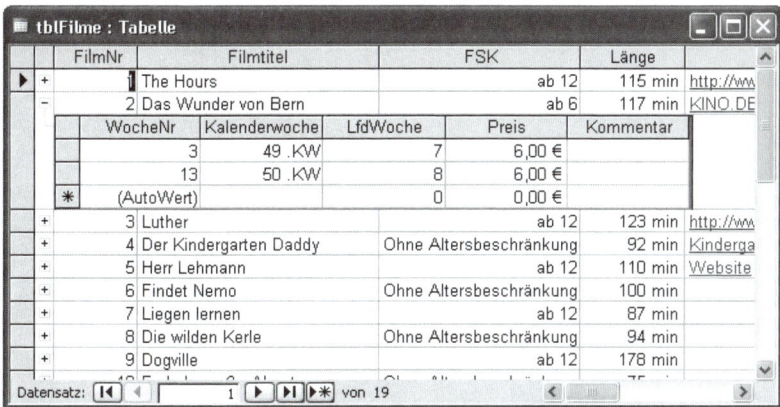

Sie schließen das Unterdatenblatt, indem Sie das Minuszeichen anklicken, das links vom geöffneten Unterdatenblatt eingeblendet wird.

Zusammenfassung

Dieses Kapitel befasste sich mit Beziehungen zwischen Tabellen. Sie können sehen, wie Sie

- bereits definierte Beziehungen anzeigen lassen (Seite 212),
- eine neue Beziehung definieren (Seite 212),
- eine Beziehung löschen (Seite 215) und
- den Verknüpfungstyp bearbeiten (Seite 215).

Kapitel 13

Tabellen verknüpfen und importieren

In diesem Kapitel:

In diesem Kapitel sollen zwei Fragestellungen behandelt werden: Wie können Sie Zugriff auf Daten erhalten, die in Datenbanken anderer Datenbankprodukte gespeichert sind, und wie können Sie Ihre Access-Datenbanken so organisieren, dass sich problemlos Änderungen durchführen lassen? Sie werden jetzt wahrscheinlich fragen, was das eine mit dem anderen zu tun hat, aber Sie werden sehen, dass für beide Fragestellungen die gleichen Access-Funktionen verwendet werden.

Access und der Rest der (Datenbank-)Welt

Access ist nicht das einzige Datenbankprogramm auf dieser Welt. Bereits bevor Microsoft das Programm Access entwickelte, gab es eine Reihe von Anwendungen. Microsoft selbst bietet weitere Datenbanken an und auch die Mitbewerber sind nicht untätig. Was Access gegenüber den meisten anderen Produkten auszeichnet, ist die leichte Integrierbarkeit fremder Daten.

Für den Zugriff auf fremde Daten stehen Ihnen prinzipiell zwei Wege offen: Sie können die Daten im fremden Datenbankformat belassen und aus Access auf sie zugreifen oder Sie können sie in Access importieren. Welches Verfahren für Sie sinnvoll ist, hängt davon ab, ob Sie auf die Fremddaten auch weiterhin mit dem entsprechenden Programm zugreifen oder ob Sie die Daten nur noch mit Access bearbeiten möchten.

Standardmäßig werden von Access zwei Techniken zum Zugriff auf fremde Datenbanksysteme eingesetzt: ISAM und ODBC. Bevor wir erläutern, wie Sie an fremde Daten herankommen, zuerst ein wenig Theorie.

Kleine und große Datenbanksysteme

Datenbanken lassen sich – vereinfacht ausgedrückt – nach »kleinen« und »großen« Datenbanksystemen unterscheiden. »Kleine« Datenbanken sind typischerweise PC-Produkte, die für den Einsatz auf Einzelplatzsystemen oder in kleinen Netzwerken konzipiert sind. Auch Access selbst gehört in diese Kategorie. Bekannte Vertreter kleiner Datenbanken sind dBase von Borland, Paradox von Corel, FoxPro von Microsoft und viele andere.

»Große« Datenbanksysteme sind eher für die firmenweite Datenhaltung gedacht. Sie arbeiten auf Großrechnersystemen (wie IBM DB2 oder Oracle) oder auf Datenbank-Servern (wie Oracle, Informix, Microsoft SQL Server, Sybase und viele mehr).

Der entscheidende Unterschied zwischen kleinen und großen Datenbanksystemen ist der Ort, an dem die Datenbankarbeit ausgeführt wird, d.h. wer Abfragen und Auswertungen durchführt, wer Daten aktualisiert usw. Bei »kleinen« Systemen wird die Arbeit auf dem Rechner durchgeführt, auf dem die Datenbank installiert ist. Nehmen Sie als Beispiel Ihre Access-Datenbank: Ihr Rechner führt Abfragen durch, schreibt neue Daten oder holt Werte zur Anzeige aus den Tabellen. Auch wenn die Datenbankdatei selbst beispielsweise auf einem Netzwerkserver abgelegt ist, so leistet Ihr PC die eigentliche Datenbankarbeit.

Bei einem »großen« Datenbanksystem wird die Arbeit vom Server durchgeführt. Auf Ihrem PC beispielsweise wird eine Anfrage an die Datenbank formuliert, die Anfrage über das Netzwerk an die Datenbank gesendet und dort abgearbeitet. Die Ergebnisdaten werden dann an Sie zurückgesendet.

Der Microsoft Jet-Datenbankkern

Alle Datenbankarbeit in Access wird von der so genannten »Microsoft Jet Database Engine« abgearbeitet. Dieser Datenbankkern steht zwischen Ihren Formularen, Berichten, Abfragen usw. und den Daten. Er ist verantwortlich für Datensicherheit, Abfragenausführung, Zugriffsschutz bei Mehrbenutzerzugriffen und vieles mehr.

Wenn Sie auf Daten anderer Datenbanksysteme zugreifen, so wird dieser Zugriff vom Jet-Datenbankkern gesteuert. Für »kleine« Datenbanksysteme verwendet Jet so genannte ISAM-Treiber, für »große« die ODBC-Treiber. ISAM steht für »Index Sequential Access Method«, indexsequentielle Zugriffsmethode, während ODBC die Abkürzung für »Open Database Connectivity« ist.

Datenzugriff über ISAM-Treiber

Standardmäßig werden die ISAM-Treiber für die Datenbankprodukte Borland dBase Versionen III, IV und 5 und Lotus 1-2-3 bei der Installation eingerichtet. Des Weiteren erhalten Sie über ISAM-Treiber Zugriff auf Excel-Tabellen, einfache Textdateien, HTML-Seiten im Internet und auf XML-Dokumente. Darüber hinaus bietet Microsoft Treiber für Microsoft Outlook und Microsoft Exchange Server an.

Datenzugriff über ODBC-Treiber

Für fast alle »großen« Datenbanksysteme sind inzwischen ODBC-Treiber erhältlich, beispielsweise Oracle, Informix, CA OpenIngres, IBM DB2, Microsoft SQL Server, Sybase, Centura, Btrieve und viele andere mehr. Von Microsoft selbst werden Treiber für Microsoft SQL Server und Oracle mitgeliefert.

Der einzige gemeinsame Nenner, der für die verschiedenen Produkte existiert, ist die Datenbankabfragesprache SQL. SQL ist eine genormte Sprache, die von den meisten Datenbankanbietern unterstützt wird. Allerdings hat jeder Datenbankhersteller SQL um eigene Sprachelemente erweitert, so dass jede Datenbank ihren eigenen Dialekt spricht. Ein neuer, erweiterter Standard, SQL-2 genannt, soll eine einheitliche Sprache für alle bringen, aber zurzeit unterstützen noch nicht alle Anbieter SQL-2, während aber bereits SQL-3 definiert wurde. In Teil C dieses Buches erfahren Sie mehr zum Thema SQL.

Microsoft hat mit ODBC eine Datenbankschnittstelle entwickelt, die für Applikationen einen herstellerunabhängigen Zugriff auf Datenbanken ermöglicht. ODBC erlaubt die Abfrage und Manipulation von Daten, die von den einleitend genannten Datenbanksystemen verwaltet werden.

Der Zugriff über Access auf ODBC-Datenbanken wird in Teil H beschrieben.

In Teil I wird eine spezielle Art von Datenbanken erläutert, die den Zugriff auf OLE DB-Datenquellen ermöglicht. OLE DB ist, vereinfacht ausgedrückt, der Nachfolger von ODBC. Während ODBC nur für relationale Datenbanken geeignet ist, kann OLE DB für beliebige Datenquellen eingesetzt werden.

Tabellen verknüpfen

Im Folgenden soll eine Verknüpfung zu einer Tabelle aus einer anderen Access-Datenbank, also einer anderen MDB-Datei oder einer Fremddatenbank, hergestellt werden.

1. Wählen Sie im Datenbankfenster den Objekttyp *Tabellen* aus.

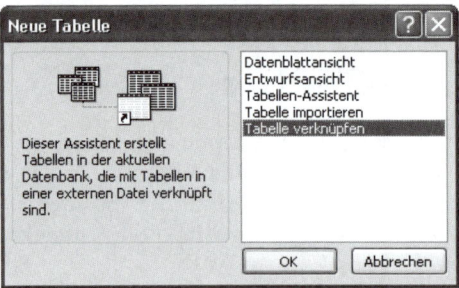

2. Klicken Sie dann in der Symbolleiste des Datenbankfensters auf die Schaltfläche *Neu*.

3. Selektieren Sie im Dialogfeld *Neue Tabelle* die Option *Tabelle verknüpfen*.

Abbildg. 13.1   Dialogfeld *Neue Tabelle*

Nach dem Bestätigen über *OK* wird das Dialogfeld *Verknüpfen* eingeblendet. Sie können das Dialogfeld auch direkt über den Menübefehl *Datei/Externe Daten/Tabellen verknüpfen* aufrufen.

4. Wählen Sie im Dropdown-Listenfeld *Dateityp* das gewünschte Datenbankformat aus. Für unser erstes Beispiel belassen wir es beim standardmäßigen Eintrag *Microsoft Office Access*. Klappen Sie das Dropdown-Listenfeld auf, so erhalten Sie eine Liste der Datenbankformate, deren Daten Access verknüpfen kann. Übrigens lautet der letzte Eintrag in dieser Liste *ODBC-Datenbanken*; hiermit können Sie, unter Verwendung geeigneter ODBC-Treiber, auf beliebige Datenbanksysteme zugreifen.

Abbildg. 13.2   Dialogfeld *Verknüpfen*

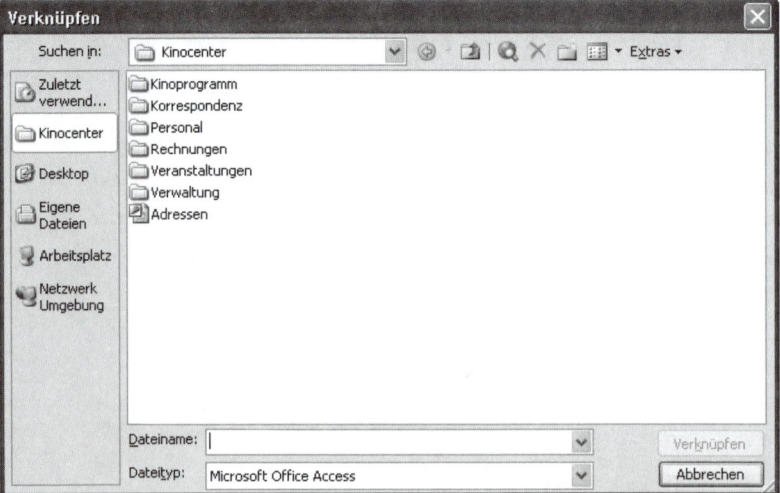

5. Selektieren Sie nun die gewünschte Access-Datenbank, wobei Sie nach Belieben Laufwerk und Ordner wechseln können. Wir haben eine Datei mit dem Namen *Adressen* ausgewählt.

   Nach dem Bestätigen der Dateiauswahl wird das Dialogfeld *Tabellen verknüpfen* aktiviert, das die in der angewählten Datenbank angelegten Tabellen anzeigt.

6. Klicken Sie nun die Tabelle *tblAdresse* an und schließen Sie das Dialogfeld über *OK*.

Abbildg. 13.3   Auswahl der Tabellen

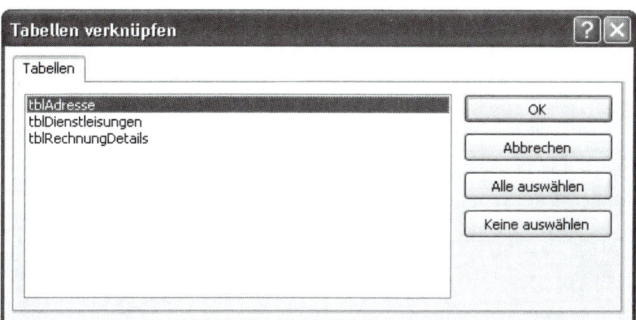

Die Verknüpfung auf die Tabelle wird damit in das Datenbankfenster aufgenommen, wie in Abbildung 13.4 gezeigt.

Abbildg. 13.4   Verknüpfte Tabelle

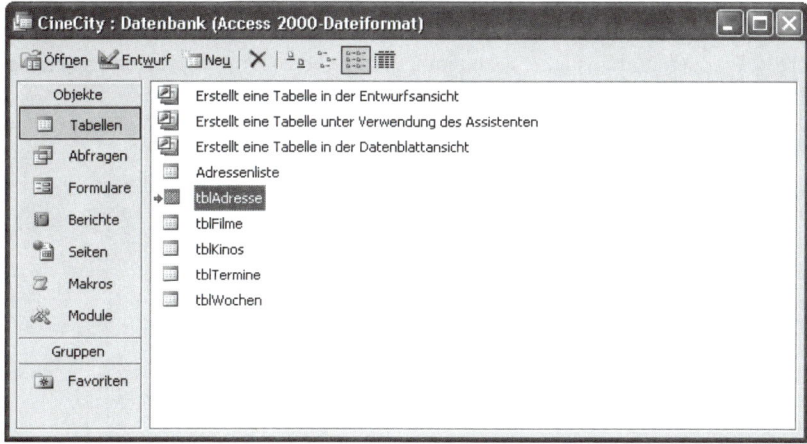

Die verknüpfte Tabelle kann nun wie jede andere Access-Tabelle eingesetzt werden, mit dem Unterschied, dass Sie die Struktur der Tabelle in der Entwurfsansicht in den wesentlichen Teilen nicht ändern können.

Versuchen Sie, für eine verknüpfte Access-Tabelle über die Schaltfläche *Entwurf* in die Entwurfsansicht umzuschalten, erhalten Sie zuerst eine Warnmeldung angezeigt.

Zu den Eigenschaften, die Sie nicht ändern können, zählen Feldnamen, Felddatentypen, Indizes und viele weitere Einstellungen. Wenn Sie in der Entwurfsansicht eine Eigenschaft modifizieren möchten, diese aber nicht für verknüpfte Tabellen geändert werden kann, wird rechts unten in der Entwurfsansicht eine entsprechende Warnung gezeigt.

Abbildg. 13.5 Nicht änderbare Angaben

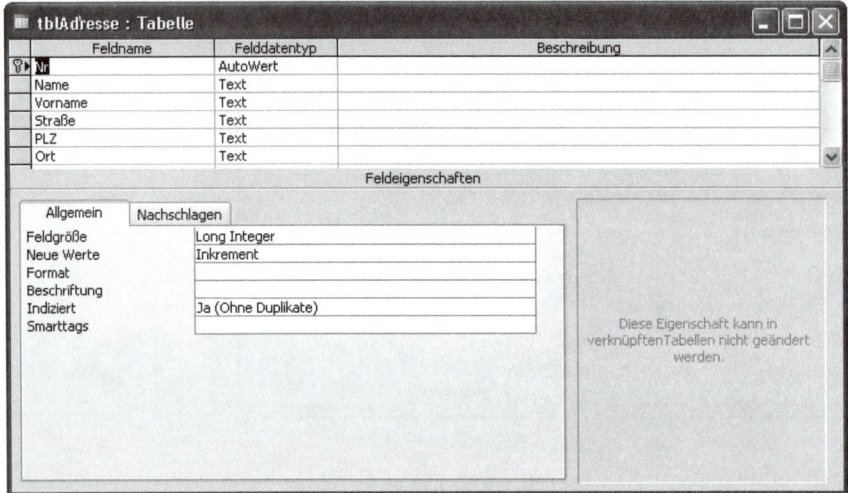

Sie können unter anderem Formate, Beschriftungen und Beschreibungen von verknüpften Tabellen ändern und speichern. Vor dem Speichern einer modifizierten verknüpften Tabelle wird eine Meldung präsentiert.

Verknüpfen Sie Tabellen anderer Datenbanken, so werden diese durch spezielle Symbole im Access-Datenbankfenster gekennzeichnet.

Abbildg. 13.6 Diverse verknüpfte Tabellen

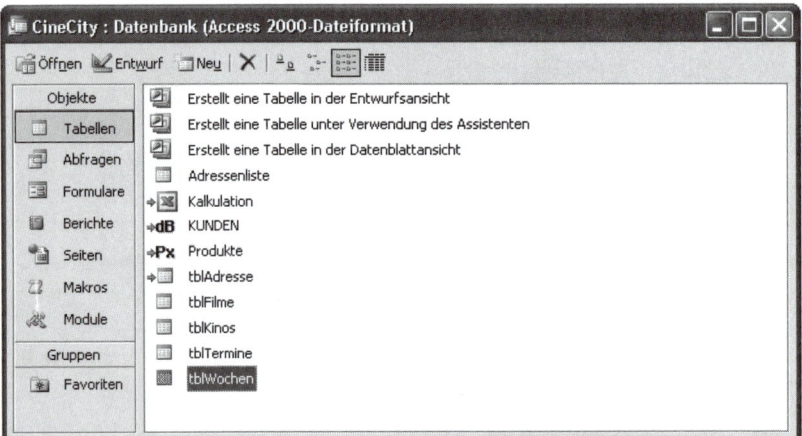

Verteilung: Daten und Programme

In Access befinden sich Formulare, Berichte, Programme und Daten gemeinsam in der MDB-Datei. Das bringt Vorteile, da so alle Bestandteile einer Anwendung zusammen sind, es kann sich aber auch nachteilig auswirken. Nehmen wir an, die CineCity-Anwendung wird von verschiedenen Benutzern in verschiedenen Kinobetrieben eingesetzt. Die Benutzer haben inzwischen ihre Daten eingegeben und erweitert.

Wird nun ein Update der CineCity-Formulare, -Berichte, -Abfragen usw. angeboten, stellt sich die Frage, wie die neuen Komponenten und die spezifischen Daten der einzelnen Benutzer zusammengeführt werden können. Um dem Problem der Zusammenführung von vornherein aus dem Weg zu gehen, ist es sinnvoll, die Datenbank in ein *Front-End* und ein *Back-End* aufzuteilen. Im Front-End werden Formulare, Berichte und Programme, im Back-End nur die Tabellen abgelegt. Die Front-End-Datenbank enthält Verknüpfungen auf die Tabellen der Back-End-Datenbank. Bei einem Update von Formularen, Berichten und/oder Programmen lässt sich nun problemlos das Front-End austauschen, ohne dass die Daten, die sich in den Tabellen des Back-Ends befinden, davon berührt werden. Für die Formulare, Berichte und Programme des Front-Ends bedeutet es keinen Unterschied, ob auf Tabellen direkt oder über eine Verknüpfung zugegriffen wird.

Bei der Arbeit in einem Netzwerk ist es möglich, dass verschiedene Anwender jeweils ihr eigenes Front-End auf ihrem Rechner haben, aber gemeinsam auf eine Back-End-Datenbank auf einem Server zugreifen. Hierbei ist es übrigens sinnvoll, temporäre Tabellen innerhalb der jeweiligen Front-Ends anzulegen, um so Konflikte zu vermeiden und die Netzbelastung zu verringern.

Manuelle Aufteilung

Wir möchten Ihnen zeigen, wie Sie die Aufteilung in Front-End und Back-End manuell vornehmen können.

1. Kopieren Sie Ihre Datenbank und benennen Sie die Kopie entsprechend um, beispielsweise *CineCity Backend.mdb*.
2. Löschen Sie nun aus dem Front-End alle Tabellen, aus dem Back-End alle Abfragen, Formulare usw.
3. Stellen Sie nun aus dem Front-End heraus Verknüpfungen zu den Tabellen des Back-Ends her.

Der Assistent zur Datenbankaufteilung

Um eine bestehende Access-MDB-Datei in Front-End und Back-End aufzuteilen, können Sie auch den Assistenten zur Datenbankaufteilung nutzen. Sie aktivieren ihn mit dem Menübefehl *Extras/ Datenbank-Dienstprogramme/Assistent zur Datenbankaufteilung*.

Tabellen

Abbildg. 13.7 Assistent zur Datenbankaufteilung

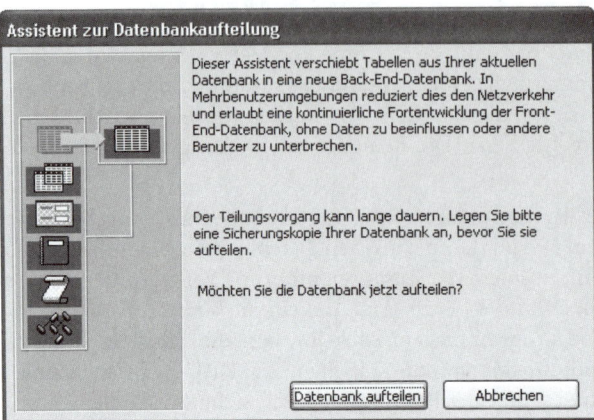

Legen Sie im zweiten Dialogfeld den Namen der Back-End-Datenbank fest. Der Assistent schlägt einen Namen vor, der aus dem Namen der aktuellen Datenbank, erweitert um »_be« für Back-End, besteht.

Abbildg. 13.8 Zweites Dialogfeld des Assistenten

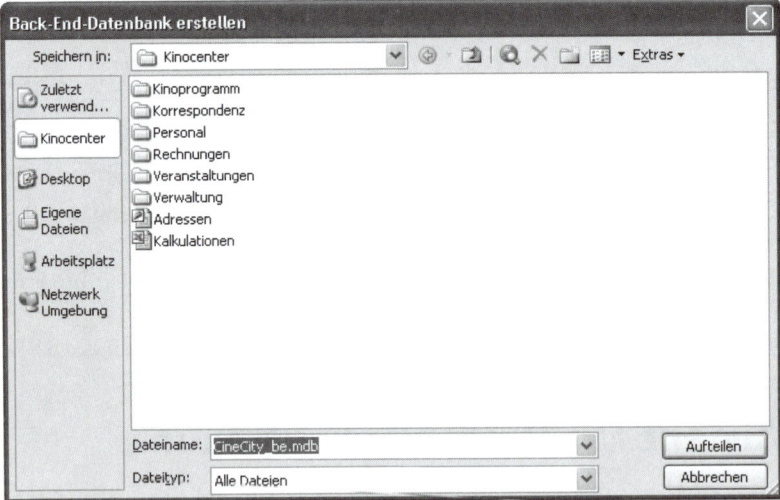

Der Assistent transferiert alle Tabellen der aktuellen Datenbank in die neue Back-End-Datenbank und erstellt entsprechende Verknüpfungen.

Abbildg. 13.9 Nur noch verknüpfte Tabellen

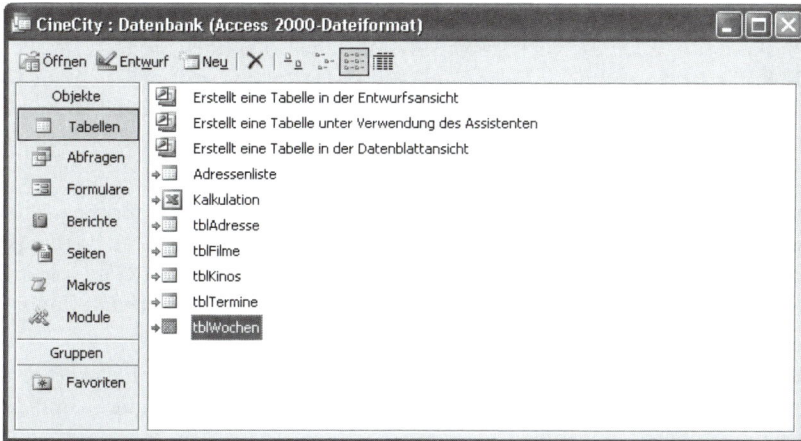

Der Tabellenverknüpfungs-Manager

Verknüpfte Tabellen können mit dem *Tabellenverknüpfungs-Manager* verwaltet werden (Menübefehl *Extras/Datenbank-Dienstprogramme*). Mit seiner Hilfe können Sie Verknüpfungen überwachen und gegebenenfalls anpassen.

Abbildg. 13.10 Dialogfeld *Tabellenverknüpfungs-Manager*

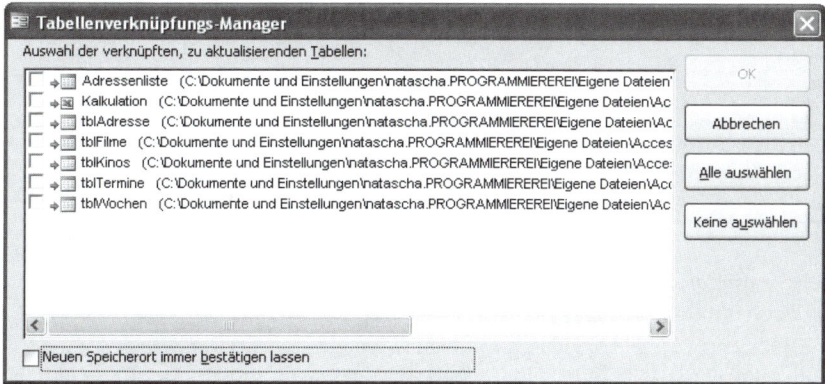

Selektieren Sie im *Tabellenverknüpfungs-Manager* die Tabellen, deren Verknüpfung überprüft werden soll. Besteht die Verbindung zur Tabelle nicht mehr, weil beispielsweise das Back-End gelöscht oder in ein anderes Verzeichnis verschoben wurde, bietet der Assistent ein Dialogfeld an, in dem die Verknüpfung neu aufgebaut und aktualisiert werden kann.

Tabellen importieren

Neben der Verknüpfung zu anderen Datenbanken und Tabellen können Sie auch Tabellen importieren, d.h. als Kopie in Access hineinholen. Aus Access-Datenbanken lassen sich auch Formulare, Berichte, Abfragen usw. importieren. Der Import von Tabellen ist dann sinnvoll, wenn Sie die Daten an der ursprünglichen Stelle belassen möchten oder, insbesondere beim Import von Fremddatenbanken, die Daten nur noch in Access bearbeitet werden.

Die Handhabung der Importfunktion entspricht weitgehend der der Verknüpfung. Starten Sie den Import über *Datei/Externe Daten/Importieren* oder über das Dialogfeld *Neue Tabelle* (siehe Abbildung 13.1) aus dem Datenbankfenster. Nach Auswahl der gewünschten Datei im folgenden Dialogfeld erhalten Sie – je nach gewähltem Dateityp – entsprechende Dialogfelder zum Import eingeblendet.

Für den Import aus einer Access-Datenbank wird das Dialogfeld *Objekte importieren* aktiviert. In Abbildung 13.11 ist das Dialogfeld in erweiterter Darstellung zu sehen, auf die Sie mit der Schaltfläche *Optionen* umschalten.

Abbildg. 13.11 Dialogfeld *Objekte importieren* bei geöffneter *Optionen*-Erweiterung

Selektieren Sie nun die gewünschten Objekte und Teile der Access-Datenbank, die Sie in Ihre Datenbank importieren möchten.

> **HINWEIS** Besteht zwischen einem bestehenden und einem zu importierenden Objekt Namensgleichheit, so wird dem importierten Objekt automatisch eine Zahl angehängt, aus *tblAdresse* würde beispielsweise *tblAdresse1*.

Zusammenfassung

Dieses Kapitel befasste sich mit der Problematik, Tabellen mit Tabellen anderer Datenbanken zu verknüpfen bzw. Tabellen aus anderen Datenbanken zu importieren.

■ Dabei erfahren Sie ab Seite 222, wie eine Verknüpfung zu einer Tabelle aus einer anderen Access-Datenbank oder einer Fremddatenbank hergestellt werden kann.

- Für größere Anwendungen ist es sinnvoll, die Tabellen mit den Daten unabhängig von den Formularen, Berichten und Programmen zu speichern, um eine Wartung der Datenbank zu vereinfachen. Eine solche Aufteilung in Back-End und Front-End kann manuell (Seite 225) oder mithilfe des Assistent zur Datenbankaufteilung (Seite 225) geschehen.

- Tabellen lassen sich auch aus einer anderen Datenbank importieren. Wie das geht, wird auf Seite 228 beschrieben.

Tabellen

Kapitel 14

Der Tabellenanalyse-Assistent

In diesem Kapitel:

Die Normalisierung von Daten und die daraus resultierende Festlegung von Beziehungen zwischen Tabellen ist gerade für den Datenbankneuling nicht einfach. Man benötigt Erfahrung und theoretisches Wissen, um Datenbanken schnell und richtig zu normalisieren. Darüber hinaus ist eine gewisse Erfahrung mit Access sehr hilfreich, denn bei der Normalisierung der Tabellen ist es sinnvoll, sie so zu zerteilen, dass die Ver- und Bearbeitung in Access möglichst einfach wird.

Microsoft hat Access mit einem Normalisierungs-Assistenten ausgestattet, der Sie unterstützen soll, Ihre Tabelle zu normalisieren. Der Assistent zerlegt selbsttätig eine Tabelle in mehrere, normalisierte Tabellen, kopiert die Daten um und legt die Beziehungen fest.

Der praktische Nutzen des Assistenten ist unserer Meinung nach aber eher gering. Zum einen lassen sich damit nur Tabellen normalisieren, die mit Daten gefüllt sind, und zum anderen macht der Tabellenanalyse-Assistent bei der Normalisierung teilweise haarsträubende Fehler. Wann also kann der Assistent eine Hilfe sein? Eigentlich nur dann, wenn Sie vorhandene oder importierte Tabellen, gefüllt mit Daten, haben und diese mit Unterstützung normalisieren möchten.

In den folgenden Abschnitten möchten wir Sie durch den Tabellenanalyse-Assistenten führen und Sie dabei auf Möglichkeiten und Schwächen hinweisen.

Die Ausgangstabelle

Die in Abbildung 14.1 dargestellte Tabelle soll mithilfe des Assistenten normalisiert werden. Wie Sie sehen, befinden sich in der Tabelle doppelte Einträge sowohl für *Filmtitel* als auch für *Kino*.

Abbildg. 14.1 Die zu analysierende Tabelle

Sehen wir uns nun an, was die Normalisierung durch den Assistenten ergibt.

Den Tabellenanalyse-Assistenten starten

Sie finden den Assistenten unter dem Menübefehl *Extras/Analyse/Tabelle*. Damit starten Sie automatisch den Assistenten, der Ihnen in den ersten beiden Dialogfeldern zunächst erklärt, worum es eigentlich geht: In Tabellen sollen Duplikate vermieden werden, um Platz zu sparen und Fehler zu vermeiden.

Im dritten Dialogfeld wählen Sie die Tabelle aus, die normalisiert werden soll. In unserem Fall ist dies die Tabelle *tblNormalisierungsTest*.

Anschließend beantworten Sie dann die Frage, ob der Assistent über die Normalisierung entscheiden soll oder ob Sie diese Entscheidung lieber selbst treffen. Im vorliegenden Beispiel haben wir die Entscheidung dem Assistenten überlassen.

Abbildg. 14.2   Wer trifft die Entscheidung?

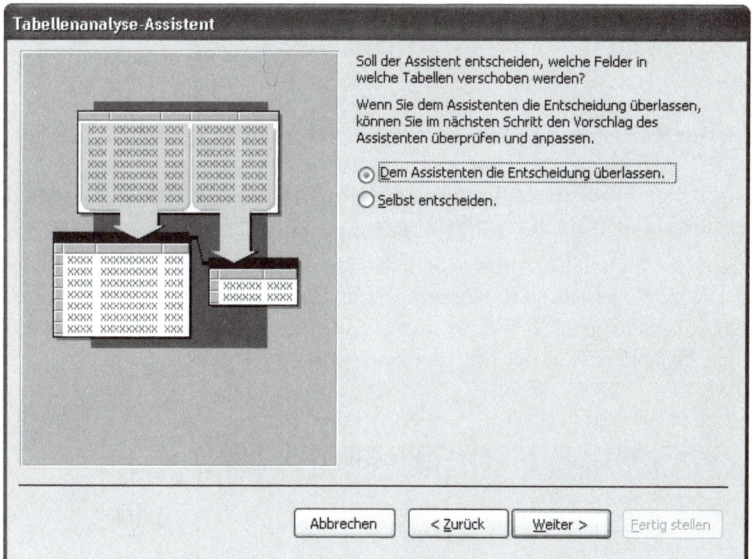

Der Tabellenanalyse-Assistent hat daraufhin vorgeschlagen, aus der einen Tabelle *tblNormalisierungsTest* drei neue Tabellen mit der folgenden Aufteilung zu erstellen.

Ist die vorgeschlagene Aufteilung nicht korrekt oder möchten Sie Modifikationen vornehmen, können Sie mithilfe der Maus Felder zwischen den Tabellen verschieben bzw. auch neue Tabellen erstellen, indem Sie Felder auf die Hintergrundfläche des Dialogfeldes ziehen.

Ein Doppelklick auf eine der Tabellen blendet ein Dialogfeld ein, um die Namen der Tabellen anzupassen.

Abbildg. 14.3 Vorschlag des Assistenten

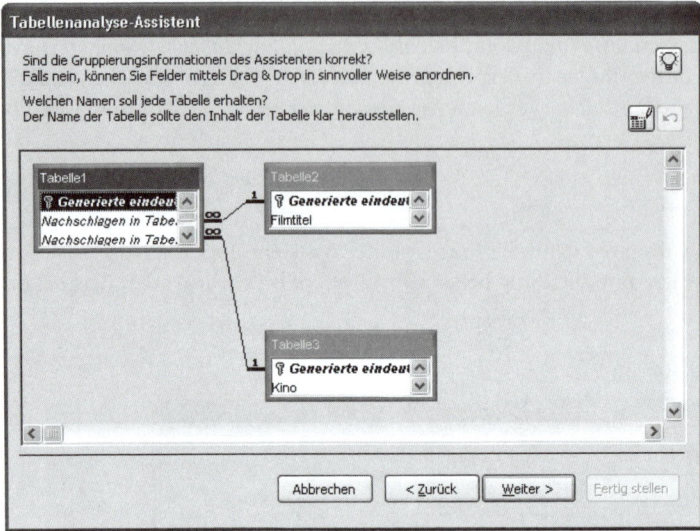

Jede Tabelle sollte einen eindeutigen Primärschlüssel aufweisen. Die vom Assistenten erzeugten Tabellen erhalten automatisch einen Primärschlüssel.

Das nächste Dialogfeld bietet Ihnen die Möglichkeit, eventuelle Zuordnungs- und Schreibfehler innerhalb Ihrer Daten zu berichtigen. Auch hier sind die Vorschläge mit Vorsicht zu genießen. Damit eine falsch vorgeschlagene Korrektur nicht ausgeführt wird, löschen Sie den Korrekturvorschlag oder wählen *Beibehalten* aus der Liste der Korrekturvorschläge.

Abbildg. 14.4 Korrektur möglicher Fehler

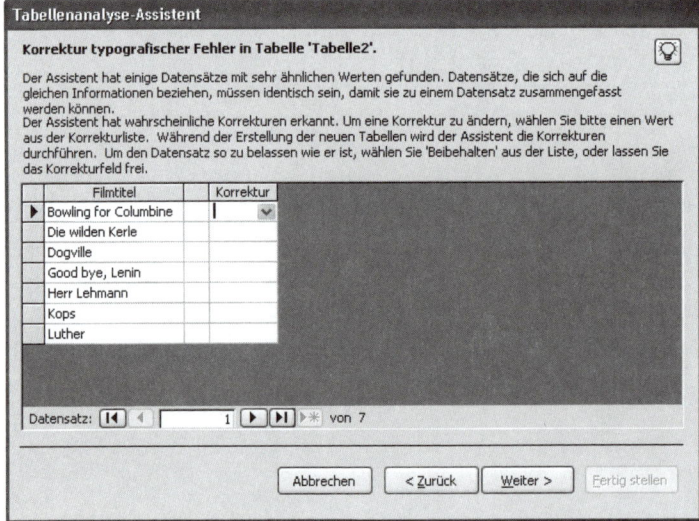

Das nächste Dialogfeld des Assistenten bietet Ihnen die Option, eine Abfrage zu erstellen, die den gleichen Namen wie die Ausgangstabelle erhält und auf die vom Assistenten (und Ihnen) normalisierte Tabelle zugreift. Die Originaltabelle bleibt erhalten, an ihren Namen wird aber ein »_ALT« angehängt.

Beenden Sie den Assistenten durch Anklicken der Schaltfläche *Fertig stellen*, werden die Tabellen erstellt und die Daten der Ausgangstabelle entsprechend aufgeteilt. Anschließend öffnet Access Hilfebildschirme zum Umgang mit der vom Assistenten erstellten Abfrage.

Das Ergebnis

Rufen Sie die erstellte Abfrage auf, so sehen Sie in den Spaltenüberschriften, dass etwas gegenüber der Ausgangstabelle passiert sein muss. Außerdem werden die Spalten, die in andere Tabellen ausgelagert wurden, zweimal gezeigt: einmal als nachgeschlagenes Feld und einmal als Feld selbst.

Abbildg. 14.5   Die Auswahlabfrage

In der Entwurfsansicht der Abfrage können Sie sehr gut die Aufteilung der Ausgangstabelle in die drei normalisierten Tabellen sehen.

Abbildg. 14.6   Die Entwurfsansicht

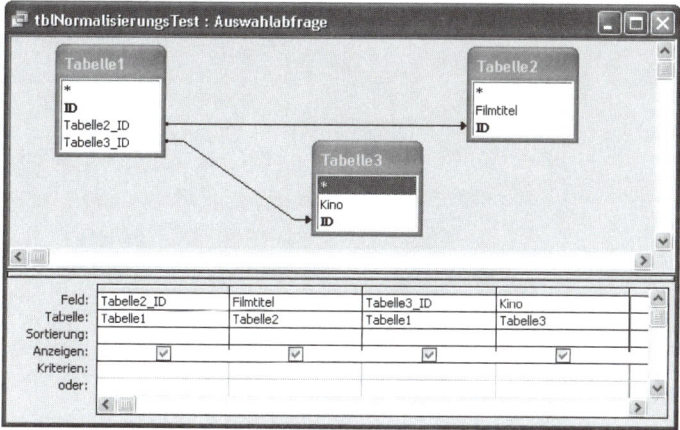

Tabellen

Zusammenfassung

Als Unterstützung beim Erstellen von Datenbanken gibt es den Tabellenanalyse-Assistenten, der verspricht, normalisierte Tabellen zu liefern. In diesem Kapitel wurde der Umgang mit diesem Assistenten beschrieben.

Teil C

Abfragen

In diesem Teil:

Ohne Abfragen geht in Microsoft Access eigentlich gar nichts! Sie sind unentbehrlich bei der Arbeit mit Formularen und Berichten und werden an allen möglichen Ecken eingesetzt. Deshalb: Mit Abfragen sollten Sie sich auskennen!

Wir zeigen Ihnen, wie CineCity mithilfe von Abfragen ermittelt, wie viele Besucher pro Monat in die Kinos kamen, welche Filme gut oder schlecht gelaufen sind, wie viel Umsatz am Kinokiosk gemacht wurde und vieles mehr. Nutzen Sie die Vielzahl der Beispiele, um Ihre Daten nach Ihren Kriterien und Formeln auszuwerten.

Mithilfe von Abfragen können Sie

- Daten nach bestimmten Kriterien aus Ihren Tabellen filtern,

- mit Ihren Daten rechnen,

- Ihre Daten mit Funktionen wie Summe, Mittelwert und anderen auswerten,

- Tabellen miteinander verknüpfen und in Beziehung setzen,

- Änderungen an Ihren Daten vornehmen und vieles mehr.

Den Access-Abfragen liegt die Datenbankabfragesprache SQL zugrunde, die im letzten Kapitel dieses Teils besprochen wird.

Beherrschen Sie Abfragen, so sind Ihnen in Access keine Grenzen mehr gesetzt, denn nun können Sie, sofern Ihre Daten es zulassen, alle möglichen Fragestellungen beantworten.

Kapitel 15

Einfache Abfragen

In diesem Kapitel:

Haben Sie Ihre Daten erst einmal in Tabellen erfasst, so fallen Ihnen wahrscheinlich in kürzester Zeit viele Fragestellungen ein, so wie uns zu den Daten der Kino-Beispielanwendung: Wie viele Wochen wurde ein Film im Schnitt gezeigt? Wie hoch ist der Umsatz der letzten Woche? Wie gut ist die Auslastung der einzelnen Kinos? Oder wie heißt die Großmutter des Filmvorführers?

Die letzte Fragestellung zeigt, dass Auswertungen nur jene Fragen beantworten können, die mit Ihren in den Tabellen erfassten Daten möglich sind. Und – darauf sollten Sie bei allen (insbesondere den komplizierteren) Abfragen achten – ist ein Ergebnis überhaupt plausibel? Wir möchten Ihnen im Verlauf des Kapitels auch einige Abfragen zeigen, die auf den ersten Blick Ergebnisse liefern, die sich bei genauerem Hinsehen aber als trügerisch und falsch erweisen.

Lassen Sie uns nun mit einigen einfachen Abfragen beginnen und uns langsam vorarbeiten. In Kapitel 7 führten wir Sie schon in die Grundlagen von Abfragen ein, die wir hier im Detail beschreiben. An diese Einführung möchten wir jetzt anknüpfen.

Einfache Auswahlabfragen

Starten Sie eine neue Abfrage. Klicken Sie dazu im Datenbankfenster auf den Objekttyp *Abfragen* und doppelklicken Sie dann rechts im Datenbankfenster auf *Erstellt eine neue Abfrage in der Entwurfsansicht.*

 Alternativ lässt sich die Abfrage auch über die Schaltfläche *Neu* erstellen. Dabei wird das in Abbildung 15.1 zu sehende Dialogfeld angezeigt, das Ihnen fünf verschiedene Auswahlmöglichkeiten bietet:

Abbildg. 15.1 Dialogfeld *Neue Abfrage*

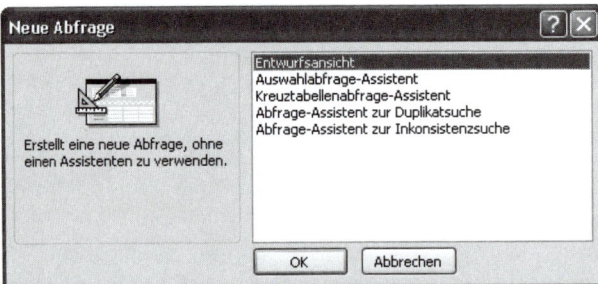

- Die *Entwurfsansicht* zur Definition von Abfragen,

- den *Auswahlabfrage-Assistenten*, der Sie insbesondere bei Abfragen unterstützt, die mehrere Tabellen gleichzeitig umfassen,

- den *Kreuztabellenabfrage-Assistenten*, der Sie durch die Definitionsschritte von Kreuztabellen führt (Kreuztabellen werden auch als Pivot-Tabellen bezeichnet),

- den *Abfrage-Assistenten zur Duplikatsuche*, der Ihre Daten auf doppelte Einträge hin untersucht, und schließlich den

- *Abfrage-Assistenten zur Inkonsistenzsuche*, der versucht, Unstimmigkeiten in Ihren Datenbeständen zu ermitteln.

Haben Sie die Abfrage in der Entwurfsansicht begonnen, erscheint das Dialogfeld *Tabelle anzeigen*. Es verfügt über drei Registerkarten. Auf der Registerkarte *Tabellen* werden alle in Ihrer Datenbank definierten Tabellen gezeigt, auf der Registerkarte *Abfragen* alle von Ihnen definierten Abfragen (wahrscheinlich ist die Registerkarte noch leer) und auf *Beide* Tabellen und Abfragen gemeinsam. Daraus können Sie ersehen, dass Abfragen nicht nur auf Tabellen basieren können, sondern ihrerseits wieder auf Abfragen. Sie könnten also eine Abfrage erstellen, die auf einer Abfrage basiert, die wiederum eine Abfrage als Grundlage hat und so fort. Die maximale Verschachtelungstiefe liegt bei 50 Abfragen.

Abbildg. 15.2 Wählen Sie die Tabelle *Adressenliste* aus

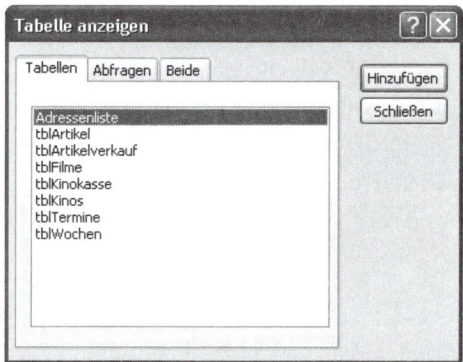

Lassen Sie uns eine einfache Abfrage erstellen, die auf der Tabelle *Adressenliste* basiert. Selektieren Sie den entsprechenden Eintrag, bestätigen Sie über *Hinzufügen* und schließen Sie dann das Dialogfeld.

Im oberen Bereich der Abfrage-Entwurfsansicht ist die ausgewählte Tabelle mit ihren Feldern zu sehen. Der untere Bereich wird Ihre eigentliche Abfragedefinition aufnehmen.

Abbildg. 15.3 Entwurfsansicht einer Abfrage

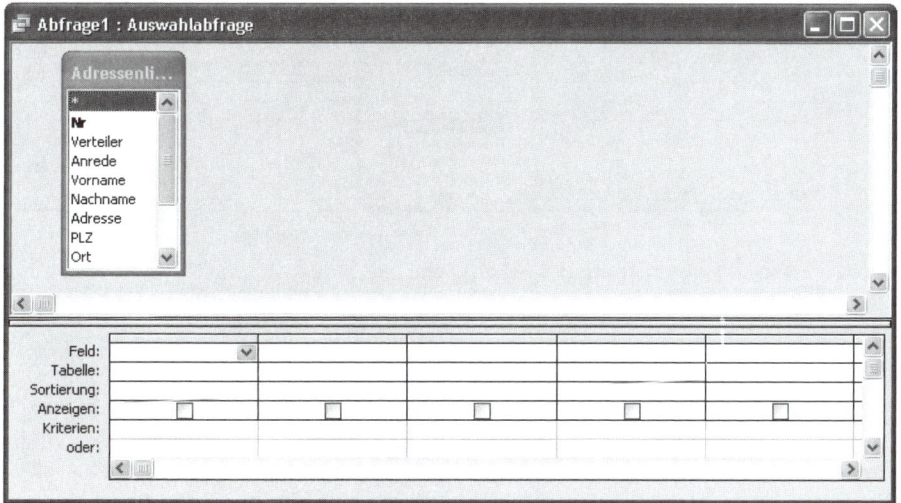

Felder in die Abfrage aufnehmen

Zuerst müssen Sie die Felder, die in die Abfrage aufgenommen werden sollen, im unteren Bereich des Abfrageentwurfs definieren. Dazu stehen Ihnen drei verschiedene Varianten zur Verfügung:

- Doppelklicken Sie auf den gewünschten Feldnamen in der Liste im Tabellenfenster im oberen Bereich. Das so selektierte Feld erscheint dann im unteren Bereich des Abfrageentwurfs.

- Als zweite Variante können Sie das Feld oben markieren und mit gedrückter Maustaste in den unteren Bereich ziehen und dort ablegen (Drag&Drop).

- Alternativ gehen Sie direkt im unteren Bereich in die Zeile *Feld* und bestimmen den gewünschten Feldnamen durch Öffnen des Dropdownfeldes.

Wir haben für das erste Beispiel die Felder *Nachname*, *PLZ* und *Ort* in die Abfrage aufgenommen.

Abbildg. 15.4 Definition der Felder für die neue Abfrage

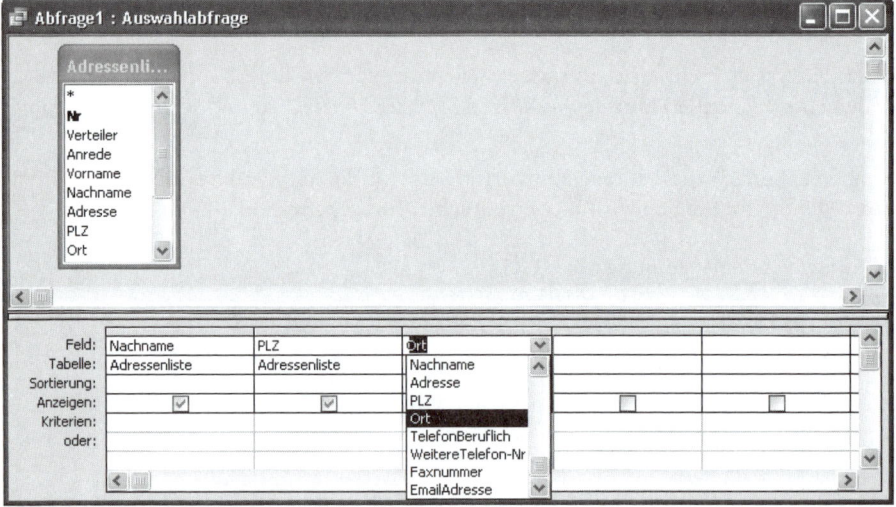

Starten Sie die Abfrage mithilfe der Schaltfläche *Ausführen*, so erhalten Sie das in Abbildung 15.5 gezeigte Ergebnis.

Mithilfe der Schaltfläche *Ansicht* oder über den Menübefehl *Ansicht/Entwurfsansicht* schalten Sie zur Entwurfsansicht zurück.

Eine besondere Bedeutung hat die Feldbezeichnung »*«, die im Tabellenfenster im oberen Abfrage-Entwurfsansicht als erster Eintrag gezeigt wird. Fügen Sie das Sternchen als Feld im unteren Bereich hinzu, so werden anstelle des Sternchens in der Datenblattansicht alle Felder der entsprechenden

Tabelle gezeigt. Fügen Sie also nach Belieben das Sternchen hinzu, um alle Felder einer Tabelle in Ihre Abfrage aufzunehmen.

Abbildg. 15.5 Ergebnis der Abfrage

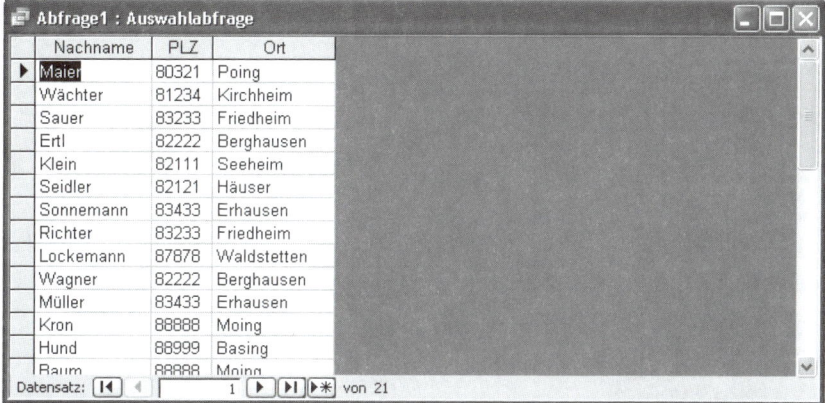

HINWEIS Es können maximal bis zu 255 Spalten in einer Abfrage enthalten sein, wobei die Gesamtgröße des Ergebnisses nicht größer als ein Gigabyte sein darf.

Verschieben von Spalten

Sie können bei Bedarf die Reihenfolge der Spalten in der Entwurfsansicht verändern. Dies wird beispielsweise bei der später beschriebenen mehrstufigen Sortierung benötigt.

1. Klicken Sie mit der Maus auf den oberen grauen Balken über der Spaltenbezeichnung. In dem Moment, in dem Sie mit dem Mauszeiger in den Bereich des grauen Balkens kommen, ändert sich der Mauszeiger zu einem schwarzen Abwärtspfeil. Die gesamte Spalte sollte invertiert dargestellt werden.

Abbildg. 15.6 Selektierte Spalte

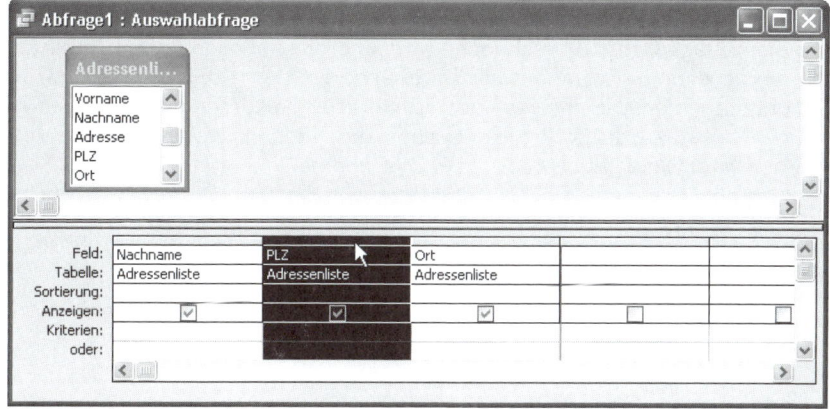

2. Klicken Sie nun erneut auf den Balken, können Sie die Spalte mit gedrückter Maustaste verschieben. Die neue Position wird durch eine senkrechte breite Linie angezeigt, die, wenn Sie den Mauszeiger nach rechts oder links bewegen, auf der Trennlinie zwischen den einzelnen Spalten dargestellt wird.

Abbildg. 15.7   Verschobene Spalte *PLZ*

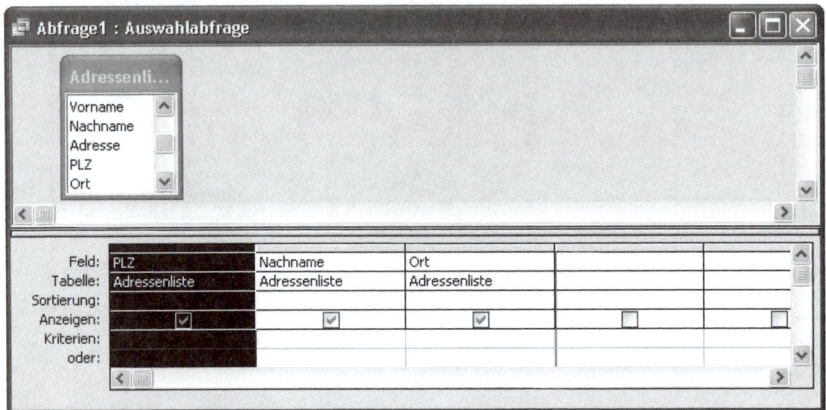

Löschen einer Spalte

Möchten Sie eine Spalte aus Ihrer Abfrage entfernen, so markieren Sie sie wie oben beschrieben und drücken dann einfach die Entf -Taste, um sie zu löschen. Dabei wird nicht das Feld aus der zugrunde liegenden Tabelle oder Abfrage entfernt, sondern nur in Ihrer aktuellen Abfrage nicht mehr angezeigt.

Speichern von Abfragen

Mit dem Menübefehl *Datei/Speichern* bzw. *Datei/Speichern unter* können Sie Ihre Abfragedefinitionen in Ihrer Access-Datenbankdatei ablegen.

HINWEIS   Geben Sie Ihren Abfragen möglichst sprechende Namen. Wählen Sie den Namen so, dass die Abfrage treffend beschrieben wird. In professionellen Access-Applikationen wird den Namen meistens ein *qry* vorangestellt, unter anderem deshalb, um sie leichter von Tabellennamen zu unterscheiden. Die Vorsilbe »qry« ist dabei die Abkürzung von query (engl. für Abfrage). Die Namen selbst werden ohne Leerzeichen geschrieben, wobei aber jeder Teilbegriff groß geschrieben wird, wie beispielsweise *qryPLZNachnameOrt*.

Abbildg. 15.8   Der Name für die Abfrage

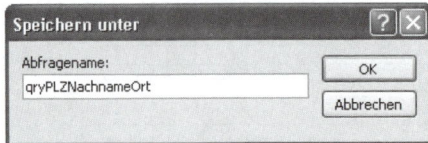

Sortierung des Abfrageergebnisses

Die Reihenfolge der Datensätze entspricht der des Primärschlüssels der Tabelle. Im vorliegenden Fall der Adressentabelle erhält jede Adresse in der Reihenfolge der Eingabe eine neue Adressennummer (*Nr*), die als *AutoWert* definiert ist. Die Datensätze sind nach dieser Nummer sortiert.

Änderung der Sortierung

Die Sortierung der angezeigten Daten lässt sich mit wenigen Mausklicks ändern. In der Zeile *Sortierung* im unteren Abfragebereich können Sie für jede Spalte die Sortierreihenfolge bestimmen. Öffnen Sie dazu das entsprechende Dropdownfeld.

Abbildg. 15.9 Sortierung nach Postleitzahlen

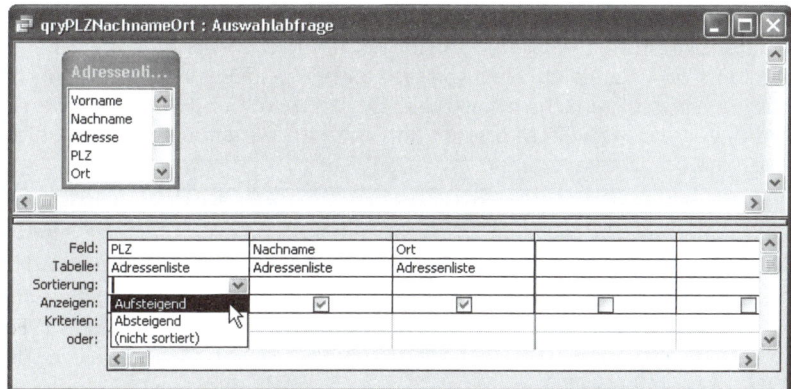

Selektieren Sie eine Sortierreihenfolge für mehrere Spalten Ihrer Abfrage, so beginnt Access mit der Sortierung bei dem Feld, das am weitesten links steht. Innerhalb der Ordnung dieses Feldes wird dann die nächste Sortierung durchgeführt. Somit können Sie mehrstufig sortieren, also beispielsweise zuerst nach *PLZ* und innerhalb der Postleitzahlen nach dem Nachnamen.

Abbildg. 15.10 Sortierung nach Postleitzahlen und Nachnamen

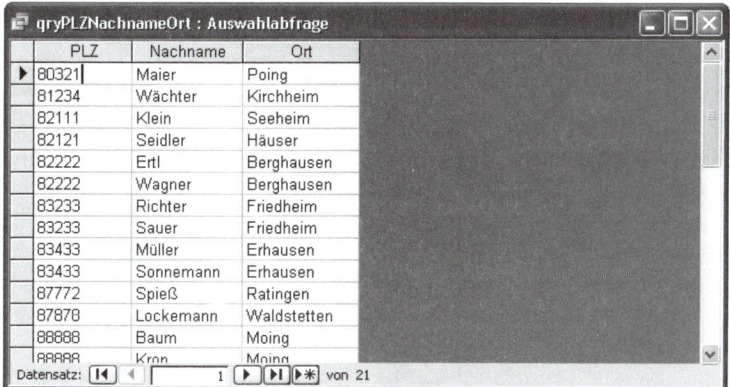

> **HINWEIS**   Wie bereits beschrieben werden normalerweise alle Tabellen nach dem Primär-
> schlüssel sortiert, wenn Sie keinen speziellen Befehl zur Sortierung angeben. Das gilt für
> Abfragen, für Formulare und auch für Berichte. Allerdings ist Access hierbei inkonsequent, denn
> für Auflistungen von Datensätzen in Listen- oder Dropdownfeldern in Formularen und Berichten
> verwendet Access die Reihenfolge der Dateneingabe. Für diese Steuerelemente muss dann nach-
> träglich für die Datenherkunft eine Sortierung vereinbart werden.

Die richtige Auswahl der Felder, nach denen sortiert werden soll, hat maßgeblichen Einfluss auf die
Ausführungsgeschwindigkeit von Abfragen. Sortieren Sie möglichst nur nach indizierten Feldern,
denn bei allen anderen Spalten muss Access die Sortierung »ad hoc« durchführen. Bei kleineren
Tabellen (< 500 Datensätze) ist das noch vertretbar, bei größeren steigt der Zeitbedarf erheblich.

> **HINWEIS**   Auf zwei unscheinbare Geschwindigkeitsfallen bei Abfragen, Sortierung und Filter
> sollten Sie besonders achten. In der Datenblattansicht kann mit den Schaltflächen *Aufsteigend
> sortieren* bzw. *Absteigend sortieren* nach jedem beliebigen Feld geordnet werden. Zusätzlich
> kann in der Datenblattansicht ein Filter vereinbart werden. Sortierung und Filter der Daten-
> blattansicht werden von Access auf das Abfrageergebnis angewendet, d.h., zunächst wird die
> Abfrage durchgeführt und danach sortiert bzw. gefiltert. Während eine normale Abfrage von
> Access vorverarbeitet wird, um ein Maximum an Geschwindigkeit zu erreichen, unterbleibt dies
> für die Einstellungen der Datenblattansicht.

Im Grunde genommen spricht nichts gegen eine nachträgliche Sortierung oder Filterung, die nur
den Anwender betrifft, der sie durchführt. Allerdings werden das Sortierkriterium und die Filterbedingung mit der Abfrage gespeichert.

Sortierreihenfolge

Wie sortiert Access? Jeder Access-Datenbank, also jeder MDB-Datei, liegt ein Sortierschema
zugrunde, das beim Erstellen der Datenbank zugewiesen wird.

Um die Art und Weise, wie Access sortiert, besser verstehen zu können, schauen wir zurück auf die
Anfangsjahre des PCs.

ASCII, ANSI oder Unicode?

Wie Sie vermutlich wissen, können Computer nur mit Nullen und Einsen umgehen. Das ist die
kleinste Informationseinheit, die als Bit bezeichnet wird. Ein Bit kann zwei Zustände wie 0 oder 1,
An oder Aus, Ja oder Nein speichern. Acht Bits werden zu einem Byte zusammengefasst. Mit einem
Byte können 256 verschiedene Zahlenwerte dargestellt werden.

Lange Zeit wurde im PC-Bereich als Codierung, die vorgibt, wie Buchstaben, Ziffern und Sonderzeichen bestimmte Byte-Werte zugeordnet werden, der so genannte ASCII-Code (American Standard Code of Information Interchange) verwendet. Dabei entspricht beispielsweise ein »A« dem
Wert 65. Die ursprüngliche ASCII-Codierung umfasste nur die ersten 127 Werte. Da die Codierung
für den englischen Zeichensatz ausgelegt ist, kam es zu Problemen mit länderspezifischen Sonderzeichen wie »Ä«, »Ö« usw. In der Anfangszeit wurde durch Doppelbelegungen eine Lösung gefunden, allerdings tauchten dann in vermeintlich deutschen Texten Klammern »{«, »[« usw. auf, wenn
die Doppelbelegung falsch interpretiert wurde. Mit der Einführung des PCs durch IBM wurde ein

erweiterter ASCII-Code eingesetzt, der die 256 Werte ausnutzte. Hier waren auch die deutschen Umlaute ebenso miterfasst wie viele grafische Sonderzeichen.

Microsoft setzte für sein Windows-System die Codierung ANSI (American National Standards Institute) ein. Diese basiert auf ASCII, umfasst aber sehr viel mehr länderspezifische Zeichen und verzichtet dafür auf die grafischen Sonderzeichen.

Durch den inzwischen weltweiten Einsatz löste aber auch die ANSI-Codierung das Problem länderspezifischer Sonderzeichen nur unzureichend. Denn wie sollten kyrillische, chinesische oder japanische Schriftzeichen abgebildet werden? In den letzten Jahren wurde mit hohem Aufwand eine neue Zeichencodierung entwickelt: Unicode. Unicode verwendet ein oder zwei Bytes pro Zeichen, kann also bis zu 65.536 verschiedene Zeichen abbilden. Inzwischen verwenden alle Microsoft Office-Programme Unicode.

Um die Sortierung von Access zu illustrieren, haben wir eine Tabelle angelegt, die aus zwei Feldern besteht: einer laufenden Nummer (*Nr* als *AutoWert*) und einem Text (*Buchstabe*). Die Tabelle *tblZeichensatz* haben wir mit den ersten 256 Zeichen gefüllt. Eine Abfrage, *qrySortierreihenfolge*, zeigt die von Access vorgenommene Sortierung nach dem Feld *Buchstabe*.

Abbildg. 15.11 Sortierreihenfolge

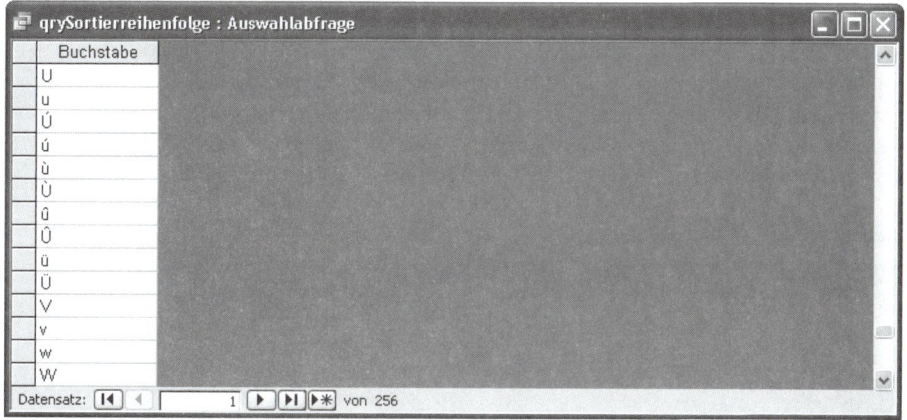

Beachten Sie dabei, dass bei der Sortierung nicht zwischen Klein- und Großschreibung unterschieden wird. Dies ist übrigens der Grund, warum das Feld *Buchstabe* nicht als eindeutiger Primärschlüssel angelegt wurde, denn sonst könnten »U« und »u« nicht beide eingetragen werden, da Access eine Schlüsselverletzung melden würde.

Wie Sie sehen, sind in Abbildung 15.11 alle Varianten der Schreibung von »U« hintereinander angeordnet. Das bedeutet aber auch, dass »Ü« unter »U« einsortiert wird, allerdings nicht an der lexikalisch korrekten Position unter »Ue«, sondern »Ü« wird wie »U« eingeordnet. Übrigens wird das »ß« unter »S« einsortiert. Abbildung 15.12 zeigt die von Access vorgenommene Sortierung auf der linken Seite. Rechts ist im Vergleich dazu die übliche Telefonbuchsortierung dargestellt.

Abbildg. 15.12 Access-Einsortierung

Telefonbuchsortierung

Möchten Sie eine Einsortierung wie beispielsweise in Telefonbüchern, bei der »Ä« wie »Ae« einge-ordnet wird, erreichen, so müssen Sie das Sortierschema wechseln. Verwenden Sie dazu den Menü-befehl *Extras/Optionen.* Auf der Registerkarte *Allgemein* des Dialogfeldes *Optionen* finden Sie auf der rechten Seite die Eintragung für die *Sortierreihenfolge bei neuer DB.* Normalerweise ist hier *Allge-mein* als Sortierreihenfolge für die Sprachen Deutsch, Englisch, Französisch, Spanisch, Portugiesisch und Italienisch selektiert. Ändern Sie das einfach in *Deutsches Telefonbuch* ab.

Abbildg. 15.13 Hier legen Sie das Sortierschema fest

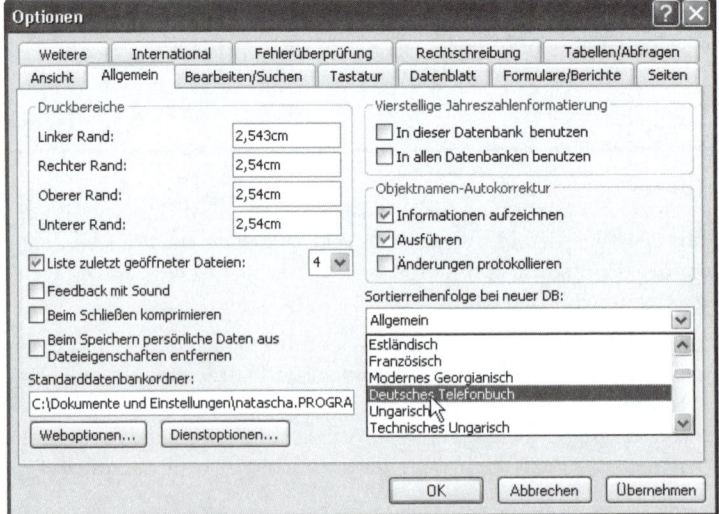

> **HINWEIS** Die hier gewählte Sortierreihenfolge gilt immer nur für die Erstellung neuer Datenbanken. Möchten Sie die Sortierreihenfolge der aktuellen Datenbank ändern, so ändern Sie die Einstellung im Dialogfeld *Optionen* und komprimieren anschließend die Datenbank über den Menübefehl *Extras/Datenbank-Dienstprogramme/Datenbank komprimieren und reparieren*.

Auswahlkriterien für Abfragen

Interessant werden Abfragen erst durch die Vereinbarung von Auswahlkriterien, die die angezeigten Daten durch Bedingungen einschränken. Sie können so gezielt Daten herausfiltern oder berechnen lassen.

Lassen Sie uns ein neues Beispiel beginnen, das uns mehr Abfragemöglichkeiten als die Adressenliste bietet. Grundlage des Beispiels ist die Tabelle *tblFilme*, die die Stammdaten aller in unserem Beispiel-Kinocenter gezeigten Filme enthält. Wir erstellen dazu eine neue Abfrage, die zunächst nur die beiden Felder *Filmtitel* und *FSK* enthält. Die Filmtitel sollen aufsteigend sortiert werden.

Abbildg. 15.14 Eine neue Abfrage

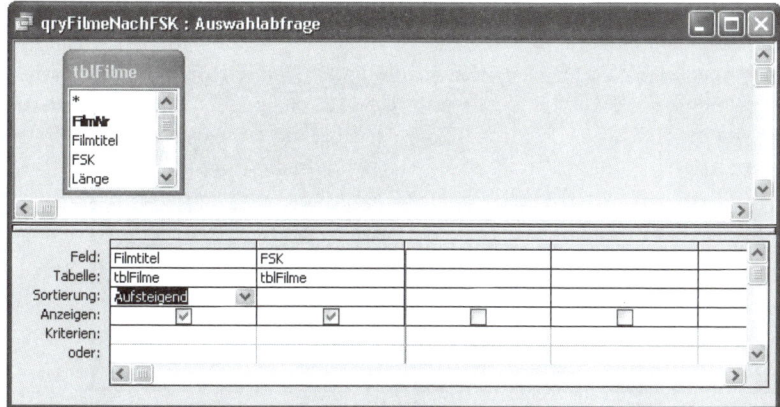

Einfache Bedingungen

»Welche Filme sind frei ab 12 Jahren?« ist eine Fragestellung, die mithilfe einer Abfragebedingung einfach zu beantworten ist.

1. Tragen Sie dazu in die Zeile *Kriterien* der Spalte *FSK* den Wert *12* ein.

Bedingung für die Altersfreigabe

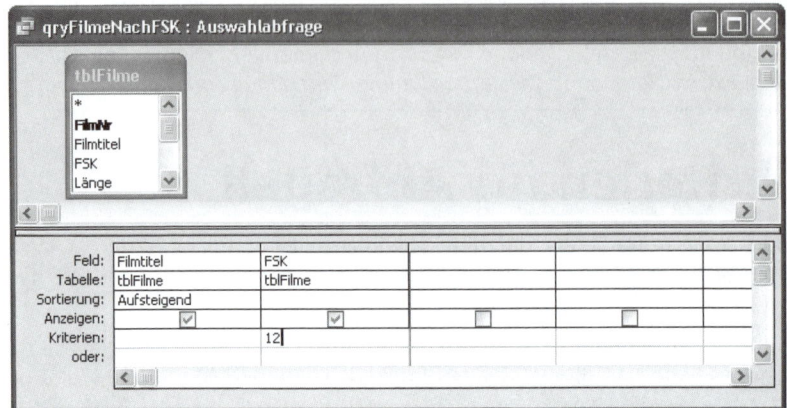

2. Sehen Sie sich das Ergebnis der Abfrage mit dem Menübefehl *Abfrage/Ausführen* oder der Schaltfläche *Ausführen* an.

Alle ab 12 Jahre freigegebenen Filme

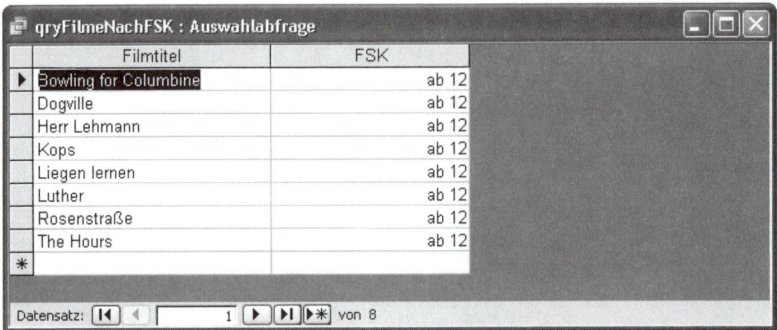

Die Bedingung, nach der die Datensätze selektiert werden, lässt sich mit *FSK = 12* beschreiben, Access prüft so, ob der Inhalt des Feldes *FSK* für einen Datensatz gleich dem Wert *12* ist.

HINWEIS Da beim Entwurf der Tabelle *tblFilme* eine Formatierung für *FSK* definiert wurde, werden die Einträge in der in Abbildung 15.16 gezeigten Form dargestellt.

HINWEIS Sie können die Anzeige der Abfragefelder in der Datenblattansicht ausschalten. Beispielsweise ließe sich das Feld *FSK* unterdrücken, denn in unserem Fall steht da ja immer nur *ab 12*. Um die Darstellung in der Datenblattansicht zu unterdrücken, entfernen Sie das Häkchen in der entsprechenden Abfragespalte im unteren Bereich in der Zeile *Anzeigen* mit einem Mausklick. Die Bedingung, die für die Spalte vereinbart wurde, wird natürlich immer noch ausgewertet.

Ausgeschaltete Anzeige für das Feld *FSK*

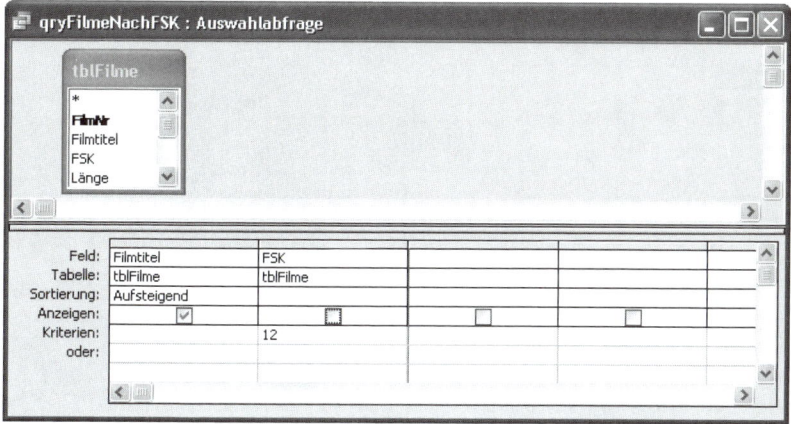

Lassen Sie uns nun die Fragestellung »Welche Filme sind frei ab 12 Jahren?« variieren zu »Welche Filme dürfen 12-Jährige ansehen?«. Jetzt sollen also alle Filme mit FSK-Angaben kleiner oder gleich zwölf Jahren aufgelistet werden.

Diese Bedingung können Sie leicht in der Kriterienzeile umsetzen: Die Bedingung »kleiner gleich« schreiben Sie als <=.

Geänderte Bedingung

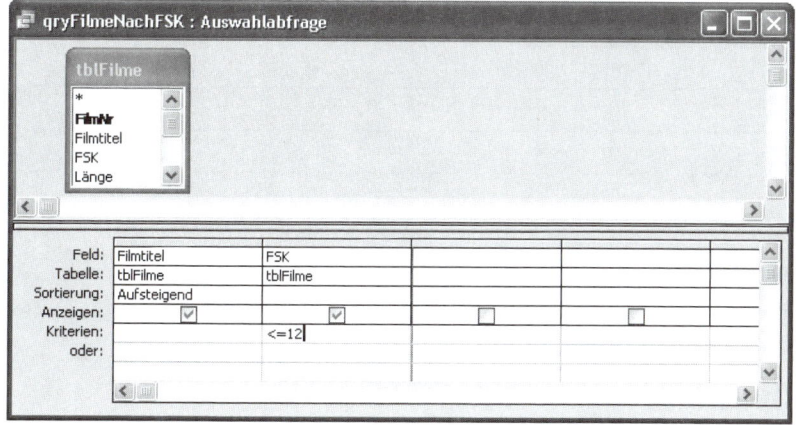

Das Ergebnis zeigt die gewünschten Filme, wie in Abbildung 15.19 zu sehen. Dazu sollte das Häkchen in der Zeile *Anzeige* für die FSK natürlich wieder eingefügt werden.

Abfragen

Abbildg. 15.19 Ergebnis der geänderten Abfrage

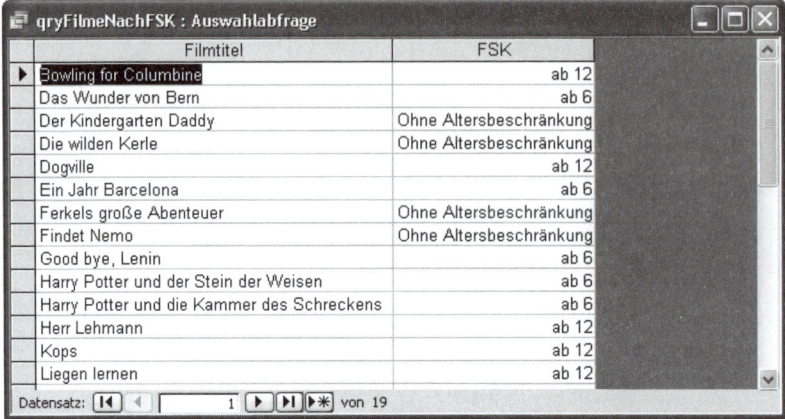

Vergleichsoperatoren

Access kennt die in Tabelle 15.1 aufgelisteten Vergleichsoperatoren.

Tabelle 15.1 Vergleichsoperatoren

Operator	Bedeutung
=	gleich
<	kleiner
<=	kleiner gleich
>	größer
>=	größer gleich
<>	ungleich

Bedingungen für Textfelder

Die Bedingung bezog sich bisher in unserem Beispiel auf den Zahlenwert des Feldes *FSK*. Abfragekriterien lassen sich natürlich auch für Texte vereinbaren.

Im Folgenden soll nach dem Film »The Hours« gesucht werden.

Wir haben dazu die Bedingung für die Spalte *FSK* entfernt und eine neue für den *Filmtitel* vereinbart.

Übrigens ergänzt Access automatisch die Anführungszeichen um *"The Hours"* herum, wenn Sie sie nicht eingeben. Damit wird angezeigt, dass es sich hierbei um einen Text handelt.

HINWEIS Access unterscheidet bei Bedingungen nicht nach Klein- oder Großschreibung.

Neue Bedingung für den *Filmtitel*

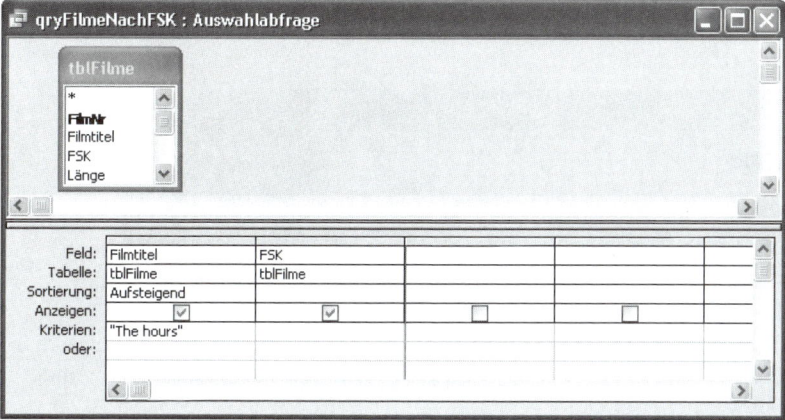

Nach der Ausführung der Abfrage zeigt Access das Ergebnis in der Datenblattansicht. Es gibt nur einen Datensatz, bei dem der Filmtitel exakt in der Schreibweise vorkommt, die im Kriterium angegeben wurde.

Ergebnis: Ein Datensatz

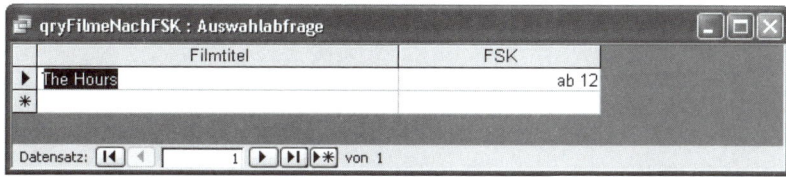

Auch für Texte können Sie die in Tabelle 15.1 aufgeführten Vergleichsoperatoren einsetzen, wie es das folgende Beispiel zeigt.

Neue Vergleichsbedingung

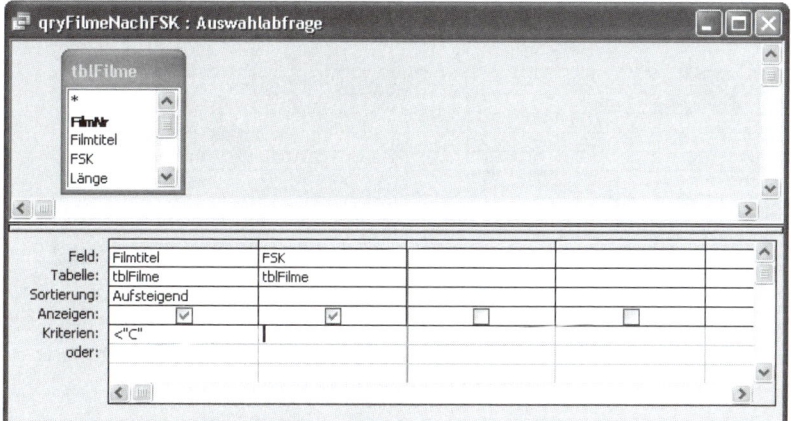

Abfragen

253

»Was ist kleiner als "C"?« werden Sie jetzt fragen. Alles, was vor dem Buchstaben »C« in der ANSI-bzw. Unicode-Codierung kommt! Das sind alle Filme, die mit A oder B beginnen.

Abbildg. 15.23 Ein Filmtitel ist kleiner als »C«

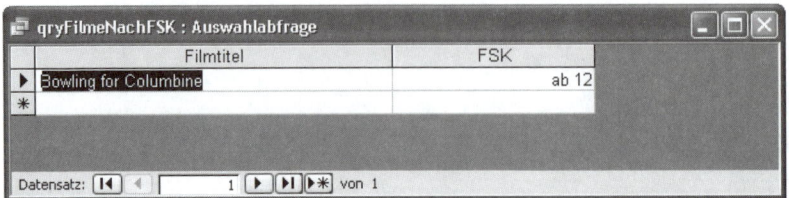

Was passiert, wenn Sie die Bedingung zu $<="D"$ abändern? Sie erhalten mit unseren Testdaten das gleiche Ergebnis! Das ist leicht zu erklären, denn ein Film mit dem Namen »C« findet sich nicht in unserer Tabelle.

Möchten Sie auch alle Filme mit dem Anfangsbuchstaben »D« in der Liste haben, so ist die Bedingung $<"E"$ besser. Wie Sie Abfragen für »Zeige mir alle Filmtitel, die mit dem Buchstaben D beginnen« realisieren, beschreiben wir weiter hinten in diesem Kapitel.

Bedingungen für Datumsfelder

Kriterien lassen sich auch für Datumsfelder angeben.

Lassen Sie alle Filme auflisten, deren Bundesstartdatum vor dem 1.10.2003 war.

1. Erstellen Sie eine Abfrage mit den Feldern *Bundesstartdatum* und *Filmtitel*.
2. Fügen Sie in das Kriterienfeld des Bundesstartdatums $<1.10.2003$ ein.

Abbildg. 15.24 Kriterium für Datumsfeld

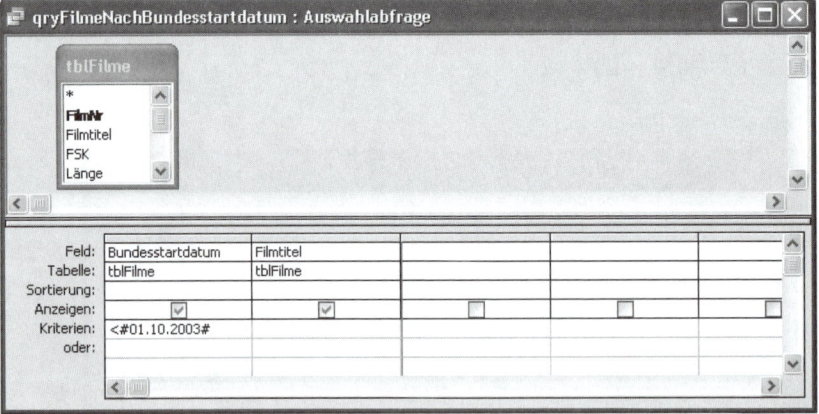

Datumswerte werden von Access automatisch von »#«-Zeichen umschlossen. Anstelle von Punkten zwischen der Angabe des Tages, des Monats und des Jahres können Sie auch Schrägstriche, »/«, oder Bindestriche, »-«, verwenden.

Abbildg. 15.25 Alle Filme vor dem 1.10.2003

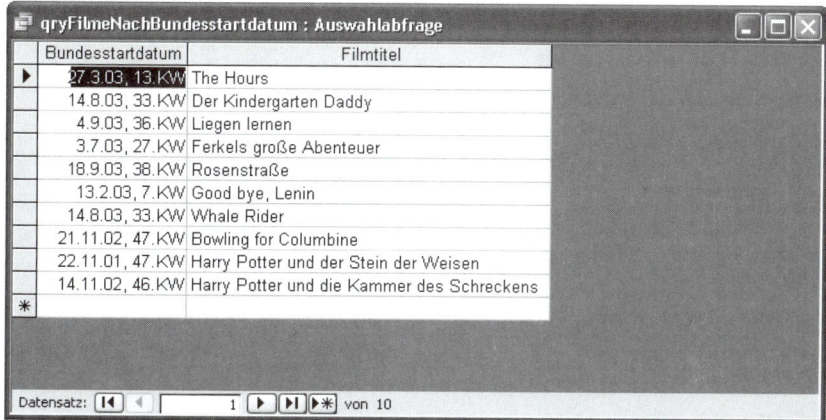

Wollen Sie auf Nummer sicher gehen, dass Ihre Datumskriterien richtig interpretiert werden, so geben Sie die »#«-Zeichen mit ein. In Kapitel 16, Abschnitt »Rechnen mit Datumswerten« beschreiben wir ausführlich die Arbeit mit Datumskriterien.

> **HINWEIS**   Beachten Sie, dass die Darstellung des Abfrageergebnisses formatiert erfolgt, je nachdem, welche Formate beim Tabellenentwurf der zugrunde liegenden Tabellen definiert wurden. Die Bedingungen in der Kriterienzeile müssen nicht formatiert angegeben werden.

Der »Zwischen«-Operator

Mit dem »Zwischen«-Operator bietet Ihnen Access ein Hilfsmittel, mit dem Sie schnell den auszuwählenden Bereich einschränken können. Möchten Sie beispielsweise ermitteln, welche Filme zwischen dem 1. und dem 30. November 2003 in die Kinos kamen, so könnten Sie die Abfrage durch das Kriterium *Zwischen #1.11.2003# Und #30.11.2003#* entsprechend definieren.

Abbildg. 15.26 Einschränkung mit dem »Zwischen«-Operator

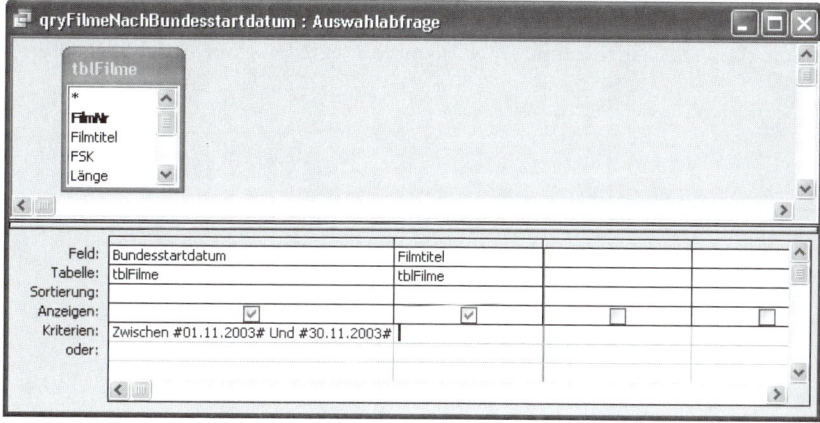

Der Operator ermittelt alle Filme im angegebenen Zeitraum, wobei die Werte inklusive zu verstehen sind, d.h., in unserem Beispiel gehören auch die Filme (soweit es welche gibt) vom 1.11. und vom 30.11. zum Ergebnis.

Abbildg. 15.27 Alle Filme zwischen 1. und 30. November

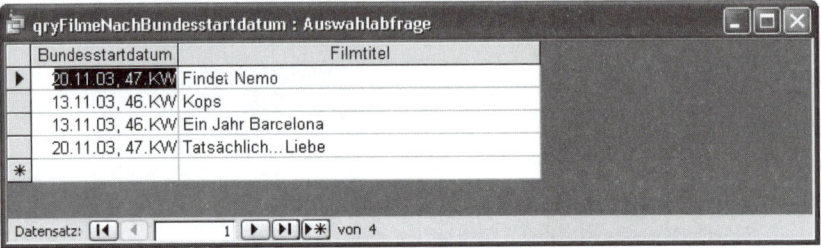

»Zwischen« arbeitet nicht nur mit Datumswerten, sondern auch mit Zahlen oder Texten. Beispielsweise werden mit der Bedingung *Zwischen 6 Und 12* für das Feld *FSK* alle Filme selektiert, die eine Freigabe von 6 oder 12 Jahren oder einen beliebigen Wert dazwischen haben.

Die Bedingung *Zwischen "B" Und "E"* für das Feld *Filmtitel* ermittelt alle Filme, die mit den Buchstaben B, C und D beginnen, inklusive eines Films mit dem Titel »E«. Beachten Sie, dass Sie bei Textvergleichen die Texte in Anführungszeichen einschließen müssen. Allerdings versucht Access mitzudenken, denn wenn Sie in der Kriterienzeile mit dem Wort *Zwischen* beginnen, wird der nächste Texteintrag automatisch in Anführungszeichen gesetzt.

Der »Wie«-Operator

Der flexibelste Operator für die Angabe von Kriterien ist *Wie*. Mit seiner Hilfe lassen sich auch komplizierte Bedingungen leicht umsetzen, allerdings eignet er sich nur für Textfelder. Der Operator wird ergänzt durch mehrere Platzhaltersymbole, die für eine feste oder eine variable Anzahl beliebiger Zeichen stehen können.

Die Platzhalter »*« und »?«

Wie finden Sie heraus, welche Filmtitel mit dem Buchstaben D beginnen?

Verwenden Sie dazu *D** als Kriterium. Dabei steht * für eine beliebige Anzahl beliebiger Zeichen.

Abbildg. 15.28 Abfrage mit dem »Wie«-Operator

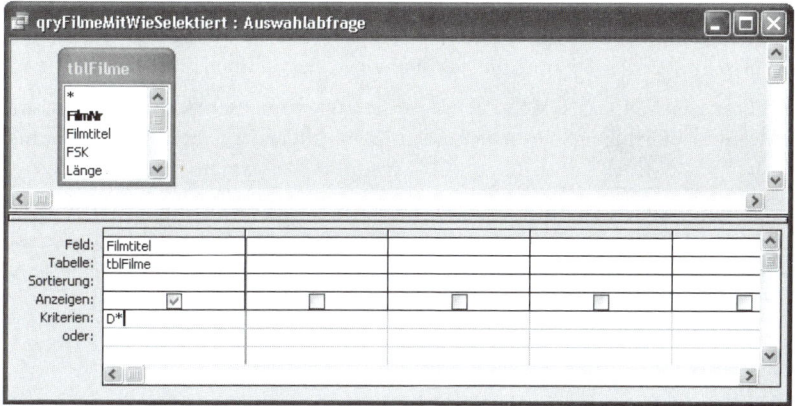

Access setzt Ihre Eingabe nach Verlassen des Bedingungsfeldes in *Wie "D*"* um.

Abbildg. 15.29 Umwandlung durch Access

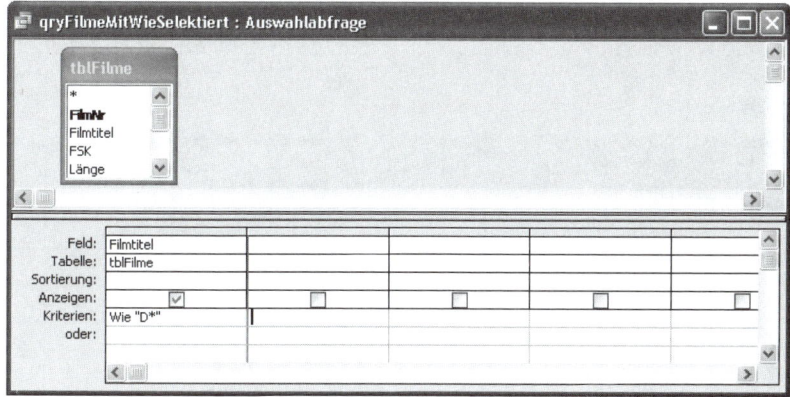

Das Ergebnis der Abfrage sind alle Filme, die mit einem »D« beginnen. Schreiben Sie allerdings als Bedingung *"D*"* mit den Anführungszeichen, so werden nur die Filme selektiert, deren Titel exakt »D*« lautet. Wichtig für Abfragen mit dem Platzhalter »*« ist also der Operator *Wie*.

Die Bedingung *Wie "D*E"* ergibt alle Filme, deren Titel mit »D« beginnen und mit »E« enden. Das Ergebnis zeigt Abbildung 15.30.

Abbildg. 15.30 Ergebnis der Abfrage *Wie "D*E"* für den Filmtitel

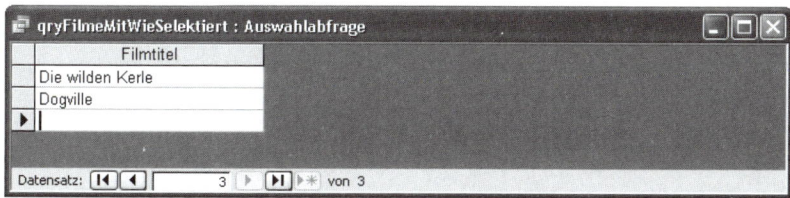

Der zweite Platzhalter für den *Wie*-Operator ist das Fragezeichen. Das Fragezeichen steht für ein beliebiges Zeichen. Stellen Sie sich vor, Sie möchten aus einer Adressenliste alle Nachnamen herausfiltern, die »Maier« oder »Meier« heißen, da Sie sich nicht mehr an die genaue Schreibweise erinnern. Mit *Wie "M?ier"* würden Sie mithilfe des *Wie*-Operators schnell zum Ziel kommen.

Sternchen und Fragezeichen lassen sich auch kombinieren bzw. mehrfach einsetzen. So würde *Wie "M??er"* alle Meier in beliebiger Schreibweise ermitteln, allerdings auch die Nachnamen »Mauer« oder »Maler«. Mit *Wie "M?ier*"* erhielten Sie als Ergebnis »Meiermann«, »Maierle« usw.

Sie können eine Bedingung auch mit Sternchen oder Fragezeichen beginnen, beispielsweise mit *Wie "*mann"* alle Namen selektieren, die auf »mann« enden. Beachten Sie dabei, dass Access zur Lösung der Abfrage alle Datensätze Ihrer Tabelle durchsuchen muss, während in den Fällen, in denen der Platzhalter nicht am Anfang steht, Access gegebenenfalls Indizes zur schnelleren Abfrage nutzen kann.

Der Platzhalter »#«

Der Platzhalter »#« steht für eine beliebige Ziffer. Stellen Sie sich vor, Sie hätten eine Tabelle für die Artikel angelegt, die am Kiosk im Kinocenter verkauft werden, also Erdnüsse, Chips, Eis usw. Jeder Artikel besitzt eine eindeutige Artikelnummer. Diese Nummer setzt sich aus der Warengruppe, einer laufenden Nummer, einem Preiscode und einer Kennung für die Mehrwertsteuer zusammen, z.B. 032-01234-D-7. Die Artikelnummer muss in der Tabelle als Textfeld angelegt werden, denn führende Nullen, Bindestriche und Buchstaben lassen sich nicht in Zahlenfelder eingeben.

Abbildg. 15.31 Die Artikeltabelle

Sie möchten nun alle Artikel der Warengruppen »032« und »034«, aber nicht die Gruppe »03F« aus Ihrer Artikeltabelle selektieren.

Verwenden Sie *Wie "03*"*, so werden auch die Artikel der Warengruppe »03F« gezeigt. Mit dem #-Platzhalter können Sie festlegen, dass das dritte Zeichen der Artikelnummer eine Ziffer sein soll. Das Kriterium lautet damit *Wie "03#*"*.

Abbildg. 15.32 Abfrage nach Warengruppen

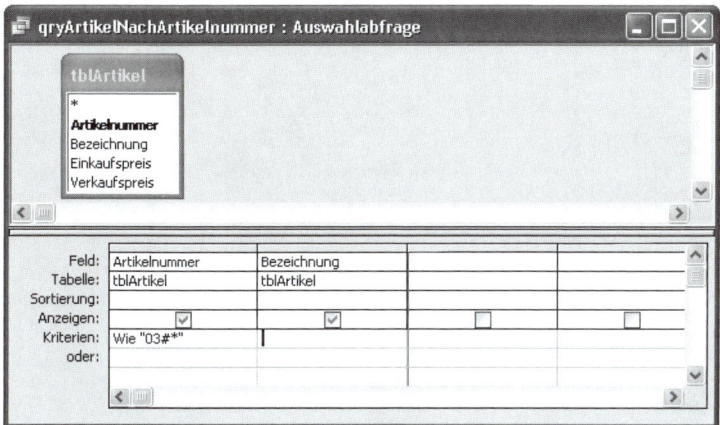

Das Ergebnis der Abfrage nach Warengruppen zeigt Abbildung 15.33.

Abbildg. 15.33 Die Warengruppen »03#*«

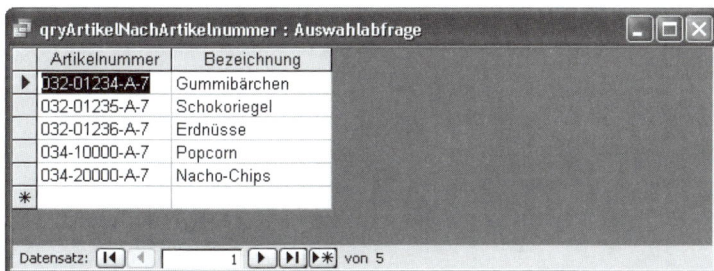

Mit Klammern schnell zum Ziel

Der *Wie*-Operator bietet noch weitere Möglichkeiten. Lassen Sie uns für das nächste Beispiel zur Tabelle mit den Filmtiteln zurückkommen. Möchten Sie jetzt alle Filme auflisten, deren Titel mit den Buchstaben »D«, »T« oder »R« beginnen, so müssten Sie nach dem bisherigen Stand drei Abfragen erstellen. Access ermöglicht es Ihnen, das Ganze in eine Abfrage zu packen. Lernen Sie dazu einen neuen Platzhalter kennen oder eigentlich ein Platzhalterpärchen. Die Bedingung, um die Filmtitel mit »D«, »T« oder »R« zu selektieren, können Sie als *Wie "[DTR]*"* schreiben.

Abfrage mit dem Platzhalterpärchen *[ ]*

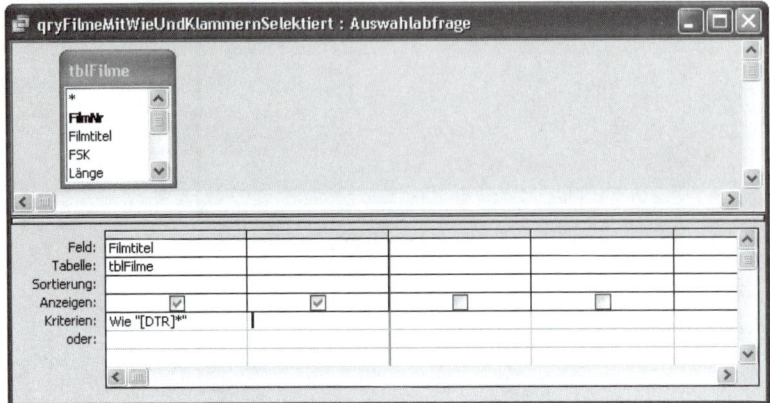

Innerhalb der eckigen Platzhalterklammern geben Sie die Zeichen an, nach denen ausgewählt werden soll. Die Platzhalterklammern halten den Platz für genau ein Zeichen frei.

> **HINWEIS** Bei der Formulierung dieser Abfrage ist es wichtig, sich an die richtige Schreibweise zu halten. Sie müssen sowohl das *Wie* als auch die Anführungszeichen mit eintippen, um die Abfrage starten und ausführen zu können.

Alle Filme, die mit »D«, »R« oder »T« beginnen

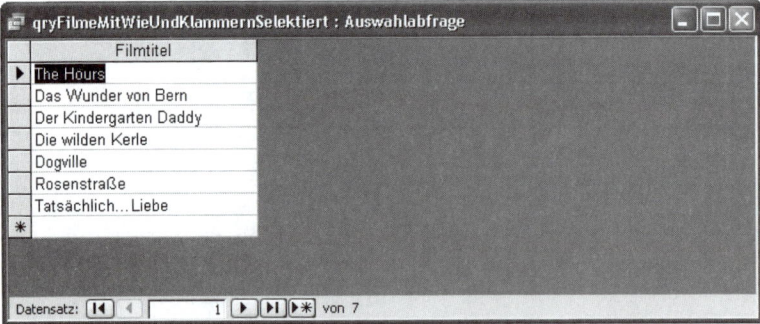

Tabelle 15.2 zeigt Ihnen die Möglichkeiten, die Ihnen die [ ]-Platzhalter bieten. Sie können den Bindestrich für Von-Bis-Angaben und das Ausrufezeichen zur Verneinung einsetzen.

Tabelle 15.2 Platzhaltervarianten

Variante	Ergebnis
[AFKO]	A, F, K, O
[A-F]	A, B, C, D, E, F
[A-FMPX]	A, B, C, D, E, F, M, P, X
[ADM-PZ0-37]	A, D, M, N, O, P, Z, 0, 1, 2, 3, 7

Tabelle 15.2 Platzhaltervarianten *(Fortsetzung)*

Variante	Ergebnis
[!A]	Alle außer A
[!A-F]	Alle außer A, B, C, D, E, F

HINWEIS   Achten Sie darauf, dass bei Von-Bis-Angaben wie beispielsweise *[A-F]* die Reihenfolge korrekt ist. Versuchen Sie die Abfrage mit *[F-A]* zu definieren, so erhalten Sie eine Fehlermeldung.

Suche nach den Platzhalterzeichen

Was aber, wenn Sie nach einem Platzhalterzeichen selbst suchen müssen? Bei der Eingabe der Filme lagen einige Filmtitel noch nicht in der endgültigen deutschen Übersetzung vor. Damit diese Filme schnell wiedergefunden und gegebenenfalls korrigiert werden können, wurde jeweils ein Fragezeichen vor den Filmtitel gesetzt. Wie lassen sich nun diese Filmtitel selektieren?

Versuchen wir es mit *Wie "?*"*, so entspricht das Abfrageergebnis einer Abfrage mit *Wie "*"*, d.h., es werden alle Filme aufgeführt. Die Lösung für dieses Problem ist wieder das Platzhalterpärchen *[ ]*. Geben Sie als Bedingung *Wie "[?]*"* an, so werden nur die Einträge aufgeführt, die mit einem Fragezeichen beginnen. Bei Platzhalterzeichen, die innerhalb der eckigen Klammern angegeben werden, wird nach dem Zeichen selbst gesucht.

Der »In«-Operator

Der *In*-Operator ermöglicht es Ihnen, eine Liste von Werten als Kriterium zu übergeben. Es werden dann nur diejenigen Einträge selektiert, die einem Wert der Liste entsprechen. Geben Sie als Bedingung für den Filmtitel *In ("Rosenstraße";"Dogville")* an, so werden nur diese beiden Filme selektiert.

Abbildg. 15.36 *In*-Bedingung

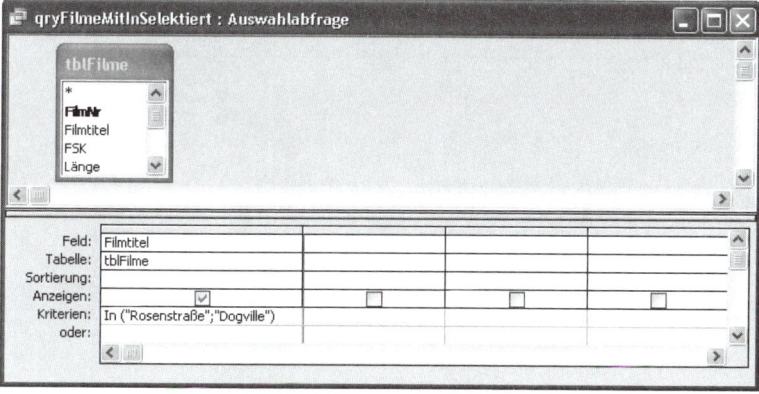

Die Liste der Werte innerhalb der Klammern für den *In*-Operator kann fast beliebig lang sein. Alle Werte werden durch ein Semikolon voneinander getrennt.

Die gewünschten beiden Filme

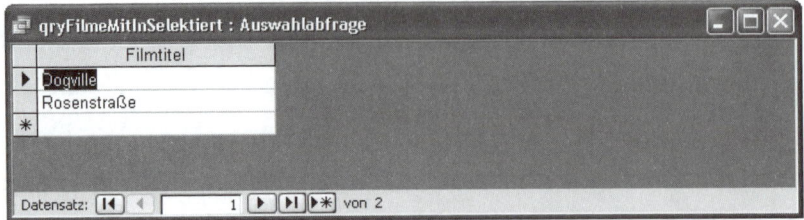

Der *In*-Operator ist, im Unterschied zu *Wie*, nicht nur für Texte gedacht, sondern arbeitet auch mit Zahlen und Datumswerten.

Der »Nicht«-Operator

Mithilfe des Operators *Nicht* können Sie eine Bedingung negieren. *Nicht "Rosenstraße"* als Kriterium für den Filmtitel beispielsweise würde alle Filme selektieren außer »Rosenstraße«. *Nicht* lässt sich mit den oben besprochenen Operatoren kombinieren, beispielsweise *Nicht Zwischen 6 und 12* oder *Nicht Wie "B*"*.

Sonderfall: NULL-Werte

Der Wert *NULL* zeigt die »Leere« eines Datenfeldes an. Ein Feld hat den Wert *NULL*, wenn es keinen definierten Inhalt hat. *NULL* darf nicht mit der Zahl 0, einer leeren Zeichenfolge "" oder einem Leerzeichen verwechselt werden.

In Abbildung 15.38 sehen Sie einen Ausschnitt aus der Filmliste. Für einige Filme wurde der Titel des Originals erfasst, für alle anderen wurde in dieses Feld nichts eingetragen.

Abbildg. 15.38 Filmliste

Filmtitel	FSK	Länge	Originaltitel
+ The Hours	ab 12	115 min	
+ Das Wunder von Bern	ab 6	117 min	
+ Luther	ab 12	123 min	
+ Der Kindergarten Daddy	Ohne Altersbeschränkung	92 min	Daddy Day Care
+ Herr Lehmann	ab 12	110 min	
+ Findet Nemo	Ohne Altersbeschränkung	100 min	Finding Nemo
+ Liegen lernen	ab 12	87 min	
+ Die wilden Kerle	Ohne Altersbeschränkung	94 min	
+ Dogville	ab 12	178 min	Dogville
+ Ferkels große Abenteuer	Ohne Altersbeschränkung	75 min	Piglet's Big Movie
+ Rosenstraße	ab 12	135 min	
+ Good bye, Lenin	ab 6	121 min	
+ Kops	ab 12	91 min	
+ Whale Rider	ab 6	101 min	
+ Bowling for Columbine	ab 12	119 min	
+ Ein Jahr Barcelona	ab 6	121 min	L' auberge espagnole
+ Tatsächlich...Liebe	ab 6	135 min	Love Actually
+ Harry Potter und der Stein de	ab 6	152 min	Harry Potter and the Sorcere

Datensatz: 9 von 19

Sie möchten nun alle Filme auflisten, für die noch kein Originaltitel eingetragen wurde. Wie lautet die Bedingung für die Abfrage? Sie könnten versuchen, die Abfrage wie in Abbildung 15.39 zu formulieren.

Abbildg. 15.39 Erster Versuch

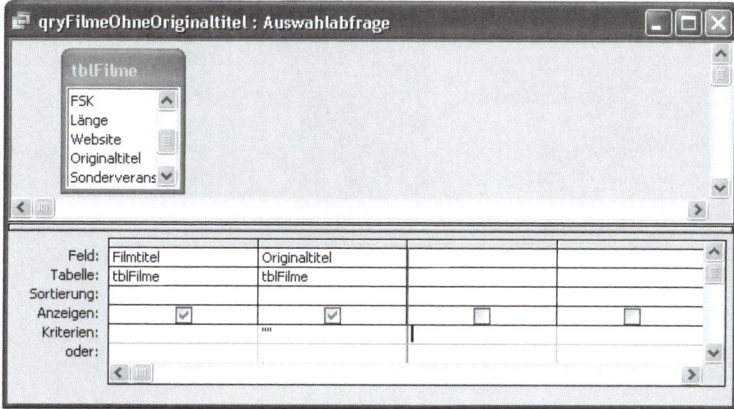

Leider ist das Ergebnis der Abfrage nicht das, was wir erreichen wollten, denn das Ergebnis enthält keinen einzigen Datensatz.

Um es kurz zu machen: Zum Ermitteln leerer Felder können Sie den speziellen Wert *NULL* verwenden. Abbildung 15.40 stellt die geänderte Abfrage dar. Beachten Sie dabei, dass hier nicht auf *=Null* abgefragt wird, sondern Access das zusätzliche Befehlswort *Ist* verwendet, das nur im Zusammenhang mit *NULL* eingesetzt werden kann.

Abbildg. 15.40 Geänderte Abfragebedingung

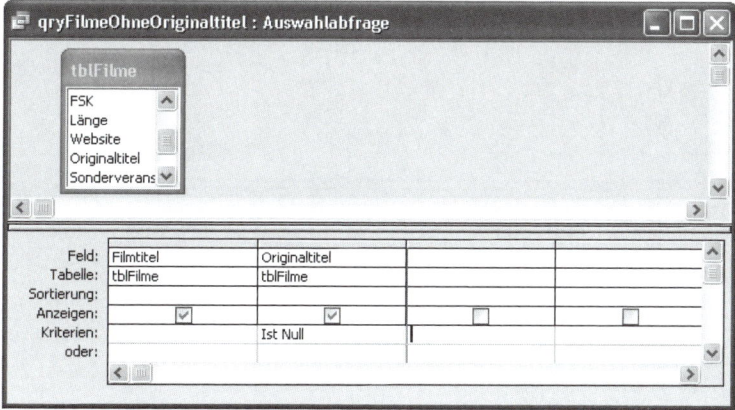

Das Ergebnis der Abfrage umfasst alle Datensätze, für die noch kein Originaltitel eingegeben wurde.

Abbildg. 15.41   Ergebnis der geänderten Abfrage

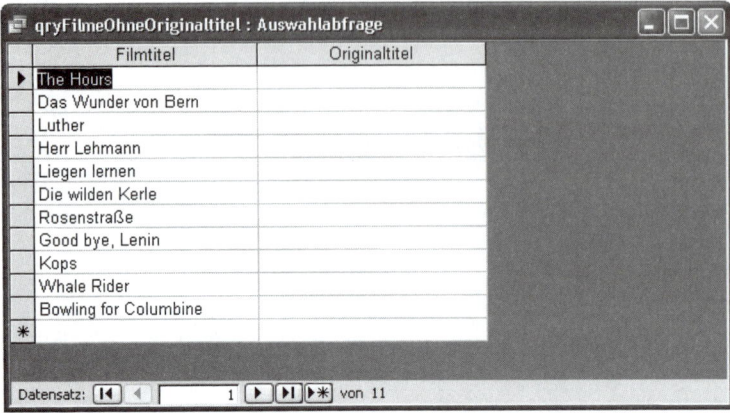

Möchten Sie alle Filme ermitteln, für die schon ein Originaltitel definiert wurde, so können Sie mit *Ist Nicht Null* die Abfrage festlegen.

Mehrere Kriterien gleichzeitig verwenden

Access ermöglicht es Ihnen auch, mehrere Bedingungen gleichzeitig anzugeben. So lassen sich alle Filme ermitteln, deren Titel mit »D« anfängt und die länger als 100 Minuten dauern. In Abbildung 15.40 wurden beide Bedingungen in die gleiche Kriterienzeile geschrieben.

Abbildg. 15.42   Hier wurden zwei Bedingungen vereinbart

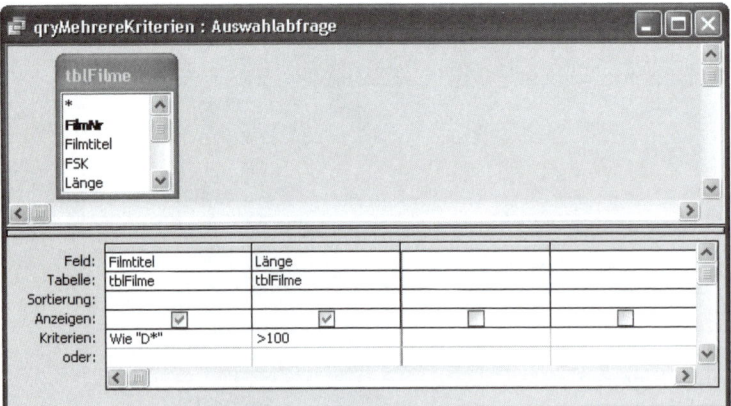

Möchten Sie dagegen alle Filmtitel auflisten, die mit »D« beginnen oder deren Länge mehr als 100 Minuten beträgt, so werden die Bedingungen in verschiedene Kriterienzeilen eingesetzt.

Entweder – oder!

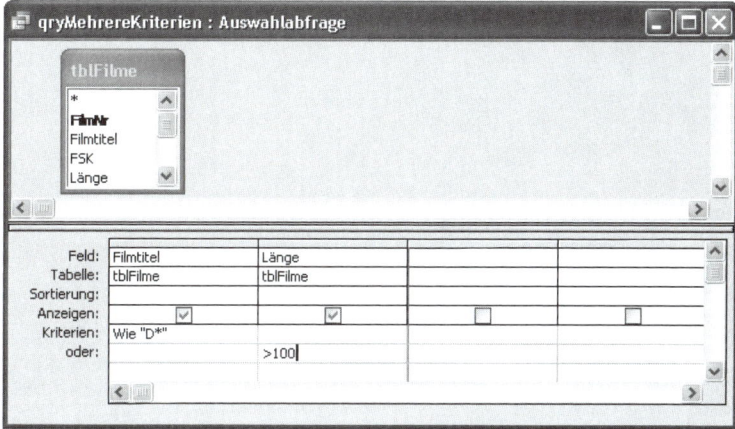

Möchten Sie mehrere Bedingungen für das gleiche Feld vereinbaren, so können Sie sie mit dem Befehlswort *Und* verketten, wie es Abbildung 15.44 illustriert. Hier werden alle Filme selektiert, deren Laufzeit zwischen 100 und 120 Minuten liegt.

Mit *Und* verknüpft

Möchten Sie dagegen alle Filme ermitteln, deren Titel entweder mit »D« oder mit »T« beginnt, so können Sie die Bedingung als *Wie "D*" Oder Wie "T*"* schreiben.

Mit *Oder* verknüpft

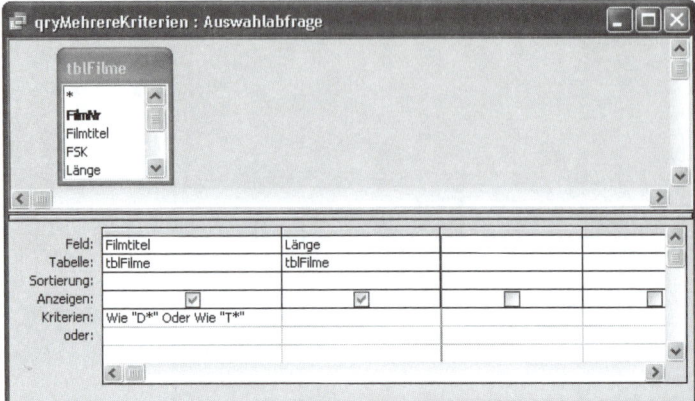

Alternativ zur Schreibweise in Abbildung 15.45 könnten Sie auch die Bedingungen für den Filmtitel untereinander in zwei Kriterienzeilen festlegen, wie es Abbildung 15.46 zeigt. Das Ergebnis ist in beiden Fällen gleich.

Alternative *Oder*-Schreibweise

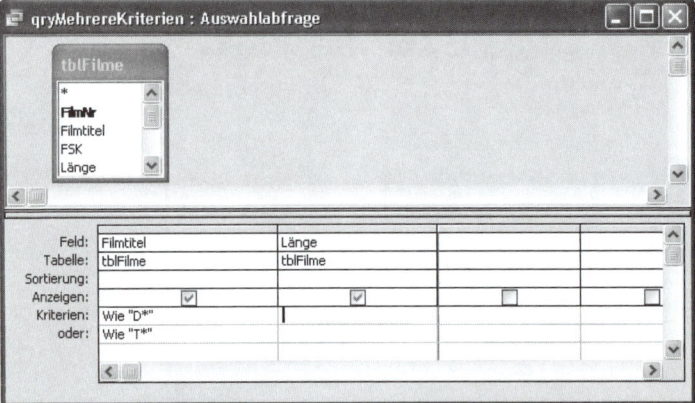

Abfragebeispiele

In diesem Abschnitt möchten wir Ihnen eine Reihe von Beispielen für Abfragekriterien geben. Alle Beispiele beziehen sich auf die Tabelle *tblFilme*.

Tabelle 15.3 Abfragebeispiele

Fragestellung	Bedingung	Alternative
Alle Filme, deren Bundesstartdatum im November 2003 lag	für *Bundesstartdatum*: Zwischen #01.11.2003# Und #30.11.2003#	für *Bundesstartdatum*: >= #01.11.2003# Und <= #30.11.2003#

Tabelle 15.3 Abfragebeispiele *(Fortsetzung)*

Fragestellung	Bedingung	Alternative
Alle Filme, deren Bundesstartdatum nicht im vierten Quartal 2003 lag	für *Bundesstartdatum*: *Nicht Zwischen #01.10.2003# Und #31.12.2003#*	für *Bundesstartdatum*: *<#01.10.2003 Und >#31.12.2003#*
Nur die Filme »Findet Nemo«, »Good Bye, Lenin« und »Ein Jahr Barcelona«	für *Filmtitel*: *In ("Findet Nemo"; "Good Bye, Lenin"; "Ein Jahr Barcelona")*	für *Filmtitel*: *"Findet Nemo" Oder "Good Bye, Lenin" Oder "Ein Jahr Barcelona"*
Alle Filme, für die die Länge in Minuten mit 0 angegeben wurde	für *Länge*: *=0*	
Alle Filme, für die noch keine Länge angegeben wurde	für *Länge*: *Ist Null*	
Alle Filme, für die die Länge mit 0 oder für die die Länge noch nicht angegeben wurde	für *Länge*: *=0 Oder Ist Null*	
Alle Filme, die mit »Potter« im Filmtitel gekennzeichnet sind	für *Filmtitel*: *Wie "*Potter*"*	
Alle Filmtitel, die mit einer Ziffer beginnen	für *Filmtitel*: *Wie "#*"*	für *Filmtitel*: *Wie "[0-9]*"*
Alle Filme, deren Bundesstartdatum im November 2003 lag und die ab 16 Jahren freigegeben sind	für *Bundesstartdatum*: *Zwischen #01.11.2003# Und #30.11.2003#* Und für *FSK*: *=16*	für *Bundesstartdatum*: *>= #01.11.2003# Und <= #30.11.2003#* Und für *FSK*: *=16*

Parameterabfragen definieren

Die Bedingungen von Abfragen werden mit den Abfragen gespeichert. Bei einem erneuten Ausführen der Abfrage werden also die gespeicherten Kriterien angewendet. Möchten Sie die Bedingungen ändern, so müssen Sie in die Entwurfsansicht für Abfragen schalten und dort die gewünschten Änderungen vornehmen.

Parameterdefinition

Access bietet Ihnen die Möglichkeit, Ihre Abfragen flexibler zu gestalten. Sie können in Ihren Abfragen Parameter definieren, die beim Ausführen der Abfragen in einem Dialogfeld von Ihnen abgefragt werden. Am einfachsten lassen sich Parameter mit einem Beispiel erklären.

Sie möchten alle Filme auflisten, die für ein bestimmtes Alter freigegeben sind. Die Abfrage soll vor der Ausführung nachfragen, für welches Alter die Filmtitel aufgeführt werden sollen.

1. Erstellen Sie eine neue Abfrage mit den Feldern *Filmtitel* und *FSK*.
2. Fügen Sie für *FSK* als Kriterium *<=[Für welches Alter?]* ein.

Ein Parameter wird in eckige Klammern eingeschlossen. Der Text in den Klammern kann beliebige Zeichen enthalten.

Abbildg. 15.47   Definition der Parameterabfrage

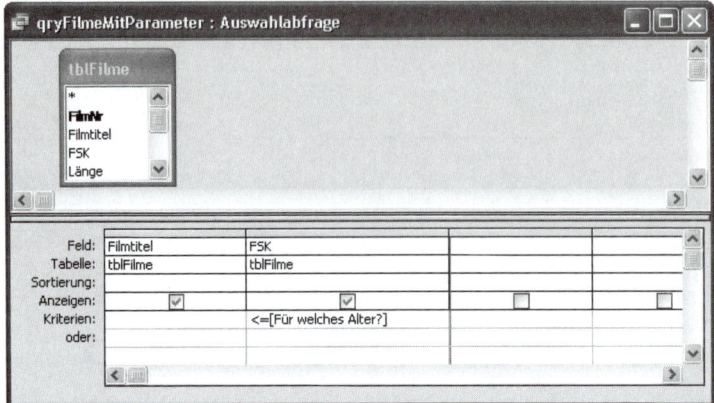

Der in die eckigen Klammern eingeschlossene Text darf nicht der Bezeichnung eines Feldes entsprechen.

Bei der Ausführung der Abfrage wird das in Abbildung 15.48 gezeigte Dialogfeld eingeblendet.

Abbildg. 15.48   Dialogfeld zum Eingeben eines Parameters

Geben Sie nun das gewünschte Alter ein, so wird die Abfrage mit diesem Wert durchgeführt.

Abbildg. 15.49   Alle Filme frei ab 6 Jahren

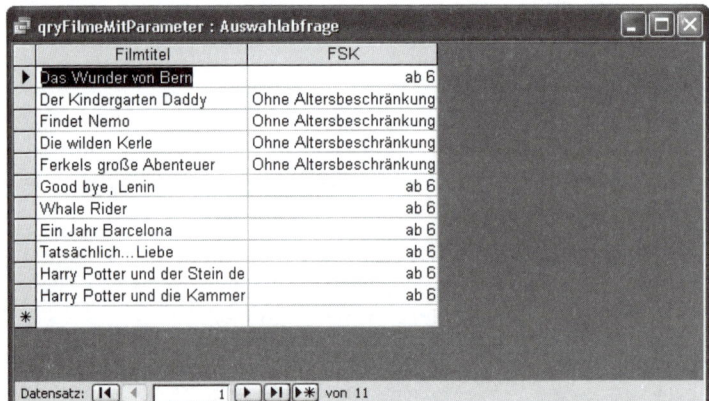

Was aber, wenn anstelle einer Zahl, die für die Bedingung des Freigabealters erwartet wird, irrtümlich ein Text eingegeben wird? Access reagiert darauf mit einer Fehlermeldung (Abbildung 15.50).

Abbildg. 15.50 Fehlermeldung

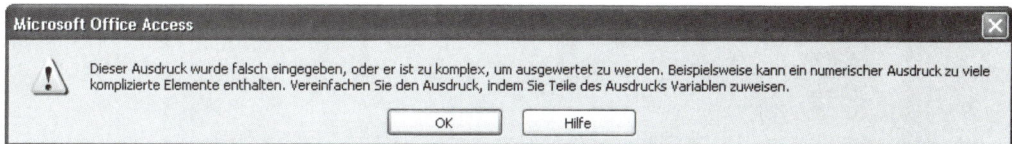

Im Abschnitt »Vordefinierte Parameter« weiter hinten in diesem Kapitel stellen wir Ihnen eine Access-Funktion vor, die falsche Parametereingaben vermeiden hilft.

Ein weiteres Beispiel für Parameter zeigt Abbildung 15.51. Hier wird der Textteil einer *Wie*-Bedingung vom Benutzer abgefragt. Durch den Einsatz des *Wie*-Operators erhält der Benutzer die Möglichkeit, mit Platzhaltersymbolen zu arbeiten.

Abbildg. 15.51 Parameter für den Filmtitel

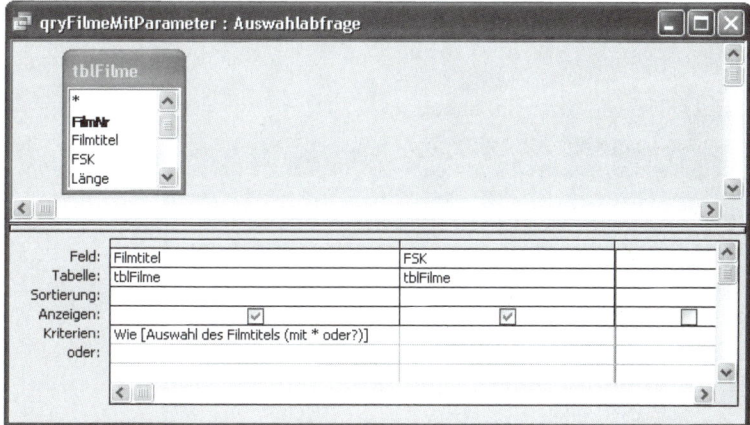

Im Text für den Parameter wurde mit angegeben, dass die Eingabe von Platzhaltern zulässig ist.

Abbildg. 15.52 Abfrage des Parameters

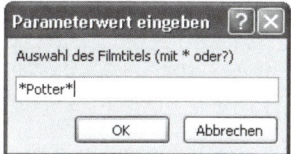

Oft empfiehlt es sich, für die *Wie*-Abfrage ein Sternchen automatisch zu ergänzen. Wie in Abbildung 15.53 gezeigt, wurde der Bedingung mit dem Parameter ein Sternchen mithilfe des &-Zeichens angehängt. & verkettet zwei Zeichenketten. Das hat zur Folge, dass jegliche Eingabe für den Parameter durch ein angehängtes Sternchen erweitert wird.

Abfragen

Abbildg. 15.53 Um Sternchen ergänzte Bedingung

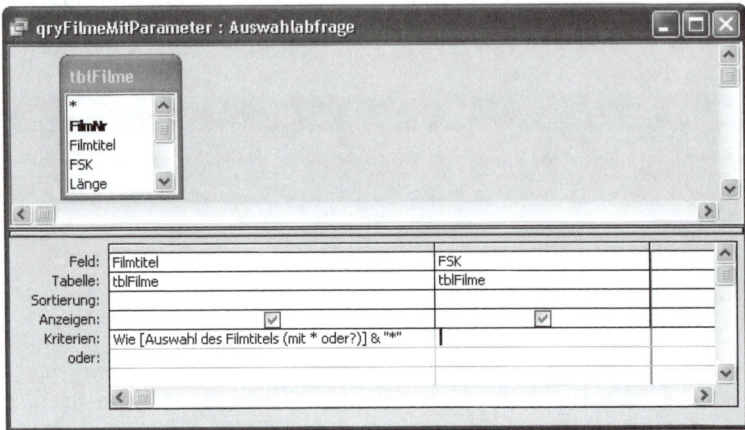

Mehrere Parameter

Sie können für Ihre Abfrage auch zwei oder mehr Parameter vereinbaren. Access fragt alle Parameter nacheinander in jeweils eigenen Dialogfeldern ab.

Abbildg. 15.54 Hier werden nacheinander zwei Parameter abgefragt

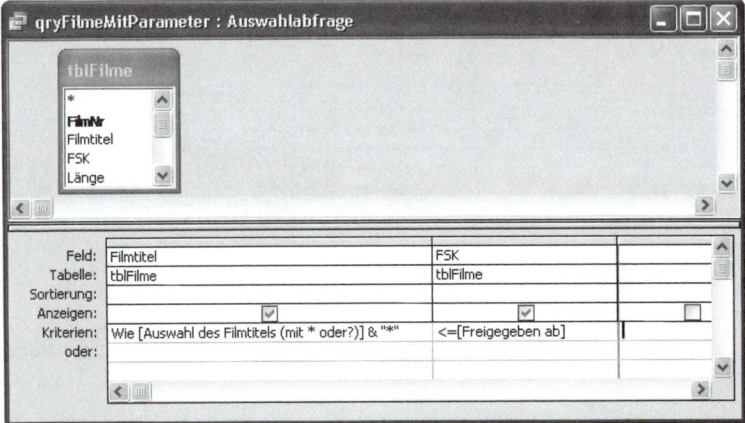

HINWEIS In Teil E stellen wir Ihnen in Kapitel 30 vor, wie Sie Formulare zur Eingabe von variablen Werten für Ihre Abfragen nutzen können. Mit dem Ergebnis der Abfrage wird dann ein Bericht erstellt.

Vordefinierte Parameter

Sie können Access zu einer Typüberprüfung bei der Eingabe von Parametern veranlassen, indem Sie die Parameter vordefinieren. Damit wird verhindert, dass Sie z.B. Texte statt Zahlen oder falsche Datumswerte angeben. Rufen Sie dazu in der Entwurfsansicht über den Menübefehl *Abfrage/Parameter* das in Abbildung 15.55 gezeigte Dialogfeld auf. Geben Sie in der Spalte *Parameter* die von Ihnen gewünschte Parameterbezeichnung ein und wählen Sie dazu rechts einen entsprechenden *Felddatentyp*.

Abbildg. 15.55 Dialogfeld *Abfrageparameter*

In diesem Dialogfeld können Sie Parameter hinzufügen und ändern. Die Parameter werden nicht automatisch eingefügt, sondern müssen manuell von Ihnen eingegeben werden. Dabei muss der Text im Feld *Parameter* dem Text in der Zeile *Kriterien* genau entsprechen. Neben dem Parametertext wird hier auch der *Felddatentyp* des entsprechenden Parameters festgelegt.

Der Sinn dieses Dialogfeldes besteht darin, eine Beziehung zwischen dem definierten Kriterium und dem Felddatentyp herzustellen, um eine Prüfung des Felddatentyps bei der Parametereingabe zu ermöglichen. Beispielsweise kann eine Bedingung für das *Bundesstartdatum* nur dann richtig ausgeführt werden, wenn für den Parameter *[Bundesstartdatum ab:]* ein gültiges Datum eingegeben wird.

Wird die Abfrage ausgeführt, erhalten Sie zur Eingabe das entsprechende Dialogfeld angezeigt. Entspricht Ihre Eingabe nicht dem für den Parameter vereinbarten Felddatentyp, wird die in Abbildung 15.56 vorgestellte Fehlermeldung eingeblendet. Bestätigen Sie die Fehlermeldung, werden Sie erneut nach dem Parameter gefragt.

Abbildg. 15.56 Fehlermeldung bei falschem Parameterdatentyp

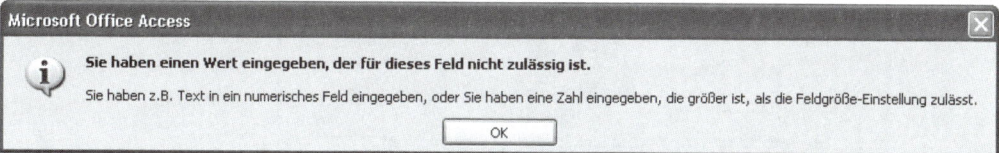

Von-Bis-Abfragen mit Parametern

Zum Abschluss des Abschnitts über Parameter noch ein Tipp für den Einsatz von Parametern mit dem *Zwischen...Und*-Operator. Stellen Sie sich vor, der Benutzer sollte die Möglichkeit erhalten, alle Filmtitel zu ermitteln, die mit den Buchstaben B, C, D und E beginnen. In der Abfrage werden dazu die Parameter *[Filmtitel von:]* und *[Filmtitel bis:]* abgefragt.

Abbildg. 15.57 Abfrage mit *Zwischen*-Bedingung

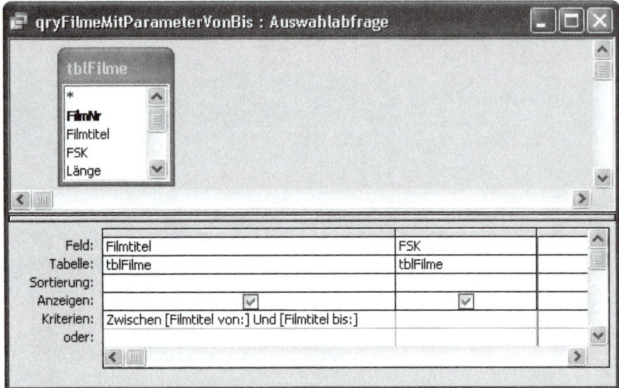

Um die Filmtitel herauszufinden, die mit B, C, D oder E beginnen, muss der Anwender für den ersten Parameter ein »B« und für den zweiten ein »F« eingeben. Für viele Anwender scheint dies unlogisch, obwohl es lexikalisch korrekt ist, denn hätte der zweite Parameter ein »E« zum Inhalt, wären Filme wie »Ein Jahr Barcelona« nicht im Abfrageergebnis enthalten, denn »Ei...« kommt alphabetisch nach »E«. Schwierig für den Anwender wird es insbesondere dann, wenn die Liste auch die Filme mit »Z« enthalten soll. Welcher Buchstabe kommt nach »Z«?

Der folgende Trick schafft Abhilfe: An den zweiten Parameter wird das in der alphabetischen Sortierung größte Zeichen angehängt. Das letzte Zeichen der ASCII/ANSI-Tabelle kann über die Access-Funktion *Zchn()* als *Zchn(255)* ermittelt werden. Die Abfrage erhält damit das in Abbildung 15.58 gezeigte Aussehen.

Abbildg. 15.58 Erweiterte Parameterbedingung

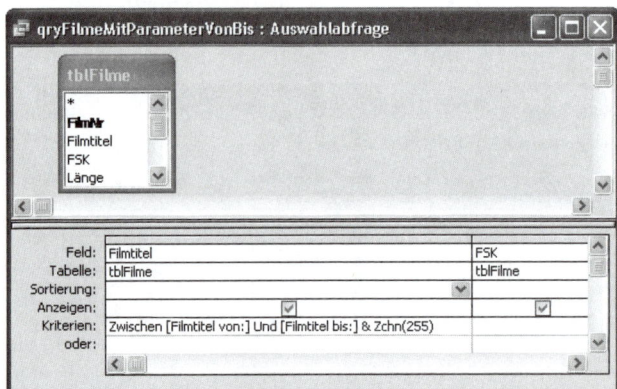

Unterdatenblätter

In Kapitel 12 haben wir Unterdatenblätter vorgestellt, mit deren Hilfe sich 1:n-Beziehungen zwischen Tabellen darstellen lassen. Auch für Abfragen lassen sich Unterdatenblätter definieren, die in der Datenblattansicht eingeblendet werden können.

Über *Ansicht/Eigenschaften* oder per Doppelklick in den leeren Bereich der in der Entwurfsansicht geöffneten Ansicht öffnen Sie die Abfrageeigenschaften. Hier sind die fünf letzten Eigenschaften für die Definition von Unterdatenblättern vorgesehen.

Tabelle 15.4   Eigenschaften für Unterdatenblätter

Eigenschaft	Beschreibung
Unterdatenblattname	Geben Sie hier die Tabelle oder Abfrage ein, die die Daten der *n*-Seite enthält.
Verknüpfen von	Hier wird das Verknüpfungsfeld der *n*-Seite bestimmt, also ein Feld der Tabelle oder Abfrage, die als *Unterdatenblattname* angegeben ist.
Verknüpfen nach	Geben Sie hier den Namen des Verknüpfungsfeldes der aktuellen Abfrage ein.
Unterdatenblatthöhe	Definieren Sie einen Wert größer 0 cm, so wird das Unterdatenblatt nicht automatisch an die Zahl der eingeblendeten Datensätze angepasst, sondern immer in der angegebenen Größe gezeigt.
Unterdatenblatt erweitert	Bestimmen Sie diese Eigenschaft mit *Ja*, so werden alle Unterdatenblätter automatisch aufgeklappt.

Nachdem Sie zur eben erstellten Abfrage *qryFilmeMitParameterVonBis* das Feld *FilmNr* hinzugefügt haben, können Sie mit den in Abbildung 15.59 zu sehenden Eintragungen eine Verknüpfung zur Tabelle *tblWochen* einrichten.

Abbildg. 15.59   Tabelle *tblWochen* als Unterdatenblatt einbinden

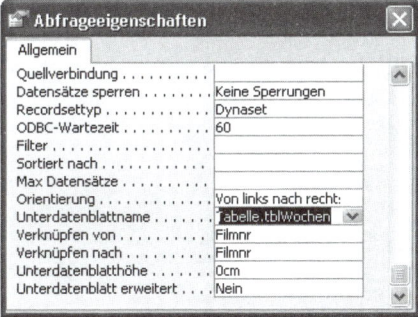

Für die im Abfrageergebnis angezeigten Filme können Sie dann mit einem Klick auf das Pluszeichen im Unterdatenblatt die zugehörigen Datensätze aus der Tabelle *tblWochen* anzeigen.

Abfragen

Abbildg. 15.60 Unterdatenblatt in einer Abfrage

Zusammenfassung

Dieses Kapitel befasste sich mit einfachen Abfragen, um eingegebene Daten auswerten zu können.

- Zunächst können Sie sehen, wie eine einfache Auswahlabfrage erstellt wird (Seite 240), wie Sie darin Felder aufnehmen (Seite 242), wie sich Spalten verschieben (Seite 243) und löschen lassen (Seite 244) sowie wie eine Abfrage gespeichert wird (Seite 244).

- Danach wird besprochen, wie sich die Sortierung des Ergebnisses einer Abfrage ändern lässt (Seite 245) und welche Sortierungen Access erlaubt (Seite 246).

- Häufig möchte man für Abfragen bestimmte Kriterien eingeben, nach denen die Daten ausgewählt werden sollen. Dazu lernen Sie einfache Bedingungen (Seite 249), Vergleichsoperatoren (Seite 252) und die Operatoren Wie (Seite 256), Zwischen (Seite 255), In (Seite 261) und Nicht (Seite 262) kennen. Auch die Bedeutung der NULL-Werte, also des leeren Datenfeldes wird behandelt (Seite 262). Sie erfahren zudem, wie Sie zwei Bedingungen mit *Und* bzw. mit *Oder* verknüpfen (Seite 264).

- Möchten Sie die Kriterien für Ihre Abfragen flexibler gestalten, so erfahren Sie ab Seite 267, wie Sie Abfragen mit Parametern erstellen.

Kapitel 16

Abfragen mit berechneten Feldern

In diesem Kapitel:

Nachdem wir im vorangegangenen Kapitel einfache Abfragen erläutert haben, möchten wir Sie in diesem Kapitel mit den Möglichkeiten von Access vertraut machen, innerhalb von Abfragen zu rechnen und Auswertungen durchzuführen.

Was sind »Dynasets« und »Snapshots«

Bevor wir die Rechenmöglichkeiten besprechen, sollen zunächst zwei neue Begriffe eingeführt werden: Dynasets und Snapshots.

Wenn Sie eine Abfrage ausführen, so erhalten Sie eine Ergebnismenge, die eine Anzahl von 0 bis n Ergebniszeilen, also Datensätze, enthalten kann. Die Inhalte der Ergebnismengen, die Sie im vorherigen Kapitel erhalten haben, ließen sich bearbeiten, Sie konnten Änderungen an den Datensätzen vornehmen, auch wenn die ermittelten Ergebniszeilen nur einen Teil der Datensätze und -spalten umfassten, die die Tabelle enthielt. Sie konnten trotzdem die Daten ändern.

Bearbeitbare Ergebnismengen werden in Access als Dynasets bezeichnet. Access versucht nach Möglichkeit immer, Ergebnismengen bearbeitbar zu halten. Hier liegt eine der großen Stärken von Access: In Access sind Ergebnismengen bearbeitbar, die in vielen anderen Datenbankprogrammen nur als Snapshot, also als nicht bearbeitbare Ergebnismenge, darstellbar sind.

Viele Abfragen hingegen, in denen berechnete Felder oder Auswertungen vorkommen, sind Snapshots, wie Sie in diesem Kapitel sehen werden.

Einfache Ausdrücke

Mit den Inhalten der Felder kann in Access-Abfragen einfach gerechnet werden, wobei wir im Folgenden unter Rechnen auch verstehen, wenn beispielsweise Textteile aneinander gehängt werden.

Einfache Berechnungen können sowohl für Spalten als auch für Bedingungen vorgenommen werden.

Berechnete Ergebnisspalten

Wie immer beginnen wir mit einem kleinen Beispiel: In unseren Kinos kalkulieren wir eine Zeitspanne von mindestens 45 Minuten zwischen den Vorstellungen ein, damit das Publikum den Kinosaal verlassen kann, das Personal kurz aufräumt und die neuen Zuschauer ihre Plätze einnehmen können.

Wir möchten nun eine Abfrage erstellen, die uns die Filmtitel, die Länge des Films in Minuten und die Länge zuzüglich der Turnaround-Zeit von 45 Minuten darstellt.

Schreiben Sie dazu die entsprechende Formel *Länge+45* einfach in die Zeile *Feld* im unteren Abfragebereich (Abbildung 16.1).

Abbildg. 16.1   Eingabe der Rechenvorschrift

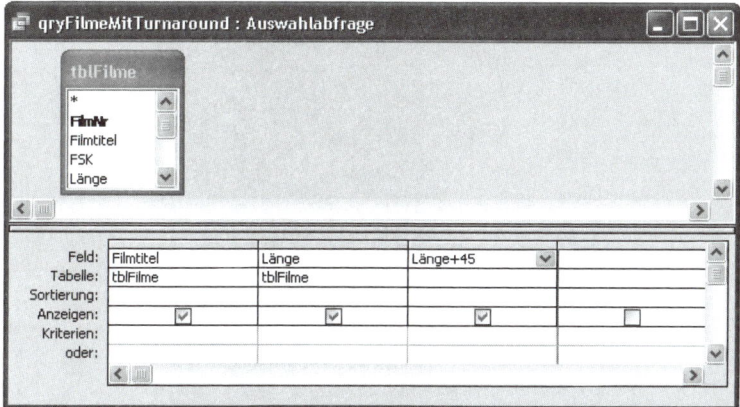

Wenn Sie den Cursor nach Ihrer Eingabe in ein anderes Feld stellen, wandelt Access Ihre Rechenvorschrift zu *Ausdr1: [Länge]+45* um. Der Feldname wird in eckige Klammern eingeschlossen.

HINWEIS   Verschreiben Sie sich bei den Namen der Felder, so denkt Access, Sie möchten einen Parameter verwenden. Achten Sie daher auf die genaue Schreibweise. Parameter wurden in Kapitel 15 im letzten Abschnitt beschrieben.

Vor der Formel hat Access *Ausdr1* als Abkürzung für »Ausdruck 1« eingefügt. Weitere Formeln werden mit *Ausdr2* usw. hochgezählt. Der Text vor dem Doppelpunkt, hier also *Ausdr1*, wird als Überschrift über der Tabellenspalte in der Datenblattansicht verwendet.

Abbildg. 16.2   Umwandlung der Rechenvorschrift durch Access

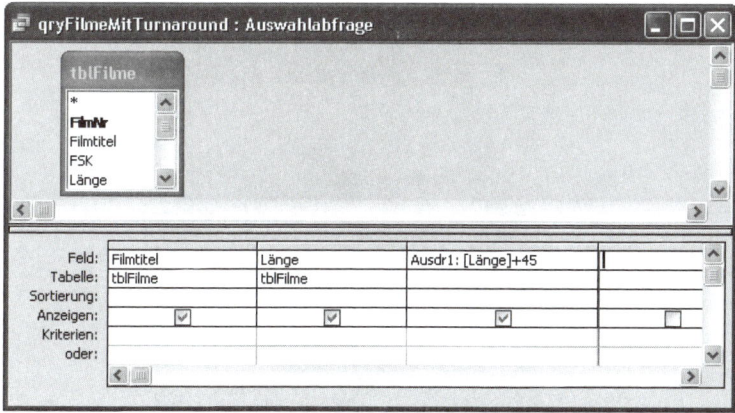

Wir haben die Spaltenüberschrift von *Ausdr1* zu *Mit Turnaround* geändert. In Abbildung 16.3 sehen Sie das Ergebnis der Abfrage.

Ergebnismenge mit errechnetem Feld

Filmtitel	Länge	Mit Turnaround
The Hours	115 min	160
Das Wunder von Bern	117 min	162
Luther	123 min	168
Der Kindergarten Daddy	92 min	137
Herr Lehmann	110 min	155
Findet Nemo	100 min	145
Liegen lernen	87 min	132
Die wilden Kerle	94 min	139
Dogville	178 min	223
Ferkels große Abenteuer	75 min	120
Rosenstraße	135 min	180
Good bye, Lenin	121 min	166
Kops	91 min	136
Whale Rider	101 min	146

Datensatz: 1 von 19

Die Daten in den Spalten *Filmtitel* und *Länge* lassen sich weiterhin bearbeiten, während die Spalte *Mit Turnaround* ein Rechenergebnis anzeigt, das natürlich nicht verändert werden kann.

PROFITIPP

Sie können die Überschriften von Spalten verändern, indem Sie dem Feldnamen einen Text durch Doppelpunkt getrennt voranstellen, beispielsweise *Titel des Films: [Filmtitel]*.

Das nächste Beispiel zeigt eine Verkettung von Textfeldern. Wir greifen dazu auf die Tabelle *Adressenliste* zurück. Beispielsweise sollen für den Druck von Adressaufklebern zusammengesetzte Spalten aus *Anrede/Vorname/Nachname* und *PLZ/Ort* erstellt werden, wobei die einzelnen Datenfelder durch Leerzeichen voneinander getrennt werden sollen. In Abbildung 16.4 ist die Definition der Spalten dargestellt.

Abfrage der Adressenliste

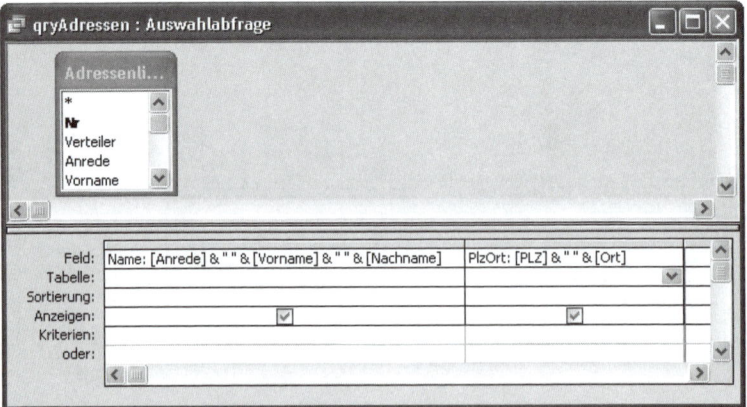

Reicht die Breite der Spalte nicht für Ihre Formel aus, so dass Sie immer nur Teile Ihrer Formel sehen, können Sie entweder, wie in Abbildung 16.4 zu sehen, die Spalte verbreitern oder mit ⌂+F2 ein so genanntes *Zoom*-Fenster auf den Bildschirm holen, in dem Sie Ihre Formel bequem editieren können.

Wir haben für die Verkettung der Felder den Verkettungsoperator »&« eingesetzt. Sie könnten auch einfach ein +-Zeichen zur Verkettung nehmen, allerdings gibt es zwischen beiden Operatoren einen entscheidenden Unterschied. Verketten Sie zwei Textfelder mit dem *&*-Operator und weist eines der beiden Felder den Wert *NULL* auf, so wird dieses Feld als leere Zeichenkette (*""*) behandelt, d.h., das Ergebnis der Verkettung ist der Inhalt des zweiten Textfeldes.

Verknüpfen Sie die Textfelder mit dem +-Operator, so sehen Sie keinen Unterschied bis auf die Behandlung von *NULL*-Werten. Weist eines der beiden Textfelder den Wert *NULL* auf, so ist das Ergebnis der Verkettung ebenfalls *NULL*.

In Abbildung 16.5 ist das Ergebnis der Abfrage mit den verketteten Textfeldern dargestellt.

Abbildg. 16.5   Zwei zusammengesetzte Ergebnisspalten

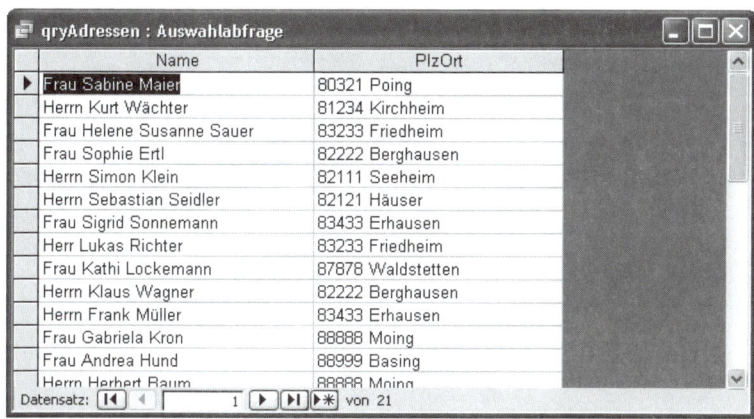

Tabelle 16.1 zeigt die Operatoren, die Sie für Ihre Berechnungen einsetzen können. Neben den Grundrechenarten stehen Ihnen zusätzliche Operatoren für ganzzahlige Divisionen, Potenzierung und Modulo-Rechnung zur Verfügung.

Tabelle 16.1   Operatoren

Operator	Bedeutung	Bemerkung
+	Addition	
-	Subtraktion	
*	Multiplikation	
/	Division	
\	Ganzzahlige Division	Die Operanden werden vor der Division in Byte-, Integer- oder Long Integer-Werte umgewandelt und gerundet. Das Ergebnis ist ganzzahlig vom Typ *Byte, Integer* oder *Long Integer*.

Tabelle 16.1 Operatoren *(Fortsetzung)*

Operator	Bedeutung	Bemerkung
^	Potenzierung	
Mod	Modulo	Gibt den Rest einer ganzzahligen Division zurück. Fließkommaoperanden werden zu ganzen Zahlen gerundet. Das Ergebnis ist ein Wert vom Typ *Byte*, *Integer* oder *Long Integer*.
&	Textverkettung	

Berechnete Bedingungen

Access erlaubt errechnete Bedingungen für Abfragen. Für das folgende Beispiel soll ermittelt werden, welche Filme inklusive der Turnaround-Zeit von 45 Minuten länger als drei Stunden dauern.

In Abbildung 16.6 wurde ein berechnetes Feld *Gesamtlänge: [Länge]+45* erstellt, für das eine berechnete Bedingung *>3*60* angegeben wurde.

Bedingung für berechnete Felder

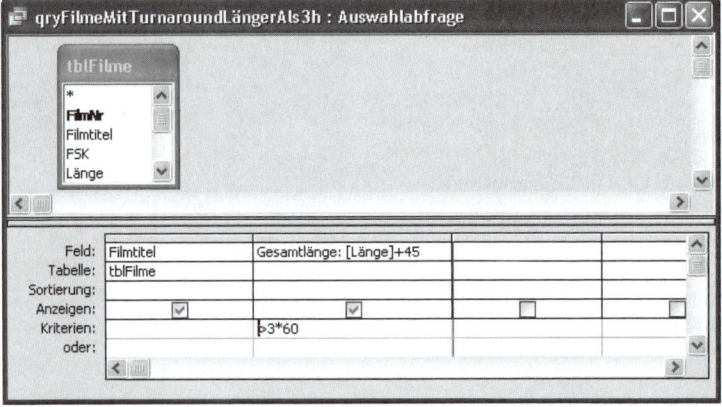

Nach der Ausführung erhalten Sie die Filmtitel mit der Gesamtlänge, die länger als 3*60, also länger als 180 Minuten dauern.

Alternativ möchten wir Ihnen zeigen, wie das Feld selbst in der Bedingung eingesetzt werden kann. Die Abfrage besteht jetzt aus den Feldern *Filmtitel* und *Länge*. Für die Länge wurde die berechnete Bedingung *[Länge]+45>3*60* festgelegt. Diese Vergleichsoperation kann entweder wahr oder falsch sein. Ist sie wahr, so wird der entsprechende Datensatz gezeigt.

Abbildg. 16.7   Berechnete Bedingung

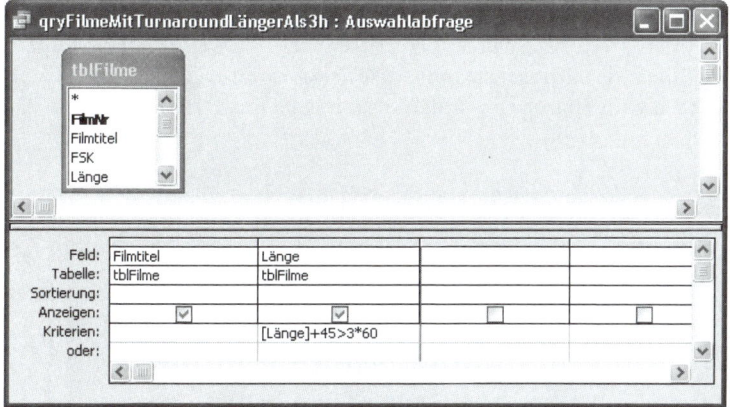

Berechnete Spalten weiterverwenden

Ihre Spaltenrechenergebnisse können auch weiterverwendet werden; in der folgenden Abfrage wird beispielsweise errechnet, in welchem Verhältnis die Filmlänge zur Gesamtlänge inklusive Turnaround steht.

Abbildg. 16.8   Weiterverwendung von Rechenergebnissen

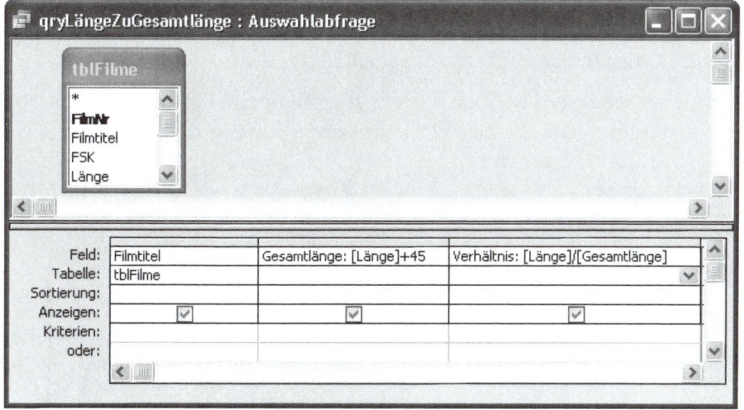

HINWEIS   Sie greifen auf ein Rechenergebnis mithilfe der Bezeichnung der Spalte zu. Setzen Sie dazu den jeweiligen Begriff in eckige Klammern.

Zahlenformate für Spalten

Sie können die Daten in Ihren Abfragespalten formatieren, beispielsweise die Filmlänge mit der Einheit »min« ausgeben. Rufen Sie dazu das Dialogfeld *Feldeigenschaften* auf, indem Sie eine der Zeilen der entsprechenden Spaltendefinition im unteren Abfragebereich anklicken und dann auf die Schaltfläche *Eigenschaften* klicken oder den Menübefehl *Ansicht/Eigenschaften* wählen.

Abbildg. 16.9 Im Dialogfeld *Feldeigenschaften* kann die Formatierung festgelegt werden

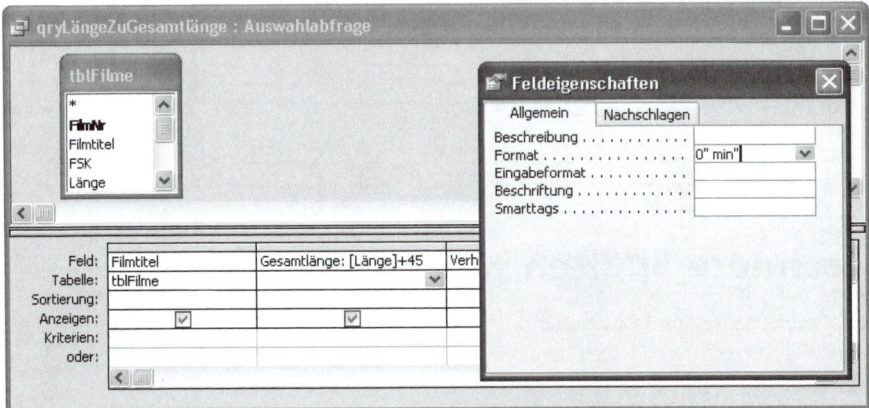

Sollten Sie anstelle des Dialogfeldes *Feldeigenschaften* das Dialogfeld *Abfrageeigenschaften* erhalten, klicken Sie mit der Maus eine der Spaltendefinitionen an, dann sollte sich das Dialogfeld ändern (es sei denn, für die Spalte ist die Option *Anzeigen* ausgeschaltet).

Wie Sie in Abbildung 16.9 sehen können, haben wir für die Spalte *Gesamtlänge* die Formatierung *0" min"* vereinbart. In Abbildung 16.10 ist das Ergebnis der Formatierung gezeigt.

Abbildg. 16.10 Formatierte Spalte *Gesamtlänge*

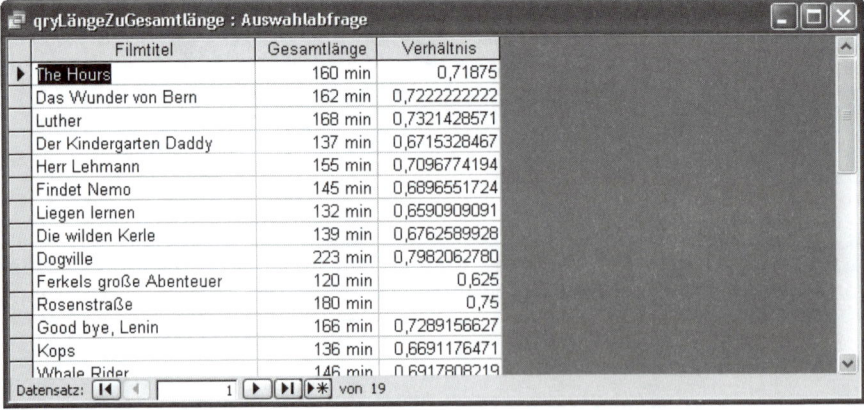

In Kapitel 10 wurden die Formatierungsmöglichkeiten ausführlich beschrieben.

Weitere Einstellungen im Dialogfeld *Feldeigenschaften*

Das Dialogfeld *Feldeigenschaften* bietet Ihnen weitere Einstellungen, die Sie für jede Spalte Ihrer Abfrage festlegen können.

In *Beschreibung* legen Sie einen Text fest, der – wenn die Einfügemarke in der Datenblattansicht in dieser Spalte steht – in der Statusleiste am unteren Rand des Access-Fensters gezeigt wird.

Die Möglichkeiten des Eingabeformats sind ebenfalls schon in Kapitel 10 besprochen worden.

Geben Sie unter *Beschriftung* einen Text an, wird dieser als Überschrift für die Spalte verwendet. Die *Beschriftung* hat Vorrang vor dem Text, der mit Doppelpunkt einer Formel oder einer Feldbezeichnung vorangestellt wird.

Access-Funktionen verwenden

Sie können in Ihren berechneten Spalten oder Bedingungen eine große Zahl von Funktionen nutzen, die Ihnen Access bereitstellt.

Die Wenn()-Funktion

Eine sehr oft eingesetzte Funktion ist *Wenn()*. Diese Funktion lässt sich mit »Wenn in einer Spalte ein bestimmter Wert steht, dann mache dieses, ansonsten jenes!« beschreiben.

Wir möchten für unser Beispiel eine Liste erzeugen, in der der Filmtitel, die Länge des Films und eine Warnung steht, wenn der Film länger als drei Stunden läuft.

In Abbildung 16.11 haben wir eine entsprechende *Wenn()*-Funktion vereinbart.

Abbildg. 16.11 Mit *Wenn()*-Funktion

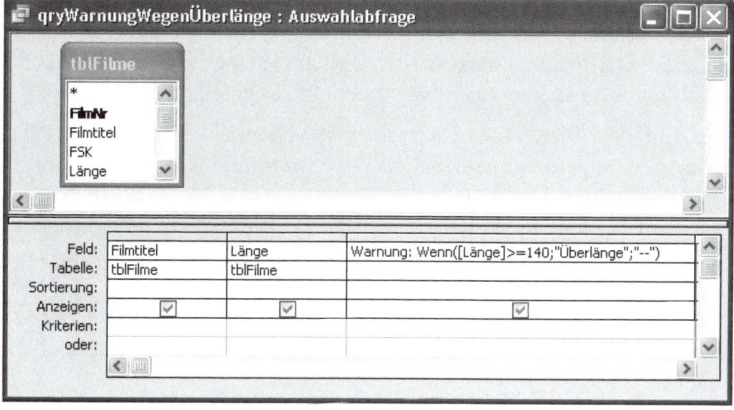

Die Funktion lässt sich allgemein als *Wenn(Bedingung; Wahr-Teil; Falsch-Teil)* schreiben. Wenn die »Bedingung« zutrifft, wird der »Wahr-Teil« ausgeführt, andernfalls der »Falsch-Teil«. Im Beispiel

Abfragen

wird, wie Abbildung 16.12 zeigt, der Text »Überlänge« ausgegeben, wenn die Bedingung *[Länge]>=140* zutrifft.

Mit Warnungstext

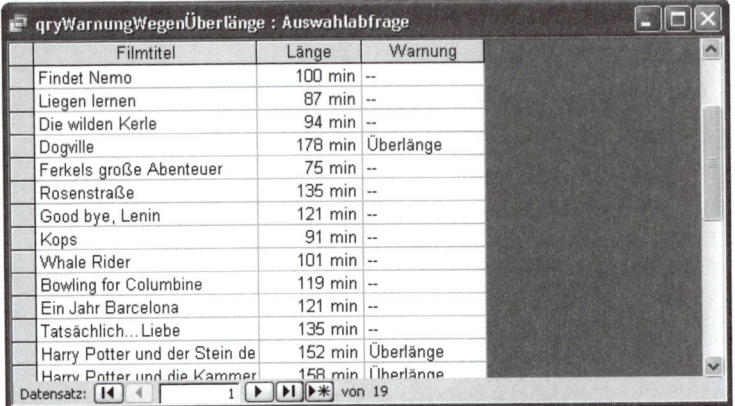

Beispiel 2: In der gleichen Weise könnten Sie die Formel *Wenn([FSK]<=6;"Für Kinder geeignet")* für die Altersfreigabe einsetzen. Wie Sie sehen, wurde hierbei auf den »Falsch-Teil« der *Wenn()*-Funktion verzichtet.

Beispiel 3: Der Turnaround ist bei vielen Sonderveranstaltungen länger, denn bis der letzte Gast sein Gläschen Sekt aus der Hand stellt und wieder Ordnung im Saal herrscht, vergeht einfach mehr Zeit. Die folgende Formel berücksichtigt dies: *Gesamtlänge:[Länge]+Wenn([Sonderveranstaltung] = Wahr;90;45)*. Die Formel ließe sich auch verkürzt als *Gesamtlänge:[Länge]+Wenn([Sonderveranstaltung];90;45)* schreiben.

Links, rechts oder aus der Mitte

Für eine Übersichtsliste sollten die Filmtitel abgekürzt ausgegeben werden, damit sie möglichst wenig Platz beanspruchen. Dafür sollen maximal zehn Buchstaben gezeigt werden. Ist der Titel länger als zehn Zeichen, soll dies durch drei nachgestellte Punkte angezeigt werden.

Um einen Text abzuschneiden, bietet Ihnen Access entsprechende Funktionen aus der Kategorie *Textbearbeitung*. Für unsere Fragestellung setzen wir die Funktion *Links()* ein, die vom linken Ende eines Textes Zeichen abschneidet. Der Aufruf der Funktion mit *Links([Filmtitel],10)* werden die zehn ersten Zeichen des Filmtitels zurückgegeben. Ist der Filmtitel kürzer, werden alle Zeichen genommen. Nun sollen noch drei Punkte an den Filmtitel angefügt werden, wenn dieser mehr als zehn Buchstaben lang war. Die Länge eines Textes lässt sich mit der Funktion *Länge()* ermitteln. Sie gibt die Anzahl der Zeichen zurück. Somit lautet unsere vollständige Formel *Kurztitel: Links([Filmtitel];10) & Wenn(Länge([Filmtitel])>10;"...")*. Beachten Sie dabei, dass auch Leerzeichen mitgezählt werden.

Als Kurztitel sollen die ersten zehn Zeichen verwendet werden

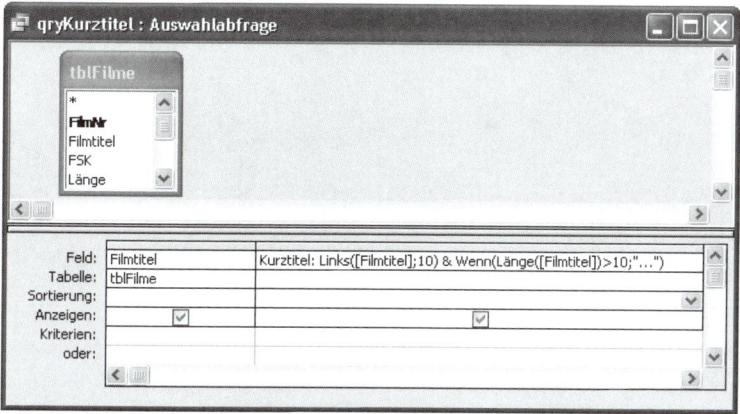

In Abbildung 16.14 sehen Sie das Ergebnis der Abfrage aus Abbildung 16.13.

Filmtitel mit dazugehörendem Kurztitel

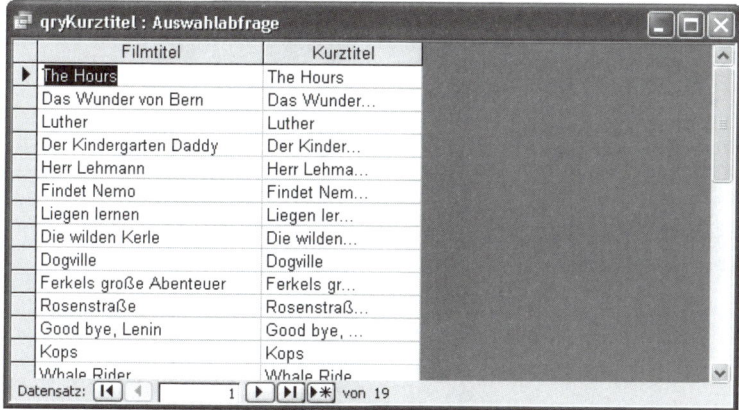

Für das rechte Ende eines Textes können Sie *Rechts()* einsetzen. Ebenso wie für *Links()* geben Sie die gewünschte Anzahl von Zeichen an, die abgeschnitten werden soll.

Um aus einem Text Buchstaben aus der Mitte zu extrahieren, ist *Teil()* die richtige Funktion. In Abbildung 16.15 ist eine Anwendung der Funktion dargestellt. *Teil()* erwartet drei Parameter: den Text, die Position des ersten Zeichens und die Anzahl der Zeichen, die herausgeschnitten werden sollen.

Abfragen

Abbildg. 16.15 Die Funktion *Teil()* schneidet Buchstaben aus der Mitte eines Ausdrucks aus

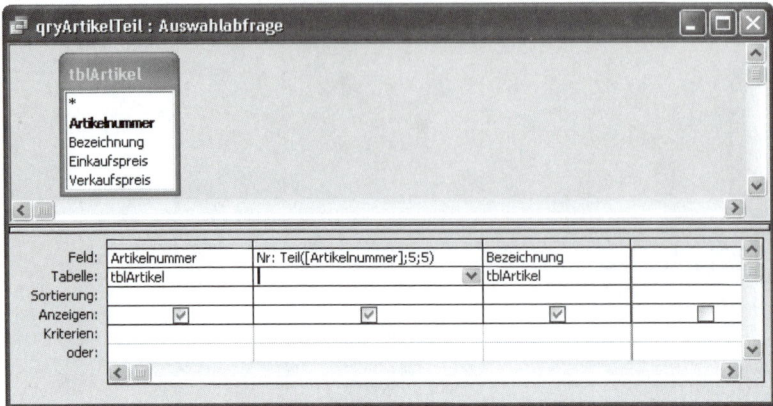

Abbildung 16.16 zeigt in der zweiten Spalte die fünf aus der Artikelnummer herausgetrennten Zeichen.

Abbildg. 16.16 Die herausgeschnittenen Zeichen in der Spalte *Nr*

Artikelnummer	Nr	Bezeichnung
032-01234-A-7	01234	Gummibärchen
032-01235-A-7	01235	Schokoriegel
032-01236-A-7	01236	Erdnüsse
034-10000-A-7	10000	Popcorn
034-20000-A-7	20000	Nacho-Chips
03F-00001-B-7	00001	Eis am Stiel
03F-00002-B-7	00002	Eiskonfekt
03F-00003-B-7	00003	Eisbecher
100-00001-D-15	00001	Baseballmütze
100-00002-E-15	00002	T-Shirt
200-12345-B-7	12345	Wasser kl. Flasche
200-12346-B-7	12346	Wasser gr. Flasche
200-22222-B-7	22222	Limonade
200-33333-B-7	33333	Cola

Datensatz: 1 von 15

Klein oder groß

Die Funktionen *Kleinbst()* und *Großbst()* wandeln einen Text so um, dass er in Klein- bzw. Großschreibung vorliegt.

Mit oder ohne Leerzeichen

Access verfügt über eine Reihe von Funktionen, die sich mit Leerzeichen befassen. Manchmal schleichen sich störende Leerzeichen ein, beispielsweise durch Unachtsamkeit, wenn bei der Eingabe ein Eintrag mit einem Leerzeichen beendet wird. Verwenden Sie beispielsweise die Formel *Name: [Vorname]&" "&[Nachname]*, und im Feld *Vorname* sind angehängte Leerzeichen vorhanden, so kann es zu Ergebnissen wie »James   Bond« kommen. Hier ist der Abstand zwischen Vor- und Nachname zu groß.

Zum Entfernen vorangestellter oder angehängter Leerzeichen bietet Ihnen Access drei Funktionen: *Glätten()*, *LGlätten()* und *RGlätten()*. *Glätten()* entfernt die Leerzeichen vor und nach dem Text, *LGlätten()* nur die Leerzeichen davor und *RGlätten()* die am rechten Ende. Für die Formel oben könnten Sie nun schreiben: *Name: RGlätten([Vorname])&" "&[Nachname]*.

Die Funktion *Leerzchn()* erstellt eine Zeichenkette aus Leerzeichen. Sie erwartet als Parameter die Anzahl der Leerzeichen, beispielsweise erzeugen Sie mit *Leerzchn(10)* einen Text, bestehend aus zehn Leerzeichen. Die Funktion kann hilfreich sein, wenn Sie alle Einträge einer Spalte auf die gleiche Breite setzen wollen. Stellen Sie sich vor, die Texte in einer Spalte mit Artikelbezeichnungen müssten alle 30 Zeichen breit sein, damit sie weiterverarbeitet werden können. Für das Ergebnis in Abbildung 16.17 wurde die folgende Formel eingesetzt: *Artikelbezeichnung: Links([Bezeichnung];30) & Leerzchn(30-Länge(Links([Bezeichnung];30))) & Artikelnummer*.

Abbildg. 16.17   Zusammengesetzte Artikelbezeichnung

Beachten Sie, dass wir, um das Ergebnis sichtbar zu machen, für die Datenblattansicht in Abbildung 16.17 als Schriftart »Courier« eingestellt haben, denn in dieser Schriftart sind alle Zeichen in der Darstellung gleich breit.

NULL oder nicht NULL, das ist hier die Frage!

Oft ist es erforderlich, auf *NULL*-Werte in Spalten besonders zu reagieren. Hierzu können Sie die Funktionen *IstNull()* und *Nz()* einsetzen.

Die Funktion *IstNull()* gibt den Wert *Wahr* zurück, wenn der übergebene Parameter den Wert *NULL* hat. Mit *Wenn(IstNull([FSK]);"FSK nicht erfasst!";[FSK])* wird für alle Einträge der Spalte *FSK* unserer Filmtabelle der Text *"FSK nicht erfasst!"* ausgegeben, wenn dieser Wert nicht eingegeben wurde, andernfalls wird der Wert der Altersfreigabe angezeigt.

Da viele Access-Funktionen *NULL*-Werte besonders behandeln, ist es notwendig, diese Werte entsprechend zu berücksichtigen. Nun wäre es aber mühsam, alle *NULL*-Werte mit *Wenn()* abzufragen, wie im Absatz oben gezeigt. Damit durch die *NULL*-Werte keine Fehler auftreten, bietet Ihnen Access die Funktion *Nz()*.

Nz() wandelt *NULL*-Werte in den Wert *0*, die leere Zeichenkette *""* oder einen von Ihnen festgelegten Wert um. Wann ist der Einsatz der Funktion sinnvoll? Stellen Sie sich vor, Sie errechnen einen Inventurwert, indem Sie die Anzahl der Artikel mit dem Einkaufspreis multiplizieren, also *Inventurwert: [Anzahl] * [Einkaufspreis]*. Ist jetzt für einen Artikel keine Anzahl angegeben, hat also die Anzahl den Wert *NULL*, so ist das Ergebnis der Multiplikation ebenfalls *NULL*. Möchten Sie dies vermeiden und erreichen, dass das Ergebnis in diesem Fall als Wert *0* ausgegeben wird, so modifizieren Sie die Formel zu: *Inventurwert: Nz([Anzahl]) * [Einkaufspreis]*.

Sie können *Nz()* mit einem zweiten, optionalen Parameter aufrufen. Dieser zweite Parameter gibt an, welchen Wert *Nz()* in dem Fall zurückgeben soll, wenn der erste Parameter den Wert *NULL* aufweist. Mit *Inventuranzahl: Nz([Anzahl];"Keine Anzahl angegeben!")* wird immer dann der Text *"Keine Anzahl angegeben!"* gezeigt, wenn Anzahl *NULL* ist.

Zum Umgang mit Datumswerten

Wir möchten in diesem Abschnitt die Access-Funktionen vorstellen, die Ihnen das Rechnen mit Datumswerten erleichtern.

Beachten Sie für alle Berechnungen mit Datumswerten, dass Access-intern Datumswerte und Zeiten mithilfe so genannter serieller Zahlen dargestellt werden. Jedem Tag, beginnend mit dem 31.12.1899, wird eine ganze Zahl zugeordnet. Der 31.12.1899 hat den Wert 1, während 38019 für den 2.2.2004 steht. Uhrzeiten werden durch Nachkommastellen beschrieben, d.h., für jeden Tag lässt sich die Zeit als Bruchteil darstellen. Für 12:00 Uhr wird beispielsweise 0,5 gespeichert.

PROFITIPP

> Jahreszahlen werden bei Datumswerten standardmäßig nur mit zwei Stellen ausgegeben. Möchten Sie eine vierstellige Darstellung, so schalten Sie über *Extras/Optionen* auf der Registerkarte *Allgemein* die entsprechende Option im Gruppenfeld *Vierstellige Jahreszahlenformatierung* ein.

Das heutige Datum finden

Mit der Funktion *Datum()* ermitteln Sie das aktuelle Systemdatum, also das Datum Ihres PCs.

Sie möchten die Titel aller Filme auflisten, die in den letzten 100 Tagen gezeigt wurden.

In der in Abbildung 16.18 gezeigten Abfrage wird die Funktion *Datum()* zur Lösung der Aufgabe eingesetzt.

Filmtitel der letzten 100 Tage

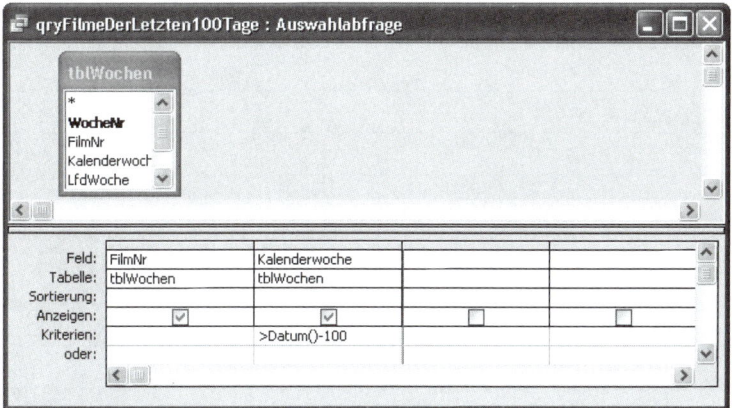

Benötigen Sie nicht nur das aktuelle Datum, sondern auch die aktuelle Systemzeit, so setzen Sie dazu die Funktion *Jetzt()* ein.

Tag, Monat, Jahr, Stunde, Minute und Sekunde

Möchten Sie nur den Tag, den Monat oder das Jahr eines Datumswertes ermitteln, so stehen Ihnen dafür die Funktionen *Tag()*, *Monat()* bzw. *Jahr()* zur Verfügung. Die Funktionen geben einen entsprechenden Zahlenwert zurück, beispielsweise ergibt *Jahr(#31.12.2003#)* das Ergebnis *2003*. Für Zeitwerte stellt Ihnen Access *Stunde()*, *Minute()* und *Sekunde()* bereit.

Den Wochentag, auf den ein bestimmtes Datum fällt, ermitteln Sie mithilfe der Funktion *Wochentag()*. Die Funktion gibt 1 für Sonntag, 2 für Montag usw. zurück. Für *Wochentag(#1.1.2004#)* erhalten Sie als Ergebnis den Wert *5*, d.h., der erste Tag des Jahres 2004 war ein Donnerstag.

Datumsberechnungen

Für Rechnungen mit Datumswerten möchten wir die Funktionen *DatTeil()*, *DatAdd()*, *DatDiff()*, *DatWert()* und *DatSeriell()* vorstellen.

Die Funktion DatTeil()

DatTeil() ergänzt die im vorangegangenen Abschnitt »Tag, Monat, Jahr, Stunde, Minute und Sekunde« beschriebenen Funktionen. Allgemein lautet *DatTeil(Intervall; Datumswert)*. Für den Parameter *Intervall* geben Sie einen der in Tabelle 16.2 aufgeführten Werte in Anführungszeichen an. Der Rückgabewert der Funktion ist eine ganze Zahl.

Tabelle 16.2 Intervallangaben für Datumsfunktionen

Einstellung	Beschreibung
jjjj	Jahr
q	Quartal
m	Monat
j	Tag des Jahres
t	Tag
w	Wochentag
ww	Woche
h	Stunde
n	Minute
s	Sekunde

Sie möchten beispielsweise ermitteln, für welche Filme das Bundesstartdatum im ersten Quartal lag.

Geben Sie als Bedingung für das Bundesstartdatum die folgende Formel an:

DatTeil("q";[Bundesstartdatum])=1

Addieren von Datumswerten

Die Funktion *DatAdd(Intervall; Nummer; Datumswert)* addiert Zeitintervalle zu einem Datumswert. Möchten Sie beispielsweise in Ihren Rechnungen ein Zahlungsziel von 30 Tagen angeben, so könnten Sie *DatAdd("t"; 30; [Rechnungsdatum])* dafür einsetzen. Die möglichen Werte für den Parameter *Intervall* finden Sie in Tabelle 16.2.

Differenz zweier Datumswerte

Mithilfe der Funktion *DatDiff(Intervall; Datumswert1; Datumswert2)* ermitteln Sie den Abstand zwischen zwei Datumswerten, wobei der Abstand in dem mit dem Parameter *Intervall* bestimmten Wert angegeben wird. Die für *Intervall* gültigen Werte sind in Tabelle 16.2 aufgeführt.

Mit *DatDiff("ww"; [Bundesstartdatum]; Jetzt())* bestimmen Sie die Anzahl der Wochen, die vom Start des Films bis heute vergangen sind.

Konvertierung zu Datumswerten

Die Funktion *DatWert(Datumszeichenfolge)* konvertiert ein Datum, das als Zeichenkette, d.h. als Text vorliegt, in einen Datumswert. Beispielsweise würde *DatWert("2. Februar 2004")* als Datumswert für den 2.2.2004 umgesetzt werden.

Zusammensetzen von Datumswerten

Mithilfe der Funktion *DatSeriell(Jahr; Monat; Tag)* können Sie aus drei Zahlenwerten einen Datumswert generieren. Mit *DatSeriell(2004; 2; 2)* erzeugen Sie den Datumswert, also die von Access intern verwendete serielle Zahl für den 2. Februar 2004.

Zusammenfassung

Es besteht die Möglichkeit, in Abfragen zu rechnen, beispielsweise um ein Abfrageergebnis nach eigenen Bedürfnissen anzupassen oder eine Bedingung zu errechnen.

■ Zunächst sehen Sie in diesem Kapitel, wie sich berechnete Ergebnisspalten erstellen lassen (Seite 276), wie Sie berechnete Ergebnisspalten in weiteren Berechnungen weiterverwenden können (Seite 281) und wie berechnete Bedingungen erstellt werden (Seite 280).

■ Auch Access-Funktionen lassen sich in Abfragen verwenden. Ab Seite 283 wird deren Verwendung anhand einiger Beispiele erläutert.

■ Das Rechnen mit Datumswerten ist nicht trivial. Darum behandelt der letzte Abschnitt dieses Kapitels die Fragen, was ein serielles Datum ist (Seite 288), wie man das aktuelle Datum ermittelt (Seite 288) und wie sich mit Datumswerten rechnen lässt (Seite 289).

Abfragen

Kapitel 17

Abfragen mit mehreren Tabellen

In den bisherigen Kapiteln über Abfragen wurde immer nur eine Tabelle abgefragt. Ihre ganze Leistungsfähigkeit spielen Abfragen aber erst aus, wenn mehrere Tabellen gleichzeitig ins Spiel kommen.

Auf zwei Tabellen basierende Abfragen

Wir möchten Sie nun wieder anhand eines kleinen Beispiels mit der Arbeit mit mehreren Tabellen vertraut machen. Den Machern von Access war übrigens bewusst, dass der gleichzeitige Einsatz von mehreren Tabellen nicht ganz einfach ist. Deshalb haben sie einen Assistenten zu Ihrer Unterstützung hinzugefügt. Nun aber Schritt für Schritt ...

Abbildung 17.1 zeigt das Ergebnis einer Abfrage. Es werden die Kalenderwoche, in der ein Film gespielt wurde, und der *Filmtitel* zusammen mit *FSK*, *Länge* und dem Inhalt des Feldes *Sonderveranstaltung* dargestellt. Um zu diesem Ergebnis zu kommen, wurden Daten aus zwei verschiedenen Tabellen verwendet: die Kalenderwoche stammt aus *tblWochen*, während alle anderen Daten *tblFilme* entnommen wurden.

Abbildg. 17.1   Ergebnis einer Abfrage

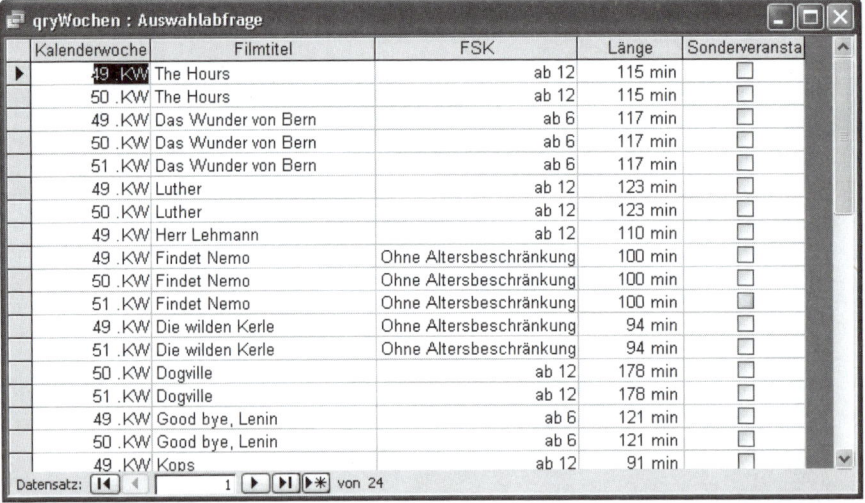

Es stellt sich nun die Frage, wie einer Kalenderwoche die richtigen Filme zugeordnet werden. In Abbildung 17.2 ist die Beziehung zwischen beiden Tabellen dargestellt. Jedem Eintrag in der Tabelle *tblWochen* ist mithilfe der Filmnummer genau ein Film der Tabelle *tblFilme* zugeordnet.

Beziehungen zwischen den beiden Tabellen

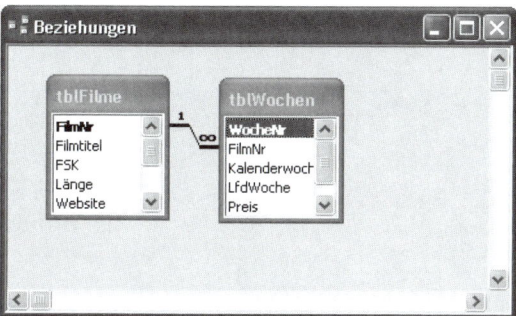

Lassen Sie uns nun mithilfe des Auswahlabfrage-Assistenten die Abfrage zusammenstellen.

1. Beginnen Sie eine neue Abfrage, indem Sie im Datenbankfenster auf der Registerkarte *Abfragen* die Schaltfläche *Neu* anklicken. Wählen Sie dann im Dialogfeld *Neue Abfrage* den Eintrag *Auswahlabfrage-Assistent*.

    Im nächsten Dialogfeld (Abbildung 17.3) des Assistenten legen Sie die Felder für Ihre Abfrage fest.

2. Selektieren Sie im Feld *Tabellen/Abfragen* die Tabelle *tblWochen*. Doppelklicken Sie im Listenfeld *Verfügbare Felder* auf *Kalenderwoche*, um dieses Feld in die Liste *Ausgewählte Felder* zu übernehmen, oder verwenden Sie alternativ die Schaltflächen zwischen beiden Listenfeldern.

Abbildg. 17.3 Das für die Abfrage benötigte Feld der Tabelle *tblWochen*

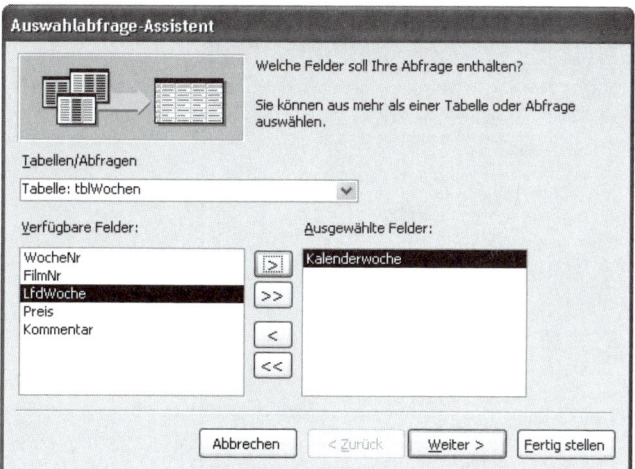

3. Selektieren Sie nun die Tabelle *tblFilme* und übernehmen Sie die Felder *Filmtitel*, *FSK*, *Länge* und *Sonderveranstaltung* in das rechte Listenfeld.

Abbildg. 17.4   Die für die Abfrage benötigten Felder der Tabelle *tblFilme*

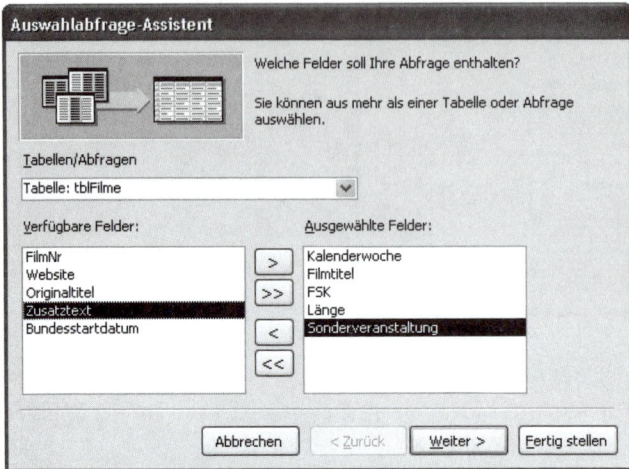

Abbildung 17.5 stellt nach Bestätigung über die Schaltfläche *Weiter* das nächste Dialogfeld im Auswahlabfrage-Assistenten dar.

4. Selektieren Sie für unser Beispiel die Option *Detail (zeigt jedes Feld jedes Datensatzes)*. Die Möglichkeiten, die sich hinter der zweiten Option verbergen, beschreiben wir in Kapitel 18, in dem es um Auswertungen geht.

Abbildg. 17.5   Nächste Frage des Assistenten

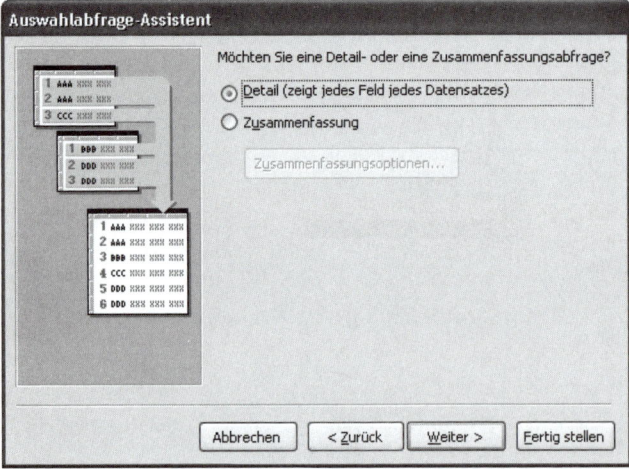

5. Klicken Sie auf *Weiter* und legen Sie abschließend für Ihre neue Abfrage noch einen Namen fest.

Klicken Sie dann auf die Schaltfläche *Fertig stellen*, zeigt Access das Ergebnis der Abfrage, das wie in Abbildung 17.1 dargestellt aussieht. Schalten Sie in die Entwurfsansicht um (Abbildung 17.6).

Entwurfsansicht von *qryWochen*

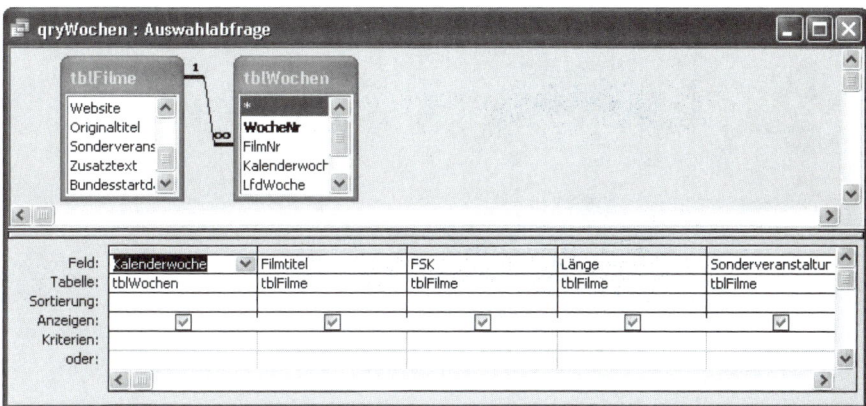

Wir haben nun in der Entwurfsansicht eingestellt, dass unser Ergebnis nach Kalenderwochen aufsteigend sortiert werden soll. Zusätzlich wurde die Formatierung der Kalenderwoche angepasst, wie es in Abbildung 17.1 dargestellt ist.

> **HINWEIS**   Sind an einer Beziehungslinie zwischen den Tabellen die Zeichen »1« und »∞« zu sehen, dann ist zwischen den Tabellen referentielle Integrität definiert ist. Lesen Sie dazu Kapitel 12.

Beziehungen verstehen und verändern

Für ein weiteres Beispiel verwenden wir die Tabellen *tblArtikel* und *tblArtikelverkauf*, die wir zunächst kurz vorstellen möchten. *tblArtikel* enthält eine Liste aller Artikel, die am Kinokiosk verkauft werden. Die Artikel haben eine Artikelnummer und eine Bezeichnung. Dazu werden der Einkaufs- und der Verkaufspreis gespeichert. In der Tabelle *tblArtikelverkauf* sind alle Verkäufe am Kinokiosk aufgeführt mit dem Verkaufsdatum, der jeweiligen Artikelnummer und der Menge. Die genaue Definition der Tabellen sehen Sie sich am besten in der entsprechenden Datei auf der beiliegenden CD-ROM zum Buch an.

1. Erstellen Sie für das folgende Beispiel eine neue Abfrage in der Entwurfsansicht.
2. Fügen Sie die beiden Tabellen *tblArtikel* und *tblArtikelverkauf* ein.
3. Verwenden Sie nun für die Abfrage die Felder *Datum*, *Bezeichnung*, *Verkaufspreis* und *Anzahl*.
4. Fügen Sie dann mit *Umsatz:[Anzahl]*[Verkaufspreis]* ein weiteres Feld ein, das den Umsatz anzeigen soll.
5. Lassen Sie die Daten nach dem Datum sortiert anzeigen.

Abfragen

Abbildg. 17.7   Entwurfsansicht der Abfrage

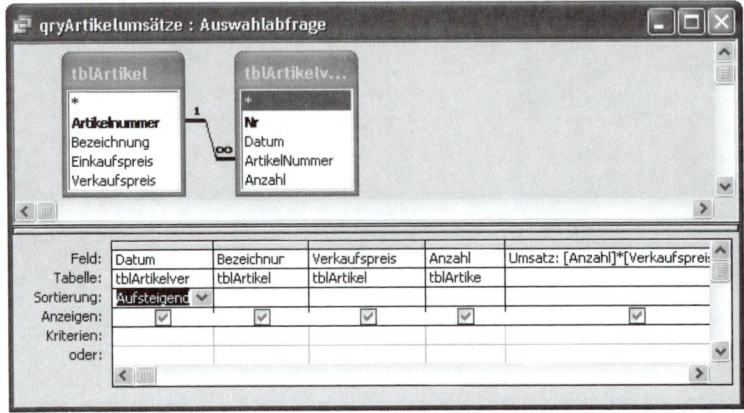

Starten Sie die Abfrage, so erhalten Sie das in Abbildung 17.8 gezeigte Ergebnis.

Abbildg. 17.8   Verkaufte Artikel

Datum	Bezeichnung	Verkaufspreis	Anzahl	Umsatz
27.12.2003	Limonade	2,00 €	2	4,00 €
27.12.2003	Wasser kl. Flasche	1,00 €	1	1,00 €
27.12.2003	Schokoriegel	0,70 €	2	1,40 €
27.12.2003	Eis am Stiel	1,10 €	2	2,20 €
27.12.2003	Erdnüsse	1,10 €	2	2,20 €
27.12.2003	Schokoriegel	0,70 €	2	1,40 €
27.12.2003	Wasser kl. Flasche	1,00 €	2	2,00 €
27.12.2003	Cola	2,00 €	2	4,00 €
27.12.2003	Eiskonfekt	2,00 €	2	4,00 €
27.12.2003	Nacho-Chips	2,50 €	2	5,00 €
27.12.2003	Popcorn	2,00 €	2	4,00 €
27.12.2003	Eisbecher	2,50 €	2	5,00 €
27.12.2003	Eiskonfekt	2,00 €	2	4,00 €
27.12.2003	Popcorn	2,00 €	2	4,00 €

Datensatz: 1 von 10724

Wir möchten das Beispiel nun so umarbeiten, dass alle Artikel aus der Tabelle *tblArtikel* gezeigt werden, die noch nie verkauft wurden, für die also kein Eintrag in *tblArtikelverkauf* existiert.

Zurzeit werden nur die Artikel dargestellt, die in jeder Tabelle vorkommen. Wir müssen erreichen, dass alle Artikel aus *tblArtikel* genommen werden, unabhängig davon, ob ein entsprechender Eintrag in *tblArtikelverkauf* vorliegt oder nicht.

1. Markieren Sie dazu mit einem Klick die Beziehungslinie zwischen den beiden Tabellen. Die Linie sollte daraufhin fett dargestellt werden.

2. Mit einem Doppelklick auf die markierte Beziehungslinie oder über den Menübefehl *Ansicht/ Verknüpfungseigenschaften* rufen Sie das Dialogfeld *Verknüpfungseigenschaften* auf.

Abbildg. 17.9   Dialogfeld *Verknüpfungseigenschaften*

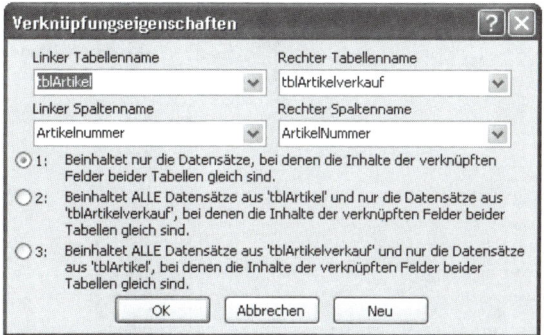

3. Selektieren Sie nun die zweite Option, die alle Datensätze der Tabelle *tblArtikel* umfasst. Wie Sie in Abbildung 17.10 sehen können, weist die Beziehungslinie jetzt eine Pfeilspitze auf, die auf die Tabelle *tblArtikelverkauf* zeigt.

Abbildg. 17.10   Geänderte Beziehungslinie

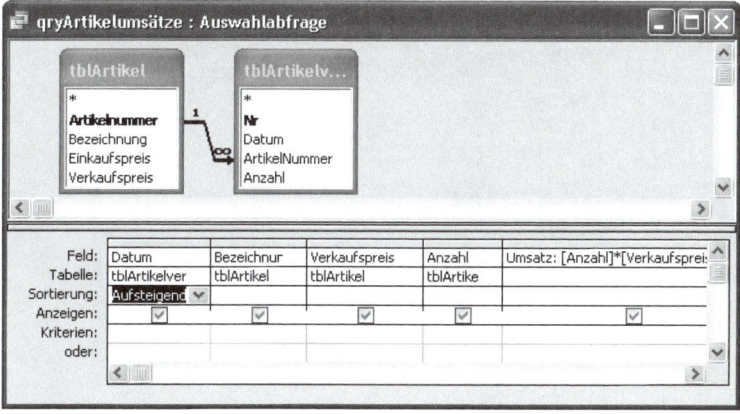

Führen Sie die Abfrage aus, werden die Artikel am Anfang der Liste eingeordnet, für die noch kein Verkauf erfolgt ist. Das liegt daran, dass für diese Artikel noch kein Verkaufsdatum vorliegen kann, d.h., dass das Datum für diese Datensätze den Wert *NULL* hat. Da die Liste aufsteigend nach *Datum* sortiert ist, werden diese Datensätze am Anfang der Liste angeordnet.

Abbildg. 17.11   Ergebnis der geänderten Beziehung

Datum	Bezeichnung	Verkaufspreis	Anzahl	Umsatz
	Blubberwasser	1,80 €		
27.12.2003	Eisbecher	2,50 €	1	2,50 €
27.12.2003	Nacho-Chips	2,50 €	2	5,00 €
27.12.2003	Eis am Stiel	1,10 €	1	1,10 €
27.12.2003	Eis am Stiel	1,10 €	1	1,10 €
27.12.2003	Eisbecher	2,50 €	2	5,00 €
27.12.2003	Cola	2,00 €	1	2,00 €
27.12.2003	Cola	2,00 €	2	4,00 €
27.12.2003	Cola	2,00 €	2	4,00 €
27.12.2003	Eiskonfekt	2,00 €	2	4,00 €
27.12.2003	Cola	2,00 €	1	2,00 €
27.12.2003	Popcorn	2,00 €	2	4,00 €
27.12.2003	Cola	2,00 €	2	4,00 €
27.12.2003	Eisbecher	2,50 €	1	2,50 €

Datensatz: 1 von 10725

4. Ändern Sie die Abfrage nun in der Weise ab, dass nur die Datensätze gezeigt werden, für die das *Datum NULL* ist.

Abbildg. 17.12   Einschränkung der Auswahl

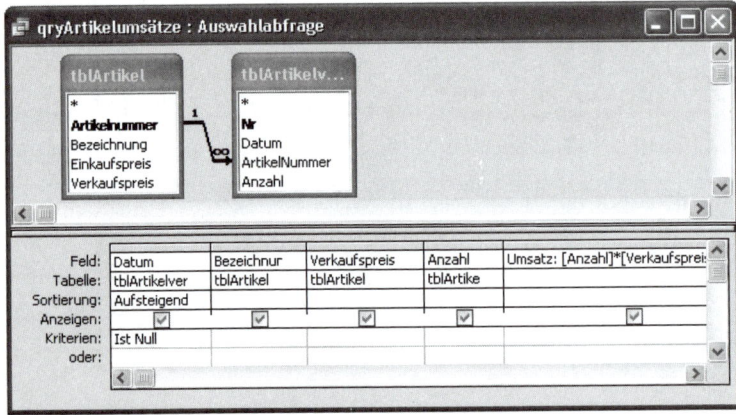

Nach dem Ausführen der geänderten Abfrage erhalten Sie die in Abbildung 17.13 gezeigten Daten.

Abbildg. 17.13   Dieser Artikel wurde noch nie verkauft

Datum	Bezeichnung	Verkaufspreis	Anzahl	Umsatz
	Blubberwasser	1,80 €		

Datensatz: 1 von 1

Automatische Beziehungen

Sind zwischen den Tabellen, die Sie in Ihre Abfrage aufgenommen haben, keine Beziehungen vordefiniert, so versucht Access, mögliche Beziehungen zu erraten und entsprechende Verknüpfungen einzubeziehen.

Die Verknüpfung wird nach folgender Regel aufgebaut: Beide Tabellen verfügen über jeweils ein Feld mit dem gleichen Feldnamen, mit gleichem oder kompatiblem Datentyp und eines dieser Felder ist außerdem ein Primärschlüssel.

Abbildg. 17.14 Automatische Beziehung

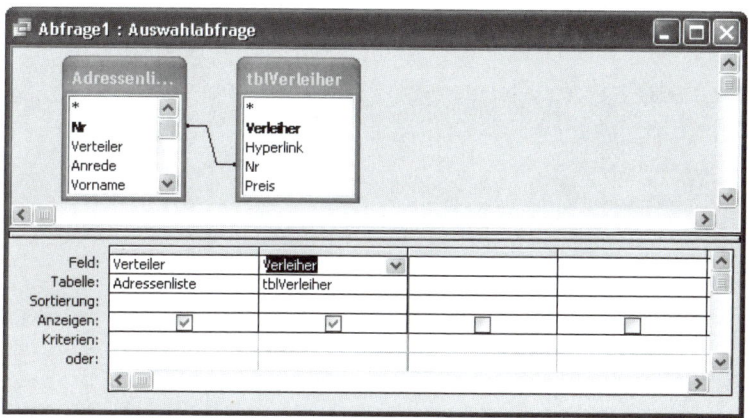

Die in Abbildung 17.14 dargestellte Beziehungslinie wurde von Access automatisch ergänzt, da die *Nr* auf beiden Seiten mit dem gleichen Datentyp definiert und in der *Adressenliste* der Primärschlüssel ist.

Abbildg. 17.15 Dialogfeld *Optionen*, Registerkarte *Tabellen/Abfragen*

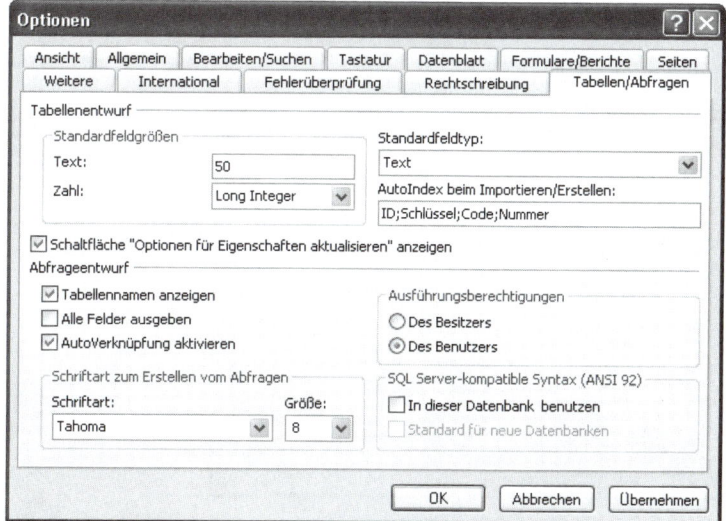

Sie können das automatische Erstellen von Verbindungslinien durch Access unterdrücken. Öffnen Sie dazu das Dialogfeld *Optionen* über den Menübefehl *Extras/Optionen*. Auf der Registerkarte *Tabellen/Abfragen* finden Sie die Option *AutoVerknüpfung aktivieren*, die Sie nach Belieben aktivieren oder deaktivieren können.

Eigene Beziehungen aufbauen

Möchten Sie Tabellen oder Abfragen zueinander in Beziehung setzen, für die keine Beziehung vordefiniert ist oder für die Access keine automatische Beziehung aufbaut, wie in Abbildung 17.16, so können Sie dies mithilfe der Maus erledigen.

Abbildg. 17.16 Hier fehlt die Beziehung

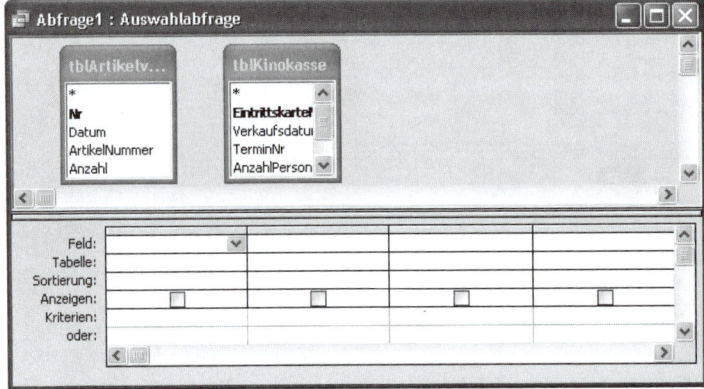

1. Klicken Sie auf das gewünschte Feld der ersten Tabelle, z.B. *Datum*.
2. Ziehen Sie es mit gedrückter Maustaste auf das entsprechende Feld der zweiten Tabelle, z.B. *Verkaufsdatum*.

Access zeichnet nun eine Linie zwischen die beiden Felder.

Abbildg. 17.17 Beziehung – selbst gemacht

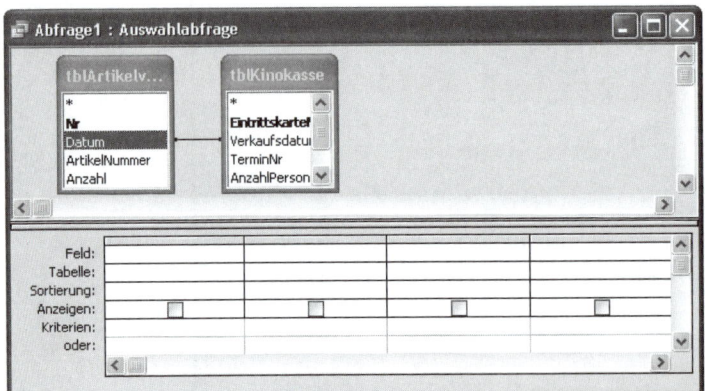

Beachten Sie dabei, dass erstens die Beziehung sinnvoll sein sollte und dass zweitens die Datentypen der Felder zusammenpassen müssen.

Abfragen ohne Beziehungslinien

Abfragen mit mehreren Tabellen lassen sich auch ohne Beziehungslinien erstellen. Sie erhalten dann keine Beziehungslinie, wenn entweder zwischen den Tabellen keine vordefinierte Beziehung besteht oder wenn Sie die Beziehungslinie entfernen (erst markieren, dann mit [Entf] löschen).

Abbildg. 17.18 Abfrage ohne Beziehungslinie

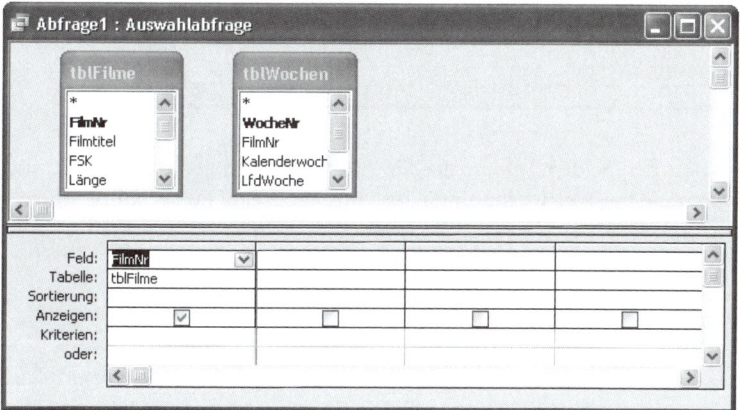

Auch ohne Beziehungslinie können Sie die Abfrage ausführen. Sie wird Ihnen sogar ein Ergebnis liefern, die Frage ist dann nur, wie man es interpretieren soll. Was hat Access nun eigentlich ermittelt?

Das Abfrageergebnis umfasst alle Datensätze beider Tabellen, wobei jeder Datensatz der einen Tabelle mit jedem Datensatz der anderen Tabelle in Beziehung gesetzt wird. Hat die erste Tabelle *m* Datensätze, die zweite *n* Datensätze, so wird das Ergebnis *m*n* Zeilen aufweisen.

Besteht eine Beziehung?

Prinzipiell können Sie in Access alles zueinander in Beziehung setzen, vorausgesetzt, die Datentypen auf beiden Seiten passen zueinander. Sie können also Äpfel mit Birnen vergleichen, ohne dass Access Einspruch erheben wird.

In Abbildung 17.19 wurde eine Beziehung zwischen *FilmNr* der Tabelle *tblWochen* und *Eintrittskarte Nr* der Tabelle *tblKinokasse* gezogen. Es werden jetzt alle Datensätze gezeigt, deren laufende Nummer in der Kinokassentabelle zufällig einer Filmnummer entspricht. Nicht sehr sinnvoll, oder?

Abfragen

Beziehungslinie ohne Beziehung

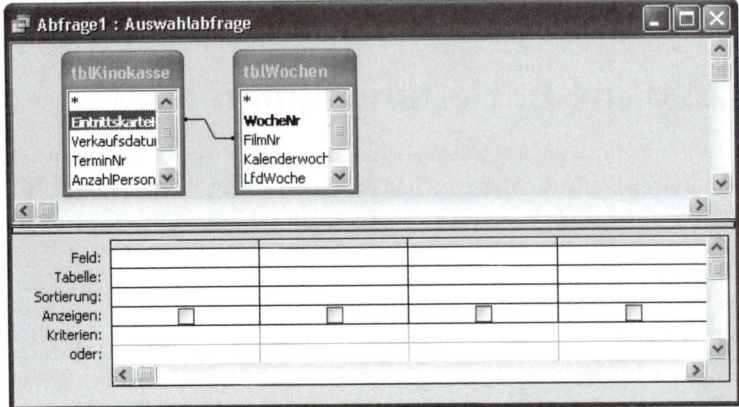

Passen die Datentypen der beiden Felder, die Sie für die Beziehung verwenden möchten, nicht zusammen (versuchen Sie beispielsweise, einen Text und eine Zahl zu verknüpfen), so wird Access eine Fehlermeldung ausgeben.

Drei Verknüpfungsvarianten

Die Beziehung zwischen zwei Tabellen kann in drei Varianten (siehe Abbildung 17.9) hergestellt werden: als Exklusions-, als Links-Inklusions- oder als Rechts-Inklusionsverknüpfung.

Exklusionsverknüpfung

Bei einer Exklusionsverknüpfung werden alle Datensätze im Ergebnis der Abfrage gezeigt, bei denen jeder Eintrag des verknüpften Feldes der einen Tabelle mindestens eine Entsprechung in der anderen Tabelle besitzt. Datensätze, deren Wert des Verknüpfungsfeldes nur in einer der beiden Tabellen vorkommt, werden nicht in das Ergebnis aufgenommen.

In der Fachsprache wird die Exklusionsverknüpfung auch als »INNER JOIN« bezeichnet (siehe Kapitel 20, in dem es um die Abfragesprache SQL geht).

Links-Inklusionsverknüpfung

Bei der Links-Inklusionsverknüpfung werden alle Datensätze der linken Tabelle in das Ergebnis aufgenommen, die der rechten Tabelle jedoch nur dann, wenn sie eine Entsprechung zur linken Tabelle besitzen. Mit anderen Worten, es werden alle Datensätze der linken Tabelle genommen, unabhängig davon, ob auf der rechten Seite entsprechende Werte existieren. Von der Links-Inklusionsverknüpfung spricht man auch als »LEFT JOIN«.

Rechts-Inklusionsverknüpfung

Die Rechts-Inklusionsverknüpfung entspricht der Links-Inklusionsverknüpfung, wobei einfach nur die Seiten vertauscht sind. Die Rechts-Inklusionsverknüpfung wird als »RIGHT JOIN« bezeichnet.

Ein weiteres Verknüpfungsbeispiel

Das folgende Beispiel soll eine praktische Anwendung demonstrieren, die Gebrauch von den verschiedenen Beziehungsvarianten macht. Wir möchten ermitteln, welche Filme zwar in die Filmliste *tblFilme* eingegeben, aber noch nicht geplant worden sind, d.h., in der Tabelle *tblWochen* sind noch keine Einträge für die Filme vorhanden, damit also auch keine Vorstellungstermine.

Erstellen Sie eine neue Abfrage mit den Tabellen *tblFilme* und *tblWochen* in der Entwurfsansicht. Sie können die gewünschten Tabellen nacheinander per Doppelklick bzw. mit der Schaltfläche *Hinzufügen* in Ihre Abfragedefinition übertragen. Alternativ lassen sich mehrere Tabellen auch mit gedrückter ⌨Strg⌨- bzw. ⌨⇧⌨-Taste markieren und auf einmal hinzufügen.

Abbildg. 17.20   So gibt es noch nicht das gesuchte Ergebnis

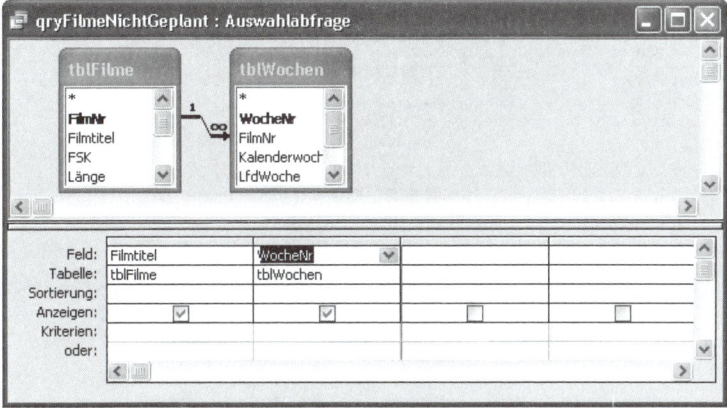

In Abbildung 17.21 sehen Sie das Ergebnis der Abfrage. Es sind alle Filme aufgeführt, die in beiden Tabellen vorkommen. Das ist noch nicht das Resultat, das wir benötigen, denn wir möchten ja die Filme ermitteln, die nicht in der Tabelle *tblWochen* vorkommen.

Abbildg. 17.21   Beide Spalten ohne Lücken

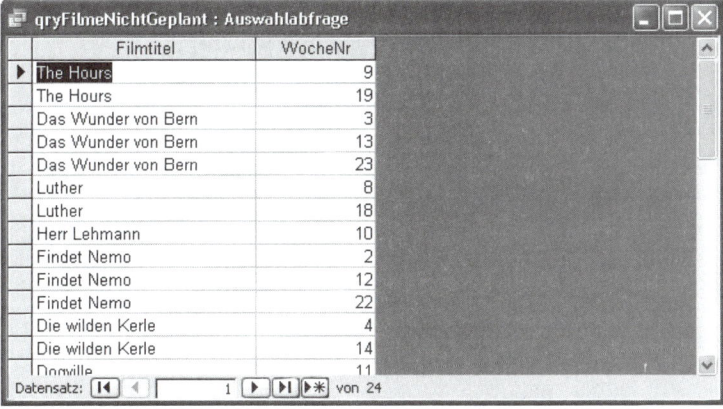

Der nächste Schritt zum richtigen Ergebnis ist die Änderung der Verknüpfungseigenschaften.

Abfragen

1. Selektieren Sie die Beziehungslinie zwischen beiden Tabellen mit der Maus und rufen Sie das Dialogfeld *Verknüpfungseigenschaften* auf, entweder mit einem Doppelklick auf die Linie oder über den Menübefehl *Ansicht/Verknüpfungseigenschaften*.

2. Wählen Sie nun die zweite Option, die alle Datensätze der Tabelle *tblFilme* und nur die Filme der Tabelle *tblWochen* zeigt, für die eine Entsprechung existiert.

Abbildg. 17.22   Dialogfeld *Verknüpfungseigenschaften*

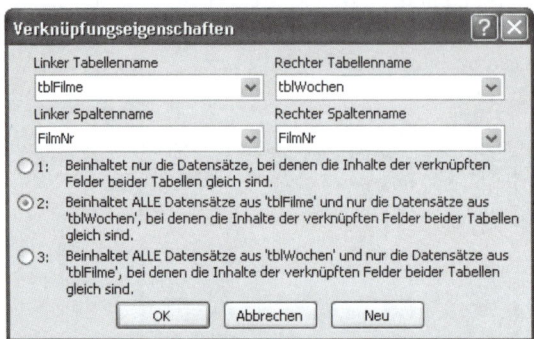

Führen Sie nun die Abfrage durch, werden alle Filme gezeigt. Für die Filme, für die kein Eintrag in *tblWochen* vorliegt, kann keine *WocheNr* gezeigt werden, d.h., in der Spalte liegt kein Eintrag vor, wie Abbildung 17.23 zeigt.

Abbildg. 17.23   Mit Lücken in der rechten Spalte

Filmtitel	WocheNr
The Hours	9
The Hours	19
Das Wunder von Bern	3
Das Wunder von Bern	13
Das Wunder von Bern	23
Luther	8
Luther	18
Der Kindergarten Daddy	
Herr Lehmann	10
Findet Nemo	2
Findet Nemo	12
Findet Nemo	22
Liegen lernen	
Die wilden Kerle	4

qryFilmeNichtGeplant : Auswahlabfrage
Datensatz: 1 von 31

Es ist nun ein Leichtes, nur die Filme herauszufiltern, für die kein Eintrag in der Spalte *WocheNr* vorliegt, denn für diese Filme ist der Wert der *WocheNr NULL. NULL* zeigt an, dass hier kein Eintrag existiert.

3. Ergänzen Sie die Abfrage um die Bedingung *Ist Null* für die Spalte *WocheNr*, so werden nur die noch nicht geplanten Filme ermittelt.

Erweiterung der Abfrage

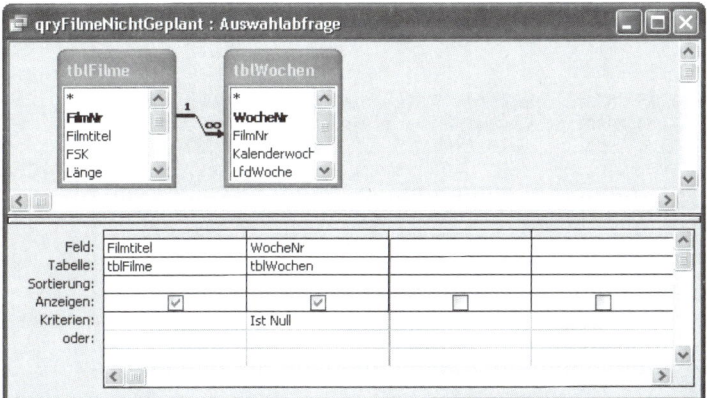

Abfragen mit mehr als zwei Tabellen

Sie können in Ihre Abfragen mehr als zwei Tabellen aufnehmen. Dabei setzt Ihnen Access fast keine Grenzen. Es kann zwar vorkommen, dass Access anzeigt, dass eine Abfrage zu komplex wird, aber Sie können mit Abfragen von Abfragen (siehe den gleichnamigen Abschnitt weiter hinten in diesem Kapitel) diese Beschränkung umgehen.

Abfrage mit vier Tabellen

Die folgende Beispielabfrage wurde mit dem Auswahlabfrage-Assistenten erstellt und dann manuell geändert. Rufen Sie den Assistenten (siehe Abschnitt »Auf zwei Tabellen basierende Abfragen« weiter vorn in diesem Kapitel) auf und selektieren Sie aus der Tabelle *tblFilme* das Feld *Filmtitel*, aus *tblWochen* das Feld *Kalenderwoche*, aus *tblTermine* die Felder *Tag* und *Zeit* und aus *tblKinos* das Feld *Kino*. Wir haben dann die Reihenfolge der Felder und die Sortierkriterien geändert, wie es in Abbildung 17.25 dargestellt ist.

Abfrage mit vier Tabellen

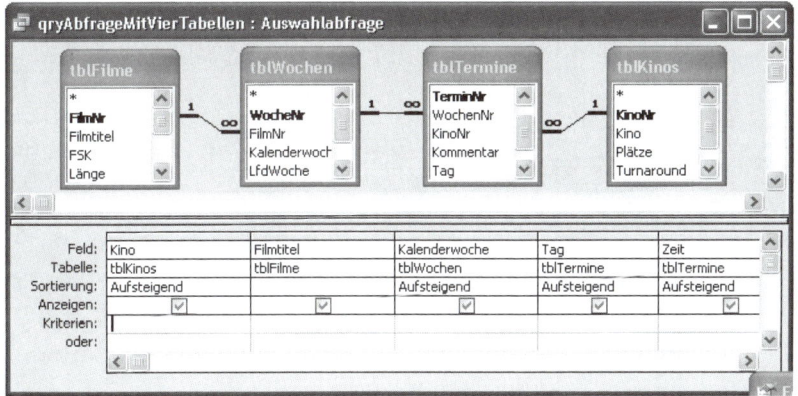

Die Abfrage ermittelt für die einzelnen Kinos die Vorstellungstermine für die verschiedenen Kalenderwochen.

Abbildg. 17.26 Ergebnis der Abfrage

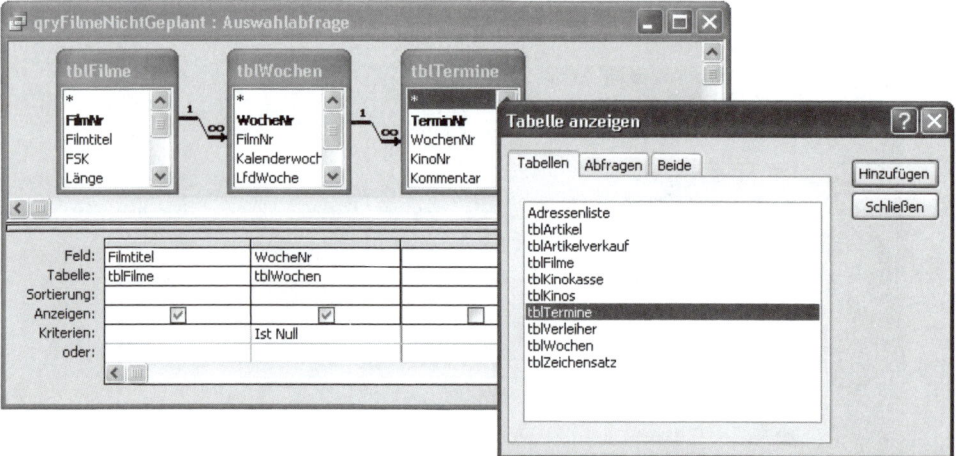

Nachträglich Tabellen hinzunehmen

Wir möchten im nächsten Beispiel drei Tabellen gleichzeitig abfragen. Als Basis für die Abfrage greifen wir auf die oben besprochene Abfrage aus Abbildung 17.24 zurück, die wir um eine weitere Tabelle ergänzen möchten.

Access erlaubt es Ihnen, nachträglich Tabellen zu Ihren bereits bestehenden Abfragen hinzuzufügen, wenn Sie nicht alle gewünschten Tabellen von Anfang an in die Abfrage aufgenommen haben. In der Abfrage-Entwurfsansicht können Sie mithilfe der Schaltfläche *Tabelle anzeigen* oder dem Menübefehl *Abfrage/Tabelle anzeigen* das Dialogfeld *Tabelle anzeigen* einblenden. Selektieren Sie in diesem Dialogfeld die benötigten Tabellen. Wir haben die Abfrage aus Abbildung 17.24 um die Tabelle *tblTermine* ergänzt.

Abbildg. 17.27 Zusätzliche Tabelle

Die Aufgabenstellung für unser Beispiel heißt: Es sollen alle Filme ermittelt werden, die zwar angelegt sind, für die aber noch keine Planung erfolgt ist. Oben hatten wir nur die Filme ermittelt, für die kein Eintrag in *tblWochen* vorlag. Zu jedem Eintrag eines Films in *tblWochen* gehören ein oder mehrere Einträge in *tblTermine*, die die eigentlichen Vorstellungstage und -zeiten beschreiben. Nun sollen alle Filme ermittelt werden, für die keine Vorstellungstermine angelegt wurden.

Wie in Abbildung 17.27 gezeigt, haben wir die Tabelle *tblTermine* hinzugefügt und die Spalte *TerminNr* im unteren Abfragebereich festgelegt. Leider erhalten wir aber beim Ausführen der Abfrage eine Fehlermeldung.

Abbildg. 17.28 Fehlermeldung bei mehrdeutigen Inklusionsverknüpfungen

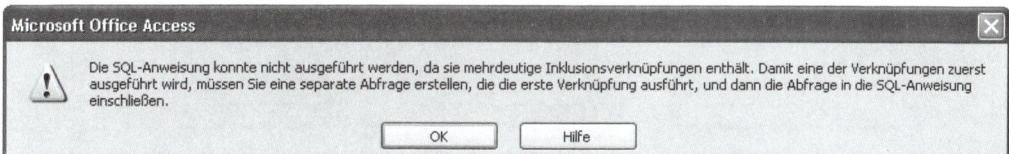

Damit die Abfrage funktioniert, müssen beide Beziehungslinien einen Pfeil zur jeweils rechten Tabelle aufweisen. Ändern Sie also die Beziehungslinie zwischen *tblWochen* und *tblTermine* entsprechend durch Änderung der Verknüpfungseigenschaften ab. Wenn Sie zusätzlich für die Spalte *TerminNr* als Bedingung *Ist Null* eintragen, erhalten Sie das folgende Ergebnis: Es werden alle Filme aufgeführt, für die entweder keine Einträge in *tblWochen* (und damit auch nicht in *tblTermine*) oder keine in *tblTermine* vorliegen.

Abbildg. 17.29 Alle Filme, für die keine Termine vorliegen

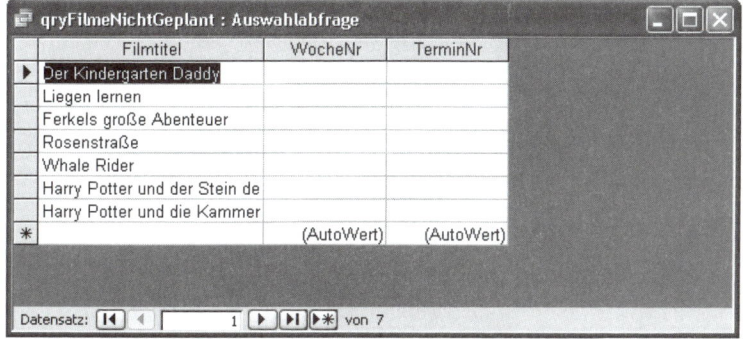

Möchten Sie nun zusätzlich noch ermitteln, welche Filme zwar geplant, aber noch nicht an der Kinokasse verkauft wurden, ergänzen Sie die Abfrage um die Tabelle *tblKinokasse*. Selektieren Sie das Feld *EintrittskarteNr*, dem ebenfalls die Bedingung *Ist Null* zugeordnet wird. Denken Sie daran, auch die Beziehungslinie zwischen *tblTermine* und *tblKinokasse* entsprechend einzustellen.

Entweder nicht geplant oder noch nicht verkauft

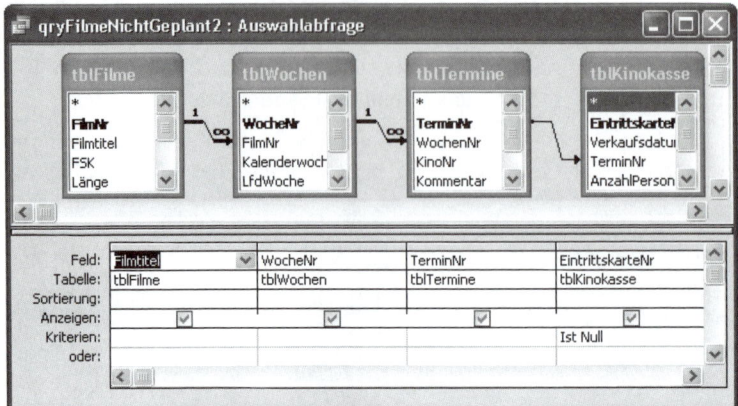

Abfragen, die auf Abfragen basieren

Wie Sie in diesem Abschnitt und dem nächsten Kapitel sehen werden, lassen sich auch Abfragen, die auf Abfragen basieren, problemlos erstellen. Abfragen dürfen bis zu 50 Ebenen tief ineinander geschachtelt werden.

Als Beispiel haben wir zuerst eine Abfrage namens *qryFilmOhneLängenangabe* erstellt, die die Nummer und den Titel aller Filme auflistet, für die keine Längenangabe erfasst wurde oder deren Längenangabe »0 min« beträgt.

Abbildg. 17.31 Alle Filme ohne Längenangabe

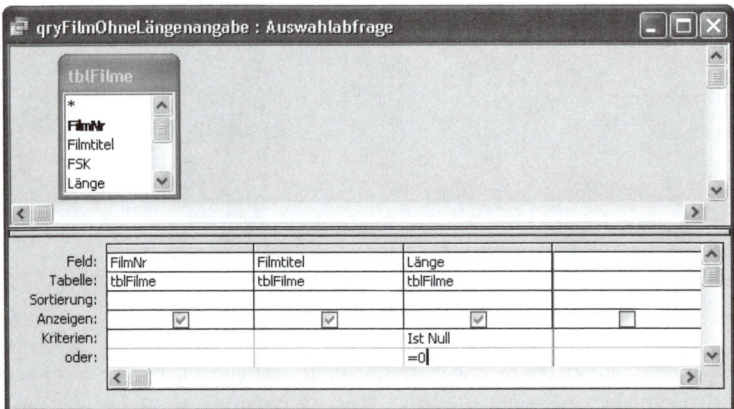

Nun soll eine weitere Abfrage erstellt werden, die zeigt, in welchen Kalenderwochen die Filme ohne Längenangabe verplant wurden. Wie schnell ist es bei der Planung passiert, dass für ein Kino zwei Vorstellungen so gelegt werden, dass sich die Vorführungszeiten überschneiden.

Beginnen Sie eine neue Abfrage und selektieren Sie im Dialogfeld *Tabelle anzeigen* auf der Registerkarte *Beide* die oben vorgestellte Abfrage sowie die Tabelle *tblWochen* als Datenbasis für die Abfrage.

Abbildg. 17.32 Abfrage aus Abfrage und Tabelle

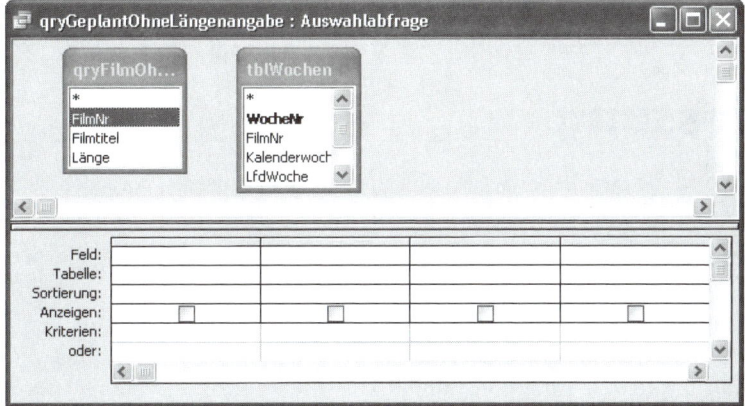

Ziehen Sie mit der Maus eine Verbindungslinie zwischen dem Feld *FilmNr* beider Tabellen. Wählen Sie die Felder *FilmNr*, *Filmtitel* und *Kalenderwoche* als Abfragefelder.

Abbildg. 17.33 Per Hand eingezeichnete Beziehung

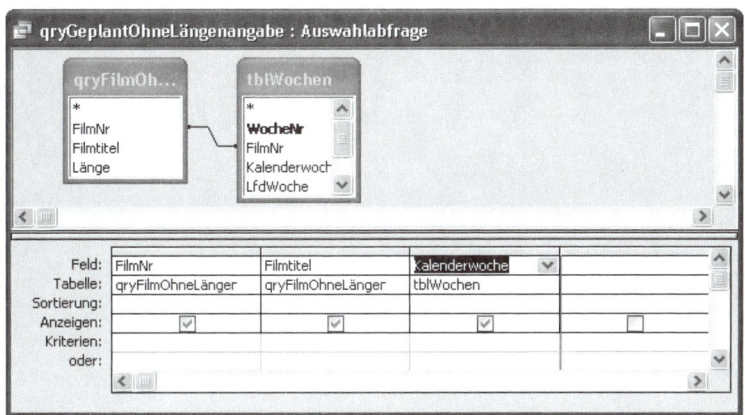

Das Ergebnis der Abfrage zeigt Abbildung 17.34.

Abbildg. 17.34 Ergebnis der Abfrage

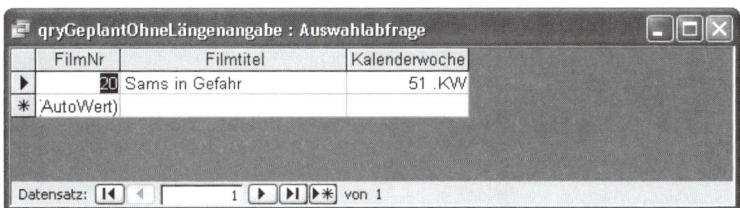

> **HINWEIS** Eine Vielzahl weiterer Abfragen mit mehreren Tabellen finden Sie in den nächsten Kapiteln von Teil C.

Zusammenfassung

In diesem Kapitel wurde besprochen, wie Sie beim Erstellen von Abfragen vorgehen müssen, die auf mehreren Tabellen bzw. auf anderen Abfragen basieren.

- Das Kapitel beginnt mit einer Abfrage, die Felder aus zwei verschiedenen Tabellen verwendet (Seite 294).

- Bei solchen Abfragen mit mehreren Tabellen haben die definierten Beziehungen zwischen den Tabellen für das Ergebnis eine große Bedeutung. So werden ab Seite 304 die drei Verknüpfungsvarianten Exklusions-, Links-Inklusions- und Rechts-Inklusionsverknüpfung besprochen.

- Es besteht auch die Möglichkeit, mehr als zwei Tabellen für eine Abfrage zu verwenden (Seite 307) und auch nachträglich lassen sich noch Tabellen zu einer Abfrage hinzufügen (Seite 308).

- Wie der letzte Abschnitt des Kapitels zeigt, lassen sich auch Abfragen von Abfragen definieren (Seite 310).

Kapitel 18

Auswertungen

Abfragen

In diesem Kapitel:

In Kapitel 16 haben wir gezeigt, wie Sie Abfragespalten und Bedingungen errechnen können. Zwar können Sie nun mit Ihren Daten rechnen, aber Auswertungen wie »Wie viele Filme wurden im ersten Quartal gezeigt?« oder »Wie ist die Verteilung der Altersfreigaben auf die Gesamtheit der Filme?« lassen sich noch nicht bearbeiten. Für die Auswertung dieser Abfragen sind nicht einzelne Datensätze von Interesse, sondern es müssen alle zu einer bestimmten Gruppe gehörenden Datensätze ausgewertet werden. Um solche Auswertungen vornehmen zu können, gibt es die so genannten Aggregatfunktionen, mit denen wir Sie in diesem Kapitel bekannt machen möchten.

Access-Abfragefunktionen

Um die Access-Abfragefunktionen nutzen zu können, müssen Sie in der Abfrageansicht die Zeile *Funktion* einschalten.

Zum Ein- bzw. Ausschalten der Zeile *Funktion* klicken Sie auf die Schaltfläche *Funktionen* oder verwenden den Menübefehl *Ansicht/Funktionen*.

In Abbildung 18.1 ist die eingefügte Zeile *Funktion* dargestellt. Wie zu erkennen ist, können Sie durch Aufklappen der *Funktion*-Dropdownliste die angebotenen Aggregatfunktionen auswählen.

Abbildg. 18.1 Eingeschaltete *Funktion*-Zeile

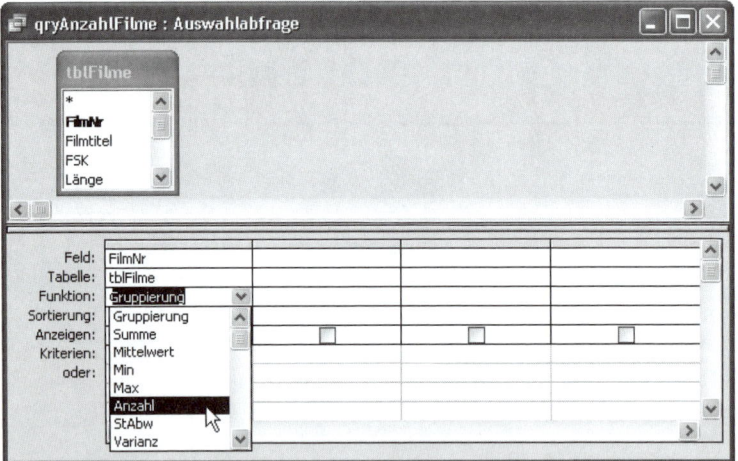

Für unser erstes Beispiel selektieren wir die Funktion *Anzahl*. Mit ihrer Hilfe können Sie die Anzahl der Datensätze in der Filmtabelle ermitteln. Die Funktion zählt alle Datensätze, bei denen der Inhalt des gewählten Tabellenfeldes ungleich *Null* ist. Da jeder Film eine Filmnummer aufweisen muss, nachdem dieses Feld als AutoWert und Primärschlüssel definiert ist, erreichen wir so, dass alle Datensätze gezählt werden. Wenden Sie die Funktion auf ein anderes Feld der Tabelle an, werden nur die Datensätze verschieden von *Null* gezählt.

Ergebnis der Abfrage

Sie können übrigens mehrere Funktionen gleichzeitig auf verschiedene Felder anwenden. In Abbildung 18.3 wurde die Funktion *Anzahl* für alle Felder der Tabelle *tblFilme* vereinbart. Gezählt werden jeweils alle Einträge verschieden von *Null*.

Abbildg. 18.3 Mehrere Auswertungen gleichzeitig

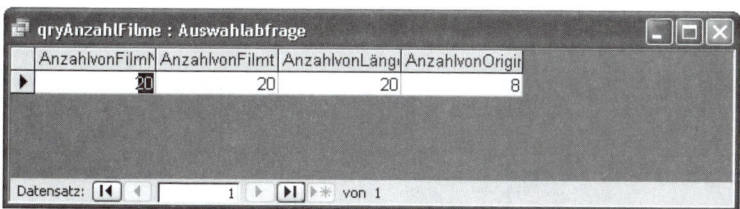

Überblick über die Funktionen

Wir möchten Ihnen nun zuerst einen Überblick über das Angebot an Aggregatfunktionen geben. In Tabelle 18.1 sind alle Funktionen aufgeführt.

Tabelle 18.1 Aggregatfunktionen

Funktion	Bedeutung
Anzahl([Spalte])	Anzahl der Spaltenwerte verschieden von *NULL*
Anzahl(*)	Anzahl der Spaltenwerte inklusive der Nullwerte
ErsterWert([Spalte])	Spaltenwert der ersten Zeile des Ergebnisses (kann *NULL* sein)
LetzterWert([Spalte])	Spaltenwert der letzten Zeile des Ergebnisses
Max([Spalte])	Größter Spaltenwert verschieden von *NULL*
Min([Spalte])	Kleinster Spaltenwert verschieden von *NULL*
Mittelwert([Spalte])	Mittelwert aller Spaltenwerte verschieden von *NULL*
StdAbw([Spalte])	Standardabweichung einer Stichprobe der Spaltenwerte
StdAbwG([Spalte])	Standardabweichung der Grundgesamtheit der Spaltenwerte
Summe([Spalte])	Summe der Spaltenwerte verschieden von *NULL*
Varianz([Spalte])	Varianz der Stichprobe der Spaltenwerte
VarianzG([Spalte])	Varianz der Grundgesamtheit der Spaltenwerte

Abfragen

Bedingungen für Aggregatfunktionen

Sollen die Aggregatfunktionen nur auf ein eingeschränktes Ergebnis angewendet werden, so können Sie entsprechende Bedingungen vereinbaren. Für die Definition von Kriterien für die Berechnung der Aggregatfunktion erstellen Sie eine neue Spalte mit dem Feld, das für die Einschränkung der Ergebnismenge verwendet werden soll. Geben Sie für dieses Feld *Bedingung* in der Zeile *Funktion* an.

Abbildg. 18.4   Abfrage mit Bedingung

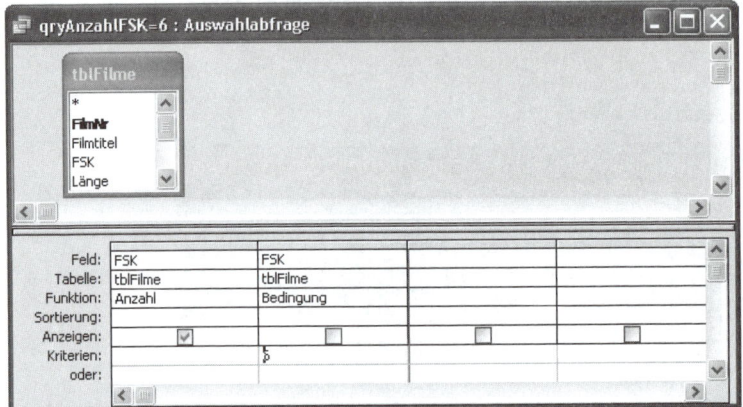

Beachten Sie dabei, dass Sie die Bedingung nicht wie in Abbildung 18.5 gezeigt angeben, denn hier wird das Ergebnis nur gezeigt, wenn die Anzahl zufällig gleich 6 ist. Sie werden im weiteren Verlauf des Kapitels auch Abfragen kennen lernen, für die Bedingungen für Aggregatfunktionen gesetzt werden.

Abbildg. 18.5   Achtung, dies ist eine falsche Bedingungsdefinition!

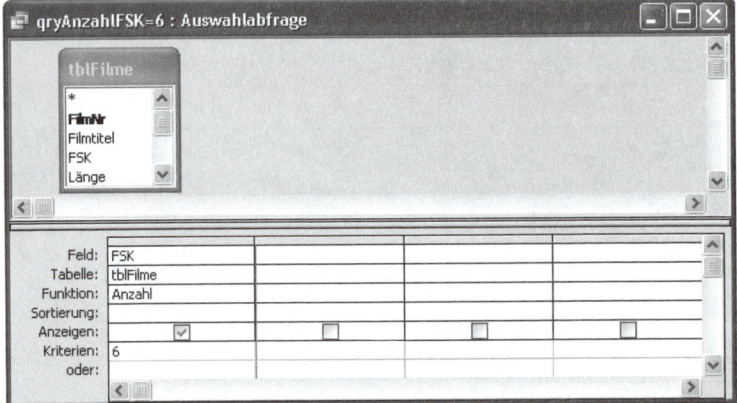

In Gruppen auswerten

Richtig interessant werden die Aggregatfunktionen durch die Möglichkeit, sie auf Gruppen von Daten anzuwenden. Wir möchten für ein erstes Beispiel ermitteln, wie viele Filme für jede Altersfreigabe erfasst worden sind, also wie viele Filme frei ab sechs Jahren sind, wie viele ab zwölf usw.

In Abbildung 18.6 ist die dafür benötigte Abfrage abgebildet. Neu an dieser Abfrage ist, dass das Feld *FSK* zweimal angegeben ist, allerdings mit unterschiedlichen Einträgen in der Zeile *Funktion*.

Abbildg. 18.6   Neue Abfrage

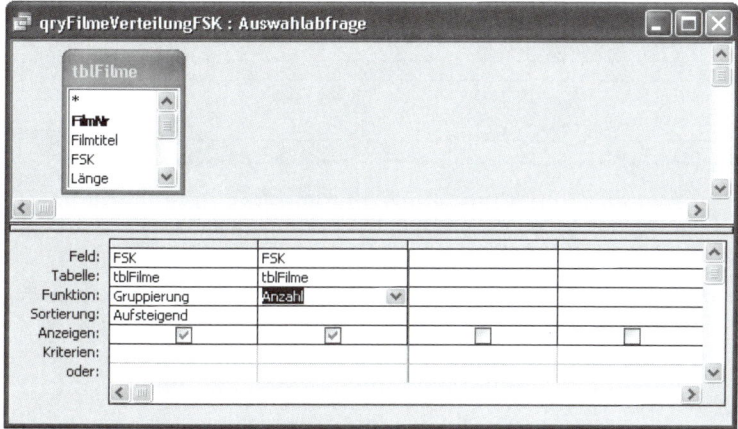

Das Ergebnis der Abfrage ist in Abbildung 18.7 dargestellt. Für jede Altersfreigabe ist aufgeführt, wie viele Filme in der Tabelle vorliegen.

Abbildg. 18.7   Verteilung nach *FSK*

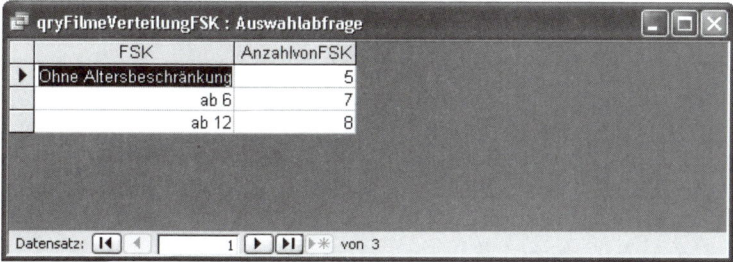

Berechnete Felder

Die Rechenergebnisse, die mithilfe von Aggregatfunktionen ermittelt werden, lassen sich weiterverwenden, wie es das nächste Beispiel zeigt. Wir ermitteln die Summe aller verkauften Artikel, dazu die Anzahl der Verkaufsvorgänge, d.h. der Einträge in die Tabelle *tblArtikelverkauf*, und dividieren die beiden Ergebnisse, um zu erfahren, wie viele Artikel im Schnitt bei jedem Verkaufsvorgang verkauft wurden.

Abbildg. 18.8 Entwurfsansicht

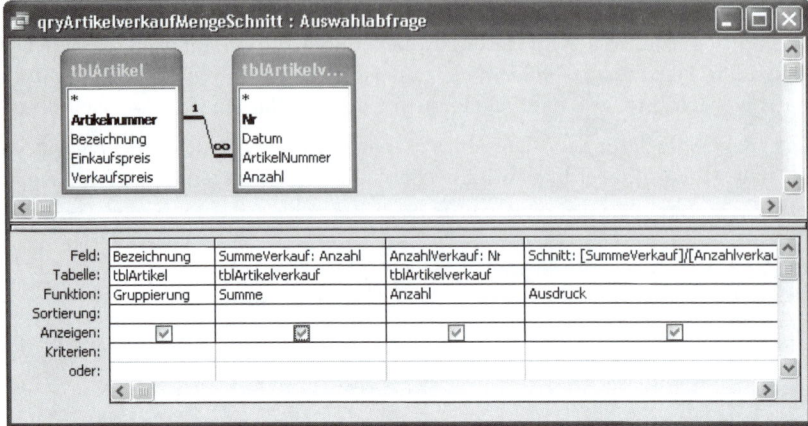

Beachten Sie dabei, dass für die Rechenanweisung in der rechten Spalte als Funktion *Ausdruck* eingestellt ist, denn sonst erhalten Sie eine Fehlermeldung.

Wichtig ist bei Formeln mit Aggregatfunktionen, dass Sie eigene Spaltenüberschriften (hier: *SummeVerkauf* und *AnzahlVerkauf*) definieren und diese in weiteren Formeln verwenden. Das Ergebnis der Abfrage zeigt Abbildung 18.9.

Abbildg. 18.9 Ergebnis der Abfrage

Bezeichnung	SummeVerkauf	AnzahlVerkauf	Schnitt
Baseballmütze	94	80	1,175
Cola	1358	882	1,5396825397
Eis am Stiel	1371	881	1,5561861521
Eisbecher	1352	881	1,5346197503
Eiskonfekt	1370	879	1,5585893060
Erdnüsse	1336	879	1,5199089875
Gummibärchen	1354	878	1,5421412301
Limonade	1365	878	1,5546697039
Nacho-Chips	1369	881	1,5539160045
Popcorn	1356	881	1,5391600454
Schokoriegel	1358	881	1,541430193

Datensatz: 1 von 14

Umformungen durch Access

Im nächsten Beispiel möchten wir Ihnen zeigen, dass es in einigen Fällen zu Umformungen Ihrer Formeln durch Access kommt. Lassen Sie uns dazu die Umsätze für die einzelnen Artikel an unserem Kinokiosk aufsummieren. Für jeden Artikel in der Tabelle *tblArtikel* soll eine Summe aus den im Feld *Anzahl* der Tabelle *tblArtikelverkauf* eingetragenen Verkäufen gebildet werden. Die Abfrage soll nach den Umsätzen absteigend sortiert werden, so dass wir am Anfang der Liste die Artikel mit den größten Umsätzen erhalten.

Abbildg. 18.10 Ermittlung der Umsätze

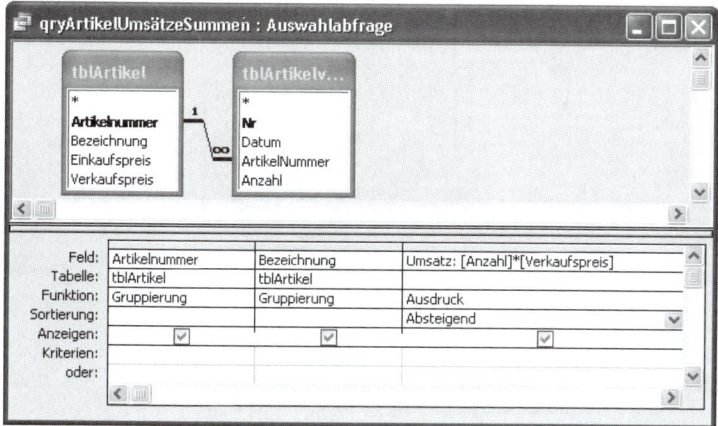

Nachdem wir die Abfrage gespeichert, geschlossen und anschließend wieder aufgerufen hatten, sahen wir, dass Access die Abfrage selbsttätig umgewandelt hatte.

Abbildg. 18.11 Umgeformte Abfrage

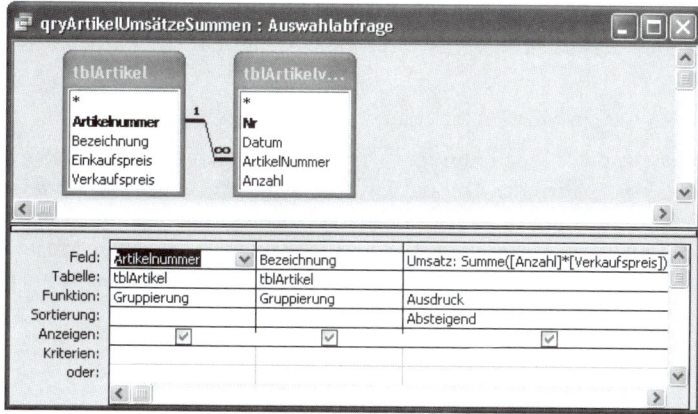

Sie können in Spalten, für die *Ausdruck* in der Zeile *Funktion* eingestellt ist, die Aggregatfunktionen direkt in der Formel verwenden.

Die Umsätze am Kiosk

Artikelnummer	Bezeichnung	Umsatz
034-20000-A-7	Nacho-Chips	3.422,50 €
03F-00003-B-7	Eisbecher	3.380,00 €
03F-00002-B-7	Eiskonfekt	2.740,00 €
200-22222-B-7	Limonade	2.730,00 €
200-12346-B-7	Wasser gr. Flasche	2.724,00 €
200-33333-B-7	Cola	2.716,00 €
034-10000-A-7	Popcorn	2.712,00 €
03F-00001-B-7	Eis am Stiel	1.508,10 €
032-01236-A-7	Erdnüsse	1.469,60 €
200-12345-B-7	Wasser kl. Flasche	1.370,00 €
032-01234-A-7	Gummibärchen	1.354,00 €
100-00002-E-15	T-Shirt	1.215,00 €
100-00001-D-15	Baseballmütze	1.175,00 €
032-01235-A-7	Schokoriegel	950,60 €

Datensatz: 1 von 14

Gruppierte Daten mit Bedingungen

Auch für gruppierte Daten lassen sich einschränkende Bedingungen definieren, allerdings müssen Sie dabei beachten, dass zwei verschiedene Einschränkungen möglich sind. Zum einen können Sie mit einem Kriterium die Daten herausfiltern, die überhaupt gruppiert und ausgewertet werden sollen, zum anderen können Sie die gruppierten Ergebnisse weiter einschränken. Auch hierzu, wie immer, einige Beispiele.

Lassen Sie uns zuerst den Umsatz am Kinokiosk im ersten Quartal 2004 ermitteln.

Die Entwurfsansicht der entsprechenden Abfrage stellen wir in Abbildung 18.13 vor. Sie sehen in der Abbildung nur zwei der vier Spalten der Abfrage. Links neben der Spalte *Umsatz* sind noch *Artikelnummer* und *Bezeichnung* eingerichtet, so wie es für das letzte Beispiel in Abbildung 18.10 dargestellt ist. Eigentlich kommt zu der Abfrage nur die Einschränkung für das *Datum* hinzu. In der Zeile *Funktion* wurde dafür übrigens *Bedingung* selektiert, um den Charakter der Spalte anzugeben. Für *Bedingung*-Spalten wird automatisch das Häkchen für *Anzeigen* gelöscht.

Umsätze im ersten Quartal

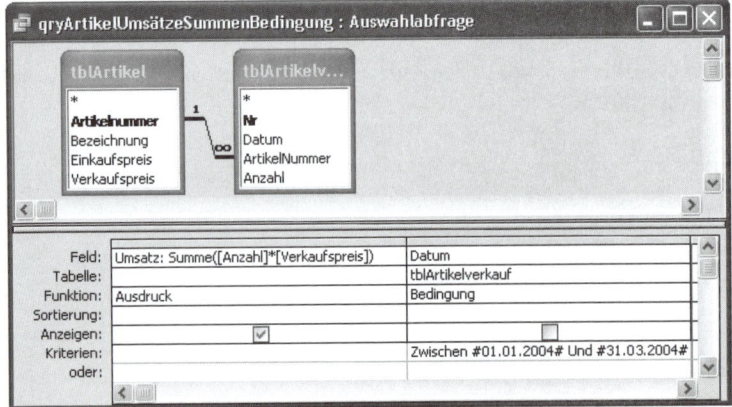

Das Kriterium für *Datum* bewirkt, dass vor der Berechnung der Umsätze für die einzelnen Artikel die Daten nach der Bedingung für *Datum* ausgewählt werden.

Geben Sie eine Bedingung für die Spalte *Umsatz* an, so wird dieses Kriterium auf die Ergebnisse der Aggregatfunktion, d.h. auf die errechneten Umsätze, angewendet. So lassen sich beispielsweise leicht alle Artikel ermitteln, die im ersten Quartal einen Umsatz von mehr als 2.000 EUR hatten.

Abbildg. 18.14 Alle Umsätze des zweiten Quartals größer als 2.000 EUR

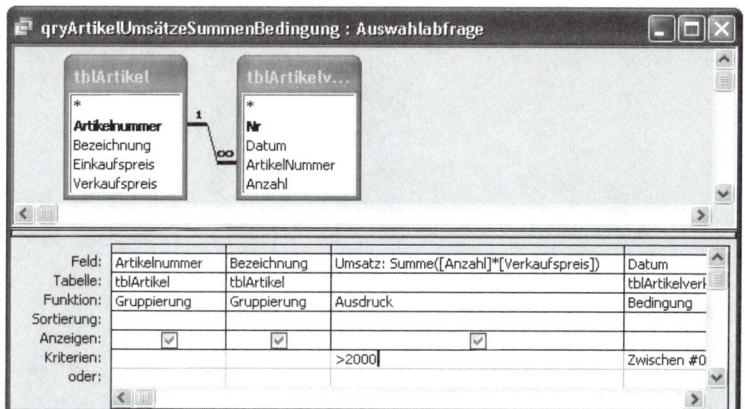

Abfrageergebnisse ohne Duplikate

In vielen Abfragen werden Sie auf das Problem stoßen, dass Datensätze zwei- oder mehrfach in die Ergebnismenge aufgenommen werden, je nachdem, wie Sie Ihre Ausgabefelder bestimmt haben.

Lassen Sie uns die folgende Abfrage zur Ermittlung von Filmgesamtlängen ansehen, die die Länge des Films und die Turnaround-Zeit des jeweiligen Kinos addiert.

Abbildg. 18.15 Filmgesamtlänge

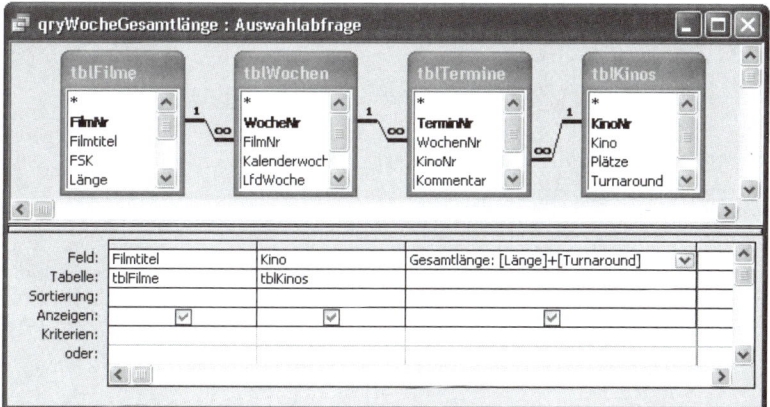

Abfragen

Aufgrund der Verknüpfung der vier Tabellen wird nun eine Ergebniszeile für jeden Film, für jede Woche und für jeden Termin gezeigt.

Abbildg. 18.16 Viele doppelte Datensätze

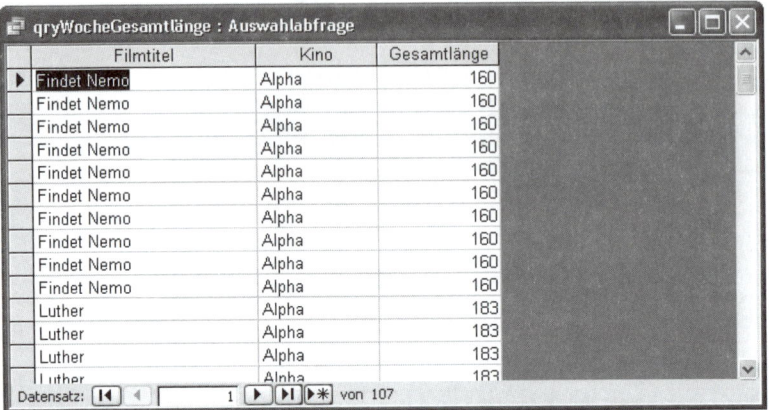

 Das Ergebnis entspricht so natürlich nicht dem gewünschten Resultat. »Aber nicht verzagen, Access fragen!« könnte man sagen, denn Access bietet Ihnen eine Funktion zur Unterdrückung der doppelten Zeilen an. Rufen Sie dazu das Dialogfeld *Abfrageeigenschaften* mithilfe der Schaltfläche *Eigenschaften* oder über den Menübefehl *Ansicht/Eigenschaften* auf (erscheint bei Ihnen das Dialogfeld *Feldeigenschaften*, so klicken Sie einfach auf den oberen Abfragebereich und der Inhalt des Dialogfeldes müsste sich ändern).

Abbildg. 18.17 Dialogfeld *Abfrageeigenschaften*

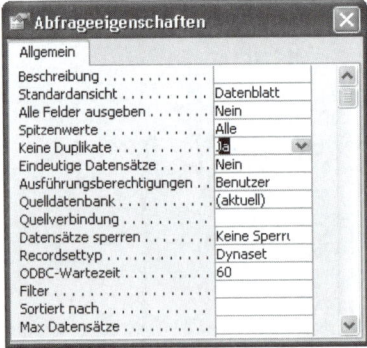

Selektieren Sie *Ja* für die Option *Keine Duplikate*, so blendet Access doppelte Datenzeilen im Ergebnis aus.

Abbildg. 18.18   Alle doppelten Ergebniszeilen ausgeblendet

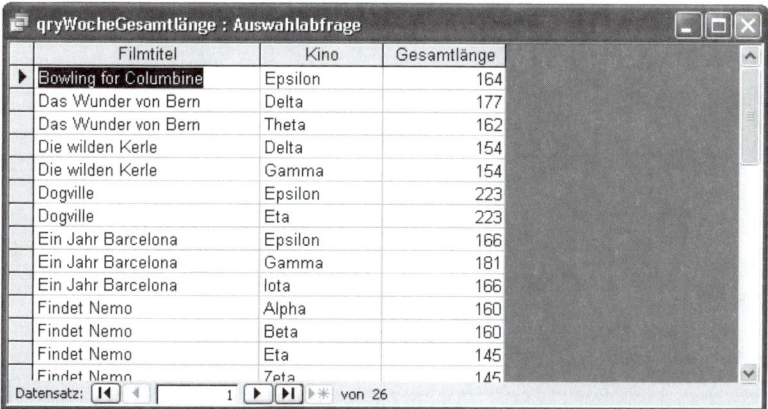

Nur die Besten anzeigen

Sicher interessiert es Sie auch brennend, welches nun die bestbesuchten Filme waren? Wir haben eine entsprechende Abfrage zusammengestellt, die Ihre und unsere Neugier befriedigen soll (allerdings sind alle Daten in unserer Beispieldatenbank fiktiv, so dass die Aussagekraft unseres Beispiels sehr, sehr gering ist ...).

Die in Abbildung 18.19 gezeigte Abfrage ermittelt die Besucheranzahl pro Filmtitel. Die Filme werden in der Reihenfolge absteigend nach ihrer Besucherzahl aufgelistet.

Abbildg. 18.19   Besucher pro Film

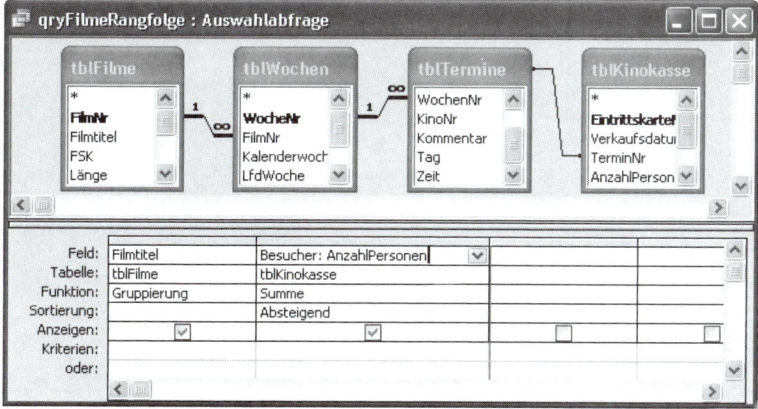

Nach dem Ausführen der Abfrage ergibt sich die folgende Rangliste, in der alle Filme aus unserer Beispieldatenbank vorkommen, für die in der Tabelle *tblKinokasse* Kartenverkäufe erfasst sind.

Abbildg. 18.20 Die Rangliste

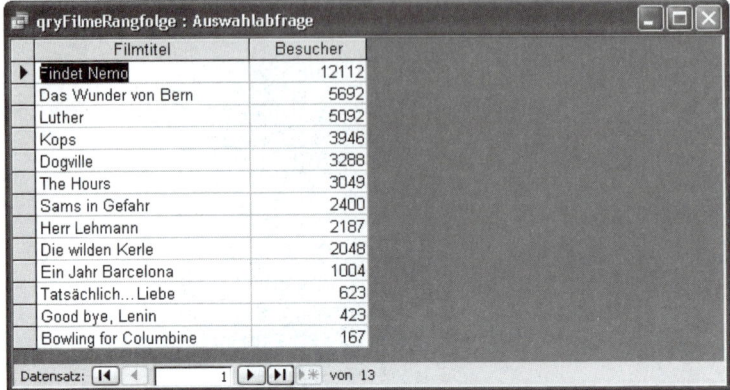

Möchte die Geschäftsleitung aber lediglich von Ihnen wissen, welches die fünf besten Filme waren, so können Sie in Access die Liste mit wenigen Mausklicks entsprechend einschränken. Rufen Sie dazu wieder das Dialogfeld *Abfrageeigenschaften* auf.

Abbildg. 18.21 Dialogfeld *Abfrageeigenschaften*

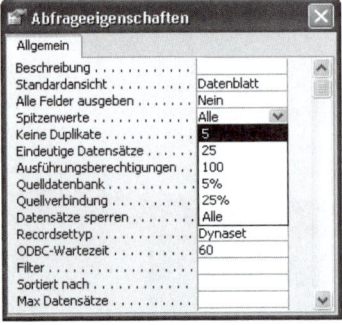

Mit der Option *Spitzenwerte* können Sie festlegen, ob die ersten 5, 25 oder 100 Zeilen oder die ersten 5% oder 25% der Zeilen gezeigt werden. Es ist aber auch jeder andere Wert möglich. Möchten Sie also die ersten zehn Zeilen eines Ergebnisses erhalten, so schreiben Sie einfach den Wert in das Feld.

Abbildg. 18.22 Die besten fünf

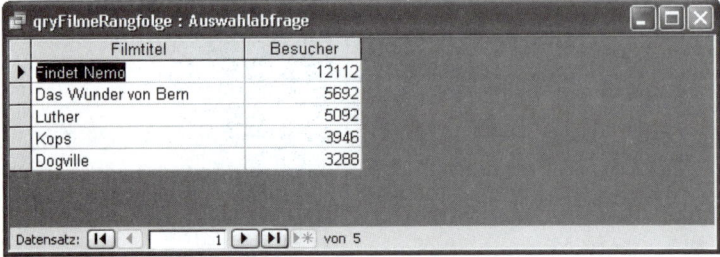

> **HINWEIS** Beachten Sie bei Verwendung der Funktion *Spitzenwerte*, dass die Spalte, für die Sie die Spitzenwerte ermitteln, aufsteigend oder absteigend sortiert sein sollte, denn sonst ist Ihr Ergebnis eher zufällig.

Beispiele

Wir möchten Ihnen im Folgenden eine Reihe von Beispielen mit komplexeren Abfragen vorstellen, aus denen Sie vielleicht Anregungen für Ihre eigenen Anwendungen erhalten.

Wie viele Karten sind pro Vorstellung bereits verkauft?

In der ersten Beispielabfrage soll ermittelt werden, wie viele der vorhandenen Plätze je Vorstellung bereits verkauft wurden. Die Daten der Kinos werden der Tabelle *tblKinos* entnommen. Die Vorstellungstermine, für die bereits Karten verkauft wurden, sind in *tblKinokasse* gespeichert. Die zugehörige Uhrzeit findet sich in *tblTermine*. Ergänzend wird noch die Anzahl der Plätze aus *tblKinos* hinzugefügt. Nach diesen Eintragungen wird gruppiert und für jede Gruppe die Anzahl der verkauften Eintrittskarten aus *tblKinokasse* errechnet.

Abbildg. 18.23 Wie viele Karten wurden pro Vorstellungen verkauft?

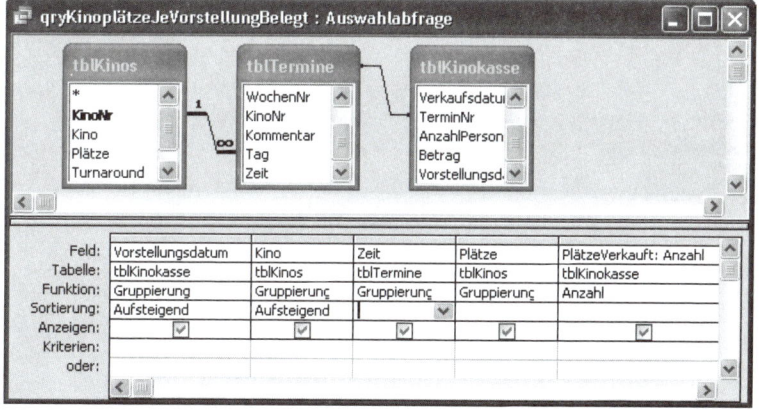

Besucherzahl und Umsatz pro Kino

Interessant ist auch, wie groß die Gesamtzahl der Besucher pro Kino und wie hoch die entsprechenden Umsätze waren. Dazu werden die drei Tabellen *tblKinos*, *tblTermine* und *tblKinokasse* in eine Abfrage aufgenommen. Wiederum wird nach Kinos gruppiert, diesmal aber die Summe über Betrag und Personenanzahl errechnet.

Abbildg. 18.24 Umsätze und Besucher pro Kino

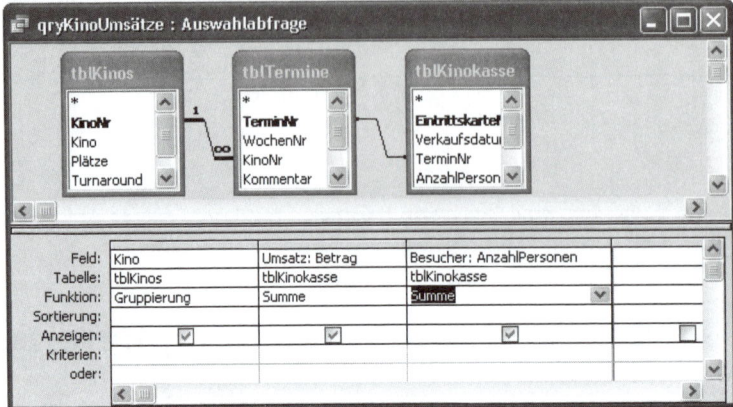

Auslastung der Kinos

Die Auslastung der einzelnen Vorstellungen ermitteln Sie, indem Sie in der Abfrage *qryKinoplätzeJeVorstellungBelegt* eine weitere Spalte hinzufügen, in der die verkauften Plätze durch die vorhandenen Plätze geteilt werden.

Zur Ermittlung der mittleren Auslastung der einzelnen Kinos erstellen Sie eine weitere Abfrage, in der nach den Kinos der Abfrage *qryKinoplätzeJeVorstellungBelegt* gruppiert wird und der Mittelwert der Auslastung errechnet wird.

Abbildg. 18.25 Auslastung der Kinos

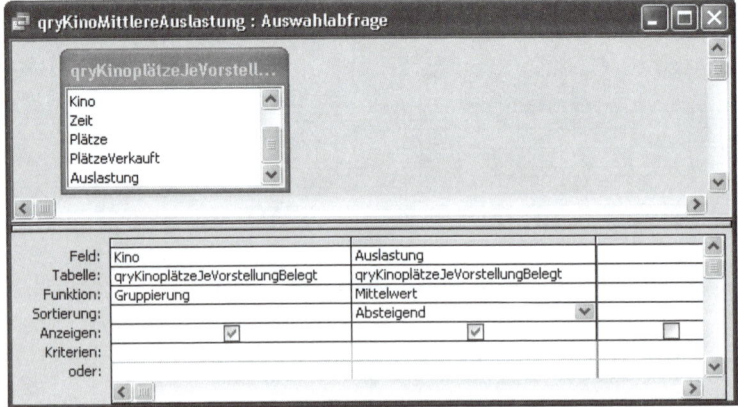

Besucherzahl und Umsatz pro Film

Zu Beginn des Abschnitts haben wir die Besucherzahl und den Umsatz pro Kino abgefragt. Jetzt sollen die entsprechenden Werte pro Film ausgerechnet werden.

Abbildg. 18.26   Umsatz und Besucherzahl pro Film

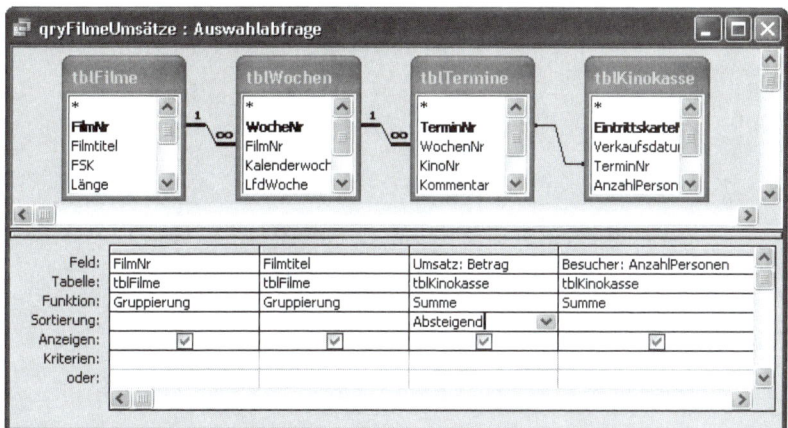

Durchschnittliche Besucherzahl pro Film

Mit der vorangegangenen Abfrage *qryFilmeUmsätze* und den Tabellen *tblFilme* sowie *tblWochen* kann nun ermittelt werden, wie viele Besucher im Schnitt einen Film pro Woche angesehen haben.

Abbildg. 18.27   Wie viele Besucher im Durchschnitt pro Woche pro Film?

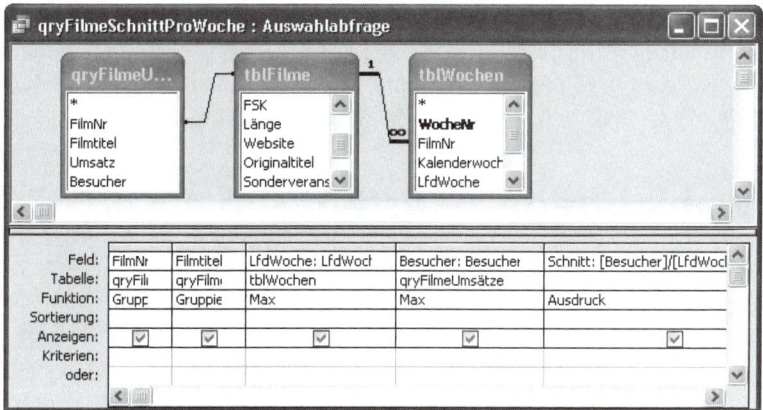

HINWEIS   Hier wurde *LfdWoche:LfdWoche* bzw. *Besucher:Besucher* geschrieben, um in der Berechnung des Durchschnitts auf benannte Spalten zugreifen zu können.

Wie hoch ist der Umsatz je Film pro Woche?

Auch für diese Beispielabfrage werden zwei der oben besprochenen Abfragen eingesetzt. Es wird hierbei einfach der Umsatz pro Film durch die Laufzeit dividiert.

Abbildg. 18.28 Wie hoch ist der Umsatz pro Woche je Film?

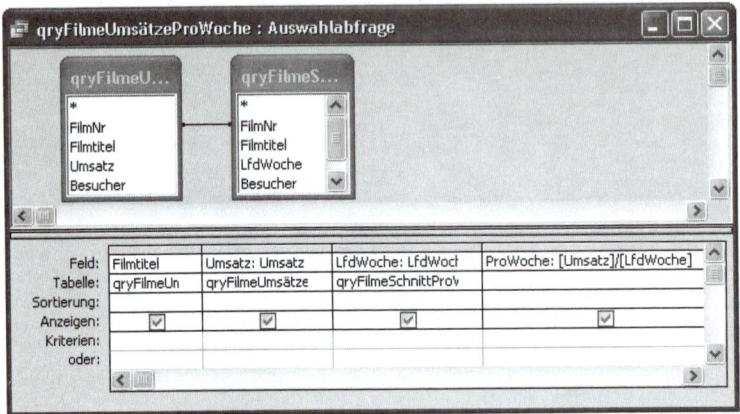

Immer wieder hilfreich: Die Abfrage-Assistenten

Wir möchten an dieser Stelle noch einmal auf die Abfrage-Assistenten eingehen. Einen der Assistenten, den Auswahlabfrage-Assistenten, haben wir schon in Kapitel 17 vorgestellt. Allerdings verfügt der Assistent noch über weitere Fähigkeiten, die wir im Folgenden beschreiben möchten. Darüber hinaus bietet Access einen Assistenten zur Duplikatsuche, um doppelte Datensätze aufzuspüren, einen Abfrage-Assistenten zur Inkonsistenzsuche, der auf fehlerhafte Verknüpfungsdaten hinweist, und einen Assistenten zur Erstellung von Kreuztabellen. Kreuztabellen sind eine Besonderheit von Access, die mit wenigen Handgriffen interessante Auswertungen ermöglichen.

Der Auswahlabfrage-Assistent

Der Auswahlabfrage-Assistent, den wir in Kapitel 17 schon eingesetzt hatten, um Abfragen mit mehreren Tabellen oder Abfragen zusammenzustellen, bietet zusätzlich die Möglichkeit, Aggregatfunktionen für Auswertungen zu nutzen.

Für ein Beispiel haben wir den Auswahlabfrage-Assistenten aus dem Access-Datenbankfenster über die Schaltfläche *Neu* für den Objekttyp *Abfragen* gestartet und aus der Tabelle *tblArtikel* das Feld *Bezeichnung* sowie aus der Tabelle *tblArtikelverkauf* die Felder *Datum* und *Anzahl* ausgewählt.

Abbildg. 18.29 Auswahl der Tabellen

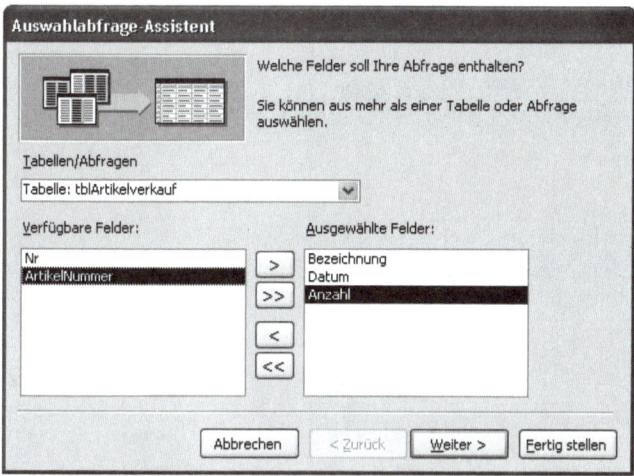

Im nächsten Dialogfeld des Assistenten hatten wir in den bisherigen Beispielen die Option *Detail* verwendet, nun soll die Variante *Zusammenfassung* genutzt werden.

Abbildg. 18.30 Auswahl der Option *Zusammenfassung*

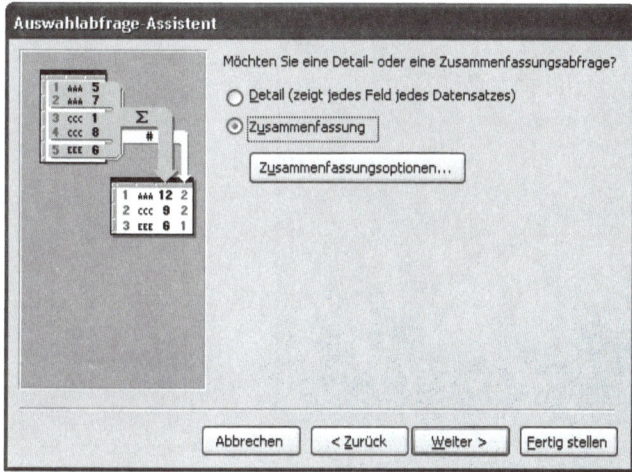

Damit der Assistent die Daten für eine Übersicht aufbereiten kann, müssen Sie das Dialogfeld *Zusammenfassungsoptionen* über die gleichnamige Schaltfläche öffnen.

Wählen Sie hier zum einen die gewünschten Berechnungsoptionen aus, im aktuellen Fall den Mittelwert, und bestimmen Sie zum anderen, in welcher Tabelle die Datensätze gezählt werden sollen, um damit den Mittelwert berechnen zu können.

Abfragen

Abbildg. 18.31 Hier soll der Mittelwert berechnet werden

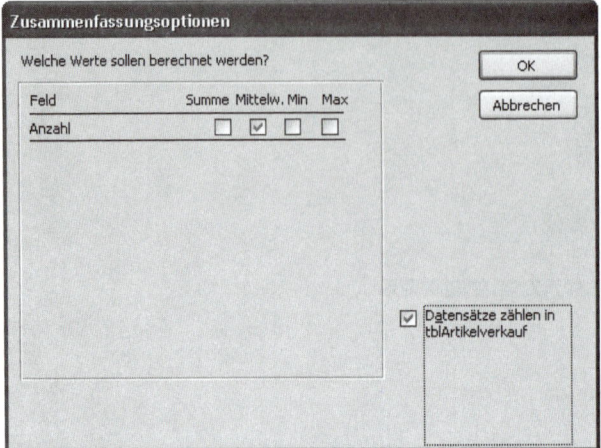

Da wir ein Feld vom Typ *Datum/Zeit* in die Liste der Felder aufgenommen haben, wird das in Abbildung 18.32 gezeigte Dialogfeld des Assistenten eingeblendet, in dem bestimmt werden kann, nach welchen Kriterien gruppiert werden soll.

Abbildg. 18.32 Es soll nach Quartalen gruppiert werden

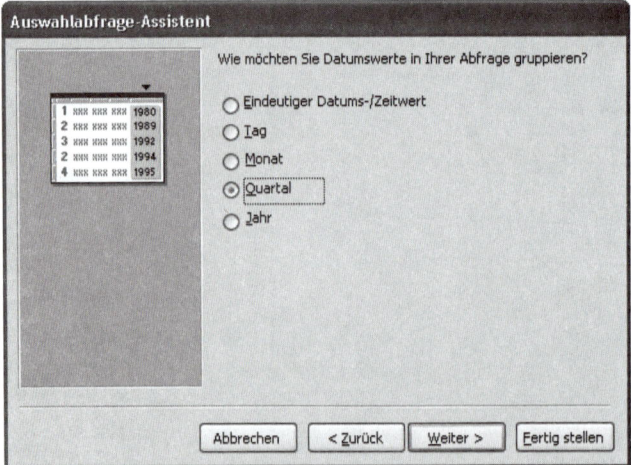

Zuletzt müssen Sie der Abfrage noch einen Namen geben. Das Ergebnis der Abfrage zeigt die Daten nach *Bezeichnung* und *Datum* gruppiert.

Abbildg. 18.33 Abfrageergebnis

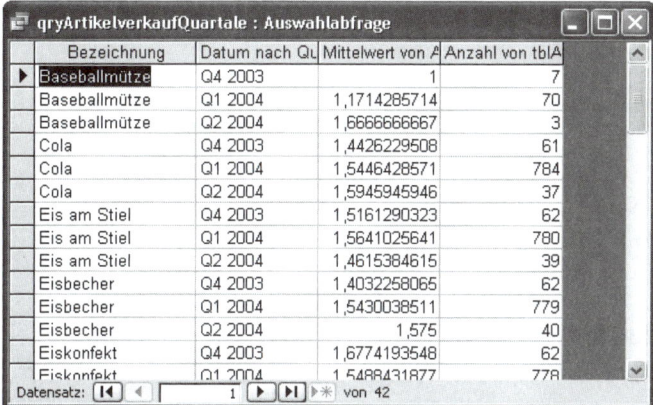

Die Abfrage kann nun in der Entwurfsansicht in der gewünschten Weise nachbearbeitet werden.

Der Abfrage-Assistent zur Duplikatsuche

Ein typisches Datenbankproblem, das insbesondere mit Adressdaten auftaucht, sind Dubletten, also inhaltsgleiche Datensätze. Eine Adresse wurde beispielsweise aus Unachtsamkeit mehrfach angelegt, weil mehrere Mitarbeiter den gleichen Kunden neu erfassten, usw.

Access bietet mit dem Abfrage-Assistenten zur Duplikatsuche ein Hilfsmittel, um Abfragen zu generieren, die Ihre Daten auf Dubletten durchsuchen.

1. Starten Sie den *Abfrage-Assistenten zur Duplikatsuche* aus dem Access-Datenbankfenster über die Schaltfläche *Neu* zum Objekttyp *Abfragen*.

2. Geben Sie nun zuerst die Tabelle an, die auf Duplikate durchsucht werden soll.

Abbildg. 18.34 Auswahl der zu durchsuchenden Tabelle oder Abfrage

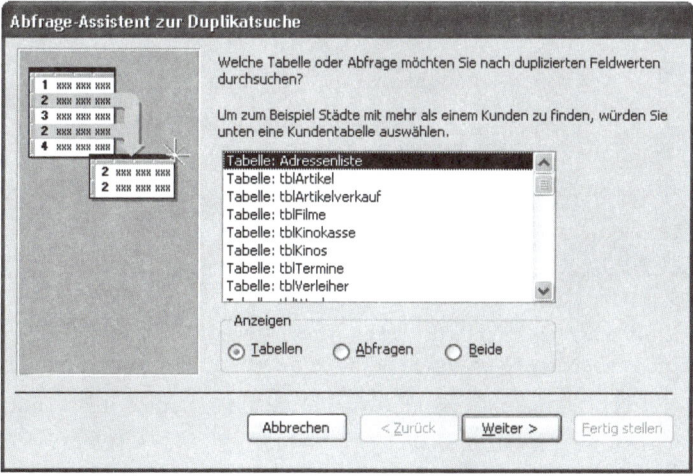

Abfragen

3. Legen Sie im nächsten Dialogfeld die Felder fest, die ein Duplikat bestimmen.

    Für die Adresstabelle unseres Beispiels haben wir *Vorname, Nachname* und *PLZ* angegeben.

Abbildg. 18.35   Welche Felder bestimmen ein Duplikat?

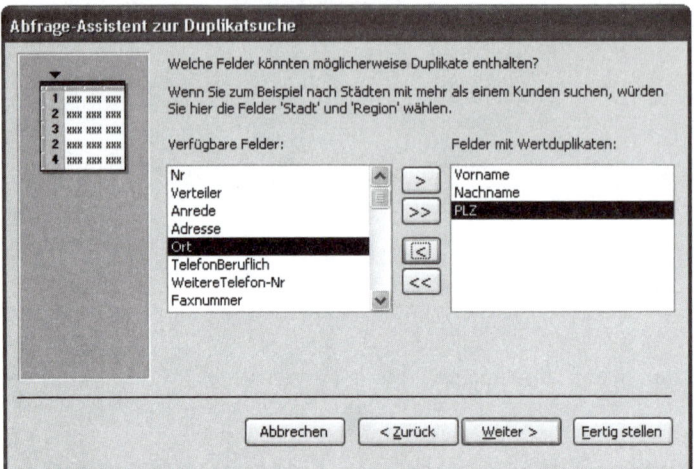

4. Zusätzlich bestimmen Sie weitere Felder, die für einen als doppelt erkannten Datensatz angezeigt werden sollen.

Abbildg. 18.36   Hilfsfelder

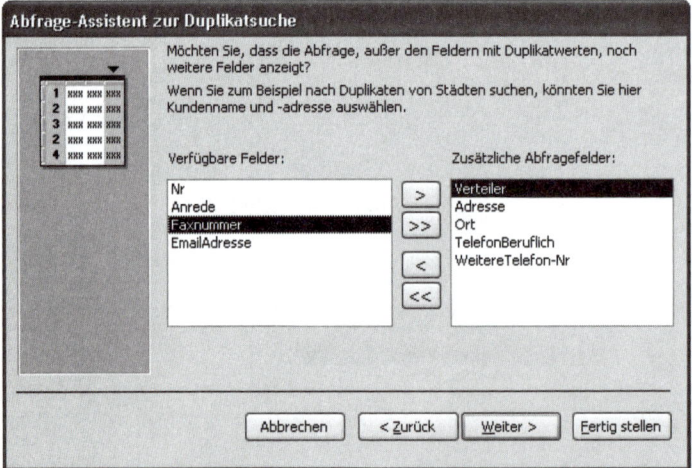

Das Ergebnis der Duplikatsuche sind alle doppelt auftretenden Datensätze, wobei sich »doppelt« auf die im Assistenten angegebenen Felder bezieht, die zur Duplikatüberprüfung vereinbart wurden.

In unserem Beispiel haben wir eine Person, die einmal für einen Radiosender, einmal für eine Zeitung arbeitet. Unter Umständen hat sie zwischenzeitlich den Job gewechselt und der Name für den Nachfolger wurde nicht korrigiert.

Ergebnis der Dublettensuche

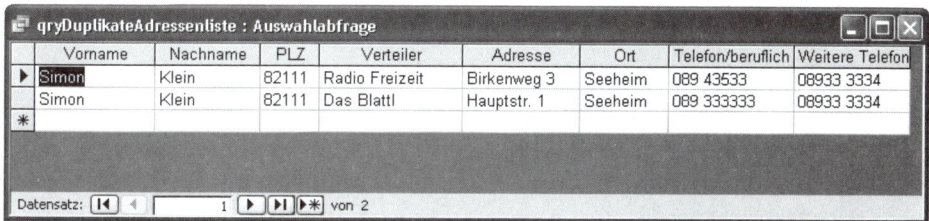

Abbildung 18.38 stellt die Abfrage in der Entwurfsansicht dar. Die Besonderheit der Abfrage ist das Kriterium für das Feld *Vorname*. Es ist eine so genannte Unterabfrage, also eine komplette Abfrage innerhalb einer Abfrage. Unterabfragen werden direkt in der SQL-Abfragesprache definiert.

In der Entwurfsansicht

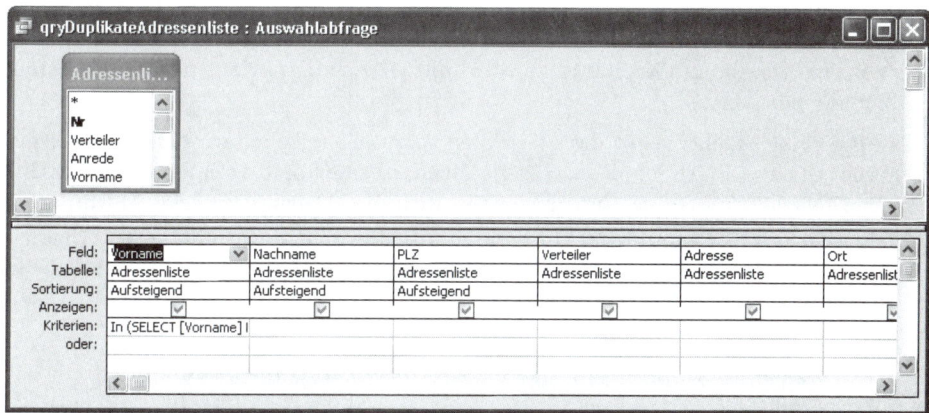

Setzen Sie die Einfügemarke in die *Kriterien*-Zeile der Spalte *Vorname*, so können Sie mit ⌂ + F2 das Dialogfeld *Zoom* einblenden, das den Inhalt eines Feldes der Entwurfsansicht in einem eigenen Fenster groß anzeigt.

SQL-Abfrage in der *Zoom*-Ansicht

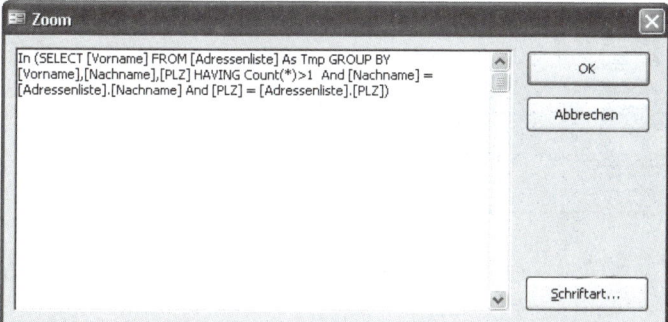

Wir möchten die Unterabfrage an dieser Stelle nicht weiter erläutern, sondern auf die ausführliche Besprechung von Unterabfragen in Kapitel 20 verweisen.

Doppelte Datensätze löschen

Es stellt sich nun die Frage, wie man die doppelten Datensätze löschen kann: per Hand entfernen oder per Löschabfrage. Aber wir greifen voraus, denn Löschabfragen lernen Sie erst im nächsten Kapitel kennen. Bleiben Sie also dran, denn wir zeigen Ihnen, wie Sie Ihre Duplikate elegant per Abfrage loswerden können.

Der Abfrage-Assistent zur Inkonsistenzsuche

Eine häufig auftretende Fragestellung lautet: »Gibt es zu jedem Datensatz einer Tabelle einen oder mehrere entsprechende Datensätze in einer anderen Tabelle?« Möchten Sie diese Frage an Ihre Datenbanktabellen richten, so können Sie dazu die Hilfe des Abfrage-Assistenten zur Inkonsistenzsuche in Anspruch nehmen. Die Methode, mit der der Abfrage-Assistent die Inkonsistenzen ermittelt, haben wir schon in Kapitel 17 im Abschnitt »Beziehungsvarianten« und den darauf folgenden Abschnitten beschrieben.

Um Ihnen die Möglichkeiten des Assistenten vorzustellen, haben wir für dieses Beispiel eine neue Tabelle erstellt, nämlich *Adressenliste2*. Die Tabelle ist eine Kopie der im ersten Teil des Buches eingesetzten Tabelle *Adressenliste*, aus der aber eine Reihe von Datensätzen gelöscht wurde.

1. Starten Sie nun den Abfrage-Assistenten zur Inkonsistenzsuche mithilfe der Schaltfläche *Neu* für den Objekttyp *Abfragen* im Access-Datenbankfenster. Selektieren Sie die erste Tabelle.

Abbildg. 18.40 Tabelle auswählen

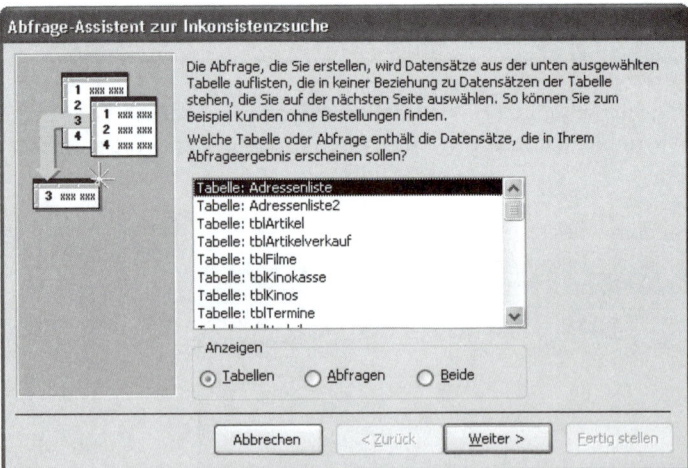

2. Wählen Sie im zweiten Dialogfeld des Assistenten die zweite Tabelle, in der Sie die Inkonsistenzen zur ersten Tabelle aufspüren möchten.

Nächste Tabelle auswählen

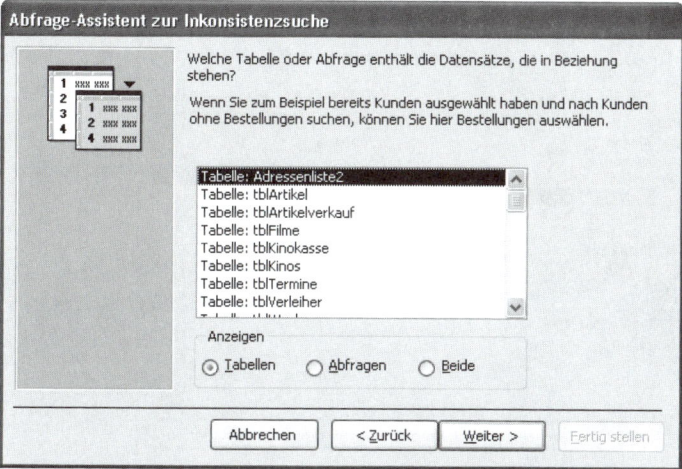

3. Bestimmen Sie anschließend das Tabellenfeld, das auf die Inkonsistenz überprüft werden soll.

Hier in unserem Beispiel selektieren wir das Feld *Verteiler*, d.h., wir möchten alle Verteiler ermitteln, die in der Tabelle *Adressenliste*, aber nicht in *Adressenliste2* vorkommen.

Übereinstimmungsfeld

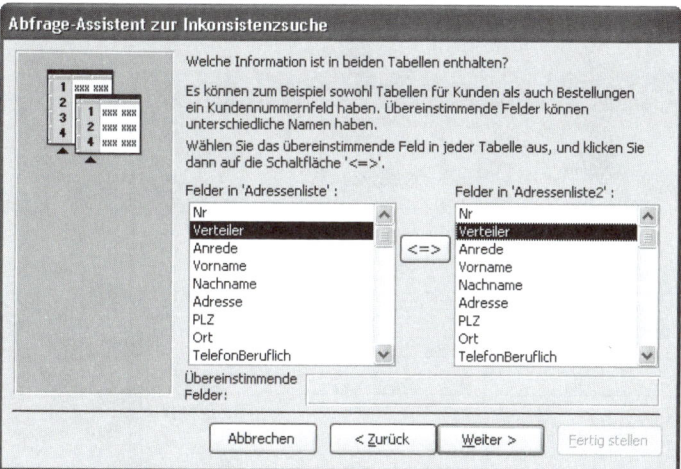

4. Für das Ergebnis der Abfrage lassen sich zusätzliche Felder auswählen, so dass Sie alle gewünschten Informationen über die inkonsistenten Daten erhalten.

Abfragen

Abbildg. 18.43 Zusätzliche Ergebnisfelder

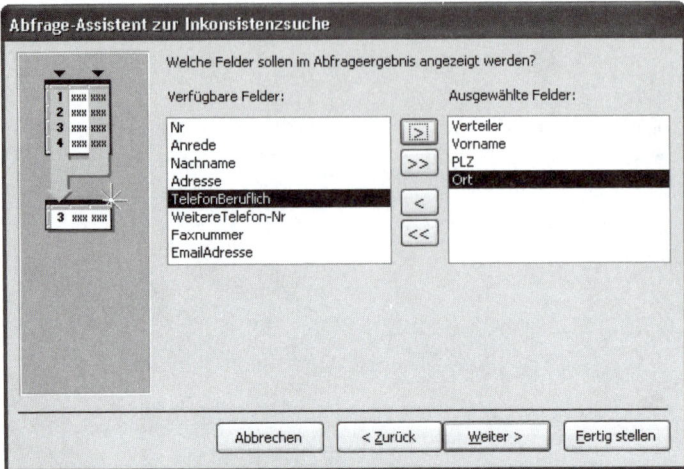

5. Im letzten Schritt des Abfrage-Assistenten zur Inkonsistenzsuche legen Sie einen Namen fest, unter dem Ihre Definition abgelegt werden soll.

Abbildung 18.44 zeigt die Abfrage in der Entwurfsansicht. Auf der rechten Seite sehen Sie für das Feld *Verteiler* der Tabelle *Adressenliste2* die Bedingung *Ist Null*, mit der die Datensätze aus *Adressenliste* ausgewählt werden, die nicht in *Adressenliste2* vorkommen.

Abbildg. 18.44 Entwurfsansicht

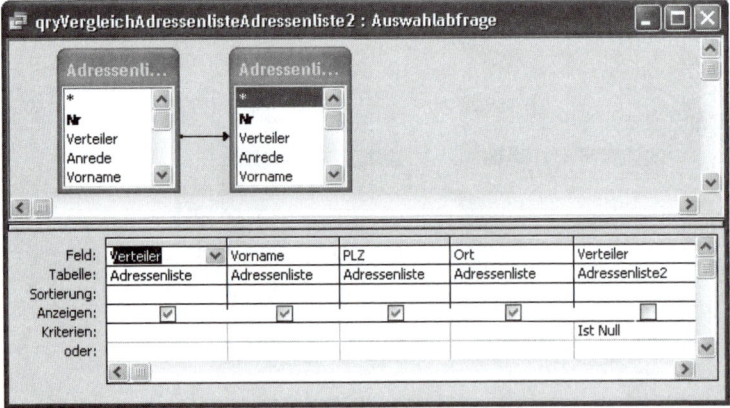

Notwendig für die Durchführung der Abfrage ist die richtige Verknüpfungsvariante zwischen den beiden Tabellen. Ein Doppelklick auf die Beziehungslinie zwischen den Tabellen offenbart Ihnen im Dialogfeld *Verknüpfungseigenschaften*, dass hier eine Links-Exklusionsverknüpfung aufgebaut ist.

Abbildg. 18.45 Dialogfeld *Verknüpfungseigenschaften*

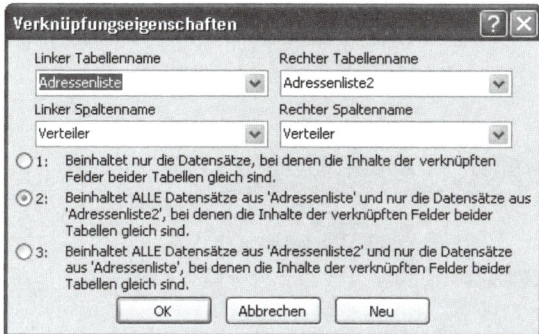

Der Kreuztabellenabfrage-Assistent

Kreuztabellen sind eine Spezialität von Access. Mit Kreuztabellenabfragen können Sie interessante Auswertungen Ihrer Daten vornehmen, die mit »normalen« Abfragen nicht zu ermitteln sind. Kreuztabellenabfragen sind eine Microsoft-spezifische Erweiterung, die nicht in der Abfragesprache SQL vorgesehen ist.

Wann ist der Einsatz einer Kreuztabelle sinnvoll? Stellen Sie sich vor, Sie möchten eine Liste zusammenstellen, in der der Verkauf der einzelnen Artikel des Kinokioskes pro Monat dargestellt wird.

Mithilfe einer Kreuztabellenabfrage erhalten Sie eine übersichtliche Auswertung. Beginnen Sie die Abfrage über den entsprechenden Auswahlpunkt, nachdem Sie eine neue Abfrage über die Schaltfläche *Neu* des Objekttyps *Abfragen* gestartet haben.

Im ersten Dialogfeld des Kreuztabellenabfrage-Assistenten bestimmen Sie die Tabelle oder Abfrage, die ausgewertet werden soll. Für das Beispiel wurde die Tabelle *tblArtikelverkauf* verwendet.

Abbildg. 18.46 Auswahl der Tabelle oder Abfrage

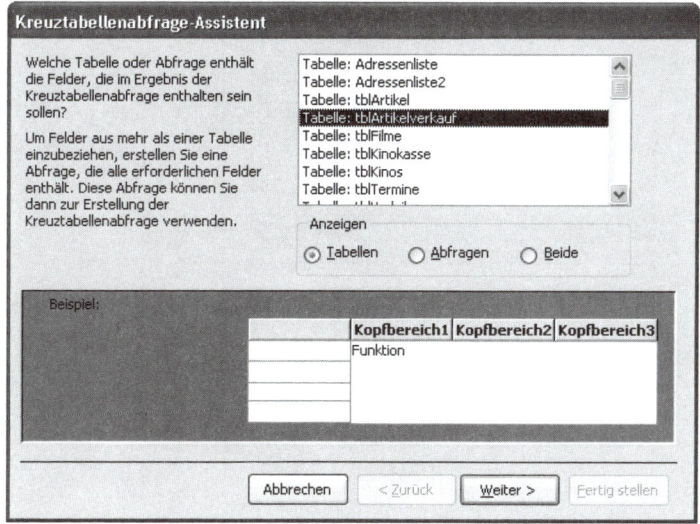

Abfragen

Im unteren Bereich des Dialogfeldes gibt Ihnen der Assistent einen Eindruck davon, wie die spätere Kreuztabelle aufgebaut ist. Sie müssen in den nächsten Schritten bestimmen, welche Felder die Zeilen- und die Spaltenbeschriftungen bilden und welche Werte im Inneren der Kreuztabelle gezeigt werden. Für die Zeilenbeschriftung selektieren wir das Feld *ArtikelNummer*.

Abbildg. 18.47 In die Zeilen: *ArtikelNummer*

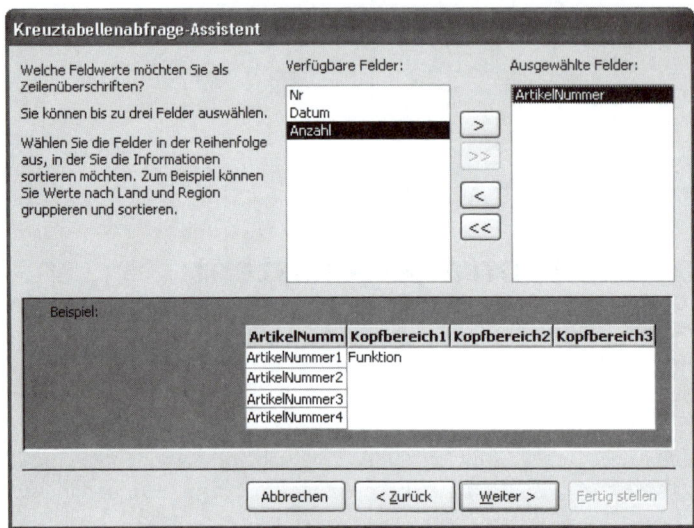

Die Spaltenüberschrift wird das *Datum*, wie die Abbildung 18.48 zeigt.

Abbildg. 18.48 Als Spaltenüberschrift: *Datum*

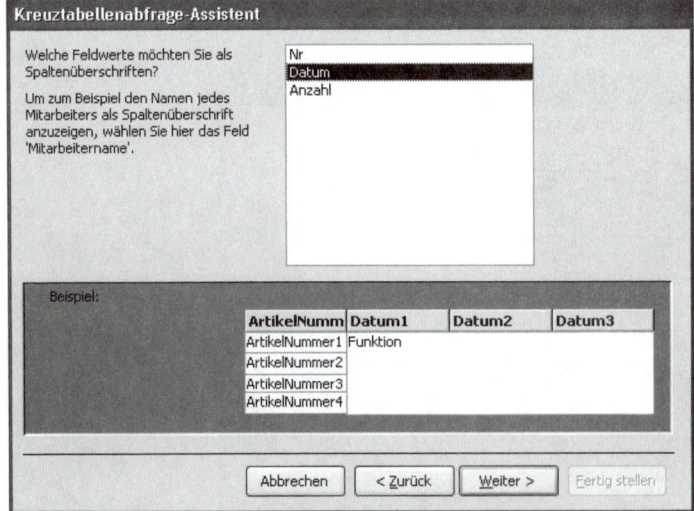

Wenn für die Spaltenüberschrift ein Feld vom Datentyp *Datum/Zeit* ausgewählt wurde, bietet Ihnen der Assistent ein Dialogfeld an, in dem Sie die Datumswerte, wenn Sie es wünschen, noch weiter gruppieren können. Für unser Beispiel selektieren wir zuerst einmal die Auswahl *Monat*.

Abbildg. 18.49 Gruppierung des Datums

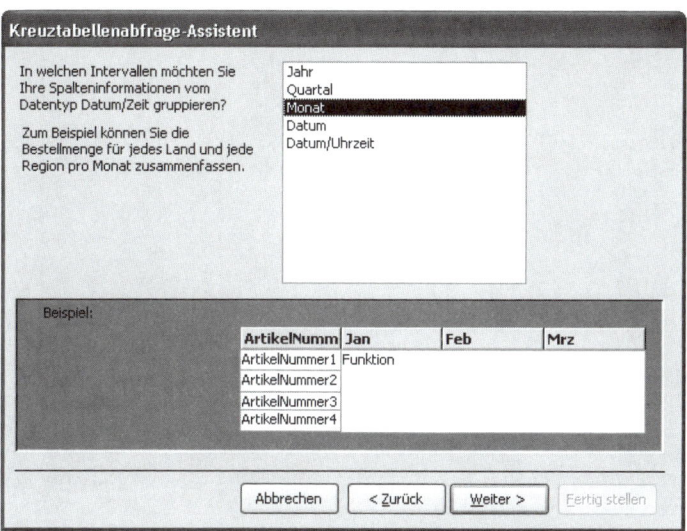

Das nächste Assistenten-Dialogfeld fragt ab, welches Feld, berechnet mit welcher Funktion, innerhalb der Kreuztabelle dargestellt werden soll.

Abbildg. 18.50 Berechnung der Summe über die Anzahl der Artikel pro Monat

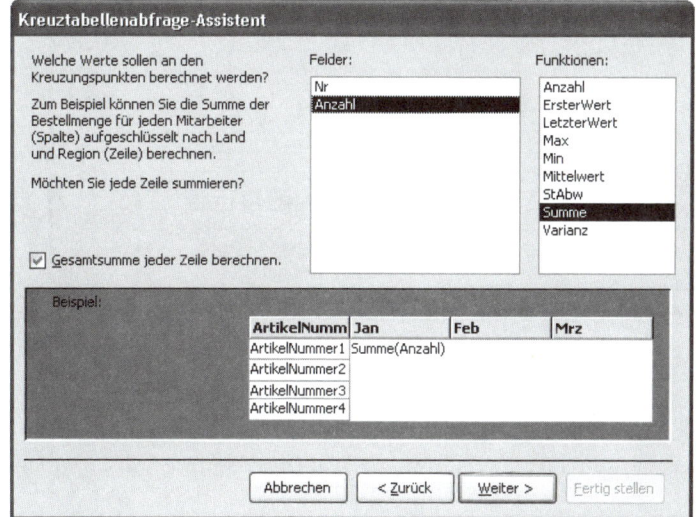

Wir möchten die Summe der verkauften Artikel pro Monat ermitteln, entsprechend wählen wir die Funktion *Summe*. Das Ergebnis unserer Abfrage zeigt Abbildung 18.51.

Abbildg. 18.51 Ergebnis der Kreuztabelle

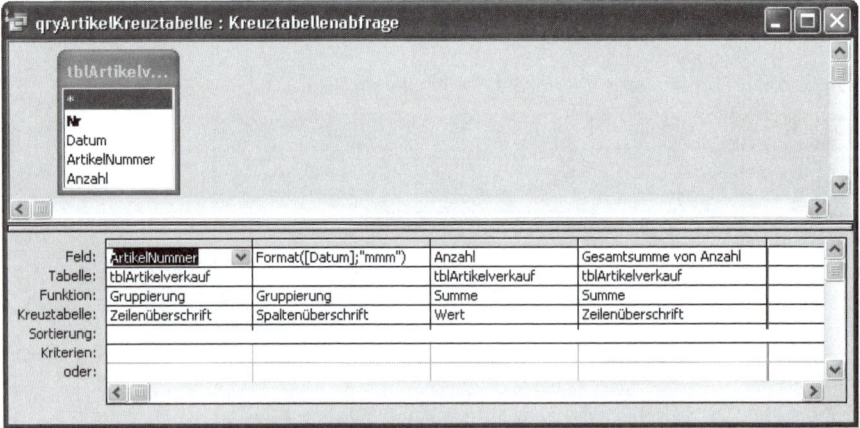

Als Nächstes wollen wir uns den Entwurf der Abfrage ansehen: Die Spaltenüberschriften sind in der zweiten Spalte definiert. Dort findet sich nur die Formatanweisung für die Spaltenüberschriften, in denen die einzelnen Monate zu finden sind.

Abbildg. 18.52 Entwurf der Kreuztabellenabfrage

Wir möchten im Folgenden zum einen neben dem Monat auch das Jahr in den Spaltenüberschriften darstellen, zum anderen sollen nur die Monate angezeigt werden, für die auch Daten vorhanden sind. Um die vorgegebenen Spaltenüberschriften zu entfernen, müssen Sie im Eigenschaftenfenster zu dieser Formatanweisung den Text im Feld *Fixierte Spaltenüberschriften*, der in Abbildung 18.53 dargestellt ist, löschen.

Abbildg. 18.53 Fixierte Spaltenüberschriften löschen

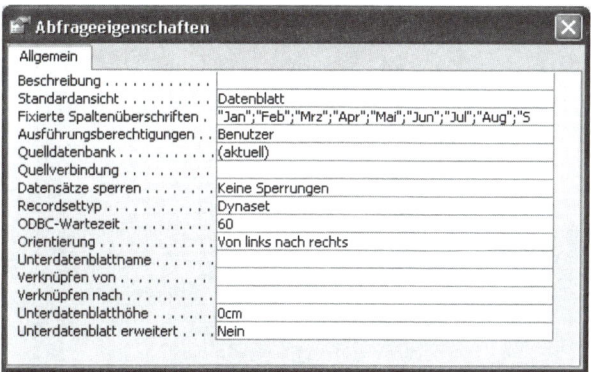

Spalten ohne Ergebnisse werden jetzt nicht mehr angezeigt. Allerdings werden nun die Monate in den Spaltenüberschriften alphabetisch sortiert. Bei einer numerischen Formatierung der Monate taucht dieses Problem nicht mehr auf. Ergänzen Sie hierbei außerdem die Jahreszahl, wie in Abbildung 18.54 zu sehen, werden die Ergebnisse auch über Jahresgrenzen hinweg korrekt nach Jahren und Monaten sortiert dargestellt.

Abbildg. 18.54 Der korrigierte Entwurf

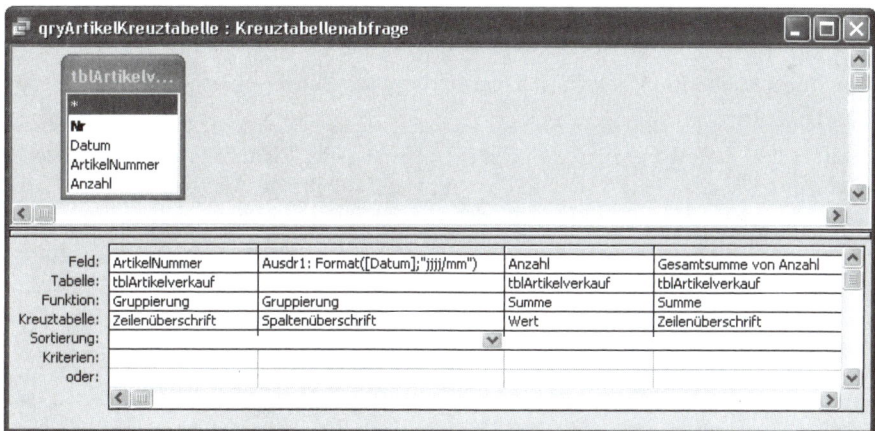

Damit erhalten Sie nun die gewünschte Zusammenstellung der verkauften Artikel pro Monat.

Abbildg. 18.55 Ergebnis der Kreuztabellenabfrage

ArtikelNummer	Gesamtsumme	2003/12	2004/01	2004/02	2004/03	2004/04
Gummibärchen	1354	85	405	418	388	58
Schokoriegel	1358	100	395	413	389	61
Erdnüsse	1336	96	404	403	376	57
Popcorn	1356	88	400	417	394	57
Nacho-Chips	1369	99	407	409	397	57
Eis am Stiel	1371	94	404	420	396	57
Eiskonfekt	1370	104	407	406	392	61
Eisbecher	1352	87	397	423	382	63
Baseballmütze	94	7	26	27	29	5
T-Shirt	81	7	24	23	24	3
Wasser kl. Fla	1370	108	410	412	383	57
Wasser gr. Fla	1362	93	418	413	381	57
Limonade	1365	88	409	421	390	57
Cola	1358	88	407	413	391	59

Datensatz: 1 von 14

Zusammenfassung

Im Entwurfsfenster der Abfragen lassen sich Funktionen auswählen, die Sie bei der Auswertung von Abfragen unterstützen.

- Zunächst werden in diesem Kapitel die zur Verfügung stehenden Funktionen vorgestellt (Seite 315). Danach werden einige Funktionen beispielhaft präsentiert.

- Ein größerer Abschnitt befasst sich damit, gruppierte Daten auszuwerten (ab Seite 317).

- Danach werden verschiedene Abfrage-Assistenten vorgestellt, wie der Auswahlabfrage-Assistent (Seite 328), der Abfrage-Assistent zur Duplikatsuche (Seite 331), der Abfrage-Assistent zur Inkonsistenzsuche (Seite 334) und der Kreuztabellenabfrage-Assistent (Seite 337).

Kapitel 19

Aktionsabfragen

Abfragen

Aktionsabfragen führen Änderungen an den Daten Ihrer Tabellen durch. Sie können beispielsweise eine Aktionsabfrage verwenden, um mit nur einem Befehl alle Artikel Ihrer Artikeltabelle 10% teurer zu machen.

In den meisten Fällen werden die Aktionsabfragen aus einer Auswahlabfrage entwickelt, d.h., Sie beginnen damit, eine Auswahlabfrage zu erstellen, die die zu ändernden Daten ermittelt, und konvertieren dann diese Abfrage zu einer Aktionsabfrage. In Access können Sie zwischen den folgenden Aktionsabfragen wählen: Aktualisierungsabfragen, Löschabfragen, Anfügeabfragen und Tabellenerstellungsabfragen. In der Abfrage-Entwurfsansicht selektieren Sie den gewünschten Abfragetyp mithilfe der Schaltfläche *Abfragetyp* oder über das Menü *Abfrage*.

Alle Aktionsabfragen erwarten normalerweise eine Bestätigung der Änderung. Möchten Sie die Bestätigung unterdrücken, können Sie im Dialogfeld *Optionen* (Menübefehl *Extras/Optionen*) auf der Registerkarte *Bearbeiten/Suchen* die entsprechende Option im Gruppenfeld *Bestätigen* ausschalten.

Abbildg. 19.1   Ausschalten der Bestätigungsmeldung

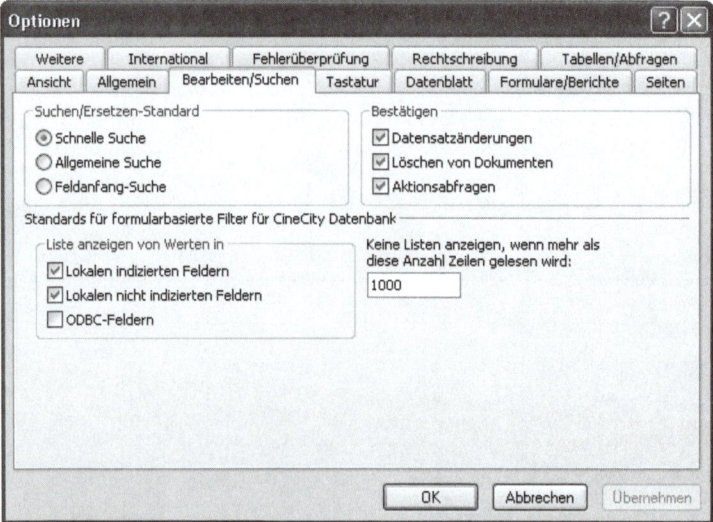

In allen Aktionsabfragen können Parameter eingesetzt werden, so dass der Benutzer Bedingungen und Werte beim Ablaufen der Abfrage eingeben kann. Für die Parameter gelten die gleichen Regeln wie für Auswahlabfragen (siehe Kapitel 15, Abschnitt »Parameterabfragen«).

Abfrage zur Datenaktualisierung

Mit Datenaktualisierungsabfragen verändern Sie die Inhalte Ihrer Tabellen mithilfe von Abfragen. Für jede Zeile einer Tabelle, gegebenenfalls eingeschränkt durch eine Bedingung, werden für die gewählten Spalten neue Werte errechnet und gespeichert.

Einfache Aktualisierungsabfrage

Das Feld *Turnaround* in der Tabelle *tblKinos* gibt die Zeit an, die benötigt wird, damit alle Besucher einen Kinosaal verlassen und die neuen Besucher ihre Sitzplätze einnehmen können. Es soll nun eine Aktualisierungsabfrage erstellt werden, die für alle Kinos eine Turnaround-Zeit von 45 Minuten festlegt. Beachten Sie dabei, dass gegebenenfalls vorhandene Turnaround-Werte dabei überschrieben werden.

Präfix »qupd« Aktualisierungsabfragen sind vor allem dann sinnvoll, wenn größere Datenmengen gleichzeitig geändert werden müssen. Sie erhalten als Kennung zur Unterscheidung von anderen Abfragen das Kürzel »qupd«, kurz für »Query Update«.

Es soll eine Datenaktualisierungsabfrage erstellt werden, die die Turnaround-Zeiten für alle Kinos auf 45 Minuten setzt.

Beginnen Sie zuerst mit einer normalen Auswahlabfrage für die Tabelle *tblKinos*.

Abbildg. 19.2 Zuerst die Auswahlabfrage

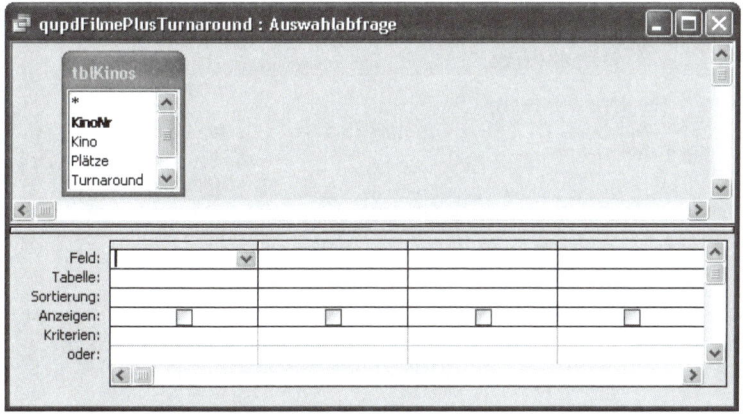

Mit dem Menübefehl *Abfrage/Aktualisierungsabfrage* wandeln Sie die Auswahlabfrage zu einer Aktualisierungsabfrage um. Sie erhalten dadurch im unteren Abfragebereich eine zusätzliche Zeile *Aktualisieren*. Wie in Abbildung 19.3 dargestellt, wurde für das Feld *Turnaround* in die Zeile *Aktualisieren* der Wert *45* eingetragen, d.h., für alle Datensätze der Tabelle *tblKinos* wird der Inhalt des Feldes beim Ausführen der Abfrage auf den für *Aktualisieren* angegebenen Wert gesetzt.

Nachdem Sie den Befehl zur Ausführung der Abfrage gewählt haben, ermittelt Access, wie viele Datensätze von der Änderung betroffen sind, und blendet eine entsprechende Bestätigungsmeldung ein.

Abbildg. 19.3 Die Turnaround-Zeit auf 45 Minuten setzen

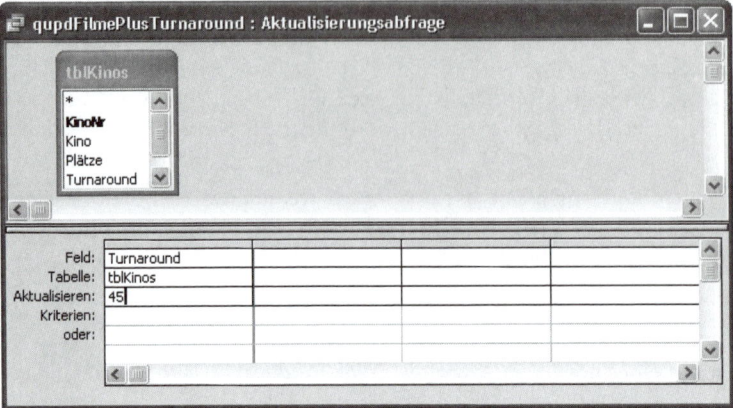

Abbildg. 19.4 Bestätigungsmeldung

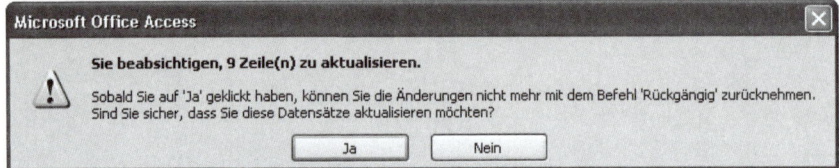

Ausführen oder umschalten in die Datenblattansicht?

Bei allen Aktionsabfragen können Sie vorher sehen, welche Datensätze betroffen sind. Dazu bestehen zwei Möglichkeiten: Sie können zuerst eine Auswahlabfrage erstellen, sich die zu ändernden Daten ansehen und die Abfrage dann in eine Aktionsabfrage umwandeln.

Einfacher und eleganter ist es, die richtige Schaltfläche zu verwenden: Klicken Sie auf die Schaltfläche *Ausführen* (oder wählen Sie den Menübefehl *Abfrage/Ausführen*), so wird die Aktion durchgeführt. Entscheiden Sie sich dagegen für die Schaltfläche *Ansicht* (bzw. den Menübefehl *Ansicht/Datenblattansicht*), so werden nur die betroffenen Datensätze angezeigt, nicht aber die Aktion ausgeführt.

Aktualisierungsabfragen mit Bedingungen

Aktualisierungsabfragen lassen sich auch mit Bedingungen versehen, d.h., es werden nur die Datensätze aktualisiert, die einer bestimmten Bedingung entsprechen.

Nehmen wir einmal an, die Preise der Artikel, die am Kinokiosk verkauft werden, müssen um 15% erhöht werden. Allerdings sind nicht alle Artikel betroffen, sondern nur die beiden Produktgruppen »034« und »03F«. Die Nummer der Produktgruppe ist in der Tabelle *tblArtikel* in der Artikelnummer enthalten, da die ersten drei Stellen der Artikelnummer die Produktgruppe ergeben.

Die Auswahlabfrage in Abbildung 19.5 zeigt die Definition, um alle Artikelnummern, Produktgruppen und Verkaufspreise zu ermitteln, sowie die Bedingung zur Einschränkung der Produktgruppen.

Auswahlabfrage

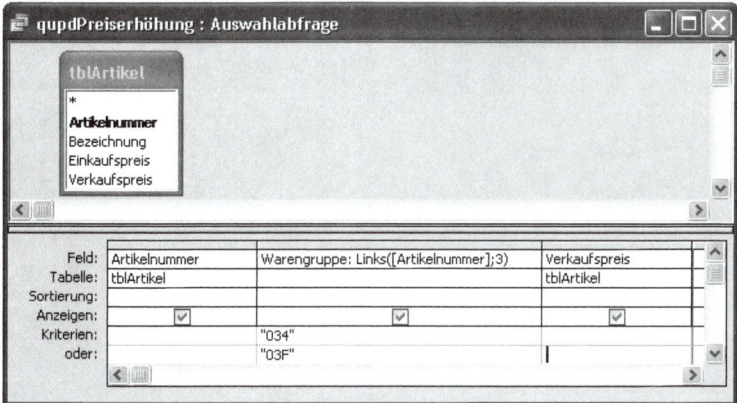

Mit dem Menübefehl *Abfrage/Aktualisierungsabfrage* bzw. mithilfe der Schaltfläche *Abfragetyp* wandeln Sie die Auswahlabfrage in eine Aktualisierungsabfrage um.

Umgewandelt in eine Aktualisierungsabfrage

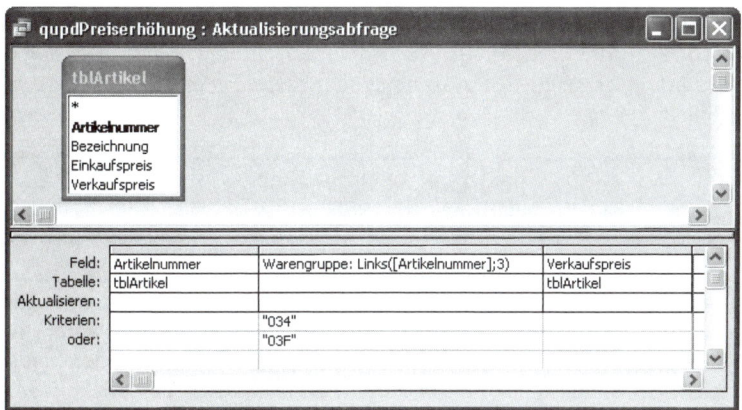

In der Zeile *Aktualisieren* im unteren Teil der Entwurfsansicht geben Sie nun an, wie die Preiserhöhung um 15% errechnet werden soll. Um einen neuen Verkaufspreis zu ermitteln, wird der alte Verkaufspreis mit 1,15 multipliziert und das Ergebnis auf zwei Stellen nach dem Komma gerundet, weil es keine halben Cents gibt. In der Entwurfsansicht schreiben Sie in die Aktualisierungszeile für die Spalte *Verkaufspreis* Folgendes: *Runden([Verkaufspreis]*1,15;2)*.

Preiserhöhungsformel

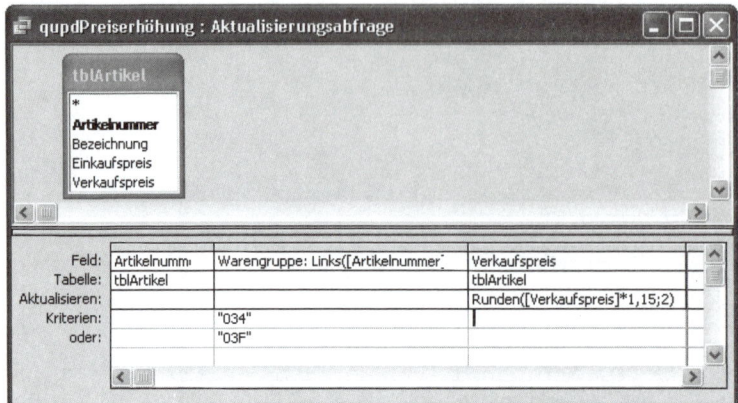

Eigentlich heißt die Formel für den neuen Verkaufspreis jetzt *Verkaufspreis = Runden(Verkaufspreis * 1,15;2)*. Diese Formel müssen Sie so lesen: »Nimm den Inhalt des Feldes *Verkaufspreis* eines Datensatzes, multipliziere ihn mit 1,15 und schreibe das auf zwei Stellen nach dem Komma gerundete Ergebnis wieder in das Feld *Verkaufspreis* des aktuellen Datensatzes.«

Übrigens wird beim Abspeichern der Abfrage die Spalte *Artikelnummer* übergangen, denn sie ist für die Aktualisierungsabfrage ohne Bedeutung. Auch die Bezeichnung *Warengruppe* wird entfernt. Laden Sie die gespeicherte Abfrage wieder, so ist neben der Spalte *Verkaufspreis* nur noch die gespeicherte Filterbedingung zu sehen.

PROFITIPP

> Testen Sie zuerst in einer Auswahlabfrage, ob die richtigen Datensätze herausgefiltert werden, bevor Sie Ihre Daten mit einer Aktualisierungsabfrage ändern.

HINWEIS Bei Tabellen, die zueinander in einer 1:n-Beziehung mit referentieller Integrität stehen, sollten Sie vor dem Update in der Tabelle auf der »1«-Seite kontrollieren, ob Sie nicht unbeabsichtigt Datensätze auf der »n«-Seite ändern. Ist für die Beziehung der beiden Tabellen im Dialogfeld *Beziehungen* referentielle Integrität definiert und die Option *Aktualisierungsweitergabe an Detailfeld* aktiviert, werden von Access beim Update die entsprechenden Datenfelder auf der »n«-Seite aktualisiert.

Aktualisierungsabfragen mit Parametern

Ebenso wie in Auswahlabfragen können Sie in Aktualisierungsabfragen mit Parametern arbeiten. Möchten Sie beispielsweise die oben beschriebene Abfrage flexibel einsetzen, also den Faktor der Preisänderung und die Produktgruppe beim Ausführen der Abfrage jeweils angeben, so gestalten Sie Ihre Abfrage wie in Abbildung 19.8 gezeigt.

Abbildg. 19.8 Aktualisierungsabfrage mit Parametern

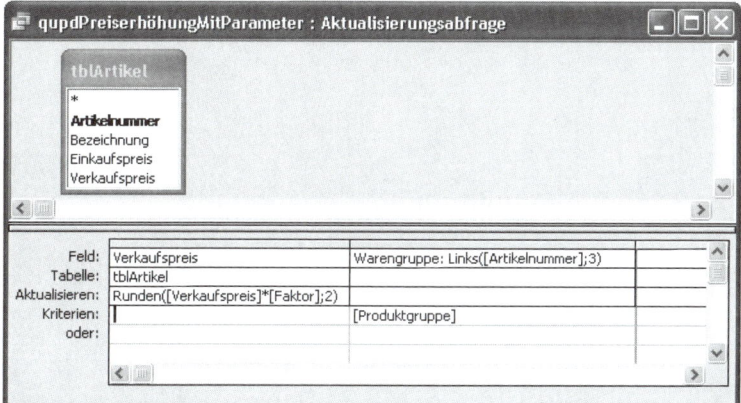

Der Parameter *[Faktor]* wird für die Berechnung des neuen Verkaufspreises eingesetzt, der Parameter *[Produktgruppe]* für die Einschränkung der auszuwählenden Produktgruppe.

Aktualisieren mit mehreren Tabellen

In vielen Fällen liefern eine zweite oder mehrere Tabellen die Werte zur Berechnung bzw. die Bedingungen, nach denen aktualisiert wird. Wir möchten Ihnen im Folgenden einige Varianten vorstellen, wobei die Variante 2 ein Vorgriff auf Kapitel 20 darstellt, denn sie arbeitet mit SQL-Unterabfragen.

Variante 1: Aktualisierung mit verknüpften Tabellen

Access ermöglicht es, im Gegensatz zu vielen anderen Datenbanken, die ebenso die Abfragesprache SQL benutzen, verknüpfte Tabellen zu aktualisieren, d.h. Daten in einer oder mehreren der verknüpften Tabellen zu ändern.

Wir möchten im folgenden Beispiel alle Vorstellungstermine mit einem Warnhinweis versehen, wenn die Vorstellung in einem Kino stattfindet, in dem die Turnaround-Zeit mit 45 Minuten oder mehr angegeben ist. Dazu wurden die beiden Tabellen *tblTermine* und *tblKinos*, die in einer n:1-Beziehung zueinander stehen, in eine Aktualisierungsabfrage aufgenommen.

Mithilfe des Textverkettungsoperators »&« können Sie Zeichenketten und Textfelder zusammenfügen und Feldern zuweisen.

Abbildg. 19.9 Hinzufügen eines Kommentars

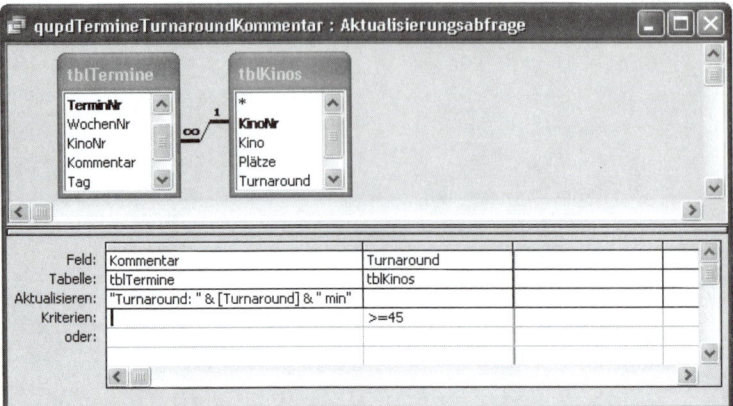

Bei der Definition von Aktualisierungsabfragen mit verknüpften Tabellen ist es wichtig, dass die Tabellen in einem n:1-Verhältnis zueinander stehen. In Abbildung 19.10 sehen Sie eine fehlerhafte Abfragedefinition. Eigentlich soll der Verkaufspreis aller Artikel gesenkt werden, die im Verkauf in einem Verkaufsvorgang mehr als fünfmal verkauft wurden.

Abbildg. 19.10 Fehlerhafte Abfrage

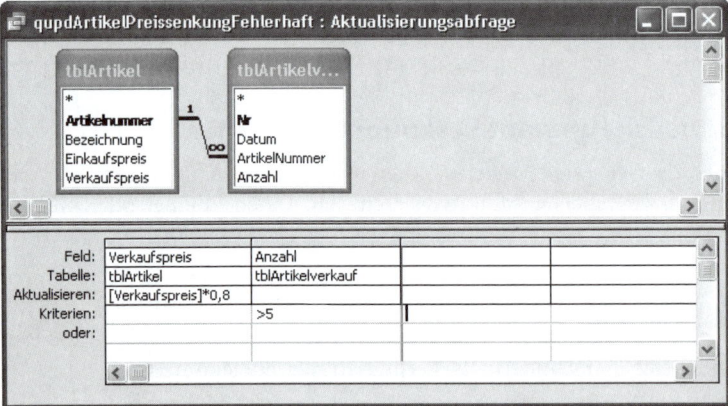

Die Abfrage führt den Vorgang der Preisreduzierung für jeden Datensatz der Tabelle *tblArtikelverkauf* durch, der der Bedingung genügt. Wurde ein Artikel beispielsweise zehnmal mit einer Stückzahl von mehr als fünf verkauft, so würde der Verkaufspreis zehnmal um 20% gesenkt, wie es die Formel für den Verkaufspreis angibt. Das ist mit Sicherheit nicht der gewünschte Effekt, oder?

Variante 2: Die zweite Tabelle stellt die Bedingung

Die zweite Aktualisierungsvariante verwendet eine SQL-Unterabfrage zur Ermittlung der Bedingung für die Aktualisierung. Sollten Ihnen SQL-Unterabfragen noch nicht bekannt sein, so überspringen Sie die nächsten beiden Abschnitte, und lesen Sie zuerst Kapitel 20, in dem Unterabfragen behandelt werden.

Die Aktualisierungsabfrage soll den Verkaufspreis aller Artikel um 20% senken, von denen sich bisher weniger als 1.300 Stück verkauft haben.

Abbildg. 19.11 Aktualisierungsabfrage mit SELECT-Bedingung

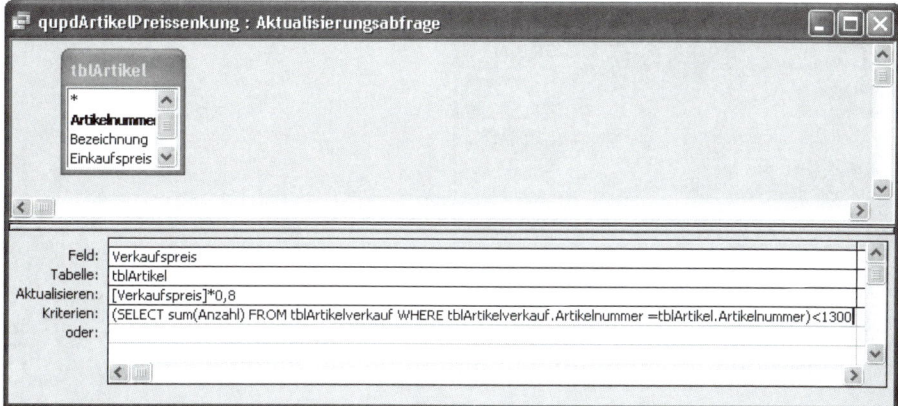

Die Bedingung der Preissenkung enthält eine Auswahlabfrage, die für jeden Artikel von *tblArtikel* die Summe der verkauften Artikel in der Tabelle *tblArtikelverkauf* ermittelt.

Daten an Tabellen anfügen

Präfix
»qapp«

Mithilfe einer Anfügeabfrage hängen Sie das Ergebnis einer Abfrage als neue Datensätze an eine andere, bereits bestehende Tabelle an. Anfügeabfragen erhalten das Präfix »qapp« (wobei »app« als Abkürzung für das englische Wort »append« (beifügen oder hinzufügen) steht).

Einen Einsatzfall für Anfügeabfragen, der in vielen Anwendungen verwendet wird, möchten wir Ihnen jetzt beschreiben: die Archivierung von Datensätzen. In unserer Tabelle *tblKinokasse* befindet sich eine große Anzahl an Datensätzen vergangener Wochen. Es macht nun Sinn, in regelmäßigen Abständen alte Daten zu entfernen, damit der Datenbestand nicht zu groß wird und gegebenenfalls die Arbeitsgeschwindigkeit negativ beeinflusst. Wir möchten aber nicht einfach alle alten Daten löschen, sondern sie archivieren, so dass nachträgliche Auswertungen durchgeführt werden können. Bei der Archivierung sollen alle Datensätze, die vor einem bestimmten Datum erfasst worden sind, in die Archivtabelle transferiert werden.

Leere Tabelle anlegen

Lassen Sie uns zunächst eine leere Archivtabelle anlegen. Am einfachsten ist es, wir erstellen eine neue Tabelle, die die gleiche Struktur wie die zu archivierende Tabelle *tblKinokasse* aufweist. Dies können Sie mit wenigen Mausklicks erreichen:

1. Selektieren Sie die gewünschte Tabelle, hier *tblKinokasse*, im Access-Datenbankfenster.

2. Nehmen Sie die Tabelle über den Menübefehl *Bearbeiten/Kopieren* in die Zwischenablage auf.

3. Fügen Sie die Tabelle direkt mit dem Menübefehl *Bearbeiten/Einfügen* wieder ein.

Access blendet das in Abbildung 19.12 gezeigte Dialogfeld ein, in dem Sie bestimmen können, wie die neue Tabelle heißen soll und ob Struktur und/oder Daten eingefügt werden sollen. In unserem Fall soll nur die Struktur der kopierten Datenbank eingefügt werden.

Abbildg. 19.12 Tabellenstruktur neu einfügen

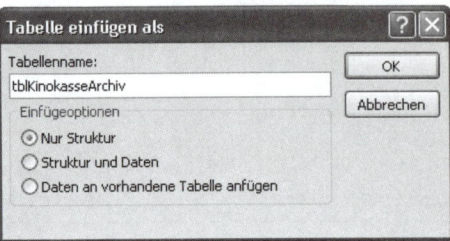

Nach der Bestätigung des Dialogfeldes wird eine neue Tabelle angelegt, die die gleichen Felder und Indizes wie die Tabelle *tblKinokasse* enthält.

Daten hinzufügen

1. Erstellen Sie einen Abfrageentwurf mit der Tabelle *tblKinokasse*.
2. Definieren Sie nun die Abfrage als Anfügeabfrage.

Sie werden so zuerst nach dem Namen der Tabelle gefragt, an die angefügt werden soll. In unserem Fall ist dies die gerade neu angelegte Tabelle *tblKinokasseArchiv*.

Abbildg. 19.13 Anfügen an Tabelle *tblKinokasseArchiv*

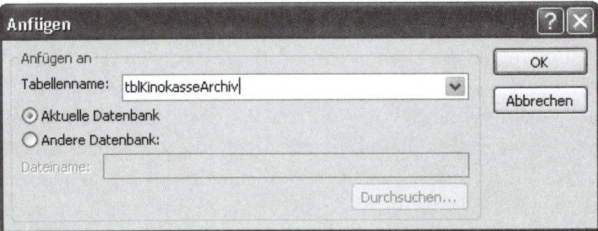

Beim Anfügen von Daten muss prinzipiell darauf geachtet werden, dass die Datentypen der Felder zueinander passen, d.h., der Typ des entsprechenden Feldes der Anfügeabfrage muss mit dem Typ des Tabellenfeldes der Anfügetabelle übereinstimmen. Die Namen der Felder können unterschiedlich sein.

Abbildg. 19.14 Anfügeabfrage zur Archivierung

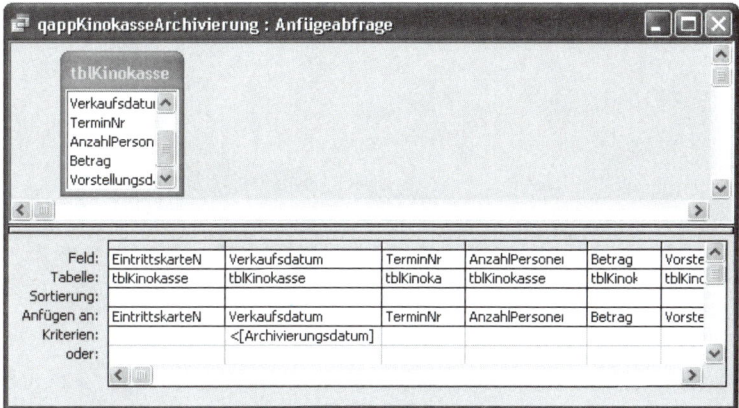

Um das Datum, bis zu dem die Datensätze archiviert werden sollen, flexibel eingeben zu können, wurde als Bedingung für die Spalte *Verkaufsdatum* ein Parameter angegeben. Der Parameter *Archivierungsdatum* ist zusätzlich über den Menübefehl *Abfrage/Parameter* als vom Datentyp *Datum/Zeit* festgelegt, damit Fehler bei der Eingabe des Parameters vermieden werden.

Abbildg. 19.15 Eingabe des Parameterwertes

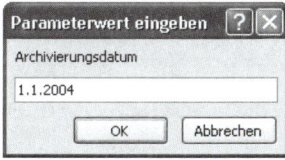

Nach der Bestätigung des Parameterdialogfeldes wird die Abfrage ausgeführt. Bevor Access die Datensätze tatsächlich der Anfügetabelle anhängt, wird eine Bestätigungsmeldung eingeblendet.

Abbildg. 19.16 Bestätigungsmeldung

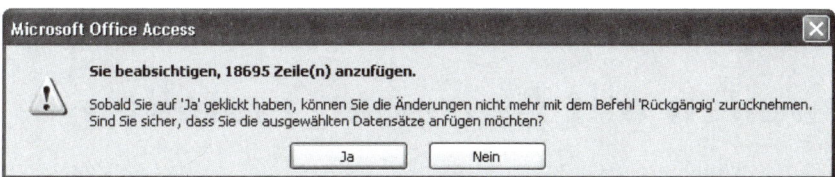

Als nächster Schritt zur erfolgreichen Archivierung bleibt jetzt nur noch, die an die Tabelle *tblKinokasseArchiv* angefügten Daten aus der Tabelle *tblKinokasse* zu löschen. Hierzu könnten Sie die Löschabfrage verwenden. Löschabfragen werden weiter hinten in diesem Kapitel im Abschnitt »Abfragen zum Löschen von Daten« ausführlich erläutert.

Löschabfrage zur Archivierung

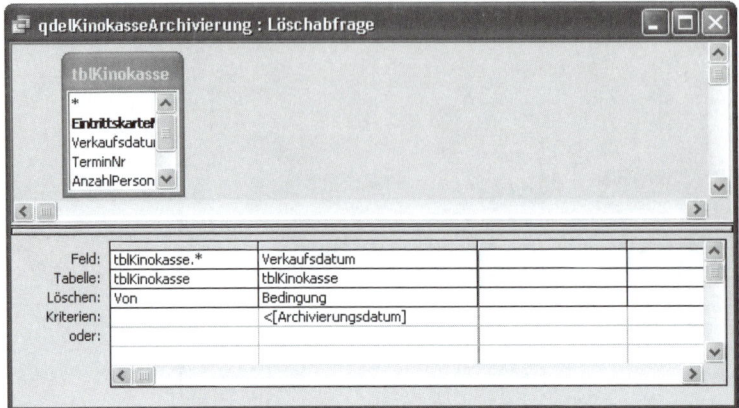

Anfügefehler

Sollte Access die Datensätze nicht anfügen können, wird eine entsprechende Fehlermeldung gezeigt. Dazu führt Tabelle 19.1 die Fehler auf, die beim Anfügen von Daten vorkommen können.

Tabelle 19.1 Mögliche Anfügefehler

Fehlertyp	Entstehung
Typumwandlungsfehler	treten auf, wenn sich der Typ eines Feldes in der Herkunftstabelle vom Typ in der Anfügetabelle unterscheidet und Access eine Umwandlung nicht vornehmen kann.
Schlüsselverletzungen	können entstehen, wenn Sie versuchen, einen Wert in eine als eindeutiger Index definierte Spalte anzufügen, der dort schon vorhanden ist.
Sperrverletzungen	bedeuten, dass die Datensätze nicht angefügt werden können, weil die Anfügetabelle durch einen anderen Benutzer gesperrt ist.
Gültigkeitsregelverletzungen	zeigen an, dass die anzufügenden Daten nicht den für die Anfügetabelle vereinbarten Gültigkeitsregeln entsprechen.

Neue Tabellen mit Abfragen erstellen

Die Tabellenerstellungsabfrage ermöglicht es, das Ergebnis einer Abfrage als neue Tabelle zu speichern. Die Einstellungen und Bedingungen für eine Tabellenerstellungsabfrage gleichen denen der Anfügeabfrage.

Bei der Bestimmung einer Abfrage als Tabellenerstellungsabfrage werden Sie von Access gefragt, welchen Namen die neue Tabelle erhalten soll. Danach nehmen Sie in der Entwurfsansicht eine Auswahl der Felder vor, die in die neue Tabelle aufgenommen werden sollen. Die Felder der neuen Tabelle erhalten den gleichen Datentyp und den gleichen Namen wie die Felder der Herkunftstabellen. Möchten Sie einen anderen Feldnamen für die neue Tabelle vereinbaren, definieren Sie in der Entwurfsansicht einen Alias-Namen, beispielsweise *Titel des Films:Filmtitel*.

Präfix
»qmak«

Speichern Sie diese Art von Abfragen mit dem Typkürzel »qmak«, wobei »mak« als Abkürzung für »maketable« steht.

Beginnen Sie mit einer Auswahlabfrage, in der Sie die später in der neuen Tabelle gewünschten Felder und gegebenenfalls Auswahlbedingungen definieren. Wählen Sie dann in der Abfrage-Entwurfsansicht den Menübefehl *Abfrage/Tabellenerstellungsabfrage*. Der Name der Tabelle, die neu erstellt werden soll, wird im Dialogfeld *Neue Tabelle erstellen* angegeben.

Abbildg. 19.18 Benennung der neuen Tabelle

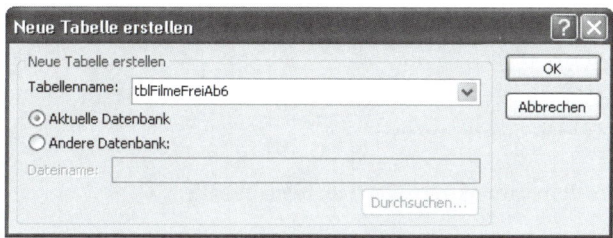

Abbildung 19.19 zeigt die fertige Abfragedefinition für die Tabellenerstellungsabfrage.

Abbildg. 19.19 Definition der Tabellenerstellungsabfrage

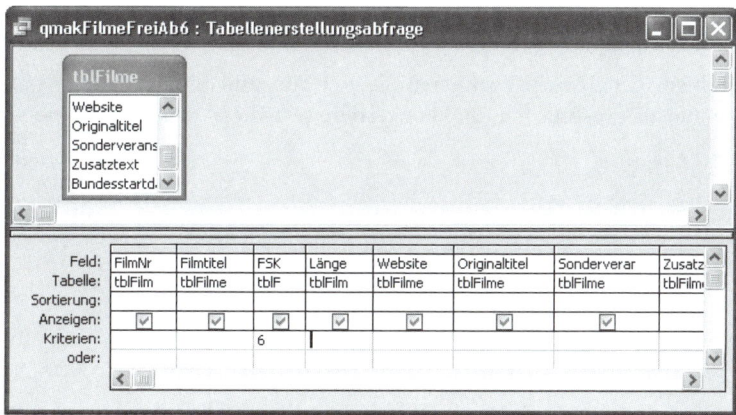

Möchten Sie den Namen der zu erstellenden Tabelle ändern, rufen Sie dazu das Dialogfeld *Abfrageeigenschaften* auf, indem Sie in den oberen Bereich der Entwurfsansicht doppelklicken, die Schaltfläche *Eigenschaften* anklicken oder den Menübefehl *Ansicht/Eigenschaften* wählen.

Abfragen

Abbildg. 19.20 Dialogfeld *Abfrageeigenschaften*

In der Zeile *Zieltabelle* sehen Sie den Namen der zu erstellenden Tabelle.

Abfragen zum Löschen von Daten

Eine Löschabfrage entfernt unter bestimmten Bedingungen Datensätze aus einer oder mehreren Tabellen, die in einer 1:1-Beziehung stehen.

Es sollen alle Datensätze einer Tabelle, hier z.B. der Tabelle *tblArtikelverkauf*, gelöscht werden.

Die Lösung des Problems ist einfach: Definieren Sie eine Auswahlabfrage, die alle Datensätze der Tabelle *tblArtikelverkauf* als Ergebnis hat, und konvertieren Sie diese über den Menübefehl *Abfrage/Löschabfrage*.

Abbildg. 19.21 Löschen aller Datensätze

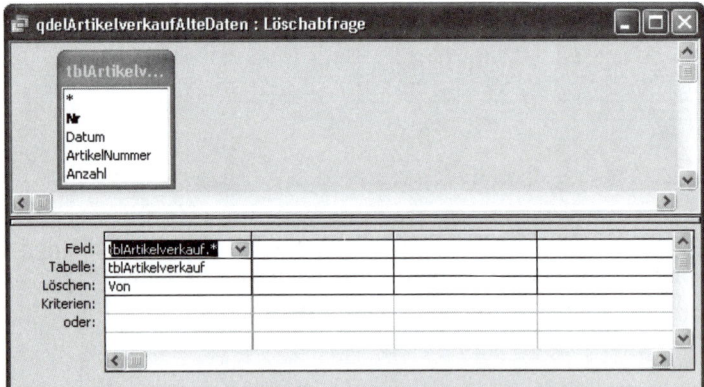

Sollen nicht alle Datensätze, sondern nur die Daten der Tabelle gelöscht werden, die im Feld *Datum* einen Wert kleiner dem 1.1.2004 stehen haben, so ändern Sie die Abfrage wie folgt ab:

Nehmen Sie das Feld *Datum* in den unteren Bereich im Abfrage-Entwurfsfenster auf. In der Zeile *Löschen* wird dabei automatisch *Bedingung* eingetragen. Geben Sie dann in der Zeile *Kriterien* die entsprechende Auswahlbedingung an.

Abbildg. 19.22 Löschen aller Daten, die ein Datum vor dem 1.1.2004 haben

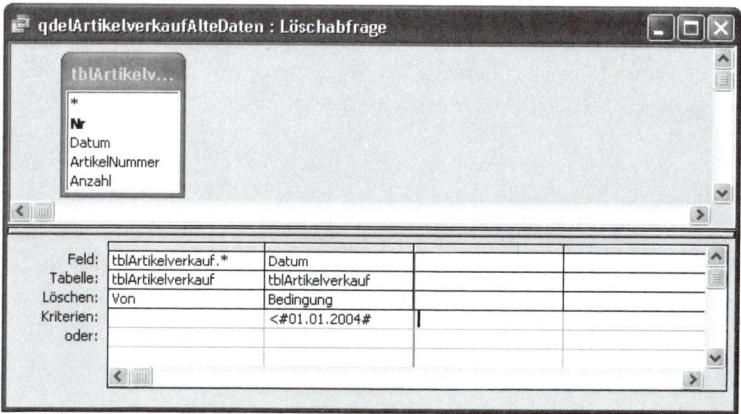

Nun sollen nur diejenigen Daten gelöscht werden, die ein *Datum* vor dem 1.1.2004 aufweisen und der Produktgruppe *034* angehören.

Die Produktgruppe ist Bestandteil der *Artikelnummer*. Die Formel *Links([Artikelnummer];3)* schneidet aus der *Artikelnummer* die Produktgruppe heraus. Diese Formel wird als Löschbedingung erfasst, wie es Abbildung 19.23 zeigt.

Abbildg. 19.23 Berechnetes Feld für die Löschbedingung

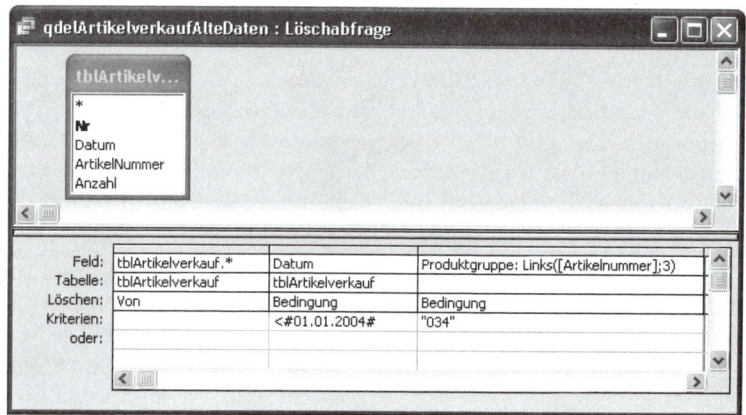

Abfragen

> **HINWEIS**   Bei Tabellen, die zueinander in einer 1:n-Beziehung mit referentieller Integrität stehen, sollten Sie vor dem Löschen in der Tabelle auf der »1«-Seite kontrollieren, ob Sie nicht unbeabsichtigt Datensätze auf der »n«-Seite entfernen. Ist für die Beziehung der beiden Tabellen im Dialogfeld *Beziehungen* referentielle Integrität definiert und die Option *Löschweitergabe an Detaildatensatz* aktiviert, werden von Access beim Löschen automatisch auch die entsprechenden Datensätze auf der »n«-Seite eliminiert.

Präfix
»qdel«

Löschabfragen sollten mit dem Präfix »qdel« (für delete) abgelegt werden.

Komplexe Löschbedingungen

Access ist darüber hinaus in der Lage, Datensätze aufgrund komplexer und verknüpfter Bedingungen zu löschen. Im folgenden Beispiel sollen alle Termine gelöscht werden, die in den Kalenderwochen vor dem 1.3.2004 lagen. In der Entwurfsansicht in Abbildung 19.24 wird die Problemstellung dargestellt.

Abbildg. 19.24 Verknüpfte Löschabfrage

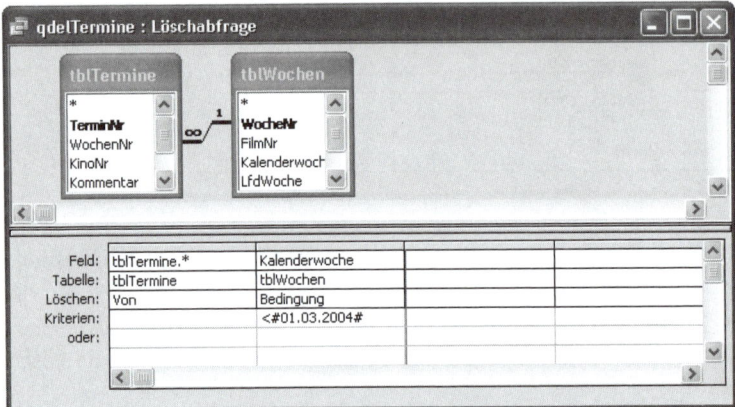

Duplikate löschen

Ein immer wieder auftretendes Problem ist das Löschen von doppelten Datensätzen. Es ist relativ einfach, die doppelt vorhandenen Datensätze zu ermitteln, beispielsweise mit dem Abfrage-Assistenten zur Duplikatsuche. Damit sind die doppelten Datensätze aber noch nicht gelöscht. Man könnte zwar aus der Auswahlabfrage zur Ermittlung der Duplikate eine Löschabfrage machen, aber diese würde zu viele Datensätze eliminieren, nämlich nicht nur die überzähligen Duplikate, sondern alle Datensätze, bei denen das Auswahlkriterium mehrfach vorkommt.

Es gibt eine Reihe von Ansätzen, um Duplikate zu löschen. Wir möchten Ihnen eine Variante vorstellen, die Sie an Ihre Bedürfnisse anpassen können. Die Lösung hat den Vorteil, dass die Duplikate in einem Schritt, ohne zusätzliche temporäre Tabellen, gelöscht werden können. Die Methode setzt allerdings voraus, dass in der Tabelle, in der sich die Duplikate befinden, ein Primärschlüssel definiert ist. Gegebenenfalls müssen Sie zuerst einen Primärschlüssel, am einfachsten in Form eines AutoWert-Feldes, hinzufügen.

Zum Löschen der Duplikate benötigen Sie eine Auswahl- und eine Löschabfrage. In unserem Beispiel sind in der Tabelle *tblFilme* einige Filme doppelt erfasst worden. Die Abfrage soll für jeden Film die niedrigste Filmnummer bestimmen. Die Filmnummer ist der eindeutige Schlüssel der Tabelle. Abbildung 19.25 zeigt die Auswahlabfrage in der Entwurfsansicht.

Abbildg. 19.25 Die erste Filmnummer zu jedem Filmtitel

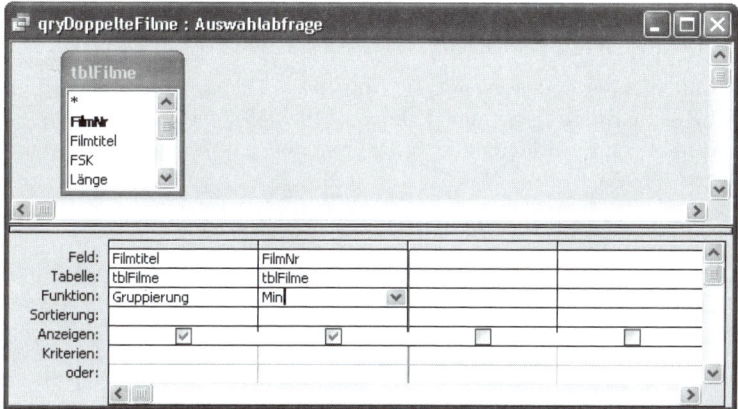

Wie werden die doppelten Datensätze in *tblFilme* ermittelt? Doppelt sind alle Datensätze, die nicht im Ergebnis der Abfrage *qryDoppelteFilme* auftauchen, denn hier steht jeder Film nur einmal mit seiner kleinsten Filmnummer.

Um die doppelten Einträge zu löschen, müssen also alle Filme entfernt werden, die nicht im Ergebnis von *qryDoppelteFilme* enthalten sind. Dieses erreichen Sie (wie Abbildung 19.26 zeigt) durch eine Löschabfrage mit Unterabfrage. Vollständige Informationen zum Thema Unterabfragen erhalten Sie in Kapitel 20.

Abbildg. 19.26 Löschabfrage mit Unterabfrage

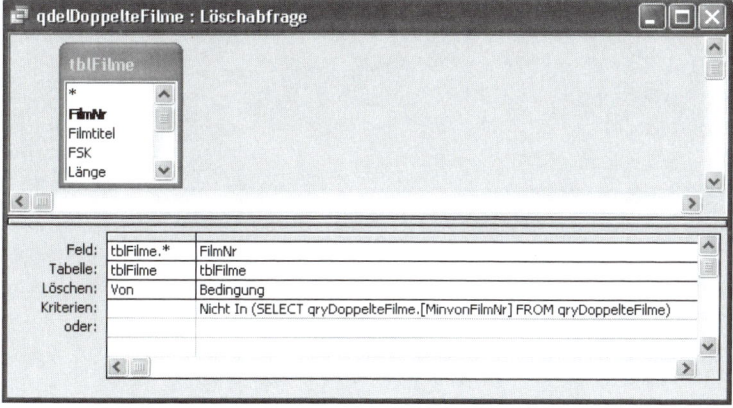

In der *Kriterien*-Zeile zu *FilmNr* sehen Sie auf der rechten Seite, in Klammern eingeschlossen, eine SELECT-Abfrage. Diese Abfrage hat als Ergebnis alle Filmnummern der Abfrage *qryDoppelteFilme*. Durch die Anweisung *Nicht In* wird erreicht, dass die Filme gelöscht werden, die nicht zur Ergebnismenge der Abfrage *qryDoppelteFilme* gehören.

Zusammenfassung

Aktionsabfragen sind Abfragen, die den Datenbestand selbst in einer Tabelle ändern.

- Der erste Abschnitt dieses Kapitels befasst sich mit dem Thema Aktualisierungsabfrage. Wie wird eine einfache Aktualisierungsabfrage definiert (Seite 345), wie lassen sich Aktualisierungsabfragen mit Bedingungen formulieren (Seite 346) bzw. wie lassen sich mehrere Tabellen aktualisieren (Seite 349)?

- Im folgenden Abschnitt ab Seite 351 wird das Thema Anfügeabfrage behandelt.

- Es besteht zudem die Möglichkeit, per Abfrage eine neue Tabelle anzulegen (Seite 354).

- Vorsichtig sollte man mit Löschabfragen umgehen (Seite 356). Dabei können sowohl Duplikate aus einer Tabelle gelöscht werden als auch die Datensätze, die einer definierten Bedingung genügen.

Die Abfragesprache SQL

Grundlage aller Access-Abfragen ist die Datenbankabfragesprache SQL, »Structured Query Language«. SQL ist ursprünglich eine Entwicklung von IBM und hat sich in den letzten Jahren als der Standard für relationale Datenbanken durchgesetzt.

SQL wurde vom »American National Standards Institute« (ANSI) normiert. Die ursprüngliche Normierung wurde im Laufe der Jahre weiterentwickelt. Es existieren heute mehrere durch Jahreszahlen gekennzeichnete Richtlinien: SQL-89, SQL-92 und SQL-93 (SQL-3). Die verschiedenen Normvarianten unterscheiden sich in Sprachumfang und Leistung.

Die verschiedenen Datenbankhersteller haben die SQL-Normen ganz oder teilweise in ihren Produkten umgesetzt. Leider haben sich die Datenbankanbieter bisher nicht auf eine einheitliche Linie festgelegt. Fast alle haben ihre Implementierung von SQL durch eigene Erweiterungen ergänzt, so dass sich die SQL-Varianten der einzelnen Produkte teilweise erheblich unterscheiden.

Microsoft Access unterstützt SQL-89 Level 1 mit einigen eigenen Erweiterungen. Damit kommt Access nicht an den Leistungsumfang von Datenbanken im Mainframe- oder UNIX-Umfeld heran, die heute in den meisten Fällen SQL-92 unterstützen. Access ist über die »Open Database Connectivity« (ODBC) -Schnittstelle in der Lage, auf SQL-Datenbanken wie IBM DB2, Oracle, Informix und viele andere zuzugreifen. Allerdings ist der Zugriff auf SQL-89-Befehle beschränkt, es sei denn, man umgeht Access-SQL durch so genannte Pass-Through-Abfragen, in denen beliebige SQL-Kommandos erlaubt sind. Obwohl aus Datenbanksicht SQL-89 nicht mehr dem letzten Stand der Technik entspricht, ist die Implementierung von SQL in Access trotzdem leistungsfähig und einfach in der Anwendung. Durch die Kombination von Access mit einer »großen« SQL-Datenbank lassen sich zudem auch große Anwendungssysteme entwickeln. Für die Anbindung wird die ODBC- bzw. OLE-DB-Schnittstelle verwendet.

An einigen Stellen verweisen wir auf die Unterschiede zwischen Access- und Standard-SQL. Insbesondere bei der Nutzung von ODBC für den Zugriff auf andere SQL-Datenbanken ist die Kenntnis der Besonderheiten wichtig, da alle Access-spezifischen Funktionen und Konstrukte lokal von Access und nicht von der SQL-Server-Datenbank abgearbeitet werden. Hierdurch kann es zu erheblichen Leistungseinbußen kommen.

In Teil I dieses Buches werden Access-Projekte beschrieben, mit deren Hilfe Sie auf SQL-Datenbanken des Microsoft SQL Server bzw. dessen abgespeckter Variante MSDE zugreifen können. Hierbei kann der gesamte SQL-Sprachumfang von SQL Server genutzt werden, der wesentlich größer als der von Access-SQL ist, d.h., hier wird SQL-92 eingesetzt.

Der Sprachumfang von SQL setzt sich aus zwei Teilen zusammen: der »Data Definition Language« (DDL) und der »Data Manipulation Language« (DML). Mit DDL lassen sich Tabellenstrukturen anlegen, ändern und löschen sowie Indizes bestimmen. Die DML dient zur Abfrage der Daten bzw. zum Verändern und Löschen von Datenbeständen. In Access wird im Allgemeinen nur mit der DML gearbeitet, da Tabellen und Indizes mit den Werkzeugen in Access erstellt werden.

SQL und Access-Abfragen

Der Access-Anwender hat im Normalfall wenig mit SQL zu tun, denn die Benutzerschnittstelle von Access verbirgt SQL hinter »Abfragen«. Eine Abfrage wird von Access immer in die Sprache SQL übersetzt. Sie können im Abfragefenster jederzeit auf die SQL-Darstellung umschalten bzw. die SQL-Befehle verändern, ergänzen oder in die Zwischenablage kopieren, um die Befehle in anderen Access-Programmteilen zu verwenden.

Es gibt allerdings einige SQL-Befehle, die nicht in der Entwurfsansicht eingegeben werden können. Diese müssen Sie daher direkt im SQL-Darstellungsfenster erfassen. Wir werden Ihnen die Sonderfälle im Laufe des Kapitels beschreiben.

Eine weitere Besonderheit von Access sind Nachschlagefelder, die wir für unsere Kino-Beispielanwendung auch vielfach eingesetzt haben. In Abfragen wertet Access die Nachschlagefelder aus, d.h., es wird immer der nachgeschlagene Wert gezeigt. Beispielsweise ist die *FilmNr* in der Tabelle *tblWochen* eigentlich ein *Long Integer*, der auf den entsprechenden Film verweist. Da die *FilmNr* als Nachschlagefeld vereinbart ist, wird der jeweilige Filmtitel aus *tblFilme* im Ergebnis einer Abfrage dargestellt. In den Beispielen dieses Kapitels werden wir die automatische Nachschlagefunktion vernachlässigen, da sonst viele Beispiele nicht zu überschauen wären.

SQL-Views

Access-Abfragen entsprechen den in den SQL-Standards definierten »Views«. Ein View ist eine Sicht auf die Daten von Tabellen. Dazu wird eine SQL-Abfrage unter einem Namen abgelegt. Auf einen View kann wie auf eine Tabelle zugegriffen werden.

In Access-Datenbanken sind Views nicht wie im SQL-Standard definiert, hier übernehmen Abfragen die gleiche Aufgabe. Eine in Access vereinbarte Abfrage kann ebenso als Basis einer neuen Abfrage dienen.

Mit Access-Projekten (Teil I), mit deren Hilfe auf SQL-Datenbanken zugegriffen werden kann, lassen sich SQL-Views einsetzen, die in einer Microsoft SQL Server-Datenbank definiert sind.

Allerdings besteht ein erheblicher Unterschied zwischen Standard-SQL und Access, denn in Access ist es möglich, Datensätze einer Abfrage, auch wenn sie auf mehreren Tabellen oder anderen Abfragen basiert, zu verändern. In vielen anderen SQL-Datenbanken können immer nur Tabellen oder Abfragen, denen nur eine Tabelle zugrunde liegt, bearbeitet werden. Microsoft nennt diese bearbeitbaren Abfragen »Dynasets«. Dynasets erleichtern die Arbeit mit SQL-Datenbanken erheblich.

SQL-Grundlagen

Wir möchten in diesem Abschnitt die wichtigsten SQL-Befehle und ihre Syntax beschreiben. Arbeiten Sie viel mit Access-Abfragen und haben Sie komplexe Probleme zu lösen, ist es lohnend, sich direkt mit SQL zu beschäftigen. Benötigen Sie nur ab und zu direkt SQL, beispielsweise für Unterabfragen, die im Abschnitt »Unterabfragen« weiter hinten in diesem Kapitel besprochen werden, oder für Kombinations- oder Listenfelder in Formularen, so können Sie den folgenden Weg wählen:

1. Erstellen Sie Ihre Abfrage in der bekannten Weise in der Entwurfsansicht.

Abbildg. 20.1 Abfrage in der Entwurfsansicht

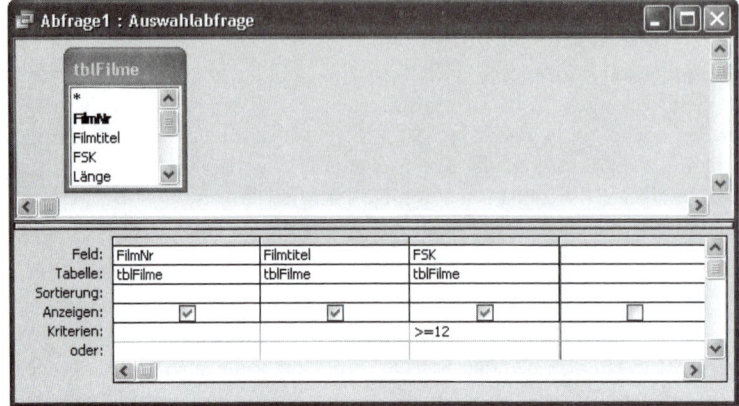

2. Schalten Sie mithilfe der Schaltfläche *Ansicht* oder dem Menübefehl *Ansicht/SQL* auf die SQL-Darstellung um.

Abbildg. 20.2 Die Abfrage in der SQL-Darstellung

3. Sie können nun den von Access erzeugten SQL-Text in die Zwischenablage kopieren und an den benötigten Stellen einfügen.

Diese Methode hat den Vorteil, dass die SQL-Befehle garantiert fehlerfrei sind.

Auswahlabfragen mit SELECT

Eine Auswahlabfrage, die immer mit dem Befehl SELECT beginnt, besteht aus einer Reihe von Teilen, von denen einige optional sind. In den folgenden Abschnitten möchten wir die einzelnen SQL-Bestandteile einer Auswahlabfrage vorstellen.

Die Basissyntax eines *SELECT*-Befehls lautet

SELECT Spaltenliste

FROM Tabellenliste

[WHERE Bedingung]

[ORDER BY Sortierfelder]

wobei die eckigen Klammern nicht Teil des Befehls sind, sondern nur die optionalen Teile *WHERE* und *ORDER BY* kennzeichnen sollen. In den nächsten Abschnitten werden neben den eckigen Klammern auch geschweifte Klammern eingesetzt, die einen Teil des Befehls festlegen, der zwingend vorhanden sein soll. Der senkrechte Stricht »|« steht für »oder«, d.h., die durch den Strich getrennten Teile können alternativ werden.

Der SELECT-Befehl

SELECT wird in der Form

SELECT {* | Ausdruck1 [AS Alias1] [, Ausdruck2 [AS Alias2] [,...]]}

eingesetzt. Die Ausdrücke können entweder Spaltenbezeichnungen, berechnete Spalten oder SQL-Aggregatfunktionen sein. Das Sternchen steht für alle Spalten einer Tabelle.

Tabellenauswahl mit FROM

Die Tabellen oder Abfragen, auf die sich der *SELECT*-Befehl bezieht, werden hinter der *FROM*-Klausel angegeben, in der Form

FROM Tabelle_oder_Abfrage [AS Alias]

Bedingungen mit WHERE

Die Syntax für Bedingungen lautet

WHERE Ausdruck1 [{AND | OR} Ausdruck2 [...]]

Eine Auswahlabfrage beispielsweise, die die Daten des Films »Luther« zeigen soll, lässt sich als

SELECT * FROM tblFilme WHERE Filmtitel = "Luther"

schreiben. Um die Ausdrücke der *WHERE*-Bedingung zu formulieren, stehen Ihnen neben den Grundrechenarten der Textverknüpfungsoperator und weitere Operatoren zur Verfügung (siehe Kapitel 15 und 16).

In den vergangenen Kapiteln haben Sie die Operatoren *Zwischen ... Und ...* und *Wie* kennen gelernt. Der erste Operator wird mit *BETWEEN ... AND ...* übersetzt, der zweite mit *LIKE*.

Sortieren mit ORDER BY

Die Ergebnisdaten der *SELECT*-Abfrage können mit *ORDER BY* sortiert werden. Allgemein lautet der Befehl:

ORDER BY Spalte1 [{ASC | DESC}] [, Spalte2 [{ASC | DESC}][,...]]

Möchten Sie die Filmtitel der Tabelle *tblFilme* sortiert ausgeben, können Sie das wie folgt formulieren:

SELECT * FROM tblFilme ORDER BY Filmtitel

Die Zusätze *ASC* (ascending) für eine aufsteigende und *DESC* (descending) für eine absteigende Sortierung sind optional, wobei *ASC* als Standardwert verwendet wird.

Verknüpfungen mit INNER JOIN, LEFT JOIN und RIGHT JOIN

Natürlich lassen sich auch verknüpfte Tabellen bzw. Abfragen mit dem *SELECT*-Befehl darstellen. Eine einfache Verknüpfung könnte beispielsweise so aussehen:

SELECT Spaltenliste FROM Tabelle1, Tabelle2 WHERE Tabelle1.Spalte1 = Tabelle2.Spalte2

Access verwendet die modernere Form

SELECT Spaltenliste FROM Tabelle1 {INNER | LEFT | RIGHT} JOIN Tabelle2 ON Tabelle1.Spalte1 =
Tabelle2.Spalte2

für Verknüpfungen, mit deren Hilfe sich sowohl Inklusions- als auch Exklusionsverknüpfungen
schreiben lassen.

Die Zusätze ALL, DISTINCT und DISTINCTROW

Die Zusätze *ALL*, *DISTINCT* und *DISTINCTROW* werden direkt hinter den *SELECT*-Befehl in der
Form

SELECT [{ALL | DISTINCT | DISTINCTROW }] Spaltenliste

geschrieben. Verwenden Sie keines der drei zusätzlichen Befehlswörter, so verwendet Access automatisch *ALL*. *ALL* bewirkt, dass alle Ergebnisdatensätze einer Abfrage ausgegeben werden.

Mit *DISTINCT* werden alle doppelten Datensätze unterdrückt, wobei doppelte Datensätze aufgrund
der in der *SELECT*-Klausel angegebenen Spalten bestimmt werden. Das Prädikat *DISTINCT* entspricht der Funktion zur Vermeidung von Duplikaten, die in Kapitel 18 im Abschnitt »Abfrageergebnisse ohne Duplikate« beschrieben ist.

Der Access-spezifische Zusatz *DISTINCTROW* eliminiert doppelte Datensätze des Abfrageergebnisses basierend auf allen Spalten einer verknüpften Abfrage. *DISTINCTROW* hat keinen Effekt bei
Abfragen mit nur einer Tabelle oder wenn keine oder eine Spalte einer verknüpften Tabelle im
SELECT-Befehl definiert sind. Access setzt *DISTINCTROW* ein, um Abfragen mit mehreren Tabellen bearbeitbar zu halten, also zur Definition von Dynasets.

Das Prädikat TOP

Der Zusatz *TOP* wird als Ergänzung des *SELECT*-Befehls

SELECT [{ALL | DISTINCT | DISTINCTROW}] [TOP n [PERCENT]] Spaltenliste

eingesetzt. *TOP* ermittelt die besten *n* Zeilen bzw. die besten *n* Prozent eines Abfrageergebnisses.
Beachten Sie dabei, dass Sie *TOP* immer zusammen mit *ORDER BY* verwenden, damit die besten
Zeilen auf Basis der Sortierung herausgefiltert werden, sonst erhalten Sie ein eher zufälliges Ergeb-
nis.

Das Prädikat *TOP* entspricht der Funktion zur Ermittlung von Spitzenwerten, die in Kapitel 18 im
Abschnitt »Nur die Besten anzeigen« beschrieben ist.

Die WITH OWNERACCESS OPTION-Deklaration

Für jede Abfrage kann im Dialogfeld *Abfrageeigenschaften* bestimmt werden, wer diese Abfrage
benutzen darf. In der Zeile *Ausführungsberechtigungen* können Sie einstellen, ob jeder Benutzer oder
nur der Eigentümer die Abfrage ausführen kann. Legen Sie fest, dass nur der Eigentümer einer
Abfrage die Abfrage ausführen darf, so hängt Access an die *SELECT*-Abfrage die Befehlswörter
WITH OWNERACCESS OPTION an.

SELECT Spaltenliste

FROM Tabellenliste

[WHERE Bedingung]

[ORDER BY Sortierfelder]

[WITH OWNERACCESS OPTION]

Der Befehl *WITH OWNERACCESS OPTION* ist eine Access-spezifische Erweiterung.

Aggregatfunktionen

In den Spaltenlisten des *SELECT*-Befehls und in Bedingungen der *WHERE*-Klausel können Sie Aggregatfunktionen einsetzen, wie es in Kapitel 18 beschrieben ist. Tabelle 20.1 führt die im Entwurfsfenster eingesetzten deutschen Funktionsnamen und die englischen Entsprechungen für die SQL-Befehle auf.

Tabelle 20.1   Aggregatfunktionen

Deutsche Bezeichnung	Englische Bezeichnung	Erklärung
Mittelwert([*Spalte*])	AVG([*Spalte*])	Errechnung des Durchschnitts der Spaltenwerte
Anzahl([*Spalte*])	COUNT([*Spalte*])	Anzahl der Spaltenwerte verschieden von Null
Anzahl(*)	COUNT(*)	Anzahl aller Spaltenwerte
Summe([*Spalte*])	SUM([*Spalte*])	Summe der Spaltenwerte
Min([*Spalte*])	MIN([*Spalte*])	Minimum der Spaltenwerte
Max([*Spalte*])	MAX([*Spalte*])	Maximum der Spaltenwerte
ErsterWert([*Spalte*])	FIRST([*Spalte*])	Spaltenwert der ersten Zeile des Ergebnisses
LetzterWert([*Spalte*])	LAST([*Spalte*])	Spaltenwert der letzten Zeile des Ergebnisses
StdAbw([*Spalte*])	STDEV([*Spalte*])	Standardabweichung der Spaltenwerte
Var([*Spalte*])	VAR([*Spalte*])	Varianz der Spaltenwerte

Gruppenbildung mit GROUP BY

Mithilfe des Befehls *GROUP BY* können Sie die Ergebnismenge einer Abfrage gruppieren und beispielsweise Aggregatfunktionen jeweils auf die Gruppen anwenden. *GROUP BY* kann durch *HAVING* ergänzt werden. Mit *HAVING* lassen sich die durch *GROUP BY* ermittelten Werte weiter auswerten.

SELECT Spaltenliste

FROM Tabellenliste

[WHERE Bedingung]

[GROUP BY Bedingung]

[HAVING Bedingung]

[ORDER BY Sortierfelder]

Die Syntax der *GROUP BY*-Klausel ist

GROUP BY Gruppenausdruck1 [, Gruppenausdruck2 [,...]]

Gruppenbedingungen mit HAVING

Die Syntax der die Gruppen einschränkenden *HAVING*-Klausel lautet

Abfragen

HAVING Ausdruck1 [{AND | OR} Ausdruck2 [...]]

Beispiele für *GROUP BY* und *HAVING* finden Sie in Kapitel 18. Sehen Sie sich am besten die dort besprochenen Abfragen in der SQL-Darstellung an.

Aktionsabfragen in SQL formulieren

Die folgenden Abschnitte enthalten die SQL-Schreibweisen für die in Kapitel 19 beschriebenen Aktionsabfragen.

Aktualisierungsabfragen mit UPDATE

Aktualisierungsabfragen werden allgemein als

UPDATE Tabelle_oder_Abfrage

SET Spalte1 = Ausdruck1 [, Spalte2 = Ausdruck2] [,...]

[WHERE Bedingungen]

formuliert. Verwenden Sie den *UPDATE*-Befehl, um Spalten einer Tabelle zu aktualisieren, müssen Sie sicherstellen, dass die Abfrage bearbeitbar, also ein Dynaset, ist.

Anfügeabfragen mit INSERT INTO

Anfügeabfragen mit *INSERT INTO* können in zwei Varianten eingesetzt werden, wobei die Entwurfsansicht von Access nur die erste Variante unterstützt. Mit

INSERT INTO Zieltabelle [(Spalte1 [, Spalte2 [,...]])] Select-Abfrage

können Sie Ergebnisdatensätze aus einer *SELECT*-Abfrage in eine andere Tabelle einfügen. Wenn Sie keine Zielspalten angeben, müssen die Spaltennamen des Abfrageergebnisses mit den Spaltennamen der Zieltabelle übereinstimmen.

In der SQL-Darstellung können Sie auch die zweite Form

INSERT INTO Zieltabelle [(Spalte1 [, Spalte2 [,...]])]

VALUES (Wert1 [, Wert2 [,...]])

des *INSERT INTO*-Befehls einsetzen. Mit seiner Hilfe können Sie direkt Werte in eine Tabelle eingeben, beispielsweise mit

INSERT INTO tblFilme (Filmtitel, FSK, Länge)

VALUES ("Luther", 12, 123)

einen neuen Datensatz für den Film »Luther« anlegen.

Neue Tabelle erstellen mit SELECT INTO

Ein weiterer Access-spezifischer Befehl ist *SELECT INTO*, um aus dem Ergebnis einer Abfrage eine neue Tabelle zu erstellen.

SELECT Spalte1 [,Spalte2 [,...]] INTO NeueTabelle

FROM Tabellenliste

[WHERE Bedingungen]

[ORDER BY Sortierfelder]

Löschen von Daten mit DELETE

Mithilfe von *DELETE* löschen Sie Datensätze aus einer oder mehreren Tabellen.

DELETE [Tabelle.*]

FROM From_Klausel

[WHERE Bedingungen]

Kreuztabellen erstellen mit TRANSFORM

Der *TRANSFORM*-Befehl für Kreuztabellenabfragen ist eine Access-spezifische SQL-Erweiterung. Die Syntax lautet:

TRANSFORM Aggregatfunktion

Select-Abfrage

PIVOT Spaltenkopffeld [IN (Wert1, [Wert2 [,...]])]

Abfrageparameter

Wie in Kapitel 15 im Abschnitt »Parameterabfragen definieren« beschrieben, können Sie Parameter für Ihre Abfragen vereinbaren, die zur Ausführungszeit der Abfrage festgelegt werden. Die SQL-Syntax ist:

PARAMETERS Parameter1 Datentyp1 [, Parameter2 Datentyp2 [,...]];

SQL-Abfrage

Als Datentypen für Parameter können die in Tabelle 20.2 aufgeführten Bezeichnungen und die angegebenen Synonyme verwendet werden. Da Access auch die Synonymbezeichnungen versteht, ist es möglich, parametrisierte Abfragen aus anderen SQL-Datenbanksystemen zu übernehmen.

Tabelle 20.2 Datentypen für Parameter

SQL-Datentyp und Synonyme	Entspricht Access-Datentyp
BIT, BOOLEAN, LOGICAL, LOGICAL1, YESNO	Ja/Nein
BYTE, INTEGER1	Zahl (Byte)
COUNTER, INCREMENT	AutoWert (Long Integer)
CURRENCY, MONEY	Währung
DATETIME, DATE, TIME	Datum/Zeit
SHORT, INTEGER2, SMALLINT	Zahl (Integer)
LONG, INT, INTEGER, INTEGER4	Zahl (Long Integer)
SINGLE, FLOAT4, IEEESINGLE, REAL	Zahl (Single)
DOUBLE, FLOAT, FLOAT8, IEEEDOUBLE, NUMBER, NUMERIC	Zahl (Double)
TEXT, ALPHANUMERIC, CHAR, CHARACTER, STRING, VARCHAR	Text
LONGTEXT, LONGCHAR, MEMO, NOTE	Memo

Tabelle 20.2 Datentypen für Parameter *(Fortsetzung)*

SQL-Datentyp und Synonyme	Entspricht Access-Datentyp
LONGBINARY, GENERAL, OLEOBJECT	*OLE-Objekt*
GUID	*Replikations-ID*

UNION-Abfragen

UNION-Abfragen werden von Access nur direkt in SQL formuliert unterstützt. Es gibt keine Möglichkeit, *UNION*-Abfragen im Entwurfsfenster zu definieren. Der *UNION*-Befehl dient dazu, mehrere Abfrageergebnisse zu einem Ergebnis zusammenzuführen. Das Ergebnis kann nur gelesen, nicht aber bearbeitet werden. Die allgemeine Syntax lautet:

Select-Abfrage1

UNION [ALL]

Select-Abfrage2

[UNION [ALL]

Select-Abfrage3]

[...]

Standardmäßig eliminiert Access doppelte Datensätze bei der *UNION*-Zusammenführung. Verwenden Sie den optionalen Parameter *ALL*, so werden die doppelten Datensätze belassen. Diese Option kann die Ausführung von *UNION*-Abfragen insbesondere bei großen Datenbeständen erheblich beschleunigen.

Das folgende Beispiel listet alle Datensätze der Spalten *Datum* und *Anzahl* der Tabellen *tblKinokasse* und *tblKinokasseArchiv* auf. Auf diese Weise kann beispielsweise für Auswertungen auf die aktuellen und die archivierten Daten gleichzeitig zugegriffen werden.

SELECT Datum, Anzahl FROM tblKinokasse

UNION

SELECT Datum, Anzahl FROM tblKinokasseArchiv;

Alle *SELECT*-Abfragen müssen die gleiche Anzahl von Spalten aufweisen, wobei die Namen der Spalten unerheblich sind, denn Access führt die ersten Spalten, die zweiten Spalten usw. zusammen.

Die Überschriften der Spalten werden immer aus den Spaltennamen der ersten *SELECT*-Abfrage übernommen.

Soll das Ergebnis einer *UNION*-Abfrage sortiert vorliegen, können Sie dem letzten *SELECT*-Befehl eine *ORDER BY*-Klausel hinzufügen. Nur die Sortierung mit *ORDER BY* des letzten SELECT wird ausgewertet, auch wenn für die anderen *SELECT*-Befehle Sortierungen vereinbart sind. Beachten Sie dabei, dass sich die Spaltennamen des *ORDER BY* des *letzten* SELECT an den Spaltennamen des *ersten* SELECTs orientieren, wie es das nächste Beispiel zeigt:

SELECT Nachname FROM Adressenliste

UNION

SELECT Mitarbeitername FROM Mitarbeiter

ORDER BY Nachname

> **HINWEIS** Sie können keine *Memo-* oder *OLE-Objekt*-Felder in *UNION*-Abfragen aufnehmen.

> **HINWEIS** Werden in einer Spalte der *UNION*-Abfrage verschiedene Datentypen durch die verschiedenen SELECTs zusammengesetzt, so konvertiert Access die Datentypen auf einen gemeinsamen Datentyp, der mit allen kompatibel ist.

Unterabfragen

Im vorangegangenen Kapitel haben wir bereits an verschiedenen Stellen gezeigt, wie Abfragen auf Abfragen basieren können. Mit SQL (und auch mit Access) können Sie darüber hinaus Abfragen erstellen, in denen Abfragen eingebettet sind: Unterabfragen. Typischerweise werden Unterabfragen in der *WHERE*-Klausel, also für Abfragekriterien, eingesetzt.

Die Unterstützung von Unterabfragen durch die Abfrage-Entwurfsansicht von Access ist nicht sehr ausgereift, so dass Sie nicht umhinkommen, Ihre Unterabfragen direkt in SQL zu formulieren.

SQL bietet für Unterabfragen in *WHERE*-Klauseln drei Varianten an:

... *WHERE Ausdruck [NOT] IN (Select-Abfrage)*

... *WHERE Spalte1 {= | <> | < | <= | > | >=}[{ANY | SOME | ALL}] (Select-Abfrage)*

... *WHERE [NOT] EXISTS (Select-Abfrage)*

> **HINWEIS** Anstelle von Unterabfragen lassen sich meist auch verknüpfte Abfragen verwenden. Allerdings sind Unterabfragen in vielen Fällen besser zu verstehen, so dass Sie die Richtigkeit des Ergebnisses besser einschätzen können.

Wir möchten Ihnen in den folgenden Abschnitten Beispiele mit Unterabfragen für die verschiedenen Unterabfragenvarianten vorstellen.

Überprüfung auf Zugehörigkeit

Mithilfe des *IN*-Operators können Sie die Zugehörigkeit zu einer Ergebnismenge testen. Das folgende Beispiel soll diesen Sachverhalt erklären. Es sollen die Artikel ermittelt werden, die im März 2004 verkauft wurden.

Abbildung 20.3 zeigt die entsprechende Abfrage mit Unterabfrage in der Entwurfsansicht.

Abbildg. 20.3 Unterabfrage in der Entwurfsansicht

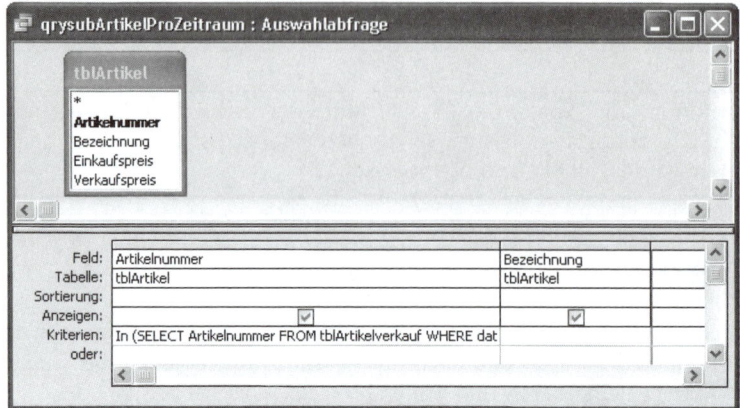

Da die Unterabfrage nicht vollständig zu sehen ist, empfiehlt es sich, die Zoom-Darstellung einzusetzen. Selektieren Sie mit dem Mauszeiger die Kriterienzeile der Spalte *Artikelnummer* und drücken Sie dann die Tastenkombination ⌂ + F2 . Sogleich blendet Access den Inhalt des selektierten Feldes im Dialogfeld *Zoom* ein.

Abbildg. 20.4 In der *Zoom*-Darstellung

Die Unterabfrage ermittelt die Artikelnummern aller Artikel, die im angegebenen Zeitraum verkauft wurden. Die vollständige SQL-Abfrage lautet:

SELECT tblArtikel.Artikelnummer, tblArtikel.Bezeichnung FROM tblArtikel

WHERE tblArtikel.Artikelnummer In (SELECT Artikelnummer FROM tblArtikelVerkauf WHERE Datum BETWEEN #1/3/2004# And #31/3/2004#);

Wie liest man eine solche SQL-Abfrage am besten? Beginnen Sie von hinten: Die in runde Klammern eingeschlossene Unterabfrage ermittelt die Artikelnummern aller im Zeitraum verkauften Artikel, d.h., das Ergebnis dieser Abfrage ist eine lange Liste mit Artikelnummern. Die eigentliche Abfrage hat als Ergebnis Artikelnummer und Bezeichnung aller Artikel die »IN« der Ergebnisliste der Unterabfrage sind. Jede Artikelnummer der eigentlichen Abfrage von *tblArtikel* wird also daraufhin geprüft, ob sie in der Ergebnismenge der Unterabfrage vorkommt.

HINWEIS Beachten Sie, dass die Unterabfrage für die Verwendung mit *IN* nur eine Ergebnisspalte aufweisen darf, sonst wird von Access eine Fehlermeldung eingeblendet.

Natürlich hätte man die Fragestellung auch mit einer verknüpften Abfrage beantworten können, wie es in Abbildung 20.5 gezeigt ist. Übrigens ist dabei in den Abfrageeigenschaften (Menübefehl *Ansicht/Eigenschaften*) die Option *Keine Duplikate* auf *Ja* gesetzt worden, da die Bezeichnungen in der so gestellten Abfrage mehrfach in der Ergebnismenge erscheinen.

Abbildg. 20.5 Die Lösung per Verknüpfung

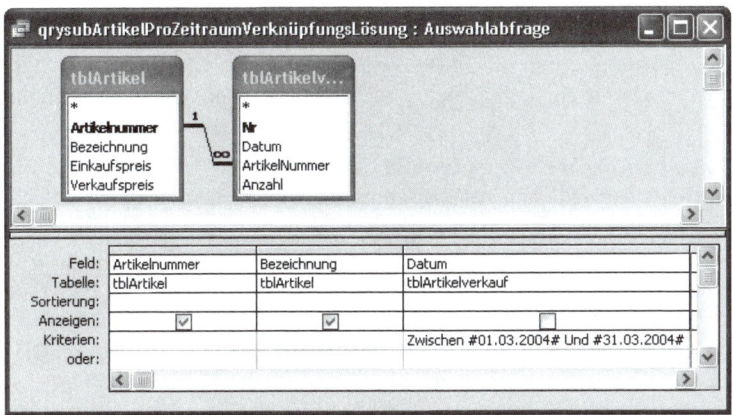

Die meisten Access-Anwender bevorzugen die Lösung mithilfe der verknüpften Abfrage, aber nicht immer ist dies der einfachere Weg. Lassen Sie uns nun die Fragestellung der Abfrage herumdrehen: Welche Artikel aus der Tabelle *tblArtikel* wurden nicht im März 2004 verkauft?

Bei der Abfrage mit der Unterabfrage (Abbildung 20.3) genügt als einziges zusätzliches Befehlswort *Nicht*, um das richtige Abfrageergebnis zu erhalten: Wir ermitteln alle Artikelnummern, die *NICHT IN* der Unterabfragen-Ergebnismenge vorkommen.

Abbildg. 20.6 Das Befehlswort *NICHT* ist eingefügt

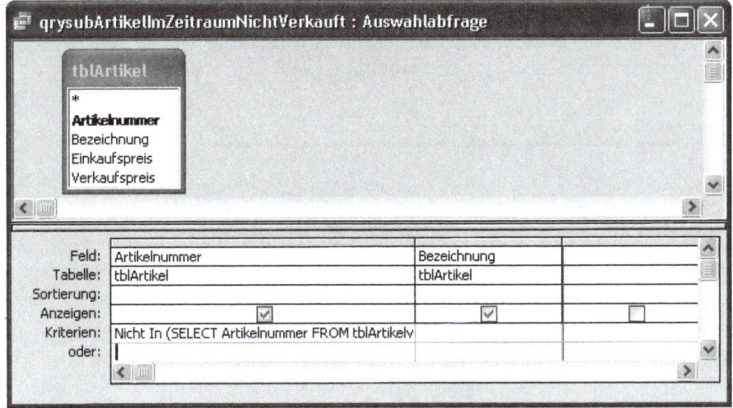

Abfragen

Das Ergebnis mit unseren Beispieldaten ist der eine, im März nicht verkaufte Artikel.

Abbildg. 20.7 Der im März nicht verkaufte Artikel

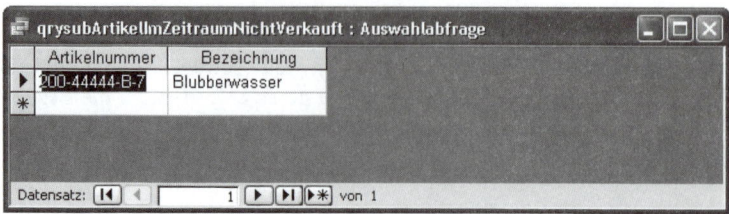

Die Erstellung einer Lösungsabfrage auf Basis verknüpfter Tabellen gestaltete sich für CineCity schwieriger als gedacht. Damit Sie die Probleme nachvollziehen können, zeigen wir Ihnen die einzelnen Schritte zur Lösung:

Ausgehend von Abbildung 20.5 versucht CineCity den folgenden Lösungsansatz: In der Tabelle *tblArtikel* befinden sich alle möglichen Artikelnummern. Diese sollen komplett aufgelistet werden und aus der Tabelle *tblArtikelverkauf* sollen entweder die dazu verknüpften Einträge oder *NULL*-Einträge gezeigt werden. Um dies zu erreichen, wird die Beziehungslinie zwischen beiden Tabellen bearbeitet. Mit einem Doppelklick auf die Beziehungslinie rufen wir das Dialogfeld *Verknüpfungseigenschaften* auf und wählen die zweite Option, um eine Links-Inklusionsverknüpfung zu erhalten. Wird die Beziehungslinie nicht bearbeitet, enthält die Ergebnismenge nur die Artikel, für die Einträge in der Tabelle *tblArtikelverkauf* vorliegen.

Abbildg. 20.8 Als Links-Inklusionsverknüpfung

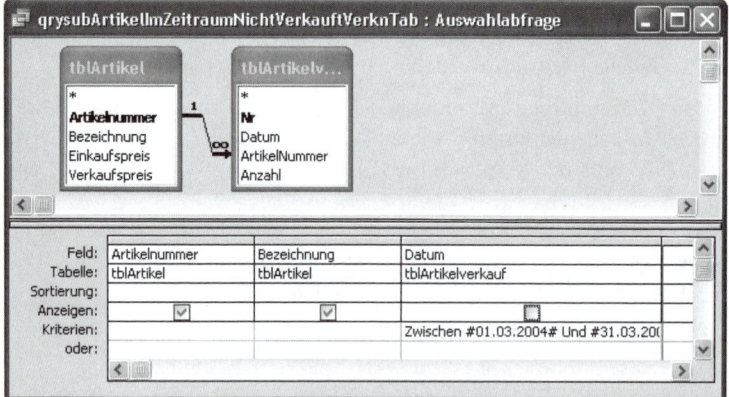

Das Ergebnis der Abfrage ist allerdings eine Enttäuschung für CineCity. Anstatt wie erwartet alle Artikelnummern aus *tblArtikel* zu sehen, werden nur diejenigen angezeigt, die im März 2004 verkauft wurden. Eigentlich sollten alle Artikel aus *tblArtikel* aufgeführt werden, und in der Spalte *Artikelnummer* der Tabelle *tblArtikelverkauf* sollten *NULL*-Einträge stehen, wenn dieser Artikel nicht im Zeitraum verkauft wurde. Dann hätten nur noch die Datensätze mit den *NULL*-Einträgen herausgefiltert werden müssen, und voilà, das Ergebnis wäre da. Aber statt der möglichen 15 Artikel aus *tblArtikel* sind nur 14 zu sehen.

Abbildg. 20.9 Artikelliste

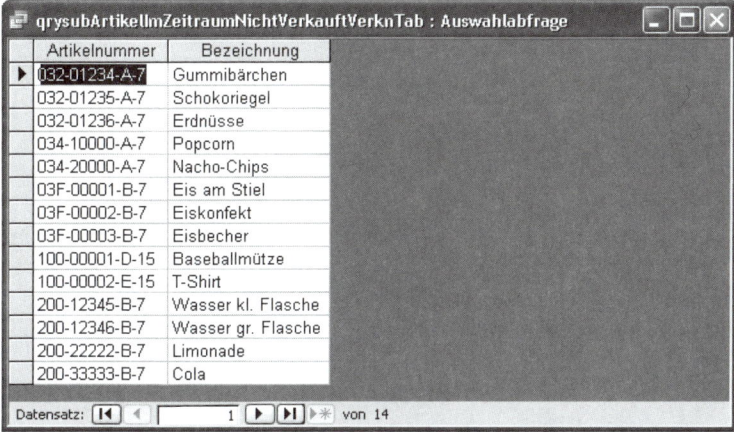

Was also ist schief gegangen? Bei der Verknüpfung der beiden Tabellen wird für die Artikel, die nicht in *tblArtikelverkauf* im Zeitraum verkauft wurden, nicht nur für die *ArtikelNummer*, sondern auch für die Spalte *Datum NULL* angegeben. Nachdem Access die Daten verknüpft hat, wird die Bedingung für das Datum angewendet. Da das Datum *NULL* nicht im März 2004 liegt, wird also der Datensatz mit den *NULL*-Einträgen nicht herausgefiltert. Also muss die Bedingung in der Form erweitert werden, dass sie auch die *NULL*-Einträge ermittelt. In Abbildung 20.10 sehen Sie die entsprechende Bedingung, die mit »oder« an die Zeitraumbedingung angefügt worden ist.

Zusätzlich wurde die Spalte *ArtikelNummer* der Tabelle *tblArtikelverkauf* in die Abfrage aufgenommen. Sie dient zum besseren Verständnis des Abfrageergebnisses.

Abbildg. 20.10 Erweiterte Bedingung

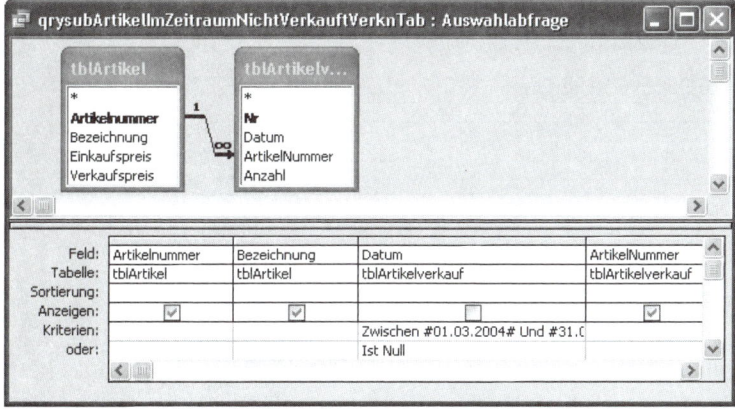

Das Ergebnis der Abfrage umfasst nun die 15 Artikel und den entsprechenden *NULL*-Eintrag.

Abbildg. 20.11 Das korrekte Ergebnis

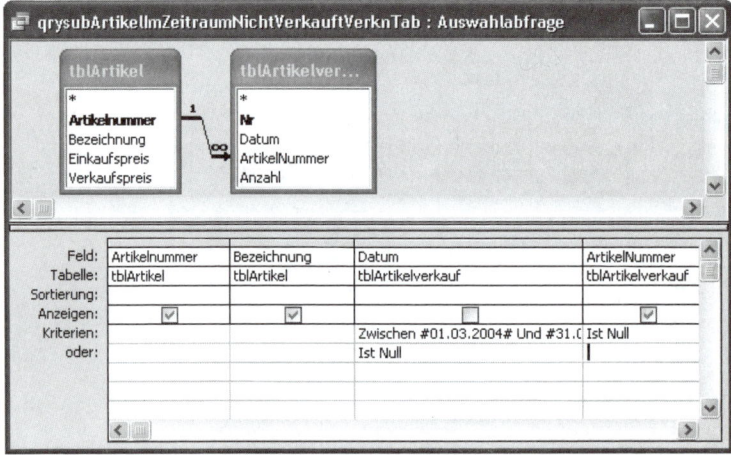

Die vollständige Abfrage, die nun nur jene Artikel ausgibt, die nicht im angegebenen Zeitraum verkauft wurden, zeigt Abbildung 20.12. Für die *ArtikelNummer* der Tabelle *tblArtikelVerkauf* ist nun noch die Bedingung *Ist Null* vereinbart worden, um nur die Datensätze zu zeigen, für die keine Artikelverkaufsdaten vorliegen.

Abbildg. 20.12 Vollständige Verknüpfungsabfrage

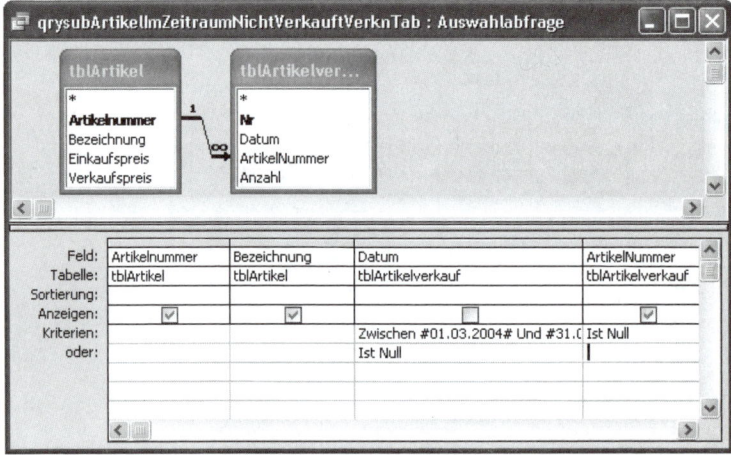

Wie Sie sehen, ist die Abfrage mit Unterabfrage aus Abbildung 20.6 in diesem Fall sehr viel einfacher und verständlicher.

In Unterabfragen können Aggregatfunktionen verwendet werden. In Abbildung 20.13 ist eine Abfrage dargestellt, in der Filmnummer und -titel jener Filme ermittelt werden, die länger als eine Woche im Programm waren.

In der Unterabfrage wurde die Funktion *Anzahl()* eingesetzt, die in SQL in der englischen Form *COUNT()* verwendet werden muss, um die Anzahl der Wochen festzustellen.

Abbildg. 20.13 Unterabfrage mit Aggregatfunktion

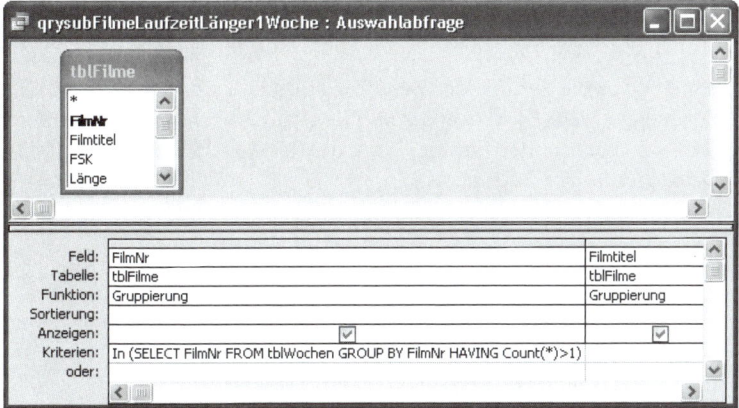

Das folgende SQL-Listing zeigt den vollständigen Abfragetext.

SELECT tblFilme.FilmNr, tblFilme.Filmtitel

FROM tblFilme

WHERE tblFilme.FilmNr In (SELECT FilmNr FROM tblWochen GROUP BY FilmNr HAVING Count(*)>1)

Unterabfragen mit *IN* werden auch vom Abfrage-Assistenten zur Duplikatsuche verwendet, wie in Kapitel 18 beschrieben. Eine Lösung zum Entfernen doppelter Datensätze mithilfe einer *IN*-Unterabfrage finden Sie am Ende von Kapitel 19.

Vergleiche mit Unterabfrageergebnissen

Unterabfragen können in der *WHERE*-Klausel auch für Vergleiche mit den Operatoren =, <, <=, > und >= herangezogen werden.

Welche Filme haben eine längere Filmdauer als der Film »Dogville«?

Mithilfe einer Unterabfrage, die die Länge des gewünschten Films ermittelt, lassen sich die Filme herausfiltern, deren Laufzeit länger ist. Der Titel des Films wird über den Parameter abgefragt (Abfrage *qrysubFilmeLängerAlsFilm*).

SELECT tblFilme.Filmtitel, tblFilme.Länge

FROM tblFilme

WHERE tblFilme.Länge > (SELECT Länge

FROM tblFilme

WHERE Filmtitel =[Länger als Film?])

ORDER BY tblFilme.Länge DESC

Beachten Sie dabei, dass die Unterabfrage nur einen Wert zurückliefern darf, mit dem verglichen wird, nicht aber eine Menge an Werten wie oben für den *IN*-Operator.

Abfragen

Das zweite Beispiel zeigt, dass Abfragen mit Unterabfragen schnell sehr komplex werden und auch mit JOINs kombiniert werden können.

Welchen Film haben mehr Zuschauer gesehen als den Film »Good bye, Lenin«?

Verglichen wird in der Abfrage die Summe der Besucher eines Films mit der Zahl der Besucher des Films, der für den Parameter *[Mehr Zuschauer als im Film:]* angegeben wird. Die Unterabfrage gibt auch hier genau einen Wert zurück, der für alle Filme der Tabelle *tblFilme* als Vergleichskriterium dient (Abfrage: *qrysubVergleichMehrZuschauerAls*).

SELECT tblFilme.Filmtitel, Sum(tblKinokasse.AnzahlPersonen) AS [Summe von AnzahlPersonen]

FROM (tblFilme

INNER JOIN tblWochen ON tblFilme.FilmNr = tblWochen.FilmNr)

INNER JOIN (tblTermine INNER JOIN tblKinokasse

ON tblTermine.TerminNr = tblKinokasse.TerminNr)

ON tblWochen.WocheNr = tblTermine.WochenNr

GROUP BY tblFilme.Filmtitel

HAVING Sum(tblKinokasse.AnzahlPersonen)

>

(SELECT Sum(k.AnzahlPersonen)

FROM (tblFilme AS f

INNER JOIN tblWochen AS w ON f.FilmNr = w.FilmNr)

INNER JOIN (tblTermine AS t

INNER JOIN tblKinokasse AS k ON t.TerminNr = k.TerminNr)

ON w.WocheNr = t.WochenNr

WHERE f.Filmtitel = [Mehr Zuschauer als im Film:])

ORDER BY Sum(tblKinokasse.AnzahlPersonen) DESC

Das nächste Beispiel zeigt, dass für Unterabfragen Spaltenwerte und Vergleiche gleichzeitig in einer Abfrage verwendet werden können. Aber nicht immer kann Access so definierte Abfragen ausführen, teilweise werden die Ausdrücke einfach zu komplex.

Wie viele Besucher kamen während der Laufzeit des Films »The Hours« insgesamt ins Kino? Ausgegeben werden sollen Anfang und Ende der Laufzeit und die Zahl der Besucher in CineCity in dieser Zeit.

In Abbildung 20.14 sehen Sie die Abfrage in der Entwurfsansicht. Für die drei rechten Spalten sind Unterabfragen vereinbart.

Abbildg. 20.14 Abfrage in der Entwurfsansicht

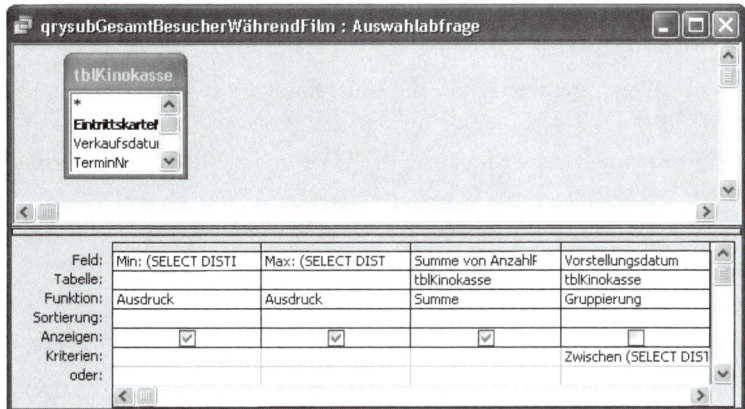

Die vollständige Abfrage ist aufwändig:

SELECT

(SELECT DISTINCT Min(tblWochen.Kalenderwoche) FROM tblFilme INNER JOIN tblWochen ON tblFilme.FilmNr = tblWochen.FilmNr WHERE tblFilme.Filmtitel=[Film]) AS [Min],

(SELECT DISTINCT Max(tblWochen.Kalenderwoche) FROM tblFilme INNER JOIN tblWochen ON tblFilme.FilmNr = tblWochen.FilmNr WHERE tblFilme.Filmtitel=[Film]) AS [Max], Sum(tblKinokasse.AnzahlPersonen) AS [Summe von AnzahlPersonen]

FROM tblKinokasse

GROUP BY tblKinokasse.Vorstellungsdatum

HAVING tblKinokasse.Vorstellungsdatum BETWEEN

(SELECT DISTINCT Min(tblWochen.Kalenderwoche) FROM tblFilme INNER JOIN tblWochen ON tblFilme.FilmNr = tblWochen.FilmNr WHERE tblFilme.Filmtitel=[Film])

AND

(SELECT DISTINCT Max(tblWochen.Kalenderwoche) FROM tblFilme INNER JOIN tblWochen ON tblFilme.FilmNr = tblWochen.FilmNr WHERE tblFilme.Filmtitel=[Film])

Lassen Sie sich von der Länge der Abfrage nicht irritieren. Lesen Sie sie Teil für Teil, also Unterabfrage für Unterabfrage. Am besten, Sie orientieren sich dabei an den Klammern, die die Unterabfragen einschließen.

Die Abfrage ist allerdings nicht sehr effektiv, denn für die Ermittlung jeder Ergebniszeile werden die Unterabfragen ausgeführt. Es ist hier sinnvoller, ein kurzes Visual Basic-Programm zu erstellen, das die Datumswerte der Laufzeit des Films bestimmt und diese dann an eine Abfrage übergibt. In unserem Test war diese Methode fast doppelt so schnell wie die reine Abfrage.

Unterabfragen mit dem ALL- und dem ANY-Operator

Die Operatoren =, <, <=, > und >= lassen sich auch dann einsetzen, wenn die Unterabfrage eine Gruppe von Daten zurückliefert. Allerdings müssen Sie dann die Operatoren *ALL* und *ANY* einsetzen.

Für den *ALL*-Operator gilt:

- Wenn die Unterabfrage eine leere Spalte als Ergebnis hat, so gibt der *ALL*-Test den Wert *Wahr* (*TRUE*) zurück.

- Ist der Vergleich mit allen Datenwerten, die die Unterabfrage zurückliefert, wahr, so liefert *ALL* ebenfalls den Wert *Wahr* (*TRUE*).

- Hat der Vergleich mit einem der Datenwerte der Unterabfrage den Wert *Falsch*, so gibt *ALL* *Falsch* zurück.

- Wenn keiner der Vergleiche mit den Datenwerten der Unterabfrage den Wert *Falsch* ergibt, aber einer der Vergleiche den Wert *NULL*, so ist das Ergebnis von *ALL* auch *NULL*.

Für den *ANY*-Operator gilt:

- Wenn die Unterabfrage eine leere Spalte als Ergebnis hat, so gibt der *ANY*-Test den Wert *Falsch* (*FALSE*) zurück.

- Ist der Vergleich mit mindestens einem der Datenwerte, die die Unterabfrage zurückliefert, wahr, so liefert *ANY* ebenfalls den Wert *Wahr* (*TRUE*).

- Hat der Vergleich mit allen Datenwerten der Unterabfrage den Wert *Falsch*, so gibt *ANY* *Falsch* zurück.

- Wenn keiner der Vergleiche mit den Datenwerten der Unterabfrage den Wert *Wahr* ergibt, aber einer der Vergleiche den Wert *NULL*, so ist das Ergebnis von *ANY* auch *NULL*.

Die Operatoren *ANY* und *ALL* werden nur selten eingesetzt. Sie sollten sie nur verwenden, wenn Sie sicher im Umgang mit SQL sind und die Ergebnisse auf Plausibilität kontrollieren können.

Unterabfragen mit EXISTS

Mithilfe des Befehlswortes *EXISTS* ermitteln Sie, ob eine Unterabfrage ein Ergebnis zurückliefert. Abfragen mit *EXISTS* verwenden normalerweise so genannte korrelierte Unterabfragen. Bei diesen Unterabfragen wird ein Wert der die Unterabfrage umgebenden Abfrage in der Bedingung der Unterabfrage verwendet, d.h., für jeden Wert der Abfrage wird die Unterabfrage mit der entsprechenden Bedingung ausgeführt.

Für welche Filme aus der Tabelle *tblFilme* existieren keine Einträge in der Tabelle *tblWochen*?

In der SQL-Abfrage wird die *FilmNr* von *tblFilme* in der Bedingung der Unterabfrage eingesetzt (Abfrage: *qrysubFilmeNichtGeplant*).

SELECT tblFilme.Filmtitel

FROM tblFilme

WHERE

*Exists (SELECT * FROM tblWochen*

WHERE tblFilme.FilmNr = tblWochen.FilmNr)=False

ORDER BY tblFilme.Filmtitel

Datendefinitionsabfragen

In den folgenden Abschnitten soll die Erstellung und Änderung von Tabellen mithilfe von SQL-Datendefinitionsbefehlen (»SQL-Data Definition Language«, abgekürzt »DDL«) beschrieben werden. Nach unserer Erfahrung werden die hier beschriebenen Befehle in Access selten eingesetzt, aber für einige Aufgaben sind sie notwendig.

Zur Erstellung einer Datendefinitionsabfrage rufen Sie in der Abfrage-Entwurfsansicht den Menübefehl *Abfrage/SQL-spezifisch/Datendefinition* auf, um ein Fenster zur Erfassung von DDL-Befehlen zu öffnen.

DDL-Befehle für Tabellen

Mit *CREATE TABLE* und *ALTER TABLE* stehen Ihnen Befehle zum Erstellen und Ändern von Tabellen zur Verfügung.

Erstellen einer Tabelle

Die allgemeine Form des SQL-DDL-Befehls zur Erstellung einer Tabelle lautet:

CREATE TABLE Tabelle (Feld1 Typ [(Größe)][Index1], Feld2 Typ [(Größe)][Index2], ...)

Die Bezeichnungen der Feldtypen, z.B. *Text*, *Integer*, *Double* usw., können Sie der Access-Hilfe entnehmen. Für *[Index]* können Sie eine *CONSTRAINT*-Klausel einsetzen, die weiter hinten in diesem Kapitel beschrieben ist. Mit dem Befehl

CREATE TABLE tblFilme (FilmNr COUNTER, Filmtitel TEXT, Zusatztext MEMO)

legen Sie beispielsweise eine Tabelle *tblFilme* mit drei Feldern an.

Ändern einer Tabelle

Mithilfe der DDL-Anweisung *ALTER TABLE* können Sie neue Felder zu Tabellen hinzufügen bzw. Felder aus Tabellen löschen.

ALTER TABLE Tabelle {ADD {COLUMN Feld Typ[(Größe)] [CONSTRAINT Index] | CONSTRAINT Mehrfelderindex} |

DROP {COLUMN Feld I CONSTRAINT Indexname } }

lautet die allgemeine Form des Befehls. So fügt beispielsweise der Befehl

ALTER TABLE tblFilme ADD COLUMN Original Text (50)

der Tabelle *tblFilme* ein Feld *Original* vom Typ *Text* mit der Länge 50 Zeichen hinzu. Mit

ALTER TABLE tblFilme DROP COLUMN Original

entfernen Sie das Feld wieder.

Löschen einer Tabelle

Eine Tabelle kann mit dem Befehl *DROP* gelöscht werden, beispielsweise entfernt die Befehlszeile

DROP TABLE tblFilme

die Tabelle *tblFilme* aus der Datenbank.

DDL-Befehle für Indizes

Mithilfe der Befehle *CREATE INDEX* und *DROP INDEX* können Sie neue Schlüssel erstellen bzw. vorhandene löschen.

Erstellen eines Indexes

Der SQL-DDL-Befehl *CREATE INDEX* ermöglicht es Ihnen, einen neuen Index zu einer Tabelle hinzuzufügen. Allgemein wird der Befehl durch

CREATE [UNIQUE] INDEX Index

ON Tabelle (Feld [ASC|DESC][, Feld [ASC|DESC], ...])

[WITH { PRIMARY | DISALLOW NULL | IGNORE NULL }]

beschrieben. In der einfachsten Form erzeugt

CREATE INDEX Original ON tblFilme (Original)

einen aufsteigenden Index für das Feld *Original* der Tabelle *tblFilme*, während

CREATE INDEX FilmNr ON tblFilme (FilmNr) WITH PRIMARY

einen Primärschlüssel erstellen würde.

Löschen eines Indexes

Der folgende Befehl löscht einen Index einer Tabelle:

DROP INDEX Index ON Tabelle

Referentielle Integrität und Beziehungen

Sie können Indizes für bestimmte Felder einer Tabelle entweder mit *CREATE INDEX* erstellen oder mithilfe des *CONSTRAINT*-Befehls in einem *CREATE TABLE*- oder *ALTER TABLE*-Statement.

CONSTRAINT Name {PRIMARY KEY | UNIQUE |

REFERENCES FremdeTabelle |[(FremdesFeld1, FremdesFeld2)]}

Mithilfe der *CONSTRAINT*-Anweisung kann zum einen ein normaler Index erstellt, zum anderen eine Beziehung zwischen Tabellen erzeugt werden.

Ändern von Zugriffsberechtigungen

Zugriffsberechtigungen auf Daten und Datenbankobjekte können Sie mit den Befehlen *GRANT* und *REVOKE* vergeben bzw. entziehen.

Nicht unterstützte SQL-DDL-Befehle

Einige SQL-DDL-Befehle, beispielsweise *CREATE VIEW*, können nicht für Access-Datenbanken eingesetzt werden, sondern lassen sich nur in Access-Projekten verwenden (Teil I).

SQL-Pass-Through-Abfragen

SQL-Pass-Through-Abfragen sind Abfragen, die nicht von Access ausgeführt, sondern an ein anderes SQL-Datenbanksystem zur Abarbeitung weitergegeben werden. In diesen Abfragen lassen sich beliebige SQL-Befehle des Zieldatenbanksystems verwenden, auch wenn die Befehle selbst nicht in Access unterstützt werden.

Der Nachschlage-Assistent

Nachdem Sie jetzt in diesem und den vorangegangenen Kapiteln vieles über Abfragen erfahren haben, möchten wir nun noch einmal auf den Nachschlage-Assistenten eingehen, den Sie in Kapitel 10 kennen gelernt haben.

Sie erinnern sich wahrscheinlich, dass es der Nachschlage-Assistent ermöglicht, aufgrund von Einträgen in einer Spalte bezogene Werte in einer anderen Tabelle nachzuschlagen. Hinter dieser Nachschlagefunktion steckt, Sie haben es sich bestimmt schon gedacht, eine SQL-Abfrage.

Bearbeiten Sie nachträglich die Abfrage, die der Nachschlage-Assistent erstellt hat, so erhalten Sie die Abfrage-Entwurfsansicht. Anhand des folgenden Beispiels möchten wir Ihnen den Vorgang erläutern.

Die vom Nachschlage-Assistenten erstellte Abfrage für das Feld *FilmNr* der Tabelle *tblWochen*, die zu einer Filmnummer den Filmtitel anzeigt, soll so verändert werden, dass zusätzlich die Länge des Films dargestellt wird.

Öffnen Sie die Tabelle *tblWochen* in der Entwurfsansicht. Setzen Sie die Einfügemarke in das Feld *FilmNr* und wechseln Sie im unteren Bereich zur Registerkarte *Nachschlagen*.

Abbildg. 20.15   Entwurfsansicht der Tabelle *tblWochen*

In der Zeile *Datensatzherkunft* wird die SQL-Abfrage gezeigt, die für die Nachschlagefunktion verwendet wird.

Abfragen

383

Selektieren Sie mit der Maus die Zeile *Datensatzherkunft* und klicken Sie dann auf die nun erscheinende Schaltfläche mit den drei Punkten rechts außen in der Zeile. Sie erhalten daraufhin ein Fenster angezeigt, in dem der Entwurf der Nachschlagen-Abfrage dargestellt ist.

Abbildg. 20.16 Nachschlagen-Abfrage

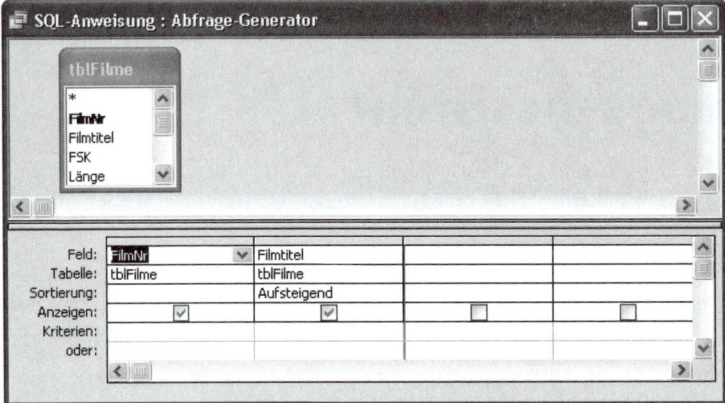

Ändern Sie nun die Abfrage nach Ihren Vorstellungen ab. Beachten Sie aber, dass das Feld *FilmNr* erhalten bleiben muss, denn es dient der Verknüpfung. Nehmen Sie die Spalte *Länge* in die Abfrage auf. Nach dem Schließen des Entwurfsfensters und dem Bestätigen der Warnmeldung wird die geänderte Abfrage in der Tabellenentwurfsansicht eingetragen.

Modifizieren Sie nun noch die Anzahl der Spalten in der Zeile *Spaltenanzahl* entsprechend den Spalten der Abfrage. Zusätzlich können Sie die Breite der einzelnen Spalten, getrennt durch Semikola, unter *Spaltenbreiten* festlegen.

Abbildg. 20.17 Anzahl der Spalten und die Breite der zweiten Spalte müssen passen

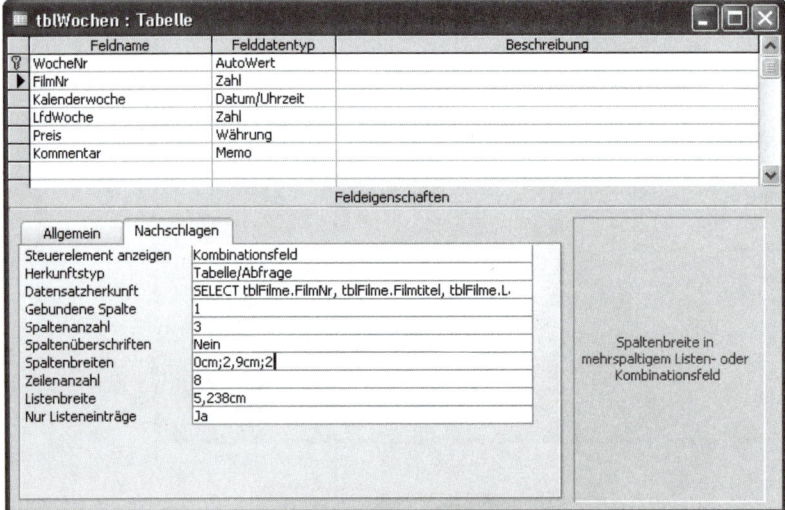

Speichern Sie die geänderte Tabelle und öffnen Sie sie in der Datenblattansicht. Für das Feld *FilmNr* haben wir in Abbildung 20.18 das Kombinationsfeld zum Nachschlagen aufgeklappt, in dem nun der Filmtitel und die Länge zu sehen sind.

Abbildg. 20.18   Geöffnete Nachschlageliste

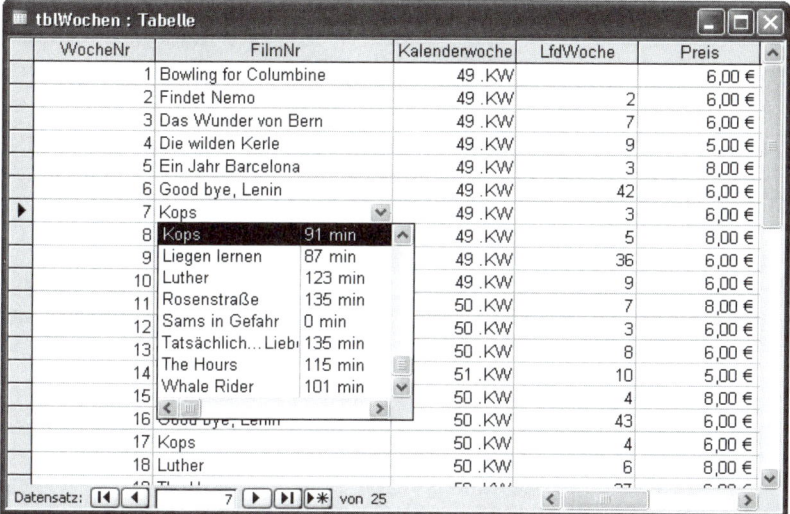

Zusammenfassung

Dieses Kapitel befasste sich mit den Grundlagen von SQL. SQL-Kenntnisse sind zwar im Umgang mit Access nicht zwingend notwendig, aber häufig hilfreich.

- Der erste Abschnitt ab Seite 363 beschreibt die SQL-Grundlagen. Vor allem der *SELECT*-Befehl steht im Mittelpunkt dieses Abschnitts. Zudem wird beschrieben, wie sich Aktionsabfragen in SQL (Seite 368) und Abfrageparameter (Seite 369) definieren lassen.

- Im Entwurfsfenster einer Abfrage ist es nicht möglich, mehrere Abfrageergebnisse zu einem Ergebnis zusammenzufassen. Das ist nur direkt mit SQL machbar. Dazu wird der *UNION*-Befehl benötigt, der ab Seite 370 besprochen wird.

- Auch für Unterabfragen, das sind Abfragen, in die weitere Abfragen eingebettet sind, ist SQL zwingend notwendig. Verschiedene Unterabfragen können Sie ab Seite 371 kennen lernen.

- Ein weiterer Abschnitt ab Seite 381 befasst sich mit dem Erstellen und Verändern von Tabellen mithilfe von SQL-Befehlen.

- Der letzte Abschnitt dieses Kapitels ab Seite 383 zeigt den SQL-Code, der bei der Verwendung des Nachschlage-Assistenten erzeugt wird.

Teil D

Formulare

Für die Gestaltung von Bildschirmmasken – in Microsoft Access Formulare genannt – setzt Ihnen das Programm (fast) keine Grenzen. In diesem Teil sollen die vielfältigen Möglichkeiten vorgestellt werden, die Ihnen für eine Präsentation der Daten zur Verfügung stehen.

Formulare können nicht nur der Darstellung von Daten aus Tabellen und Abfragen dienen, sondern auch als »ungebundene« Formulare ohne direkte Verbindung zu einer Tabelle oder Abfrage als Dialogfelder, Bedienungselemente usw. eingesetzt werden. Darüber hinaus ist es möglich, Formulare zu verschachteln, also Formulare innerhalb von Formularen zu verwenden.

Folgende Themen werden in den Kapiteln dieses Teils besprochen:

- Die einfache Gestaltung von Formularen in der Entwurfsansicht
- Alle Steuerelemente, die in Formularen eingesetzt werden können
- Gebundene und ungebundene Formulare
- Formulare mit Diagrammen
- Die Nutzung von PivotTable- und PivotChart-Ansichten in Formularen
- Die Einbindung von Makros und Visual Basic-Programmen und viele weitere Möglichkeiten

Kapitel 21

Der Formularentwurf

Formulare

Die einfachste Art, ein Formular anzulegen, besteht darin, den Formular-Assistenten zu verwenden. Allerdings ist man dabei durch die vorgegebenen Layouts gebunden und kann das Formular nicht so gestalten, wie man es sich zuvor überlegt hat.

In diesem Kapitel lernen Sie, wie Sie ein Formular von Anfang an selbst gestalten können. Sie werden sehen, wie Sie mit einem leeren Formularentwurf beginnen können und nacheinander alle Elemente für Ihr Formular darauf platzieren.

Zum Erstellen von Formularen sind zwei Ansichten wichtig: die Entwurfs- und die Formularansicht. In der Entwurfsansicht kreieren Sie das Formular, in der Formularansicht kontrollieren Sie Ihren Entwurf. Möchten Sie von der einen Ansicht in die andere umschalten, verwenden Sie dazu die Schaltfläche *Ansicht*, die zum Umschalten in die Entwurfsansicht das Entwurfssymbol zum Umschalten in die Formularansicht das Formularsymbol anzeigt.

Ein Formular beginnen

Unserer Erfahrung nach ist es hier wieder am einfachsten, Sie nehmen Papier und Bleistift zur Hand und planen Ihr Formular erst einmal ohne den Computer. Möchten Sie Ihren Entwurf dann umsetzen, gehen Sie so vor:

1. Klicken Sie im Datenbankfenster in der Objektleiste auf den Objekttyp *Formulare*.

2. Klicken Sie dann im Datenbankfenster auf die Schaltfläche *Neu*.

3. Wählen Sie die Option *Entwurfsansicht* und als Tabelle *tblFilme*.

Abbildg. 21.1 Hier soll ein Formular in der Entwurfsansicht auf der Basis der Tabelle *tblFilme* erstellt werden

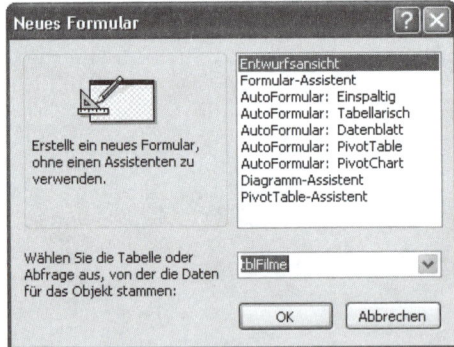

Bestätigen Sie diese Auswahl mit *OK*, wird ein Dialogfeld mit der Formularentwurfsansicht geöffnet. Sie sehen eine graue Fläche, die mit waagrechten und senkrechten Linien versehen wurde, dem so genannten Raster. Oben und links ist ein Lineal angebracht, das Ihnen das Platzieren der Objekte auf Ihrem Formularentwurf erleichtert. Diese graue Fläche ist der Hintergrund für Ihr zu entwerfendes Formular.

Formularentwurfsansicht mit Feldliste und Toolbox

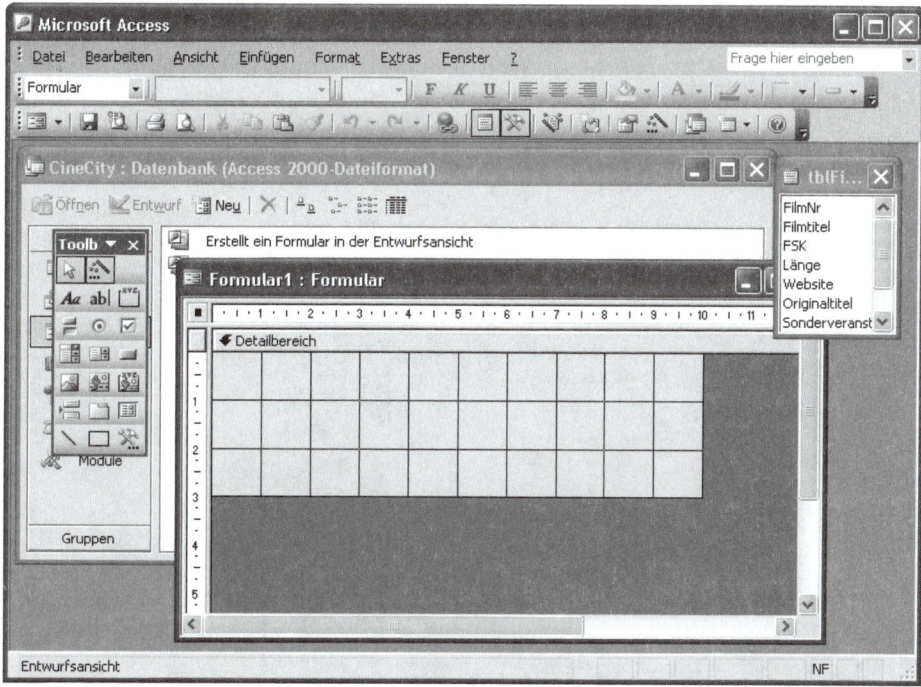

In der Formularentwurfsansicht werden zudem die *Toolbox* und die *Feldliste* auf dem Bildschirm angezeigt. Mithilfe der *Toolbox* können Sie verschiedene Elemente wie Linien und Rechtecke, Bilder und Schaltflächen, aber auch Options- und Kombinationsfelder auf Ihr Formular legen. Die Feldliste enthält die Felder der von Ihnen ausgewählten Tabelle zur Auswahl, die Sie im Formular leicht verwenden können.

Sollte die *Toolbox* oder die *Feldliste* nicht angezeigt werden, aktivieren Sie sie mit einem Klick auf die entsprechende Schaltfläche oder durch Wählen des Menübefehls *Ansicht/Toolbox* bzw. *Ansicht/Feldliste*. Auch das Raster und das Lineal können Sie über die betreffenden Befehle im Menü *Ansicht* aktivieren oder deaktivieren. Klicken Sie dazu im Menü gegebenenfalls auf den Doppelpfeil nach unten und wählen Sie die gewünschte Option aus. Die Feldliste können Sie außerdem durch Drücken der F8 -Taste einblenden.

Steuerelemente hinzufügen

Um mit dem Formular zu beginnen, soll der noch leere Formularentwurf mit Feldern gefüllt werden. Diese hinzugefügten Felder werden als Steuerelemente bezeichnet. Zum Platzieren der Felder auf dem Formularentwurf gehen Sie wie folgt vor:

1. Klicken Sie ein Feld in der Feldliste an.
2. Drücken Sie die ↵ -Taste.

Der gewünschte Feldname sollte daraufhin im Steuerelement angezeigt werden.

Formulare

Fügen Sie auf diese Weise aus der Feldliste alle Felder hinzu.

HINWEIS Beim Hinzufügen mit der ⏎-Taste werden die Steuerelemente im Formularentwurf untereinander ausgerichtet. Wenn Sie zwischendurch außerhalb der Feldliste klicken, beginnt die Einfügung wieder von oben, wobei es passieren kann, dass die neuen Steuerelemente direkt auf den schon eingefügten positioniert werden und diese überdecken.

Abbildg. 21.3 Die neu erstellten Steuerelemente

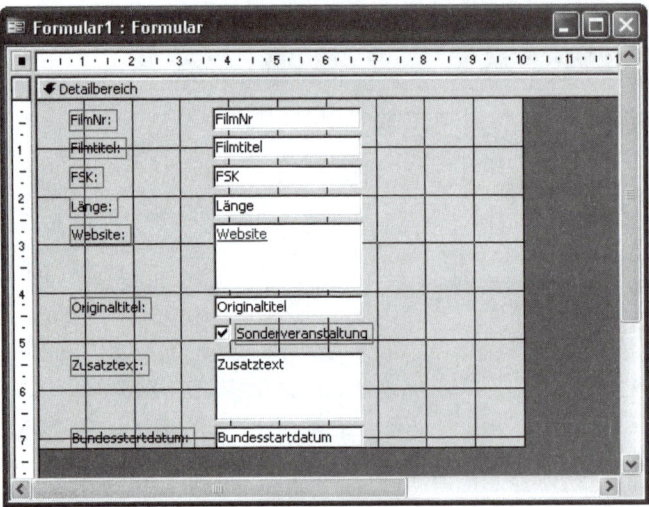

TIPP Alternativ können Sie die Felder mit gedrückter Maustaste nacheinander aus der Feldliste in das Formular ziehen, wobei Sie das jeweilige Feld frei platzieren können, indem Sie die Maustaste an der gewünschten Stelle loslassen.

TIPP Wird der angezeigte Bereich des Formulars beim Arbeiten zu klein, setzen Sie den Mauszeiger auf den Formularrand, so dass sich der Cursor in eine schwarze Linie mit zwei Pfeilen umwandelt. Klicken Sie damit auf den Rand und ziehen Sie den Bereich größer.

Abbildg. 21.4   Der Formularhintergrund wird vergrößert

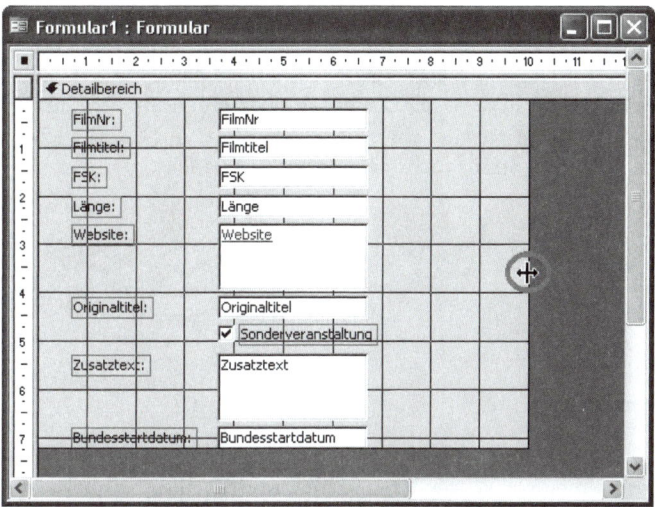

Normalerweise verwendet Access den Feldtyp *Text* bei Feldern, die in den Formularbereich gezogen werden. Möchten Sie dagegen ein anderes Werkzeug für das Feld verwenden, müssen Sie erst das Werkzeug wählen und dann das Feld aus der Feldliste herunterziehen (siehe auch Kapitel 22).

Möchten Sie kontrollieren, wie das entworfene Formular aussieht, schalten Sie zwischendurch in die Formularansicht um. Verwenden Sie dazu am einfachsten die Schaltfläche *Ansicht*.

Das Formular speichern

Präfix
»frm«

Spätestens wenn Sie das Formular verlassen, werden Sie zum Speichern aufgefordert. Es ist allerdings durchaus sinnvoll, auch schon vorher den Entwurf mit dem Menübefehl *Datei/Speichern* zu sichern. Verwenden Sie für Formulare dabei immer die Vorsilbe »frm«. Nennen Sie das aktuelle Formular also beispielsweise *frmFilme*.

Steuerelemente bearbeiten

Ein Steuerelement auf dem Formularentwurf besteht im Beispiel aus zwei Bereichen: dem eigentlichen Feld und dem dazugehörenden Bezeichnungsfeld.

Abbildg. 21.5   Teile eines Steuerelements

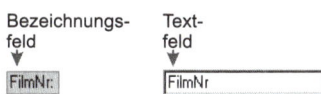

Bezeichnungs-   Text-
feld   feld

Formulare

Steuerelemente markieren

Um ein Steuerelement weiter bearbeiten zu können, müssen Sie es zunächst markieren. Sie markieren ein Steuerelement einfach durch Anklicken. Je nachdem, ob Sie dabei auf das Bezeichnungsfeld oder das eigentliche Feld klicken, erhält dieses Feld acht schwarze Quadrate zur Kennzeichnung der Markierung, während das jeweils andere nur eines links oben bekommt. Die meisten Formatierungseinstellungen beziehen sich nur auf das achtfach markierte Element.

Markierte Steuerelemente

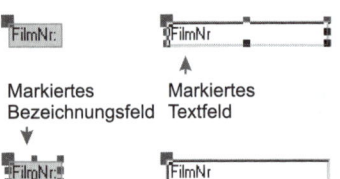

Möchten Sie mehrere Steuerelemente gleichzeitig markieren, weil Sie diese beispielsweise zusammen verschieben möchten, so halten Sie die ⬆-Taste gedrückt und klicken dann die Steuerelemente nacheinander an.

Alternativ können Sie – solange der Zeiger links oben in der Toolbox gedrückt ist – auf irgendeine Stelle des Hintergrunds klicken, die Maustaste gedrückt halten und ein Rechteck aufziehen. Alle Steuerelemente, die ganz oder teilweise im Rechteck liegen, werden markiert.

Wurden dabei versehentlich zu viele Steuerelemente markiert, können Sie bei gedrückter ⬆-Taste alle diejenigen Steuerelemente erneut anklicken, die aus der Markierung herausgenommen werden sollen.

Steuerelemente löschen

Das gesamte Steuerelement löschen Sie, indem Sie es zunächst markieren und dann die `Entf`-Taste drücken. Sie können zum Löschen auch den Menübefehl *Bearbeiten/Löschen* verwenden.

Möchten Sie nur das Bezeichnungsfeld löschen, gehen Sie dazu wie folgt vor:

1. Markieren Sie beispielsweise das Bezeichnungsfeld der *FilmNr*.
2. Löschen Sie es durch Drücken der `Entf`-Taste.
3. Löschen Sie auch das Bezeichnungsfeld des Originaltitels.

Zwei Bezeichnungsfelder wurden gelöscht

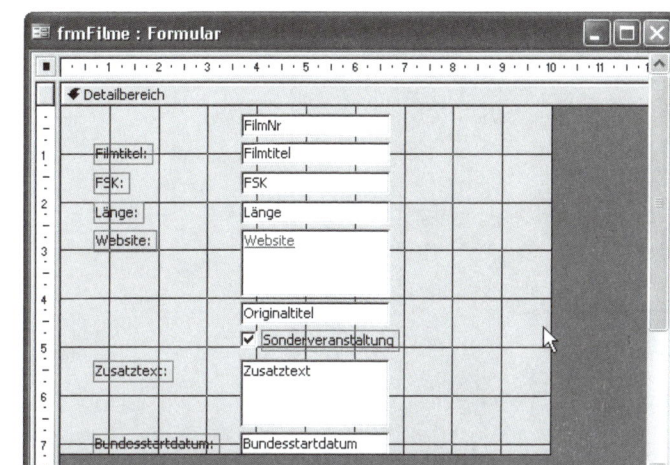

Steuerelemente verschieben

Sie haben die Möglichkeit, Bezeichnungs- und Textfelder zusammen oder auch getrennt zu verschieben. Stellen Sie den Mauszeiger auf den Rand eines markierten Steuerelements (aber nicht auf die Quadrate!), dann verwandelt sich der Mauszeiger in eine schwarze Hand. Klicken Sie damit den Rahmen des Steuerelements an und verschieben Sie es durch Ziehen mit gedrückter Maustaste. Alternativ klicken Sie direkt in das nicht markierte Steuerelement, halten die Maustaste gedrückt und verschieben es.

Soll nur das Bezeichnungs- oder nur das Textfeld verschoben werden, benutzen Sie dazu das große Quadrat an der linken oberen Ecke des entsprechenden Feldes. Stellen Sie den Mauszeiger auf dieses Quadrat, ändert er wieder seine Form und wird zu einer Faust mit ausgestrecktem Zeigefinger, was anzeigt, dass nur der entsprechende Teil des Steuerelements verschoben wird.

Ordnen Sie bitte die Felder so an wie in Abbildung 21.8 gezeigt.

Abbildg. 21.8   Angeordnete Steuerelemente

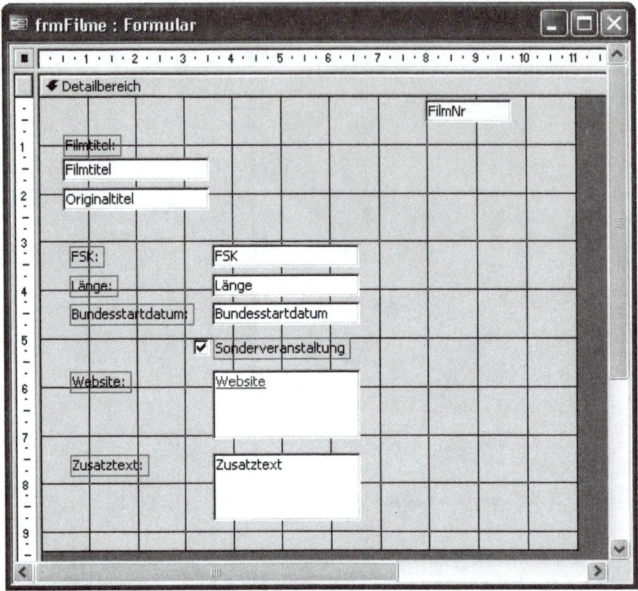

HINWEIS   Verändern Sie durch Verschieben bzw. Löschen die Reihenfolge der Felder, so stimmt die Reihenfolge nicht mehr, in der die Felder beispielsweise bei der Eingabe von Daten mit der ⭲-Taste hintereinander angesprungen werden. Eine neue Reihenfolge können Sie über *Ansicht/Aktivierreihenfolge* festlegen. Der Befehl wird im Abschnitt »Die Reihenfolge der Steuerelemente festlegen« weiter hinten in diesem Kapitel beschrieben.

Steuerelemente gruppieren

Mithilfe des Menübefehls *Format/Gruppierung* können Sie eine Gruppe von markierten Steuerelementen zu einer festen Gruppe zusammenführen, die nun nur noch als ganze Gruppe formatiert und verschoben werden kann.

Mit *Format/Gruppierung aufheben* lösen Sie die Gruppe wieder auf.

Raster

Im Normalfall ist das Hilfsraster für die Positionierung der Felder eingeschaltet. Das Raster kann mit dem Menübefehl *Ansicht/Raster* ein- und ausgeschaltet werden. Darüber hinaus kann man mit dem Menübefehl *Format/Am Raster ausrichten* die Positionierung der Felder vereinfachen, denn ist die Option eingeschaltet, werden Felder beim Verschieben am Raster »eingerastet«.

Der Abstand zwischen den einzelnen Rasterlinien ist horizontal und vertikal standardmäßig entsprechend der Auflösung des verwendeten Monitors auf 5 oder 10 Einheiten pro Zentimeter eingestellt. Sie können die Werte im Eigenschaftenfenster des Formulars verändern.

1. Klicken Sie dazu zunächst auf den Formularmarkierer, das kleine Feld in der linken oberen Ecke am Kreuzungspunkt der Lineale. Ist der Formularmarkierer aktiviert, sehen Sie ein kleines schwarzes Quadrat.

Abbildg. 21.9   Formularmarkierer

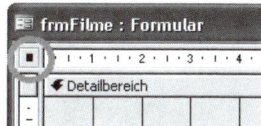

2. Das Eigenschaftenfenster zum Formular können Sie entweder über die Schaltfläche *Eigenschaften*, mit dem Menübefehl *Ansicht/Eigenschaften* oder durch Doppelklick auf den Formularmarkierer aufrufen. Im Eigenschaftenfenster muss in der Titelleiste und im oberen Feld *Formular* zu lesen sein. Erscheint auf Ihrem System ein Eigenschaftenfenster mit anderer Titelleiste und anderen Inhalten, so klicken Sie nachträglich auf den Formularmarkierer oder Sie wählen im oberen Feld den Eintrag *Formular*.

3. Klicken Sie nun auf die Registerkarte *Format* und verschieben Sie mithilfe der Bildlaufleiste den angezeigten Bereich so weit, bis Sie die beiden Zeilen *Raster X* und *Raster Y* sehen.

Abbildg. 21.10   Eigenschaftenfenster zum Formular

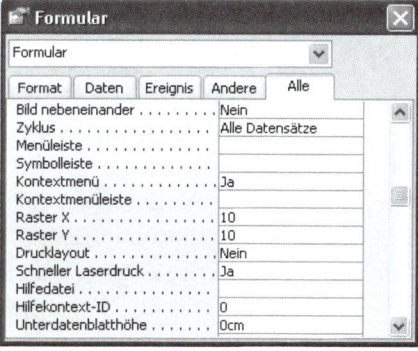

Der Wert für die Rastereinstellung gibt an, wie viele Rasterpunkte pro Zentimeter vereinbart werden. Es können Werte von 1 bis 64 angegeben werden. Je nach Auflösung des Monitors werden bei Werten von mehr als 6 oder 10 Rasterpunkten pro Zentimeter die Rasterpunkte nicht mehr angezeigt.

Formulare

Abbildg. 21.11 Formularentwurf mit Rasterpunkten

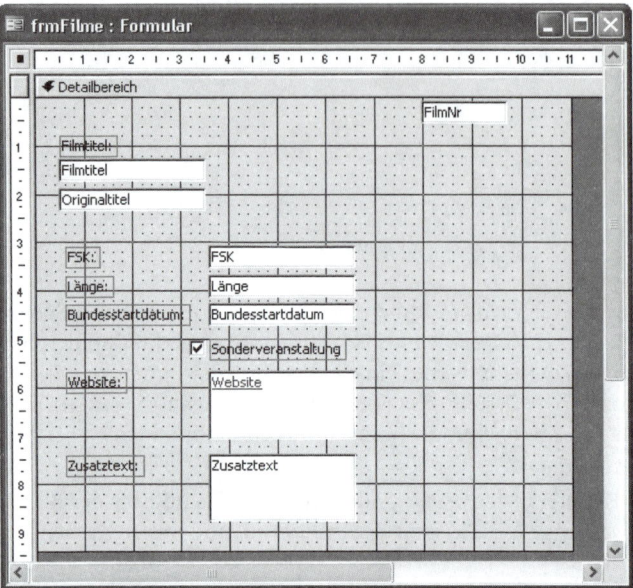

Steuerelemente vergrößern/verkleinern

Der nächste Schritt zur Gestaltung des Formulars wird darin bestehen, die einzelnen Felder auf die richtige Größe anzupassen. Einige, wie das Textfeld des Titels, sollen dazu vergrößert werden, andere sollen kleiner werden. Beginnen wir mit dem Textfeld des Titels.

1. Selektieren Sie das Textfeld *Filmtitel*, so dass das Textfeld acht Markierungspunkte erhält.
2. Bewegen Sie den Mauszeiger direkt auf das rechte mittlere Markierungsquadrat.
3. Ist aus dem Cursor ein kleiner Doppelpfeil geworden, klicken Sie damit auf das Quadrat und halten Sie dann die Maustaste gedrückt.
4. Ziehen Sie nun das Feld auf die gewünschte Größe auf.

Haben Sie das Raster eingeschaltet, so spüren Sie beim Ziehen, dass das Feld an den Punktlinien »einrastet«.

Jede Größenänderung der Steuerelemente lässt sich über die acht Markierungsquadrate vornehmen:

- über die rechten und linken mittleren Markierungsquadrate Änderungen der Breite;
- über die oberen und unteren mittleren Markierungsquadrate Änderungen der Höhe;
- über die Markierungsquadrate in den Ecken variieren Sie gleichzeitig die Breite und die Höhe.

Vergrößern und verkleinern Sie entsprechend die anderen Textfelder wie in Abbildung 21.12 gezeigt.

Abbildg. 21.12 Textfelder wurden vergrößert und verkleinert

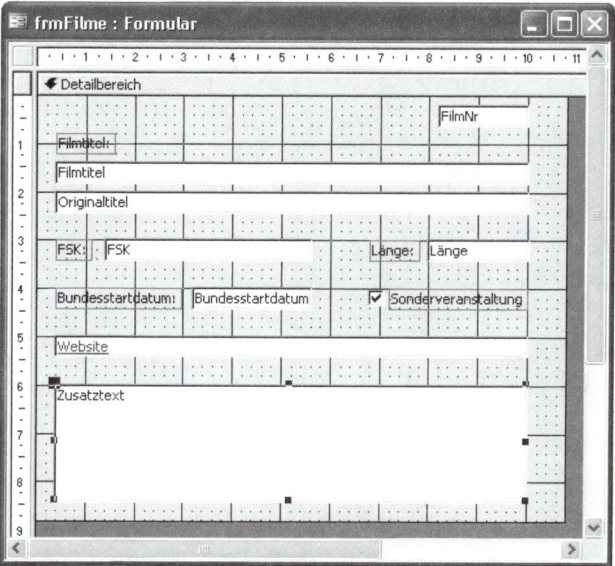

Steuerelemente ausrichten

Sie können automatisch mehrere Steuerelemente ausrichten lassen.

1. Markieren Sie dazu die Felder, die ausgerichtet werden sollen. Beispielsweise möchten wir das Bezeichnungsfeld und das Textfeld des Filmtitels sowie das Textfeld des Originaltitels linksbündig ausrichten. Entsprechend haben wir das Bezeichnungs- und die Textfelder selektiert.

2. Im Menü *Format* finden Sie die Option *Ausrichten*. Durch die Auswahl dieses Befehls öffnen Sie ein Untermenü, in dem Sie die Ausrichtung festlegen können.

In derselben Art können Sie die Bezeichnungsfelder *FSK*, *Bundesstartdatum* und das Textfeld für die *Website* aneinander ausrichten.

Ausgerichtet wird an dem am weitesten rechts stehenden Steuerelement, wenn rechtsbündig ausgerichtet wird, bzw. an dem am weitesten links stehenden, wenn linksbündig ausgerichtet wird usw.

Über die Befehle im Untermenü zu *Format/Größe anpassen* lassen sich die Größen von Steuerelementen angleichen. Beispielsweise können Sie mehrere Steuerelemente markieren, *Format/Größe anpassen/am breitesten* anwählen, um so alle selektierten Steuerelemente auf die Breite des breitesten der markierten Steuerelemente zu bringen.

Um den horizontalen Abstand von Steuerelementen zu beeinflussen, verwenden Sie die Befehle im Untermenü zu *Format/Horizontaler Abstand*. Entsprechend können Sie über *Format/Vertikaler Abstand* den vertikalen Abstand zwischen Steuerelementen ausrichten und angleichen.

Wenn sich auf Ihrem Formular Steuerelemente überlappen oder überlagern, so können Sie die Darstellungsreihenfolge mithilfe der Befehle *In den Vordergrund* bzw. *In den Hintergrund* im Menü *Format* bestimmen.

Abbildg. 21.13 Felder wurden links ausgerichtet

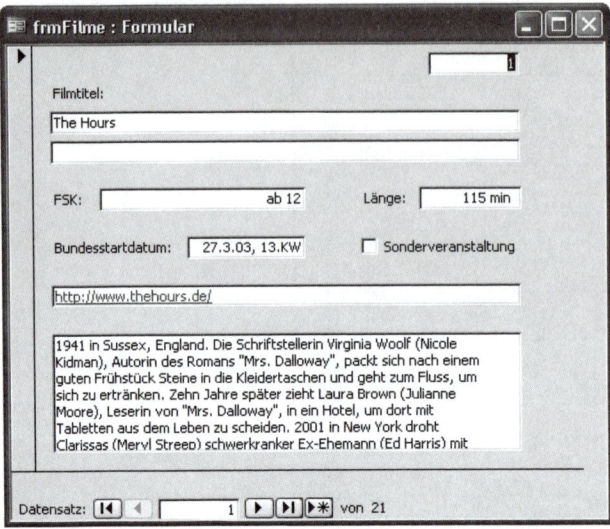

Bezeichnungsfeldern bearbeiten

Als Text für Bezeichnungsfelder werden die Feldnamen der zugrunde liegenden Tabellen verwendet und bei den meisten ein zusätzlicher Doppelpunkt eingefügt. Diese Texte lassen sich für Formulare bei Bedarf leicht verändern. Wir möchten beispielsweise die Doppelpunkte aus den Bezeichnungsfeldern löschen:

1. Klicken Sie dazu mit dem Mauszeiger in den Text des markierten Bezeichnungsfeldes.

2. Löschen Sie den überflüssigen Doppelpunkt mit der ⌷Entf⌷-Taste.

Abbildg. 21.14 In allen Bezeichnungsfeldern wurden die Doppelpunkte gelöscht

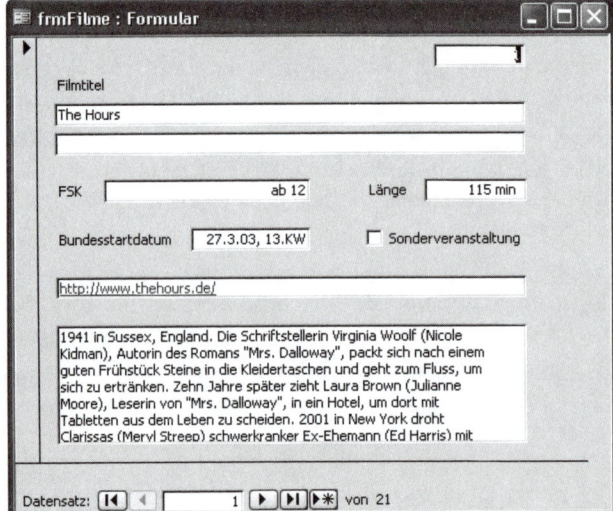

> **HINWEIS** Bezeichnungsfelder lassen sich per Doppelklick auf die Größe einstellen, die für die Darstellung des Textes im Bezeichnungsfeld benötigt wird. Doppelklicken Sie dazu einfach auf eines der acht Markierungsquadrate des Bezeichnungsfeldes.

Steuerelemente formatieren

Vielleicht ist Ihnen bereits aufgefallen, dass die *Formatierung*- und die *Formularentwurf*-Symbolleiste um einige Optionen erweitert werden, sobald eines der Steuerelemente markiert ist. Sie können dann die Schriftart, den Schriftgrad, den Schriftstil und die Textausrichtung festlegen sowie die Farben für den Hintergrund, den Text und die Rahmen, außerdem die Rahmenbreite und Spezialeffekte. Dabei lässt sich die Formatierung von Steuerelementen sowohl in der Entwurfs- als auch in der Formularansicht vornehmen, es sei denn, die Möglichkeit zur Bearbeitung in der Formularansicht wird mit der Eigenschaft *Entwurfsänderungen zulassen* der Formulareigenschaften ausgeschaltet.

Durch bestimmte Farben können Sie dem Anwender bzw. sich selbst Hinweise über die Bedeutung von Feldern geben. Sie können z.B. Primärschlüsselfelder, Pflichtfelder, in die eine Eingabe erfolgen muss, reine Ausgabefelder usw. mit festgelegten Farben definieren, so dass bei jedem Formular ein Wiedererkennungseffekt eintritt. Übrigens können Sie Felder auch durchsichtig definieren.

Wir möchten dem Textfeld zur *FilmNr* dieselbe Farbe geben wie dem Hintergrund.

1. Markieren Sie das Textfeld *FilmNr*.

2. Klicken Sie auf den Dropdownpfeil neben der Schaltfläche *Füll-/Hintergrundfarbe*. Die Farbpalette der Hintergrundfarben wird geöffnet.

3. Sie können nun für den Hintergrund *Transparent* auswählen.

Zusätzliche Farbeffekte können Sie mit der Farbpalette der Schaltfläche *Schrift-/Vordergrundfarbe* erzeugen.

Abbildg. 21.15 Das Feld der Filmnummer ohne Hintergrund

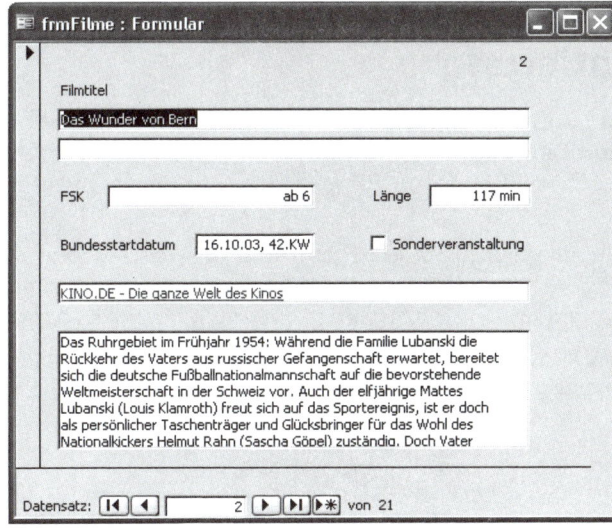

Wir wollen jetzt noch den Rahmen um das Textfeld der *FilmNr* verschwinden lassen, um zu kennzeichnen, dass in dieses Feld keine Eingabe vorgenommen werden kann, da die Nummerierung der Filme automatisch erfolgt.

Mithilfe der Schaltfläche *Linien-/Rahmenfarbe* können Sie in der Farbpalette eine Farbe für den Rahmen selektieren. Auch für das Feld der *FilmNr* wurde *Transparent* ausgewählt, um den Rahmen zu unterdrücken.

Nun ist das Feld – zumindest, wenn es nicht aktiviert ist – an den Hintergrund angepasst.

Mit der Schaltfläche *Linien-/Rahmenbreite* können Sie besonders zu kennzeichnenden Feldern einen zusätzlichen optischen Effekt geben. Sie unterdrücken damit auch den Rahmen des Nummernfeldes.

Mittels der Schaltfläche *Spezialeffekt* lassen sich Felder besonders hervorheben. Sie können Felder erhöht, vertieft, graviert, unterstrichen oder schattiert darstellen.

Gleiche Formatierungen für mehrere Steuerelemente

Möchten Sie gleichbleibende Eigenschafteneinstellungen für mehrere Steuerelemente vereinbaren, so können Sie

■ die Formatierung eines Steuerelements mit der Schaltfläche *Format übertragen* für ein anderes Steuerelement übernehmen,

■ mehrere Steuerelemente gleichzeitig markieren und die Eigenschaften für die selektierten Elemente im Eigenschaftenfenster setzen, wobei dann im Eigenschaftenfenster nur die Eigenschaften gezeigt werden, die für alle markierten Elemente zutreffen, oder

■ Sie definieren die gewünschten Eigenschaften als Standardeinstellung (siehe Kapitel 22, Abschnitt »Standardeigenschaften«).

> **HINWEIS** Alternativ können Sie auch mehrere Steuerelemente mit *Format/Gruppierung* zusammenfassen und dann gemeinsam formatieren.

Bedingte Formatierung

Access ermöglicht es Ihnen, die Formatierung eines Steuerelements an Bedingungen zu knüpfen, beispielsweise kann der Feldinhalt rot dargestellt werden, wenn ein bestimmter Wert überschritten wird. Es besteht auch die Möglichkeit, dass sich die Farbe eines Steuerelements ändert, wenn es mit der Maus angeklickt wird.

Um eine bedingte Formatierung zu vereinbaren, selektieren Sie das gewünschte Steuerelement und rufen dann mit *Format/Bedingte Formatierung* das in Abbildung 21.16 gezeigte Dialogfeld auf, in dem bis zu drei bedingte Formatierungen für ein Steuerelement definiert werden können.

Zuerst wird nur eine Bedingung im Dialogfeld gezeigt. Mithilfe der Schaltfläche *Hinzufügen* können Sie die beiden weiteren Bedingungen einblenden. Mit *Löschen* entfernen Sie die selektierte Bedingung.

Abbildg. 21.16 Bedingte Formatierung

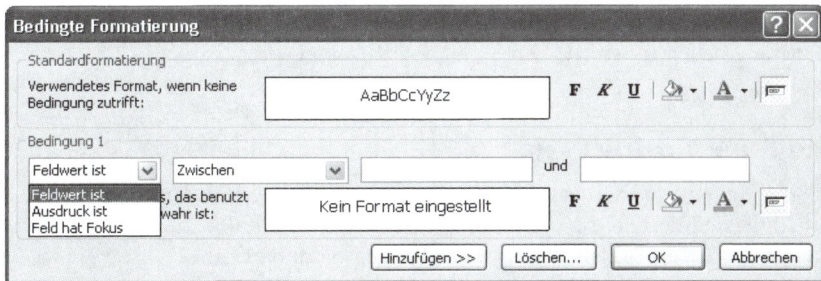

Im oberen Bereich des Dialogfeldes, in der Gruppe *Standardformatierung*, stellen Sie die Formatierungsattribute ein, die verwendet werden sollen, wenn keine der darunter vereinbarten Bedingungen zutrifft.

Drei Bedingungsvarianten werden unterstützt: *Feldwert ist*, *Ausdruck ist* und *Feld hat Fokus*. In Abbildung 21.17 sind die drei verschiedenen Varianten für das Feld *FSK* des Formulars *frmFilme* vereinbart worden.

Abbildg. 21.17 Drei Bedingungen

Bedingung für *Feld hat Fokus*

Ein Steuerelement besitzt den Fokus, wenn es mit der Maus oder der Tastatur angewählt ist, also aktiv ist. Sie können eine Formatierung definieren (in Abbildung 21.17 ist es farbig hinterlegt), wenn das Feld selektiert wird. Verlassen Sie das Feld, wird die normale Formatierung wiederhergestellt. Beachten Sie, dass die Bedingung *Feld hat Fokus* nur für die erste der drei möglichen Bedingungen eingestellt werden kann.

Formulare

Bedingung für *Feldwert ist*

Über *Feldwert ist* kann die Formatierung aufgrund des Inhalts des Steuerelements bestimmt werden. Für den Feldwert stehen Ihnen alle Vergleichsmöglichkeiten wie <, <=, >, >=, =, *Zwischen* usw. zur Verfügung.

Bedingung für *Ausdruck ist*

Die dritte Bedingungsvariante erlaubt die Angabe eines beliebigen Ausdrucks. Ist der Ausdruck wahr, so wird die definierte Formatierung angewendet. In Abbildung 21.17 wird das Steuerelement fett formatiert, wenn der Film als Sonderveranstaltung vereinbart ist.

Logos und Bilder einfügen

Auf dem Formular soll neben den bisher verwendeten Steuerelementen ein weiteres, nämlich das Firmenlogo, eingefügt werden. Es liegt als BMP-Datei auf der CD-ROM zum Buch vor und kann daher auch von Ihnen auf das Formular gelegt werden.

1. Rufen Sie den Menübefehl *Einfügen/Grafik* auf.
2. Wählen Sie im Dialogfeld das CD-ROM-Laufwerk aus. Im Ordner *Teil_D* auf der CD-ROM zum Buch finden Sie die Datei *CineLogo.bmp*.
3. Doppelklicken Sie auf den Dateinamen, so dass das Bild in Ihr Formular eingefügt wird.

Abbildg. 21.18   Ein Logo auf dem Formularentwurf

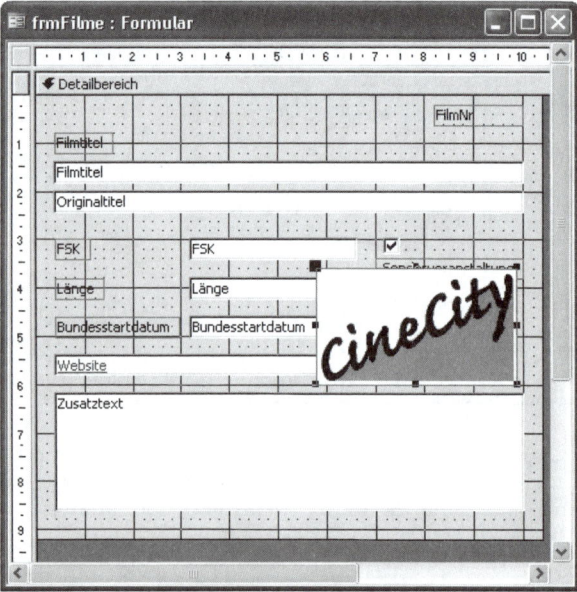

4. Verschieben und verkleinern Sie das Bild.
5. Klicken Sie auf die Schaltfläche *Eigenschaften*.

6. Aktivieren Sie die Registerkarte *Format* und selektieren Sie für *Größenanpassung* den Eintrag *Zoomen*.

Damit erreichen Sie, dass das Bild in den Proportionen erhalten bleibt und in den verkleinerten Rahmen eingepasst wird.

Abbildg. 21.19 Das Logo wurde verkleinert und verschoben

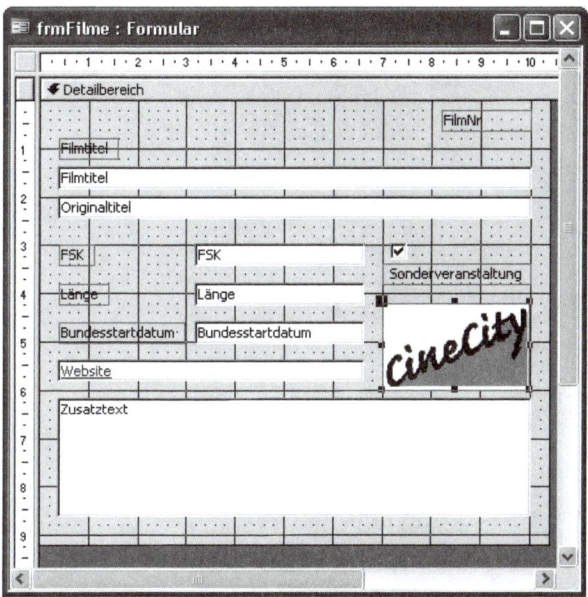

Für die Größenanpassung stehen Ihnen drei Optionen zur Verfügung:

- Mit *Dehnen* wird das Bild so gedehnt oder gestaucht, dass es exakt in das aufgezogene Rechteck hineinpasst.

- Beim *Zoomen* wird das Bild ebenfalls an die Größe des aufgezogenen Rechtecks angepasst, das Seitenverhältnis des Bildes allerdings beibehalten.

- Wählen Sie *Abschneiden*, werden alle Teile des Bildes abgeschnitten, die über das aufgezogene Rechteck hinausragen.

Wenn Sie möchten, können Sie nun das Logo noch mit einem Schatten versehen oder es höher- oder tieferlegen.

1. Doppelklicken Sie auf das Logo.

2. Suchen Sie im Eigenschaftenfenster auf der Registerkarte *Format* nach *Spezialeffekt*.

3. Aktivieren Sie die Liste zu *Spezialeffekt* und wählen Sie darin *Erhöht* aus.

Für Abbildung 21.20 haben wir das Logo ein zweites Mal eingefügt. Es wurde dann so breit wie das Textfeld des Filmtitels gezogen und etwa auch so hoch. Stellen Sie im Eigenschaftenfenster keine andere Größenanpassung ein, so sehen Sie von Ihrem Bild nur den in Abbildung 21.20 dargestellten Ausschnitt.

Stellen Sie dann für das eingefügte Bild einen weißen Hintergrund ein. Das Feld *FilmNr* soll jetzt in diesen Balken mit Logo integriert werden. Dazu wurde in der Entwurfsansicht zunächst das Feld auf

Formulare

den Balken geschoben. Damit es nicht von dem Balken verdeckt wird, wählen Sie im Menü *Format* den Befehl *In den Vordergrund* aus. Für die *Hintergrundart* muss außerdem *Transparent* eingestellt sein.

Abbildg. 21.20 Das Feld der Filmnummer wurde in den Zierbalken integriert

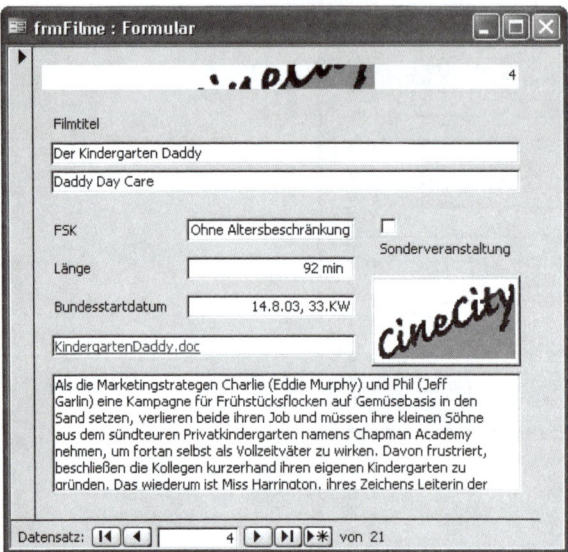

Steuerelemente deaktivieren

Die *FilmNr* ist ein AutoWert, der vom Anwender nicht verändert werden kann, da er von Access automatisch vergeben wird. Eigentlich wäre es schöner, wenn es auf dem Formular gar nicht erst zu aktivieren wäre, also gar nicht angesprungen wird.

1. Markieren Sie das Feld *FilmNr*.
2. Aktivieren Sie das Eigenschaftenfenster.
3. Aktivieren Sie die Registerkarte *Daten*.
4. Wählen Sie für *Aktiviert* die Option *Nein*.

   Nun kann man das Feld der Filmnummer nicht mehr bearbeiten, es wird von Access nur die aktuelle Nummer angezeigt.

5. Setzen Sie die Option *Aktiviert* auf *Nein*, so wird das entsprechende Feld grau im Formular dargestellt.
6. Möchten Sie das Feld sperren, aber Ihre eigene Feldformatierung beibehalten, so bestimmen Sie für *Gesperrt* den Wert *Ja*.

Abbildg. 21.21 Nun wird das Nummernfeld nicht mehr angesprungen

Die Reihenfolge der Steuerelemente festlegen

Wechseln Sie in einem Formular in der Formularansicht zwischen den einzelnen Feldern mithilfe der -Taste, so werden die Felder in der Reihenfolge angesprungen, wie sie auf das Formular gelegt wurden. Bis dann das Formular fertig erstellt wird, hat sich oft die Reihenfolge wieder geändert. Möchten Sie, dass in Ihrem Formular die einzelnen Felder in der Reihenfolge angesprungen werden, wie sie im Formular angeordnet sind, so verfahren Sie folgendermaßen:

1. Mit dem Menübefehl *Ansicht/Aktivierreihenfolge* öffnen Sie ein Dialogfeld, das Ihnen die Möglichkeit gibt, die Reihenfolge der einzelnen Felder zu ändern.

   Im Dialogfeld sind die einzelnen Felder in der Reihenfolge angeordnet, in der sie zurzeit nacheinander angesprungen werden.

Abbildg. 21.22 Die Reihenfolge, in der die Felder auf dem Formular aktiviert werden

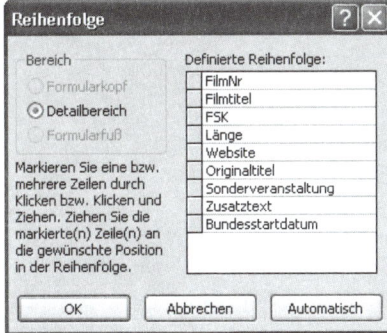

2. Klicken Sie nun im Dialogfeld den Zeilenmarkierer des Feldes an, das Sie verschieben möchten.
3. Schieben Sie dann den Mauszeiger auf den invers dargestellten Zeilenmarkierer und ziehen Sie damit das Feld an die gewünschte Stelle.

Am schnellsten lässt sich meistens mit der Schaltfläche *Automatisch* im Dialogfeld *Reihenfolge* die Reihenfolge bestimmen. Mithilfe der Schaltfläche legen Sie die Reihenfolge, in der die Felder angesprungen werden, aufgrund ihrer Position auf dem Formular fest.

Formulare

Das Eigenschaftenfenster

Sie haben in diesem Kapitel bereits das Eigenschaftenfenster zu Formularen, Bildern und Textfeldern kennen gelernt. Eigenschaftenfenster gibt es auch zum Detailbereich und jedem platzierten Steuerelement.

Sie rufen das Eigenschaftenfenster entweder durch einen Doppelklick auf das betreffende Feld auf oder indem Sie das Feld markieren und die Schaltfläche *Eigenschaften* anklicken oder den Menübefehl *Ansicht/Eigenschaften* wählen. Möchten Sie das Eigenschaftenfenster des gesamten Formulars aktivieren, klicken Sie auf den Formularmarkierer, das Quadrat links oben am Schnittpunkt der beiden Lineale. Sollten Sie nicht ganz sicher sein, ob im Eigenschaftenfenster die Eigenschaften des richtigen Steuerelements angezeigt werden, so kontrollieren Sie den Eintrag in der Titelleiste des Eigenschaftenfensters. Dort ist das Element angegeben, auf das sich die aktuelle Anzeige im Fenster bezieht. Im geöffneten Eigenschaftenfenster bietet das Dropdown-Listenfeld oben im Formular eine Wechselmöglichkeit zu den einzelnen Formularelementen.

Haben Sie genügend Platz auf Ihrem Bildschirm, können Sie das Eigenschaftenfenster geöffnet lassen und nur bei Bedarf verwenden. Dann werden darin automatisch die Daten zu dem Objekt angezeigt, das Sie gerade selektiert haben.

In einem Eigenschaftenfenster können Sie alle Einstellungsdaten oder nur eine Auswahl anzeigen lassen. Durch Klicken auf die Registerkarten oben im Fenster können Sie zwischen *Format*, *Daten*, *Ereignis*, *Andere* und *Alle* wählen.

Die folgenden vier Abbildungen zeigen die Einstellungsmöglichkeiten für die einzelnen Eigenschaftengruppen des Feldes *FilmNr*.

Wechseln Sie im Eigenschaftenfenster zur Registerkarte *Format*, so werden alle Optionen zur Gestaltung des Feldes, wie z.B. Schriftart, Schriftgrad und vieles mehr angezeigt. Des Weiteren lassen sich hier auch Zahlenformate definieren.

Abbildg. 21.23   Eigenschaften zu *Format* des Feldes *FilmNr*

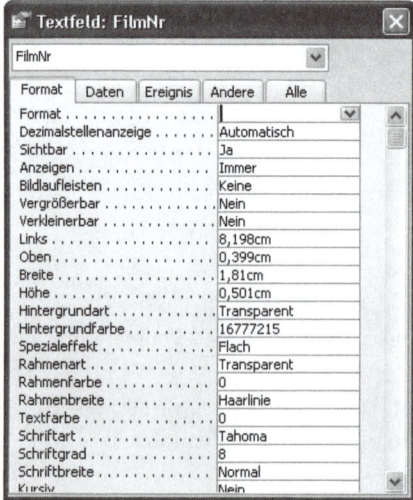

In den *Daten*-Eigenschaften legen Sie beispielsweise fest, woher die Daten stammen und mit welchem Eingabeformat eingetippt werden soll. Hier können Sie auch nachträglich die Zuordnung zwischen einem Steuerelement und einem Feld ändern. Öffnen Sie die Dropdownliste *Steuerelementinhalt* und wählen Sie ein anderes Feld aus. Dadurch wird eine Verbindung zwischen einem Steuerelement und dem entsprechenden Feld der Tabelle oder Abfrage, die dem Formular zugrunde liegt, aufgebaut.

Abbildg. 21.24 Eigenschaften zu *Daten* des Feldes *FilmNr*

Die Registerkarte *Ereignis* benötigen Sie nur, wenn Sie selbst geschriebene Makros und Visual Basic-Programme mit dem Feld verknüpfen, wie wir es in späteren Kapiteln beschreiben werden.

Abbildg. 21.25 Eigenschaften zu *Ereignis* des Feldes *FilmNr*

Weitere Eigenschaften des Feldes, wie beispielsweise *Name* und *Statusleistentext*, finden Sie auf der Registerkarte *Andere*.

Formulare

Eigenschaften *Andere* zu *FilmNr*

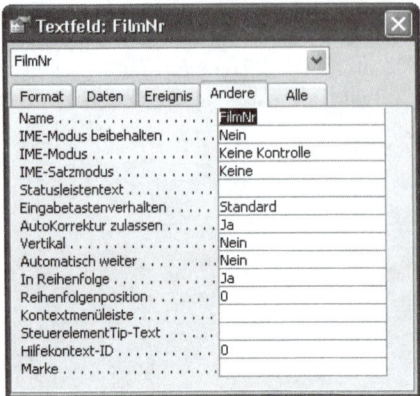

> **HINWEIS**   Jedes Steuerelement in einem Formular besitzt einen Namen, mit dem es ange-
> sprochen werden kann. Der Name ist frei wählbar und muss nicht mit dem Namen des Feldes
> übereinstimmen, das im Feld *Steuerelementinhalt* selektiert ist. Beim Anlegen der Felder auf
> einem Formular sind die Einträge bei *Name* und *Steuerelementinhalt* gleich, d.h., das Steuerele-
> ment wird nach der Feldbezeichnung benannt. Bei der Weiterverwendung von Namen in For-
> mularen, bei Makros und Visual Basic-Programmen kann das zu Problemen führen, so dass man
> den Namen unterschiedlich zur Feldbezeichnung des Steuerelementinhalts wählen sollte. Oft
> werden zu den Namen einfach Vorsilben für den entsprechenden Feldtyp verwendet, wie *txt-
> Filmtitel* für ein Textfeld oder *chkSonderveranstaltung* für ein Kontrollkästchen (check box). Im
> nächsten Kapitel werden die verschiedenen Steuerelemente besprochen. Dort werden wir dann
> auch die verwendeten Präfixe angeben.

Formulardarstellungen

Jedes Formular kann die Daten der zugrunde liegenden Tabelle in drei verschiedenen Darstellungen
zeigen: *Einzelnes Formular*, *Endlosformular* und *Datenblattansicht*.

Einzelnes Formular

Die Ansicht *Einzelnes Formular* haben Sie bereits im vorherigen Teil kennen gelernt, diese Ansicht ist
normalerweise automatisch eingestellt. Hierbei wird immer genau ein Datensatz auf dem Formular
angezeigt.

Endlosformular

Im Folgenden soll das Formular *frmKinos* als Endlosformular erstellt werden. Bei einem *Endlosformular* sind alle Datensätze hintereinander angeordnet, d.h., mehrere Sätze sind auf einen Blick zu
erfassen.

1. Erstellen Sie ein neues Formular in der Entwurfsansicht, das auf der Tabelle *tblKinos* basiert.

2. Öffnen Sie nun direkt das Eigenschaftenfenster für das Formular mit einem Klick auf die Schaltfläche *Eigenschaften*.

3. Selektieren Sie die Registerkarte *Format*. Dort finden Sie die Option *Standardansicht*.

4. Ändern Sie den Eintrag *Einzelnes Formular* in *Endlosformular*.

Abbildg. 21.27   Endlosformular zur Darstellung

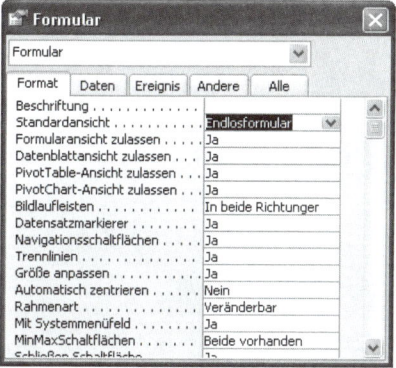

5. Für den Formularentwurf schieben Sie nun nacheinander die einzelnen Felder der Tabelle *tblKinos* auf den Formularentwurf.

6. Löschen Sie die einzelnen Bezeichnungsfelder.

7. Schieben Sie alle Textfelder hintereinander (verbreitern Sie dabei gegebenenfalls den Hintergrund des Formulars).

8. Stellen Sie die Größe richtig ein. Achten Sie dabei mithilfe des Lineals darauf, dass die Abstände zwischen den einzelnen Feldern gleich groß sind. Dabei können Sie den Menübefehl *Format/ Horizontaler Abstand* zu Hilfe nehmen.

9. Richten Sie nun alle Felder oben aus, damit sie auf einer Höhe angeordnet werden.

10. Schieben Sie dann alle Felder möglichst weit nach oben in den Detailbereich und verkleinern Sie den unteren Rand, denn dieser Rand wird im Endlosformular zwischen den einzelnen Zeilen ständig wiederholt.

Abbildg. 21.28   Der formatierte Formularentwurf

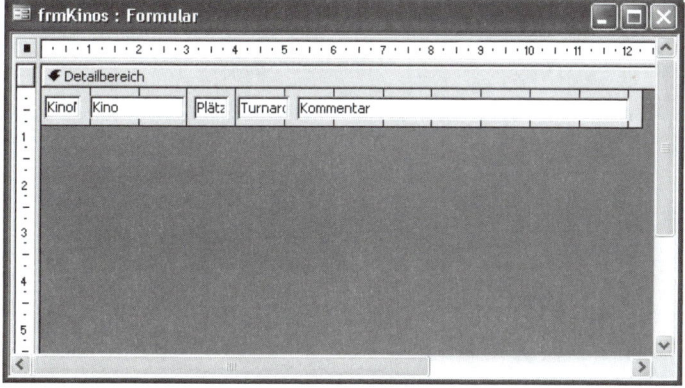

Formulare

Bei dieser Art von Formular ist es sinnvoll, eine Kopfzeile einzurichten, in die man die Feldnamen der angeordneten Felder zur besseren Orientierung anordnen kann (siehe Abschnitt »Formular mit Kopf und Fuß« weiter hinten in diesem Kapitel).

Datenblattansicht

Die *Datenblattansicht* entspricht der Ansicht, in der Tabellen und Abfragen am Bildschirm gezeigt werden.

Abbildg. 21.29 Ein Formular als Datenblatt

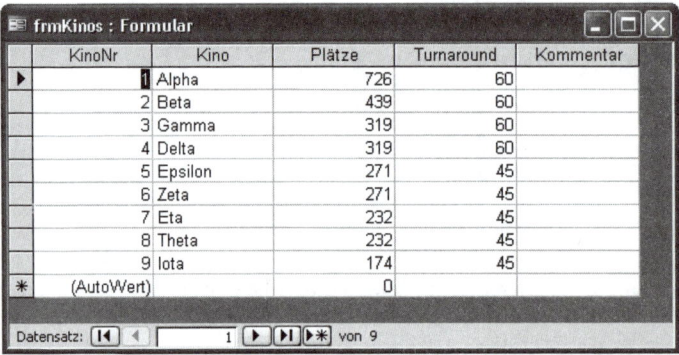

Die Ansichten *PivotTable* und *PivotChart* werden in Kapitel 27 besprochen.

Formular mit Kopf und Fuß

Für Formulare lassen sich sehr einfach Kopf- und Fußzeilen definieren. Den Formularkopf kann man für Überschriften verwenden, auf dem Formularfuß werden oft Seitenzahlen eingefügt. Gerade bei Endlosformularen ist es zudem sinnvoll, im Formularkopf Spaltenüberschriften vorzusehen. Dabei werden immer Formularkopf und -fuß im Formular angezeigt, der mittlere Bereich mit den eigentlichen Daten wird entsprechend der Position des aktuellen Datensatzes verschoben.

Im Folgenden soll beschrieben werden, wie mithilfe von Formularkopf und -fuß das in Abbildung 21.30 dargestellte Formular gestaltet wurde.

Abbildg. 21.30 Das fertig formatierte Endlosformular

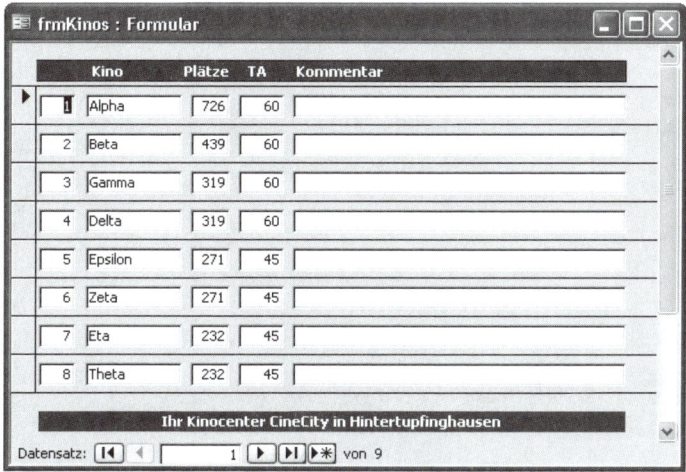

1. Aktivieren Sie zunächst das Menü *Ansicht* und wählen Sie *Formularkopf/-fuß*.

   Dadurch erhalten Sie in der Formularansicht drei Bereiche – Formularkopf, Detailbereich und Formularfuß – angezeigt. Der Detailbereich wurde von uns bereits verwendet, um die Felder einzutragen.

Abbildg. 21.31 Ein Formular mit Formularkopf und -fuß

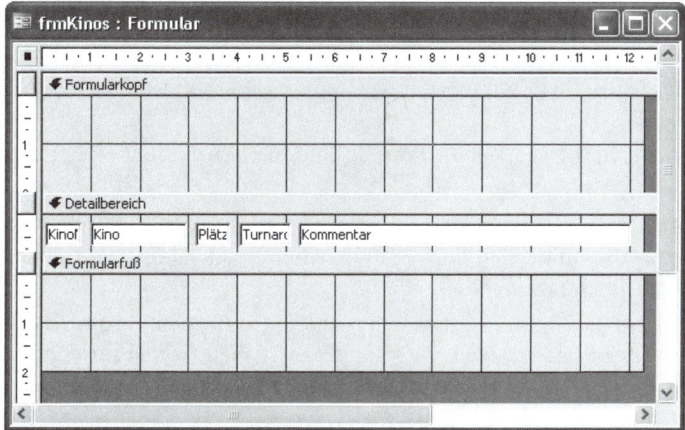

Im nächsten Schritt soll der Formularkopf gestaltet werden. Die Spaltenüberschriften wurden als Bezeichnungsfelder eingefügt.

2. Wählen Sie dazu in der Toolbox die Schaltfläche *Bezeichnungsfeld* aus.

3. Ziehen Sie nun auf dem Formularentwurf ein Rechteck auf und

4. tippen Sie für das erste Bezeichnungsfeld *Kino* ein.

Abbildg. 21.32 Das erste neu eingefügte Bezeichnungsfeld

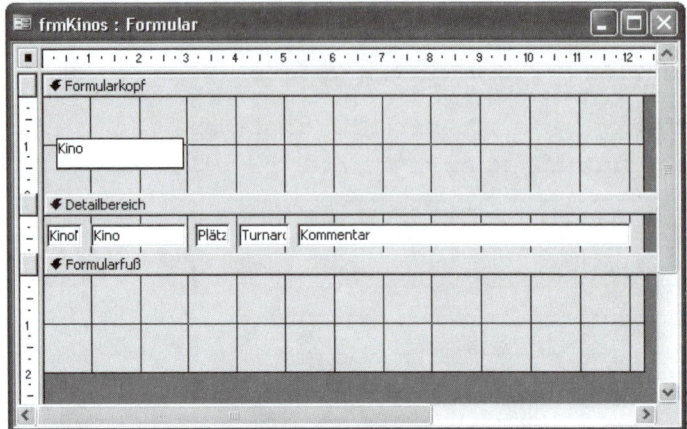

5. Erstellen Sie dann die Bezeichnungsfelder für *Plätze*, *TA* (Turnaround) und *Kommentar*. Formatieren Sie alle Texte der Bezeichnungsfelder fett.

6. Verschieben Sie alle Bezeichnungsfelder so, dass sie genau über den Textfeldern des Detailbereichs beginnen.

7. Ordnen Sie alle Bezeichnungsfelder in der gleichen Höhe an (*Format/Ausrichten*).

8. Wählen Sie danach das Werkzeug *Rechteck* in der Toolbox aus und ziehen Sie damit ein Rechteck so auf, dass es genau so breit ist wie die Textfelder des Detailbereichs.

9. Um das Rechteck hinter die Bezeichnungsfelder zu legen, verwenden Sie den Menübefehl *Format/In den Hintergrund*.

10. Aktivieren Sie das Eigenschaftenfenster für das Rechteck und wählen Sie eine geeignete Farbe als *Hintergrundfarbe* aus.

11. Stellen Sie des Weiteren für den *Spezialeffekt* die Option *Flach* ein und wählen Sie als *Rahmenart* für das Rechteck *Transparent* aus.

12. Bei Bedarf können Sie für die Bezeichnungsfelder als Textfarbe *Weiß* einstellen.

13. Zum Schluss wurde im Fußbereich noch ein Bezeichnungsfeld eingefügt, mit einer Farbe versehen und eine weiße Textfarbe zugewiesen.

14. Schieben Sie nun die drei Bereiche zusammen, indem Sie für den Formularkopf den Detailbereich an seiner obersten Linie so weit wie möglich nach oben ziehen, für den Detailbereich den Formularfuß möglichst weit hochschieben und für den Formularfuß das untere Ende des angezeigten Hintergrunds nach oben schieben.

Der fertige Entwurf des Endlosformulars

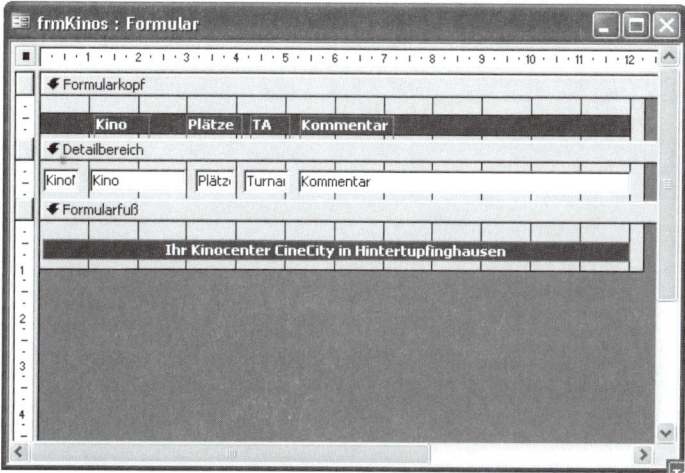

HINWEIS   Möchten Sie in Ihrem Formular nur einen Formularkopf und keinen -fuß (oder umgekehrt), schieben Sie den Bereich, den Sie nicht verwenden möchten, so weit zusammen, dass er in der Formularansicht nicht angezeigt wird.

Zusammenfassung

Dieses Kapitel beschrieb die Möglichkeiten, die Ihnen das Erstellen und Bearbeiten eines Formularentwurfs bietet.

- Das Kapitel zeigt Ihnen, wie Sie ein Formular in der Entwurfsansicht anlegen (Seite 390) und speichern (Seite 393) können.

- Der folgende große Abschnitt ab Seite 393 befasst sich mit dem Hinzufügen und dem Bearbeiten der Steuerelemente eines Formulars.

- Für jedes Formular, jedes Steuerelement und jeden Bereich im Formular können Sie wichtige Einstellungen über das Eigenschaftenfenster vornehmen. Ab Seite 408 werden die einzelnen Registerkarten des Eigenschaftenfensters beschrieben.

- Es kann zwischen drei Formulardarstellungen gewählt werden, wie Sie ab Seite 410 nachlesen können.

- Am Ende des Kapitels ab Seite 412 wird beispielhaft dargestellt, wie ein Formularkopf bzw. -fuß erstellt und bearbeitet werden kann.

Formulare

Kapitel 22

Steuerelemente für Formulare

Formulare

In diesem Kapitel sollen die einzelnen Steuerelemente der Toolbox beschrieben werden. Einige davon wurden bereits im vorangegangenen Kapitel verwendet. Wir wollen sie Ihnen nun der Reihe nach vorstellen, mit Ausnahme des Steuerelements *Unterformular*. Dieses Steuerelement ist so vielseitig, dass wir ihm ein eigenes Kapitel, nämlich Kapitel 23 gewidmet haben.

In der Toolbox sind in der Regel die beiden obersten Schaltflächen aktiviert: das Werkzeug *Objekte markieren* und der *Steuerelement-Assistent*. Möchten Sie im Folgenden Werkzeuge wie die zum Erstellen eines Kombinations- oder Listenfeldes verwenden, so sollten Sie darauf achten, dass der *Steuerelement-Assistent* aktiv ist – er erleichtert das Leben ungemein.

Fast alle Werkzeuge der Toolbox verwenden Sie in der gleichen Art und Weise:

1. Klicken Sie auf das gewünschte Werkzeug.
2. Ziehen Sie damit auf dem Formularentwurf ein Rechteck auf.

Je nachdem, welches Werkzeug Sie ausgewählt hatten, blinkt die Einfügemarke (*Bezeichnungsfeld*) und wartet auf Ihre Eingabe, begrüßt Sie ein Assistent (*Kombinationsfeld* oder *Optionsgruppe*) oder ist das Objekt durch das Aufziehen des Rechtecks bereits fertig erstellt (*Rechteck*, *Linie*).

Das Steuerelement *Bezeichnungsfeld*

Für die Aus- und Eingabe von Texten in einem Formular stehen Ihnen zwei Werkzeuge zur Verfügung. Mit dem Werkzeug *Bezeichnungsfeld* können Sie beliebige Texte in Ihr Formular einfügen. Ein Bezeichnungsfeld ist ein reines Ausgabefeld, für das keine Verbindung zur Tabelle oder Abfrage besteht, die Ihrem Formular zugrunde liegt. Wir haben Bezeichnungsfelder bereits im vorangegangenen Kapitel verwendet, um Spaltenüberschriften für ein Endlosformular im Formularkopf zu platzieren.

Präfix
»lbl«

Ein Bezeichnungsfeld wird im Englischen *label* genannt. Entsprechend wurde als Präfix für ein Bezeichnungsfeld »lbl« festgelegt.

In Bezeichnungsfeldern ist es nicht möglich, Inhalte aus Tabellen oder Abfragen anzeigen zu lassen oder Funktionen auszuwerten, dafür werden Textfelder verwendet. Möchten Sie den Text in einem Bezeichnungsfeld bearbeiten, klicken Sie lediglich in das Feld und editieren den Text wie gewohnt.

Das Steuerelement *Textfeld*

Ein Textfeld ist das am häufigsten eingesetzte Steuerelement in einem Formular. Es wird für die Eingabe von Daten und die Auswertung von Funktionen verwendet. In Textfeldern können Sie beliebige Texte bis zu einer Länge von 255 Zeichen anzeigen lassen bzw. erfassen. Die Texte können ein- oder mehrzeilig sein.

> **HINWEIS** Beachten Sie dabei, dass Sie einen Zeilenumbruch in ein Textfeld nur mit der Tastenkombination ⬆ + ↵ aufnehmen können.

Der Text in einem Textfeld kann nur in einer Schriftart, -größe und -auszeichnung dargestellt werden. Möchten Sie formatierte Texte in einer Datenbank ablegen, so müssen Sie mit OLE-Feldern arbeiten. In ein OLE-Feld kann beispielsweise ein Word- oder WordPad-Text aufgenommen werden. Im Abschnitt über Objektfelder finden Sie dazu weitere Informationen.

Präfix
»txt«

Verwenden Sie für ein Textfeld das Präfix »txt«.

Berechnungen in Textfeldern

Unter anderem lassen sich Textfelder zur Berechnung von Formeln nutzen. Wir möchten dazu in einem neuen Textfeld im Formular *frmFilme* die Länge des Films plus einer maximalen Turnaround-Zeit von 60 Minuten berechnen. Die exakten Turnaround-Zeiten stehen zwar in der Tabelle *tblKinos* zur Verfügung, aber hier geht es zunächst nur um ein einfaches Rechenbeispiel.

1. Öffnen Sie den Entwurf des in Kapitel 21 angelegten Formulars *frmFilme*.

2. Wählen Sie das Werkzeug *Textfeld* aus und ziehen Sie auf dem Formularentwurf ein neues Textfeld auf.

3. Öffnen Sie zu diesem Textfeld das Eigenschaftenfenster und aktivieren Sie die Registerkarte *Daten*.

4. Klicken Sie in das Feld *Steuerelementinhalt* und anschließend auf die Schaltfläche mit den drei Punkten, um den Ausdrucks-Generator zu aktivieren.

5. Beginnen Sie im Ausdrucks-Generator mit einem Gleichheitszeichen.

6. Wählen Sie dann im mittleren Listenfeld aus, mit welchem Feld Sie rechnen wollen. Für dieses Beispiel doppelklicken Sie auf das Feld *Länge*.

7. Fügen Sie nun ein Pluszeichen sowie die Zahl *60* ein und klicken Sie dann auf *OK*.

Abbildg. 22.1   Formel im Ausdrucks-Generator

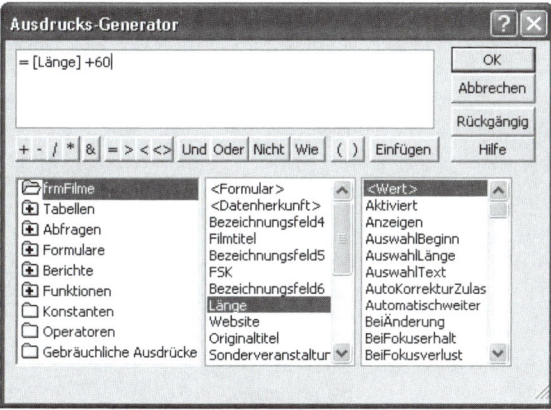

Im Feld *Steuerelementinhalt* erscheint so die Formel: *=[Länge]+60*. Durch die eckigen Klammern wird gekennzeichnet, dass es sich um einen Feldnamen handelt. Sie hätten diese Formel auch direkt in das Eingabefeld eingeben können.

Formulare

Abbildg. 22.2 Die Formel im Eigenschaftenfenster

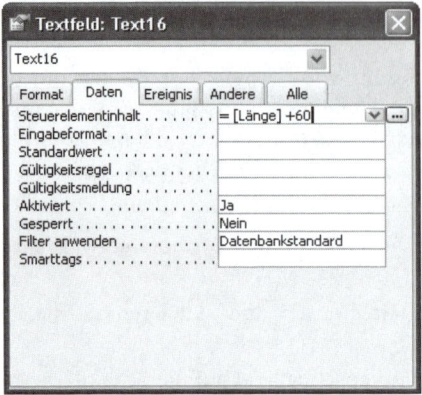

HINWEIS   Der Ausdrucks-Generator (Abbildung 22.1) kann das Eingeben von Formeln erleichtern. Im linken unteren Listenfeld können Sie zwischen einem Objekt der Datenbank (Tabelle, Abfrage usw.), Funktionen, Konstanten und Ausdrücken wählen. Dabei sind zunächst alle diejenigen Kategorien, deren Ordner ein Pluszeichen tragen, mit Doppelklick zu öffnen. Im geöffneten Ordner ist dann eine weitere Auswahl zu treffen. Entsprechend der Auswahl erscheinen in der Mitte des Ausdrucks-Generators Unterkategorien. Rechts sehen Sie die einzelnen Elemente, die Sie mit einem Doppelklick in das Formelfeld übernehmen. Der Vorteil des Ausdrucks-Generators besteht darin, dass Sie sich nicht merken müssen, wie Felder von Tabellen (nämlich mit eckigen Klammern) eingefügt werden oder welche Parameter für bestimmte Funktionen benötigt werden (siehe dazu auch Anhang B). Für einfache Formeln ist er eigentlich zu umständlich. Eine so einfache Formel wie in unserem Beispiel würde man – wenn man weiß, dass Felder mit ihrem Namen und in eckige Klammern eingegeben werden – einfach in das Feld *Steuerelementinhalt* eingeben.

Schalten Sie um in die Formularansicht und kontrollieren Sie, ob es funktioniert. In ein Feld mit einer Formel können keine Daten per Hand eingegeben werden, es rechnet nur nach der angegebenen Formel Werte aus.

Allerdings kann es im Formular beispielsweise mit der ⇥-Taste angesprungen werden. Um das zu verhindern, können Sie im Eigenschaftenfenster zum jeweiligen Feld auf der Registerkarte *Daten* die Option *Aktiviert* auf *Nein* und die Option *Gesperrt* auf *Ja* setzen. Dabei ist es wichtig, dass Sie nicht nur die Aktivierung des Feldes ausschalten, sondern auch das Feld sperren, da es sonst lediglich als »nicht aktiviert« – also grau – dargestellt wird. Sperren Sie es zusätzlich, sieht es aus wie jedes andere Feld auch, aber es wird nicht angesprungen.

Abbildg. 22.3   Das Formular mit einem rechnenden Textfeld

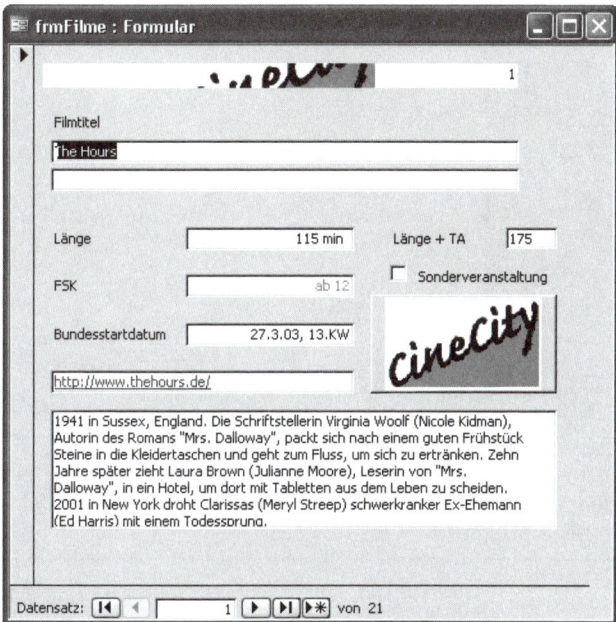

Abbildg. 22.4   Falsche und richtige Einstellung

Aktiviert: Nein	Aktiviert: Nein
Gesperrt: Nein	Gesperrt: Ja
Länge + TA 154	Länge + TA 154

Zudem möchten wir, dass der Inhalt des neuen Textfeldes im selben Format angezeigt wird wie der Inhalt des Feldes *Länge*. Klicken Sie im Formularentwurf auf das Textfeld *Länge* und sehen Sie im Eigenschaftenfenster auf der Registerkarte *Format* im Feld *Format* die eingetragene Formatierung nach. Klicken Sie nun auf das neue Textfeld und fügen Sie dieselbe Formatierung für dieses Textfeld ein.

TIPP   Erstellen Sie Textfelder, die eine mit einem Gleichheitszeichen eingeleitete Formel enthalten, beispielsweise *=[Länge]+60*, immer neu. Ändern Sie dafür vorhandene, von einem Assistenten erzeugte Felder ab, dann erhalten Sie fast immer im Formular in der Formular- oder Datenblattansicht eine Fehlermeldung (*#Fehler*), auch wenn die Formel im Textfeld korrekt ist.

Formulare

Formatierung für das neue Textfeld

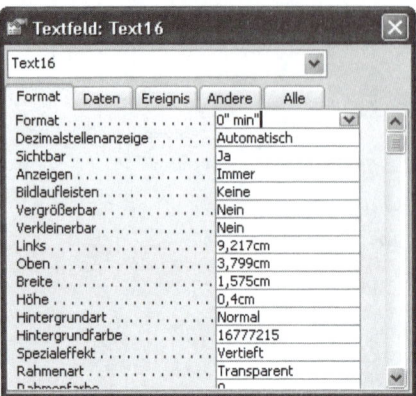

> **HINWEIS**   Berechnete Textfelder werden immer dann aktualisiert, wenn Sie eine Eingabe oder eine Veränderung in einem der Felder im Formular vornehmen, das im Textfeld berechnet wird oder wenn Sie zu einem neuen Datensatz weiterblättern.

Verwenden Sie in Ihren Formularen Textfelder, die langen, mehrzeiligen Text darstellen sollen, können Sie über die Eigenschaften *Linker Rand*, *Oberer Rand*, *Rechter Rand*, *Unterer Rand* und *Zeilenabstand* die Gestaltung beeinflussen.

Die Steuerelemente *Optionsgruppe* und *Optionsfeld*

Ein Optionsfeld wird in einem Formular eingesetzt, wenn nur wenige gültige Eingaben für ein Feld erlaubt oder sinnvoll sind, z.B. bei *Ja/Nein*-Feldern. Im folgenden Abschnitt sollen die drei Optionsfeld-Varianten besprochen werden: Optionsfelder, Umschaltflächen und Kontrollkästchen.

Präfix
»opt«

Mithilfe des Werkzeugs *Optionsfeld* können Sie Formularfelder erzeugen, die nur zwei Zustände kennen: Ein ausgefüllter Kreis bedeutet »Ja«, ein leerer »Nein«. Das für das Optionsfeld verwendete Präfix lautet »opt«.

> **HINWEIS**   Setzen Sie die Eigenschaft *Dreifacher Status* eines Optionsfeldes auf *Ja*, so werden *NULL*-Werte durch ein Abblenden des Optionsfeldes dargestellt. Normalerweise werden *NULL*-Werte wie »Nein«-Werte angezeigt.

Als Beispiel zum Ausprobieren soll nun im Formular *frmFilme* das Feld *Sonderveranstaltung* als Optionsfeld realisiert werden.

Das neue Optionsfeld

1. Wählen Sie dazu das Werkzeug *Optionsfeld* aus und ziehen Sie auf dem Formularentwurf ein Rechteck auf.

2. Ändern Sie den Text des Bezeichnungsfeldes in *Sonderveranstaltung*.

   Im letzten Schritt müssen Sie dafür sorgen, dass das neu eingefügte Optionsfeld eine Verbindung zum Feld *Sonderveranstaltung* der Tabelle *tblFilme* erhält, damit es auch die Werte anzeigt, die in die Tabelle eingetragen sind, und andererseits auch Änderungen, die im Formular vorgenommen werden, in die Tabelle eingetragen werden.

3. Klicken Sie auf den Kreis des neu eingefügten Steuerelements und aktivieren Sie das Eigenschaftenfenster.

4. Selektieren Sie die Registerkarte *Daten* und geben Sie im Feld *Steuerelementinhalt* den Text *Sonderveranstaltung* – oder bei Bedarf einen anderen Namen eines Tabellenfeldes – ein. Alternativ können Sie auch auf die Schaltfläche mit dem Dreieck klicken und in der Auswahlliste das gewünschte Feld aussuchen.

Hier wurde die Verbindung zum Tabellenfeld *Sonderveranstaltung* erstellt

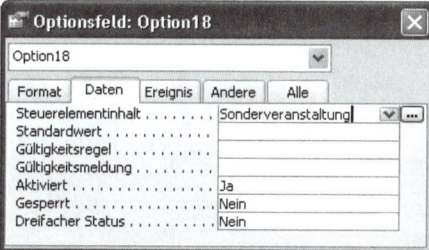

Optionsfelder in einer Optionsgruppe

Noch interessanter wird die Kombination mehrerer Optionsfelder zu einer Gruppe. In einer solchen Optionsgruppe lässt sich nur eines der angebotenen Optionsfelder auswählen. Dies möchten wir an dem folgenden Beispiel erklären.

Für das Feld *FSK* (Mindestalter) in der Tabelle *tblFilme* gibt es eigentlich nur fünf Auswahlmöglichkeiten: Für einen Film gilt das Mindestalter von 6, 12, 16, 18 oder keine Altersbegrenzung. Dafür lässt sich sehr schön eine Optionsgruppe mit fünf Optionsfeldern verwenden.

Abbildg. 22.8 Formular mit einer Optionsgruppe

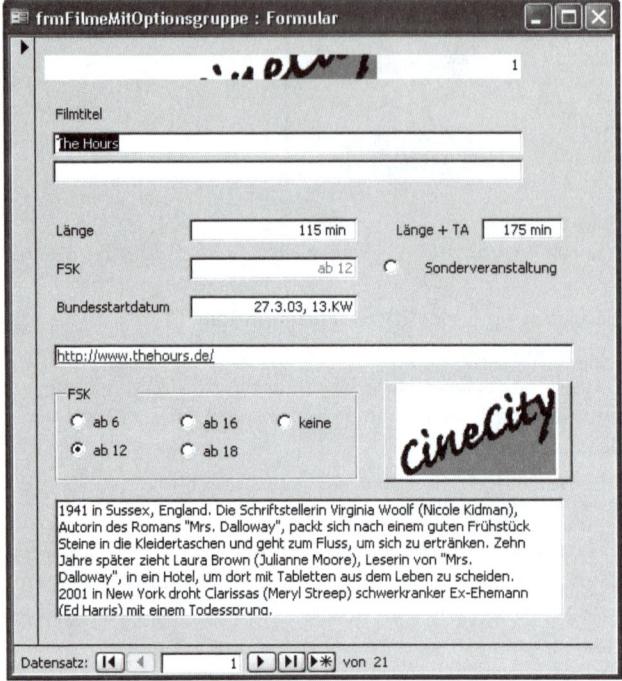

 Um die Optionsgruppe zu erstellen, lassen wir uns vom Optionsgruppen-Assistenten unterstützen (achten Sie darauf, dass die Schaltfläche *Steuerelement-Assistenten* aktiviert ist).

 Mithilfe des Werkzeugs *Optionsgruppe* wird auf dem Formularentwurf die Größe der Gruppe durch Aufziehen eines Rechtecks festgelegt. Access öffnet anschließend das erste Dialogfeld des Optionsgruppen-Assistenten, in das die Begriffe eingetragen werden können, die in der Optionsgruppe jeweils hinter den einzelnen Optionsfeldern erscheinen sollen.

Abbildg. 22.9 Beschriftung der einzelnen Optionsfelder

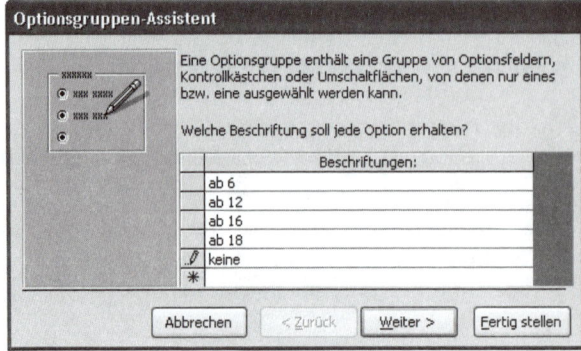

Durch die Festlegung einer Standardauswahl können Sie definieren, dass eine der Auswahlmöglich-keiten vorbesetzt sein soll. Damit können Sie beispielsweise bei der Eingabe von Daten einige Mausklicks sparen. In unserem Fall soll keine Standardauswahl vorgegeben werden, da man hier nicht davon ausgehen kann, dass eine Auswahl bevorzugt verwendet wird.

Abbildg. 22.10 Soll ein Standardwert vorgegeben werden?

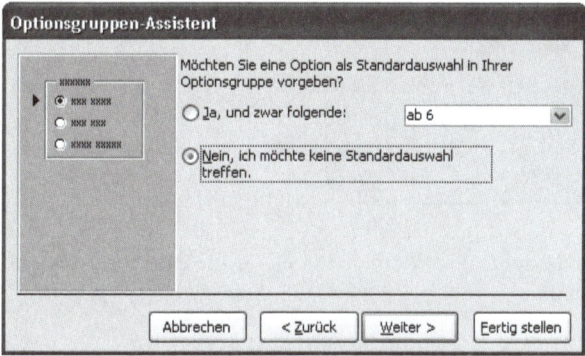

Im nächsten Schritt des Assistenten können Sie den einzelnen Einträgen der Optionsgruppe Werte zuweisen. Diese Werte werden später in der Anwendung bei einer Auswahl der jeweiligen Option als Ergebniswert zurückgegeben.

Abbildg. 22.11 Werte, die in die Tabelle übertragen werden sollen

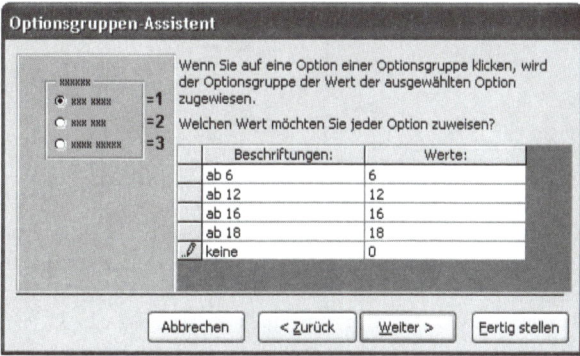

Das folgende Dialogfeld ermöglicht es Ihnen, die Optionsgruppe mit einem Feld Ihrer zugrunde lie-genden Tabelle zu verbinden. Der Ergebniswert aus der Optionsgruppe wird dann in das entspre-chende Feld Ihrer Datentabelle eingetragen bzw. ein in der Datentabelle vorhandener Wert wird in der Optionsgruppe angezeigt.

Wir haben, wie Sie in Abbildung 22.12 sehen können, die Optionsgruppe mit dem Feld *FSK* verbun-den.

Abbildg. 22.12 In welchem Feld soll der Wert in der Tabelle gespeichert werden?

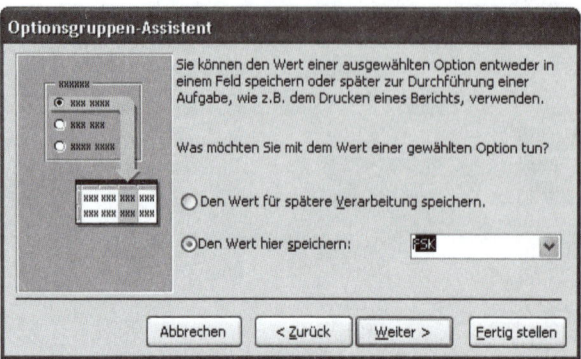

Legen Sie nun fest, welche Steuerelemente und welchen Stil Sie für die Optionsgruppe in Ihrem Formular verwenden möchten.

Abbildg. 22.13 Wie soll die Optionsgruppe aussehen, wie die einzelnen Optionsfelder?

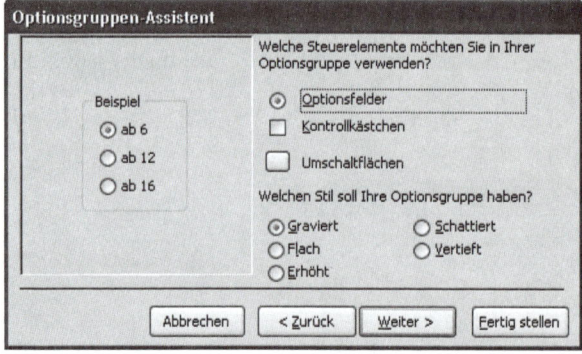

Im nun folgenden letzten Dialogfeld des Assistenten bestimmen Sie die Beschriftung für Ihre Optionsgruppe. Nennen Sie sie einfach *FSK*. Jetzt müssen Sie lediglich in der Entwurfsansicht des Formulars noch das Layout anpassen, um zu dem in Abbildung 22.8 gezeigten Ergebnis zu kommen.

Das Steuerelement *Umschaltfläche*

Das Werkzeug *Umschaltfläche* ermöglicht Ihnen die Einrichtung von beschrifteten Schaltflächen im Formular. Im einfachsten Fall können Sie mit einer Umschaltfläche ein *Ja/Nein*-Feld anzeigen. Auch Umschaltflächen können in einer Optionsgruppe zusammengefasst werden, werden aber in der Regel dazu verwendet, darzustellen, dass eine bestimmte Funktion aktiviert oder nicht aktiviert ist.

Präfix
»tgl«

Für eine Umschaltfläche (engl. *toggle*) verwendet man das Präfix »tgl«.

1. Wählen Sie die *Umschaltfläche* in der Toolbox aus und ziehen Sie auf dem Formularentwurf ein Rechteck auf, das so groß ist, wie die Schaltfläche werden soll.

2. Den Text der Umschaltfläche können Sie selbst festlegen: Klicken Sie einfach auf die eingefügte Umschaltfläche, so dass die Einfügemarke erscheint, und tippen Sie los.

3. Vergessen Sie nicht, dass die Umschaltfläche mit dem eigentlichen Feld der Tabelle, das sie repräsentieren, verbunden werden muss. Aktivieren Sie dazu das Eigenschaftenfeld zur Umschaltfläche und tragen Sie auf der Registerkarte *Daten* im Feld *Steuerelementinhalt* den Text *Sonderveranstaltung* ein.

Abbildg. 22.14 Formular mit Umschaltfläche

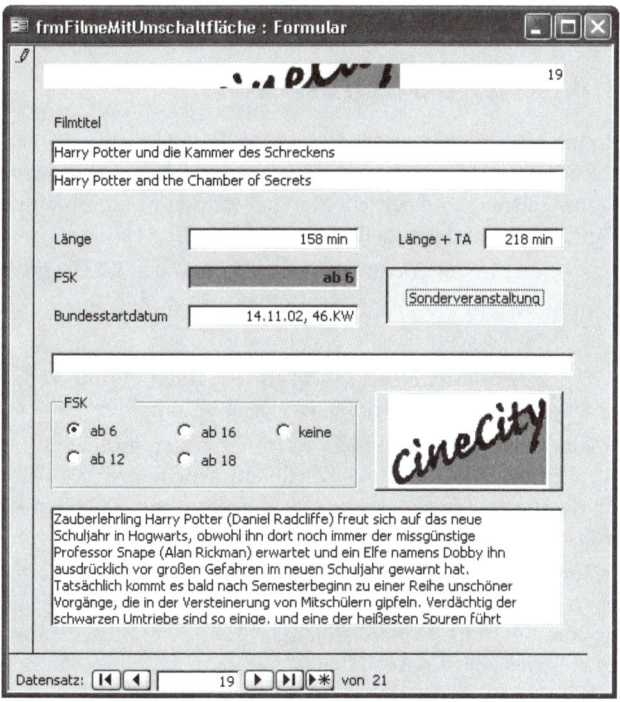

Das Steuerelement *Kontrollkästchen*

Mithilfe des Werkzeugs *Kontrollkästchen* können Sie Formularfelder erzeugen, die nur zwei Zustände kennen: ein- oder ausgeschaltet. Dieses Werkzeug wird fast ausschließlich für *Ja/Nein*-Felder verwendet und in der Regel nicht in Optionsgruppen zusammengefasst. Ist das Kästchen selektiert, so wird *Ja* in die Tabelle eingetragen, fehlt das Häkchen, entsprechend *Nein*.

Präfix »chk« Als Präfix wird für ein Kontrollkästchen »chk« verwendet, da es im Englischen als *check box* bezeichnet wird.

1. Wählen Sie das *Kontrollkästchen* in der Toolbox aus und ziehen Sie auf dem Formularentwurf ein Rechteck auf.

2. Den Text des Beschriftungsfeldes können Sie leicht durch Anklicken und Überschreiben ändern.

3. Verbinden Sie dann das Kontrollkästchen mit dem richtigen Feld der Tabelle, indem Sie den Namen des entsprechenden Feldes auf der Registerkarte *Daten* des Eigenschaftenfensters im Feld *Steuerelementinhalt* eingeben.

Das Steuerelement *Kombinationsfeld*

Kombinationsfelder sind eine Mischung aus Eingabefeld und Listenfeld. Sie haben den Vorteil, dass sie Ihnen Werte oder Texte zur Auswahl geben. Klappen Sie einfach die Liste des Kombinationsfeldes auf und treffen Sie Ihre Auswahl. Oder geben Sie den ersten oder die ersten Buchstaben Ihrer Auswahl ein, um Access zu veranlassen, den entsprechenden Eintrag anzuspringen. Dadurch, dass sich die Liste nach der Auswahl wieder schließt, ist sie eine platzsparendere Variante als ein Listenfeld.

Präfix
»cbo«

Kombinationsfelder heißen englisch *combo box*. Entsprechend wird das Präfix mit »cbo« angegeben.

Ein einfaches Kombinationsfeld

Um die Erstellung eines Kombinationsfeldes zu illustrieren, soll ein Formular für die Tabelle *tblWochen* erzeugt werden. Für das Feld der Filmnummer bietet sich ein Kombinationsfeld förmlich an: Niemand muss sich die Nummer der Filme merken, die Titel werden im Kombinationsfeld zur Auswahl angezeigt und die Filmnummer in der Tabelle *tblWochen* gespeichert.

1. Erstellen Sie ein neues Formular in der Formularansicht, das auf der Tabelle *tblWochen* beruht.
2. Ziehen Sie die Wochennummer auf das Formular und löschen Sie das dazugehörende Bezeichnungsfeld.

3. Selektieren Sie nun das Werkzeug *Kombinationsfeld* in der Toolbox und ziehen Sie damit ein Rechteck auf dem Formularentwurf auf. Sofort startet der Kombinationsfeld-Assistent.
4. Die erste Option im ersten Dialogfeld ermöglicht es Ihnen, Daten aus einem Feld einer auszuwählenden Tabelle oder Abfrage in der Liste des Kombinationsfeldes zur Auswahl zu stellen. Das ist genau das, was für das Formular *frmWochen* gewünscht wird: Es sollen die Filmtitel der Tabelle *tblFilme* in der Liste des Kombinationsfeldes dargestellt werden.

   Alternativ besteht hier auch die Möglichkeit, die Begriffe für die Auswahlliste im nächsten Dialogfeld selbst einzugeben (siehe dazu den Abschnitt »Kombinationsfeld mit eigenen Werten« weiter hinten in diesem Kapitel), oder Sie verwenden das Kombinationsfeld zum leichteren Auswählen eines bestimmten Datensatzes in der Tabelle (siehe den Abschnitt »Kombinationsfeld als Suchhilfe« weiter hinten in diesem Kapitel).

Abbildg. 22.15   Woher sollen die Daten für das Kombinationsfeld kommen?

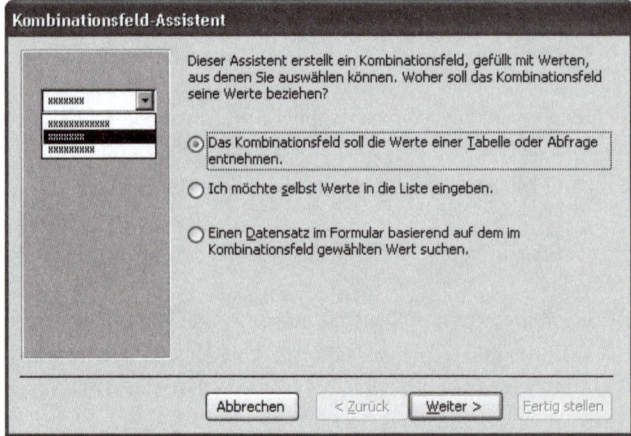

5. Mit der ersten Auswahl erscheint sogleich eine Auswahl aller Tabellen und Abfragen, damit Sie die richtige auswählen können. Klicken Sie hier im Auswahlfeld der Tabellen auf *tblFilme*.

6. Verschieben Sie dann im nächsten Schritt die Felder, die im Kombinationsfeld angeboten und ausgewählt werden sollen, in das rechte Auswahlfeld – für das Beispiel *FilmNr* und *Filmtitel*.

7. Danach können Sie bei Bedarf eine Sortierung vorgeben.

8. Das folgende Dialogfeld ermöglicht, (bei Bedarf) die Breite des zu erstellenden Kombinationsfeldes zu verändern. Hier wird auch empfohlen, die Schlüsselspalte zu unterdrücken (Standardeinstellung). Das ist im Beispiel die Spalte mit den Filmnummern.

Abbildg. 22.16 Die Spalte, die in dem Formular dargestellt werden soll

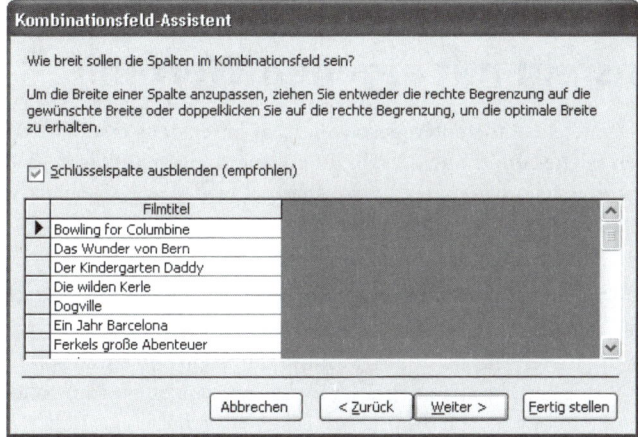

9. Da die ausgewählte Filmnummer in der Tabelle *tblWochen* gespeichert werden soll, ist im nächsten Dialogfeld das entsprechende Feld (*FilmNr*) auszuwählen.

Abbildg. 22.17 Werte sollen im Feld *FilmNr* gespeichert werden

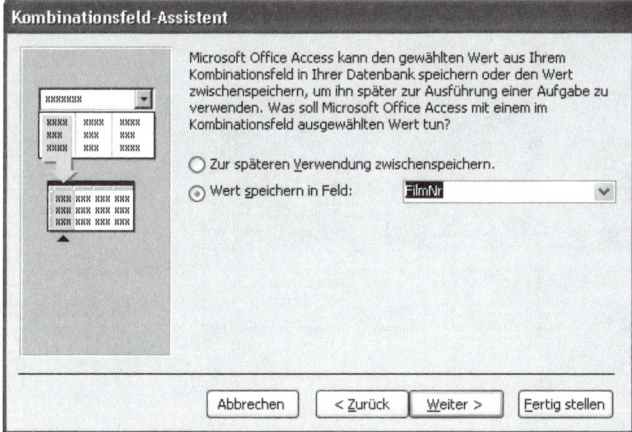

Formulare

10. Legen Sie nun im letzten Schritt die gewünschte Beschriftung des Kombinationsfeldes (beispielsweise *Film*) fest.

Abbildg. 22.18
Das Kombinationsfeld zeigt den Namen des Films

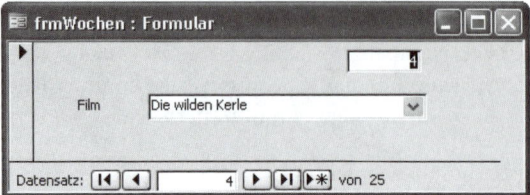

Kombinationsfeld mit eigenen Werten

Haben Sie den Kombinationsfeld-Assistenten gestartet, fragt bereits das erste Dialogfeld ab, woher die Daten kommen sollen (siehe Abbildung 22.15). Im vorangegangenen Beispiel haben wir sie aus einer zweiten Tabelle nachschlagen lassen, in diesem Beispiel wollen wir sie selbst vorgeben. Dazu verwenden wir wieder das *FSK*-Feld der Tabelle *tblFilme*.

1. Öffnen Sie also erneut den Entwurf des Formulars *frmFilme*.

2. Fügen Sie auf dem Formular ein neues Kombinationsfeld ein und wählen Sie im ersten Schritt die Option *Ich möchte selbst Werte in die Liste eingeben*.

3. Im nächsten Schritt definieren Sie dann ein Kombinationsfeld mit zwei Spalten. In die erste Spalte tragen Sie die Werte ein, die später in die Tabelle eingetragen werden sollen: *6, 12, 16, 18, 0*; in die zweite Spalte schreiben Sie: *ab 6, ab 12, ab 16, ab 18, keine*.

Abbildg. 22.19
Die beiden Spalten des Kombinationsfeldes

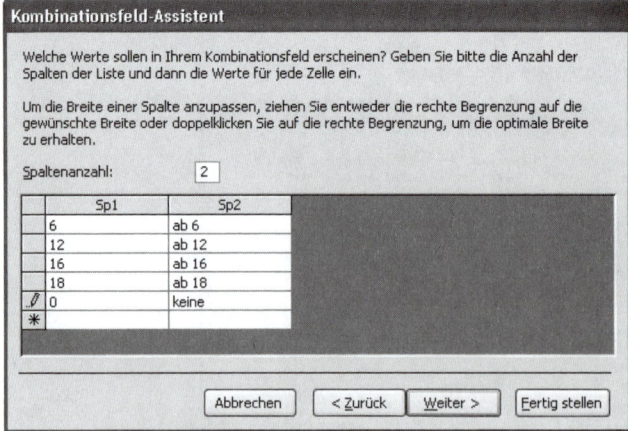

4. Wählen Sie dann diejenige Spalte aus, deren Werte in die Tabelle eingetragen werden sollen, das ist in unserem Beispiel die erste.

Abbildg. 22.20   Die Werte der ersten Spalte sollen gespeichert werden

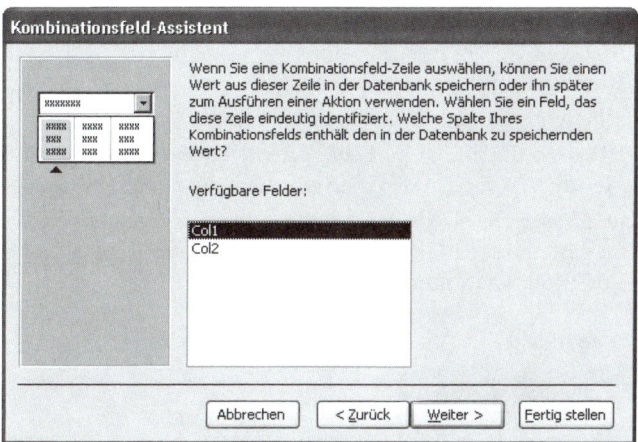

5. Im folgenden Dialogfeld geben Sie an, dass die Werte im Feld *FSK* gespeichert werden sollen.
6. Dann erhält das Kombinationsfeld seinen Namen und fertig!

Verwenden Sie das neue Kombinationsfeld, so werden zurzeit beide eingetragenen Spalten angezeigt, wenn Sie die Liste öffnen. Im geschlossenen Kombinationsfeld wird aber nur die erste Spalte dargestellt.

Abbildg. 22.21   Das Formular mit dem Kombinationsfeld

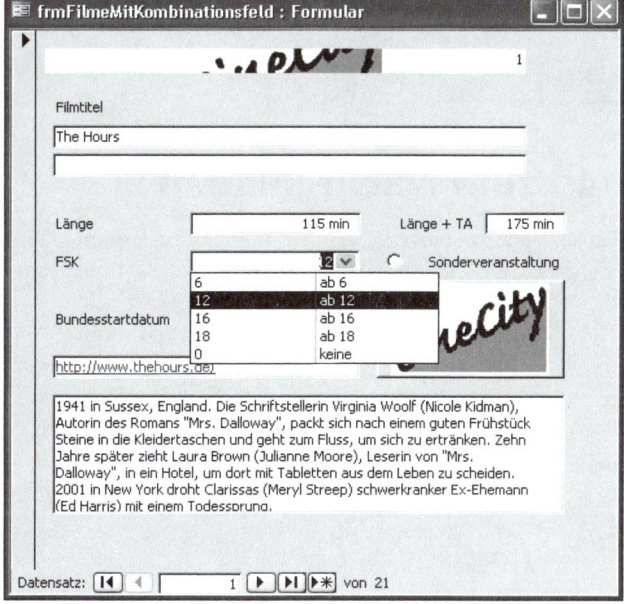

Formulare

Möchten Sie die Anzeige der ersten Spalte unterdrücken und in der Liste nur die zweite Spalte anzeigen?

1. Schalten Sie zurück in die Entwurfsansicht.

2. Klicken Sie das neue Kombinationsfeld an.

3. Öffnen Sie das Eigenschaftenfenster zum Kombinationsfeld.

4. Auf der Registerkarte *Format* finden Sie im Feld *Spaltenbreiten* zwei Einträge. Ändern Sie den ersten der beiden Werte auf *0*, so wird in der Liste nur noch die zweite Spalte angezeigt.

5. Ändern Sie zudem die *Listenbreite* so, dass sie genauso breit angezeigt wird, wie die sichtbare Spalte. Geben Sie keine Listenbreite für die zweite Spalte an, dann passt Access die Breite automatisch an die Größe des Kombinationsfeldes an.

Abbildg. 22.22   Die erste Spalte wird unterdrückt

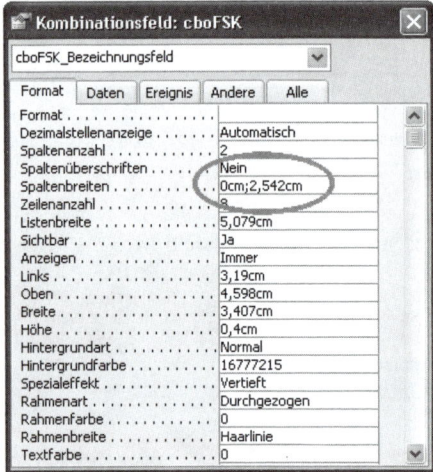

Kombinationsfeld zum Nachschlagen

Ein Kombinationsfeld lässt sich sehr elegant dazu verwenden, mehr Informationen aus einer anderen Tabelle nachzuschlagen als im Beispiel in Abschnitt »Ein einfaches Kombinationsfeld« weiter vorn in diesem Kapitel, wo nur der Filmtitel nachgeschlagen wurde. In diesem Beispiel soll über die *FilmNr* sowohl der Filmtitel als auch der Originaltitel, die Länge und das Mindestalter nachgeschlagen werden.

1. Erstellen Sie dazu auf dem Formular *frmWochen* ein neues Kombinationsfeld.

2. Wählen Sie im Assistenten aus der Tabelle *tblFilme* die Felder *FilmNr*, *Filmtitel*, *FSK*, *Länge*, *Original* und *Bundesstartdatum* aus.

Die Felder für das Kombinationsfeld

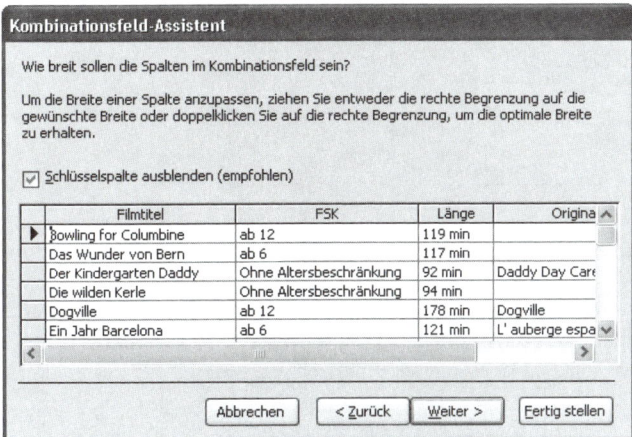

3. Der Wert soll auch in diesem Beispiel wieder im Feld *FilmNr* gespeichert werden.

   Damit werden zwar alle ausgewählten Felder im neuen Kombinationsfeld dargestellt, aber nur, wenn die Liste aufgeklappt ist. Ist ein Film ausgewählt, können Sie im Formular trotzdem weder den Originaltitel noch die Filmlänge ablesen. Wir hätten aber gerne auch die anderen Angaben im Formular dargestellt.

4. Beginnen Sie damit, den Namen des neuen Kombinationsfeldes im Eigenschaftenfenster auf der Registerkarte *Andere* in *cboFilmNr* zu ändern.

5. Legen Sie dann für den Originaltitel unter dem neuen Kombinationsfeld ein Textfeld an und löschen Sie das dazugehörige Bezeichnungsfeld.

6. Tragen Sie im Eigenschaftenfenster des neuen Textfeldes im Feld *Steuerelementinhalt* folgenden Ausdruck ein: *=[cboFilmNr].Column(4)*

Steuerelementinhalt mit Formel

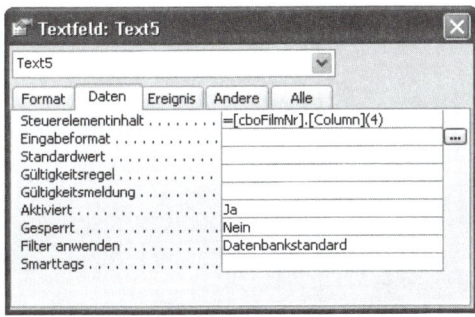

Mit diesem Ausdruck wählen Sie im Kombinationsfeld *cboFilmNr* die Spalte mit der Nummer 4 aus. Hierbei ist darauf zu achten, dass Access in diesem Fall bei 0 zu zählen anfängt: Spalte 0: *FilmNr*; Spalte 1: *Filmtitel*; Spalte 2: *FSK* usw. und Spalte 4: *Original*.

7. Erstellen Sie nun weitere Textfelder für *FSK*, *Länge* sowie das *Bundesstartdatum* und tragen Sie *=[cboFilmNr].Column(2)* bzw. *=[cboFilmNr].Column(3)* und *=[cboFilmNr].Column(5)* ein.

Abbildg. 22.25   Kombinationsfeld und vier Nachschlagefelder

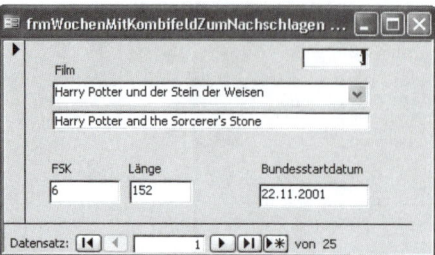

8. Wenn Sie möchten, können Sie jetzt im Eigenschaftenfenster die Spaltenbreiten für das Kombinationsfeld so einstellen, dass darin nur der Filmtitel ausgewählt werden kann. Je nachdem, welcher Filmtitel aktiviert wird, ändert sich automatisch die Darstellung der Textfelder.

Kombinationsfeld als Suchhilfe

Ein Kombinationsfeld kann auch dazu eingesetzt werden, nach bestimmten Datensätzen in einem Formular zu suchen. Um diese Anwendungsmöglichkeit demonstrieren zu können, öffnen Sie erneut das Formular *frmFilme*. Für dieses Formular soll jetzt ein Fußbereich erstellt werden, in den das Kombinationsfeld als Suchhilfe eingefügt werden soll.

1. Erstellen Sie den Fußbereich mit dem Menübefehl *Ansicht/Formularkopf/-fuß*.
2. Schieben Sie den Kopfbereich zusammen, so dass kein Kopf im Formular angezeigt wird.
3. Erstellen Sie im Fußbereich ein neues Kombinationsfeld. Wählen Sie dabei bereits im ersten Schritt des Assistenten die dritte Option *Einen Datensatz im Formular basierend auf ...* aus.
4. Wählen Sie im nächsten Dialogfeld den *Filmtitel* aus.
5. Benennen Sie das Bezeichnungsfeld beispielsweise mit *Suche nach*.

Abbildg. 22.26   Formular *frmFilme* mit Suchhilfe im Formularfuß

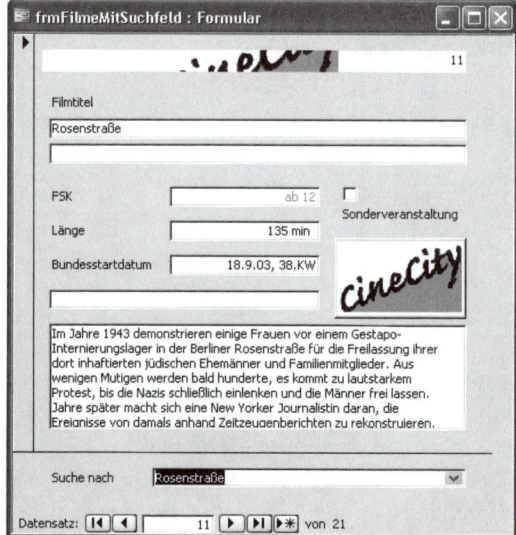

Wählen Sie nun im Kombinationsfeld im Formularfuß einen bestimmten Filmtitel aus, so wird sogleich im Formular der gesamte dazugehörende Datensatz angezeigt.

Kombinationsfeld nachträglich ändern

Für die *Datensatzherkunft* eines Kombinationsfeldes wird im Eigenschaftenfenster eine SQL-Abfrage eingetragen, die sich auch nachträglich ändern lässt.

Abbildg. 22.27   SQL-Abfrage für Daten

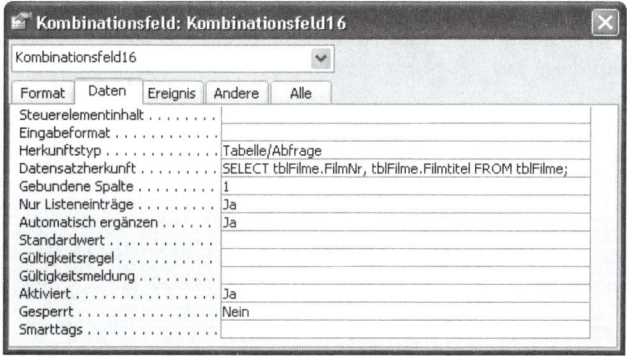

In dem im vorherigen Abschnitt erstellten Kombinationsfeld zum Suchen eines Datensatzes soll beispielsweise die Sortierreihenfolge geändert werden. Standardmäßig zeigt Access die einzelnen Datensätze in der Reihenfolge an, in der sie eingegeben wurden. Zum Suchen wäre es natürlich viel einfacher, wenn die Einträge im Kombinationsfeld alphabetisch sortiert wären. Daher soll nun die Sortierreihenfolge geändert werden.

1. Aktivieren Sie die Registerkarte *Daten* im Eigenschaftenfenster zum neuen Kombinationsfeld.
2. Klicken Sie auf die Schaltfläche mit den drei Punkten rechts vom Feld *Datensatzherkunft*, so wird das zur SQL-Abfrage gehörende Abfragefenster geöffnet.

Abbildg. 22.28   Änderung im Abfragefenster zur SQL-Abfrage

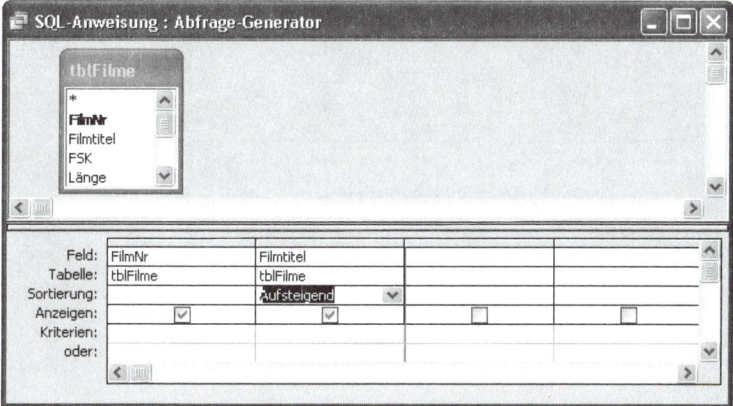

Hier können Sie nun die Sortierung für die Filmtitel leicht ändern und erhalten so im Kombinationsfeld im Formular eine sortierte Filmtitelliste.

Abfragen und Tabellen als Datensatzherkunft

Der Kombinationsfeld-Assistent erzeugt normalerweise eine SQL-Abfrage als *Datensatzherkunft*. Anstelle des SQL-Befehls kann hier aber auch der Name einer Abfrage oder Tabelle stehen. Um eine vorhandene Abfrage für die *Datensatzherkunft* auszuwählen, klappen Sie das Kombinationsfeld auf.

Wenn Sie das Abfrage-Entwurfsfenster für eine SQL-Abfrage geöffnet haben, so wie es in Abbildung 22.28 gezeigt ist, können Sie das Fenster einfach schließen, um die Abfrage als *Datensatzherkunft* zu übernehmen. Alternativ bietet es sich an, die Abfrage aus dem Abfrage-Entwurfsfenster heraus zu speichern. Die Abfrage wird dann als ganz normale Abfrage unter einem Namen in Access abgelegt. Als *Datensatzherkunft* erscheint dann nur der Name der Abfrage.

Das Steuerelement *Listenfeld*

Präfix
»lst«

Im Prinzip ist ein Listenfeld ein aufgeklapptes Kombinationsfeld. Es wird seltener eingesetzt, vielleicht weil es mehr Platz verbraucht und somit unhandlicher als ein Kombinationsfeld ist. Im Englischen wird ein Listenfeld mit *list box* bezeichnet, entsprechend heißt das Präfix eines Listenfeldes »lst«.

Der Vorteil eines Listenfeldes ist, dass mehrere Spalten dargestellt werden können, was mit einem Kombinationsfeld nur im aufgeklappten Zustand möglich ist.

In Abbildung 22.29 wurde für das Formular *frmWochen* ein Listenfeld mit Details der Tabelle *tblFilme* erstellt. Wählen Sie also einen Datensatz im Formular *frmWochen* aus, werden automatisch die Filmdaten dazu angezeigt.

Abbildg. 22.29 Formular mit Listenfeld

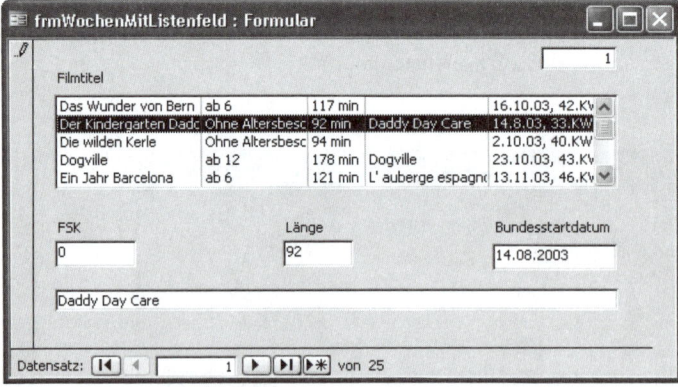

Wird das Listenfeld mit einem horizontalen Bildlaufbalken angezeigt, können Sie vielleicht eine der Spalten verkleinern, um Platz einzusparen.

Das Steuerelement *Befehlsschaltfläche*

Befehlsschaltflächen werden in erster Linie beim Programmieren verwendet. Zuvor geschriebene Programme lassen sich mithilfe von Befehlsschaltflächen sehr bequem starten. Allerdings sind bereits einige Programme für bestimmte Operationen vorgesehen und werden durch den Befehlsschaltflächen-Assistenten angeboten.

Präfix »cmd«

Die Befehlsschaltfläche wird im Englischen als *command button* bezeichnet, die Vorsilbe heißt somit »cmd«.

In das Formular *frmWochen* soll eine Schaltfläche eingefügt werden, mit deren Hilfe man das Formular *frmFilme* sehr einfach aktivieren kann.

1. Öffnen Sie die Entwurfsansicht des Formulars *frmWochenMitKombifeldZumNachschlagen.*

2. Wählen Sie dann das Werkzeug *Befehlsschaltfläche* in der Toolbox aus und ziehen Sie damit im Entwurf ein Rechteck an der Stelle auf, an der die Schaltfläche liegen soll. Sogleich startet der Befehlsschaltflächen-Assistent.

3. Klicken Sie in der Kategorie *Formularoperationen* die Aktion *Formular öffnen* an.

Abbildg. 22.30   Auswahl einer Befehlsschaltfläche

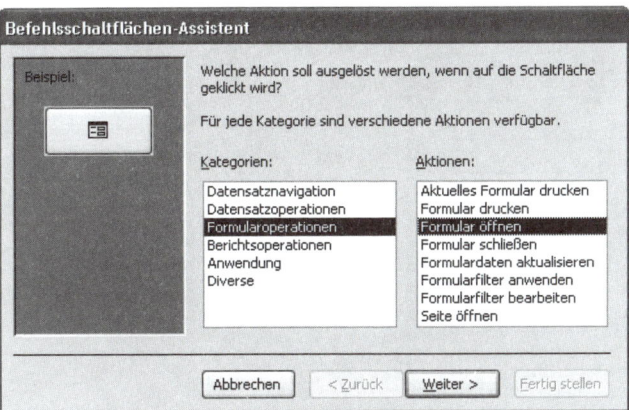

4. Selektieren Sie dann im nächsten Schritt das Formular, das geöffnet werden soll: *frmFilme.*

5. Lassen Sie alle Daten im Formular anzeigen. Alternativ können Sie auch angeben, dass Sie nur einen Datensatz anzeigen lassen möchten. Dann müssen Sie im nächsten Schritt die Felder angeben, die in beiden Tabellen übereinstimmen.

6. Legen Sie anschließend fest, ob die Befehlsschaltfläche einen bestimmten einzugebenden Text tragen soll oder ein Symbol. Im Beispiel wurde als Text für die Schaltfläche *Formular frmFilme öffnen* eingegeben.

Formulare

Abbildg. 22.31
Die Beschriftung für die Schaltfläche wird festgelegt

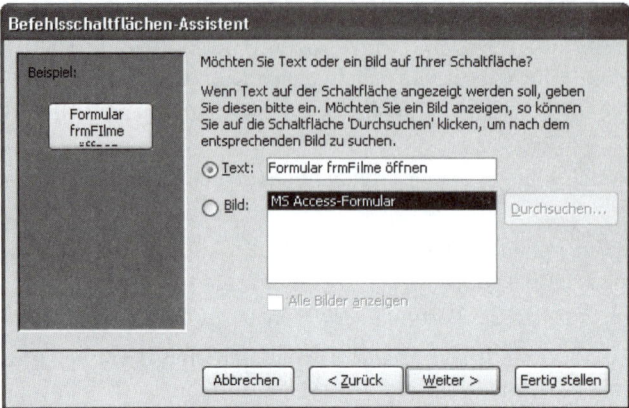

7. Im letzten Dialogfeld des Assistenten wurde die Befehlsschaltfläche mit dem Namen *cmdFormularFilme* versehen.

Abbildg. 22.32
Das Formular mit der neuen Schaltfläche

Im Eigenschaftenfenster zur Befehlsschaltfläche finden Sie auf der Registerkarte *Ereignis* im Feld *Beim Klicken* den Eintrag *[Ereignisprozedur]*. Das bedeutet, dass beim Klicken auf die Befehlsschaltfläche ein Programm abläuft. Möchten Sie sich einmal ansehen, wie das Programm aussieht, klicken Sie auf die entsprechende Schaltfläche mit den drei Punkten.

Abbildg. 22.33   Das Programm zur Schaltfläche

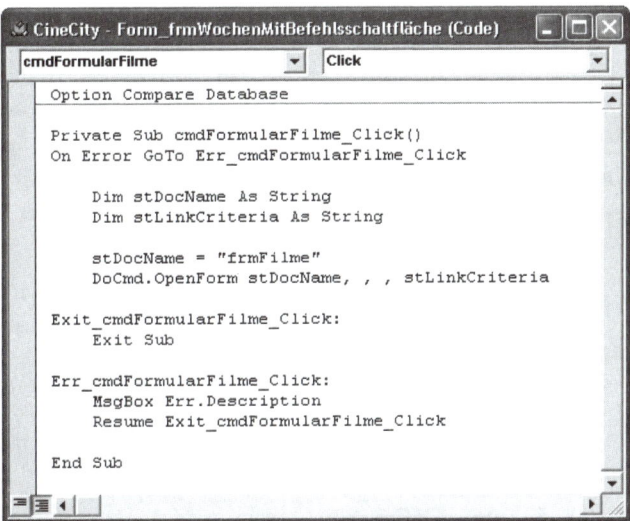

```
CineCity - Form_frmWochenMitBefehlsschaltfläche (Code)

cmdFormularFilme            ▼    Click                          ▼

    Option Compare Database

    Private Sub cmdFormularFilme_Click()
    On Error GoTo Err_cmdFormularFilme_Click

        Dim stDocName As String
        Dim stLinkCriteria As String

        stDocName = "frmFilme"
        DoCmd.OpenForm stDocName, , , stLinkCriteria

    Exit_cmdFormularFilme_Click:
        Exit Sub

    Err_cmdFormularFilme_Click:
        MsgBox Err.Description
        Resume Exit_cmdFormularFilme_Click

    End Sub
```

Im Visual Basic-Editor finden Sie ein kurzes Programm, das mit der Zeile Private   Sub cmdFormularFilme_Click() beginnt und mit End Sub endet. Dazwischen befinden sich der Aufruf des Formulars *frmFilme* und einige Zeilen, um eventuell auftretende Fehler behandeln zu können. Das Bearbeiten und das Erstellen solcher Programme wird in Teil G dieses Buches behandelt.

Zurück zu Access gelangen Sie mit dem Menübefehl *Datei/Schließen und zurück zu Microsoft Access*.

WICHTIG   Vermeiden Sie es, Befehlsschaltflächen im Nachhinein umzubenennen. Tun Sie dies, so wird sehr wahrscheinlich Ihr Programm danach nicht mehr funktionieren. Wie das kommt? Ihre Befehlsschaltfläche hat dann zwar einen anderen Namen, das Programm, das sie aufrufen soll, heißt aber noch genauso, wie die Schaltfläche zuvor hieß. Das heißt, wenn Sie auf die Schaltfläche klicken, wird dadurch nicht mehr das gewünschte Programm aufgerufen. Sie können die Schaltfläche nur umbenennen, wenn Sie auch in der Ereignisprozedur alle Namen der Befehlsschaltfläche korrigieren.

Bilder für Formulare

Es gibt verschiedene Möglichkeiten, ein Bild in ein Formular einzufügen: als gebundenes oder ungebundenes Bild oder als OLE-Objekt. Ein gebundenes Bild wird in einer Tabelle gespeichert. Es ist abhängig vom aktuellen Datensatz. Wählen Sie einen neuen Datensatz aus, ändert sich das im Formular dargestellte Bild. So kann man beispielsweise für jeden einzelnen Film das eingescannte Kinoplakat als gebundenes Bild speichern.

Ein ungebundenes Bild wird dagegen im Entwurf des Formulars gespeichert. Wenn Sie einen neuen Datensatz anzeigen lassen, ändert sich das Bild nicht. Das Logo auf dem Formular *frmFilme* wurde als ungebundenes Bild eingefügt.

Ungebundene Bilder

Wie Sie ein ungebundenes Bild erstellen, hängt davon ab, ob Sie das Bild direkt im Formular bearbeiten möchten oder nicht. Soll das Bild nicht aktualisiert werden, so fügen Sie es am besten mit dem Steuerelement *Bild* ein. Bilder, die mit diesem Steuerelement eingefügt wurden, haben den Vorteil, dass sie viel schneller geladen werden, als Bilder in Objektfeldern.

Soll ein Bild jedoch häufig bearbeitet werden, ist das Steuerelement *Objektfeld* zu verwenden. Sie können das Bild dann per Doppelklick in seiner Anwendung öffnen und bearbeiten.

Gebundenes Bild

Gebundene Bilder, also Bilder, die als OLE-Objekt in der Tabelle vorgesehen sind, werden mit dem Steuerelement *Gebundenes Objektfeld* auf einem Formular realisiert. Auch sie können nachträglich per Doppelklick geöffnet und bearbeitet werden.

Wann verwendet man was?

Tabelle 22.1 soll verdeutlichen, für welche Aufgaben welches Steuerelement am besten geeignet ist. Zudem wird die Art der Einfügung angegeben. Neben Bildern sind hier auch andere Objekte wie Excel-Diagramme und Word-Texte berücksichtigt.

Tabelle 22.1   Bilder einfügen

Situation	Steuerelement	Einfügeart
Logo, das nicht aktualisiert werden muss	Bild	Eingebettet; es sei denn, es wird sehr häufig eingefügt und erzeugt so Speicherplatzprobleme
Bild, das häufig aktualisiert werden muss	Objektfeld	Eingebettet
Diagramm aus Microsoft Excel mit den aktuellen Umsatzstatistiken	Objektfeld	Verknüpft
Ein Bild pro Film mit dem Ankündigungsplakat, das in der Tabelle *tblFilme* für jeden Film gespeichert werden soll	Gebundenes Objektfeld	Eingefügt
Zusatzwerbetext mit Formatierungen in Microsoft Word in der Tabelle *tblFilme*	Gebundenes Objektfeld	Verknüpft und als Symbol angezeigt

Hintergrundbilder für Formulare

Soll ein Formular ein Hintergrundbild erhalten, das wie ein Wasserzeichen hinter den einzelnen Texten und Steuerelementen liegt, fügen Sie es als ungebundenes Bild ein. Verfahren Sie dazu so:

1. Aktivieren Sie die Registerkarte *Format* des Eigenschaftenfensters zum Formular.
2. Im Feld *Bild* finden Sie im Moment den Eintrag *(keines)*. Klicken Sie auf die Schaltfläche mit den drei Punkten, so öffnen Sie das Dialogfeld *Grafik einfügen*.

3. Stellen Sie den entsprechenden Ordner ein und wählen Sie das gewünschte Bild per Doppelklick aus. Es wird mit seinem Pfad im Eigenschaftenfenster eingetragen.

Abbildg. 22.34 Eigenschaftenfenster und das eingefügte Bild

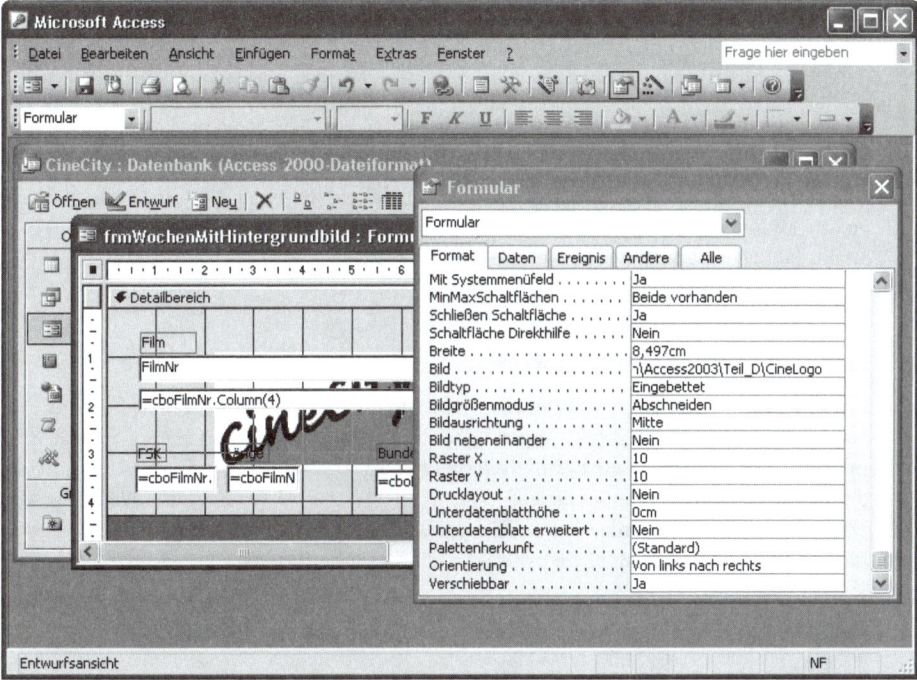

Das Bild wird im Formular in der Mitte eingefügt. Wir möchten, dass es den gesamten Hintergrund ausfüllt. Dazu nehmen wir im Eigenschaftenfenster zwei Änderungen vor:

1. Für die *Bildausrichtung* wird *Links oben* eingestellt.
2. Für *Bild nebeneinander* wählen wir *Ja* aus.

Abbildg. 22.35 Formular mit ausgefülltem Hintergrund

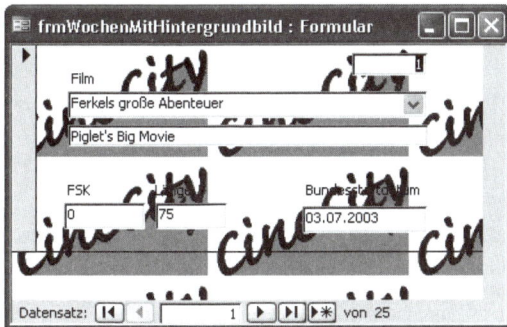

Formulare

Das Steuerelement *Bild*

Mithilfe des Steuerelements *Bild* fügen Sie ungebundene, meist eingebettete Bilder ein. Wir haben in Kapitel 21 bereits das Logo als Bild eingefügt.

1. Wählen Sie im Formularentwurf das Steuerelement *Bild* aus.

2. Ziehen Sie damit im Entwurf ein Rechteck auf, so wird automatisch das Dialogfeld *Grafik einfügen* geöffnet.

3. Wählen Sie darin das gewünschte Bild aus.

Auf der Registerkarte *Format* lässt sich die *Größenanpassung* (*Abschneiden, Dehnen, Zoomen*), *Bildausrichtung, Größe, Rahmenfarbe* etc. einstellen. Hier ist es aber auch möglich, ein Bild mit einem Hyperlink zu versehen und so durch einen Klick auf das Bild eine Datei (auf dem PC, in einem Netzwerk oder im Internet) zu öffnen.

Präfix »img«

Bilder (engl. *images*) erhalten das Präfix »img«.

Einbetten oder verknüpfen?

Standardmäßig fügt Access Bilder mit dem Steuerelement *Bild* eingebettet in das Formular ein. Das bedeutet, das Bild wird direkt in der Datenbank gespeichert. Verwenden Sie ein solches Bild mehrmals in der Datenbank, wie beispielsweise ein Logo, das auf jedem Formular und jedem Bericht wieder erscheint, ist es unter Umständen sinnvoller, das Bild verknüpft einzufügen. Dann wird in der Datenbank jeweils nur die Verknüpfung gespeichert. Das Bild selbst wird nur einmal auf der Festplatte gespeichert und nicht mehrmals in der Datenbankdatei.

Soll das eingebettete Bild in ein verknüpftes geändert werden, ändern Sie auf der Registerkarte *Format* des Eigenschaftenfensters den *Bildtyp* von *Eingebettet* in *Verknüpft* ab.

Das Steuerelement *Objektfeld*

Mithilfe des Steuerelements *Objektfeld* lassen sich Bilder, aber auch Texte, Spreadsheets und andere Datenbanken als ungebundene Objekte einfügen. Als Voraussetzung muss das Programm, dessen Objekte eingefügt werden sollen, OLE beherrschen.

Präfix »ole«

Objektfeldern wird die Abkürzung »ole« vorangestellt, die den »OLE«-Charakter dieser Felder beschreibt.

Im folgenden Beispiel soll der in Excel erstellte Einsatzplan der Kinomitarbeiter per Doppelklick aus dem Formular *frmKinos* heraus aufgerufen werden können. Da der Plan in Excel ständig auf dem Laufenden gehalten wird, ist es sinnvoll, ihn als OLE-Objekt auf dem Formular zu platzieren.

1. Aktivieren Sie das Werkzeug *Objektfeld* in der Toolbox.

2. Ziehen Sie damit ein Rechteck auf dem Formularentwurf auf, so wird automatisch das Dialogfeld *Microsoft Office Access* geöffnet.

3. Wählen Sie als *Objekttyp Microsoft Excel-Arbeitsblatt*. Sie können hier zudem auswählen, ob diese Tabelle neu erstellt werden soll oder ob Sie eine bereits erstellte Tabelle öffnen möchten. Je nachdem, was Sie auswählen, wird entweder Excel mit einem leeren Tabellenblatt gestartet oder Sie erhalten ein Eingabefeld für den Pfad und den Tabellennamen.

Ein Objektfeld erstellen

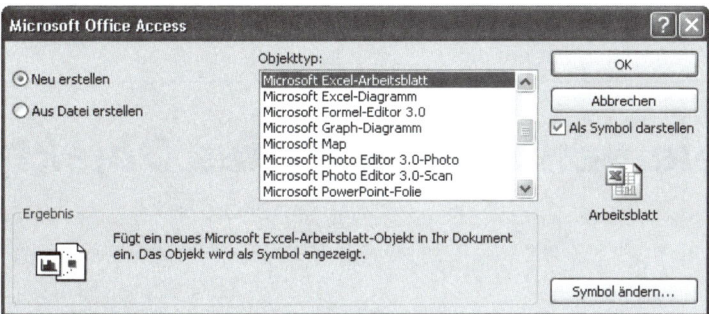

4. Stellen Sie ein, ob das Objekt eingebettet werden soll (dann verliert es die Verbindung zum Originalobjekt) oder ob es verknüpft werden soll, damit die Änderungen, die an der Originaldatei vorgenommen werden, automatisch aktualisiert werden (im Beispiel wurde die Datei verknüpft).

5. Wählen Sie in diesem Dialogfeld zudem aus, ob Sie die Tabelle oder nur das Symbol von Excel im Formular sehen wollen. Im Beispiel wurde *Als Symbol darstellen* angeklickt.

6. Um den Text unter dem angezeigten Symbol zu ändern, klicken Sie im Dialogfeld *Microsoft Office Access* auf die Schaltfläche *Symbol ändern*. Im Feld *Beschriftung* können Sie nun unten im Dialogfeld *Symbol wechseln* den gewünschten Text modifizieren.

7. Öffnen Sie das Eigenschaftenfenster zum Objektfeld und kontrollieren Sie die Optionen *Aktiviert* (*Ja*) und *Gesperrt* (*Nein*), sonst lässt sich das Objektfeld im Formular nicht per Doppelklick aktivieren bzw. es lässt sich nicht ändern.

8. Für das Objektfeld in Abbildung 22.37 wurde zudem als *Hintergrundart* und für die *Rahmenart* die Option *Transparent* und als *Spezialeffekt Flach* ausgewählt.

Formular mit neuem Objektfeld

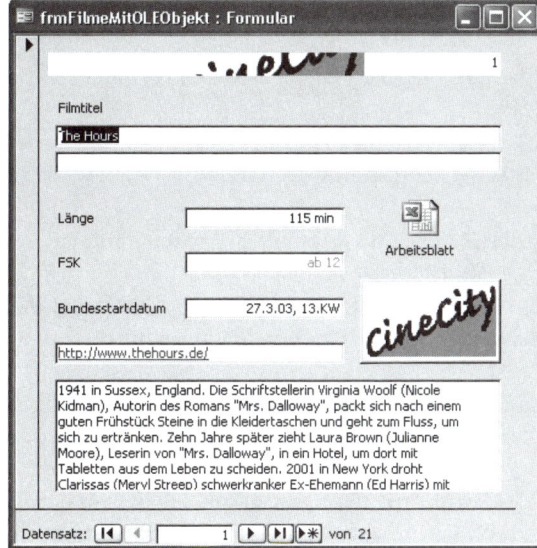

> **WICHTIG** Wenn Sie eine Verknüpfung zu einem Programm oder einer Datei in Ihr Formular aufnehmen, müssen Sie sicherstellen, dass sich Programm oder Datei auch an der Stelle befinden, die in der Verknüpfung angegeben ist.

Das Steuerelement *Gebundenes Objektfeld*

Sind in einer Tabelle OLE-Felder vorgesehen worden, können diese als gebundene Objektfelder auf ein Formular gelegt werden. Ziehen Sie dazu einfach das Feld aus der Feldliste auf den Formularentwurf.

 Alternativ können Sie auch mit dem Werkzeug *Gebundenes Objektfeld* ein Rechteck auf dem Formularentwurf aufziehen und das Feld nachträglich mit dem Objektfeld verbinden. Aktivieren Sie dazu das Eigenschaftenfenster zu *Gebundenes Objektfeld*, wechseln Sie zur Registerkarte *Daten* und geben Sie den Namen des OLE-Feldes im Feld *Steuerelementinhalt* ein.

Präfix
»ole« Gebundene Objektfelder erhalten ebenso wie ungebundene Objektfelder das Präfix »ole«.

Das Steuerelement *Seitenumbruch*

Wird ein Formular sehr lang und ist es nicht mehr vernünftig überschaubar, kann es sinnvoll sein, das Formular so zu ändern, dass die einzelnen Steuerelemente auf zwei Seiten verteilt dargestellt werden. Achten Sie bei der Aufteilung mithilfe des vertikalen Lineals darauf, dass beide Teile gleich groß sind.

1. Wählen Sie dann das Steuerelement *Seitenumbruch* aus und ziehen dort eine Linie, wo Sie den Umbruch definieren möchten.

   Er wird links durch eine kurze Linie angezeigt. In der Formularansicht kennzeichnet der Seitenumbruch die Stelle, die bei der Verwendung der Tasten `Bild↑` und `Bild↓` angesprungen werden soll.

2. Im nächsten Schritt rufen Sie dann das Eigenschaftenfenster des Formulars auf und ändern die Eigenschaft *Zyklus* zu *Aktuelle Seite*.

   Mit dieser Einstellung ist gewährleistet, dass Sie beim Verwenden der `⇥`-Taste immer auf der entsprechenden Seite bleiben. Erst die Verwendung der Taste `Bild↓` lässt Sie zur Folgeformularseite wechseln.

3. Bei Bedarf können Sie zudem den *Rahmen* des Formulars, der standardmäßig als *Veränderbar* definiert wird, auf *Dünn* schalten (Registerkarte *Format*).

   Damit geben Sie dem Benutzer nicht mehr die Möglichkeit, das Dialogfeld des Formulars zu vergrößern und sich so Steuerelemente anzeigen zu lassen, die Sie für die zweite Seite definiert haben.

4. Schalten Sie zudem die Bildlaufleisten aus (Registerkarte *Format*, Eigenschaft *Bildlaufleiste* auf *Nein* stellen), so dass der Benutzer keine Möglichkeit hat, Ihre Einstellung des Formulars zu verändern.

5. Jetzt ist es wichtig, die Größe des Formularentwurfs so zu wählen, dass in der Formularansicht zum einen alle, zum anderen nur die gewünschten Steuerelemente dargestellt werden.

Insgesamt ist es eher mühsam, mit mehreren Formularseiten und Seitenumbrüchen zu arbeiten. Sehr viel leichter erreichen Sie einen ähnlichen Effekt, wenn Sie das *Register*-Steuerelement verwenden. Dann können Sie mehrere Registerkarten definieren und auch so mehr Informationen auf einem Formular positionieren.

Präfix
»brk«

Seitenumbrüche werden durch das Präfix »brk« (für *break*) gekennzeichnet.

Das *Register*-Steuerelement

Das *Register*-Steuerelement ermöglicht es Ihnen, Registerkarten in Ihrem Formular zu definieren. Das ist vor allem dann hilfreich, wenn viele Details in einem Formular dargestellt werden sollen. Dann besteht mit einem *Register*-Steuerelement die Möglichkeit, die Details nach Themen sortiert auf verschiedenen Registerkarten abzulegen.

Im Folgenden soll für die Filmtabelle ein neues Formular mit einem *Register*-Steuerelement erstellt werden.

Abbildg. 22.38 Formular mit Registerkarten

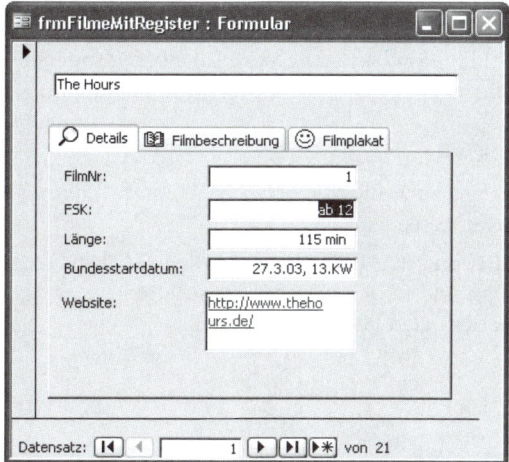

Dazu wurde zunächst die Tabelle *tblFilme* um das OLE-Feld *Plakat* ergänzt. Danach kann das Formular folgendermaßen erzeugt werden:

1. Erstellen Sie einen neuen Formularentwurf, der auf der Tabelle *tblFilme* basiert.
2. Ziehen Sie das Feld *Filmtitel* auf den Entwurf, löschen sein Bezeichnungsfeld und ziehen es etwa 10 cm breit.
3. Wählen Sie dann das *Register*-Steuerelement aus und ziehen im Entwurf ein Rechteck auf. In das Rechteck wird ein Registerelement mit zwei Registerkarten eingefügt.
4. Ziehen Sie nun die Felder *FilmNr*, *Länge*, *FSK* und *Bundesstartdatum* auf die erste Registerkarte. Ordnen Sie die Bezeichnungsfelder und die Textfelder linksbündig an.

Formulare

Abbildg. 22.39   Die erste Registerkarte mit ihren Feldern

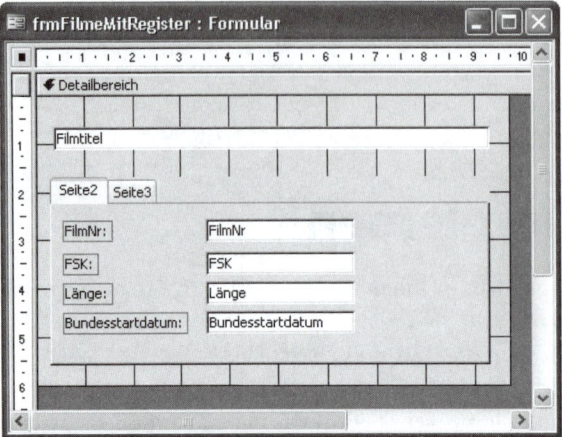

5. Klicken Sie nun auf die zweite Registerkarte und ziehen Sie das Feld *Zusatztext* darauf. Ziehen Sie das Objektfeld in die gewünschte Größe.

Neue Register-karte erzeugen

6. Um die dritte Registerkarte einzufügen, markieren Sie das eingefügte *Register*-Steuerelement und verwenden dann den Menübefehl *Einfügen/Register-Steuerelement-Seite* oder Sie klicken mit der rechten Maustaste auf eine der Registerkarten und wählen im Kontextmenü *Seite einfügen* aus.

7. Legen Sie auf die dritte Registerkarte das Feld *Plakat*.

8. Stellen Sie sowohl für *Hintergrundart* als auch für *Rahmenart* die Option *Transparent* ein. Für *Größenanpassung* sollten Sie *Zoomen* auswählen.

Register-karte umbe-nennen

9. Im nächsten Schritt sollen nun die Reiterkarten umbenannt werden. Klicken Sie dazu nacheinander die einzelnen Registerkarten an und tippen Sie im Eigenschaftenfenster den gewünschten Namen im Feld *Name* (Registerkarte *Andere*) ein.

Abbildg. 22.40   Die Registerkarte erhält einen neuen Namen

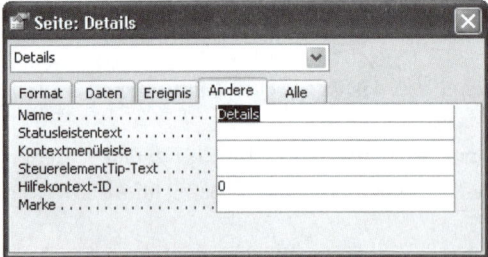

10. Bei Bedarf können auch Symbole anstelle der Texte oder zusammen mit den Texten verwendet werden. Dazu finden Sie auf der Registerkarte *Format* die Option *Bild*. Ein Klick auf die Schaltfläche mit den drei Punkten öffnet das Dialogfeld *Bild-Generator*. Darin finden Sie alle Symbole, die Ihnen Access hier zur Verfügung stellt.

Abbildg. 22.41   Bilder auf die Registerkarte legen

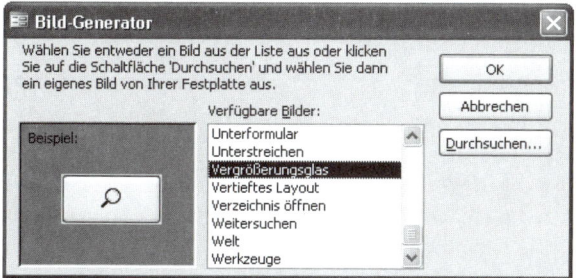

11. Ziehen Sie jetzt das *Register*-Steuerelement in die richtige Größe. Um es zu markieren, klicken Sie eine der Registerkarten an. Schieben Sie dann noch den Formularentwurf in die gewünschte Größe und speichern Sie das neue Formular.

> **TIPP**   Beachten Sie, dass *Register*-Steuerelemente aus dem eigentlichen Register und den Registerkarten bestehen, die getrennt voneinander formatiert und bearbeitet werden können.

> **HINWEIS**   Um ein Steuerelement, das auf dem Formular angeordnet ist, auf eine Registerkarte zu positionieren, ist es nicht ausreichend, das Steuerelement einfach zu verschieben. Gehen Sie dazu wie folgt vor:

1. Selektieren Sie das Steuerelement.

2. Übernehmen Sie es mit *Bearbeiten/Ausschneiden* in die Zwischenablage.

3. Selektieren Sie die Registerkarte, auf der das Steuerelement platziert werden soll.

4. Fügen Sie d Steuerelement aus der Zwischenablage mit *Bearbeiten/Einfügen* ein.

Präfix
»reg«
bzw.
»pge«

Das *Register*-Steuerelement erhält das Präfix »reg«, während den Namen der einzelnen Registerkarten »pge« für *page*, d.h. Seite, vorangestellt werden sollte.

Die Steuerelemente *Linie* und *Rechteck*

Die Steuerelemente *Linie* und *Rechteck* benötigt man nur zur besseren Gestaltung von Formularen.

Das Steuerelement *Linie* benötigt man, um Unterteilungen auf einem Formular festlegen zu können. Mithilfe der Registerkarte *Formular* des Eigenschaftenfensters lassen sich verschiedene Linienstärken, -typen, -farben und einige Effekte definieren.

Mit dem Steuerelement *Rechteck* können Sie verschiedene Bereiche durch farbige Umrandungen oder Flächen voneinander abheben. Auch für dieses Steuerelement finden Sie alle wichtigen Einstellungsmöglichkeiten auf der Registerkarte *Format*.

Formulare

> **TIPP** Gibt es bei übereinander liegenden Steuerelementen mit der Reihenfolge Probleme, verwenden Sie im Menü *Format* die beiden Optionen *In den Vordergrund* bzw. *In den Hintergrund*.

Hyperlinks

Fast alle Steuerelemente können als Hyperlinks geschaltet werden. Ein Hyperlink ist ein Querverweis auf eine Internetadresse, eine Datei oder ein Access-Objekt. Da Hyperlinks eine Komponente der Interneteigenschaften von Access sind, werden sie im Teil J dieses Buches beschrieben.

Standardeigenschaften

Alle Steuerelemente lassen sich vielfältig formatieren. Möchten Sie mehrere Steuerelemente in der gleichen Formatierung auf Ihrem Formular platzieren, so müssen Sie entweder die Formate immer wieder neu vereinbaren oder mit der Schaltfläche *Format übertragen* kopieren.

Alternativ können Sie auch die Standardeigenschaften für Steuerelemente ändern, d.h., jedes neue Steuerelement wird in der Art und Weise formatiert, wie es in den Standardeigenschaften für den entsprechenden Steuerelementtyp angegeben ist. Um die Standardeinstellung der Eigenschaften für ein Steuerelement zu vereinbaren, gehen Sie wie folgt vor:

1. Öffnen Sie das Eigenschaftenfenster.
2. Selektieren Sie in der Toolbox das Steuerelement, dessen Standardeigenschaften Sie einstellen möchten. Beachten Sie dabei, dass vorher kein Steuerelement markiert ist. In der Titelleiste des Eigenschaftenfensters sollte nun *Standard: <Steuerelement>* erscheinen.
3. Legen Sie die gewünschten Eigenschaftswerte fest.

Abbildg. 22.42 Standardeigenschaften für Textfelder

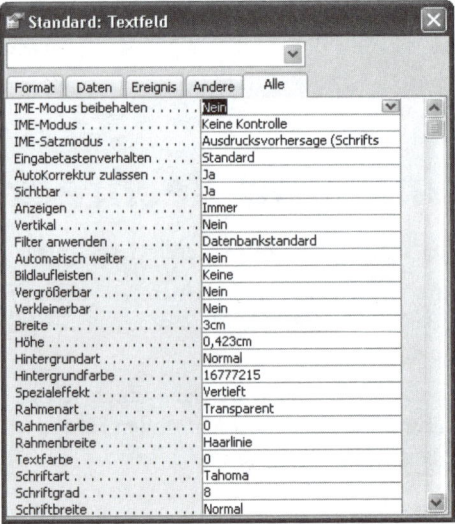

Erstellen Sie nun ein neues Steuerelement, werden die vereinbarten Standardeigenschaften verwendet.

Beachten Sie die fünf letzten Eigenschaften im Standard-Eigenschaftenfenster (Abbildung 22.42). Diese Eigenschaften können nur im Standard-Eigenschaftenfenster bestimmt werden.

- Setzen Sie *Mit Bezeichnungsfeld* auf *Ja*, erhält ein neues Steuerelement automatisch ein zugehöriges Bezeichnungsfeld.

- Der Text im Bezeichnungsfeld wird mit einem Doppelpunkt abgeschlossen, wenn Sie die Option *Mit Doppelpunkt* setzen.

- Die Einstellungen für *Bezeichnungsfeld X* bzw. *Y* legen die Position des Bezeichnungsfeldes relativ zum Steuerelement fest.

- Die *Bezeichnungsausrichtung* bestimmt, ob der Bezeichnungstext linksbündig, zentriert oder rechtsbündig ausgerichtet werden soll. Selektieren Sie *Standard*, entscheidet Access die Ausrichtung anhand des Bezeichnungstextes, d.h., Zahlen als Bezeichnungstexte werden rechtsbündig dargestellt.

Zusammenfassung

Dieses Kapitel befasste sich mit den einzelnen Steuerelementen. Anhand von vielen Beispielen werden die einzelnen Steuerelemente in Access und ihre Eigenschaften besprochen.

Formulare

Kapitel 23

Unterformulare

Formulare

Unterformulare sind eine elegante Möglichkeit, Daten aus Tabellen oder Abfragen darzustellen, die in 1:n-Beziehungen zueinander stehen. Die Anzeige solcher Master-Detail-Beziehungen ist zwar auch mit Kombinations- oder Listenfeldern möglich, allerdings erlauben Unterformulare darüber hinaus, dass Sie sowohl die Daten der Mastertabelle als auch die der Detailtabelle bearbeiten können.

Mit dem Formular-Assistenten lassen sich mit wenigen Schritten Formulare mit Unterformularen erstellen. Anschließend zeigen wir Ihnen weitere Techniken im Umgang mit Unterformularen bis hin zu Anwendungen mit mehreren synchronisierten bzw. verschachtelten Unterformularen.

Unterformulare mit dem Formular-Assistenten

Es soll ein Formular erstellt werden, das für jedes Kino die Vorstellungstermine zeigt.

1. Erstellen Sie ein neues Formular, beispielsweise mithilfe der Schaltfläche *Neu* für den Objekttyp *Formulare*.

2. Selektieren Sie im Dialogfeld *Neues Formular* den *Formular-Assistenten*.

   Wir haben für unser Beispiel die Tabelle *tblKinos* ausgewählt.

Abbildg. 23.1   Den Formular-Assistenten auswählen

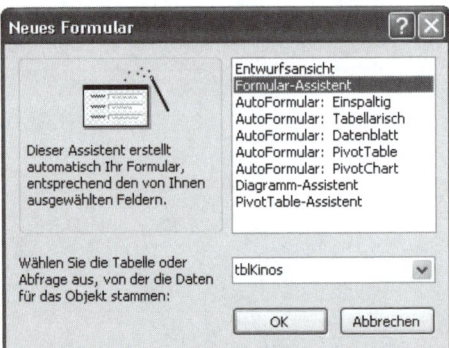

3. Wählen Sie im nächsten Schritt alle Felder aus der Tabelle *tblKinos* aus.

4. Wählen Sie danach im Dropdown-Listenfeld *Tabellen/Abfragen* die Tabelle *tblTermine* aus und selektieren Sie des Weiteren die Felder *Kommentar*, *Tag* und *Zeit*.

Abbildg. 23.2   Auswahl der benötigten Felder

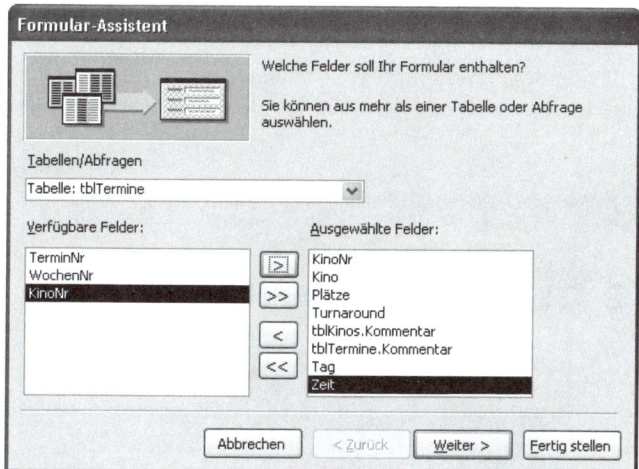

5. Übernehmen Sie die von Ihnen gewünschten Felder in die Liste *Ausgewählte Felder*. Für unser Beispiel haben wir Felder der Tabellen *tblKinos* und *tblTermine* aufgenommen.

HINWEIS   Zwischen den Tabellen, deren Felder Sie in die Liste *Ausgewählte Felder* aufnehmen, muss eine direkte oder eine indirekte Beziehung existieren, die im Dialogfeld *Beziehungen* (*Extras/Beziehungen*) definiert sein muss.

---

6. Das nächste Dialogfeld des Formular-Assistenten bietet Ihnen auf der rechten Seite unter der Vorschau zwei Darstellungsoptionen für das zu generierende Formular: Entweder wird ein Formular mit Unterformular erzeugt oder es werden zwei Formulare miteinander verknüpft.

Abbildg. 23.3   Formular mit Unterformular

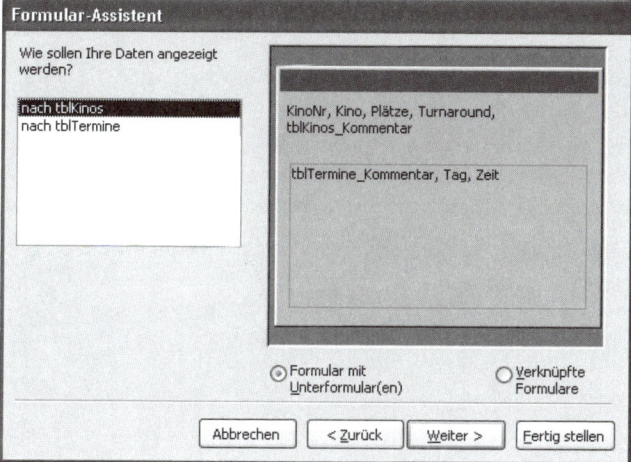

Formulare

Das Bild in der Vorschau hängt davon ab, welchen Eintrag Sie im Listenfeld auf der linken Seite selektiert haben. Wählen Sie links die Tabelle aus, deren Felder im Hauptformular dargestellt werden sollen.

Abbildung 23.4 zeigt den Aufbau verknüpfter Formulare. Das erste Formular wird um eine Befehlsschaltfläche ergänzt, die das zweite Formular mit den entsprechenden Detaildaten öffnet.

Abbildg. 23.4   Zwei verknüpfte Formulare

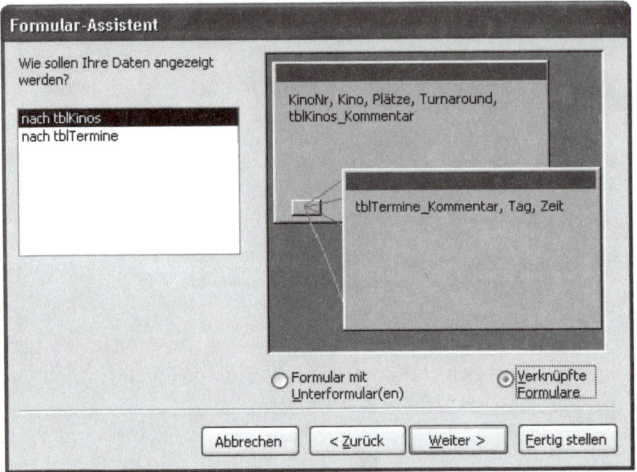

7. Um unser Beispiel weiter zu verfolgen, wählen Sie auf der linken Seite *nach tblKinos* (da wir erst die Kinos und dann im Unterformular die Termine sehen möchten) und auf der rechten Seite *Formular mit Unterformular(en)* aus.

8. Im nächsten Dialogfeld des Assistenten selektieren Sie, ob die Detaildaten im Unterformular in der Datenblatt- oder Tabellenansicht gezeigt werden sollen.

    Entscheiden Sie sich für die Tabellenansicht, so wird das Unterformular als Endlosformular gestaltet. Auf die hier ebenfalls zur Auswahl stehenden Pivot-Ansichten gehen wir in Kapitel 27 genauer ein.

9. Wählen Sie ein Format, bevor Sie im letzten Dialogfeld des Assistenten die beiden vom Assistenten erzeugten Formulare benennen.

    Wir empfehlen Ihnen, wieder die entsprechenden Abkürzungen vor die Namen der Formulare zu setzen: »frm« für Formulare und »subfrm« für Unterformulare. So haben Sie später leicht den Überblick, welche Formulare dafür gedacht waren, als Unterformulare in Formularen eingesetzt zu werden.

Benennen Sie beide Formulare

Abbildung 23.6 zeigt das vom Assistenten erzeugte Formular mit Unterformular. Das Unterformular wird in der Endlosformularansicht dargestellt.

Das erzeugte Formular

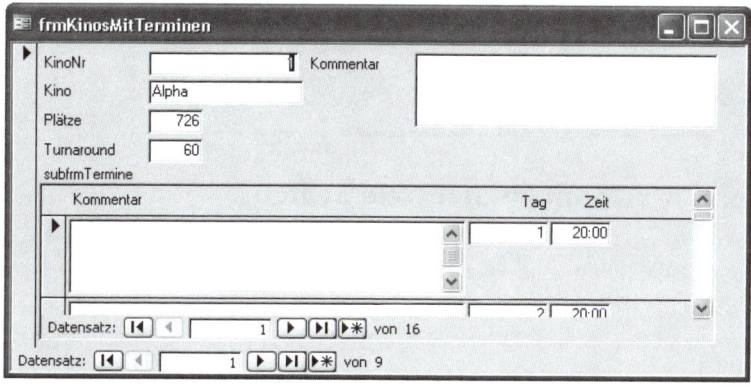

Das Unterformular ist in der Abbildung mit Formularkopf, der die Überschriften enthält, und Navigationsschaltflächen zu sehen. Sie können in den Daten im Unterformular blättern und Änderungen vornehmen.

Möchten Sie das Unterformular in der Datenblatt-Ansicht anzeigen, können Sie dazu nach Klick auf das Unterformular im Menü *Ansicht* auf *Unterformular* und dort auf *Datenblatt* klicken.

Schalten Sie in die Entwurfsansicht um, damit wir nun beschreiben können, wie Formular und Unterformular zusammenarbeiten.

Access ermöglicht die gleichzeitige Bearbeitung von Haupt- und Unterformularen, d.h., der Entwurf des Unterformulars wird in der Entwurfsansicht des Hauptformulars gezeigt. Beachten Sie dabei, dass das Unterformular trotzdem ein eigenständiges Formular ist und unter einem eigenen

Namen in der Access-Datenbank abgelegt wird. Es lässt sich auch ohne das Hauptformular aufrufen und bearbeiten.

> **HINWEIS** Verschiedentlich kann es beim Aufruf von Hauptformularen in der Entwurfsansicht dazu kommen, dass anstelle des Unterformulars nur das leere, weiße Unterformular-Steuerelement gezeigt wird. Damit Access die richtige Ansicht zeigt, schließen Sie am einfachsten alle Formulare und versuchen es dann erneut. Normalerweise werden nun die Haupt- und Unterformulare korrekt im Entwurf dargestellt.

Abbildg. 23.7 Das Formular in der Entwurfsansicht

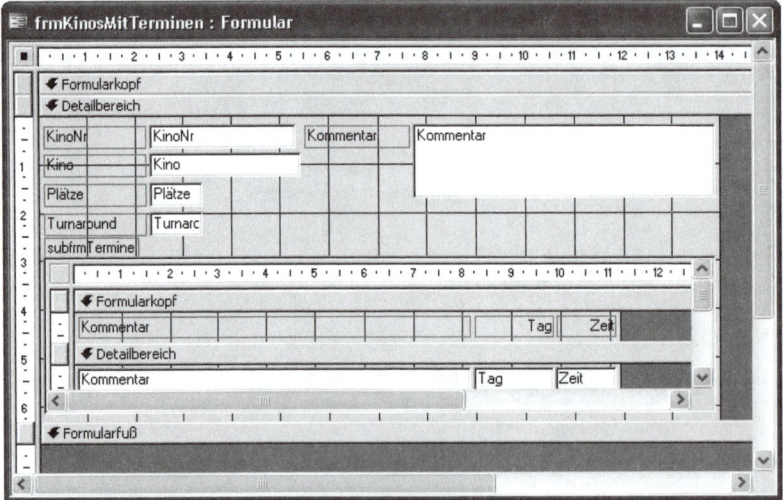

Markieren von Unterformular-Steuerelementen

Innerhalb eines Unterformular-Steuerelements können Sie alle Steuerelemente mit der Maus selektieren und bearbeiten, so wie wir es für Formulare beschrieben haben.

Beachten Sie dabei, dass Sie auch das Unterformular-Steuerelement selbst selektieren und dessen Eigenschaften einstellen können, wie es im nächsten Abschnitt beschrieben wird. Um das Unterformular-Steuerelement zu markieren, klicken Sie auf den Rand des Steuerelements; es werden dann die acht Markierungspunkte eingeblendet.

Verknüpfung zwischen Haupt- und Unterformular

Der Zusammenhang zwischen Formular und Unterformular wird über die Eigenschaften des *Unterformular*-Steuerelements hergestellt.

Abbildg. 23.8   Eigenschaften des Unterformulars

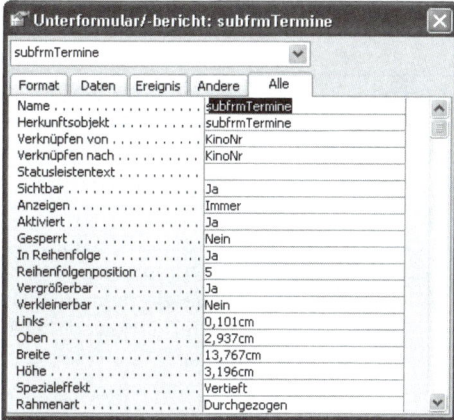

Im Feld *Herkunftsobjekt* wird in den Eigenschaften des Unterformulars der Name des Formulars angegeben, das im *Unterformular*-Steuerelement dargestellt werden soll. Es empfiehlt sich, den *Namen* des Steuerelements gleich der Bezeichnung des *Herkunftsobjekts* zu wählen, um Verwirrungen vorzubeugen.

Mithilfe der Eigenschaften *Verknüpfen von* und *Verknüpfen nach* wird die Verknüpfung zwischen Haupt- und Unterformular aufgebaut. Im Feld *Verknüpfen von* geben Sie das Feld des Unterformulars an, in *Verknüpfen nach* das Feld des Hauptformulars, die miteinander in Beziehung gebracht werden sollen.

Nach unserer Meinung sind die Bezeichnungen *Verknüpfen von* und *Verknüpfen nach* unglücklich gewählt. *Von* wo *nach* wo wird denn nun verknüpft? Wir jedenfalls können es uns nicht merken, in welche der Eigenschaften der Feldname von Haupt- bzw. Unterformular eingetragen werden muss. Aber gegen unsere Gedächtnisschwäche hat Microsoft einen Assistenten parat: *Feldverknüpfungs-Assistent für Unterformulare.*

Der Assistent wird über die Schaltfläche mit den drei Punkten gestartet, die am rechten Rand der Eigenschaftsfelder *Verknüpfen von* bzw. *Verknüpfen nach* eingeblendet wird, wenn Sie den Cursor in einem der Felder positionieren.

Abbildg. 23.9   Unterstützung bei der Verknüpfung

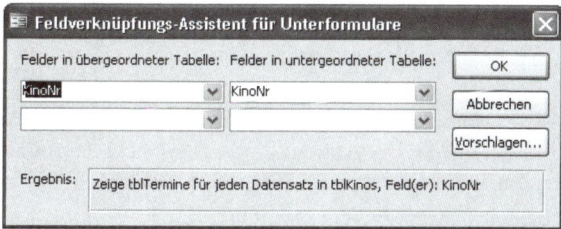

Im Dropdown-Listenfeld auf der linken Seite können Sie eines der Felder der Tabelle oder Abfrage des Hauptformulars, auf der rechten Seite des Unterformulars selektieren. Es kann dabei hilfreich sein, sich die Vorschläge von Access mithilfe der Schaltfläche *Vorschlagen* anzusehen.

Die Verknüpfung zwischen Haupt- und Unterformular kann aus bis zu drei Feldern bestehen (wenn Sie eine zweite Kombination bestimmen, blendet der Assistent eine dritte Zeile mit Kombinationsfeldern ein).

WICHTIG Vertrauen Sie dem Feldverknüpfungs-Assistenten nicht blindlings! Der Assistent versucht die Verknüpfung zwischen Haupt- und Unterformular durch Auswertung der Beziehungen zwischen den zugrunde liegenden Tabellen und Abfragen bzw. aufgrund der Namensgleichheit von Feldern aufzubauen. Das klappt nicht immer!

HINWEIS Der Eintrag *Verknüpfen nach*, der sich auf das Hauptformular bezieht, kann entweder die Bezeichnung eines Feldes oder die Bezeichnung eines Steuerelements des Hauptformulars beinhalten. Ein Hauptformular kann daher gebunden oder ungebunden sein (Kapitel 25). In *Verknüpfen von* können nur Feldbezeichnungen verwendet werden. Daraus folgt, dass Unterformulare immer gebunden sein müssen.

Das Unterformular bearbeiten

Lassen Sie uns nun einen Blick auf das Unterformular werfen. Für unser Beispiel hatten wir im Assistenten bestimmt, dass das Unterformular in der Tabellenansicht, also als Endlosformular gezeigt werden soll. Öffnen Sie einfach das Unterformular *subfrmTermine*.

Abbildg. 23.10 Entwurfsansicht des Unterformulars

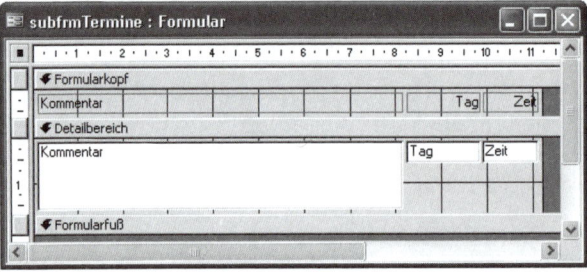

Wir wollen das vom Assistenten generierte Unterformular so überarbeiten, dass mehr Zeilen angezeigt werden können, zudem sollen alle überflüssigen Formularelemente ausgeschaltet werden. Außerdem soll in das Unterformular das Feld *Kalenderwoche* der Tabelle *tblWochen* aufgenommen werden, denn jeder Eintrag in die Tabelle *tblTermine* ist ja einer Woche zugeordnet.

Eine neue Abfrage definieren

Um das Feld *Kalenderwoche* in das Unterformular aufzunehmen, muss eine neue Abfrage definiert werden, auf der das Unterformular basieren soll. Die Abfrage-Entwurfsansicht kann direkt aus dem Feld *Datenherkunft* im Eigenschaftenfenster des Formulars aufgerufen werden.

1. Aktivieren Sie das Eigenschaftenfenster zum (Unter-) Formular.
2. Wählen Sie dann das Feld *Datenherkunft* aus und klicken Sie auf die Schaltfläche mit den drei Punkten rechts außen an diesem Feld.

   Sie erhalten daraufhin ein Dialogfeld angezeigt, das Sie fragt, ob Sie eine Abfrage erstellen möchten, die auf der Tabelle basieren soll, die zurzeit dem Unterformular zugrunde liegt.

Abbildg. 23.11   Hier soll eine Abfrage erstellt werden

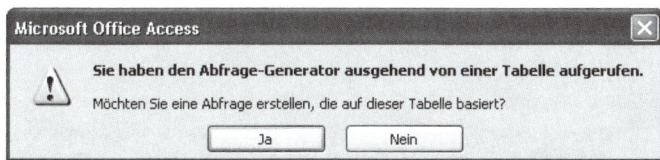

3. Nehmen Sie nun in der Abfrage auch die Tabelle *tblWochen* auf.

4. Fügen Sie das Feld *Kalenderwoche* aus der Tabelle *tblWochen* hinzu und dann alle Felder aus der Tabelle *tblTermine*.

5. Legen Sie nun die Sortierung nach *Kalenderwoche*, *Tag* und *Zeit* fest.

6. Schließen Sie dann die Abfrage.

Damit wurde die folgende Abfrage zusammengestellt bzw. in der Abfrage-Entwurfsansicht definiert:

SELECT tblWochen.Kalenderwoche, tblTermine.TerminNr, tblTermine.WochenNr, tblTermine.KinoNr, tblTermine.Kommentar, tblTermine.Tag, tblTermine.Zeit

FROM tblTermine INNER JOIN tblWochen ON tblTermine.WochenNr = tblWochen.WocheNr

ORDER BY tblWochen.Kalenderwoche, tblTermine.Tag, tblTermine.Zeit;

Den Layoutentwurf anpassen

Um das Layout für das Unterformular optimal zu gestalten, führen Sie folgende Schritte aus:

1. In der Feldliste finden Sie nun auch das Feld *Kalenderwoche*. Ziehen Sie es auf das Formular.

2. Löschen Sie das Textfeld *Tag* und ergänzen Sie das Formular um ein Kombinationsfeld. Brechen Sie dazu den Kombinationsfeld-Assistenten gleich ab und wählen Sie für das neue Kombinationsfeld hinter *Steuerelementinhalt* das Feld *Tag* aus. Nennen Sie das Kombinationsfeld *cboTag*.

3. Formatieren Sie den Detailbereich des Formulars möglichst eng, um mehr Zeilen im Unterformular darstellen zu können.

4. Schalten Sie die Navigationsschaltflächen und die horizontale Bildlaufleiste im Eigenschaftenfenster des Formulars ab.

Abbildg. 23.12   Überarbeitetes Unterformular

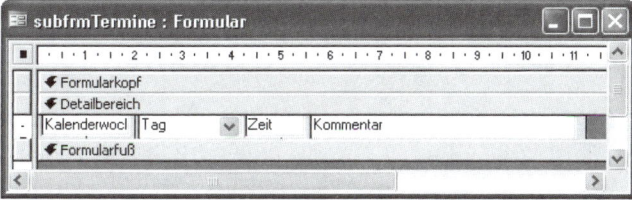

Wie Sie sich vielleicht noch aus dem ersten Teil des Buches erinnern, wird der *Tag* als eine Zahl zwischen 1 und 7 festgelegt, die den Wochentag (gezählt ab Donnerstag, denn ein neues Kinoprogramm beginnt immer donnerstags) repräsentiert, an dem ein Film gezeigt wird. Neben den Werten 1 bis 7 wurden die Werte 8, 9, 10 und 11 festgelegt. Sie stehen für »Do/So-Mi«, »Fr/Sa«, »Sa/So« und die gesamte Woche. Diese Zuordnung wurde getroffen, damit beispielsweise, wenn ein Film die ganze Woche zur gleichen Zeit läuft, nur ein Termineintrag benötigt wird und nicht sieben.

Für das Kombinationsfeld wird entsprechend eine Werteliste zusammengestellt, wie es in Abbildung 23.13 gezeigt ist. Des Weiteren müssen Sie den *Herkunftstyp* in *Wertliste* ändern, die *Spaltenanzahl* muss *2* anzeigen und die *Spaltenbreite* die Werte *0cm;2cm*.

Abbildg. 23.13 Datensatzherkunft des Kombinationsfeldes

Das Formular mit dem überarbeiteten Unterformular ist in Abbildung 23.14 dargestellt.

Abbildg. 23.14 Das Hauptformular mit dem überarbeiteten Unterformular

Eine (etwas aufwändige) Überarbeitung

Mit dem nun erstellten Formular zur Darstellung von Kinos und Terminen tritt ein Problem auf, das wir in vielfältiger Form in Firmen und in unseren Seminaren kennen gelernt haben: Für ein Kino werden alle Termine gezeigt, und zwar für alle Wochen, d.h., die Menge der Datensätze im Unterformular ist sehr groß und damit sehr unübersichtlich.

Wie können die im Unterformular gezeigten Datensätze zusätzlich eingeschränkt werden?

Wir möchten Ihnen in diesem Abschnitt eine überarbeitete Version des Formulars vorstellen, die die Auswahl einer Kalenderwoche erlaubt, für die dann die entsprechenden Termine im Unterformular gezeigt werden. Die Überarbeitung ist teilweise etwas aufwändig, zeigt aber sehr gut, wie die verschiedenen Steuerelemente miteinander verknüpft werden können bzw. wie Sie aus dem Hauptformular Inhalte des Unterformulars ansprechen können und umgekehrt. Allerdings muss für die Realisierung der neuen Funktionen ein wenig programmiert werden.

In Abbildung 23.15 ist das Endergebnis der Überarbeitung dargestellt. Folgende Funktionen wurden eingebaut:

- Im Formularkopf wurde ein Kombinationsfeld hinzugefügt, das die Auswahl einer Kalenderwoche ermöglicht. Im Unterformular werden dann nur noch die Termine dieser Woche gezeigt, wobei allerdings zusätzlich, wie in Abbildung 23.15 zu sehen ist, ein Eintrag *** *Alle Wochen* *** im Kombinationsfeld die Darstellung aller Termine in einem Kino ermöglicht.

- Im Unterformular wird nun anstelle des Kommentars zum Termin der Titel des Films eingeblendet.

Abbildg. 23.15   Fertiges Formular

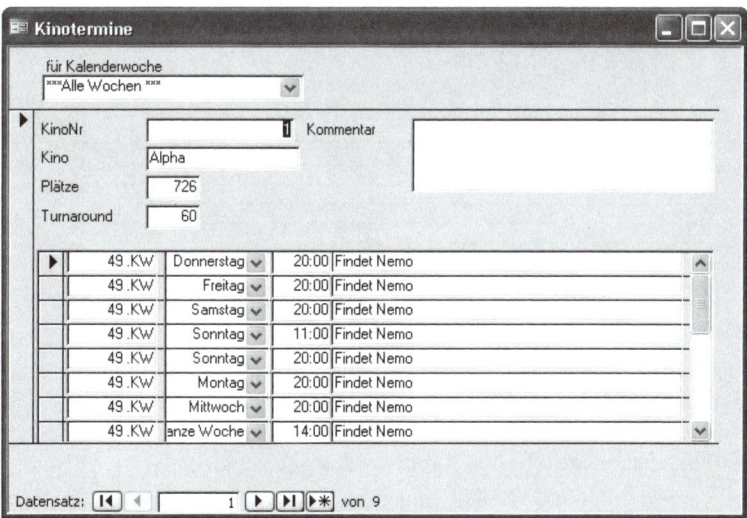

Unser Beispielformular haben wir unter *frmKinoTermine* gespeichert. Der angezeigte Name wurde im Eigenschaftenfenster des Formulars auf der Registerkarte *Format* im Feld *Beschriftung* in *Kinotermine* geändert. Im Folgenden möchten wir Ihnen zeigen, wie die Überarbeitung erfolgte.

1. Schritt: Das Kombinationsfeld

Über das Kombinationsfeld im Formularkopf kann die gewünschte Kalenderwoche selektiert werden. Zusätzlich steht der Eintrag *** *Alle Wochen* *** zur Verfügung. Das Kombinationsfeld ist ungebunden, zeigt also nicht den Inhalt eines Feldes der dem Formular zugrunde liegenden Tabelle.

Um das Kombinationsfeld zu erstellen, führen Sie die folgenden Schritte durch.

1. Erzeugen Sie im Formularkopf des Hauptformulars mithilfe der entsprechenden Schaltfläche ein neues Kombinationsfeld. Im Normalfall wird der Kombinationsfeld-Assistent geöffnet, nachdem Sie das Feld positioniert haben. Brechen Sie den Assistenten über die entsprechende Schaltfläche ab, denn wir werden alle Eintragungen direkt im Eigenschaftenfenster vornehmen.

Formulare

2. Geben Sie dem Kombinationsfeld zuerst den Namen *cboWoche*. Stellen Sie dann den Mauszeiger in das Feld *Datensatzherkunft* und klicken Sie auf die Schaltfläche mit den drei Punkten rechts außen im Feld, um das Abfrage-Entwurfsfenster zu öffnen.

3. Die erste Version der Abfrage können Sie in Abbildung 23.16 sehen. Sie besteht aus zwei Spalten: der Kalenderwoche, aufsteigend sortiert, und noch einmal der Kalenderwoche, diesmal mithilfe der *Format()*-Funktion als *Format(tblWochen.Kalenderwoche;"ww"". KW ""jjjj"" (ab: ""tt\.mm\.jjjj")"* formatiert. Durch die Formatierung werden die unteren Einträge erzeugt, die in Abbildung 23.16 dargestellt sind.

Abbildg. 23.16 Erste Version der Abfrage für das Kombinationsfeld

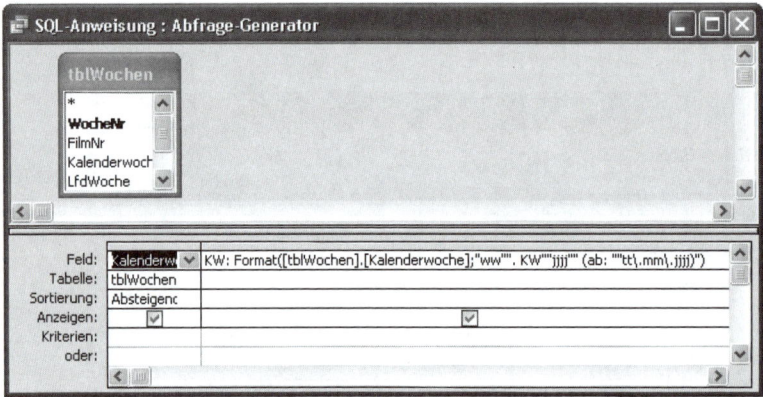

Zusätzlich soll nun der Eintrag *** *Alle Wochen* *** im Kombinationsfeld gezeigt werden. Dieser Eintrag, der ja nicht in der Tabelle *tblWochen* vorkommt, wird mit einem Trick erzeugt, der auf dem SQL-Befehl *UNION* basiert. Den *UNION*-Befehl, der zwei oder mehr Abfrageergebnisse zusammenführt, haben Sie schon in Kapitel 20 kennen gelernt.

4. Schalten Sie, um den *UNION*-Befehl eingeben zu können, aus der Abfrage-Entwurfsansicht in die SQL-Ansicht der Abfrage um.

Mithilfe des *UNION*-Befehls wird eine Zeile mit den Spaltenwerten *#1/1/3000#* und *** *Alle Wochen* *** an die Liste der Kalenderwochen angehängt. Da das Gesamtergebnis der *UNION*-Abfrage nach der Kalenderwoche absteigend (*DESC*) sortiert wird, steht der zusätzliche Eintrag am Anfang der Liste, da der 1.1.3000 doch weit in der Zukunft liegt.

Abbildg. 23.17 Die SQL-Abfrage für das Kombinationsfeld

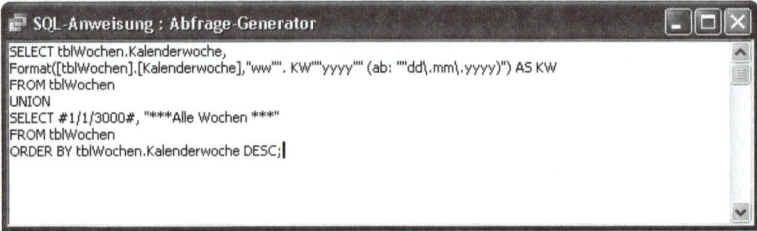

Wählt der Anwender später im Formular den Eintrag *** *Alle Wochen* ***, wird der Datumswert 1.1.3000 als Ergebnis des Kombinationsfeldes zurückgegeben. Das zweite Unterformular zur Darstellung der Termine wird, wie Sie weiter hinten in diesem Kapitel nachlesen können, so modifiziert, dass es auf dieses Datum entsprechend reagiert.

Abbildung 23.18 zeigt die weiteren Eintragungen für die Eigenschaften des Kombinationsfeldes.

Abbildg. 23.18 Die Eigenschaften für das Kombinationsfeld *cboWoche*

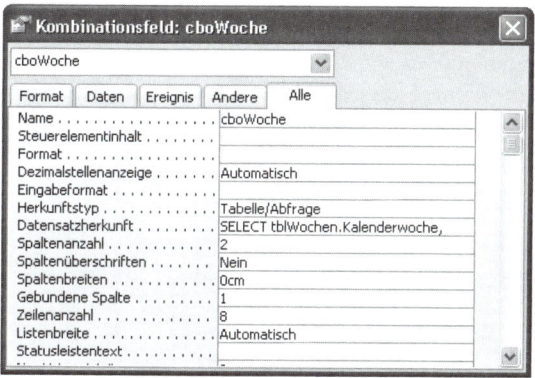

Die *Spaltenzahl* ist mit *2* angegeben, wobei die *Spaltenbreite* der ersten Spalte, der unformatierten Kalenderwoche, auf *0 cm* gesetzt ist. Für die zweite Spalte wurde eine Breite nicht explizit angegeben. Access verwendet dann die zur Verfügung stehende Breite des Kombinationsfeldes.

Die erste Spalte wird als *gebundene Spalte* bezeichnet, denn diese Werte sollen im Unterformular, wie weiter hinten in diesem Kapitel beschrieben, ausgewertet werden. Durch Setzen der Breite der ersten Spalte auf *0 cm* wird die Breite der zweiten Spalte automatisch auf die Breite des Kombinationsfeldes angepasst.

Damit sieht die Auswahlliste des Kombinationsfeldes so aus, wie wir es geplant hatten.

Abbildg. 23.19 Das Kombinationsfeld mit seinem neuen Eintrag

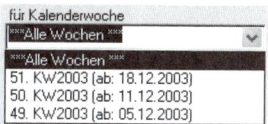

2. Schritt: Das Unterformular

Im zweiten Schritt muss nun das Unterformular dazu gebracht werden, die Auswahl der Kalenderwoche im Kombinationsfeld auszuwerten und nur die entsprechenden Werte zu zeigen.

Dazu wird in den Eigenschaften des Unterformulars die *Datenherkunft* verändert. Stellen Sie den Cursor in das entsprechende Feld im Eigenschaftenfenster und rufen Sie über die Schaltfläche am rechten Rand die Abfrage-Entwurfsansicht auf.

Abbildung 23.20 zeigt die neue Abfrage für das Unterformular. Zusätzlich zu den Tabellen *tblTermine* und *tblWochen* wurde die Tabelle *tblFilme* aufgenommen, über die die Spalte *Filmtitel* verfügbar wird. Der Filmtitel soll ja, so wurde es in der Aufgabenstellung festgelegt, anstelle des Kommentars im Unterformular erscheinen. Deshalb muss er natürlich in der Abfrage vereinbart werden.

In der Spalte *Kalenderwoche* ganz links im Entwurfsfenster ist die Verbindung der Abfrage zu der im Kombinationsfeld *cboWoche* des Hauptformulars angegebenen Kalenderwoche definiert. Die Formel in der *Kriterien*-Zeile lautet:

Wie Wenn([Formulare]![frmKinoTermine].[cboWoche] = #01.01.3000#; ""; [Formulare]![frmKino-Termine].[cboWoche])*

Lassen Sie uns die Formel in kleine Teile zerlegen: Beginnen wir mit dem Ausdruck *[Formulare]![frmKinoTermine].[cboWoche]*. Sie können diesen Ausdruck wie folgt lesen: Aus der Menge der Formulare nimm das Formular *frmKinoTermine* und gib den Wert des Steuerelements *cboWoche* zurück. Bedingung dafür ist, dass das Formular geöffnet ist, was in unserem Fall unproblematisch ist, denn das Hauptformular zu einem Unterformular ist natürlich immer geladen. Weitere Informationen zu der Schreibweise des Ausdrucks erhalten Sie im nächsten Kapitel.

Abbildg. 23.20 Die geänderte Datenherkunft des Unterformulars

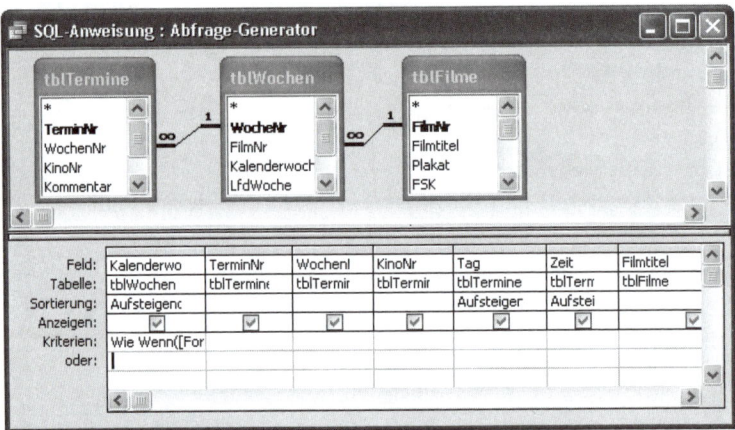

Die *Wenn()*-Bedingung liefert *Wie "*"* zurück, wenn der Wert von *cboWoche* der 1.1.3000 ist. Dieser Wert wird vom Kombinationsfeld aufgrund der *UNION*-Abfrage zurückgegeben, wenn der Eintrag *** Alle Wochen *** selektiert ist. Durch den *WIE*-Operator wird dann die Auswahl der Datensätze vorgenommen.

3. Schritt: Die Programmierung

Ein ganz klein wenig Programmierung ist notwendig, damit die Auswahl der Kalenderwoche im Hauptformular eine entsprechende Anzeige der Daten im Unterformular bewirkt. Da Access die Daten nicht aktualisiert, also die Abfrage des Unterformulars erneut ausführt, nur weil eine Auswahl im Kombinationsfeld stattgefunden hat, muss die Auswahl eine entsprechende Aktion auslösen.

In Kapitel 24 werden wir die Grundlagen der Formularprogrammierung ausführlicher erläutern. An dieser Stelle also nur ein schneller Streifzug ...

Jede Auswahl, jeder Klick und jede sonstige Operation im Kombinationsfeld löst Access-intern ein Ereignis aus, d.h., Windows teilt Access mit, dass der Benutzer in das Kombinationsfeld geklickt oder hineingeschrieben hat. Access ist in der Lage, auf die Ereignisse zu reagieren, die das Kombinationsfeld betreffen.

In den Eigenschaften des Kombinationsfeldes finden Sie im unteren Bereich (bzw. auf der Registerkarte *Ereignis*) eine Reihe von Einträgen, die mit *Beim* oder *Bei* beginnen. Diese Ereignisse des Kombinationsfeldes können Sie abfangen und entsprechend darauf reagieren. Die Reaktion auf ein Ereignis besteht im Aufruf eines Makros oder eines Visual Basic-Programms.

Im Beispiel soll das Ereignis *Beim Klicken* ein Programm starten, das die Daten im Unterformular aktualisiert. *Beim Klicken* tritt auf, wenn eine neue Auswahl im Kombinationsfeld selektiert wird. Stellen Sie also den Cursor in das entsprechende Feld und klicken Sie auf die Schaltfläche mit den drei Punkten rechts außen.

Abbildg. 23.21 Für das Ereignis *Beim Klicken*

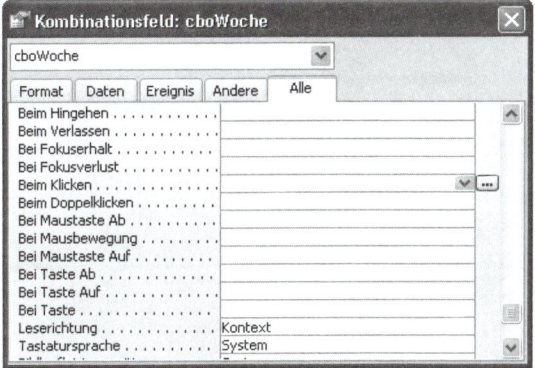

Access blendet nun das Dialogfeld *Generator auswählen* ein. Sie können darin bestimmen, ob Sie über den *Ausdrucks-Generator* den Aufruf eines Visual Basic-Programms zusammenstellen, mit dem *Makro-Generator* ein Makro schreiben oder über den *Code-Generator* ein Visual Basic-Programm für das Formular erfassen wollen. Die verschiedenen Optionen werden im nächsten Kapitel beschrieben. Wählen Sie an dieser Stelle für unser Beispiel den *Code-Generator*.

Abbildg. 23.22 Auswahl des Generators

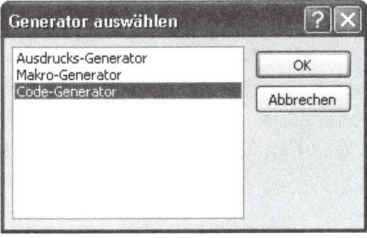

Access öffnet jetzt ein Fenster, in dem wahrscheinlich auch auf Ihrem System die gleichen Texte wie in Abbildung 23.23 zu sehen sind.

Formulare

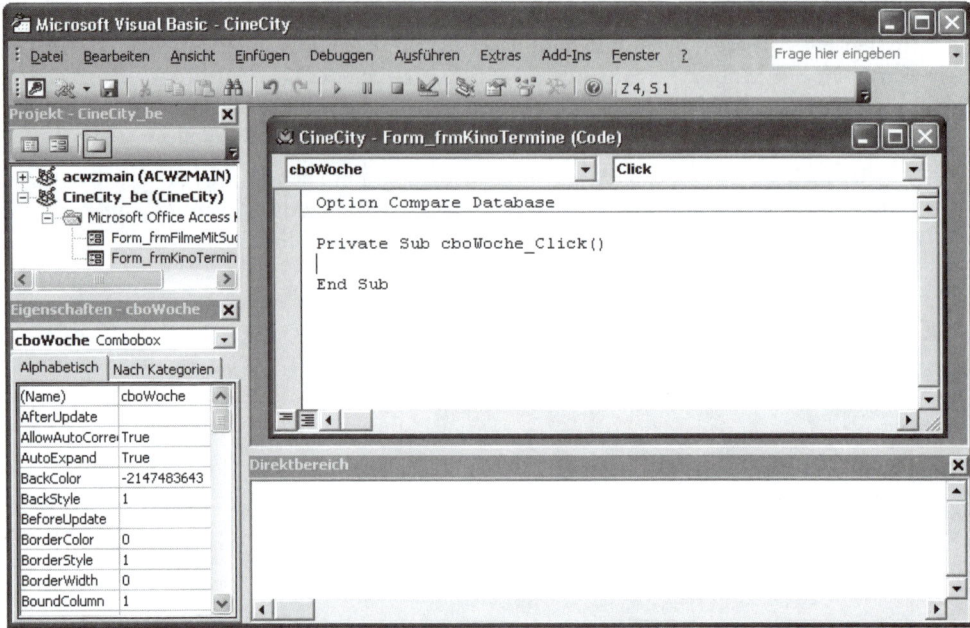

In Kapitel 33 beschreiben wir den Visual Basic-Editor ausführlich. An dieser Stelle ist nur das Fenster oben rechts im Editor von Interesse. Wenn Sie die im Folgenden beschriebenen Eingaben durchführen, schließen Sie danach anschließend einfach den Editor, um zu Access zurückzukehren.

Access hat den leeren Rahmen einer Ereignisfunktion erstellt, die den Namen `cboWoche_Click()` trägt. In diesen Rahmen schreiben Sie nun den Befehl, der eine Aktualisierung des Unterformulars bewirkt. Er lautet:

```
subfrmTermine.Requery
```

Die Bezeichnung `subfrmTermine` ist der Name des *Unterformular*-Steuerelements. Für dieses Steuerelement wird die Aktion `Requery` durchgeführt, die eine Aktualisierung der Inhalte des Steuerelements bewirkt.

Damit schon beim Laden des Hauptformulars die richtigen Daten im Unterformular gezeigt werden und im Kombinationsfeld der Eintrag *** *Alle Wochen* *** vorselektiert ist, müssen Sie ein Programm für das Ereignis *Beim Laden* für das Hauptformular erstellen. In Abbildung 23.24 sehen Sie das vollständige Programm.

Abbildg. 23.24 Vollständiges Programm

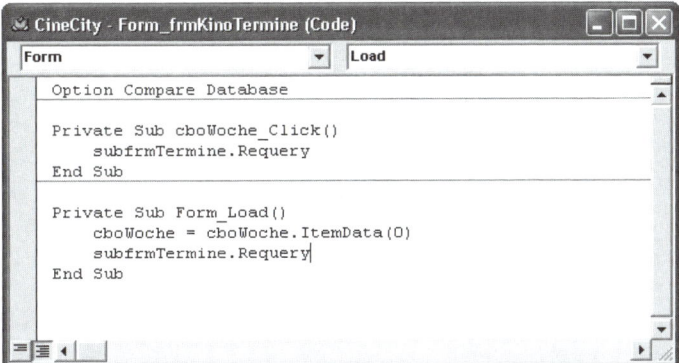

Der Befehl `cboWoche.Value = cboWoche.ItemData(0)` selektiert den ersten Eintrag der Liste im Kombinationsfeld.

Damit ist die Überarbeitung des Formulars beendet. Probieren Sie nun die neuen Funktionen aus, damit Sie sehen, wie durch eine Auswahl im Kombinationsfeld die Daten im Unterformular entsprechend eingeschränkt werden.

Unterformulare mit und ohne Assistenten

Neben der Generierung von Unterformularen mit dem Formular-Assistenten gibt es noch weitere Möglichkeiten, ein Unterformular auf einem Formular zu platzieren.

Ziehen Sie einfach etwas herüber!

Die schnellste und einfachste Möglichkeit, ein Unterformular zu erstellen, ist per Drag & Drop eine Tabelle, eine Abfrage oder ein Formular auf Ihr Formular zu ziehen.

Ordnen Sie dazu Ihr Formular und das Access-Datenbankfenster so auf der Access-Arbeitsfläche an, dass Sie das gewünschte Objekt mit der Maus aus dem Datenbankfenster auf Ihr Formular ziehen können. Legen Sie das Objekt im Formular ab, indem Sie die Maustaste loslassen, wird automatisch der Unterformular-Assistent gestartet, der Sie bei der Auswahl jenes Feldes unterstützt, das als Verknüpfung zwischen Haupt- und Unterformular verwendet werden soll.

Mit der Toolbox

Als weitere Möglichkeit, ein Unterformular zu erstellen, dient Ihnen die entsprechende Schaltfläche *Unterformular/-bericht* der Toolbox in der Formular-Entwurfsansicht. Gehen Sie wie folgt vor:

1. Klicken Sie auf die Schaltfläche *Unterformular/-bericht*.
2. Ziehen Sie auf dem Formular einen Rahmen auf.
3. Legen Sie im ersten Dialogfeld des *Unterformular-/Unterberichts-Assistenten* fest, aus welchen Daten das Unterformular erstellt werden soll.

Formulare

Abbildg. 23.25 Woher kommen die Daten?

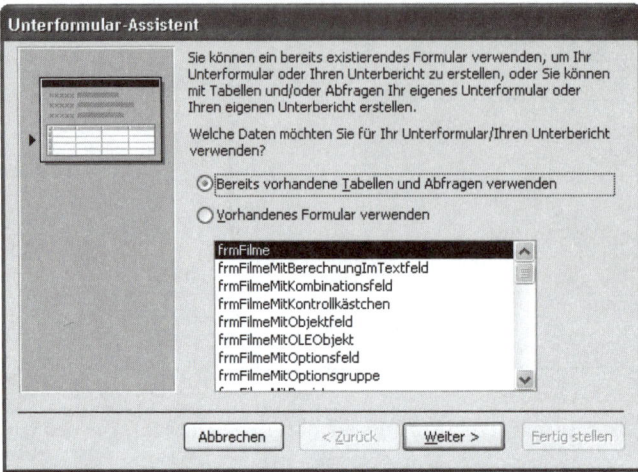

Selektieren Sie die Option *Vorhandenes Formular verwenden*, können Sie eines Ihrer bereits bestehenden Formulare als Unterformular nutzen.

Für unser Beispiel wurde die erste Option angewählt. Abbildung 23.26 zeigt das nächste Dialogfeld des Assistenten, in dem Sie die Felder zur Darstellung im Unterformular bestimmen können.

Abbildg. 23.26 Auswahl der Felder

Aufgrund der von Ihnen gewählten Felder versucht der Assistent, eine Verknüpfung zwischen dem Hauptformular und dem zu erstellenden Unterformular zu finden. Die Vorschläge des Assistenten werden im nächsten Dialogfeld des Assistenten aufgeführt.

Abbildg. 23.27 Verknüpfungsauswahl

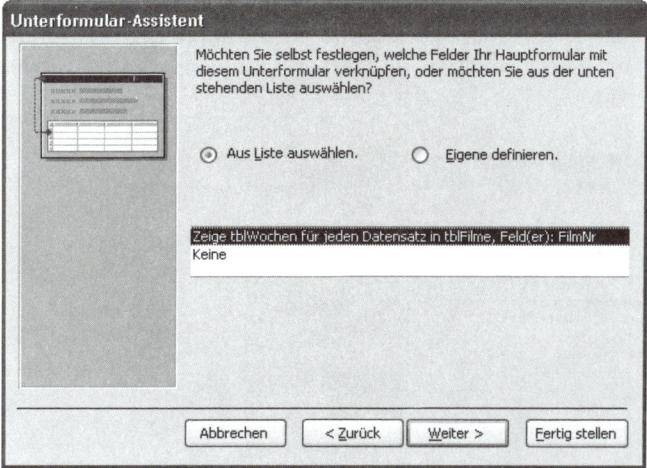

Aber mit der Option *Eigene definieren* können Sie auf das in Abbildung 23.28 gezeigte Dialogfeld umschalten und selbst Hand anlegen.

Abbildg. 23.28 Eigene Verknüpfungsbedingungen festlegen

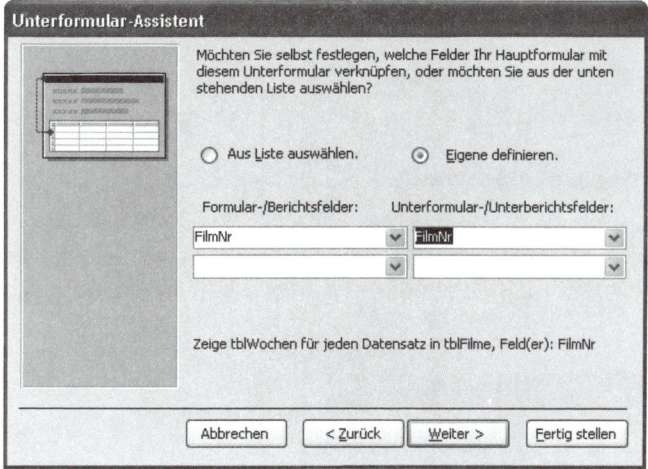

Verschachtelte Unterformulare

Access bietet auch die Möglichkeit, Unterformulare ineinander zu verschachteln. Die Verschachtelung ist auf zehn Ebenen beschränkt.

Für CineCity soll ein Formular erstellt werden, das zu jedem Film die Kalenderwochen zeigt. Für jede Kalenderwoche, in der der entsprechende Film gezeigt wird, sollen die einzelnen Vorstellungstermine eingeblendet werden.

Formulare

Abbildung 23.29 stellt das fertige Formular mit den ineinander verschachtelten Unterformularen vor. Das innerste Formular zur Darstellung der Termine wird in der Datenblattansicht gezeigt. Es ist mit dem Unterformular zur Darstellung der Kalenderwochen verknüpft. Dieses Formular wiederum besitzt eine Verknüpfung zum Hauptformular.

Abbildg. 23.29 Verschachtelte Unterformulare

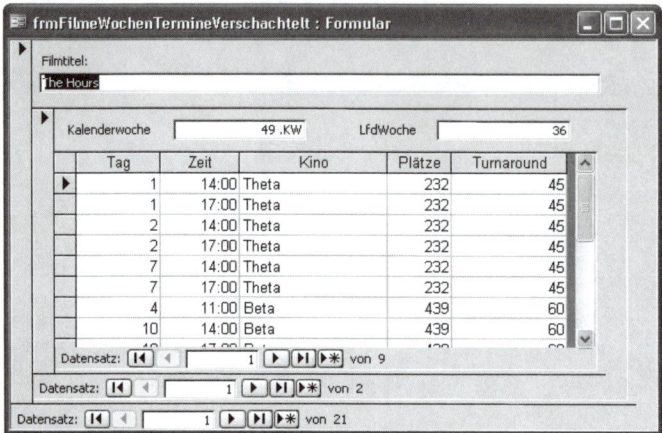

> **HINWEIS** Nur das innerste Formular kann in der Datenblatt- oder Endlosdarstellung gezeigt werden.

Zur Erstellung eines verschachtelten Formulars empfehlen wir Ihnen das folgende Vorgehen:

1. Schritt: Erstellen des Unterformulars

Erstellen Sie mithilfe des Formular-Assistenten zuerst das Unterformular, das selbst wieder ein Unterformular enthält. Für das Unterformular wird die Tabelle *tblWochen* als Basis verwendet, für das Unter-Unterformular die Tabellen *tblTermine* und *tblKinos*.

Abbildg. 23.30 Das erste Unterformular

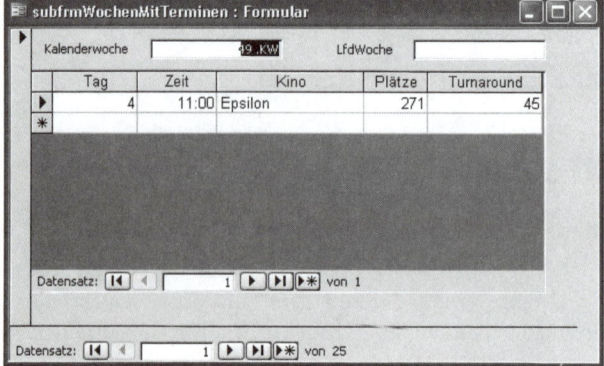

Um festzulegen, welche Felder angezeigt werden sollen, löschen Sie in der Entwurfsansicht die nicht benötigten Felder. Die Breite der einzelnen Spalten legen Sie dann in der Formularansicht fest.

Der Assistent erstellt die Verknüpfung zwischen Unter- und Unter-Unterformular hier im Beispiel über das Feld *WochenNr*.

Abbildg. 23.31   Verknüpfungsangaben für das Unterformular

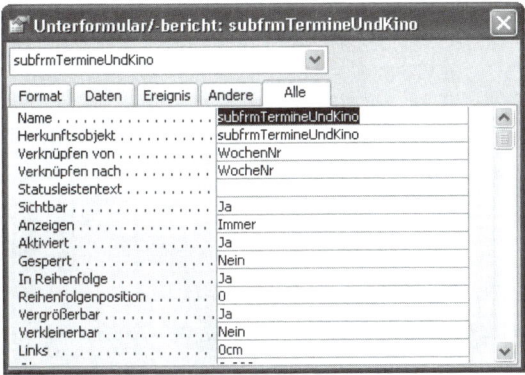

2. Schritt: Das Hauptformular

Nach Fertigstellung der Unterformulare definieren Sie nun das Hauptformular. Die Datenbasis ist die Tabelle *tblFilme*. Erstellen Sie das Formular ohne Assistenten direkt in der Entwurfsansicht und platzieren Sie das Feld *Filmtitel* auf dem Formular.

Abbildg. 23.32   Das Hauptformular

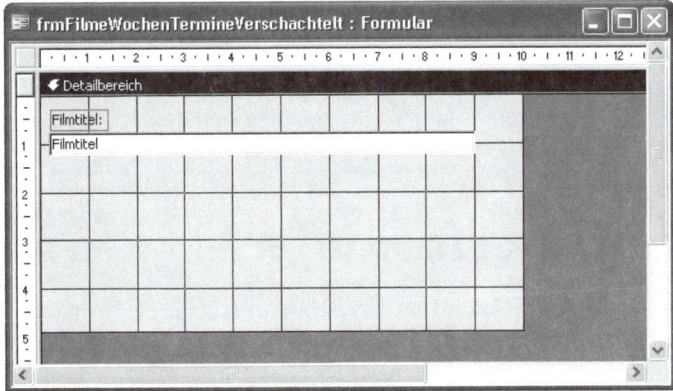

Um das vorbereitete Unterformular auf dem Hauptformular aufzunehmen, gehen Sie wie folgt vor:

1. Ordnen Sie das Entwurfsfenster und das Datenbankfenster so innerhalb des Access-Fensters an, dass sie beide sichtbar sind.

Formulare

Abbildg. 23.33   Herüberziehen des Unterformulars

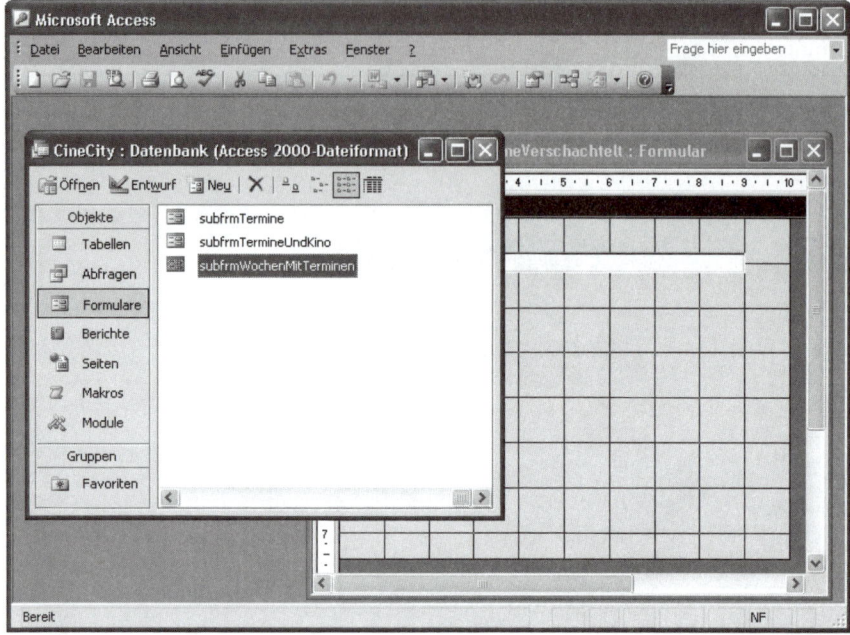

2. Ziehen Sie das vorbereitete Unterformular, hier *subfrmWochenMitTerminen* benannt, mit gedrückter Maustaste auf das Entwurfsfenster des Hauptformulars.

Auf dem Hauptformular wird, wenn Sie die Maustaste loslassen, der Unterformular-Assistent gestartet und das herübergezogene Formular als Unterformular eingebunden. Dabei wird durch den Unterformular-Assistenten automatisch versucht, eine Verknüpfung zwischen den beiden Formularen aufzubauen. Kann der Assistent die Verknüpfung nicht selbsttätig aufbauen, wird das entsprechende Dialogfeld eingeblendet, in dem Sie die Verknüpfung definieren können.

HINWEIS   Beachten Sie bei verschachtelten Formularen, dass hier teilweise viele Daten bewegt werden müssen, um die Anzeige zu aktualisieren. Das kann deutliche Leistungseinbußen zur Folge haben, was bedeutet, dass die Formulare nur langsam mit Daten gefüllt werden.

Synchronisierte Unterformulare

Sie können auf einem Formular problemlos mehrere Unterformulare nebeneinander platzieren. Jedes der Unterformulare kann mit dem Hauptformular verknüpft sein. Darüber hinaus besteht die Möglichkeit, Unterformulare zu synchronisieren. Dabei bestimmt beispielsweise die Auswahl im ersten Unterformular, was im zweiten Unterformular gezeigt wird. Lassen Sie uns dies an einem Beispiel verdeutlichen.

Für jeden *Filmtitel* sollen in einem Unterformular die *Kalenderwoche* und die *LfdWoche* gezeigt werden, in denen dieser Film gezeigt wird. Zu jeder Kalenderwoche sollen dann in einem weiteren Unterformular die Termine, also *Tag* und *Zeit*, dargestellt werden.

Wie schon oft in Access erlebt, führt der schnellste Weg zum Ergebnis über einen Assistenten. Der Formular-Assistent verfügt über die Fähigkeit, synchronisierte Unterformulare zu generieren. Da bietet es sich natürlich an, diesen Assistenten einzusetzen.

Starten Sie den Assistenten, wie wir es am Anfang des Kapitels beschrieben haben, und selektieren Sie im zweiten Dialogfeld die Felder *Filmtitel* aus *tblFilme*, *Kalenderwoche* und *LfdWoche* aus *tblWochen* und zuletzt *Tag* und *Zeit* aus *tblTermine*. Die Tabellen stehen zueinander in Beziehung, da *tblFilme* mit *tblWochen* verknüpft ist, ebenso wie *tblWochen* mit *tblTermine*.

Abbildg. 23.34 Auswahl der Felder

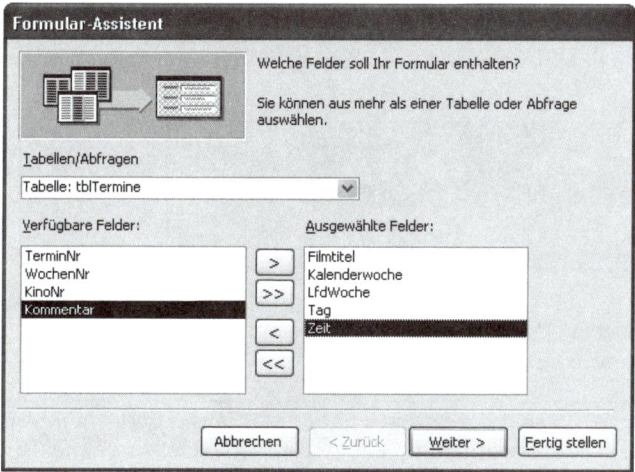

Die Beziehungen zwischen den Tabellen werden vom Assistenten ausgewertet, um die Darstellung des nächsten Dialogfeldes aufzubauen.

Abbildg. 23.35 Aufteilung in zwei Unterformulare

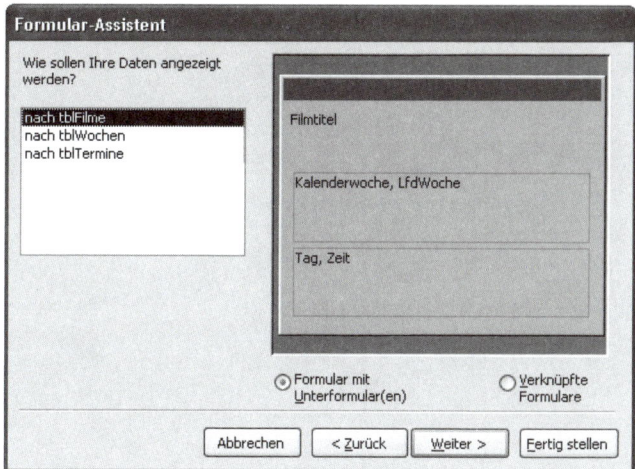

Formulare

Nach der Fertigstellung des Formulars entsteht, je nach der von Ihnen im Assistenten gewählten Formatierung, ein Formular ähnlich wie das in Abbildung 23.36. Hierbei wählten wir die Datenblattansicht für beide Unterformulare.

Abbildg. 23.36 Mit synchronisierten Unterformularen

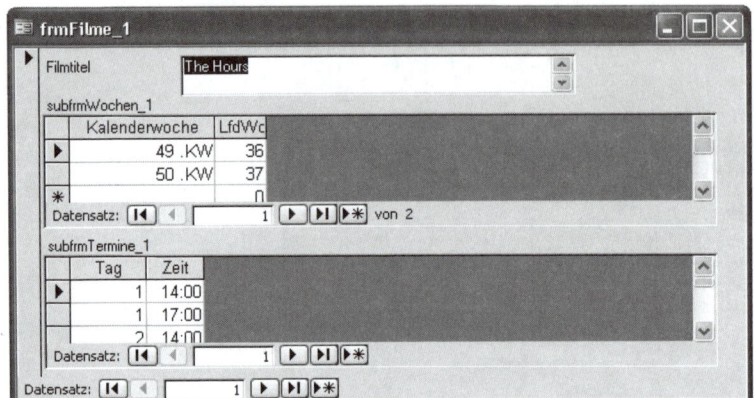

Stellen Sie den Cursor im oberen Unterformular auf eine bestimmte Woche, so werden im unteren Formular sofort die dazugehörigen Termine eingeblendet.

HINWEIS   In Abbildung 23.36 sind die Bezeichnungen für Haupt- und Unterformular direkt auf dem Formular zu sehen. Die Bezeichnungen enden alle mit »_1«. Wir empfehlen Ihnen, die Bezeichnungen von Haupt- und Unterformularen um eine entsprechende Kennung zu erweitern, damit Sie ersehen können, welche Haupt- und Unterformulare zusammengehören. Bei CineCity gibt es beispielsweise eine Reihe von Unterformularen, die mit *subfrmTermine* beginnen, die aber ganz unterschiedliche Aufgaben und Layouts haben.

Sehen Sie sich nun die vom Assistenten generierten Formulare etwas genauer an. In Abbildung 23.37 sind die Eigenschaften des unteren Unterformulars für die Darstellung der Termine abgebildet.

Abbildg. 23.37 Eigenschaften des zweiten Unterformulars

Die Eigenschaft *Verknüpfen nach* enthält den Verweis auf die entsprechende Woche des Unterformulars, in dem *Kalenderwoche* und *LfdWoche* dargestellt werden. Mit *[subfrmWochen_1].Form![WocheNr]* wird der aktuelle Wert von *WocheNr* im Steuerelement *subfrmWochen_1* ermittelt. Dies könnte man auch kürzer *[subfrmWochen_1]![WocheNr]* schreiben.

Der Verweis bezieht sich übrigens immer auf die *WocheNr* des aktuellen Datensatzes. Sie könnten jetzt einwenden, wie auf die *WocheNr* verwiesen werden kann, die weder im Unterformular dargestellt wird, noch im Assistenten (Abbildung 23.34) selektiert wurde? Das ist leicht zu erklären: Die Datenherkunft für die Unterformulare ist immer die gesamte Tabelle, also *tblWochen* bzw. *tblTermine*, auch wenn nur ausgewählte Felder im Formular gezeigt werden.

In Kapitel 24 erläutern wir die verschiedenen Schreibweisen für Verweise, die verwendet werden können, um auf Steuerelemente in Formularen zuzugreifen. Wann wird ein Punkt gesetzt und wann ein Ausrufezeichen? Warum erscheint manchmal die Fehlermeldung »#Name?«? Diese und andere Fragen werden wir dort beantworten.

Der Verweis in der Eigenschaft *Verknüpfen nach* des zweiten Unterformulars reicht aber noch nicht aus. Das Unterformular für die Termine muss vom Unterformular der Wochen informiert werden, dass eine Änderung stattgefunden hat, d.h., dass vom Anwender eine andere Woche selektiert wurde. Diese Information geht vom Unterformular *subfrmWochen_1* aus. Öffnen Sie also das Formular in der Entwurfsansicht.

Abbildg. 23.38   Das erste Unterformular

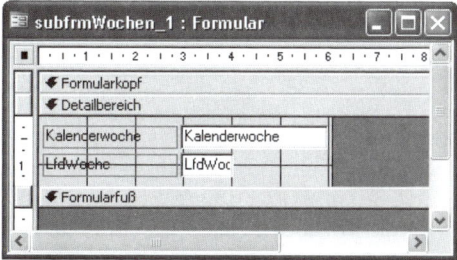

Wie erfährt man nun, ob etwas Besonderes für das Formular vereinbart wurde? Am einfachsten, indem man sich die Eigenschaften des Formulars und gegebenenfalls die Eigenschaften der Steuerelemente ansieht.

In den Eigenschaften des Formulars ist für das Ereignis *Beim Anzeigen* eine Ereignisprozedur, also ein Visual Basic-Programm, definiert.

Abbildg. 23.39   Die Formularereignisse

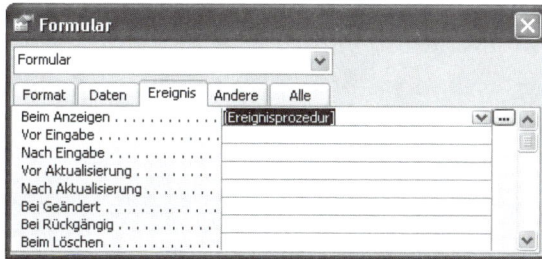

Über die Schaltfläche rechts in der Zeile *Beim Anzeigen* rufen Sie das Modulfenster des Formulars auf. Für das Ereignis wurde vom Formular-Assistenten ein größerer Programmblock eingesetzt.

Abbildg. 23.40 Das Programm für das Ereignis *Beim Anzeigen*

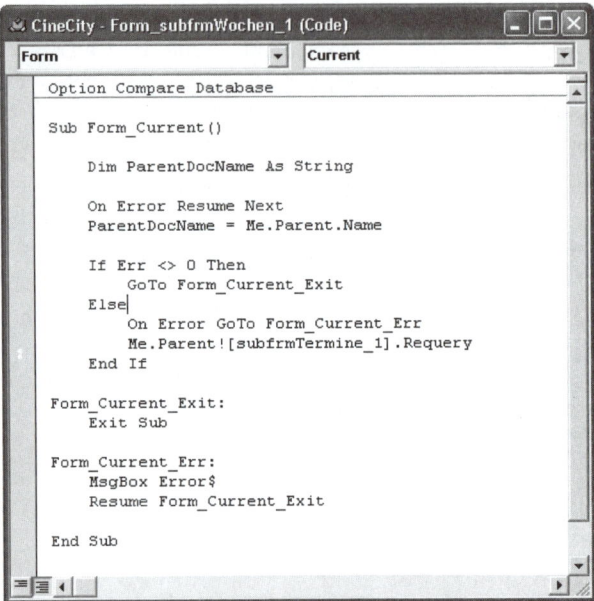

```
CineCity - Form_subfrmWochen_1 (Code)

Form                              Current

    Option Compare Database

    Sub Form_Current()

        Dim ParentDocName As String

        On Error Resume Next
        ParentDocName = Me.Parent.Name

        If Err <> 0 Then
            GoTo Form_Current_Exit
        Else
            On Error GoTo Form_Current_Err
            Me.Parent![subfrmTermine_1].Requery
        End If

    Form_Current_Exit:
        Exit Sub

    Form_Current_Err:
        MsgBox Error$
        Resume Form_Current_Exit

    End Sub
```

Die entscheidende Zeile des Programms lautet: Me.Parent![subfrmTermine_1].Requery. Die Methode Requery, die eine Aktualisierung der Daten eines Steuerelements bewirkt, wurde schon im Abschnitt »Eine (etwas aufwändige) Überarbeitung« weiter vorn in diesem Kapitel besprochen. Me ist ein Verweis auf das Formular selbst, die Eigenschaft Parent spricht den »Elternteil« des Formulars an, d.h., das Formular *subfrmWochen_1* ist ein Abkömmling des Formulars *frmFilme_1*.

Der restliche Programmabschnitt behandelt nur den Fall, dass kein Elternteil vorhanden ist, also Parent keinen Wert haben kann. Wird *subfrmWochen_1* als Formular, nicht als Unterformular, eingesetzt, so ist die Eigenschaft Parent ohne Wert. Wird auf die Eigenschaft zugegriffen, obwohl sie keinen Wert hat, stoppt das Programm mit einer Fehlermeldung. Um dies zu vermeiden, hat der Assistent entsprechende Programmzeilen um die Requery-Anweisung herum erstellt.

Zusammenfassung

In diesem Kapitel lag der Schwerpunkt auf dem Erstellen von Unterformularen.

- Im ersten Abschnitt ab Seite 452 erfahren Sie, wie sich ein Unterformular relativ einfach mithilfe des Formular-Assistenten erstellen lässt.

- Das erstellte Unterformular wird im darauf folgenden Abschnitt überarbeitet (Seite 460).

- Es gibt auch einen speziellen Unterformular-Assistenten, der ein Unterformular auf einem fertigen Formular einfügen kann (Seite 467). Auch verschachtelte (Seite 469) bzw. synchronisierte (Seite 472) Unterformulare sind in Access möglich.

Formulare für Fortgeschrittene

Formulare

Access-Formulare bieten ungeahnte Möglichkeiten! Einen Teil davon möchten wir Ihnen in diesem Kapitel vorstellen. Allerdings bewegen wir uns dabei in kleinen Schritten auf die Programmierung zu, d.h., im Laufe des Kapitels werden immer mehr Makros und Visual Basic-Programme eingesetzt.

Aggregatfunktionen in Formularen

In Formularen werden Ergebnismengen von Abfragen zur Ansicht oder zur Bearbeitung dargestellt. Auch wenn Sie als Datenbasis eine Tabelle angegeben haben, so ist dies eigentlich ein einfacher Fall einer Abfrage, die alle Spalten und Zeilen der Tabelle zurückliefert.

In Kapitel 18 stellten wir Ihnen die Aggregatfunktionen vor, mit denen Sie die Ergebnismengen von Abfragen mit Funktionen wie Summe, Anzahl, Mittelwert usw. auswerten können. Die Aggregatfunktionen lassen sich auch in Formularen auf die Ergebnismenge der dem Formular zugrunde liegenden Abfrage anwenden.

Im Folgenden soll ein Formular erstellt werden, das für jeden Film die Kalenderwochen und die dazugehörigen Vorstellungstermine anzeigt. In Abbildung 24.1 sehen Sie das Formular *frmFilmeWochenTermineT* mit synchronisierten Unterformularen realisiert, wie wir es in Kapitel 23 beschrieben haben.

Abbildg. 24.1 Formular mit synchronisierten Unterformularen

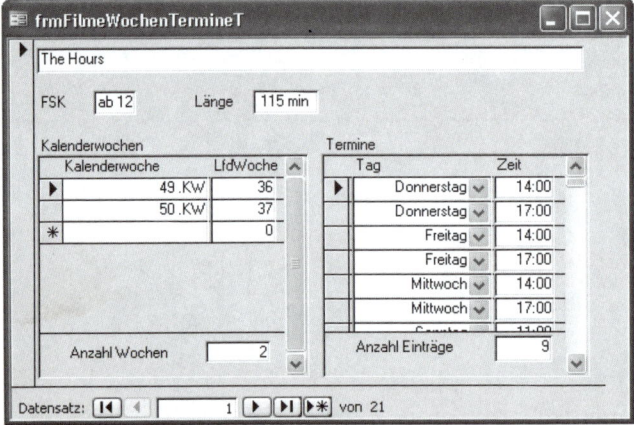

Sowohl das Unterformular der Kalenderwochen als auch das Unterformular der Vorstellungstermine wurden durch jeweils ein neues Textfeld ergänzt, in dem die Anzahl der Vorstellungswochen bzw. -termine angegeben ist.

Das Vorgehen zur Erstellung des Textfeldes ist bei beiden Unterformularen gleich. Deshalb möchten wir Ihnen im Folgenden nur die Lösung für das Formular der Kalenderwochen vorstellen.

Im Fußbereich des Formulars wurde, wie in Abbildung 24.2 gezeigt, ein Textfeld erstellt. Um die Anzahl der Kalenderwochen zu ermitteln, wird im Eigenschaftenfenster für das Textfeld als *Steuerelementinhalt* die Formel =Anzahl([WocheNr]) eingetragen.

Beachten Sie, dass der ermittelte Wert einer Aggregatfunktion in einem Formular von der zugrunde liegenden Datensatzgruppe abhängt. Setzen Sie einen Filter, so bezieht sich die Aggregatfunktion nur auf die gefilterten Daten.

Abbildg. 24.2 Das Unterformular in der Entwurfsansicht

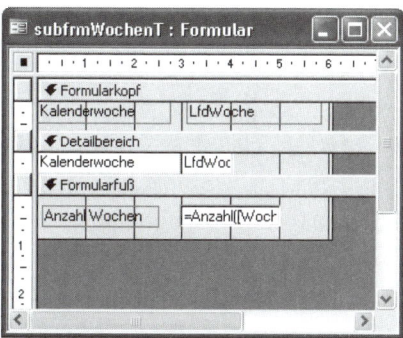

Es ist sinnvoll, die Eigenschaft *Aktiviert* auf *Nein* und die Eigenschaft *Gesperrt* auf *Ja* zu setzen, damit das Feld nicht per Maus oder Tastatur angewählt werden kann.

Abbildg. 24.3 Eigenschaften des Textfeldes

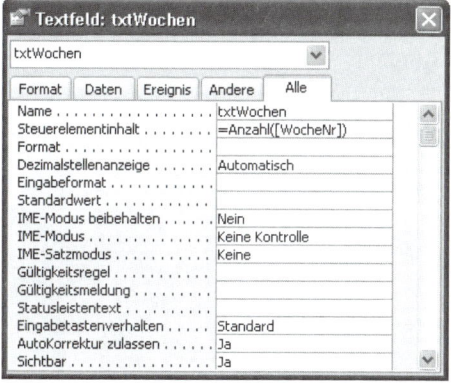

In vielen Anwendungen wird die Aggregatfunktion *Summe()* eingesetzt, beispielsweise bei einem Formular zur Rechnungsschreibung, in dem im Hauptformular der Rechnungskopf und im Unterformular die Rechnungspositionen gezeigt werden. Sie können mithilfe der Summenfunktion die Rechnungspositionen aufaddieren.

Werte nachschlagen mit Domänenfunktionen

Mithilfe der Access-Domänenfunktionen können Sie statistische Werte ermitteln. Domänenfunktionen beziehen sich auf Domänen (engl. domain), darunter versteht man eine Datensatzgruppe.

Im Abschnitt »Aggregatfunktionen in Formularen« weiter vorn in diesem Kapitel wurde beschrieben, wie Sie Aggregatfunktionen auf das dem Formular zugrunde liegende Abfrageergebnis anwenden können. Mit den Domänenfunktionen stellt Access Funktionen zur Verfügung, mit deren Hilfe Sie die Ergebnisse von beliebigen Abfragen leicht ermitteln können.

So arbeiten Sie mit Domänenfunktionen

Die Arbeitsweise der Domänenfunktionen lässt sich am einfachsten anhand eines Beispiels beschreiben.

In einem Formular werden die Stammdaten der Filme aus der Tabelle *tblFilme* dargestellt. In einem zusätzlichen Feld soll nun angegeben werden, wie viele Wochen der Film bereits gezeigt wurde.

In dem in Kapitel 21 erstellten Formular zur Darstellung der Daten der Tabelle *tblFilme* wurde unten das Textfeld zur Anzeige der Website gelöscht und ein neues Textfeld aufgenommen, das mit *Anzahl der Wochen* beschriftet wurde.

Abbildg. 24.4 Neues Feld für die Anzahl der Wochen

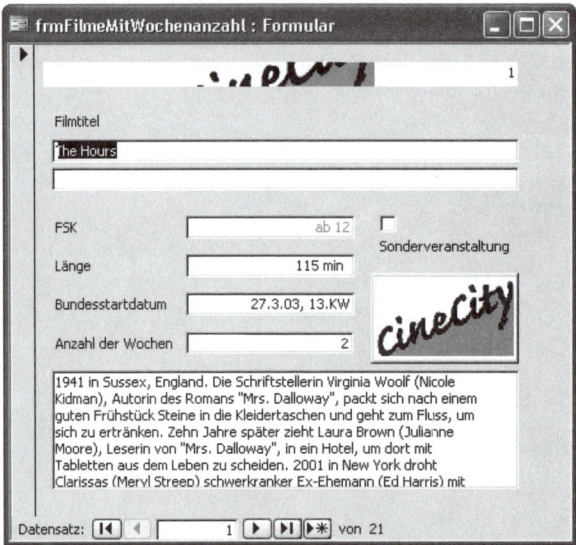

In diesem Feld erscheint nun die Anzahl der Wochen, die der Film gelaufen ist. Die Anzahl wird aus der Tabelle *tblWochen* ermittelt, indem die Einträge gezählt werden, die für den aktuellen Film vorliegen.

Als *Steuerelementinhalt* wird für das neue Feld in den Eigenschaften die Formel *=DomAnzahl("WocheNr"; "tblWochen"; "FilmNr=" & [FilmNr])* erfasst.

Die drei Parameter der Funktion *DomAnzahl()* lassen sich mit den Teilen einer SQL-*SELECT*-Anweisung vergleichen. Stellen Sie sich die Parameter der Domänenfunktion *DomAnzahl(Ausdruck; Domäne; Kriterien)* als Parameter des Befehls *SELECT Ausdruck FROM Domäne WHERE Kriterien* vor. Die *Kriterien* sind optional; geben Sie keine Einschränkung an, werden alle Datensätze der *Domäne* ausgewertet.

Beachten Sie, dass der *Ausdruck* einer Domänenfunktion nur eine Ergebnisspalte beinhalten kann, Sie können also nicht wie bei einem *SELECT*-Befehl mehrere Spaltenausdrücke durch Kommata getrennt aufführen. Eine Domänenfunktion bezieht sich immer nur auf eine Spalte. Der *Ausdruck* kann aber auch eine Formel sein.

Abbildg. 24.5 Eigenschaften des Textfeldes

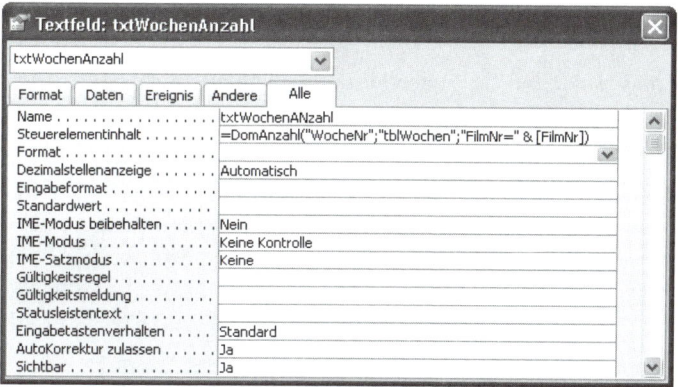

Als *Domäne* geben Sie den Namen einer Tabelle oder Abfrage an, aus der die Ergebnisspalte entnommen werden soll. Die Abfrage muss eine Auswahlabfrage sein, Aktionsabfragen sind nicht zulässig.

Im Parameter *Kriterien* bestimmen Sie, nach welcher Bedingung die Aggregatfunktion errechnet werden soll. Für die Bedingung stehen Ihnen weitgehend die gleichen Möglichkeiten wie für die *WHERE*-Klausel einer Auswahlabfrage zur Verfügung, beispielsweise können mehrere Bedingungen mit *AND* oder *OR* verknüpft werden. Beachten Sie, dass die Befehlswörter in Englisch angegeben werden müssen, so wie es in Kapitel 20 beschrieben worden ist.

Die Domänenfunktionen im Überblick

Die folgende Tabelle führt die Domänenfunktionen auf, sie entsprechen den SQL-Aggregatfunktionen, die Sie schon in Teil C dieses Buches kennen gelernt haben.

Tabelle 24.1 Domänenfunktionen

Access	Beschreibung
DomMittelwert	ermittelt den Mittelwert
DomAnzahl	ermittelt die Anzahl
DomWert	schlägt einen Wert nach
DomMin	ermittelt den kleinsten Wert
DomMax	ermittelt den größten Wert
DomStdAbw	gibt die Standardabweichung einer Stichprobe an
DomStdAbwG	gibt die Standardabweichung einer Grundgesamtheit an
DomSumme	ermittelt die Summe
DomVarianz	gibt die Varianz einer Stichprobe an
DomVarianzG	gibt die Varianz einer Grundgesamtheit an

Formulare

Weitere Beispiele

Wie lang ist die durchschnittliche Länge aller Filme?

Mit =*DomMittelwert("Länge";"tblFilme")* erhalten Sie darauf eine Antwort.

Ermitteln Sie die Anzahl der Vorstellungstermine für einen Film. Die Nummer des Films wird im Formular im Feld *txtFilmNr* angezeigt.

Um diese Aufgabe zu lösen, muss als Domäne eine Abfrage verwendet werden, denn die Anzahl der Vorstellungstermine für einen Film lässt sich nur durch eine Abfrage ermitteln, in der die Tabellen *tblTermine* und *tblWochen* verknüpft werden. Außerdem müssen Sie berücksichtigen, dass es mehr Vorstellungstermine gibt als in Tabelle *tblTermine* aufgeführte Termine, da die Werte für *Tag* ja zum Teil mehrere Tage umfassen. Wenn beispielsweise *11* eingetragen ist, ist ja die gesamte Woche gemeint.

Zunächst muss also eine zusätzliche Tabelle erstellt werden, in der die in *tblTermine* im Feld *Tag* gemachten Eintragungen aufgeschlüsselt werden.

Abbildg. 24.6   Zuerst die Tage aufschlüsseln

Nun wenden wir uns der eigentlichen Abfrage zu, die den Namen *qryAnzahlTermine* erhält.

Abbildg. 24.7   Abfrage zur Ermittlung der Anzahl der Termine pro Film

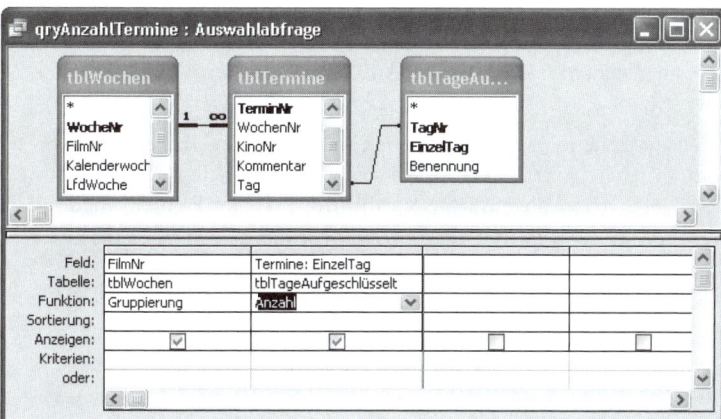

Mithilfe der Domänenfunktion *DomWert()* können Sie nun die Aufgabe lösen: *=DomWert("Termine"; "qryAnzahlTermine"; "FilmNr=" & [txtFilmNr])*

Die Länge des Films »Kops« soll ermittelt und in einem Feld auf dem Formular angegeben werden.

Für den Steuerelementinhalt eines Textfeldes definieren Sie: *=DomWert("Länge"; "tblFilme"; "Filmtitel= 'Kops'")*

Variablen in Zeichenketten

An dieser Stelle möchten wir Sie auf einen kleinen Exkurs über Anführungszeichen in Zeichenketten (engl. strings) mitnehmen, denn diese haben schon manchen Access-Anwender fast zum Wahnsinn getrieben.

Fangen wir mit etwas Einfachem an: Für eine Domänenfunktionen soll als Kriterium *FilmNr = 3* festgelegt werden. Da der Domänenfunktion eine Zeichenkette als Parameter übergeben werden muss, wird einfach *"FilmNr = 3"* geschrieben. Schwieriger wird es schon, wenn nicht immer der Wert 3 verwendet werden soll, sondern der aktuelle Wert eines Tabellen- oder Formularfeldes. Dann wird geschrieben: *"FilmNr=" & [txtFilmNr]*. Mithilfe des Operators & werden dabei zwei Teilzeichenketten zusammengefügt, wobei Access so intelligent ist, die Zahl, die in *txtFilmNr* übergeben wird, automatisch in eine Zeichenkette umzuwandeln.

Umständlicher wird die Definition einer Bedingung mit einem Datumswert. Der einfache Fall lautet: *"Bundesstartdatum = #2.10.2003#"*. Möchten Sie das Datum aus dem Feld *txtDatum* in die Bedingung einbeziehen, wird daraus *"Bundesstartdatum = #" & [txtDatum] & "#"*. Auch hierbei wandelt Access den Datumswert wieder automatisch in eine Zeichenkette, einen String, um.

Die Schwierigkeiten beginnen, wenn Sie Kriterien erstellen, die Zeichenketten als Variablen in Zeichenketten enthalten. Um beispielsweise eine Domänenfunktion nur auf den Film »Rosenstraße« anzuwenden, definieren Sie *"Filmtitel=Rosenstraße"*. Das Ergebnis dieser Formel ist der Ergebniswert *#Fehler*. Nein, so funktioniert es leider nicht, denn der Text *Rosenstraße* gehört selbst in Anführungszeichen, also benötigen wir hier Anführungszeichen innerhalb von Anführungszeichen.

Prinzipiell stehen Ihnen zwei mögliche Schreibweisen zur Verfügung: entweder als *"Filmtitel='Rosenstraße'"* oder als *"Filmtitel=""Rosenstraße"""*. Verwenden Sie also entweder die einfachen Anführungszeichen oder setzen Sie die normalen Anführungszeichen doppelt hintereinander. Access interpretiert die Zeichenfolge *""* als ein Anführungszeichen innerhalb einer Zeichenkette, also nicht als Zeichenkettenbegrenzung.

Die Variante mit den einfachen Anführungszeichen kann dann zu Fehlern führen, wenn Sie beispielsweise den Film »My best Friend's Wedding« selektieren möchten. Hierbei kommt es zu einer Fehlermeldung, denn jetzt treten die einfachen Anführungszeichen ja nicht mehr als Pärchen auf. Hier wäre also die Schreibweise *"Filmtitel=""My best Friend's Wedding"""* besser.

Betrachten wir nun die Variante, dass der Filmtitel mit dem Inhalt des Feldes *txtFilmtitel* verglichen werden soll. Wie Sie sich denken können, ist die Schreibweise *"Filmtitel="* & *[txtFilmtitel]* nicht richtig, denn so entsteht wieder die oben beschriebene Problematik wie bei *"Filmtitel=Rosenstraße"*. Also ran an die Anführungszeichen! Mit *"Filmtitel="""* & *[txtFilmtitel]* & *""""* kommen Sie der Sache näher, obwohl die Anzahl der Anführungszeichen deutlich zugenommen hat. Sie hätten aber auch alternativ *"Filmtitel='"* & *[txtFilmtitel]* & *"'"* schreiben können.

Beide Schreibweisen können zu Fehlern führen. Diese treten immer dann auf, wenn in *txtFilmtitel* eine Zeichenkette übergeben wird, die ihrerseits ein ' oder " enthält. Bei ' funktioniert die erste Variante, bei " die zweite. Was aber, wenn *txtFilmtitel* den Eintrag *Joe's "Stummer" Kurzfilm* enthält? Nun funktioniert keine der beiden vorgestellten Varianten. Das Problem lässt sich nur lösen, indem eine Visual Basic-Funktion programmiert wird, die alle ' und " verdoppelt in die Zeichenkette einbaut. In Teil G stellen wir Ihnen eine solche Funktion vor.

Zugriff auf Daten anderer Formulare

In vielen Anwendungen ist es notwendig, auf Werte in Steuerelementen in Unterformularen oder anderen geöffneten Formularen zuzugreifen.

Daten aus Unterformularen

In Kapitel 23 wurde das Formular *frmKinoTermine* erstellt, das ein Unterformular mit den Vorstellungen des entsprechenden Kinos zeigt.

Um eine bessere Übersicht über die tatsächliche Anzahl der Termine zu erhalten, soll im Unterformular statt *Tag* aus *tblTermine* jetzt *EinzelTag* aus *tblTageAufgeschlüsselt* angezeigt werden. Dazu haben wir zur SQL-Abfrage für die Datensatzherkunft des Unterformulars die *tblTageAufgeschlüsselt* hinzugefügt und im Eigenschaftenfenster eingestellt, dass keine Duplikate zugelassen werden sollen. Für das neu hinzugefügte Feld *EinzelTag* wurde eine aufsteigende Sortierung vereinbart. Als *Steuerelementinhalt* für das Feld *cboTag* im Unterformular wurde *EinzelTag* ausgewählt. Damit wird jetzt im Unterformular eine nach einzelnen Tagen aufgeschlüsselte Liste der Termine angezeigt.

Abbildg. 24.8   Das überarbeitete Ausgangsformular

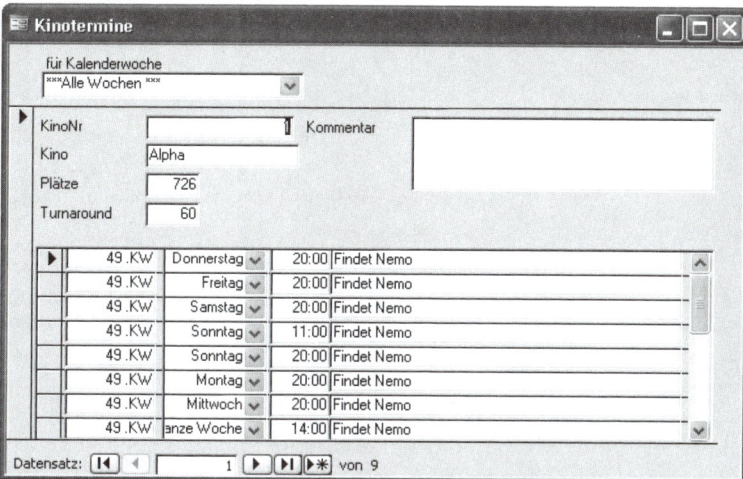

Im oberen Teil des Formulars soll ein Textfeld aufgenommen werden, in dem die maximal mögliche Besucheranzahl bestimmt wird. Diese Angabe errechnet sich aus der Multiplikation der Sitzplätze im Kino mit der Anzahl der Vorstellungen.

Um die Anzahl der Termine zu errechnen, ist es am einfachsten, Sie erweitern das Unterformular um ein Feld, in dem die Anzahl ermittelt wird. Abbildung 24.9 zeigt das neu hinzugekommene Feld im Fußbereich des Formulars.

Abbildg. 24.9   Neues Textfeld im Formularfuß des Unterformulars

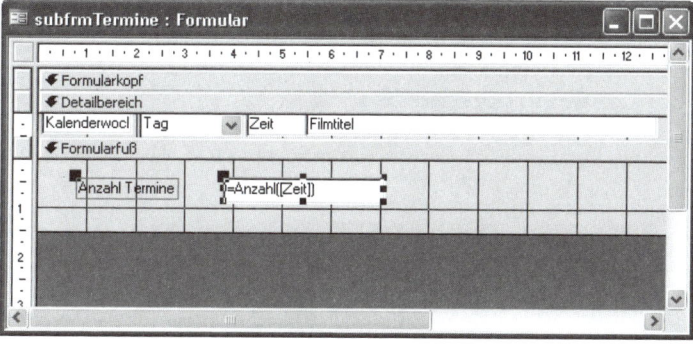

Für das Feld, mit *txtAnzahlTermine* benannt, erfassen Sie als *Steuerelementinhalt* die Formel *=Anzahl([Zeit])*. Die Aggregatfunktion *Anzahl()*, die weiter vorn in diesem Kapitel im Abschnitt »Aggregatfunktionen in Formularen« beschrieben wurde, ermittelt die Anzahl der Datensätze der Abfrageergebnismenge, die im Formular zur Verfügung gestellt werden.

Eigenschaften des neuen Textfeldes

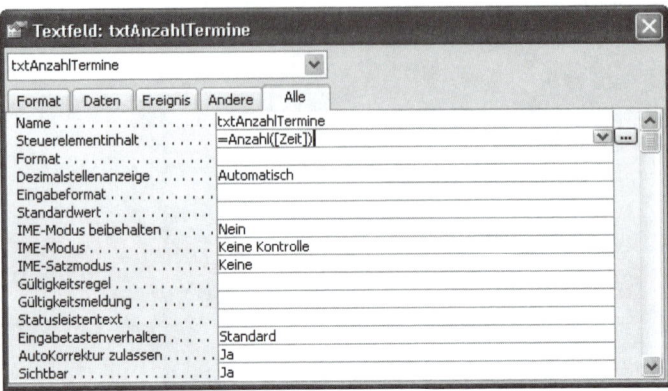

In Abbildung 24.11 ist das geänderte Unterformular in der Formularansicht dargestellt. Beachten Sie, dass sich eine Einschränkung der gezeigten Termine durch die Auswahl einer Kalenderwoche im Dropdown-Listenfeld im Kopfbereich des Hauptformulars auch auf die errechnete Anzahl der Termine auswirkt, denn durch die Auswahl wird die Abfrageergebnismenge des Unterformulars neu bestimmt.

Formular mit geändertem Unterformular

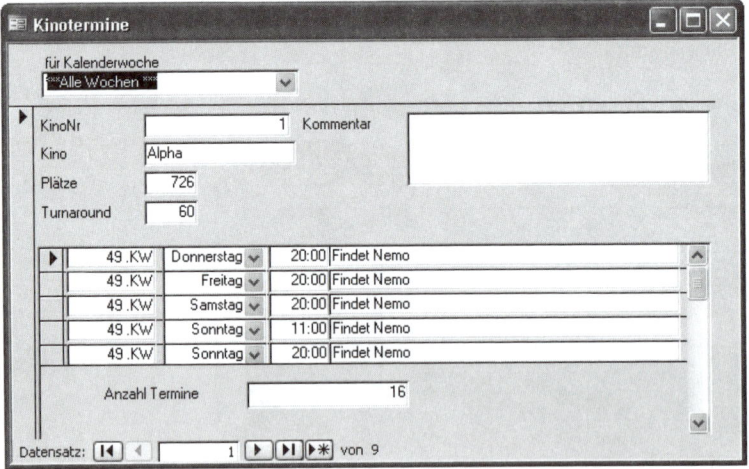

Im nächsten Schritt soll nun ein Textfeld im Hauptformular erstellt werden, in dem die maximale Anzahl von Besuchern ermittelt werden soll.

Abbildg. 24.12 Neues Textfeld *txtMaxBesucherzahl*

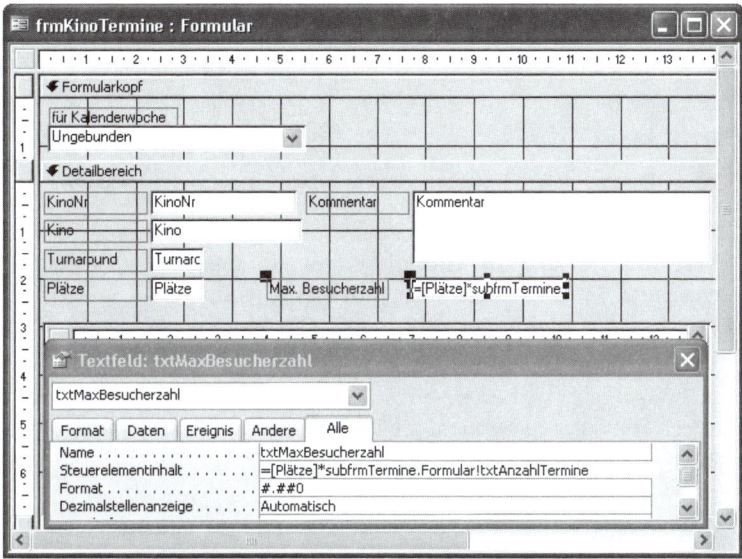

Die Formel zur Berechnung der maximalen Besucherzahl lautet: *=[Plätze]*[subfrmTermine].Formular![txtAnzahlTermine]*. Der Teil *[Plätze]* der Formel bezieht sich auf das entsprechende Textfeld. Hier fehlt übrigens das Präfix »txt«, da dieses Feld vom Assistenten erstellt wurde. Der Assistent gibt den Steuerelementen Namen, die dem Namen des Feldes der Tabelle oder Abfrage entsprechen.

Der zweite Teil der Formel, *[subfrmTermine].Formular![txtAnzahlTermine]*, greift auf den im Unterformular errechneten Wert der Anzahl der Termine zu. Dies ist die Kurzschreibweise für einen Verweis auf ein Steuerelement im Unterformular. Die verschiedenen Verweisschreibweisen erläutern wir im nächsten Abschnitt dieses Kapitels.

Abbildg. 24.13 Das fertige Formular

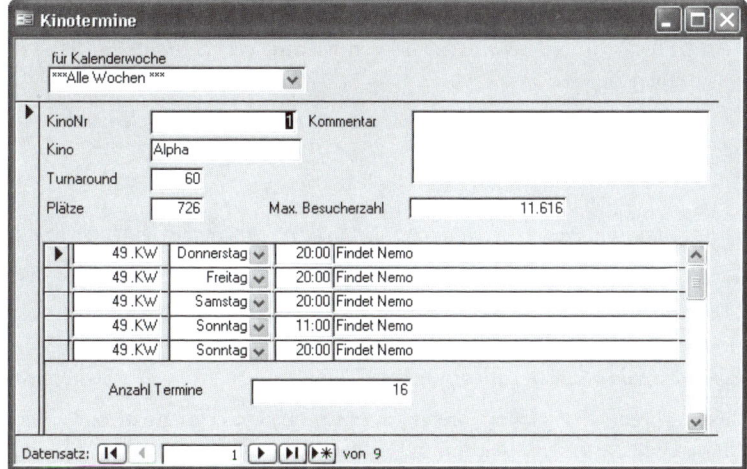

Allgemeine Schreibweise für den Formularzugriff

Wir möchten Ihnen im Folgenden Schreibweisen vorstellen, mit deren Hilfe Sie auf Steuerelemente in beliebigen geöffneten Formularen oder Unterformularen zugreifen können.

Zugriff auf Formulare

Für den Verweis auf ein Steuerelement eines Formulars setzt sich der Befehl wie folgt zusammen:

Formulare![Name des Formulars].Controls![Name des Steuerelements]

Lesen Sie den Befehl so: Aus der Menge der Formulare nimm das angegebene Formular. Und aus der Menge der Steuerelemente (engl. controls) verwende das genannte Steuerelement. Die eckigen Klammern sind übrigens optional und nur dann notwendig, wenn der Name des Formulars bzw. des Steuerelements Leer- oder Sonderzeichen enthält.

Möchten Sie beispielsweise die Anzahl der Plätze des im Formular *frmKinos* gezeigten Kino-Datensatzes in einem anderen Formular verwenden, geben Sie für den Steuerelementinhalt eines Textfeldes an: *=Formulare!frmKino.Controls!Plätze*. Übrigens können Sie auch anstelle des Wortes *Formulare* die englische Variante *Forms* benutzen.

Die meisten Access-Anwender verwenden die Kurzschreibweise des beschriebenen Befehls in der Form

Formulare![Name des Formulars].[Name des Steuerelements]

Es fehlt die Angabe *Controls*, die von Access für Formulare als Standard definiert ist und deshalb nicht explizit angegeben werden muss.

Zugriff auf Unterformulare

Im Abschnitt »Daten aus Unterformularen« weiter vorn in diesem Kapitel wurde in einem Hauptformular auf einen Wert in einem Unterformular des Hauptformulars verwiesen und zwar als Name des *[Unterformular-Steuerelements].Formulare![Name des Steuerelements auf dem Unterformular]*. Oben im Beispiel lautete der Befehl beispielsweise *[subfrmTermine].Formulare![txtAnzahlTermine]*. Eigentlich ist diese Schreibweise die Kurzform für *[Name des Unterformular-Steuerelements].Formular.Controls![Name des Steuerelements auf dem Unterformular]*.

Möchten Sie auf ein Unterformular aus einem anderen Formular, also nicht aus dem Hauptformular, verweisen, so schreiben Sie

Formulare![Name des Hauptformulars]![Name des Unterformular-Steuerelements].Formular.Controls![Name des Steuerelements]

oder kurz

Formulare![Name des Hauptformulars]![Name des Unterformular-Steuerelements].Formular![Name des Steuerelements]

Und um es noch komplizierter zu machen, mit

Formulare![Name des Hauptformulars]![Name des Unterformular-Steuerelements 1].Formular.Controls![Name des Unterformular-Steuerelements 2].Formular.Controls![Name des Steuerelements]

greifen Sie auf verschachtelte Unterformulare zu, also auf ein Unterformular auf einem Unterformular. Verschachtelte Unterformulare wurden in Kapitel 23 beschrieben.

> **HINWEIS**   Sollten Sie nun etwas verwirrt sein ob der vielen Ausrufezeichen und Punkte und sich fragen, wann kommt denn nun ein Punkt und wann ein Ausrufezeichen, so warten Sie ein wenig, wir werden dies ausführlich in Teil G dieses Buches erläutern. Vereinfacht kann man sagen, dass ein Ausrufezeichen hinter etwas gesetzt wird, das Sie erstellt haben, also ein Formular oder ein Steuerelement. Alles nach dem Ausrufezeichen bezieht sich auf das Objekt vor dem Ausrufezeichen und kann eine Eigenschaft sein oder eine Auflistung von Elementen, beispielsweise die Menge aller Steuerelemente des Objekts (siehe oben *Controls*).

Start-Einstellungen

Möchten Sie, dass ein bestimmtes Formular direkt nach dem Öffnen der Access-Datenbank geladen und angezeigt wird, so können Sie diese und weitere Einstellungen in den Start-Eigenschaften vereinbaren. Rufen Sie dazu aus dem Access-Datenbankfenster heraus über den Menübefehl *Extras/Start* das Dialogfeld *Start* auf.

Abbildg. 24.14   Start-Einstellungen

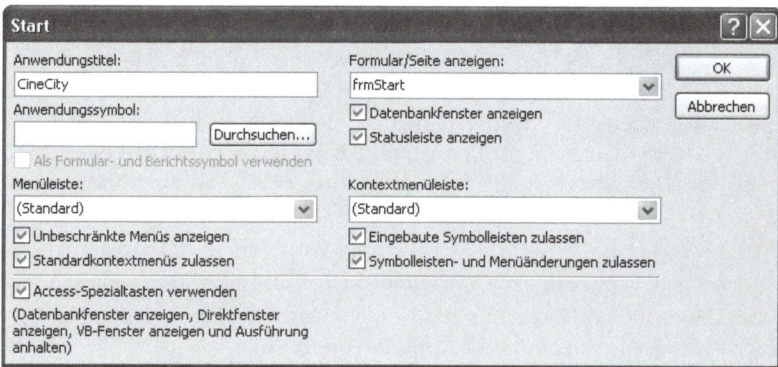

- Im Feld *Anwendungstitel* können Sie eine Überschrift angeben, die anstelle des Textes *Microsoft Access* in der Titelleiste des Access-Fensters gezeigt wird.

- Als *Anwendungssymbol* bestimmen Sie eine Icon-Datei (Endung *.ico*), die statt des Access-Schlüsselsymbols in der Titelleiste dargestellt wird.

- Im Dropdown-Listenfeld *Formular/Seite anzeigen* selektieren Sie das Formular, das nach dem Öffnen der Datenbank angezeigt werden soll.

Alle weiteren Einstellmöglichkeiten beschreiben wir in Teil H dieses Buches.

Verschiedene Bildschirmauflösungen

Eines der ärgerlichsten Probleme mit Access ist die Abhängigkeit von Formularen von der Bildschirmauflösung. Ist Ihr Bildschirm beispielsweise auf eine Auflösung von 1.280 x 1.024 Punkten eingestellt und entwickeln Sie Formulare, die die Auflösung voll ausnutzen, so sehen Anwender, die Ihr Formular auf einem Monitor mit einer Auflösung von 1.024 x 768 verwenden, leider nur Teile des

Formulare

Formulars auf dem Bildschirm. Und umgekehrt wird bei einem Formular, das für eine niedrige Auflösung entwickelt wurde, nur ein Teil der Bildschirmfläche bei hoher Auflösung genutzt.

Es gibt leider keine einfache Möglichkeit, Access anzuweisen, alle Formulare selbsttätig an die Auflösung des entsprechenden Rechners anzupassen. Viele Anwender erstellen die Formulare für jede mögliche Auflösung (meist 800 x 600, 1.024 x 768 und 1.280 x 1.024) oder nutzen komplizierte und aufwändige Access Visual Basic-Programme, die die Formulare für die jeweilige Auflösung umrechnen und anpassen.

Welche Empfehlung können wir Ihnen geben? Entwickeln Sie Ihre Formulare nur für den eigenen Gebrauch, können Sie sie an Ihre bevorzugte Bildschirmauflösung anpassen. Soll Ihre Anwendung noch auf anderen Rechnern eingesetzt werden, so sollten Sie Ihre Formulare für die schlechteste Auflösung anpassen. Da bei neueren Systemen der Trend eindeutig zu höheren Auflösungen wie 1.024 x 768 und 1.280 x 1.024 geht, kann man meist mit Formularen für 1.024 x 768 auch Anwender mit höherer Auflösung zufrieden stellen.

Musterformulare

Im Laufe der Arbeit mit Formularen werden Sie Ihren eigenen Stil der Gestaltung entwickeln oder Sie gestalten Ihre Formulare nach Vorgaben Ihrer Firma, des Anwenders oder Ihres Kunden. Um die grundlegende Formatierung nicht für jedes Formular von neuem zu definieren, stehen Ihnen zwei Hilfsmittel zur Verfügung: Standardeinstellungen und Musterformulare. Die Möglichkeit, Standardeinstellungen für Steuerelemente zu vereinbaren, stellten wir Ihnen im letzten Abschnitt von Kapitel 22 vor. Die Standardeinstellungen beziehen sich aber immer nur auf das Formular, in dem sie vereinbart wurden. Deshalb möchten wir Ihnen nun zeigen, wie Sie ein Musterformular erstellen können, das allen neuen Formularen zugrunde gelegt wird.

1. Legen Sie ein neues Formular mit der gewünschten Formatierung für Formular und Steuerelemente an. Sie können aber auch jedes vorhandene Formular als Mustervorlage festlegen.

2. Rufen Sie das Dialogfeld *Optionen* über *Extras/Optionen* auf. Geben Sie den Namen des Formulars, das als Vorlage dienen soll, im Feld *Formularvorlage* ein.

Abbildg. 24.15   Benennung einer Mustervorlage

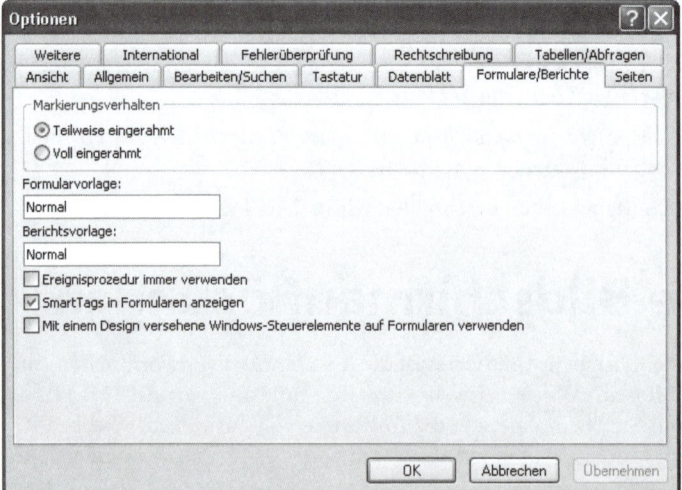

Das als Formularvorlage angegebene Formular wird nun für alle neuen Formulare verwendet, die nicht mit einem der Assistenten angelegt werden.

Ereignisse für Formulare und Steuerelemente

Jetzt wird es Zeit, einmal etwas zu den Ereignissen zu sagen, die sich in einem Access-Formular ereignen können.

Die Ereignissteuerung

Windows-Programme, also auch Access, sind in fast allen Fällen ereignisgesteuert. In einem Fenster eines Programms kann sich einiges ereignen: ein Mausklick hier oder dort, das Fenster wird verschoben oder geschlossen, Tasten werden gedrückt und vieles mehr. Auf alle diese Ereignisse muss ein Windows-Programm reagieren: Wenn Klick hier, dann tu dieses usw. Manchmal kann es auch sinnvoll sein, ein Ereignis zu ignorieren, also auf einen Klick oder eine andere Aktion keine Reaktion zu zeigen.

Welche Ereignisse sind für Formulare bzw. Steuerelemente interessant? Wie kann ein Formular bzw. ein Steuerelement auf bestimmte Ereignisse reagieren? Und welche spezifischen Ereignisse für Formulare oder Steuerelemente lassen sich nutzen? Die folgenden Abschnitte sollen Ihnen einen Einblick in die Ereignissteuerung von Access-Formularen geben.

Abbildung 24.16 zeigt die Ereignisse, die für ein Formular auftreten können. Im Bild ist die Registerkarte *Ereignis* des Eigenschaftenfensters eines Formulars zu sehen.

Abbildg. 24.16   Formularereignisse

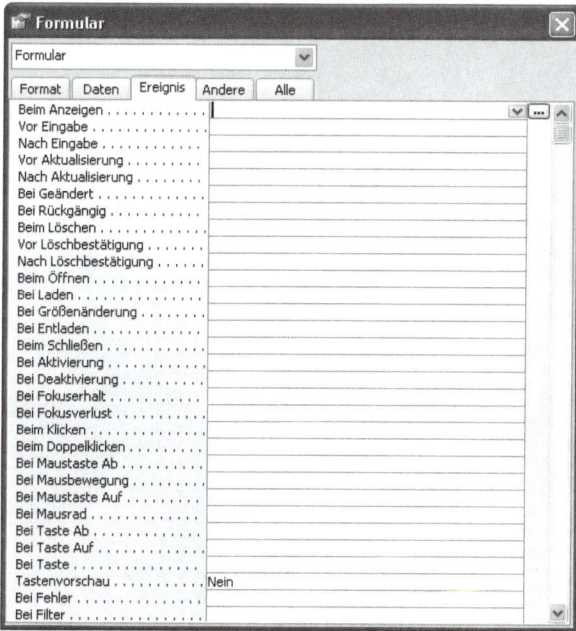

Für jedes der Ereignisse in Formularen und Steuerelementen kann ein Makro oder ein Visual Basic-Programm ablaufen. Programmierer nennen diesen Vorgang »ein Ereignis abfangen«. Jetzt ist natürlich von Interesse, welche Ereignisse durch welche Aktionen ausgelöst werden. Die meisten Aktionen, wie beispielsweise der Wechsel zu einem anderen Datensatz, lösen mehr als ein Ereignis aus. Und es werden Ereignisse des Formulars sowie der betroffenen Steuerelemente auftreten.

In den Tabellen 24.2. und 24.3 sind die wichtigsten Aktionen für Formulare bzw. für Steuerelemente aufgeführt und welche Ereignisse in welcher Reihenfolge dabei auftreten.

Tabelle 24.2 Ereignisreihenfolgen für Formulare

Aktion	Ereignisreihenfolge
Öffnen eines Formulars	Beim Öffnen Bei Laden Bei Größenänderung Bei Aktivierung Beim Anzeigen
Schließen eines Formulars	Bei Entladen Bei Deaktivierung Beim Schließen
Löschen von Datensätzen	Beim Löschen Vor Löschbestätigung Nach Löschbestätigung
Tastatureingabe	Bei Taste Ab Bei Taste Bei Geändert Bei Taste Auf
Im Formular zu einem anderen Datensatz wechseln	Beim Anzeigen Vor Aktualisierung Nach Aktualisierung Beim Anzeigen
Erstellen eines neuen Datensatzes	Beim Anzeigen Beim Hingehen Bei Fokuserhalt Vor Eingabe Nach Eingabe

Tabelle 24.3 Ereignisreihenfolgen für Steuerelemente

Aktion	Ereignisreihenfolge
Verlassen eines Steuerelements	Beim Verlassen Beim Fokusverlust
Fokus auf ein Steuerelement setzen	Beim Hingehen Bei Fokuserhalt
Ändern und Aktualisieren von Daten in einem Steuerelement	Vor Aktualisierung Nach Aktualisierung Beim Verlassen Bei Fokusverlust
Klick auf ein Steuerelement	Bei Maustaste Ab Bei Maustaste Auf Beim Klicken

In Teil G beschreiben wir die Programmierung mit Makros und mit Visual Basic. Dort gehen wir auf die verschiedenen Ereignisse genauer ein und zeigen Ihnen Anwendungsbeispiele.

In den weiteren Abschnitten dieses Kapitels und im weiteren Verlauf des Buches werden wir die Beispiele durch kleine Programm-»Häppchen« garnieren. Vieles lässt sich so realisieren, ohne dass Sie dazu »richtig« programmieren müssen.

Zum Beispiel: Felder ein- und ausblenden

Ein typisches Beispiel, wo ein kleines Programm sehr hilfreich sein kann, ist das Ein- und Ausblenden von Steuerelementen aufgrund bestimmter Bedingungen.

Es soll im Formular *frmFilme* der Text »Überlänge« eingeblendet werden, wenn ein Film länger als 120 Minuten läuft.

Jedes Steuerelement besitzt die Eigenschaft *Sichtbar*. Diese Eigenschaft lässt sich nicht nur in der Entwurfsansicht bestimmen, sie kann auch in der Formularansicht geändert werden. Der Text »Überlänge« soll also immer dann sichtbar sein, wenn der aktuelle Datensatz einen Film enthält, der eine Länge von mehr 120 Minuten aufweist. Andernfalls ist der Text unsichtbar.

Bevor ein Datensatz im Formular gezeigt wird, tritt das Ereignis *Beim Anzeigen* auf. Für dieses Ereignis wird also nun ein Programm erstellt. Für dieses Programm stehen Ihnen zwei Varianten zur Verfügung: Makros und Visual Basic-Befehle. Makros sind schneller zu lernen und haben den Vorteil, dass alle Befehlswörter in Deutsch sind. Visual Basic-Programme sind professioneller, viel flexibler und leistungsfähiger, aber dafür müssen englische Befehlswörter eingesetzt werden. Wir stellen Ihnen in den beiden folgenden Abschnitten beide Varianten vor.

Abbildg. 24.17 Das Formular *frmFilmeMitÜberlängenanzeige*

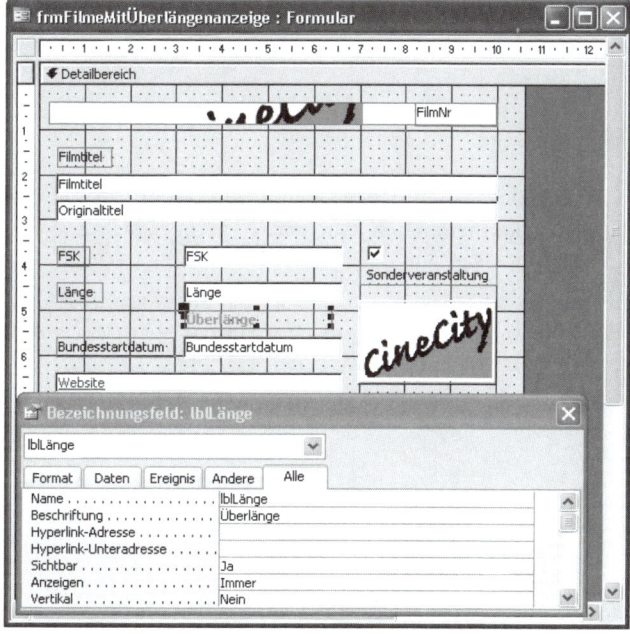

1. Zuerst erstellen Sie ein neues Bezeichnungsfeld mit dem Text *Überlänge* auf dem Formular. Geben Sie dem Feld den Namen *lblLänge*, wie es in Abbildung 24.17 zu sehen ist.

2. Auf der Registerkarte *Ereignis* im Eigenschaftenfenster des Formulars klicken Sie anschließend im Feld *Beim Anzeigen* auf die Schaltfläche mit den drei Punkten, um das Dialogfeld *Generator auswählen* einzublenden.

Abbildg. 24.18   Auswahl des Generators

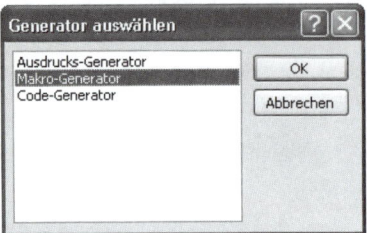

Die Makro-Lösung

Für die Makro-Lösung selektieren Sie im Dialogfeld *Generator auswählen* den Eintrag *Makro-Generator*. Eine Beschreibung der wichtigsten Makrobefehle und ihrer Anwendung erhalten Sie in Kapitel 33.

Zuerst werden Sie, wie in Abbildung 24.19 dargestellt, nach einem Namen für das Makro gefragt. Makros werden in der Objektleiste des Access-Datenbankfensters unter *Makros* abgelegt und sollten das Präfix »mcr« erhalten.

Abbildg. 24.19   Namensvergabe für das neue Makro

Nach der Namensvergabe wird das Makro-Entwurfsfenster eingeblendet. In der Spalte *Aktion* selektieren Sie, was das Makro tun soll. Sie können in den Zeilen untereinander mehrere Aktionen angeben, die dann nacheinander abgearbeitet werden.

Für unser Beispiel soll mit der ersten Aktion ein Wert gesetzt werden, nämlich die Eigenschaft *Sichtbar* des Bezeichnungsfeldes *lblLänge*. Wählen Sie also im Dropdown-Listenfeld die Aktion *Setzen-Wert* aus.

Auswahl der Makro-Aktion

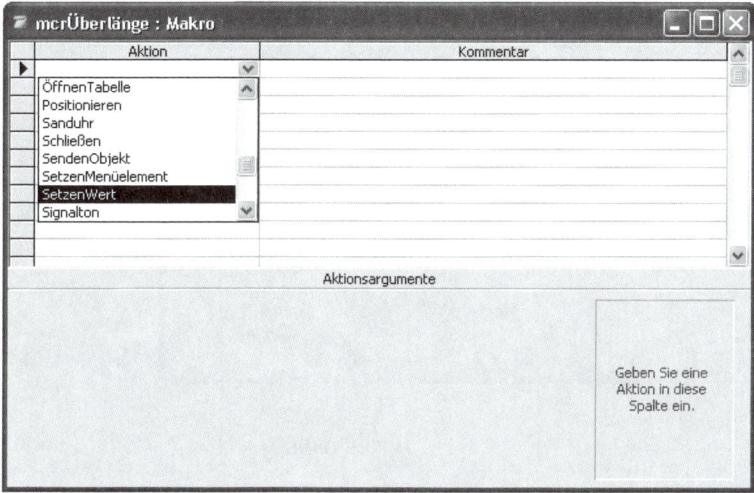

Nach der Selektion der Aktion werden im unteren Bereich des Entwurfsfensters zwei Felder eingeblendet. Nun wird in *Feld* die zu verändernde Eigenschaft und in *Ausdruck* der zu setzende Wert eingetragen.

Was soll passieren?

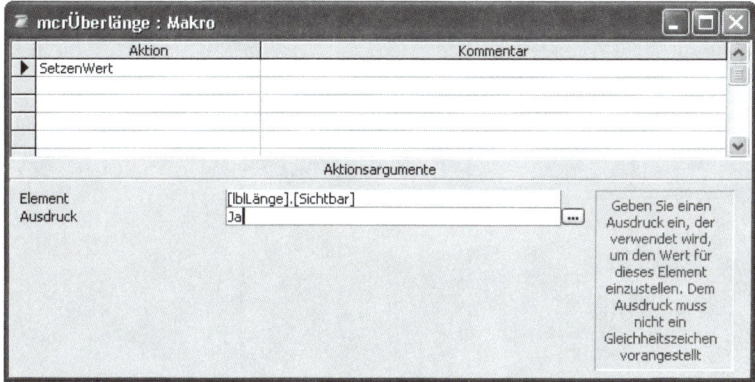

In der vorliegenden Form würde das Makro immer dann, wenn es aufgerufen wird, die Eigenschaft
Sichtbar des Bezeichnungsfeldes auf *Ja* setzen. Na, so war das ja nicht gedacht! Es fehlt noch die
Bedingung, dass dies nur passieren soll, wenn die Länge des Films mehr als 120 Minuten beträgt.
Dazu müssen Sie mit *Ansicht/Bedingungen* die Bedingungsspalte im Makro-Entwurfsfenster ein-
blenden.

In Abbildung 24.22 ist das fertige Makro eingeblendet. Was kam hinzu? In der Spalte *Bedingung*
wurde für die oben erfasste *SetzenWert*-Aktion die Bedingung *[Länge]>120* vereinbart.

Formulare

Abbildg. 24.22 Makro mit Bedingungen

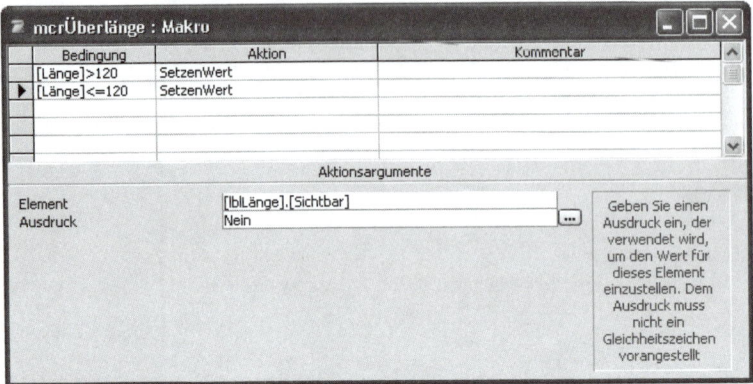

Anschließend wurde in der zweiten Zeile für die Bedingung *[Länge]<=120* die Aktion *SetzenWert* mit *[lblLänge].[Sichtbar]* mit *Nein* vereinbart.

Speichern Sie nun das Makro und testen Sie Ihr Formular. In Abbildung 24.23 ist unser Beispielformular mit eingeblendetem Bezeichnungsfeld zu sehen.

HINWEIS Wenn Sie in Ihrem Formular Makros verwenden, so werden die Makros getrennt vom Formular abgespeichert. Sie können Ihre Makros so entwickeln, dass ein Makro von mehreren Formularen verwendet werden kann.

Abbildg. 24.23 Formular mit eingeblendetem Text

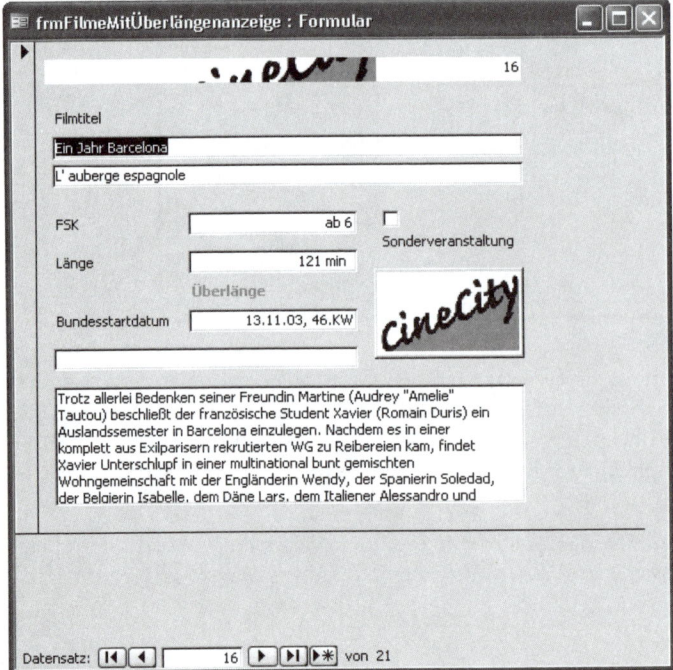

> Nutzen Sie Visual Basic, werden Formular und Programm gemeinsam gespeichert. Man spricht hierbei von »Code behind Forms«, d.h., Programm und Formular gehören zusammen. Allerdings ist es auch möglich, Visual Basic-Programme unabhängig von Formularen zu schreiben. Dafür stehen Ihnen die Möglichkeiten des Objekttyps *Module* zur Verfügung, die wir in Teil G dieses Buches beschreiben.

Die Visual Basic-Lösung

Die Visual Basic-Lösung ist etwas kürzer, aber dafür deutlich englischer. Selektieren Sie, um ein Visual Basic-Programm zu erstellen, im Dialogfeld *Generator auswählen* (Abbildung 24.18) die Option *Code-Generator*. Damit rufen Sie ein Fenster auf, in dem Sie Ihre Programme erfassen können.

Der Rahmen für die Visual Basic-Routine, die beim Ereignis *Beim Anzeigen* aufgerufen werden soll, wird durch `Private Sub Form_Current` ... `End Sub` vorgegeben. *Current* ist der englische Begriff, der in Access für *Beim Anzeigen* verwendet wird.

Abbildg. 24.24 Die Visual Basic-Lösung

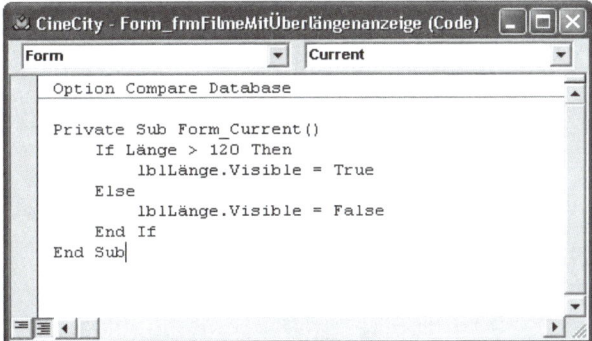

Abbildung 24.24 zeigt das kleine Programm mit einer Wenn-dann-Konstruktion, die Sie in Teil G ausführlich kennen lernen werden. Nach unserer Meinung ist die Visual Basic-Variante einfacher und besser lesbar, allerdings muss man die englischen Begriffe lernen. Beispielsweise steht im Programm statt »Sichtbar« das Wort »Visible«.

Standardwerte

Für die meisten Steuerelemente können Sie Standardwerte vereinbaren, also Werte, die bei einer Neueingabe eines Datensatzes in die entsprechenden Steuerelemente vorab eingetragen werden. Setzen Sie dazu in den Eigenschaften eines Steuerelements die Eigenschaft *Standardwert* entsprechend.

Der Standardwert kann auch mithilfe einer Formel bestimmt werden. Stellen Sie sich vor, bei der Neueingabe von Kinos soll der Standardwert für den Turnaround, also die Anzahl der Minuten, die zwischen zwei Vorstellungen benötigt wird, gesetzt werden. Anstelle eines festen Wertes soll der Turnaround aber mit dem längsten Turnaround vorbesetzt werden, der für die Kinos erfasst wurde. Die Eigenschaft *Standardwert* für das Feld *Turnaround* wird auf dem Formular also mit *=DomMax("Turnaround";"tblKinos")* vereinbart (siehe Abschnitt »Werte nachschlagen mit Domänen-

Formulare

funktionen« weiter vorn in diesem Kapitel). Jedes Mal, wenn eine neue Datensatzeingabe begonnen wird, wird der Standardwert neu errechnet.

Werte übernehmen

Stellen Sie sich vor, Sie müssten 30 Vorstellungstermine für eine Kalenderwoche für ein Kino neu erfassen. Wahrscheinlich würden Sie sich nach dem dritten oder vierten Termin ärgern, dass Sie alle Daten immer neu eingeben müssen, obwohl sich die Termine doch nur in Tag und Uhrzeit unterscheiden. Access kennt standardmäßig keine Funktion zur Übernahme von Werten aus der vorangegangenen Eingabe. Aber mit einem kleinen Programm können Sie Ihr Formular entsprechend ergänzen.

Die Lösung basiert darauf, dass nach dem Abspeichern eines neuen Datensatzes für von Ihnen bestimmte Steuerelemente der Standardwert (siehe Abschnitt »Standardwerte« weiter vorn in diesem Kapitel) mit dem aktuellen Wert des Steuerelements umdefiniert wird. Beginnen Sie jetzt einen neuen Datensatz, werden von Access automatisch die Steuerelemente mit ihren Standardwerten vorbesetzt.

Für das Ereignis *Nach Aktualisierung* des Formulars muss ein kleines Visual Basic-Programm in der Form

```
Private Sub Form_Afterupdate()
    Steuerelement.DefaultValue = "'" & Steuerelement.Value & "'"
End Sub
```

erfasst werden.

Für jedes Steuerelement, für das der Wert bei der Eingabe übernommen werden soll, geben Sie eine entsprechende Zeile ein, wie hier für *txtFilmtitel* und *txtLänge* zu sehen.

```
Private Sub Form_Afterupdate()
    txtFilmtitel.DefaultValue = "'" & txtFilmtitel.Value & "'"
    txtLänge.DefaultValue = "'" & txtLänge.Value & "'"
End Sub
```

> **HINWEIS** Beachten Sie, dass alle Standardwerte (DefaultValue) als Zeichenketten, eingeschlossen in Anführungszeichen, übergeben werden müssen. Hierbei können die weiter vorn in diesem Kapitel im Abschnitt »Variablen in Zeichenketten« geschilderten Probleme auftreten.

Zusammenfassung

In diesem Kapitel wurden unterschiedliche Themengebiete zusammengefasst, die über das einfache Erstellen von Formularen hinausgehen.

- Das Kapitel zeigt, wie sich Aggregatfunktionen in Formularen verwenden lassen (Seite 478).
- Danach werden Domänenfunktionen besprochen (Seite 479), das sind Funktionen, die sich auf Datensatzgruppen beziehen.
- Ein weiterer Abschnitt (ab Seite 484) befasst sich mit dem Zugriff auf Daten, die sich in anderen Formularen befinden, beispielsweise in Unterformularen.

- Mithilfe von Start-Einstellungen kann man beispielsweise definieren, welches Formular angezeigt wird, wenn die Datenbank gestartet wird (Seite 489).

- In Access lassen sich Musterformulare anlegen, um eine gleiche Formatierung aller Formulare zu vereinfachen. Wie das geht, können Sie ab Seite 490 nachlesen.

- Sowohl Formulare als auch Steuerelemente können auf bestimmte Ereignisse reagieren (Seite 491). Es besteht die Möglichkeit, beim Eintreffen eines bestimmten Ereignisses mit einem Makro-Programm – was für kleine Probleme einfacher erscheint – bzw. mit einem Visual Basic-Programm zu reagieren, was letztendlich die flexiblere Lösung ist, die Profis wählen würden.

Formulare

Ungebundene Formulare

Formulare

Ungebundene Formulare sind Formulare, die unabhängig von einer Tabelle oder Abfrage sind. Die bisher gezeigten Formulare basieren auf den Daten einer Tabelle oder Abfrage, d.h., sie dienen dazu, die zugrunde liegenden Daten anzusehen, zu verändern, zu ergänzen oder zu löschen.

Wir möchten in diesem Kapitel erläutern, welche Möglichkeiten Sie mit ungebundenen Formularen haben, die nicht fest an eine Datenbasis gebunden sind. Mit ihrer Hilfe lassen sich beispielsweise Dialogfelder für Ihre Anwendungen und vieles mehr realisieren.

Formulare ohne Datenbasis

Es soll ein Formular entwickelt werden, das beim Laden der Datenbank eingeblendet wird und dem Anwender den Aufruf von weiteren Formularen ermöglicht. Das fertige Formular stellt Ihnen Abbildung 25.1 vor.

Abbildg. 25.1 Das Startformular

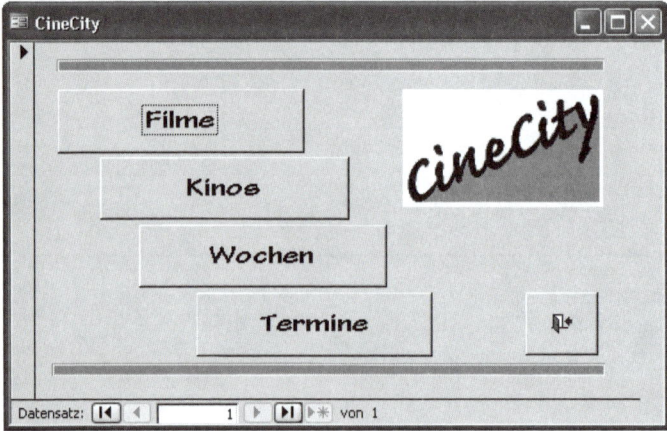

Ungebundene Formulare werden wie gebundene Formulare erstellt, außer dass Sie keine Tabelle oder Abfrage als Datenbasis auswählen.

Abbildg. 25.2 Neubeginn ohne Tabellen- bzw. Abfragenauswahl

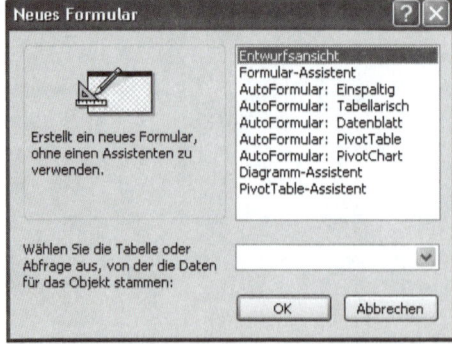

In der Entwurfsansicht erhalten Sie nun ein leeres Formular angezeigt. In Abbildung 25.3 ist das Eigenschaftenfenster des neuen Formulars eingeblendet. Das Feld *Datenherkunft* ist leer, damit hat das Formular keine Verbindung zu einer Tabelle oder Abfrage.

Abbildg. 25.3   Formular ohne *Datenherkunft*

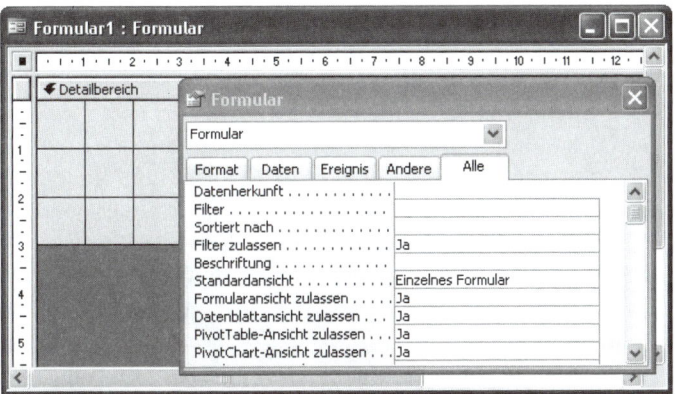

HINWEIS   Wir empfehlen Ihnen, zuerst die Eigenschaften *Datensatzmarkierer*, *Navigations-schaltflächen* und *Trennlinien* auf der Registerkarte *Format* auf *Nein* zu setzen, denn diese Eigenschaften sind nur für gebundene Formulare sinnvoll. In den meisten Fällen werden auch die *Bildlaufleisten* abgeschaltet.

WICHTIG   Im Eigenschaftenfenster zum Formular finden Sie auf der Registerkarte *Andere* im zweiten Feld die Eigenschaft *Gebunden*. Diese Eigenschaft bezieht sich nicht darauf, ob das Formular an eine Tabelle oder Abfrage gebunden ist, sondern darauf, ob das Formular »modal« dargestellt werden soll. Normalerweise können Sie in Access mehrere Formulare zur gleichen Zeit geöffnet haben und zwischen den Formularen wechseln. Ist ein Formular modal, so bedeutet dies, dass Sie erst dann zu einem anderen Formular wechseln können, wenn Sie das modale Formular geschlossen haben (siehe Abschnitt »Dialogfelder« weiter hinten in diesem Kapitel).

Die Gestaltung des Formulars

Im nächsten Schritt wurden fünf Befehlsschaltflächen auf dem Formular platziert. Die vier Schaltflächen auf der linken Seite wurden mithilfe des Befehlsschaltflächen-Assistenten so zusammengestellt, dass sie die entsprechenden Formulare zur Eingabe und Ansicht der Daten für Filme, Kinos usw. aufrufen (siehe Kapitel 22, Abschnitt »Das Steuerelement *Befehlsschaltfläche*«).

Die fünfte Schaltfläche mit der Tür beendet die Anwendung, für sie wurde im Befehlsschaltflächen-Assistenten *Anwendung beenden* selektiert.

Das Logo von CineCity ist als Bild in das Formular aufgenommen worden. Übrigens lassen sich Bilder wie Befehlsschaltflächen verwenden. Ein Klick auf ein Bild kann also ein entsprechendes Ereignis auslösen, für das ein Makro oder ein Visual Basic-Programm erstellt werden kann. Bilder unterstützen die Ereignisse *Beim Klicken*, *Beim Doppelklicken*, *Bei Maustaste Auf*, *Bei Maustaste Ab* und *Bei Mausbewegung*.

Formulare

Zuletzt wurden noch zwei dicke Linien in das Formular gezeichnet und entsprechend ausgerichtet.

Damit das Formular beim Laden der Datenbank automatisch aufgerufen wird, legen Sie es als Startformular im Dialogfeld *Start* fest, das über den Menübefehl *Extras/Start* geöffnet wird (siehe dazu Kapitel 24, Abschnitt »Start-Einstellungen«).

> **TIPP** Setzen Sie die Eigenschaft *Automatisch zentrieren* des Formulars auf *Ja*, so wird das Formular beim Laden innerhalb des Access-Fensters zentriert.

Dialogfelder

Dialogfelder sind Ihnen aus Access und anderen Windows-Anwendungen bekannt. Ihre Besonderheit ist, dass sie zuerst geschlossen werden müssen, bevor Sie in der Anwendung eine andere Funktion aufrufen können, und dass sie immer über allen anderen Fenstern liegen.

Access ermöglicht es, Formulare so zu definieren, dass sie sich wie Dialogfelder verhalten. In Access-Anwendungen können Dialogfelder zur Anzeige von Meldungen, zur Eingabe von Werten usw. eingesetzt werden. Nach unserer Erfahrung werden Dialogfelder allerdings meist nur in Visual Basic-Programme eingebunden eingesetzt. In Teil G, der sich mit der Programmierung von Access beschäftigt, werden Sie dazu noch einige Hinweise erhalten.

Das bereits in Kapitel 22 vorgestellte Formular für die Filmdaten soll um eine Schaltfläche erweitert werden, die ein Dialogfeld zur Auswahl eines Filmtitels aufruft. Das Formular ist in Abbildung 25.4 dargestellt.

Abbildg. 25.4 Formular mit Schaltfläche *Suche nach Filmtitel*

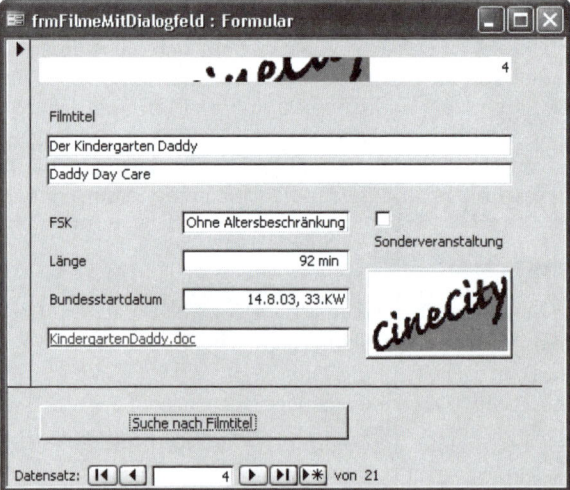

Nach Auswahl und Bestätigung des Filmtitels im Dialogfeld (siehe Abbildung 25.5) soll das Dialogfeld geschlossen und der entsprechende Film im Formular angezeigt werden.

Abbildg. 25.5 Dialogfeld zur Filmtitelauswahl

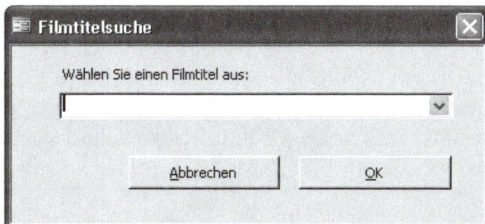

Beginnen Sie mit dem Dialogfeld. Erstellen Sie dazu ein leeres ungebundenes Formular und schalten Sie die *Navigationsschaltflächen*, den *Datensatzmarkierer*, die *Bildlaufleisten* und die *Trennlinie* ab. Zusätzlich sollten Sie die Formulareigenschaft *MinMaxSchaltflächen* auf *Keine* setzen, denn der Anwender soll Dialogfelder nicht minimieren oder maximieren können.

Da das Formular ausschließlich als Dialogfeld verwendet werden soll, legen Sie zusätzlich die folgenden Eigenschaften fest:

1. Aktivieren Sie die Eigenschaft *Popup*, so erreichen Sie, dass das Formular immer über allen anderen offenen Formularen angeordnet wird, es also ganz oben liegt.

2. Setzen Sie die Eigenschaft *Gebunden* auf *Ja*, so wird das Formular modal angezeigt, d.h., Sie können kein anderes Formular aktivieren, bis Sie das aktuelle, als modal definierte Formular geschlossen haben.

3. Durch Vereinbarung der *Rahmenart* als *Dialog* wird das Formular in der Formularansicht durch eine dünne, nicht veränderbare Linie umrandet, die typisch für Dialogfelder ist.

Abbildg. 25.6 Dialogfeld in der Entwurfsansicht

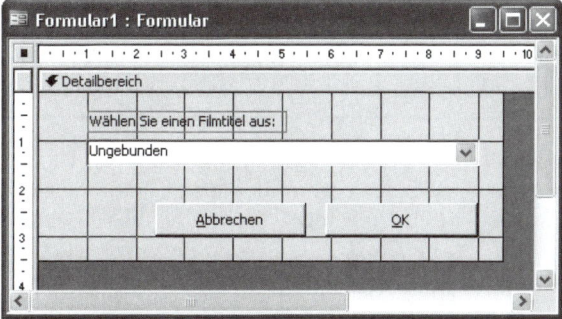

Das Kombinationsfeld

Erstellen Sie nun ein Kombinationsfeld mit dem Namen *cboFilmtitel*, in dem aus der Tabelle *tblFilme* das Feld *Filmtitel* gezeigt wird und die *FilmNr* die Schlüsselspalte bildet.

Die Befehlsschaltflächen

Anschließend platzieren Sie die beiden Befehlsschaltflächen auf dem Formular. Normalerweise wird der Befehlsschaltflächen-Assistent aufgerufen, wenn eine neue Befehlsschaltfläche erstellt wird. Hier für unser Beispiel ist der Assistent unnötig, brechen Sie ihn daher einfach ab.

Formulare

In den Eigenschaften der jeweiligen Schaltfläche nehmen Sie die nachfolgend beschriebenen Einstellungen vor.

Tabelle 25.1   Eigenschafteneinstellungen für die Befehlsschaltfläche *Abbrechen*

Eigenschaft	Wert
Name	cmdAbbrechen
Beschriftung	&Abbrechen
Abbrechen	Ja

Durch das Setzen der Eigenschaft *Abbrechen* wird die Befehlsschaltfläche ausgelöst (oder eigentlich das Ereignis *Beim Klicken*), wenn die $\boxed{\texttt{Esc}}$-Taste gedrückt wird.

Tabelle 25.2   Eigenschafteneinstellungen für die Befehlsschaltfläche *OK*

Eigenschaft	Wert
Name	cmdOK
Beschriftung	&OK
Standard	Ja

Die eingeschaltete Eigenschaft *Standard* löst das Ereignis *Beim Klicken* für die Befehlsschaltfläche *OK* aus, wenn die $\boxed{\leftarrow}$-Taste gedrückt wird.

> **HINWEIS**   Für die Beschriftung der beiden Befehlsschaltflächen wurde jeweils dem Anfangsbuchstaben der Beschriftung das Zeichen »&« vorangestellt. Sowohl in der Entwurfs- als auch in der Formularansicht wird dadurch das dem »&« folgende Zeichen unterstrichen. Das hat zur Folge, dass die Befehlsschaltfläche durch die Tastenkombination $\boxed{\texttt{Alt}}$+Buchstabe, also beispielsweise die Befehlsschaltfläche *Abbrechen* mit $\boxed{\texttt{Alt}}$ + $\boxed{\texttt{A}}$, ausgewählt werden kann.

Für beide Schaltflächen wurde jeweils ein Visual Basic-Unterprogramm für das Ereignis *Beim Klicken* erstellt, indem im Eigenschaftenfenster der entsprechenden Schaltfläche für die Eigenschaft *Beim Klicken* die Schaltfläche mit den drei Punkten angeklickt wurde. Im sich dann öffnenden Dialogfeld wurde *Code-Generator* selektiert, um Visual Basic-Befehle eingeben zu können.

In Abbildung 25.7 sind die Unterprogramme beider Schaltflächen zu sehen. Für die *Abbrechen*-Schaltfläche beinhaltet die Routine nur den Befehl zum Schließen des Formulars.

Abbildg. 25.7   Schaltflächenprogramme

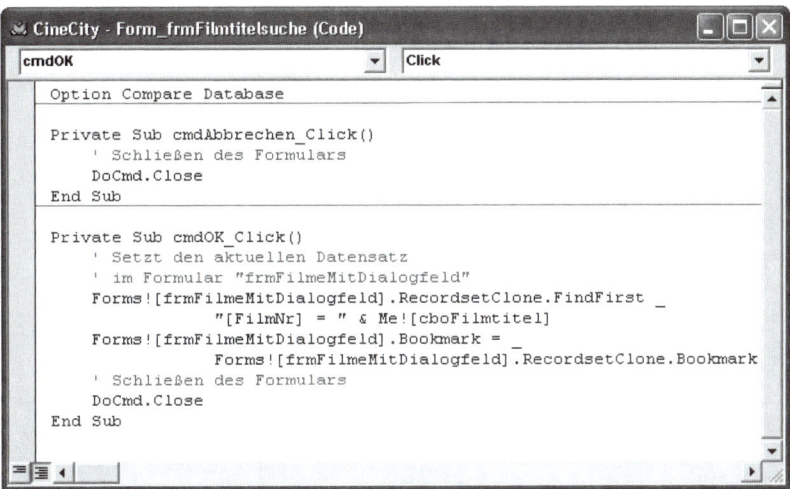

Wird die Schaltfläche *OK* angeklickt, werden vor dem Befehl zum Schließen des Formulars zwei Befehle für das Formular *frmFilmeMitDialogfeld* ausgeführt. Es sind die gleichen Befehle, die der Kombinationsfeld-Assistent erstellt, wenn Sie ein Kombinationsfeld zur Suche generieren lassen, wie wir es in Kapitel 22 im Abschnitt »Kombinationsfeld als Suchhilfe« beschrieben haben. Der einzige Unterschied ist, dass in den Befehlen Verweise in der Form *Forms![frmFilmeMitDialogfeld]* auf das aufrufende Formular vorhanden sind.

HINWEIS   So ganz glücklich ist das nun nicht programmiert, wie wir zugeben müssen. Stellen Sie sich vor, Sie möchten das Dialogfeld aus einem anderen Formular heraus aufrufen. Dann erhalten Sie eine Fehlermeldung, da das Dialogfeld immer ein geöffnetes Formular *frmFilmeMit-Dialogfeld* erwartet. In Teil G beschreiben wir Möglichkeiten, wie Sie Dialogfelder allgemein verwendbar realisieren.

Aufruf des Dialogfeldes

Nun fehlt eigentlich nur noch die Schaltfläche *Suche nach Filmtitel* im Formular *frmFilmeMitDialog-feld*, wie sie in Abbildung 25.4 dargestellt ist.

Erstellen Sie dazu, wie bei dem oben beschriebenen Dialogformular, eine Befehlsschaltfläche, allerdings mit der Unterstützung des Befehlsschaltflächen-Assistenten. Wählen Sie für die Befehlsschaltfläche die Aktion *Formular öffnen* in der Kategorie *Formularoperationen*. Benennen Sie die Schaltfläche *cmdFilmtitelSuche*.

Der Assistent erzeugt das in Abbildung 25.8 gezeigte Programm zum Aufruf des Dialogformulars.

Formulare

Abbildg. 25.8 Programm für die Schaltfläche *Suche nach Filmtitel*

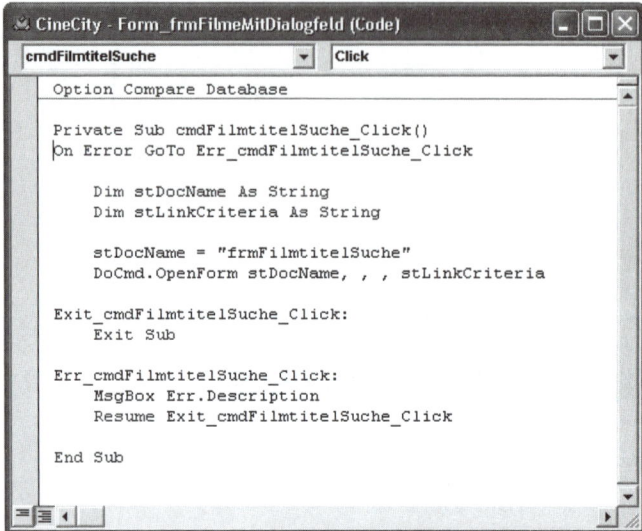

Wir haben das vom Assistenten erzeugte Programm auf die eigentlich notwendige Befehlszeile gekürzt. Dialogfelder sollten im Normalfall so geöffnet werden, dass kein anderes Fenster in Access angewählt werden kann, bis das Dialogfeld wieder geschlossen ist. Dies lässt sich durch Hinzufügen des Parameters WindowMode:=acDialog erreichen, wie es in Abbildung 25.9 zu sehen ist.

Abbildg. 25.9 Gekürztes Programm

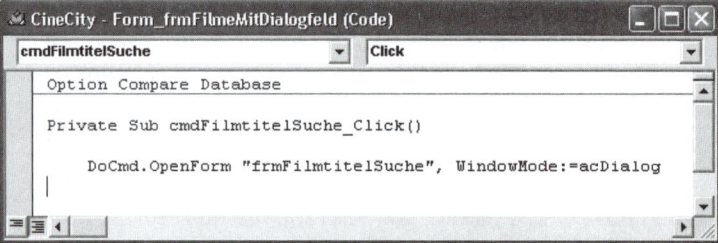

Zusammenfassung

Ungebundene Formulare werden beispielsweise als Startformulare eingesetzt, über die sich weitere Formulare aufrufen lassen. Ungebundene Formulare basieren weder auf den Daten einer Tabelle noch auf denen einer Abfrage.

- Der erste Abschnitt dieses Kapitels beschreibt das Erstellen und wichtige Einstellungen eines Startformulars (Seite 502).

- Als weiteres Beispiel eines ungebundenen Formulars wird danach ein Dialogfeld beschrieben (Seite 504). Dialogfelder können zur Anzeige von Meldungen oder auch zur Eingabe von Werten eingesetzt werden.

Kapitel 26

Diagrammformulare

Formulare

CineCity bevorzugt es, lange Zahlenkolonnen in anschaulichen Diagrammen darzustellen. Und auch dabei unterstützt ein Access-Assistent.

Diagramme lassen sich auf Formularen und Berichten verwenden. In diesem Kapitel möchten wir Ihnen zeigen, wie Sie mit wenigen Handgriffen ein Diagramm auf Ihr Formular zaubern. Im nächsten Kapitel beschreiben wir dann mit der PivotChart-Ansicht eine weitere Möglichkeit zur grafischen Auswertung Ihrer Datenbestände.

Zur Darstellung der in diesem Kapitel beschriebenen Diagramme setzt Access das Programm Microsoft Graph ein, das mit Access ausgeliefert wird. Die Möglichkeiten der Formatierung und Gestaltung entsprechen ungefähr denen, die Ihnen das Programm Microsoft Excel bietet. Sind Sie mit Excel-Diagrammen vertraut, sollte Ihnen die Arbeit mit Diagrammen in Access keine Probleme bereiten.

Der Diagramm-Assistent

In Diagrammen können die Daten aus Tabellen und Abfragen gezeigt werden. In den meisten Fällen werden Sie eine Abfrage erstellen, die jene Werte liefert, die in dem Diagramm dargestellt werden sollen.

Die Verkaufserlöse am Kinokiosk sollen monatsweise für die jeweiligen Artikel in ein Diagramm eingetragen werden. Die in Abbildung 26.1 gezeigte Abfrage liefert drei Ergebnisspalten: die Artikelbezeichnung, den Monat, formatiert in der Form *jjjj/mm*, damit die Spalte zuerst nach Jahren und dann nach Monaten sortiert wird, und die Summe der Verkaufserlöse des entsprechenden Monats.

Abbildg. 26.1 Abfrage für das Diagramm

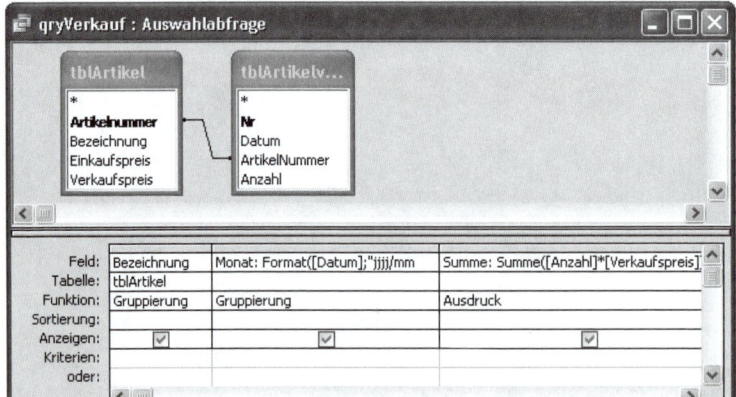

1. Rufen Sie den Diagramm-Assistenten für Formulare auf, indem Sie zunächst in der Objektleiste *Formulare* auswählen.
2. Klicken Sie dann auf die Schaltfläche *Neu*.

Aufruf des Diagramm-Assistenten

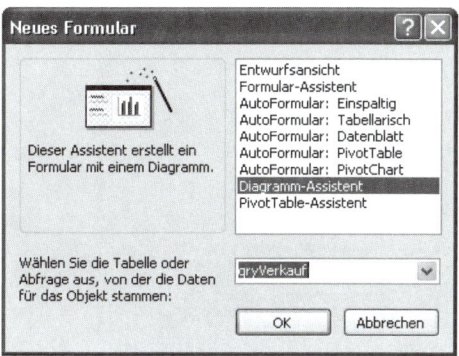

3. Selektieren Sie die Option *Diagramm-Assistent* und die gewünschte Abfrage, hier für unser Beispiel *qryVerkauf*.
4. Im nächsten Dialogfeld des Assistenten legen Sie die Felder fest, die im Diagramm dargestellt werden sollen. Im Beispiel werden alle drei Felder der Abfrage verwendet.

Bestimmung der Felder

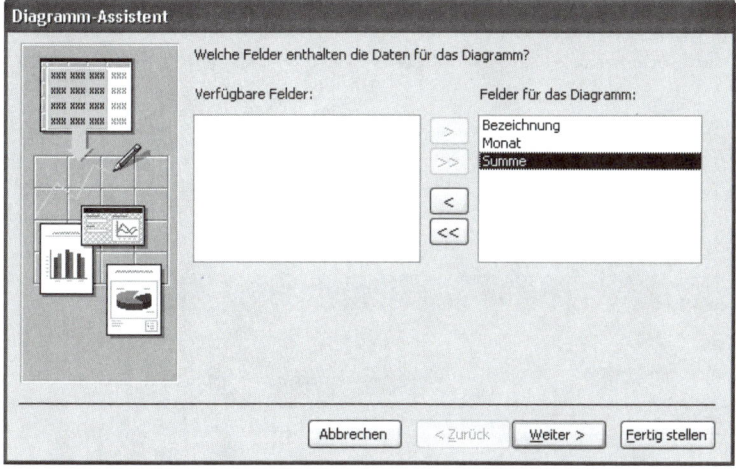

Übernehmen Sie nur ein Feld in die Liste *Felder für das Diagramm*, werden die Werte des Feldes auf der x-Achse aufgetragen und die Anzahl, wie oft der entsprechende Wert in der Ergebnismenge vorkommt, wird als y-Wert dargestellt.

Selektieren Sie zwei Felder, wird eines als x-, das andere als y-Wert aufgetragen. Drei Felder werden in der Form eingesetzt, dass mehrere Datenreihen gleichzeitig im Diagramm dargestellt werden.

Sind Sie mit der Schaltfläche *Weiter* zum nächsten Dialogfeld weitergegangen, haben Sie jetzt die Qual der Wahl: Welche Diagrammvariante ist für Ihre Daten sinnvoll?

Formulare

Abbildg. 26.4   Auswahl des Diagrammtyps

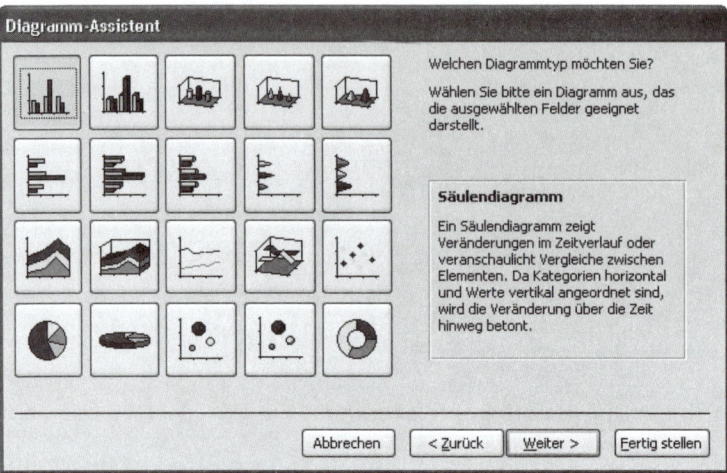

5. Für unser Beispiel wählen wir den einfachsten, aber sehr anschaulichen Diagrammtyp »Säulen-diagramm« in der linken oberen Ecke aus.

Welcher Diagrammtyp für Ihre Zahlenwerte geeignet ist, hängt davon ab, was Sie darstellen möchten. Säulen- und Balkendiagramme sind sinnvoll, wenn Daten auf einer Zeitachse ange-ordnet werden sollen. Kreis- und Tortendiagramme eignen sich für die Darstellung von Prozent-werten usw.

6. Nach der Auswahl des Diagrammtyps wird im nächsten Dialogfeld ein Beispieldiagramm des gewählten Typs gezeigt. Bestimmen Sie nun, auf welcher Achse welche Daten aufgetragen wer-den sollen. Der Assistent hat die Felder schon zugeordnet, Sie können dies aber leicht ändern.

Abbildg. 26.5   Welche Daten werden wo gezeigt?

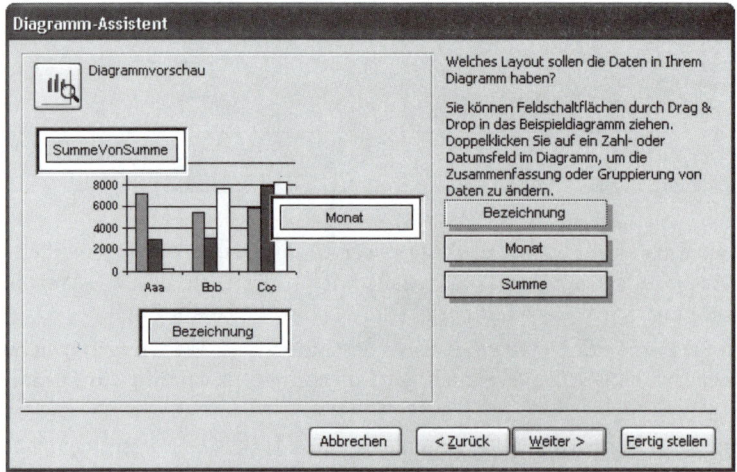

Die auf der rechten Seite des Dialogfeldes gezeigten Schaltflächen mit den Feldnamen können mit der Maus an die gewünschte Position im Diagramm gezogen werden. Ein Doppelklick auf eine der Schaltflächen im Diagramm öffnet ein entsprechendes Dialogfeld, in dem Sie weitere Auswertungseinstellungen vornehmen können.

7. Das letzte Dialogfeld des Assistenten ermöglicht es Ihnen, Ihrem Diagramm eine Überschrift, hier als Namen bezeichnet, zuzuweisen. Wir haben hier *Verkaufssummen* eingetragen. Außerdem wählen Sie in diesem Dialogfeld aus, ob eine Legende gezeigt werden soll.

8. Nach einem Klick auf die Schaltfläche *Fertig stellen* zeigt der Assistent das fertige Diagramm an.

Abbildg. 26.6 Das fertige Diagramm

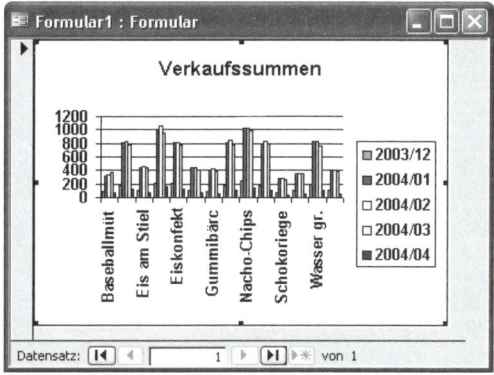

9. Schalten Sie nun in die Entwurfsansicht des Formulars um, damit Sie sehen können, wie Formular und Diagramm vom Assistenten generiert wurden.

Abbildg. 26.7 Formular in der Entwurfsansicht

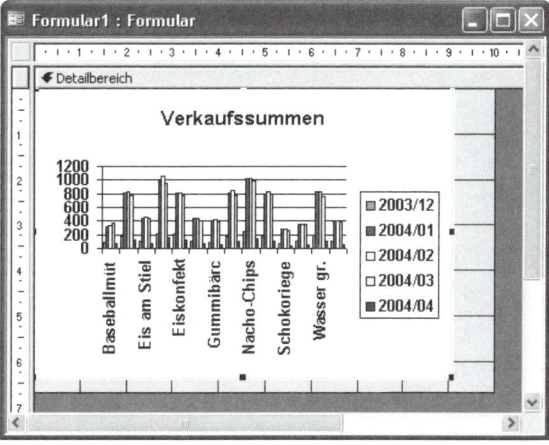

Das Formular ist ungebunden, d.h., es hat keine Verbindung mit einer Tabelle oder Abfrage. Es empfiehlt sich, für das Formular die Navigationsschaltflächen, den Datensatzmarkierer und eventuell auch die Bildlaufleisten abzuschalten.

Formulare

Blenden Sie nun die Eigenschaften für das Diagrammobjekt ein, so sehen Sie, dass das Steuerelement für das Diagramm ein ungebundenes Objektfeld ist, wie wir es schon kurz in Kapitel 22 vorgestellt haben.

Abbildg. 26.8 Eigenschaften des Diagramm-OLE-Feldes

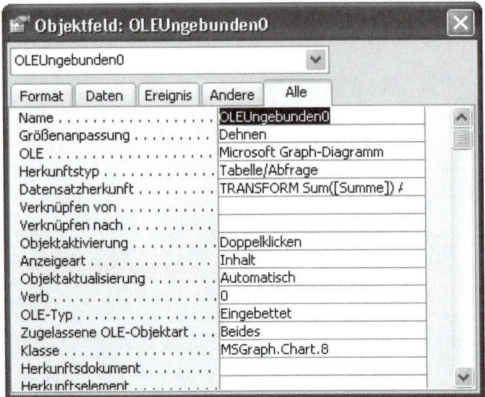

Die Eigenschaft *OLE* beinhaltet das Programm, das zur Darstellung des Objektinhalts eingesetzt wird. *Herkunftstyp* und *Datensatzherkunft* beschreiben, welche Daten im Diagramm angezeigt werden sollen.

Die *Datensatzherkunft* wird durch den Assistenten in Form einer Kreuztabellenabfrage erstellt, die hier mit dem SQL-Befehl *TRANSFORM* beginnt. Die Abfrage können Sie sich im Abfrage-Entwurfsfenster ansehen, das über die Schaltfläche mit den drei Punkten des Feldes *Datensatzherkunft* aufgerufen wird.

Abbildg. 26.9 Die Abfrage für das Diagramm

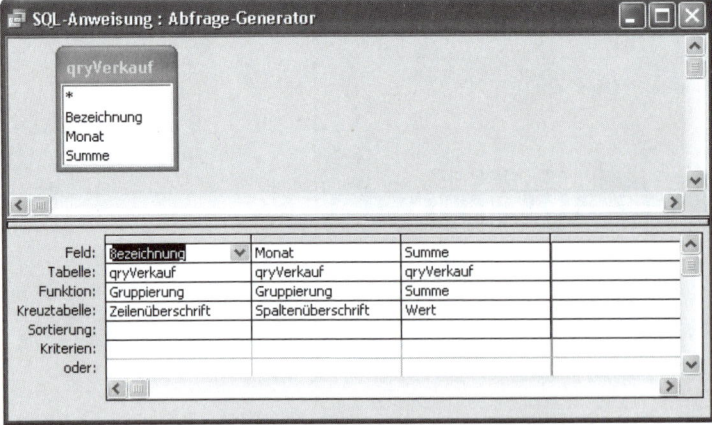

Das Abfrageergebnis wird an Microsoft Graph weitergegeben, das die Daten aufbereitet und in das Diagramm umwandelt.

Aktivieren des Diagramms

Möchten Sie das Diagramm bearbeiten, um beispielsweise den Diagrammtyp zu ändern oder die Bestandteile des Diagramms zu formatieren, doppelklicken Sie in der Entwurfs- oder in der Formularansicht auf das Steuerelement mit dem Diagramm. Dadurch wird Microsoft Graph aktiviert.

Abbildg. 26.10 Microsoft Graph aktiviert

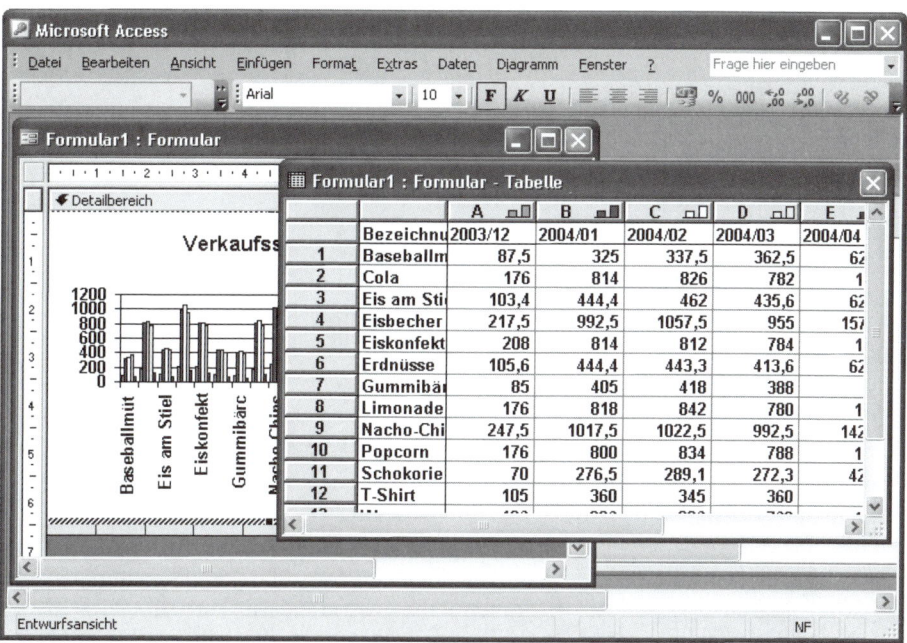

> **HINWEIS**   Übrigens können Sie mithilfe der [F9]-Taste Ihr Diagramm aktualisieren, dadurch wird das Diagramm mit den neuesten Datenwerten dargestellt. Das ist dann sinnvoll, wenn beispielsweise der Datenbestand in einem Netzwerk verwaltet wird und andere Anwender zwischenzeitlich Daten verändert haben.

Gestalten von Diagrammen

In diesem Abschnitt beschreiben wir die wichtigsten Gestaltungsmöglichkeiten von Diagrammen.

Die Diagrammgröße ändern

Die Größe eines Diagramms in einem Formular wird zum einen von der Größe des Steuerelements, des ungebundenen Objektfeldes, bestimmt, zum anderen durch die Größe des eigentlichen Objekts, das innerhalb des Objektfeldes liegt.

Formulare

Doppelklicken Sie auf das eigentliche Diagramm, so wird das Diagramm mit einem dicken grauen Rahmen dargestellt. Er kennzeichnet die Größe des Diagrammobjekts. Das ungebundene Objektsteuerelement besitzt den dünnen Rahmen von Steuerelementen.

Abbildg. 26.11 Rahmen von Objekt und Steuerelement

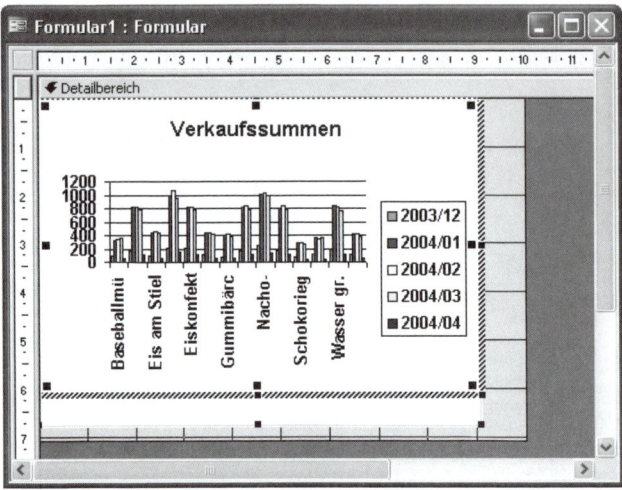

Um die Aktivierung des Objekts zu beenden, klicken Sie einfach irgendwo außerhalb des breiten grauen Rahmens.

Wenn das Diagrammobjekt aktiviert ist, können Sie die Größe des Diagrammobjekts mithilfe der schwarzen Markierungspunkte des grauen Rahmens verändern. Für das Objektfeld ist vom Diagramm-Assistenten die Eigenschaft *Größenanpassung* mit *Dehnen* eingestellt worden. In Abbildung 26.11 haben wir die Einstellung in *Abschneiden* geändert. Beachten Sie dabei, dass Sie die Abmessungen des Objekts derart vergrößern können, dass es nicht mehr in das ungebundene Objektfeld passt.

TIPP Wir empfehlen Ihnen, die Eigenschaft *Größenanpassung* auf *Zoomen* festzulegen, dann bestimmt die Größe des ungebundenen Objektfeldes die Abmessung des Objekts.

Den Diagrammtyp ändern

Mithilfe des Menübefehls *Diagramm/Diagrammtyp* bzw. der Schaltfläche *Diagrammtyp* verändern Sie den Typ des Diagramms. Die möglichen Varianten haben Sie bereits in Abbildung 26.4 kennen gelernt. Im Dialogfeld *Diagrammtyp* werden zu jedem Diagrammtyp verschiedene Varianten als Untertypen angegeben.

Abbildg. 26.12 Diagrammtyp

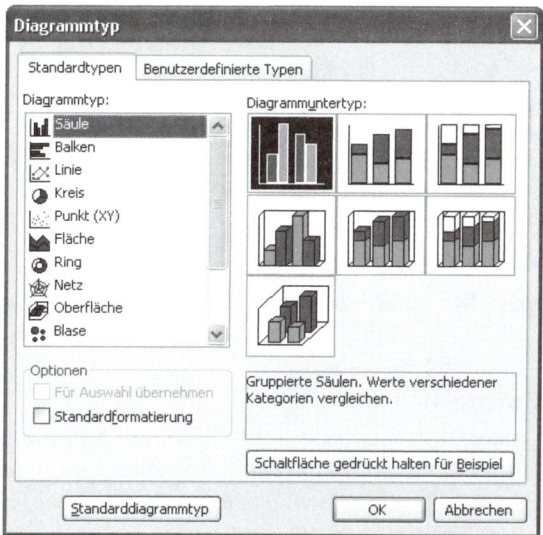

Bestandteile eines Diagramms auswählen

Diagrammfläche ⏷ Wir möchten Ihnen nun die Bestandteile des Diagramms vorstellen. Aktivieren Sie das Diagrammfenster und öffnen Sie die Dropdown-Liste *Diagrammobjekte*. Wählen Sie das gewünschte Diagrammobjekt an, um es zu markieren. Die Markierung wird durch acht schwarze Quadrate um das markierte Element herum angezeigt.

Abbildg. 26.13 Die verfügbaren Diagrammobjekte

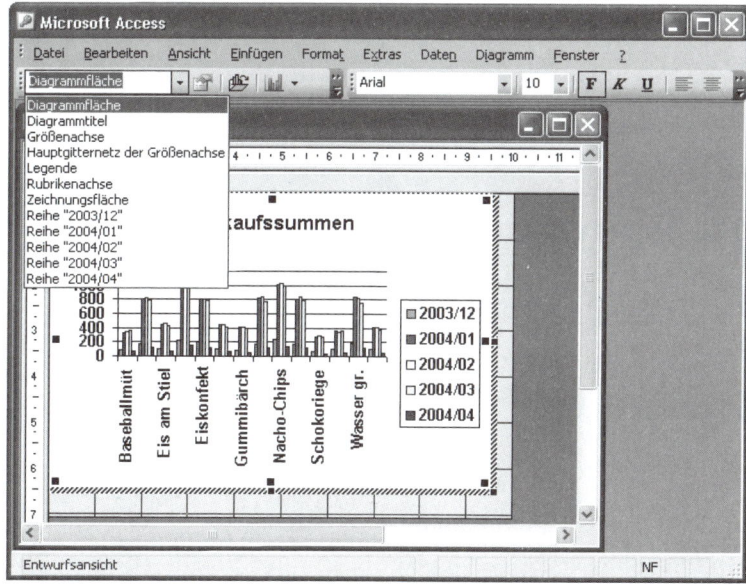

Formulare

Alternativ können Sie auch den entsprechenden Bestandteil mit der Maus anklicken oder alle Teile mithilfe der Pfeiltasten durchlaufen.

Die Diagrammfläche

Für die Diagrammfläche lässt sich einfach ihre Lage und Größe ändern. Sie können die Diagrammfläche aber auch nach Belieben mit Farben und Mustern versehen.

So ändern Sie die Größe der Diagrammfläche

Markieren Sie die Diagrammfläche und ziehen Sie an einem der Markierungsquadrate, um die Diagrammfläche in der Größe zu ändern.

So formatieren Sie die Diagrammfläche

Um die Diagrammfläche zu verändern, öffnen Sie das Dialogfeld *Diagrammfläche formatieren* mit einer der folgenden Varianten: Doppelklicken Sie auf die Diagrammfläche, öffnen Sie ihr Kontextmenü und wählen Sie *Diagrammfläche formatieren* aus, wählen Sie den Menübefehl *Format/Markierte Diagrammfläche* oder klicken Sie auf die Schaltfläche *Eigenschaften*.

Abbildg. 26.14 Dialogfeld zum Formatieren der Diagrammfläche

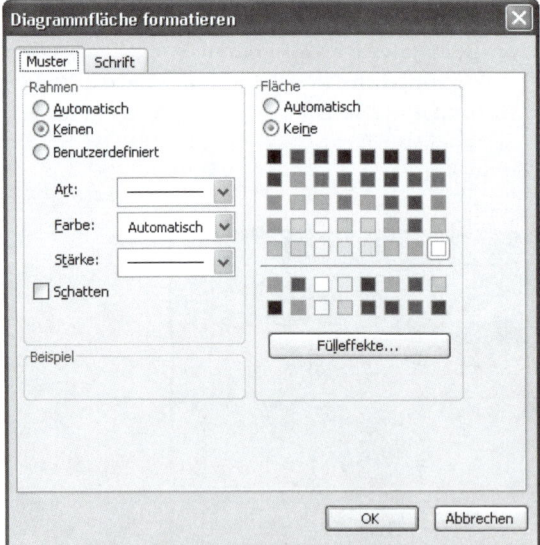

Der Diagrammtitel

Der Diagrammtitel lässt sich wie zuvor beschrieben verschieben. Er kann auch editiert und formatiert werden.

So editieren Sie den Diagrammtitel

Markieren Sie den Diagrammtitel und klicken Sie dann auf den Text, so können Sie an der Position der Einfügemarke den Text editieren. Er lässt sich so korrigieren, ergänzen oder auch löschen. Schneller löschen Sie den Diagrammtitel direkt über das Kontextmenü zum Diagrammtitel.

So formatieren Sie den Diagrammtitel

Öffnen Sie über das Kontextmenü, das Menü *Format*, die Tastenkombination $\boxed{\text{Strg}}$+$\boxed{1}$, mit einem Doppelklick auf den Diagrammtitel oder mithilfe der Schaltfläche *Eigenschaften* das Dialogfeld *Diagrammtitel formatieren*. Auf drei Registerkarten lassen sich hier die Schriftart, -größe und Auszeichnung des Textes, seine Ausrichtung im Markierungsrahmen sowie das Markierungsrechteck selbst formatieren. Zudem stehen in der Formatsymbolleiste die bekannten Schaltflächen zur Verfügung.

So fügen Sie einen Diagrammtitel ein

Haben Sie den Diagrammtitel versehentlich gelöscht oder möchten Sie nachträglich einen Diagrammtitel einfügen, wählen Sie den Menübefehl *Diagramm/Diagrammoptionen*. Auf der Registerkarte *Titel* besteht die Möglichkeit, den Diagrammtitel sowie die Beschriftung der einzelnen Achsen festzulegen.

Abbildg. 26.15 Festlegen des Diagrammtitels

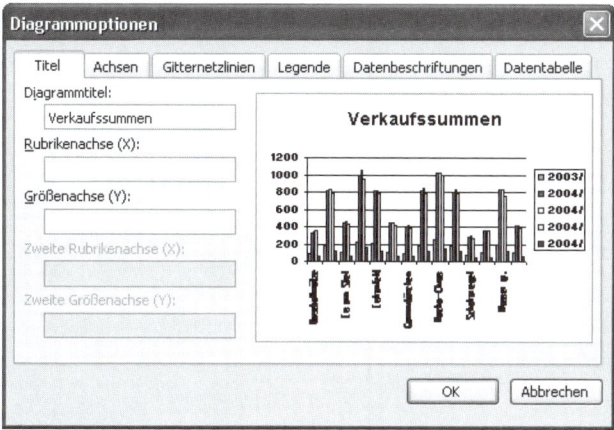

> **HINWEIS** Zweizeilige Titel werden auch im Dialogfeld untereinander dargestellt. Das bedeutet, dass Sie im Dialogfeld immer nur eine Zeile sehen können.

> **HINWEIS** Bestätigen Sie die Neueingabe oder Änderung im Dialogfeld, wird der Diagrammtitel oben in der Mitte eingefügt. Hatten Sie zuvor ein anderes Element an dieser Stelle platziert, wird dieses einfach weggeschoben.

Formulare

Freier Text

Wenn Sie möchten, können Sie auch freien Text in Ihrem Diagramm positionieren. Achten Sie darauf, dass gerade kein Text markiert ist, und tippen Sie dann einfach los. In der Mitte der Diagrammfläche erscheint der eingegebene Text in einem schraffierten Markierungsrahmen. Freier Text lässt sich verschieben, editieren und formatieren, wie zuvor beschrieben.

Gitternetzlinien

Gitternetzlinien lassen sich am einfachsten mit den entsprechenden Schaltflächen der Standardsymbolleiste ein- und ausschalten. Ansonsten besteht dazu auch die Möglichkeit auf der Registerkarte *Gitternetzlinien* des Dialogfeldes *Diagrammoptionen* (Menübefehl *Diagramm/Diagrammoptionen*).

Soll die Formatierung von Gitternetzlinien geändert werden, verwenden Sie eine der fünf bereits zuvor aufgezählten Möglichkeiten, das Dialogfeld *Gitternetzlinien formatieren* zu öffnen. Neben der Farbe, Art und Stärke der Linien (auf der Registerkarte *Muster*) können Sie auf der Registerkarte *Skalierung* den größten und kleinsten Wert der Achse (zu der die Gitternetzlinie gehört), die Intervalle für die eingezeichneten Linien und einiges mehr festlegen.

Abbildg. 26.16 Intervalle für Gitternetzlinien festlegen

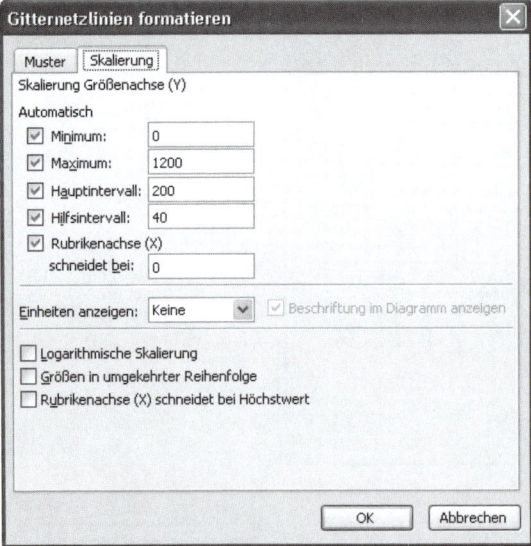

Die Legende

Die Legende lässt sich mithilfe der gleichnamigen Schaltfläche in der Standardsymbolleiste leicht ein- und ausschalten. Mit der Maus können Sie die Lage der Legende, aber auch die Größe des Rahmens bearbeiten. Über das Dialogfeld *Legende formatieren* lässt sich die verwendete Schrift sowie die Formatierung des rechteckigen Hintergrunds ändern.

Die Datenreihen

Klicken Sie in einem Säulen- bzw. Balkendiagramm auf eine der Säulen oder einen der Balken, markieren Sie damit die gesamte Datenreihe und nicht nur den einzelnen Datenpunkt. Soll beispielsweise nur eine Säule markiert werden, markieren Sie zunächst die ganze Datenreihe, halten dann die ⬦-Taste gedrückt und klicken die Säule erneut an.

Ändern von Werten der Datenreihe

Sollen Werte der Datenreihe geändert werden, wechseln Sie beispielsweise mit dem Menübefehl *Ansicht/Datenblatt* zum Datenblatt mit den dargestellten Werten. Jede Manipulation der Daten wird sofort in das Diagramm übertragen. Ebenfalls mit dem Menübefehl *Ansicht/Datenblatt* gelangen Sie zurück zu Ihrem Diagramm.

Ist unter dem Diagramm ein Teil des Datenblatts sichtbar und mit der Maus anklickbar, können Sie so schneller zwischen dem Datenblatt und dem Diagramm hin- und herwechseln.

Formatieren der Datenreihen

Das Dialogfeld *Datenreihen formatieren* enthält je nach ausgewählter Darstellungsart unterschiedliche Registerkarten:

- *Muster:* Auf dieser Registerkarte lässt sich die Füllung der Datenreihe (bei Säulen, Balken oder Kreissegmenten) sowie ihre Umrandung definieren. Über die Schaltfläche *Fülleffekte* erhalten Sie die Möglichkeit, Farbverläufe verschiedener Farben und Schattierungen auszuwählen. Für Linien- oder Netzdiagramme lässt sich auf der Registerkarte *Muster* auch die Art der Datenpunktmarkierung, ihre Farbe, Größe und Lage bestimmen.

- *Achsen:* Soll die markierte Datenreihe einer zweiten Achse zugewiesen werden, so können Sie die Zuweisung auf der Registerkarte *Achsen* vornehmen.

- *Fehlerindikatoren:* Bei Bedarf lassen sich Fehlerbalken einzeichnen.

- *Form:* Diese Registerkarte ermöglicht die Darstellung unterschiedlicher Formen für 3-D-Objekte der ausgewählten Datenreihe.

- *Datenbeschriftung:* Hier können Sie bestimmen, ob neben einem Datenpunkt sein Wert oder seine x-Achsen-Beschriftung aufgeführt wird.

- *Optionen:* Auf der Registerkarte *Optionen* lassen sich Abstände zwischen Datenreihen (für Säulen und Balkendiagramme) oder aber Verbindungslinien für Datenpunkte einer Datenreihe (für Liniendiagramme) definieren.

Datenreihe in Spalte oder Zeile

Per Mausklick lässt sich die Darstellung der Spalten der Tabelle in die Darstellung der Zeilen umschalten. Im verwendeten Beispiel wurden die Spalten als Datenreihen verwendet. In einer Spalte stehen die Besucherzahlen für die einzelnen Kinos, als x-Achse werden verschiedene Monate aufgeführt. Mit dieser Darstellung können Sie für die unterschiedlichen Monate die Auslastung der Kinos miteinander vergleichen.

Möchten Sie sich im Diagramm einen Vergleich der einzelnen Monate für jeweils ein Kino ansehen, schalten Sie mit der Schaltfläche *Nach Zeilen* um und verwenden die einzelnen Zeilen als Datenreihe.

Abbildg. 26.17 Zeilen als Datenreihen

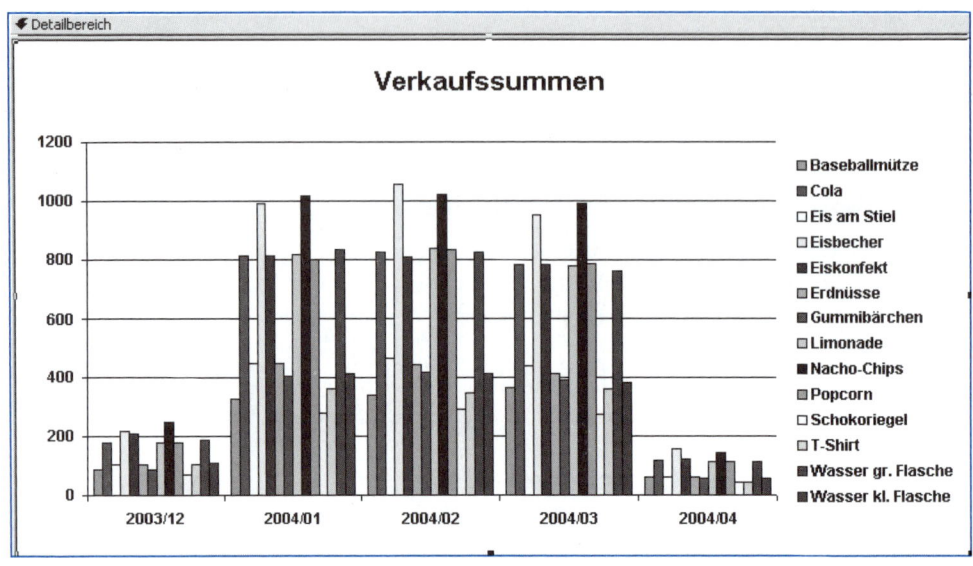

Um wieder zur ursprünglichen Darstellung zu gelangen, verwenden Sie die Schaltfläche *Nach Spalten*.

Die Achsen und ihre Beschriftungen

Möchten Sie die Achsen oder ihre Beschriftung verändern, öffnen Sie das Dialogfeld *Achsen formatieren*.

Auf der Registerkarte *Muster* können Sie nicht nur die Stärke, Farbe und Linienart der markierten Achse festlegen, sondern auch bestimmen, wie die Unterteilungen auf der Achse aussehen sollen. Wollen Sie nur Hauptstriche verwenden oder das Intervall zwischen den Hauptstrichen durch Hilfsstriche weiter unterteilen? Sollen die Striche außen an der Achse dargestellt werden oder innen? Wo sollen die Hauptstriche der Achsen dargestellt werden?

Die Registerkarte *Skalierung* erlaubt die Festlegung des größten und kleinsten Wertes der Achse sowie des Intervalls zwischen den Haupt- und Hilfsstrichen. Sie können darauf zudem festlegen, wo die zweite Achse die markierte schneiden soll, ob eine logarithmische Skalierung verwendet werden soll oder ob die Darstellung der Daten in umgekehrter Reihenfolge erfolgen soll.

Die Formatierung der Teilstrichbeschriftung lässt sich auf der Registerkarte *Schrift* definieren, ihre Ausrichtung auf der letzten Registerkarte. Die Registerkarte *Zahlen* bietet verschiedene Zahlenformate für die Beschriftung an. Bei Bedarf können Sie dort auch eigene Zahlenformate definieren.

Abbildg. 26.18 Formatierung und Unterteilung der Achsen festlegen

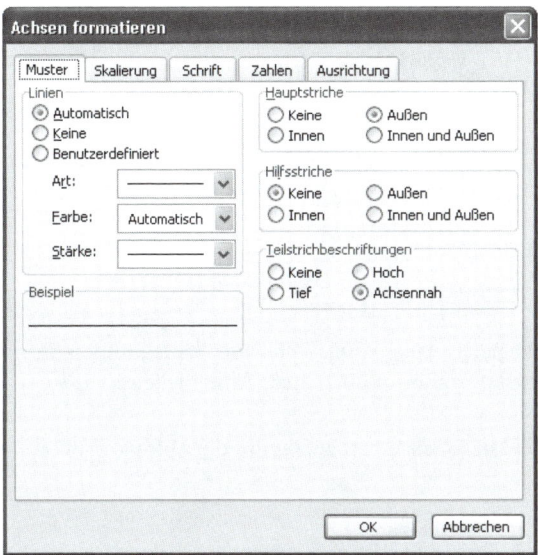

Diagrammobjekte auf Formularen

Die mit dem im Abschnitt »Der Diagramm-Assistent« beschriebenen Diagramm-Assistenten erzeugten Diagrammformulare zeigen alle Daten der zugrunde liegenden Tabelle oder Abfrage. Wir möchten in diesem Abschnitt beschreiben, wie Sie ein Diagrammobjekt in der Entwurfsansicht auf ein Formular platzieren können sowie ein Diagrammobjekt mit Inhalten eines gebundenen Formulars verbinden.

Im oben beschriebenen Beispiel wurden alle Daten der Abfrage *qryVerkauf* dargestellt, d.h. alle Artikel über alle Monate. Es soll nun ein Formular erstellt werden, das erlaubt, im Diagramm nur die Daten eines ausgewählten Artikels zu zeigen.

Zwei Lösungen für die gestellte Aufgabe möchten wir im Folgenden skizzieren: mit einem gebundenen Formular und mit einem Kombinationsfeld.

Gebundenes Formular mit Diagramm

Beginnen Sie damit, ein neues Formular basierend auf der Abfrage *qryVerkauf* zu entwerfen. Auf dem Formular wird dann in der Entwurfsansicht ein Textfeld für die Artikelbezeichnung angeordnet, wie es Abbildung 26.19 zeigt.

Abbildg. 26.19 Formular mit Textfeld

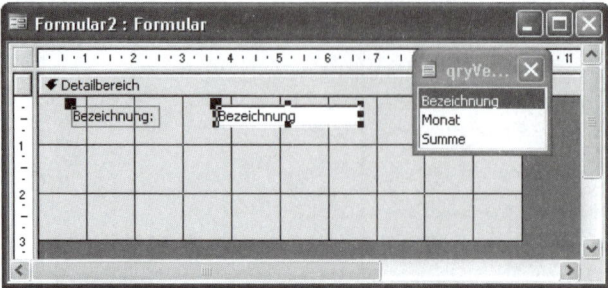

1. Im Menü *Einfügen* finden Sie den Befehl *Diagramm*. Mit seiner Hilfe können Sie auf dem Formularentwurf ein Rechteck für das Diagramm aufziehen. Anschließend wird der Diagramm-Assistent gestartet.

2. Selektieren Sie im ersten Dialogfeld des Assistenten wiederum die Abfrage *qryVerkauf* als Datenbasis.

Abbildg. 26.20 Auswahl der Abfrage

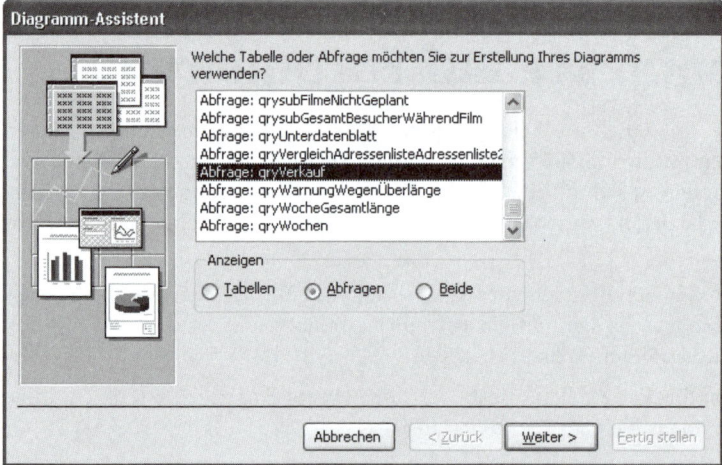

3. Übernehmen Sie im zweiten Dialogfeld alle drei Felder der Abfrage in das Diagramm.

4. Im darauf folgenden Dialogfeld des Assistenten bestimmen Sie die Zuordnung der Felder zu den Achsen des Diagramms. Übernehmen Sie dabei nicht die vorgeschlagene Anordnung, sondern vertauschen Sie, wie in Abbildung 26.21 gezeigt, *Monat* und *Bezeichnung*.

Abbildg. 26.21   Zuordnung der Fehler zu Diagrammachsen

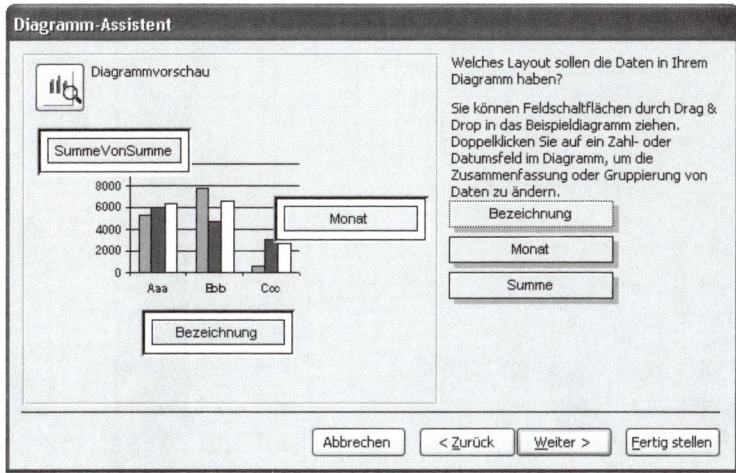

5. Im nächsten Schritt (Abbildung 26.22) wird die Verbindung zwischen Formular und Diagramm hergestellt. Auf der linken Seite wird das entsprechende Feld der Datenherkunft des Formulars, rechts das des Diagramms festgelegt. Der Assistent schlägt hier in unserem Beispiel die richtigen Felder vor.

Abbildg. 26.22   Zuordnung zwischen Diagramm und Formular

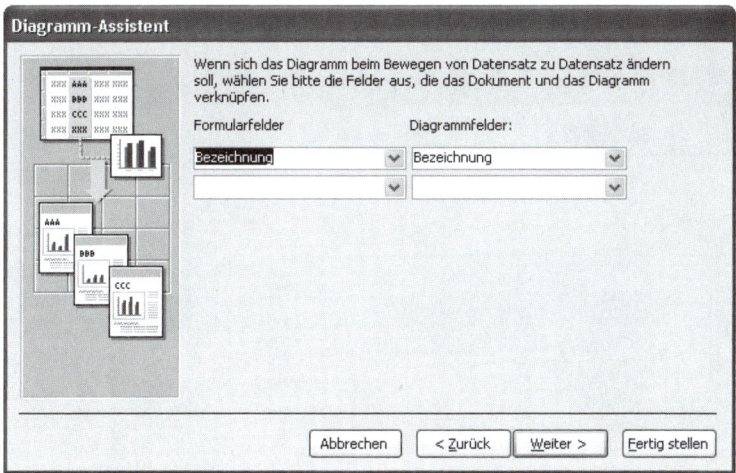

Nach der Beendigung des Assistenten sollte die in Abbildung 26.23 dargestellte Entwurfsansicht zu sehen sein. Die Entwurfsansicht des Diagramms zeigt allerdings merkwürdige Daten: Dies sind die Musterdaten von Microsoft Graph, die immer dann dargestellt werden, wenn keine echten Daten vorliegen.

Formulare

Abbildg. 26.23 Formular in der Entwurfsansicht

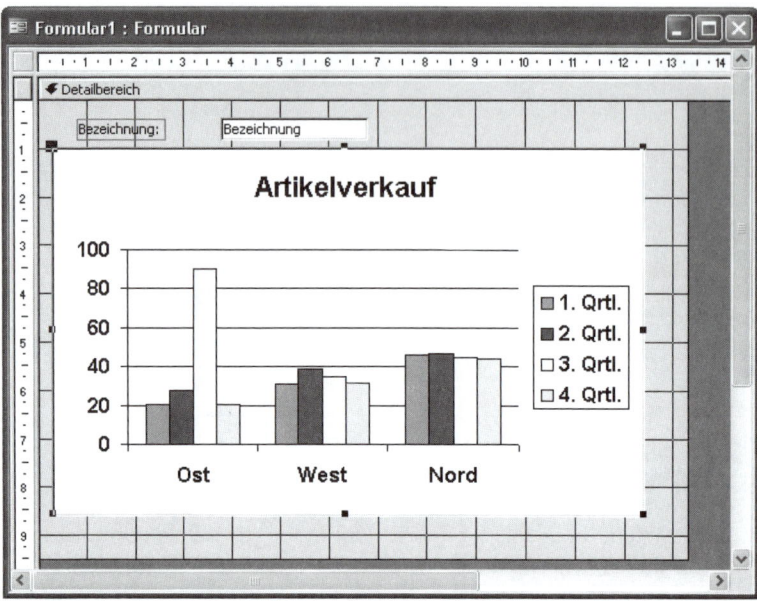

Sowie Sie aus der Entwurfsansicht in die Formularansicht umschalten, werden die richtigen Daten gezeigt.

Abbildg. 26.24 Formularansicht

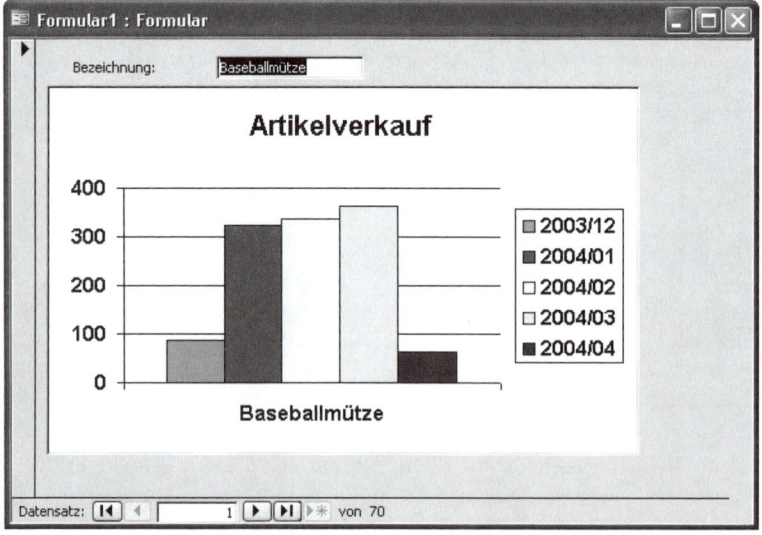

Blättern Sie nun mithilfe der Navigationsschaltflächen am unteren Formularrand durch die Daten des Formulars, wird das Diagramm für die jeweiligen Artikel aktualisiert.

Leider funktioniert das Ganze noch nicht so, wie man es gerne hätte. In der Abfrage *qryVerkauf* kommt jede Artikelbezeichnung so oft vor, wie Werte für einen Monat vorliegen. Deshalb muss man mehrere Datensätze weit blättern, um zu einem neuen Artikel zu gelangen.

Um dieses zu vermeiden, ist es am einfachsten, die Datenherkunft des Formulars dahingehend abzuändern, dass jede Artikelbezeichnung nur einfach vorkommt. In Abbildung 26.25 ist die veränderte Abfrage dargestellt, die durch die Angabe einer *Gruppierung* für das Feld *Bezeichnung* erreicht, dass im Ergebnis der Abfrage keine doppelten Bezeichnungen sind.

Abbildg. 26.25 Geänderte Datenherkunft

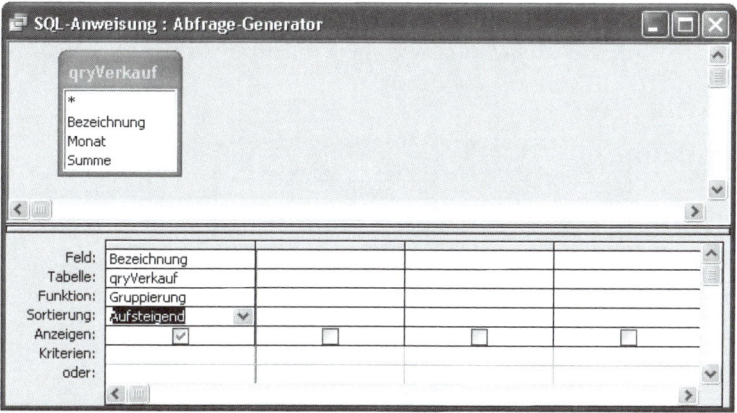

Das fertige Formular mit einem überarbeiteten Diagramm zeigt Abbildung 26.26. Durch die geänderte Abfrage des Formulars werden nur noch 14 Datensätze in der Navigationsleiste angeboten, vorher (Abbildung 26.24) waren es 70.

Abbildg. 26.26 Fertiges Formular

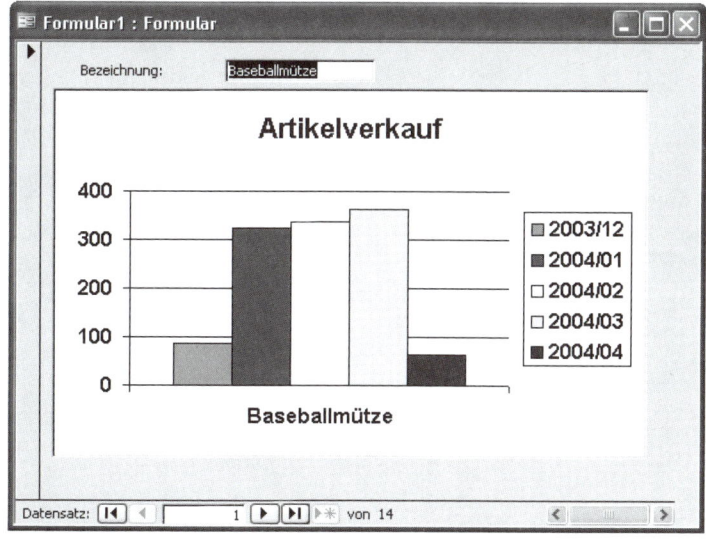

Durch Kombinationsfeld gesteuertes Diagramm

Wir möchten Ihnen jetzt zeigen, wie ein Diagramm mithilfe eines Steuerelements, hier mit einem Kombinationsfeld, gesteuert werden kann. Der Unterschied zu der oben beschriebenen Lösung ist, dass das Formular dabei nicht gebunden, also an eine Tabelle oder Abfrage geknüpft ist.

Am einfachsten ist es nun, das oben erstellte Formular abzuändern.

1. Rufen Sie dazu die Eigenschaften des Formulars auf und entfernen Sie den Eintrag für *Datenherkunft*.

2. Selektieren Sie dann das Textfeld und wandeln Sie es mit dem Menübefehl *Format/Ändern zu/ Kombinationsfeld* in ein Kombinationsfeld um.

In Abbildung 26.27 wird das Kombinationsfeld auf dem Formularentwurf gezeigt.

Abbildg. 26.27   Entwurf mit Kombinationsfeld

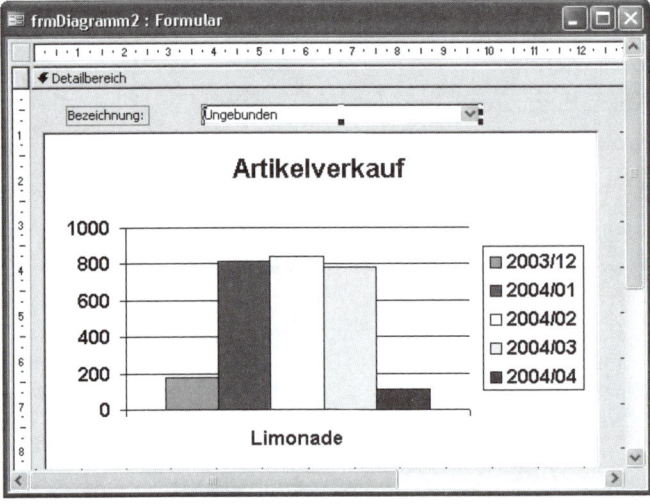

Abbildung 26.28 zeigt das Eigenschaftenfenster des Kombinationsfeldes. Als *Name* wurde *cboBe-zeichnung* vereinbart. Der *Steuerelementinhalt* ist leer, denn das Formular ist ja nicht mehr an eine Tabelle oder Abfrage gebunden.

Abbildg. 26.28   Eigenschaften des Kombinationsfeldes

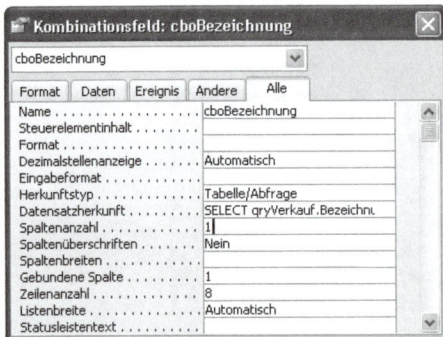

Der *Herkunftstyp* der im Kombinationsfeld zu zeigenden Daten ist *Tabelle/Abfrage*. Die Datensatzherkunft entspricht der in Abbildung 26.25 gezeigten Abfrage.

3. Die letzten Einstellungen werden in den Eigenschaften des Steuerelements für das Diagramm vorgenommen, die Abbildung 26.29 zeigt.

Abbildg. 26.29   Eigenschaften des Diagramms

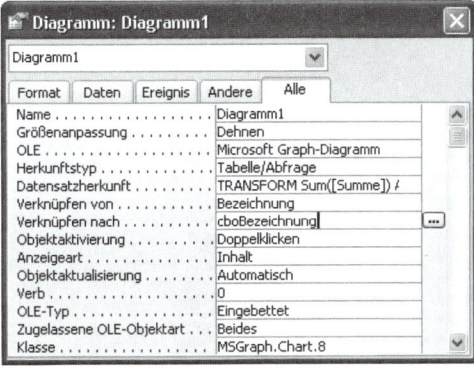

Die einzige Anpassung, die hier vorgenommen werden muss, ist die Änderung der Eigenschaft *Verknüpfen nach* zu *cboBezeichnung*.

Mehr Änderungen müssen an Formular und Steuerelementen nicht vorgenommen werden. Wenn Sie das Formular in der Formularansicht aufrufen, bewirkt jede Neuauswahl im Kombinationsfeld eine Neuanzeige des Diagramms mit den entsprechenden Werten.

Zusammenfassung

Dieses Kapitel befasste sich mit dem Erstellen und Bearbeiten von Diagrammen.

- Ein Diagramm lässt sich am einfachsten mithilfe des Diagramm-Assistenten erstellen, der ab Seite 510 beschrieben wird.

- Im darauf folgenden Abschnitt ab Seite 515 geht es darum, ein fertig gestelltes Diagramm nachträglich zu bearbeiten.

- Es wird auch die Möglichkeit beschrieben, ein Diagramm in einem Formular zu platzieren (Seite 523).

Formulare

PivotTable- und PivotChart-Ansicht

Formulare

Im Bereich der Datenauswertung stehen Ihnen in Access 2003 mit den Ansichten *PivotTable* und *PivotChart* leistungsstarke Funktionen zur Verfügung. Für geöffnete Formulare, Tabellen oder Abfragen können Sie über das Menü *Ansicht* oder die gleichnamige Schaltfläche in der Symbolleiste eine der beiden Pivot-Ansichten wählen. Wenn Sie ein Objekt zum ersten Mal in einer der beiden Ansichten öffnen, ist die jeweilige Pivot-Ansicht noch leer.

PivotTable-Ansicht erstellen

Möchten Sie auf der Grundlage einer Abfrage eine PivotTable-Ansicht erstellen, haben Sie zwei Möglichkeiten:

- Entweder wählen Sie in der in der Entwurfsansicht geöffneten Abfrage über die Schaltfläche *Ansicht* die *PivotTable-Ansicht* aus

- oder Sie nutzen die Abfrage als Datenbasis für ein Formular, für das Sie dann die PivotTable-Ansicht erstellen.

Da Sie, wie oben bereits erwähnt, beim ersten Wechsel immer eine noch leere PivotTable-Ansicht vor sich haben, kommt in beiden Fällen das eigentliche Erstellen der Ansicht erst jetzt.

Es soll ein Formular mit einer Übersicht der Umsätze je Artikel erzeugt werden, die eine Auswertung für verschiedene Zeiträume zulässt. Grundlage hierfür soll die in Teil C erstellte Abfrage *qryArtikelumsätze* sein, die um das Feld *Artikelnummer* ergänzt wurde und unter dem Namen *qryArtikelumsätzeErweitert* gespeichert wurde.

Abbildg. 27.1 Abfrage, für die eine PivotTable-Ansicht erstellt werden soll

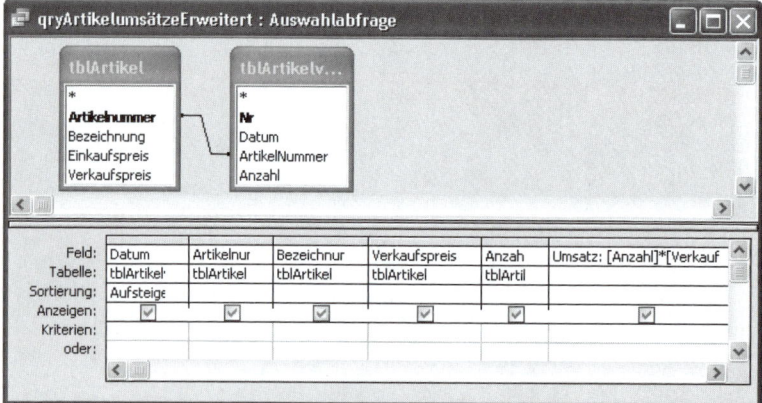

1. Klicken Sie in der Objektleiste auf *Formulare* und klicken Sie dann auf die Schaltfläche *Neu*.
2. Selektieren Sie die Option *AutoFormular: PivotTable* und die gewünschte Abfrage *qryArtikelumsätzeErweitert*.

Abfrage für PivotTable auswählen

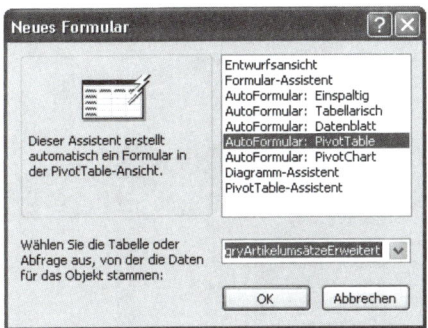

3. Zu den einzelnen Bereichen der noch leeren PivotTable-Ansicht müssen nun Felder hinzugefügt werden. Nutzen Sie hierfür die Feldliste mit den in der Tabelle verfügbaren Feldern. Sollte die Feldliste nicht angezeigt werden, klicken Sie auf das gleichnamige Symbol in der PivotTable-Symbolleiste.

Noch leere PivotTable-Ansicht und Feldliste

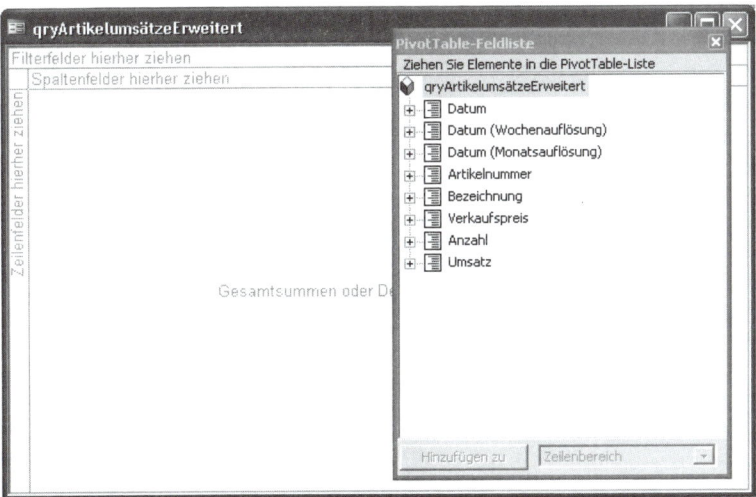

4. Ziehen Sie nun das Feld *Bezeichnung* als *Zeilenfeld* an den linken Rand, das Feld *Datum (Monatsauflösung)* in den oberen Bereich für *Spaltenfelder* und das Feld *Umsatz* in den Bereich für *Gesamtsummen oder Detailfelder*. Eingefügte Felder sind in der Feldliste fett markiert. In der Beispieltabelle ist der Umsatz je Verkauf erfasst und muss noch summiert werden.

5. Klicken Sie in der PivotTable-Ansicht mit der rechten (!) Maustaste auf das Feld *Umsatz* und wählen Sie im Kontextmenü den Befehl *AutoBerechnen/Summe*. Alternativ können Sie den Befehl auch über die PivotTable-Symbolleiste ausführen.

6. Um nicht mehr die Detailbeträge, sondern nur noch die Summen angezeigt zu bekommen, lassen Sie in der PivotTable-Ansicht für das Feld *Summe Umsatz* das Kontextmenü anzeigen und wählen dort *Details ausblenden*.

Formulare

7. Speichern Sie das Formular unter dem Namen *frmArtikelumsätzeAuswertung*.

Wenn Sie nun noch auf das Pluszeichen vor der Jahreszahl klicken, bekommen Sie eine quartalsweise Auflistung angezeigt.

Abbildg. 27.4 PivotTable-Ansicht mit Umsatzsumme je Produkt je Zeitraum

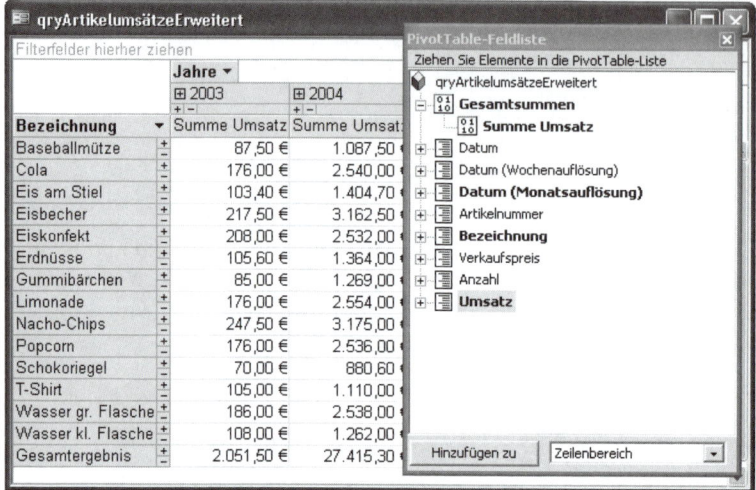

Klicken Sie auf das Pluszeichen vor einem Quartal, wird eine Auflistung für die entsprechenden Monate angezeigt. Mit einem Klick auf das dann erscheinende Minuszeichen vor dem Quartal schließen Sie die Monate wieder.

Felder entfernen, verschieben und hinzufügen

Ein zur PivotTable-Ansicht hinzugefügtes Feld können Sie zwischen den unterschiedlichen Bereichen der Ansicht verschieben. Dabei werden automatisch die entsprechenden Darstellungen und Berechnungen geändert. Um ein Feld aus der PivotTable-Ansicht zu löschen, markieren Sie es und drücken dann die `Entf`-Taste. In der Anzeige der Feldliste steht das Feld weiterhin zur Verfügung.

Filterfeld hinzufügen

Sie können von den in der PivotTable-Ansicht verfügbaren Daten nur einen Teil anzeigen lassen, indem Sie ein Filterfeld hinzufügen. In der Abfrage *qryArtikelumsätzeErweitert* ist im Feld *Anzahl* angegeben, wie viel Stück eines Produkts je Buchung verkauft wurden. Möchten Sie die Anzahl als Filterkriterium hinzufügen, ziehen Sie das Feld *Anzahl* aus der Feldliste in die PivotTable-Ansicht ganz oben in den *Filterfelder*-Bereich.

Nachdem Sie auf den kleinen Dropdownpfeil neben dem Feld geklickt haben, sehen Sie die Liste der vorhandenen Elemente. Entfernen Sie ein Häkchen vor einem Element, werden die hierfür in der PivotTable-Ansicht enthaltenen Daten nicht angezeigt oder berechnet. So können Sie aus den vorhandenen Beispieldaten nur die herausfiltern, bei denen je Buchung mehr als drei Stück eines Produkts verkauft wurden. Werden nicht alle Elemente angezeigt, ist der Dropdownpfeil nach erfolgter Auswahl blau markiert.

Auch für Spalten- und Zeilenfelder können Sie in dieser Form eine Auswahl treffen. So lassen sich beispielsweise nur die Daten für den Cola- und Gummibärchenverkauf anzeigen.

Abbildg. 27.5 Elemente auswählen in unterschiedlichen Feldern

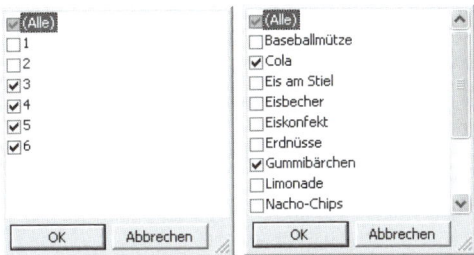

Berechnetes Feld hinzufügen

Zu einer PivotTable-Ansicht können Sie berechnete Felder hinzufügen, die von Ihnen erstellte Ausdrücke enthalten.

In unserem Beispiel soll neben der Bezeichnung auch die Produktkategorie aufgeführt werden. Das Kürzel für die Produktkategorie ist in den ersten drei Stellen der Artikelnummer enthalten. Diese drei Stellen sollen in einem berechneten Feld ausgeschnitten werden.

Um ein berechnetes Feld zu definieren, klicken Sie in der PivotTable-Symbolleiste auf *Berechnete Gesamtsummen und Felder* und wählen die Option *Berechnetes Detailfeld erstellen*.

Auf der Registerkarte *Berechnung* des Eigenschaftenfensters geben Sie dem Feld zunächst einen Namen. Als Ausdruck zum Ausschneiden der Produktkategorie fügen Sie *left(Artikelnummer,3)* hinzu. Access benötigt hier die englische Schreibweise.

Abbildg. 27.6 Name und Ausdruck für berechnetes Feld eintragen

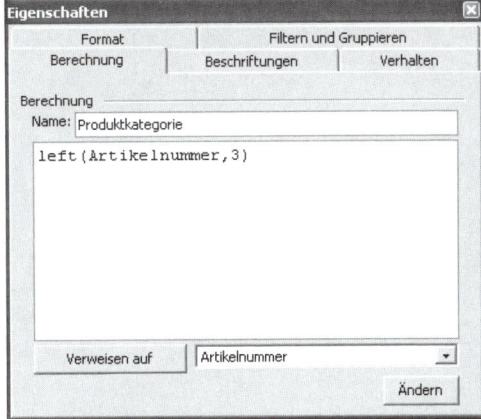

Nach Klick auf *Ändern* können Sie das neu definierte Feld aus der Feldliste in den gewünschten Bereich der PivotTable-Ansicht ziehen. In unserem Beispiel könnte das Feld *Produktkategorie* als zweites Zeilenfeld hinzugefügt werden.

Formulare

Abbildg. 27.7 Die Produktkategorie wurde berechnet

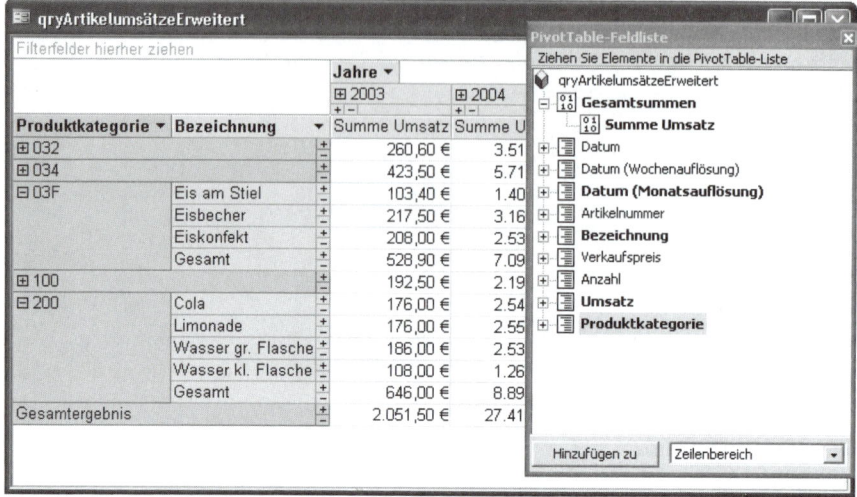

PivotChart-Ansicht erstellen

Haben Sie bereits eine PivotTable-Ansicht für das betreffende Objekt erstellt, werden die Daten beim Wechsel zur PivotChart-Ansicht in Diagrammform angezeigt. Die PivotChart-Ansicht verwendet automatisch Microsoft Office Chart zur Anzeige des Diagramms. Wurde noch keine Pivot-Table-Ansicht definiert, ist die PivotChart-Ansicht hingegen beim ersten Öffnen leer.

Abbildg. 27.8 PivotChart-Ansicht mit Angaben aus PivotTable-Ansicht

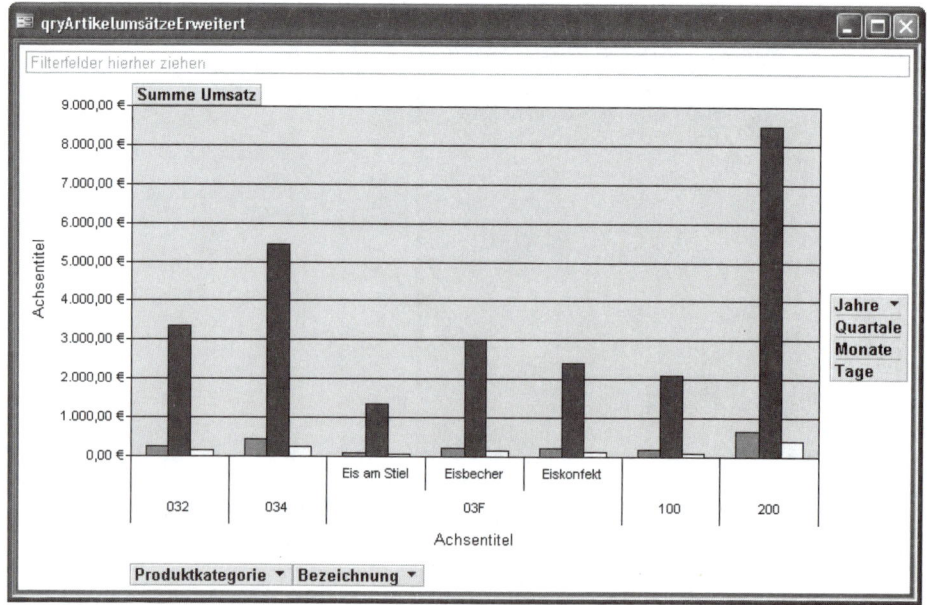

Von der PivotTable- zur PivotChart-Ansicht

Änderungen am Layout der PivotTable-Ansicht wirken sich auch auf die PivotChart-Ansicht aus und umgekehrt. Im vorliegenden Beispiel stammen die dargestellten Verkaufswerte aus den Monaten Dezember, Januar, Februar, März und April. In einer Darstellung, die die Verkaufszahlen in Quartalen darstellt (wie in Abbildung 27.8), sind die Verkaufszahlen entsprechend für das 1. Quartal 2004 sehr viel höher als für das 4. Quartal 2003 bzw. das 2. Quartal 2004. Sinnvoller wäre eine Darstellung der einzelnen Monate. Dazu wurden in der PivotTable-Ansicht die Monatsumsätze angezeigt.

Abbildg. 27.9 Die PivotTable-Ansicht wurde geändert

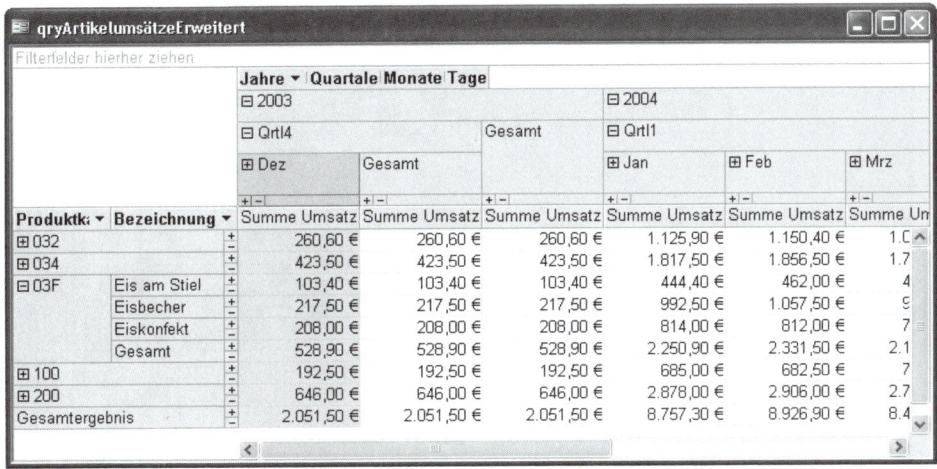

Entsprechend ändert sich die PivotChart-Ansicht und zeigt jetzt mit den monatlichen Umsätzen vergleichbare Daten an.

Abbildg. 27.10 Die PivotChart-Ansicht mit monatlichen Umsätzen

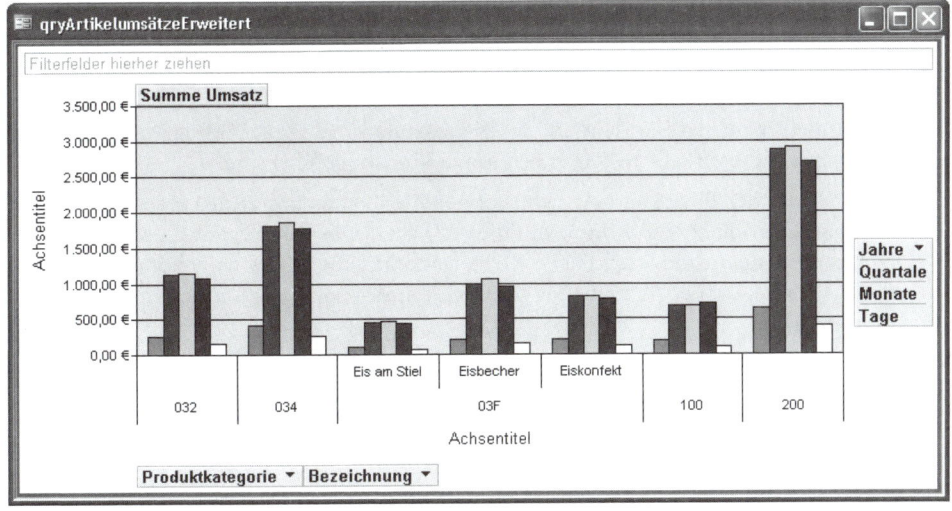

Formulare

Formatänderungen hingegen werden zwischen beiden Ansichten nicht synchronisiert. So wurden in der in Abbildung 27.11 gezeigten PivotChart-Ansicht beim Zahlenformat der Angaben auf der Größenachse die Nachkommastellen gelöscht, zudem wurden die Achsentitel beschriftet. Klicken Sie dazu auf das entsprechende Objekt und wählen Sie dann im Kontextmenü die Option *Eigenschaften* aus.

Mit einem Klick auf *Legende anzeigen* in der PivotChart-Symbolleiste wird eine kleine Legende eingeblendet, die das Lesen der Ansicht vereinfacht, wenn mehrere Diagrammfarben vergeben wurden.

Abbildg. 27.11 Überarbeitete PivotChart-Ansicht

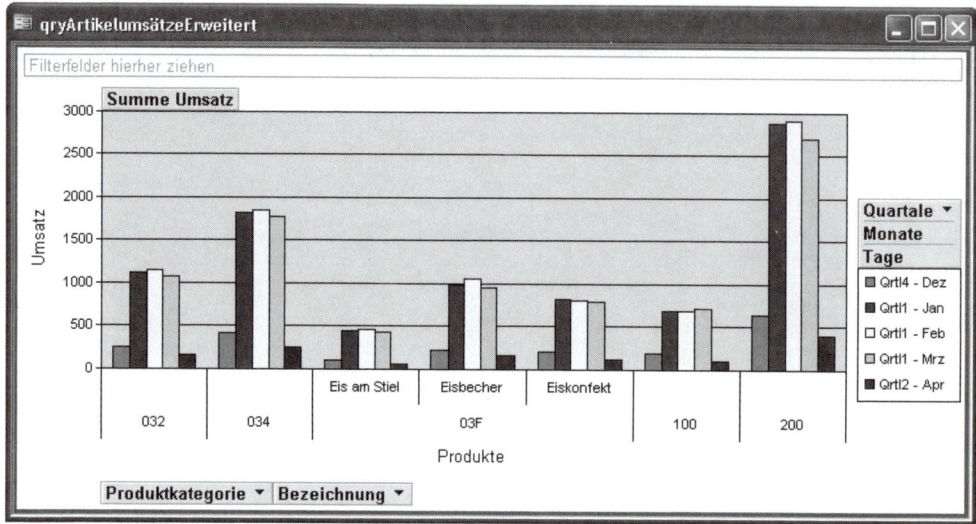

Mit leerer PivotChart-Ansicht beginnen

Nutzen Sie die PivotChart-Ansicht für ein Objekt zum ersten Mal und haben Sie zuvor noch keine PivotTable-Ansicht erstellt, müssen Sie die PivotChart-Ansicht komplett neu erstellen. Das funktioniert im Prinzip genauso wie bei der PivotTable-Ansicht, d.h., Sie müssen Felder aus der Feldliste in die unterschiedlichen Bereiche der Ansicht ziehen.

Die Beispiel-PivotChart-Ansicht soll als Kreisdiagramm für die Abfrage *qryKartenverkauf* erstellt werden, in der die verkauften Karten je Film je Kino aufgeführt sind.

Zum Erstellen der PivotChart-Ansicht können Sie jetzt analog zum Vorgehen bei der PivotTable-Ansicht *AutoFormular: PivotChart* und die Abfrage *qryKartenverkauf* wählen, nachdem Sie für den Objekttyp *Formulare* die Schaltfläche *Neu* angeklickt haben. Alternativ können Sie auch direkt von der Entwurfsansicht der Abfrage über das Menü *Ansicht* zur *PivotChart-Ansicht* wechseln.

Abbildg. 27.12 Abfrage zur Auswertung der Kartenverkäufe

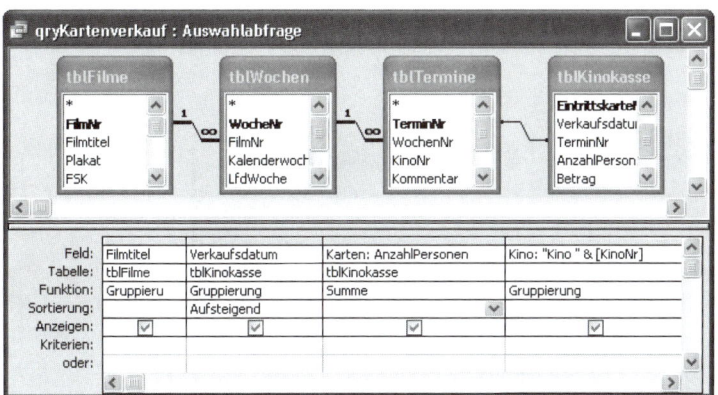

 In der PivotChart-Symbolleiste finden Sie die Schaltfläche *Diagrammtyp*. Nachdem Sie irgendwo in den freien Diagrammbereich geklickt haben, wird die Schaltfläche farbig angezeigt und kann angeklickt werden. Daraufhin wird im Eigenschaftenfenster des Diagrammarbeitsbereichs eine Auswahl von Dateitypen angezeigt. Klicken Sie zum Ausprobieren des *Kreis*-Typs im linken Bereich auf *Kreis* und wählen Sie rechts das erste Symbol aus.

Abbildg. 27.13 Diagrammtyp *Kreis* ist gewählt

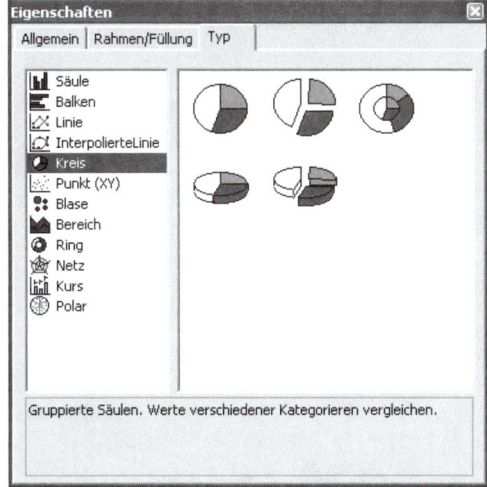

Ziehen Sie nun aus der Feldliste das Feld *Karten* auf den Bereich für Datenfelder, das Feld *Filmtitel* wird Rubrikenfeld, und fügen Sie *Verkaufsdatum* als Filterfeld hinzu.

Das Ergänzen einer Legende ist genau wie in der PivotTable-Ansicht möglich. Hierfür können Sie auch das Eigenschaftenfenster des Arbeitsbereichs nutzen. Auf der Registerkarte *Allgemein* finden Sie unter *Hinzufügen* die Schaltfläche *Legende hinzufügen*. Gleich daneben befindet sich die Schaltfläche *Titel eintragen*. Ein Klick hierauf fügt im oberen Bereich der PivotChart-Ansicht eine Überschrift ein. Auf der Registerkarte *Format* im Eigenschaftenfenster des Titels können Sie die Beschrif-

Formulare

tung nach Ihren Wünschen ändern. Im Eigenschaftenfenster der Legende können Sie beispielsweise einstellen, dass die Legende unten angezeigt wird. Filtern Sie nach Klicken auf die Dropdownpfeile neben den jeweiligen Feldern die gewünschten Filme und Verkaufsdaten aus.

Abbildg. 27.14 PivotChart-Ansicht mit Kreisdiagramm

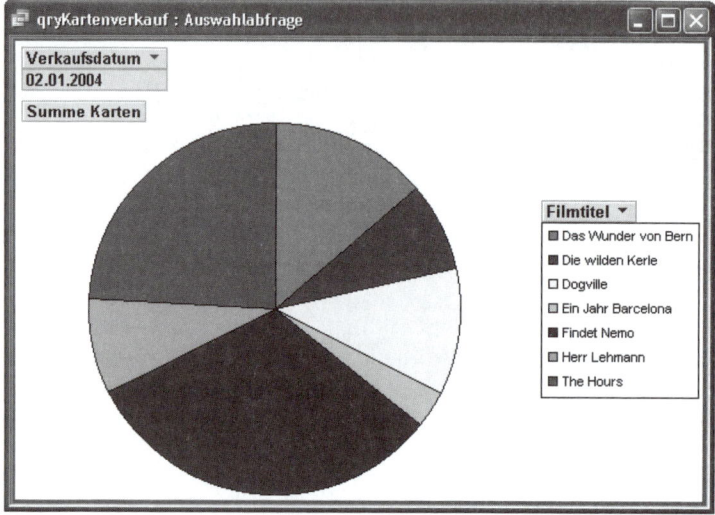

MehrfachDiagrammbereich nutzen

Mit Klick auf die Schaltfläche *Mehrere Zeichnungen* in der PivotChart-Symbolleiste blenden Sie in die PivotChart-Ansicht einen Bereich für MehrfachDiagramm-Felder ein. Durch Ziehen eines Feldes auf diesen Bereich können Sie eine Ansicht mit mehreren Diagrammen erzeugen. In unserem Beispiel wurde das Feld *Kino* als MehrfachDiagramm-Feld eingesetzt.

Abbildg. 27.15 Mehrere Diagramme

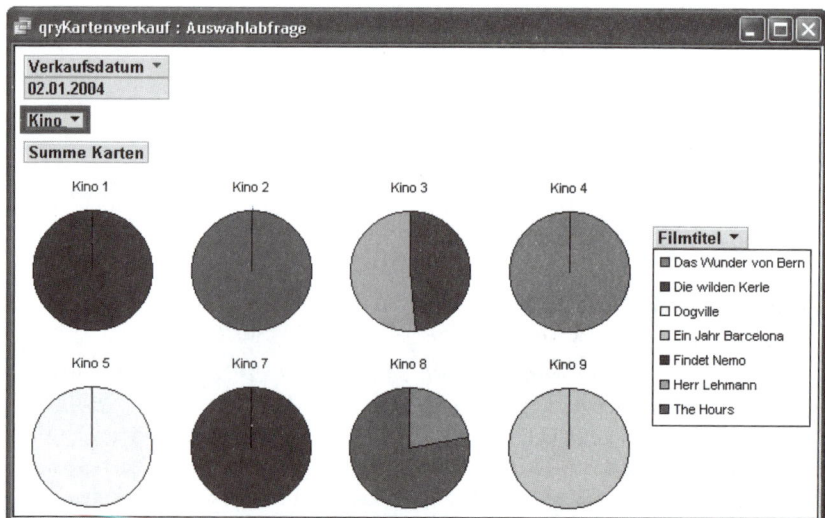

Zusammenfassung

In diesem Kapitel wurde das Erstellen von Datenauswertungen in der PivotTable- bzw. PivotChart-Ansicht vorgestellt.

- Als Beispiel wird zunächst eine Übersicht der Umsätze pro Artikel mithilfe des AutoFormulars PivotTable angelegt und bearbeitet (Seite 532).

- Im zweiten Abschnitt wird ab Seite 536 gezeigt, wie Sie aus einer PivotTable-Ansicht eine PivotChart-Ansicht erstellen bzw. wie Sie ein Pivot-Diagramm direkt erzeugen können.

Formulare

Teil E

Berichte

Die AutoBerichte, der Berichts-Assistent und der Etiketten-Assistent wurden bereits in Kapitel 6 vorgestellt. In diesem Teil soll nun gezeigt werden, wie vielfältig Berichte in der Entwurfsansicht gestaltet werden können.

- In Kapitel 28 erläutern wir die Möglichkeiten zur Gestaltung von Berichten mit Titelseiten, Seitenkopf und -fuß. Es wird der Umgang mit Steuerelementen in Berichten erläutert und an Beispielen demonstriert. Sie lernen, wie Sie Datensätze gruppieren, Seitenzahlen in Berichten einfügen, mehrspaltige Berichte definieren und in Berichten rechnen können.

- Auch Berichte lassen sich mit Visual Basic-Prozeduren und Makros erweitern und ergänzen. In Kapitel 29 zeigen wir weitere Techniken für Berichte. Sie erfahren, wie Sie die Seitenzahlen der ersten Berichtsseite festlegen, wie Sie Berichte abwechselnd mit grauen und weißen Zeilen formatieren, wie Sie – abhängig von vorgegebenen Bedingungen – an derselben Stelle Texte oder ein Bild einfügen und wie Sie Unterberichte anlegen und formatieren.

- Um die in Berichten auszugebenden Daten auszuwählen oder einzuschränken, werden in vielen Fällen den Berichten Formulare vorgeschaltet, die eine entsprechende Auswahl ermöglichen. In Kapitel 30 stellen wir verschiedene Varianten vor, wie Sie Formulare mit Berichten verbinden können.

Kapitel 28

Berichte gestalten

Berichte

In diesem Kapitel möchten wir Ihnen zeigen, welche Möglichkeiten Access zur Gestaltung von Berichten bietet. Wir stellen Ihnen vor, wie Sie Ihre Daten sortieren und gruppieren und für jede Gruppe von Daten bestimmte Ausgaben und Einstellungen definieren. Interessant ist auch die Ausgabe von mehrspaltigen Berichten, die wir ebenso wie Rechenoperationen, z.B. das Aufaddieren von Teil- und Endsummen, erläutern werden.

Berichte in der Entwurfsansicht erstellen

Um einen leeren Berichtsentwurf zu generieren, den Sie dann mit den einzelnen Steuerelementen füllen, gehen Sie folgendermaßen vor:

1. Aktivieren Sie den Objekttyp *Berichte* im Datenbankfenster und klicken Sie auf die Schaltfläche *Neu*.

2. Klicken Sie im Dialogfeld auf *Entwurfsansicht* und wählen Sie die Tabelle oder Abfrage aus, auf der der Bericht basieren soll.

Abbildg. 28.1   Leerer Bericht mit Seitenkopf und -fuß

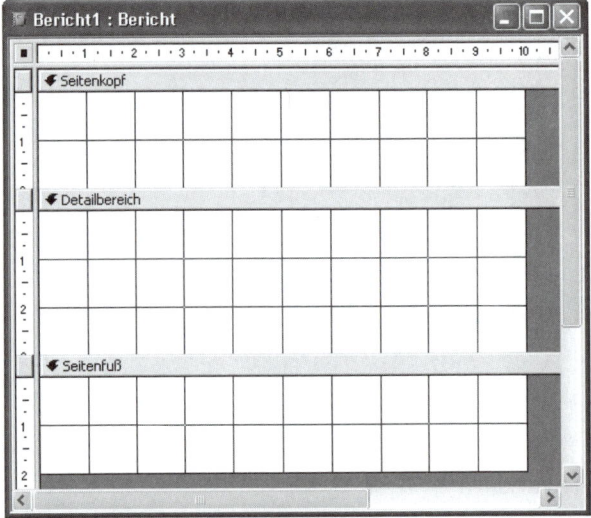

Aufbau eines Berichts

Standardmäßig enthält der Bericht außer dem Detailbereich einen Seitenkopf und -fuß. Zusätzlich können für Berichte im Menü *Ansicht* auch Kopf- und Fußzeilen eingeschaltet werden. Weiterhin lassen sich für Gruppierungen Gruppenkopf- und Gruppenfußbereiche definieren.

Die Kopf- und Fußzeile des Berichts, im Weiteren Berichtskopf und -fuß genannt, erscheint jeweils nur einmal ganz am Anfang und am Ende eines Berichts. Damit lassen sich Vorseiten wie beispielsweise ein Berichtstitelblatt oder Anhänge gestalten.

Ein Seitenkopf und -fuß wird auf jeder Seite des Berichts abgebildet. Sollen sie auf der ersten Seite des Berichts nicht gedruckt werden, rufen Sie das Eigenschaftsfenster zum Bericht auf, indem Sie auf den Berichtsmarkierer doppelklicken. Auf der Registerkarte *Format* kann man für den Seiten-kopf und -fuß festlegen, ob sie auf allen Seiten erscheinen oder im Berichtskopf und/oder Berichts-fuß nicht angezeigt werden sollen.

Abbildg. 28.2   Hier wird festgelegt, wo der Seitenkopf angezeigt werden soll

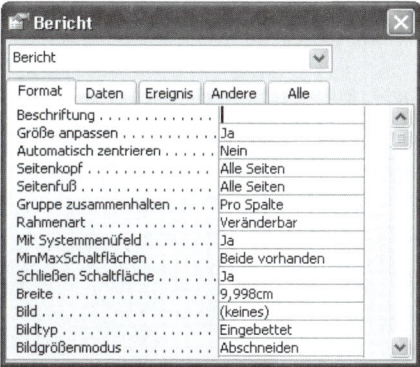

Durch die Bildung von Gruppen besteht die Möglichkeit, Daten in einem Bericht zu gliedern. Bei-spielsweise können Sie eine Adressenliste nach Anfangsbuchstaben gruppieren. Daraufhin wird immer dann ein Gruppenwechsel durchgeführt, wenn Adressen mit einem anderen Anfangsbuch-staben ausgegeben werden sollen, also wenn beispielsweise nach allen Namen mit »A« der erste Name mit »B« erscheint. Für eine Gruppe kann ein Gruppenkopf und ein -fuß vereinbart werden, die beim Gruppenwechsel gedruckt werden. Access erlaubt es, bis zu neun ineinander verschachtelte Gruppen zu definieren.

Steuerelemente für Berichte

Um Ihren Bericht zu gestalten, stehen Ihnen alle in Kapitel 22 und 23 beschriebenen Steuerelemente zur Verfügung, wobei jedoch einige, wie z.B. das Listenfeld, nur selten in Berichten zum Einsatz kommen.

HINWEIS   Für Berichte gibt es drei Ansichten: *Entwurfsansicht*, *Seitenansicht* und *Layoutvor-schau*. Sie finden alle Ansichten im Menü *Ansicht* bzw. über die Schaltfläche *Ansicht*. Die *Layout-vorschau* zeigt den Bericht in der gleichen Form wie die *Seitenansicht*, allerdings wird nur die erste Seite des Berichts mit Daten gefüllt und formatiert. Dies ist dann von Vorteil, wenn Ihrem Bericht komplexe Abfragen zugrunde liegen, deren Auswertung längere Zeit in Anspruch nimmt. Die *Layoutvorschau* vermeidet, dass lange Wartezeiten auftreten, wenn Sie eigentlich nur das Layout Ihres Berichts kontrollieren möchten.

Beispielbericht

Als Beispiel soll eine Liste ausgegeben werden, die für die verschiedenen Kalenderwochen die einzel-nen Kinos mit den darin laufenden Filmen ausgibt. Als zusätzliche Informationen zu den Filmen werden die laufende Woche, die FSK-Angabe und die Länge ausgegeben.

Berichte

Die Abfrage

Die Lösung erfolgt in zwei Schritten: Zunächst muss eine Abfrage definiert werden, die die benötigten Daten zur Verfügung stellt. Anschließend kann der neue Bericht definiert werden.

Der erste Schritt besteht darin, die in Abbildung 28.3 dargestellte Abfrage *qryKinoProgramm* zu erstellen. Damit sind alle benötigten Daten zur Verfügung gestellt.

Abbildg. 28.3 Abfrage für den Bericht

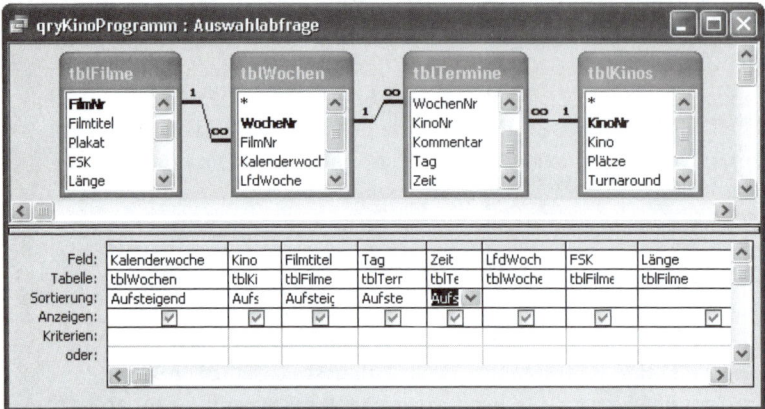

Der Seitenkopf des Berichts

1. Daraufhin wird zunächst ein Bericht in der Entwurfsansicht erzeugt.
2. Im Seitenkopf wird ein Bezeichnungsfeld mit dem Inhalt *CineCity - Kinoprogramm* angelegt und in großer Fettschrift formatiert.

Abbildg. 28.4 Der Seitenkopf für den Bericht

3. Zudem soll im Seitenkopf die Kalenderwoche platziert und formatiert werden. Um gewährleisten zu können, dass der Text und der Eintrag für die Kalenderwochen hintereinander eingetragen werden, wird dazu ein ungebundenes Textfeld verwendet, mit =*"Woche ab dem " & [Kalenderwoche]* als *Steuerelementinhalt*. Das Format des Textfeldes wird dann im Eigenschaftenfenster definiert.

Der Detailbereich: Daten zum Filmtitel

Als Nächstes werden die Felder im Detailbereich auf dem Bericht platziert. Um die laufende Woche und die Angaben für FSK zusammen darstellen zu können, wird ein Textfeld mit dem Steuerelementinhalt =*[LfdWoche] & ". Woche / " & Wenn([FSK]>0;" ab " & [FSK] & " Jahre";"o.A.")* erstellt. Dabei liest der erste Teil das Feld *LfdWoche* aus und fügt einfach einen Punkt und den Text »Woche« an. Im zweiten Teil wird die *FSK* angegeben. Ist in diesem Feld ein Wert größer als »0« angegeben, wird die Zahl zusammen mit einem vorangestellten »ab« und dem nachgestellten »Jahre« ausgegeben. Steht im Feld »0« (also keine Altersbeschränkung), soll der Text »o.A.« (ohne Altersbeschränkung) ausgegeben werden.

Abbildg. 28.5 Detailbereich des Berichts

Auch das Textfeld für die Länge ist zusammengesetzt, es enthält =*"Länge: " & [Länge] & " min."*.

Sehen Sie sich diesen Bericht in der Seitenansicht an, werden Sie feststellen, dass er noch nicht so aussieht, wie man sich den Bericht vorgestellt hat. Außer dass sowieso noch der Tag und die Uhrzeit fehlt, wird auch der Name des Kinos und der Filmtitel in jeder Zeile wiederholt. Soll eine solche Wiederholung unterdrückt werden, müssen Sie Ihre Daten gruppieren (siehe Abschnitt »Berichte gruppieren und sortieren« weiter hinten in diesem Kapitel).

So sieht der Bericht bisher aus

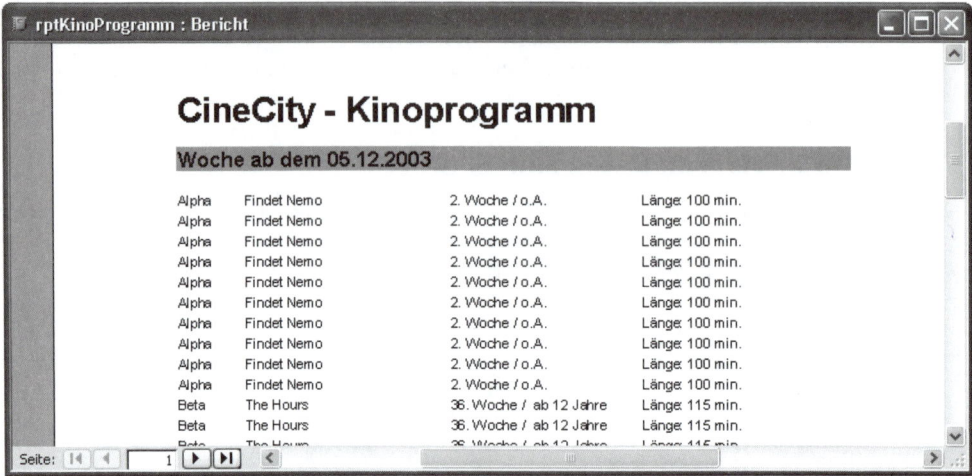

Der Detailbereich: die Termine

Im nächsten Schritt soll das Feld mit den Wochentagen eingefügt werden. In der Datenbank werden ja nur Zahlen zwischen 1 und 11 gespeichert. Mit diesen Zahlen kann niemand etwas anfangen, sie sollen im Bericht durch ihre Bedeutung ersetzt werden. Dazu verwendet man am einfachsten ein Kombinationsfeld.

1. Starten Sie den Kombinationsfeld-Assistenten und geben Sie an, dass Sie die zu verwendende Liste selbst füllen möchten (Kapitel 22).

2. In der Liste werden dann in der ersten Spalte Zahlen zwischen 1 und 11 eingegeben, in der zweiten Spalte Abkürzungen der Tage »Do.« bis »Mi.« sowie der Kombinationen von Tagen, die Sie im Dialogfeld in Abbildung 28.7 sehen.

Eingabe der Listenwerte

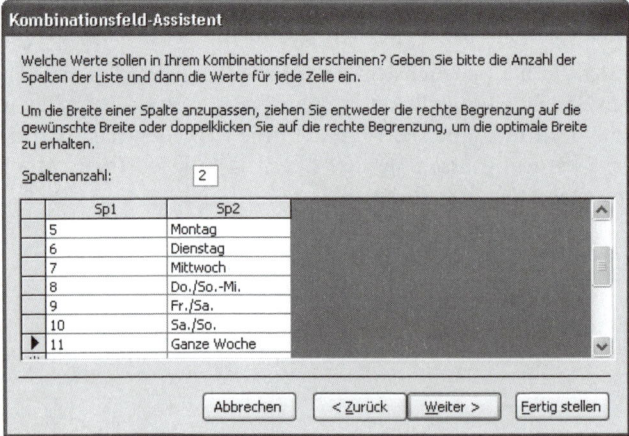

3. Im Prinzip können Sie jetzt Access das Kombinationsfeld erstellen lassen, indem Sie auf die Schaltfläche *Fertig stellen* klicken.

4. Im Bericht löschen Sie das Bezeichnungsfeld des Kombinationsfeldes und verknüpfen das Kombinationsfeld mit dem Feld *Tag* der Abfrage.

5. Wechseln Sie zur Registerkarte *Format* und überschreiben Sie die erste angegebene Spaltenbreite mit *0 cm*, die zweite Spaltenbreite können Sie löschen, damit sie automatisch an die Breite des Kombinationsfeldes angepasst wird.

Abbildg. 28.8   Eigenschaften zum neuen Kombinationsfeld

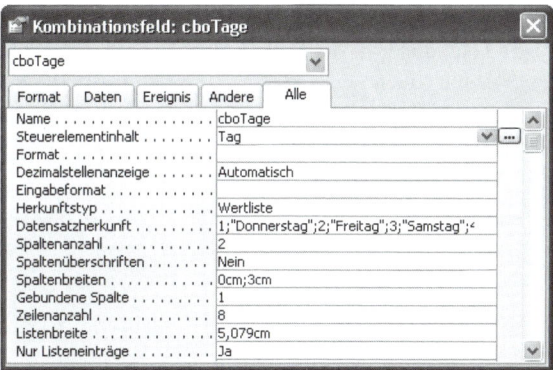

6. Ändern Sie zudem den Eintrag *Nein* im Feld *Duplikate ausblenden* in *Ja*, so werden später in gruppierten Berichten Angaben zu Tagen, die mehrmals hintereinander in der Liste stehen, unterdrückt, wenn sie ein weiteres Mal auftauchen.

7. Jetzt fehlt nur noch ein einfaches Textfeld mit den Zeiten hinter den Angaben der Tage. Für das Textfeld wurde das Format *Zeit, 24 Std* vereinbart.

Abbildg. 28.9   Aktueller Stand des Berichts

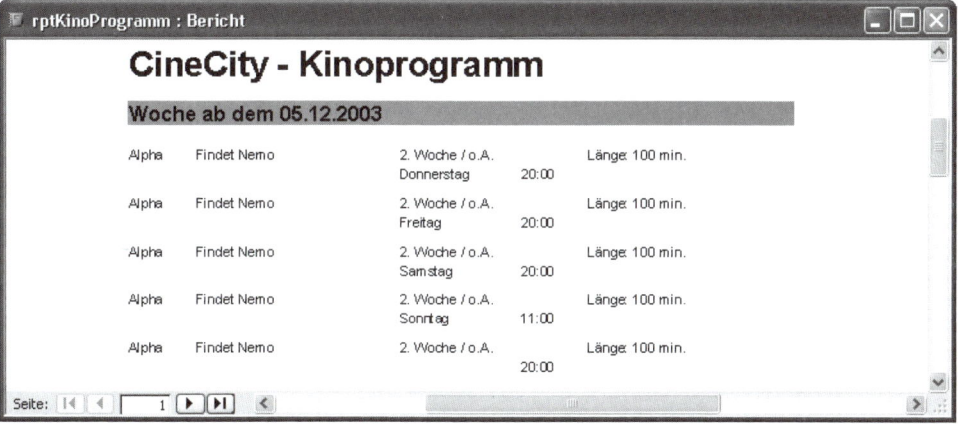

Im nächsten Schritt sollen nun einige Felder des Berichts gruppiert werden. Damit lässt sich beispielsweise der in jeder Zeile wiederholte Kinoname unterbinden.

Berichte gruppieren und sortieren

Gruppierungen werden in Berichten dann eingesetzt, wenn sich Felder für jeden Datensatz wiederholen, wie Sie es in Abbildung 28.9 sehen können. Schöner wäre es, wenn man eine Überschrift »Alpha« hätte und keine Wiederholung dieses Eintrags für jeden aufgeführten Film. Entsprechend müsste auch der Filmtitel mit allen Angaben nicht für jeden Termin erneut ausgegeben werden. Wäre die Kalenderwoche nicht im Seitenkopf eingetragen, würde auch sie für jeden Termin wiederholt werden. Um die Wiederholungen zu unterdrücken, ist es sinnvoll, Gruppierungen zu definieren. Im Beispiel würde man die Felder *Kalenderwoche*, *Kinos* und *Filmtitel* gruppieren.

Die Schaltfläche *Sortieren und gruppieren* bzw. der Menübefehl *Ansicht/Sortieren und gruppieren* öffnet das in Abbildung 28.10 gezeigte Dialogfeld, in dem die Felder eingetragen werden können, die gruppiert und sortiert ausgegeben werden sollen.

Abbildg. 28.10 Felder, die gruppiert und sortiert werden sollen

Felder, die gruppiert und/oder sortiert werden sollen, werden einfach links in der Liste eingetragen. Rechts davon definieren Sie deren Sortierung. Im unteren Teil des Dialogfeldes werden die Gruppeneigenschaften festgelegt.

Gruppenkopf oder -fuß

Nur wenn für die Gruppeneigenschaften ein Gruppenkopf oder -fuß festgelegt wurde, erfolgt eine Gruppierung, die im Dialogfeld *Sortieren und gruppieren* durch die geschweiften Klammern auf dem Zeilenmarkierer dargestellt wird. Ein Gruppenkopf oder -fuß erscheint als eine Art Über- oder Unterschrift zu den Daten der Gruppe.

Im vorliegenden Beispiel kann die Angabe der Kinos als Gruppenkopf verwendet werden und muss nicht vor jeder Filmangabe wiederholt werden. Ebenso wäre es sinnvoll, die Filmtitel zu gruppieren, da sie zu verschiedenen Terminen gespielt werden.

Gruppieren nach

Sie können festlegen, wie die Gruppierung erfolgen soll. Möchten Sie, dass nach jedem Wert des Gruppenkopfes gruppiert werden soll oder nur nach den Anfangsbuchstaben? In unserem Beispiel ist es sinnvoll, nach jedem Wert (nämlich den einzelnen Kinos) zu gruppieren. Erstellen Sie jedoch beispielsweise eine alphabetische Liste von Namen, sollten Sie eine Gruppierung nach den Anfangsbuchstaben festlegen. Dann werden alle Namen eines Buchstabens zusammen gruppiert.

Wurde die Gruppierung für ein Datumsfeld festgelegt, können Sie nach Jahr, Monat, Tag, Stunde und anderen Intervallen gruppieren.

Intervall

Mit der Angabe eines Intervalls legen Sie fest, wie die Daten gruppiert werden sollen. Das Intervall hängt vom Datentyp des Feldes und der Einstellung der Option *Gruppieren nach* ab. Für Textfelder beispielsweise können Sie mit einem Intervall von *2* festlegen, dass nach den beiden ersten Buchstaben eines Wortes gruppiert werden soll. Für Datums-/Zeitfelder, die nach Jahren gruppiert werden, bewirkt eine *2*, dass im Zwei-Jahre-Rhythmus gruppiert wird.

Zusammenhalten

Diese Einstellung wird verwendet, wenn Sie festlegen möchten, dass beispielsweise der Gruppenkopf entweder mit allen Daten der Gruppe (*Ganze Gruppe*) oder mindestens mit dem ersten Datensatz (*Mit 1. Detaildatensatz*) zusammengehalten werden soll.

Gruppen für das Kinoprogramm

Abbildung 28.10 zeigt die Felder, die für das Kinoprogramm gruppiert bzw. sortiert werden sollen. Legen Sie für die ersten drei Felder im unteren Teil des Dialogfeldes fest, dass sie einen Gruppenkopf erhalten sollen. Legen Sie zudem für *Zusammenhalten* den Eintrag *Mit 1. Detaildatensatz* fest, damit der Gruppenkopf nie alleine unten auf einer Seite ohne Daten auftaucht. Dadurch fügt Access drei gleich große Kopfbereiche in der Entwurfsansicht ein.

Abbildg. 28.11 Berichtsentwurf mit den Gruppenköpfen für Kalenderwoche, Kinos und Filmtitel

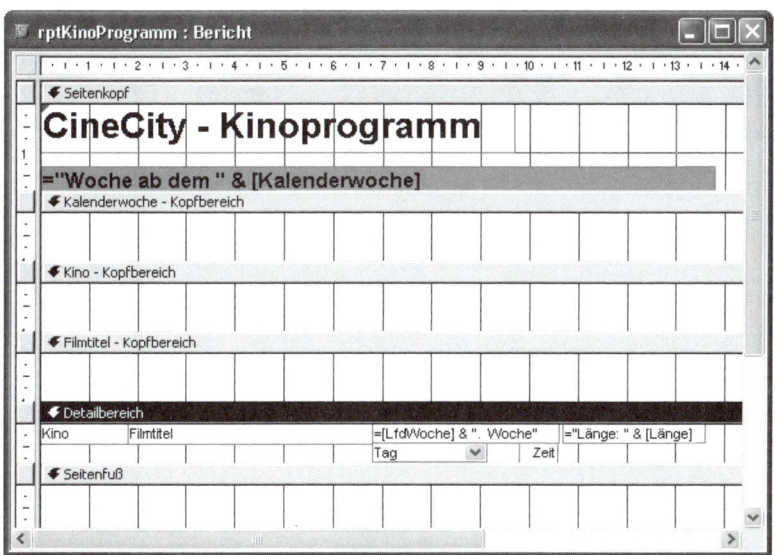

Ihre nächste Aufgabe besteht darin, die einzelnen Felder auf die Gruppenköpfe zu verteilen. So wurden die Textfelder für die Kalenderwoche und das Kino in die entsprechenden Kopfbereiche verschoben. Im Kopfbereich *Filmtitel* werden alle Angaben der einzelnen Filme aufgeführt. Ausgenommen davon sind die Termine der Filmvorführungen, die im Detailbereich bleiben.

Abbildg. 28.12 Gefüllte Gruppenköpfe

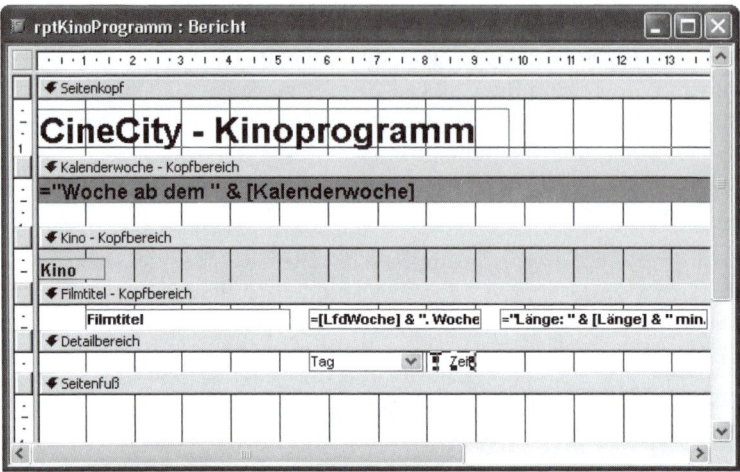

Abbildung 28.13 zeigt, wie das Ganze in der Seitenansicht aussieht.

Abbildg. 28.13 Seitenansicht des neuen Berichts

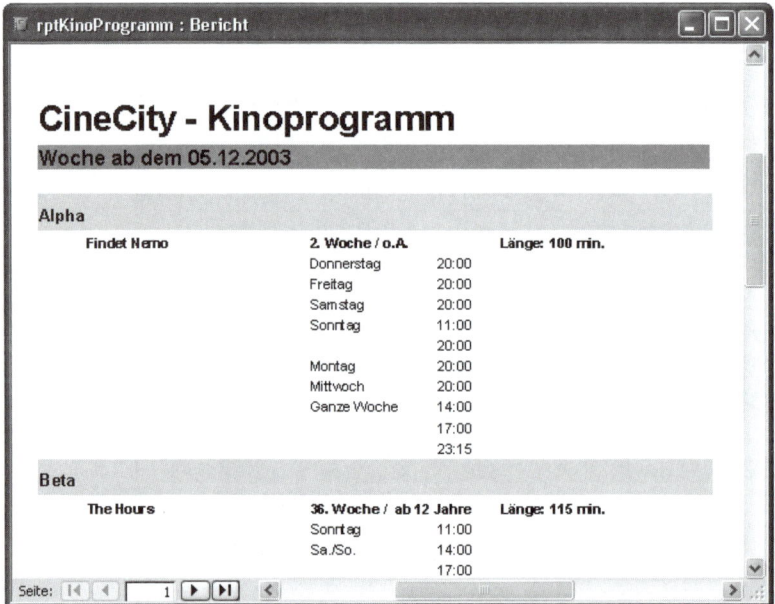

In Abbildung 28.13 sehen Sie die Auswirkung der Eigenschaft *Duplikate ausblenden* der Registerkarte *Format* zu dem Kombinationsfeld. Die Angabe »Sonntag« für den Film »Findet Nemo« taucht im Bericht nur einmal auf und wird nicht wiederholt.

Schalten Sie zurück in die Entwurfsansicht und aktivieren Sie das Eigenschaftenfenster zu einem der Gruppenköpfe. Hierin lassen sich einige interessante Einstellungen vornehmen.

Abbildg. 28.14 Eigenschaftenfeld zum ersten Gruppenkopf

Neue Seite

Es besteht die Möglichkeit, Seitenumbrüche vor und/oder nach Gruppenköpfen zu definieren. Mit der Einstellung in Abbildung 28.14 wurde festgelegt, dass vor dem Gruppenkopf der Kalenderwoche eine neue Seite beginnen soll. In der Liste zu dieser Einstellung können Sie auch einen Seitenumbruch nach dem Gruppenkopf auswählen, dann findet nach jedem Gruppenkopf ein Seitenwechsel statt. Oder Sie legen einen Umbruch vor und nach einem Gruppenkopf fest, dann steht der Gruppenkopf jeweils alleine auf einer Seite.

Neue Zeile oder Spalte

Mit dieser Option lässt sich eine Leerzeile vor und/oder nach dem Bereich des Gruppenkopfes definieren. Verwenden Sie mehrere Spalten, legen Sie so fest, dass der Gruppenkopf und die Daten in einer neuen Spalte beginnen.

Zusammenhalten

Ist diese Option aktiviert, bewirkt sie, dass der Bereich, für den sie eingestellt ist, zusammengehalten wird. Sollte der Text eines Bereichs nicht mehr auf eine Seite unten passen, wird der gesamte zusammengehaltene Bereich auf der nächsten Seite ausgedruckt. Sollte der zusammengehaltene Bereich länger als eine Seite sein, druckt ihn Access ab der nächsten Seite und setzt das Drucken auf den folgenden Seiten fort.

Berichte

Sichtbar

Mithilfe der Eigenschaft *Sichtbar* bestimmen Sie, ob ein Steuerelement im Ausdruck ausgegeben wird. Es gibt Felder, die nur für Zwischenrechnungen verwendet werden und die nicht im Bericht erscheinen sollen. Diese können dann unsichtbar geschaltet werden.

Vergrößerbar und Verkleinerbar

Zwei in Berichten häufig verwendete Eigenschaften sind *Vergrößerbar* und *Verkleinerbar*. Aktivieren Sie *Vergrößerbar*, so vergrößert Access während des Ausdrucks die Höhe des Steuerelements in der Weise, dass die gesamten im Feld auszugebenden Daten gezeigt werden können. Haben Sie beispielsweise ein Textfeld in einer bestimmten Breite vereinbart, in dem nun ein Text ausgegeben werden soll, der länger als die definierte Breite ist, so wird der Text zwei- oder mehrzeilig gedruckt. Dabei versucht Access, den Zeilenumbruch nach Möglichkeit an einem Leerzeichen durchzuführen.

> **HINWEIS** Wenn Sie für ein Steuerelement die Eigenschaft *Vergrößerbar* festlegen, setzt Access automatisch auch die Eigenschaft *Vergrößerbar* für den Bereich, in dem das Feld liegt.

Die Eigenschaft *Verkleinerbar* bewirkt, dass die vertikale Höhe des Feldes an die tatsächlich von den jeweiligen Daten benötigte Höhe angepasst wird.

Diese Eigenschaft wird häufig eingesetzt, um die Ausgabe von unnötigen Leerzeilen zu vermeiden. Stellen Sie sich vor, Sie haben in Ihrem Bericht die Felder *Straße* und *Postfach* untereinander angegeben. Jedes der beiden Steuerelemente steht alleine in seiner Zeile, d.h., links und rechts davon gibt es keine anderen Angaben. Jetzt soll die Zeile mit dem Postfach unterdrückt werden, wenn für eine Adresse kein Postfach angegeben wurde. Das Gleiche gilt für die Straße. Vereinbaren Sie einfach *Verkleinerbar* für beide Felder. Ist ein Feld leer, wird dadurch die Höhe des Feldes auf 0 gesetzt.

> **HINWEIS** Beachten Sie, dass sich Felder, für die *Verkleinerbar* oder *Vergrößerbar* angegeben ist, nicht überlappen, denn dann kann Access eine Verkleinerung oder Vergrößerung nicht durchführen.

Bereich wiederholen

Diese Option bewirkt, dass Gruppenköpfe auf einer neuen Seite wiederholt werden. Das erleichtert in der Regel die Orientierung.

So wurde im Beispiel sowohl für den Kopfbereich der Kalenderwoche als auch für den der Kinos und Filmtitel eine Wiederholung definiert. Dadurch erscheinen beispielsweise auf jeder Seite die aktuelle Kalenderwoche, das aktuelle Kino und der aktuelle Filmtitel.

Abbildg. 28.15 Seite 3 mit der Kalenderwoche und der Angabe des Kinos

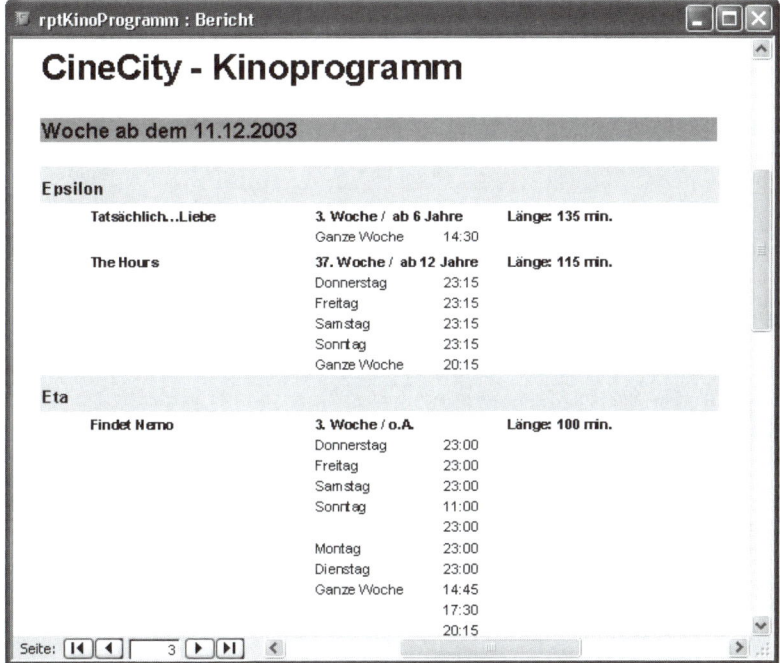

Eigentlich fehlen jetzt nur noch Seitenzahlen für den Bericht.

Seitenzahlen

Sie fügen eine Seitenzahl in der Entwurfsansicht sehr einfach mit dem Menübefehl *Einfügen/Seitenzahlen* ein. Im dadurch aktivierten Dialogfeld können Sie das Format der Seitenzahl, ihre Position und Ausrichtung bestimmen. Außerdem lässt sich die Seitenzahl für die erste Seite unterdrücken.

Abbildg. 28.16 Seitenzahlen für Berichte

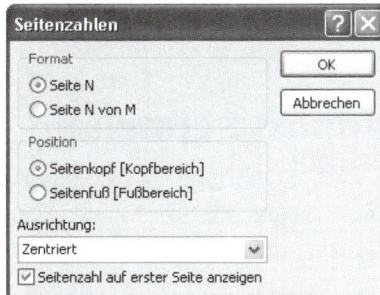

Im Beispiel wurde eine Seitenzahl im Format *Seite N von M* im Seitenfuß zentriert eingefügt. Wie Sie in Abbildung 28.17 sehen können, wird die aktuelle Seitenzahl in einem Textfeld durch den Platzhalter *[Seite]* und die Gesamtseitenzahl des Berichts durch *[Seiten]* beschrieben.

Abbildg. 28.17 Berichtsentwurf mit Seitenzahl

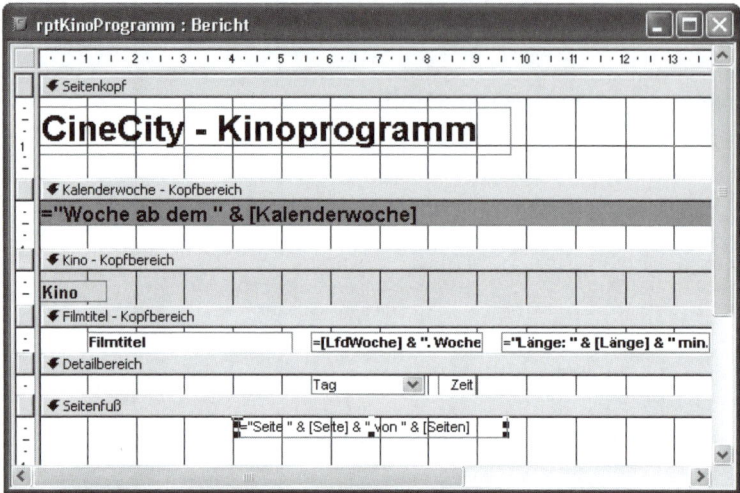

Bilder und Diagramme

Bilder und Diagramme werden in Berichten wie in Formularen gehandhabt. Möchten Sie also ein Bild einfügen, lesen Sie über den Umgang mit Bildern in Kapitel 22 nach. Diagramme lassen sich mit dem Diagramm-Assistenten in Berichten einfügen. Der Diagramm-Assistent sowie die Überarbeitung von Diagrammen ist in Kapitel 26 beschrieben.

Mehrspaltige Berichte

Wir möchten im Folgenden die Generierung eines mehrspaltigen Berichts vorstellen. Wir werden als Beispiel ein Telefonverzeichnis verwenden. Dem Verzeichnis liegen hier die Telefon- und Faxnummern sowie die E-Mail-Adressen der Tabelle *Adressenliste* zugrunde.

Den Detailbereich der Telefonliste erstellen

Der Detailbereich besteht aus den Namen in der Form, dass Nachname und Vorname durch Komma getrennt werden sollen, sowie den verschiedenen Nummern.

1. Erzeugen Sie für die Namen ein ungebundenes Textfeld mit =*[Nachname] & ", " & [Vorname]*.
2. Ziehen Sie die einzelnen Felder der benötigten Nummern aus der Feldliste auf den Berichtsentwurf. Kürzen Sie die Texte der Bezeichnungsfelder ab und richten Sie Bezeichnungs- und Textfelder aus.

Abbildg. 28.18 Erste Schritte zur Adressenliste

Textfeld für weitere Telefonnummern unterdrücken

Nur für einige der eingetragenen Namen gibt es eine eingetragene *WeitereTelefon-Nr.* Daher soll das Bezeichnungsfeld gelöscht und das zweite Feld der Telefonnummern nur dann angezeigt werden, wenn es eine Nummer zum Anzeigen gibt.

Textfeld verkleinern

Stellen Sie dazu für das Textfeld *WeitereTelefon-Nr* im Eigenschaftenfenster auf der Registerkarte *Format* für *Verkleinerbar* die Option *Ja* ein. Dadurch wird die Anzeige des Feldes unterdrückt, wenn keine weitere Telefonnummer existiert.

Abbildg. 28.19 Unterdrückte weitere Telefonnummer

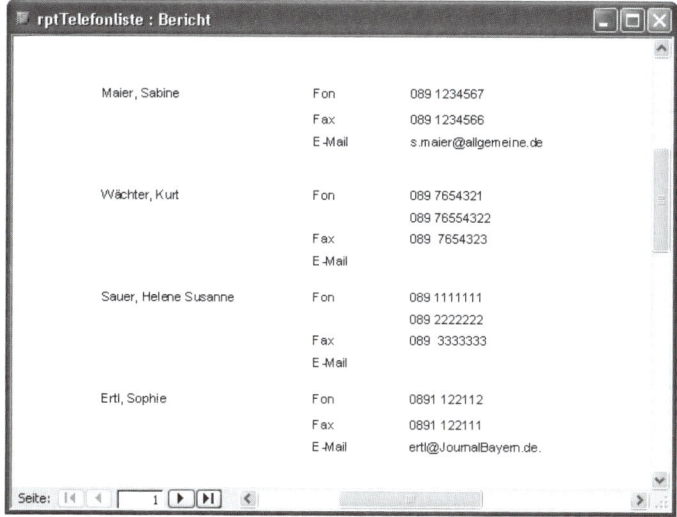

In der in Abbildung 28.19 dargestellten Berichtsvorschau wurde zwar das Feld der weiteren Telefonnummern weggelassen, aber der Abstand zwischen der Telefonnummer und der Faxnummer ist größer als zwischen der Faxnummer und der E-Mail-Adresse, da ja sowohl zwischen den Telefonnummern als auch zwischen der weiteren Telefonnummer und der Faxnummer ein Abstand definiert ist. Es wird zwar das Textfeld weggelassen, dummerweise aber der doppelte Abstand angezeigt. Um dies zu vermeiden, müssten alle Felder ohne Abstand direkt untereinander gehängt werden.

WICHTIG Verwenden Sie, wenn Sie alle Felder untereinander ohne Abstand definieren möchten, das Eigenschaftenfenster. Definieren Sie für alle Felder eine bestimmte Höhe und legen Sie den Eintrag in *Oben* so fest, dass er der Höhe des darüber liegenden Feldes plus dem Eintrag für *Oben* entspricht. Dies ist erforderlich, weil die Funktion *Verkleinerbar* dann nicht mehr funktioniert, wenn ein Feld über dem eines anderen liegt, was leicht passiert, wenn man die Felder mit der Maus verschiebt.

Abbildg. 28.20 Berichtsentwurf des Detailbereichs der Telefonliste

Detailbereich verkleinern

Haben Sie das Textfeld der Telefonnummer verkleinert, ist es sinnvoll, auch den Detailbereich zu verkleinern, damit er sich anpasst, wenn das Textfeld nicht angezeigt wird.

Markieren Sie dazu den Detailbereich und wählen Sie für die Eigenschaft *Verkleinerbar* ebenfalls *Ja* aus.

Definition der Spalten

Die Telefonliste soll in zwei Spalten gedruckt werden. Diese Einstellung nehmen Sie im Dialogfeld *Seite einrichten* auf der Registerkarte *Spalten* vor.

Abbildg. 28.21 Einstellen von zwei 9 cm breiten Spalten mit einem Abstand von 0,5 cm

Neben der Anzahl der Spalten, deren Breite und Abstand zueinander, können Sie hier auch die Reihenfolge festlegen, wie die Spalten gefüllt werden sollen.

> **HINWEIS**   Beim Einstellen der Spaltenbreite ist darauf zu achten, dass die Breite der Seitenränder (Registerkarte *Ränder*) addiert zu dem Doppelten der Spaltenbreite (bei zwei definierten Spalten) und dem Abstand zwischen den Spalten den Wert von 21 cm (der Breite einer DIN-A4-Seite) nicht überschreitet. Ist der Bericht im Querformat definiert, stehen Ihnen 29,7 cm zur Verfügung.

Alphabetische Sortierung der Liste

Die Liste soll nun im nächsten Schritt alphabetisch sortiert werden. Als Datenherkunft wird die *Adressenliste* verwendet.

1. Öffnen Sie das Dialogfeld *Sortieren und gruppieren*.
2. Fügen Sie das Feld *Nachname* ein, definieren Sie einen Gruppenkopf, geben Sie an, dass nach dem ersten Anfangszeichen gruppiert und der Gruppenkopf mit dem ersten Datensatz zusammengehalten werden soll.

Abbildg. 28.22   Einstellungen für den Gruppenkopf *Nachname*

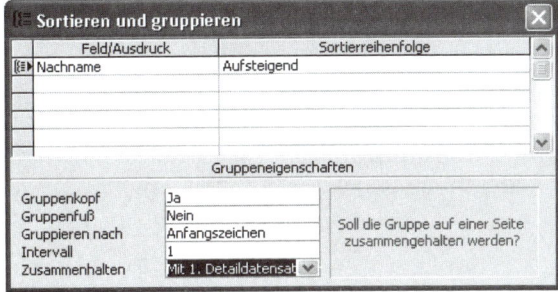

Da Sie nach dem ersten Buchstaben gruppieren, ist eine zweite Sortierung notwendig. Sonst werden die einzelnen Namen zwar den richtigen Buchstaben zugeordnet, aber innerhalb der Gruppe nicht sortiert ausgegeben. Fügen Sie also auch in der zweiten Zeile im Dialogfeld *Sortieren und gruppieren* die Nachnamen mit aufsteigender Sortierung ein.

Abbildg. 28.23 Sortierung und Gruppierung festlegen

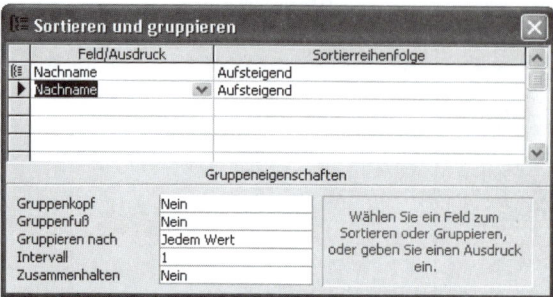

Trennlinie zwischen den Buchstabengruppen

Schön wäre es jetzt noch, wenn man eine Trennung der einzelnen Buchstaben durch Zwischenüberschriften einfügen könnte.

Fügen Sie in den Kopfbereich des Nachnamen ein Textfeld mit dem Inhalt *=Links([Nachname];1)* ein.

Diese Funktion zeigt den ersten Buchstaben von links des ersten Namens der Gruppierung an.

Abbildg. 28.24 Gruppenkopf mit erstem Buchstabe

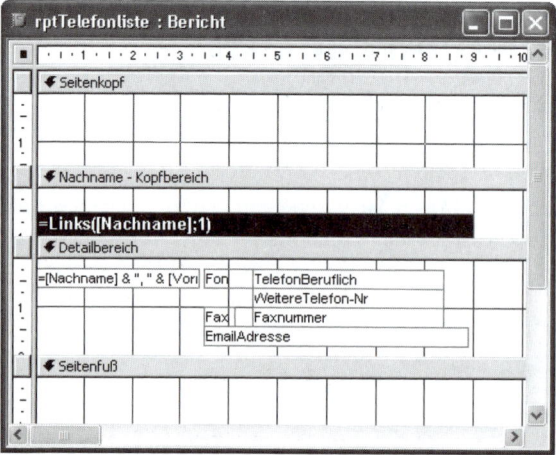

Mit der in Abbildung 28.24 dargestellten Formatierung des Textfeldes (schwarzer Hintergrund mit weißer Schrift) erhalten Sie die in Abbildung 28.25 gezeigte Vorschau auf Ihre Telefonliste.

Abbildg. 28.25 Telefonliste

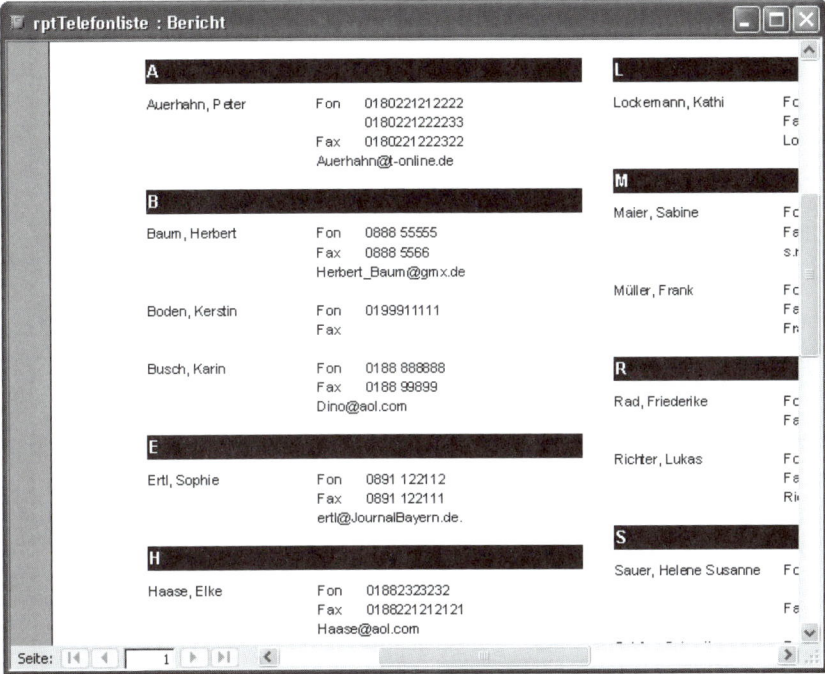

Beachten Sie, dass im Dialogfeld *Seite einrichten* (Abbildung 28.21) das *Spaltenlayout* auf *Nach unten, dann quer* eingestellt ist.

HINWEIS Da die E-Mail-Adressen häufig sehr lang sind, wurde das Bezeichnungsfeld zur E-Mail-Adresse gelöscht und das Textfeld entsprechend lang gezogen. Für das Textfeld wurde zudem eingestellt, dass es auch verkleinert werden kann.

Überschrift zur Telefonliste

Die Telefonliste soll nun noch eine Überschrift erhalten, die über die gesamte Seitenbreite reicht.

Definieren Sie im Seitenkopf ein Bezeichnungsfeld, das Sie beliebig formatieren können und das Sie so breit ziehen, wie Ihre Spalten, zusammen mit dem Abstand zwischen den Spalten, breit sind.

Abbildg. 28.26 Telefonliste mit Überschrift

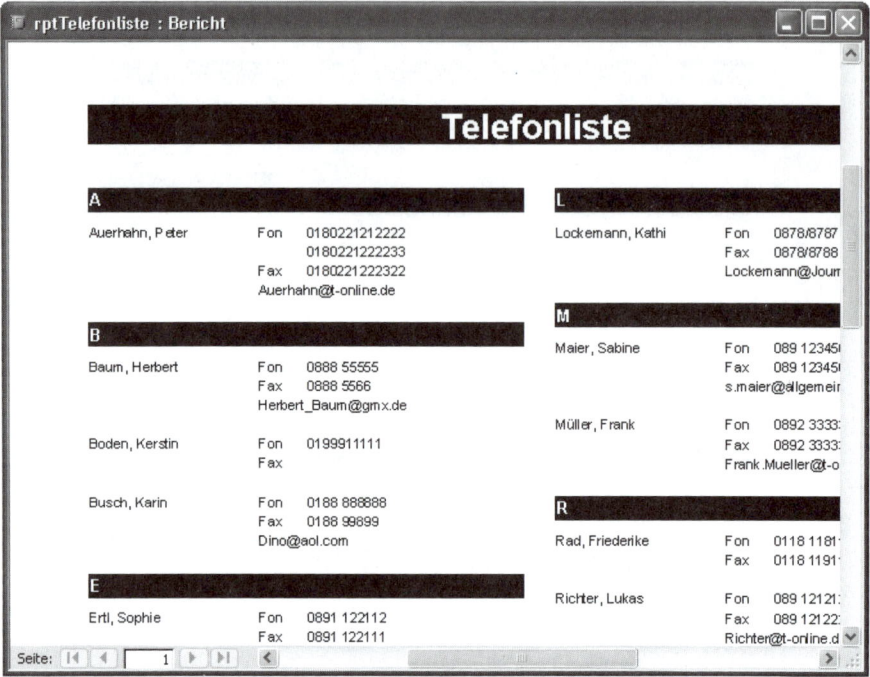

Rechnen in Berichten

Müssen Sie in Ihren Berichten Berechnungen vornehmen, können Sie beliebige Formeln angeben und Aggregatfunktionen nutzen, wie dies in Teil D für Formulare beschrieben wurde. Beachten Sie dabei, dass Sie Berechnungen nicht nur im Bericht, sondern auch schon in der Abfrage, die dem Bericht zugrunde liegt, durchführen können.

HINWEIS Erzeugen Sie Berichte mit dem Berichts-Assistenten, so können Sie dort Berechnungen mit Aggregatfunktionen vereinbaren.

Als Beispiel soll im Folgenden monatsweise eine Aufstellung der Umsätze der am Kinokiosk verkauften Artikel angefertigt werden.

1. Dem Bericht liegt die Abfrage *qryArtikelumsätzeErweitert* zugrunde. Für den Bericht werden daraus die Felder *Datum*, *Artikelnummer*, *Bezeichnung* und *Umsatz* verwendet.

2. Die Felder *Datum* und *Artikelnummer* wurden gruppiert, und zwar nach Monat bzw. nach jedem Wert. Für das Datum wird sowohl ein Gruppenkopf als auch ein Gruppenfuß definiert, für die Artikelnummer nur ein Gruppenfuß.

Im nächsten Schritt soll die Summe über alle Artikel einer Artikelnummer berechnet werden. Funktionen über Gruppen von Datensätzen können entweder im Gruppenkopf oder -fuß erstellt werden.

- Fügen Sie im Fußbereich der Artikelnummer (wie Sie es in Abbildung 28.27 sehen) die Artikelnummer, die Bezeichnung und ein Textfeld mit dem Steuerelementinhalt *=Summe([Umsatz])* ein.

Abbildg. 28.27 Hier soll die Summe über alle im angegebenen Monat verkauften Artikel einer Artikelnummer berechnet werden

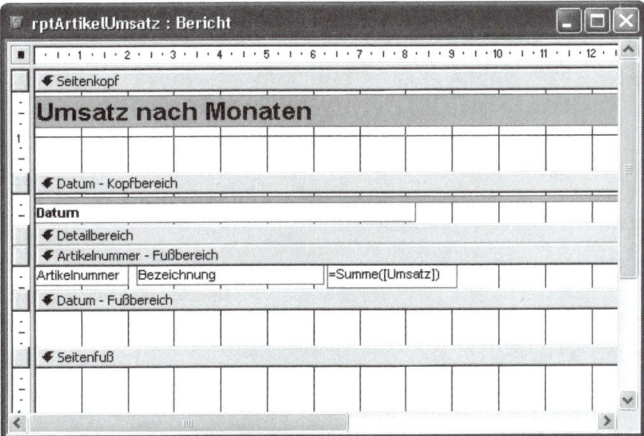

Die Angabe der Monate über der Aufstellung der Artikel soll in der Form »Januar 2004«, »Februar 2004« usw. erfolgen.

1. Markieren Sie das Textfeld.
2. Wechseln Sie im Eigenschaftenfenster zur Registerkarte *Format* und definieren Sie das Format für das Datum mit *mmmm jjjj*.

Des Weiteren sollen die Zahlen der Aufstellung mit Tausenderpunkt, zwei Nachkommastellen und dem Euro-Währungssymbol versehen werden.

1. Wählen Sie das Textfeld im Entwurf aus.
2. Definieren Sie dann das Zahlenformat *#.##0,00 €*.

Damit sieht die monatliche Aufstellung aus, wie in Abbildung 28.28 gezeigt.

Abbildg. 28.28 Monatliche Aufstellung der Umsätze des Kinokiosks

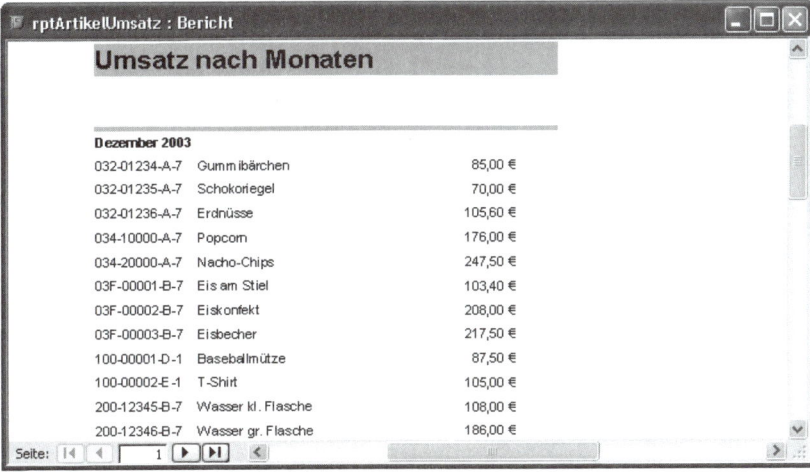

Berichte

Neben der Summe über alle Artikel sollen zudem der Nettopreis aller Artikel und die Mehrwertsteuer errechnet werden.

1. Beginnen Sie damit, das Textfeld, in dem die Summe über alle Umsätze einer Artikelnummer berechnet wurde, mit *txtUmsatz* zu benennen.

2. Erstellen Sie dann die Berechnung des Nettoumsatzes in einem Textfeld mit dem Inhalt =*[txtUmsatz]/1,16*. Benennen Sie das Textfeld mit *txtNetto*.

3. Errechnen Sie die Mehrwertsteuer im Textfeld *txtMwst* aus den beiden Textfeldern durch die Differenz: =*[txtUmsatz]-[txtNetto]*

Abbildg. 28.29 Berechnung des Nettopreises und der Mehrwertsteuer

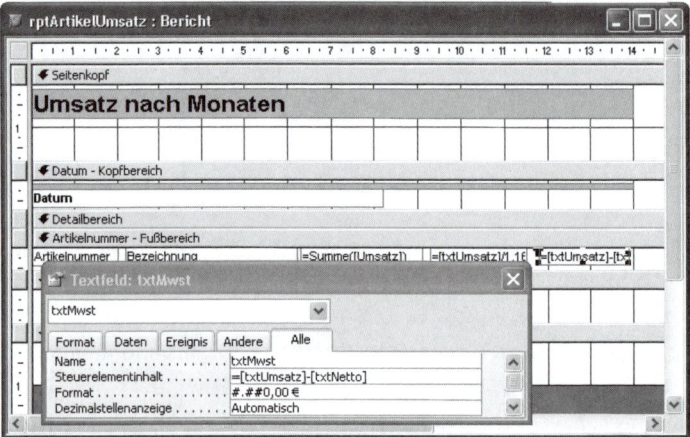

Zum Schluss soll unter den Spalten der Artikelumsätze eine zusammenfassende Zeile definiert werden, die die Spalten pro Monat addiert, wie Sie es in Abbildung 28.30 sehen können.

Abbildg. 28.30 Monatsweise addierte Umsätze

1. Dazu verwenden Sie den Fußbereich des Datums. Das Textfeld *txtSummeUmsatz* mit dem Inhalt *=Summe([Umsatz])* addiert über alle innerhalb der Gruppe *Datum* aufgeführten Umsätze. Damit summieren Sie alle Umsätze aller aufgeführten Artikel.

2. Die beiden anderen Summen lassen sich dann wieder aus der ersten berechnen.

3. Um das Textfeld zu gestalten, fügen Sie beispielsweise *="Gesamt für " & Format([Datum]; "mmmm jj")* ein.

Abbildg. 28.31   Der Datums-Fußbereich

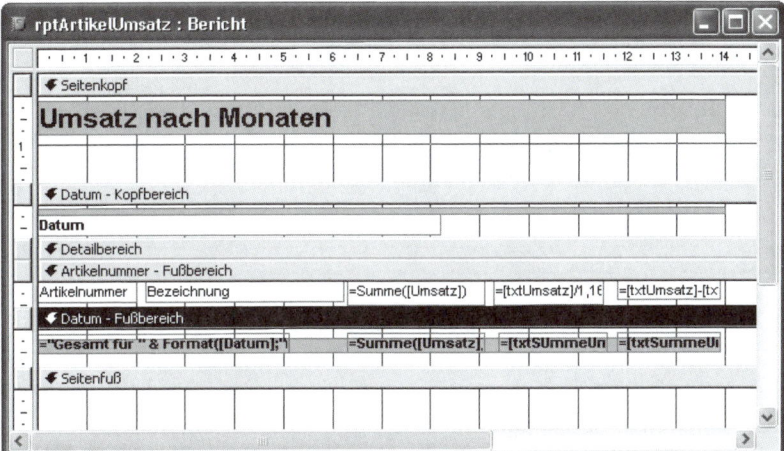

Datensätze nummerieren

In diesem Beispiel möchten wir Ihnen zeigen, wie Sie Datensätze nummerieren können. Als Beispiel dient die folgende Aufstellung aller Filme pro Kalenderwoche.

1. Erstellen Sie zunächst wieder eine Abfrage, die die Daten (*Kalenderwoche*, *Filmtitel*, *Lfd.Woche*, *FSK* und *Länge*) bereitstellt.

2. Legen Sie ein Textfeld für die Kalenderwoche an, wie in Abbildung 28.4 gezeigt, und gruppieren Sie über die Kalenderwoche. Definieren Sie einen Gruppenkopf und legen Sie fest, dass die gesamte Gruppe zusammenhalten soll.

3. Um die Nummerierung für den Detailbereich zu definieren, fügen Sie ein Textfeld mit dem Inhalt *=1* ein.

4. Aktivieren Sie das Eigenschaftenfenster zum Textfeld und stellen Sie auf der Registerkarte *Daten* für *Laufende Summe* die Option *Über Gruppe* ein.

Berichte

Abbildg. 28.32 Filmübersicht pro Kalenderwoche

Abbildg. 28.33 Einstellungen für ein Textfeld mit Nummerierung

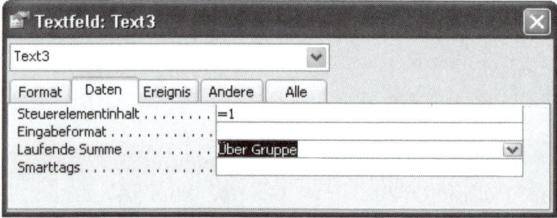

Damit wird innerhalb der Gruppe in jedem der Textfelder zum vorherigen eine 1 addiert.

Berichte an Drucker anpassen

Vielleicht ist Ihnen bereits aufgefallen, dass in einem exakt angepassten Bericht, der auf einem anderen Drucker ausgedruckt wird, plötzlich die Zeilen nicht mehr stimmen, es Leerseiten gibt oder Teile von Datensätzen verschwinden.

Dies liegt daran, dass die Eigenschaften des Druckers in einem Bericht direkt gespeichert werden. Drucken Sie den Bericht auf einem anderen Drucker aus, so kann es zu Problemen kommen. Möchten Sie dies verhindern, erstellen Sie jeweils angepasste Berichte für die verschiedenen Drucker. Gehen Sie dabei so vor:

1. Wählen Sie einen Drucker aus. Verwenden Sie dazu den Menübefehl *Datei/Seite einrichten*.

2. Klicken Sie unten auf der Registerkarte *Seite* auf die Schaltfläche *Drucker* und selektieren Sie den gewünschten Drucker.

Abbildg. 28.34   Drucker für den Bericht auswählen

3. Erstellen Sie nun den Bericht und speichern Sie ihn unter einem Namen, an dem Sie erkennen können, für welchen Drucker er erstellt wurde.

4. Wählen Sie dann einen anderen Drucker aus und passen Sie den Bericht an diesen entsprechend an.

5. Speichern Sie den Bericht nun unter einem anderen Namen.

Zusammenfassung

Das Erstellen und Bearbeiten von Berichten war Gegenstand dieses Kapitels.

- Zunächst werden Sie damit vertraut gemacht, Berichte in der Entwurfsansicht zu erstellen (Seite 546), Steuerelemente auf dem Berichtsentwurf zu platzieren (Seite 547) sowie einen Seitenkopf zu definieren (Seite 548).

- Ein wichtiger Abschnitt dieses Kapitels ab Seite 552 befasst sich damit, Berichtsdaten zu gruppieren und zu sortieren.

- Ab Seite 557 erfahren Sie, wie sich Seitenzahlen für den Bericht definieren lassen.

- In Access lassen sich auch mehrspaltige Berichte erstellen. Anhand einer Telefonliste wird ab Seite 558 der Umgang mit einem zweispaltigen Bericht demonstriert.

- Auch in Berichten sind Berechnungen möglich. Wie sich einfache Berechnungen einfügen lassen, aber beispielsweise auch Summen über Gruppen bestimmen lassen, das zeigt der Abschnitt ab Seite 564.

- Am Ende des Kapitels wird gezeigt, wie Sie Datensätze nummerieren (Seite 567) und wie sich Berichte an den verwendeten Drucker anpassen lassen (Seite 568).

Berichte

Kapitel 29

Berichte für Fortgeschrittene

In diesem Kapitel:

Berichte

In diesem Kapitel möchten wir Ihnen weitere Möglichkeiten vorstellen, wie sich Berichte gestalten lassen. Viele der im Folgenden verwendeten Beispiele enthalten kleine, oft nur dreizeilige Programmteile, die durch ein bestimmtes Ereignis im Bericht ausgelöst werden.

Leere Berichte vermeiden

Rufen Sie einen Bericht auf und die zugrunde liegende Abfrage liefert keine Daten zurück, beispielsweise aufgrund der von Ihnen gewählten Einschränkungen, erhalten Sie einen leeren Bericht angezeigt. Möchten Sie leere Berichte vermeiden, können Sie mithilfe einer kleinen Prozedur ein entsprechendes Dialogfeld anzeigen lassen, das Ihnen mitteilt, dass es keine Daten für den Bericht gibt.

Wie das funktioniert, möchten wir Ihnen an einem kleinen Beispiel zeigen: Im Folgenden soll ein Bericht erstellt werden, der abhängig von der Kalenderwoche die aktuell laufenden Filme abfragt.

1. Beginnen Sie damit, einen Berichtsentwurf auf der Basis der Tabelle *tblWochen* zu erstellen.

2. Ändern Sie dann die *Datenherkunft* des Berichts in eine Abfrage um, indem Sie im Feld *Datenherkunft* auf die Schaltfläche mit den drei Punkten klicken. Bejahen Sie die Frage, ob Sie eine Abfrage auf der Basis der Tabelle erstellen möchten, und erzeugen Sie dann die in Abbildung 29.1 dargestellte Parameter-Abfrage.

Abbildg. 29.1 Parameter-Abfrage für den Bericht

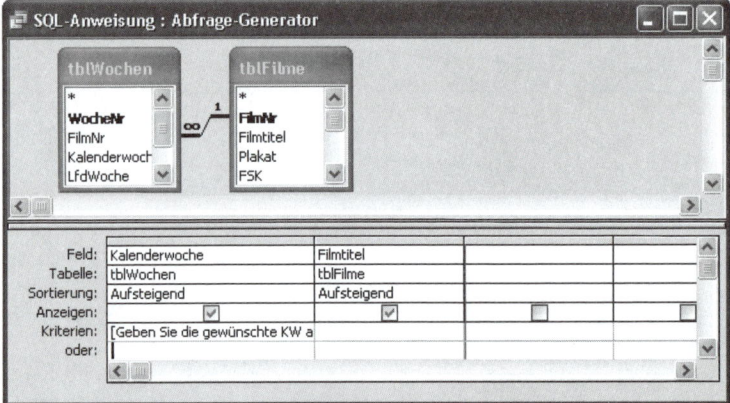

3. Erzeugen Sie nun einen einfachen Bericht, der die gruppierte Kalenderwoche mit Kopfbereich und die Filmtitel im Detailbereich enthält.

Abbildg. 29.2   Berichtsentwurf

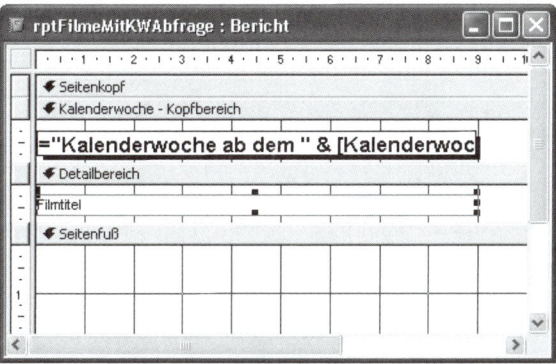

Schalten Sie jetzt in die Seitenansicht um, erfolgt zunächst die Parameterabfrage.

Abbildg. 29.3   Abfrage der gewünschten Kalenderwoche

Wurde die Kalenderwoche richtig eingegeben, erscheint der gewünschte Bericht.

Abbildg. 29.4   Alle Filme der gewünschten Kalenderwoche

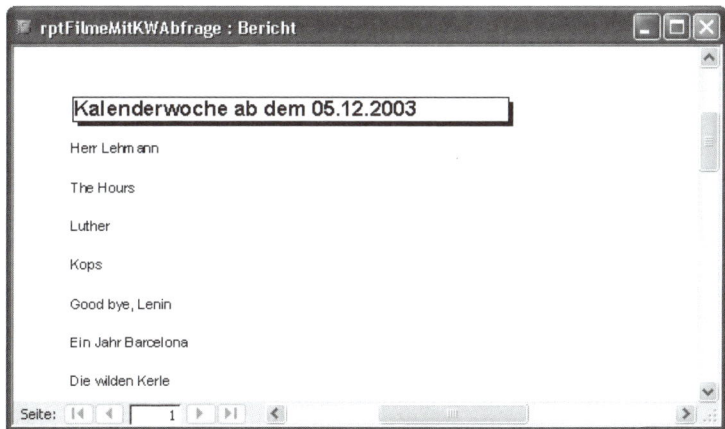

Geben Sie allerdings ein falsches Datum ein oder ein Datum, für das keine Daten existieren, wird ein leerer Bericht angezeigt. Dies soll im Folgenden verhindert werden.

1. Aktivieren Sie das Eigenschaftenfenster zum Bericht und aktivieren Sie darin die Registerkarte *Ereignis*. In der Liste finden Sie das Ereignis *Bei Ohne Daten*.

2. Klicken Sie auf die Schaltfläche mit den drei Punkten und wählen Sie *Code-Generator* aus.

3. Ergänzen Sie die vorbereitete Prozedur um die beiden Zeilen, die Sie in Abbildung 29.5 sehen.

Abbildg. 29.5 Aufruf eines Dialogfeldes mit Fehlermeldung

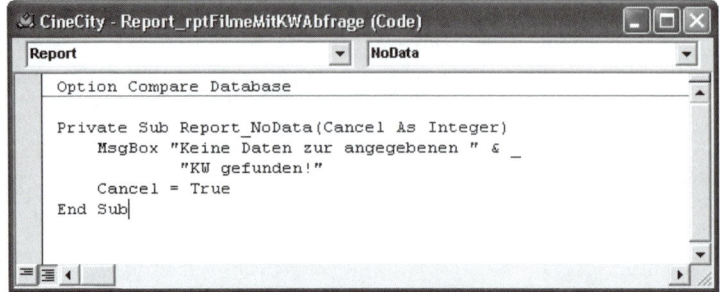

Die erste Zeile bewirkt, dass ein Meldungsdialogfeld (MsgBox = Messagebox) eingeblendet wird, das den in Anführungszeichen angegebenen Text anzeigt.

> **HINWEIS** Da die Programmzeile so lang ist, dass sie nicht vollständig im Code-Fenster angezeigt werden würde, wurde sie mithilfe des Fortführungszeichens »_« umbrochen.

Das Dialogfeld enthält außer dem Text standardmäßig eine *OK*-Schaltfläche. Klicken Sie auf diese Schaltfläche, wird durch die zweite Zeile der Abbruch der Anzeige des Berichts bewirkt.

Abbildg. 29.6 Die mit der Funktion *MsgBox* erzeugte Fehlermeldung

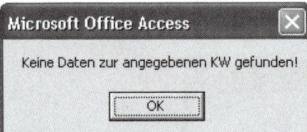

Die im Formular getroffene Auswahl drucken

In vielen Anwendungen möchte man die in einem Formular gezeigten Daten ausdrucken. Man könnte zwar einfach das Formular drucken, aber das bringt die Daten nicht in der gewünschten Form zu Papier.

Wir möchten Ihnen hier eine Lösung vorstellen, bei der über eine Befehlsschaltfläche in einem Formular ein Bericht aufgerufen wird. Die Besonderheit hierbei ist: Wenn Sie für Ihr Formular einen Filter aktiviert haben, werden nur die gefilterten Daten gedruckt.

Wie das funktioniert, soll im Folgenden am Beispiel der Adressenliste gezeigt werden.

1. Erstellen Sie mithilfe des Formular-Assistenten auf der Grundlage der Tabelle *Adressenliste* ein einfaches Formular mit dem Namen *frmAdressenliste* und fügen Sie darauf eine Befehlsschaltflä-

che ein, die den Bericht *rptTelefonliste* in der Vorschau aufruft. Geben Sie dieser Schaltfläche auf der letzten Registerkarte des Befehlsschaltflächen-Assistenten den Namen *cmdTelefonliste*.

Access legt so für Sie zur neuen Schaltfläche eine Ereignisprozedur *Beim Klicken* an.

2. Rufen Sie über *Eigenschaften* zur Befehlsschaltfläche die neue Ereignisprozedur im Visual Basic-Editor auf. Dort sollte das folgende Programm vorhanden sein:

```
Private Sub cmdTelefonliste_Click()
On Error GoTo Err_cmdTelefonliste_Click
    Dim stDocName As String
    stDocName = "rptTelefonliste"
    DoCmd.OpenReport stDocName, acPreview
Exit_cmdTelefonliste_Click:
    Exit Sub
Err_cmdTelefonliste_Click:
    MsgBox Err.Description
    Resume Exit_cmdTelefonliste_Click
End Sub
```

Der Befehl `DoCmd.OpenReport ...` öffnet den angegebenen Bericht, der Parameter `acPreview` sorgt dafür, dass der Bericht in der Vorschau geöffnet wird.

Wir möchten jetzt Access veranlassen, den Filter zu übergeben und nur die gefilterten Daten in der Berichtsvorschau anzuzeigen.

Fügen Sie dazu hinter den Parameter `acPreview` ein Komma und dann `WhereCondition:=Me.Filter` ein. Speichern und schließen Sie das Code-Fenster. Die `WhereCondition` ist eine Art *WHERE*-Klausel für den Bericht.

```
Private Sub cmdTelefonliste_Click()
On Error GoTo Err_cmdTelefonliste_Click
    Dim stDocName As String
    stDocName = "rptTelefonliste"
    DoCmd.OpenReport stDocName, acPreview, WhereCondition:=Me.Filter
Exit_cmdTelefonliste_Click:
    Exit Sub
Err_cmdTelefonliste_Click:
    MsgBox Err.Description
    Resume Exit_cmdTelefonliste_Click
End Sub
```

Ein Nachteil der hier vorgestellten Lösung ist übrigens, dass der *Filter* immer übergeben wird, auch wenn er nicht aktiv ist. Weiter hinten in diesem Kapitel stellen wir eine Lösung vor, die mithilfe der Eigenschaft *FilterOn* überprüft, ob der Filter aktiv ist.

Nun probieren Sie das Ganze einmal aus: Öffnen Sie das Formular und definieren Sie beispielsweise einen formularbasierten Filter. Wie in Abbildung 29.7 gezeigt, sollen alle Nachnamen mit »M« herausgefiltert werden.

Abbildg. 29.7 Gefiltert werden sollen alle Personen, deren Nachname mit »M« beginnt

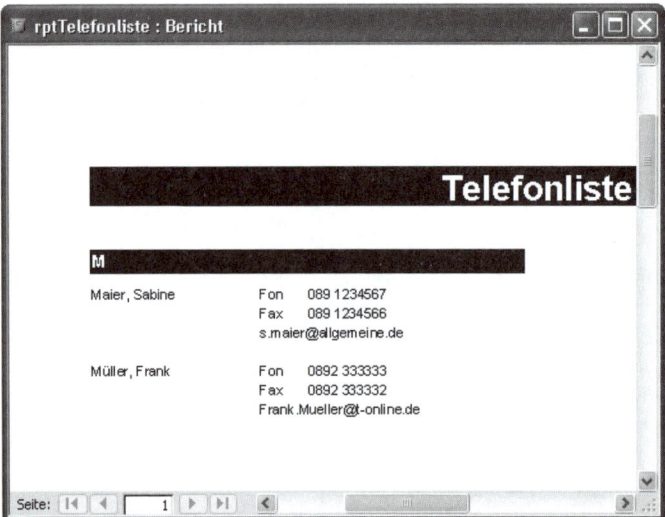

Wenden Sie den Filter an und klicken Sie dann auf die neue Schaltfläche, so sollte Ihnen ein ähnlicher Bericht wie in Abbildung 29.8 angezeigt werden.

Abbildg. 29.8 Bericht mit den im Formular gefilterten Datensätzen

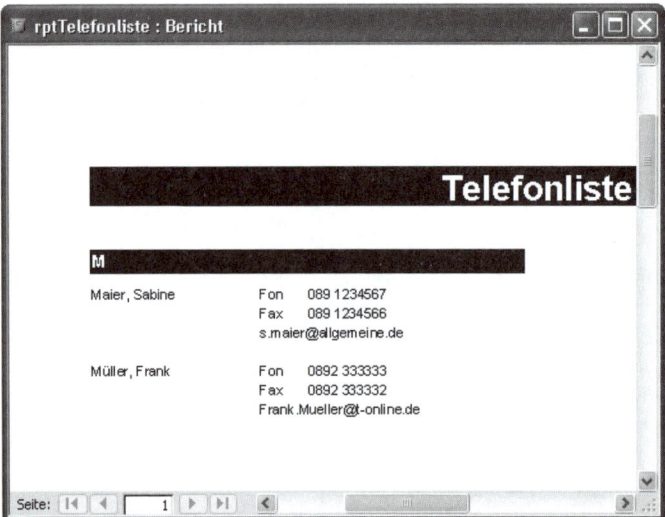

Möchten Sie jetzt nicht nur gefilterte Datensätze drucken, sondern (wenn kein Filter definiert ist) den aktuellen Datensatz ausgeben, erweitern Sie einfach die Ereignisprozedur um weitere Zeilen.

Erstellen Sie eine If Else-End If-Konstruktion, wie im nächsten Listing gezeigt. Kopieren Sie die Zeile DoCmd.OpenReport ... und fügen Sie sie in der Zeile nach dem Else ein. Ersetzen Sie in der neuen Zeile Me.Filter durch "Nr=" & [Nr]. Damit wird die Nummer des aktuellen Adressen-Datensatzes übergeben. Mit dem Feld Nr sind alle Adressen durchnummeriert.

```
Private Sub cmdTelefonliste_Click()
On Error GoTo Err_cmdTelefonliste_Click
    Dim stDocName As String
    stDocName = "rptTelefonliste"
    If Me.FilterOn Then
        DoCmd.OpenReport stDocName, acPreview, _
                            WhereCondition:=Me.Filter
    Else
        DoCmd.OpenReport stDocName, acPreview, WhereCondition:="Nr=" _
                            & [Nr]
    End If

Exit_cmdTelefonliste_Click:
    Exit Sub
Err_cmdTelefonliste_Click:
    MsgBox Err.Description
    Resume Exit_cmdTelefonliste_Click
End Sub
```

Seitenzahl der ersten Seite festlegen

Möchten Sie, dass die Zählung Ihrer Berichtsseiten nicht auf Seite 1 beginnt, sondern auf einer von Ihnen festgelegten Seite, können Sie das mithilfe eines dreizeiligen Programms erledigen.

1. Legen Sie die Seitenzahl für den Bericht über den Menübefehl *Einfügen/Seitenzahlen* fest.

2. Fügen Sie einen Berichtskopf ein (Menübefehl *Ansicht/Kopf-/Fußzeile des Berichts*) und wählen Sie den Berichtskopf aus.

3. Selektieren Sie im Eigenschaftenfenster die Registerkarte *Ereignis* und wählen Sie für *Beim Formatieren* die Option *[Ereignisprozedur]* aus.

4. Klicken Sie dann auf die Schaltfläche mit den drei Punkten, wird automatisch das Code-Fenster geöffnet. Fügen Sie die im folgenden Listing dargestellte mittlere Zeile mit der gewünschten Seitenzahl, hier 7, ein.

```
Private Sub Berichtskopf_Format(Cancel As Integer, _
                            FormatCount As Integer)
    Me.Page = 7
End Sub
```

5. Wechseln Sie nun zurück zu Access.

6. Rufen Sie die Seitenansicht auf und kontrollieren Sie die erste Seite Ihres Berichts.

Die eingefügte Zeile Me.Page= ist einfach zu verstehen: Mit Me wird das aktuelle geöffnete Objekt bezeichnet, in diesem Fall also der aktuelle Bericht. Für ihn wird mit Page die Seitenzahl festgelegt.

Veränderbare erste Seite

Beginnt Ihr Bericht nicht immer auf derselben Seitenzahl, sondern möchten Sie beim Aufruf des Berichts festlegen, mit welcher Seitennummer der Bericht beginnen soll, können Sie eine Prozedur schreiben, die vor dem Ausdruck oder vor der Seitenansicht in einem Dialogfeld die gewünschte Seitenzahl abfragt.

1. Beginnen Sie damit, die Zeile Me.Page=7 durch Me.Page=intPage zu ersetzen.

Berichte

2. Im nächsten Schritt fügen Sie ganz oben im Programm hinter dem Eintrag Option Compare Database eine Leerzeile ein und geben Dim intPage As Integer ein.

Abbildg. 29.9 Erster Teil des neuen Programms

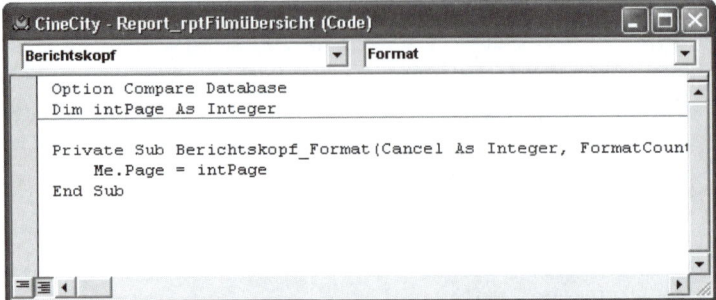

3. Wählen Sie jetzt oben im Code-Fenster im linken Dropdown-Listenfeld *Report* aus und im rechten *Open*.

4. Ergänzen Sie dann die zweite Prozedur wie in Abbildung 29.10 gezeigt.

Abbildg. 29.10 Die fertigen Prozeduren

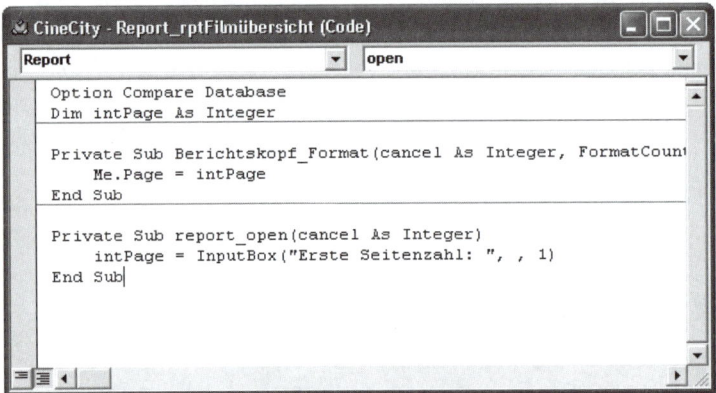

5. Speichern und schließen Sie das Code-Fenster.

Sobald Sie jetzt in die Seitenvorschau wechseln oder den Bericht ausdrucken, wird ein Dialogfeld angezeigt, das die gewünschte erste Seitenzahl abfragt.

Abbildg. 29.11 Abfrage der ersten Seitenzahl

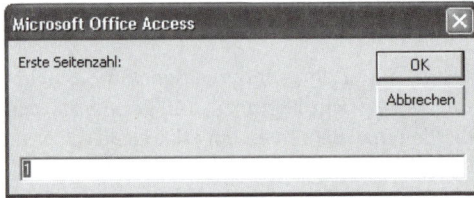

Ein solches Dialogfeld wird durch den Aufruf der InputBox in der zweiten Prozedur definiert. Die hier eingegebene Zahl wird der Variablen intPage übergeben, die in der ersten Prozedur die Seitenzahl festlegt.

Namensbereich einer Seite eines Verzeichnisses angeben

Für die in Kapitel 27 erstellte Telefonliste soll unten auf der Seite der erste und der letzte Name der Seite angegeben werden. Damit soll auf einen Blick eine Übersicht über die Namen der Seite ermöglicht werden. In Abbildung 29.12 können Sie sehen, wie dieser Überblick in der Fußzeile aussehen soll.

Abbildg. 29.12 Die Fußzeile verschafft einen Überblick über die Seite

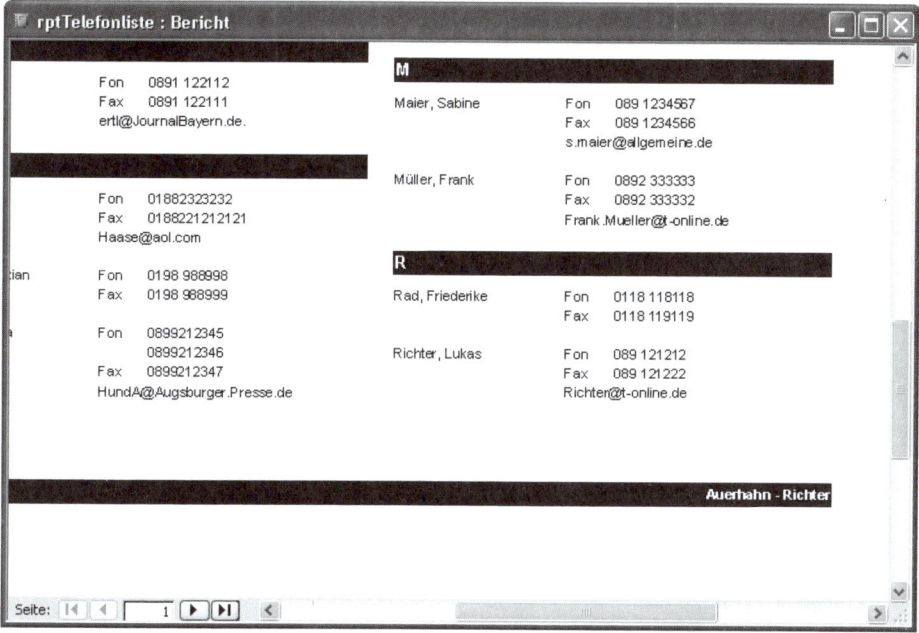

Um den Bereich der Namen auf der Seite darzustellen, muss man ein wenig tricksen. Wenn Access die Fußzeile formatiert, hat es nur noch Zugriff auf den letzten Datensatz, der auf die Seite gedruckt wird. Um den Bereich der Namen *von – bis* darzustellen, müssen Sie aber auch den Namen des ersten Datensatzes kennen. Der Trick besteht darin, den Namen des ersten Datensatzes zu speichern, wenn Access darauf Zugriff hat, nämlich beim Formatieren des Seitenkopfes. Am einfachsten geht das, wenn der Name während des Ereignisses *Beim Formatieren* in ein unsichtbares Textfeld im Seitenkopf geschrieben wird, bis er in der Fußzeile zusammen mit dem letzten Namen der Seite (dem aktuellen Nachnamen) benötigt wird. Dieser Trick hat einen Nachteil: Er funktioniert nur am Ende einer Seite, also für die Fußzeile, da Access eine Seite von oben nach unten formatiert.

Und so geht's:

1. Platzieren Sie im Seitenkopf ein Textfeld, das Sie *txtKopf* (Registerkarte *Andere*) nennen und unsichtbar formatieren (Registerkarte *Format*, Eigenschaft *Sichtbar*).

2. Aktivieren Sie das Eigenschaftenfenster zum Seitenkopf, wechseln Sie zur Registerkarte *Ereignis* und wählen Sie für *Beim Formatieren* die Option *Ereignisprozedur*.

3. Klicken Sie nun auf die Schaltfläche mit den drei Punkten, um den Code der Ereignisprozedur aufzurufen.

4. Geben Sie, wie es Abbildung 29.13 zeigt, den Code Me!txtKopf=Me!Nachname ein.

5. Speichern und schließen Sie das Code-Fenster.

Abbildg. 29.13 Eingegebener Code

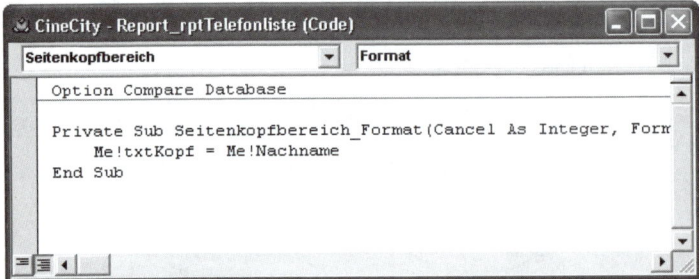

Damit wird beim Formatieren des Kopfbereichs der Name des ersten Datensatzes in das Textfeld *txtKopf* übergeben.

6. Erstellen Sie nun das Textfeld für die Fußzeile mit dem Steuerelementinhalt *=[txtKopf] & " – " & [Nachname]*.

Abbildg. 29.14 Die fertig definierte Fußzeile

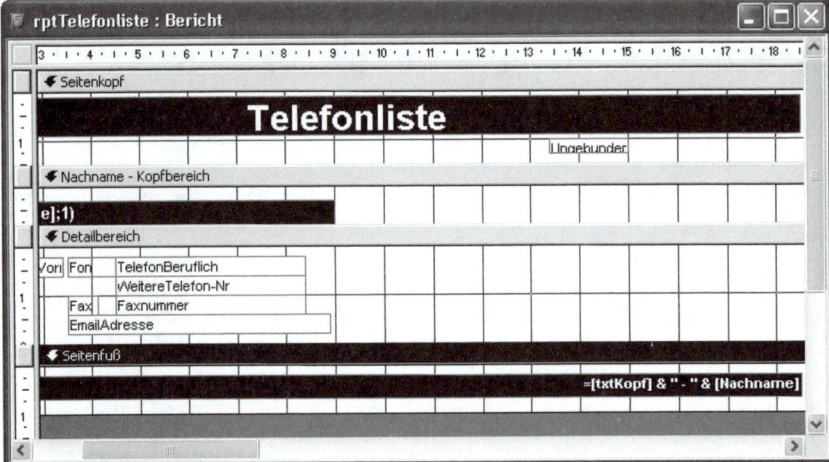

Bericht mit abwechselnd grauen und weißen Zeilen

In diesem Beispiel soll ein Bericht erstellt werden, der abwechselnd weiß und grau hinterlegte Zeilen anzeigen soll.

Abbildg. 29.15 Filmübersicht mit Streifen

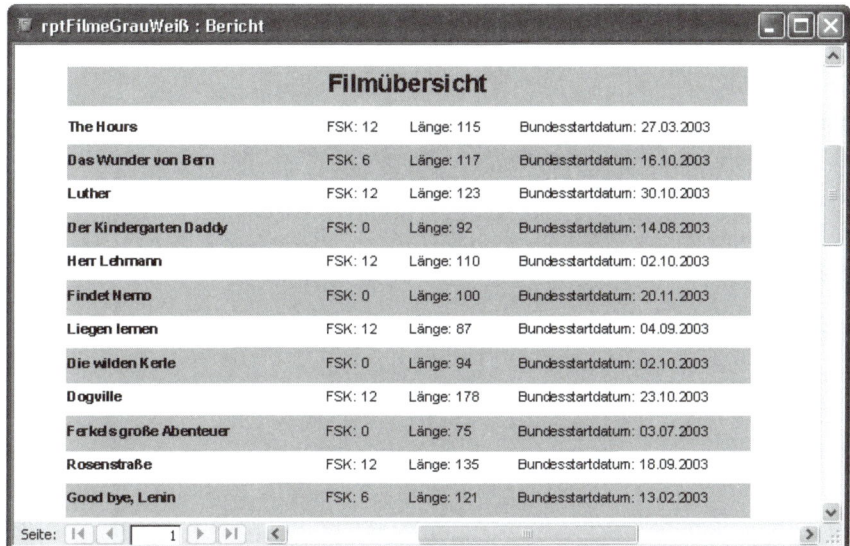

Vorbereitung

1. Im ersten Schritt legen Sie den Berichtsentwurf ohne die Streifen an.

Abbildg. 29.16   Erster Entwurf

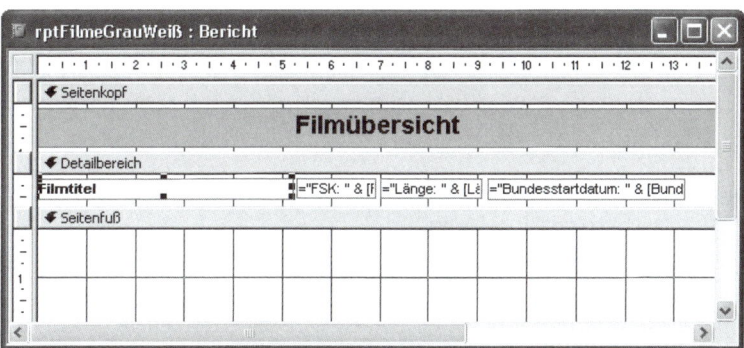

2. Bevor Sie die Prozedur schreiben, die die Streifen formatiert, muss die *Hintergrundart* für alle Textfelder transparent formatiert werden.

Erstellen der Prozedur

3. Definieren Sie dann für den Detailbereich für das Ereignis *Beim Formatieren* eine Ereignisprozedur.

4. Öffnen Sie die Ereignisprozedur mithilfe der Schaltfläche mit den drei Punkten.

Es soll nun eine Prozedur geschrieben werden, die `Farbwechsel` heißt und eine alternierende Weiß-/Grauschattierung bewirkt. Diese Prozedur soll dann aufgerufen werden, wenn das Ereignis *Beim Formatieren* des Detailbereichs auftritt.

5. Daher wird in die von Access vorbereitete Prozedur `Sub Detailbereich_Format` der Aufruf der bisher noch nicht geschriebenen Prozedur `Farbwechsel` eingetragen.

6. Die vorbereitete äußere Struktur der neuen Prozedur sehen Sie in Abbildung 29.17.

Abbildg. 29.17   Die neue Prozedur Farbwechsel

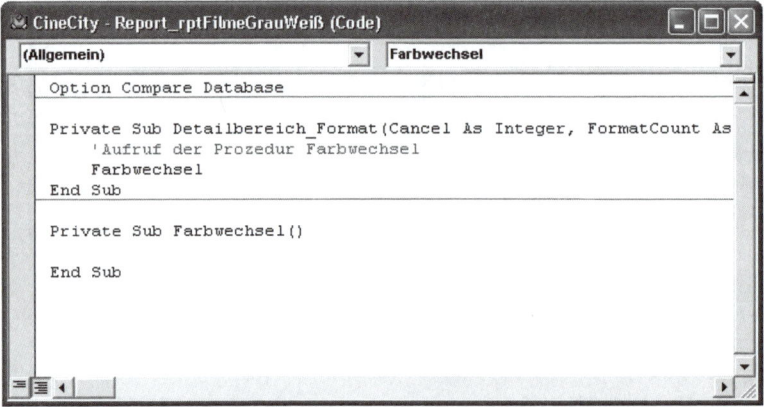

Die Variable fGrau

Für die Prozedur `Farbwechsel` spielt die Variable `fGrau` eine zentrale Rolle. Diese Variable wird als Datentyp *Boolean* deklariert. Damit ist sie entweder *False* oder *True* und kann sonst keine Zustände annehmen. Standardmäßig (falls sie nicht anders gesetzt wird) ist sie *False*.

■ Fügen Sie ganz am Anfang hinter `Option Compare Database` die Zeile `Dim fGrau as Boolean` ein.

Nun funktioniert die Prozedur `Farbwechsel` folgendermaßen: Ist `fGrau` *False*, soll der Hintergrund des Detailbereichs weiß sein, ist `fGrau` *True*, wird er grau. Verwenden Sie dazu also wieder eine `If`-Konstruktion:

```
If fGrau Then
   Me.Section(0).BackColor=conFarbeGrau
else
   Me.Section(0).BackColor=conFarbeWeiß
End if
```

Durch `Me.Section(0)` wird der Detailbereich beschrieben. Alle Bereiche sind durchnummeriert: Detailbereich (0), Berichtskopf (1), Berichtsfuß (2), Seitenkopf (3), Seitenfuß (4) etc.

Die Eigenschaft BackColor ist verantwortlich für die Farbe des Hintergrunds im ausgewählten Bereich. Um im nächsten Durchgang die andere Farbe zu verwenden, muss am Ende mit fGrau = Not fGrau *True*, in *False* umgewandelt werden bzw. umgekehrt *False* in *True*.

Wie werden die Farben definiert?

Damit ist der wichtigste Teil der in Abbildung 29.18 dargestellten Prozedur beschrieben. Es fehlt lediglich noch die Zuweisung der Farben zu den Konstanten conFarbeWeiß und conFarbeGrau.

Die Farben Weiß und Grau, die dem Hintergrund wechselweise zugewiesen werden sollen, werden als Konstanten am Anfang des Programms definiert. Die Zahlen kann man einfach aus dem Eigenschaftenfenster herauskopieren. Stellen Sie beispielsweise im Eigenschaftenfenster für den Seitenfuß einen hellgrauen Farbton ein, so erscheint dort die Zahl *12632256*, für weiß hingegen *16777215*. Kopieren Sie die Zahl einfach und verwenden Sie sie dann in Ihrer Prozedur.

Abbildg. 29.18 Prozedur zum Erstellen eines grau/weißen Berichts

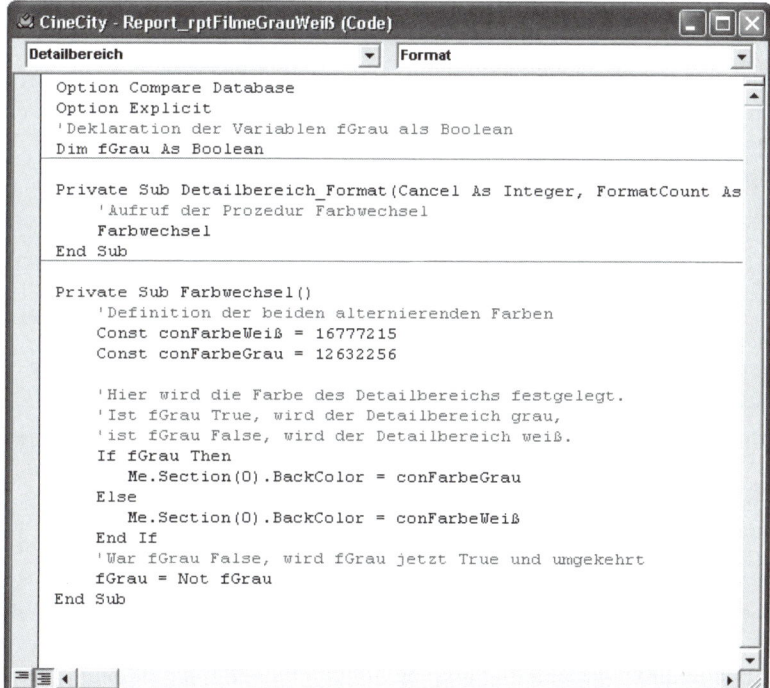

Berichte

Felder ein- und ausblenden

In manchen Anwendungen steht man vor dem Problem, dass in bestimmten Fällen Texte oder Bilder angezeigt werden, sie ansonsten aber unterdrückt werden sollen. In diesem Abschnitt möchten wir Ihnen zeigen, wie Sie Felder und Bilder ein- und ausblenden können.

Als Beispiel dient eine Übersicht über die Kinofilme, in der das Icon mit dem Schriftzug »Neu« eingeblendet werden soll, wenn der Film die erste Woche läuft. Gibt es eine Vorschau für einen neuen Film, soll ein Beschriftungsfeld mit der Aufschrift »Preview« eingeblendet werden.

Abbildg. 29.19 Im Bericht werden die drei Felder der ersten Spalte nach Bedarf eingeschaltet

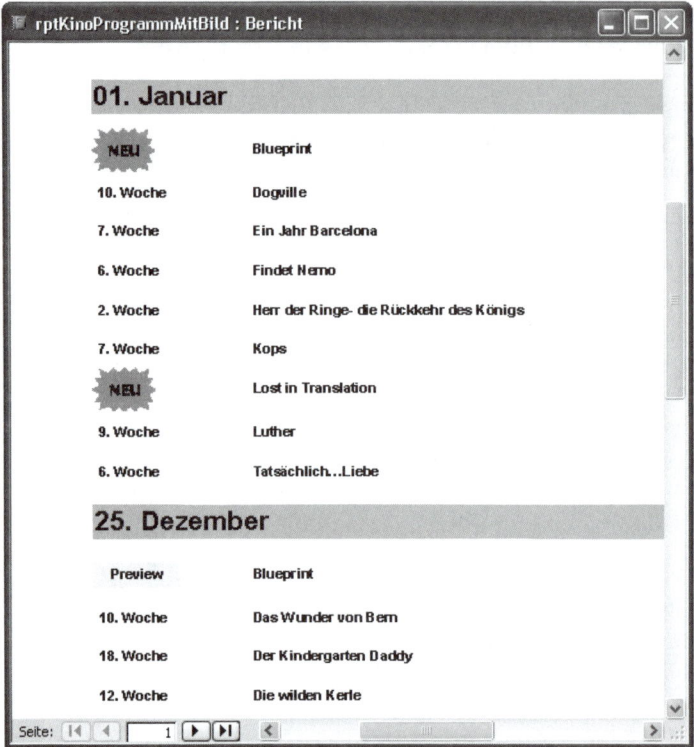

1. Im ersten Schritt wurde wieder eine passende Abfrage erstellt, die *qryKinoProgrammÜbersicht* genannt wurde und die Felder *Kalenderwoche* (absteigend sortiert), *Filmtitel* (aufsteigend sortiert), *WocheNr* und *LfdWoche* enthält.
2. Stellen Sie in den Eigenschaften der Abfrage für *Keine Duplikate* die Option *Ja* ein, damit pro Kalenderwoche der Film nur einmal angezeigt wird.

Abfrage für die Filmübersicht mit ein- und ausgeblendetem Bild

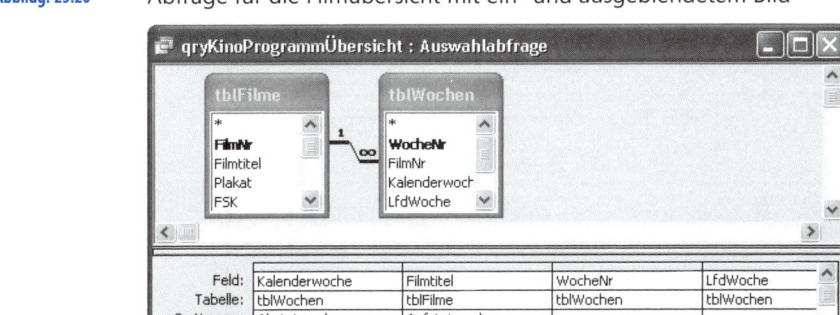

3. Erstellen Sie einen einfachen Berichtsentwurf, wie Sie ihn in Abbildung 29.21 sehen können. Dabei wurde ein Textfeld mit der Bedingung =Wenn([LfdWoche]>1;[LfdWoche] & ". Woche") eingefügt. Diese Bedingung bewirkt, dass nur dann die laufende Woche des Films angezeigt wird, wenn ein Film bereits länger als eine Woche läuft.

4. Gruppieren Sie den Bericht nach der Kalenderwoche und stellen Sie ebenfalls im Dialogfeld *Sortieren und gruppieren* ein, dass nach Filmtiteln aufsteigend sortiert werden soll.

Abbildg. 29.21 Erster Entwurf

5. Im nächsten Schritt wird das Bild über den Menübefehl *Einfügen/Grafik* eingefügt, das anstelle der laufenden Woche angezeigt werden soll, wenn der Film die erste Woche läuft. Sie finden es auf der CD-ROM im Ordner zu diesem Kapitel. Verkleinern Sie es, stellen Sie im Eigenschaftenfenster für *Größenanpassung* die Option *Zoomen* ein und schieben Sie es direkt über das Textfeld der laufenden Woche.

Berichte

585

Abbildg. 29.22 Das im Entwurf eingefügte Icon über dem Textfeld der laufenden Woche

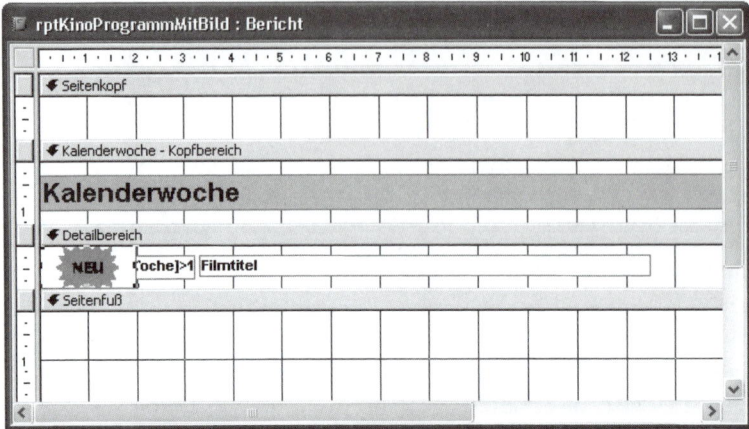

Lassen Sie jetzt die Seitenansicht anzeigen, so finden Sie in jeder Zeile das Icon über der Angabe der Woche. So war das natürlich nicht gedacht! Die nächste Aufgabe besteht also darin, das Icon immer dann auszublenden, wenn der Text angezeigt werden soll. Dazu benötigen wir wieder ein bisschen Programmcode.

1. Beginnen Sie damit, dem Icon den Namen *imgNew* zuzuweisen.

2. Selektieren Sie dann den Detailbereich und definieren Sie für das Ereignis *Beim Formatieren* die folgende Ereignisprozedur.

Abbildg. 29.23 Die Ereignisprozedur für das Ereignis *Beim Formatieren* des Detailbereichs

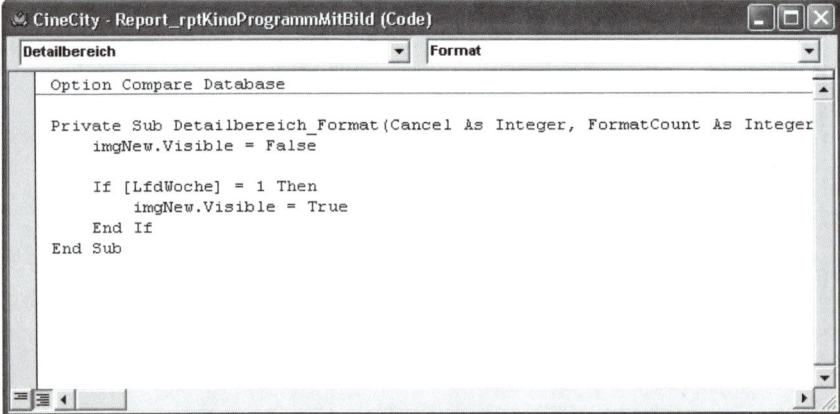

Die Prozedur beginnt damit, das Icon imgNew unsichtbar zu machen, indem sie die Eigenschaft Visible des Icons auf False setzt. Damit wird das Bild zunächst einmal nicht angezeigt. Das Icon soll nur dann angezeigt werden, wenn das Feld [LfdWoche] den Wert 1 aufweist. In diesem Fall wird die Eigenschaft Visible auf True gesetzt.

Sehen Sie sich jetzt das Ergebnis an, so werden Sie feststellen, dass es einige Filme gibt, für die weder das Textfeld mit der laufenden Woche angezeigt noch das Icon eingeblendet wird. Es gibt einige Filme, für die eine Vorschau (im Filmgeschäft: Preview) stattfindet.

Für Filme, die als Preview gezeigt werden, wurde für die laufende Woche (*LfdWoche*) der Wert »0« erfasst. Für sie soll im Folgenden ein eigenes Bezeichnungsfeld mit der Aufschrift »Preview« erstellt werden.

1. Erstellen Sie zunächst ein Bezeichnungsfeld mit *Preview* als Inhalt. Formatieren Sie das Bezeichnungsfeld nach Belieben und schieben Sie es über das Icon.

2. Benennen Sie dann das Bezeichnungsfeld mit *lblPreview* und öffnen Sie erneut die Ereignisprozedur zum Detailbereich.

3. Ergänzen Sie die Prozedur für das Preview-Feld wie in Abbildung 29.24 gezeigt: Zunächst wird das Bezeichnungsfeld lblPreview unsichtbar geschaltet. Dann wird die If-Konstruktion um eine weitere Abfrage erweitert: Wenn der Wert des [LfdWoche]-Feldes gleich 0 ist, soll das Preview-Feld sichtbar werden.

Abbildg. 29.24   Die für das Preview-Feld ergänzte Prozedur

```
CineCity - Report_rptKinoProgrammMitBild (Code)

Detailbereich                              Format

Option Compare Database

Private Sub Detailbereich_Format(Cancel As Integer, FormatCount As Integer
    imgNew.Visible = False
    lblPreview.Visible = False

    If [LfdWoche] = 1 Then
        imgNew.Visible = True
    ElseIf [LfdWoche] = 0 Then
        lblPreview.Visible = True
    End If
End Sub
```

Zeichenketten während der Formatierung zusammensetzen

Für dieses Beispiel soll wieder der alte Bericht des Kinoprogramms (siehe Abbildung 28.15) verwendet werden. Darin sind die Termine der Filme untereinander angeordnet, was viel Platz verbraucht. Schöner wäre es, wenn man die Zeiten so zusammensetzen könnte, dass alle Termine für einen Tag hintereinander angeordnet sind, wie Sie es in Abbildung 29.25 sehen.

Berichte

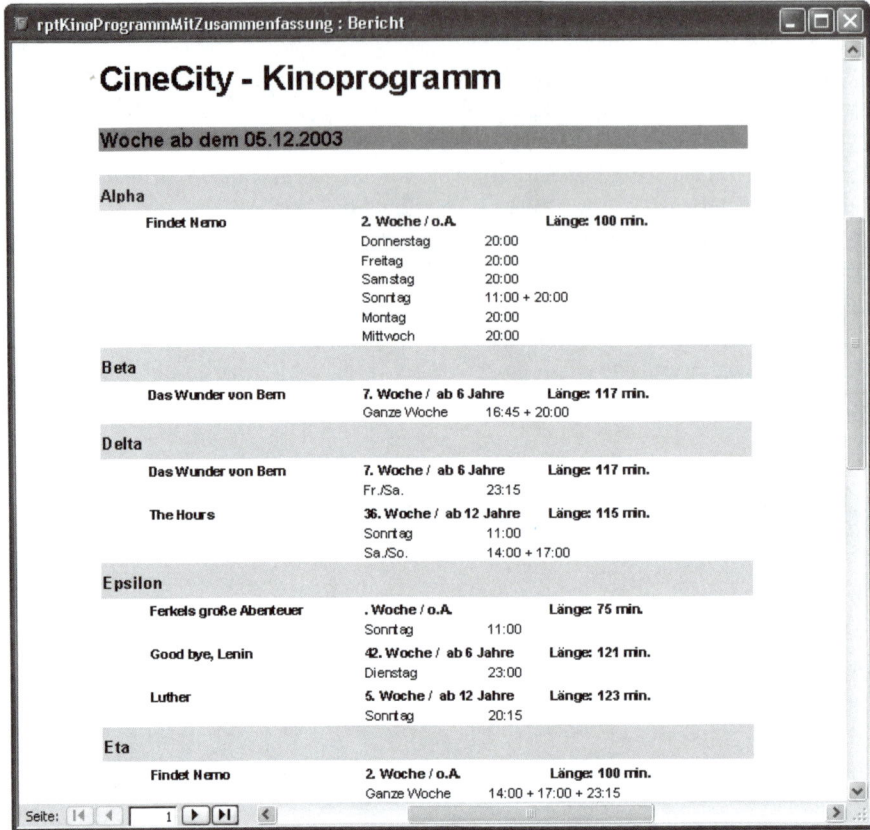

- Öffnen Sie dazu den Bericht *rptKinoProgramm* und speichern Sie ihn unter dem Namen *rpt-KinoProgrammMitZusammenfassung* ab.

Das Problem liegt jetzt darin, für jeden Tag die Zeiten mit Pluszeichen aneinander zu hängen. Die Lösung des Problems ist wieder trickreich: In Abbildung 29.26 sind im Bereich *Tag – Gruppenfuß* zwei Steuerelemente gezeigt. Im linken wird der Tag ausgegeben, das rechte Steuerelement ist ein ungebundenes Textfeld (mit dem Namen *txtZeit2*), in dem die zusammengesetzten Zeiten gedruckt werden sollen.

Die Zeiten werden wie folgt zusammengesetzt: Für jeden Tag wird der Detailbereich so oft formatiert, wie Zeiten für den Tag vorhanden sind. Jede einzelne Zeit wird im Steuerelement *txtZeit* im Detailbereich ausgegeben. Wir haben das Steuerelement *txtZeit* allerdings unsichtbar gemacht und gleichzeitig für den Detailbereich die Eigenschaft *Verkleinerbar* auf *Ja* gesetzt. Dadurch wird die Ausgabe des Detailbereichs komplett unterdrückt, aber trotzdem tritt für jede Zeit, die unsichtbar im Detailbereich ausgegeben wird, das Ereignis *Beim Formatieren* ein.

Wir haben nun eine Ereignisprozedur für das Ereignis *Beim Formatieren* erstellt, die im folgenden Listing als Sub Detailbereich_Format dokumentiert ist. In dieser Prozedur wird jede Zeit der Variablen strZeit zugewiesen, die für das ganze Programm des Berichts definiert wurde. Wird mehr als eine Zeit angehängt, werden die einzelnen Zeiten mit »+« verbunden.

Abbildg. 29.26 Entwurfsansicht des Berichts

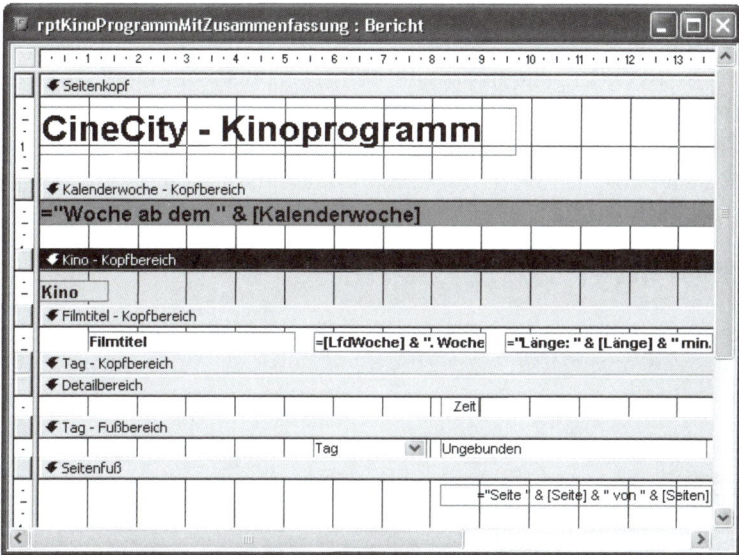

Sind keine Zeiten mehr zu formatieren, wird der Gruppenfuß für den Wochentag ausgegeben. In der Prozedur Gruppenfuß0_Format wird die in *strZeit* zusammengestellte Zeichenkette der Zeiten dem ungebundenen Textfeld *txtZeit2* übergeben.

```
Dim strZeit As String
Private Sub Detailbereich_Format(Cancel As Integer,
                                 FormatCount As Integer)
    ' Feld txtZeit im Detailbereich ist unsichtbar
    If strZeit = "" Then
        ' für die erste Zeit in strZeit
        strZeit = Format([txtZeit], "HH:MM")
    Else
        ' für alle weiteren Zeiten
        strZeit = strZeit & " + " & Format([txtZeit], "HH:MM")
    End If
End Sub
' Gruppenfuß für den Wochentag
Private Sub Gruppenfuß0_Format(Cancel As Integer, _
                               FormatCount As Integer)
    ' Zeitkette ausgeben
    txtZeit2 = strZeit
End Sub
' Gruppenkopf für den Wochentag
Private Sub Gruppenkopf3_Format(Cancel As Integer, _
                                FormatCount As Integer)
    ' String neu initialisieren
    strZeit = ""
End Sub
```

Bei jedem neuen Wochentag wird für den Gruppenkopf in der Prozedur Gruppenkopf3_Format die Variable strZeit zurückgesetzt, so dass das Sammeln der Zeiten erneut beginnen kann.

Berichte

Unterberichte

Ebenso wie sich für Formulare Unterformulare einsetzen lassen, können in Berichten Unterberichte verwendet werden. Durch die Gruppierungsmöglichkeiten benötigt man Unterberichte sehr viel seltener als Unterformulare, aber Unterberichte erlauben interessante Formulargestaltungen.

Unterberichte verhalten sich genauso wie Unterformulare, auch der zur Erstellung von Unterberichten einsetzbare Assistent ist der gleiche wie für Unterformulare (siehe Kapitel 23).

Ein zweispaltiger Unterbericht

Im Kinoprogramm sollen die Termine zweispaltig, allerdings ohne die im vorangegangenen Abschnitt vorgestellte Zusammenfassung, gezeigt werden, so wie dies in Abbildung 29.27 dargestellt ist.

Abbildg. 29.27 Kinoprogramm mit zweispaltiger Terminauflistung

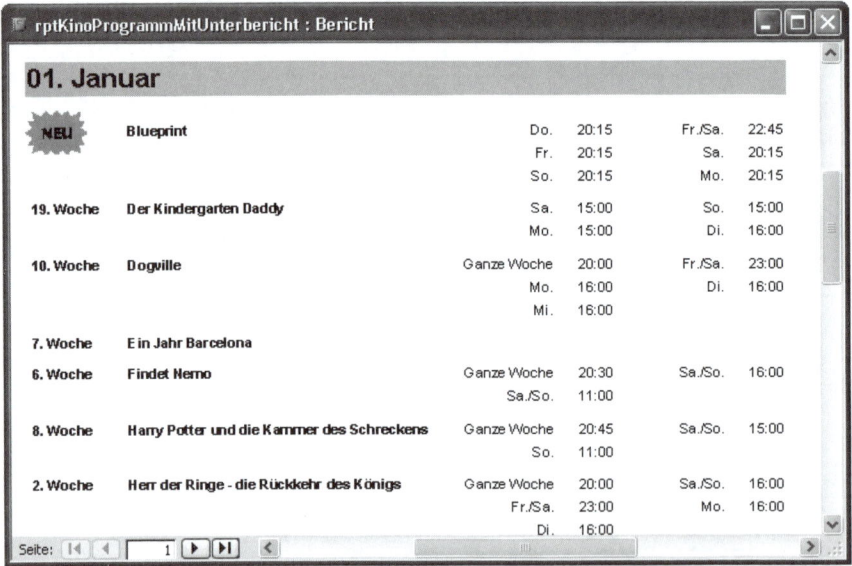

Es wird ein Unterbericht erstellt, für den die Felder *WochenNr*, *Tag* und *Zeit* der Tabelle *tblTermine* selektiert werden. Abbildung 29.28 zeigt den im Bericht angeordneten Unterbericht.

Abbildg. 29.28 Bericht mit *Unterbericht*-Steuerelement

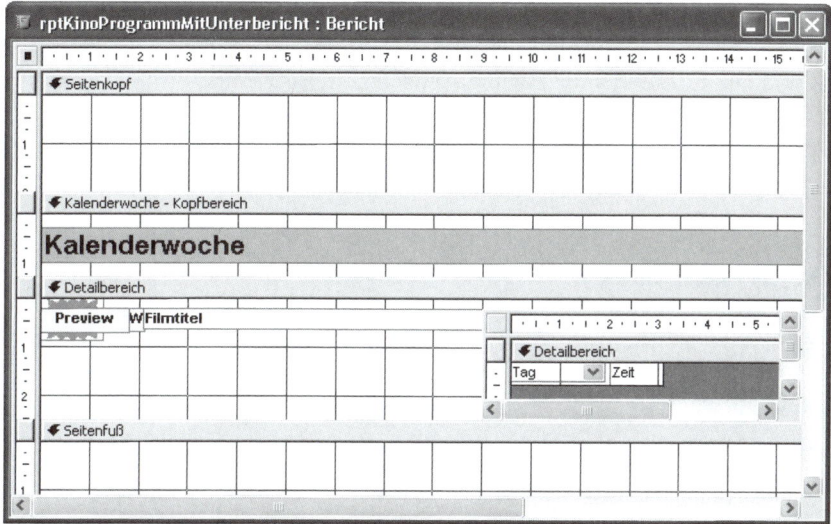

Mit dem Unterberichts-Assistenten oder direkt im Eigenschaftenfenster des *Unterbericht*-Steuerelements legen Sie fest, dass Haupt- und Unterbericht über die Wochennummer verknüpft werden.

Abbildg. 29.29 Eigenschaften des Unterberichts

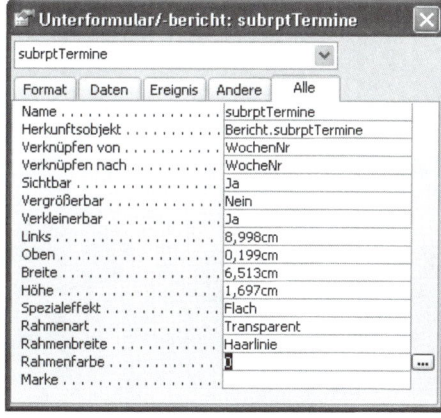

Für den Unterbericht wurde die Eigenschaft *Verkleinerbar* auf *Ja* gesetzt, damit bei nur wenigen Terminen der Unterbericht in der Höhe angepasst wird. Achten Sie darauf, dass die Eigenschaft *Vergrößerbar* den Wert *Nein* hat, denn sonst werden die Termine im Unterbericht nur einspaltig dargestellt, denn das *Unterbericht*-Steuerelement würde in der Höhe entsprechend gestreckt werden.

Auch für den gesamten Detailbereich wurden die beiden Eigenschaften gesetzt. Ein Nachteil der so maximal festgelegten Höhe des Unterberichts besteht darin, dass, falls mehr Termine vorliegen, als im Steuerelement gezeigt werden können, diese einfach nicht gezeigt werden!

Der Unterbericht

Im nächsten Schritt wird der mit dem Unterberichts-Assistenten erzeugte Unterbericht überarbeitet. Öffnen Sie dazu den Unterbericht *subrptTermine*. Das Ergebnis ist in Abbildung 29.28 schon gezeigt. Es sind nur noch Felder für Tag und Zeit definiert, das Feld für die Wochennummer, die nur zur Verknüpfung benötigt wird, wurde entfernt.

Für den Tag wurde mit dem Assistenten ein Kombinationsfeld angelegt, das aus der Zahl für den jeweiligen Tag durch eine Werteliste einen Text mit dem Namen des Tages macht.

Abbildg. 29.30 Das bearbeitete Unterformular

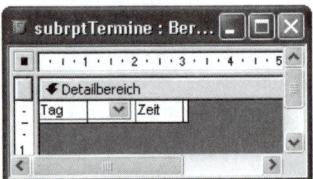

Damit der Unterbericht im Hauptbericht zweispaltig dargestellt wird, vereinbaren Sie über den Menübefehl *Datei/Seite einrichten* in der Entwurfsansicht des Unterberichts auf der Registerkarte *Spalten* die *Spaltenanzahl*.

Abbildg. 29.31 Spaltendefinition

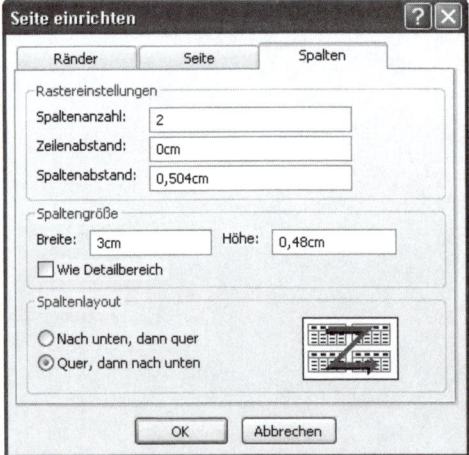

Sieben auf einen Streich

Eine übersichtliche Lösung des Kinoprogramms zeigt Abbildung 29.32. Hier werden die Vorstellungszeiten für jeden Tag getrennt dargestellt.

Abbildg. 29.32 Die Zeiten für jeden Tag

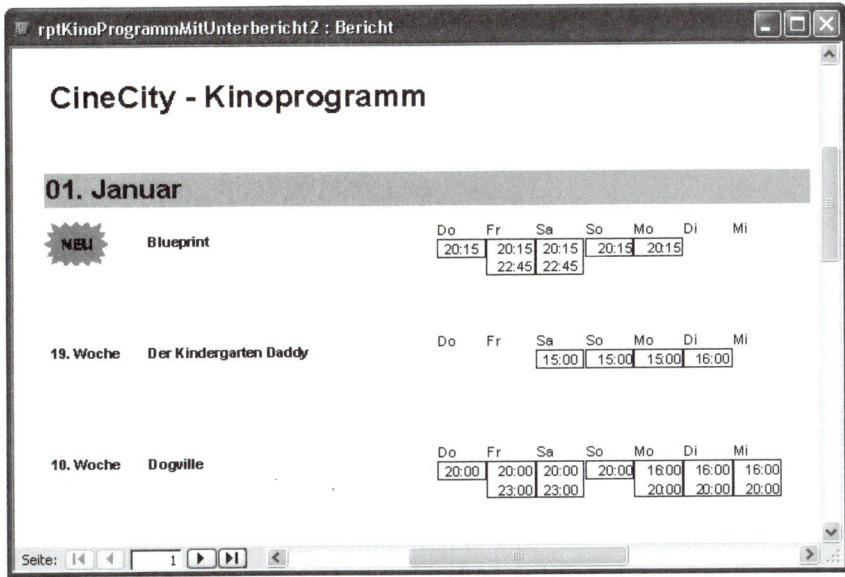

Für den Bericht wurden sieben Unterberichte eingesetzt, nämlich einen für die Termine eines Tages. In jedem der Unterberichte werden genau nur die Vorstellungszeiten des jeweiligen Tages ausgegeben. Abbildung 29.33 zeigt den Aufbau des Berichts in der Entwurfsansicht.

Abbildg. 29.33 Ein Unterformular für jeden Tag

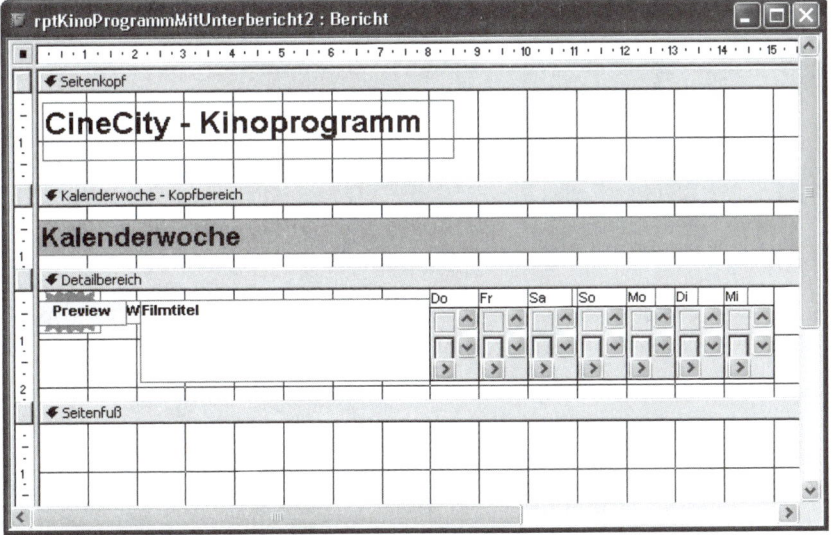

Jeder der Unterberichte ist über die Wochennummer mit dem Hauptbericht verknüpft, wie es in Abbildung 29.34 im Eigenschaftenfenster eines der Unterberichte dargestellt ist. Alle Unterberichte sind als verkleinerbar und vergrößerbar definiert.

Abbildg. 29.34 Eigenschaften eines Unterformulars

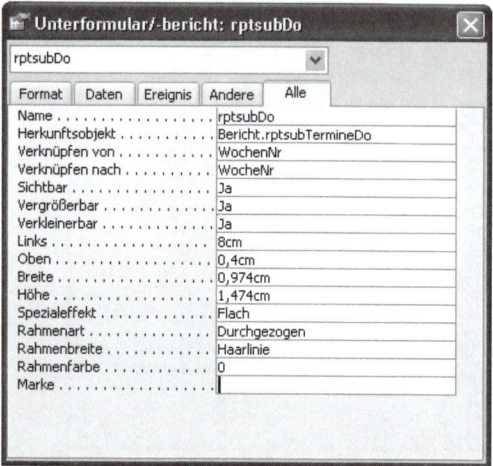

Die Unterberichte für jeden Tag

Am Beispiel des Unterberichts für die Termine am Donnerstag möchten wir Ihnen zeigen, wie die Unterberichte für die einzelnen Wochentage aufgebaut sind. Das Layout des Unterberichts illustriert Abbildung 29.35.

Abbildg. 29.35 Das Layout eines Unterformulars

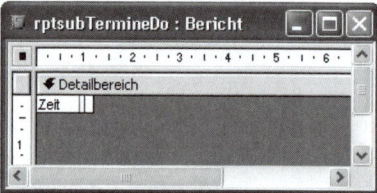

Die sieben Unterberichte unterscheiden sich in ihren Abfragen, denn hier wird festgelegt, für welchen Tag die Zeiten zusammengestellt werden sollen.

Abfrage des Unterformulars

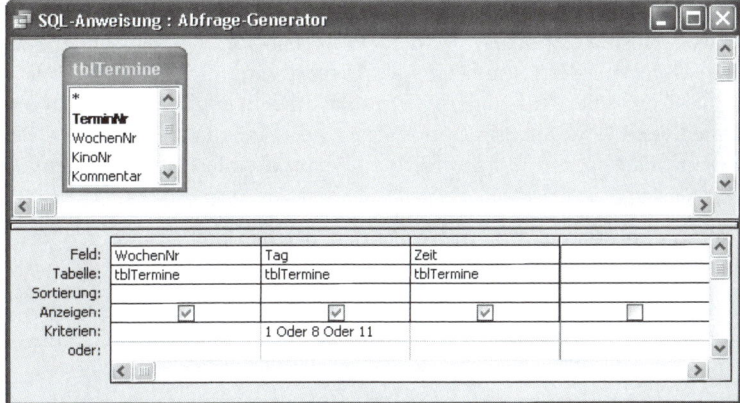

In der *Kriterien*-Zeile der Abfrage-Entwurfsansicht sehen Sie die Bedingung für Dienstage: *1 Oder 8 Oder 11*. Wie kommt es dazu? Sie erinnern sich wahrscheinlich, dass zum einen die Tage von Donnerstag bis Mittwoch durchnummeriert sind und zum anderen spezielle Einträge für Do/So-Mi, Fr/Sa, Sa/So und die ganze Woche existieren. Die folgende Tabelle gibt einen Überblick über die Werte:

Tabelle 29.1 Wochentagswerte

Wochentag/Kombination	Wert
Donnerstag	1
Freitag	2
Samstag	3
Sonntag	4
Montag	5
Dienstag	6
Mittwoch	7
Do/So-Mi	8
Fr/Sa	9
Sa/So	10
Ganze Woche	11

Die Bedingung für den Donnerstag in der Form *1 Oder 8 Oder 11* berücksichtigt, dass der Termin im Unterbericht für den Donnerstag gezeigt werden muss, wenn er für den Donnerstag, für Do/So-Mi oder für die ganze Woche definiert ist. Entsprechend gilt beispielsweise die Bedingung *3 Oder 9 Oder 10 Oder 11* für Samstage.

Bericht-Snapshots

Ein Bericht kann als Snapshot exportiert werden. Ein Snapshot ist ein »Schnappschuss« eines Berichts, der in einer Datei mit der Endung *.snp* gespeichert wird. Der Schnappschuss enthält alle Daten, Texte, Bilder usw. eines Berichts zu dem Zeitpunkt, an dem er als Snapshot exportiert wurde. Ändern sich die Daten, bleibt der Snapshot unverändert, er wird nicht aktualisiert. Benötigen Sie einen neuen, aktuellen Snapshot, so müssen Sie den entsprechenden Bericht erneut als Snapshot exportieren.

Um einen Snapshot zu exportieren, verwenden Sie den Befehl *Datei/Exportieren* und wählen als *Dateityp* die Option *Snapshot-Format* aus.

Zur Anzeige von Snapshots liefert Microsoft das Programm Snapshot Viewer zusammen mit Access 2003. Es ist eine separate ausführbare Datei, die Sie beliebig weiterverteilen dürfen, denn sie ist lizenzfrei.

Auf diese Weise könnte CineCity elektronische Kopien des aktuellen Kinoprogramms verteilen, indem einfach der entsprechende Bericht als Snapshot ausgegeben wird. Er könnte dann gemeinsam mit dem Snapshot Viewer verteilt werden, z.B. per Diskette oder per E-Mail.

Abbildg. 29.37   Bericht im Snapshot Viewer

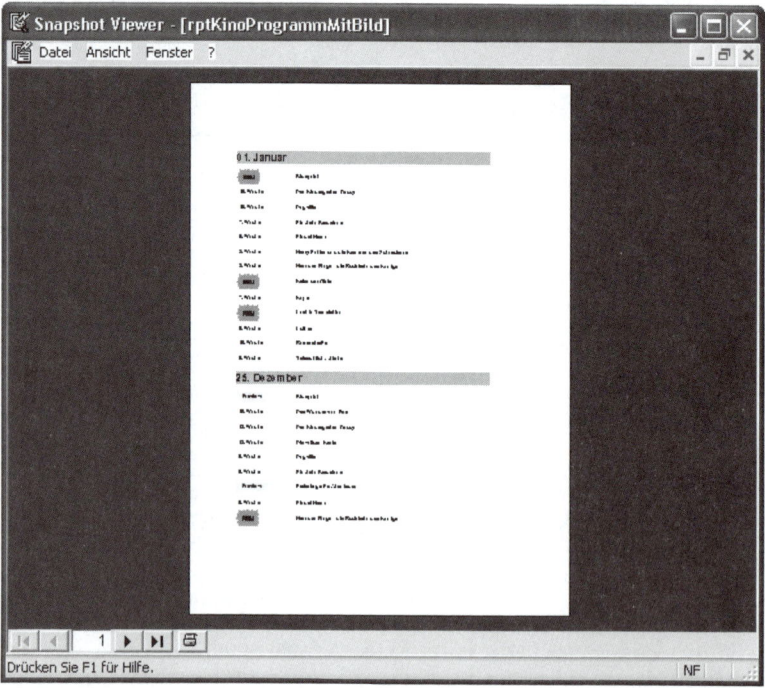

Standardmäßig wird der Snapshot Viewer im Ordner *Programme\Gemeinsame Dateien\Microsoft Shared\Snapshot Viewer* installiert.

Zusammenfassung

Dieses Kapitel behandelte einzelne spezielle Fragestellungen zum Thema Berichte.

- Zunächst wird ab Seite 572 der Frage nachgegangen, wie sich leere Berichte vermeiden lassen.

- Wie nur die in einem Formular ausgewählten Daten gedruckt werden können, erfahren Sie in dem darauf folgenden Abschnitt ab Seite 574.

- Nicht immer soll ein erstellter Bericht auf Seite 1 beginnen. Wie Sie die Seitenzahl der ersten Berichtsseite festlegen können, wird ab Seite 577 beschrieben.

- In umfangreichen Berichten möchte man in der Fußzeile angeben, welche Daten auf der vorliegenden Seite angezeigt werden. In dem ab Seite 579 besprochenen Beispiel wird der erste und der letzte aufgeführte Name einer Telefonliste abgedruckt.

- Manchmal steht man vor dem Problem, dass einzelne Felder in einem Bericht nicht für jeden, sondern nur für ausgewählte Datensätze abgebildet werden sollen. Ein Beispiel, in dem dieses Problem gelöst wurde, finden Sie ab Seite 584.

- Wie Sie in einem Bericht einen (mehrspaltigen) Unterbericht anlegen können, beschreibt der auf Seite 590 beginnende Abschnitt.

- Der letzte Abschnitt beschäftigt sich mit dem Problem, einen Bericht als Snapshot zu exportieren und mit dem Snapshot Viewer anzusehen (Seite 596).

Kapitel 30

Formulare für Berichte

Berichte

599

In vielen Fällen möchte man vor dem Ausdruck eines Berichts die auszudruckenden Daten einschränken, beispielsweise das Kinoprogramm nur für eine bestimmte Woche oder eine Rechnung nur für eine bestimmte Rechnungsnummer ausgeben. In diesem Kapitel stellen wir Ihnen drei Varianten vor, wie Sie vor dem Druck die gewünschten Einschränkungen angeben können.

Einschränkung mit Parametern

Am einfachsten ist es, für die dem Bericht zugrunde liegende Abfrage Parameter zu definieren. Enthält eine Abfrage Parameter, so werden diese nacheinander (wenn es mehrere sind) beim Aufruf des Berichts von Access abgefragt.

Parameterabfragen werden im gleichnamigen Abschnitt in Kapitel 15 ausführlich erläutert.

Ein Formular für den Bericht

Die Lösung mit der Parameterabfrage ist nicht sehr elegant und sie bietet dem Anwender wenig Komfort bei der Festlegung von Beschränkungswerten. Wir möchten Ihnen im Folgenden eine bessere Lösung vorstellen.

Das Kinoprogramm soll für eine bestimmte Woche ausgegeben werden. Dabei soll die Woche aus einer Liste möglicher Wochen selektiert werden.

Das Dialogfeld in Abbildung 30.1 erlaubt die Auswahl einer Woche.

Abbildg. 30.1 Das Auswahlformular

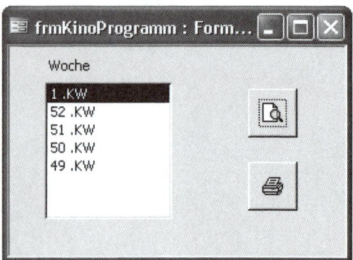

Über die Schaltflächen auf der rechten Seite kann das Kinoprogramm für die ausgewählte Woche in der Vorschauansicht gezeigt oder direkt gedruckt werden. Der Abfrage, die die Grundlage für den Bericht des Kinoprogramms ist, wird das in der Liste der Wochen ausgewählte Datum übergeben. Das Ergebnis der Abfrage sind dann nur die Vorstellungen der entsprechenden Woche.

Abbildg. 30.2 Der eingeschränkte Bericht

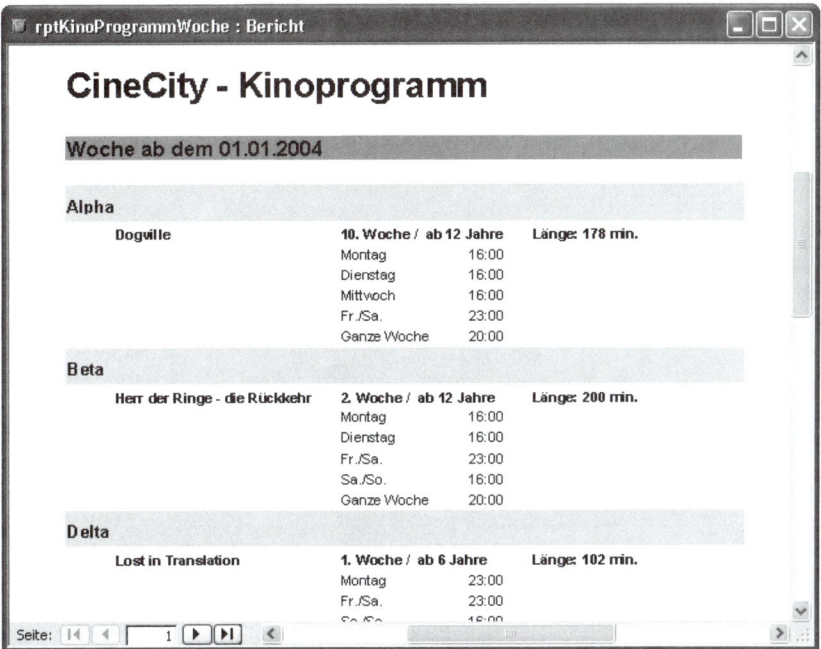

Erstellen des Formulars

1. Erstellen Sie ein ungebundenes Formular, also ein Formular, dem weder eine Tabelle noch eine Abfrage zugrunde liegt, und nennen Sie das Formular *frmKinoProgramm*.

2. Schalten Sie den Steuerelement-Assistenten aus und platzieren Sie im Formular ein Listenfeld. Nennen Sie das Listenfeld *lstWoche*.

3. Klicken Sie dann auf *Datensatzherkunft* und öffnen Sie mithilfe der Schaltfläche mit den drei Punkten den Abfrage-Generator. Fügen Sie in der Abfrage die Tabelle *tblWochen* hinzu und wählen Sie dann das Feld *Kalenderwochen* aus, das absteigend sortiert dargestellt werden soll. Stellen Sie für die Abfrage ein, dass Duplikate ausgeblendet werden.

4. Schalten Sie für das Formular die Bildlaufleisten, den Datensatzmarkierer und die Navigationsschaltflächen aus.

Bevor Sie nun die Schaltflächen einfügen, sollten Sie erst einmal den Bericht erstellen, der über das Formular gedruckt bzw. in der Seitenansicht dargestellt werden soll.

Erstellen des Berichts

Um den Bericht zu erstellen, kopieren Sie zum einen den Bericht *rptKinoProgramm*, zum anderen die Abfrage *qryKinoProgramm*, auf der der Bericht basiert.

1. Öffnen Sie den Bericht *rptKinoProgramm* und speichern Sie ihn unter dem Namen *rptKinoProgrammWoche*.

2. Öffnen Sie die Abfrage *qryKinoProgramm* und speichern Sie sie unter dem Namen *qryKinoProgrammWoche*.

3. Ergänzen Sie die Abfrage um die Bedingung *Formulare![frmKinoProgramm].[lstWoche]* für die Spalte *Kalenderwoche*.

   Die Schreibweisen für Verweise auf Steuerelemente in Formularen haben wir in Kapitel 24 erläutert. Damit erfolgt die Übernahme der im Formular gewählten Woche als Bedingung in die Abfrage.

Abbildg. 30.3   Die Abfrage zum Bericht

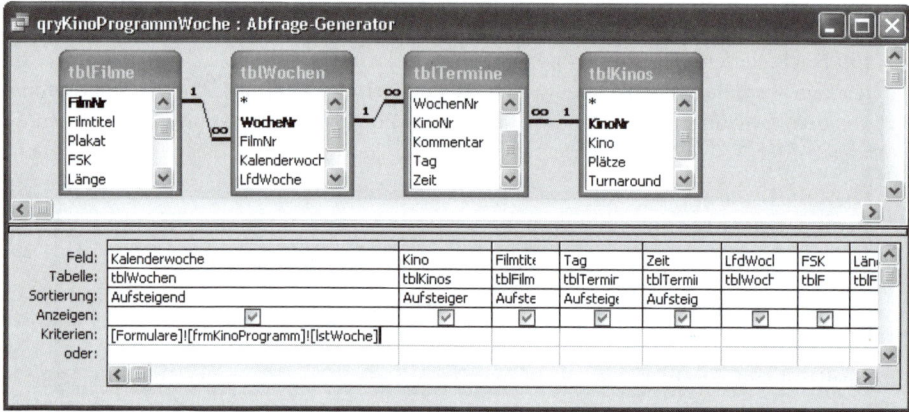

4. Ändern Sie nun in der Datenherkunft des Berichts die angegebene Abfrage *qryKinoProgramm* zu *qryKinoProgrammWoche*.

Abbildg. 30.4   Der Bericht in der Entwurfsansicht

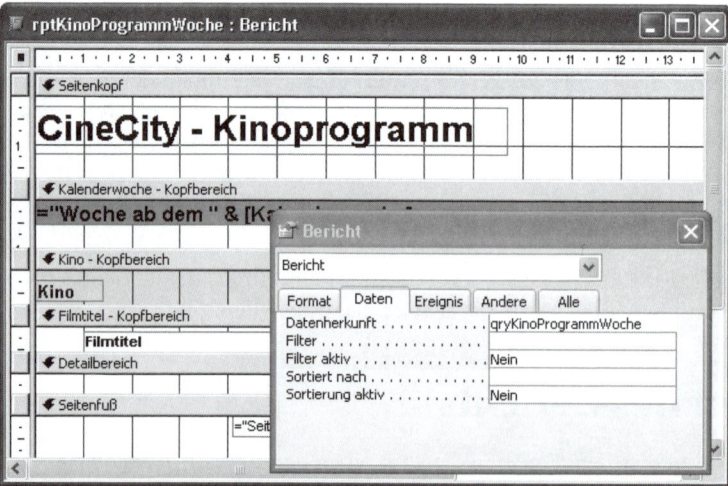

5. Schließen Sie nun den Bericht.

Das Formular wird vervollständigt

1. Aktivieren Sie den Steuerelement-Assistenten.

2. Fügen Sie auf dem Formularentwurf eine Befehlsschaltfläche ein. Wählen Sie dazu in der Kategorie *Berichtsoperationen* die Aktion *Berichtsvorschau* aus. Geben Sie dann als zu öffnenden Bericht *rptKinoProgrammWoche* an.

3. Erstellen Sie eine weitere Befehlsschaltfläche zum Drucken des Berichts.

Rufen Sie dann das Formular (Abbildung 30.1) auf, wählen Sie eine Woche aus und rufen Sie über eine der beiden Schaltflächen den Bericht auf, wird der gewählte Wert im Listenfeld des Dialogfeldes an die Abfrage übergeben.

Ein Nachteil der vorgestellten Lösung besteht darin, dass der Bericht immer über das Formular aufgerufen werden muss. Starten Sie direkt den Bericht, kann die Abfrage den Bedingungswert nicht aus dem Formular übernehmen. Dies hat zur Folge, dass die Abfrage den Bedingungswert als Parameter interpretiert und ihn in einem normalen Parameterdialogfeld vom Anwender erfragt.

Gegenüber der Lösung mit der reinen Parameterabfrage liegt der Vorteil darin, dass Sie mehrere Bedingungswerte in Ihrem dem Bericht vorgeschalteten Formular abfragen können.

Mit vorgeschaltetem Formular

In diesem Abschnitt präsentieren wir Ihnen eine Lösung, die die oben beschriebene ergänzt und erweitert. Dabei wird der Bericht durch Visual Basic-Routinen in der Art gestaltet, dass beim Aufruf des Berichts automatisch das Formular zur Abfrage der Woche und – als Erweiterung – des gewünschten Kinos aufgerufen wird.

Die hier vorgestellte Lösungsvariante basiert auf kurzen Visual Basic-Prozeduren. Sollten Sie die Programmstrukturen nicht auf Anhieb verstehen, so empfehlen wir Ihnen, zuerst in Teil G die Einführung in die Visual Basic-Programmierung zu lesen.

Das vorgeschaltete Formular

In Abbildung 30.5 ist das erweiterte Formular mit den beiden Listenfeldern für die *Woche* und das *Kino* dargestellt.

Abbildg. 30.5 Das erweiterte Formular für das Kinoprogramm

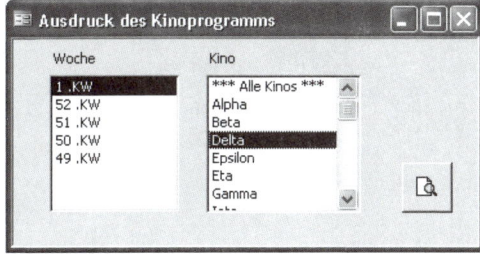

1. Dazu wurde das Formular *frmKinoProgramm* kopiert und als *frmKinoProgramm2* eingefügt.

2. Löschen Sie die beiden Schaltflächen.

3. Schalten Sie den Steuerelement-Assistenten aus und fügen Sie dann ein neues Listenfeld ein. Nennen Sie es *lstKino*.

4. Klicken Sie auf die Schaltfläche mit den drei Punkten hinter *Datensatzherkunft*. Schalten Sie in die SQL-Ansicht um und fügen Sie den folgenden *UNION*-Befehl ein.

SELECT DISTINCTROW tblKinos.Kino

FROM tblKinos

UNION

*SELECT "*** Alle Kinos ***"*

FROM tblKinos

ORDER BY tblKinos.Kino;

Bevor wir nun die weiteren Einstellungen dieses Dialogfeldes erläutern, lassen Sie uns zuerst einen Blick auf den Bericht werfen.

Die Ereignisprozeduren des Berichts

Das Layout des Berichts *rptKinoProgrammMitFormular* entspricht dem in Abbildung 30.4 vorgestellten Bericht.

1. Kopieren Sie also *rptKinoProgramm* und speichern Sie den Bericht unter *rptKinoProgrammMit-Formular*.

2. Kopieren Sie auch die Abfrage und speichern Sie sie unter *qryKinoProgrammWoche2*.

3. Löschen Sie in der Abfrage die Bedingung zur Kalenderwoche.

Neu sind Ereignisprozeduren, die das Formular laden und aufgrund der Auswahl im Formular einen Filter setzen. Das Besondere an diesem Bericht ist, dass beim Öffnen des Berichts das in Abbildung 30.5 gezeigte Dialogfeld eingeblendet wird.

4. Fügen Sie im Eigenschaftenfenster des Berichts eine Ereignisprozedur für das Ereignis *Beim Öffnen* zu.

5. Fügen Sie in der Ereignisprozedur folgende Zeilen ein.

```
Private Sub Report_Open(Cancel As Integer)
    ' Öffnen des Formulars
    DoCmd.OpenForm "frmKinoProgramm2", WindowMode:=acDialog
    ' Zusammenstellen des Filters
    Me.Filter = ""
    If Forms![frmKinoProgramm2].[lstWoche] <> "" Then
        Me.Filter = "[Kalenderwoche]=#" _
                    & Format( _
                    CDate(Forms![frmKinoProgramm2].[lstWoche]), _
                    "mm\/dd\/yyyy") & "#"
    End If
    If Forms!frmKinoProgramm2.lstKino <> "*** Alle Kinos ***" Then
        If Me.Filter <> "" Then
            Me.Filter = Me.Filter & " AND "
        End If
```

```
      Me.Filter = Me.Filter & " [Kino]=""" & _
       Forms!frmKinoProgramm2.lstKino & """"
      End If
      ' Aktivieren des Filters
      If Me.Filter <> "" Then
          Me.FilterOn = True
      End If
End Sub
```

Zuerst wird das Formular im Dialogmodus (`WindowMode:=acDialog`) geöffnet. Dies hat zur Folge, dass der Bericht erst dann weiter abläuft, wenn das Formular geschlossen oder unsichtbar wird.

Anstelle des Bedingungsparameters, der weiter vorn in diesem Kapitel im Abschnitt »Ein Formular für den Bericht« für die Abfrage zur Übergabe der Einschränkungsbedingung benutzt wurde, arbeiten wir in diesem Beispiel mit einem Filter. Durch das Setzen der *Filter*-Eigenschaft wird das Abfrageergebnis für den Bericht eingeschränkt. Der Vorteil des Filters ist, dass die dem Bericht zugrunde liegende Abfrage nicht verändert werden muss.

Lassen Sie uns das Programm gemeinsam Zeile für Zeile durchgehen: Zuerst soll eine Filterbedingung für die Woche, beispielsweise in der Form `Kalenderwoche=#01/01/2004#`, zusammengesetzt werden, wobei das Datum in der englischen Schreibweise übergeben werden muss.

Die Woche, die im vorgeschalteten Dialogfeld angegeben wird, wird als Zeichenkette unter dem Namen des Listenfeldes *lstWoche* übergeben. Mithilfe der Funktion `CDate()` wird die Zeichenkette wieder in einen Datumswert konvertiert, der anschließend der `Format()`-Funktion übergeben wird, um eine Zeichenkette in der benötigten englischen Schreibweise zu erstellen. Zugegebenermaßen ist dies etwas mühsam, insbesondere weil auch in der Formatierungsanweisung der `Format()`-Funktion getrickst werden muss.

Nachdem der Filter für das Datum zusammengebaut wurde, wird anschließend überprüft, ob für das Kino im Dialogfeld der Eintrag *** *Alle Kinos* *** angegeben worden ist. Ist dies nicht der Fall, wird der Befehl

```
Me.Filter = Me.Filter & " [Kino]=""" & _
    Forms!frmKinoProgramm2.lstKino & """"
```

ausgeführt, über den dem schon erstellten Filter die Bedingung für das Kino angehängt wird. Dabei wird der Name des Kinos in Anführungszeichen eingeschlossen. Mit dem Befehl `Me.FilterOn = True` wird der Filter aktiviert.

Der Trick mit dem Formular

Das Programm, das beim Öffnen des Berichts ausgeführt wird, ruft also das Dialogfeld auf und setzt dann die *Filter*-Eigenschaft des Berichts. Wenn es doch so einfach wäre ...

Das Dialogfeld wird aufgerufen. Sie geben Ihre Einschränkungen mithilfe der Listenfelder ein. Sie schließen das Dialogfeld. Mit den von Ihnen gewählten Werten wird die Filterbedingung gesetzt. Und schon erhalten Sie die Fehlermeldung aus Abbildung 30.6 angezeigt!

Berichte

Wo ist es hin, das Formular?

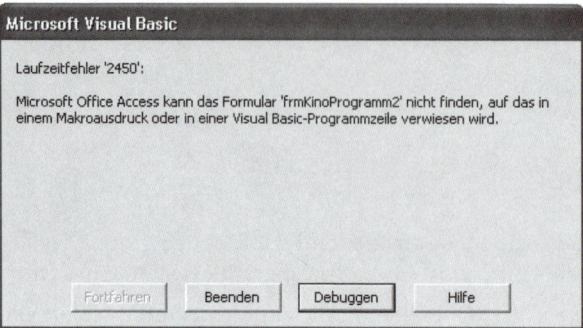

Was ist passiert? Nach dem Schließen des vorgeschalteten Dialogfeldes zeigt der Verweis Forms![frmKinoProgramm2].[1stWoche] ins Leere. Fazit: Das Formular darf erst dann geschlossen werden, wenn die Zuweisung an die *Filter*-Eigenschaft erfolgt ist.

Um für dieses Problem eine Lösung zu finden, muss man etwas über das Verhalten von Dialogfeldern in Windows wissen. Wenn ein Dialogfeld in einer Applikation geöffnet wird, so liegt es ganz oben, d.h. über allen anderen Fenstern der Applikation. Sie können kein anderes Fenster der Applikation aktivieren, solange das Dialogfeld sichtbar ist. Die Betonung liegt auf »sichtbar«. Ein Dialogfeld wird unsichtbar, wenn Sie es schließen oder die Eigenschaft *Sichtbar* (engl. visible) des Dialogfeldes auf *Nein* setzen.

Diese Eigenschaft von Dialogfeldern wird nun genutzt. Fügen Sie eine neue Befehlsschaltfläche ein, die Sie *cmdHide* nennen. Für die Befehlsschaltfläche in dem vorgeschalteten Formular wird für das Ereignis *Beim Klicken* das folgende Programm vereinbart, um es unsichtbar zu machen.

```
Private Sub cmdHide_Click()
    Me.Visible = False
End Sub
```

Dadurch wird erreicht, dass beim Öffnen des Berichts im Programm nach der Zeile

```
DoCmd.OpenForm "frmKinoProgramm2", WindowMode:=acDialog
```

mit dem nächsten Befehl zum Zuweisen des Filters fortgefahren wird. Um das Dialogfeld trotz allem endgültig zu schließen, wird für das Ereignis *Beim Aktivieren* des Berichts

```
Private Sub Report_Activate()
    DoCmd.Close acForm, "frmKinoProgramm2"
End Sub
```

vereinbart. Das Ereignis tritt nach *Beim Öffnen* ein und schließt das unsichtbare Dialogfeld.

Ein Listenauswahl-Dialogfeld

Wir möchten Ihnen im Folgenden ein Dialogfeld vorstellen, in dem der Anwender die gewünschte Ausgabeliste anwählen kann.

Abbildg. 30.7 Dialogfeld für die Listenausgabe

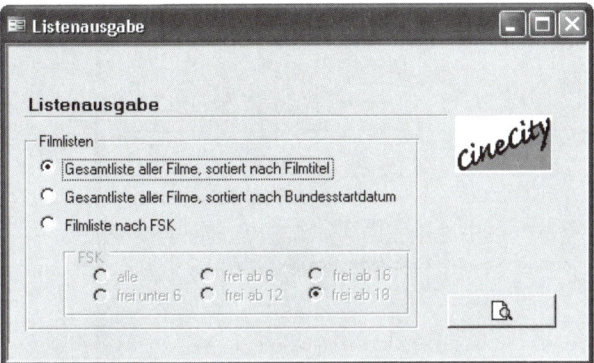

Das Dialogfeld ist so programmiert, dass bei Auswahl der Option *Filmliste nach FSK* die Options-gruppe *FSK* aktiv geschaltet wird und dann eine Selektion der Altersstufe erfolgen kann.

Abbildg. 30.8 Option *Filmliste nach FSK* selektiert

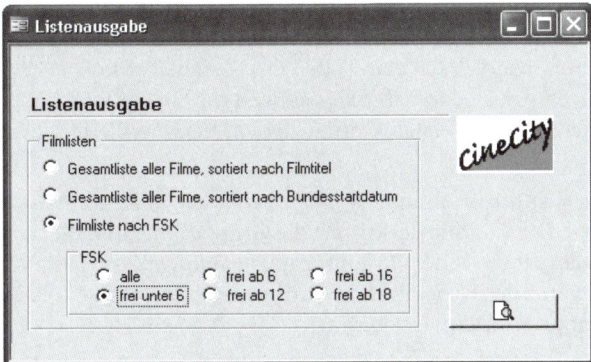

Die erste und die dritte Option der Gruppe *Filmlisten* rufen den gleichen Bericht auf, allerdings mit anderen Bedingungen. Die zweite Option selektiert einen eigenen Bericht.

Die Formularprozeduren

In Abbildung 30.9 sind die für das Formular definierten Ereignisprozeduren abgebildet.

Abbildg. 30.9   Prozeduren für das Formular *Drucklisten*

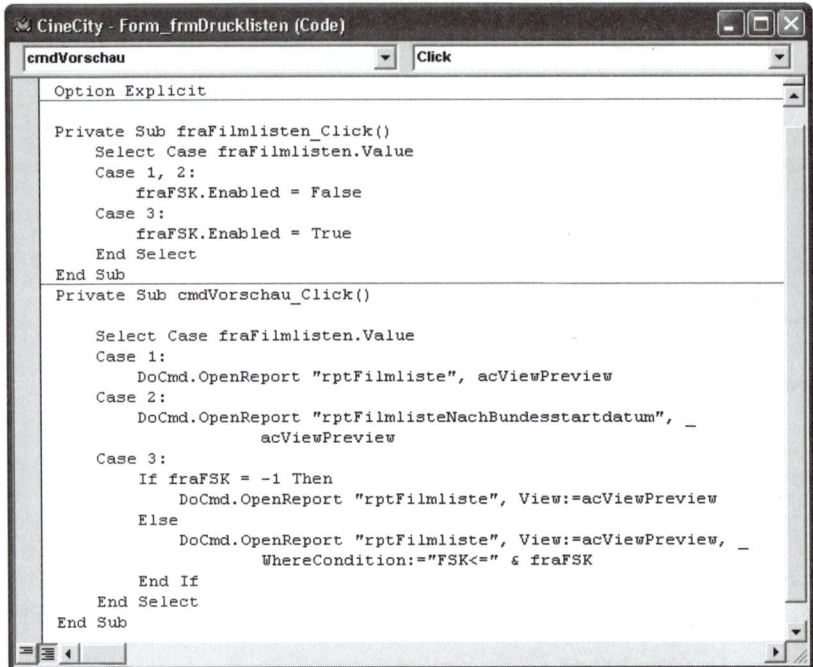

```
CineCity - Form_frmDrucklisten (Code)

cmdVorschau                          ▼   Click                              ▼

    Option Explicit

    Private Sub fraFilmlisten_Click()
        Select Case fraFilmlisten.Value
        Case 1, 2:
            fraFSK.Enabled = False
        Case 3:
            fraFSK.Enabled = True
        End Select
    End Sub
    Private Sub cmdVorschau_Click()

        Select Case fraFilmlisten.Value
        Case 1:
            DoCmd.OpenReport "rptFilmliste", acViewPreview
        Case 2:
            DoCmd.OpenReport "rptFilmlisteNachBundesstartdatum", _
                            acViewPreview
        Case 3:
            If fraFSK = -1 Then
                DoCmd.OpenReport "rptFilmliste", View:=acViewPreview
            Else
                DoCmd.OpenReport "rptFilmliste", View:=acViewPreview, _
                        WhereCondition:="FSK<=" & fraFSK
            End If
        End Select
    End Sub
```

Lassen Sie uns zuerst das Programm zum Aktivieren bzw. Deaktivieren der Gruppe *FSK* betrachten. Die Gruppe ist standardmäßig deaktiviert. Nach dem Laden des Formulars ist die erste Option vorselektiert. Dies wurde durch Setzen der Eigenschaft *Standardwert* für die Optionsgruppe *Filmlisten* auf den Wert *1* erreicht. Der Wert 1 ist der ersten Option zugeordnet, die Werte *2* und *3* entsprechend den weiteren Optionen.

Für die Optionsgruppe *Filmlisten* ist die in Abbildung 30.9 oben gezeigte Routine für das Ereignis *Beim Klicken* geschrieben worden. Die Routine deaktiviert die Gruppe *FSK* (und die in ihr enthaltenen Optionsfelder), wenn der Rückgabewert der Optionsgruppe *Filmlisten* (fraFilmlisten) 1 oder 2 ist. Wird die dritte Option der Filmlisten angeklickt, so wird in fraFilmlisten_Click so verzweigt, dass fraFSK, also die Optionsgruppe *FSK*, aktiviert wird.

Wird die dritte *Filmlisten*-Option angeklickt, ist eine Auswahl in der Gruppe *FSK* möglich, wobei der Eintrag *Alle* als Standardwert definiert ist, d.h., er ist vorselektiert. Aus der Auswahl in der Optionsgruppe *FSK* wird für den DoCmd.OpenReport-Befehl eine Bedingung (WhereCondition) zusammengestellt. Hierbei bedienen wir uns eines kleines Tricks: Die Optionsfelder in der Gruppe erhalten für die jeweilige Eigenschaft *Optionswert* die Werte -1 für *Alle*, 0 für *frei unter 6*, 6 für *ab 6*, 12 für *ab 12* usw.

Abbildg. 30.10 Einstellung der Optionswerte

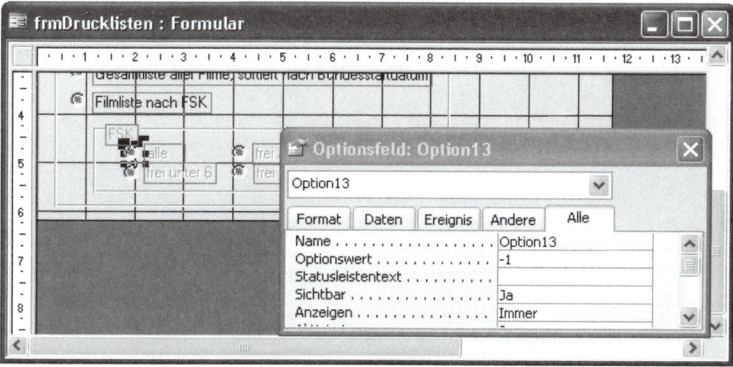

Durch die If-Abfrage wird keine WhereCondition für den Bericht vereinbart, wenn *FSK* den Wert *1* für den Eintrag *Alle* hat. Sollen die Filme frei ab 12 ausgegeben werden, wird die WhereCondition "FSK>=12" definiert.

Zusammenfassung

In diesem Kapitel wurden mehrere Möglichkeiten beschrieben, anhand von Formularen die Daten für einen Bericht auszuwählen.

- Zunächst wird im Abschnitt ab Seite 600 ein Formular erstellt, das die Auswahl bestimmter Daten für einen Bericht ermöglicht. Danach wird gezeigt, wie ein entsprechender Bericht mit dazugehöriger Abfrage angepasst werden muss, um auf die Auswahl im Formular zu reagieren.

- Im folgenden Abschnitt ab Seite 603 wird gezeigt, wie der Aufruf des Berichts geändert werden kann, so dass vor dem Anzeigen des Berichts automatisch das Formular für die Auswahl der Berichtsdaten aufgerufen werden kann.

Teil F

Dienstprogramme und Datenweitergabe

In diesem Teil:

In diesem Teil möchten wir zwei sehr unterschiedliche Themen präsentieren. Wir stellen zuerst die Dienstprogramme vor, die Microsoft Access zur Verwaltung, Pflege und Dokumentation Ihrer Datenbanken anbietet. Anschließend beschreiben wir, wie Sie Ihre Access-Daten in Microsoft Word, Microsoft Excel oder anderen Applikationen weiterverarbeiten können.

In Kapitel 31 erfahren Sie, wie Sie

- Datenbanken komprimieren und reparieren können,

- Ihre Datenbank dokumentieren,

- eine Leistungsanalyse durchführen lassen und

- Access-Datenbanken der Vorgängerversionen konvertieren.

Kapitel 32 zeigt

- den Datentransfer zu Microsoft Word und Microsoft Excel,

- die vordefinierte Office-Verknüpfungsfunktion,

- das Erzeugen von Serienbriefen mit Word und weitere Themen.

Kapitel 31

Datenbank-
Dienstprogramme

In diesem Kapitel beschreiben wir eine Reihe von Dienstprogrammen, die Sie zur Verwaltung Ihrer Datenbanken einsetzen können.

Komprimieren und Reparieren

Zu den wichtigsten Diensten in Access gehören die Komprimierung und Reparatur von Datenbanken.

Während der Arbeit mit Datenbanken kann es vorkommen, dass durch Programmabstürze, Hardware- oder Netzwerkfehler Datenbanken nicht korrekt geschlossen werden. Dies hat teilweise sehr nachhaltige Folgen: Wird beispielsweise ein Datensatz in eine Tabelle geschrieben und ein Fehler tritt auf, bevor Access auch die Indizes der Tabelle aktualisieren kann, so ist es möglich, dass (falls Ihre Datensätze nach einem Index sortiert angezeigt werden) der Datensatz fehlt, weil für ihn kein Eintrag im Index vorliegt. Solche Fehler sind sehr unangenehm, denn sie fallen nur selten sofort auf ...

Daher sollten Sie regelmäßig Ihre Datenbanken mit der Komprimierungs- und Reparaturfunktion von Access bearbeiten. Dies dauert meist nur wenige Minuten und gibt Ihnen die Sicherheit, dass Ihre Datenbanken konsistent sind!

Der Stellenwert der Komprimierung wird sofort deutlich, wenn wir Ihnen erläutern, wie Access Daten und Objekte in MDB-Datenbanken ablegt.

Daten und Objekte wie Formulare, Berichte usw. werden von Access in einer einzigen Datei, nämlich der MDB-Datenbankdatei, gespeichert. Stellen Sie sich nun vor, Sie löschen ein Formular aus Ihrer Datenbank. Dann wird es aus der Datei entfernt, und an der Stelle, an der es gespeichert war, ist nun freier Speicherplatz. Eine solche Lücke in der Datenbankdatei entsteht auch dann, wenn Sie das Formular bearbeitet haben und die neue Version mehr Speicherplatz als die alte benötigt. Dann wird das Formular an einer anderen Stelle in der MDB-Datei abgelegt. Allgemein lässt sich feststellen, dass Access-Dateien mit der Zeit immer größer werden.

Also sollten Sie Ihre Datenbanken regelmäßig komprimieren. Rufen Sie dazu einfach den Menübefehl *Extras/Datenbank-Dienstprogramme/Datenbank komprimieren und reparieren* auf.

PROFITIPP

> Sie können einstellen, dass eine Datenbank beim Schließen automatisch komprimiert wird. Klicken Sie dazu die Option *Beim Schließen komprimieren* auf der Registerkarte *Allgemein* an, die Sie über den Menübefehl *Extras/Optionen* aufrufen.

HINWEIS   Wenn mehrere Benutzer gleichzeitig auf eine Datenbank zugreifen, kann diese nicht komprimiert und repariert werden. Um eine Datenbank komprimieren und reparieren zu können, darf sie nur von einem Benutzer zur selben Zeit geöffnet werden.

Datenbankanalyse

Zur Analyse Ihrer Datenbank stellt Ihnen Access drei Assistenten zur Verfügung: den Tabellenanalyse-, den Leistungsanalyse- und den Dokumentations-Assistenten.

Der Tabellenanalyse-Assistent

Den Tabellenanalyse-Assistenten haben wir bereits in Kapitel 14 beschrieben.

Der Assistent zur Leistungsanalyse

Nichts ist nerviger, als vor dem Computer zu sitzen und darauf zu warten, dass er endlich mit der ihm übertragenen Aufgabe fertig wird. Auch wenn die Rechner immer schneller werden, können immer noch erhebliche Wartezeiten auftreten, wenn große Datenmengen bewegt werden. Der Assistent zur Leistungsanalyse versucht, Schwachstellen in Ihrer Access-Anwendung aufzuspüren, und macht Vorschläge für ihre Beseitigung.

Sie rufen den Assistenten über den Menübefehl *Extras/Analyse/Leistung* aus dem Access-Datenbankfenster heraus auf. Bestimmen Sie dann im Dialogfeld *Assistent zur Leistungsanalyse* die Datenbankobjekte, die der Assistent überprüfen soll.

Abbildg. 31.1   Auswahl der zu überprüfenden Objekte

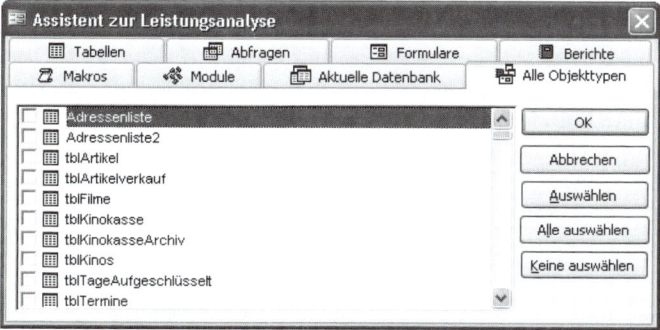

Möchten Sie alle Objekte Ihrer Datenbank auf mögliche Leistungsschwachstellen hin untersuchen lassen, wechseln Sie zur Registerkarte *Alle Objekttypen* und klicken dort auf die Schaltfläche *Alle auswählen*.

Abbildung 31.2 stellt Ihnen ein typisches Ergebnis der Leistungsanalyse vor. Der Assistent gibt Ihnen Empfehlungen und macht Vorschläge, wie Sie die Leistung Ihrer Datenbank verbessern können.

Mit den besten Empfehlungen

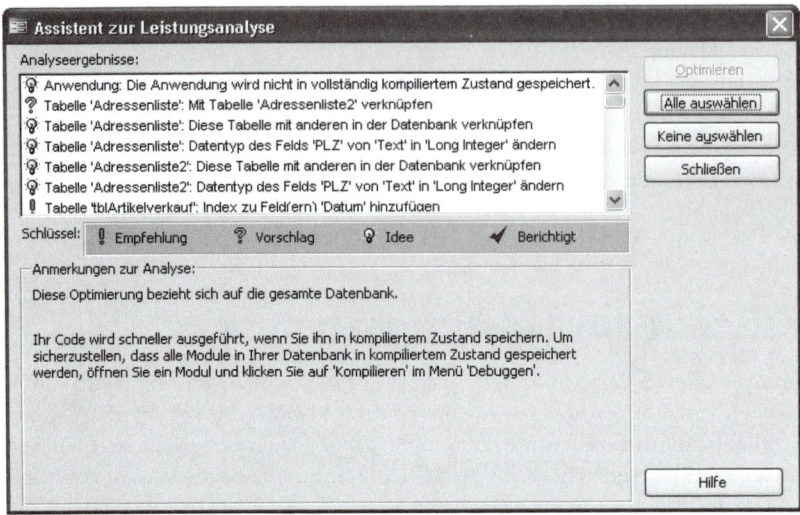

Selektieren Sie einen Vorschlag oder eine Empfehlung, so aktiviert der Assistent die Schaltfläche *Optimieren*. Klicken Sie auf die Schaltfläche, werden alle markierten Vorschläge und Empfehlungen vom Assistenten entsprechend korrigiert.

Der Dokumentierer

Die Dokumentation von Access-Anwendungen ist ein schwieriges Problem und zwar sowohl technisch als auch menschlich. Technisch insofern, als dass Access-Formulare, Berichte usw. schwer zu dokumentieren sind, und menschlich, weil die meisten Anwender und Programmierer dazu neigen, die Dokumentation als ungeliebte Nebensache abzutun oder ganz zu vergessen.

Der Beitrag von Access zur Dokumentation ist der Dokumentierer, ein Assistent, der die Definitionen aller Access-Datenbankobjekte ausdrucken kann. Sie rufen den Assistenten aus dem Access-Datenbankfenster heraus über den Menübefehl *Extras/Analyse/Dokumentierer* auf. Treffen Sie dann im Dialogfeld *Dokumentierer* eine Auswahl der zu dokumentierenden Objekte.

Auswahl der zu dokumentierenden Objekte

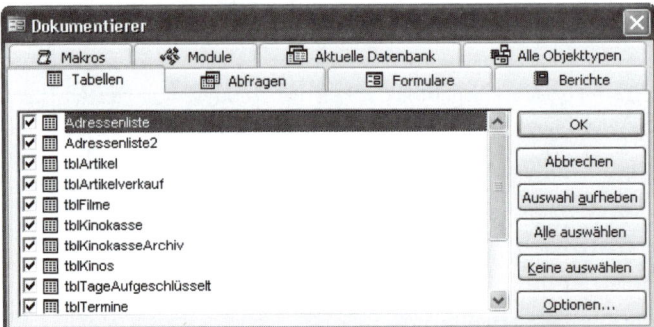

Über die Schaltfläche *Optionen* im Dialogfeld *Dokumentierer* blenden Sie das Dialogfeld *Tabellendefinition drucken* ein, in dem Sie vereinbaren, welche Bestandteile Ihrer Datenbankobjekte berücksichtigt werden sollen.

Abbildg. 31.4 Was soll dokumentiert werden?

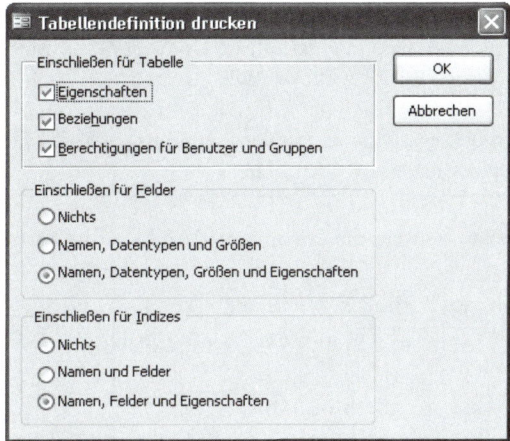

Der Assistent erstellt in den meisten Fällen einen langen und unübersichtlichen Ausdruck, der als alleinige Dokumentation unserer Meinung nach nicht ausreicht. Aber machen Sie sich selbst ein Bild davon ...

Abbildg. 31.5 Die fertige Dokumentation

Da viele Anwender und Programmierer mit der von Microsoft angebotenen Dokumentation unzu-frieden sind, wird inzwischen eine Reihe von Zusatzprogrammen zur Access-Dokumentation ange-boten.

PROFITIPP

Insbesondere die Dokumentation von Formularen und Berichten ist schwierig, denn nur schwer lassen sich Berechnungen, Auswertungen und Abhängigkeiten zwischen den Steuerelementen beschreiben. Wir empfehlen daher, die vom Assistenten generierte Dokumentation in eine Text-verarbeitung, beispielsweise Microsoft Word, zu übernehmen. Dies ist leicht möglich, indem Sie mithilfe des Menübefehls *Extras/Office-Verknüpfungen/Mit MS Word veröffentlichen* die Ausgabe des Assistenten in ein Word-Dokument umsetzen lassen. Sie können dann in Word überflüssige Teile löschen und zusätzliche Dokumentationstexte aufnehmen.

Für die Dokumentation von Formularen sollten Sie die Formulare als Bild in die Dokumentation aufnehmen. Gehen Sie dazu wie folgt vor:

1. Rufen Sie das gewünschte Formular in der Formularansicht auf.
2. Drücken Sie die Tastenkombination [Alt]+[Druck], um das Access-Fenster als Bild in die Win-dows-Zwischenablage zu kopieren.
3. Wechseln Sie über die Windows-Taskleiste zu Microsoft Word.
4. Übernehmen Sie das Bild des Access-Fensters mit dem Menübefehl *Bearbeiten/Einfügen* in das Word-Dokument.

Dokumentation von Beziehungen

Für die Dokumentation von Beziehungen bietet Ihnen Access zwei Optionen: mithilfe des Doku-mentierers und über den Menübefehl *Datei/Beziehungen drucken* bei geöffnetem *Beziehungen*-Fens-ter.

Um Beziehungen mit dem Dokumentierer zu dokumentieren, selektieren Sie auf der Registerkarte *Aktuelle Datenbank* die Option *Beziehungen*.

Abbildg. 31.6 Auswahl für Beziehungen

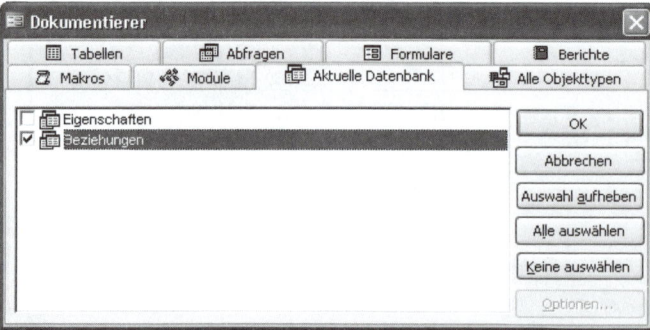

Abbildung 31.7 zeigt das Dokumentationsergebnis. Die Beziehungen werden untereinander aufge-führt.

Dienstprogramme und Datenweitergabe

Abbildg. 31.7 Dokumentierte Beziehungen

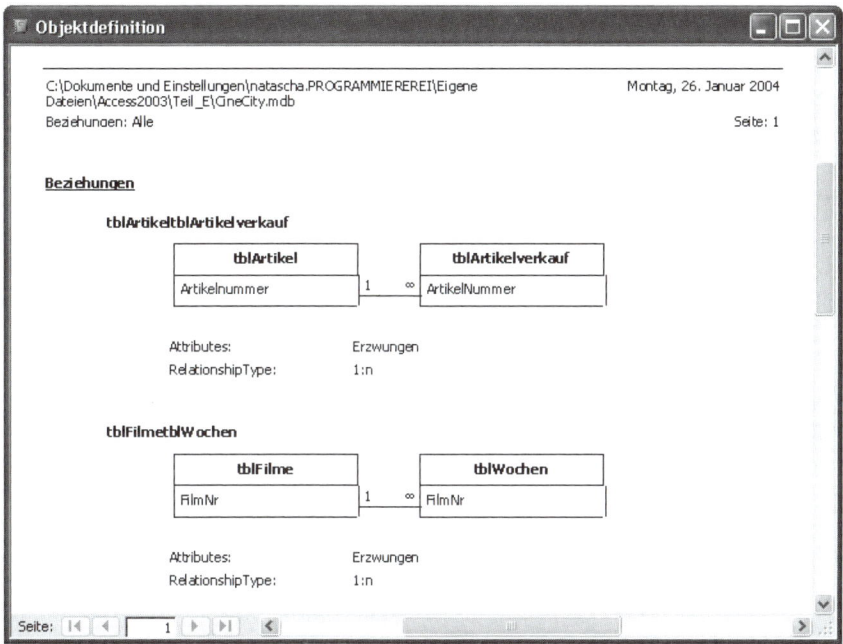

Die Darstellung ist nicht sehr übersichtlich, deshalb sollten Sie die im Folgenden beschriebene Dokumentationsmethode für Beziehungen einsetzen.

Öffnen Sie dazu vom Datenbankfenster aus über den Menübefehl *Extras/Beziehungen* das *Beziehungen*-Fenster (Kapitel 12).

Abbildg. 31.8 *Beziehungen*-Fenster

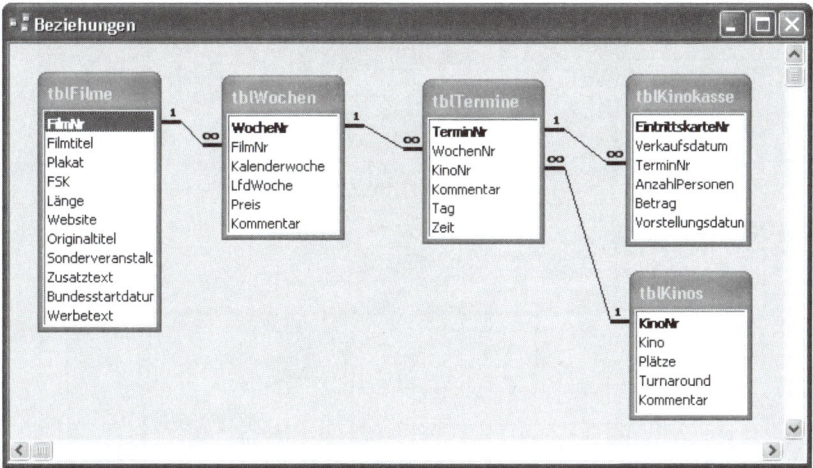

Wählen Sie nun den Menübefehl *Datei/Beziehungen drucken*. Access erstellt jetzt einen Bericht mit der Dokumentation der Beziehungen, wobei die Anordnung der Tabellen im *Beziehungen*-Fenster im Bericht entsprechend wiedergegeben wird.

Abbildg. 31.9 Beziehungsbericht

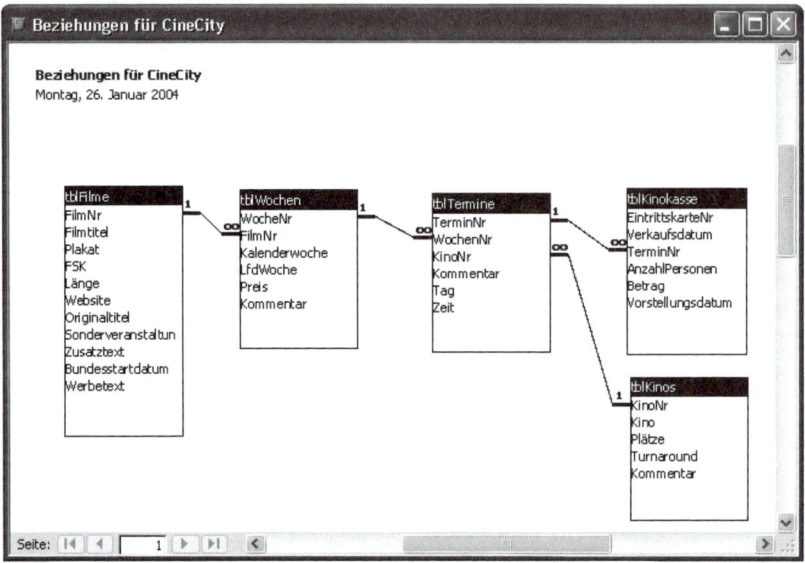

Der erstellte Beziehungsbericht ist in den meisten Fällen sehr viel übersichtlicher als die mit dem Dokumentierer erzeugte Beziehungsdarstellung.

Abbildg. 31.10 Entwurfsansicht des Beziehungsberichts

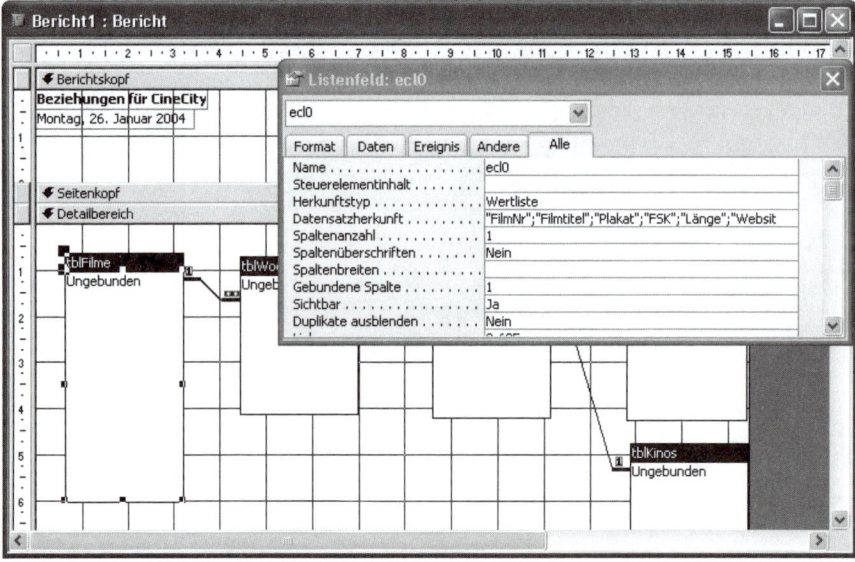

Der Beziehungsbericht kann unter einem Namen abgespeichert werden. Es ist ein normaler Access-Bericht, der auch in der Entwurfsansicht bearbeitet werden kann. Abbildung 31.10 zeigt den hier als Beispiel generierten Bericht im Entwurf, wobei für die selektierte Feldliste der Tabelle *tblFilme* das Eigenschaftsfenster eingeblendet ist.

Im Eigenschaftsfenster für das in Abbildung 31.10 selektierte Listenfeld sehen Sie, dass Access eine Werteliste erzeugt hat, deren einzelne Werte die Feldbezeichnungen der dokumentierten Tabelle sind.

Wenn Sie den *Herkunftstyp* zu *Feldliste* sowie die *Datensatzherkunft* ändern, so wie es in Abbildung 31.11 dargestellt ist, erreichen Sie, dass bei jedem Aufruf des Berichts die aktuellen Feldnamen der Tabelle dokumentiert werden.

Abbildg. 31.11 Geänderter Herkunftstyp

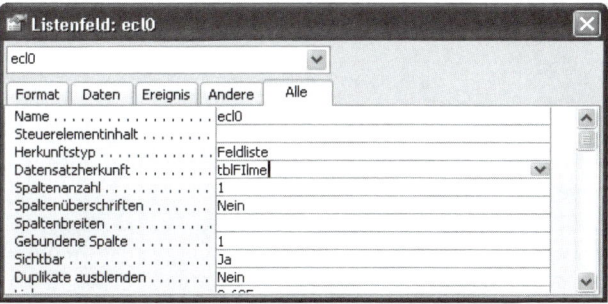

Beachten Sie dabei aber, dass, wenn neue Felder zu der dokumentierten Tabelle hinzugekommen sind, diese nur dann im Bericht zu sehen sind, wenn das Listenfeld lang genug ist. Ist die Länge des Listenfeldes nicht ausreichend, werden Einträge gegebenenfalls nicht angezeigt.

Konvertieren von Datenbanken

In Access 2003 können Sie Datenbanken, die mit Access 2002 oder Access 2000 erstellt wurden, öffnen und bearbeiten, ohne sie zu konvertieren. Beim Versuch, eine mit Access 2.0, 95 oder 97 erstellte Datenbank zu öffnen, gibt es zwei Vorgehensweisen: konvertieren oder angepasst öffnen. Dabei erhalten Sie das in Abbildung 31.12 zu sehende Dialogfeld eingeblendet.

Konvertieren einer Datenbank

Selektieren Sie die Option *Datenbank konvertieren*, wird die Datenbank entweder in eine Access 2000- oder eine Access 2002-2003-Datenbank umgewandelt, je nachdem, was im Dialogfeld zum Menübefehl *Extras/Optionen* auf der Registerkarte *Weitere* als *Standarddateiformat* eingestellt ist. Sie können eine konvertierte Datenbank dann nicht mehr mit den alten Access-Versionen verwenden. Übrigens bleibt bei der Konvertierung die Originaldatenbank erhalten, Access erzeugt bei der Konvertierung eine neue Datei.

Abbildg. 31.12 Dialogfeld beim Öffnen von älteren Access-Datenbanken

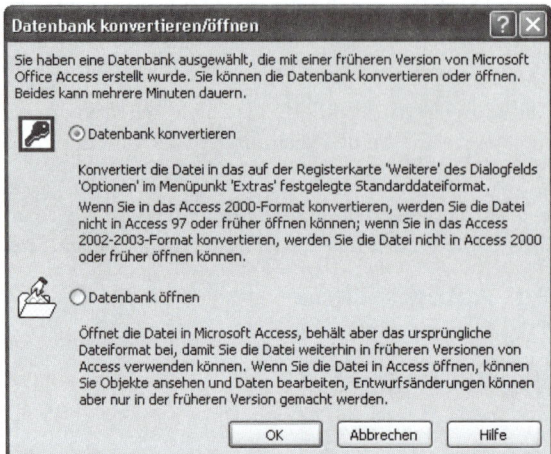

Eine Konvertierung ist notwendig, wenn Sie mit Access 97 nicht nur Daten, Formulare, Berichte usw. nutzen wollen, sondern diese auch modifizieren möchten.

HINWEIS Zum Aufruf der Konvertierungsfunktion steht Ihnen über den Menübefehl *Extras/ Datenbank-Dienstprogramme/Datenbank konvertieren* eine Auswahl von möglichen Konvertierungsformaten (Access 97, 2000 oder 2002-2003) zur Verfügung.

Datenbank angepasst öffnen

Laden Sie die Datenbank durch Auswahl der Option *Datenbank öffnen* im Dialogfeld *Datenbank konvertieren/öffnen*, wird die Datenbank so umgesetzt, dass Sie damit arbeiten können. Das bedeutet, Sie können auf die Daten in der Datenbank lesend und schreibend zugreifen und alle Objekte wie Abfragen, Formulare usw. nutzen, diese aber nicht ändern.

Objektnamen-Autokorrektur

Angenommen, Sie haben eine umfangreiche Datenbankanwendung erstellt. Nun fällt Ihnen auf, dass Ihnen ein ärgerlicher Tippfehler bei einem Feldnamen in einer Tabelle unterlaufen ist, also dass Sie beispielsweise in der Kino-Tabelle statt *Kino* leider *Kini* getippt haben. Wenn Sie nun den Feldnamen in der Tabelle ändern, so müssen Sie anschließend alle Vorkommen des Feldnamens in Abfragen, Formularen und Berichten ändern, sonst werden viele Fehlermeldungen gezeigt …

Mithilfe der Objektnamen-Autokorrektur können Sie den Vorgang des Umbenennens automatisieren. Wenn die Option eingeschaltet ist, werden Änderungen beispielsweise eines Feldnamens überall dort geändert, wo der Name verwendet wird, wobei die Objektnamen-Autokorrektur so konfiguriert werden kann, dass alle Änderungen protokolliert werden.

HINWEIS Beachten Sie, dass die Objektnamen-Autokorrektur in folgenden Objekten keine Ersetzungen vornimmt:

- Makros (Kapitel 33)

- Visual Basic-Code (in Formularen, Berichten und Modulen)

- Datenzugriffsseiten (Kapitel 44)

- Access-Projekten (Kapitel 42)

- Ungültige SQL-Anweisungen

Einschalten der Objektnamen-Autokorrektur

Im Dialogfeld zum Menübefehl *Extras/Optionen* wird auf der Registerkarte *Allgemein* die Objektnamen-Autokorrektur eingeschaltet.

1. Als ersten Schritt müssen Sie die Option *Informationen aufzeichnen* einschalten.

Abbildg. 31.13 Dialogfeld *Optionen* zum Aktivieren der Objektnamen-Autokorrektur

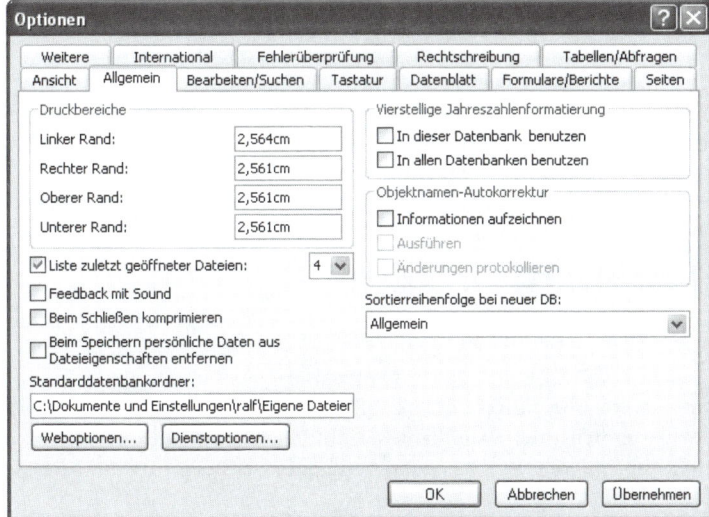

Nach dem Aktivieren der Option erhalten Sie die in Abbildung 31.14 gezeigte Meldung, die Sie darauf hinweist, dass in der Datenbank entsprechende Daten erstellt werden müssen.

Abbildg. 31.14 Warnmeldung

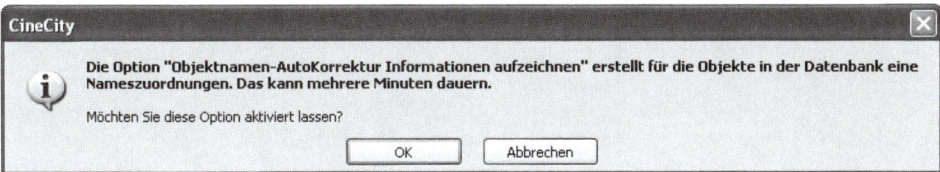

Bisher werden die Umbenennungen nur protokolliert, es werden noch keine automatischen Änderungen in der Datenbank durchgeführt.

2. Aktivieren Sie im Gruppenfeld *Objektnamen-Autokorrektur* das Kontrollkästchen *Ausführen*, so werden die protokollierten Änderungen für jedes Objekt durchgeführt, das Sie öffnen.

3. Aktivieren Sie das Kontrollkästchen *Änderungen protokollieren*, so wird jeder der Korrektur-schritte in der Tabelle *Objektnamen-Autokorrektur-Protokoll* festgehalten. Die Tabelle wird von Access selbst angelegt.

Als Beispiel haben wir in der Tabelle *tblKinos* das Feld *Filmtitel* in *Titel* umbenannt. Anschließend öffneten wir die Abfrage *qryFilmeOhneOriginaltitel*, die einen Verweis auf das Feld *Filmtitel* enthält. Access korrigiert *Filmtitel* zu *Titel* und protokolliert den Vorgang, wie es Abbildung 31.15 zeigt.

Abbildg. 31.15 Tabelle *Objektnamen-Autokorrektur-Protokoll*

	Objekttyp	Objektname	Steuerelementn	Eigenschaftenn	Alter Wert	Neuer Wert	Zeit
▶	Abfrage	qryFilmeOhneC			SELECT tblFilme.Filmtitel, tl	SELECT tblFilme.[Titel], tblFi	).2005 13:25:30
*							).2005 13:25:45

Datensatz: ◄◄ ◄ 1 ► ►◄ ►* von 1

HINWEIS Beachten Sie, dass Access zwischen Feld-, Steuerelement- und Eigenschaften-namen unterscheidet. Ändern Sie beispielsweise einen Feldnamen einer Tabelle, wird ein gleich-namiges Steuerelement nicht umbenannt.

Zusammenfassung

Dieses Kapitel stellte Hilfsprogramme innerhalb von Access vor, die Ihnen unter Umständen nütz-lich sein können.

- Um Datenbankfehler zu bereinigen, die beispielsweise beim Absturz der Datenbank aufgetreten sind, ist der Reparierdienst der Datenbank sehr hilfreich. Ebenso ist es sinnvoll, die Datenbank ab und an zu komprimieren. Wie das geht, beschreibt der erste Abschnitt des Kapitels ab Seite 614.

- Ebenso nützlich ist der Assistent zur Leistungsanalyse (Seite 615). Mit seiner Hilfe können Sie diejenigen Stellen in Ihrer Anwendung aufspüren, die Wartezeiten verursachen. Hilfreich ist auch der Dokumentierer (Seite 616), der Sie bei der Dokumentation der Formulare, Berichte etc. unterstützt.

- Haben Sie eine Datenbank vorliegen, die mit einer älteren Access-Version erstellt wurde, so wer-den Sie automatisch dazu aufgefordert, diese Datenbank zu konvertieren (Seite 621).

- Im letzten Abschnitt erläutern wir die Möglichkeiten der Objektnamen-Autokorrektur (Seite 622).

Kapitel 32

Office-Verknüpfungen

Access macht es Ihnen einfach, Ihre Access-Daten zu Microsoft Word zu transferieren oder Ihre Tabellen und Abfrageergebnisse in Microsoft Excel auszuwerten. Interessant ist die Verbindung von Access zu Word insbesondere für Serienbriefe. Sie können beispielsweise in Access zusammengestellte Adressdaten an Word zur Erstellung von Serienbriefen weitergeben.

Über die Zwischenablage

Die Weitergabe von Daten über die Zwischenablage ist eine Funktion, die fast alle Windows-Anwendungen beherrschen. In Kapitel 4 hatten wir die Arbeit mit der Zwischenablage bereits kurz vorgestellt.

Daten aus Tabellen und Abfragen

Führen Sie die Übernahme der Daten über die Zwischenablage mit den folgenden Schritten durch:

1. Rufen Sie die gewünschte Tabelle oder Abfrage in der Datenblattansicht auf.
2. Markieren Sie die zu übertragenden Daten, beispielsweise ganze Zeilen oder Spalten bzw. nur die gewünschte Zelle. Möchten Sie einen Block von Zellen selektieren, so halten Sie die ⇧-Taste gedrückt, während Sie mit der Maus die linke obere und die rechte untere Zelle des Blocks anklicken.
3. Wählen Sie den Menübefehl *Bearbeiten/Kopieren*. Sie können alternativ die Daten auch über *Bearbeiten/Ausschneiden* in der Tabelle oder Abfrage löschen, so dass die Daten nur noch in der Windows-Zwischenablage vorhanden sind. Sie erhalten dabei von Access eine Bestätigungsmeldung eingeblendet, ob Sie die Daten auch wirklich aus der Tabelle oder Abfrage entfernen möchten. Mit dem Ausschneiden oder Kopieren werden die Daten in die Zwischenablage eingefügt.

Abbildg. 32.1 Markierte Tabellenspalten in Zwischenablage eingefügt

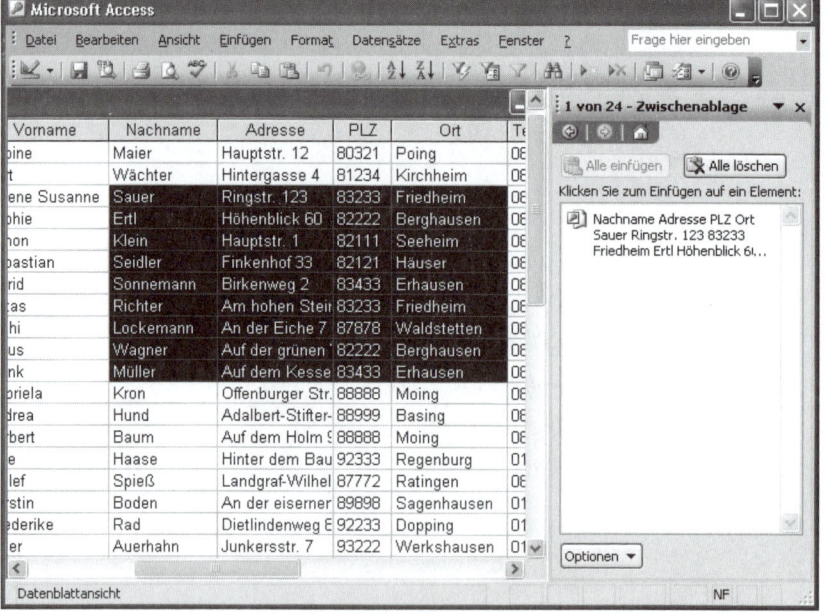

4. Starten Sie nun Word, Excel oder eine andere Anwendung oder wechseln Sie über die Windows-Taskleiste zum gewünschten Programm, falls es schon geöffnet ist.

5. Übernehmen Sie die Daten aus der Zwischenablage durch Aufruf des Menübefehls *Bearbeiten/Einfügen*. Alternativ klicken Sie direkt im Aufgabenbereich *Zwischenablage* auf den entsprechenden Eintrag.

Abbildg. 32.2   Markierte Daten in Word eingefügt

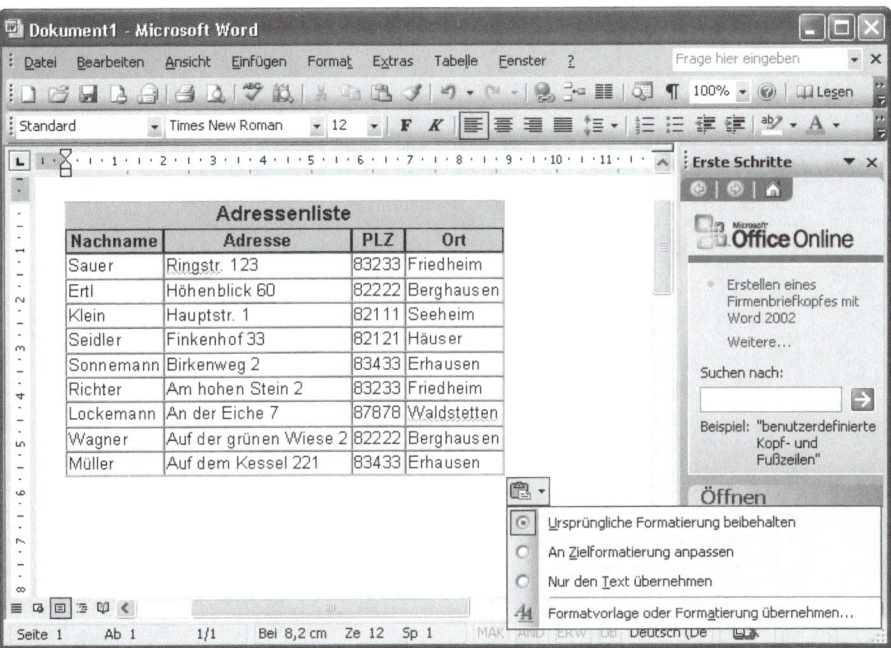

Die Schaltfläche *Einfügen-Optionen* wird direkt unter der eingefügten Auswahl angezeigt, nachdem Sie den Text eingefügt haben (Abbildung 32.2). Wenn Sie auf die Schaltfläche klicken, wird ein Menü angezeigt, in dem Sie festlegen können, wie die Informationen in Ihr Dokument eingefügt werden. Wie die Daten im jeweiligen Programm ankommen, hängt davon ab, wie die Daten aus der Zwischenablage interpretiert werden. In Word beispielsweise wird automatisch eine Word-Tabelle angelegt, wobei Spaltenbreiten und Schriftformatierungen erhalten bleiben.

Abbildung 32.3 zeigt in Excel eingefügte Access-Daten. Auch hier werden die Feldbezeichnungen als Überschriften übernommen. Außerdem wird der Name der Access-Tabelle mit eingefügt.

TIPP   Bei großen Datenmengen sollten Sie die Daten nicht über die Zwischenablage weitergeben, sondern besser mit den Office-Verknüpfungen arbeiten (siehe Abschnitt »Transfer per Office-Verknüpfung« weiter hinten in diesem Kapitel) oder die Daten in einem Fremdformat abspeichern (siehe Abschnitt »Export von Daten« weiter hinten in diesem Kapitel).

Abbildg. 32.3 In Excel übernommene Daten

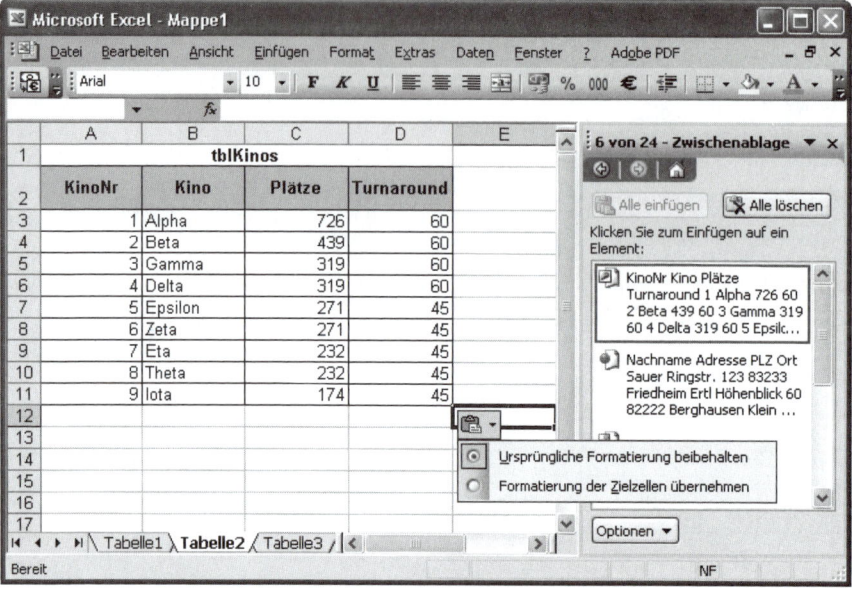

Daten aus Formularen

Möchten Sie die Daten des aktuellen Datensatzes aus einem Formular in die Zwischenablage kopieren, so müssen Sie zuerst den Datensatz mithilfe des Datensatzmarkierers selektieren, wie es in Abbildung 32.4 dargestellt ist. Wählen Sie dann den Menübefehl *Bearbeiten/Kopieren*.

Abbildg. 32.4 Markierter Datensatz

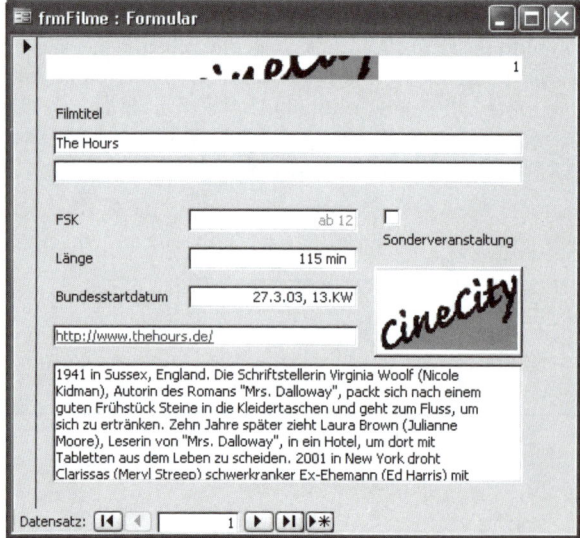

Möchten Sie nicht nur den einen aktuellen Datensatz übertragen, sondern die gesamte Datensatzgruppe, die dem Formular zugrunde liegt, so verwenden Sie am einfachsten die weiter hinten in diesem Kapitel im Abschnitt »Transfer per Office-Verknüpfung« beschriebene Methode. Oder wechseln Sie in die Datenblattansicht des Formulars und markieren Sie die Daten, die transferiert werden sollen.

HINWEIS   Es werden die für die Daten definierten Anzeigeformate weitgehend mit übertragen. Das ist in den meisten Fällen sehr hilfreich, denn die Daten werden dann in Word oder Excel korrekt angezeigt.

Wir haben beispielsweise den in Abbildung 32.4 gezeigten Datensatz in die Zwischenablage kopiert und in Excel eingefügt. Abbildung 32.5 zeigt das Ergebnis des Datentransfers.

Abbildg. 32.5   Ergebnis des Datentransfers

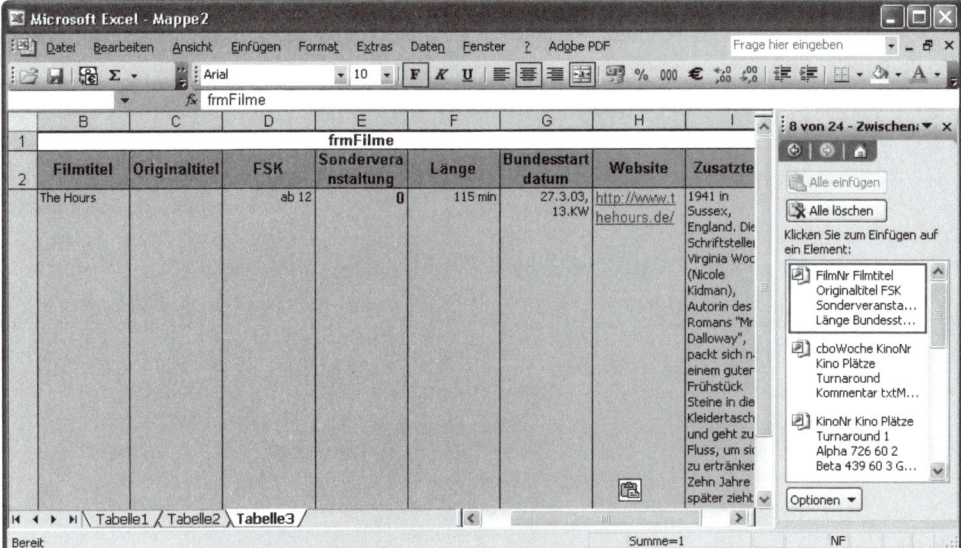

Transfer per Office-Verknüpfung

Access bietet Ihnen über das Untermenü zum Menübefehl *Extras/Office-Verknüpfungen* einen schnellen Weg, Ihre Daten an Word oder Excel weiterzugeben. Sie können auch die gleichnamige Schaltfläche in der Symbolleiste nutzen. Der Unterschied zum Transfer über die Zwischenablage besteht darin, dass Access die Daten in eine Datei schreibt, die dann automatisch in Word oder Excel geladen wird.

Die Office-Verknüpfungen stehen Ihnen für Tabellen, Abfragen, Formulare und Berichte zur Verfügung.

Für die Datenweitergabe nach Word erzeugt Access eine Datei im Format RTF (Rich Text Format), einem von Microsoft häufig eingesetzten Format für formatierte Texte. Für den Datentransfer nach Excel werden Excel-Dateien (XLS) verwendet.

> **TIPP** Die von Access erstellten Daten zum Transfer nach Word oder Excel werden normalerweise im Ordner *Eigene Dateien* abgelegt.

Serienbriefe mit Microsoft Word

Access-Daten und Word-Dokumente lassen sich mithilfe der Serienbrieffunktion zusammenführen, um Rundschreiben, Werbebriefe und vieles mehr zu erstellen.

Für Serienbriefe können Sie entweder aus Word auf Access-Datenbanken, d.h. auf Tabellen und Abfragen, zugreifen, oder Sie können aus Access heraus die Word-Serienbrieffunktion nutzen. Wir möchten in diesem Abschnitt die Erstellung von Serienbriefen aus Access heraus erläutern.

PROFITIPP

> Verwenden Sie als Datenbasis für den Seriendruck anstelle einer Tabelle eine Abfrage, so stehen Ihnen alle Möglichkeiten der Auswertung und Sortierung für die Abfrage zur Verfügung.

Den Brief anlegen

An alle Adressen, die in der Tabelle *Adressenliste* erfasst sind, soll eine Einladung zur Premiere eines Films versendet werden. Dabei sollen Filmtitel und Termin der Premiere beim Drucken der Serienbriefe eingegeben werden.

1. Selektieren Sie die Tabelle *Adressenliste* im Access-Datenbankfenster.
2. Rufen Sie nun über den Menübefehl *Extras/Office-Verknüpfungen/Seriendruck mit Microsoft Office Word* den *Microsoft Word-Seriendruck-Assistenten* auf.

Abbildg. 32.6 Vorhandenes oder neues Seriendruck-Dokument?

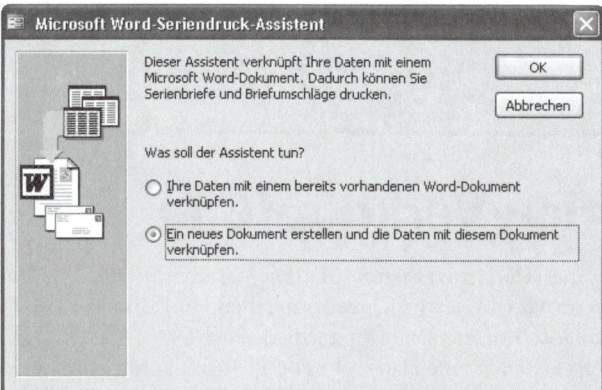

3. Da wir für unser Beispiel noch kein Serienbriefdokument in Word vorbereitet haben, selektieren Sie im Dialogfeld des Assistenten die zweite Option: *Ein neues Dokument erstellen und die Daten mit diesem Dokument verknüpfen*.

   Als Nächstes wird Word aufgerufen. Zudem wird automatisch der Seriendruck-Assistent von Word im Aufgabenbereich auf der rechten Seite des Programmfensters aktiviert.

Abbildg. 32.7   Word mit Seriendruck-Assistent

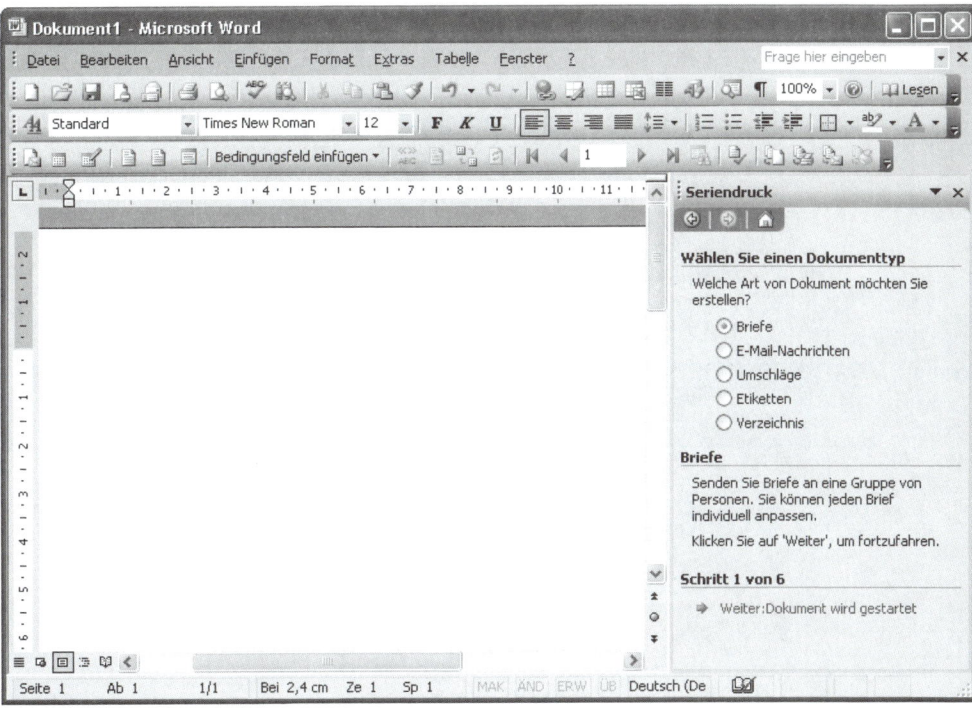

4. Für die Schritte 1 bis 3 (Schritt 1 siehe Abbildung 32.7, Schritte 2 bis 4 siehe Abbildung 32.8) müssen Sie nichts weiter tun, als unten auf *Weiter* zu klicken, da Sie (Schritt 1) einen Brief erstellen möchten, (Schritt 2) für den Brief das aktuelle Dokument verwenden wollen sowie (Schritt 3) die ausgewählte Adressenliste verwenden möchten.

Abbildg. 32.8   Die Schritte zum Serienbriefe

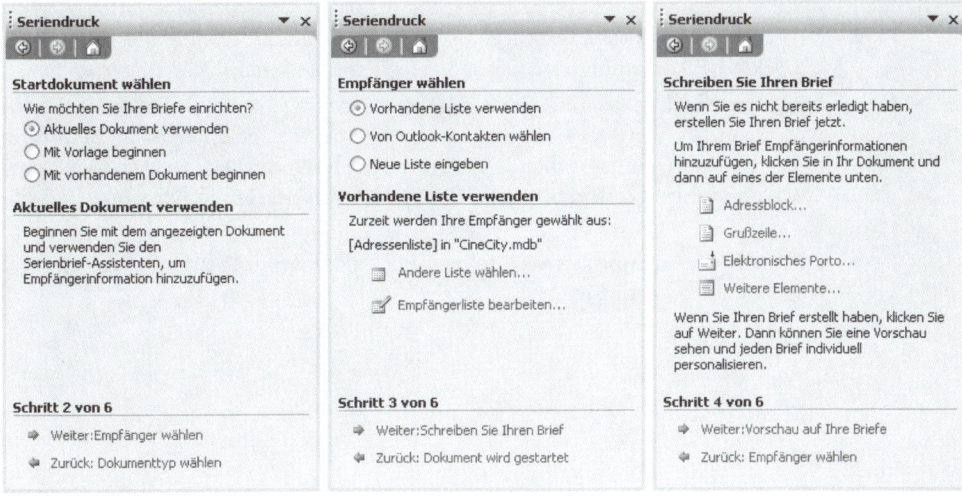

Einen Adressblock einfügen

In Schritt 4 geht es nun daran, Ihren Brief anzulegen.

1. In den meisten Fällen benötigen Sie erst einmal einen Adressblock und können den entsprechenden Eintrag im Assistenten anwählen.

   Sie rufen damit das in Abbildung 32.9 dargestellte Dialogfeld auf, in dem Sie festlegen können, welches Aussehen Ihr Adressblock haben soll.

Abbildg. 32.9   Legen Sie die Form des Adressblocks fest

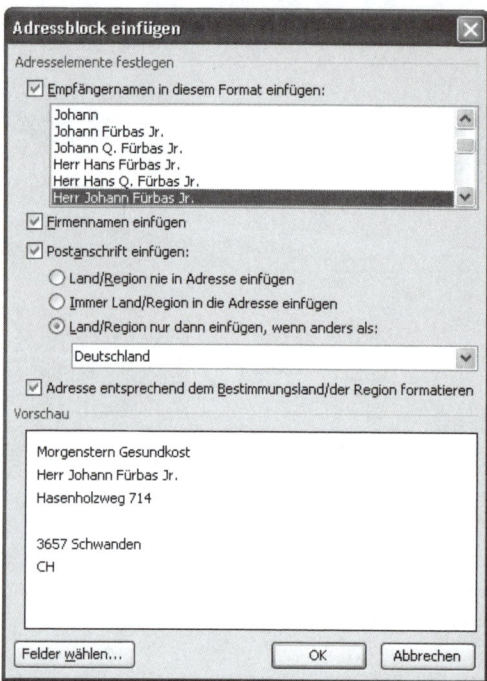

2. Bevor Sie Ihre Auswahl bestätigen, ist es sinnvoll, die Zuweisung der im Adressblock verwendeten Felder zu kontrollieren. Klicken Sie dazu auf die Schaltfläche *Felder wählen*.

   Im Dialogfeld *Übereinstimmende Felder festlegen* hat Access bereits einige Zuordnungen getroffen. Wenn die von Ihnen definierten Felder mit den Feldnamen übereinstimmen, die Access erwartet, wurden entsprechende Zuordnungen festgelegt. Da, wo Access aber beispielsweise den Feldnamen *Firma* erwartet, wurde das zuzuordnende Feld in der *CineCity*-Datenbank *Verteiler* genannt.

3. Diese Zuordnung müssen Sie also jetzt noch definieren, ebenso wie Sie das Feld *PLZ* dem Eintrag *Postleitzahl* zuordnen müssen.

Abbildg. 32.10   Die Zuordnung der Felder überprüfen bzw. festlegen

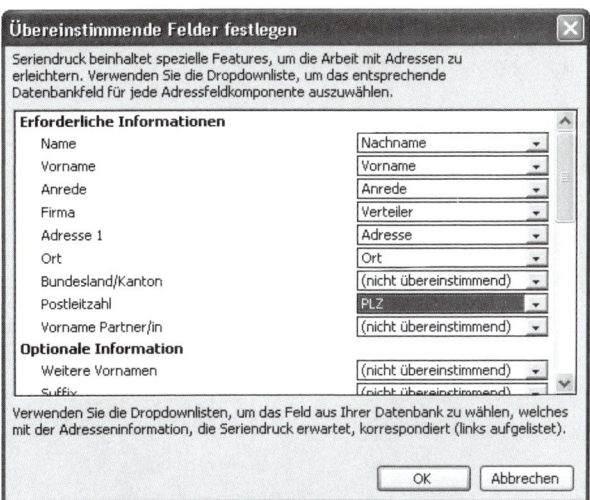

Für den Adressblock wird eine Feldfunktion eingefügt, die mit «*Adresse*» bezeichnet wird. Möchten Sie ausprobieren, was Access für diese Feldfunktion einfügt, so klicken Sie in der Seriendruck-Symbolleiste auf die Schaltfläche *Seriendruckvorschau*.

Die Briefanrede einfügen

Um den Brief fortzuführen, soll jetzt eine Briefanrede eingefügt werden. Falls Sie die Adressaten Ihrer Briefe nicht einfach mit »Hallo« ansprechen möchten, müssen Sie unterscheiden, ob in der Anrede Herr oder Frau steht, um »Sehr geehrte Frau ...« bzw. »Sehr geehrter Herr ...« schreiben zu können.

Eine solche Unterscheidung können Sie mithilfe eines Bedingungsfeldes definieren. Im Dokument wurde bereits *Sehr* eingetragen.

1. Klicken Sie in der Seriendruck-Symbolleiste auf die Schaltfläche *Bedingungsfeld einfügen* und in dem daraufhin angezeigten Menü auf *Wenn...Dann...Sonst*.

Für die Anrede wird ein Bedingungsfeld eingefügt

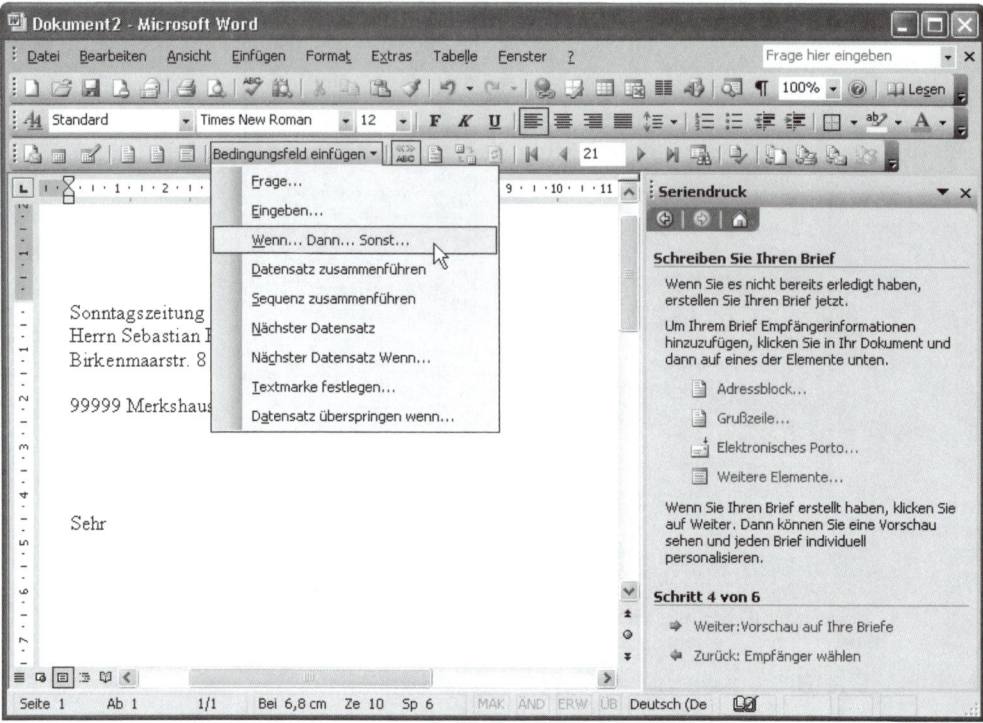

2. Sie öffnen damit ein Dialogfeld, das Sie bei der Definition der Wenn-Dann-Bedingung unterstützt. Abbildung 32.12 zeigt die benötigte Bedingung.

Wenn im Feld *Anrede Frau* eingetragen ist, dann soll für die Anrede *geehrte Frau* eingesetzt werden, ansonsten soll die Anrede mit *geehrter Herr* weitergeführt werden.

Abbildg. 32.12 Definition der Wenn-Dann-Bedingung für die Briefanrede

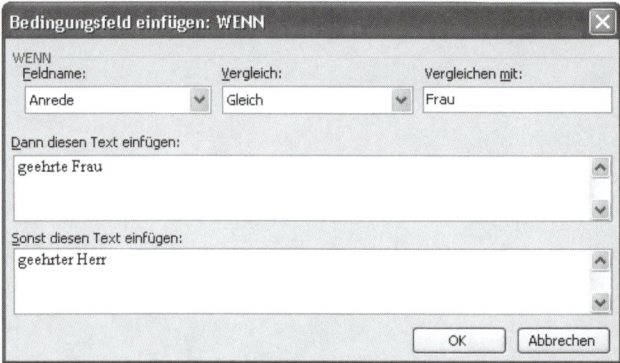

Jetzt fehlt nur noch der zu verwendende Nachname.

3. Öffnen Sie dazu mit der Schaltfläche *Seriendruckfeld einfügen* das folgende Dialogfeld und wählen Sie darin das Feld *Nachname* aus.

Abbildg. 32.13   Mit dem Nachnamen wird die Anrede vervollständigt

Eine Briefanrede von Access einfügen lassen

Es besteht auch die Möglichkeit, eine Briefanrede von Access einfügen zu lassen. Allerdings funktioniert dies nur dann, wenn Sie im Feld *Anrede* in der Datenbank überall *Herr* und nicht *Herrn* eingetragen haben. Dann wird zwar die Anrede im Adressblock falsch, aber die Briefanrede funktioniert …

Möchten Sie die automatische Briefanrede verwenden, klicken Sie im vierten Fenster des Assistenten auf den Eintrag *Grußzeile*. Sie öffnen so ein Dialogfeld, in dem Sie das Format für die Briefanrede festlegen können.

Abbildg. 32.14   Access soll die Briefanrede einfügen

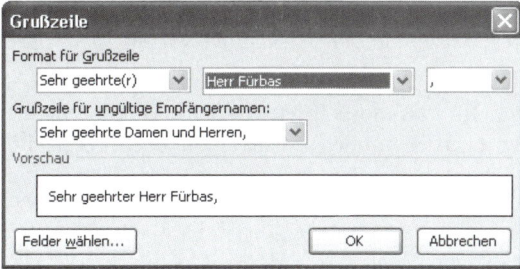

Die Serienbriefe kontrollieren

Angenommen, Ihr Brief ist so weit fertig geschrieben, dann können Sie ihn im fünften Schritt des Seriendruck-Assistenten kontrollieren. Sie finden hier Schaltflächen, um durch die einzelnen Briefe zu blättern, Sie können nach einem bestimmten Empfänger suchen und auch Empfänger ausschließen.

Empfänger ausschließen

Möchten Sie, dass nicht für jeden Datensatz Ihrer Datenbank ein Brief erzeugt wird, so lassen Sie den Brief eines auszuschließenden Empfängers anzeigen und klicken dann auf die Schaltfläche *Empfänger ausschließen*.

Empfängerliste bearbeiten

Sollen mehrere Empfänger ausgeschlossen werden bzw. haben Sie einen Empfänger zu viel ausgeschlossen, können Sie die Empfängerliste bearbeiten. Die Häkchen zu Beginn jeder Zeile in Abbildung 32.15 legen fest, ob ein Brief erstellt wird oder nicht.

Abbildg. 32.15 Die Empfängerliste kann bearbeitet werden

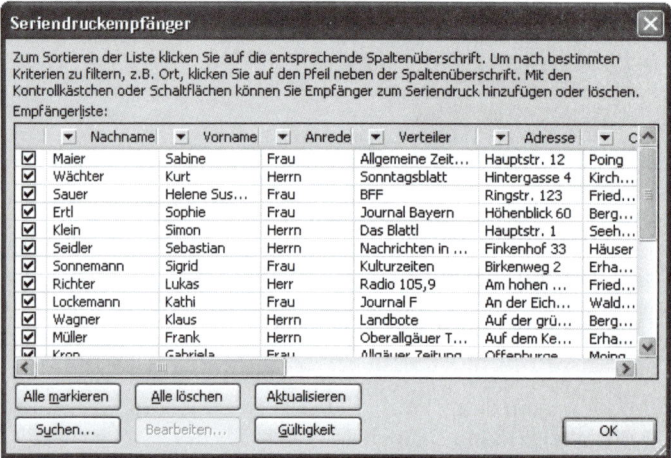

Nun soll endlich gedruckt werden

Wechseln Sie nun zum letzten Schritt des Assistenten. Ein Klick auf *Drucken* schickt alle Serienbriefe an den Drucker.

Es besteht hier aber auch die Möglichkeit, für bestimmte Briefe ein neues Dokument anzulegen, um eine Auswahl der Briefe nachträglich zu bearbeiten oder um sie aufzuheben. Klicken Sie dazu auf *Individuelle Briefe bearbeiten*.

Zugriff auf Excel-Daten

Access bietet Ihnen einen direkten Zugriff auf Tabellendaten in Excel-Arbeitsblättern. Eine Excel-Tabelle können Sie in Access-Abfragen, -Formularen und -Berichten verwenden, als handele es sich dabei um eine Access-Tabelle. Abbildung 32.16 zeigt eine Excel-Tabelle mit neuen Artikeln für den Kinokiosk.

Abbildg. 32.16 Excel-Tabelle mit neuen Artikeln

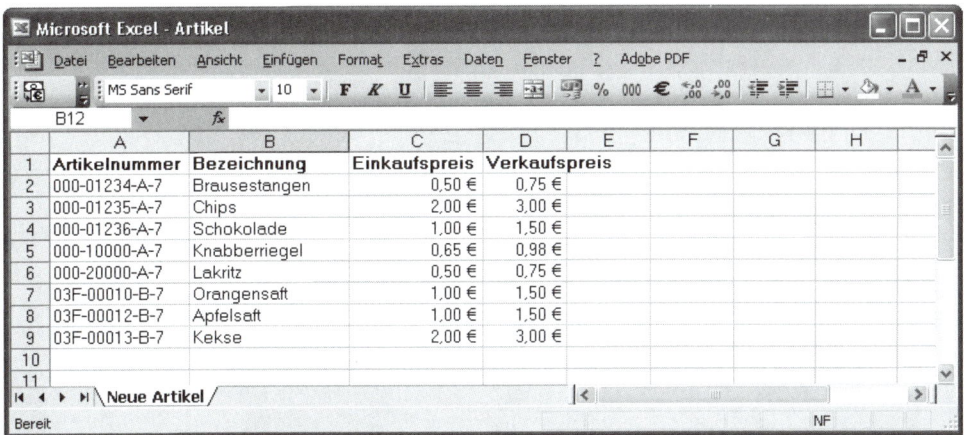

In Kapitel 13 haben wir ausführlich beschrieben, wie Sie eine Verknüpfung zu einer fremden Datei aufbauen können.

1. Wählen Sie aus dem Access-Datenbankfenster heraus den Menübefehl *Datei/Externe Daten/ Tabellen verknüpfen.*

2. Im sich öffnenden Dialogfeld selektieren Sie als Dateityp *Excel-Tabellen* und wählen dann die gewünschte Excel-Arbeitsmappe aus.

   Nach der Auswahl der Excel-Tabelle wird der Verknüpfungs-Assistent für Kalkulationstabellen gestartet, dessen erstes Dialogfeld Sie in Abbildung 32.17 sehen.

3. Enthält Ihre Excel-Arbeitsmappe mehrere Tabellenblätter oder benannte Bereiche, so können Sie im Dialogfeld die gewünschte Auswahl treffen.

Abbildg. 32.17 Struktur der Excel-Tabelle

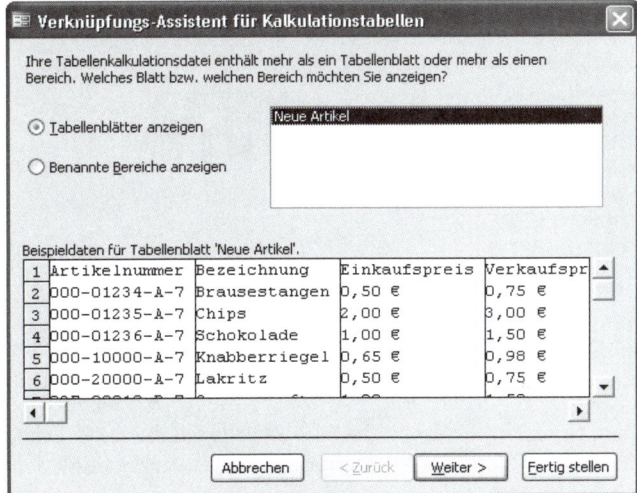

4. Im zweiten Dialogfeld des Assistenten geben Sie an, ob die Excel-Tabelle Überschriften enthält, die dann als Feldnamen für die Daten in Access verwendet werden.

Abbildg. 32.18 Enthält die erste Zeile die Spaltenüberschriften?

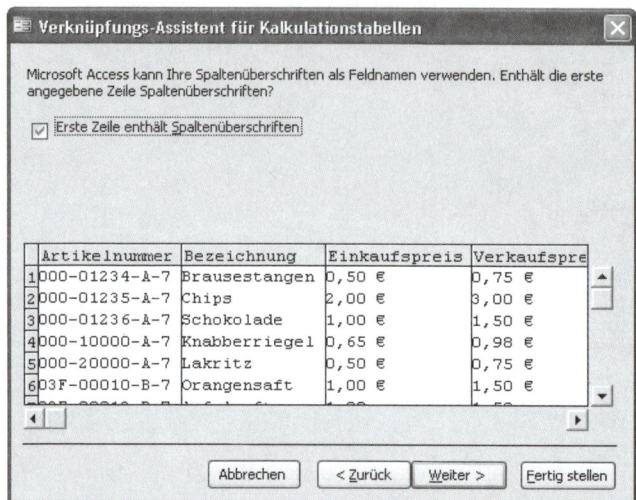

Abbildung 32.19 zeigt die verknüpfte Excel-Tabelle im Datenbankfenster. Access macht sie durch ein entsprechendes Symbol kenntlich. Wir haben dem Namen der Tabelle zusätzlich das Präfix »xls« vorangestellt.

Abbildg. 32.19 Eingebundene Excel-Tabelle

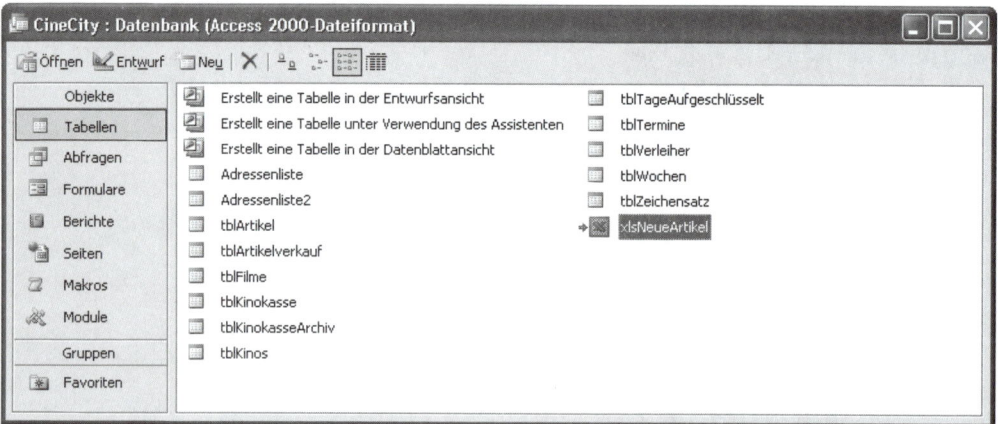

Verwenden Sie die verknüpfte Excel-Tabelle nun wie jede andere Access-Tabelle in Ihren Abfragen, Formularen und Berichten. Beachten Sie dabei, dass der Zugriff auf die Excel-Daten, insbesondere wenn die Excel-Tabelle in Verknüpfungen (JOINS) in Abfragen verwendet wird, deutlich langsamer als mit reinen Access-Tabellen abläuft.

PROFITIPP

> Das Programm Microsoft Excel 2003 ermöglicht einen direkten Zugriff auf Access-Daten (auch unter Verwendung von Microsoft Query). Aus Excel heraus können Access-Formulare und -Berichte für Excel-Tabellendaten angelegt werden.

Export von Daten

In Kapitel 13 haben wir gezeigt, wie Sie Daten aus anderen Programmen aufnehmen und verarbeiten können. Dieser Abschnitt soll erläutern, welche Möglichkeiten Access bietet, die Daten anderen Programmen bereitzustellen, die Daten also aus Access zu exportieren. Prinzipiell steht Ihnen dazu der oben beschriebene Weg über die Zwischenablage zur Verfügung, der aber nicht immer zum gewünschten Ergebnis führt. Und außerdem müssen dabei Sender und Empfänger der Daten auf dem gleichen Rechner installiert sein.

Um eine Tabelle oder Abfrage zu exportieren, gehen Sie wie folgt vor:

1. Selektieren Sie das Objekt im Access-Datenbankfenster.
2. Wählen Sie den Menübefehl *Datei/Exportieren*.
3. Legen Sie das gewünschte Format über das Dropdown-Listenfeld *Dateityp* fest.

    Die im Dropdown-Listenfeld *Dateityp* gezeigten Formate hängen von der auf Ihrem Rechner vorgenommenen Access-Installation ab.

Abbildg. 32.20   Auswahl des Fremdformats

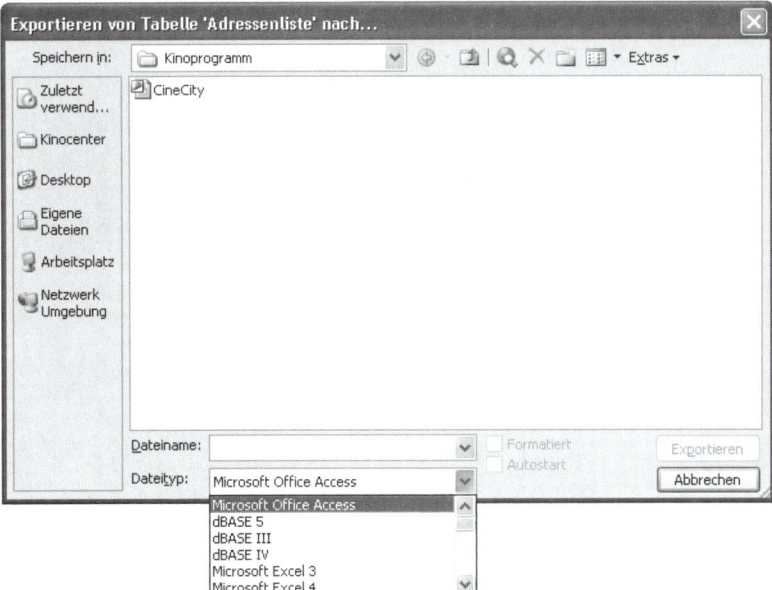

Zusammenfassung

In diesem Kapitel werden Möglichkeiten vorgestellt, Access mit anderen Office-Programmen zu verknüpfen.

- Möchten Sie Daten von Access an eine andere Office-Anwendung weitergeben, so ist die einfachste Möglichkeit das Kopieren über die Zwischenablage (Seite 626).

- Eine weitere Möglichkeit besteht darin, eine Office-Verknüpfung zwischen den beteiligten Programmen aufzubauen (Seite 629).

- Eine häufig verwendete Verknüpfung zwischen Word und Access sind Serienbriefe. Das Anlegen eines Serienbriefes wird ab Seite 630 beschrieben.

- Excel-Daten lassen sich direkt mit Access-Tabellen, -Formularen oder -Berichten verknüpfen. Wie das geht, lesen Sie ab Seite 636.

- Außerdem ist es möglich, Access-Daten über die Export-Funktion an andere Anwendungen weiterzugeben (Seite 639).

Teil G

Programmierung

Viele der Möglichkeiten und Leistungen von Microsoft Access können nur aus Programmen heraus angesprochen und genutzt werden. Access kennt zwei Varianten der Programmierung: Makros und Visual Basic für Applikationen (VBA). In diesem Teil möchten wir beide Varianten vorstellen, den Schwerpunkt dabei aber auf VBA legen, denn die Makroprogrammierung ist begrenzt und ermöglicht nicht den Zugriff auf die gesamte Access-Funktionalität.

Visual Basic für Applikationen ist inzwischen die Programmiersprache für alle Microsoft Office-Anwendungen. VBA wird in Word, Excel, PowerPoint, Project usw. eingesetzt. Beherrschen Sie die Grundlagen von VBA, können Sie in allen Office-Anwendungen programmieren.

Neben VBA bietet Microsoft auch die Programmiersprache Visual Basic (VB) an, die als Software-entwicklungsumgebung verkauft wird. VB ist nicht an eine Applikation gebunden, sondern erzeugt eigenständige Programme. VB und VBA sind allerdings eng miteinander verwandt, so dass sich die Programmierung außer von der Benutzeroberfläche und den Hilfsmitteln kaum unterscheidet. Dies gilt jedoch nicht mehr für die neueste Version von VB, die sich VB .NET nennt und viel stärker objektorientiert arbeitet als VBA.

Die Kapitel in diesem Teil haben die folgenden Inhalte:

- In Kapitel 33 stellen wir die Programmierung mit Makros vor. Makros haben den Vorteil, dass sie ohne Programmierkenntnisse zu nutzen sind und deutschsprachige Befehle verwenden.

- Die Grundlagen von VBA werden in Kapitel 34 behandelt. Wir erklären, wie die Programmiersprache aufgebaut ist und welche grundlegenden Befehle Sie kennen sollten. Darüber hinaus werden die Funktionen besprochen, die Sie auf der Suche nach Programmierfehlern unterstützen.

- In Access und VBA wird häufig mit Objekten programmiert. Ein Objekt ist ein Gegenstand, der bestimmte Eigenschaften aufweist und auf den bestimmte Methoden angewendet werden können. In Kapitel 35 machen wir Sie mit Objekten und deren Verwendung in der Programmierung vertraut.

- In Kapitel 36 stellen wir einige der in Access eingebauten Funktionen und Objekte vor, die für Ihre Programme hilfreich sein können.

- Kapitel 37 behandelt den Datenzugriff aus VBA-Programmen heraus mithilfe der *ActiveX Data Objects*-Bibliothek, ADO. ADO stellt Ihnen Objekte, Methoden und Eigenschaften zur Verfügung, mit deren Hilfe Sie Daten abfragen und verändern können.

- In den vorangegangenen Versionen von Access wurde der Datenzugriff mithilfe der *Data Access Objects*, DAO, realisiert. Auch Access 2003 verwendet für viele Funktionen intern noch immer die DAO-Bibliothek. Kapitel 38 beschreibt deshalb den Einsatz von DAO.

Makros

Schnell ein paar Schritte

In Teil D, in dem es um Formulare geht, haben Sie schon einen kurzen Blick auf Makros werfen können. Makros sind Befehlsabfolgen, die unter einem Namen in der Datenbank abgespeichert und ausgeführt werden können. Sie erlauben Ihnen unter anderem, auf Formular- und Berichtsereignisse zu reagieren.

Die Vorteile liegen in der leichten Zusammenstellung und den deutschen Befehlen. Als Nachteile müssen in Kauf genommen werden, dass Fehler in Makros oft schwer zu finden sind und dass bei jedem Fehler das Makro angehalten wird. Oft ist es sehr schwer zu ermitteln, ob eine Makroaktion nun stattgefunden hat oder nicht.

Ein weiterer Nachteil im Vergleich zu Visual Basic ist, dass alle Makros im Datenbankfenster unter *Makros* gespeichert werden, unabhängig davon, ob sie für sich alleine oder nur in Formularen oder Berichten ablaufen sollen. In Visual Basic lassen sich Befehle einem Formular oder Bericht direkt zuordnen (Code behind Forms), was einfach mehr Ordnung schafft. Zwar könnten Makros wiederverwendet werden, d.h., ein und dasselbe Makro kann von verschiedenen Formularen und Berichten aufgerufen werden, aber die Erfahrung zeigt, dass dies nur selten in die Praxis umgesetzt werden kann.

Für viele einfache Aufgaben sind Makros die schnellste Lösung. Sie erfordern nur geringe Programmierkenntnisse. Allerdings werden die Makros sehr schnell sehr komplex, wenn die zu lösenden Probleme schwieriger werden.

Wir empfehlen den Teilnehmern in unseren Seminaren, sich besser mit Visual Basic auseinander zu setzen. Zwar ist am Anfang der Lernaufwand höher, dafür stößt man auch nicht an Grenzen, wie es mit Makros schnell passieren kann. In professionellen Access-Programmen werden, von wenigen Ausnahmen abgesehen, keine Makros eingesetzt.

Nach unserer Meinung sollten Sie sich gar nicht erst in Makros einarbeiten, denn es ist wahrscheinlich, dass Sie – sollten Sie länger mit Access zu tun haben – doch über kurz oder lang mit Visual Basic arbeiten werden.

Einfache Makros

Wir möchten Ihnen einige kurze und einfache Makrolösungen präsentieren, die zeigen sollen, wie Sie mit wenigen Mausklicks Abläufe automatisieren können.

Einige Mitarbeiter von CineCity erhalten eine Programmübersicht und eine Filmliste ausgedruckt, die nach Wochen geordnet ist. Da immer ein Ausdruck beider Listen hintereinander erfolgt, soll ein Makro erstellt werden, das beide Berichte hintereinander aufruft.

 Beginnen Sie ein neues Makro, indem Sie im Datenbankfenster den Objekttyp *Makros* auswählen. Klicken Sie auf die Schaltfläche *Neu*, um das Entwurfsfenster für Makros aufzurufen.

Ein Makro wird Befehl für Befehl zeilenweise eingegeben. Wählen Sie in der Dropdownliste *Aktion* den gewünschten Makrobefehl aus. Eine vollständige Liste aller Befehle und ihre Beschreibung finden Sie im Abschnitt »Die Makrobefehle« weiter hinten in diesem Kapitel.

Zur Lösung der oben gestellten Aufgabe wählten wir *ÖffnenBericht* als *Aktion* an. Im unteren Bereich des Entwurfsfensters können Sie nun im Feld *Berichtsname* den aufzurufenden Bericht selektieren. Im Feld *Ansicht* wird bestimmt, ob der Bericht direkt gedruckt, zuerst in der Seitenansicht oder in der Entwurfsansicht gewählt werden soll.

Abbildg. 33.1 Makro mit zwei Befehlen

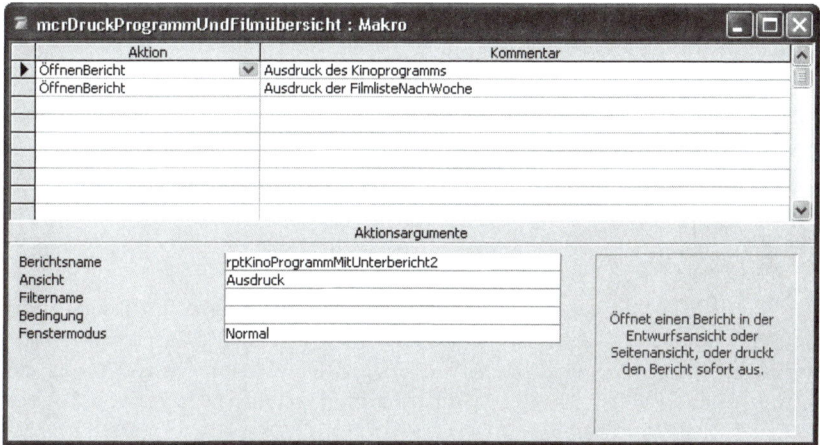

In der zweiten Zeile des Makros, wie in Abbildung 33.1 gezeigt, werden die Angaben für den zweiten Bericht vereinbart.

Präfix
»mcr«

Speichern Sie nun das Makro unter dem Namen *mcrDruckProgrammUndFilmliste*. Makros sollten das Präfix »mcr« erhalten.

Über die Schaltfläche *Ausführen* veranlassen Sie Access, das Makro abzuarbeiten.

Makro über Befehlsschaltfläche starten

Wir möchten nun eine Befehlsschaltfläche für das Formular *frmKinoTermine* definieren, die das Makro *mcrDruckProgrammUndFilmliste* aufruft. Öffnen Sie dazu das Formular in der Entwurfsansicht und erstellen Sie eine neue Befehlsschaltfläche mithilfe des Schaltflächen-Assistenten.

1. Selektieren Sie im Befehlsschaltflächen-Assistenten die in Abbildung 33.2 gezeigte Aktion für die Befehlsschaltfläche.

Abbildg. 33.2 Aktion für Befehlsschaltfläche festlegen

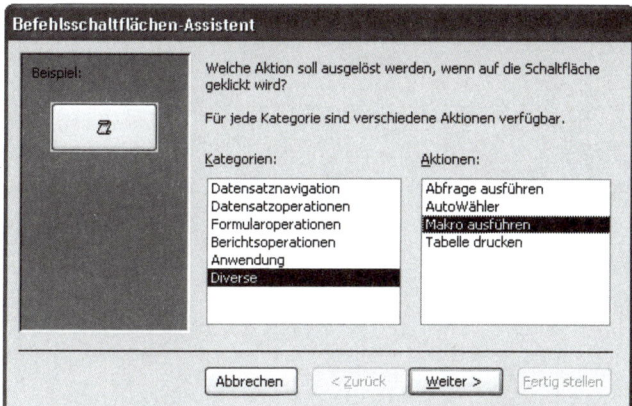

2. Anschließend legen Sie fest, dass das oben definierte Makro mit dieser Befehlsschaltfläche ausgeführt werden soll.

Abbildg. 33.3   Auswahl des Makros

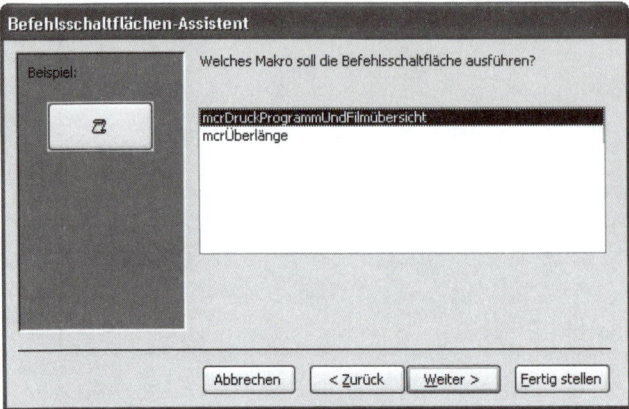

3. Als Text auf der Befehlsschaltfläche definieren wir *Programm und Filmliste drucken*. Der Name der Schaltfläche wurde mit *cmdPrint* festgelegt.

Abbildg. 33.4   Befehlsschaltfläche in dem Formular

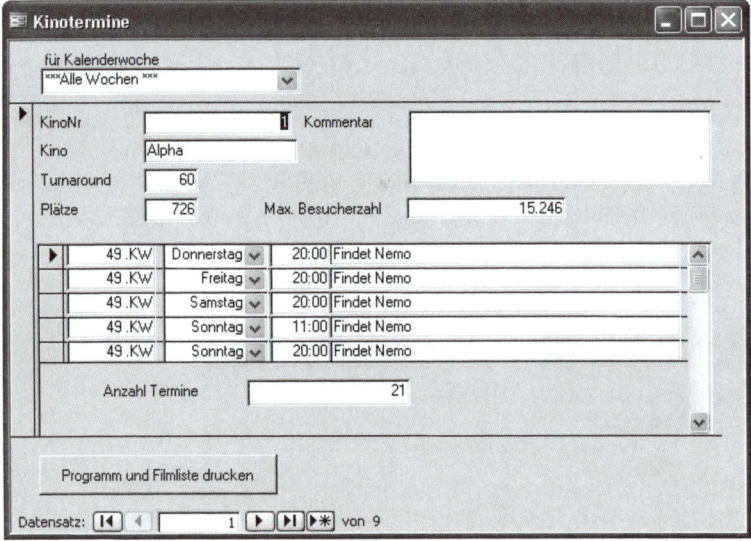

Klicken Sie nun in der Formularansicht auf die Befehlsschaltfläche, werden die beiden Berichte hintereinander ausgedruckt.

Alle oder einzelne Wochen drucken

Als Erweiterung soll ermöglicht werden, dass die Berichte nur für die im Dropdown-Listenfeld für die Auswahl der Kalenderwochen selektierte Woche ausgegeben werden.

Wir möchten die Lösung des Problems in zwei Schritten beschreiben. In zwei Schritten deshalb, weil für den Eintrag *** *Alle Wochen* *** eine besondere Behandlung notwendig ist.

Wie Sie in Abbildung 33.1 sehen, können im unteren Bereich für die Aktion *ÖffnenBericht* neben den Angaben für *Berichtsname* und *Ansicht* auch Angaben zu einem *Filternamen* und einer *Bedingung* festgelegt werden.

Für unser Beispiel haben wir für beide *ÖffnenBericht*-Einträge als Bedingung *[Kalenderwoche]=[Formulare]![frmKinoTermine].[cbowoche]* festgelegt. Das Feld links des Gleichheitszeichens bezieht sich auf das entsprechende Feld im Bericht (hier *rptKinoProgrammMitUnterbericht2* bzw. *rptFilmlisteNachWochen*), auf der rechten Seite steht ein Verweis auf das Formular.

Nun muss noch der Eintrag *** *Alle Wochen* *** abgefangen werden. Wie Sie sich vielleicht erinnern, hatten wir in Kapitel 23 mithilfe eines *UNION*-Befehls das Kombinationsfeld so vereinbart, dass bei Auswahl von *** *Alle Wochen* *** der Wert 1.1.3000 zurückgeliefert wird. Im Makro soll nun ausgewertet werden, ob das Kombinationsfeld den 1.1.3000 oder ein anderes Datum zurückgibt.

Blenden Sie dazu zuerst mithilfe der Schaltfläche *Bedingungen* die Bedingungsspalte für Makros ein. In der Spalte können Sie nun für jede Zeile eine Bedingung angeben. Der Makrobefehl der entsprechenden Zeile wird nur ausgeführt, wenn die Bedingung erfüllt ist. In Abbildung 33.5 ist das Makro-Entwurfsfenster mit eingeblendeter Bedingungsspalte dargestellt, in der die Bedingungen abgebildet sind.

Abbildg. 33.5   Makro mit Bedingungen erweitert

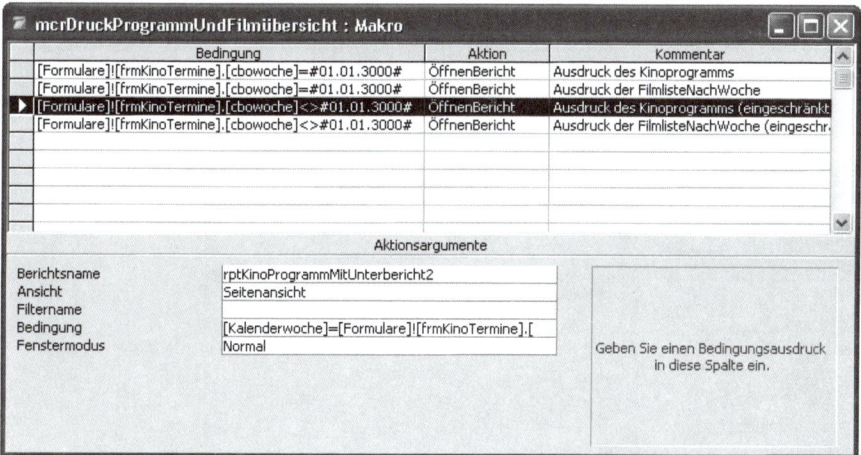

Für unser Beispiel sind die gezeigten Bedingungen aufwändig, denn für jede Zeile wird erneut eine Bedingung gestellt. In Abbildung 33.6 verwenden wir eine andere Schreibweise. Drei Pünktchen als Bedingung bedeuten, dass für diese Makrozeile die Bedingung aus der Zeile oberhalb gilt.

Abbildg. 33.6   Makro mit Bedingungen abgekürzt

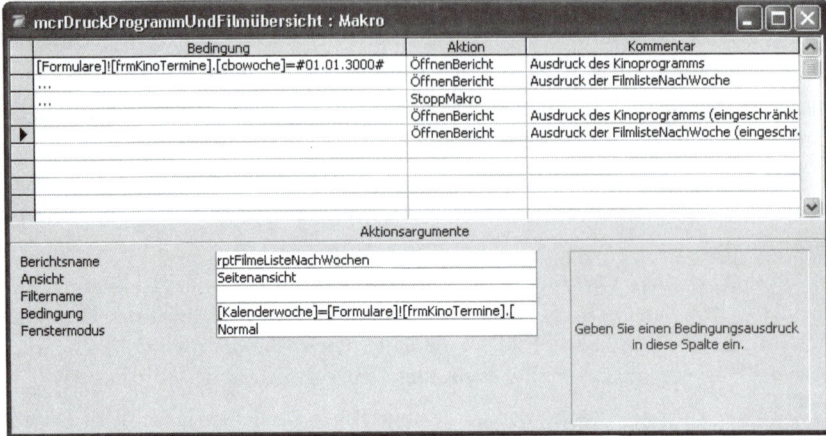

Beachten Sie den Befehl *StoppMakro*, der das Makro anhält, wenn die Befehle für die Bedingung *[Formulare]![frmKinoTermine]![cboWoche]* = *#01.01.3000#* ausgeführt wurden. Fehlt der Befehl, müssen für die letzten beiden Zeilen auch Bedingungen vereinbart werden, sonst werden diese Zeilen immer ausgeführt.

Aufruf eines Formulars

Das Formular *frmKinoTermine* (Abbildung 33.4) soll jetzt dahingehend ergänzt werden, dass ein Doppelklick auf einen Filmtitel im Unterformular ein Dialogfeld aufruft, in dem alle Daten zum Film dargestellt werden.

Laden Sie das Formular und selektieren Sie *subfrmTermine* in der Entwurfsansicht. Rufen Sie dann das Eigenschaftenfenster für das Feld *Filmtitel* auf.

Abbildg. 33.7   Selektiertes Feld *Filmtitel*

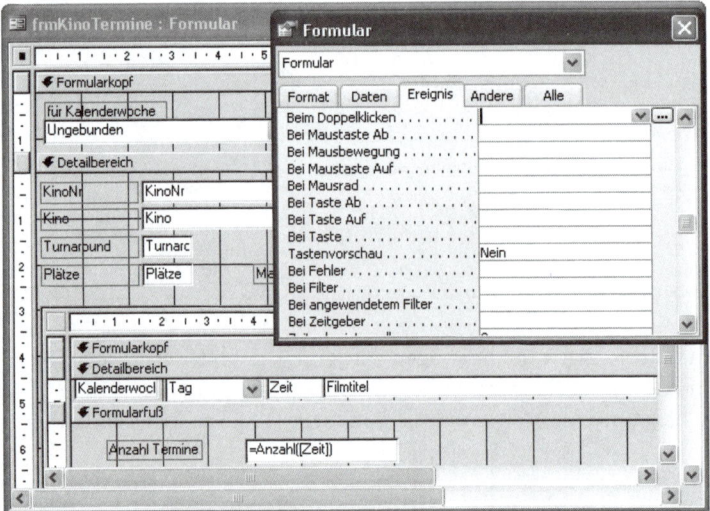

Für das Ereignis *Beim Doppelklicken* soll ein Makro aufgerufen werden, das das Formular *frmFilme* lädt und dort den Film zeigt, auf dessen Titel doppelgeklickt wurde. Klicken Sie also im Eigenschaftenfeld *Beim Doppelklicken* auf die Schaltfläche mit den drei Punkten und wählen Sie dann im Dialogfeld *Generator auswählen* den Eintrag *Makro-Generator*.

Im nächsten Dialogfeld wird zuerst ein Name für das zu erstellende Makro abgefragt. Nennen Sie das Makro *mcrfrmFilmeÖffnen*. Es erscheint nun das Makro-Entwurfsfenster.

Abbildg. 33.8   Entwurfsfenster für *mcrfrmFilmeÖffnen*

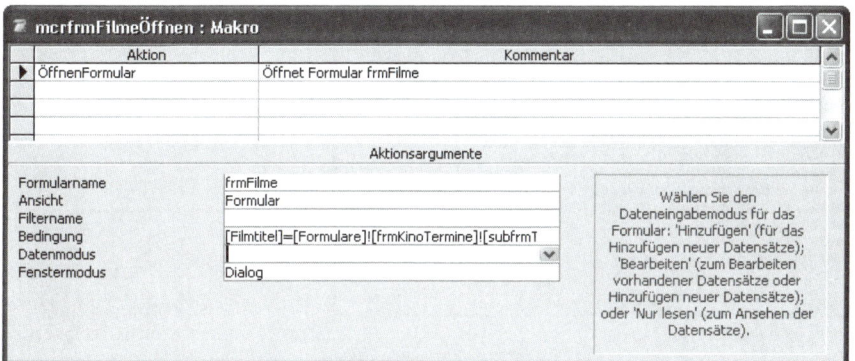

Für die Aktion *ÖffnenFormular* wurden folgende Einstellungen vorgenommen: als Formularname *frmFilme*, als Ansicht *Formular*, als Bedingung *[Filmtitel]=[Formulare]![frmKinoTermine]![subfrm-Termine].[Formular]![Filmtitel]* und als Fenstermodus *Dialog*.

Die Bedingung filtert die Datensätze für das Formular in der Weise, dass nur der Film gezeigt wird, dessen Titel dem Feld im Unterformular entspricht.

Der Fenstermodus bestimmt, wie sich das Fenster verhält. Ein Fenster im Modus *Dialog* überlagert alle anderen Fenster und ist modal, d.h., solange das Dialogfeld geöffnet ist, können Sie kein anderes Fenster in Access selektieren.

Speichern Sie das Makro und schließen Sie dann das Makro-Entwurfsfenster. Der Name des Makros wird im Eigenschaftenfenster für das Steuerelement *Filmtitel* des Unterformulars für die Eigenschaft *Beim Doppelklicken* eingetragen. Speichern Sie nun auch die Änderungen am Unterformular und schließen Sie es. Öffnen Sie das Formular *frmKinoFilme* in der Formularansicht und doppelklicken Sie auf einen der Filmtitel. Jetzt sollte das Formular *frmFilme* als Dialogfeld geladen werden. In der Statusleiste des Formulars wird übrigens angezeigt, dass hier gefilterte Daten gezeigt werden (Abbildung 33.9).

Abbildg. 33.9 Formular als Dialogfeld

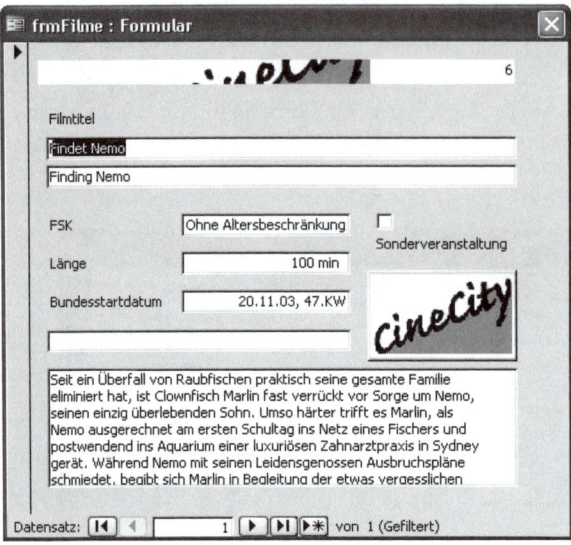

In Kapitel 24 haben wir im Abschnitt »Zum Beispiel: Felder ein- und ausblenden« ein Beispiel beschrieben, in dem mithilfe eines Makros ein Formularfeld sichtbar bzw. unsichtbar geschaltet wurde.

Gruppenmakros

Access erlaubt es, mehrere Makros zu einer Makrogruppe zusammenzufassen. Die einzelnen Untermakros werden über einen Namen angesprochen, der in der Spalte *Makroname* angegeben werden kann. Die Spalte wird in der Makro-Entwurfsansicht mithilfe der Schaltfläche *Makronamen* eingeblendet.

Abbildg. 33.10 Makrogruppe

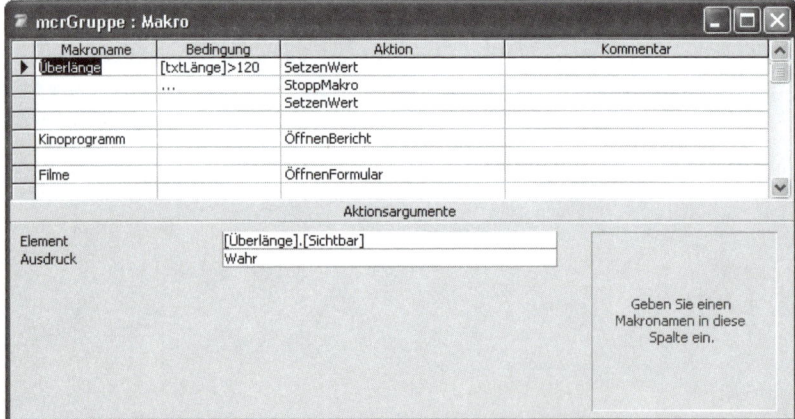

Jedes der Untermakros beginnt in der Zeile, die seinen Namen festlegt, und endet in der ersten leeren Zeile.

Ein Untermakro wird über die aus Makro- und Untermakronamen zusammengesetzte Bezeichnung, beispielsweise *mcrGruppe.Überlänge*, aufgerufen.

HINWEIS Ein komplexes Beispiel für den Einsatz von Makros finden Sie in der von Microsoft ausgelieferten Access-Beispieldatenbank *Nordwind.mdb*, die Sie über *?/Beispieldatenbanken/Beispieldatenbank Nordwind* aufrufen. Im Formular *Kunden-Telefonnummern* wird eine Liste mit Schaltflächen von A bis Z angezeigt, mit deren Hilfe Sie die Kunden einblenden können, deren Namen mit dem jeweiligen Buchstaben beginnen. Alle Schaltflächen sind der Optionsgruppe *Firmenfilter* zugeordnet, für die für die Eigenschaft *Beim Klicken* der Aufruf des Makros *Kunden-Telefonnummer* vereinbart ist.

Das AutoExec-Makro

Eine besondere Bedeutung hat ein Makro, das den Namen *AutoExec* trägt. Ein solches Makro wird beim Öffnen der Datenbank automatisch ausgeführt. Möchten Sie also beim Laden der Datenbank bestimmte Einstellungen vornehmen oder ein Formular aufrufen, so vereinbaren Sie die entsprechenden Makrobefehle im *AutoExec*-Makro.

PROFITIPP

Möchten Sie beim Laden einer Datenbank, dass das *AutoExec*-Makro nicht ausgeführt wird, so halten Sie beim Bestätigen des Datenbanknamens die ⇧-Taste gedrückt.

HINWEIS Haben Sie nicht nur ein *AutoExec*-Makro, sondern auch noch über den Menübefehl *Extras/Start* ein Startformular festgelegt, wird beim Laden der Datenbank erst das Startformular geöffnet und dann das *AutoExec*-Makro ausgeführt.

Die Makrobefehle

In der folgenden Tabelle sind alle Access-Makrobefehle kurz beschrieben.

Tabelle 33.1 Die Makrobefehle

Befehl	Beschreibung
AbbrechenEreignis	bricht ein Ereignis ab, beispielsweise die Aktualisierung von Daten.
AktualisierenDaten	aktualisiert die Daten in einem Steuerelement des aktiven Formulars oder Berichts durch erneutes Abfragen der Datenherkunft des Steuerelements; ist kein Steuerelement angegeben, so fragt die Aktion die Datenherkunft des Objekts selbst ab.
AktualisierenObjekt	führt alle noch nicht durchgeführten Bildschirmaktualisierungen für ein bestimmtes Datenbankobjekt (oder das aktive Datenbankobjekt, wenn kein Objekt angegeben wurde) durch.
AnwendenFilter	wendet einen Filter, eine Abfrage oder eine SQL-WHERE-Klausel auf eine Tabelle, ein Formular oder einen Bericht an.

Tabelle 33.1   Die Makrobefehle *(Fortsetzung)*

Befehl	Beschreibung
AnzeigenAlleDatensätze	entfernt alle zugewiesenen Filter aus der aktiven Tabelle, der Abfrage-ergebnismenge oder dem Formular.
AusführenAnwendung	führt eine auf Windows oder MS-DOS basierende Anwendung wie Microsoft Excel oder Microsoft Word aus Access heraus aus.
AusführenBefehl	führt einen Microsoft Access-Befehl aus, der in einer Access-Menüleiste oder -Symbolleiste bzw. in einem Kontextmenü angezeigt wird.
AusführenCode	ruft eine Visual Basic-Funktion auf, die in einem Access-Modul gespeichert ist.
AusführenMakro	führt ein Makro aus.
AusführenSQL	führt eine Access-Aktionsabfrage aus.
Ausgabeln	gibt die Daten des angegebenen Access-Datenbankobjekts (Datenblatt, Formular, Bericht oder Modul) in einer Datei in einem der folgenden Formate aus: HTML (*.htm; *.html), Text Files (*.txt), Microsoft Active Server Pages (*.asp), Microsoft Excel (*.xls), Microsoft Excel 5-7 (*.xls), Microsoft Excel 97-10 (*.xls), Microsoft IIS (*.htx, *.idc), Rich Text Format (*.rtf), Data Access Page (*.htm; *.html) oder XML (*.xml).
AuswählenObjekt	wählt ein bestimmtes Datenbankobjekt aus.
Drucken	druckt das aktive Objekt (Datenblätter, Berichte, Formulare und Module).
Echo	Ist *Echo* eingeschaltet, werden alle Makroaktionen während der Ausführung angezeigt.
EinblendenSymbolleiste	blendet eine eingebaute oder benutzerdefinierte Symbolleiste ein bzw. aus.
GeheZuDatensatz	selektiert den angegebenen Datensatz als aktuellen Datensatz in einer geöffneten Tabelle, einem geöffneten Formular oder in einem Abfrageergebnis.
GeheZuSeite	setzt den Fokus im aktiven Formular auf das erste Steuerelement auf einer bestimmten Seite eines mehrseitigen Formulars.
GeheZuSteuerelement	setzt den Fokus auf das angegebene Feld oder Steuerelement im aktuellen Datensatz des geöffneten Formulars, Formulardatenblatts, Tabellendatenblatts oder Abfragedatenblatts.
HinzufügenMenü	Mit dieser Aktion können Sie Menüleisten erstellen.
KopiereDatenbankdaten	erstellt eine Kopie der aktuellen Datenbank von Microsoft SQL Server 7.0 oder höher, die mit einem Access-Projekt verbunden ist.
KopierenObjekt	kopiert das angegebene Datenbankobjekt in eine andere Microsoft Access-Datenbank oder unter einem anderen Namen in die gleiche Datenbank.
LöschenObjekt	löscht ein angegebenes Datenbankobjekt.
Maximieren	zeigt das aktive Fenster im Vollbildmodus an.
Meldung	zeigt ein Meldungsfeld an, das eine Warnung oder Informationen enthält.
Minimieren	minimiert das aktuelle Fenster auf eine kleine Titelleiste im unteren Bereich des Access-Fensters.

Tabelle 33.1   Die Makrobefehle *(Fortsetzung)*

Befehl	Beschreibung
ÖffnenAbfrage	öffnet eine Auswahl- oder Kreuztabellenabfrage und zeigt sie in der Datenblatt-, Entwurfs- oder Seitenansicht.
ÖffnenBericht	öffnet einen Bericht in der Entwurfsansicht, der Seitenansicht oder druckt den Bericht unmittelbar aus.
ÖffnenDatenzugriffsseite	öffnet eine Datenzugriffsseite in der Browser- oder Entwurfsansicht.
ÖffnenDiagramm	öffnet ein Datenbankdiagramm (nur Access-Projekte).
ÖffnenFormular	öffnet ein Formular in der Formular- oder Entwurfsansicht.
ÖffnenFunktion	führt in einem Access-Projekt eine benutzerdefinierte Funktion des SQL Servers bzw. MSDE aus.
ÖffnenGespeicherteProzedur	führt eine gespeicherte Prozedur (stored procedure) aus (nur Access-Projekte).
ÖffnenModul	öffnet ein angegebenes Visual Basic-Modul so, dass eine bestimmte Prozedur angezeigt wird.
ÖffnenSicht	öffnet eine Sicht (view) (nur Access-Projekte).
ÖffnenTabelle	öffnet eine Tabelle in der Datenblatt-, Entwurfs- oder Seitenansicht.
Positionieren	verschiebt die Position oder ändert die Größe des aktiven Fensters.
Sanduhr	ändert den Mauszeiger zu einer Sanduhr.
Schließen	schließt ein bestimmtes Access-Fenster oder, wenn kein Fenster angegeben wird, das aktive Fenster.
SendenObjekt	sendet ein Datenblatt, Formular, Modul oder einen Bericht per E-Mail.
SetzenMenüelement	legt für das aktive Fenster den Status der Menüelemente (Aktiviert, Deaktiviert, Mit Häkchen, Ohne Häkchen) in der benutzerdefinierten Menüleiste oder der globalen Menüleiste fest.
SetzenWert	setzt den Wert eines Feldes, eines Steuerelements oder einer Eigenschaft in einem Formular, einem Formulardatenblatt oder einem Bericht.
Signalton	gibt einen Signalton über den Lautsprecher des Computers aus.
Speichern	speichert das angegebene Objekt oder, falls kein Objekt angegeben wurde, das aktive Objekt.
StoppAlleMakros	beendet alle Makros, die momentan ausgeführt werden.
StoppMakro	beendet das momentan ausgeführte Makro.
SuchenDatensatz	sucht das erste Vorkommen der Daten, die die in den Argumenten der Aktion *SuchenDatensatz* festgelegten Kriterien erfüllen.
SuchenWeiter	sucht den nächsten Datensatz, der die Kriterien erfüllt, die durch die vorhergehende Aktion *SuchenDatensatz* angegeben wurden.
Tastaturbefehle	sendet Tastenanschläge direkt an Microsoft Access oder eine aktive, auf Windows basierende Anwendung.
TransferArbeitsblatt	importiert oder exportiert Daten zwischen der aktuellen Microsoft Access-Datenbank und einer Tabellenkalkulationsdatenbank.

Programmierung

Befehl	Beschreibung
TransferDatenbank	importiert oder exportiert Daten zwischen der aktuellen Microsoft Access-Datenbank und einer anderen Datenbank.
TransferSQLDatenbank	führt in Access-Projekten einen Datenbanktransfer zwischen Datenbanken in Microsoft SQL Server 7.0 oder höher durch.
TransferText	importiert oder exportiert Text zwischen der aktuellen Microsoft Access-Datenbank und einer Textdatei.
UmbenennenObjekt	benennt ein Datenbankobjekt um.
Verlassen	beendet Microsoft Access. Mit der Aktion *Verlassen* können Sie außerdem verschiedene Optionen für die Speicherung von Datenbankobjekten vor dem Beenden von Microsoft Access festlegen.
Warnmeldungen	schalten Systemmeldungen ein oder aus.
Wiederherstellen	stellt die ursprüngliche Größe eines maximierten oder minimierten Fensters wieder her.

HINWEIS Fast alle Aktionen, die Sie mithilfe von Makros auslösen können, lassen sich auch mit Visual Basic realisieren. In Kapitel 36 beschreiben wir das *DoCmd*-Objekt, das die entsprechenden Methoden bereitstellt.

Makros zu Visual Basic konvertieren

Makros lassen sich mit wenig Aufwand in Visual Basic-Funktionen konvertieren.

1. Selektieren Sie dazu im Access-Datenbankfenster das entsprechende Makro und rufen Sie dann den Menübefehl *Datei/Speichern unter* auf.

Abbildg. 33.11 Als Visual Basic-Modul speichern

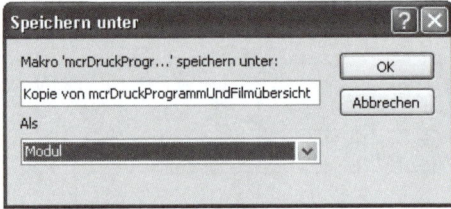

2. Selektieren Sie im Dialogfeld *Speichern unter* die Option als *Modul*.

Access fragt im nächsten Dialogfeld ab, ob eine Fehlerbehandlung integriert und Makrokommentare einbezogen werden sollen.

Programmierung

Abbildg. 33.12   Konvertierungseinstellungen

Das konvertierte Makro wird im Access-Datenbankfenster unter dem gleichen Namen abgelegt, allerdings wird der Text *KonvertiertesMakro* vorangestellt.

Zusammenfassung

Um in Access zu programmieren, gibt es zwei Möglichkeiten: die Makroprogrammierung mit deutschen Befehlen, die zunächst einfacher erscheint, aber für große Projekte ungeeignet ist, und die VBA-Programmierung, die auf den ersten Blick abschreckend wirkt, für größere Programmiervorhaben aber unerlässlich ist.

Dieses Kapitel behandelte die Makroprogrammierung.

- Anhand einiger einfacher Beispiele wird gezeigt, wie Sie ein neues Makro anlegen, wie Sie Makrobefehle auswählen, wie Sie definieren können, dass ein Makro über eine Befehlsschaltfläche gestartet wird, und wie Bedingungen für Makrobefehle festgelegt werden (Seite 644).

- Das *AutoExec*-Makro wird beim Starten einer Datenbank aufgerufen, beispielsweise, um ein bestimmtes Formular anzuzeigen. Auf Seite 651 wird kurz beschrieben, was zu diesem Thema noch wissenswert ist.

- Ab Seite 651 werden alle Makrobefehle kurz beschrieben.

- Der letzte Abschnitt ab Seite 654 zeigt, wie sich Makros zu Visual Basic-Funktionen umwandeln lassen.

Kapitel 34

Visual Basic für Applikationen

Im vorliegenden Kapitel sollen die Grundlagen von »Visual Basic für Applikationen« (VBA) besprochen werden. Diese Form von Basic wurde mittlerweile in fast allen Microsoft Office-Produkten implementiert. Das bedeutet: Haben Sie einmal VBA gelernt, können Sie es in Access ebenso wie in Word, Excel, Visio oder Project anwenden.

In Access programmieren

In einigen der vorherigen Teile dieses Buches sind Ihnen bereits Programmierbeispiele begegnet. Dabei wurden für Formulare oder Berichte kurze Programme für bestimmte Ereignisse erstellt, die zu dem Formular oder Bericht gehören. So kann eine Ereignisprozedur ausgeführt werden, wenn eine Schaltfläche gedrückt oder wenn der Seitenkopf eines Berichts formatiert wird. Solche Prozeduren nennt man neudeutsch »Code behind Forms«, Code hinter Formularen (bzw. Berichten).

Eine zweite Möglichkeit, Programme in Access zu schreiben, besteht darin, eigenständige Module zu programmieren. Dies ist immer dann sinnvoll, wenn Programmcode in mehreren Formularen oder Berichten verwendet werden soll oder wenn die Programme eigenständige Aufgaben erledigen.

»Code behind Forms« erstellen

»Code behind Forms« wird zu einem bestimmten Ereignis auf einem Formular oder Bericht erstellt. Sie erstellen ein solches Modul entweder,

- indem Sie eine Schaltfläche auf ein Formular oder einen Bericht legen, dabei den Befehlsschaltflächen-Assistenten starten und der Schaltfläche die gewünschte Funktionalität zuweisen, oder

- indem Sie zu einem Steuerelement oder Bereich eines Formulars oder Berichts das Eigenschaftenfenster aktivieren, auf der Registerkarte *Ereignis* das gewünschte Ereignis suchen, auf die Schaltfläche mit den drei Punkten klicken und im nächsten Dialogfeld den *Code-Generator* auswählen. Es öffnet sich das Code-Fenster mit einer vorbereiteten Prozedur, die Sie jetzt vervollständigen können.

Eigenständige Module erstellen

Möchten Sie eine eigenständige Prozedur erstellen, aktivieren Sie im Datenbankfenster den Objekttyp *Module* und klicken dann auf die Schaltfläche *Neu*. Dadurch wird der Visual Basic-Editor geöffnet und Sie können den benötigten Code eingeben.

Abbildg. 34.1 Das (fast) leere Code-Fenster

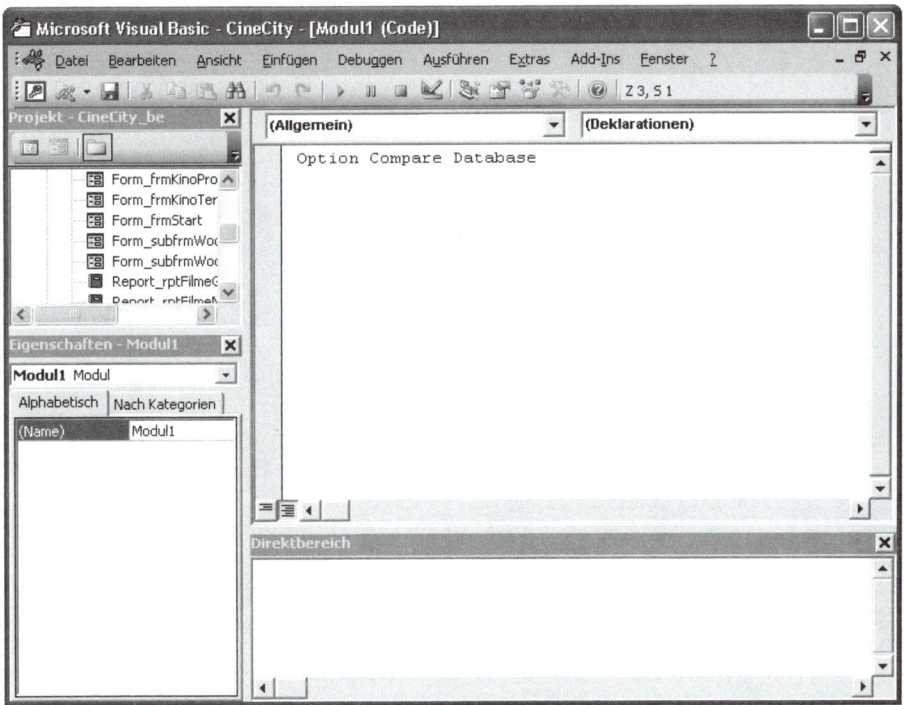

Standardmäßig sind im Fenster des Visual Basic-Editors vier Unterfenster eingeblendet, zwei weitere können bei Bedarf aufgerufen werden:

Tabelle 34.1 Elemente des Visual Basic-Editors

Element	Beschreibung
Projekt-Explorer	Im Projekt-Explorer (Abbildung 34.1, links oben) finden Sie alle Bestandteile des aktuellen Programmierprojekts, also Module sowie Code für Formulare und Berichte.
Eigenschaftenfenster	Im Eigenschaftenfenster (Abbildung 34.1, links unten) werden Eigenschaften des Objekts gezeigt, für das Sie gerade Code erfassen.
Code-Fenster	Im Code-Fenster (Abbildung 34.1, rechts oben) erstellen Sie Ihr Programm.
Direktfenster	Im Direktfenster (Abbildung 34.1, rechts unten) können aus Ihrem Programm Informationen angezeigt werden bzw. Sie können dort Befehle eingeben.
Lokal-Fenster	Hier lassen sich Inhalte von Variablen einsehen.
Überwachungsfenster	In diesem Fenster können Sie bestimmte Variablen überwachen.

Die Anordnung und Größe der Fenster lässt sich verändern und sie können über das Menü *Ansicht* aus- und eingeblendet werden.

Programmierung

Programmieren im Code-Fenster

Zunächst ist im Code-Fenster nur eine Zeile mit einer Deklaration zu sehen. Sie legt fest, dass für alle Vergleiche von Zeichenketten die in der Datenbank definierte Sortierreihenfolge verwendet wird, die auch für Tabellen und Abfragen genutzt wird. Die Sortierreihenfolge ist insbesondere für Vergleiche mit Sonderzeichen und Umlauten wichtig.

> Für eine weitere Deklaration sollten Sie unbedingt sorgen: Rufen Sie im Visual Basic-Editor den Menübefehl *Extras/Optionen* auf und wechseln Sie zur Registerkarte *Editor*. Aktivieren Sie in der Gruppe *Code-Einstellungen* das Kontrollkästchen *Variablendeklaration erforderlich*.

Diese zweite Deklaration zwingt Sie, alle Variablen zu deklarieren, die Sie in Ihren Prozeduren verwenden. Sie müssen also gleich zu Beginn des Moduls festlegen, von welchem Datentyp sie sind. Das ist zwar nicht unbedingt notwendig und erscheint manchmal auch richtig lästig, schützt aber vor Fehlern, vor allem vor Tippfehlern. Verwenden Sie nämlich in Ihrem Programm eine nicht deklarierte Variable, erhalten Sie eine Fehlermeldung angezeigt und können Tippfehlern so leicht auf die Schliche kommen.

> **HINWEIS** Haben Sie das Kontrollkästchen *Variablendeklaration erforderlich* aktiviert, so geschieht erst einmal gar nichts. Schließen Sie das Visual Basic-Fenster über *Datei/Schließen und zurück zu Microsoft Office Access* und öffnen Sie den Visual Basic-Editor erneut über die Schaltfläche *Neu*, so erscheint die zusätzliche Zeile Option Explicit, die zur Variablendeklaration zwingt.

Wir möchten Ihnen im Folgenden zeigen, wie Sie das (sehr) einfache Modul

```
Sub AufrufMsgBox()
    MsgBox "Einen wunderschönen Tag!"
End Sub
```

eingeben. Beginnen Sie damit, die erste Zeile im Code-Fenster zu tippen. Beenden Sie die Zeile mit der ⏎-Taste, so fügt Access automatisch die letzte Programmzeile ein, die das Modul abschließt. Aber nicht nur das! Hatten Sie sub klein eingetippt, wird es von Access nach dem Bestätigen der Zeile mit einem großen Anfangsbuchstaben geschrieben und zudem blau dargestellt. So werden so genannte Schlüsselwörter gekennzeichnet.

Starten Sie nun mit der zweiten Zeile. Drücken Sie zunächst die ⇥-Taste, um die zweite Zeile gegenüber dem Rest einzurücken. Geben Sie nun msgbox und ein Leerzeichen ein, so aktiviert Access automatisch die Direkthilfe, um Sie mit den Parametern der ausgewählten Funktion zu unterstützen. Lassen Sie sich davon nicht stören, sondern geben Sie die Anführungszeichen sowie den restlichen Text ein und verlassen Sie die Zeile. Auch in dieser Zeile wird die Schreibweise von MsgBox (kurz für Messagebox) geändert. Access hat die Funktion mit dem Namen MsgBox erkannt und die Schreibweise an die korrekte Schreibweise der Funktion angepasst.

Die Direkthilfe zur Funktion

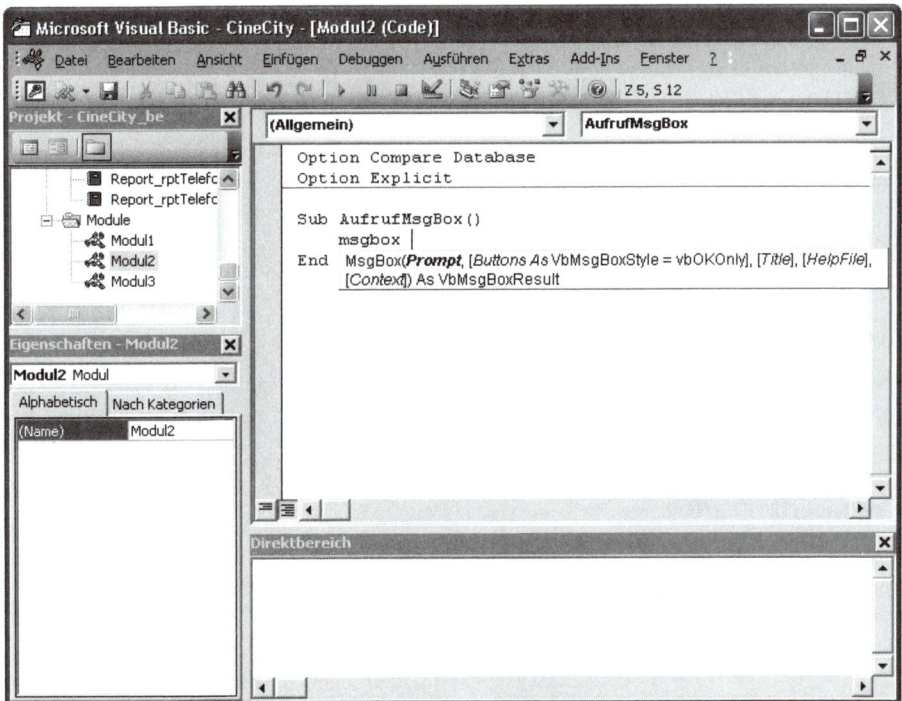

Schlüsselwörter

Sowohl Sub als auch End Sub sind spezielle Visual Basic-Ausdrücke, so genannte Schlüsselwörter. Sie werden zur besseren Erkennung blau dargestellt, falls sie von Access als Schlüsselwörter erkannt werden. Erkennt Access ein Schlüsselwort, passt es auch automatisch die Schreibweise an: Kleingeschriebene Schlüsselwörter werden großgeschrieben.

PROFITIPP

> Sie sollten sich angewöhnen, Schlüsselwörter, aber auch die Namen von Access-Funktionen, klein einzugeben. Haben Sie sich nicht vertippt, setzt sie Access um, und Sie haben eine Kontrolle, ob Sie die Wörter richtig eingegeben haben.

TIPP Sollten Sie Probleme mit der dunkelblauen Schrift der Schlüsselwörter haben und sie nur schwer von der normalen schwarzen Schrift unterscheiden können, wählen Sie nach Aufruf des Menübefehls *Extras/Optionen* auf der Registerkarte *Editorformat* in der Gruppe *Code-Farbe* für *Schlüsselworttext* eine andere Farbe aus.

Groß-/Kleinschreibung

Es gibt für Visual Basic eine so genannte Konvention für Namen, die vorsieht, dass Schlüsselwörter, Namen für Funktionen, Objekte, Variablen etc. grundsätzlich mit großem Anfangsbuchstaben geschrieben werden. Besteht ein Name aus mehreren Wörtern (wie MsgBox), so wird jedes Einzelwort groß, aber alles zusammen in einem Wort geschrieben.

Diese Schreibweise ist ziemlich gut lesbar, daher ist es sinnvoll, sie generell, also auch für eigene Modul- oder Variablennamen zu verwenden. Entsprechend ist auch für den Namen des Moduls AufrufMsgBox verwendet worden.

Einrückungen

Ebenfalls hilfreich für die bessere Lesbarkeit von Programmen ist das Einrücken verschiedener Ebenen im Programm. Man kann sich die Zeilen Sub und End Sub wie eine Klammer um das gesamte Programm vorstellen. Einrückungen sind vor allem bei Schleifen und Wenn-Dann-Blöcken wichtig, die wir später beschreiben. Man kann mit ihrer Hilfe leichter erkennen, welcher Teil wozu gehört oder ob beispielsweise ein Teil einer Wenn-Dann-Konstruktion fehlt.

Zeilenfortführung

Anweisungen, die länger als eine Zeile sind, können in der folgenden Zeile fortgeführt werden. Um anzuzeigen, dass die beiden Zeilen zusammengehören, wird ein Leerzeichen und ein Unterstrich (» _«) als Letztes in der fortzuführenden Zeile eingefügt.

Kommentarzeilen

Kommentare erleichtern das Lesen und Verstehen von Programmen. Sie sind vor allem dann wichtig, wenn andere Personen die Module weiterbearbeiten sollen oder wenn Sie nach einigen Monaten wieder versuchen, Ihr eigenes Programm zu verstehen.

Kommentarzeilen werden durch ein Hochkomma »'« eingeleitet und im Code-Fenster grün dargestellt.

So lassen Sie Ihr Programm laufen

Ist das Programm eingegeben, möchten Sie natürlich sehen, ob es auch funktioniert.

Positionieren Sie den Mauszeiger innerhalb Ihrer Prozedur und klicken Sie dann einfach auf die Schaltfläche *Sub/UserForm ausführen*. Sogleich erscheint das von Ihnen mit MsgBox definierte Dialogfeld am Bildschirm.

Abbildg. 34.3 Das programmierte Dialogfeld

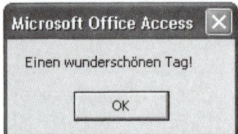

> **HINWEIS** Mit dem Befehl *Debuggen/Kompilieren von CineCity* werden alle Programme von Access vorverarbeitet und auf ihre syntaktische Korrektheit überprüft. Zwar kompiliert Access automatisch während der Ausführung eines Programms die Teile, die ausgeführt werden, aber alle anderen werden nicht berücksichtigt. Durch die Kompilierung des gesamten Programms erreichen Sie, dass Ihr gesamtes Programm bzw. alle Ihre Module überprüft werden.

Das Direktfenster

Alternativ können Sie das Direktfenster verwenden, um das Programm zu starten. Sollte es nicht zu sehen sein, aktivieren Sie es über den Menübefehl *Ansicht/Direktfenster*.

1. Tippen Sie den Namen des Programms ein.
2. Bestätigen Sie mit der ⏎ -Taste.

Abbildg. 34.4   Das Direktfenster zum Starten des Programms

Eine ausführliche Beschreibung des Direktfensters und seiner Möglichkeiten finden Sie im Abschnitt »Arbeiten mit dem Direktfenster« weiter hinten in diesem Kapitel.

Der Projekt-Explorer

Im Projekt-Explorer finden Sie sowohl alle Formulare und Berichte mit Code als auch die eigenständigen Module. Sie befinden sich in zwei unterschiedlichen Ordnern. Der Ordner *Microsoft Office Access Klassenobjekte* beinhaltet alle Formulare und Berichte mit VB-Code, im Ordner *Module* befinden sich die eigenständigen Module.

Wie Sie in Abbildung 34.5 in der Mitte sehen können, wurden in diesem Buch bereits einige Beispiele für Code behind Forms besprochen. Die Programme, die in diesem Kapitel erstellt werden, befinden sich auf eigenen Modulblättern.

Um den Code auf einem bestimmten Modulblatt anzusehen oder um den Code zu einem Formular oder Bericht anzuzeigen, doppelklicken Sie auf den entsprechenden Eintrag im Projekt-Explorer.

Abbildg. 34.5   Verschiedene Ansichten des Projekt-Explorers

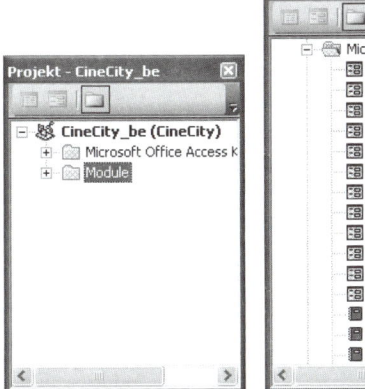
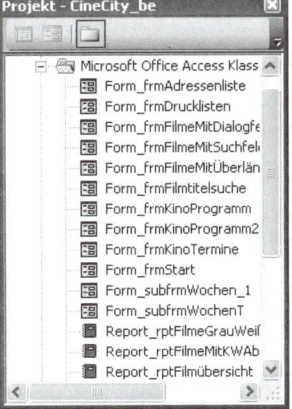
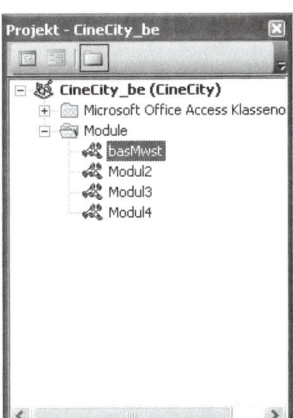

Variablen

Um Berechnungen in Programmen durchführen zu können, müssen Werte in der Regel zwischengespeichert werden, wozu Variablen verwendet werden. Sie können sich eine Variable wie eine elektronische Schublade vorstellen, in die genau ein Wert eines bestimmten Typs hineingelegt oder aus der genau ein Wert eines bestimmten Typs herausgenommen werden kann. Der Name der Variable ist die Aufschrift auf der Schublade.

Variablen deklarieren

Eine Variable zu deklarieren bedeutet, sie festzulegen. Das geschieht zum einen über ihren Namen, zum anderen über ihren Datentyp. In Access gibt es zwei Möglichkeiten, Variablen zu deklarieren. Variablen können explizit oder implizit deklariert werden.

Explizite Deklaration von Variablen

Mit der Anweisung Option Explicit (Menübefehl *Extras/Optionen*, Registerkarte *Editor*, Option *Variablendeklaration erforderlich*) sind Sie gezwungen, Variablen vor ihrer Verwendung zu deklarieren. Sie sollten sich dies auf jeden Fall angewöhnen, um Fehler zu vermeiden.

Die Deklaration kann wie in den folgenden Zeilen erfolgen:

```
Dim intAnzahl As Integer
Dim dblNetto As Double
Dim strName As String
```

Damit werden die Variablen intAnzahl, dblNetto und strName als Integer, Double bzw. String (also Text) festgelegt. Deklarieren Sie eine Variable in der Form

```
Dim xyz
```

so erhält die Variable automatisch den Datentyp Variant. Mehrere Deklarationen lassen sich, durch Komma getrennt, hinter einem Dim-Befehl angeben:

```
Dim strTmp As String, intZähler As Integer, dblWert As Double
```

HINWEIS Eine Deklaration in der Form

```
Dim strFilmtitel, strOriginal, strKommentar As String
```

ist zwar gültig und syntaktisch korrekt, allerdings wird nur die Variable strKommentar als Variable vom Typ String deklariert. Die beiden anderen erhalten den Typ Variant. In den meisten Programmen sollte dies nicht zu Problemen führen, aber es kann durchaus eine Fehlerquelle sein.

Implizite Deklaration von Variablen

Ist in einem Modul der Befehl `Option Explicit` nicht angegeben, verwendet Access die implizite Deklaration von Variablen. Das bedeutet, eine Variable wird mit ihrer ersten Verwendung eingeführt und automatisch deklariert. Wir möchten Ihnen von der Verwendung der impliziten Deklaration abraten, denn sie kann zu Fehlern führen. Im Modul in Abbildung 34.6 wird implizit deklariert.

Abbildg. 34.6 Implizite Deklaration

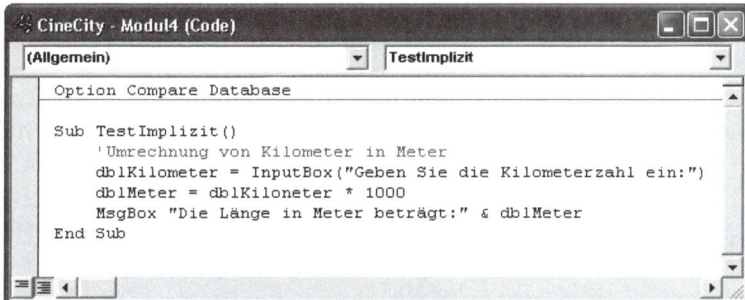

Egal, welchen Kilometerwert Sie angeben, das Ergebnis in der `MsgBox` ist immer »Die Länge in Meter ist: 0«. Sehen Sie den Fehler? In der vierten Zeile wurde `dblKiloneter` anstelle von `dblKilometer` geschrieben. Aufgrund der impliziten Deklaration bemerkt Access den Schreibfehler nicht, sondern erzeugt eine neue Variable mit dem Namen `dblKiloneter`, die standardmäßig mit dem Wert 0 initialisiert ist.

Hätten Sie die explizite Deklaration verwendet, so hätte Access Sie beim Starten des Programms auf den Fehler aufmerksam gemacht, wie Sie in Abbildung 34.7 sehen können.

Abbildg. 34.7 Fehlermeldung bei expliziter Deklaration

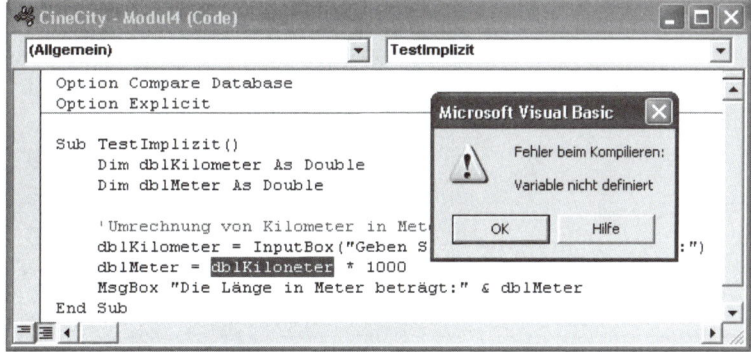

Variablentypen

Access verwendet standardmäßig für alle Variablen den Datentyp `Variant`, wenn Sie es nicht anders angeben. Dieser Datentyp kann numerische Daten, Zeichenfolgen, Datums- und Zeitwerte, Datenfelder oder Objekte speichern. Die Arbeit mit diesem Datentyp ist zwar sehr einfach, effizienter

Programmierung

jedoch ist es, einer Variablen den Datentyp zuzuweisen, den Sie wirklich benötigen. Beispielsweise benötigt eine Variable vom Datentyp `Variant` 16 Byte Speicherplatz im Hauptspeicher. Werden für diese Variable aber nur ganze Zahlen kleiner als 255 verwendet, ist es sinnvoller, sie als `Byte` zu speichern, da für diesen Datentyp nur ein Byte zum Speichern benötigt wird. Zudem muss beim Kompilieren von Variablen des Datentyps `Variant` der Compiler jeweils entscheiden, welcher Datentyp für die Variable wirklich verwendet wird, was den Vorgang des Kompilierens aufwändiger macht. Zuletzt hilft das Deklarieren einer Variablen mit einem bestimmten Datentyp, Fehler zu vermeiden. Soll eine Variable von einem bestimmten Datentyp sein und wird ihr beispielsweise ein Wert von einem falschen Datentyp zugewiesen, gibt es eine Fehlermeldung. Das Typ `Variant` hingegen ermöglicht jede Zuweisung.

Tabelle 34.2 zeigt die möglichen Datentypen in Access mit ihren Wertebereichen und dem benötigten Speicherplatz an.

Tabelle 34.2   Aufstellung der in Access verwendeten Datentypen

Datentyp	Art	Wertebereich	Interne Größe
Byte	Ganze Zahl	0...255	1 Byte
Integer	Ganze Zahl	-32.768 bis 32.767	2 Bytes
Long Integer	Ganze Zahl	-2.147.483.648 bis 2.147.483.647	4 Bytes
Single	Fließkommazahlen (Dezimalzahlen)	Zahlen mit insgesamt sieben Stellen	4 Bytes
Double	Fließkommazahlen (Dezimalzahlen)	Zahlen mit insgesamt 15 Stellen	8 Bytes
Decimal	Fließkommazahlen (Dezimalzahlen)	Zahlen mit insgesamt 28 Stellen	12 Bytes
Currency	Festkommazahlen (für Währung)	15 Vor- und vier Nachkommastellen	8 Bytes
Boolean	Wahrheitswerte	True oder False	2 Bytes
Date	Datums-Zeit-Werte	1.1.100 bis 31.12.9999	8 Bytes
Object	Objektvariable	Verweist auf Objekt	
String	Text variabler Länge	Kann bis etwa zwei Milliarden Zeichen enthalten	10 Bytes plus Textlänge
Variant (mit Zahlen)		Numerische Werte im Bereich des Datentyps Double	16 Bytes
Variant (mit Zeichen)			22 Bytes plus Textlänge

Die aufgeführten Datentypen für Zahlen haben nicht alle dieselbe Wichtigkeit. Für ganze Zahlen wird man in der Regel den Datentyp `Integer` verwenden, es sei denn, die verwendeten Werte sind mit Sicherheit kleiner als 255, dann kann der Datentyp `Byte` verwendet werden. Der Vorteil dieses Datentyps liegt darin, dass er mit der Hälfte des Speicherplatzes auskommt. Sind die zu verwendenden Zahlen größer als 32.000, dann kommt der Datentyp `Long` in Betracht. Rechnet man mit Zahlen, die Nachkommastellen enthalten, wird man normalerweise den Datentyp `Double` verwenden.

Namen für Variablen

Variablennamen sollten so gewählt sein, dass der Name eine Aussage über die Variable macht. Dazu werden oft mehrere Wörter oder Silben hintereinander verwendet. Variablennamen müssen mit einem Buchstaben beginnen und dürfen bis zu 200 Zeichen umfassen. In Variablennamen sind Zahlen, aber keine Leerzeichen, Punkte oder andere Sonderzeichen außer dem Unterstrich »_« erlaubt. Zudem dürfen Schlüsselwörter nicht für Variablennamen verwendet werden.

Grundsätzlich werden alle Namen in Visual Basic in einem Wort geschrieben. Besteht ein Name aus mehreren Wörtern, so wird jedes einzelne Wort mit großem Anfangsbuchstaben geschrieben.

Es ist oft hilfreich, Variablen so zu benennen, dass Sie auf den ersten Blick erkennen können, um welchen Typ es sich handelt. Die folgende Tabelle zeigt die Abkürzungen der einzelnen Variablentypen mit einem Beispiel. Diese Regeln für VBA stammen von Greg Reddick und werden kurz als RVBA-Konventionen bezeichnet. Die vollständigen RVBA-Namenskonventionen können Sie in Anhang A nachschlagen.

Tabelle 34.3 Abkürzungen und Beispiele zur Namenskonvention

Variablentyp	Präfix	Beispiel
Byte	byte	Dim byteSorte as Byte
Integer	int	Dim intZähler As Integer
Long	lng	Dim lngEinwohner As Long
Single	sng	Dim sngMwSt As Single
Double	dbl	Dim dblMenge As Double
Currency	cur	Dim curBrutto As Currency
Boolean (Yes/No)	bool	Dim boolNeuKunde As Boolean
Date (Date/Time)	date	Dim dateBeitrittsDatum As Date
Object	obj	Dim objFormular As Object
String	str	Dim strNachname As String
Variant	var	Dim varEingabe As Variant

Variablen eingeben

Möchten Sie Variablen in Programmen eingeben, sollten Sie Folgendes beachten:

- Dezimalzahlen: Für Dezimalzahlen müssen Punkte verwendet werden, um Nachkommastellen abzutrennen, wie `dblBetrag = 0.99`.

- Texteingabe: Texte werden einer Variablen in Anführungszeichen übergeben, wie `strName = "Klein"`.

- Datumseingaben: Soll ein Datum einer Variablen übergeben werden, so ist es von #-Zeichen einzurahmen. Zudem ist die amerikanische Schreibweise zu verwenden, also erst der Monat, dann der Tag und zuletzt das Jahr. Getrennt werden die Angaben durch einen Schrägstrich. Für den 11. Mai 2004 beispielsweise übergibt man `dateGeburtsdatum = #5/11/2004#`.

> **HINWEIS**   Wer sich gar nicht mit der amerikanischen Schreibweise des Datums anfreunden kann, dem sei die Funktion `DateValue` empfohlen. Damit kann die Datumsübergabe auch durch `dateGeburtstag = DateValue("11.5.2004")` erfolgen.

Beispiele

Im Folgenden zeigen wir Ihnen einige Beispiele für Variablendeklarationen und -zuweisungen. Wir haben für einen Datentyp Hinweise eingefügt, die die Überschreitung des zulässigen Wertebereichs betreffen. Weisen Sie einer Variablen vom Typ Byte den Wert 1000 zu, so wird Access den Laufzeitfehler 6, »Überlauf«, auslösen, der auf die Überschreitung des Wertebereichs hinweist, denn eine Variable vom Typ Byte kann nur Werte zwischen 0 und 255 aufnehmen.

```
Dim byteZeichen As Byte
byteZeichen = 65
' Die folgende Zeile erzeugt den Laufzeitfehler 6, »Überlauf«
byteZeichen = 1000
...
Dim intFilmlänge As Integer
intFilmlänge = 90
' Die folgende Zeile erzeugt den Laufzeitfehler 6
intFilmlänge = 123456789
...
Dim sngMwst As Single
sngMwst = 0.16
...
Dim dblEinnahmen As Double
dblEinnahmen = 1234567.12
...
Dim curKasse As Currency
curKasse = 1234567.12
...
Dim boolSonderveranstaltung As Boolean
boolSonderveranstaltung = False
...
Dim dateVorstellung As Date
dateVorstellung = #1/4/04#
dateVorstellung = DateValue("4.1.2004")
...
Dim strFilmtitel As String
strFilmtitel = "Kops"
...
Dim varNichtsIstUnmöglich As Variant
varNichtsIstUnmöglich = 1234
varNichtsIstUnmöglich = "Kops"
varNichtsIstUnmöglich = #4/1/02#
...
```

Konstanten

Werden in einem Programm Werte verwendet, die sich nicht ändern, so können diese als Konstanten definiert werden. Zu ihrer Kennzeichnung verwendet man das Präfix »con«. Ihre Deklaration erfolgt folgendermaßen:

```
Const conPi As Double = 3.14159265358
Const conMaxBesucher As Integer = 450
```

Für Konstanten muss nicht unbedingt ein Datentyp angegeben werden. Beispielsweise ist

```
Const conMinTurnaround = 30
```

ausreichend, allerdings wird die Konstante vom Datentyp Variant eingerichtet.

Felder

Werte gleicher Art können zu einem so genannten Feld zusammengefasst werden. Dabei werden die einzelnen Elemente mit demselben Namen über unterschiedliche Indizes angesprochen. Angenommen, Sie arbeiten mit den drei Mehrwertsteuersätzen 0%, 7% und 16%. Dann könnten Sie mit

```
Dim adblMwst(2) As Double
```

das Feld adblMwst deklarieren. Um den einzelnen Elementen des Feldes Werte zuzuweisen, schreiben Sie einfach

```
adblMwst(0) = 0
adblMwst(1) = 0.07
adblMwst(2) = 0.16
```

Innerhalb Ihres Programms könnten Sie dann mit

```
dblBrutto = dblNetto * adblMwst(intIndex)
```

den Bruttobetrag in Abhängigkeit der Variablen intIndex berechnen. Ist intIndex gleich 1, wird mit 7% gerechnet, ist intIndex gleich 2, mit 16%. Beachten Sie beim Arbeiten mit Feldern, dass der Index bei Null zu zählen anfängt. Das erste Element des Feldes wird immer mit dem Index 0 angesprochen, nicht mit 1.

HINWEIS   Sollten Sie damit Probleme haben, dass Datenfelder bei 0 beginnen und nicht bei 1, können Sie auf der Seite der Deklarationen den Eintrag Option Base 1 verwenden und damit alle Felder dazu zwingen, mit dem Zählen bei 1 zu beginnen.

Programmierung

Die Array-Funktion

Die Array-Funktion unterstützt Sie bei der Zuweisung von Werten zu den Elementen der Felder. Dabei wird allen Werten einer Array-Funktion der Datentyp `Variant` zugewiesen. Möchten Sie das bereits zuvor verwendete Feld für die Mehrwertsteuer mit der Array-Funktion füllen, deklarieren Sie zunächst einmal das Feld durch

```
Dim avarMwst As Variant
```

und schreiben dann

```
avarMwst = Array(0, 0.07, 0.16)
```

um das Feld mit Werten zu füllen. Die einzelnen Werte der Liste werden dabei durch Kommata voneinander getrennt.

Gültigkeitsbereiche

Sowohl Variablen als auch Konstanten können in unterschiedlichen Bereichen verfügbar gemacht werden. Prinzipiell haben Variablen und Konstanten drei verschiedene Gültigkeitsebenen.

Gültigkeit auf Prozedurebene

Variablen und Konstanten, die auf der Prozedurebene definiert sind, gelten lokal nur innerhalb der Prozedur, in der sie deklariert sind. Außerhalb der Prozedur können diese Variablen nicht verwendet werden. Die Deklaration dieser Variablen oder Konstanten erfolgt in der entsprechenden Prozedur.

Sie deklarieren solche Variablen zu Beginn der entsprechenden Prozedur mit der Anweisung `Dim`.

```
Sub BerechnungNetto()
    Dim dblNetto As Double
    Dim dblBrutto As Double
    Dim dblMwst As Double
    ...
End Sub
```

Die Variablen `dblNetto`, `dblBrutto` und `dblMwst` werden innerhalb der Prozedur `BerechnungNetto()` deklariert und gelten auch nur, solange diese Prozedur abgearbeitet wird. Ist die Berechnung beendet, gibt es die Variablen nicht mehr.

Schreiben Sie jetzt noch eine Prozedur

```
Sub BerechnungTest()
    dblNetto = 1000
End Sub
```

im gleichen Modul wie die Prozedur `BerechnungNetto()`, so wird Access beim Kompilieren einen Fehler melden, denn innerhalb der Prozedur `BerechnungTest()` ist die Variable `dblNetto` nicht definiert, da sie nur in der Prozedur `BerechnungNetto()` gültig ist.

Gültigkeit auf privater Modulebene

Innerhalb eines Moduls können mehrere Prozeduren definiert werden. Sollen Variablen und Konstanten für alle Prozeduren eines Moduls gelten, werden sie modulweit deklariert. Dazu deklarieren Sie sie nicht innerhalb der Prozedur, sondern am Anfang des Moduls im Bereich *Deklarationen* hinter dem Eintrag `Option Explicit`. Die Deklaration kann zwar mit `Dim` durchgeführt werden, sinnvoller ist aber die Verwendung von `Private`, um anzuzeigen, dass es sich um eine Variable handelt, die auf privater Modulebene gilt.

Abbildg. 34.8 Deklaration einer Variablen auf privater Modulebene

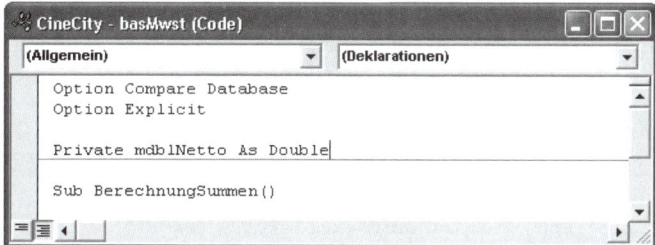

Die Variable `mdblNetto`, die in Abbildung 34.8 als Variable auf privater Modulebene deklariert wurde, gilt in allen Prozeduren des Moduls `basMwSt`.

HINWEIS   Verwenden Sie für Variablen auf privater Modulebene das Präfix »m«, wie Sie es in Abbildung 34.8 sehen können.

Gültigkeit auf öffentlicher Modulebene

Variablen mit Gültigkeit auf öffentlicher Modulebene gelten in der gesamten Datenbank. Sie können sowohl aus Formularen oder Berichten als auch aus anderen Modulen heraus aufgerufen werden. Sie deklarieren öffentliche Variablen im Deklarationsbereich eines Moduls mit der Deklaration `Public`.

Abbildg. 34.9 Deklaration einer Variablen auf öffentlicher Modulebene

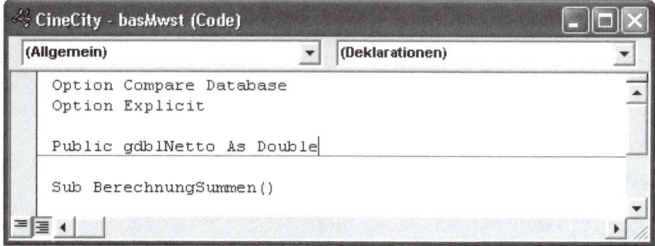

HINWEIS   Verwenden Sie für die Namen von öffentlichen Variablen oder Konstanten das Präfix »g« (kurz für global).

Programmierung

Prozeduren und Funktionen

Vereinfachen Sie Ihre Programmierarbeit, indem Sie Ihre Programme in kleine logische Einheiten unterteilen. Solche Einheiten, als Unterprogramme bezeichnet, können beispielsweise häufig wiederkehrende Berechnungen sein. Es gibt zwei wichtige Gründe, die dafür sprechen, Programme in mehrere Unterprogramme aufzuteilen. Zum einen lassen sich solche Einheiten einfacher testen und auf Fehler untersuchen, als ein sehr langes Programm. Zum anderen können die Unterprogramme auch in anderen Programmen verwendet werden.

In Visual Basic werden zwei Arten von Unterprogrammen unterschieden: Prozeduren und Funktionen. Eine Prozedur führt eine Reihe von Anweisungen aus, ohne nach ihrer Beendigung einen Wert zurückzugeben. Eine Funktion wird dazu verwendet, einen Wert zu berechnen und zurückzugeben. Sie lässt sich daher auch in Rechnungen und Ausdrücken direkt einsetzen.

Prozeduren

Allgemein erfolgt die Definition einer Prozedur durch die folgenden Zeilen:

```
[Private | Public] Sub Name [(ArgListe)]
     [Anweisungen]
     [Exit Sub]
     [Anweisungen]
End Sub
```

Dabei legen die ersten optionalen Argumente Private bzw. Public den Gültigkeitsbereich der Prozedur fest. Prozeduren in Modulen sind standardmäßig öffentlich (Public), können aber mit dem Zusatz Private auf die Modulebene beschränkt werden. Prozeduren, die Sie in Formularen oder Berichten als »Code behind Forms« erstellen, erhalten übrigens automatisch den Zusatz Private.

Werden einer Prozedur Werte übergeben, geschieht das in Klammern hinter dem Namen der Prozedur. Sollen mehrere Argumente verwendet werden, werden diese durch Kommata voneinander getrennt.

```
Private Sub StandardWertSetzen(strTable As String, _
     strField As String, varDefault As Variant)
```

End Sub beendet das mit Sub begonnene Programm. Die Anweisung Exit Sub erlaubt das vorzeitige Verlassen einer Prozedur.

Namen für Prozeduren

Für Prozeduren sollten Sie sprechende Namen verwenden. Setzt sich der Name einer Prozedur aus mehreren Wörtern zusammen, beginnen Sie jedes einzelne Wort mit einem Großbuchstaben.

So starten Sie eine Prozedur

Möchten Sie eine Prozedur starten, platzieren Sie den Cursor im Code der Prozedur und klicken entweder auf die Schaltfläche *Sub/UserForm ausführen* oder starten sie mit der F5 -Taste. Alternativ lässt sich eine Prozedur im Direktfenster über die Eingabe ihres Namens starten.

Prozedur ruft Prozedur auf

Rufen Sie eine Prozedur aus einer anderen Prozedur heraus auf, so geschieht das wie im folgenden Listing gezeigt. Dabei ruft die Prozedur *TestStandardSetzen* eine zweite Prozedur mit dem Namen *StandardWertSetzen* auf.

```
Sub TestStandardSetzen()
    Dim strTbl As String
    Dim strFld As String
    Dim varDflt As Variant

    strTbl = "tblFilme"
    strFld = "Länge"
    varDflt = "90"

    StandardWertSetzen strTbl, strFld, varDflt
End Sub
```

Alternativ können Sie eine Prozedur auch mit

```
Call StandardWertSetzen(strTbl, strFld, varDflt)
```

aufrufen. Beachten Sie dabei, dass nur in der Version mit `Call` die Argumente in Klammern gesetzt werden!

Funktionen

Funktionen sind Unterprogramme, die einen Wert zurückgeben. Allgemein wird eine Funktion durch

```
[Public | Private] Function Name [(ArgListe)] [As Typ]
    [Anweisungen]
    [Name = Ausdruck]
    [Exit Function]
    [Anweisungen]
    [Name = Ausdruck]
End Function
```

definiert. Auch für Funktionen gilt, dass sie standardmäßig öffentlich sind, durch den Zusatz `Private` jedoch auf Modulebene beschränkt werden können.

Für den Rückgabewert einer Funktion können Sie einen Datentyp vereinbaren. Geben Sie keinen expliziten Datentyp an, so ist der Rückgabewert vom Typ `Variant`.

HINWEIS   Möchten Sie Funktionen aus dem Direktfenster heraus aufrufen, so setzen Sie vor den Funktionsnamen ein Fragezeichen. Im Abschnitt »Fehlersuche« weiter hinten in diesem Kapitel rufen wir Funktionen direkt aus dem Direktfenster auf.

Argumente für Funktionen

Funktionen können Argumente übergeben werden, die innerhalb der Funktion weiterverwendet werden können. Bei der Definition der Funktion werden die zu übergebenden Argumente festgelegt.

Für die folgende Beispielfunktion wurde ein Argument vereinbart:

```
Function FilmLänge(strFilmtitel As String) As Integer
    ...
End Function
```

Verwenden Sie die Funktion in einem Programm, müssen Sie einen Wert oder eine Variable als Argument übergeben, beispielsweise in der Form

```
MsgBox "Die Filmlänge ist " & Filmlänge("Luther") & " min."
```

oder

```
Dim strFilm As String
strFilm = "Luther"
MsgBox "Die Filmlänge ist " & Filmlänge(strFilm) & " min."
```

Beachten Sie dabei, dass die zu übergebenden Variablen vom gleichen Datentyp wie die Argumente sein müssen.

Sie können mehrere Argumente, durch Kommata voneinander getrennt, angeben, z.B.:

```
Function Kinobelegung(lngKinoNr As Long, dateWoche As Date, _
                              intTag As Integer) As Integer
    ...
End Function
```

Beachten Sie dabei, dass Sie die Argumentenliste auch in der Form

```
Function Kinobelegung(lngKinoNr, dateWoche, intTag As Integer)
```

vereinbaren können. Dies hat zur Folge, dass die ersten beiden Parameter implizit als vom Typ Variant deklariert werden.

Zwei Versionen der Argumentübergabe

Für die Übergabe von Argumenten an Funktionen und Prozeduren unterstützt VBA zwei Verfahren, mit denen Argumente übergeben werden können: per Referenz (by reference) oder als Wert (by value).

Wir haben das folgende kleine Beispiel programmiert, um die beiden Verfahren erläutern zu können.

Abbildg. 34.10   Ein kleines Beispiel

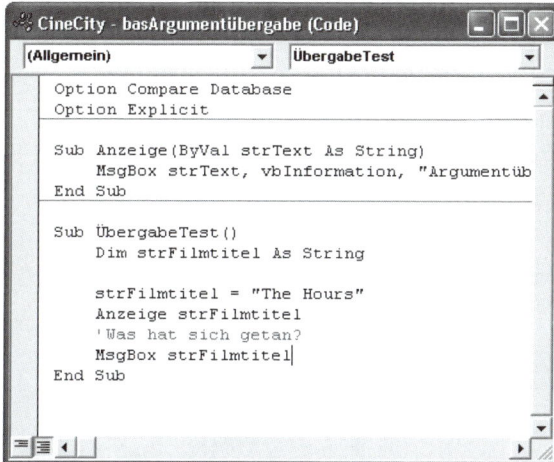

```
CineCity - basArgumentübergabe (Code)

(Allgemein)                    ▼   ÜbergabeTest              ▼

    Option Compare Database
    Option Explicit

    Sub Anzeige(ByVal strText As String)
        MsgBox strText, vbInformation, "Argumentüb
    End Sub

    Sub ÜbergabeTest()
        Dim strFilmtitel As String

        strFilmtitel = "The Hours"
        Anzeige strFilmtitel
        'Was hat sich getan?
        MsgBox strFilmtitel
    End Sub
```

HINWEIS   Platzieren Sie den Cursor in dem Programm, das Sie starten möchten, bevor Sie auf die Schaltfläche *Sub/UserForm ausführen* klicken. Befindet sich der Cursor in der Funktion, öffnet sich ein Dialogfeld, in dem Sie erst den Namen der Prozedur, die Sie starten möchten, anklicken und dann auf die Schaltfläche *Ausführen* klicken müssen.

Als Standard: Per Referenz

Wenn nicht anders angegeben, werden Argumente per Referenz übergeben. In unserem Beispielmodul ist für die Prozedur Anzeige ein Argument strText As String definiert. In der Prozedur ÜbergabeTest() wird Anzeige aufgerufen, wobei die Variable strFilmtitel übergeben wird.

Der an die Prozedur Anzeige übergebene Filmtitel wird in einer MsgBox angezeigt. So weit keine Besonderheiten! Was aber passiert, wenn in der Prozedur Anzeige die Variable strText verändert wird? In Abbildung 34.11 sehen Sie die beiden von uns geänderten Prozeduren. In der Prozedur Anzeige wird in der Zeile strText = ">" & strText & "<" der Inhalt der Variablen um die französischen Anführungszeichen ergänzt.

Die Prozedur ÜbergabeTest wurde um eine Zeile erweitert, die den Inhalt der Variablen strFilmtitel in einem Meldungsdialogfeld einblendet.

Welches Ergebnis erhalten wir durch die Änderungen? Beide Meldungsdialogfelder, also zuerst das von Anzeige, dann das von ÜbergabeTest, zeigen »The Hours« mit den französischen Anführungszeichen an. Die Änderung von strText in Anzeige hat also auch strFilmtitel in ÜbergabeTest modifiziert.

Die Erklärung für dieses Phänomen liegt in der Argumentenübergabe per Referenz. Hierbei wird der Prozedur als Argument nicht der Wert der Variablen strFilmtitel übergeben, sondern nur die Adresse im Speicher des Computers, an der die Variable liegt. Eigentlich erhält die Variable strFilmtitel durch die Übergabe an Anzeige nur einen zweiten Namen, nämlich strText, für die gleiche Speicherstelle, d.h. für den gleichen Inhalt. Deshalb ist jede Änderung von strText auch eine Änderung an strFilmtitel.

Abbildg. 34.11 Geändertes Beispielprogramm

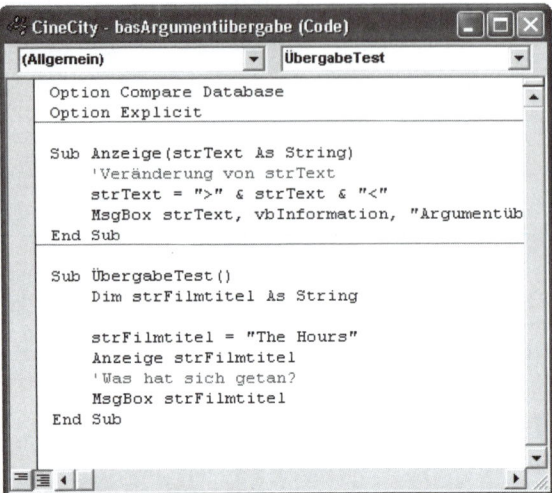

Zwar wird die Argumentenübergabe per Referenz standardmäßig verwendet, Sie können aber durch Voranstellen des Befehlswortes ByRef eine Übergabe per Referenz explizit festlegen, beispielsweise mit

```
Sub Anzeige(ByRef strText As String)
```

Nur auf Anforderung: Als Wert

Beim zweiten Argumentenübergabeverfahren werden keine Referenzen auf Speicherstellen übergeben, sondern eine Kopie des Wertes der Variablen. In Abbildung 34.12 ist dargestellt, dass die Prozedur Anzeige durch das Befehlswort ByVal entsprechend umgestellt wurde.

Abbildg. 34.12 Argumentenübergabe als Wert

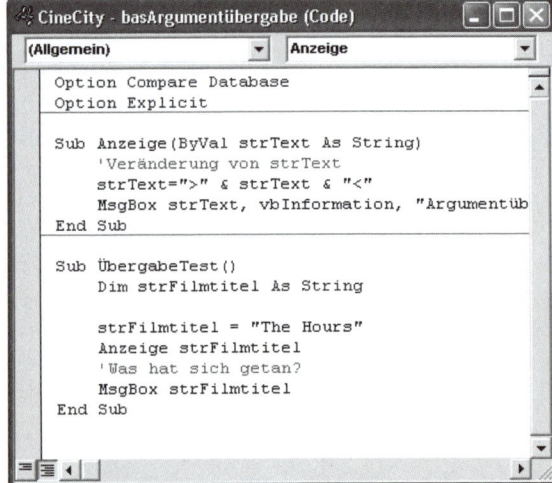

Starten Sie nun die Prozedur ÜbergabeTest, so werden wieder hintereinander die beiden Dialogfelder gezeigt, wobei diese nun unterschiedliche Inhalte zeigen. Im ersten Meldungsdialog (in Anzeige) wird der Filmtitel mit Kleiner-/Größerzeichen eingeblendet, während im zweiten Dialogfeld (in ÜbergabeTest) keine zusätzlichen Zeichen gezeigt werden.

PROFITIPP

> Wir empfehlen, möglichst immer die Argumente ByVal zu übergeben, denn damit können Sie Fehler vermeiden, die durch unbeabsichtigtes Ändern von Variablen in einem Unterprogramm entstehen können.

HINWEIS Die RVBA-Namenskonventionen empfehlen, den Namen aller Argumente, die als Referenz übergeben werden, den Buchstaben »r« voranzustellen. Lesen Sie dazu den Anhang A.

Bedingte Anweisungen

Möchten Sie in einem Programm unter bestimmten Bedingungen andere Befehle ausführen als unter anderen, so können Sie solche bedingte Anweisungen am einfachsten mit einer If- oder Case-Anweisung realisieren.

If-Abfragen

Die einfachste Form einer If-Abfrage lautet:

```
If Bedingung Then [Anweisung]
```

Also: Wenn die angegebene Bedingung erfüllt ist, tue das, was unter Anweisung vereinbart ist. Die allgemeine Form lautet:

```
If Bedingung Then
    [Anweisungen]
[ElseIf Bedingung-n Then
    [elseifAnweisungen] ...
[Else
    [elseAnweisungen]]
End If
```

Dabei sind alle Teile optional, die in eckigen Klammern im Text stehen. Mit ElseIf leiten Sie weitere Bedingungen ein. Eine If-Anweisung wird mit End If abgeschlossen.

TIPP Gerade bei verschachtelten If-Anweisungen ist es hilfreich, mit Einrückungen zu arbeiten. Dann können Sie beispielsweise sofort erkennen, ob es zu einem If auch ein End If gibt.

Für das folgende Beispiel soll eine Rabattstaffelung dargestellt werden. Dabei soll für eine abgenommene Stückzahl von 1000 10% Rabatt gegeben werden. Für Stückzahlen zwischen 500 und 999 werden 5% und für Stückzahlen zwischen 100 und 499 nur noch 1% Rabatt gewährt.

```
If intAnzahl >= 1000 Then
    dblRabatt = 0.1
ElseIf intAnzahl >= 500 Then
    dblRabatt = 0.05
ElseIf intAnzahl >= 100 Then
    dblRabatt = 0.01
Else
    dblRabatt = 0
End If
```

Vergleichsoperatoren

Die Vergleichsoperatoren, die für If-Abfragen in den Bedingungen verwendet werden können, sind in Tabelle 34.4 dargestellt. Dabei ist darauf zu achten, dass Werte gleichen Feldtyps miteinander verglichen werden. So lassen sich beispielsweise Zahlen nicht mit Texten vergleichen.

Tabelle 34.4 Vergleichsoperatoren für bedingte Anweisungen

Operator	Bedeutung
=	Gleich
<	Kleiner als
<=	Kleiner oder gleich
>	Größer
>=	Größer oder gleich
<>	Ungleich

Zudem können Sie in einer Bedingung auch logische Operatoren verwenden, wie sie in Tabelle 34.5 dargestellt sind.

Tabelle 34.5 Logische Operatoren für bedingte Anweisungen

Operator	Beispiel	Bedeutung
Not	Not (intAnzahl < 10)	intAnzahl größer oder gleich 10
And	intAnzahl > 10 And intAnzahl < 90	intAnzahl größer 10 und kleiner 90, also zwischen 10 und 90
Or	intAnzahl < 10 Or intAnzahl > 20	intAnzahl entweder kleiner 10 oder größer als 20

Zwei mit Or verbundene Bedingungen sind dann erfüllt, wenn eine der beiden erfüllt ist. Im Unterschied dazu ist eine mit And verbundene Bedingung nur dann erfüllt, wenn beide Bedingungen wahr sind. Es besteht zudem die Möglichkeit, mehrere logische Operatoren zusammen in einer Bedingung zu verwenden, wie in

```
Not (intAnzahl < 10) And Not (intAnzahl > 90)
```

Da es nicht immer ganz einfach ist festzulegen, wie welcher Operator arbeitet, stellt Tabelle 34.6 eine Zusammenfassung des Zusammenspiels der einzelnen Operatoren dar. Dabei bedeutet die Bedingung True, dass die angegebene Bedingung erfüllt ist. Ist das Ergebnis gleich True, heißt das, dass die Verkettung der beiden Bedingungen als wahr angegeben wird.

Tabelle 34.6   Zusammenspiel der logischen Operatoren

Bedingung 1	Operator	Bedingung 2	Ergebnis
True	And	True	True
True	And	False	False
False	And	True	False
False	And	False	True
True	Or	True	True
True	Or	False	True
False	Or	True	True
False	Or	False	False
	Not	True	False
	Not	False	True

Case-Anweisungen

Außer mit der If-Anweisung besteht auch die Möglichkeit, mithilfe von Case-Anweisungen zu verzweigen. Diese Struktur ist gerade bei vielen Verzweigungen oft übersichtlicher. Die allgemeine Form der Case-Anweisung lautet:

```
Select Case Testausdruck
[Case Ausdrucksliste-n
      [Anweisungen-n]] ...
[Case Else
      [elseAnw]]
End Select
```

Die im vorangegangenen Abschnitt verwendete Rabattstaffel stellt sich mit der Case-Anweisung wie folgt dar:

```
Select Case intAnzahl
Case Is >= 1000
    dblRabatt = 0.1
Case Is >= 500
    dblRabatt = 0.05
Case Is >= 100
    dblRabatt = 0.01
Case Else
    dblRabatt = 0
End Select
```

Springen mit GoTo

Mit dem Befehl GoTo kann eine bestimmte, mit einer Zeilennummer oder mit einem Text bezeichnete Zeile angesprungen werden. Mit diesem Befehl können Sie nur innerhalb der aktuellen Prozedur springen. GoTo-Anweisungen werden verwendet, um Laufzeitfehler abzufangen, wie im Abschnitt »Fehlersuche und -behandlung« weiter hinten in diesem Kapitel beschrieben ist. Zu viele GoTo-Anweisungen sollten beim Programmieren vermieden werden, denn der Programmcode wird dadurch schwer lesbar, eigentlich sollten Sie überhaupt keine GoTo-Befehle verwenden. Als Sprungmarke wurde im folgenden Beispiel Ende angegeben. Um die Zeile zu bezeichnen, in die gesprungen werden soll, wird vor die Zeile ein Ende: eingefügt:

```
...
If intAnzahl > 10000 Then GoTo Ende
...
Ende:
...
End Sub
```

Schleifen für sich wiederholende Programmteile

Benötigt man in einem Programm bestimmte Programmzeilen mehrmals hintereinander, verwendet man Schleifen, um die Programmzeilen nicht mehrfach eingeben zu müssen. Dabei gibt es vier verschiedene Varianten von Schleifen – Do...Loop, For...Next, For Each...Next und While...Wend –, die nacheinander in diesem Abschnitt besprochen werden.

Die Schleife Do...Loop

Die Do...Loop-Schleife gibt es in zwei verschiedenen Varianten. Eine Do...Loop-Schleife wiederholt die eingeschlossenen Anweisungen entweder bis (Until) eine angegebene Bedingung den Wert True erhält oder solange (While) die Bedingung den Wert True hat.

Allgemein lässt sich eine solche Schleife durch

```
Do [{Until | While} Bedingung]
    [Anweisungen]
    [Exit Do]
    [Anweisungen]
Loop
```

oder auch durch

```
Do
    [Anweisungen]
    [Exit Do]
    [Anweisungen]
Loop [{Until | While} Bedingung]
```

definieren. Mithilfe der Zeile `Exit Do` können Sie bei Bedarf die `Do...Loop`-Schleife auch vorzeitig verlassen.

In Abbildung 34.13 sehen Sie ein kleines Programm, das eine `Do...Loop`-Schleife verwendet. Innerhalb der Schleife wird mit `InputBox` ein Eingabedialogfeld aufgerufen, in dem ein Nettobetrag abgefragt wird. Aus diesem Nettobetrag werden mithilfe der eingebundenen Funktionen `BerechneMwst()` und `BerechneBrutto()` die Mehrwertsteuer und der Bruttowert berechnet, danach werden Netto-, Brutto- und der Mehrwertsteuerbetrag aufsummiert. Die Schleife wird so lange durchlaufen, bis in der `InputBox` der Wert 0 (der als Standardwert definiert ist) zurückgegeben wird, bis also keine Eingabe mehr vorgenommen wird. Dann gibt ein Meldungsdialogfeld (`MsgBox`) die Summen aus.

Abbildg. 34.13 Beispiel einer `Do...Loop`-Schleife

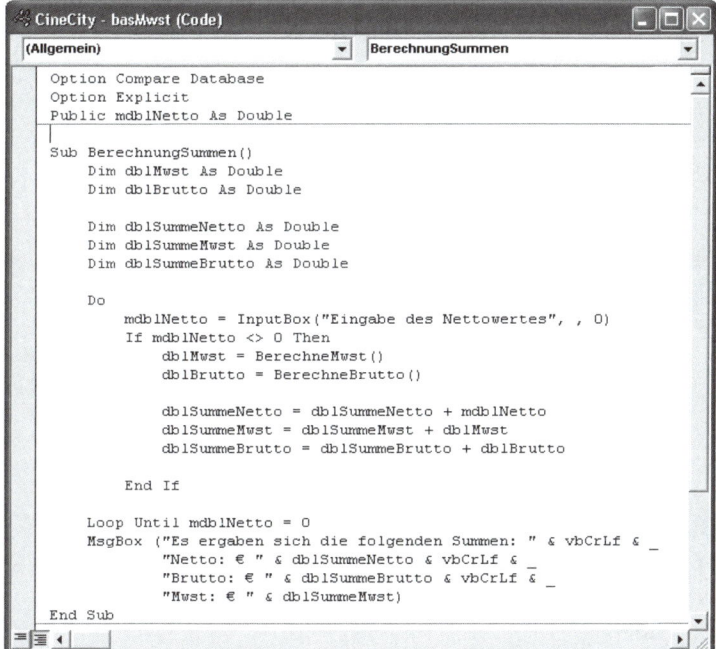

HINWEIS In der `MsgBox` für die Anzeige des Ergebnisses wird die vordefinierte Konstante `vbCrLf` verwendet, um eine neue Zeile im Dialogfeld zu erzeugen.

Die Schleife For...Next

Für die `For...Next`-Schleife ist ein Zähler erforderlich, der das Durchlaufen der Schleife steuert. Die allgemeine Form einer `For...Next`-Schleife lautet:

```
For Zähler = Anfang To Ende [Step Schritt]
    [Anweisungen]
    [Exit For]
    [Anweisungen]
Next [Zähler]
```

Für den Zähler ist der Anfangswert, der Endwert und die Schrittweite anzugeben, falls sie von 1 abweicht.

Im folgenden Beispielprogramm läuft der Zähler `intWochentag` von 1 bis 7. Da keine alternative Schrittweite angegeben ist, werden die Anweisungen der Schleife sieben Mal aufgerufen. Durch die Anweisung `Next` wird der Wert des Zählers um 1 erhöht.

Abbildg. 34.14   Die `For...Next`-Schleife

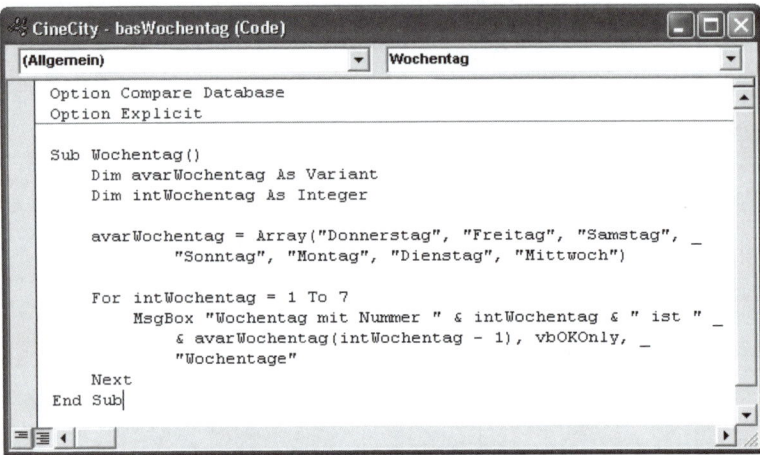

Jedes Mal wird ein Dialogfeld angezeigt, das die Zuweisung der Zahlen 1 bis 7 zu den entsprechenden Wochentagen Donnerstag bis Mittwoch ausgibt.

Abbildg. 34.15   Das angezeigte Dialogfeld

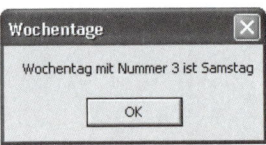

Möchten Sie eine andere Schrittweite als 1 verwenden, können Sie mit `Step` die Schrittweite variieren. So lässt sich wie im folgenden Beispiel

```
For intJahre = 2 To 40 Step 2
    ...
Next
```

eine größere Schrittweite oder wie in

```
For intJahre = 40 To 2 Step -2
    ...
Next
```

gar eine negative Schrittweite angeben. Im ersten Beispiel wird die Schleife für die Werte 2, 4, 6, ... 40 durchlaufen, im zweiten Beispiel für die Werte 40, 38, 36, ... 2.

Die Schleife For Each...Next

Die For Each...Next-Schleife bearbeitet alle Elemente eines Datenfeldes oder einer Auflistung (Kapitel 35), ohne dass Sie vorher wissen müssen, um wie viele Elemente es sich dabei handelt. Die allgemeine Form einer solchen Schleife lautet:

```
For Each Element In Gruppe
    [Anweisungen]
    [Exit For]
    [Anweisungen]
Next [Element]
```

Das folgende Beispiel verwendet die For Each...Next-Schleife, um nacheinander alle Elemente des Datenfeldes avarWochentag zu durchlaufen. Interessant dabei ist, dass die Schleifenvariable, hier im Beispiel varWochentag, nicht ein Zähler, z.B. vom Typ Integer, ist, sondern den gleichen Datentyp wie die Elemente des zu durchlaufenden Datenfeldes hat. varWochentag beinhaltet in der Schleife also im Beispiel jeweils die entsprechende Zeichenkette.

```
Sub Wochentage()
    Dim avarWochentag As Variant
    Dim varWochentag As Variant
    avarWochentag = Array("Donnerstag", "Freitag", "Samstag", _
        "Sonntag", "Montag", "Dienstag", "Mittwoch")
    For Each varWochentag In avarWochentag
        MsgBox "Vorstellungstermine am " & varWochentag & ": " _
                & Vorstellungstermine(varWochentag)
    Next
End Sub
Function Vorstellungstermine(varTag As Variant) As String
    ' Gibt für jeden Tag Termine zurück
    Select Case varTag
    Case "Donnerstag"
        Vorstellungstermine = "20:00"
    Case "Freitag"
        Vorstellungstermine = "20:00 + 22:00"
    Case "Samstag"
        Vorstellungstermine = "15:00 + 20:00 + 22:00"
    Case "Sonntag"
        Vorstellungstermine = "15:00 + 20:00 + 22:00"
    Case "Montag"
        Vorstellungstermine = "20:00 + 22:00"
    Case "Dienstag"
        Vorstellungstermine = "20:00"
    Case "Mittwoch"
        Vorstellungstermine = "20:00"
    End Select
End Function
```

Programmierung

Im Programm wird die Schleife sieben Mal durchlaufen. Bei jedem Durchlauf wird ein Meldungsdialog entsprechend dem in Abbildung 34.16 gezeigt.

Abbildg. 34.16 Meldungsdialog

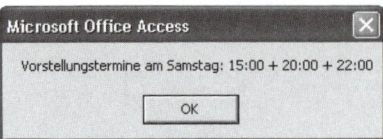

Die Funktion Vorstellungstermine() ist in der vorliegenden Form natürlich nicht sehr sinnvoll. In den Kapiteln 37 und 38 stellen wir Ihnen vor, wie Sie eine solche Funktion beispielsweise um einen Datenbankzugriff auf die Tabellen mit den Terminen erweitern können.

Die Schleife While...Wend

Eine weitere Schleifenkonstruktion steht Ihnen mit den Befehlen While...Wend zur Verfügung. Die While...Wend-Schleife gilt inzwischen allerdings als veraltet. Microsoft empfiehlt die Do...Loop-Schleife als flexiblere und besser strukturierte Variante. Deshalb nur ganz kurz die allgemeine Form:

```
While Bedingung
     [Anweisungen]
Wend
```

Die Schleife wird ausgeführt, solange die angegebene Bedingung den Wert True ergibt.

Fehlersuche und -behandlung

Vielleicht kennen Sie die Geschichte von der Weltraumsonde, die an ihrem Ziel vorbeigeflogen ist, weil im Programm ein Punkt anstelle eines Kommas (oder war es umgekehrt?) vorkam. Programmierfehler treten immer wieder auf und unterlaufen dem/der besten Programmierer/in. Wir möchten Ihnen in diesem Abschnitt zeigen, wie Sie Fehler in Ihren Programmen aufspüren können und welche Befehle Ihnen Access bietet, um Fehler nach ihrem Auftreten zu behandeln, also im Programm eine geeignete Reaktion auf einen Fehler zu definieren.

In Programmen auftretende Fehler lassen sich in drei Klassen aufteilen:

- *Syntaxfehler* sind Fehler, die beim Schreiben des Programms auftreten, beispielsweise wenn Sie sich vertippen oder falsche Befehlsworte verwenden. Diese Fehler meldet Access normalerweise schon bei der Eingabe bzw. beim Kompilieren.

- *Laufzeitfehler* sind Fehler, die während der Ausführung eines syntaktisch korrekten Programms auftreten. Ein Laufzeitfehler führt, sofern er nicht durch Fehlerbehandlungsroutinen abgefangen wird, zu einem Abbruch des Programms. Ausgelöst werden Laufzeitfehler beispielsweise durch ungültige mathematische Operationen, beispielsweise in dblY = 100/dblX, wenn dblX den Wert 0 hat, oder durch fehlerhafte Datenbankzugriffe.

- *Logische Programmfehler* sind Fehler, die durch eine fehlerhafte Logik im Programm entstehen. Ein Beispiel dafür wäre eine Abfrage, die die falschen Werte zurückliefert und so zu Fehlern führt.

Wir möchten Ihnen in diesem Abschnitt zeigen, wie Sie Ihr Programm nach logischen Programmfehlern durchsuchen und wie Sie Fehlerbehandlungsbefehle für Laufzeitfehler in Ihre Programme einbauen können. Am einfachsten ist es natürlich, fehlerfrei zu programmieren! Wir möchten daher mit einem Abschnitt über die Vermeidung von Fehlern beginnen.

Fehlervermeidung

Die folgenden Strategien helfen bei der Vermeidung von Programmierfehlern, denn die besten Fehler sind natürlich die, die gar nicht erst gemacht werden!

Kommentieren Sie Ihre Programme

So merkwürdig es klingt, aber viele Fehler werden beim Kommentieren von Funktionen und Prozeduren entdeckt. Beschreiben Sie ausführlich, was in einem Programm, einer Funktion oder einer Prozedur vorgeht, denn spätestens in vier Wochen wissen Sie selbst nicht mehr, warum Sie eine Prozedur so und nicht anders programmiert haben und was Sie sich dabei gedacht hatten.

Kommentare werden in Access mit einem einfachen Anführungszeichen oder dem Befehlswort REM eingeleitet.

Verwendung der RVBA-Namenskonventionen

Nutzen Sie die RVBA-Namenskonventionen, wie wir es weiter vorn in diesem Kapitel im Abschnitt »Namen für Variablen« beschrieben haben. Benennen Sie Ihre Variablen nach dem RVBA-Schema, können Sie am Namen erkennen, von welchem Datentyp die Variable ist. Dadurch werden Zuweisungs- und Konvertierungsfehler vermieden. Eine vollständige Beschreibung der RVBA-Konventionen finden Sie in Anhang A.

Kleine Einheiten

Zerlegen Sie Ihre Programme in kleine, überschaubare Einheiten. Durch eine Aufteilung großer Programmteile in viele kurze Funktionen und Prozeduren behalten Sie einen besseren Überblick über Ihr Programm und können es einfacher testen.

Deklaration von Variablen

Verwenden Sie in allen Modulen den Befehl `Option Explicit`. Ist der Befehl vereinbart, müssen Sie alle Variablen vor ihrer Verwendung zuerst deklarieren. Eine Deklaration wird mithilfe des Befehls `Dim` durchgeführt, den Sie in diesem Kapitel schon kennen gelernt haben. Übrigens sind in allen Beispielprogrammen in diesem Buch die Variablen deklariert worden.

Sie können `Option Explicit` von Access automatisch in jedes Programm einfügen lassen, wie im Abschnitt »Explizite Deklaration von Variablen« weiter vorn in diesem Kapitel beschrieben.

Programmierung

Vorsicht bei der Übergabe von Parametern

Im Abschnitt »Prozeduren und Funktionen« weiter vorn in diesem Kapitel haben wir die beiden Übergabemöglichkeiten (ByVal/ByRef) von Argumenten für Funktionen und Prozeduren erläutert. Dabei haben wir Sie auf die manchmal fehlerträchtige Übergabe ByRef hingewiesen, die normalerweise für die Übergabe von Argumenten verwendet wird. Übergeben Sie Argumente nach Möglichkeit immer ByVal, also als Wert, um Nebenwirkungen zu vermeiden.

Fehlersuche

Die Suche nach Fehlern in Programmen wird von Programmierern/Programmiererinnen als »Debuggen« bezeichnet. Der Legende nach soll in einem der ersten Rechnersysteme ein Fehler durch einen (echten) Käfer (bug) entstanden sein, der auf den Verbindungsleitungen zwischen Komponenten krabbelte. Wir stellen Ihnen nun die Access-Funktionen vor, mit deren Hilfe Sie Ihr Programm »entkäfern« können.

> **TIPP** Für die Fehlersuche stellt Ihnen der Visual Basic-Editor die Symbolleiste *Debuggen* zur Verfügung. Schalten Sie die Symbolleiste mit *Ansicht/Symbolleisten/Debuggen* ein.

Zuerst möchten wir Ihnen eine Funktion präsentieren, bei deren Ausführung Access einen Laufzeitfehler meldet. Die Funktion soll eine übergebene Zeichenkette rückwärts zurückgeben.

```
Function Rückwärts(ByVal str As String) As String
    Dim strTmp As String
    Dim i As Integer

    ' str von hinten nach vorne durchlaufen
    For i = Len(str) To 0 Step -1
        strTmp = strTmp & Mid(str, i, 1)
    Next
    Rückwärts = strTmp
End Function
```

In der Funktion werden zwei Access-Funktionen verwendet: Len() und Mid(). Len(Zeichenkette) gibt die Länge der als Parameter übergebenen Zeichenkette zurück, während Mid(Zeichenkette, Start, Anzahl) aus einer Zeichenkette ab der Position Start eine Anzahl von Zeichen zurückgibt.

Rufen Sie die Funktion beispielsweise aus dem Direktfenster mit ?Rückwärts("CineCity") auf, sollte als Ergebnis »ytiCeniC« ausgegeben werden. Leider meldet sich Access aber mit dem in Abbildung 34.17 gezeigten Laufzeitfehler.

Abbildg. 34.17   Ein Laufzeitfehler ist aufgetreten

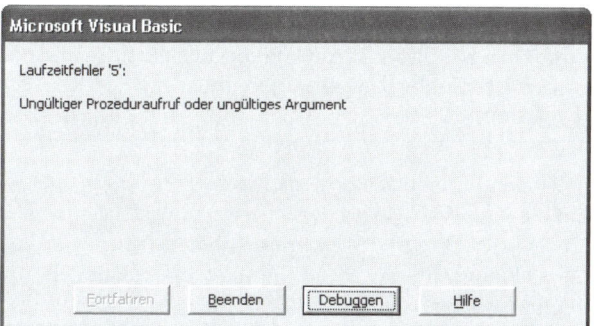

Klicken Sie auf die Schaltfläche *Debuggen*, so blendet Access das Code-Fenster mit der Funktion ein und markiert die Zeile gelb, in der der Fehler aufgetreten ist.

Abbildg. 34.18   In der markierten Zeile ist der Fehler aufgetreten

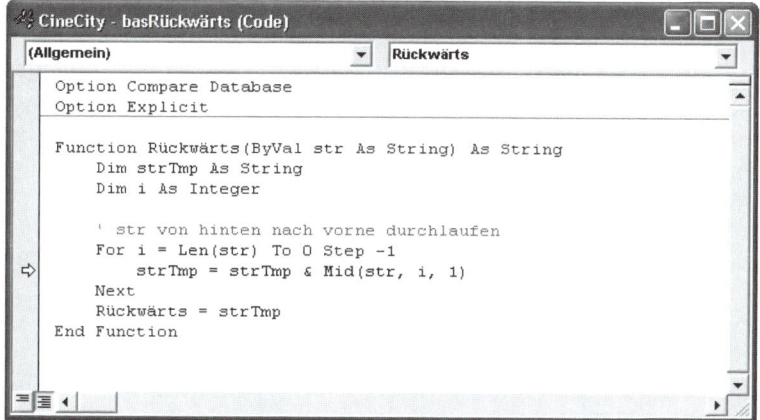

Zuerst empfiehlt es sich, die aktuellen Inhalte der Variablen anzusehen, die in der markierten Programmzeile auftreten. Platzieren Sie dazu einfach den Mauszeiger über einer der Variablen, dann erscheint nach einer kurzen Wartezeit eine QuickInfo, die den aktuellen Inhalt der Variable zeigt.

Alternativ können Sie die Variable markieren und mit der Schaltfläche *Aktuellen Wert anzeigen* oder dem Menübefehl *Debuggen/Aktuellen Wert anzeigen* den Wert in einem Dialogfeld einblenden lassen.

Abbildg. 34.19   Der aktuelle Wert der Variable

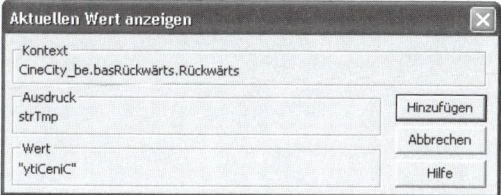

> **HINWEIS** Übrigens steckt der Fehler in unserer Beispielsfunktion in der Variablen i. Sie hat in dem Moment, in dem der Fehler auftritt, den Wert 0. Die Funktion Mid(str,i,1) greift also auf das nullte Zeichen der Zeichenkette str zu. Dies löst den Fehler aus, denn Zeichen in einer Zeichenkette werden ab 1 gezählt. Um den Fehler zu beseitigen, muss die For-Next-Schleife nicht bis 0, sondern nur bis zum Wert 1 laufen.

Das Dialogfeld in Abbildung 34.19 bietet Ihnen über die Schaltfläche *Hinzufügen* eine weitere interessante Option. Durch Klicken auf die Schaltfläche wird das Überwachungsfenster eingeblendet und die Variable dort eingetragen. Dabei wird während des Programmablaufs jede Änderung des Inhalts der Variablen sofort in der Überwachungszeile angezeigt. Weitere Informationen zum Überwachungsfenster erhalten Sie im Abschnitt »Überwachung«.

Abbildg. 34.20 Mit eingeblendeter Überwachungszeile

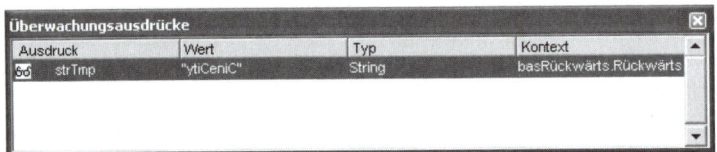

Die Testhilfen

Wir möchten jetzt erläutern, wie Sie ein Programm auf der Suche nach dem Fehler Schritt für Schritt durchlaufen und die Überwachungszeile im Direktfenster nutzen können. Um die Möglichkeiten besser beschreiben zu können, haben wir die oben vorgestellte Funktion Rückwärts() um die folgende Routine ergänzt. In der Routine wird eine Zeichenkette vom Benutzer abgefragt und diese dann umgedreht angezeigt. Der Vorgang wird so lange wiederholt, bis keine Eingabe mehr vorgenommen wird.

```
Sub RückwärtsTest()
    Dim strTmp As String

    Do
        ' Eingabe einer Zeichenkette
        strTmp = InputBox(Prompt:="Texteingabe:", Default:="")
        If strTmp <> "" Then
            ' Ausgabe der umgedrehten Zeichenkette
            MsgBox Prompt:=Rückwärts(strTmp)
        End If
    Loop Until strTmp = ""

End Sub
```

Im Code-Fenster stehen Ihnen Schaltflächen und Menübefehle zur Verfügung, mit deren Hilfe Sie Ihr Programm Zeile für Zeile abarbeiten lassen können. Auf diese Weise ist es leicht nachzuvollziehen, welche Befehle in Ihrem Programm wann abgearbeitet werden. Darüber hinaus können Sie die Inhalte Ihrer Variablen zu jeder Zeit kontrollieren.

Im Normalfall ist der erste Schritt, im Programm Haltepunkte zu setzen. An einem Haltepunkt stoppt die Programmausführung und Sie können die Kontrolle über die weitere Ausführung des Programms übernehmen.

 Um einen Haltepunkt zu setzen, stellen Sie den Cursor in die entsprechende Zeile und klicken dann auf die Schaltfläche *Haltepunkt ein/aus*. Alternativ können Sie einen Haltepunkt auch mit einem Klick auf den grauen Streifen links im Code-Fenster vor der entsprechenden Zeile setzen, entweder mithilfe der Taste F9 oder über den Menübefehl *Debuggen/Haltepunkt ein/aus*. Ein Haltepunkt wird im Programm als dunkelroter Balken angezeigt.

Abbildg. 34.21 Ein Haltepunkt wurde gesetzt

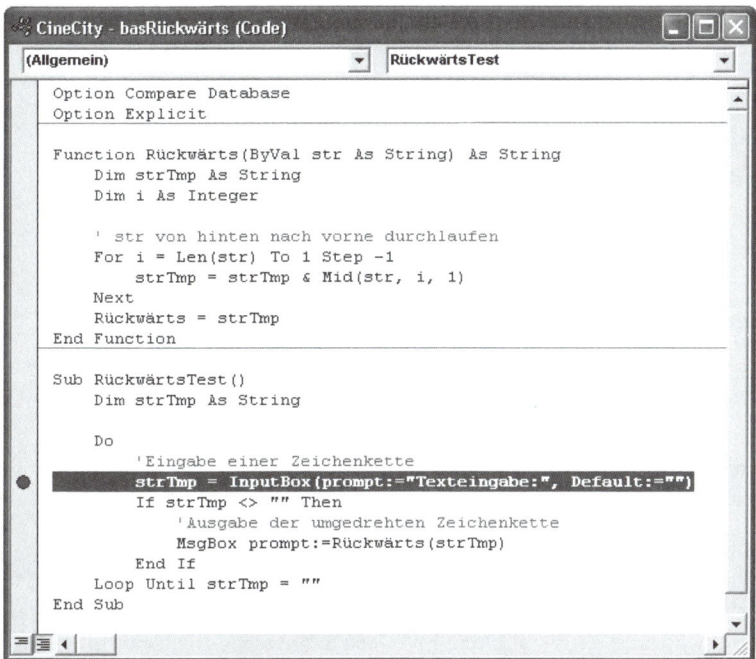

HINWEIS   Beachten Sie, dass Haltepunkte nur für Zeilen mit ausführbaren Befehlen gesetzt werden können, also nicht für Kommentarzeilen oder Ähnliches.

Rufen Sie Ihre Funktion oder Prozedur aus dem Direktfenster heraus auf, läuft sie bis zum Haltepunkt ab. Erreicht sie den Haltepunkt, wird das Code-Fenster aktiviert und die aktuelle Programmzeile gelb markiert.

Abbildg. 34.22 Das Programm wurde angehalten

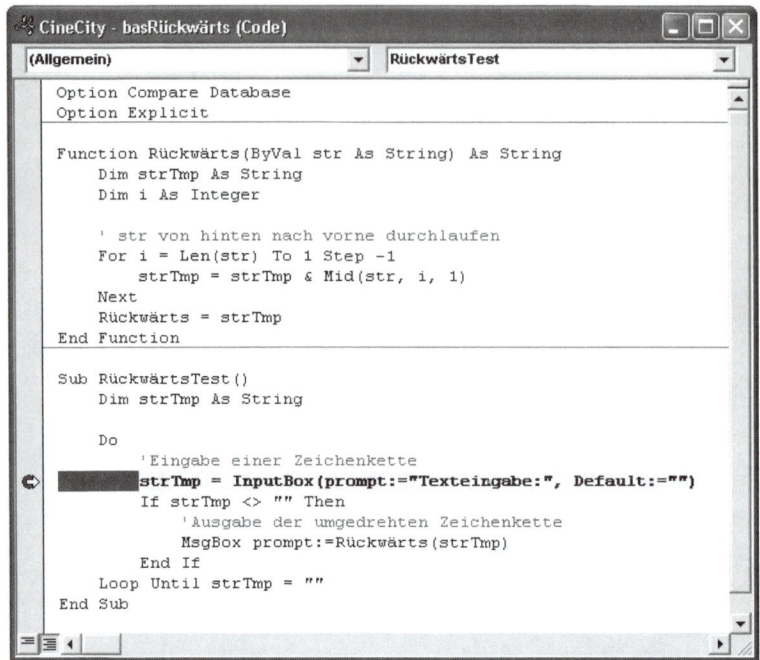

```
CineCity - basRückwärts (Code)

(Allgemein)                              RückwärtsTest

Option Compare Database
Option Explicit

Function Rückwärts(ByVal str As String) As String
    Dim strTmp As String
    Dim i As Integer

    ' str von hinten nach vorne durchlaufen
    For i = Len(str) To 1 Step -1
        strTmp = strTmp & Mid(str, i, 1)
    Next
    Rückwärts = strTmp
End Function

Sub RückwärtsTest()
    Dim strTmp As String

    Do
        'Eingabe einer Zeichenkette
        strTmp = InputBox(prompt:="Texteingabe:", Default:="")
        If strTmp <> "" Then
            'Ausgabe der umgedrehten Zeichenkette
            MsgBox prompt:=Rückwärts(strTmp)
        End If
    Loop Until strTmp = ""
End Sub
```

Mithilfe der Schaltfläche *Einzelschritt* (oder `F9` bzw. dem Menübefehl *Testen/Einzelschritt*) können Sie ein Programm Befehl für Befehl durchlaufen. Ein Klick auf die Schaltfläche veranlasst Access, den nächsten Befehl in der Reihenfolge auszuführen und die gelbe Markierung entsprechend zu setzen.

In Abbildung 34.23 sehen Sie, dass, nachdem wir die Schaltfläche *Einzelschritt* vier Mal angeklickt haben, die gelbe Zeile inzwischen in der Funktion Rückwärts() zu sehen ist.

Die Schritte lassen sich leicht nachvollziehen: Im ersten Schritt wird die InputBox zur Eingabe einer Zeichenkette eingeblendet. Hier haben wir *CineCity* eingegeben. Im nächsten Programmschritt wird verglichen, ob das Ergebnis der Eingabe in strTmp eine leere Zeichenfolge ist. Da dies nicht der Fall war, verzweigt das Programm in die If-Konstruktion hinein. Damit die MsgBox etwas anzeigen kann, muss zuerst die Funktion Rückwärts() ausgewertet werden.

Bei der schrittweisen Ausführung des Programms springen wir nun in die Funktion hinein und führen diese Schritt für Schritt aus.

Abbildg. 34.23 In Schritten in die Funktion hinein

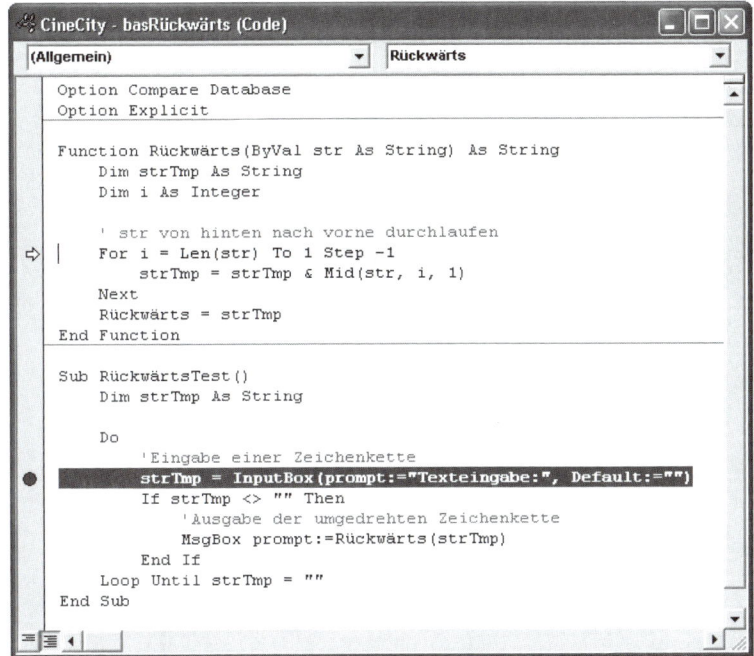

Access bietet mit der Schaltfläche *Prozedurschritt* (oder $\boxed{\diamond}$ + $\boxed{F8}$ bzw. dem Menübefehl *Testen/Prozedurschritt*) die Möglichkeit, anstatt schrittweise in eine Funktion oder Prozedur hineinzulaufen, sie auszuführen und mit dem nächsten Schritt des aktuellen Programms fortzufahren.

Die Schaltfläche *Prozedur abschließen* ermöglicht es Ihnen, aus einer Funktion oder Prozedur mit einem Sprung in die aufrufende Funktion oder Prozedur zurückzukehren. Stellen Sie sich vor, Sie hätten das Programm in Einzelschritten abgearbeitet und wären dabei versehentlich in die Funktion Rückwärts() hineingelaufen oder es würde sich nicht lohnen, alle Schritte der Funktion einzeln zu durchlaufen, so können Sie mit *Prozedur abschließen* zurück in die Prozedur RückwärtsTest() springen und dort die restlichen Zeilen der Prozedur ausführen lassen.

Mit der Schaltfläche *Sub/UserForm ausführen* (oder mit $\boxed{F5}$ oder dem Menübefehl *Ausführen/Sub/UserForm ausführen*) weisen Sie Access an, das Programm im normalen Modus weiter auszuführen. Die Ausführung wird am Programmende oder am nächsten Haltepunkt gestoppt.

Die Schaltfläche *Unterbrechen* bzw. alternativ der Aufruf des Menübefehls *Ausführen/Unterbrechen* stoppt die Progammausführung. Alle öffentlichen Variablen behalten aber ihren Wert.

Mit der Schaltfläche *Zurücksetzen* erreichen Sie ebenfalls, dass das Programm angehalten wird, allerdings werden Aufrufeliste und alle Variablen auf Modulebene neu initialisiert.

Besonderheiten beim Testen von Formularen und Berichten

Testen Sie »Code behind Forms« in Formularen und Berichten, so müssen Sie in Ihrem Programm einen oder mehrere Haltepunkte setzen. Das Programm eines Formulars oder Berichts wird ereignisgesteuert aufgerufen, d.h., eine Prozedur wird erst dann ausgeführt, wenn das entsprechende Ereignis aufgetreten ist. Richten Sie also für die Ereignisprozeduren entsprechende Haltepunkte ein.

Arbeiten mit dem Direktfenster

Wir möchten nun beschreiben, wie Sie das Direktfenster zum Testen Ihrer Programme nutzen können.

Debug.
Print

Mithilfe des Befehls Debug.Print können Sie aus Ihrem Programm heraus Ausgaben im unteren Bereich des Direktfensters erzeugen. In Abbildung 34.24 wurde die Beispielfunktion so erweitert, dass innerhalb der For...Next-Schleife der Wert der Variablen i und strTmp ausgegeben wird.

Abbildg. 34.24 Mit eingefügtem Debug.Print-Befehl

Nach oder beim schrittweisen Ausführen des Programms können Sie die Debug.Print-Ausgaben im unteren Bereich des Direktfensters sehen.

Abbildg. 34.25 Die Debug.Print-Ausgabe

Übrigens wurde hier wieder die fehlerhafte Funktion eingesetzt. Direkt nach Ausgabe des letzten Debug.Print-Befehls wurde die Ausführung der Funktion mit der Fehlermeldung beendet. Die Ausgabe im Direktfenster hilft jetzt bei der Ermittlung des Fehlers: Für i = 0 ist die Eingabe CineCity schon komplett in strTmp zu ytiCeniC umgedreht. Da nach dem Debug.Print-Befehl aber in der Reihenfolge noch einmal die Zeile `strTmp = strTmp & Mid(str, i, 1)` abgearbeitet werden würde, zeigt es sich, dass dieser letzte Durchlauf der Schleife unnötig und in diesem Fall auch fehlerhaft ist.

Lokale Über- wachung

Während der schrittweisen Abarbeitung eines Programms können im Lokalfenster alle Variablen des aktuellen Programms gezeigt werden, wie es in Abbildung 34.26 illustriert ist. Sie schalten das Lokalfenster mit dem Menübefehl *Ansicht/Lokalfenster* ein.

Abbildg. 34.26 Anzeige der lokalen Variablen

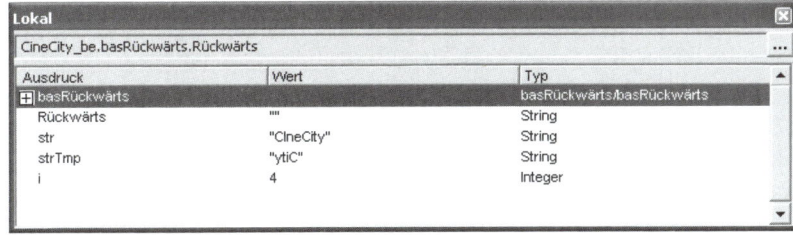

Überwachung

Bei größeren Programmen mit sehr vielen Variablen kann die Darstellung der lokalen Überwachung sehr unübersichtlich werden. Access bietet Ihnen daher im Überwachungsfenster weitere Möglichkeiten. Sie rufen das Fenster mit dem Menübefehl *Ansicht/Überwachungsfenster* auf.

Direkte Über- wachung

Über den Menübefehl *Debuggen/Überwachung hinzufügen* können Sie mithilfe des in Abbildung 34.27 gezeigten Dialogfeldes eine Variable oder einen Ausdruck in die Überwachung im Direktfenster aufnehmen.

Abbildg. 34.27 Eine Variable überwachen

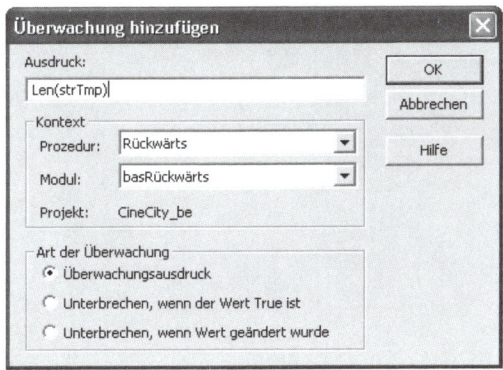

Überwachte Variablen und Ausdrücke werden im oberen Bereich des Direktfensters eingeblendet.

Abbildg. 34.28 Überwachungsausdrücke im Direktfenster

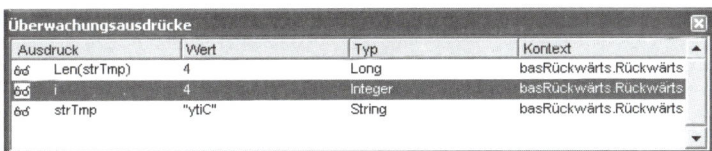

Zusätzlich zu der einfachen Überwachung von Variablen ist es möglich, über die im Dialogfeld in Abbildung 34.27 gezeigten Optionen in der Gruppe *Art der Überwachung* einzustellen, dass das Programm bei bestimmten Zuständen anhält.

Fehlerbehandlung

Wir möchten nun die Technik beschreiben, die Access zur Behandlung von Laufzeitfehlern verwendet. Ist keine spezielle Behandlung von Laufzeitfehlern in Ihren Programmen vorgesehen, führt Access eine Standardbehandlung durch, d.h., das Programm wird mit einer Fehlermeldung abgebrochen.

Eine Fehlerbehandlung muss für jede Prozedur und jede Funktion einzeln vereinbart werden, sie hat also auch nur Auswirkungen auf die Prozedur und Funktion, in der sie definiert ist.

On Error
GoTo
Label

Jede Fehlerbehandlung wird mit On Error GoTo Label eingeleitet, wobei Label für eine Sprungmarke steht. Tritt ein Laufzeitfehler auf, wird die Programmausführung an der Stelle Label fortgeführt. Im folgenden Listing wurde die oben verwendete Funktion Rückwärts() um eine Fehlerbehandlung ergänzt.

```
Function RückwärtsMitFehlerbehandlung(ByVal str As String) _
                              As String
    Dim strTmp As String
    Dim i As Integer

    ' Fehlerbehandlung einrichten
    On Error GoTo err_Rückwärts
    ' str von hinten nach vorne durchlaufen
    For i = Len(str) To 0 Step -1
        ' Ausgabe von i im Direktfenster
        Debug.Print "i = "; i, "strTmp = "; strTmp
        strTmp = strTmp & Mid(str, i, 1)
    Next
    RückwärtsMitFehlerbehandlung = strTmp
    ' Funktion verlassen, damit nicht
    ' die Fehlerbehandlung aufgerufen wird
    Exit Function

    ' Fehlerbehandlung
err_Rückwärts:
    ' Verzweigen je nach Fehlernummer
    Select Case Err.Number
        Case 5:
            ' Fehler ignorieren und mit der
            ' nächsten Befehlszeile weitermachen, die
            ' auf die fehlerhafte Zeile folgt
            Resume Next
```

```
            Case Else
                ' Für alle anderen Fehler
                MsgBox "Laufzeitfehler: " & Err.Number & _
                                    " - " & Err.Description
                ' Leere Zeichenkette zurückgeben
                RückwärtsMitFehlerbehandlung = ""
        End Select
    End Function
```

In der Beispielfunktion wird ab der Sprungmarke err_Rückwärts der aufgetretene Fehler behandelt. Dabei muss sichergestellt werden, dass die Befehle der Fehlerbehandlung nicht abgearbeitet werden, wenn kein Fehler ausgelöst wurde. In den meisten Fällen wird daher direkt vor der Sprungmarke der Fehlerbehandlung der Befehl Exit Function bzw. Exit Sub eingefügt.

On Error Resume Next

Möchten Sie beim Auftreten eines Fehlers direkt mit der Programmzeile weitermachen, die auf die Zeile folgt, die den Fehler ausgelöst hat, verwenden Sie den Befehl On Error Resume Next.

Die Fehlerbehandlung mit On Error Resume Next wird oft eingesetzt, wenn Fehler mit Absicht ausgelöst werden. In der folgenden Funktion wird auf die Eigenschaft Parent eines Formulars zugegriffen. Das ist aber nur dann fehlerfrei möglich, wenn das betreffende Formular als Unterformular eingesetzt wird. Ist das Formular frm kein Unterformular, wird ein Fehler ausgelöst, dessen Fehlernummer verschieden von 0 ist, und somit wird der Rückgabewert der Funktion den Wert False erhalten.

```
Function IstUnterformular(frm As Form) As Boolean
    Dim strTmp As String

    On Error Resume Next
    strTmp = frm.Parent.Name
    IstUnterformular = (Err.Number = 0)
End Function
```

On Error GoTo 0

Um die eigene Fehlerbehandlung innerhalb einer Prozedur oder Funktion wieder abzuschalten, wird der Befehl On Error GoTo 0 eingesetzt. Die Sprungmarke 0 ist eine Access-interne Adresse. Das Programm verzweigt zu dieser internen Adresse, selbst wenn Sie in Ihr Programm eine gleichnamige Sprungmarke einfügen. Das bedeutet für die Programmausführung, dass Access die Kontrolle über die Fehlerbehandlung zurückerhält.

Resume

Ist es möglich, innerhalb Ihrer Fehlerbehandlung den aufgetretenen Fehler zu beheben, kann durch Resume die Abarbeitung Ihres Programms mit der Programmzeile fortgesetzt werden, die den Fehler ausgelöst hat.

Resume Next

Mit Resume Next veranlassen Sie, dass das Programm an der Zeile fortgeführt wird, die der Zeile mit dem Fehler folgt.

Resume Label

Durch den Befehl Resume Label können Sie gezielt eine Stelle im Programm anspringen, an der Ihr Programm fehlerfrei fortgeführt werden kann.

Das Zusammenwirken der Fehlerbefehle

In Abbildung 34.29 ist das Zusammenwirken der verschiedenen Befehle gezeigt. Sie können in der Abbildung insbesondere die Wirkungsweise der Resume-Befehle erkennen.

Das Zusammenwirken der Fehlerbefehle

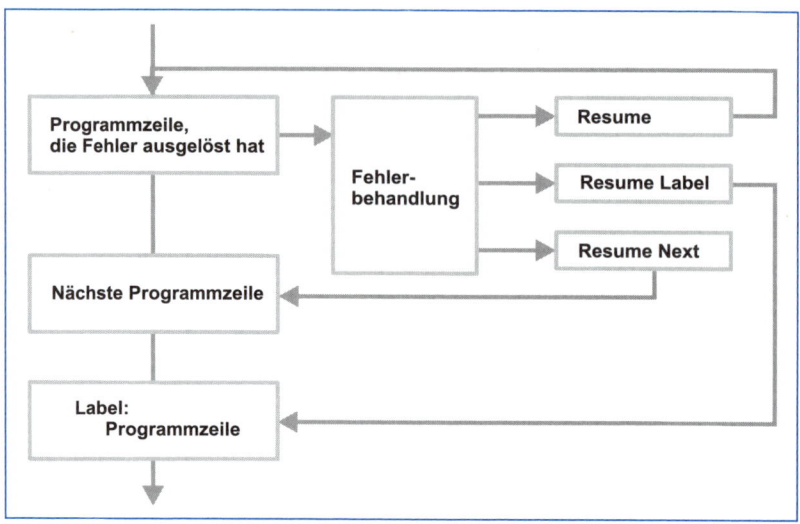

Das Err-Fehlerobjekt

Jeder Fehler wird von Access in einem Err-Objekt abgelegt, dessen Eigenschaften Sie in Ihrem Programm abrufen bzw. dessen Methoden Sie in fortgeschrittenen Programmen verwenden können. Die beiden wichtigsten Eigenschaften haben wir oben im Beispielprogramm schon verwendet: Err.Number enthält die Nummer des Fehlers, in `Err.Description` befindet sich die zugehörige Fehlerbeschreibung.

TIPP Über die Access-Hilfe können Sie sich eine Liste der »auffangbaren Fehler« mit Fehlernummern und den entsprechenden Beschreibungen einblenden lassen.

Abbildung 34.30 zeigt einen Ausschnitt aus der Fehlerliste. Übrigens gibt es eine weitere Liste für Fehler, die durch Datenbankoperationen (siehe Kapitel 37 und 38) ausgelöst werden können.

Zu jedem Fehler können Sie durch einen Klick auf den blau unterstrichenen Beschreibungstext weitere Informationen erhalten.

Abbildg. 34.30 Fehlerliste

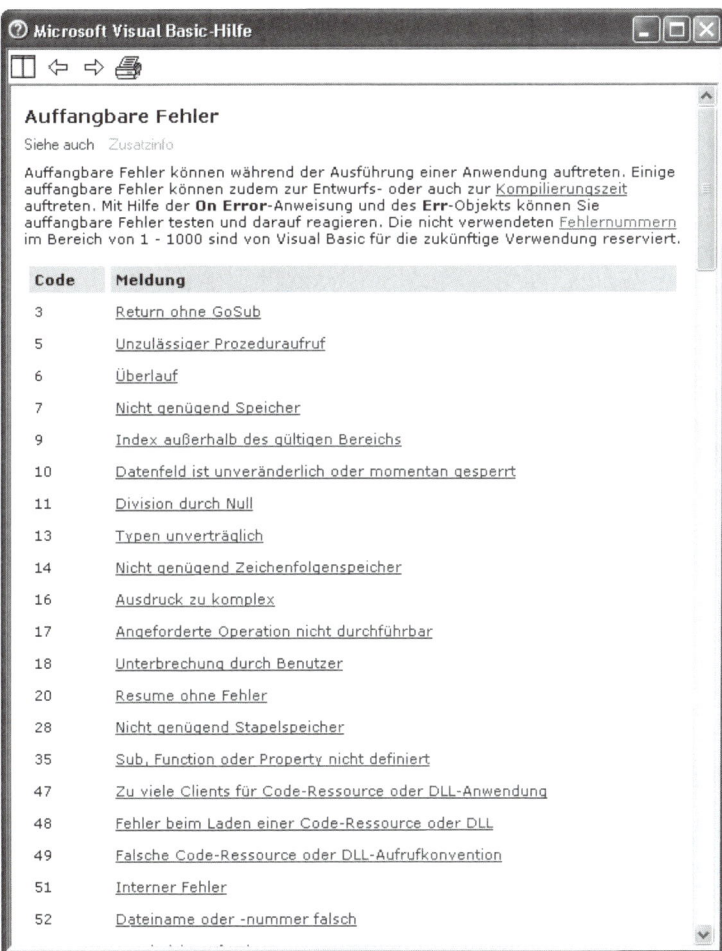

Zusammenfassung

Dieses Kapitel bot einen Einstieg in die Visual Basic-Programmierung.

■ Zunächst wird gezeigt, dass es zwei verschiedene Möglichkeiten gibt, in Access Programme zu schreiben: Sie können zum einen »Code behind Forms« erzeugen, das sind Programme, die direkt zu Steuerelementen auf Formularen oder Berichten programmiert werden. Oder Sie erstellen eigenständige Module, die sich unabhängig von einem speziellen Steuerelement aufrufen lassen.

■ Sie erfahren ab Seite 661, was Schlüsselwörter sind, wie Zeilenfortführungen und Kommentarzeilen gekennzeichnet werden und wie Sie ein Programm starten können.

■ Variablen werden in der Programmierung verwendet, um Werte zwischenzuspeichern (Seite 664). Sie wissen nun, wie und warum Variablen deklariert werden, welche Variablentypen es gibt und was beim Benennen von Variablen zu beachten ist. Zudem lernen Sie Konstanten und Felder kennen und erfahren, dass man Variablen unterschiedlich deklarieren kann, so dass sie in unterschiedlichen Bereichen gültig sind.

■ Es ist häufig sinnvoll, größere Programme in mehrere Prozeduren oder Funktionen aufzuteilen. Worin sich Prozeduren und Funktionen unterscheiden, wie sie zu definieren und aufzurufen sind und was bei der Argumentübergabe zu beachten ist, das alles erfahren Sie ab Seite 672.

■ Mithilfe von bedingten Anweisungen lassen sich Abzweigungen in Programmabläufen definieren. Sie lernen hier die If-Abfragen (Seite 677) sowie sie Case-Anweisungen (Seite 679) als Möglichkeiten kennen, um Verzweigungen zu definieren.

■ Benötigen Sie sich wiederholende Programmteile, so können Sie so genannte Schleifen programmieren. Je nach Problemstellung kann dazu eine Do...Loop-, eine For...Next- oder eine For Each...Next-Schleife besser geeignet sein. Die Definitionen der einzelnen Schleifenvarianten finden Sie ab Seite 680.

■ Der letzte Abschnitt dieses Kapitels (Seite 684) behandelt die Fehlersuche und -behandlung. Dabei werden Themen wie Fehlervermeidung, die Fehlersuche mithilfe des Debuggers und die Fehlerbehandlung zur Vermeidung von Laufzeitfehlern besprochen.

Kapitel 35

Einführung in die Objekttechnik

Access erlaubt die Programmierung mit einer Programmiertechnik, deren Bedeutung in der letzten Zeit ständig gewachsen ist: Objektorientierung. Wir möchten Ihnen in diesem Kapitel beschreiben, welche Bedeutung die Objektorientierung für die Realisierung von Access-Anwendungen hat und wie Sie sie schnell und effizient einsetzen können.

Visual Basic für Applikationen (VBA) ist eine teilweise objektorientierte Programmiersprache. Das heißt, alle Befehle und Anweisungen beziehen sich auf Objekte, wie beispielsweise Tabellen, Formulare, Berichte o.Ä. Jedes Objekt kann über Eigenschaften und Methoden verfügen. Übrigens können Sie mit VBA auch eigene Objekte erstellen und programmieren.

Um zu verdeutlichen, was unter Objektorientierung zu verstehen ist, nehmen Sie als Beispiel das Objekt »Auto«. Ein Auto hat bestimmte Eigenschaften wie Farbe, Anzahl der Räder, Leistung des Motors usw. Auf ein Auto können verschiedene Methoden angewendet werden, beispielsweise Öffnen einer Tür oder Beschleunigen.

Objekte können ihrerseits wieder Objekte enthalten. So besitzt ein Auto einen Motor, der seinerseits als Objekt zu beschreiben ist, denn er besitzt Eigenschaften (z.B. die Zylinderanzahl) und Methoden (Drehzahl ändern). In einem Motor-Objekt wiederum können weitere Objekte wie Zündung, Anlasser, Lichtmaschine usw. identifiziert werden. So entsteht eine Objekthierarchie.

Viele Objekte eines Autos, wie beispielsweise Radmuttern, werden mehrfach verwendet. Jede Radmutter für sich ist ein Objekt. Zur leichteren Verwaltung der Radmuttern bietet es sich an, eine Liste aller Radmutter-Objekte zu führen. In der Programmierung werden solche Listen »Auflistungen« oder »Collections« genannt.

Objekte und ihre Hierarchie

Als Objekt wird in Visual Basic allgemein alles bezeichnet, was programmiert und kontrolliert werden kann. Ein Objekt repräsentiert damit ein Element aus Access. Die Objekte sind hierarchisch in verschiedene Ebenen aufgeteilt. Die höchste Ebene ist das Application-Objekt. Es enthält als nächste Ebene Formulare, Berichte, Datenzugriffsobjekte und mehr. Ein Objekt kann selbst weitere Objekte enthalten, d.h., ein Formular kann Steuerelemente enthalten, die ihrerseits Objekte sind.

Eine Auflistung ist eine Liste von gleichartigen Objekten. Alle Formulare in Access werden beispielsweise in der Auflistung Forms verwaltet. Die Auflistung Forms besteht damit also aus Form-Objekten. Für den Namen der Auflistung wird die Pluralform des Objektnamens verwendet. Die englischen Bezeichnungen für Auflistungen unterscheiden sich durch das angehängte »s« zur Bildung des Plurals (Form – Forms). Übrigens ist auch eine Auflistung selbst ein Objekt.

In Abbildung 35.1 ist die Access-Objekthierarchie dargestellt. Das Application-Objekt mit den Objekten DoCmd und Screen beschreiben wir in Kapitel 36, das Objekt DBEngine beschreibt den Access-Datenbankkern. In den Auflistungen Forms und Reports befinden sich alle geöffneten Formular- oder Berichtsobjekte, da sich jedes geöffnete Formular bzw. jeder geöffnete Bericht als Objekt ansprechen lässt.

Abbildg. 35.1 Die Access-Objekthierarchie

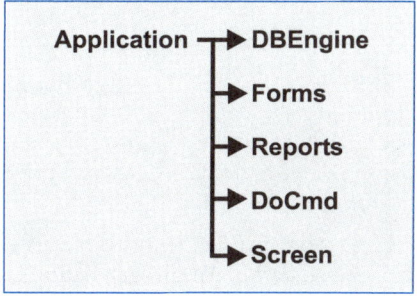

Der Objektkatalog

Wir möchten zuerst ein Hilfsmittel vorstellen, mit dem Sie den Überblick über alle Objekte, Eigenschaften und Methoden erhalten können: den Objektkatalog. Er steht in der Modulansicht von Modulen, Formularen und Berichten im Visual Basic-Editor zur Verfügung.

 Um den Objektkatalog zu öffnen, wechseln Sie im Access-Datenbankfenster zum Objekttyp *Module* und beginnen ein neues Modul. Der Objektkatalog wird über die gleichnamige Schaltfläche, den Menübefehl *Ansicht/Objektkatalog* oder die F2 -Taste geöffnet.

Abbildg. 35.2 Der Objektkatalog

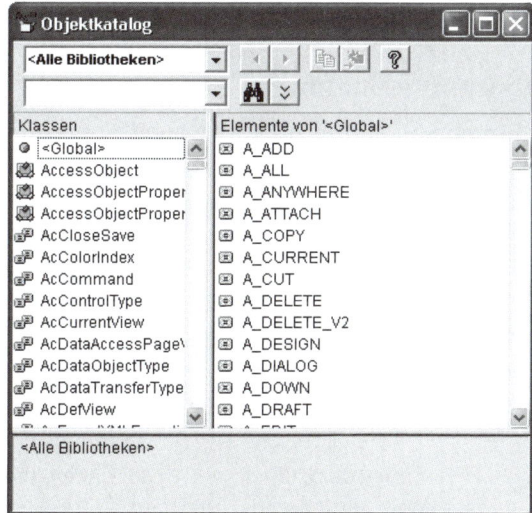

Die in Access zur Verfügung stehenden Objekte sind in Bibliotheken aufgeteilt. Normalerweise sehen Sie, wie wir es in Abbildung 35.3 durch das aufgeklappte Dropdown-Listenfeld links oben zeigen, verschiedene Bibliotheken. *Access* ist beispielsweise die allgemeine Access-Programmbibliothek, *CineCity* steht stellvertretend für die aktuell geladene Datenbank und die in ihr definierten Funktionen, *ADODB* ist die Bibliothek der Datenzugriffsobjekte (ADO, »ActiveX Data Objects«) und *VBA* ist die allgemeine »Visual Basic für Applikationen«-Bibliothek.

Abbildg. 35.3   Die Access-Bibliotheken

Im unteren Teil des Bildes sind Objekte und Konstanten der *Access*-Bibliothek zu sehen. Selektiert ist links das `Application`-Objekt, rechts die Eigenschaft `Forms`, die selbst ein Objekt oder genauer eine Auflistung ist. Zum rechts selektierten Eintrag werden Informationen im unteren Bereich des Dialogfeldes gezeigt. Im Objektkatalog werden verschiedene Symbole für die Darstellung von Eigenschaften, Methoden, Konstanten und Ereignissen eingesetzt.

Gewählte Einträge in Ihr Programm aufnehmen

Möchten Sie selektierte Objekte in Ihr Programm aufnehmen, klicken Sie auf die nebenstehend dargestellte Schaltfläche. Der markierte Text wird in die Zwischenablage aufgenommen und kann in Ihrem Programm mit *Bearbeiten/Einfügen* eingesetzt werden.

Zum Suchen nach bestimmten Begriffen, Methoden oder Eigenschaften verwenden Sie das Dropdown-Listenfeld unterhalb des Auswahlfeldes für die Bibliotheken. Durch Anklicken der Schaltfläche mit dem Fernglas wird der Suchvorgang gestartet und das Ergebnis in dem um den Bereich *Suchergebnisse* erweiterten Fenster angezeigt.

Auflistungen und Objekte

In der Regel durchläuft man die einzelnen Hierarchiestufen, um ein Objekt zu finden und anzusprechen. Die Hierarchieebenen werden in einer Anweisung durch Punkte und/oder Ausrufezeichen voneinander getrennt. Beispielsweise wird mit

```
Application.Forms("frmFilme").Controls("txtFilmtitel").Value = "Luther"
```

oder verkürzt, da das Befehlswort `Application` in Access selbst nicht notwendig ist,

```
Forms("frmFilme").Controls("txtFilmtitel").Value = "Luther"
```

dem Steuerelement txtFilmtitel im Formular frmFilme der Wert Luther zugewiesen. Hierbei trennen die Punkte jeweils die verschiedenen Objekte und Auflistungen der unterschiedlichen Hierarchieebenen voneinander. Der letzte Punkt steht zwischen dem Objekt und seiner Eigenschaft Value. In der Regel ist es nicht immer notwendig, den gesamten Pfad aufzuführen. Wie weit oben in der Hierarchie der Ebenen zu beginnen ist, hängt vom Kontext ab, in dem die Anweisung aufgerufen wird. Programmieren Sie innerhalb des Formulars *frmFilme*, so schreiben Sie nur:

```
Controls("txtFilmtitel").Value = "Luther"
```

Auf Objekte in Auflistungen zugreifen

Um Objekte in Auflistungen anzusprechen, bietet Access verschiedene Varianten an. In einer Auflistung kann jedes Objekt über seinen Namen in der Form Auflistung("Objektname") angesprochen werden. Der Objektname wird als Zeichenkette übergeben. In einem Programm könnte die Übergabe der Objektnamen auch in der Form

```
Dim strFormName As String
Dim strSteuerelement As String
strFormName = "frmFilme"
strSteuerelement = "txtFilmtitel"
Forms(strFormName).Controls(frmSteuerelement).Value = "Luther"
```

durchgeführt werden. Diese Schreibweise hat Vorteile, z.B. wenn in einem Formular fünf Steuerelemente angeordnet sind, die mit txtFeld1 bis txtFeld5 benannt sind. Mit

```
Dim strTmp As String
Dim intCnt As Integer
For intCnt = 1 To 5
    ' Zusammensetzen von Text und Ziffer
    strTmp = "txtFeld" & intCnt
    Forms("frmFilme").Controls(strTmp).Visible = False
Next
```

werden alle fünf Steuerelemente unsichtbar geschaltet.

Eine weitere, insbesondere in Access häufig eingesetzte Schreibweise ist Auflistung!Objektname, bei der Auflistung und Objektname durch ein Ausrufezeichen getrennt werden. Unser Beispiel könnte also auch als

```
Forms!frmFilme.Controls!txtFilmtitel.Value = "Luther"
```

formuliert werden. Enthält der Objektname Leerzeichen, so muss er in eckige Klammern eingeschlossen werden, wie beispielsweise

```
Forms![frmFilme 1].Controls![txtFilmtitel].Value = "Luther"
```

Alternativ steht Ihnen ein Zugriff über die Indexnummer eines Objekts in der Auflistung wie Auflistung(Index) zur Verfügung. Mit

```
Dim intCnt As Integer
For intCnt = 0 To Forms!frmFilme.Controls.Count - 1
    Forms!frmFilme.Controls(intCnt).Visible = False
Next
```

werden alle Steuerelemente des Formulars unsichtbar gemacht, vorausgesetzt allerdings, es ist geöffnet. `Count` ist übrigens eine Eigenschaft der Auflistung `Controls`, die die Anzahl der Objekte in der Auflistung enthält. Zum Durchlaufen einer Auflistung eignet sich besonders der Befehl `For Each...Next`, denn dafür muss Ihnen die Zahl der Elemente nicht bekannt sein. Die `For Each`-Schleife ermöglicht es, Auflistungen von Objekten zu durchlaufen, wobei die Schleifenvariable selbst ein Objekt ist.

```
Dim ctl As Control
For Each ctl In Forms!frmFilme.Controls
    ctl.Visible = True
Next
```

Standardeigenschaften

Access definiert für fast alle Objekte so genannte Standardeigenschaften. Das sind Eigenschaften, die automatisch verwendet werden, wenn keine Eigenschaft angegeben ist. Beispielsweise kann statt

```
Forms!frmFilme.Controls!txtFilmtitel.Value = "Luther"
```

auch

```
Forms!frmFilme.Controls!txtFilmtitel = "Luther"
```

geschrieben werden. Und da die Auflistung `Controls` die Standardeigenschaft eines Formularobjekts ist, können Sie abgekürzt anstelle von

```
Forms!frmFilme.Controls!txtFilmtitel = "Luther"
```

auch folgende Zeile schreiben:

```
Forms!frmFilme!txtFilmtitel = "Luther"
```

TIPP In der Regel finden Sie hinter einem Ausrufezeichen ein selbst generiertes Objekt, beispielsweise ein Formular oder einen Bericht. Das Ausrufezeichen zeigt auch an, dass das folgende Objekt Element einer Auflistung ist. Hinter einem Punkt folgt hingegen eine Auflistung, Eigenschaft oder Methode.

Zuweisungen an Objektvariablen

Auflistungen und Objekte können mit Objektvariablen in einem Programm verwaltet werden. Im folgenden Programmfragment wird eine Variable frm vom Typ Form deklariert. Mithilfe des Befehls Set wird der Objektvariablen ein Wert zugewiesen.

```
Dim intCnt As Integer
Dim ctl As Control
Dim frm As Form
Set frm = Forms!frmFilme
For Each ctl In frm.Controls
    MsgBox ctl.Name
Next
```

Entsprechend kann auch eine Objektvariable für eine Auflistung vereinbart werden:

```
Dim frms As Forms
Dim frm As Form
Set frms = Forms
Set frm = frms!frmFilme
```

Methoden

Als Methode wird ein Vorgang, eine Tätigkeit bezeichnet, die mit oder von einem Objekt ausgeführt werden kann. Die Methode SetFocus setzt den Fokus auf ein Steuerelement, aktiviert es also, um es zu bearbeiten.

```
Dim ctl As Control
Set ctl = Forms!frmFilme!txtFilmtitel
ctl.SetFocus
```

Viele Methoden übergeben Argumente, um deren Ausführung zu spezifizieren. Beispielsweise wird mit der Methode OpenForm des DoCmd-Objekts

```
DoCmd.OpenForm "frmFilme"
```

das Argument "frmFilme" übergeben. Der Befehl öffnet das angegebene Formular am Bildschirm. Nähere Informationen zum DoCmd-Objekt erhalten Sie in Kapitel 36. Die allgemeine Form der OpenForm-Methode lautet:

```
DoCmd.OpenForm Formularname [, Ansicht] [, Filtername] [, Bedingung] _ [, Datenmodus]
[, Fenstermodus] [, Öffnungsargumente]
```

In Visual Basic gibt es zwei verschiedene Möglichkeiten, um Argumente einer Methode zu übergeben: entweder durch deren Reihenfolge oder durch ihren Namen.

Übergabe in der Reihenfolge

Die Übergabe durch die Reihenfolge der Argumente spart zwar unter Umständen Tipparbeit, hat aber den Nachteil, dass die in der Syntax beschriebene Reihenfolge der Argumente strikt eingehalten werden muss. Mit dieser Methode lautet unser OpenForm-Befehl, wenn das Formular im Ansichtsmodus acNormal mit der Bedingung "[txtFilmtitel] = 'Luther'" geöffnet werden soll, folgendermaßen:

```
DoCmd.OpenForm "frmFilme", acNormal, , "[txtFilmtitel] = 'Luther'"
```

Benötigen Sie einen Parameter nicht, muss trotzdem das entsprechende Komma gesetzt werden, wobei Kommata am Ende der Zeile weggelassen werden können.

Diese Methode hat einen ganz eindeutigen Nachteil: Sie müssen immer die Reihenfolge der Argumente, die Sie verwenden, im Kopf haben. Eine falsche Reihenfolge erzeugt unter Umständen auch einen anderen Ausgang des Befehls.

Benannte Argumente

Access bietet zudem die Möglichkeit, mit benannten Argumenten zu arbeiten (siehe Kapitel 36). Beispielsweise öffnet

```
DoCmd.OpenForm "frmFilme", _
        WhereCondition:="[txtFilmtitel] = 'Luther'", View:=acNormal
```

das Formular mit den angegebenen Argumenten. Bei benannten Argumenten ist es nicht notwendig, auf die Reihenfolge und die richtige Anzahl von Kommata zwischen den Parametern zu achten.

Eigenschaften

Eigenschaften beschreiben Objekte. Sie geben beispielsweise deren Farbe, Größe oder Namen wieder. Es gibt bestimmte Eigenschaften, die existieren nur für ein einziges Objekt, andere Eigenschaften gibt es für viele verschiedene Objekte. Im Gegensatz zu Methoden werden für Eigenschaften keine Argumente übergeben. Wie in

```
Forms("frmFilme").Controls("txtFilmtitel").Enabled = False
```

wird zunächst das Objekt benannt, nach dem Punkt dann die Eigenschaft und durch ein Gleichheitszeichen getrennt der neue Wert der Eigenschaft. Soll eine Eigenschaft nicht neu gesetzt, sondern abgefragt werden, kann dies beispielsweise mit

```
boolAktiv = Forms("frmFilme").Controls("txtFilmtitel").Enabled
```

geschehen.

Der With-Befehl

Der VBA-Befehl With spart beim Umgang mit Objekten einiges an Schreibarbeit. Im folgenden Programmfragment werden mehrere Eigenschaften eines Steuerelements in einem Formular gesetzt und die Methode SetFocus ausgeführt.

```
...
txtFilmtitel.Visible = True
txtFilmtitel.Enabled = True
txtFilmtitel.FontItalic = True
txtFilmtitel.StatusBarText = "Eingabe des Filmtitels"
txtFilmtitel.SetFocus
...
```

Durch den Befehl With kann die Wiederholung des Namens des Objekts vermieden werden:

```
...
With txtFilmtitel
    .Visible = True
    .Enabled = True
    .FontItalic = True
    .StatusBarText = "Eingabe des Filmtitels"
    .SetFocus
End With
```

Zusammenfassung

Access ermöglicht die so genannte objektorientierte Programmierung.

- Als *Objekt* wird in Access alles bezeichnet, was programmiert werden kann, wie Formulare, Steuerelemente, Fenster etc. Gibt es mehrere Objekte einer Art (beispielsweise mehrere Formulare), so werden sie in einer so genannten *Auflistung* oder *Collection* zusammengefasst (Seite 700). Dabei wird ein Objekt in der Einzahl bezeichnet, wenn es sich um eine Auflistung handelt, wird der Plural verwendet.

- Alle Auflistungen bzw. Objekte sind innerhalb von Access in einer bestimmten *Hierarchie* angeordnet, die in der Hilfe nachgeschlagen werden kann. Hilfreich für einen Überblick über alle Auflistungen und Objekte ist auch der Objektkatalog (Seite 701).

- Der *Zugriff* auf Auflistungen bzw. deren Objekte ist ab Seite 703 beschrieben.

- Auflistungen und Objekte verfügen über spezielle *Methoden*, die Tätigkeiten beschreiben, die mit oder von einer Auflistung oder einem Objekt ausgeführt werden können. Wie Sie diese verwenden können, erfahren Sie auf Seite 705.

- Auflistungen und Objekte werden durch ihre Eigenschaften beschrieben. Wie Werte für Eigenschaften übergeben bzw. abgefragt werden, das erfahren Sie auf Seite 706.

- Der With-Befehl erspart Ihnen viel Schreibarbeit im Zusammenhang mit Auflistungen und Objekten (Seite 707).

Kapitel 36

Funktionen und Methoden

In diesem Kapitel möchten wir einige häufig eingesetzte Funktionen und Methoden nach Themen und Einsatzgebieten geordnet vorstellen. Eine Aufstellung der wichtigsten Funktionen finden Sie in Anhang B oder in der Access-Hilfe.

Wie wir in unseren Seminaren immer wieder erleben, ist es für viele Access-Anwender sehr verwirrend, dass eine ganze Reihe von Funktionen in einer deutschen und einer englischen Variante zur Verfügung stehen. In Abfragen, Formularen und Berichten müssen die deutschen Varianten verwendet werden, während Sie in allen Visual Basic-Programmen die englischen Schreibweisen benutzen müssen. Interessanterweise können Sie in Abfragen, Formularen und Berichten die englischen Befehle verwenden, allerdings werden diese von Access automatisch eingedeutscht. In Anhang B finden Sie auch zwei Tabellen mit den Übersetzungen der Funktionen.

Benannte Argumente

Eine große Zahl der Funktionen und Methoden in Access unterstützen benannte Argumente. Bei einem benannten Argument wird der Name des Arguments dem Wert vorangestellt. Wir empfehlen Ihnen, benannte Argumente nach Möglichkeit zu nutzen, denn sie vereinfachen das Lesen von Programmen und verringern Fehler bei der Übergabe von Argumenten.

Die Funktion Left() beispielsweise gibt eine Zeichenkette zurück, die eine Anzahl von Zeichen links vom linken Ende einer übergebenen Zeichenkette enthält.

```
str = Left("CineCity",4)
```

ergibt z.B. das Ergebnis "Cine". Die Funktion unterstützt benannte Argumente, deshalb ließe sich der Aufruf auch als

```
str = Left(String:="CineCity", Length:=4)
```

formulieren. Werden die Argumente benannt, ist ihre Reihenfolge bei der Übergabe ohne Belang, d.h., es könnte auch

```
str = Left(Length:=4, String:="CineCity")
```

geschrieben werden. Benannte Argumente zeigen ihre Vorteile vor allem dann, wenn Sie Prozeduren oder Funktionen aufrufen, für die fünf, sechs oder mehr Argumente übergeben werden können. Sie werden im weiteren Verlauf des Buches Prozeduren kennen lernen, deren Aufruf wie

```
Testprozedur "CineCity",1, , , "Luther"
```

aussehen kann. Hierbei wurde der Prozedur Testprozedur jeweils ein Wert für den ersten, zweiten und fünften Parameter übergeben. Wichtig ist, die Kommata für die übersprungenen Argumente zu setzen (und sich dabei nicht zu verzählen). Mit benannten Argumenten erhält der Aufruf mit

```
Testprozedur Kino:="CineCity",Tag:=1, Filmtitel:="Luther"
```

eine einfachere und übersichtlichere Form.

Zeichenfolgenverarbeitung

In fast allen Datenbankanwendungen müssen Zeichenfolgen bearbeitet und ausgewertet werden. Wir möchten in diesem Abschnitt einige der Funktionen vorstellen, die Access hierfür anbietet.

In den vorangegangenen Kapiteln wiesen wir an einigen Stellen darauf hin, dass es bei Bedingungen für *WHERE*-Klauseln zu Problemen mit Anführungszeichen innerhalb von Zeichenfolgen kommen kann (siehe Kapitel 24). Um die geschilderten Probleme zu umgehen, ist es sinnvoll, alle Anführungszeichen in Zeichenketten vor der Verwendung als *WHERE*-Klausel durch doppelte Anführungszeichen zu ersetzen, also beispielsweise »"« durch »""« und »'« durch »''«.

Die folgende Funktion AnführungszeichenVerdoppeln() durchsucht eine Zeichenkette nach Anführungszeichen und verdoppelt diese. Dabei werden die Funktionen Len() zur Bestimmung der Länge einer Zeichenkette und die Funktion Mid() zum Herausschneiden eines bestimmten Zeichens aus der Zeichenkette eingesetzt.

```
Function AnführungszeichenVerdoppeln( _
            ByVal varOriginal As Variant) As Variant
    Dim strTmp As String
    Dim strChr As String
    Dim i As Integer

    ' Auf Null überprüfen
    If IsNull(varOriginal) Then
        AnführungszeichenVerdoppeln = Null
        Exit Function
    End If
    ' varOriginal von vorne nach hinten durchlaufen
    For i = 1 To Len(varOriginal)
        ' i-tes Zeichen herausschneiden
        strChr = Mid(varOriginal, i, 1)
        ' ist es ein " oder ein '
        If strChr = """" Then
            ' gegen "" tauschen
            strTmp = strTmp & """"""
        ElseIf strChr = "'" Then
            ' gegen '' tauschen
            strTmp = strTmp & "''"
        Else
            ' ansonsten
            strTmp = strTmp + strChr
        End If
    Next i
    ' strTmp als Ergebnis zurückgeben
    AnführungszeichenVerdoppeln = strTmp
End Function
```

HINWEIS   Die Funktion erhält als Parameter die Zeichenkette als Variant, ebenso wird das Ergebnis als Variant zurückgegeben. Wir verwenden Variant anstelle des Typs String, da es sonst in Formularen und Berichten zu Problemen bei der Übergabe von Inhalten von Steuerelementen kommen kann.

Programmierung

Das folgende Listing zeigt eine etwas allgemeinere Lösung. Die Funktion `SuchenUndErsetzen()` lässt sich zum Austauschen von beliebigen Zeichen und Zeichenketten verwenden. In der Funktion wird die Funktion `Left()` verwendet, die eine angegebene Anzahl von Zeichen vom linken Rand der Zeichenkette zurückliefert.

```
Function AnführungszeichenErsetzen( _
                ByVal varOriginal As Variant) As Variant
    AnführungszeichenErsetzen = SuchenUndErsetzen( _
                varOriginal, """", """""")
    AnführungszeichenErsetzen = SuchenUndErsetzen( _
                varOriginal, "'", "''")
End Function
Function SuchenUndErsetzen(ByVal varOriginal As Variant, _
                ByVal strSuchen As String, _
                ByVal strErsetzen As String) _
                As Variant
    Dim intSuchLänge As Integer
    Dim intErsetzenLänge As Integer
    Dim intPos As Integer

    If IsNull(varOriginal) Then
        SuchenUndErsetzen = Null
    Else
        intSuchLänge = Len(strSuchen)
        intErsetzenLänge = Len(strErsetzen)

        intPos = 1
        Do
            intPos = InStr(intPos, varOriginal, strSuchen)
            If intPos > 0 Then
                varOriginal = Left(varOriginal, intPos − 1) & _
                strErsetzen & Mid(varOriginal, _
                                    intPos + intSuchLänge)
                intPos = intPos + intErsetzenLänge
            End If
        Loop Until intPos = 0
    End If
    SuchenUndErsetzen = varOriginal
End Function
```

Weitere Funktionen für die Bearbeitung von Zeichenketten sind `Right()`, um Zeichen vom Ende einer Zeichenkette zu ermitteln, `InStr()`, um das Vorkommen bestimmter Zeichen oder Zeichenketten in einer Zeichenfolge aufzuspüren wie im Beispiel oben, und `Trim()`, um Leerzeichen am Anfang und am Ende einer Zeichenkette zu entfernen.

Datenfelder

Drei Funktionen für die Arbeit mit Datenfeldern (so genannten Arrays) möchten wir Ihnen präsentieren. Wie in Kapitel 34 beschrieben, werden Datenfelder mit dem `Dim`-Befehl dimensioniert. Beispielsweise erzeugt

```
Dim aWochentage(6) As String
```

ein Feld mit sieben Zeichenketten. Mit

```
aWochentage(0) = "So"
aWochentage(1) = "Mo"
```

können Sie Werte an das Datenfeld zuweisen. In Access ist eine Funktion implementiert, die Ihnen das Füllen von Datenfeldern erleichtert. Mit Array() können Sie die Inhalte eines Datenfeldes festlegen. Wichtig ist dabei, dass die Array-Variable als vom Typ Variant deklariert sein muss.

```
Dim aWochentage As Variant
aWochentage = Array("So", "Mo", "Di", "Mi", "Do", "Fr", "Sa")
```

Möchten Sie jetzt eine Schleife programmieren, die alle Elemente des Arrays ausgibt, so ergibt sich das Problem, dass Sie nun die Elemente zählen müssen, um die obere Grenze des Datenfeldes zu bestimmen. Das folgende Programmfragment gibt alle Tage im Testfenster aus.

```
Dim aWochentage As Variant
Dim i As Integer
aWochentage = Array("So", "Mo", "Di", "Mi", "Do", "Fr", "Sa")
For i = 0 To 6
    Debug.Print aWochentage(i); " ";
Next
Debug.Print
```

Die Elemente zu zählen und diese Werte als Grenzen in Schleifen festzulegen, kann zu Fehlern in Programmen führen. Stellen Sie sich vor, es wird die Fünftagewoche eingeführt und die Einträge für Samstag und Sonntag werden herausgenommen. Dann wird die For Next-Schleife mit einem Fehler abbrechen, denn Sie versuchen dann, auf Elemente von aWochentage zuzugreifen, die nicht existieren.

Wir empfehlen Ihnen, die Funktionen LBound() und UBound() zur Bestimmung der unteren und oberen Grenzen eines Datenfeldes zu verwenden. Die Schleife im oben gezeigten Programmteil hätte dann folgendes Aussehen:

```
For i = LBound(aWochentage) To UBound(aWochentage)
    Debug.Print aWochentage(i); " ";
Next
```

Rechnen mit Datum und Uhrzeit

Mit Day(), Month() bzw. Year() ermitteln Sie Tag, Monat bzw. Jahr eines als Argument übergebenen Datumswertes. Mit Weekday() erhalten Sie eine Zahl zwischen 1 und 7, je nachdem, auf welchen Wochentag das übergebene Datum fällt.

Now liefert als Ergebniswert das heutige Datum und die Zeit zurück, während Date nur das heutige Datum zurückgibt.

Das nächste Listing zeigt eine Lösung, den Wochentag des übergebenen Datums als Zeichenkette zurückzugeben.

```
Function Wochentag(dateTag As Date) As String
    Dim aWochentage As Variant

    aWochentage = Array("So", "Mo", "Di", "Mi", "Do", "Fr", "Sa")
    Wochentag = aWochentage(WeekDay(dateTag) — 1)
End Function
```

Übrigens können Sie es einfacher haben, wenn Sie die Format()-Funktion zu Hilfe nehmen:

```
Function Wochentag2(dateTag As Date) As String
    Wochentag2 = Format(dateTag, "ddd")
End Function
```

Zum Rechnen mit Datumswerten bieten sich auch die Funktionen DateAdd(), DateDiff(), DateSerial() und DatePart() an. Im nächsten Listing wird die Funktion DateAdd() verwendet, die zu einem Tag eine Anzahl von Tagen, Wochen, Monaten usw. hinzuzählt. Das erste Argument der Funktion ist ein String, der die Beschreibung für den zweiten Parameter enthält, also ob Tage, Wochen, Monate usw. zum Addieren übergeben werden.

```
Function Wochen(dateTag As Date, dblWochen As Double) As Date
    ' Formatstring ww als Wochen
    Wochen = DateAdd("ww", dblWochen, dateTag)
End Function
```

Arbeiten Sie mit SQL-Befehlen in Ihren Visual Basic-Programmen, so müssen Datumswerte in der Form #mm/tt/jjjj#, also in amerikanischer Datumsschreibweise, eingeschlossen von #-Zeichen, angegeben werden. Die folgende Funktion

```
Function DateString(d As Date) As String
    ' Gibt einen Datumswert in der Form #mm/dd/yyyy# zurück
    DateString = "#" & Month(d) & "/" & Day(d) & _
                                    "/" & Year(d) & "#"
End Function
```

erstellt eine solche Datumszeichenkette. Mit der Funktion DateValue() können Sie übrigens ein in einer beliebigen Schreibweise angegebenes Datum in einen Datumswert umwandeln.

Dateien und Ordner

Access bietet Funktionen und Anweisungen, um Verzeichnisse zu erstellen, zu wechseln, umzube-nennen, zu löschen und weitere Operationen durchzuführen.

Der folgende Ausschnitt eines Programms legt einen neuen Ordner an, kopiert eine Datei hinein, macht diesen Ordner zum aktuellen Ordner und benennt die Datei um.

```
Const conOrdner = "C:\CineCity"
Const conArchiv = "C:\CineArchiv"
MkDir conArchiv
FileCopy conOrdner & "\CineArchiv.MDB", _
        conArchiv & "\CineArchiv.MDB"
ChDir conArchiv
Name "CineArchiv.MDB As "CineArchiv2.MDB"
```

Das Application-Objekt

Das Application-Objekt bezieht sich auf die Access-Anwendung selbst. Alle Access-Objekte sind letztendlich aus dem Application-Objekt abgeleitet. Wir möchten in diesem Abschnitt einige interessante und nützliche Methoden und Eigenschaften des Objekts vorstellen.

Alle Eigenschaften und Methoden des Application-Objekts können in Access direkt verwendet werden, es muss also kein besonderer Bezug auf das Objekt genommen werden. So ist der folgende Befehl sowohl als Application.CurrentObjectName als auch als CurrentObjectName einsetzbar. Der Befehl liefert übrigens den Namen des aktiven Objekts zurück.

In den folgenden Abschnitten werden drei Objekte, Screen, DoCmd und DBEngine, sowie drei Methoden, XMLExport, XMLImport und SysCmd, des Application-Objekts beschrieben.

Das Screen-Objekt

Das Screen-Objekt des Application-Objekts gibt Ihnen Zugriff auf aktive Objekte und Steuerelemente sowie den Mauszeiger.

Mit den Eigenschaften Screen.ActiveForm, Screen.ActiveReport und Screen.ActiveDatasheet können Sie auf das momentan aktive Objekt zugreifen. Screen.ActiveControl ist das aktive Steuerelement, Screen.PreviousControl ist das Steuerelement, das zuvor aktiv war. Insbesondere Screen.PreviousControl wird in vielen Anwendungen eingesetzt, um zu ermitteln, von wo aus ein Benutzer ein Steuerelement angewählt hat.

Durch Setzen der Eigenschaft Screen.MousePointer können Sie den Mauszeiger verändern. Die folgende Tabelle zeigt die für den Cursor zulässigen Werte:

Tabelle 36.1   Cursor-Einstellungen

Wert	Cursor
0	Normaler Mauszeiger
1	Pfeil
3	Text
7	Diagonal
9	Horizontal
11	Sanduhr
Alle anderen Werte	Keine Auswirkung, werden wie 0 behandelt

Das DoCmd-Objekt

Mithilfe des DoCmd-Objekts, das Bestandteil des Application-Objekts ist, können Access-Aktionen wie Öffnen und Schließen von Formularen und Berichten, Ändern des Mauszeigers oder Setzen von Steuerelementwerten durchgeführt werden.

DoCmd unterstützt bis auf wenige Ausnahmen alle Access-Aktionen, die mit Makros ausgelöst werden können. In VBA-Programmen benötigen Sie in den meisten Fällen nur einige wenige DoCmd-Methoden, denn die meisten Aktionen lassen sich auch mit den entsprechenden VBA-Befehlen aufrufen. Methoden des DoCmd-Objekts716 führt die Methoden des DoCmd-Objekts mit den jeweiligen VBA-Alternativen auf. Übrigens entsprechen die Methoden des DoCmd-Objekts den Befehlen, die für Makros vereinbart werden können.

In Methoden des DoCmd-Objekts716 wird bei vielen Methoden des DoCmd-Objekts als Parameter ein Objekttyp verlangt. Gültige Werte für den Objekttyp sind die Konstanten acTable, acQuery, acForm, acReport, acMacro und acModule.

Tabelle 36.2 Methoden des *DoCmd*-Objekts

DoCmd-Methode	Anwendung
DoCmd.AddMenu Menüname, Menümakroname[, Statusleistentext]	fügt ein neues Menü hinzu.
DoCmd.ApplyFilter [Filtername] [, Bedingung]	setzt einen Filter; als **Bedingung** können Sie eine gültige SQL-WHERE-Klausel ohne das Wort *WHERE* angeben.
DoCmd.Beep	Piep!
DoCmd.CancelEvent	bricht das laufende Ereignis ab.
DoCmd.Close [Objekttyp, Objektname], [Speichern]	schließt ein Formular oder einen Bericht; der Parameter **Speichern** ermöglicht mit **acSaveNo** Änderungen zu verwerfen, mit **acSaveYes** zu speichern oder mit **acPrompt** vor dem Speichern nachzufragen.
DoCmd.CopyDatabaseFile(Name und Pfad der Zieldatei[,bestehende Datei überschreiben] [,alle anderen Benutzer trennen])	kopiert die mit dem aktuellen Access-Projekt (Kapitel 42) verbundene Microsoft SQL Server-Datenbank.
DoCmd.CopyObject [Zieldatenbank], [Neuer Name], [Objekttyp des Zielobjekts], [Name des Quellobjekts]	kopiert ein Access-Objekt.
DoCmd.DeleteObject [Objekttyp, Objektname]	löscht ein Access-Objekt.
DoCmd.DoMenuItem Menüleiste, Menüname, Befehl [, Unterbefehl] [, Version]	ruft einen Menübefehl auf.
DoCmd.Echo	Verwenden Sie statt **DoCmd.Echo** besser **Application.Echo**.
DoCmd.FindNext	sucht den nächsten Datensatz; muss nach **DoCmd.FindRecord** aufgerufen werden.
DoCmd.FindRecord Suchen nach [, Vergleichen] [, Groß-/Kleinschreibung] [, Suchen] [, Wie formatiert] [, Nur aktuelles Feld] [, Am Anfang beginnen]	sucht einen Datensatz. Für *Vergleichen* kann **acAnywhere** (Teil des Feldinhalts), **acEntire** (Gesamter Feldinhalt) oder **acStart** (Anfang des Feldinhalts) angegeben werden; die Suchrichtung (**Suchen**) kann mit **acUp** (Oben), **acDown** (Unten) bzw. **acSearchAll** (Alle) vorgegeben werden; **Nur aktuelles Feld** wird mit **acCurrent** (Aktuelles Feld) oder **acAll** (Alle Felder) bestimmt.

Tabelle 36.2   Methoden des *DoCmd*-Objekts *(Fortsetzung)*

DoCmd-Methode	Anwendung
DoCmd.GoToControl Steuerelementname	aktiviert ein Steuerelement; verwenden Sie besser den Befehl **Steuerelement.SetFocus**.
DoCmd.GoToPage [Seitenzahl] [, Rechts, Unten]	springt zu einer bestimmten Seite eines Formulars; die Methode ist allerdings veraltet, verwenden Sie besser **Formular.GotoPage**.
DoCmd.GoToRecord [Objekttyp, Objektname] [, Datensatz] [, Offset]	springt zu einem bestimmten Datensatz; geben Sie **Objekttyp** und **Objektname** nicht an, wird das aktuelle Objekt verwendet; für den Parameter **Datensatz** verwenden Sie eine der Konstanten **acPrevious** (Vorheriger), **acNext** (Nächster), **acFirst** (Erster), **acLast** (Letzter), **acGoTo** (Gehe zu) oder **acNewRec** (Neu).
DoCmd.Hourglass Sanduhr	schaltet den Sanduhr-Mauszeiger ein oder aus.
DoCmd.Maximize	maximiert das aktuelle Fenster.
DoCmd.Minimize	minimiert das aktuelle Fenster.
DoCmd.MoveSize [Rechts] [, Unten] [, Breite] [, Höhe]	verändert oder verschiebt das aktuelle Fenster; alle Angaben müssen in der Windows-Einheit *twips* angegeben werden (ein *twips* ist 1/1440 Zoll lang bzw. 567 *twips* ergeben 1 cm).
DoCmd.OpenDataAccessPage Seitenname [, Seitenansicht]	öffnet eine Datenzugriffsseite.
DoCmd.OpenDiagram Diagrammname	öffnet ein Datenbankdiagramm (nur Access-Projekte).
DoCmd.OpenForm Formularname [, Ansicht] [, Filtername] [, Bedingung] [, Datenmodus] [, Fenstermodus] [, Öffnungsargumente]	öffnet ein Formular; für den Parameter **Ansicht** verwenden Sie die Konstanten **acNormal** (Formularansicht), **acDesign** (Entwurfsansicht), **acPreview** (Seitenansicht) **acFormDS** (Datenblattansicht), **acFormPivotChart** (PivotChart-Ansicht) oder **acFormPivotTable** (PivotTable-Ansicht); als **Bedingung** können Sie eine gültige SQL-WHERE-Klausel ohne das Wort *WHERE* angeben; der Parameter **Datenmodus** erlaubt die Verwendung der Konstanten **acFormAdd** (Hinzufügen), **acFormEdit** (Bearbeiten), **acFormReadOnly** (Schreibgeschützt) oder **acFormPropertySetting**; der **Fenstermodus** kann **acNormal** (Normal), **acHidden** (Ausgeblendet), **acIcon** (Symbol), **acDialog** (Dialog) oder **acWindowNormal** sein.
DoCmd.OpenFunction Funktionsname, [,Ansicht] [,Datenmodus]	öffnet eine benutzerdefinierte Funktion in einer Microsoft SQL Server-Datenbank, um sie in einem Microsoft Access-Projekt (Kapitel 42) auszuführen; für den Parameter **Ansicht** verwenden Sie die Konstanten **acViewNormal** (Formularansicht), **acViewDesign** (Entwurfsansicht), **acViewPreview** (Seitenansicht), **acViewPivotChart** (PivotChart-Ansicht) oder **acViewPivotTabel** (PivotTable-Ansicht).
DoCmd.OpenModule [Modulname] [, Prozedurname]	öffnet ein Modul.

Tabelle 36.2 Methoden des *DoCmd*-Objekts *(Fortsetzung)*

DoCmd-Methode	Anwendung
`DoCmd.OpenQuery Abfragename [, Ansicht]` `[, Datenmodus]`	ruft eine Abfrage auf; für den Parameter `Ansicht` verwenden Sie die Konstanten `acViewNormal` (Formularansicht), `acViewDesign` (Entwurfsansicht), `acViewPreview` (Seitenansicht), `acViewPivotChart` (PivotChart-Ansicht) oder `acViewPivotTabel` (PivotTable-Ansicht); für `Datenmodus` geben Sie eine der Konstanten `acAdd` (Hinzufügen), `acEdit` (Bearbeiten) oder `acReadOnly` (Schreibgeschützt) an.
`DoCmd.OpenReport Berichtsname [,` `Ansicht] [, Filtername] [, Bedingung]` `[, Fenstermodus] [, Öffnungsargumente]`	öffnet einen Bericht; für den Parameter `Ansicht` verwenden Sie die Konstanten `acViewNormal` (Formularansicht), `acViewDesign` (Entwurfsansicht), `acViewPreview` (Seitenansicht), `acViewPivotChart` (PivotChart-Ansicht) oder `acViewPivotTabele` (PivotTable-Ansicht); als `Bedingung` können Sie eine gültige SQL-WHERE-Klausel ohne das Wort *WHERE* angeben; der `Fenstermodus` kann `acNormal` (Normal), `acHidden` (Ausgeblendet), `acIcon` (Symbol), `acDialog` (Dialog) oder `acWindowNormal` sein.
`DoCmd.OpenStoredProcedure Prozedurename` `[, Ansichtsmodus] [, Datenmodus]`	führt eine gespeicherte Prozedur aus (nur Access-Projekte, Kapitel 42).
`DoCmd.OpenTable Tabellenname [, Ansicht]` `[, Datenmodus]`	öffnet eine Tabelle (`Ansicht` und `Datenmodus` siehe `DoCmd.OpenQuery`).
`DoCmd.OpenView Ansichtsname [,` `Ansichtmodus] [, Datenmodus]`	führt eine gespeicherte Abfrage aus (nur Access-Projekte, Kapitel 42).
`DoCmd.OutputTo Objekttyp [, Objektname]` `[, Ausgabeformat] [, Ausgabedatei]` `[, Autostart] [, Vorlagedatei]` `[, Codierung]`	gibt ein Objekt in eine Datei aus; das `Ausgabeformat` wird beispielsweise durch `acFormatXLS` (Excel), `acFormatRTF` (Rich-Text-Format), `acFormatTXT` (Text) oder `acFormatHTML` bestimmt; ist `AutoStart` True, wird automatisch, je nach `Ausgabeformat`, Excel, Word, Notepad oder Internet Explorer gestartet; für die Ausgabe im HTML-Format kann eine Vorlagendatei festgelegt werden.
`DoCmd.PrintOut [Druckbereich] [, Von,` `Bis] [, Druckqualität] [, Exemplare]` `[, Exemplare sortieren]`	gibt auf dem Drucker aus; als `Druckbereich` können Sie `acPrintAll` (Alles drucken), `acSelection` (Markierung drucken) oder `acPages` (Seiten drucken) festlegen; die `Druckqualität` wird mit `acHigh` (Hoch), `acMedium` (Mittel), `acLow` (Niedrig) oder `acDraft` (Entwurf) bestimmt.
`DoCmd.Quit [Option]`	beendet das Programm; die Methode ist veraltet, verwenden Sie besser `Application.Quit`.
`DoCmd.Rename Neuer Name` `[, Objekttyp, Alter Name]`	benennt ein Objekt um.
`DoCmd.RepaintObject [Objekttyp,` `Objektname]`	aktualisiert die Bildschirmanzeige.
`DoCmd.Requery [Steuerelementname]`	fragt die Datengrundlage erneut ab; die Methode ist veraltet, verwenden Sie `Objekt.Requery`.
`DoCmd.Restore`	stellt die ursprüngliche Fenstergröße wieder her.
`DoCmd.RunCommand Befehl`	Die Methode führt einen eingebauten Menü- oder Symbolleistenbefehl aus.

Tabelle 36.2 Methoden des *DoCmd*-Objekts *(Fortsetzung)*

DoCmd-Methode	Anwendung
DoCmd.RunMacro Makroname [, Wiederholungen] [, Wiederholbedingung]	führt Makro aus.
DoCmd.RunSQL SQL-Anweisung	führt den SQL-Befehl aus; verwenden Sie alternativ Datenbank.Execute.
DoCmd.Save [Objekttyp, Objektname]	speichert das Access-Objekt.
DoCmd.SelectObject Objekttyp, Objektname [, Im Datenbankfenster]	selektiert ein Access-Objekt; wird für den Parameter **Im Datenbankfenster** der Wert **True** übergeben, wird das Objekt im Datenbankfenster markiert.
DoCmd.SendObject [Objekttyp] [, Objektname] [, Ausgabeformat] [, An] [, Cc] [, Bcc] [, Betreff] [, Nachricht] [, Nachricht bearbeiten]	verschickt das angegebene Access-Objekt per E-Mail (**Objekttyp** siehe **DoCmd.Close**).
DoCmd.SetMenuItem Menüindex [, Befehlsindex] [, Unterbefehlsindex] [, Kennzeichen]	schaltet einen Menüpunkt um.
DoCmd.SetWarnings Warnmeldungen	schaltet Access-Warnmeldungen ein oder aus.
DoCmd.ShowAllRecords	setzt den Filter zurück.
DoCmd.ShowToolbar Symbolleistenname [, Einblenden]	blendet Symbolleisten aus oder ein; für **Einblenden** kann **acToolbarYes** (Ja), **acToolbarWhereApprop** (Sofern passend) oder **acToolbarNo** (Nein) verwendet werden.
DoCmd.TransferDatabase [Transfertyp], Datenbankformat, Datenbankname [, Objekttyp], Herkunft, Ziel [, Nur Struktur] [, Anmeldename speichern]	importiert oder exportiert eine Datenbank; für **Transfertyp** kann **acImport** (Importieren), **acExport** (Exportieren) oder **acLink** (Einbinden) bestimmt werden.
DoCmd.TransferSpreadsheet [Transfertyp] [, Dateiformat], Tabellenname, Dateiname [, Besitzt Feldnamen] [, Bereich]	importiert oder exportiert eine Tabelle; für **Transfertyp** kann **acImport** (Importieren), **acExport** (Exportieren) oder **acLink** (Einbinden) bestimmt werden; wenn Sie kein **Dateiformat** angeben, wird die Standardkonstante **acSpreadsheetTypeExcel8** verwendet. Durch Änderung der Konstantenendung können die Excel-Versionen 3 bis 9 gewählt werden. Mit **acSpreadsheetTypeLotusWK1** bis **acSpreadsheetTypeLotusWK4** werden die entsprechenden Lotus-Versionen angesprochen.
DoCmd.TransferSQLDatabase(Server, Datenbank, [sichere Verbindung nutzen], [Login], [Password], [alle Daten übertragen])	überträgt die gesamte angegebene Microsoft SQL Server-Datenbank in eine andere SQL Server-Datenbank (nur Access-Projekte, Kapitel 42).

Programmierung

Tabelle 36.2 Methoden des *DoCmd*-Objekts *(Fortsetzung)*

DoCmd-Methode	Anwendung

`DoCmd.TransferText [Transfertyp]`
`[, Spezifikationsname], Tabellenname,`
`Dateiname [, Besitzt Feldnamen]`
`[, HTML-Tabellenname] [, Codepage]`
	importiert oder exportiert einen Text; als `Transfertyp` kann `acImportDelim` (Import mit Trennzeichen), `acImportFixed` (Import mit festgelegtem Format), `acExportDelim` (Export mit Trennzeichen), `acExportFixed` (Export mit festgelegtem Format), `acExportMerge` (Export von Serienbriefdatei), `acLinkDelim` (Verknüpfen mit Trennzeichen) oder `acLinkFixed` (Verknüpfen mit festgelegtem Format) verwendet werden; mit `acExportHTML`, `acImportHTML` und `acLinkHTML` werden HTML-Dateien transferiert.

Die ExportXML- und die ImportXML-Funktion

Das `Application`-Objekt bietet mit den beiden Methoden zum XML-Import und -Export die Möglichkeit, den Datenaustausch über das XML-Format mit VBA zu steuern. In Kapitel 43 geben wir eine Einführung in den Umgang mit XML.

Das folgende Beispiel exportiert die Tabelle *tblFilme* in der aktuellen Datenbank als XML-Datei in den Ordner *Eigene Dateien* auf Laufwerk *C:*.

```
Sub XMLExport()
    ExportXML _
        ObjectType:=acExportTable, _
        DataSource:="tblFilme", _
        DataTarget:="C:\Eigene Dateien\tblFilme.xml"
End Sub
```

Mit dem folgenden Code importieren Sie die im obigen Beispiel exportierte XML-Datei in die aktuelle Datenbank. Neben der bestehenden Tabelle *tblFilme* wird dabei eine neue Tabelle *tblFilme1* angelegt.

```
Sub XMLImport()
    ImportXML ("C:\Eigene Dateien\tblFilme.xml")
End Sub
```

Die SysCmd-Funktion

Die `SysCmd`-Funktion ermöglicht die Abfrage einer Reihe von Access-Einstellungen und Statusangaben. Zusätzlich können Sie Text und Fortschrittsbalken in der Access-Statusleiste mithilfe der Funktion steuern. `SysCmd` wird in zwei Varianten eingesetzt, nämlich

```
Rückgabewert = SysCmd(Aktion[, Text][, Wert])
```

oder

```
Objektzustand = SysCmd(Aktion[, Objekttyp][, Objektname])
```

In SysCmd-Konstanten721 sind die für Aktion möglichen Konstanten aufgeführt.

Tabelle 36.3   *SysCmd*-Konstanten

Konstante	Beschreibung
acSysCmdInitMeter	initialisiert die Fortschrittsanzeige der Statusleiste.
acSysCmdUpdateMeter	aktualisiert die Fortschrittsanzeige mit dem angegebenen Wert.
acSysCmdRemoveMeter	entfernt die Fortschrittsanzeige der Statusleiste.
acSysCmdSetStatus	bestimmt den Text in der Statusleiste.
acSysCmdClearStatus	setzt den Text in der Statusleiste zurück.
acSysCmdRuntime	gibt den Wert **True** (-1) zurück, wenn eine Laufzeitversion von Microsoft Access ausgeführt wird.
acSysCmdAccessVer	liefert die Versionsnummer von Microsoft Access zurück.
acSysCmdAccessDir	gibt den Namen des Ordners zurück, in dem sich *MSACCESS.exe* befindet.
acSysCmdIniFile	gibt den Namen der von Microsoft Access verwendeten .INI-Datei zurück.
acSysCmdProfile	gibt die Einstellung von **/profile** zurück, die der Benutzer angegeben hat, wenn er Microsoft Access über die Befehlszeile gestartet hat.
acSysCmdClearHelpTopic	setzt die Hilfe zurück.
acSysCmdGetWorkgroupFile	liefert den Pfad zur Arbeitsgruppendatei (*System.mdw*) zurück.
acSysCmdGetObjectState	gibt den Zustand des angegebenen Datenbankobjekts zurück; Sie müssen die Argumente **Objekttyp** (**acTable**, **acQuery**, **acForm**, **acReport**, **acMacro** oder **acModule**) und **Objektname** angeben.

Die folgende Funktion zeigt eine Anwendung der SysCmd-Funktion. Die Funktion gibt zurück, ob ein bestimmtes Datenbankobjekt (Tabelle, Abfrage, Formular, Bericht, Makro oder Modul) geöffnet ist.

Die Funktion erwartet als erstes Argument den Namen des Objekts. Das zweite Argument übergibt den Typ des Objekts, also eine der Konstanten acTable, acQuery, acForm, acReport, acMacro oder acModule. Da in den meisten Fällen die Funktion eingesetzt wird, um zu überprüfen, ob ein bestimmtes Formular geöffnet ist, wurde der zweite Parameter als Optional definiert. Wird das Argument nicht angegeben, wird automatisch angenommen, dass es sich bei dem als ersten Parameter übergebenen Namen um ein Formular handelt.

```
Function IsOffen(strName As String, _
                 Optional varObjType As Variant) As Boolean
    ' Wurde der Parameter varObjType übergeben?
    If IsMissing(varObjType) Then
        ' Standardwert ist acForm für Formulare
        varObjType = acForm
    End If
    ' Rückgabewert
    IsOffen = (SysCmd(acSysCmdGetObjectState, _
            varObjType, strName) <> 0)
End Function
```

Das DBEngine-Objekt

Das DBEngine-Objekt ermöglicht den Zugriff auf den Jet-Datenbankkern von Access. In diesem Abschnitt möchten wir Ihnen eine der Methoden des Objekts vorstellen: das Komprimieren einer Datenbank.

Die Methode CompactDatabase dient zur Reparatur und Komprimierung von Access-Datenbankdateien. Bei der Komprimierung werden ungenutzte Bereiche der Datei freigegeben und die Daten gegebenenfalls in der Datei neu angeordnet.

Beim Komprimieren wird die zu komprimierende Datenbank AlteDB in die neue Datei NeueDB umkopiert. Falls die alte Datenbank mit einem Kennwort geschützt ist, muss dieses mit angegeben werden.

Das folgende kurze Programm zeigt eine typische Anwendung der Methode CompactDatabase, allerdings ohne Fehlerbehandlung. Die Datenbank, die repariert und komprimiert werden soll, muss dazu geschlossen sein, auf sie darf niemand aktiv zugreifen.

```
Sub ReparierenUndKomprimieren(strName As String)

    Dim strMDB As String
    Dim strBAK As String
    Dim strKOMP As String
    ' Falls der Name der Datenbank mit der Endung MDB
    ' angegeben wurde, strMDB diese Endung zuweisen
    ' strName enthält nur den Namen ohne Endung
    If Right(strName, 4) = ".MDB" Then
        strMDB = strName
        strName = Left(strName, Len(strName) - 4)
    Else
        strMDB = strName + ".MDB"
    End If
    ' Für Kopie der unkomprimierten Datenbank
    strBAK = strName + ".BAK"
    ' Für temporäre Zwischendatei
    strKOMP = strName + "TempKomp.MDB"
    ' Reparieren und komprimieren
    DBEngine.CompactDatabase strMDB, strKOMP
    ' Löschen einer evtl. vorhandenen Sicherungsdatei
    ' Existiert die Sicherungsdatei nicht, Fehler ignorieren
    On Error Resume Next
    Kill strBAK
    On Error GoTo 0
    ' Umbenennen zu Sicherungsdatei
    Name strMDB As strBAK
    ' Umbenennen der komprimierten Datei
    Name strKOMP As strMDB
End Sub
```

Zusammenfassung

In diesem Kapitel wurden häufig verwendete Funktionen und Methoden vorgestellt. Sie verwenden Funktionen in Formularen, Abfragen und Berichten mit ihren deutschen Bezeichnungen, in VBA-Programmen hingegen mit ihren englischen.

■ Im ersten Abschnitt ab Seite 710 lernen Sie den Umgang mit benannten Argumenten kennen. Viele Funktionen und Methoden unterstützen benannte Argumente. Für Sie ist das vielleicht zunächst gewöhnungsbedürftig, aber benannte Argumente verhindern einiges an Schreibarbeit und helfen Fehler zu vermeiden.

■ Im folgenden Abschnitt werden einige Funktionen dargestellt, die Zeichenfolgen verarbeiten (Seite 711). Ab Seite 712 geht es um die Arbeit mit Datenfeldern. Der Abschnitt ab Seite 713 behandelt Funktionen, die das Rechnen mit Datumswerten und Uhrzeiten ermöglichen.

■ Es folgt ab Seite 715 ein größerer Abschnitt, der das `Application`-Objekt sowie drei Objekte des `Application`-Objekts (das `Screen`-, das `DoCmd`- und das `DBEngine`-Objekt) und drei Methoden (`XMLExport`, `XMLImport` und `SysCmd`) zum Thema hat.

Programmierung

Kapitel 37

Datenzugriff mit ADO

In diesem Kapitel:

Möchten Sie in Ihren Visual Basic-Programmen auf die Daten in Tabellen zugreifen, sie ändern oder löschen sowie Abfragen ausführen, so müssen Sie die in Access zur Verfügung stehenden Datenzugriffsschnittstellen einsetzen. Access 2003 bietet Ihnen zwei Schnittstellen an: ADO, »ActiveX Data Objects«, und DAO, »Data Access Objects«. Wahrscheinlich liegt Ihnen die Frage auf den Lippen, warum Access über zwei Schnittstellen verfügt? Dazu möchten wir Ihnen kurz den Werdegang von Access in den letzten Jahren beschreiben.

Die (Erfolgs-)Geschichte von Access begann so richtig mit Version 2.0. Der für Access entwickelte Datenbankkern, die so genannte Jet-Engine, sowie das MDB-Format für Datenbanken setzten sich durch. Für die Programmierung, damals noch mit Access Basic, wurde die DAO-Schnittstelle verwendet. Die »Data Access Objects« waren speziell für Access entwickelt worden und boten den Zugriff auf alle Daten und Objekte einer Access-Datenbank.

In den folgenden Versionen 95 und 97 wurde DAO verbessert und erweitert. DAO gilt heute als eine ausgereifte und stabile Schnittstelle. Leider hatte DAO ein Manko: DAO ist eigentlich nur für lokale Access-Datenbanken ausgelegt. Zum einen sind Access-Datenbankzugriffe auf Datenbestände auf einem Netzwerkserver nicht sehr effektiv. Zum anderen kam in den letzten Jahren zunehmend die Anforderung hinzu, aus Access auf Datenbestände anderer Datenbanken zuzugreifen, insbesondere auf Datenbanken wie Oracle, IBM DB2, Microsoft SQL Server und andere, die im Netzwerk auf Datenbankservern ablaufen. Auf diese Datenbanken kann Access nur über die ODBC-Schnittstelle (»Open Database Connectivity«) zugreifen. Leider ist für viele Datenbankoperationen die Zugriffsgeschwindigkeit auf die Daten unzureichend, so dass viele Kunden auf Microsoft einwirkten, hier effektivere Mechanismen zur Verfügung zu stellen. Microsoft erweiterte daraufhin DAO um die ODBCDirect-Komponente, die eine direktere Programmierung der ODBC-Schnittstelle erlaubt.

Parallel dazu entwickelte Microsoft, ursprünglich für Internet-Applikationen, die Datenzugriffsschnittstelle ADO, »ActiveX Data Objects«. ADO ist für den Zugriff auf Datenbestände über das Netzwerk konzipiert und verwendet dazu die OLE DB-Schnittstelle, eine Erweiterung und Ergänzung der ODBC-Schnittstelle. ADO soll in der Zukunft alle anderen Datenzugriffsschnittstellen ablösen.

Mit der Version Access 2000 hat Microsoft den Zugriff auf Datenbankserver, insbesondere auf Microsoft SQL Server, erweitert. Dazu gehört die Verwendung von ADO und spezieller Access-Datenbanken, so genannte Projekte (Kapitel 42).

Durch die Hinzunahme von ADO kann Access wesentlich besser auf Datenbankserver zugreifen, aber innerhalb von Access führt ADO für den Anwender zu Verwirrungen, da DAO ebenfalls noch vorhanden ist. Wir möchten versuchen, Ihnen das Zusammenspiel (oder auch manchmal das Gegeneinander) der verschiedenen Komponenten in Access zu erläutern:

Bei normalen Access-Datenbanken wird für Tabellen, Abfragen, Formulare und Berichte intern die DAO-Bibliothek eingesetzt. In Modulen sowie in Modulen von Formularen und Berichten (»Code behind Forms«) wird standardmäßig ADO verwendet.

In den Access-Projekten, den speziellen Access-Datenbanken für den Zugriff auf Datenbankserver, wird für alle Komponenten ADO benutzt. Während DAO auch in Access 2003 für MDB-Datenbanken integraler Bestandteil ist, verhält sich ADO eher wie eine zusätzlich aufgesetzte Schnittstelle.

Die Unterschiede sind vielfältig: DAO (in Access 2003 in der Version 3.6) verwendet den Datenbankkern Jet 4.0. Jet 4.0 verfügt über den in Teil C dieses Buches beschriebenen SQL-Sprachumfang. ADO (in Access 2003 in der Version 2.7) dagegen greift auf Datenbanken für den Jet 4.0-OLEDB-Provider zu. Dieser hat einen gegenüber Jet 4.0 erweiterten SQL-Wortschatz und verfügt über erweiterte Möglichkeiten.

DAO kann direkt auf Jet-Tabellen und Abfragen zugreifen und beispielsweise deren Strukturen verändern. Mit DAO lässt sich z.B. relativ einfach ein neues Feld zu einer Tabelle hinzufügen. ADO verfügt selbst über keine einfachen Möglichkeiten zur Änderung von Strukturen, sondern muss dafür die Hilfe der zusätzlichen Schnittstelle ADOX in Anspruch nehmen.

ADO oder DAO?

Wahrscheinlich stellt sich Ihnen nun die Frage: ADO oder DAO? Wir möchten die Vor- und Nachteile der beiden Zugriffsschnittstellen kurz gegenüberstellen:

Pro ADO:

- Ist die Datenbankschnittstelle künftiger Access-Versionen
- Erlaubt den einfachen Zugriff auf Datenbankserver
- Der SQL-Sprachumfang beim Zugriff auf Jet-Datenbanken ist erweitert

Contra ADO:

- Neue, noch nicht ganz ausgereifte Schnittstelle
- Unzureichende Dokumentation in der Access-Hilfe
- Beim Zugriff auf Access-Objekte, beispielsweise Abfragen mit Parametern, muss die zusätzliche ADOX-Bibliothek verwendet werden
- Beim Zugriff auf die Daten gebundener Formulare und Berichte muss DAO eingesetzt werden

Pro DAO:

- Ausgereifte, bewährte Schnittstelle
- Bessere Einbindung in Access
- Gute Dokumentation in der Access-Hilfe

Contra DAO:

- Gegenüber ADO eingeschränkter SQL-Sprachumfang
- Unzureichend beim Zugriff auf Datenbankserver
- Weiterentwicklung durch Microsoft ungewiss

Noch eine kurze Anmerkung zur Access-Hilfe: Hier liegt unserer Meinung nach der größte Schwachpunkt der Hinzunahme von ADO. Da ADO und DAO viele Komponenten mit gleichen Namen besitzen, gibt es in der Hilfe oft Verweise auf die jeweils andere Bibliothek. Auch werden viele SQL-Befehle beschrieben, die sich mit Access-Abfragen und DAO nicht einsetzen lassen, sondern nur mit ADO.

In diesem Kapitel möchten wir den Datenzugriff mit ADO beschreiben. Im folgenden Kapitel 38 stellen wir DAO vor. Wir haben versucht, die gleichen Beispiele in beiden Kapiteln zu verwenden, so dass Sie die Lösung einer Aufgabenstellung mit ADO und DAO vergleichen können.

Wir möchten dieses Kapitel zuerst mit einem theoretischen Überblick über die ADO-Datenzugriffsobjekte beginnen, damit Sie die verschiedenen Komponenten und Objekte kennen lernen und einordnen können. Wenn Sie mit dem grundlegenden Aufbau, insbesondere der Art und Weise, wie

Programmierung

die verschiedenen Objekte aufeinander aufbauen, vertraut sind, können Sie sehr schnell die Möglichkeiten der Datenzugriffsobjekte nutzen.

WICHTIG Sie können die ADO-Datenzugriffsobjekte nur verwenden, wenn Sie einen Verweis auf die entsprechende Objektbibliothek aktiviert haben. Rufen Sie das Dialogfeld *Verweise* im *Visual Basic-Editor* über *Extras/Verweise* auf und selektieren Sie den Eintrag *Microsoft ActiveX Data Objects 2.7 Object Library.*

Abbildg. 37.1 Verweis auf ADO

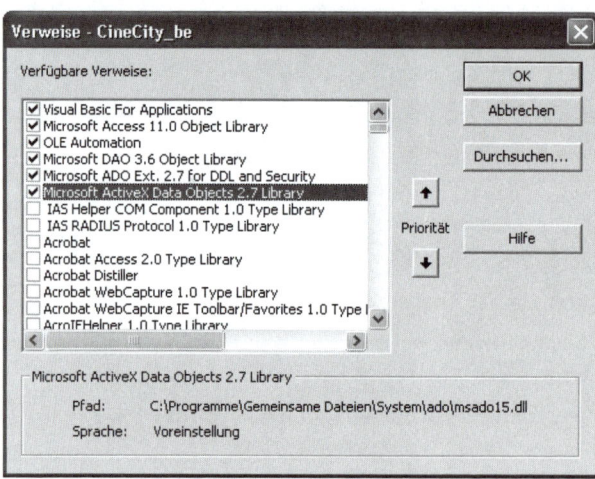

Es ist möglich, die ADO- und die DAO-Bibliothek gleichzeitig zu selektieren. Da in den Bibliotheken aber namensgleiche Objekte (z.B. Recordset) existieren, müssen Sie dann vor dem Namen des Objekts die Bibliothek angeben, beispielsweise als ADODB.Recordset oder DAO.Recordset. Wir verwenden prinzipiell diese Schreibweise.

WICHTIG ADO-Objekte werden dynamisch mithilfe des Befehlswortes New erzeugt. Es ist notwendig, erzeugte Objekte vor dem Beenden des Programms wieder zu vernichten, insbesondere wenn Sie Objekte global definiert haben. Mit

```
Set object = Nothing
```

vernichten Sie ein Objekt object. Erzeugen Sie ein Objekt innerhalb einer Prozedur, so wird normalerweise das Objekt beim Beenden der Prozedur vernichtet. Es zeugt aber von gutem Programmierstil, Objekte explizit zu vernichten. In den Beispielen in diesem Kapitel werden daher alle erzeugten Objekte mit dem entsprechenden Befehl zerstört.

Der Aufbau der Datenzugriffsobjekte

Abbildung 37.2 zeigt den hierarchischen Aufbau der Datenzugriffsobjekte. Alle dargestellten Objekte sind Auflistungen, d.h., es können ein oder mehrere Objekte des entsprechenden Typs existieren.

Abbildg. 37.2 Aufbau der Datenzugriffsobjekte

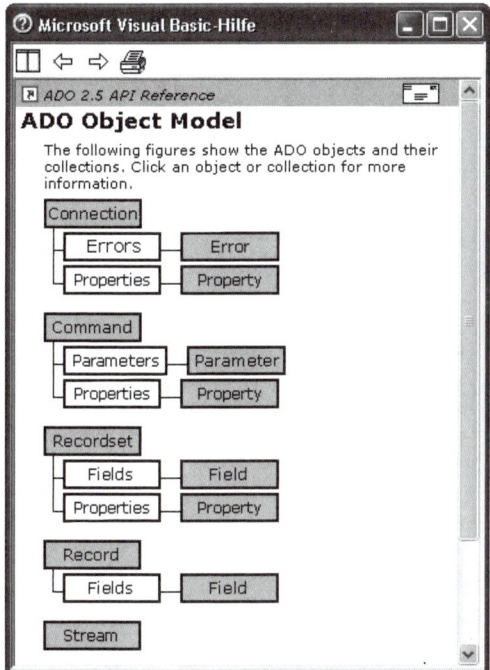

In Tabelle 37.1 werden die ADO-Objekte beschrieben.

Tabelle 37.1 ADO-Objekte

Objekt	Beschreibung
Connection	Das Connection-Objekt dient zum Aufbau einer Verbindung zur Datenquelle.
Command	Command-Objekte ermöglichen die Ausführung von Abfragen mit Parametern. Das Ergebnis der Abfrage wird in einem Recordset-Objekt zurückgegeben.
Recordset	Ein Recordset-Objekt enthält die Menge aller Datensätze, die von einer Abfrage zurückgegeben werden. Als Abfrage kann der Name einer Tabelle oder Access-Abfrage oder ein SQL-Befehl angegeben werden.
Record	Entspricht einer Reihe im Recordset. Daneben können mit dem Record- und dem Stream-Objekt auch Daten verarbeitet werden, die nicht in einer relationalen Datenbank erfasst sind.
Stream	Siehe Record-Objekt

Connections

Zu einer Datenbank muss zuerst eine Verbindung, eine `Connection`, aufgebaut werden, beispielsweise mit

```
Dim conn As New ADODB.Connection
conn.Open "Provider=Microsoft.Jet.OLEDB.4.0;" & _
        "Data Source=C:\CineCity\CineCity.mdb;User ID=Admin;"
```

Beachten Sie das Befehlswort `New` in der Dimensionierungsanweisung, denn es ist notwendig, vor dem Öffnen einer Verbindung ein `Connection`-Objekt neu zu erzeugen.

In diesem Kapitel beschränken wir uns auf die Verbindung, die Access für den Zugriff auf die aktuelle Datenbank zur Verfügung stellt, und werden nicht weiter auf die `Open`-Methode eingehen.

```
Dim conn As ADODB.Connection
Set conn = CurrentProject.Connection
```

`CurrentProject` ist ein Verweis auf die aktuelle Datenbank. Die Eigenschaft `Connection` enthält den Verweis auf das entsprechende `Connection`-Objekt. Hierbei muss kein neues Objekt erzeugt werden, deshalb kann beim `Dim`-Befehl auf `New` verzichtet werden.

Recordsets

Einem Recordset liegt immer eine Tabelle, eine Abfrage oder direkt ein SQL-Befehl zugrunde. Jedes Recordset erhält aufgrund der Datenbasis entsprechende Felder, die in einer `Fields`-Auflistung verwaltet werden.

Ein Recordset wird mithilfe des Befehls `Open()` geöffnet.

```
Dim rs As New ADODB.Recordset
rs.Open Quelle, ActiveConnection, CursorType, LockType, Options
```

Der CursorType-Parameter

Der `CursorType` eines Recordsets kann mithilfe einer der in Tabelle 37.2 aufgeführten Konstanten festgelegt werden.

Tabelle 37.2   Recordset-Typen

Konstante	Beschreibung
adOpenKeyset	Ein Recordset vom Typ **Keyset** (Schlüsselgruppe) besteht aus Zeigern auf die Daten von Tabellen oder Abfragen, d.h., es wird nur ein eindeutiger Schlüssel für jeden Datensatz in den lokalen Speicher geladen. Die Daten können editiert werden.
adOpenDynamic	Ein Recordset dieses Typs verhält sich ähnlich wie ein **Keyset**. Für Access-Datenbanken werden dynamische Recordsets als **Keyset** definiert.

Tabelle 37.2   Recordset-Typen *(Fortsetzung)*

Konstante	Beschreibung
adOpenStatic	Ein statisches Recordset enthält eine Kopie der Daten zu einem bestimmten Zeitpunkt (Snapshot). Änderungen durch andere Benutzer, die nach der Erstellung des Recordsets aufgetreten sind, werden nicht berücksichtigt.
adOpenForwardOnly	Ein Recordset dieses Typs verhält sich wie ein statisches Recordset, kann aber nur von vorne nach hinten durchlaufen werden.

Der LockType-Parameter

Wenn mehrere Benutzer gleichzeitig versuchen, Daten einer Tabelle zu verändern, kann es vorkommen, dass zwei Benutzer den gleichen Datensatz gleichzeitig ändern. Um zu vermeiden, dass die Benutzer sich gegenseitig die Daten überschreiben, kann durch den Einsatz von Sperren, Locks, der Zugriff organisiert werden. Der LockType-Parameter muss daher eigentlich nur angegeben werden, wenn Sie die Daten des Recordsets verändern möchten, allerdings auch dann, wenn nur ein Benutzer auf die Daten zugreift. In Kapitel 41 werden die verschiedenen Locking-Konstanten ausführlich beschrieben. In diesem Kapitel verwenden wir immer die Konstante adLockOptimistic.

Tabelle 37.3   Locking-Konstanten

Konstante	Beschreibung
adLockReadOnly	Dies ist der Standardwert. Die Daten des Recordsets können nicht verändert werden.
adLockOptimistic	Die Daten des Recordsets können geändert werden, wobei die optimistische Sperrmethode eingesetzt wird.
adLockPessimistic	Die Daten des Recordsets können geändert werden, wobei die pessimistische Sperrmethode eingesetzt wird.

HINWEIS   Verwenden Sie als LockType eine der Konstanten adLockOptimistic oder adLockPessimistic, so wird automatisch ein Recordset vom CursorType adOpenKeyset verwendet.

Der Options-Parameter

Der optionale Parameter Options ermöglicht Ihnen, den Inhalt des Parameters Quelle genauer zu bestimmen, um so ADO bei der Auswertung behilflich zu sein. Durch die Angabe des Parameters muss ADO nicht die Auswerteroutinen durch Analyse von Quelle selbst festlegen.

Tabelle 37.4   Options-Konstanten

Konstante	Beschreibung
adCmdUnknown	Dies ist der Standardwert. ADO muss selbst bestimmen, wie das Argument Quelle ausgewertet wird.
adCmdText	Quelle enthält eine Zeichenkette mit der entsprechenden SQL-Abfrage.
adCmdTable	Quelle enthält den Namen einer Tabelle. ADO erstellt selbsttätig eine SQL-Abfrage, die alle Zeilen mit allen Spalten der Tabelle zurückgibt.

Tabelle 37.4 Options-Konstanten *(Fortsetzung)*

Konstante	Beschreibung
adCmdTableDirect	Quelle enthält den Namen einer Tabelle. Alle Zeilen und Spalten werden direkt zurückgegeben.
adCmdStoredProc	Quelle enthält den Namen einer gespeicherten Prozedur, in Access also den Namen einer Abfrage.

Einsatzbeispiele

Wir möchten Ihnen im Folgenden einige kleine Beispiele zum Öffnen von Recordsets zeigen. Zuerst wird die Tabelle *tblFilme* mit den Standardeinstellungen geöffnet. Geben Sie keinen CursorType an, so wird die Tabelle im Modus adOpenForwardOnly geöffnet. Wird auch kein LockType festgelegt, ist die Tabelle schreibgeschützt, als LockType wird also adLockReadOnly verwendet.

```
Dim rst As New ADODB.Recordset
rst.Open "tblFilme", CurrentProject.Connection
```

CurrentProject gibt einen Verweis auf das aktuell geöffnete Datenbankobjekt zurück, also auf die Datenbank, in der die Programmzeilen ausgeführt werden.

Im zweiten Beispiel wird eine Tabelle zum Bearbeiten geöffnet. Die verschiedenen Möglichkeiten des Lockings, also des Sperrens von Datensätzen insbesondere im Mehrbenutzerbetrieb, werden in Kapitel 41 beschrieben.

```
Dim rst As New ADODB.Recordset
rst.Open "tblWochen", ActiveConnection:=CurrentProject.Connection, _
    CursorType:=adOpenKeyset, _
    LockType:=adLockOptimistic
```

Ein Recordset, dem eine gespeicherte Abfrage zugrunde liegt, öffnen Sie übrigens mit den gleichen Befehlen, denn Abfragen und Tabellen werden an dieser Stelle gleich behandelt.

Die nächsten Zeilen laden die Daten der Tabelle *tblFilme* nach dem Filmtitel sortiert als statisches Recordset (Snapshot), d.h., die Ergebnismenge im Recordset kann nicht verändert werden.

```
Dim rst As New ADODB.Recordset
rst.Open "SELECT * FROM tblFilme ORDER BY Filmtitel", _
    ActiveConnection:=CurrentProject.Connection, _
    CursorType:=adOpenStatic
```

Mit Recordsets arbeiten

Jetzt haben Sie zwar erfahren, wie ein Recordset geöffnet wird, aber die Frage ist nun, was man damit eigentlich machen kann.

Es soll eine Funktion geschrieben werden, die alle Filmtitel der Tabelle *tblFilme* hintereinander, alphabetisch sortiert und durch Schrägstriche getrennt als String zurückgibt.

Die folgende Funktion löst die gestellte Aufgabe:

```
Function AlleFilmtitel_ADO() As String
    Dim rst As New ADODB.Recordset
    Dim conn As ADODB.Connection
    Dim strTmp As String

    Set conn = CurrentProject.Connection
    ' Recordset öffnen
    rst.Open "SELECT Filmtitel FROM tblFilme ORDER BY Filmtitel", _
                ActiveConnection:=conn

    ' Zwischenspeicher-String leeren
    strTmp = ""
    ' Recordset von vorne nach hinten durchlaufen
    Do Until rst.EOF
        If strTmp = "" Then
            ' Beim ersten Mal
            strTmp = rst!Filmtitel
        Else
            ' Dann immer mit Schrägstrich
            strTmp = strTmp & "/" & rst!Filmtitel
        End If
        ' Zum nächsten Datensatz weitergehen
        rst.MoveNext
    Loop
    ' Zwischenspeicher-String als Funktionsergebnis umkopieren
    AlleFilmtitel_ADO = strTmp
    ' Recordset schließen
    rst.Close
    Set rst = Nothing
End Function
```

In der Funktion wird zuerst das Recordset auf Basis der als Parameter angegebenen SQL-Abfrage geöffnet. In die Variable strTmp soll die Liste der Filmtitel gespeichert werden, sie wird daher geleert. Dieser Schritt ist nicht unbedingt nötig, aber sicher ist sicher.

In der Do Until-Schleife wird in der If-Abfrage überprüft, ob strTmp leer ist. In diesem Fall wird der erste If-Zweig ausgeführt, ansonsten der zweite. Damit wird erreicht, dass vor dem ersten Titel kein Schrägstrich erscheint.

Mithilfe der Methode MoveNext wird der interne Datensatzzeiger des Recordsets zum nächsten Datensatz weiterbewegt. Anschließend beginnt der nächste Schleifendurchlauf. Die Schleife wird so lange durchlaufen, bis rst.EOF wahr wird. EOF, »End Of File«, wird wahr, wenn der Datensatzzeiger »hinter« dem letzten Datensatz des Recordsets steht.

Zuletzt wird der zwischengespeicherte String strTmp als Rückgabewert an die Funktion übergeben und dann das Recordset geschlossen.

Zugriff auf Felder des Recordsets

In der oben beschriebenen Funktion wird auf den Filmtitel des aktuellen Datensatzes mit rst!Filmtitel zugegriffen. Wir möchten Ihnen zeigen, welche Schreibweisen für den Zugriff auf den Datensatzinhalt möglich sind.

Ausführlich lautet die vollständige Schreibweise, um auf den Inhalt des Feldes Filmtitel zuzugreifen, wie folgt:

```
rst.Fields("Filmtitel").Value
```

Da Value die Standardeigenschaft ist, reicht es aus,

```
rst.Fields("Filmtitel")
```

zu schreiben. Möchten Sie es kürzer, so wie wir es oben im Beispiel verwendet haben, so verwenden Sie die Form mit dem Ausrufezeichen:

```
rst!Filmtitel
```

Sollte der Feldname ein Leerzeichen enthalten, wird

```
rst![Film Titel]
```

in eckige Klammern eingeschlossen.

Die Methoden und Eigenschaften des Recordset-Objekts

In Tabelle 37.5 finden Sie die wichtigsten Recordset-Methoden und -Eigenschaften mit einer kurzen Beschreibung. Im Anschluss an die Tabelle geben wir Ihnen Beispiele zu den Methoden.

Tabelle 37.5   Recordset-Methoden und -Eigenschaften

Methode/Eigenschaft	Beschreibung
AbsolutePosition	gibt die relative Datensatznummer des aktuellen Datensatzes im Recordset zurück.
AddNew	hängt einen neuen, leeren Datensatz an das Recordset an.
BOF	»Begin Of File« (BOF) ist dann wahr, wenn der Datensatzzeiger vor dem ersten Datensatz des Recordsets steht.
Bookmark	Lesezeichen (siehe Abschnitt »So setzen Sie Lesezeichen« weiter hinten in diesem Kapitel)
CancelMethod	beendet die offene, asynchrone Ausführung einer Methode.
CancelBatch	schließt ein noch offenes Batch-Update.
CancelUpdate	bricht einen **AddNew**-Vorgang bzw. die Änderungen an einem Datensatz ab.
Clone	klont ein Recordset.
Close	schließt das Recordset.
CompareBookmarks	vergleicht zwei Lesezeichen.
Delete	löscht den aktuellen Datensatz.

Tabelle 37.5 Recordset-Methoden und -Eigenschaften *(Fortsetzung)*

Methode/Eigenschaft	Beschreibung
EOF	»End Of File« (EOF) ist dann wahr, wenn der Datensatzzeiger hinter dem letzten Datensatz des Recordsets steht.
Filter	definiert eine Filterbedingung.
Find Kriterien	sucht den ersten Datensatz, der den Kriterien entspricht (Abschnitt »Datensätze suchen« weiter hinten in diesem Kapitel).
GetRows	übernimmt Datensätze in ein Array.
GetString	gibt das Recordset als String aus.
Move Zeilen [,Start]	bewegt die angegebene Anzahl von **Zeilen**, bei negativen Werten rückwärts, bei positiven vorwärts; der optionale Parameter **Start** ist eine Zeichenfolge und kennzeichnet ein Lesezeichen (**Bookmark**).
MoveFirst	bewegt den Datensatzzeiger zum ersten Datensatz.
MoveLast	bewegt den Datensatzzeiger zum letzten Datensatz.
MoveNext	bewegt den Datensatzzeiger zum nächsten Datensatz.
MovePrevious	bewegt den Datensatzzeiger zum vorhergehenden Datensatz.
NextRecordset	entfernt das aktuelle Recordset und gibt mit verschiedenen Einstellungsmöglichkeiten das nächste Recordset zurück.
RecordCount	gibt die Anzahl der Datensätze im Recordset zurück.
Requery	frischt das Recordset auf, aktualisiert also die Pointer-Liste im lokalen Arbeitsspeicher.
Save	führt die Speichern-Aktion aus.
Seek Schlüsselwerte, SeekOption	sucht in einem indizierten Recordset vom Typ **adCmdTableDirect**.
Sort	legt ein Sortierkriterium fest.
Supports	zeigt an, ob ein Recordset eine bestimmte Aktion unterstützt (siehe nächsten Abschnitt).
Update	schreibt einen editierten oder neuen Datensatz.
UpdateBatch	schreibt alle anstehenden, zu einem Batch zusammengefassten Dateieingaben.

Welche Funktionen unterstützt das Recordset?

Welche Funktionen von einem Recordset unterstützt werden, können Sie mithilfe der Eigenschaft Supports ermitteln. Die Eigenschaft gibt True oder False zurück, je nachdem, ob die Funktion unterstützt wird oder nicht. Möchten Sie beispielsweise erfahren, ob das von Ihnen geöffnete Recordset das Ändern der Daten erlaubt, verwenden Sie den folgenden Befehl:

```
...
If rst.Supports(adUpdate) Then
...
```

In Tabelle 37.6 sind die wichtigsten Parameter für die Supports-Eigenschaft aufgeführt.

Tabelle 37.6   Konstanten für die Eigenschaft *Supports*

Konstante	Beschreibung
adAddNew	Neue Datensätze können hinzugefügt werden.
adBookmark	Mit der **Bookmark**-Eigenschaft kann auf bestimmte Datensätze zugegriffen werden.
adDelete	Datensätze können gelöscht werden.
adUpdate	Daten können geändert werden.

Durch Recordsets bewegen

Mit den Methoden des Recordsets-Objekts, die mit Move beginnen, können Sie den Datensatzzeiger innerhalb des Recordsets bewegen. Mit MoveNext gehen Sie einen Datensatz weiter, mit MovePrevious einen zurück. MoveLast springt zum letzten, MoveFirst zum ersten Datensatz.

Was ist beim Verschieben des Datensatzzeigers innerhalb des Recordsets zu beachten?

Anfang und Ende des Recordsets

Ist die Position des aktuellen Datensatzes der letzte Datensatz des Recordsets und bewegen Sie den Positionszeiger mit MoveNext weiter, wird die Eigenschaft EOF wahr, d.h., sie erhält den Wert True. Es gibt jetzt keinen aktuellen Datensatz, denn der Positionszeiger enthält einen ungültigen Wert. Versuchen Sie nun, auf Daten des aktuellen Datensatzes zuzugreifen, erhalten Sie die in Abbildung 37.3 dargestellte Fehlermeldung angezeigt.

Abbildg. 37.3   Fehlermeldung bei EOF-/BOF-Fehler

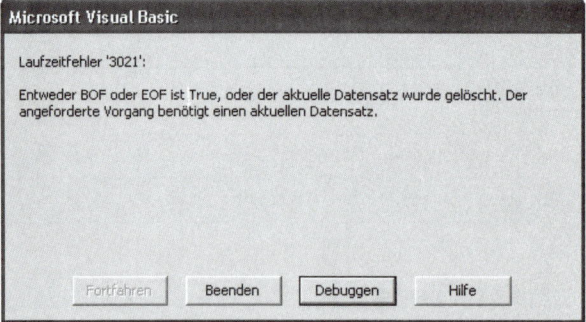

Die gleiche Fehlermeldung wird ausgegeben, wenn Sie versuchen, mit MoveNext noch weiter über das Ende hinauszugehen, d.h., wenn EOF wahr ist, führt jede Bewegung des Positionszeigers nach hinten zu einem Fehler. Laufzeitfehler können durch Fehlerbehandlungsroutinen abgefangen werden.

Leere Recordsets

Es kann vorkommen, dass das geöffnete Recordset keine Datensätze enthält. Mit der Befehlsfolge

```
...
If rst.BOF And rst.EOF Then
    ' Leeres Recordset
...
```

können Sie prüfen, ob ein Recordset Daten enthält. Sind sowohl die Eigenschaft BOF als auch EOF wahr, ist das Recordset folglich leer.

Anzahl der Datensätze

Mit der Eigenschaft RecordCount lässt sich die Anzahl der Datensätze eines Recordsets bestimmen. RecordCount gibt nur dann die exakte Anzahl der Datensätze für ein Recordset rst zurück, wenn die Eigenschaft rst.Supports(adApproxPosition) oder rst.Supports(adBookmark) den Wert True zurückliefert. Es kann passieren, dass zur Ermittlung der Anzahl der Datensätze erst alle Datensätze abgerufen werden müssen, was erhebliche Zeit in Anspruch nehmen kann.

Datensätze suchen

Stellen Sie sich vor, Sie suchen alle Filme, deren Filmtitel mit dem Buchstaben »B« beginnt. Die Namen der Filme sollen dann im Testfenster mithilfe des Befehls Debug.Print ausgegeben werden.

Für die Suche von Datensätzen nach bestimmten Bedingungen stehen Ihnen die Varianten

- Einschränken des Recordsets durch eine SQL-Abfrage mit WHERE-Klausel,
- Suchen mit den Find-Methoden,
- Suchen mit der Seek-Methode und
- Setzen von Filter-Bedingungen zur Verfügung.

Das erste Verfahren sollten Sie bei der Arbeit mit Recordsets prinzipiell vorziehen. Es ist immer schneller und einfacher, die Auswahl der Datensätze von Access aufgrund einer Abfrage oder einer SQL-Zeichenfolge vornehmen zu lassen. Die zweite Variante erlaubt das gezielte Auffinden von Datensätzen in Recordsets, während die Variante mit Seek nur für Recordsets vom Typ adTableDirect geeignet ist. Vom vierten Verfahren würden wir Ihnen eher abraten, denn es ist sehr langsam.

Suchen per SQL-Abfrage

Stellen Sie Ihre Suchbedingung schon beim Öffnen des Recordsets, indem Sie den Namen einer geeigneten Abfrage oder einen entsprechenden SQL-Befehl angeben.

WICHTIG ADO in Verbindung mit dem OLEDB-Jet-4.0-Provider unterstützt für den SQL-Befehl *LIKE* die Platzhalter »%« anstelle von »*« und »_« anstelle des »?«. Die Notation mit »%« und »_« entspricht dem SQL-Standard!

Für die Aufgabe oben könnte die Lösung also wie folgt aussehen:

```
Sub Filme_ADO()
    Dim rst As New ADODB.Recordset

    rst.Open _
        "SELECT Filmtitel " & _
        "FROM tblFilme " & _
        "WHERE Filmtitel LIKE 'B%'" & _
        "ORDER BY Filmtitel", _
        ActiveConnection:=CurrentProject.Connection

    Do Until rst.EOF
        Debug.Print rst!Filmtitel
        rst.MoveNext
    Loop
    rst.Close
    Set rst = Nothing
End Sub
```

Die Abfrage kann man sich übrigens in der Abfrage-Entwurfsansicht zusammenstellen und danach als SQL-Text über die Zwischenablage ins Programm einfügen.

Suchen mit den Find-Methoden

Mithilfe der Find-Methode können Sie Datensätze nach bestimmten Kriterien innerhalb eines Recordsets finden. Die allgemeine Syntax lautet:

```
recordset.Find Kriterium, ZeilenÜberspringen, Suchrichtung, Start
```

wobei Kriterium für eine Zeichenfolge mit der Bedingung steht. Die einsetzbaren Bedingungen entsprechen denen der WHERE-Klausel von SQL-Abfragen, allerdings ohne das Befehlswort *WHERE*.

Das folgende Programmbeispiel zeigt die Anwendung der Methode:

```
Sub Filme_Find_ADO()
    Dim rst As New ADODB.Recordset

    rst.Open _
        "SELECT Filmtitel " & _
        "FROM tblFilme " & _
        "ORDER BY Filmtitel", _
        ActiveConnection:=CurrentProject.Connection, _
        CursorType:=adOpenStatic

    ' den ersten Datensatz mit der Bedingung suchen
    rst.Find "Filmtitel LIKE 'B%'"
    ' Schleife ausführen, solange noch Datensätze gefunden werden
    Do Until rst.EOF
        Debug.Print rst!Filmtitel
        ' Weitersuchen, ab dem folgenden Datensatz
        rst.Find "Filmtitel LIKE 'B%'", SkipRecords:=1
    Loop
    rst.Close
    Set rst = Nothing
End Sub
```

Mit Find kann ein Recordset nicht nur von vorne nach hinten, sondern auch von hinten nach vorne durchsucht werden. Voraussetzung dafür ist allerdings, dass das Recordset nicht vom CursorType adOpenForwardOnly ist.

Für die Suchrichtung von hinten nach vorne geben Sie bei der Find-Methode den Parameter SearchDirection:=adSearchBackward an.

> **HINWEIS** Beachten Sie bei der Zusammenstellung des Kriteriums für die Find-Methode, dass hier eine Zeichenfolge übergeben werden muss.

Suchen in Recordsets vom Typ Table mit Seek

Sie können die Methode Seek einsetzen, die eine beschleunigte Suche unter direkter Zuhilfenahme eines Indexes ermöglicht. Die Suche mit Seek ist sehr schnell, denn hier muss Access nicht selbst ermitteln, mit welchem Index die Suche am besten durchgeführt wird, sondern Sie geben den Index direkt an.

Trotzdem sind einige Nachteile für die Seek-Methode zu bedenken. Sie müssen den Namen des Indexes wissen, über den gesucht werden soll und der dann fest im Programm verankert wird. Übrigens hat der Primärschlüssel bei Access-Datenbanken den Namen »PrimaryKey«.

Die allgemeine Form der Methode lautet:

```
recordset.Seek Schlüsselwerte, SuchOption
```

wobei SuchOption eine der Konstanten adSeekAfterEQ, adSeekAfter, adSeekBeforeEQ, adSeekBefore, adSeekFirstEQ oder adSeekLastEQ sein kann. Wenn der Index aus mehr als einem Feld zusammengesetzt ist, geben Sie die entsprechenden Suchwerte mit Array(Wert1, Wert2, ...) an.

Beachten Sie, dass das Recordset mit der Option adCmdTableDirect geöffnet werden muss.

Das folgende Programmbeispiel zeigt die Verwendung von Seek:

```
Sub Filme_Seek_ADO()
    Dim rst As New ADODB.Recordset

    rst.Index = "Filmtitel"
    rst.Open "tblFilme", _
        ActiveConnection:=CurrentProject.Connection, _
        CursorType:=adOpenKeyset, _
        Options:=adCmdTableDirect
    rst.Seek Array("B"), adSeekAfter

    If Not rst.EOF Then
        Do
            Debug.Print rst!Filmtitel
            rst.MoveNext
        Loop Until rst!Filmtitel >= "C"
    End If
    rst.Close
    Set rst = Nothing
End Sub
```

Setzen von Filterbedingungen

Mit einer Filterbedingung können Sie die Datensätze eines Recordsets einschränken, wobei Ihnen für den Filter die Möglichkeiten der *WHERE*-Klausel zur Verfügung stehen. Allerdings gelten diese Filtereinschränkungen nicht für das geöffnete Recordset, sondern nur für ein neues Recordset auf Basis des geöffneten. Es werden also nur die Datensätze gefiltert, die die Ergebnismenge des ersten Recordsets bilden. Das folgende Programm zeigt die Anwendung der Filter-Eigenschaft.

```
Sub Filme_Filter_ADO()
    Dim rst As New ADODB.Recordset
    Dim rstFilter As New ADODB.Recordset

    rst.Open _
        "SELECT Filmtitel " & _
        "FROM tblFilme " & _
        "ORDER BY Filmtitel", _
        ActiveConnection:=CurrentProject.Connection, _
        CursorType:=adOpenStatic

    ' Filterbedingung setzen
    rst.Filter = "Filmtitel LIKE 'A%'"

    ' Neues Recordset auf Basis des alten erstellen
    Set rstFilter = rst

    ' Neues Recordset durchlaufen
    Do Until rstFilter.EOF
        Debug.Print rstFilter!Filmtitel
        rstFilter.MoveNext
    Loop
    rstFilter.Close
    Set rstFilter = Nothing
    Set rst = Nothing
End Sub
```

Recordsets sortieren

Für die Sortierung von Recordsets stehen Ihnen zwei unterschiedliche Verfahren zur Verfügung:

■ Sortieren Sie durch eine *ORDER BY*-Klausel in der SQL-Abfrage oder

■ sortieren Sie mit der Sort-Eigenschaft des Recordsets.

Für die beiden Varianten gelten im Prinzip die gleichen Aussagen, wie wir sie weiter vorn in diesem Kapitel im Abschnitt »Datensätze suchen« für die Filter-Eigenschaft getroffen haben. Verwenden Sie nach Möglichkeit immer *ORDER BY* und verzichten Sie auf den Einsatz der Eigenschaft Sort.

Nach dem Öffnen eines Recordsets mit der Option adCmdTableDirect sind die Datensätze nach dem Primärschlüssel der zugrunde liegenden Tabelle geordnet. Um die Sortierung zu ändern, muss im Programm die Eigenschaft Index des Recordsets eingestellt werden, so wie dies weiter vorn in diesem Kapitel im Abschnitt »Suchen in Recordsets vom Typ Table mit Seek« beschrieben wurde. Diese Eigenschaft kann nur für adcmdTableDirect-Recordsets eingestellt werden, anderenfalls kommt es zu einer Fehlermeldung. Durch Setzen der Index-Eigenschaft, z.B. in der Form

```
Dim rstTable As New ADODB.Recordset
rstTable.Open "tblFilme", _
    ActiveConnection:=CurrentProject.Connection, _
    CursorType:=adOpenKeyset, _
    Options:=adCmdTableDirect
rstTable.Index "Filmtitel"
```

liegen die Datensätze nach »Filmtitel« sortiert vor.

So setzen Sie Lesezeichen

Oft ist es in Programmen notwendig, sich die Position bestimmter Datensätze zu merken, um später darauf zurückkommen zu können. Access arbeitet mit so genannten Lesezeichen, englisch »Bookmarks«. Access führt für jeden Datensatz eines Recordsets eine eindeutige Markierung. Diese Markierung kann in einer eigenen Variablen gespeichert werden, um so später als Sprungadresse zu dienen. Nicht alle Recordsets ermöglichen das Setzen von Lesezeichen. Die Eigenschaft Bookmarkable des Recordsets zeigt die Lesezeichenunterstützung an.

Das folgende Programmfragment weist das Lesezeichen des aktuellen Datensatzes einer Variablen zu und setzt am Ende die Position des aktuellen Datensatzes auf den Datensatz, zu dem das gespeicherte Lesezeichen gehört.

```
Dim varMeinLesezeichen As Variant
...
' Speichern meines Lesezeichens
varMeinLesezeichen = rst.Bookmark
...
rst.MoveFirst
...
' und zurück zu meinem Lesezeichen
rst.Bookmark = varMeinLesezeichen
```

Bearbeiten von Recordset-Daten

In Recordsets können Sie je nach Typ Veränderungen an den Daten vornehmen bzw. neue Datensätze hinzufügen.

Ob die Daten in einem Recordset bearbeitbar sind, können Sie mit der Eigenschaft Supports(adUpdate) ermitteln. Bearbeitbare Recordsets liefern für Supports(adUpdate) den Wert True zurück.

Daten verändern

Verändern Sie die Daten des aktuellen Datensatzes, wird die Änderung mit der Update-Methode geschrieben. Erst nach dem Update sind die Bearbeitungen dauerhaft gespeichert. Bewegen Sie vor dem Update den Positionszeiger zu einem anderen Datensatz, werden die Änderungen nicht in die Tabelle geschrieben.

Mithilfe der folgenden Prozedur können Sie die Verkaufspreise aller Artikel in der Tabelle *tblArtikel* um einen als Parameter übergebenen Prozentwert erhöhen oder senken. Mit

Preiserhöhung_ADO 0.1

würden beispielsweise alle Artikel 10% teurer.

```
Sub Preiserhöhung_ADO(dblProzent As Double)

    Dim rst As New ADODB.Recordset

    rst.Open "tblArtikel", _
        ActiveConnection:=CurrentProject.Connection, _
        CursorType:=adOpenKeyset, _
        LockType:=adLockOptimistic

    ' Ist das Recordset bearbeitbar?
    If rst.Supports(adUpdate) Then
        ' Alle Datensätze durchlaufen
        Do Until rst.EOF
            ' Preis hochsetzen
            rst!Verkaufspreis = rst!Verkaufspreis * (1 + dblProzent)
            ' Datensatzänderungen speichern
            rst.Update
            ' Zum nächsten Datensatz gehen
            rst.MoveNext
        Loop
    End If
    rst.Close
    Set rst = Nothing
End Sub
```

Wenn Sie versuchen, den aktuellen Datensatz eines Recordsets zu ändern, dessen Eigenschaft Supports(adUpdate) den Wert False hat, wird die in Abbildung 37.4 gezeigte Fehlermeldung ausgegeben.

Abbildg. 37.4   Fehlermeldung, wenn ein Recordset nicht geändert werden kann

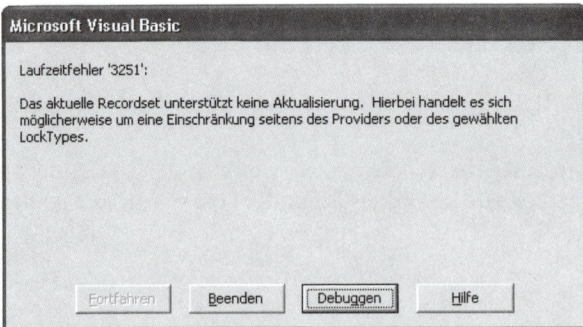

Neue Datensätze hinzufügen

Mithilfe der AddNew-Methode wird dem Recordset ein neuer Datensatz hinzugefügt. Durch den Aufruf von AddNew wird im internen Puffer ein leerer Datensatz erzeugt. Leer heißt, dass alle Felder den Wert Null erhalten.

Anschließend können den Feldern Werte zugewiesen werden. Nach einem Update werden die Daten in die zugrunde liegenden Tabellen geschrieben.

```
Sub NeuerFilm_ADO()
    Dim rst As New ADODB.Recordset

    rst.Open "tblFilme", _
        ActiveConnection:=CurrentProject.Connection, _
        CursorType:=adOpenKeyset, _
        LockType:=adLockOptimistic

    With rst
        If .Supports(adUpdate) Then
            ' Neuen Datensatz anlegen
            .AddNew
            ' mit Daten füllen
            !Filmtitel = "Rot und Blau"
            !Länge = 122
            ' Datum in englischer Schreibweise
            !Bundesstartdatum = #1/15/2004#
            ' Neuen Datensatz speichern
            .Update
        End If
    End With
    rst.Close
    Set rst = Nothing
End Sub
```

Datensätze löschen

Sie können den aktuellen Datensatz mithilfe der Methode Delete löschen. Die folgende Prozedur löscht die Einträge in der Tabelle *tblFilme*, die den als Parameter für die Prozedur angegebenen Filmtitel haben.

```
Sub FilmLöschen_ADO(strFilmtitel As String)
    Const conSQL = "SELECT * FROM tblFilme"

    Dim rst As New ADODB.Recordset
    Dim strSQL As String

    ' Wenn kein Filmtitel angegeben
    If strFilmtitel = "" Then
        ' Routine verlassen
        Exit Sub
    End If

    ' Zusammenstellen der Abfrage
    strSQL = conSQL & " WHERE Filmtitel ='" & strFilmtitel & "'"
    ' Öffnen des Recordsets
    rst.Open strSQL, _
        ActiveConnection:=CurrentProject.Connection, _
        CursorType:=adOpenKeyset, _
        LockType:=adLockOptimistic
```

```
    With rst
        ' Recordset bearbeitbar?
        If .Supports(adUpdate) Then
            Do Until .EOF
                ' Datensatz löschen
                .Delete
                ' zum nächsten Datensatz gehen
                .MoveNext
            Loop
        Else
            MsgBox "Recordset nicht bearbeitbar!"
        End If
    End With
    rst.Close
    Set rst = Nothing
End Sub
```

> **HINWEIS**   Beachten Sie, dass der Positionszeiger nach dem Löschvorgang immer noch auf den gerade gelöschten Datensatz zeigt.

Ist SQL doch besser?

Wir möchten zu bedenken geben, dass sich alle Änderungen an Datensätzen auch mit SQL vornehmen lassen. Der SQL-Befehl *UPDATE* ermöglicht die schnelle Änderung von Datensatzgruppen, mit *INSERT INTO* können Sie neue Datensätze aufnehmen.

Abfragen ausführen

Mit der Open-Methode für Recordsets lassen sich, wie beschrieben, gespeicherte Auswahlabfragen öffnen oder SQL-Zeichenfolgen direkt eingeben. Für die Bearbeitung von Aktions-, Datendefinitions- und Parameterabfragen benötigen Sie Command-Objekte bzw. können Sie die Execute-Methode des Connection-Objekts einsetzen.

Die Execute-Methode des Connection-Objekts

An einem kurzen Beispiel möchten wir den Einsatz einer Aktualisierungsabfrage in einem Programm erläutern. Liefern Abfragen keine Datensätze zurück, sondern führen sie eine Aktion durch, werden sie mit der Methode Execute des Connection-Objekts ausgeführt.

```
Sub PreiserhöhungUm15Prozent_ADO()
    Dim conn As ADODB.Connection
    Dim lngRecordsAffected As Long
    Set conn = CurrentProject.Connection
    ' Preiserhöhung durchführen
    conn.Execute "UPDATE tblArtikel_Neu SET Verkaufspreis = " & _
            "[Verkaufspreis]*1.15", lngRecordsAffected
    Debug.Print lngRecordsAffected & " Artikel geändert."
End Sub
```

Möchten Sie eine gespeicherte Access-Abfrage verwenden, so wird darauf über ihren Namen zuge-griffen.

```
Sub PreiserhöhungMitAbfrage_ADO()
    Dim conn As ADODB.Connection
    Dim lngRecordsAffected As Long

    Set conn = CurrentProject.Connection

    ' Die Aktualisierungsabfrage "qupdArtikelPreiserhöhung"
    ' erhöht die Preise um 15%
    conn.Execute "qupdArtikelPreiserhöhung", lngRecordsAffected
    Debug.Print lngRecordsAffected & " Artikel geändert."
End Sub
```

Die Abfrage *qupdArtikelPreiserhöhung* war übrigens mit *UPDATE tblArtikel SET tblArtikel.Verkaufs-preis = Runden([Verkaufspreis]*1.15, 2)* vereinbart.

Versuchen Sie Auswahl-, Kreuztabellen- oder Union-Abfragen mit der Methode Execute auszuführen, erhalten Sie eine Fehlermeldung.

Parameterabfragen

Im Folgenden möchten wir die Arbeit mit Parameterabfragen (Kapitel 15) beschreiben. Die Parameter einer Abfrage können aus Ihrem Programm heraus gefüllt werden.

Die Ausführung von Parameterabfragen ist nicht so einfach wie die Ausführung einer normalen Abfrage mithilfe eines Recordsets bzw. mithilfe der Execute-Methode. Hier zeigt es sich, dass ADO nachträglich in Access aufgenommen wurde.

Für die Ausführung einer Parameterabfrage benötigen Sie ein Command-Objekt. Ein Command-Objekt verfügt über eine Auflistung aller Parameter Parameters. Sie können die Parameter mit den entsprechenden Werten füllen und die Abfrage dann mit der Methode Execute des Command-Objekts ausführen. Execute gibt ein Recordset-Objekt zurück.

Um die Parameter zu setzen, können Sie verschiedene Schreibweisen verwenden, die verallgemeinert die im Folgenden aufgeführten Formen haben. Die vollständige Schreibweise lautet

```
cmd.Parameters("ParameterName").Value = Wert
```

wobei Wert für eine Zahl, einen String oder einen anderen Typ stehen kann. Da Value die Standard-eigenschaft ist, kann .Value wie in

```
cmd.Parameters("ParameterName") = Wert
```

weggelassen werden. Access gibt sich auch mit

```
cmd("[ParameterName]") = Wert
```

zufrieden. Sie können die Parameter auch durchzählen und

```
cmd.Parameters(0) = Wert
```

oder

```
cmd(0) = Wert
```

verwenden.

Parameterabfrage mit Command-Objekt

Im folgenden Beispiel wird ein Command-Objekt mit einer Abfrage mit einem Parameter erzeugt, die Abfrage ausgeführt und die Daten im Direktfenster ausgegeben. Das so erzeugte Command-Objekt ist temporär, die Abfrage wird nicht in Access gespeichert.

```
Sub ParameterAbfrageDirekt_ADO()
    Dim cmd As New ADODB.Command
    Dim rst As ADODB.Recordset
    Dim fld As ADODB.Field

    Set cmd.ActiveConnection = CurrentProject.Connection

    cmd.CommandText = _
        "select * from tblFilme where filmtitel like [Welche Filme?]"
    cmd.Parameters("[Welche Filme?]") = "F%"
    ' Recordset erzeugen
    Set rst = cmd.Execute
    ' Datensätze im Testfenster ausgeben
    Do Until rst.EOF
        ' Die Inhalte der Felder ausgeben,
        ' durch Schrägstrich getrennt
        For Each fld In rst.Fields
            Debug.Print fld.Name; "="; fld.Value; "/";
        Next
        ' Neue Zeile erzeugen
        Debug.Print
        rst.MoveNext
    Loop
    rst.Close
    Set cmd = Nothing
End Sub
```

Beachten Sie, dass der Name des Parameters mit den eckigen Klammern angegeben werden muss.

Übrigens zeigt die Prozedur, wie die Auflistung Fields eines Recordsets verwendet werden kann, um eine vorher unbekannte Anzahl von Feldern auszugeben.

Es kann mit ADO auch die Schreibweise für Parameter eingesetzt werden, wie sie beispielsweise für *gespeicherte Prozeduren* (»Stored Procedures«) für Microsoft SQL Server und andere Datenbanken verwendet wird. Dazu wird der Parameter in der Abfrage mit einem Fragezeichen dargestellt.

```
...
cmd.CommandText = "select * from tblFilme where filmtitel like ?"
cmd.Parameters(0) = "F%"
...
```

Mithilfe der Methode `CreateParameter` des `Command`-Objekts lassen sich benannte Parameter generieren.

Zugriff auf Access-Parameterabfragen

Zuerst möchten wir Ihnen die Abfrage *qryFilmeStartdatum* in Abbildung 37.5 vorstellen.

Abbildg. 37.5   Abfrage mit Parameter

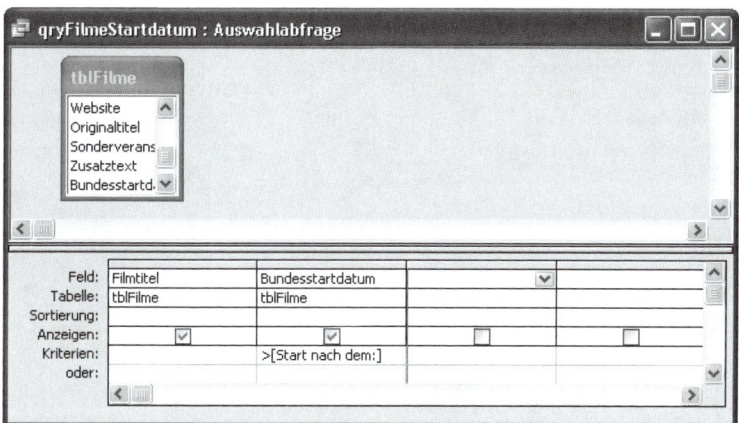

Beim Ausführen der Abfrage wird der Parameter *[Start nach dem:]* abgefragt.

Das folgende Programmlisting zeigt die Übergabe der Parameter an die Access-Parameterabfrage. Dem `Command`-Objekt ist nicht bekannt, wie die Parameter heißen oder wie viele Parameter in der Abfrage vereinbart wurden.

```
Sub Parameterabfrage_ADO()
    Dim cmd As New ADODB.Command
    Dim rst As ADODB.Recordset
    Dim conn As ADODB.Connection
    Dim fld As ADODB.Field
    Dim lngRecordsAffected As Long

    ' Aktuelle Datenbank benutzen
    Set conn = CurrentProject.Connection

    ' Verbindung zuweisen
    Set cmd.ActiveConnection = conn

    ' Name der gespeicherten Abfrage
    cmd.CommandText = "qryFilmeStartdatum"

    ' Es ist eine Access-Abfrage
    cmd.Properties("Jet OLEDB:Stored Query") = True
```

Programmierung

```
    ' Öffnen des Recordsets
    Set rst = cmd.Execute( _
        RecordsAffected:=lngRecordsAffected, _
        Parameters:=Array(#12/24/2003#), _
        Options:=adCmdStoredProc)

    ' Datensätze im Testfenster ausgeben
    Do Until rst.EOF
        ' Die Inhalte der Felder ausgeben,
        ' durch Schrägstrich getrennt
        For Each fld In rst.Fields
            Debug.Print fld.Value; "/";
        Next
        ' Neue Zeile erzeugen
        Debug.Print
        rst.MoveNext
    Loop
    rst.Close
    Set cmd = Nothing
End Sub
```

Die Übergabe der Werte an die Parameter der Abfrage erfolgt mit dem Execute-Befehl. Dabei werden die Werte in einem Feld mithilfe des Array-Befehls zusammengefasst.

Damit ADO über die Art der Abfrage informiert wird, sollten Sie den Befehl

```
...
cmd.Properties("Jet OLEDB:Stored Query") = True
...
```

in Ihre Prozeduren einbauen.

Zugriff auf Access-Parameterabfragen mit ADOX

Benötigen Sie in Ihrem Programm Anzahl, Art und Namen der Parameter, so müssen Sie die ADOX-Bibliothek (»ADO Extensions«) einsetzen. ADOX erweitert ADO um Objekte, Methoden und Eigenschaften zur Erstellung und Änderung der Struktur von Datenbanken, Tabellen und Abfragen.

Um die ADOX-Bibliothek nutzen zu können, müssen Sie im Visual Basic-Editor über *Extras/Verweise* die Option *Microsoft ADO Ext. 2.7 for DDL and Security* aktivieren.

Abbildg. 37.6   Verweis auf die ADOX-Bibliothek

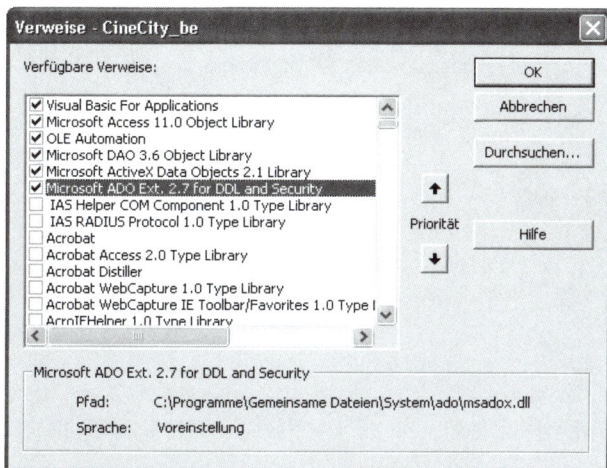

Die ADOX-Bibliothek umfasst die in Tabelle 37.7 gelisteten Objekte.

Tabelle 37.7   ADOX-Objekte

Objekt	Beschreibung
Catalog	ist das übergeordnete Objekt für alle Datenbankstrukturinformationen.
Tables	ist eine Auflistung aller Tabellen und Auswahlabfragen.
Views	ist eine Auflistung aller Abfragen ohne Parameter.
Procedures	ist eine Auflistung aller Parameterabfragen.
Users	ist eine Auflistung aller Benutzer.
Groups	ist eine Auflistung aller Benutzergruppen.

Unser Beispiel für die Abfrage *qryFilmeStartdatum* (Abbildung 37.5) wird mit ADOX wie folgt realisiert:

```
Sub ParameterabfrageMitADOX_ADO()
    Dim cat As New ADOX.Catalog

    Dim rst As New ADODB.Recordset
    Dim conn As ADODB.Connection
    Dim fld As ADODB.Field
    Dim cmd As ADODB.Command

    ' Aktuelle Datenbank benutzen
    Set conn = CurrentProject.Connection

    ' Abfrage öffnen
    Set cat.ActiveConnection = conn
    Set cmd = cat.Procedures("qryFilmeStartdatum").Command
```

```
    ' Parameter setzen
    cmd.Parameters("[Start nach dem:]") = #12/24/2003#
    ' Öffnen des Recordsets
    rst.Open cmd, , adOpenForwardOnly, adLockReadOnly, adCmdStoredProc

    ' Datensätze im Testfenster ausgeben
    Do Until rst.EOF
        ' Die Inhalte der Felder ausgeben,
        ' durch Schrägstrich getrennt
        For Each fld In rst.Fields
            Debug.Print fld.Value; "/";
        Next
        ' Neue Zeile erzeugen
        Debug.Print
        rst.MoveNext
    Loop
    rst.Close
End Sub
```

> **HINWEIS** Beachten Sie, dass bei Parametern gespeicherter Access-Abfragen die eckigen Klammern mit angegeben werden müssen.

Im folgenden Programmfragment werden alle für eine Abfrage definierten Parameter nacheinander in einer Inputbox abgefragt. Alle Parameter sind in der Auflistung Parameters eines Command-Objekts definiert.

```
Dim cmd as ADODB.Command
Dim par As ADODB.Parameter
...
For Each par In cmd.Parameters
    ' Abfrage der Eingabe vom Benutzer
    par.Value = InputBox("Geben Sie den Wert für " & _
            "den Parameter " & par.Name & " an:")
Next
...
```

Ein Anwendungsbeispiel

Im folgenden Beispiel möchten wir Ihnen den Einsatz der oben beschriebenen Datenzugriffsobjekte zeigen.

Es soll ein Formular erstellt werden, das in einem Listenfeld alle Filmtitel zeigt. Zusätzlich zu den Filmtiteln soll der Eintrag *** *Alle Filme* *** zur Auswahl stehen. Im Listenfeld sollen ein oder mehrere Filme per Klick selektierbar sein. Mithilfe einer Befehlsschaltfläche soll dann ein Bericht in der Vorschau aufgerufen werden, der die im Listenfeld markierten Filme darstellt.

Abbildg. 37.7   Formular mit Mehrfachauswahl-Listenfeld

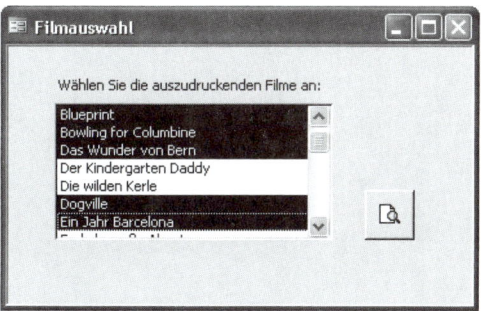

Den Bericht *rptFilmlisteMehrfachauswahl*, der nur die Daten der ausgewählten Filme enthält, zeigt Abbildung 37.8.

Abbildg. 37.8   Bericht mit den ausgewählten Filmen

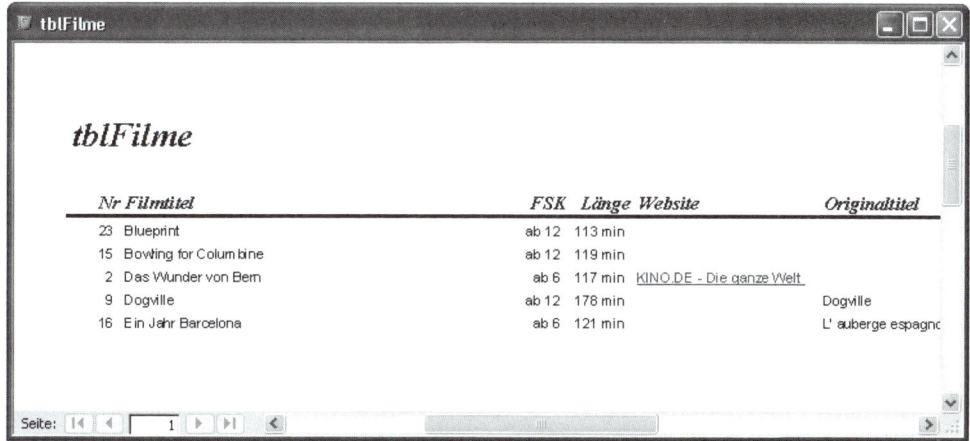

Erstellen Sie zuerst ein ungebundenes Formular mit dem Namen *frmFilmDruck_ADO*, also ein Formular ohne Datenbasis, wie wir es in Kapitel 25 erläutert haben. Legen Sie auf das Formular ein Listenfeld, dem die folgende Abfrage als Datenherkunft zugrunde liegt:

SELECT DISTINCTROW tblFilme.FilmNr, tblFilme.Filmtitel

FROM tblFilme

UNION

SELECT 0, "*** Alle Filme ***"

FROM tblFilme

ORDER BY tblFilme.Filmtitel;

Mit dem Trick der UNION-Abfrage wird der Eintrag **** Alle Filme **** erzeugt. Abbildung 37.9 zeigt das Eigenschaftenfenster des Listenfeldes.

Abbildg. 37.9 Eigenschaften des Listenfeldes

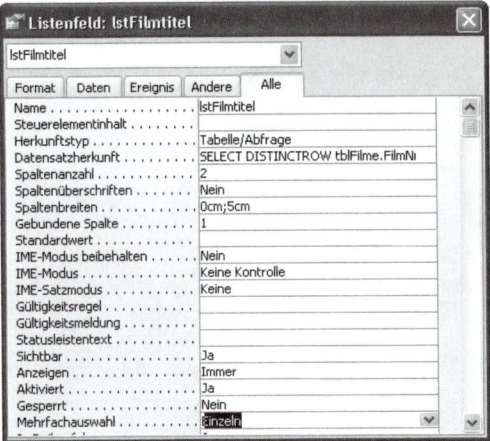

Um zu erreichen, dass gleichzeitig mehrere Filme im Listenfeld selektiert werden können, wurde die Eigenschaft *Mehrfachauswahl* auf *Einzeln* gesetzt. Damit ist es möglich, mit der Maus einfach mehrere Einträge gleichzeitig anzuklicken, wobei ein erneuter Klick auf eine schon selektierte Zeile die Markierung wieder aufhebt. Statt eines Klicks mit der Maus können Sie auch mit den Pfeiltasten die gewünschte Zeile anwählen und den Eintrag mit der `Leertaste` selektieren.

Alternativ bietet die Eigenschaft *Mehrfachauswahl* noch die Einstellmöglichkeit *Erweitert*. Durch *Erweitert* können Sie mehrere Einträge des Listenfeldes gleichzeitig selektieren, allerdings nur bei gedrückter `Strg`-Taste. Dafür lassen sich Markierungen erweitern, indem bei gedrückter `⇧`-Taste vom vorher ausgewählten Element bis zum aktuellen Element selektiert werden kann.

Wie kann nun dem Bericht mitgeteilt werden, welche Filme markiert wurden? Mehrere Lösungen sind denkbar: Eine davon wäre beispielsweise, ein zusätzliches *Ja/Nein*-Feld in die Tabelle *tblFilme* aufzunehmen und vor dem Aufruf des Berichts für alle selektierten Filme das jeweilige Feld auf *Ja* zu setzen. Wir haben uns für eine andere Variante entschieden. Hierbei wird eine Hilfstabelle *tblTmp-Filme* eingesetzt, deren Struktur Abbildung 37.10 zeigt.

Abbildg. 37.10 Struktur der Tabelle *tblTmpFilme*

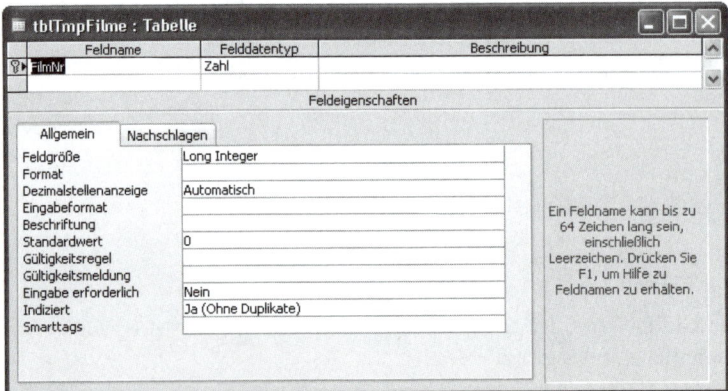

Bevor der Bericht *rptFilmlisteMehrfachauswahl* ausgerufen wird, wird die Tabelle geleert und dann mit den Filmnummern der im Listenfeld des Formulars selektierten Filme gefüllt.

Die Abfrage, die dem Bericht *rptFilmlisteMehrfachauswahl* zugrunde liegt, ist in Abbildung 37.11 abgebildet. Durch eine einfache Verknüpfung zwischen *tblFilme* und *tblTmpFilme* werden nur die Filme ausgegeben, die einen Eintrag in der temporären Tabelle haben.

Abbildg. 37.11 Abfrage des Berichts

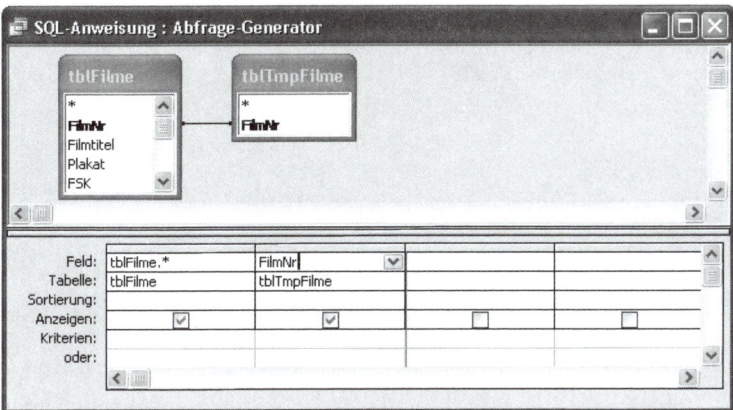

Das Programm für das Leeren der Tabelle *tblTmpFilme*, das Füllen mit den entsprechenden Filmnummern der selektierten Listeneinträge und der Aufruf des Berichts ist im Formular (Abbildung 37.7) der Befehlsschaltfläche für die Vorschau zugeordnet.

Für das Formular *frmFilmDruck_ADO* wird die folgende Prozedur für das Ereignis *Beim Klicken* der Befehlsschaltfläche *cmdVorschau* erstellt:

```
Private Sub cmdVorschau_Click()
    Dim lstListe As ListBox
    Dim varTmp As Variant
    Dim rst As New ADODB.Recordset
    Dim conn As ADODB.Connection

    Set conn = CurrentProject.Connection

    ' Löschen der temporären Tabelle
    conn.Execute "DELETE * FROM tblTmpFilme"

    ' Öffnen des Recordsets
    rst.ActiveConnection = conn
    rst.LockType = adLockOptimistic
    rst.CursorType = adOpenKeyset

    rst.Open "select * from tblTmpFilme"

    ' Für alle selektierten Einträge im Listenfeld
    For Each varTmp In lstFilmtitel.ItemsSelected
        ' Wert 0 steht für "*** Alle Filme ***"
        If lstFilmtitel.ItemData(varTmp) = 0 Then
```

Programmierung

```
            ' Alle FilmNrn aus tblFilme umkopieren
            conn.Execute "INSERT INTO tblTmpFilme " & _
                        "(FilmNr) SELECT FilmNr FROM tblFilme"
            ' Abbruch der FOR-Schleife, da alle weiteren
            ' Selektionen nun uninteressant sind
            Exit For
        Else
            ' Neuen Datensatz in temporärer Tabelle anlegen
            rst.AddNew
            ' FilmNr auf Listenfeld zuweisen
            rst!FilmNr = lstFilmtitel.ItemData(varTmp)
            ' Datensatz speichern
            rst.Update
        End If
    Next
    rst.Close
    Set rst = Nothing

    ' Bericht in der Vorschau ausgeben
    DoCmd.OpenReport "rptFilmlisteMehrfachauswahl", acViewPreview
End Sub
```

Zuerst wird im Programm ein Verweis auf die aktuelle Datenbank der Variablen conn zugewiesen. Für das conn-Verbindungsobjekt wird die Methode Execute mit einer Löschabfrage für die Tabelle *tblTmpFilme* ausgeführt. Die nun leere Tabelle wird als Recordset rst geöffnet.

Die Auflistung ItemsSelected des Listenfeld-Steuerelements enthält die Zeilennummern aller markierten Listenfeldeinträge. Mit For Each wird die Auflistung durchlaufen. Dabei enthält varTmp die jeweilige Zeilennummer.

Durch lstFilmtitel.ItemData(varTmp) wird für jeden Schleifendurchlauf die Filmnummer des jeweiligen selektierten Eintrags ermittelt. ItemData gibt die gebundene Spalte des Listenfeldes zurück.

Ergibt lstFilmtitel.ItemData(varTmp) den Wert 0, so wurde der Eintrag *** *Alle Filme* *** selektiert. In diesem Fall werden mithilfe einer *INSERT INTO*-Abfrage, die über die Methode Execute ausgeführt wird, alle Filmnummern aus *tblFilme* in *tblTmpFilme* umkopiert.

Ansonsten werden für alle selektierten Einträge des Listenfeldes über AddNew neue Datensätze in *tblTmpFilme* angelegt.

Zugriff auf Tabellendefinitionen

Mit der Hilfe von ADOX (siehe Abschnitt »Zugriff auf Access-Parameterabfragen mit ADOX« weiter vorn in diesem Kapitel) können die Tabellen einer Datenbank verwaltet werden.

Das folgende Unterprogramm ermittelt einige Eigenschaften für alle Tabellen der aktuellen Datenbank. Mithilfe einer For Each-Schleife werden alle Tabellenobjekte durchlaufen und die entsprechenden Eigenschaften im Direktfenster ausgegeben:

```
Sub AlleTabellenMitADOX_ADO()
    Dim conn As ADODB.Connection
    Dim cat As New ADOX.Catalog
    Dim tbl As ADOX.Table
    Dim prp As ADOX.Property

    Set conn = CurrentProject.Connection
    Set cat.ActiveConnection = conn

    For Each tbl In cat.Tables
        Debug.Print tbl.Name; " (Typ: "; tbl.Type; ") ";
        Debug.Print "vom "; tbl.DateCreated; "/"; tbl.DateModified
        For Each prp In tbl.Properties
            Debug.Print Spc(10); prp.Name; " = "; prp.Value
        Next
    Next
    Set cat = Nothing
End Sub
```

Abbildg. 37.12 Eigenschaften der Tabellen

Tabelle 37.8 listet einige der Eigenschaften von Table-Objekten auf.

Tabelle 37.8 Ausgewählte Tabelleneigenschaften

Eigenschaft	Beschreibung
Name	gibt den Namen der Tabelle an.
DateCreated	gibt das Erstellungsdatum der Tabelle an.
DateModified	gibt das Datum der letzten Bearbeitung an.
Type	siehe Tabelle 37.9
Columns	gibt eine Auflistung von **Column**-Objekten zurück, die die Felder einer Tabelle beschreiben.

Programmierung

Tabelle 37.8
Ausgewählte Tabelleneigenschaften *(Fortsetzung)*

Eigenschaft	Beschreibung
Indexes	gibt eine Auflistung von **Index**-Objekten zurück, die die Indizes einer Tabelle beschreiben.
Keys	gibt eine Auflistung von **Key**-Objekten zurück, die die Beziehungen zwischen Tabellen beschreiben.
Properties	gibt eine Auflistung von **Property**-Objekten zurück, die weitere Eigenschaften beschreiben.

Für die Tabellentypen (Eigenschaft Type) sind die in Tabelle 37.9 aufgeführten Konstanten in ADOX definiert.

Tabelle 37.9
Konstanten für Tabellentypen

Konstante	Beschreibung
TABLE	Tabelle
VIEW	Auswahlabfrage ohne Parameter
LINK	Verknüpfte Tabelle
ACCESS TABLE	Access-Systemtabelle
SYSTEM TABLE	Jet-Systemtabelle
PASS-THROUGH	Verknüpfte ODBC-Tabelle

Die folgende Funktion ermittelt die Existenz einer Tabelle in der Tables-Auflistung.

```
Function TableExists_ADO(ByVal strTableName As String) As Boolean

    Dim conn As ADODB.Connection
    Dim cat As New ADOX.Catalog
    Dim tbl As ADOX.Table

    Set conn = CurrentProject.Connection
    Set cat.ActiveConnection = conn

    For Each tbl In cat.Tables
        If tbl.Name = strTableName Then
            TableExists_ADO = True
            Set cat = Nothing
            Exit Function
        End If
    Next
    TableExists_ADO = False
    Set cat = Nothing
End Function
```

Die Auflistung Columns

Jede Tabelle besteht aus Feldern, die mithilfe von Column-Objekten in einer Columns-Auflistung beschrieben werden. Die folgende Routine listet für alle Tabellen der aktuellen Datenbank die Felder auf. Dabei wird die anschließend aufgelistete Funktion FeldTyp() verwendet, die den Typ des jeweiligen Feldes als String zurückgibt.

```
Sub TabellenFelderMitADOX_ADO()

    Dim cat As New ADOX.Catalog
    Dim conn As ADODB.Connection
    Dim col As ADOX.Column
    Dim tbl As ADOX.Table

    Set conn = CurrentProject.Connection
    Set cat.ActiveConnection = conn
    ' Für alle Tabellen
    For Each tbl In cat.Tables
        Debug.Print "Tabellenfelder für : "; tbl.Name
        For Each col In tbl.Columns
            Debug.Print " --- "; col.Name; " ("; FeldTyp(col); ")"
        Next
    Next
    Set cat = Nothing
End Sub
```

Tabelle 37.10 enthält einige der in einem Column-Objekt verwalteten Eigenschaften.

Tabelle 37.10 Feldeigenschaften

Eigenschaft	Beschreibung
Name	gibt den Namen des Feldes zurück.
Type	gibt den Datentyp (siehe Tabelle 37.11) zurück.
DefinedSize	liefert die Größe des Feldes.
Precision	gibt die Genauigkeit bei numerischen Spalten an.
Attributes	beschreibt die Attribute eines Feldes. Sie können sein: Null – undefiniert, adColFixed – mit fester Länge oder adColNullable – kann Nullwerte enthalten.
Properties	enthält eine Property-Auflistung mit spezifischen Eigenschaften.

Feldtypen werden durch Integer-Werte dargestellt. Damit nicht mit Zahlen für die Typen gearbeitet werden muss, sind in ADOX Konstanten für die verschiedenen Feldtypen definiert. Tabelle 37.11 gibt Ihnen einen Überblick über die vordefinierten Typ-Konstanten.

Tabelle 37.11 Konstanten für Feldtypen

Konstante	Beschreibung
adBoolean	Boolescher Wert (True/False, 1 Bit)
adUnsignedTinyInt	8-Bit Byte
adSmallInt	16-Bit Integer
adInteger	32-Bit Integer
adSingle	Fließkommazahl mit einfacher Genauigkeit
adDouble	Fließkommazahl mit doppelter Genauigkeit
adDecimal	Dezimalzahl
adCurrency	Währungsdaten
adDate	Datums-/Zeitwert
adWChar	Text variabler Länge
adBinary	Binärdaten
adLongWChar	Memo-Feld
adLongVarBinary	Binärdaten variabler Länge, z.B. OLE-Objekte
adGUID	GUID-Wert zur Replikation

Die folgende Funktion gibt eine Zeichenfolge mit dem ausgeschriebenen Text des jeweiligen Feldtyps zurück. Übergeben wird der Funktion ein Objekt vom Typ Column.

```
Function FeldTyp(fld As ADOX.Column) As String
    Select Case fld.Type
        Case adBoolean:
            FeldTyp = "Boolean"
        Case adUnsignedTinyInt:
            FeldTyp = "Byte"
        Case adSmallInt:
            FeldTyp = "Integer"
        Case adInteger:
            FeldTyp = "Long Integer"
        Case adCurrency:
            FeldTyp = "Währung (Currency)"
        Case adSingle:
            FeldTyp = "Single"
        Case adDouble:
            FeldTyp = "Double"
        Case adDecimal:
            FeldTyp = "Dezimal"
        Case adDate:
            FeldTyp = "Datum (Date)"
        Case adWChar, adVarWChar:
            FeldTyp = "Text"
        Case adLongVarBinary:
            FeldTyp = "Binärdaten (Bitmap, OLE-Objekt)"
```

```
        Case adLongVarWChar:
            FeldTyp = "Memo"
        Case adGUID:
            FeldTyp = "GUID"
        Case adBinary:
            FeldTyp = "Binärdaten"
        Case Else
            FeldTyp = "Unbekannt"
    End Select
End Function
```

Zusammenfassung

Access stellt zwei Schnittstellen zur Verfügung, um auf die Daten einer Tabelle zuzugreifen. In diesem Kapitel wurde die Schnittstelle ADO (ActiveX Data Objects) beschrieben.

- Nachdem zunächst der Aufbau des ADO-MOdells vorgestellt wird (Seite 729), werden in den folgenden Abschnitten die ADO-Objekte Connections und Recordsets beschrieben.

- Das Connection-Objekt (Seite 730) wird vor dem Öffnen einer Datenbank verwendet, um eine neue Verbindung aufzubauen.

- Mithilfe des Recordset-Objekts greifen Sie auf die Daten einer Tabelle, Abfrage oder das Ergebnis eines SQL-Befehls zu. Der Abschnitt ab Seite 730 beschreibt, wie man ein Recordset öffnet, damit arbeitet und sich darin bewegt. Man kann die Anzahl der Datensätze im Recordset bestimmen, Recordsets sortieren oder nach bestimmten Datensätzen suchen und auch die Daten eines Recordsets bearbeiten.

- Der darauf folgende Abschnitt ab Seite 744 beschäftigt sich mit dem Thema Abfragen. Sie lernen, wie Sie eine Aktualisierungsabfrage und eine Parameterabfrage erstellen können.

- Im letzten Abschnitt ab Seite 754 dreht es sich um den Zugriff auf Tabellendefinitionen.

Programmierung

Kapitel 38

Datenzugriff mit DAO

Sollen Datenbankoperationen in Visual Basic-Programmen eingesetzt werden, können Sie dazu neben der in Kapitel 37 vorgestellten ADO-Schnittstelle auch die so genannten Datenzugriffsobjekte, »Data Access Objects« (DAO), verwenden. Sie waren in den Access-Versionen vor Access 2000 die grundlegende Schnittstelle für alle Datenbankoperationen aus Visual Basic heraus.

Wir möchten dieses Kapitel zuerst mit einem theoretischen Überblick über die DAO-Datenzugriffsobjekte beginnen, damit Sie die verschiedenen Komponenten und Objekte kennen lernen und einordnen können. Wenn Sie mit dem grundlegenden Aufbau, insbesondere der Art und Weise, wie die verschiedenen Objekte aufeinander aufbauen, vertraut sind, können Sie sehr schnell die Möglichkeiten der Datenzugriffsobjekte nutzen.

PROFITIPP

> Sie können die DAO-Datenzugriffsobjekte nur verwenden, wenn Sie einen Verweis auf die entsprechende Objektbibliothek aktiviert haben. Rufen Sie im Visual Basic-Editor über *Extras/Verweise* das Dialogfeld *Verweise* auf und selektieren Sie den Eintrag *Microsoft DAO 3.6 Object Library*.

Abbildg. 38.1   Verweis auf DAO

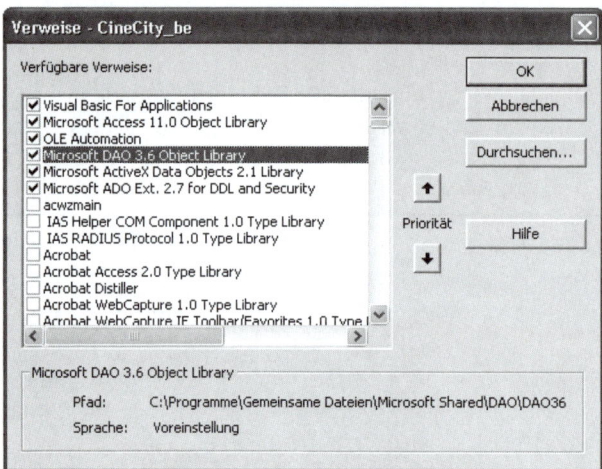

Der Aufbau der Datenzugriffsobjekte

Abbildung 38.2 zeigt den hierarchischen Aufbau der Datenzugriffsobjekte. Alle dargestellten Objekte bis auf DBEngine sind Auflistungen, d.h., es können ein oder mehrere Objekte des entsprechenden Typs existieren.

Abbildg. 38.2   Aufbau der Datenzugriffsobjekte

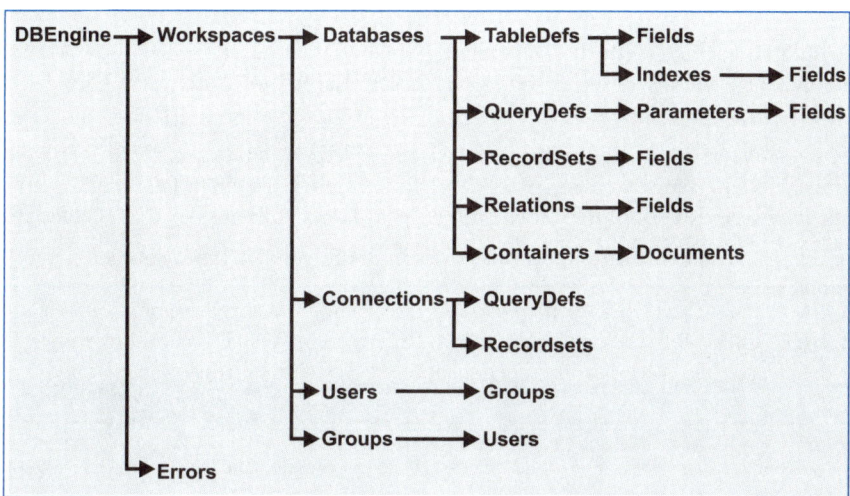

Der Datenbankkern von Access ist die Jet-Database-Engine, die als Objekt DBEngine die oberste Ebene der DAO-Datenzugriffsobjekte bildet. Auf dem DBEngine-Objekt können mehrere Arbeitsbereiche, Workspaces, aufsetzen. Im Normalfall (und hier im Buch) wird nur ein Arbeitsbereich verwendet. Dieser ist standardmäßig definiert. In einem Arbeitsbereich können eine oder mehrere Datenbanken, Databases, geöffnet sein. Auch hier wird in den meisten Fällen nur eine Datenbank, nämlich die aktuelle, verwendet. Innerhalb einer Datenbank existieren ein oder mehrere TableDef-Objekte. Jedes TableDef-Objekt repräsentiert eine lokale oder verknüpfte Tabelle. Für jedes TableDef-Objekt ist eine Auflistung der Felder, Fields, vorhanden, in der die Felder der Tabelle mit ihren Eigenschaften beschrieben werden. Zusätzlich enthält das TableDef-Objekt eine Auflistung aller Indizes, Indexes.

Alle Abfragen lassen sich mithilfe von QueryDef-Objekten ansprechen und ausführen. Die Felder einer Abfrage befinden sich in der dazugehörigen Fields-Auflistung, während die Abfrageparameter in der Auflistung Parameters beschrieben werden.

Die meistgenutzten Objekte sind Recordsets. Ein Recordset ist eine Datensatzgruppe: die Menge aller Datensätze einer Tabelle oder das Ergebnis einer Abfrage. Im weiteren Verlauf des Kapitels werden wir uns in erster Linie mit Recordsets beschäftigen.

Alle weiteren Datenzugriffsobjekte sind nur für die fortgeschrittene Programmierung interessant und sollen daher hier nicht weiter beschrieben werden.

Recordsets

Einem Recordset liegt immer eine Tabelle, eine Abfrage oder direkt ein SQL-Befehl zugrunde. Jedes Recordset erhält aufgrund der Datenbasis entsprechende Felder, die in einer Fields-Auflistung verwaltet werden.

Ein Recordset wird mithilfe des Befehls OpenRecordset() geöffnet.

Programmierung

```
Set recordset = Datenbank.OpenRecordset(Quelle [,Typ [,Optionen]])
```

Der Befehl kann auch statt für die Datenbank für ein Recordset-, QueryDef- oder TableDef-Objekt eingesetzt werden, wie wir es weiter hinten in diesem Kapitel im Abschnitt »Abfragen nutzen mit QueryDefs« erläutern.

Die Parameter Typ und Optionen der OpenRecordset()-Methode sind optional. Geben Sie keinen Typ an, weist Access automatisch einen passenden Typ zu. Geben Sie einen falschen Typ an (versuchen Sie beispielsweise, eine verknüpfte Tabelle mit dbOpenTable zu öffnen), wird ein Fehler ausgelöst.

Der Typ eines Recordsets kann mithilfe einer der in der folgenden Tabelle aufgeführten Konstanten festgelegt werden.

Tabelle 38.1   Recordset-Typen

Konstante	Beschreibung
dbOpenTable	Mit einem Recordset vom Typ **Table** greifen Sie direkt auf eine lokale Tabelle zu, also eine in der aktuellen Datenbank abgelegte Tabelle. Die Daten der Tabelle können bearbeitet werden.
dbOpenDynaset	Ein Recordset vom Typ **Dynaset** besteht aus Zeigern auf die Daten von Tabellen oder Abfragen, d.h., es wird nur ein eindeutiger Schlüssel für jeden Datensatz in den lokalen Speicher geladen. Die Daten können in den meisten Fällen editiert werden.
dbOpenSnapshot	Ein **Snapshot** repräsentiert eine Kopie der Daten zu einem bestimmten Zeitpunkt. Änderungen, die nach der Erstellung des Snapshot-Recordsets aufgetreten sind, werden nicht berücksichtigt. Die Daten in einem Snapshot können nicht bearbeitet werden.
dbOpenForwardOnly	Ein Recordset dieses Typs verhält sich wie ein Snapshot, kann aber nur von vorne nach hinten durchlaufen werden.

Für den Parameter Optionen des OpenRecordset()-Befehls lässt sich eine Vielzahl von Parametern angeben, von denen wir Ihnen zwei vorstellen möchten. Mit dbReadOnly können Sie das Recordset nur für Leseoperationen öffnen, während dbAppendOnly nur das Anfügen neuer Datensätze erlaubt.

Einsatzbeispiele

Wir möchten Ihnen im Folgenden einige kleine Beispiele zum Öffnen von Recordsets geben. Zuerst wird die Tabelle *tblFilme* mit den Standardeinstellungen geöffnet. Liegt die Tabelle in der aktuellen Datenbank vor, wird sie mit dbOpenTable eröffnet, ist sie verknüpft, wird automatisch dbOpenDynaset benutzt.

```
Dim rst As DAO.Recordset
Set rst = CurrentDB.OpenRecordset("tblFilme")
```

CurrentDB gibt einen Verweis auf das aktuell geöffnete Datenbankobjekt zurück, also auf die Datenbank, in der die Programmzeilen ausgeführt werden.

Im zweiten Beispiel wird eine Tabelle mit der Option dbReadOnly geöffnet, die Daten der Tabelle können also nur gelesen werden.

```
Dim rst As DAO.Recordset
Set rst = CurrentDb.OpenRecordset("tblWochen", , dbReadOnly)
```

Ein Recordset, dem eine gespeicherte Abfrage zugrunde liegt, öffnen Sie mit:

```
Dim rst As DAO.Recordset
Set rst = CurrentDb.OpenRecordset("qryKinoAuslastung")
```

Die nächsten Zeilen laden die Daten der Tabelle *tblFilme* nach dem Filmtitel sortiert als Snapshot, d.h., die Ergebnismenge im Recordset kann nicht verändert werden.

```
Dim rst As DAO.Recordset
Set rst = CurrentDb.OpenRecordset("SELECT * FROM tblFilme _
      ORDER BY Filmtitel", dbSnapshot)
```

Mit Recordsets arbeiten

Jetzt haben Sie zwar erfahren, wie ein Recordset geöffnet wird, aber die Frage ist nun, was kann man damit eigentlich machen kann.

Es soll eine Funktion geschrieben werden, die alle Filmtitel der Tabelle *tblFilme* hintereinander, alphabetisch sortiert und durch Schrägstriche getrennt als String zurückgibt.

Die folgende Funktion löst die gestellte Aufgabe:

```
Function AlleFilmtitel_DAO() As String
    Dim rst As DAO.Recordset
    Dim strTmp As String

    ' Recordset öffnen
    Set rst = CurrentDb.OpenRecordset( _
        "SELECT Filmtitel FROM tblFilme ORDER BY Filmtitel")

    ' Zwischenspeicher-String leeren
    strTmp = ""
    ' Recordset von vorne nach hinten durchlaufen
    Do Until rst.EOF
        If strTmp = "" Then
            ' Beim ersten Mal
            strTmp = rst!Filmtitel
        Else
            ' Dann immer mit Schrägstrich
            strTmp = strTmp & "/" & rst!Filmtitel
        End If
        ' Zum nächsten Datensatz weitergehen
        rst.MoveNext
    Loop
    ' Zwischenspeicher-String als Funktionsergebnis umkopieren
    AlleFilmtitel_DAO = strTmp
    ' Recordset schließen
    rst.Close
End Function
```

In der Funktion wird zuerst das Recordset auf Basis der als Parameter angegebenen SQL-Abfrage geöffnet. In die Variable strTmp soll die Liste der Filmtitel gespeichert werden, sie wird daher geleert. Dieser Schritt ist nicht unbedingt nötig, aber sicher ist sicher.

In der Do Until-Schleife wird in der If-Abfrage überprüft, ob strTmp leer ist. In diesem Fall wird der erste If-Zweig ausgeführt, ansonsten der zweite. Damit wird erreicht, dass vor dem ersten Titel kein Schrägstrich erscheint.

Mithilfe der Methode MoveNext wird der interne Datensatzzeiger des Recordsets zum nächsten Datensatz weiterbewegt. Anschließend beginnt der nächste Schleifendurchlauf. Die Schleife wird so lange durchlaufen, bis rst.EOF wahr wird. EOF, »End Of File«, wird wahr, wenn der Datensatzzeiger »hinter« dem letzten Datensatz des Recordsets steht.

Zuletzt wird der zwischengespeicherte String strTmp als Rückgabewert an die Funktion übergeben und dann das Recordset geschlossen.

Zugriff auf Felder des Recordsets

In der oben beschriebenen Funktion wird auf den Filmtitel des aktuellen Datensatzes mit rst!Filmtitel zugegriffen. Wir möchten Ihnen zeigen, welche Schreibweisen für den Zugriff auf den Datensatzinhalt möglich sind.

Ausführlich lautet die vollständige Schreibweise, um auf den Inhalt des Feldes Filmtitel zuzugreifen:

```
rst.Fields("Filmtitel").Value
```

Da Value die Standardeigenschaft ist, reicht es aus,

```
rst.Fields("Filmtitel")
```

zu schreiben. Möchten Sie es kürzer, so wie wir es oben im Beispiel verwendet haben, verwenden Sie die Form mit dem Ausrufezeichen:

```
rst!Filmtitel
```

Sollte der Feldname ein Leerzeichen enthalten, wird

```
rst![Film Titel]
```

in eckige Klammern eingeschlossen.

Die Methoden des Recordset-Objekts

In der folgenden Tabelle finden Sie die wichtigsten Recordset-Methoden mit einer kurzen Beschreibung. Im Anschluss an die Tabelle geben wir Ihnen Beispiele zu den Methoden.

Tabelle 38.2   Recordset-Methoden

Methode	Beschreibung
MoveFirst	bewegt den Datensatzzeiger zum ersten Datensatz.
MoveLast	bewegt den Datensatzzeiger zum letzten Datensatz.
MoveNext	bewegt den Datensatzzeiger zum nächsten Datensatz.
MovePrevious	bewegt den Datensatzzeiger zum vorhergehenden Datensatz.
Move *Zeilen [,Start]*	bewegt die angegebene Anzahl von Zeilen, bei negativen Werten rückwärts, bei positiven vorwärts; der optionale Parameter **Start** ist eine Zeichenfolge und kennzeichnet ein Lesezeichen (**Bookmark**).
FindFirst *Kriterien*	sucht den ersten Datensatz, der den Kriterien entspricht (siehe alle **Find**-Methoden im Abschnitt »Datensätze suchen« weiter hinten in diesem Kapitel).
FindLast *Kriterien*	sucht den letzten Datensatz, der den Kriterien entspricht.
FindNext *Kriterien*	sucht den nächsten Datensatz, der den Kriterien entspricht.
FindPrevious *Kriterien*	sucht den vorhergehenden Datensatz, der den Kriterien entspricht.
Seek *Vergleich, Schlüssel1, Schlüssel2, ...*	sucht in einem indizierten Recordset vom Typ **Tabelle (table)**.
AddNew	hängt einen neuen, leeren Datensatz an das Recordset an.
Edit	schaltet den aktuellen Datensatz in den Editiermodus.
Update	schreibt einen editierten oder neuen Datensatz.
Delete	löscht den aktuellen Datensatz.
CancelUpdate	bricht einen **Edit**- oder **AddNew**-Vorgang ab.
Requery	frischt den Recordset auf, aktualisiert also die Pointer-Liste im lokalen Arbeitsspeicher.
GetRows	übernimmt Datensätze in ein Array.
Clone	klont ein Recordset.
Close	schließt das Recordset.
RecordCount	gibt die Anzahl der Datensätze im Recordset zurück; **RecordCount** ist bei einem Dynaset erst dann aktuell, wenn mit **MoveLast** auf den letzten Datensatz gesprungen wurde.
BOF	bedeutet »Begin Of File« und ist dann wahr, wenn der Datensatzzeiger vor dem ersten Datensatz des Recordsets steht.
EOF	bedeutet »End Of File« und ist dann wahr, wenn der Datensatzzeiger hinter dem letzten Datensatz des Recordsets steht.
NoMatch	meldet eine ergebnislose Suche (siehe Abschnitt »Datensätze suchen« weiter hinten in diesem Kapitel).
Bookmark	bedeutet Lesezeichen (siehe Abschnitt »So setzen Sie Lesezeichen« weiter hinten in diesem Kapitel).

Programmierung

Tabelle 38.2 Recordset-Methoden *(Fortsetzung)*

Methode	Beschreibung
AbsolutePosition	gibt die relative Datensatznummer des aktuellen Datensatzes im Recordset zurück.
PercentPosition	gibt einen Prozentwert zurück, der die ungefähre Position des aktuellen Datensatzes im Recordset wiedergibt; die Eigenschaft **PercentPosition** ist vom Typ **Single**.
Filter	definiert eine Filterbedingung.
Sort	legt ein Sortierkriterium fest.
Updatable	zeigt an, ob ein Recordset bearbeitbar ist (wenn wahr) oder nicht (wenn falsch).

Durch Recordsets bewegen

Mit den Methoden des Recordset-Objekts, die mit Move beginnen, können Sie den Datensatzzeiger innerhalb des Recordsets bewegen. Mit MoveNext gehen Sie einen Datensatz weiter, mit MovePrevious einen zurück. MoveLast springt zum letzten, MoveFirst zum ersten Datensatz.

Was ist beim Verschieben des Datensatzzeigers innerhalb des Recordsets zu beachten?

Anfang und Ende des Recordsets

Ist die Position des aktuellen Datensatzes der letzte Datensatz des Recordsets und bewegen Sie den Positionszeiger mit MoveNext weiter, wird die Eigenschaft EOF wahr, d.h., sie erhält den Wert True. Es gibt jetzt keinen aktuellen Datensatz, denn der Positionszeiger enthält einen ungültigen Wert. Versuchen Sie jetzt, auf Daten des aktuellen Datensatzes zuzugreifen, erhalten Sie die in Abbildung 38.3 dargestellte Fehlermeldung angezeigt.

Abbildg. 38.3 Fehlermeldung bei EOF-/BOF-Fehler

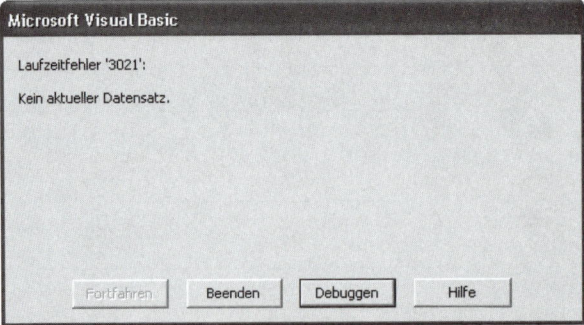

Die gleiche Fehlermeldung wird ausgegeben, wenn Sie versuchen, mit MoveNext noch weiter über das Ende hinauszugehen, d.h., wenn EOF wahr ist, führt jede Bewegung des Positionszeigers nach hinten zu einem Fehler. Laufzeitfehler können durch Fehlerbehandlungsroutinen abgefangen werden.

Leere Recordsets

Es kann vorkommen, dass das mit OpenRecordset() geöffnete Recordset keine Datensätze enthält. Mit der Befehlsfolge

```
...
If rst.BOF And rst.EOF Then
    ' Leeres Recordset
...
```

können Sie prüfen, ob ein Recordset Daten enthält. Sind sowohl die Eigenschaft BOF als auch EOF wahr, ist das Recordset folglich leer.

Anzahl der Datensätze

Mit der Eigenschaft RecordCount lässt sich die Anzahl der Datensätze eines Recordsets bestimmen. Hierbei werden Recordsets der Typen Table, Dynaset und Snapshot unterschiedlich behandelt.

Bei einem Snapshot gibt RecordCount immer die Anzahl der Datensätze des Snapshots zurück. Die Zahl kann sich im Laufe der Arbeit mit dem Snapshot nicht ändern, denn auch wenn andere Benutzer die dem Snapshot zugrunde liegenden Daten modifizieren oder ergänzen, ändert sich der Snapshot nicht, da er eine Kopie der ursprünglichen Daten enthält.

Wird ein Recordset als Table geöffnet, also direkt eine lokale Tabelle verwendet, so gibt RecordCount die Anzahl der Datensätze zum Zeitpunkt des Öffnens an.

Bei einem Dynaset liefert RecordCount nur dann das richtige Ergebnis, wenn Sie vorher den Positionszeiger mit MoveLast auf den letzten Datensatz gerichtet haben, denn Access liest, insbesondere bei größeren Datenmengen, die Daten eines Dynasets nur portionsweise ein. Das MoveLast-Kommando kann bei großen Datenmengen einige Zeit benötigen. Sie sollten Ihr Programm dann so schreiben, dass Sie ohne die Information über die aktuelle Anzahl der Datensätze auskommen.

Datensätze suchen

Stellen Sie sich vor, Sie suchen alle Filme, deren Filmtitel mit dem Buchstaben »B« beginnt. Die Namen der Filme sollen dann im Testfenster mithilfe des Befehls Debug.Print ausgegeben werden.

Für die Suche von Datensätzen nach bestimmten Bedingungen stehen Ihnen die Varianten

- Einschränken des Recordsets durch eine SQL-Abfrage mit *WHERE*-Klausel,
- Suchen mit den Find-Methoden,
- Suchen mit der Seek-Methode und
- Setzen von Filter-Bedingungen zur Verfügung.

Das erste Verfahren sollten Sie bei der Arbeit mit Recordsets prinzipiell vorziehen. Es ist immer schneller und einfacher, die Auswahl der Datensätze von Access aufgrund einer Abfrage oder einer SQL-Zeichenfolge vornehmen zu lassen. Die zweite Variante erlaubt das gezielte Auffinden von Datensätzen in Dynasets, Snapshots und Tables, während die Variante mit Seek nur für Recordsets vom Typ Table geeignet ist. Vom vierten Verfahren würden wir eher abraten, denn es ist sehr langsam.

Suchen per SQL-Abfrage

Stellen Sie Ihre Suchbedingung schon beim Öffnen des Recordsets, indem Sie den Namen einer geeigneten Abfrage oder einen entsprechenden SQL-Befehl angeben.

Für die Aufgabe oben könnte die Lösung also wie folgt aussehen:

```
Sub Filme_DAO()
    Dim rst As DAO.Recordset

    Set rst = CurrentDb.OpenRecordset( _
        "SELECT Filmtitel " & _
        "FROM tblFilme " & _
        "WHERE Filmtitel LIKE 'B*'" & _
        "ORDER BY Filmtitel;")

    Do Until rst.EOF
        Debug.Print rst!Filmtitel
        rst.MoveNext
    Loop
    rst.Close
End Sub
```

Die Abfrage kann man übrigens in der Abfrage-Entwurfsansicht zusammenstellen und danach als SQL-Text über die Zwischenablage ins Programm einfügen.

Suchen mit den Find-Methoden

Alle Find-Methoden arbeiten mit der gleichen Syntax wie die hier als Beispiel gezeigte FindFirst-Methode:

```
recordset.FindFirst Kriterium
```

wobei Kriterium für eine Zeichenfolge mit der Bedingung steht. Die einsetzbaren Bedingungen entsprechen denen der WHERE-Klausel von SQL-Abfragen, allerdings ohne das Befehlswort WHERE.

Das folgende Programmbeispiel zeigt die Anwendung der Methoden:

```
Sub Filme_Find_DAO()
    Dim rst As DAO.Recordset

    Set rst = CurrentDb.OpenRecordset( _
        "SELECT Filmtitel " & _
        "FROM tblFilme " & _
        "ORDER BY Filmtitel;")

    ' den ersten Datensatz mit der Bedingung suchen
    rst.FindFirst "Filmtitel LIKE 'B*'"
    ' Schleife ausführen, solange noch Datensätze gefunden werden
    Do Until rst.NoMatch
        Debug.Print rst!Filmtitel
        ' Weitersuchen
        rst.FindNext "Filmtitel LIKE 'B*'"
    Loop
    rst.Close
End Sub
```

In der Funktion wird den Methoden FindFirst und FindNext jeweils das Suchkriterium übergeben. Die Eigenschaft NoMatch besitzt so lange den Wert Falsch, bis kein Datensatz mehr gefunden wird, der der Bedingung der Find-Methoden entspricht.

> **HINWEIS** Beachten Sie bei der Zusammenstellung des Kriteriums für die Find-Methoden, dass hier eine Zeichenfolge übergeben werden muss.

Suchen in Recordsets vom Typ Table mit Seek

In Recordsets vom Typ Table können Sie die Methode Seek einsetzen, die eine beschleunigte Suche unter direkter Zuhilfenahme eines Indexes ermöglicht. Die Suche mit Seek ist sehr schnell, denn hier muss Access nicht selbst ermitteln, mit welchem Index die Suche am besten durchgeführt wird, sondern Sie geben den Index direkt an.

Trotzdem sind einige Nachteile für die Seek-Methode zu bedenken. Sie müssen den Namen des Indexes wissen, über den gesucht werden soll und der dann fest im Programm verankert wird. Übrigens hat der Primärschlüssel den Namen »PrimaryKey«. Über die Indexes-Auflistung können Sie die Namen der Indizes auch im Programm ermitteln. Des Weiteren erhalten Sie eine Fehlermeldung, wenn Sie die Seek-Methode auf Dynasets oder Snapshots anwenden.

Die allgemeine Form der Methode lautet:

```
Tabelle.Seek Vergleich, Schlüssel1, Schlüssel2, ...
```

wobei Vergleich eine der Zeichenfolgen "=", "<=", "<", ">=", ">" sein kann. Wenn der Index aus mehr als einem Feld zusammengesetzt ist, geben Sie entsprechend viele Suchwerte (Schlüssel) an.

Das folgende Programmbeispiel zeigt die Verwendung von Seek:

```
Sub Filme_Seek_DAO()
    Dim rst As DAO.Recordset

    Set rst = CurrentDb.OpenRecordset("tblFilme", dbOpenTable)

    rst.Index = "Filmtitel"
    rst.Seek ">", "B"

    If Not rst.NoMatch Then
        Do
            Debug.Print rst!Filmtitel
            rst.MoveNext
        Loop Until rst!Filmtitel >= "C"
    End If
    rst.Close
End Sub
```

Setzen von Filterbedingungen

Mit einer Filterbedingung können Sie die Datensätze eines Recordsets einschränken, wobei Ihnen für den Filter die Möglichkeiten der *WHERE*-Klausel zur Verfügung stehen. Allerdings gelten diese Filtereinschränkungen nicht für das geöffnete Recordset, sondern nur für ein neues Recordset auf der Basis des geöffneten. Es werden also nur die Datensätze gefiltert, die die Ergebnismenge des ers-

Programmierung

ten Recordsets bilden. Filter können nicht für Table-Recordsets gesetzt werden. Das folgende Programm zeigt die Anwendung der Filter-Eigenschaft.

```
Sub Filme_Filter_DAO()
    Dim rst As DAO.Recordset
    Dim rstFilter As DAO.Recordset

    Set rst = CurrentDb.OpenRecordset( _
        "SELECT Filmtitel " & _
        "FROM tblFilme " & _
        "ORDER BY Filmtitel;")
    ' Filterbedingung setzen
    rst.Filter = "Filmtitel LIKE 'B*'"
    ' Neues Recordset auf Basis des alten erstellen
    Set rstFilter = rst.OpenRecordset()

    ' Neues Recordset durchlaufen
    Do Until rstFilter.EOF
        Debug.Print rstFilter!Filmtitel
        rstFilter.MoveNext
    Loop
    rstFilter.Close
    rst.Close
End Sub
```

Recordsets sortieren

Bei der Sortierung von Recordsets müssen wiederum die Recordset-Typen Table, Dynaset und Snapshot unterschieden werden.

Sortierte Table-Recordsets

Nach dem Öffnen eines Recordsets vom Typ Table sind die Datensätze nach dem Primärschlüssel der zugrunde liegenden Tabelle geordnet. Um die Sortierung zu ändern, muss im Programm die Eigenschaft Index des Recordsets eingestellt werden, so wie dies weiter vorn in diesem Kapitel im Abschnitt »Suchen in Recordsets vom Typ Table mit Seek« beschrieben wurde. Diese Eigenschaft kann nur für Table-Recordsets eingestellt werden, anderenfalls kommt es zu einer Fehlermeldung. Durch Setzen der Index-Eigenschaft, z.B. in der Form

```
Dim rstTable As DAO.Recordset
Set rstTable = CurrentDb().OpenRecordset("tblFilme")
rstTable.Index "Filmtitel"
```

liegen die Datensätze nach »Filmtitel« sortiert vor.

In Dynasets und Snapshots sortieren

Für die Sortierung von Dynasets und Snapshots stehen Ihnen zwei unterschiedliche Verfahren zur Verfügung:

- Sortieren Sie durch eine *ORDER BY*-Klausel in der SQL-Abfrage oder

- sortieren Sie mit der Sort-Eigenschaft des Recordsets.

Für die beiden Varianten gelten im Prinzip die gleichen Aussagen, wie wir sie weiter vorn in diesem Kapitel im Abschnitt »Datensätze suchen« für die Filter-Eigenschaft getroffen haben. Verwenden Sie nach Möglichkeit immer *ORDER BY* und verzichten Sie auf den Einsatz der Eigenschaft Sort.

So setzen Sie Lesezeichen

Oft ist es in Programmen notwendig, sich die Position bestimmter Datensätze zu merken, um später darauf zurückkommen zu können. Access arbeitet mit so genannten Lesezeichen, englisch »Bookmarks«. Access führt für jeden Datensatz eines Recordsets eine eindeutige Markierung. Diese Markierung kann in einer eigenen Variablen gespeichert werden, um so später als Sprungadresse zu dienen. Nicht alle Recordsets ermöglichen das Setzen von Lesezeichen. Die Eigenschaft Bookmarkable des Recordsets zeigt die Lesezeichenunterstützung an.

Das folgende Programmfragment weist das Lesezeichen des aktuellen Datensatzes einer Variablen zu und setzt am Ende die Position des aktuellen Datensatzes auf den Datensatz, zu dem das gespeicherte Lesezeichen gehört.

```
Dim strMeinLesezeichen As String
...
' Speichern meines Lesezeichens
strMeinLesezeichen = rst.Bookmark
...
rst.MoveFirst
...
' und zurück zu meinem Lesezeichen
rst.Bookmark = strMeinLesezeichen
```

Bearbeiten von Recordset-Daten

In Recordsets vom Typ Table und in bearbeitbaren Dynasets können Sie Veränderungen an den Daten vornehmen bzw. neue Datensätze hinzufügen.

Ob die Daten in einem Recordset bearbeitbar sind, können Sie mit der Eigenschaft Updatable ermitteln. Bearbeitbare Recordsets liefern für Updatable den Wert True zurück.

Daten verändern

Um den aktuellen Datensatz zu ändern, kopieren Sie mithilfe der Methode Edit die Daten in einen internen Puffer. Sind die Daten bearbeitet, wird die Änderung mit der Update-Methode geschrieben. Erst nach dem Update sind die Bearbeitungen dauerhaft gespeichert. Bewegen Sie vor dem Update den Positionszeiger zu einem anderen Datensatz, werden die Änderungen nicht in die Tabelle geschrieben.

Mithilfe der folgenden Prozedur können Sie die Verkaufspreise aller Artikel in der Tabelle *tblArtikel* um einen als Parameter übergebenen Prozentwert erhöhen oder senken. Mit

```
Preiserhöhung 0.1
```

würden beispielsweise alle Artikel 10% teurer.

```
Sub Preiserhöhung_DAO(dblProzent As Double)

    Dim rst As DAO.Recordset

    Set rst = CurrentDb.OpenRecordset("tblArtikel")

    ' Ist das Recordset bearbeitbar?
    If rst.Updatable Then
        ' Alle Datensätze durchlaufen
        Do Until rst.EOF
            ' Datensatz bearbeiten
            rst.Edit
            ' Preis hochsetzen
            rst!Verkaufspreis = rst!Verkaufspreis * (1 + dblProzent)
            ' Datensatzänderungen speichern
            rst.Update
            ' Zum nächsten Datensatz gehen
            rst.MoveNext
        Loop
    End If
    rst.Close
End Sub
```

Wenn Sie versuchen, die Methode Edit auf ein Recordset anzuwenden, dessen Eigenschaft Updatable den Wert False hat, wird die folgende Fehlermeldung ausgegeben.

Abbildg. 38.4   Fehlermeldung, wenn Recordset nicht geändert werden kann

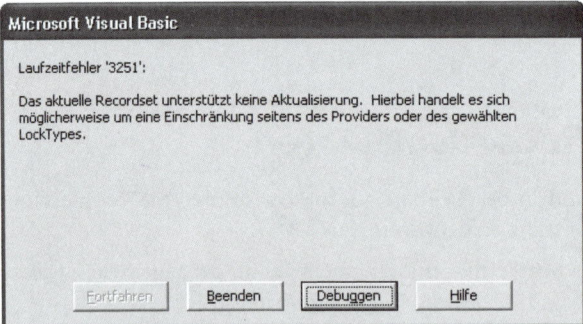

Neue Datensätze hinzufügen

Mithilfe der AddNew-Methode wird dem Recordset ein neuer Datensatz hinzugefügt. Durch den Aufruf von AddNew wird im internen Puffer ein leerer Datensatz erzeugt. Leer heißt, dass alle Felder den Wert Null erhalten.

Anschließend können den Feldern Werte zugewiesen werden. Nach einem Update werden die Daten in die zugrunde liegenden Tabellen geschrieben.

```
Sub NeuerFilm_DAO()
    Dim rst As DAO.Recordset

    Set rst = CurrentDb.OpenRecordset("tblFilme")

    With rst
        If .Updatable Then
            ' Neuen Datensatz anlegen
            .AddNew
            ' mit Daten füllen
            !Filmtitel = "Rot und Blau"
            !Länge = 122
            ' Datum in englischer Schreibweise
            !Bundesstartdatum = #1/15/04#
            ' Neuen Datensatz speichern
            .Update
        End If
    End With
    rst.Close
End Sub
```

Datensätze löschen

Sie können den aktuellen Datensatz mithilfe der Methode Delete löschen. Die folgende Prozedur löscht die Einträge in der Tabelle *tblFilme*, die den als Parameter für die Prozedur angegebenen Filmtitel haben.

```
Sub FilmLöschen_DAO(strFilmtitel As String)
    Const conSQL = "SELECT * FROM tblFilme"

    Dim rst As DAO.Recordset
    Dim strSQL As String

    ' Wenn kein Filmtitel angegeben
    If strFilmtitel = "" Then
        ' Routine verlassen
        Exit Sub
    End If

    ' Zusammenstellen der Abfrage
    strSQL = conSQL & " WHERE Filmtitel ='" & strFilmtitel & "'"
    ' Öffnen des Recordsets
    Set rst = CurrentDb.OpenRecordset(strSQL)

    With rst
        ' Recordset bearbeitbar?
        If .Updatable Then
            Do Until .EOF
                ' Datensatz löschen
                .Delete
                ' Zum nächsten Datensatz gehen
                .MoveNext
            Loop
        Else
            MsgBox "Recordset nicht bearbeitbar!"
        End If
    End With
    rst.Close
End Sub
```

> **HINWEIS** Beachten Sie, dass der Positionszeiger nach dem Löschvorgang immer noch auf den gerade gelöschten Datensatz zeigt.

Ist SQL doch besser?

Wir möchten zu bedenken geben, dass sich alle Änderungen an Datensätzen auch mit SQL vornehmen lassen. Der SQL-Befehl *UPDATE* ermöglicht die schnelle Änderung von Datensatzgruppen, mit *INSERT INTO* können Sie neue Datensätze aufnehmen.

Abfragen nutzen mit QueryDefs

Mit der OpenRecordset-Methode lassen sich, wie beschrieben, gespeicherte Auswahlabfragen öffnen oder SQL-Zeichenfolgen direkt eingeben. Für die Bearbeitung von Aktions-, Kreuztabellen-, Datendefinitions- und Parameterabfragen benötigen Sie QueryDef-Objekte.

Mit QueryDef-Objekten arbeiten

An einem kurzen Beispiel möchten wir Ihnen den Einsatz einer Aktualisierungsabfrage in einem Programm erläutern. Auf die entsprechende gespeicherte Abfrage wird über ihren Namen zugegriffen. Jede gespeicherte Abfrage ist Bestandteil der QueryDefs-Auflistung. Liefern Abfragen keine Datensätze zurück, sondern führen sie eine Aktion durch, werden sie mit der Methode Execute ausgeführt.

```
Sub PreiserhöhungMitAbfrage_DAO()
    Dim db As DAO.Database
    Dim qry As DAO.QueryDef
    Dim rst As DAO.Recordset
    Set db = CurrentDb()

    ' Die Aktualisierungsabfrage "qupdArtikelPreiserhöhung"
    ' erhöht die Preise um 15%
    Set qry = db.QueryDefs("qupdArtikelPreiserhöhung")
    ' Ausführen der Abfrage
    qry.Execute
    Debug.Print qry.RecordsAffected & " Artikel geändert."
End Sub
```

Die Abfrage *qupdArtikelPreiserhöhung* war übrigens mit *UPDATE tblArtikel SET tblArtikel.Verkaufspreis = [Verkaufspreis]*1.15* vereinbart.

Versuchen Sie, Auswahl-, Kreuztabellen- oder Union-Abfragen mit der Methode Execute auszuführen, erhalten Sie eine Fehlermeldung angezeigt. Deshalb kann es sinnvoll sein, den Typ der Abfrage zu überprüfen. In der Eigenschaft Type des QueryDef-Objekts wird der Typ der Abfrage zurückgegeben. Verwenden Sie die in Tabelle 38.3 angegebenen Konstanten, um eine Typüberprüfung vorzunehmen.

Tabelle 38.3   Konstanten für Abfragetypen

Konstante	Beschreibung
dbQSelect	Auswahlabfrage
dbQAction	Aktionsabfrage
dbQCrosstab	Kreuztabellenabfrage
dbQDelete	Löschabfrage
dbQUpdate	Aktualisierungsabfrage
dbQAppend	Anfügeabfrage
dbQMakeTable	Tabellenerstellungsabfrage
dbQSetOperation	Union-Abfrage

Das folgende Programm zeigt, wie aufgrund des Typs der Abfrage verzweigt werden kann:

```
Sub AbfrageAusführen_DAO()
    Dim db As DAO.Database
    Dim qry As DAO.QueryDef
    Dim rst As DAO.Recordset
    Dim fld As DAO.Field
    Dim strQry As String

    Set db = CurrentDb()

    strQry = InputBox("Name der Abfrage")
    ' Öffnen der vorhandenen Abfrage.
    ' Falls die Abfrage nicht vorhanden ist, bricht
    ' die Prozedur mit einer Fehlermeldung ab.
    Set qry = db.QueryDefs(strQry)
    ' Nur Auswahl-, UNION- oder Kreuztabellenabfragen
    If qry.Type = dbQSelect Or qry.Type = dbQSetOperation _
                        Or qry.Type = dbQCrosstab Then
        ' Öffnen des Recordsets
        Set rst = qry.OpenRecordset()
        ' Für alle Datensätze
        Do Until rst.EOF
            ' Alle Felder hintereinander ausgeben,
            ' getrennt durch Schrägstrich
            For Each fld In rst.Fields
                Debug.Print fld; "/";
            Next
            ' Neue Zeile im Testfenster beginnen
            Debug.Print
            rst.MoveNext
        Loop
        rst.Close
    Else
        ' Aktionsabfrage ausführen
        qry.Execute
        Debug.Print qry.RecordsAffected & " Datensätze"
    End If
End Sub
```

Übrigens zeigt die Prozedur, wie die Auflistung Fields eines Recordsets verwendet werden kann, um eine vorher unbekannte Anzahl von Feldern auszugeben.

Ausführung mit der Methode Execute

Eine Aktionsabfrage lässt sich direkt ausführen, d.h., Sie geben dazu der Methode Execute() die in SQL formulierte Abfrage als Parameter mit. Es handelt sich hierbei allerdings um eine Methode der Datenbank, nicht um die eines QueryDef-Objekts.

```
Sub PreiserhöhungUm10Prozent_DAO()
    Dim db As DAO.Database
    Set db = CurrentDb()
    ' Preiserhöhung um 10% durchführen
    db.Execute ( "UPDATE tblArtikel " & _
                 "SET Verkaufspreis = [Verkaufspreis]*1.1")
End Sub
```

Eigenschaften von QueryDef-Objekten

QueryDef-Objekte verfügen über eine Vielzahl von Eigenschaften, die in Tabelle 38.4 aufgeführt sind.

Tabelle 38.4 Eigenschaften des QueryDef-Objekts

Eigenschaft	Beschreibung
DateCreated	gibt das Erstellungsdatum zurück.
LastUpdated	liefert das Datum der letzten Änderung.
Name	gibt den Namen der Abfrage an.
RecordsAffected	gibt die Anzahl der Datensätze zurück, die von der Abfrage betroffen sind.
SQL	gibt eine SQL-Zeichenfolge an.
Type	gibt den Typ der Abfrage an.
Updatable	gibt an, dass das Dynaset der Abfrage bearbeitbar ist, wenn Updatable wahr ist.

Parameterabfragen erzeugen

Im Folgenden möchten wir Ihnen die Arbeit mit Parameterabfragen beschreiben. Die Parameter einer Abfrage können aus Ihrem Programm heraus gefüllt werden.

Parameterabfragen lassen sich nicht direkt in der OpenRecordset-Methode verwenden, sondern Sie müssen immer zuerst ein QueryDef-Objekt erzeugen und die Parameter setzen.

Jede Parameterabfrage besitzt eine Parameters-Auflistung, in der die einzelnen Parameter beschrieben sind. Jedes Parameter-Objekt verfügt über die Eigenschaften Name, Type und Value. Um die Parameter zu setzen, können Sie verschiedene Schreibweisen verwenden, die verallgemeinert die im Folgenden aufgeführten Formen haben. Die vollständige Schreibweise lautet

```
qry.PARAMETERS("ParameterName").Value = Wert
```

wobei *Wert* für eine Zahl, einen String oder einen anderen Typ stehen kann. Da Value die Standard-eigenschaft ist, kann .Value wie in

```
qry.Parameters("ParameterName") = Wert
```

weggelassen werden. Access gibt sich auch mit

```
qry("ParameterName") = Wert
```

zufrieden. Sie können die Parameter auch durchzählen und

```
qry.Parameters(0) = Wert
```

verwenden. Für das erste Beispiel möchten wir Ihnen zuerst die Abfrage *qryFilmeStartdatum* in Abbildung 38.5 vorstellen.

Abbildg. 38.5 Abfrage mit Parameter

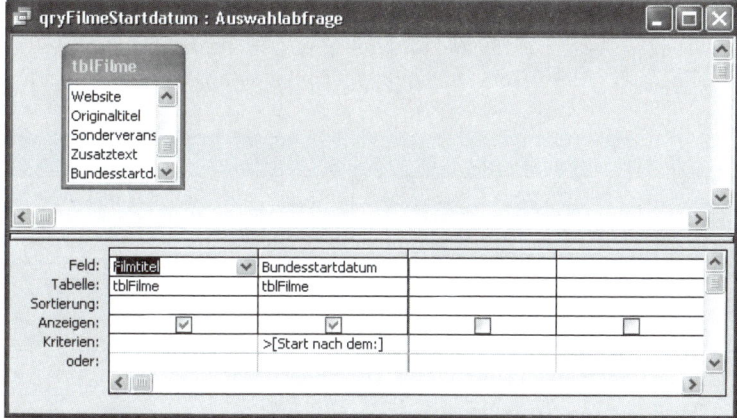

Beim Ausführen der Abfrage wird der Parameter *[Start nach dem:]* abgefragt. Wir verwenden die Abfrage nun in der folgenden Prozedur:

```
Sub Parameterabfrage_DAO()
    Dim db As DAO.Database
    Dim qry As DAO.QueryDef
    Dim rst As DAO.Recordset
    Dim fld As DAO.Field

    ' Aktuelle Datenbank benutzen
    Set db = CurrentDb()
```

```
    ' Abfrage öffnen
    Set qry = db.QueryDefs("qryFilmeStartdatum")

    ' Parameter direkt setzen
    qry("Start nach dem:") = #12/24/2003#
    ' Öffnen des Recordsets
    Set rst = qry.OpenRecordset()

    ' Datensätze im Testfenster ausgeben
    Do
        ' Die Inhalte der Felder ausgeben,
        ' durch Schrägstrich getrennt
        For Each fld In rst.Fields
            Debug.Print fld.Value; "/";
        Next
        ' Neue Zeile erzeugen
        Debug.Print
        rst.MoveNext
    Loop Until rst.EOF
    rst.Close
End Sub
```

Im folgenden Programmfragment werden alle für eine Abfrage definierten Parameter nacheinander in einer Inputbox abgefragt. Alle Parameter sind in der Auflistung Parameters eines Recordset-Objekts definiert.

```
Dim qry As DAO.QueryDef
Dim para As DAO.Parameter
Dim strParameter As String
...
For Each para In qry.Parameters
    ' Abfrage der Eingabe vom Benutzer
    strParameter = InputBox("Geben Sie den Wert für " & _
            "den Parameter " & para.Name & " an:")
    ' Zuweisung des Wertes an Parameter
    para = strParameter
Next
...
```

Ein Anwendungsbeispiel

In folgendem Beispiel möchten wir Ihnen den Einsatz der oben beschriebenen Datenzugriffsobjekte zeigen.

Es soll ein Formular erstellt werden, das auf einem Listenfeld alle Filmtitel zeigt. Zusätzlich zu den Filmtiteln soll der Eintrag *** *Alle Filme* *** zur Auswahl stehen. Im Listenfeld sollen ein oder mehrere Filme per Klick selektierbar sein. Mithilfe einer Befehlsschaltfläche soll dann ein Bericht in der Vorschau aufgerufen werden, der die im Listenfeld markierten Filme darstellt.

Abbildg. 38.6 Formular mit Mehrfachauswahl-Listenfeld

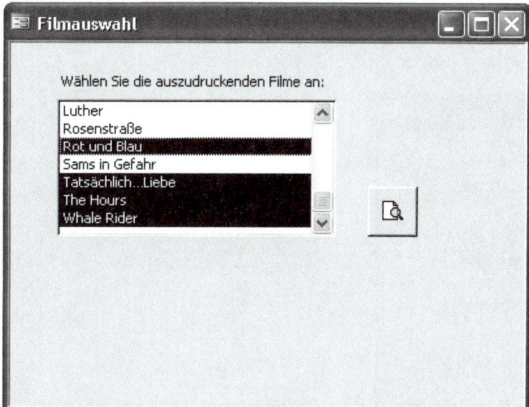

Den Bericht *rptFilmlisteMehrfachauswahl*, der nur die Daten der ausgewählten Filme enthält, zeigt Abbildung 38.7.

Abbildg. 38.7 Bericht mit den ausgewählten Filmen

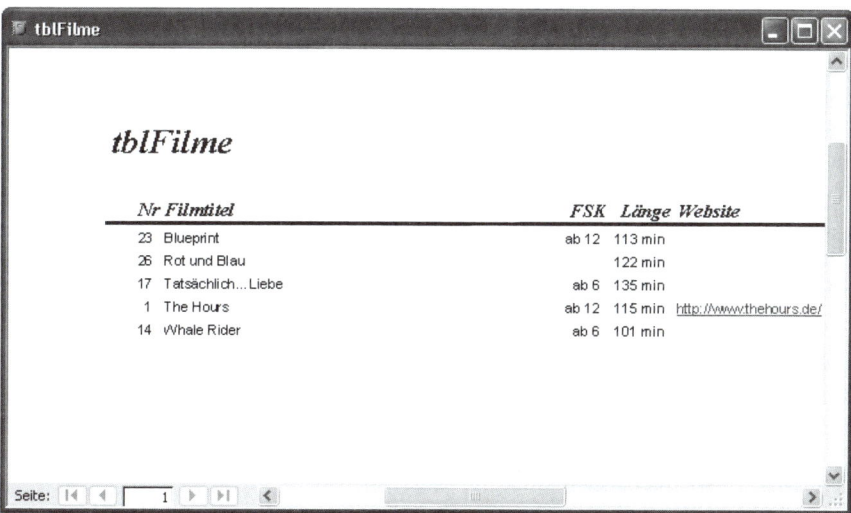

Erstellen Sie zuerst ein ungebundenes Formular mit dem Namen *frmFilmDruck_DAO*, also ein Formular ohne Datenbasis, wie wir es in Kapitel 25 erläutert haben. Legen Sie auf das Formular ein Listenfeld, dem die folgende Abfrage als Datenherkunft zugrunde liegt:

```
SELECT DISTINCTROW tblFilme.FilmNr, tblFilme.Filmtitel
FROM tblFilme
UNION
SELECT 0, "*** Alle Filme ***"
FROM tblFilme
ORDER BY tblFilme.Filmtitel;
```

Mit dem Trick der Union-Abfrage wird der Eintrag *** *Alle Filme* *** erzeugt. Abbildung 38.8 zeigt das Eigenschaftenfenster des Listenfeldes.

Abbildg. 38.8   Eigenschaften des Listenfeldes

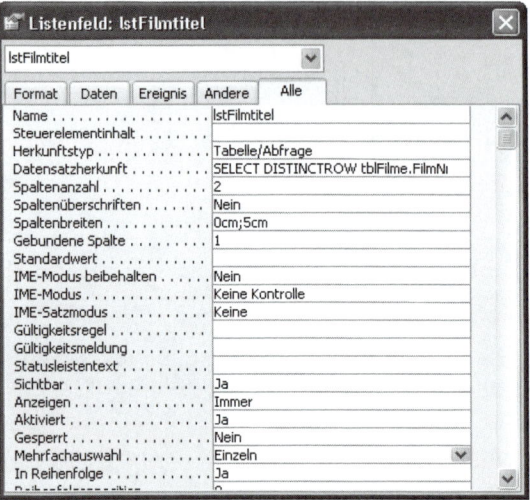

Um zu erreichen, dass gleichzeitig mehrere Filme im Listenfeld selektiert werden können, wurde die Eigenschaft *Mehrfachauswahl* auf *Einzeln* gesetzt. Damit ist es möglich, mit der Maus einfach mehrere Einträge gleichzeitig anzuklicken, wobei ein erneuter Klick auf eine schon selektierte Zeile die Markierung wieder aufhebt. Statt eines Klicks mit der Maus können Sie auch mit den Pfeiltasten die gewünschte Zeile anwählen und den Eintrag mit der ⎵Leertaste⎵ selektieren.

Alternativ bietet die Eigenschaft *Mehrfachauswahl* noch die Einstellungsmöglichkeit *Erweitert*. Durch *Erweitert* können Sie mehrere Einträge des Listenfeldes gleichzeitig selektieren, allerdings nur mit gedrückter Strg-Taste. Dafür lassen sich Markierungen erweitern, indem mit gedrückter ⇧-Taste vom vorher ausgewählten Element bis zum aktuellen Element selektiert werden kann.

Wie kann nun dem Bericht mitgeteilt werden, welche Filme markiert wurden? Mehrere Lösungen sind denkbar: Eine davon wäre beispielsweise, ein zusätzliches *Ja/Nein*-Feld in die Tabelle *tblFilme* aufzunehmen und vor dem Aufruf des Berichts für alle selektierten Filme das jeweilige Feld auf *Ja* zu setzen. Wir haben uns für eine andere Variante entschieden. Hierbei wird eine Hilfstabelle *tblTmp-Filme* eingesetzt, deren Struktur Abbildung 38.9 zeigt.

Abbildg. 38.9 Struktur der Tabelle *tblTmpFilme*

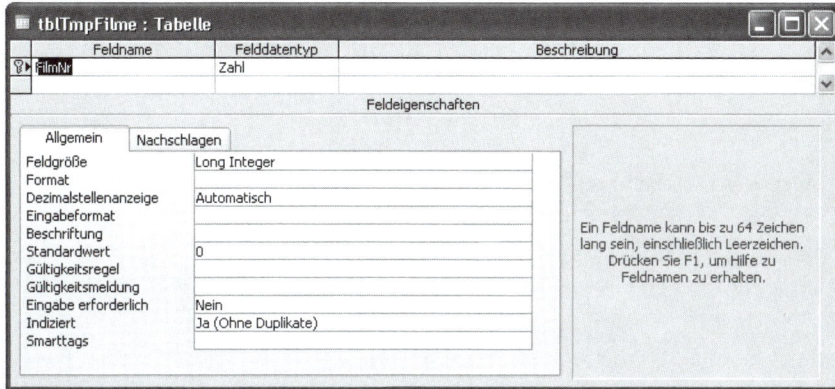

Bevor der Bericht *rptFilmlisteMehrfachauswahl* ausgerufen wird, wird die Tabelle geleert und dann mit den Filmnummern der im Listenfeld des Formulars selektierten Filme gefüllt.

Die Abfrage, die dem Bericht *rptFilmlisteMehrfachauswahl* zugrunde liegt, ist in Abbildung 38.10 abgebildet. Durch eine einfache Verknüpfung zwischen *tblFilme* und *tblTmpFilme* werden nur die Filme ausgegeben, die einen Eintrag in der temporären Tabelle haben.

Abbildg. 38.10 Abfrage des Berichts

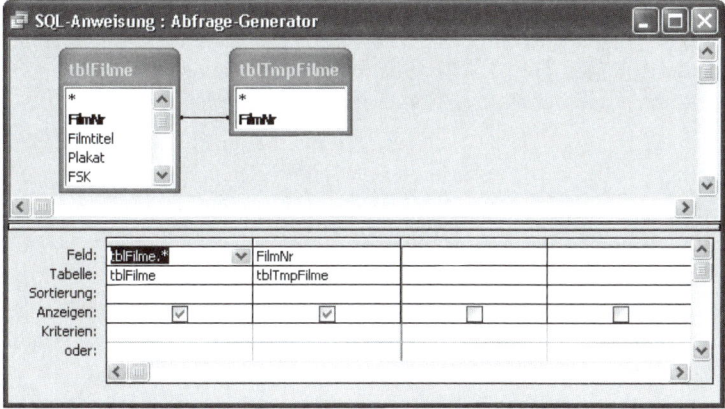

Das Programm für das Leeren der Tabelle *tblTmpFilme*, das Füllen mit den entsprechenden Filmnummern der selektierten Listeneinträge und der Aufruf des Berichts ist im Formular (Abbildung 38.6) der Befehlsschaltfläche für die Vorschau zugeordnet.

Für das Formular *frmFilmDruck_DAO* wird die folgende Prozedur für das Ereignis *Beim Klicken* der Befehlsschaltfläche *cmdVorschauDAO* erstellt:

```
Private Sub cmdVorschauDAO_Click()
    Dim lstListe As ListBox
    Dim varTmp As Variant
    Dim rst As DAO.Recordset
    Dim db As DAO.Database

    Set db = CurrentDb()

    ' Löschen der temporären Tabelle
    db.Execute "DELETE * FROM tblTmpFilme"

    ' Öffnen des Recordsets
    Set rst = db.OpenRecordset("tblTmpFilme")

    ' Für alle selektierten Einträge im Listenfeld
    For Each varTmp In lstFilmtitel.ItemsSelected
        ' Wert 0 steht für "*** Alle Filme ***"
        If lstFilmtitel.ItemData(varTmp) = 0 Then
            ' Alle FilmNrn aus tblFilme umkopieren
            db.Execute "INSERT INTO tblTmpFilme " & _
                        "(FilmNr) SELECT FilmNr FROM tblFilme"
            ' Abbruch der FOR-Schleife, da alle weiteren
            ' Selektionen nun uninteressant sind
            Exit For
        Else
            ' Neuen Datensatz in temporärer Tabelle anlegen
            rst.AddNew
            ' FilmNr auf Listenfeld zuweisen
            rst!FilmNr = lstFilmtitel.ItemData(varTmp)
            ' Datensatz speichern
            rst.Update
        End If
    Next
    rst.Close

    ' Bericht in der Vorschau ausgeben
    DoCmd.OpenReport "rptFilmlisteMehrfachauswahl", acViewPreview
End Sub
```

Zuerst wird im Programm ein Verweis auf die aktuelle Datenbank der Variablen db zugewiesen. Für das db-Datenbankobjekt wird die Methode Execute mit einer Löschabfrage für die Tabelle *tblTmp-Filme* ausgeführt. Die nun leere Tabelle wird als Recordset rst geöffnet.

Die Auflistung ItemsSelected des Listenfeld-Steuerelements enthält die Zeilennummern aller markierten Listenfeldeinträge. Mit For Each wird die Auflistung durchlaufen. Dabei enthält varTmp die jeweilige Zeilennummer.

Durch lstFilmtitel.ItemData(varTmp) wird für jeden Schleifendurchlauf die Filmnummer des jeweiligen selektierten Eintrags ermittelt. ItemData gibt die gebundene Spalte des Listenfeldes zurück.

Ergibt lstFilmtitel.ItemData(varTmp) den Wert 0, so wurde der Eintrag *** *Alle Filme* *** selektiert. In diesem Fall werden mithilfe einer *INSERT INTO*-Abfrage, die über die Methode Execute ausgeführt wird, alle Filmnummern aus *tblFilme* in *tblTmpFilme* umkopiert.

Ansonsten werden für alle selektierten Einträge des Listenfeldes über AddNew neue Datensätze in *tblTmpFilme* angelegt.

DBEngine und Database

In diesem Abschnitt möchten wir einige Eigenschaften und Methoden der Objekte `DBEngine` und `Database` erläutern.

Das DBEngine-Objekt

Die `DBEngine`, die »Datenbankmaschine«, repräsentiert die Access zugrunde liegende Microsoft Jet Database Engine. Access 97 (8.0) liegt die Jet-Version 3.5, Access 2003, Access 2002 und Access 2000 die Version 3.6 zugrunde. Sie können die Version wie folgt ermitteln:

```
Sub DBEngineVersion()
    MsgBox "Version des Jet-Datenbankkerns: " & DBEngine.Version
End Sub
```

Die Auflistung Workspaces

In einem `Workspace`-Objekt (»Workspace« ist übersetzbar mit »Arbeitsbereich«) werden Datenbanken, Benutzer und Transaktionen verwaltet. Alle `Workspace`-Objekte werden in der `Workspaces`-Auflistung aufgeführt. Normalerweise wird nur der Standard-Workspace genutzt, der in der Auflistung über `Workspaces(0)` angesprochen wird. Workspaces werden im Zusammenhang mit dem Sicherheitssystem von Access eingesetzt, das wir in Teil H vorstellen werden.

Die Auflistung Databases

In jedem Workspace können eine oder mehrere Datenbanken geöffnet werden. Die Datenbanken werden in der `Databases`-Auflistung verwaltet. Die Datenbank mit dem Pfad

```
DBEngine.Workspaces(0).Databases(0)
```

ist die Standarddatenbank. Sie finden hierfür auch oft die abgekürzte Schreibweise `DBEngine(0)(0)`, die etwas Schreibarbeit spart.

Die aktuelle Datenbank

Einfacher lässt sich die aktuelle Datenbank mithilfe der Funktion `CurrentDb()` (oder auch einfach `CurrentDb` geschrieben) abfragen. Microsoft empfiehlt die Verwendung von `CurrentDb()`, da hier eine neue, aktuelle Instanz der Datenbank geöffnet wird, im Gegensatz zu `DBEngine.Workspaces(0)`. `Databases(0)` bzw. `DBEngine(0)(0)`, bei denen keine Aktualisierung der Datenbankobjekte durchgeführt wird. Die Funktion `CurrentDb()` liefert als Ergebnis ein Objekt vom Typ `Database` zurück. Im folgenden Codefragment wird `CurrentDb` eingesetzt.

```
Dim db As DAO.Database
Set db = CurrentDb()
```

Wir möchten Ihnen empfehlen, die Zuweisung von `CurrentDb` an eine (evtl. globale) Variable zu Beginn einer Anwendung durchzuführen und im weiteren Verlauf des Programms nur noch mit der Variablen zu arbeiten, denn der Nachteil von `CurrentDb` ist die Ausführungsgeschwindigkeit – `CurrentDb` ist sehr langsam.

Eine Datenbank öffnen

Mithilfe der Methode `OpenDatabase()` können Sie eine beliebige Datenbank öffnen. In einem `Database`-Objekt befinden sich Auflistungen der Tabellen, Abfragen usw.

Die Datenbank *CineArchiv* im Ordner *CineCity* öffnen Sie beispielsweise mit den folgenden Zeilen:

```
Dim dbArchiv As DAO.Database
Set dbArchiv = DAO.OpenDatabase("C:\CineCity\CineArchiv.MDB")
```

Zugriff auf Tabellendefinitionen

Die Tabellen einer Datenbank werden in der Auflistung `TableDefs` innerhalb eines Datenbankobjekts verwaltet. In der Auflistung befinden sich alle Tabellen, also sowohl Systemtabellen als auch ausgeblendete und eingebundene Tabellen.

Das folgende Unterprogramm ermittelt einige Eigenschaften für alle Tabellen der aktuellen Datenbank. Mithilfe einer `For Each`-Schleife werden alle Tabellenobjekte durchlaufen und die entsprechenden Eigenschaften im Testfenster ausgegeben:

```
Sub AlleTabellen_DAO()

    Dim db As DAO.Database
    Dim tbl As DAO.TableDef

    Set db = CurrentDb()

    ' Für alle Tabellen in der TableDefs-Auflistung
    For Each tbl In db.TableDefs
        Debug.Print tbl.Name; " – "; tbl.DateCreated; " – ";
        Debug.Print tbl.LastUpdated; " – "; tbl.RecordCount
    Next
End Sub
```

Die folgende Tabelle listet einige der Eigenschaften von `TableDef`-Objekten auf.

Tabelle 38.5 Ausgewählte Tabelleneigenschaften

Eigenschaft	Beschreibung
Name	gibt den Namen der Tabelle an.
Updatable	bestimmt, dass das Tabellenobjekt verändert werden kann, wenn die Eigenschaft den Wert **Wahr** zurückgibt.
DateCreated	gibt das Erstellungsdatum der Tabelle an.
LastUpdated	gibt das Datum der letzten Bearbeitung an.
Connect	erhält bei verknüpften Tabellen einen String mit dem Pfad und dem Namen der verknüpften Datenquelle.
SourceTableName	beinhaltet bei verknüpften Tabellen den Namen der Tabelle der verknüpften Datenquelle.
Attributes	Attribute einer Tabelle (Tabelle 38.6).
RecordCount	gibt die Anzahl der Datensätze in der Tabelle an; bei verknüpften `TableDef`-Objekten hat die `RecordCount`-Eigenschaft immer den Wert –1.
ValidationRule	gibt die Gültigkeitsregel für die Tabelle an.
ValidationText	gibt den Text an, der bei Verletzung der Gültigkeitsregel der Tabelle angezeigt wird.

Für die Tabellenattribute (Eigenschaft `Attributes`) sind die in der folgenden Tabelle aufgeführten Konstanten in Access definiert.

Tabelle 38.6
Konstanten für Tabellenattribute

Konstante	Beschreibung
dbSystemObject	Systemtabelle
dbHiddenObject	Ausgeblendete Tabelle
dbAttachedTable	Eingebundene Tabelle
dbAttachedODBC	Eingebundene ODBC-Tabelle
dbAttachSavePWD	Eingebundene Tabelle, für die Benutzerkennung und Passwort gespeichert wird
dbAttachExclusive	Exklusiv eingebundene Tabelle

Die folgende Funktion ermittelt die Existenz einer Tabelle in der TableDefs-Auflistung, wobei auch ausgeblendete Tabellen und Systemobjekte berücksichtigt werden.

```
Function TableExists_DAO(ByVal strTableName As String) As Boolean

    Dim tbl As DAO.TableDef

    For Each tbl In CurrentDb().TableDefs
        If tbl.Name = strTableName Then
            TableExists_DAO = True
            Exit Function
        End If
    Next
    TableExists_DAO = False
End Function
```

Die Auflistung Fields

Jede Tabelle besteht aus Feldern, die mithilfe von Field-Objekten in einer Fields-Auflistung beschrieben werden. Die folgende Routine listet für alle Tabellen der aktuellen Datenbank die Felder auf. Dabei wird die anschließend aufgelistete Funktion FeldTyp() verwendet, die den Typ des jeweiligen Feldes als String zurückgibt.

```
Sub TabellenFelder_DAO()

    Dim db As DAO.Database
    Dim tbl As DAO.TableDef
    Dim fld As DAO.Field

    Set db = CurrentDb()

    ' Für alle Tabellen der TableDefs-Auflistung
    For Each tbl In db.TableDefs
        With tbl
            Debug.Print "Tabellenfelder für : "; .Name
```

```
                ' Für alle Felder der jeweiligen Tabelle
                For Each fld In .Fields
                    With fld
                        Debug.Print "FELD: "; .Name
                        Debug.Print "Feldtyp="; FeldTyp_DAO(fld)
                        Debug.Print "Size="; .Size
                        Debug.Print
                    End With
                Next
            End With
            Debug.Print
        Next
End Sub
Function FeldTyp_DAO(fld As DAO.Field) As String
    Select Case fld.Type
        Case dbBoolean:
            FeldTyp_DAO = "Boolean"
        Case dbByte:
            FeldTyp_DAO = "Byte"
        Case dbInteger:
            FeldTyp_DAO = "Integer"
        Case dbLong:
            FeldTyp_DAO = "Long Integer"
        Case dbCurrency:
            FeldTyp_DAO = "Währung (Currency)"
        Case dbSingle:
            FeldTyp_DAO = "Single"
        Case dbDouble:
            FeldTyp_DAO = "Double"
        Case dbDate:
            FeldTyp_DAO = "Datum (Date)"
        Case dbText:
            FeldTyp_DAO = "Text"
        Case dbLongBinary:
            FeldTyp_DAO = "Binärdaten (Bitmap, OLE-Objekt)"
        Case dbMemo:
            FeldTyp_DAO = "Memo"
        Case dbGUID:
            FeldTyp_DAO = "GUID"
        Case Else
            FeldTyp_DAO = "Unbekannt"
    End Select
End Function
```

Tabelle 38.7 enthält die in einem Field-Objekt verwalteten Eigenschaften. Beachten Sie dabei, dass Field-Objekte nicht nur in TableDef-Objekten, sondern auch in Recordset-Objekten verwendet werden.

Tabelle 38.7   Feldeigenschaften

Eigenschaft	Beschreibung
Name	gibt den Namen des Feldes zurück.
Type	gibt den Datentyp (siehe Tabelle 38.8) zurück.

Eigenschaft	Beschreibung
Size	liefert die Größe des Feldes.
Attributes	liefert die Attribute (siehe Tabelle 38.9).
AllowZeroLength	erlaubt Null-Werte im Feld, wenn die Eigenschaft wahr ist.
CollatingOrder	gibt die länderspezifische Sortierreihenfolge für das Feld an.
DefaultValue	liefert den Standardwert.
Required	gibt an, dass eine Eingabe in das Feld erforderlich ist, wenn die Eigenschaft wahr ist.
ValidationRule	gibt die Gültigkeitsregel für das Feld an.
ValidationText	liefert den Gültigkeitstext bei Verletzung der Gültigkeitsregel.
SourceField	gibt den Originalnamen des Feldes zurück; in Abfragen können Ergebnisfelder benannt werden, so dass die Eigenschaft **Name** den in der Abfrage verwendeten Namen zurückgibt, während **SourceField** den eigentlichen Namen enthält.
SourceTable	liefert den Namen der Originaltabelle zurück (siehe **SourceField**).

Fields-Auflistungen werden neben Tabellen auch für Recordsets, Indizes und Relationen verwendet, wie es im weiteren Verlauf des Kapitels beschrieben wird.

Feldtypen werden durch Integer-Werte dargestellt. Damit nicht mit Zahlen für die Typen gearbeitet werden muss, sind in Access Konstanten für die verschiedenen Feldtypen definiert. Tabelle 38.8 liefert einen Überblick über die vordefinierten Typ-Konstanten.

Konstante	Beschreibung
dbBoolean	Boolescher Wert (True/False, 1 Bit)
dbByte	8-Bit Byte
dbInteger	16-Bit Integer
dbLong	32-Bit Integer
dbSingle	Fließkommazahl mit einfacher Genauigkeit
dbDouble	Fließkommazahl mit doppelter Genauigkeit
dbCurrency	Währungsdaten
dbDate	Datums-/Zeitwert
dbText	Text variabler Länge
dbMemo	Memo-Feld
dbLongBinary	Binärdaten variabler Länge, z.B. OLE-Objekte
dbGUID	GUID-Wert zur Replikation

Die folgende Funktion gibt eine Zeichenfolge mit dem ausgeschriebenen Text des jeweiligen Feldtyps zurück. Übergeben wird der Funktion ein Objekt vom Typ `Field`.

Ebenso wie die Feldtypen werden auch Feldattribute mithilfe von vordefinierten Konstanten beschrieben. Tabelle 38.9 dient zum Nachschlagen der Konstanten.

Tabelle 38.9   Konstanten für Feldattribute

Konstante	Beschreibung
dbFixedField	Feste Feldgröße
dbVariableField	Variable Feldgröße
dbAutoIncrField	AutoWert-Feld
dbUpdatableField	Aktualisierbares Feld
dbDescending	Feld mit absteigender Sortierreihenfolge
dbSystemField	Feld wird bei der Replikation verwendet

Es können mehrere Attribute gleichzeitig für ein Feld vereinbart werden. Beispielsweise kann ein Feld gleichzeitig die Attribute `dbFixedField` und `dbUpdatableField` haben. Die verschiedenen Konstanten für die Attribute repräsentieren jeweils einen Wert und werden für mehrere Attribute addiert.

Nicht alle Eigenschaften eines Feldes können zur Laufzeit verändert werden, für viele Eigenschaften verfügen Sie nur über eine Leseberechtigung während des Programmablaufs. Das folgende Programm setzt für ein Feld die Eigenschaft `DefaultValue`. Sie können also in Ihrer Anwendung den Standardwert eines Feldes neu festlegen. Der geänderte Wert wird in der Tabellendefinition hinterlegt und bleibt dauerhaft erhalten.

```
Sub StandardwertSetzen_DAO(strTable As String, _
                      strField As String, _
                      varDefault As Variant)
    Dim tbl As DAO.TableDef
    Dim fld As DAO.Field
    Set tbl = CurrentDb.TableDefs(strTable)
    Set fld = tbl.Fields(strField)
    fld.DefaultValue = VarDefault

End Sub
```

Zusammenfassung

Dieses Kapitel beschäftigte sich mit den Datenzugriffsobjekten, der zweiten Schnittstelle, die in Access verwendet werden kann und mit DAO (Data Access Objects) bezeichnet wird.

- Zunächst wird der hierarchische Aufbau der Datenzugriffsobjekte gezeigt (Seite 762).
- Danach dreht es sich ab Seite 763 auch bei DAO um das Arbeiten mit Recordsets. Ähnlich wie im vorangegangenen Kapitel wird das Arbeiten mit Recordsets, das Bewegen durch Recordsets, das Sortieren von Recordsets sowie das Suchen von Datensätzen in Recordsets beschrieben.

- Der folgende Abschnitt (Seite 776) befasst sich mit QueryDefs, einer Auflistung, die alle gespeicherten Abfragen enthält.

- Ab Seite 785 finden Sie einen kurzen Abschnitt, der einige Eigenschaften und Methoden der DBEngine- bzw. Database-Objekte beschreibt.

- Der letzte Abschnitt dieses Kapitels ab Seite 786 befasst sich ebenfalls mit dem Zugriff auf Tabellendefinitionen, diesmal mithilfe von DAO.

Teil H

Erstellung kompletter Anwendungen

In diesem Teil:

Möchten Sie mit Microsoft Access eigenständige und vollständige Applikationen erstellen, so müssen eine Reihe von Vorkehrungen getroffen werden, damit Anwender ohne Access-Kenntnisse die Anwendung problemlos bedienen können. Zusätzlich muss gegebenenfalls ein Schutz der Daten gewährleistet sein und es muss berücksichtigt werden, dass nicht jeder Anwender die gleichen Rechte innerhalb der Applikation besitzen soll. Greifen mehrere Benutzer gleichzeitig auf dieselben Daten zu, muss sichergestellt sein, dass sie sich nicht gegenseitig behindern.

- In Kapitel 39 werden Themen wie automatischer Programmstart, Start-Einstellungen und benutzerdefinierte Menü- und Symbolleisten besprochen.

- Mit der Sicherheit der Daten und der Vergabe von Berechtigungen an Benutzer beschäftigt sich Kapitel 40.

- Die Besonderheiten beim Betrieb einer Applikation in einer Mehrbenutzerumgebung zeigt Kapitel 41 auf.

Kapitel 39

Eigenständige Anwendungen erstellen

In diesem Kapitel:

In diesem Kapitel möchten wir beschreiben, wie Sie Ihre Access-Datenbanken so konfigurieren können, dass sie als eigenständige Anwendungen verwendet werden können. Das bedeutet, dass Access vor dem Benutzer der Datenbank versteckt wird und nur noch die fertige Anwendung, die sich aus Tabellen, Abfragen, Formularen, Berichten usw. zusammensetzt, genutzt werden kann.

Möchten Sie eigenständige und professionelle Access-Applikationen weitergeben oder verkaufen, so sollten Sie die Microsoft Access 2003 Developer Extensions einsetzen, die Sie getrennt als Bestandteil der Microsoft Visual Studio-Tools für Microsoft Office System erwerben müssen. Die Access 2003 Developer Extensions enthalten unter anderem:

- Eine Laufzeitversion von Access, damit Access-Applikationen auch ohne Access ablaufen können, d.h., der Anwender selbst benötigt keine Access-Lizenz,

- einen Installations-Assistenten, der beispielsweise aus Ihren Anwendungsdatenbanken und dem Laufzeitmodul einen Diskettensatz zur Installation erstellt, und

- weitere Entwicklungswerkzeuge.

Start der Anwendung

Welche Einstellungen sind für den Start von eigenständigen Anwendungen sinnvoll? In vorangegangenen Kapiteln hatten wir die Einrichtung von Start-Formularen bzw. von AutoExec-Makros erläutert. In diesem Abschnitt möchten wir alles noch einmal zusammenfassen, was den Start einer Anwendung betrifft, und Ihnen weitere Hinweise und Möglichkeiten schildern.

Start-Formular und AutoExec-Makros

Sie können nach dem Öffnen einer Datenbank automatisch ein Formular laden oder einen Makro-Ablauf mit einem AutoExec-Makro starten. Das Start-Formular definieren Sie in den Start-Einstellungen, während ein AutoExec-Makro einfach nur den Namen *AutoExec* erhalten muss.

HINWEIS   Sie können sowohl ein Start-Formular als auch ein AutoExec-Makro einsetzen. Dabei wird zuerst das Formular geöffnet und danach das AutoExec-Makro ausgeführt.

Die Start-Einstellungen

Über den Menübefehl *Extras/Start* rufen Sie aus dem Access-Datenbankfenster heraus das Dialogfeld *Start* auf.

Im *Start*-Dialogfeld legen Sie den *Anwendungstitel* fest, der die Beschriftung der Access-Titelleiste bestimmt, und das *Anwendungssymbol*, das das Access-eigene Symbol oben links in der Titelleiste ersetzt (siehe Kapitel 24). Durch Setzen des Häkchens vor *Als Formular- und Berichtssymbol verwenden* legen Sie fest, dass das gewählte Icon auch die Standardsymbole in Formularen und Berichten ersetzt.

Schalten Sie die Option *Datenbankfenster anzeigen* aus, so hat der Anwender keinen direkten Zugriff auf das Access-Datenbankfenster. Es ist aber möglich, das Datenbankfenster mit der Taste F11 einzublenden.

Einstellungen der Start-Eigenschaften

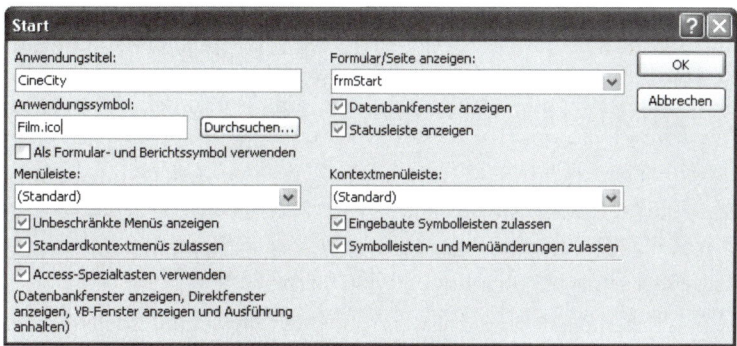

Haben Sie eigene Symbol- und Menüleisten für Ihre Access-Anwendung erstellt, können Sie diese unter *Menüleiste* und *Kontextmenüleiste* so festlegen, dass sie automatisch eingeblendet werden. Im Abschnitt »Benutzerdefinierte Symbol- und Menüleisten« weiter hinten in diesem Kapitel beschreiben wir ihre Erstellung.

Möchten Sie vermeiden, dass der Anwender Access-Funktionen direkt ausführen kann, schalten Sie die Option *Access-Spezialtasten verwenden* aus, so dass die entsprechenden Tastenkombinationen, beispielsweise F11 zum Aufrufen des Datenbankfensters, unwirksam werden.

AutoExec-Makros

AutoExec-Makros ermöglichen die Vereinbarung von Makrobefehlen, die beim Laden der Datenbank ausgeführt werden. Der Nachteil gegenüber der Lösung mit einem Start-Formular ist, dass im Makro-Ablauf keinerlei Fehlerbehandlung durchgeführt werden kann. Oft wird einfach mit dem ersten Makrobefehl ein Visual Basic-Programm aufgerufen (siehe Kapitel 33).

Unterdrücken von AutoExec-Makros und Start-Formular

Sie können den Aufruf des Start-Formulars bzw. die Ausführung des AutoExec-Makros unterdrücken, wenn Sie beim Öffnen der Datenbank die ⇧-Taste gedrückt halten. Wenn Sie also nach dem Aufruf des Menübefehls *Datei/Datenbank öffnen* die gewünschte Datenbank im *Öffnen*-Dialogfeld per Doppelklick laden, halten Sie dabei die ⇧-Taste gedrückt.

Hintergrundbilder

Normalerweise wird beim Start von Access bzw. der Access-Laufzeitumgebung das Microsoft Access-Logo als Hintergrundbild eingeblendet. Sie können das Logo beim Starten durch ein eigenes Bild ersetzen. Erstellen Sie dazu im Ordner Ihrer Anwendung eine Windows-Bitmap, die den gleichen Namen wie Ihre Datenbankdatei hat, wird die Bitmap eingeblendet.

Eine Windows-Bitmap erstellen Sie mit einem Grafikprogramm, im einfachsten Fall mit Windows Paint. Windows-Bitmaps haben die Endung *.bmp*.

Für CineCity wurde in unserem Beispiel *CineCity.bmp* erstellt und in den Ordner kopiert, in dem sich *CineCity.mdb* befindet. Beim Öffnen dieser Datei wird, bis die Datenbank geladen ist, die Bitmap eingeblendet.

Ein Begrüßungsformular

In vielen Programmen, so auch bei Access, Excel oder Word, wird beim Start ein Begrüßungsformular gezeigt. Ein Begrüßungsformular, englisch »Splashscreen«, wird insbesondere dann eingesetzt, wenn das Laden der Applikation einige Zeit in Anspruch nimmt und der Anwender damit schon einmal eine Meldung vom Programm erhält. Oft werden in Begrüßungsbildschirmen Bedienungshinweise oder Copyrightvermerke angezeigt.

Es soll ein Formular als Begrüßungsbildschirm erstellt werden, das sich nach einiger Zeit von selbst wieder schließt, aber vorher noch das eigentliche Start-Formular der Anwendung lädt.

Abbildung 39.2 zeigt einen einfachen Begrüßungsbildschirm: ein Formular mit dem Logo, das als Bild auf das Formular (Menübefehl *Einfügen/Grafik*) gelegt wurde. Wie Sie an den Einstellungen im eingeblendeten Eigenschaftenfenster des Formulars sehen können, wurden Datensatzmarkierer, Bildlaufleisten und vieles mehr abgeschaltet.

Abbildg. 39.2 Begrüßungsformular in der Entwurfsansicht

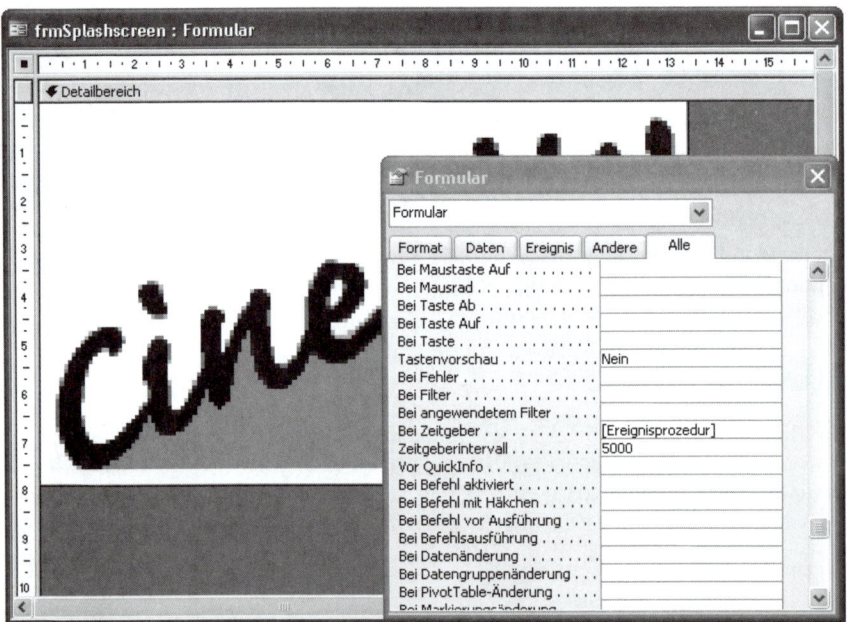

Der Trick des Formulars besteht darin, dass es sich selbsttätig nach einer gewissen Zeit schließt. Dazu wird die Eigenschaft *Zeitgeberintervall* des Formulars verwendet. In der Eigenschaft wird festgelegt, nach welcher Zeit, angegeben in Millisekunden, die Ereignisprozedur *Bei Zeitgeber* ausgeführt wird. Wir haben 5.000 Millisekunden, also fünf Sekunden, vereinbart.

Abbildung 39.3 zeigt die für das Formular vereinbarten Prozeduren. Form_Timer() wird nach Ablauf der im *Zeitgeberintervall* angegebenen Zeit ausgeführt und startet zuerst das Formular *frmStart*. Anschließend wird wieder der Begrüßungsbildschirm aktiviert und dann geschlossen.

Abbildg. 39.3   Ereignisprozeduren des Begrüßungsformulars

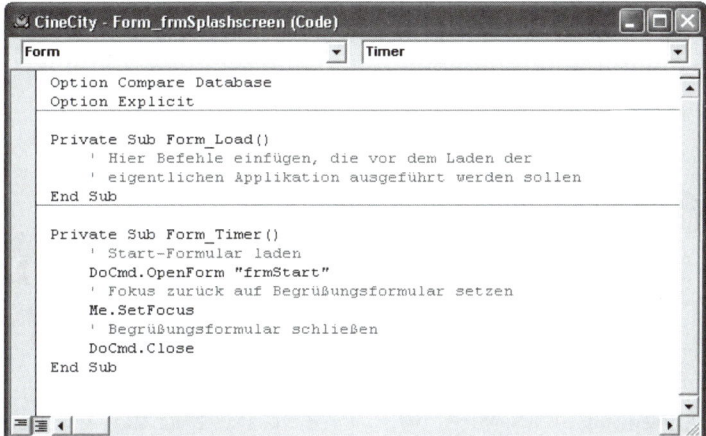

```
CineCity - Form_frmSplashscreen (Code)

Form                              Timer

    Option Compare Database
    Option Explicit

    Private Sub Form_Load()
        ' Hier Befehle einfügen, die vor dem Laden der
        ' eigentlichen Applikation ausgeführt werden sollen
    End Sub

    Private Sub Form_Timer()
        ' Start-Formular laden
        DoCmd.OpenForm "frmStart"
        ' Fokus zurück auf Begrüßungsformular setzen
        Me.SetFocus
        ' Begrüßungsformular schließen
        DoCmd.Close
    End Sub
```

Front-End und Back-End

Für eigenständige Applikationen empfiehlt es sich, die Datenbank in zwei Teile zu trennen: das Front-End mit allen Abfragen, Formularen, Berichten und Programmen und das Back-End, das nur die Daten enthält. Die Aufteilung hat den Vorteil, dass neue, aktualisierte Front-End-Datenbanken einkopiert werden können, ohne dass davon der Datenbestand des Anwenders berührt ist.

Die Aufteilung in Front-End und Back-End haben wir in Kapitel 13 im Abschnitt »Verteilung: Daten und Programme« erläutert.

MDE-Datenbanken

Wenn Sie Ihre Datenbanken mit den von Ihnen entwickelten Formularen, Berichten und Programmen an andere Anwender weitergeben, möchten Sie vielleicht verhindern, dass Modifikationen von anderen vorgenommen werden können.

Sie haben zwei Möglichkeiten, dies zu erreichen: Sie können die Datenbank so sichern, dass nur Anwender mit dem richtigen Kennwort Zugriff erhalten. Dieser Zugriff lässt sich detailliert bestimmen, d.h., Sie können festlegen, welcher Anwender der Datenbank Änderungen vornehmen darf, wer Daten ansehen und modifizieren kann und vieles mehr. Wir beschreiben diese Funktionen in Kapitel 40.

Die zweite Möglichkeit, um zu verhindern, dass der Anwender Änderungen an Formularen, Berichten und Programmen vornimmt, ist die Umwandlung einer MDB-Datenbankdatei in eine MDE-Datei. MDE-Datenbanken sind Access-MDB-Datenbanken, aus denen sämtliche änderbaren Anteile von Formularen, Berichten und Programmen entfernt wurden. Alle Datenbankobjekte wie Formulare, Berichte usw. liegen ausschließlich in kompilierter Form vor. Durch MDE können Sie sicherstellen, dass der Anwender eine Version Ihrer Datenbank erhält, an der keinerlei Änderungen vorgenommen werden können, denn es kann nicht mehr in den Entwurfsmodus gewechselt werden.

Um eine MDB-Datenbank in die MDE-Form umzuwandeln, wählen Sie den Menübefehl *Extras/ Datenbank-Dienstprogramme/MDE-Datei erstellen*. Achten Sie aber darauf, das Original der Datenbank in einen anderen Ordner zu sichern, sonst verlieren Sie den Quellcode Ihrer Programme. Während der Konvertierung werden alle Module kompiliert und die Datenbank komprimiert.

Beachten Sie, dass nur Datenbanken im Access 2002/2003-Format zu MDE-Dateien umgewandelt werden können. Über *Extras/Datenbank-Dienstprogramme/Datenbank konvertieren* können Sie gegebenenfalls Datenbanken im Access 2000-Format umsetzen.

Benutzerdefinierte Symbol- und Menüleisten

Wie in allen Microsoft Office 2003-Anwendungen können Sie Menü- und Symbolleisten anpassen und eigene Symbolleisten erstellen. Access erlaubt Ihnen zudem, eigene Menü- und Symbolleisten in Formularen, Berichten usw. zu verwenden.

Für alle Office 2003-Anwendungen hat Microsoft eine gemeinsame Basis für Menü- und Symbolleisten implementiert. Menü- und Symbolleisten wurden zu »CommandBars« zusammengefasst, die sich aus Access heraus programmieren lassen. Allerdings ist die direkte Programmierung ziemlich komplex.

Im weiteren Verlauf werden wir allgemein von Symbolleisten sprechen, wenn Menüs, Kontextmenüs oder Symbolleisten gemeint sind.

Erstellen und Anpassen von Symbolleisten

Über den Menübefehl *Ansicht/Symbolleisten/Anpassen* rufen Sie das Dialogfeld *Anpassen* auf, in dem Sie neue Symbolleisten definieren bzw. vorhandene verändern können.

Abbildg. 39.4   Anpassung von Symbolleisten

Durch einen Klick auf das jeweilige Kontrollkästchen vor dem Namen einer Symbolleiste können Sie die Leiste ein- bzw. ausschalten.

Sie können auf die Access-Symbolleisten neue Schaltflächen hinzufügen oder vorhandene entfernen. Wir möchten Ihnen dies am Beispiel einer benutzerdefinierten Symbolleiste in den nächsten Abschnitten beschreiben.

HINWEIS Die eingebauten Symbolleisten und Menüs können nur verändert, nicht aber gelöscht werden.

Erstellen einer neuen Symbolleiste

Mithilfe der Schaltfläche *Neu* im Dialogfeld *Anpassen* blenden Sie das in Abbildung 39.5 gezeigte Dialogfeld ein, in dem Sie die Symbolleiste benennen können.

Abbildg. 39.5 Benennen der neuen Symbolleiste

HINWEIS Erstellen Sie eine Symbolleiste für den Einsatz in einem bestimmten Formular, so sollten Sie für die Symbolleiste einen Namen wählen, der dies beschreibt. Wir verwenden meist den Namen des Formulars ohne das Präfix »frm«.

Abbildg. 39.6 Die neue, leere Symbolleiste

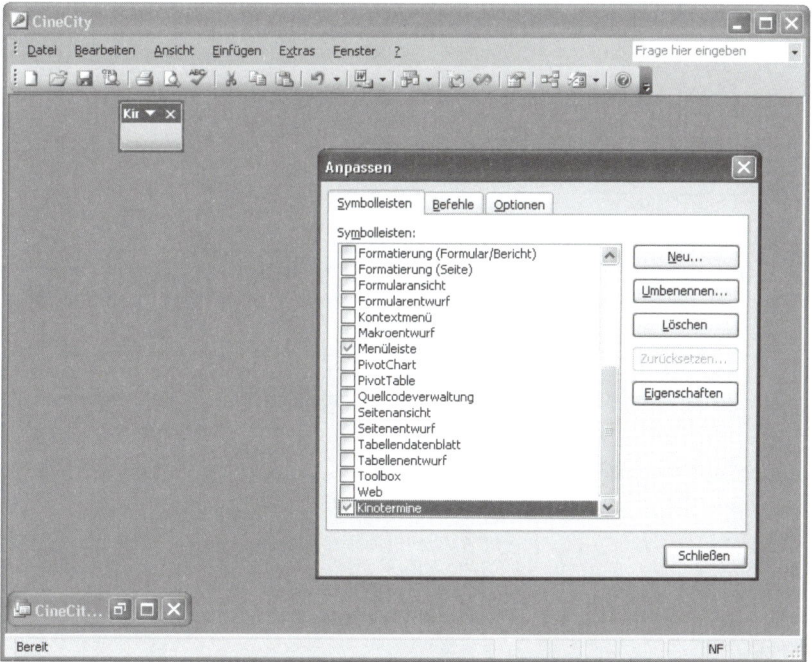

Die neue Symbolleiste ist sehr klein, solange sie noch keine Schaltflächen enthält. Rufen Sie nun zuerst mithilfe der Schaltfläche *Eigenschaften* des Dialogfeldes *Anpassen* das in Abbildung 39.7 dargestellte Dialogfeld auf den Bildschirm.

Abbildg. 39.7 Eigenschaften der Symbolleiste

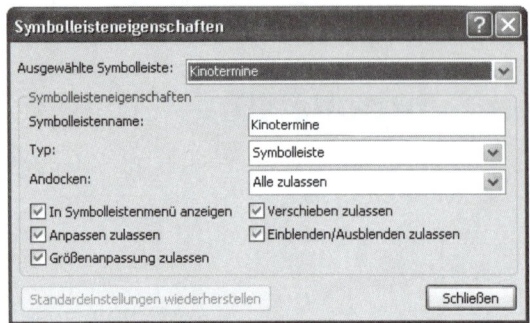

Für die Eigenschaft *Typ* stehen Ihnen drei Einstellungen zur Verfügung: *Symbolleiste*, *Menüleiste* und *Popup*. Der Eintrag *Popup* wird hier für Kontextmenüs verwendet.

Im Feld *Andocken* und den weiteren Optionen darunter legen Sie fest, welche Änderungen der Anwender später an der Symbolleiste vornehmen kann.

Zusammenstellen der Symbolleiste

Auf der Registerkarte *Befehle* des Dialogfeldes *Anpassen* stehen Ihnen alle in Access enthaltenen Befehle zur Verfügung. Sie können sie mit der Maus auf die neue Symbolleiste ziehen. Wir haben die in Abbildung 39.8 gezeigte Symbolleiste zusammengestellt.

Abbildg. 39.8 Die Symbolleiste *Kinotermine*

HINWEIS Um eine eigene Schaltfläche zu erstellen, steht Ihnen in der Kategorie *Datei* der Befehl *Benutzerdefiniert* zur Verfügung. Möchten Sie mehrstufige Menüs definieren, verwenden Sie dazu die Kategorie *Neues Menü*.

Klicken Sie mit der rechten Maustaste auf eine der Schaltflächen der neuen Symbolleiste, wird ein Kontextmenü eingeblendet.

Die Gruppe der fünf Befehle, die mit *Schaltflächenbild* bzw. *Schaltflächensymbol* beginnen, ermöglicht es Ihnen, das auf der Schaltfläche gezeigte Bild zu manipulieren.

Die Optionen *Standard*, *Nur Text (immer)*, *Nur Text (in Menüs)* und *Schaltflächensymbol und Text* definieren das Anzeigeverhalten der Schaltfläche.

Selektieren Sie *Gruppierung beginnen*, wird links von der Schaltfläche ein Trennstrich in die Symbolleiste eingezeichnet.

Abbildg. 39.9   Kontextmenü für eine Schaltfläche

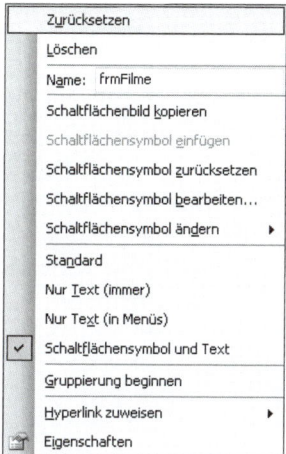

HINWEIS   Eine Trennlinie zur Gruppierung können Sie auch nur mit der Maus erzeugen. Klicken Sie mit der linken Maustaste auf eine der Schaltflächen auf Ihrer neuen Symbolleiste und ziehen Sie diese mit gedrückter Maustaste ein wenig nach rechts, so sollte eine Trennlinie eingeblendet werden.

Über den Befehl *Eigenschaften* können Sie das in Abbildung 39.10 dargestellte Dialogfeld aufrufen. Vereinbaren Sie im Dialogfeld die *Beschriftung*, die für Texteinträge gezeigt werden soll. Der *Verknüpfungstext* dient zur Aufnahme der Abkürzungstastenkombination. Unter *QuickInfo* wird der Text für die QuickInfo erfasst, die gezeigt wird, wenn der Mauszeiger längere Zeit über der Schaltfläche verbleibt. Mit den Optionen im Dropdown-Listenfeld *Stil* wird das Aussehen der Schaltfläche bestimmt.

Abbildg. 39.10   Eigenschaften einer Schaltfläche

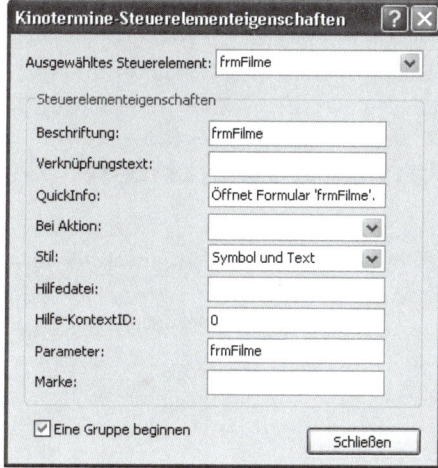

Im Feld *Bei Aktion* wird die Visual Basic-Funktion bzw. das Makro festgelegt, die/das ausgeführt wird, wenn die Schaltfläche selektiert wird. Möchten Sie über *Bei Aktion* eine Visual Basic-Funktion aufrufen, so müssen Sie dazu die Syntax *=Funktionsname()* verwenden.

> **HINWEIS** Beachten Sie, dass nur Funktionen aktiviert werden können, die in Modulen definiert wurden. Funktionen, die innerhalb von Formularen oder Berichten realisiert wurden, können nicht verwendet werden.
>
> Es können nur Visual Basic-Funktionen (Function), aber keine Prozeduren (Sub) aus einer Symbolleiste heraus aufgerufen werden. Möchten Sie eine Prozedur ablaufen lassen, so definieren Sie eine Funktion, die die Prozedur aufruft.

Über *Parameter* lassen sich Daten beispielsweise an die *Bei Aktion*-Funktion übergeben, während *Marke* zur zusätzlichen Identifikation der Schaltfläche verwendet werden kann.

Speichern von Symbolleisten

Änderungen an den eingebauten Menü- und Symbolleisten werden, spezifisch für jeden Benutzer der Datenbank, in der Windows-Registrierung gespeichert. Passt ein Benutzer, der sich mit Name und Passwort in Access angemeldet hat, die Symbolleisten nach seinen Vorstellungen an, so stehen ihm diese Änderungen dauerhaft zur Verfügung und die Symbolleisten anderer Benutzer sind nicht betroffen. Voraussetzung dafür ist, dass die in Kapitel 40 beschriebene Benutzerverwaltung verwendet wird.

Beachten Sie, dass die Eintragungen der Windows-Registrierung nicht mit übernommen werden, wenn Sie eine Applikation auf einen anderen Rechner kopieren, d.h., alle Symbolleisten werden auf die Standardeinstellungen zurückgesetzt.

Erstellen Sie neue benutzerdefinierte Symbolleisten, so werden diese mit der Datenbank abgelegt. Erlauben Sie dem Anwender, innerhalb Ihrer Access-Anwendung die benutzerdefinierten Symbolleisten zu ändern, so werden diese Veränderungen in der Registrierung benutzerspezifisch gespeichert.

> **HINWEIS** Übertragen Sie Access-Anwendungen von Access 2, 7 oder 97 nach Access 2000, so können Sie die dort mithilfe von Makros erstellten Menüs in »CommandBars« konvertieren. Dazu stehen im Untermenü zu *Extras/Makro* entsprechende Befehle zur Verfügung.

Zuordnung zu Formularen und Berichten

In den Eigenschaften von Formularen und Berichten können Sie für die Eigenschaften *Menüleiste*, *Symbolleiste* und *Kontextmenüleiste* Ihre benutzerdefinierten Symbolleisten anwählen, wie es Abbildung 39.11 für das Formular *frmKinoTermine* zeigt.

Abbildg. 39.11 Zuordnung der Symbolleiste

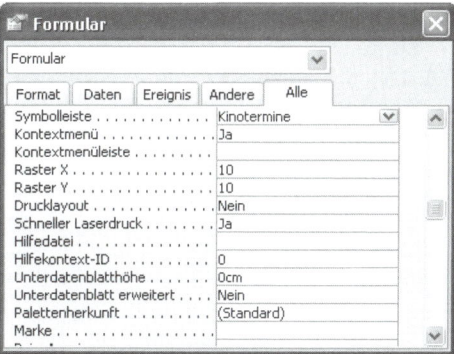

Rufen Sie das Formular in der Formularansicht auf, wird automatisch die selektierte Symbol- oder Menüleiste eingeblendet. Ein benutzerdefiniertes Kontextmenü erscheint, wenn Sie mit der rechten Maustaste auf das Formular klicken.

Abbildg. 39.12 Formular mit eingeblendeter Symbolleiste

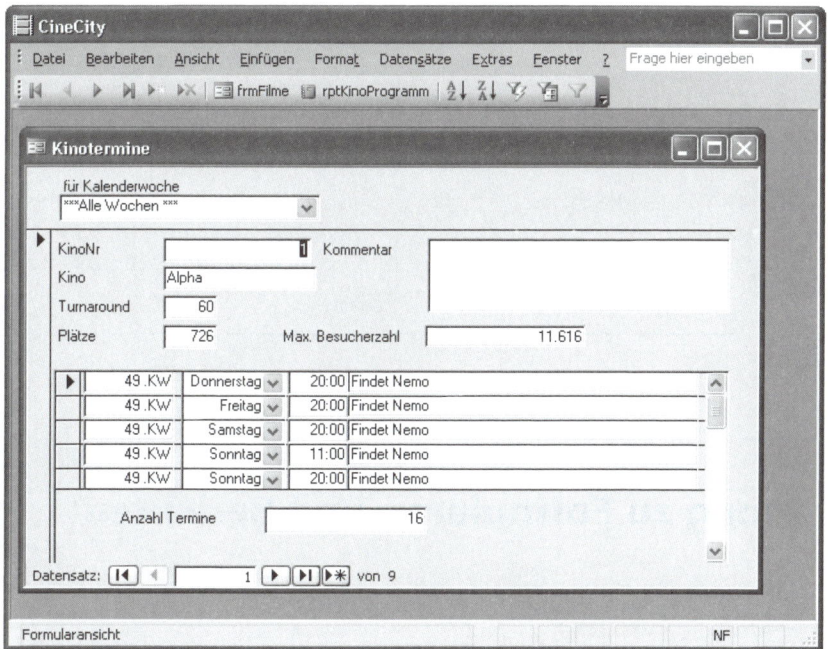

HINWEIS   Dass eine Symbolleiste beim Aufruf des Formulars bzw. des Berichts eingeblendet und beim Schließen wieder abgeschaltet wird, funktioniert nur dann, wenn die Symbolleiste nicht direkt über den Menübefehl *Ansicht/Symbolleisten* eingeschaltet wurde.

Zusammenfassung

In diesem Kapitel haben wir zunächst die Start-Einstellungen für Access-Datenbanken beschrieben. Ab Seite 799 finden Sie Informationen zu MDE-Datenbanken und am Ende haben wir ausführlich die Menü- und Symbolleisten für die gesamte Datenbank sowie für Formulare und Berichte dargestellt.

Zugriffsrechte und Datensicherheit

In diesem Kapitel:

Access bietet Ihnen vielfache Möglichkeiten, den Zugriff auf Ihre Datenbank einzuschränken. Sie können beispielsweise die ganze Datenbank mit einem Kennwort schützen oder jedem Benutzer der Datenbank bestimmte Berechtigungen für Daten und Programme erteilen. Darüber hinaus können Sie Access veranlassen, alle Daten verschlüsselt abzulegen. Wir möchten Ihnen in den folgenden Abschnitten die verschiedenen Varianten ausführlich beschreiben. Insbesondere die Erteilung von Rechten für einzelne Benutzer ist nicht ganz einfach, auch wenn Sie von Access durch einen Assistenten unterstützt werden.

Ein Kennwort für die ganze Datenbank

Die einfachste Art der Sicherung Ihrer Datenbank besteht darin, der gesamten Datenbank ein Kennwort zuzuweisen. Jeder Benutzer der Datenbank muss dieses Kennwort kennen, um auf die Daten, Formulare, Berichte usw. zugreifen zu können.

Dabei wird beim Datenbankkennwort nicht nach verschiedenen Benutzern unterschieden. Es gibt nur ein Kennwort, das jeder wissen muss, der die Datenbank benutzen will.

Wir würden Ihnen empfehlen, ein Datenbankkennwort nur dann einzusetzen, wenn wenige Benutzer auf die Datenbank zugreifen, denn alle Benutzer verwenden das gleiche Kennwort. Je mehr Menschen das Kennwort kennen, desto geringer die Sicherheit.

Für eine höhere Sicherheit setzen Sie die weiter hinten in diesem Kapitel im Abschnitt »Datenbankverschlüsselung« beschriebenen Sicherungsvarianten ein.

Kennwort vereinbaren

Sie vereinbaren das Kennwort über den Menübefehl *Extras/Sicherheit/Datenbankkennwort festlegen*. Geben Sie im Dialogfeld das gewünschte Kennwort ein. Das Kennwort kann bis zu 14 beliebige Zeichen enthalten. Die Eingabe erfolgt verdeckt, d.h., die von Ihnen eingegebenen Zeichen werden durch Sternchen dargestellt. Damit sich durch die verdeckte Eingabe kein Schreibfehler einschleicht, müssen Sie Ihr Kennwort im unteren Eingabefeld wiederholen.

Abbildg. 40.1   Dialogfeld zum Zuweisen eines Datenbankkennwortes

Beachten Sie, dass Access bei Kennwörtern zwischen Klein- und Großschreibung unterscheidet.

Erhalten Sie die in Abbildung 40.2 gezeigte Fehlermeldung beim Vereinbaren des Kennwortes, so müssen Sie Ihre Datenbank im Exklusivmodus öffnen, um ein Kennwort festlegen zu können.

Abbildg. 40.2   Zuweisung des Kennwortes nur im Exklusivmodus!

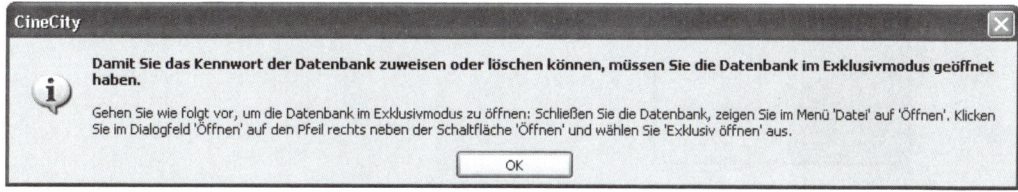

Für eine im Exklusivmodus geöffnete Datenbank wird sichergestellt, dass sie durch maximal einen Benutzer zurzeit geöffnet werden kann. Verwenden Sie Ihre Datenbank in einem Netzwerk, so können normalerweise mehrere Benutzer gleichzeitig von verschiedenen Rechnern aus auf die Datenbank zugreifen. Dabei kann jeder Benutzer ein Datenbankkennwort vereinbaren. Letztendlich würde dann das Kennwort gelten, das zuletzt definiert wurde. Sie können sich vorstellen, dass das zu einiger Verwirrung führen würde. Deshalb müssen Sie die Datenbank zur Vereinbarung des Datenbankkennwortes exklusiv öffnen.

Rufen Sie dazu mit dem Menübefehl *Datei/Öffnen* das in Abbildung 40.3 dargestellte Dialogfeld auf und selektieren Sie dort *Exklusiv öffnen*. Legen Sie dann das Datenbankkennwort fest.

Abbildg. 40.3   Einschalten des Exklusivmodus

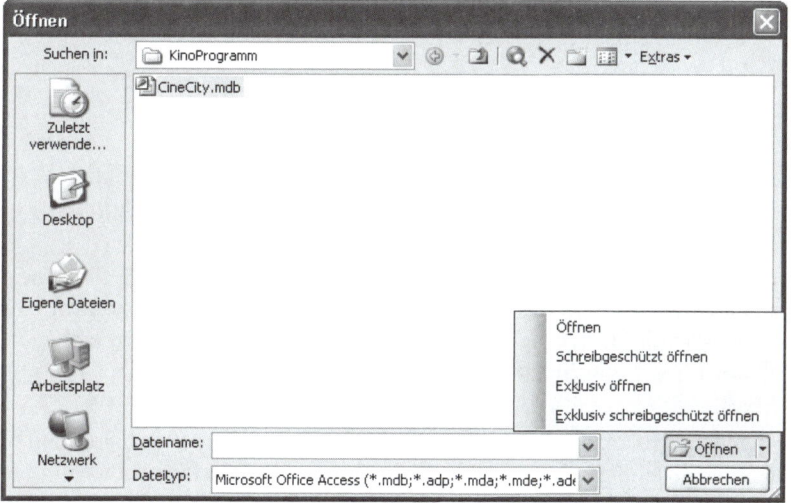

Aufrufen einer kennwortgeschützten Datenbank

Öffnen Sie eine mit einem Kennwort geschützte Datenbank, so werden Sie zuerst nach dem Kennwort gefragt.

Abbildg. 40.4 Abfrage des Kennwortes

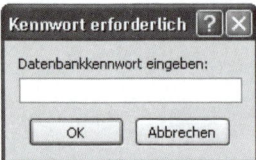

Datenbankkennwort löschen

Sie löschen das Kennwort über den Menübefehl *Extras/Sicherheit/Datenbankkennwort löschen*. Um das Kennwort löschen zu können, müssen Sie es allerdings kennen, denn Access lässt sich die Löschung des Kennwortes durch das Kennwort selbst bestätigen.

Abbildg. 40.5 Löschen des Kennwortes

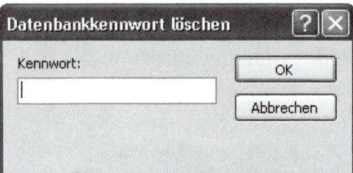

Datenbankverschlüsselung

Für eine sichere Datenbank sollten Sie auf jeden Fall die Verschlüsselungsfunktion von Access nutzen. Durch die Verschlüsselung erreichen Sie, dass alle Daten und Objekte in einer Datenbank codiert abgelegt werden.

Bei einer unverschlüsselten Access-Datenbank ist es möglich, die Daten mithilfe eines Dienstprogramms oder eines Textverarbeitungsprogramms teilweise einzusehen. Sie können zwar nicht mit den Daten arbeiten, wenn Sie beispielsweise eine Access-Datenbank in Word laden, aber es lassen sich einige Inhalte direkt lesen. Mit etwas Aufwand könnten die Daten weitgehend enträtselt werden.

Es empfiehlt sich daher, unabhängig von Datenbankkennwörtern und Zugriffsrechten für Benutzer, die Datenbank zusätzlich mit der entsprechenden Access-Funktion zu verschlüsseln.

1. Rufen Sie dazu in Access, ohne eine Datenbank geladen zu haben, den Menübefehl *Extras/ Sicherheit/Datenbank ver-/entschlüsseln* auf.

2. Wählen Sie dann im ersten Dialogfeld, das nach Aufruf des Befehls erscheint, die Datenbank aus, die Sie chiffrieren möchten.

   Diese Datei bleibt übrigens unverändert erhalten, denn Access legt während des Verschlüsselungsvorgangs eine Kopie der Datenbank an.

3. Legen Sie im zweiten Dialogfeld den Namen für die verschlüsselte Kopie fest.

Arbeiten Sie nun mit der verschlüsselten Datenbank, so werden alle Daten dort chiffriert abgelegt, ohne dass Sie sich weiter darum kümmern müssen.

Benutzerspezifische Sicherung

Um Ihre Datenbank so zu sichern, dass sich jeder Benutzer der Datenbank mit Name und Kennwort identifizieren muss und die Berechtigungen der einzelnen Benutzer individuell festgelegt werden können, ist eine Reihe von Schritten notwendig.

Lassen Sie uns mit der Theorie beginnen, die hinter den Datensicherheitsfunktionen von Access steht.

Berechtigungen und Sicherheit

Nach einer Neuinstallation von Access ist ein Benutzer definiert: der »Administrator«. Der »Administrator« darf alles, ohne Einschränkung, und benötigt dazu nicht einmal ein Kennwort.

Die Daten über die Access-Benutzer, beispielsweise über den »Administrator«, werden in der so genannten Arbeitsgruppen-Informationsdatei gespeichert. In der Arbeitsgruppen-Informationsdatei sind die Namen und Kennwörter der Benutzer, zusammen mit einer eindeutigen Kennung, dem »personal identifier«, PID, abgelegt. Aus Namen und persönlicher Kennung erzeugt Access eine Sicherheitskennung (»security identifier«, SID), die zur eindeutigen Identifikation eines Benutzers dient.

Eigene Arbeitsgruppen-Informationsdateien erhalten eine »Arbeitsgruppen-ID« (AID), die zur Bildung der Sicherheitskennung SID zusätzlich verwendet wird. Der Einsatz von Informationsdateien wird weiter hinten in diesem Kapitel ausführlich beschrieben.

Zur leichteren Verwaltung von Benutzern werden Benutzergruppen eingeführt, wie es später noch ausführlich erläutert wird. Alle Mitglieder einer Benutzergruppe erhalten die Rechte, die der Gruppe zugewiesen wurden, der sie zugehören. Übrigens werden auch für Benutzergruppen Sicherheitskennungen erzeugt (Gruppen-ID, GID).

Starten Sie also Access, ohne dass weitere Benutzer eingerichtet worden sind, so werden Sie automatisch von Access als »Administrator« angemeldet. Da für diesen Benutzer standardmäßig kein Kennwort vereinbart ist, fragt Access auch keines von Ihnen ab. Erstellen Sie nun beispielsweise eine neue Datenbank, so werden alle Tabellen, Formulare usw. den Benutzer »Administrator« als Besitzer haben, d.h., alle Objekte in der MDB-Datei speichern die SID des Administrators als Eigentümerkennung ab. Die SID des Administrators ist übrigens für alle Access-Systeme gleich, so dass Sie Ihre MDB-Dateien zwischen verschiedenen Access-Installationen austauschen können, ohne dass es zu Zugriffsbeschränkungen kommt.

Access 2003 bietet Ihnen einen Assistenten, der für Sie alle Schritte zur Sicherung einer Datenbank durchführt, d.h., er erzeugt eine Arbeitsgruppen-Informationsdatei, weist Berechtigungen zu, richtet Benutzer ein und vieles mehr.

Der Benutzerdatensicherheits-Assistent

Laden Sie die Datenbank, die gesichert werden soll. Rufen Sie dann den Datensicherheits-Assistenten mit *Extras/Sicherheit/Benutzerdatensicherheits-Assistent* auf.

Erstellung kompletter Anwendungen

Abbildg. 40.6 Der Datensicherheits-Assistent

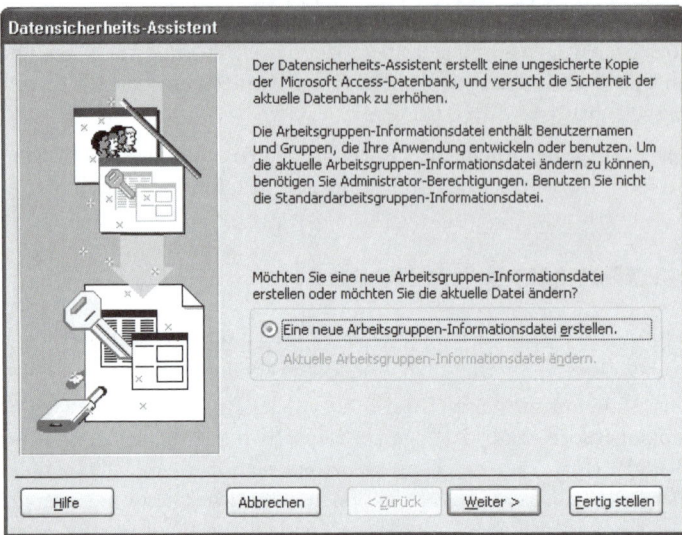

Die erste Option des ersten Dialogfelds des Assistenten ist aktiv, wenn Sie den Assistenten für eine ungesicherte Datenbank aufrufen. Rufen Sie den Assistenten für eine schon gesicherte Datenbank auf, ist nur die zweite Option auswählbar.

Für die Neuerstellung einer Arbeitsgruppen-Informationsdatei werden im nächsten Dialogfeld des Assistenten die entsprechenden Daten abgefragt.

Abbildg. 40.7 Benennung der Arbeitsgruppendatei

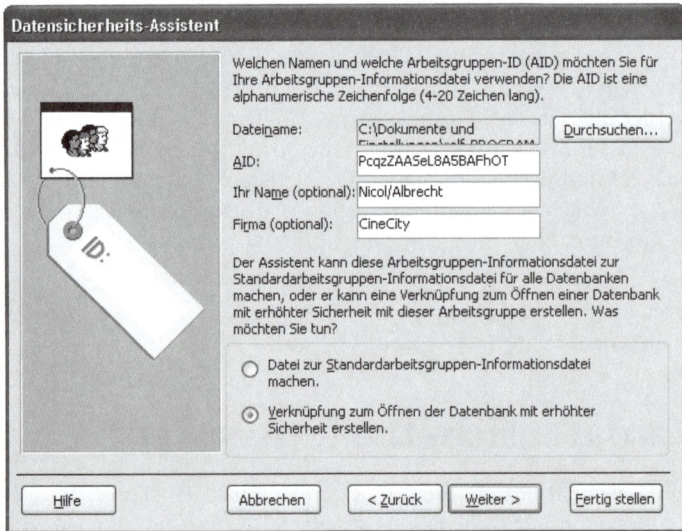

Access generiert selbsttätig eine Arbeitsgruppen-AID. Sie können diese übernehmen oder durch eine eigene AID ersetzen.

Die neu erstellte Arbeitsgruppen-Informationsdatei kann als Standardarbeitsgruppen-Informationsdatei anstelle von *SYSTEM.MDW* eingesetzt werden. Dann verwenden alle Datenbanken auf Ihrem Rechner diese Arbeitsgruppen-Informationsdatei.

Alternativ kann die Arbeitsgruppen-Informationsdatei nur für die Datenbank genutzt werden, die Sie aktuell mit dem Assistenten sichern. Allerdings muss beim Öffnen der gesicherten Datenbank ein Verweis auf die Arbeitsgruppen-Informationsdatei angegeben werden. Durch die Option *Verknüpfung zum Öffnen der Datenbank mit erhöhter Sicherheit erstellen* wird auf Ihrem Windows-Desktop eine Verknüpfung erzeugt, in deren Befehlszeile der Verweis auf die Arbeitsgruppen-Informationsdatei enthalten ist.

Im nächsten Dialogfeld des Assistenten bestimmen Sie, welche Objekte der Datenbank gesichert werden sollen.

Abbildg. 40.8 Welche Objekte werden gesichert?

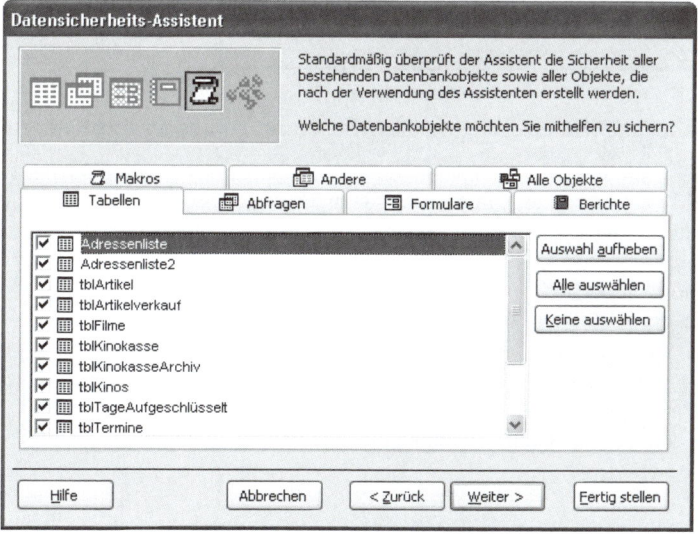

Die Sicherung der einzelnen Objekte lässt sich später verfeinern. Sie können den Zugriff auf einzelne Objekte für Benutzer und Benutzergruppen detailliert festlegen.

Im Assistenten sind sieben Benutzergruppen mit unterschiedlichen Berechtigungen vordefiniert. Selektieren Sie eine Gruppe, wird rechts eingeblendet, welche Berechtigungen Mitglieder der entsprechenden Gruppe erhalten. Für dieses Beispiel wurden alle vordefinierten Gruppen ausgewählt.

Erstellung kompletter Anwendungen

Abbildg. 40.9 Benutzergruppen

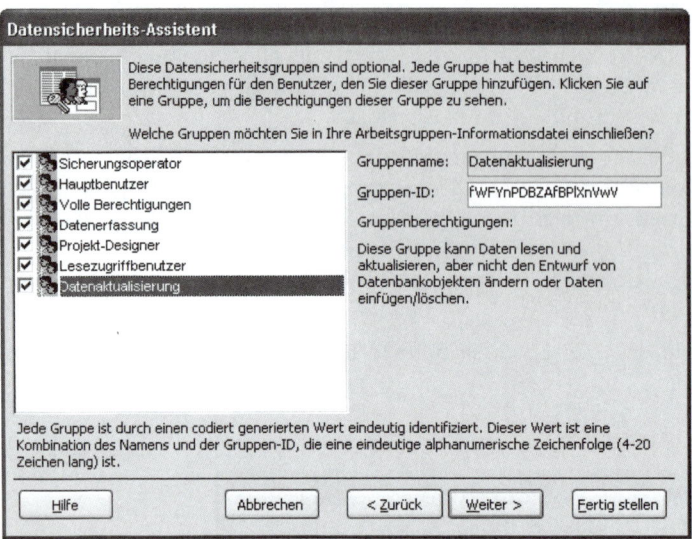

Sie können später eigene Gruppen anlegen, um die Verwaltung von Zugriffsrechten für Benutzer zu vereinfachen.

Im nächsten Dialogfeld bestimmen Sie, ob die standardmäßig vorhandene Gruppe *Benutzer*, zu der jeder Benutzer automatisch gehört, Berechtigungen auf Objekte der Datenbank erhält.

Abbildg. 40.10 Was darf der »Benutzer«?

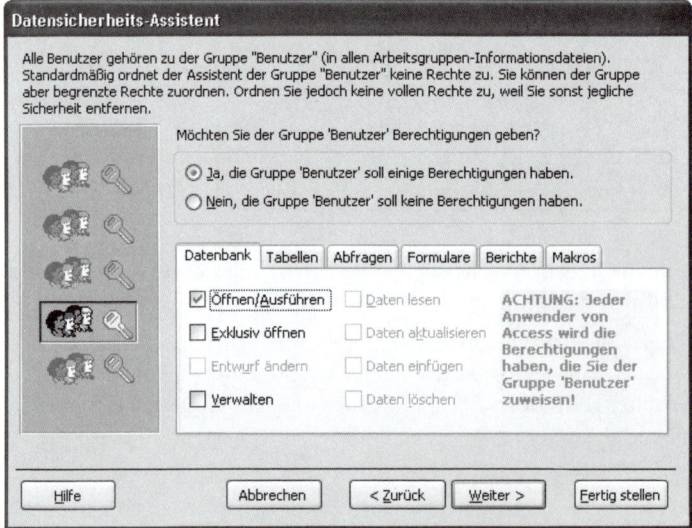

Im folgenden Schritt können Sie neue Benutzer anlegen. Diese werden der Arbeitsgruppen-Informationsdatei hinzugefügt.

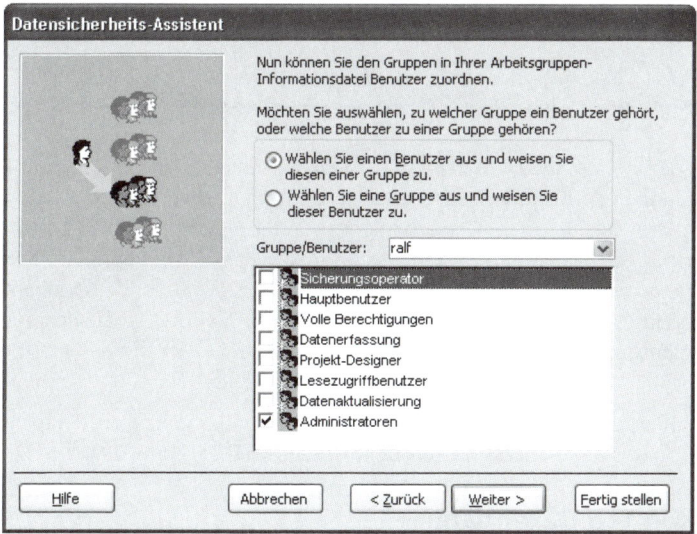

Für jeden neuen Benutzer wird vom Assistenten eine eindeutige PID generiert.

Anschließend legen Sie fest, welcher Benutzer zu welchen Benutzergruppen gehört. Welche Benutzergruppen außer »Admins« hier gezeigt werden, hängt davon ab, welche Gruppen Sie im Dialogfeld in Abbildung 40.9 selektiert haben.

Abbildg. 40.12 Zuordnung von Benutzern zu Gruppen

Im letzten Schritt des Assistenten wird der Name der Kopie bestimmt, unter dem Ihre ungesicherte Datenbank aufgehoben wird.

Bei der Sicherung der Datenbank wird diese auch verschlüsselt (Abschnitt »Datenbankverschlüsselung« weiter vorn in diesem Kapitel).

Der Assistent erzeugt einen Ergebnisbericht, in dem die von Ihnen festgelegten Sicherungsdaten aufgeführt werden.

Abbildg. 40.13 Ergebnisbericht

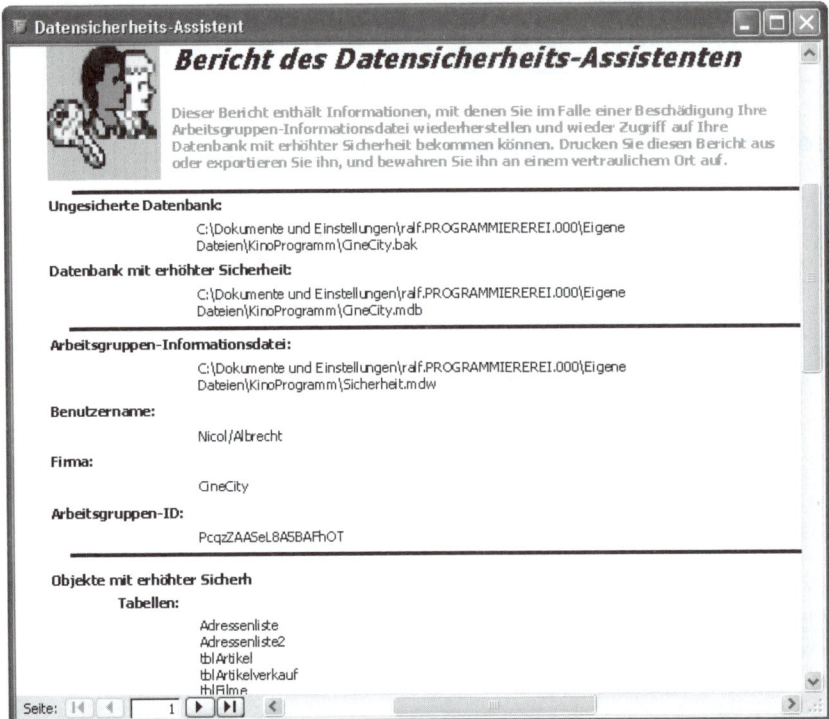

Wir empfehlen Ihnen, den Bericht auszudrucken und an einer sicheren Stelle aufzubewahren. Sichern Sie mit Ihrer Arbeitsgruppen-Informationsdatei eine Access-Datenbank, so ist die Arbeitsgruppen-Informationsdatei für jeden Zugriff auf die Datenbank notwendig. Löschen Sie Ihre Informationsdatei versehentlich oder können Sie nach einem Schadensfall nicht mehr darauf zugreifen, können Sie sie mit Name, Firma und Arbeitsgruppen-Code neu erstellen. Beachten Sie, dass alle Angaben exakt, auch in Groß- und Kleinschreibung, angegeben werden müssen. Haben Sie Ihre Arbeitsgruppen-Informationsdatei neu angelegt, müssen alle Benutzer und Benutzergruppen wieder mit den gleichen Angaben für Name und persönliche Identifikationskennung eingerichtet werden.

Der Assistent bietet Ihnen übrigens an, den Bericht als Snapshot zu speichern. Snapshots können mithilfe des Snapshot Viewer angesehen und gedruckt werden (siehe Kapitel 29).

Öffnen der gesicherten Datenbank

Beenden Sie nun Access. Verwenden Sie jetzt die auf Ihrem Desktop eingerichtete Verknüpfung zum Aufruf der gesicherten Datenbank, wenn Sie in dem Dialogfeld in Abbildung 40.7 die entsprechende Option selektiert hatten.

Zuerst werden Sie im Dialogfeld *Anmelden* nach Benutzername und Kennwort gefragt, die Sie im Assistenten (Abbildung 40.11) vereinbart hatten.

Abbildg. 40.14 Anmeldedialogfeld

Benutzer und Benutzergruppen

Lassen Sie uns einen Blick auf die Benutzereinrichtung in Access werfen. Rufen Sie die Benutzereinrichtung über *Extras/Sicherheit/Benutzer- und Gruppenkonten* auf.

Dort ist ersichtlich, dass der Benutzer *Administrator* der Gruppe *Benutzer* zugeordnet ist.

Abbildg. 40.15 Dialogfeld *Benutzer- und Gruppenkonten*

Der Benutzer *Administrator* kann nicht gelöscht werden. In einer ungesicherten Datenbank gehört der *Administrator* zur Gruppe *Administratoren* und hat damit alle Rechte. In einer gesicherten Datenbank darf der *Administrator* nur zur Gruppe *Benutzer* gehören.

Sie dürfen dem *Administrator* auf keinen Fall Rechte an Datenbankobjekten einräumen, denn sonst untergraben Sie die Sicherheit: Alle *Administrator*-Benutzer haben in allen Arbeitsgruppen-Informationsdateien die gleiche Sicherheitskennung SID. Durch Einsatz einer anderen Informationsdatei könnte man sich so Zugang zu Ihren gesicherten Daten verschaffen.

Auf der Registerkarte *Gruppen* des Dialogfeldes *Benutzer- und Gruppenkonten* können Sie neue Benutzergruppen anlegen bzw. vorhandene entfernen.

Abbildg. 40.16 Registerkarte *Gruppen*

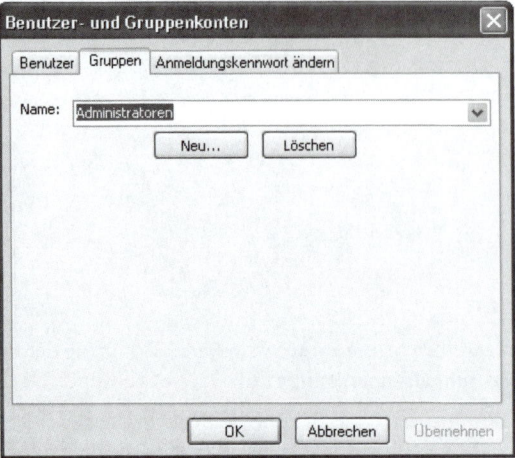

Wechseln Sie zur dritten Registerkarte, können Sie dort das Anmeldekennwort für den auf der ersten Registerkarte selektierten Benutzer ändern.

Abbildg. 40.17 Festlegung eines Kennwortes

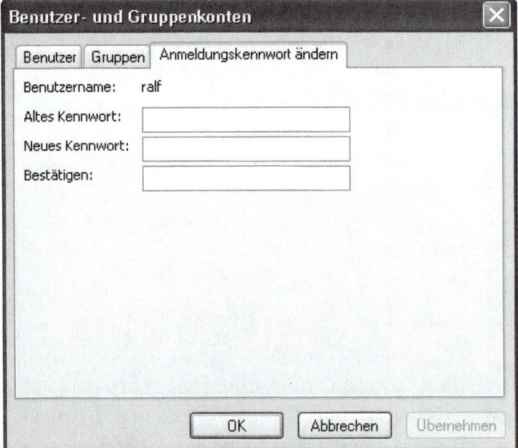

Neue Benutzer und Gruppen

Wie oben beschrieben, werden in der Arbeitsgruppen-Informationsdatei die Namen und persönlichen Kennungen (PID) der Benutzer zu einer SID zusammengefasst. Das wird für alle Benutzer durchgeführt, außer für den standardmäßig eingerichteten Benutzer *Administrator*. Für diesen wird die SID nur aus dem Namen, ohne zusätzliche PID, erstellt.

Richten Sie einen neuen Benutzer in Ihrer Arbeitsgruppen-Informationsdatei ein, so können Sie diesem eine persönliche Identifikationskennung geben. Die PID sollte sich nicht einfach erraten lassen, so dass es unmöglich wird, die aus Namen und PID zusammengesetzte SID nachzubilden.

Rufen Sie zum Einrichten eines neuen Benutzers das in Abbildung 40.18 gezeigte Dialogfeld mit dem Menübefehl *Extras/Sicherheit/Benutzer- und Gruppenkonten* und der Schaltfläche *Neu* auf der Registerkarte *Benutzer* auf. Das Dialogfeld können Sie übrigens auch auf den Bildschirm holen, ohne dass Sie eine Datenbank geöffnet haben.

Abbildg. 40.18 Dialogfeld zur Benutzererfassung

Der neue Benutzer wird standardmäßig der Benutzergruppe *Benutzer* zugeordnet. So, jetzt haben Sie einen neuen Benutzer eingerichtet. Damit Sie sich aber als »Christopher Radtke« anmelden können, müssen Sie Access zuerst verlassen. Nach dem Neustart über die vom Assistenten eingerichtete Desktop-Verknüpfung melden wir uns mit dem oben neu definierten Benutzer an. Da für ihn noch kein Kennwort vereinbart ist, wird das Dialogfeld nach der Eingabe des Benutzernamens bestätigt.

Über *Extras/Sicherheit/Benutzer- und Gruppenkonten* wird auf der Registerkate *Anmeldungskennwort ändern* (Abbildung 40.17) ein Kennwort für den Benutzer eingerichtet.

Auf der Registerkarte *Gruppen* (Abbildung 40.16) können Sie über die Schaltfläche *Neu* ein Dialogfeld aufrufen, mit dessen Hilfe Sie neue Benutzergruppen mit Namen und Gruppen-ID anlegen.

Benutzer- und Gruppenrechte

Für jeden Benutzer oder jede Benutzergruppe lassen sich die Zugriffsrechte auf die einzelnen Datenbankobjekte wie Tabellen, Formulare und Berichte sehr detailliert festlegen. Nur durch diese Zugriffsrechte erhält die Einrichtung von weiteren Benutzern einen Sinn, denn sonst würde ja ein einfaches Datenbankkennwort (wie weiter vorn in diesem Kapitel im Abschnitt »Ein Kennwort für die ganze Datenbank« beschrieben) ausreichen.

Bei der Rechtevergabe sollten Sie nach Möglichkeit keine Rechte an einzelne Benutzer vergeben, sondern immer nur an Benutzergruppen, denn dann ist die nachträgliche Pflege von Berechtigungen einfacher. Es ist weniger Aufwand, einen neuen Benutzer einer vorhandenen Benutzergruppe hinzuzufügen, um ihm die dort definierten Berechtigungen zu geben, als beim Anlegen des neuen Benutzers alle Rechte einzeln neu eintragen zu müssen.

Mithilfe des Menübefehls *Extras/Sicherheit/Benutzer- und Gruppenberechtigungen* öffnen Sie das entsprechende Dialogfeld zur Vereinbarung der Rechte. Wir haben dort auf der Registerkarte *Berechtigungen* für *Liste* die Option *Gruppen* selektiert.

Abbildg. 40.19 Gruppenrechte

Für Tabellen, Abfragen, Formulare, Berichte, Makros, Module und allgemeine Datenbankeinstellungen lassen sich unterschiedliche Berechtigungen einstellen.

Schalten Sie auf die Berechtigungen der *Benutzer* um, so erhalten Sie dort einen Überblick über die für den jeweiligen Benutzer vereinbarten Rechte. Diese Rechte übersteuern die Rechte, die der entsprechende Benutzer aufgrund seiner Gruppenzugehörigkeit erhält.

Abbildg. 40.20 Berechtigungen der Gruppe *Administratoren*

Die zweite Registerkarte, *Besitzer ändern*, zeigt die Besitzverhältnisse einer Datenbank. Der Besitzer eines Objekts, also einer Tabelle, eines Formulars usw., kann immer auf ein Objekt zugreifen, unabhängig von den vereinbarten Rechten.

Abbildg. 40.21 Der Besitzer

In seltenen Fällen kann es vorkommen, dass Besitzer nachträglich geändert werden müssen. Nutzen Sie dazu die Schaltfläche *Besitzer ändern*.

Der Besitzer der gesamten Datenbank kann nicht nachträglich geändert werden. Bei Auswahl des Objekttyps *Datenbank* ist die Schaltfläche *Besitzer ändern* nicht aktiv. Der Besitzer der Gesamtdatenbank ist immer der Benutzer, der die Datenbank erzeugt hat.

Zugriffsrechte

Tabelle 40.1 gibt Aufschluss über die für die einzelnen Datenbankobjekte zu definierenden Rechte.

Tabelle 40.1 Zugriffsrechte

Datenbankobjekt	Rechte	Bedeutung
Datenbank	Öffnen/Ausführen	Dieses Recht wird benötigt, um die Datenbank öffnen zu können.
	Exklusiv öffnen	Haben Sie dieses Recht, können Sie die Datenbank exklusiv öffnen, so dass kein anderer Benutzer zur gleichen Zeit darauf zugreifen kann.
	Verwalten	Das Recht ermöglicht Ihnen die Vergabe von Berechtigungen für die Datenbank.
Tabelle	Entwurf lesen	Durch dieses Recht kann ein Benutzer die Definition einer Tabelle einsehen.
	Entwurf ändern	Um die Definition einer Tabelle zu ändern, ist dieses Recht erforderlich.
	Verwalten	Das Recht beinhaltet alle anderen Rechte für Tabellenobjekte.
	Daten lesen	Die Daten in der Tabelle können gelesen werden.
	Daten aktualisieren	Die vorhandenen Daten in der Tabelle können geändert werden.

Erstellung kompletter Anwendungen

Tabelle 40.1 Zugriffsrechte *(Fortsetzung)*

Datenbankobjekt	Rechte	Bedeutung
	Daten einfügen	Durch dieses Recht ist ein Benutzer in der Lage, einer Tabelle neue Datensätze hinzuzufügen.
	Daten löschen	Möchten Sie Datensätze aus einer Tabelle entfernen, muss Ihnen dieses Recht dafür zugeordnet sein.
Abfrage	Entwurf lesen	Sie können in die Entwurfsansicht der Abfrage schalten.
	Entwurf ändern	Dieses Recht erlaubt Ihnen, die Abfrage zu bearbeiten und die Änderungen zu speichern.
	Verwalten	Dieses Recht umfasst alle Rechte für Abfrageobjekte.
	Daten lesen	Die einer Abfrage zugrunde liegenden Daten, die aus mehreren Tabellen stammen können, können gelesen werden; beachten Sie dabei, dass Sie die Daten der Abfrage trotz Leseberechtigung nicht sehen können, wenn Sie keine Leseberechtigung auf alle der Abfrage zugrunde liegenden Tabellen besitzen.
	Daten aktualisieren	Sie können die Daten der Abfrage ändern, wenn Sie dafür die Berechtigung auf die der Abfrage zugrunde liegenden Tabellen besitzen und die Abfrage überhaupt ein aktualisierbares Ergebnis liefert.
	Daten einfügen	Erlaubt die Erstellung neuer Datensätze nach den für das Recht »Daten aktualisieren« beschriebenen Bedingungen.
	Daten löschen	Ermöglicht das Löschen von Datensätzen nach den für das Recht »Daten aktualisieren« beschriebenen Bedingungen.
Formular	Öffnen/Ausführen	Sie benötigen dieses Recht, um ein Formular zu öffnen.
	Entwurf lesen	Sie können in die Entwurfsansicht des Formulars schalten, wenn Sie über dieses Recht verfügen.
	Entwurf ändern	Dieses Recht erlaubt Ihnen Änderungen am Entwurf des Formulars.
	Verwalten	Dieses Recht beinhaltet alle Rechte für Formulare.
Bericht	Öffnen/Ausführen	Ohne dieses Recht können Sie den entsprechenden Bericht nicht aufrufen.
	Entwurf lesen	Diese Einstellung gibt Ihnen das Recht, die Definition des Berichts einzusehen.
	Entwurf ändern	Mit diesem Recht dürfen Sie den Bericht ändern.
	Verwalten	Das Recht zur Verwaltung beinhaltet alle Berichtsrechte.
Makro	Öffnen/Ausführen	Erlaubt die Ausführung des Makros, also die Abarbeitung der Befehle im Makro.
	Entwurf lesen	Sie benötigen dieses Recht, um die einzelnen Befehle im Makro einsehen zu können.
	Entwurf ändern	Zur Änderung des Makros wird dieses Recht benötigt.
	Verwalten	Zur Verwaltung von Makros wird dieses Recht gewährt.

Versuchen Sie auf Objekte zuzugreifen, für die Sie keine Berechtigung haben, so erhalten Sie eine Fehlermeldung.

Sichern von Modulen

Vielleicht ist Ihnen aufgefallen, dass keine Berechtigungen für Module vergeben werden können. In Access 2003 werden Module und der Code von Formularen und Berichten gesondert gesichert.

Rufen Sie den Visual Basic-Editor über *Extras/Makro/Visual Basic-Editor* oder `Alt`+`F11` auf. Öffnen Sie im Editor über *Extras/Eigenschaften* das in Abbildung 40.22 dargestellte Dialogfeld.

Abbildg. 40.22 Sichern von Modulen

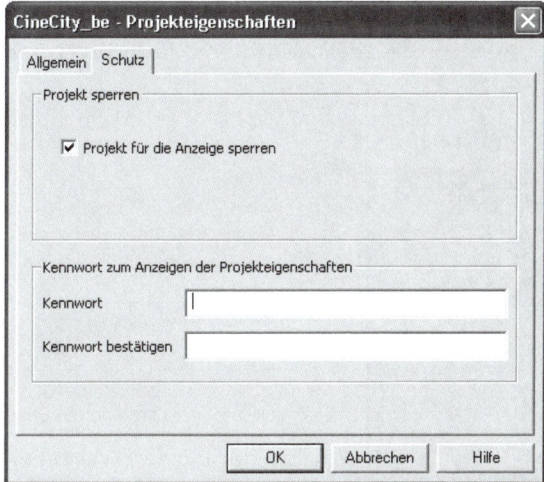

Um Ihren Code zu schützen, selektieren Sie die Option *Projekt für die Anzeige sperren* auf der Registerkarte *Schutz* und geben im unteren Bereich ein entsprechendes Kennwort an.

Jeder Benutzer, der Änderungen an Modulen oder an Prozeduren von Formularen und Berichten durchführen möchte, muss über das Kennwort verfügen.

Lesen Sie dazu bitte auch den Abschnitt »Sicherheit von Visual Basic-Programmen« am Ende dieses Kapitels.

Der Arbeitsgruppenadministrator

Um eine eigene Arbeitsgruppen-Informationsdatei zu erstellen, gehen Sie wie folgt vor:

1. Starten Sie den Arbeitsgruppenadministrator über *Extras/Sicherheit/Arbeitsgruppenadministrator*.

   Im Fenster des Programms werden der Name und die Firma angezeigt, die für Ihre Access- bzw. Office-Installation angegeben wurden, sowie der Pfad, mit dem die Standardarbeitsgruppen-Informationsdatei abgelegt ist.

Der Arbeitsgruppenadministrator

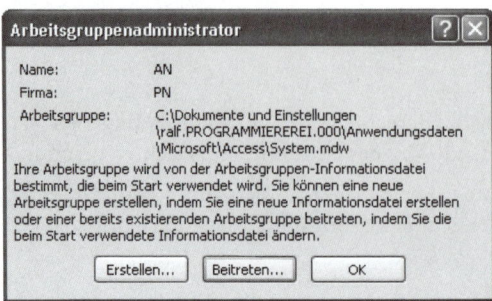

2. Mithilfe der Schaltfläche *Erstellen* rufen Sie das Dialogfeld zum Einrichten der neuen Arbeits-gruppen-Informationsdatei auf.

Dialogfeld zur Erstellung einer Arbeitsgruppe

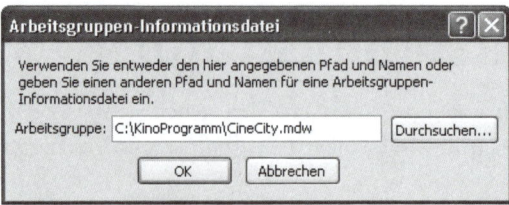

Der Eigentümer einer neuen Arbeitsgruppe wird mit *Name*, *Firma* und eine *Arbeitsgruppen-ID* vereinbart. Diese Daten werden vom Arbeitsgruppenadministrator benutzt, um einen Sicher-heitsschlüssel (AID) zu generieren.

3. Im folgenden Dialogfeld geben Sie der Arbeitsgruppen-Informationsdatei einen Namen und legen den Pfad fest, in dem die Datei abgelegt werden soll.

Festlegen von Pfad und Name

Zur Sicherheit werden die von Ihnen gewählten Einträge noch einmal zur Bestätigung angezeigt.

Abbildg. 40.26 Bestätigung der Angaben

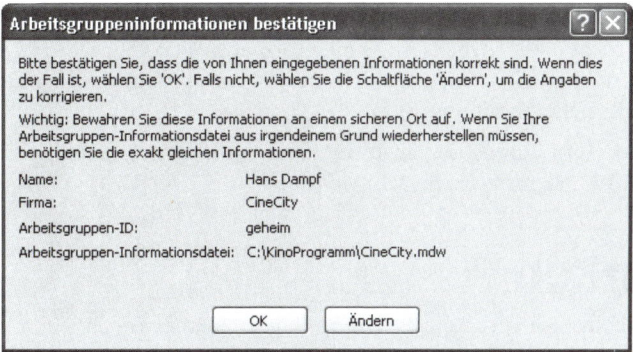

Nach der Bestätigung erhalten Sie wieder das Ausgangsbild des Arbeitsgruppenadministrator-Programms.

Abbildg. 40.27 Selektierte Arbeitsgruppen-Informationsdatei

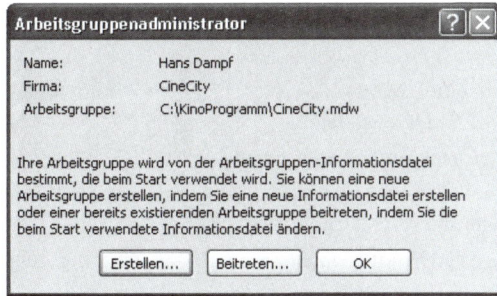

Übrigens können Sie sich mithilfe der Schaltfläche *Beitreten* an andere oder an die Standardarbeitsgruppen-Informationsdatei verbinden.

HINWEIS   Möchten Sie eine bestimmte Access-Datenbank mit einer zugehörigen Arbeitsgruppen-Informationsdatei aufrufen, so dass nur für diese MDB-Datei, aber nicht für die normale Arbeit die Arbeitsgruppen-Informationsdatei verwendet wird, so können Sie dies durch eine angepasste Kommandozeile vornehmen.

Im Startmenü von Windows befindet sich normalerweise die folgende Verknüpfung zum Aufruf von Access:

C:\Programme\Microsoft Office\Office11\MSACCESS.EXE

Um mit der Verknüpfung automatisch eine Access-Datenbank zu laden, geben Sie den Namen der Datenbank mit dem entsprechenden Pfad direkt im Anschluss an die oben gezeigte Zeile an, beispielsweise

C:\Programme\Microsoft Office\Office11\MSACCESS.EXE C:\CineCity\CineCity.MDB

Möchten Sie nun die Datenbank mit einer bestimmten Arbeitsgruppen-Informationsdatei öffnen, so ergänzen Sie den Aufruf wie folgt:

Erstellung kompletter Anwendungen

C:\Programme\Microsoft Office\Office11\MSACCESS.EXE C:\CineCity\CineCity.MDB /wrkgrp C:\CineCity\CineCity.MDW

In unserem Beispiel wird also die Arbeitsgruppen-Informationsdatei *CineCity.MDW* eingesetzt. Übrigens, die vom Datensicherheits-Assistenten erzeugte Verknüpfung auf dem Desktop arbeitet mit einem solchen Aufruf (siehe Abbildung 40.7).

Neben dem Parameter */wrkgrp* können Sie auch mit */user* den Benutzernamen und mit */pwd* das Kennwort übergeben. Das ist allerdings nicht sehr sicher ...

MDE-Datenbanken

In manchen Fällen möchten Sie nicht die Daten absichern, sondern vielmehr Ihre Access-Programme. Angenommen, Sie hätten eine umfangreiche Access-Applikation erstellt, die vielfach verkauft wird, und Sie möchten Ihr geistiges Eigentum, nämlich Ihre Access-Programme und -Makros, vor unbefugtem Zugriff schützen.

Mit den oben beschriebenen Verfahren zur Sicherung können Sie Ihre Datenbank so absichern, dass kein Unberechtigter die Programme und Makros einsehen kann. Allerdings würde dies bedeuten, dass Sie die entsprechende Arbeitsgruppen-Informationsdatei mit der Datenbank ausliefern müssten.

Access kennt einen einfacheren Weg, nur die Programme zu schützen. Dazu müssen Sie die Datenbank in eine MDE-Datei konvertieren.

1. Öffnen Sie die Datenbank, die Sie zu einer MDE-Datei umsetzen möchten, und wählen Sie *Extras/Datenbank-Dienstprogramme/MDE-Datei erstellen.*
2. Bestimmen Sie im Dialogfeld *MDE speichern unter* den Namen der MDE-Datenbank.

Die MDE-Datenbank kann wie eine normale Datenbank eingesetzt werden. Sie weist gegenüber der Originaldatenbank unter anderem die folgenden Einschränkungen auf:

- Es können keine Formulare, Berichte oder Module in der Entwurfsansicht angezeigt, geändert oder erstellt werden.
- Eine MDE-Datei enthält keinen Quellcode von Modulen.

Eine MDE-Datei wird in den meisten Fällen von Access schneller gestartet, da der Quellcode der Programme nicht geladen werden muss.

WICHTIG Behalten Sie die Originalversion Ihrer Datenbank, denn nur in ihr sind Ihre vollständigen Programme enthalten!

Sicherheit von Visual Basic-Programmen

Öffnen Sie eine Datenbank, wird im Normalfall ein Dialogfeld mit einer Sicherheitswarnung gezeigt.

Visual Basic für Applikationen (VBA) erlaubt die Programmierung fast unbeschränkter Funktionalität. Es ist beispielsweise kein Problem, ein Access-Programm zu erstellen, das irreparable Schäden an den Systemdateien und Daten auf Ihrem PC anrichten kann. Natürlich werden Sie selbst vermeiden, in Ihren Programmen solche Funktionen einzubauen, aber stellen Sie sich vor, Sie erhalten eine Access-Datenbank von irgendjemand und beim Öffnen der Datenbank auf Ihrem PC wird ein destruktives Programm ausgeführt ...

Genau diese Möglichkeit nutzen die Programmierer von bösartigen Makroviren. Stellen Sie sich vor, Sie erhalten eine E-Mail mit einer angehängten Datenbank. Nichts ahnend öffnen Sie die Datenbank und schon startet ein Programm, das beispielsweise alle Dateien von Ihrer Festplatte löscht. Deshalb unsere Empfehlung: Auf jeden Fall ein Virenschutzprogramm installieren!

Aber auch Microsoft hat Access (und die anderen Programme des Office-Pakets) inzwischen so ausgestattet und konfiguriert, dass bösartige Programme nicht mehr so ohne weiteres ausgeführt werden. Dazu werden so genannte Zertifikate eingesetzt, mit deren Hilfe die Herkunft, d.h. also der Anbieter oder Programmierer, eindeutig identifiziert werden kann.

Zertifikate

Vertrauenswürdige Quellen weisen sich mit einem so genannten Zertifikat aus. Firmen und Privatpersonen können von Zertifizierungsstellen Zertifikate erhalten, die ihre Identität bestätigen. Die Ausgabe und die Verwendung von Zertifikaten, auch als »elektronische Unterschriften« bezeichnet, ist in Deutschland, Österreich oder der Schweiz gesetzlich geregelt. Privatpersonen und kleine Firmen verwenden Zertifikate zurzeit nur ganz selten, da der Aufwand zur Erlangung eines Zertifikats sowie die anfallenden Gebühren zu hoch sind.

Bei Interesse an einem Zertifikat für Sie als Privatperson oder für Ihre Firma können Sie sich an eine Zertifizierungsstelle wenden. Eine Liste aller Zertifizierungsstellen erhalten Sie im Internet unter der Adresse *www.pki-page.org*.

Eigene Zertifikate

Wenn Sie Ihre Makros an Kollegen oder Freunde weitergeben wollen, dann ist die Beantragung eines Zertifikats meist zu aufwändig und zu teuer. Sie können mit dem Hilfsprogamm *SelfCert* ein eigenes Zertifikat erstellen, mit dem Sie Ihre Makros signieren können. Das Programm finden Sie normalerweise im Ordner *\Programme\Microsoft Office\Office11* unter dem Namen *SelfCert.exe*.

Abbildg. 40.28 Dialogfeld des Programms *SelfCert*

Geben Sie hier Ihren Namen oder den Namen Ihrer Firma an. Das Programm bestätigt die Erstellung des digitalen Zertifikats mit einem Dialogfeld.

Signieren von Datenbanken

Um eine Datenbank mit Ihrem Zertifikat zu signieren, gehen Sie wie folgt vor:

1. Rufen Sie in Access den Visual Basic-Editor auf (Menübefehl *Extras/Makros/Visual Basic-Editor* bzw. Modul öffnen).

2. Wählen Sie dann *Extras/Digitale Signatur*.

Abbildg. 40.29   Erstellen der digitalen Signatur

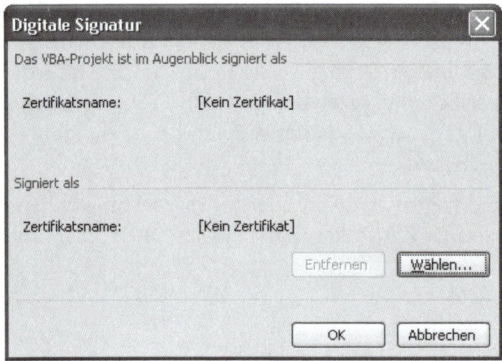

3. Klicken Sie auf *Wählen* und öffnen Sie so das in Abbildung 40.30 gezeigte Dialogfeld, um das gewünschte Zertifikat für die Codesignatur zu selektieren.

Wir haben hier ein eigenes Zertifikat unter dem Namen *Access2003-Handbuch* angelegt und verwenden es für die Beispieldatenbank.

Abbildg. 40.30   Auswählen des Zertifikats

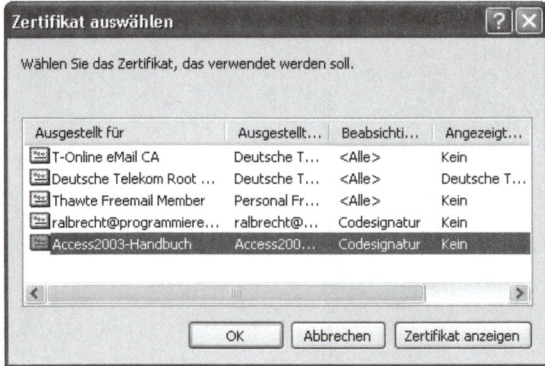

Beachten Sie, dass selbst erstellte Zertifikate nur für den eigenen Gebrauch gedacht sind, deshalb erhalten Sie beim Öffnen einer mit einem solchen Zertifikat gesicherten Datenbank die in Abbildung 40.31 gezeigte Warnmeldung.

Abbildg. 40.31 Warnung bei selbst erstellten Zertifikaten

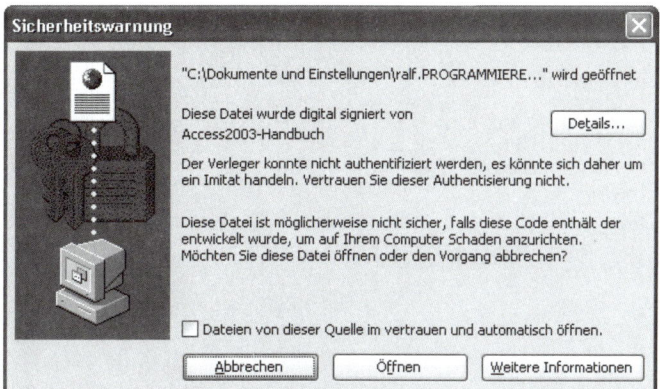

Bei Zertifikaten, die von Zertifizierungsstellen ausgegeben wurden, wird die Warnmeldung nicht gezeigt.

Zusammenfassung

In diesem Kapitel finden Sie Informationen zur Datensicherheit.

- Das Kapitel beginnt mit dem Sichern von Datenbank mit einem Kennwort.

- Ab Seite 810 erläutern wir, wie Sie Ihre Access-Daten verschlüsseln können.

- Wie Sie für Benutzer detaillierte Zugriffsrechte definieren können, können Sie ab Seite 811 nachlesen.

- Wir beschreiben ab Seite 823, dass Sie dazu den Arbeitsgruppen-Administrator benötigen.

- Informationen zum Sichern von Visual Basic-Programmen finden Sie am Ende des Kapitels ab Seite 826.

Erstellung kompletter Anwendungen

Einsatz in Mehrbenutzerumgebungen

Access-Datenbanken können prinzipiell im Netzwerk eingesetzt werden, so dass mehrere Benutzer Zugriff auf die gleichen Daten erhalten. Dazu wird einfach die Datenbank auf einem Netzlaufwerk bereitgestellt. Mehrere Benutzer können gleichzeitig die gleiche Datenbank öffnen und mit den darin vorhandenen Daten arbeiten. Dies wird als Mehrbenutzer- oder Multi-User-Zugriff bezeichnet.

In der Praxis wird in den meisten Fällen eine Trennung zwischen den eigentlichen Daten und den Formularen, Berichten usw. vorgenommen, indem eine Aufteilung in Front-End und Back-End vorgenommen wird. In Kapitel 13 haben wir diese Möglichkeiten im Abschnitt »Verteilung: Daten und Programme« beschrieben.

Das Grundproblem aber bleibt das gleiche, ob Sie nun mit einer Datei oder mit einer Verteilung auf Front-End und Back-End arbeiten: Es muss sichergestellt werden, dass sich die verschiedenen Benutzer nicht gegenseitig stören und einander unbeabsichtigt Daten überschreiben.

Mit dem folgenden kleinen Szenario möchten wir beschreiben, welche Probleme in einer Mehrbenutzerumgebung auftreten können.

Stellen Sie sich vor, CineCity betreibt ein Reservierungssystem für Kinoplätze. An mehreren Telefonannahmeplätzen werden Reservierungen entgegengenommen. Alle Mitarbeiter an den Annahmeplätzen greifen auf die gleiche Reservierungstabelle zu. Nun rufen zwei Kunden an, die beide die letzten drei Karten für den Film »Luther« reservieren möchten. Der Reservierungsauftrag von Kunde A wird von Mitarbeiter X angenommen, während Kunde B mit Mitarbeiter Y telefoniert. Mitarbeiter X sieht in der Reservierungstabelle nach und erhält die Angabe über die drei freien Plätze auf dem Bildschirm. Mitarbeiter Y führt zur gleichen Zeit den gleichen Vorgang aus. Beide sagen nun ihrem Kunden, dass die drei Plätze frei wären und reservieren sie. Nun, Sie können sich vorstellen, welchen Ärger es später im Kino geben würde: Beide Kunden haben eine Reservierung für die gleichen Plätze!

Die Vergabe der Plätze kann nur nach dem Schema: »Wer zuerst kommt, mahlt zuerst!« erfolgen. Wenn die erste Reservierung erfolgt ist, müssen alle anderen Benutzer, die gleichzeitig dieselben Daten verwenden, von der Änderung informiert werden. Für unser Beispiel heißt das, in dem Moment, in dem der erste Mitarbeiter die Reservierung vorgenommen hat, darf eine weitere Reservierung der Plätze nicht mehr durchgeführt werden.

Access bietet eine Reihe von Möglichkeiten und Befehlen, den gleichzeitigen Zugriff mehrerer Benutzer durch so genannte Sperrungen, engl. »Lockings«, zu regeln.

Datenzugriffe im Netzwerk

Greifen mehrere Benutzer gleichzeitig auf dieselbe Datenbank zu, muss der gegenseitige Zugriff geregelt sein. Nehmen mehrere Benutzer Änderungen an dem gleichen Datensatz vor, müssen die Benutzer über diesen mehrfachen Zugriff informiert werden, denn sonst werden die Daten gespeichert, die zuletzt in die Datenbank geschrieben wurden.

Allgemeine Einstellungen

Wir möchten die standardmäßigen Sperrmechanismen anhand der Einstellmöglichkeiten in Access erläutern. Das Dialogfeld *Optionen*, das Sie über den Menübefehl *Extras/Optionen* aufrufen, bietet eine Reihe von Festlegungen für den Mehrbenutzerbetrieb.

Abbildg. 41.1   Mehrbenutzereinstellungen

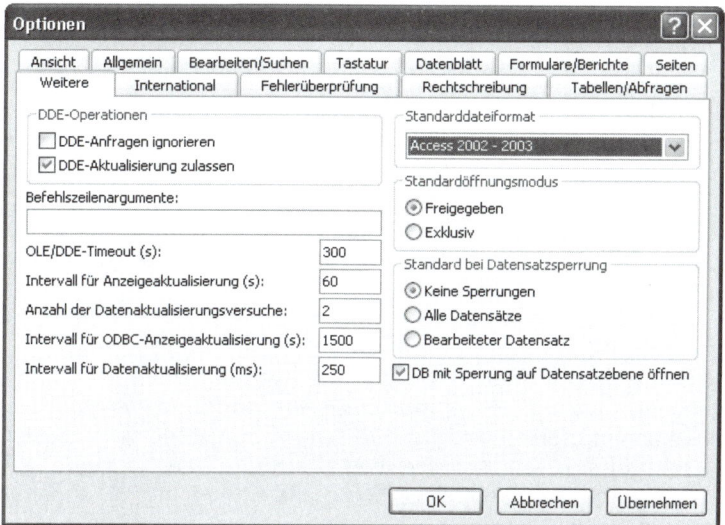

Wenn eine Datenbank von einem Benutzer geöffnet wird, darf sie nicht im Exklusiv-Modus geladen werden, denn dann hat nur ein Benutzer »exklusiv« Zugriff auf die Datenbank. Die Standardeinstellung, die auch im Dialogfeld eingetragen ist, ist der Modus *Freigegeben*. Dabei müssen alle Benutzer, die auf eine Datenbank gleichzeitig zugreifen, *Freigegeben* selektiert haben.

In der Gruppe *Standard bei Datensatzsperrung* wird festgelegt, nach welchem Verfahren die gleichzeitige Änderung von Datensätzen behandelt werden soll. Tabelle 41.1 erläutert die verschiedenen Verfahren, die weiter hinten in diesem Kapitel im Abschnitt »Die Verfahren zur Datensatzsperrung« beschrieben werden.

Tabelle 41.1   Sperrverfahren

Sperrverfahren	Beschreibung
Keine Sperrungen	Es wird das optimistische Sperrverfahren verwendet, d.h., gesperrt wird erst beim Speichern des Datensatzes.
Alle Datensätze	Hierbei werden alle Datensätze gesperrt; dies bedeutet, dass andere Benutzer keine Datensätze hinzufügen oder ändern, sondern nur lesend darauf zugreifen können.
Bearbeiteter Datensatz	Es wird das pessimistische Sperrverfahren verwendet, d.h., die Sperre für einen Datensatz wird beim Editieren des Datensatzes gesetzt.

Für jedes Formular können Sie die Sperreinstellungen auch im Eigenschaftenfenster zum Formular explizit bestimmen.

In den Access-Versionen vor Access 2000 sperrte Access nicht einzelne Datensätze, sondern Seiten (pages) mit 2.048 Bytes, d.h., alle Datensätze, die sich auf der entsprechenden Seite befinden, werden gesperrt. Das hatte unter Umständen zur Folge, dass Datensätze unnötig gesperrt wurden, nur weil sie sich zufällig auf einer gesperrten Seite befanden.

Durch Ausschalten der Option *DB mit Sperrung auf Datensatzebene öffnen* im Dialogfeld *Optionen*, Registerkarte *Weitere* (Abbildung 41.1) verhält sich Access 2003 beim Sperren wie die Vorgängerversionen.

Beachten Sie dabei, dass Memo- und OLE-Felder getrennt gespeichert und behandelt werden. Ihre Größe zählt nicht bei der Berechnung, wie viele Datensätze auf eine Seite passen. Der Vorteil der seitenweisen Sperrung liegt in dem geringeren Verwaltungsaufwand und einem im Allgemeinen besseren Leistungsverhältnis.

> **HINWEIS**   Alle Informationen, die Access zum Sperren von Datensätzen benötigt, werden in einer Datei gespeichert, die den gleichen Namen wie die entsprechende Datenbank hat, allerdings mit der Endung LDB.

> **HINWEIS**   Access beherrscht auch die Transaktionsverarbeitung. Unter einer Transaktion versteht man eine Datenbankoperation, bei der mehrere Teilschritte zusammengefasst sind. Bei der Ausführung der Transaktion müssen entweder alle Teilschritte ausgeführt werden oder keiner der Teilschritte. Als Beispiel lässt sich eine Kontobewegung auf der Bank nennen: Die Transaktion besteht aus dem Vorgang Abbuchen vom einen Konto und Buchen auf das andere Konto. Nur wenn beide Vorgänge funktioniert haben, ist das Geld transferiert.

Die Verfahren zur Datensatzsperrung

Im Folgenden möchten wir die verschiedenen Verfahren zur Sperrung von Datensätzen vorstellen, die Access unterstützt. Übrigens werden für Snapshots prinzipiell keine Sperren gesetzt.

Optimistisches Sperren von Datensätzen

Wir möchten zunächst das optimistische Sperren in Formularen und Programmen beschreiben.

Optimistisches Sperren in Formularen

Beim optimistischen Sperren wird erst in dem Moment gesperrt, in dem ein geänderter Datensatz geschrieben werden soll. Wurde der Datensatz in der Zwischenzeit, also in der Zeit zwischen dem Beginn der Bearbeitung und dem Schreiben (Update), von einem anderen Benutzer geändert, erhalten Sie bei der Arbeit mit einem Formular die in Abbildung 41.2 gezeigte Mitteilung.

Abbildg. 41.2   Meldung bei Schreibkonflikt

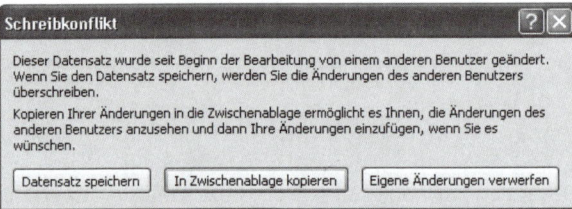

Entscheiden Sie nun, was mit den von Ihnen durchgeführten Änderungen geschehen soll.

Optimistisches Sperren in Programmen

Gesperrt wird erst zum Zeitpunkt des Befehls Update, wenn also die Änderungen am Datensatz in die Tabelle geschrieben werden. Ist der Datensatz in der Zwischenzeit von einem anderen Benutzer verändert worden oder ist er gesperrt, werden entsprechende Laufzeitfehler ausgelöst. Hier zuerst die ADO-Variante:

```
Sub ADO_SperrTestOptimistisch()
    Dim conn As ADODB.Connection
    Dim rst As New ADODB.Recordset

    Set conn = CurrentProject.Connection
    ' Optimistisch sperren
    rst.Open "tblFilme", ActiveConnection:=conn, _
            LockType:=adLockOptimistic

    On Error GoTo err_SperrTest

    rst!Filmtitel = "Luther"
    ' Jetzt wird gesperrt
    rst.Update
exit_SperrTest:
    rst.Close
    Exit Sub

err_SperrTest:
    MsgBox "Fehler: " & Err.Number & ": " & Err.Description
    Resume exit_SperrTest
End Sub
```

In einem DAO-Programm wird das optimistische Sperren durch die Eigenschaft LockEdits = False eingeschaltet.

```
Sub DAO_OptimistischesSperren()
    Dim db As DAO.Database
    Dim rst As DAO.Recordset
    Set db = CurrentDb()
    Set rst = db.OpenRecordset("tblFilme")

    ' Optimistisch sperren
    rst.LockEdits = False

    On Error GoTo err_SperrTest

    rst.Edit
    ' ...
    rst!Filmtitel = "Luther"
    ' ...
    ' Jetzt wird gesperrt
    rst.Update
exit_SperrTest:
    rst.Close
    Exit Sub
err_SperrTest:
    MsgBox "Fehler: " & Err.Number & " »" & Err.Description & "«"
    Resume exit_SperrTest
End Sub
```

Erstellung kompletter Anwendungen

Pessimistisches Sperren von Datensätzen

Beim pessimistischen Sperren wird ein Datensatz in dem Moment gesperrt, in dem die Bearbeitung beginnt.

Pessimistisches Sperren von Formularen

Das pessimistische Sperren wird im Eigenschaftenfenster des Formulars mit der Option *Bearbeiteter Datensatz* als Einstellung für das Sperrverhalten eingeschaltet.

In unserem Beispiel in Abbildung 41.3 hat ein anderer Benutzer den Datensatz des Kinos »Alpha« pessimistisch gesperrt. Sie können keine Änderungen vornehmen. Access zeigt dies durch das Sperrzeichen im Datensatzmarkierer an.

Abbildg. 41.3   Formular mit Sperrzeichen im Datensatzmarkierer

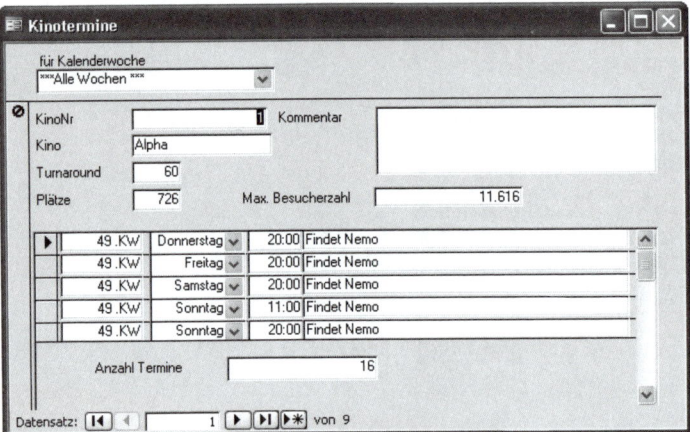

Einer der Nachteile des pessimistischen Sperrens besteht darin, dass eine Sperre zeitlich sehr lange gesetzt bleiben kann. Beginnt beispielsweise ein Anwender die Änderung eines Datensatzes und wird dann für längere Zeit aus dem Raum gerufen, so bleibt die Sperre bestehen, bis der Bearbeitungsvorgang abgebrochen oder gespeichert wird.

Pessimistisches Sperren in Programmen

Die Voreinstellung für Sperren in Programmen ist das pessimistische Verfahren. Hierbei wird der Datensatz in dem Moment gesperrt, in dem er bearbeitet wird. Mit ADO wird wie folgt pessimistisch gesperrt:

```
Sub ADO_SperrTestPessimistisch()
    Dim conn As ADODB.Connection
    Dim rst As New ADODB.Recordset

    Set conn = CurrentProject.Connection
    ' Pessimistisch (= Standardeinstellung)
    rst.Open "tblFilme", ActiveConnection:=conn, _
             LockType:=adLockPessimistic
```

```
    On Error GoTo err_SperrTest
    ' Jetzt wird gesperrt
    rst!Filmtitel = "Luther"
    rst.Update
exit_SperrTest:
    rst.Close
    Exit Sub

err_SperrTest:
    MsgBox "Fehler: " & Err.Number & ": " & Err.Description
    Resume exit_SperrTest
End Sub
```

In der DAO-Version wird mithilfe des Befehls LockEdits = True das pessimistische Sperren eingeschaltet, wie es das nächste Beispielprogramm zeigt. Die Sperre wird mit der Ausführung des Befehls Edit gesetzt und nach Update aufgehoben.

```
Sub DAO_SperrTestPessimistisch()
    Dim db As DAO.Database
    Dim rst As DAO.Recordset
    Set db = CurrentDb()
    Set rst = db.OpenRecordset("tblFilme")

    ' Pessimistisch (= Standardeinstellung)
    rst.LockEdits = True

    On Error GoTo err_SperrTest
    ' Jetzt wird gesperrt
    rst.Edit
    ' ...
    rst!Filmtitel = "Luther"
    ' ...
    rst.Update
exit_SperrTest:
    rst.Close
    Exit Sub
err_SperrTest:
    MsgBox "Fehler: " & Err.Number & " »" & Err.Description & "«"
    Resume exit_SperrTest
End Sub
```

Komplettsperrung

Neben dem optimistischen und dem pessimistischen Sperrverfahren können Sie auch noch eine Komplettsperrung veranlassen. Vereinbaren Sie im Eigenschaftenfenster eines Formulars für die Sperrung *Alle Datensätze*, so werden sämtliche Datensätze des Dynasets gesperrt. Diese Variante wird nur sehr selten eingesetzt, beispielsweise für Administrationsaufgaben.

Erstellung kompletter Anwendungen

Zusammenfassung

In diesem Kapitel können Sie nachlesen, wie Access im Netzwerk betrieben werden kann und welche Besonderheiten beim Mehrbenutzerzugriff zu beachten sind. Wir beschreiben die Methoden zur Datensatzsperrung, mit deren Hilfe Mehrbenutzerzugriffe koordiniert werden. Es werden die beiden Varianten optimistische (ab Seite 834) und pessimistische Sperrung (ab Seite 836) erläutert.

Teil I

Access-Projekte

In diesem Teil:

Immer mehr Microsoft Access-Anwender verwenden Access, um auf Datenbank-Server von Oracle, IBM, Informix, Microsoft oder anderen zuzugreifen. Bisher waren die Möglichkeiten von Access sehr eingeschränkt und die Zugriffsgeschwindigkeit ließ oft zu wünschen übrig.

Mit Access-Projekten und ADO soll dies der Vergangenheit angehören. Mit der Hilfe von Access-Projekten steht Ihnen nun eine neue Access-Datenbankvariante zur Verfügung, die einen schnellen und einfachen Zugriff auf Microsoft SQL Server-Datenbanken erlaubt. Neben dem SQL Server wird zurzeit die Microsoft Desktop Engine (MSDE) unterstützt, ein abgespeckter SQL Server, der beispielsweise mit Microsoft Office 2003 ausgeliefert wird.

In Kapitel 42 beschreiben wir unter anderem

- die Komponenten von Access-Projekten,

- den Zugriff auf Microsoft SQL Server und MSDE sowie

- die Konvertierung von Access-Datenbanken zu Projekten (Upsizing).

Access-Projekte

Access-Projekte

Einer der Schwachpunkte der Access-Versionen vor Access 2000 war das unzureichende Leistungsverhalten beim Zugriff auf Server-Datenbanken wie Oracle, IBM DB2 und andere sowie die mühsame Nutzung von speziellen Datenbankeigenschaften. Das gilt auch für die hauseigene Datenbank Microsoft SQL Server. Zwar versuchte Microsoft durch verschiedene Techniken wie beispielsweise ODBCDirect den Zugriff zu verbessern, aber es gab keine wirklich überzeugende Lösung.

In Access 2000 hat Microsoft mit den so genannten Access-Projekten eine Lösung geschaffen, mit deren Hilfe Access als Front-End-Entwicklungsumgebung für das Datenbankmanagementsystem Microsoft SQL Server dienen kann. Access-Projekte greifen über einen OLE DB-Treiber und ADO (siehe Kapitel 37) auf die Datenbanken des SQL Server zu. In Access 2003 wurden Access-Projekte in vielen Details verbessert.

Grundlagen

Access-Projekte arbeiten mit Microsoft SQL Server 2000 und 7.0 sowie mit Microsoft Desktop Engine 2000 bzw. 1.0 zusammen. SQL Server 2000 bzw. 7.0 sowie MSDE 2000 bzw. 1.0 lassen sich mit Windows 98, ME, XP, 2000, 2003 oder NT 4.0 betreiben. Mit Access 2003 bzw. Office 2003 erhalten Sie MSDE 2000 Service Pack 3.

Microsoft Desktop Engine (MSDE) ist eine für kleine Rechner optimierte, abgespeckte Version von Microsoft SQL Server. MSDE unterstützt Datenbanken bis zu einer Größe von 2 GB. Access-Projekte, die für die Zusammenarbeit mit MSDE entwickelt wurden, sollten ohne Änderungen auch mit SQL Server zusammenarbeiten.

Die Vorteile des Einsatzes von SQL Server bzw. MSDE liegen im guten Leistungsverhalten im Netzwerk, in der besseren Leistung beim gleichzeitigen Zugriff mehrerer Anwender auf die gleichen Daten sowie der Möglichkeit, Abläufe zu programmieren, die auf dem Datenbank-Server abgearbeitet werden.

Auf dem Microsoft SQL Server werden dabei Tabellen, Abfragen sowie Beziehungen (hier: Datenbankdiagramme) gespeichert. Das Access-Projekt enthält Formulare, Berichte, Seiten, Makros und Module.

Bei den Abfragen auf SQL Server bzw. MSDE werden die Varianten *Sichten* (engl. »Views«), *gespeicherte Prozeduren* (engl. »Stored Procedures«) und *Funktionen* (engl. »User Defined Functions«, UDFs) unterschieden, die wir weiter hinten in diesem Kapitel beschreiben.

Das Erstellen von Lösungen mit Access-Projekten unterscheidet sich an vielen Stellen zu herkömmlichen Access-Datenbanken. Auch die Umsetzung von Access-MDB-Anwendungen zu Access-Projekten ist in den meisten Fällen nicht einfach, sondern erfordert teilweise erhebliche Nacharbeit, trotz des weiter hinten beschriebenen Upsizing-Assistenten, der Sie bei der Umsetzung unterstützen kann. Wir geben Ihnen in diesem Kapitel nur einen Überblick und beschreiben nicht alle Details von Access-Projekten. Weitere Informationen zu Access-Projekten finden Sie in unserem Buch »Microsoft Access-Projekte mit SQL Server 2000«, ISBN 3-86063-093-8, das ebenfalls im Verlag Microsoft Press erschienen ist.

Abbildg. 42.1 Struktur von Access-Projekten

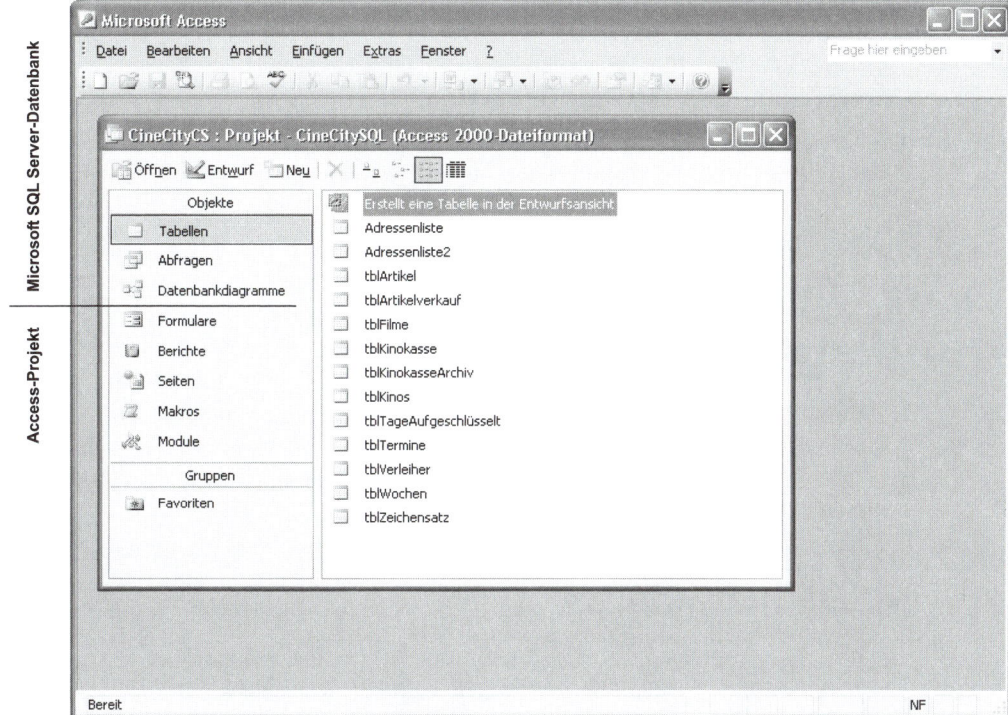

Unterschiede zwischen Access- und SQL Server-Datenbanken

Die folgende Aufstellung soll die wichtigsten Unterschiede zwischen Access- und SQL Server- bzw. MSDE-Datenbanken aufzeigen.

Verarbeitung auf dem Server

In den Kapiteln 13 und 39 wurde die Aufteilung von Access-Datenbanken in Front-End und Back-End beschrieben. Sollen mehrere Anwender gleichzeitig die gleichen Daten benutzen, so kann die Back-End-Datenbank auf einem Netzwerkserver abgelegt werden, auf den die Anwender zugreifen können.

Der Nachteil dieser Lösung ist, dass die eigentliche Verarbeitung der Daten, beispielsweise die Zusammenstellung der Daten für eine komplexe Abfrage, auf dem jeweiligen Rechner des Anwenders in der Front-End-Datenbank durchgeführt wird. Das hat zur Folge, dass alle dazu benötigten Daten über das Netzwerk zum Front-End gesendet werden müssen.

Bei SQL Server bzw. MSDE wird die Verarbeitung von Abfragen auf dem Server selbst durchgeführt, über das Netzwerk werden nur die Ergebnisse verschickt. Dieses Vorgehen minimiert die Belastung des Netzwerks und beschleunigt die Ausführung der Abfragen. Bei größeren Benutzerzahlen, die gleichzeitig eine Datenbank nutzen, liefert nur die Server-basierte Datenbank vernünftige Antwortzeiten.

Access-Projekte

SQL Server bzw. MSDE kann eine fast beliebige Zahl von Datenbanken verwalten. Auf die einzelnen Datenbanken wird über ihren Namen zugegriffen, wie wir es weiter hinten in diesem Kapitel beschreiben.

Unterschiedliche Tabellenfeldtypen

Alle Access-Datentypen bis auf Hyperlinks werden in SQL Server- bzw. MSDE-Datentypen abgebildet. SQL Server bzw. MSDE kennen darüber hinaus weitere Datentypen.

Abfragen

Bei Abfragen unterscheiden SQL Server bzw. MSDE zwischen *Sichten* und *gespeicherten Prozeduren*. Vereinfacht ausgedrückt sind *Sichten* Abfragen ohne Sortierung und ohne Parameter. Sortierkriterien und Parameter werden in *gespeicherten Prozeduren* vereinbart. Allerdings können *gespeicherte Prozeduren* noch sehr viel mehr; in ihnen können in der Programmiersprache Transact-SQL vollständige Programme erstellt werden.

Zusätzlich können Sie mit *UDF*s Funktionen auf dem Datenbank-Server implementieren, die in Abfragen ausgewertet werden können. *UDF*s können einzelne Werte oder Ergebnismengen mit Daten zurückgeben.

MSDE installieren

MSDE gehört zum Lieferumfang von Microsoft Office 2003; es muss aber getrennt installiert werden. Zur Installation rufen Sie das Programm *MSDE2KS3.EXE* im Ordner *\MSDE2000* von der Office-CD aus auf. Mithilfe dieses Programms wird in einem neuen Ordner (standardmäßig *C:\SQL2ksp3\msde*) das eigentliche Installationsprogramm entpackt. Rufen Sie dann ein Eingabeaufforderungsfenster auf (*Start/Alle Programme/Zubehör/Eingabeaufforderung*). Geben Sie dort die folgenden Befehle ein:

CD \sql2ksp3\msde

setup SAPWD=passwort

wobei Sie für *passwort* am besten ein langes und sicheres Passwort wählen sollten. Mehr zur Sicherheit von MSDE erfahren Sie weiter hinten in diesem Kapitel. Sie werden das Passwort in den weiteren Beispielen allerdings nicht benötigen.

Alle installierten Versionen von SQL Server und MSDE werden im Netzwerk über einen eindeutigen Namen angesprochen. Standardmäßig wird hierbei der Netzwerkname des Computers verwendet, auf dem SQL Server bzw. MSDE installiert ist.

MSDE starten

Die Installation von MSDE hat den Eintrag *Service-Manager* in die Programmgruppe *Programme/ Autostart* eingetragen. Bei jedem Start des Computers wird MSDE automatisch im Hintergrund aufgerufen.

SQL Server-Dienst-Manager

Datensicherheit

Microsoft SQL Server bzw. MSDE verfügen über ein aufwändiges System zur Verwaltung von Zugriffsrechten auf die Daten und Strukturen der Datenbanken. Dabei kann der Zugriff auf SQL Server bzw. MSDE und der Zugriff auf die einzelnen Datenbanken geregelt werden. Die Prüfung, ob ein Benutzer berechtigt ist, auf Datenbankserver und bestimmte Datenbanken zuzugreifen, kann mit zwei verschiedenen Verfahren durchgeführt werden. Bei der »SQL Server-Sicherheit« wird die Authentifizierung der Benutzer durch SQL Server bzw. MSDE selbst durchgeführt; das bedeutet, dass alle Benutzer entsprechend im Datenbanksystem angelegt und gepflegt werden müssen.

Verwenden Sie das zweite Sicherheitsverfahren, »Windows-Sicherheit«, werden Benutzer vom Windows-System authentifiziert, d.h., an das Datenbanksystem werden die Informationen über den entsprechenden Windows-Benutzer weitergegeben. Dies hat den Vorteil, dass nur in Windows Benutzer verwaltet werden müssen und das Datenbanksystem diese Benutzer verwendet.

MSDE wird standardmäßig mit eingeschalteter Windows-Sicherheit installiert, das bedeutet, dass Windows die Authentifizierungsprüfung durchführt und an MSDE weitergibt. Sie können MSDE übrigens nachträglich umschalten, so dass zusätzlich oder ausschließlich SQL Server-Sicherheit verwendet wird. Es können nach der Installation nur Benutzer auf MSDE zugreifen, die zur Windows-Benutzergruppe *Administratoren* gehören.

Aus nicht ganz nachvollziehbaren Gründen hat Microsoft die Komponenten, mit deren Hilfe MSDE-Benutzer verwaltet werden konnten, nur mit Access 2000 mitgeliefert. Eine Verwaltung von Benutzern kann in neueren Access-Versionen nur mit SQL-Befehlen oder den Verwaltungskomponenten (»Client-Tools«) von Microsoft SQL Server durchgeführt werden.

Auf der CD-ROM zum Buch finden Sie eine Evaluierungskopie von Microsoft SQL Server 2000. Sie können hier einen Blick auf die Verwaltungswerkzeuge mit der Benutzerverwaltung werfen.

Für die folgenden Beispiele, die Ihnen einen kurzen Einblick in Access-Projekte sowie die Speicherung von Daten auf SQL Server bzw. MSDE geben sollen, gehen wir davon aus, dass SQL Server bzw. MSDE lokal auf Ihrem Rechner installiert ist und Ihr Windows-Benutzer Mitglied der lokalen Windows-Benutzergruppe *Administratoren* ist.

Access-Projekte

Der Upsizing-Assistent

Der schnellste Weg zu einem Access-Projekt ist die Umsetzung einer vorhandenen Access-Anwendung mithilfe des Upsizing-Assistenten. Dabei werden die Tabellen und Abfragen in eine SQL Server-Datenbank kopiert sowie die Formulare, Berichte, Seiten, Makros und Module in ein Access-Projekt überführt.

Laden Sie die gewünschte Datenbank und starten Sie dann den Upsizing-Assistenten mit *Extras/ Datenbank-Dienstprogramme/Upsizing-Assistent*. Im ersten Dialogfeld des Assistenten geben Sie an, ob Sie eine neue Datenbank auf SQL Server anlegen oder eine bestehende Datenbank verwenden möchten.

Abbildg. 42.3 Neue Datenbank erstellen

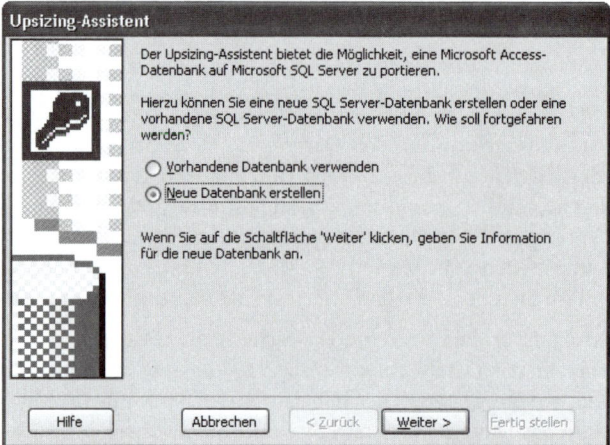

Für unser Beispiel legen wir eine neue SQL Server- bzw. MSDE-Datenbank für die CineCity-Daten an.

Abbildg. 42.4 Unter welchem Namen soll die Datenbank angelegt werden?

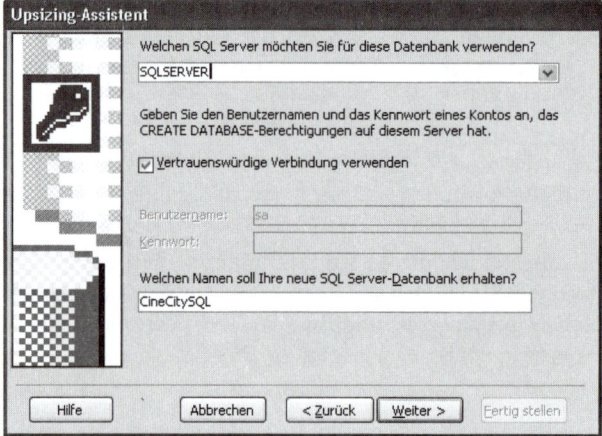

Legen Sie dann fest, welche Tabellen in die Datenbank auf dem Server übernommen werden sollen.

Abbildg. 42.5   Auswahl der Tabellen

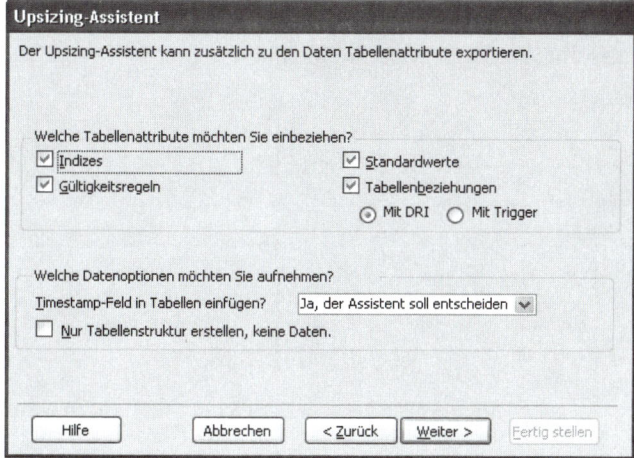

In dem in Abbildung 42.6 gezeigten Dialogfeld bestimmen Sie, welche Attribute der Tabellen übernommen werden sollen. Im Normalfall werden Indizes, Gültigkeitsregeln und Standardwerte mit übertragen.

Für die Umsetzung von Tabellenbeziehungen bestehen zwei Möglichkeiten: *DRI* (deklarative referentielle Integrität) oder *Trigger*. Standardmäßig sollten Sie hier DRI selektieren.

Da die SQL Server- bzw. MSDE-Versionen vor 2000 im Gegensatz zu Access keine Aktualisierungs- oder Löschweitergabe an Detaildatensätze beherrschten, wurde dies dort mithilfe von Triggern nachgebildet. Trigger sind Prozeduren, die dann ausgeführt werden, wenn Daten bestimmte Werte annehmen oder Bedingungen erfüllen. Die Trigger sind den entsprechenden Tabellen zugeordnet.

Abbildg. 42.6   Festlegung der Attribute

Der Upsizing-Assistent fügt normalerweise so genannte Timestamp-Felder Ihren Tabellen hinzu. Diese Felder werden vom Datenbankserver unter anderem bei Zugriffen mehrerer Benutzer gleichzeitig auf die gleichen Datensätze ausgewertet. Sie sollten hier die Einstellung *Ja, der Assistent soll entscheiden* beibehalten.

Abbildg. 42.7 Projekt oder Einbindung?

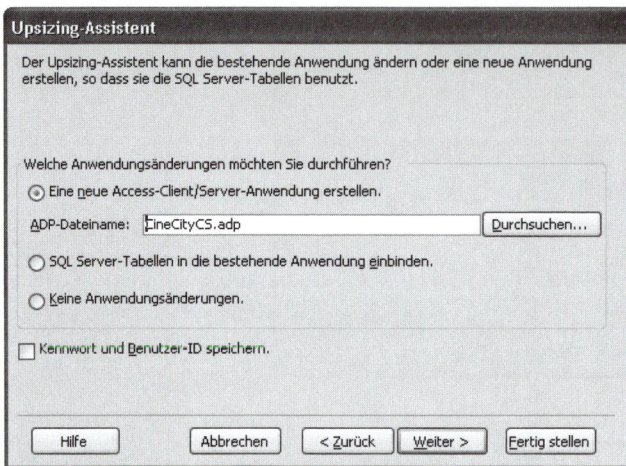

Die auf SQL Server bzw. MSDE übertragenen Tabellen lassen sich entweder in normalen Access-Datenbanken (mdb) nutzen, indem dort Verknüpfungen zu den Tabellen angelegt werden, oder direkt in Access-Projekten (adp) als Client/Server-Anwendung.

Für unser Beispiel soll eine neue Access-Client/Server-Anwendung erstellt werden, der Upsizing-Assistent soll also ein Access-Projekt erzeugen.

Im letzten Dialogfeld des Assistenten selektieren Sie, ob die neu erstellte ADP-Datei geöffnet werden soll.

Abbildg. 42.8 ADP- oder MDB öffnen?

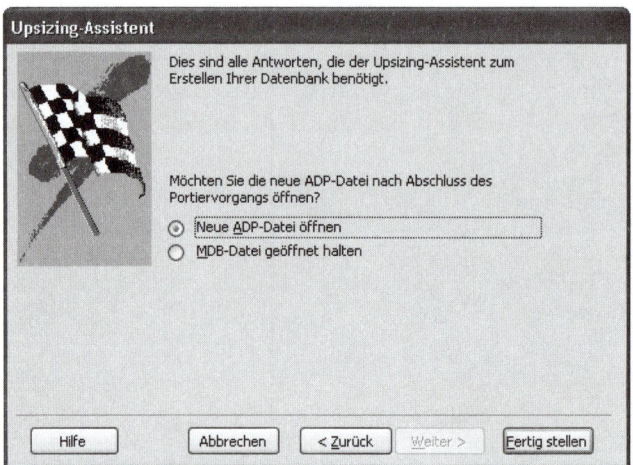

Nach dem Upsizing erstellt der Assistent einen Bericht, in dem die Ergebnisse der Übertragung dokumentiert werden. Abbildung 42.9 zeigt das fertige Access-Projekt.

Abbildg. 42.9   Das fertige Access-Projekt

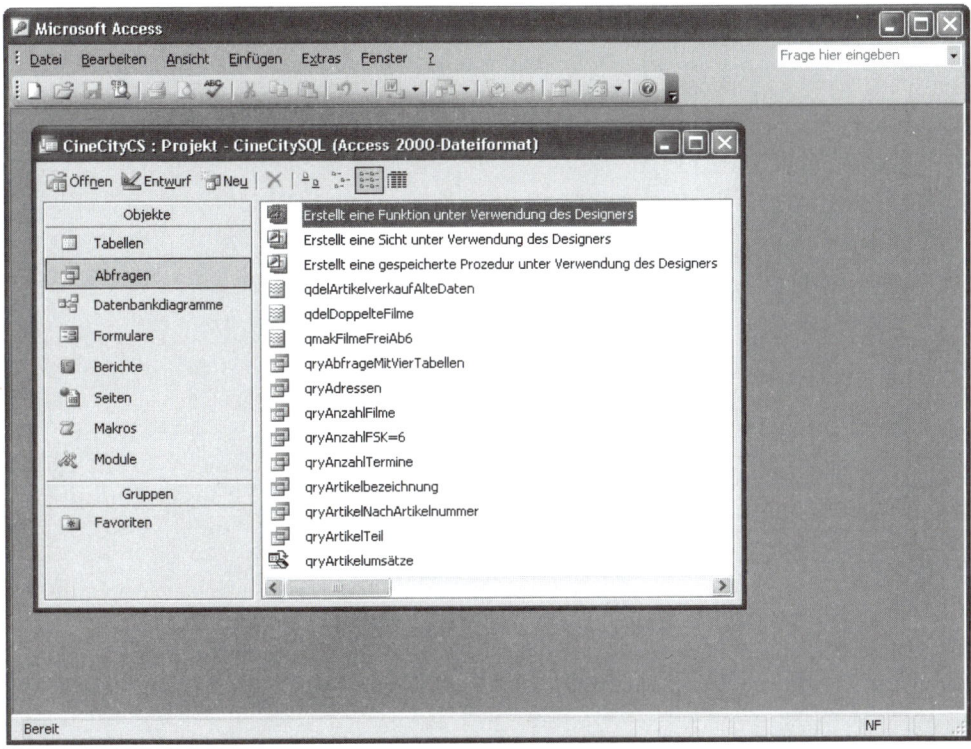

Bei der Übernahme der Abfragen werden diese in *Sichten* und *gespeicherte Prozeduren* überführt. Alle Abfragen, für die Sortierkriterien oder Parameter vereinbart wurden, werden zu *gespeicherten Prozeduren*, wobei der Assistent in vielen Fällen bei der Konvertierung sowohl eine *Sicht* als auch eine *gespeicherte Prozedur* erstellt.

Werden vom Upsizing-Assistenten *Sichten* und *gespeicherte Prozeduren* mit den Bezeichnungen »ut_« erstellt, so sind dies Abfragen, die innerhalb von Formularen und Berichten für Steuerelemente verwendet wurden.

Ein neues Projekt erstellen

Möchten Sie ein neues Access-Projekt ohne den Upsizing-Assistenten erstellen, so bietet Ihnen Access dafür zwei Varianten: Sie können ein Projekt für eine bestehende SQL Server- bzw. MSDE-Datenbank erstellen oder mithilfe eines Assistenten eine neue Datenbank auf dem SQL Server bzw. MSDE erzeugen.

Über den Aufgabenbereich *Neue Datei* können Sie nach einem Klick auf *Projekt aus neuen Daten* ein neues Projekt erstellen.

Access-Projekte

Abbildg. 42.10 Neues Projekt erstellen

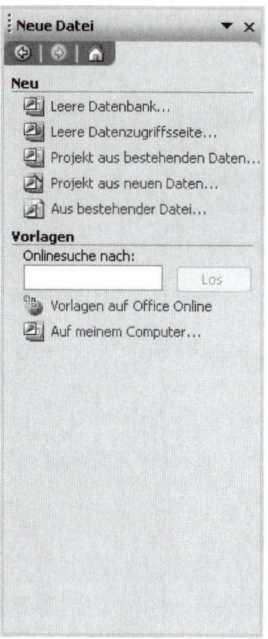

Projekt mit neuer Datenbank

Selektieren Sie im Aufgabenbereich *Neue Datei* die Option *Projekt aus neuen Daten*, so wird zuerst ein Dialogfeld eingeblendet, in dem Sie den Namen des neuen Projekts angeben. Anschließend öffnet Access das in Abbildung 42.11 dargestellte Dialogfeld.

Bestimmen Sie hier den SQL Server bzw. MSDE, auf dem die Datenbank angelegt werden soll.

Abbildg. 42.11 Neue Datenbank anlegen

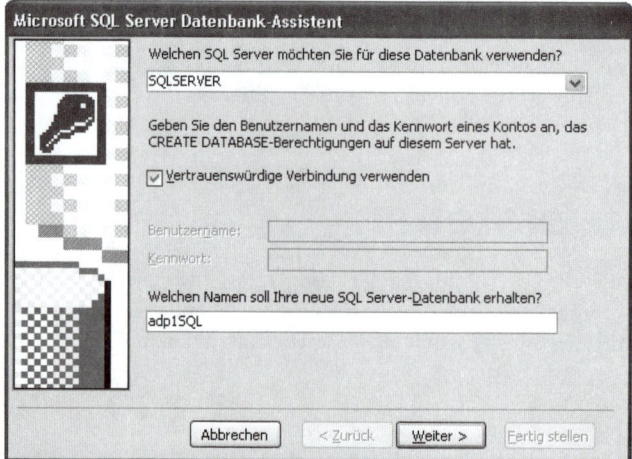

Projekt an bestehende Datenbank anschließen

Wählen Sie im Aufgabenbereich *Neue Datei* (Abbildung 42.10) die Option *Projekt aus bestehenden Daten*, wird das Dialogfeld *Datenverknüpfungseigenschaften* aufgerufen.

Auf der Registerkarte *Verbindung* geben Sie SQL Server bzw. MSDE, Benutzernamen und den Namen der Datenbank an. Die beiden anderen Registerkarten ermöglichen die weitergehende Konfiguration der Verbindung.

Abbildg. 42.12 Datenverknüpfungseigenschaften

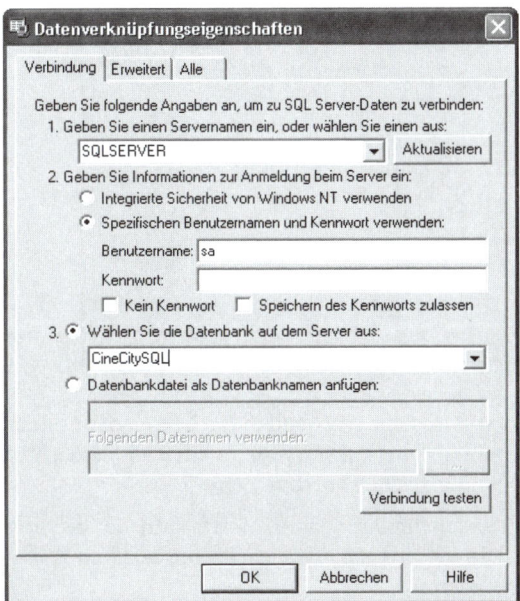

Mithilfe der Schaltfläche *Verbindung testen* können Sie überprüfen, ob eine erfolgreiche Verbindung zum Datenbankserver aufgenommen werden kann.

Übrigens können Sie das Dialogfeld *Datenverknüpfungseigenschaften* in einem Access-Projekt über *Datei/Verbindung* jederzeit aufrufen und die Einstellungen gegebenenfalls ändern.

Tabellen

Die Vorgehensweise beim Anlegen neuer Tabellen entspricht im Wesentlichen der, die Sie von Access-MDBs kennen. Es kommen einige neue Einstellungen und Auswahlmöglichkeiten hinzu.

Anlegen von Tabellen

Das Fenster zum Anlegen neuer Tabellen hat das in Abbildung 42.13 gezeigte Aussehen.

Abbildg. 42.13 Anlegen von Tabellen

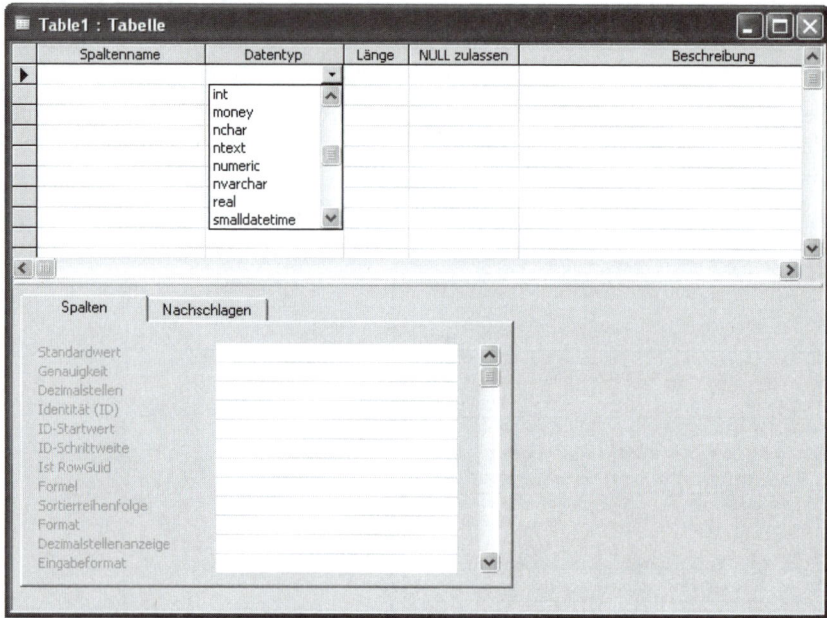

Der *Spaltenname* darf bis zu 128 Zeichen enthalten. Verwenden Sie Leer- oder Sonderzeichen für den Spaltennamen, so wird dieser automatisch in eckige Klammern eingeschlossen. Wir empfehlen Ihnen, bei Spaltennamen auf Leer- und Sonderzeichen zu verzichten.

Tabelle 42.1 zeigt die Auswahlmöglichkeiten für die Spalte *Datentyp*. In der rechten Spalte der Tabelle sind die Access-Entsprechungen aufgeführt. Die *Größe*, *Genauigkeit* und Anzahl der *Dezimalstellen* werden je nach Datentyp angegeben.

Tabelle 42.1 Datentypen

Datentyp	Beschreibung	Access-Datentyp
char	Text fester Länge bis 8.000 Bytes	
nchar	Unicode-Text fester Länge bis 4.000 Bytes	
varchar	Text variabler Länge bis 8.000 Bytes	
nvarchar	Unicode-Text variabler Länge bis 4.000 Bytes	Text
text	Zeichendaten bis $2^{31}-1$ Zeichen	
ntext	Unicode-Zeichendaten bis $2^{30}-1$ Zeichen	Memo, Hyperlink
image	Binärdaten bis $2^{31}-1$ Byte	OLE-Objekt
binary	Binäre Daten fester Länge bis 255 Byte	
varbinary	Binäre Daten variabler Länge bis 255 Byte	

Tabelle 42.1   Datentypen *(Fortsetzung)*

Datentyp	Beschreibung	Access-Datentyp
datetime	Datum und Zeit (zwischen 1. Januar 1753 bis 31. Dezember 9999)	Datum/Zeit
smalldatetime	Datum und Zeit (zwischen 1. Januar 1900 bis 6. Juni 2079)	
decimal	Gepackte Dezimalzahl, exakt numerisch	Zahl: Dezimal
numeric	Synonym zu decimal	
real	Fließkommazahl mit sieben Stellen Genauigkeit	Zahl: Single
float	Fließkommazahl mit 15 Stellen Genauigkeit	Zahl: Double
int	Ganze Zahl zwischen -2.147.483.648 und 2.147.483.647	AutoWert, Zahl: Long Integer
smallint	Ganze Zahl zwischen -32.768 und 32.767	Zahl: Integer, Zahl: Byte
tinyint	Ganze Zahl zwischen 0 und 255	
money	Float mit vier Dezimalstellen	Währung
smallmoney	Real mit vier Dezimalstellen	
bit	0 oder 1	Ja/Nein
timestamp	Zeitstempel; eindeutig in der gesamten Datenbank	
uniqueidentifier	Global eindeutiger Bezeichner	
sql_variant	Ein Datentyp, der Werte verschiedener Datentypen speichert	
bigint	Ganze Zahl zwischen -9.223.372.036.854.775.808 und 9.223.372.036.854.775.807	

HINWEIS   Für den Datentyp *bit* wird in Access automatisch eine Konvertierung vorgenommen. Auf SQL Server werden für *bit*-Werte 0 und 1 gespeichert, während in Access daraus *0* und *-1* wird. In Access-MDBs werden *Ja/Nein*-Datenfelder auch intern durch *0* und *-1* repräsentiert.

In der Spalte *NULL zulassen* bestimmen Sie, ob NULL-Werte erlaubt sind. Sind diese nicht zugelassen, muss bei der Dateneingabe ein Wert angegeben werden, das Feld kann also nicht leer gelassen werden (für Access-MDBs heißt diese Einstellung *Eingabe erforderlich*).

Das Feld *Standardwert* dient zur Festlegung eines Wertes, der für neue Datensätze für dieses Feld vorbelegt wird.

Wie Ihnen in der Tabelle der Datentypen vielleicht aufgefallen ist, kennt SQL Server keinen Datentyp *AutoWert* (auch in Access ist dies eigentlich kein Datentyp, sondern eine Zahl vom Typ *Long Integer* mit einer speziellen Eigenschaft). Selektieren Sie das Feld *Identität*, so wird, vorausgesetzt Sie haben als Datentyp *int*, *smallint*, *tinyint*, *decimal* oder *numeric* angegeben, der Wert dieser Spalte automatisch hochgezählt. In den Feldern *ID-Startwert* und *ID-Schrittweite* können Sie bestimmen, ab wann und in welchen Schritten gezählt wird. Beachten Sie dabei, dass für eine Identitätsspalte *NULL zulassen* ausgeschaltet werden muss.

Access-Projekte

Primärschlüssel

Wie auch in Access-MDBs benötigt jede Tabelle einen Primärschlüssel. Selektieren Sie die Spalte bzw. die Spalten, die als Primärschlüssel definiert werden sollen, durch einen Klick links außen auf den grauen Zeilenkopf. Klicken Sie dann auf die Schaltfläche *Primärschlüssel* oder wählen Sie im Kontextmenü zu einer Spalte *Primärschlüssel* aus. Beachten Sie, dass Sie vorher das Häkchen bei *NULL zulassen* entfernt haben sollten.

Tabelleneigenschaften

Über das Dialogfeld *Eigenschaften*, das Sie über die gleichnamige Schaltfläche oder über *Ansicht/ Eigenschaften* aufrufen, können Sie für Ihre Tabellen Einschränkungen (in Access-MDBs: Gültigkeitsregeln), Beziehungen, Indizes und Schlüssel definieren.

Abbildg. 42.14 Tabelleneigenschaften

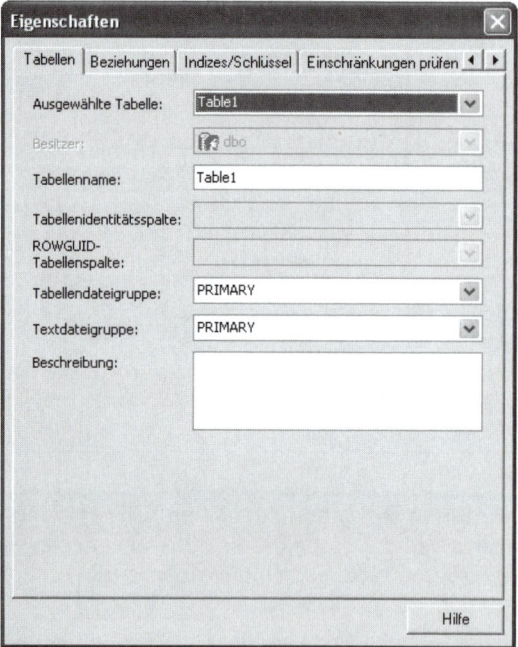

Übrigens lässt sich das Eigenschaftenfenster nur über die *Schließen*-Schaltfläche bzw. die Tastenkombination Alt + F4 schließen.

Beziehungen

Beziehungen zwischen Tabellen lassen sich auf der entsprechenden Registerkarte definieren. Einfacher ist es, diese in einem Datenbankdiagramm zu vereinbaren.

Indizes und Schlüssel

Über die Registerkarte *Indizes/Schlüssel* können Sie Indizes für Ihre Tabelle bestimmen bzw. die Definition vorhandener Indizes einsehen und ändern.

Abbildg. 42.15 Indizes und Schlüssel

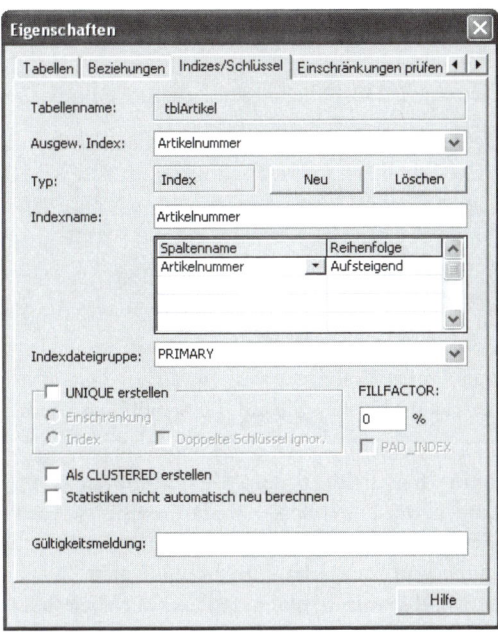

Sie haben gegenüber den Access-MDB-Indizes eine Reihe zusätzlicher Einstellungsmöglichkeiten.

Tabelle 42.2 Einstellungsmöglichkeiten für Indizes

Option	Beschreibung
Unique	Durch Aktivieren des Kontrollkästchens *UNIQUE erstellen* wird Eindeutigkeit für die Spalte vereinbart. Die Eindeutigkeit kann durch eine *Einschränkung* oder durch einen *Index* erzeugt werden. Wählen Sie *Einschränkung*, wird eigentlich kein neuer Index erzeugt, sondern nur ein Check-Constraint definiert, der alle Werte der Spalte auf Eindeutigkeit überprüft. Nur mit einem Index erreichen Sie eine Leistungsverbesserung bei Sortier- und Suchvorgängen. Selektieren Sie die Option *Index*, können Sie über Aktivieren des Kontrollkästchens *Doppelte Schlüssel ignorieren* erreichen, dass Sie zwar doppelte Werte für eine Spalte eingeben können, diese aber nicht indiziert werden.
Fillfactor	Mit der Angabe eines Füllfaktors können Sie beeinflussen, wie SQL Server intern den Index behandelt. Im Normalfall wird dieser Wert nicht geändert.
Clustered	Pro Tabelle können Sie einen Index *Als CLUSTERED erstellen*. Bei einem solchen gruppierten Index werden Daten und Indexeintrag an der gleichen physikalischen Stelle gespeichert. Damit kann die Zugriffsgeschwindigkeit erheblich gesteigert werden. Im Normalfall wird der Primärschlüssel als gruppierter Index definiert.
Statistiken	Die Statistik eines Indexes wird normalerweise automatisch aktualisiert. Sie wird vom Abfrageoptimierer von SQL Server benötigt. Diese Einstellung sollte nicht geändert werden.

Access-Projekte

Einschränkungen

Einschränkungen (Check-Constraints) für Tabellen und Spalten können auf der Registerkarte *Einschränkungen prüfen* erstellt und bearbeitet werden. Um eine neue Einschränkung zu definieren, klicken Sie auf die Schaltfläche *Neu.* Im Textfeld *Einschränkungsausdruck* geben Sie dann die Einschränkung an, wobei die verwendete Syntax der von SQL-WHERE-Klauseln entspricht.

Daten

Auf der Registerkarte *Daten* können Sie wie für MDB-Tabellen zusätzliche Vereinbarungen treffen, so beispielsweise für Unterdatenblätter.

Tabellen in der Datenblattansicht

Die Datenblattansicht von SQL Server-Tabellen weist einige Besonderheiten auf. Die Navigationsschaltflächen unten links wurden um zwei Schaltflächen gegenüber der normalen Access-Datenblattansicht erweitert.

Zeigt die Schaltfläche *Abfrage abbrechen* ein rotes Kreuz, so werden zurzeit Daten vom Server an Access zur Darstellung im Datenblatt übertragen. Klicken Sie auf die Schaltfläche, wird die Abfrage der Daten abgebrochen.

Die Schaltfläche *Max. Datensätze* öffnet ein Dialogfeld, in dem Sie bestimmen können, wie viele Datensätze vom Server an Access übertragen werden sollen. Standardmäßig ist vorgegeben, dass Access maximal 10.000 Datensätze vom Server einliest. Diese Begrenzung ist sinnvoll, um beispielsweise bei SQL Server-Tabellen mit Millionen von Datensätzen nicht alle Daten über das Netzwerk zum Client zu transferieren, was unter Umständen minutenlang das Netzwerk belasten würde. Nach unserer Erfahrung kann dieser Wert noch heruntergesetzt werden; in unseren Anwendungen waren die Anwender mit 1.000 Datensätzen zufrieden, wenn sie mehr benötigten, haben sie die Anzahl der maximalen Datensätze manuell hochgesetzt.

Benötigen Sie mehr als die ersten 10.000 Datensätze, so öffnen Sie mit der Schaltfläche *Max. Datensätze* das Dialogfeld und geben eine größere Zahl ein. Dann werden die nächsten Zeilen eingelesen und dargestellt.

Abbildg. 42.16 Maximale Anzahl von Datensätzen festlegen

Die Standardanzahl der einzulesenden Datensätze wird über *Extras/Optionen* auf der Registerkarte *Weitere* im Feld *Vorgabe der max. Datensätze* festgelegt.

Abfragen

Wir möchten in den folgenden Abschnitten beschreiben, welche Möglichkeiten und Besonderheiten bei der Erstellung von Abfragen für Access-Projekte bestehen.

Wenn Sie neue Abfragen erstellen, müssen Sie entscheiden, ob Sie eine *Sicht*, eine *gespeicherte Prozedur* oder eine Funktion benötigen. Bei der Erstellung jeder der Varianten können Sie zwischen einem Designer, der Ihnen ähnlich wie in der Access-MDB-Entwurfsansicht von Abfragen bei der Zusammenstellung der Abfrage hilft, oder der einfachen SQL-Text-Ansicht wählen. Die ersten drei Auswahloptionen im Access-Datenbankfenster rufen ebenso wie die ersten drei Einträge im Dialogfeld *Neue Abfrage* jeweils den entsprechenden Designer auf.

Abbildg. 42.17 Dialogfeld *Neue Abfrage*

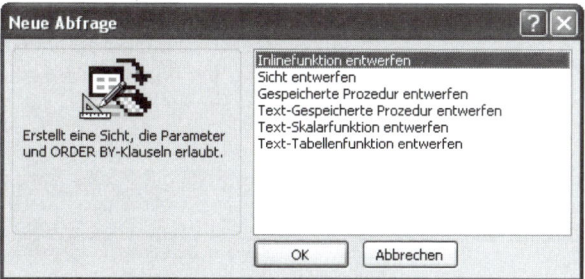

Wir möchten Ihnen in den drei folgenden Abschnitten Sichten, gespeicherte Prozeduren und Funktionen vorstellen und erläutern, welche Variante Sie wann einsetzen können.

Sichten

Sichten, engl. Views, entsprechen Access-Auswahlabfragen ohne Sortierkriterien. Sie dienen dazu, dem Anwender eine »Sicht« auf die Daten der Tabellen zu geben. Eine Sicht kann als »virtuelle Tabelle« bezeichnet werden. Sichten werden auch dafür verwendet, Zugriffsberechtigungen auf Daten zu vergeben, indem für bestimmte Benutzer nur bestimmte Sichten zugelassen werden. Bei großen, unternehmensweiten Datenbanksystemen dürfen die Anwender häufig nur über Sichten auf Daten zugreifen, nie direkt auf die Tabellen, denn oft enthalten die Tabellen mehr Spalten, als die Anwender für ihre spezifischen Aufgaben benötigen. Übrigens können Sichten wiederum auf Sichten basieren.

Mit den Schaltflächen *Diagramm*, *Raster* und *SQL* können Sie die drei Teilbereiche des Entwurfsfensters für Sichten ein- bzw. ausblenden. In Abbildung 42.18 sind alle drei Bereiche sichtbar.

Abbildg. 42.18 Sicht mit eingeblendetem SQL-Text

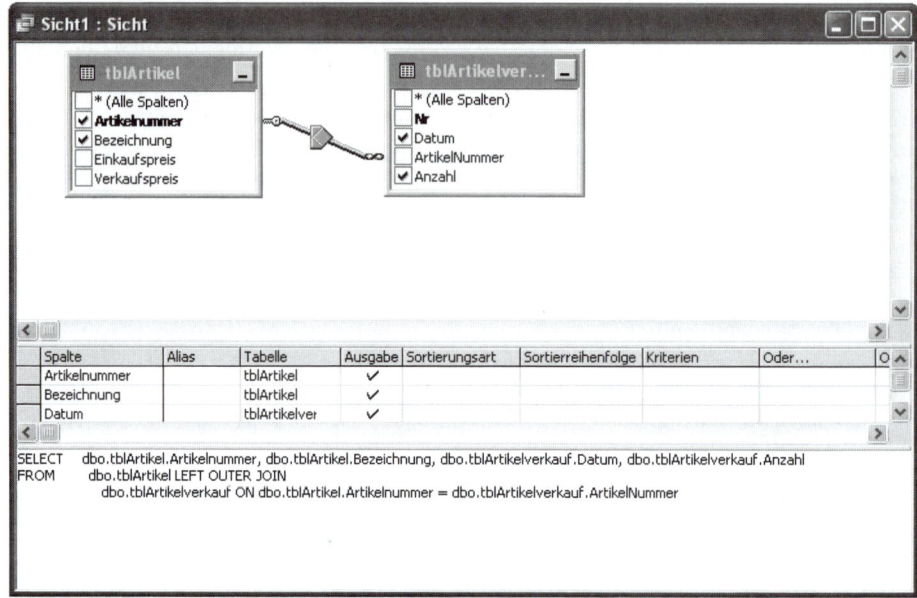

HINWEIS
SQL Server bzw. MSDE setzt übrigens immer den Namen des aktuellen Datenbankbenutzers vor die Tabellenbezeichnung, in Abbildung 42.18 »dbo« (database owner). Es ist möglich, dass verschiedene Benutzer Sichten (bzw. Funktionen, gespeicherte Prozeduren oder auch Tabellen) mit dem gleichen Namen anlegen. Diese werden dann durch den Benutzernamen unterschieden.

PROFITIPP
Beachten Sie bei der Formulierung Ihrer Sichten, dass die SQL-Syntax den Regeln der SQL-92-Definition folgt und damit Unterschiede zu Access-SQL aufweist. Die in MDBs erlaubten deutschen Übersetzungen der SQL-Befehle sind nicht zulässig, also müssen Sie beispielsweise *LIKE* verwenden und nicht *WIE*, es müssen alle Schlüsselwörter in der englischen Originalschreibweise eingesetzt werden.

Tabelle 42.3
Einige Unterschiede zwischen Access-SQL und SQL-92

Access-SQL	SQL-92	Anmerkung
"	'	Zeichenketten werden in einfache Anführungszeichen eingeschlossen, doppelte Anführungszeichen können anstelle der eckigen Klammern »[]« für Feldnamen verwendet werden.
*	%	Wildcard für *LIKE*-Operator (für beliebige Anzahl beliebiger Zeichen).
?	_	Wildcard für *LIKE*-Operator (für ein beliebiges Zeichen)
&	+	Zeichenketten werden mit dem »+«-Zeichen aneinander gehängt.
DISTINCTROW		Befehlswort wird nicht unterstützt.

Beziehungen

In Abbildung 42.18 sind die Eigenschaften der Beziehungslinie zwischen den Tabellen *tblArtikel* und *tblArtikelVerkauf* dargestellt. Um das in Abbildung 42.19 gezeigte Dialogfeld einzublenden, klicken Sie mit der rechten Maustaste auf die Beziehungslinie und selektieren dann im Kontextmenü den Befehl *Eigenschaften*.

Abbildg. 42.19 Eigenschaften einer Beziehung

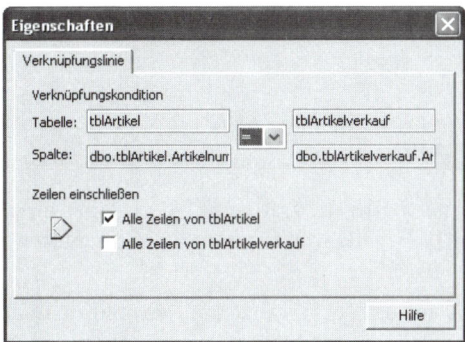

Im Gruppenfeld *Zeilen einschließen* bestimmen Sie, ob von der einen oder von der anderen Tabelle alle Zeilen verwendet werden sollen, unabhängig davon, ob in der jeweils anderen Tabelle eine entsprechende Zeile existiert.

Eigenschaften der Sicht

Die Eigenschaften der gesamten Sicht erhalten Sie, wenn Sie bei eingeschaltetem Eigenschaftenfenster auf den Hintergrund eines der Bereiche der Sicht klicken.

Abbildg. 42.20 Eigenschaften der Sicht

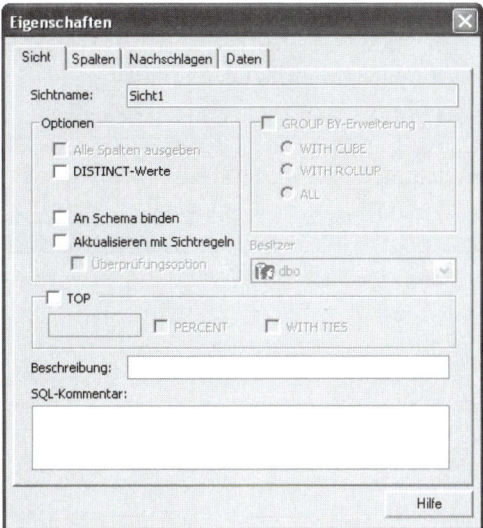

Access-Projekte

Wir möchten im Folgenden nur eine Auswahl der Optionen erläutern; viele der Optionen sind an fortgeschrittene SQL Server-Optionen gebunden, deren Erklärung den Rahmen dieses Buches sprengen würde.

Die Optionen *Top* und *DISTINCT-Werte* entsprechen Access-SQL-Befehlen *TOP* und *DISTINCT* (Kapitel 20).

Eine Beschreibung wird als Eigenschaft mit der Sicht in der Datenbank abgelegt; legen Sie einen *SQL-Kommentar* an, so wird dieser auf dem SQL Server mit dem SQL-Code der Sicht gespeichert.

Auf der Registerkarte *Nachschlagen* können Sie analog zu den Nachschlagefeldern in MDB-Abfragen Werte in anderen Tabellen nachschlagen lassen.

Gespeicherte Prozeduren

Gespeicherte Prozeduren, »Stored Procedures«, werden in Transact-SQL programmiert. Transact-SQL ist eine Programmiersprache, die die SQL-Befehle mit Programmierelementen wie Verzweigungen, Schleifen, Variablen und vielem mehr verbindet.

Transact-SQL ermöglicht es, Programmlogik auf dem Server auszuführen und dadurch eine verteilte Verarbeitung zu erreichen.

Access bietet Ihnen zwei Varianten, gespeicherte Prozeduren neu zu erstellen. Sie können die bekannte Entwurfsansicht verwenden, die Sie auch für Sichten einsetzen. Allerdings haben Sie nun gegenüber Sichten den Vorteil, dass Sie Parameter verwenden können. Außerdem können Sie Aktualisierungs-, Tabellenerstellungs-, Anfüge-, Lösch- und Werteanfügeabfragen zusammenstellen, so wie Sie es von MDBs her gewohnt sind.

Neue gespeicherte Prozedur in der Entwurfsansicht

Um eine neue gespeicherte Prozedur in der Entwurfsansicht zu erstellen, selektieren Sie im Dialogfeld *Neue Abfrage* (siehe Abbildung 42.17) die Option *Gespeicherte Prozedur entwerfen*. Sie erhalten dann das bekannte Fenster der Entwurfsansicht und den Tabellen-Auswahldialog.

Wie Sie in Abbildung 42.21 sehen, können Sie für Ihre Abfragen Parameter definieren. Sie können dafür die aus MDB-Datenbanken gewohnten eckigen Klammern oder die SQL Server-Schreibweise mit @ verwenden; dabei werden die eckigen Klammern zu @ umgeformt.

Neue gespeicherte Prozedur

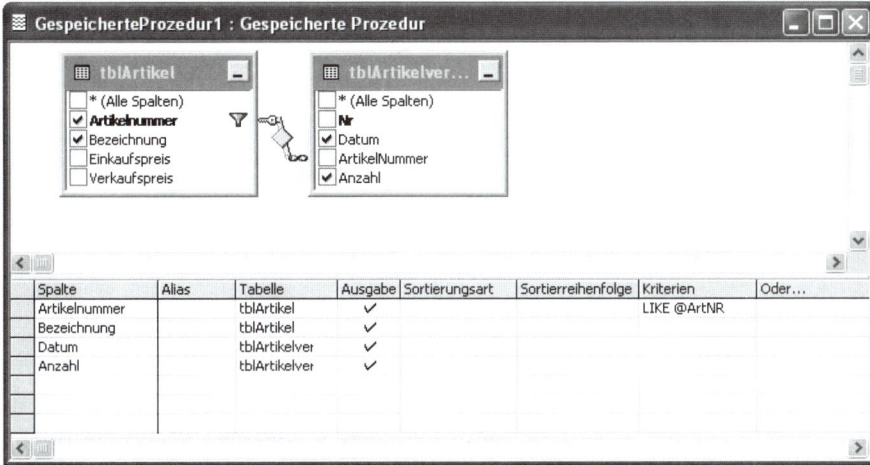

Ebenso wie in MDBs können für Ihre Parameter Datentypen vereinbart werden. Rufen Sie dazu das Eigenschaftenfenster für die Prozedur auf.

Abbildg. 42.22 Parameter für gespeicherte Prozedur festlegen

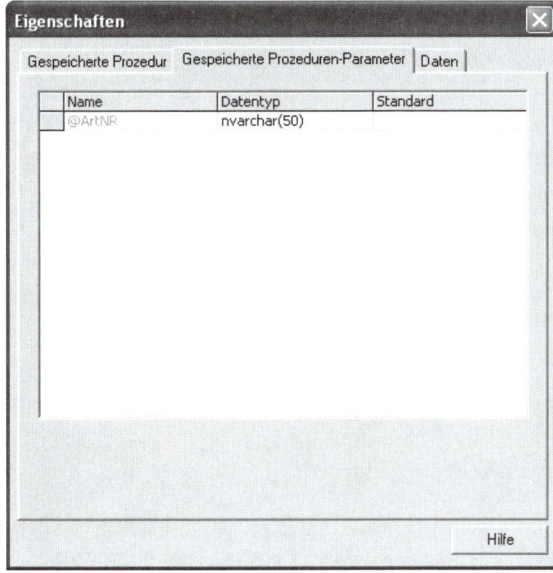

Neue gespeicherte Prozedur in der Textansicht

Erstellen Sie eine neue gespeicherte Prozedur in der Textansicht, so wird das in Abbildung 42.23 gezeigte Fenster zum Erfassen der gespeicherten Prozedur eingeblendet. Es beinhaltet ein Programmfragment mit dem Grundgerüst einer gespeicherten Prozedur.

Abbildg. 42.23 Gespeicherte Prozedur in der Textansicht

```
CREATE PROCEDURE "GespeicherteProzedur2"
/*
        (
                @parameter1 datatype = default value,
                @parameter2 datatype OUTPUT
        )
*/
AS
        /* SET NOCOUNT ON */
        RETURN
```

Die Zeichenfolgen /* und */ begrenzen ein- oder mehrzeilige Kommentare. Daneben haben Sie die Möglichkeit, Kommentare am Zeilenende mit zwei Minuszeichen -- einzuleiten.

Im ersten Kommentar der neuen gespeicherten Prozedur sind beispielhafte Deklarationen von Parametern zu sehen. Die auskommentierte Anweisung SET NOCOUNT ON wird benötigt, wenn mehrere Anweisungen in der gespeicherten Prozedur vorkommen, aber nur eine davon die Ergebnismenge der gespeicherten Prozedur liefert. Im Normalfall benötigen Sie diese Anweisung nicht.

Abbildung 42.24 zeigt eine einfache Abfrage. Wir haben alle nicht benötigten Teile der gespeicherten Prozedur entfernt. Es ist die gleiche Abfrage, die auch in Abbildung 42.21 verwendet wurde.

Abbildg. 42.24 Einfache Abfrage

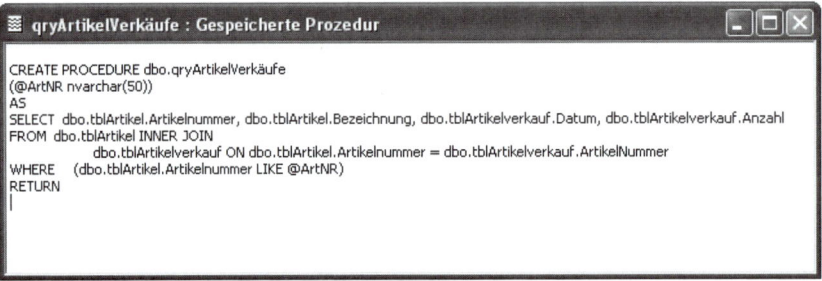

```
CREATE PROCEDURE dbo.qryArtikelVerkäufe
(@ArtNR nvarchar(50))
AS
SELECT  dbo.tblArtikel.Artikelnummer, dbo.tblArtikel.Bezeichnung, dbo.tblArtikelverkauf.Datum, dbo.tblArtikelverkauf.Anzahl
FROM  dbo.tblArtikel INNER JOIN
                dbo.tblArtikelverkauf ON dbo.tblArtikel.Artikelnummer = dbo.tblArtikelverkauf.ArtikelNummer
WHERE    (dbo.tblArtikel.Artikelnummer LIKE @ArtNR)
RETURN
```

Die Abfrage wird unter dem Namen gespeichert, der hinter dem Befehl CREATE PROCEDURE angegebenen ist. Mithilfe der Schaltfläche *Ansicht* wird die gespeicherte Prozedur ausgeführt. Übrigens ändert sich der Befehl CREATE PROCEDURE nach dem Speichern zu ALTER PROCEDURE; jedes erneute Speichern ändert die vorhandene gespeicherte Prozedur.

Eine sehr kurze Einführung in Transact-SQL

Eine gespeicherte Prozedur kann beliebige SQL-Befehle enthalten; sie kann Datensätze zurückliefern oder nur eine Aktion ausführen. Die Abarbeitung der gespeicherten Prozedur findet komplett auf dem Server statt, Access erhält nur die Ergebnisse.

Standardmäßig liefert eine gespeicherte Prozedur die Datensätze zurück, die per SELECT ausgewählt wurden.

Eine gespeicherte Prozedur kann einen Ergebniswert zurückgeben. Dies kann in der Form programmiert werden, dass hinter dem Befehl RETURN am Ende der gespeicherten Prozedur eine Zahl oder eine Zeichenkette angegeben wird. Den Return-Wert können Sie nur mit einem VBA-Programm auswerten.

WICHTIG In Access-Jet-Abfragen können Sie Verweise auf Felder offener Formulare als Parameter definieren, etwa in der Art *Formulare!Formular1!Feld1*. Bei der Ausführung der Abfrage wird dann der aktuelle Wert des Feldes als Parameter übergeben. Solche Verweise sind in Access-Projekten nicht zulässig, allerdings gibt es einen anderen Weg, Felder als Parameter zu übergeben. Übrigens hat auch der weiter vorn in diesem Kapitel beschriebene Upsizing-Assistent, der MDB-Datenbanken in ADPs überführt, Probleme mit solchen Verweisen.

Die CASE-Anweisung

Für viele Aufgabenstellungen leistet die CASE-Anweisung gute Dienste. Sie ermöglicht es, Wenn-Dann-Konstrukte in SELECT- und anderen Abfragen zu verwenden. In Access-Abfragen verwenden Sie dazu die WENN()-Funktion (engl. IIF()), die auf SQL Server so nicht existiert.

Die CASE-Anweisung kann in zwei Varianten angewendet werden: einfach oder komplex. Die einfache Version hat die Syntax:

```
CASE Bedingung
    WHEN Ausdruck1 THEN Ausdruck11
    WHEN Ausdruck2 THEN Ausdruck22
    ...
    ELSE Ausdruck33
END
```

Bei der komplexen Variante wird wie folgt formuliert:

```
CASE
    WHEN Bedingung1 THEN Ausdruck1
    WHEN Bedingung2 THEN Ausdruck2
    ...
    ELSE Ausdruck3
END
```

Am einfachsten kann man die Möglichkeiten und die Unterschiede beider Varianten anhand von Beispielen erläutern. Die im nächsten Listing gezeigte gespeicherte Prozedur gibt aus, wie viele Besucher ins Kino kamen. Hierbei wird die erweiterte Syntax für die CASE-Anweisung verwendet.

```
CREATE PROCEDURE qryBesuch
AS
SELECT
    dbo.tblFilme.Filmtitel,
    dbo.tblKinos.Kino,
    SUM(dbo.tblKinokasse.AnzahlPersonen) AS Besucher,
    CASE
        WHEN SUM(AnzahlPersonen) > 5000 THEN 'Sehr gut'
        WHEN SUM(AnzahlPersonen) > 2000 THEN 'Gut'
        WHEN SUM(AnzahlPersonen) > 500 THEN 'Normal'
        ELSE 'Nicht ausreichend'
    END AS Besuch
```

Access-Projekte

```
FROM dbo.tblWochen
   INNER JOIN
   dbo.tblFilme ON dbo.tblWochen.FilmNr = dbo.tblFilme.FilmNr
   INNER JOIN
   dbo.tblTermine
   INNER JOIN
   dbo.tblKinokasse
      ON dbo.tblTermine.TerminNr = dbo.tblKinokasse.TerminNr
   INNER JOIN
   dbo.tblKinos
      ON dbo.tblTermine.KinoNr = dbo.tblKinos.KinoNr
        ON dbo.tblWochen.WocheNr = dbo.tblTermine.WochenNr
GROUP BY dbo.tblFilme.Filmtitel, dbo.tblKinos.Kino
ORDER BY dbo.tblFilme.Filmtitel
RETURN
```

Interne Funktionen

In Sichten, Funktionen und gespeicherten Prozeduren können Sie unter anderem die in Tabelle 42.2 aufgeführten Funktionen verwenden. Die Parameter der Funktionen schlagen Sie am einfachsten in der Online-Hilfe zu Transact-SQL nach.

Tabelle 42.4   Funktionen

Funktion	Beschreibung
CAST	konvertiert einen Datentyp in einen anderen Datentyp.
CONVERT	wie **CAST**, mit etwas anderer Syntax.
GETDATE	gibt das aktuelle Systemdatum des Rechners zurück, auf dem SQL Server läuft.
LEN	ermittelt die Länge einer Zeichenkette.
LEFT	gibt *n* Zeichen einer Zeichenkette vom linken Ende zurück.
LOWER, LCASE	konvertiert eine Zeichenkette in Kleinbuchstaben.
LTRIM	entfernt alle Leerzeichen am Anfang einer Zeichenkette.
ROUND	rundet eine Zahl.
RIGHT	gibt *n* Zeichen einer Zeichenkette vom rechten Ende zurück.
SUBSTRING	ermittelt, ob eine Zeichenkette in einer anderen vorkommt.
UPPER, UCASE	konvertiert eine Zeichenkette in Großbuchstaben.

Trigger

Für jede Tabelle können Trigger programmiert werden. Trigger gibt es in drei Varianten: Einfüge-, Aktualisierungs- und Lösch-Trigger (Insert, Update, Delete). Ein Einfüge-Trigger wird beispielsweise immer dann abgearbeitet, wenn ein neuer Datensatz der Tabelle hinzugefügt wird. Wir gehen im Rahmen dieses Buches nicht weiter auf Trigger ein, möchten aber noch eine Besonderheit von Triggern erläutern. Beim Einfügen von Datensätzen in eine Tabelle stehen innerhalb des Triggers alle

Datensätze, die eingefügt werden sollen, in einer internen Tabelle inserted zur Verfügung, die die gleiche Struktur wie die eigentliche Tabelle hat. Beim Lösch-Trigger werden die zu löschenden Datensätze in der internen Tabelle deleted gespeichert, bevor tatsächlich gelöscht wird. Beim Aktualisierungs-Trigger werden beide internen Tabellen verwendet. Auf die internen Tabellen kann innerhalb des Triggers zugegriffen werden.

Funktionen

SQL Server 2000 erlaubt es, mithilfe von Transact-SQL Funktionen zu schreiben, die Werte oder Tabellen als Ergebnis zurückliefern können. Wann werden solche Funktionen eingesetzt? Wie wir oben beschrieben haben, ist die Ergebnismenge einer Sicht eine Tabelle, so dass Sie beispielsweise SELECT * FROM Sicht1 formulieren können. Allerdings können Sie einer Sicht keine Parameter übergeben. Eine gespeicherte Prozedur können Sie mit Parametern aufrufen, sie kann eine Ergebnistabelle zurückgeben, die aber nicht in einem *SELECT*-Befehl verwendet werden kann.

Eine Funktion erlaubt Ihnen, einen Wert oder eine Tabelle als Ergebnis zu erhalten und Parameter zu übergeben, also gewissermaßen eine Mischung von Sicht und gespeicherter Prozedur.

Formulare

Die Erstellung und Programmierung von Formularen entspricht weitgehend dem, was Sie von Access-MDBs gewohnt sind. Es kommen einige neue Eigenschaften hinzu sowie einige Restriktionen.

Neue Schaltflächen

In der Formularansicht werden ebenso wie in der Datenblattansicht zwei neue Navigationsschaltflächen gezeigt: *Abfrage abbrechen* und *Max. Datensätze* (siehe Abschnitt »Tabellen in der Datenblattansicht« weiter vorn in diesem Kapitel).

In den Eigenschaften des Formulars stehen Ihnen die Optionen *MaxRecords* und *MaxRecButton* zur Verfügung. Mit *MaxRecords* geben Sie an, wie viele Datensätze eingelesen werden sollen, mit *MaxRecButton* steuern Sie, ob die Schaltfläche *Max. Datensätze* in der Formularansicht gezeigt werden soll.

Drei Möglichkeiten für die Datenherkunft

Normale Access-MDB-Formulare können auf Tabellen und Abfragen basieren. Für die Datenherkunft von Formularen für Access-Projekte ist die Auswahl zwischen Tabellen, Sichten, Funktionen und gespeicherten Prozeduren möglich.

Basiert ein Formular auf einer Funktion oder gespeicherten Prozedur mit Parametern, so können Sie die Parameter mithilfe der Eigenschaft *InputParameters* setzen (siehe Abschnitt »Die Eigenschaft *Eingabeparameter*« weiter hinten in diesem Kapitel).

Die Eigenschaft *RecordsetType* bestimmt, ob Änderungen an den Feldinhalten des Formulars gespeichert werden können. Die Eigenschaft kann die Werte *Snapshot* (keine Änderungen möglich) und *Updatable Snapshot* (Änderungen unter bestimmten Bedingungen möglich) annehmen.

Access-Projekte

Wann können Daten bearbeitet werden?

Ob Daten in Formularen bearbeitet werden können, dafür gelten für Access-Projekte im Wesentlichen die gleichen Regeln wie für Access-MDBs.

Daten können nur dann aktualisiert werden, wenn die zugrunde liegenden Tabellen einen Primärschlüssel (oder zumindest einen eindeutigen Schlüssel) besitzen. Formulare, die auf einer einzelnen Tabelle basieren, die einen Primärschlüssel enthält, sind aktualisierbar. Das Gleiche gilt, wenn das Formular auf einer Sicht basiert, die nur eine Tabelle enthält.

> Formulare, denen ein SQL-Befehl oder eine Sicht mit einer 1:n-Beziehung zugrunde liegt, sind dann aktualisierbar, und zwar sowohl die 1- als auch die n-Seite. Beachten Sie dabei, dass es bei Änderungen an Feldern der 1-Seite zu Fehlern bei der Anzeige kommen kann, dass beispielsweise bei Endlosformularen sowohl der neue Wert als auch bei anderen Datensätzen der alte Wert zu sehen ist. In MDBs wird die Anzeige im Allgemeinen korrekt aktualisiert. Nach unserer Erfahrung ist es sinnvoll und zum Teil notwendig, die Primärschlüsselfelder aller im SQL-Befehl oder in der Sicht verwendeten Tabellen in die SQL-Abfrage aufzunehmen.
>
> Bei Formularen, die auf gespeicherten Prozeduren basieren, muss gegebenenfalls die Eigenschaft *Eindeutige Tabelle* (*UniqueTable*) gesetzt werden, um dem Formular mitzuteilen, welche der betroffenen Tabellen aktualisiert werden soll.

Die Eigenschaft *Eingabeparameter*

Wenn Sie als Datenherkunft Ihres Formulars eine gespeicherte Prozedur festlegen, für die Parameter definiert sind, so werden Sie für jeden Parameter in einem Dialogfeld nach einem Wert gefragt. Im Dialogfeld ist dann jeweils der Name des Parameters zu sehen, wobei der Name ohne das führende Zeichen »@« angezeigt wird.

Mithilfe der Eigenschaft *Eingabeparameter* (engl. *InputParameters*) können Sie eigene Texte in den Abfragedialogfeldern anzeigen lassen. Zudem ist es möglich, auf Steuerelemente anderer Formulare zu verweisen und den Wert für den Parameter dort auszulesen.

Wir verwenden für die folgenden Beispiele die gespeicherte Prozedur, für die ein Parameter mit der Bezeichnung @ArtNummer definiert ist.

```
CREATE PROCEDURE qryArtikelParameter
    @ArtNummer VARCHAR(100)
AS
    SELECT * FROM tblArtikel WHERE Artikelnummer LIKE @ArtNummer
RETURN
```

Wenn die gespeicherte Prozedur als Datenherkunft eines Formulars verwendet wird, wird das in Abbildung 42.25 gezeigte Dialogfeld beim Öffnen gezeigt. Der Name des Parameters erscheint über dem Eingabefeld.

Dialogfeld für Parameter

Um den Abfragetext zu ändern, verwenden Sie die Formulareigenschaft *Eingabeparameter* mit folgender Syntax

ParameterName Datentyp = [Abfragetext]

Bei gespeicherten Prozeduren wird der Name des Parameters mit dem führenden »@«-Zeichen angegeben, also in unserem Beispiel

@ArtNummer VARCHAR=[Bitte Artikelnummer angeben (% für alle)]

Der Abfragetext wurde in eckige Klammern gesetzt. Damit wird das in Abbildung 42.26 gezeigte Dialogfeld beim Öffnen des Formulars erzeugt.

Geänderter Text

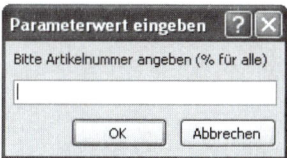

HINWEIS Mehrere Parameter werden durch Kommas voneinander getrennt, nicht wie sonst in Access durch Semikolons.

Eingabeparameter vorbelegen

Sie können über die Eigenschaft *Eingabeparameter* auch Parameter von Abfragen bzw. gespeicherten Prozeduren vorbelegen. Setzen Sie dazu den Wert, den ein Parameter erhalten soll, in Anführungszeichen. Die Anführungszeichen benötigen Sie übrigens immer, unabhängig vom Typ des Parameters.

@ArtNummer VARCHAR = "032-01234-A-7"

Verweise auf Formularfelder

Mithilfe von Eingabeparametern können Sie einen Wert aus einem geöffneten Formular abfragen. Den Verweis auf ein Steuerelement eines Formulars spezifizieren Sie in der bekannten Schreibweise, wie es die folgende Zeile zeigt:

@ArtNummer VARCHAR = [Forms]![frmArtikel]![ArtikelNummer]

> **TIPP** Beim Einsatz von Formularen und Berichten gibt es eine Reihe von Restriktionen, z.B. bei Verweisen auf Formular- oder Berichtsfelder innerhalb einer SQL-Abfrage. Da es sich hierbei um fortgeschrittene Funktionen handelt, die mehr Kenntnisse über SQL Server und Access-Projekte erfordern, möchten wir Sie an dieser Stelle auf unser Buch »Microsoft Access-Projekte mit SQL Server 2000«, ISBN 3-86063-093-8, ebenfalls im Verlag Microsoft Press erschienen, verweisen.

Zusammenfassung

In diesem Kapitel über Access-Projekte konnten Sie lesen, wie Access und die Datenbank Microsoft SQL Server zusammenarbeiten und wie Access-Projekte aufgebaut sind.

- Ab Seite 846 wird gezeigt, wie Sie Access-Datenbanken mithilfe des Upsizing-Assistenten zu Access-Projekten konvertieren können.

- SQL Server-Datenbanken verwenden anderen Feldtypen und Eigenschaften für Tabellen. Einzelheiten dazu können Sie ab Seite 851 nachlesen.

- Ab Seite 857 erläutern wir, welche Änderungen sich für SQL-Abfragen ergeben, die auf den SQL Server ausgeführt werden. Hier werden auch erste Schritte mit gespeicherten Prozeduren besprochen.

- Neue Möglichkeiten für Formulare besprechen wir am Ende des Kapitels.

Teil J

Access im Internet

In allen Komponenten von Microsoft Office 2003, also auch in Access, spielen Internettechniken und -verfahren eine immer größere Rolle.

Wir stellen in diesem Teil die Internetfunktionen von Access vor. Darüber hinaus stellen wir Verfahren und Produkte vor, um Access-Daten im Internet oder Intranet zu veröffentlichen.

Wir beschreiben

- den Einsatz von Hyperlinks,

- die Ausgabe von statischen HTML-Dateien,

- den Umgang mit XML,

- Datenzugriffsseiten als Access-eigene Variante für eine Internetpräsentation von Daten,

- Microsoft SharePoint Services als komplette Internetumgebung auf Basis von Windows Server 2003, die die Internetveröffentlichung von Access-Daten ermöglichen.

Hyperlinks, HTML- und XML-Ausgabe

Wir haben dieses Kapitel in drei Abschnitte aufgeteilt: Im ersten Abschnitt beschreiben wir den Einsatz von Hyperlinks. Insbesondere möchten wir erklären, wie Sie die Hyperlinks auch ohne Internet für die tägliche Arbeit einsetzen können. Der zweite Abschnitt soll die Fähigkeiten von Access im Hinblick auf das Internet beschreiben und aufzeigen, welche Vorteile Sie aus den neuen Funktionen ziehen können. Im dritten Abschnitt geben wir Ihnen einen kurzen Einblick in die XML-Funktionen von Access 2003.

Einsatz von Hyperlinks

Ein Hyperlink ist ein Querverweis zu Inhalten im Internet bzw. Intranet in Form einer URL-Adresse oder auch zu Inhalten auf lokalen Festplatten. Sie können Hyperlinks in Access mit und ohne Verbindung zum Internet oder einem Intranet nutzen.

Hyperlinks lassen sich in zwei Varianten in Access verwenden: als Datentyp für Tabellenfelder oder als Querverweis in Formularen.

Der Datentyp »Hyperlink«

In Kapitel 10 haben wir im Abschnitt »Der Felddatentyp *Hyperlink*« die Definition und Nutzung von *Hyperlink*-Feldern in Tabellen beschrieben.

Hyperlinks in Formularen

Hyperlinks lassen sich auch direkt in Formularen nutzen. In Abbildung 43.1 sehen Sie rechts oberhalb von *Sonderveranstaltung* den Hyperlink *frmKinos*. Ein Klick auf diesen Hyperlink ruft das Formular *frmKinos* auf.

Abbildg. 43.1   Formular mit Hyperlink

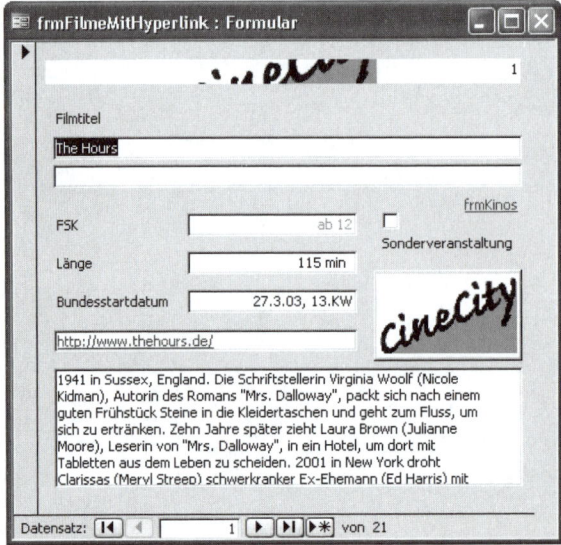

Zum Erstellen des Hyperlinks haben wir in der Entwurfsansicht des Formulars mit dem Befehl *Einfügen/Hyperlink* das in Abbildung 43.2 gezeigte Dialogfeld geöffnet.

Abbildg. 43.2   Einfügen eines neuen Hyperlinks

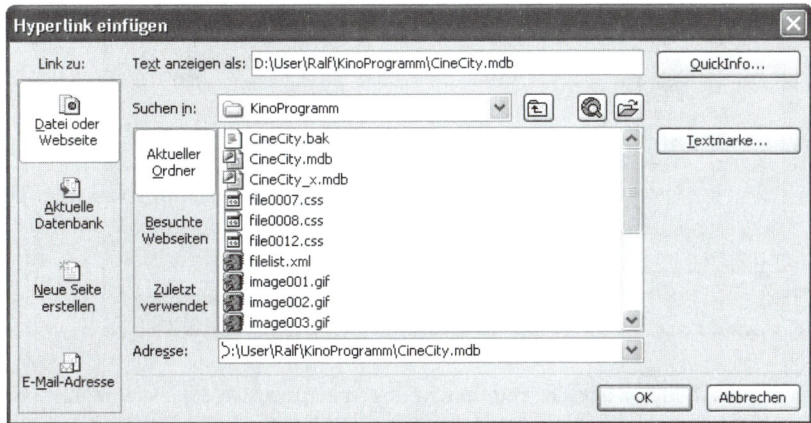

Für einen Hyperlink können Sie den Link sowie den anzuzeigenden Text festlegen. Den Text, der im Formular für den Link eingeblendet wird, legen Sie im Feld *Text anzeigen als* fest.

Für die Definition des Hyperlinks stehen Ihnen die vier Optionen auf der linken Seite des Dialogfeldes zur Verfügung.

Hyperlink: Datei oder Webseite

Die Auswahl *Datei oder Webseite* (siehe Abbildung 43.2) ermöglicht den Verweis auf eine beliebige Datei auf Ihrem Rechner bzw. im Netzwerk. Je nach Typ der Datei wird später beim Anklicken des Hyperlinks in Ihrem Formular das richtige Programm zur Anzeige der Datei gestartet. Die Schaltfläche *Nach Datei suchen* ermöglicht Ihnen eine bequeme Auswahl der entsprechenden Datei. Wählen Sie beispielsweise ein Word-Dokument, so öffnet ein Klick auf den Hyperlink Word und das Dokument wird geladen.

Mithilfe der Schaltfläche *Web durchsuchen* starten Sie Internet Explorer, mit dessen Hilfe Sie eine Webseite auf Ihrem Rechner, in Ihrem Netzwerk oder im Internet auswählen können. Haben Sie die gewünschte Webseite aufgerufen, aktivieren Sie Access, ohne Internet Explorer zu schließen, um die Adresse der Webseite in das Dialogfeld *Hyperlink einfügen* zu übernehmen.

Hyperlink: Aktuelle Datenbank

Selektieren Sie im Dialogfeld *Hyperlink einfügen* die Option *Aktuelle Datenbank*, werden Ihnen die Objekte Ihrer Datenbank zur Verknüpfung mithilfe des Hyperlinks angeboten, wie es Abbildung 43.3 zeigt.

Verknüpfung zu welchem Objekt?

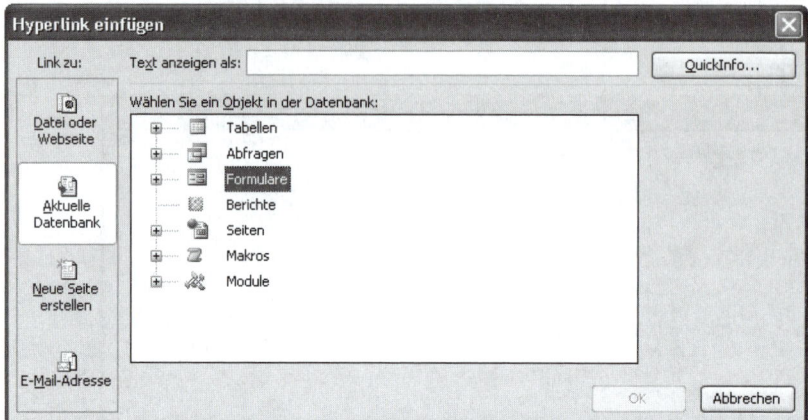

Mithilfe der Pluszeichen vor den Objektbezeichnungen klappen Sie die jeweilige Liste mit Objekten auf. Selektieren Sie das gewünschte Objekt, das mit dem Hyperlink aufgerufen werden soll.

Hyperlinks sind eine einfache und schnelle Methode, Formulare und Berichte aufzurufen, denn mit wenigen Klicks haben Sie einen entsprechenden Hyperlink in Ihrem Formular eingerichtet.

Hyperlink: Neue Seite erstellen

Die Option *Neue Seite erstellen* im Dialogfeld *Hyperlink einfügen* ermöglicht Ihnen die direkte Neu-anlage eines Dokuments, auf das dann der Hyperlink verweist.

Hyperlink: *Neue Seite erstellen*

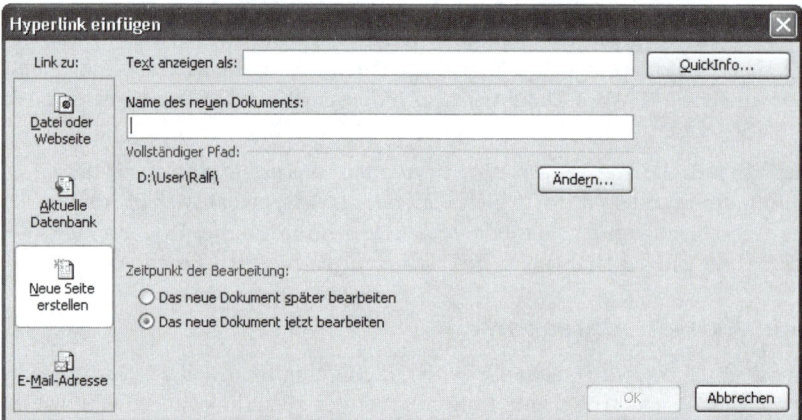

Hyperlink: E-Mail-Adresse

Mithilfe der Option *E-Mail-Adresse* im Dialogfeld *Hyperlink einfügen* können Sie vereinbaren, dass ein Klick auf den Hyperlink das auf Ihrem Rechner eingerichtete E-Mail-Programm aufruft und die

Empfängeradresse dort direkt einträgt. Bei der Office-Installation werden als E-Mail-Programm normalerweise Outlook Express (gehört zum Internet Explorer) bzw. Outlook eingerichtet.

Abbildg. 43.5 Hyperlink: *E-Mail-Adresse*

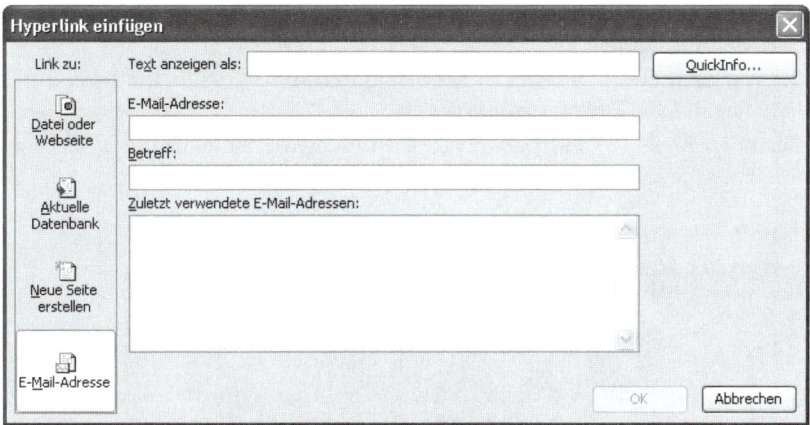

HTML-Ausgabe mit Access

Für die Ausgabe von HTML werden drei Varianten unterschieden. Welche der Varianten für Sie infrage kommt, hängt unter anderem davon ab, auf welchem Serversystem Sie Ihre Daten im Web publizieren.

HTML-Dateien werden normalerweise auf einen Internetserver gespielt und können dann über die Internetadresse des Servers abgerufen werden. Testen können Sie die HTML-Ausgabe auch ohne Server. Laden Sie dazu einfach die von Access erzeugte HTML-Datei in Microsoft Internet Explorer.

HINWEIS Viele Internetprovider wie auch die Online-Dienste T-Online oder AOL bieten Ihnen die Möglichkeit, HTML-Dateien auf einem Server des jeweiligen Anbieters bereitzustellen.

Statische HTML-Ausgabe

Bei der statischen HTML-Ausgabe werden die Daten des ausgewählten Access-Objekts als Tabelle in eine HTML-Datei geschrieben. Diese Ausgabe wird deshalb als statisch bezeichnet, weil die HTML-Datei den Stand der Daten zum Zeitpunkt der Erzeugung der HTML-Datei widerspiegelt. Spätere Änderungen an den Daten werden nicht in der HTML-Datei berücksichtigt. Soll ein neuerer Stand der Daten bereitgestellt werden, so muss die HTML-Datei neu generiert werden.

Dynamische Ausgabe als Active Server Pages (ASP)

Die Active Server Pages sind eine Technik von Microsoft, dynamische Seiteninhalte auf einem Server mithilfe von Programmen zu generieren. Dabei können verschiedene Programmiersprachen eingesetzt werden. ASP setzt Microsoft Internet Information Server (Version 3.0 oder höher) voraus.

ASP wurde zwischenzeitlich von ASP .NET abgelöst, das einen anderen Ansatz verfolgt und auf dem Microsoft .NET-Framework basiert.

Access im Internet

Statische HTML-Ausgabe

In diesem Abschnitt zeigen wir Ihnen die statische Ausgabe einer Tabelle als HTML-Datei. Statisch bedeutet, dass die HTML-Ausgabe den Stand der Daten in der Datenbank zurzeit der Erstellung der HTML-Datei widerspiegelt, also werden spätere Änderungen an den Daten nicht automatisch in die HTML-Datei übernommen.

1. Selektieren Sie zum Erstellen der HTML-Datei in Access die gewünschte Tabelle und wählen Sie dann den Menübefehl *Datei/Exportieren*.

2. Legen Sie im Dialogfeld *Exportieren …* den gewünschten Dateinamen fest. Als *Dateityp* müssen Sie für die statische HTML-Ausgabe *HTML-Dokumente* bestimmen.

Abbildg. 43.6   HTML-Export

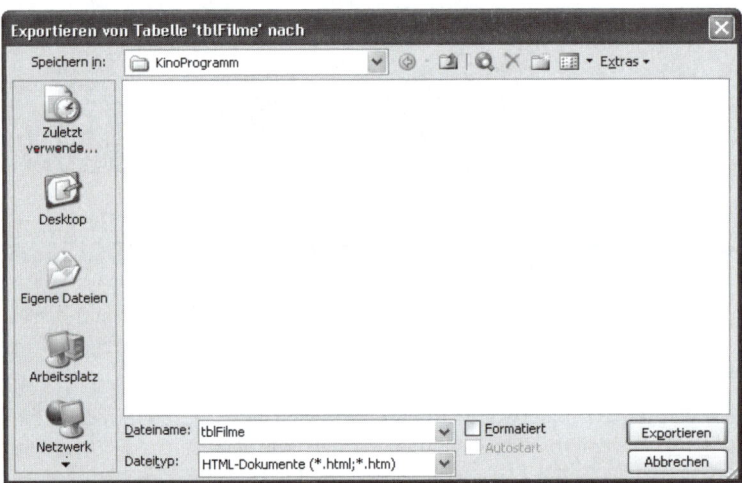

Selektieren Sie die Option *Autostart*, wird nach dem Export der Tabelle sofort der Webbrowser Internet Explorer gestartet und die erstellte Datei dort gezeigt.

Nach dem Bestätigen des Dialogfeldes durch einen Klick auf *Exportieren* (Abbildung 43.6) wird das Dialogfeld *HTML-Ausgabeoptionen* eingeblendet, wenn Sie die Option *Formatiert* selektiert hatten. Es ermöglicht die Auswahl einer HTML-Vorlagedatei mit zusätzlichen Texten und die Codierung für die zu erzeugende HTML-Datei.

Abbildg. 43.7   HTML-Ausgabeoptionen

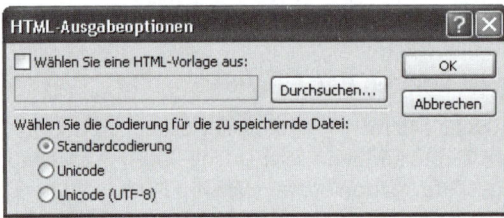

In Abbildung 43.8 sehen Sie das erstellte HTML-Dokument in Internet Explorer.

Abbildg. 43.8 Die erzeugte HTML-Datei

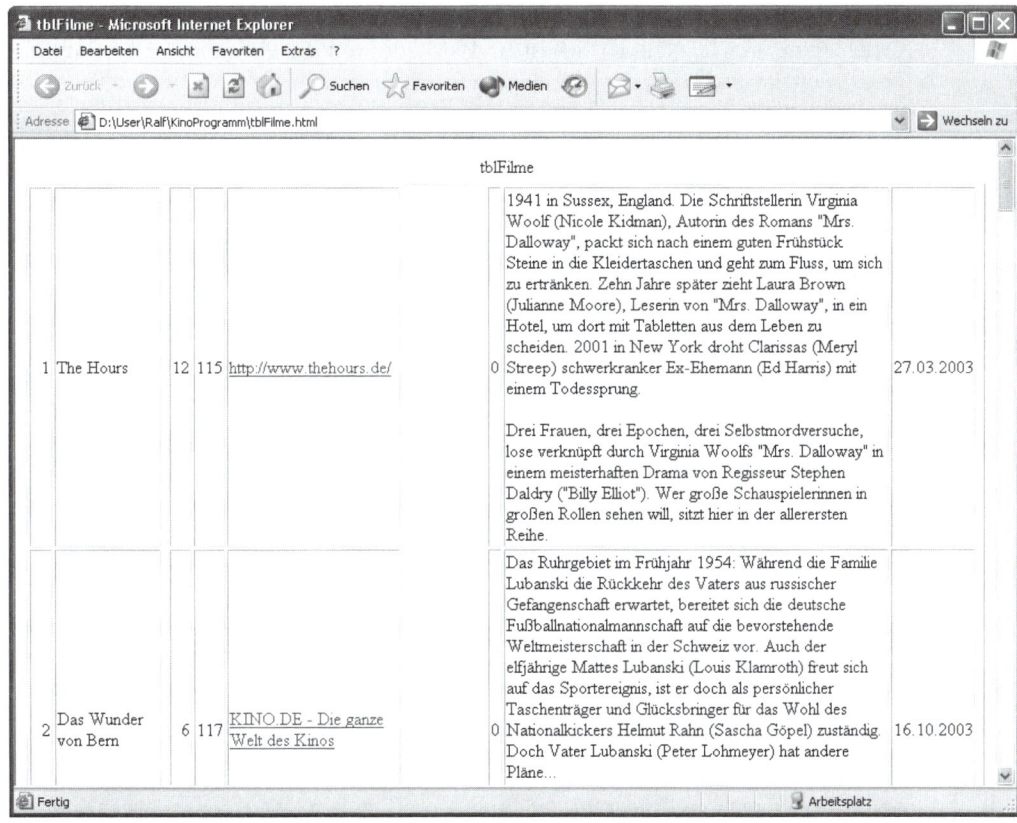

Soll die HTML-Datei nun im Internet veröffentlicht werden, so muss sie dazu auf einen Internetserver kopiert werden.

> **HINWEIS** Übrigens werden beim Export von Berichten die Berichte in kleine HTML-Dateien zerlegt, die jeweils eine Seite des Berichts abbilden. Bei der Darstellung des Berichts im Browser werden unterhalb der Daten Schaltflächen zum Blättern im Bericht gezeigt.

XML

Mit XML (»Extensible Markup Language«) unterstützt Access ein Format, das die Weitergabe von Daten zwischen unterschiedlichen Systemen und Anwendungen ermöglicht. XML hat sich in der letzten Zeit als ein Standard zur Beschreibung von Daten und Datenstrukturen etabliert.

Dazu verwendet XML das Konzept der selbstbeschreibenden Dokumente, die alle Informationen enthalten, die notwendig sind, um sie in ihrem Anwendungsumfeld zu bearbeiten. XML wird vom World Wide Web Consortium (W3C) standardisiert, das beispielsweise auch den Sprachumfang HTML festgelegt hat.

Access im Internet

Um XML in der Praxis sinnvoll einsetzen zu können, gibt es mittlerweile eine Vielzahl begleitender Standards wie z.B. XHTML, XML Namespaces, XML Schema, XSLT und XPath.

XML besteht aus »Tags«. Ein »Tag« ist ein Block, der von den Zeichen < und > eingeschlossen wird. Ein Element ist ein Block, der von einem öffnenden und einem schließenden (mit zusätzlichem /) Tag umgeben wird, also beispielsweise

```
<FILMTITEL>Der Sturm</FILMTITEL>
```

Ein Tag kann zusätzliche Attribute aufweisen, wie z.B.

```
<FILMTITEL SPRACHE="DE">Der Sturm</FILMTITEL>
```

Tags können mehrere Zeilen einschließen und andere Tags beinhalten:

```
<Film>
<Filmtitel>Alice und Martin</Filmtitel>
<FSK>16</FSK>
<Länge>0</Länge>
</Film>
```

Beachten Sie, dass Tags auf Groß- und Kleinschreibung achten, also sind <FILMTITEL>, <Filmtitel> und <FilmTitel> drei verschiedene Tags.

Zusätzlich können in XML Verarbeitungsanweisungen angegeben werden, die mit <?name data?> definiert werden, beispielsweise <?xml version="1.0"?>, um den Versionsstand der XML-Datei festzulegen.

Übrigens sind in HTML die einsetzbaren Tags wie beispielsweise <HTML> ... </HTML> oder <b> ... </b> vordefiniert, dagegen erlaubt XML die Festlegung eigener Tags.

Wenn die elementaren Regeln für den Einsatz der Tags befolgt werden, erhält man ein XML-Dokument, das »wohlgeformt« ist. Die wichtigsten Anforderungen an ein wohlgeformtes XML-Dokument sind:

- Es muss genau ein Element geben, das alle anderen enthält.

- Für alle Elemente müssen die öffnenden und schließenden Tags vorhanden sein, oder das Element muss im Tag explizit als leer gekennzeichnet werden.

- Alle Tags müssen richtig verschachtelt sein.

- Alle Attribute müssen einen Wert haben, der von einfachen oder doppelten Anführungszeichen eingeschlossen ist.

- Der benutzte Zeichensatz muss am Anfang des Dokuments definiert werden, wenn er nicht mit der Zeichencodierung UTF-8 oder UTF-16 gespeichert ist.

Was ist der Unterschied zwischen XML und HTML?

XML ist wie HTML eine Beschreibungssprache, wobei es grob gesagt bei HTML um das Aussehen und bei XML um den Inhalt geht. Die Beschreibungen in einer HTML-Datei definieren die Art und Weise, in der die enthaltenen Daten angezeigt werden sollen. Mit XML hingegen wird die logische Struktur der enthaltenen Daten erfasst.

Dieser Unterschied wird deutlich, wenn Sie sich die Schreibweise der beiden Sprachen anschauen. Sowohl in HTML als auch in XML werden so genannte Tags verwendet. Als Tag wird ein von den Zeichen < und > eingeschlossener Block bezeichnet. Das HTML-Tag `<b>60439</b>` gibt beispielsweise nur an, dass die betreffende Zahlenfolge fett geschrieben werden soll. Am XML-Tag `<Postleitzahl>60439</Postleitzahl>` kann dagegen sofort abgelesen werden, um was es sich bei der Zahl handelt.

Mit Access XML-Dateien erstellen

Um eine XML-Datei zu erstellen, nutzen Sie die Exportfunktion von Access. Dabei ist es möglich, neben den in ein XML-Dokument exportierten Daten in einem so genannten Schema die Struktur anzugeben. Das Schema kann in einer eigenen Datei gespeichert werden. Zusätzlich können Sie in einer weiteren Datei ein so genanntes Stylesheet speichern, in dem beschrieben ist, wie die Daten präsentiert werden sollen, wobei mit Präsentation beispielsweise die Anzeige in einem Browser gemeint sein kann.

Um eine XML-Datei im Browser anzeigen zu können, werden also drei Dateien angelegt – im Gegensatz zu einer einzigen HTML-Datei, die hierfür notwendig wäre. Diese Aufteilung der Informationen bewährt sich aber, wenn es nicht nur um die Anzeige, sondern um den Austausch von Daten geht. Das werden Sie sehen, wenn wir uns im nächsten Abschnitt mit dem Importieren beschäftigen.

XML-Export

In Access können Sie Tabellen, Abfragen, Formulare oder Berichte in XML exportieren. Als Beispiel soll eine einfache Adresstabelle exportiert werden.

1. Klicken Sie im Datenbankfenster auf den Namen der Tabelle und wählen Sie dann den Menübefehl *Datei/Exportieren*.

2. Wählen Sie im Dropdown-Listenfeld *Dateityp* die Option *XML (*.xml)*, geben Sie einen Namen für die Datei ein und klicken Sie dann auf *Exportieren*.

Abbildg. 43.9   Beim Export als Dateityp *XML* wählen

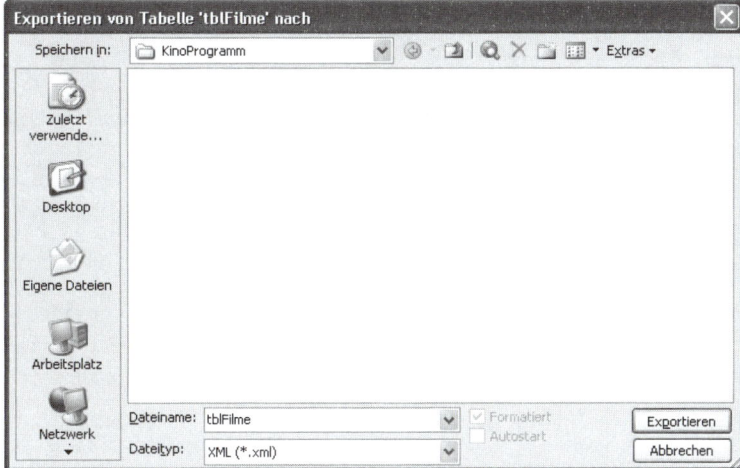

3. Da die exportierte Datei zu Testzwecken im Browser angezeigt werden soll, aktivieren Sie im daraufhin erscheinenden Dialogfeld *XML exportieren* neben den ersten beiden auch das Kontrollkästchen *Präsentation Ihrer Daten (XSL)*.

Wenn Sie auf *OK* klicken, werden die Exportdateien erstellt.

Abbildg. 43.10 Auswahl der zu exportierenden Informationen

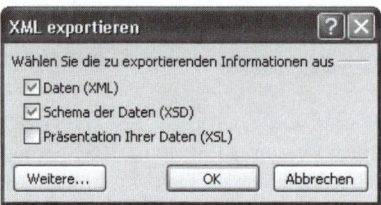

Um die zusätzlichen Einstellmöglichkeiten kennen zu lernen, klicken Sie im Dialogfeld *XML exportieren* auf *Weitere*.

Abbildg. 43.11 Exportieren statischer Daten

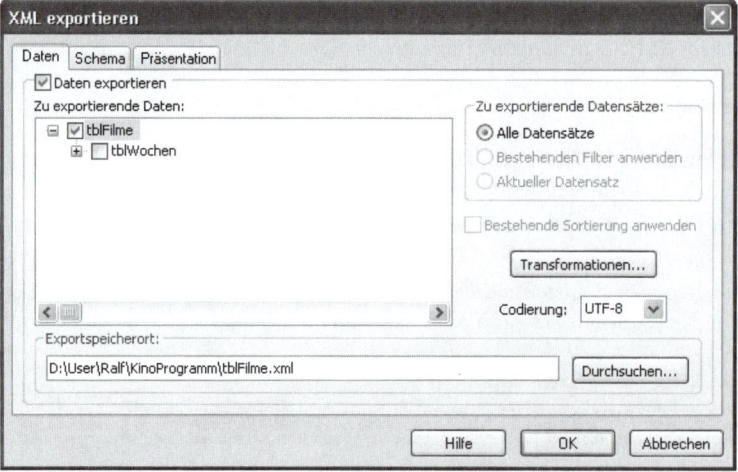

Auf der Registerkarte *Daten* können Sie gegebenenfalls den *Exportspeicherort* und die *Codierung* der Daten ändern sowie verknüpfte Tabellendaten hinzufügen.

Abbildg. 43.12 Schemainformationen einstellen

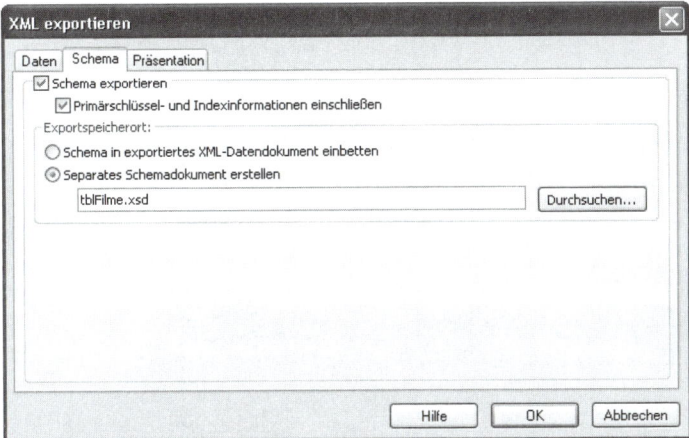

Auf der Registerkarte *Schema* definieren Sie, ob und wie eine XSD-Datei erstellt werden soll. Sie können einstellen, ob die Schemadatei Informationen über den Primärschlüssel und die Indizes der Datenquelle enthalten soll. Soll keine separate XSD-Datei erstellt werden, können Sie die Option *Schema in exportiertes XML-Datendokument einbetten* wählen.

Abbildg. 43.13 Präsentationseinstellungen

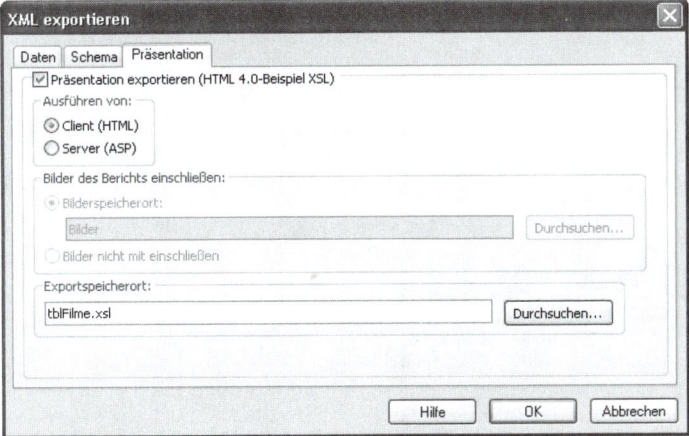

Auf der dritten Registerkarte, *Präsentation*, haben Sie die Möglichkeit, Informationen für die Gestaltung der XML-Datei festzulegen. Dabei können Sie angeben, ob diese Informationen auf dem *Client (HTML)* oder auf dem *Server (ASP)* ausgewertet werden sollen. Die erstellte XSL-Datei enthält Informationen über die Darstellung und das Layout der Daten und erzeugt zusätzlich den für das Anzeigen erforderlichen HTML- oder ASP-Code. Der zusätzliche Code ist in der Programmiersprache VBScript realisiert.

Erfolgt die Auswertung auf einem Microsoft Information Server, wird die erzeugte ASP-Datei auf dem Server abgearbeitet. Das Ergebnis wird dann als HTML-Code an den Browser geschickt.

Die VBScript-Teile verhindern leider, dass die XSL-Datei problemlos mit Nicht-Microsoft-Produkten wie Firefox, Mozilla oder Apache Web Server eingesetzt werden kann.

XML-Daten importieren

In Access können Sie XML-Dateien importieren, die von beliebigen Anwendungen erzeugt wurden. Als Beispiel sollen jetzt die oben erzeugten Dateien importiert werden. Dazu wählen Sie nach Aufrufen des Menübefehls *Datei/Externe Daten/Importieren* die gerade exportierte XML-Datei aus.

Abbildg. 43.14 XML-Datei zum Import auswählen

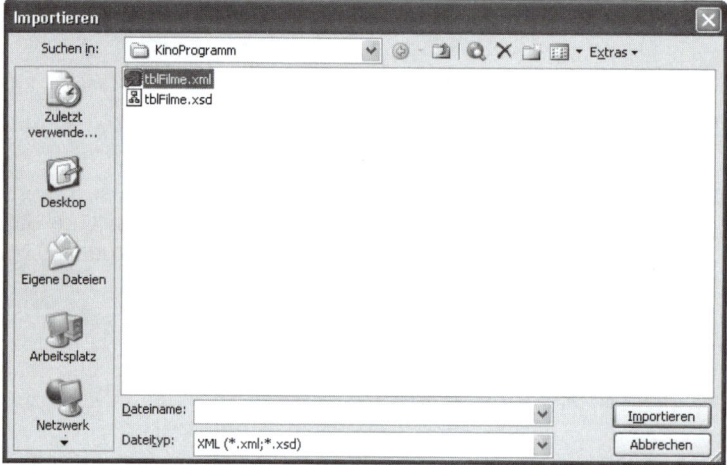

Nach einem Klick auf *Importieren* bekommen Sie das Dialogfeld *XML-Import* angezeigt. Hier erweitert sich das Dialogfeld nach einem Klick auf *Optionen*, so dass sich die *Importoptionen* einstellen lassen.

Abbildg. 43.15 Importoptionen einstellen

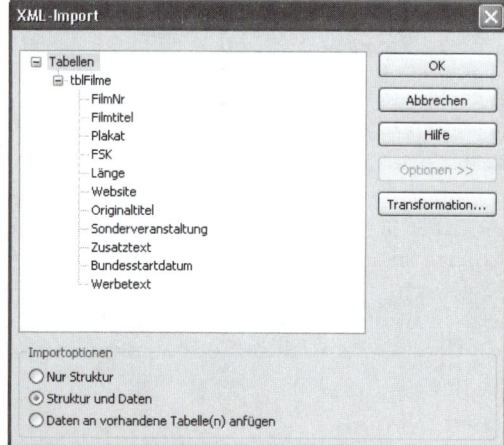

Zusammenfassung

In diesem Kapitel können Sie nachlesen,

- wie Sie Hyperlinks einsetzen,

- wie Sie eine statische HTML-Seite erzeugen (ab Seite 875) und

- wie Sie XML-Daten importieren (siehe Seite 882) und exportieren (siehe Seite 879).

Datenzugriffsseiten

Access im Internet

Möchten Sie Access-Daten im Internet oder in einem Intranet anderen Anwendern zur Verfügung stellen, so können Sie dazu Datenzugriffsseiten einsetzen. Datenzugriffsseiten sind HTML-Seiten, in die Komponenten für den Zugriff auf Access-Datenbanken eingebettet sind.

Um eine Datenzugriffsseite im Internet oder Intranet zu nutzen, muss ein Anwender die Seite in Microsoft Internet Explorer laden. Die Datenbank (Access-MDB, Microsoft SQL Server oder MSDE) muss für den Anwender freigegeben sein. Bei einer Access-MDB genügt es, die Datenbank auf einem freigegebenen Netzlaufwerk einzurichten. In der Datenzugriffsseite wird dann ein entsprechender Verweis auf die Datenbank auf dem freigegebenen Netzlaufwerk vereinbart.

Es ist nicht notwendig, Microsoft Internet Information Server oder Microsoft Personal Web Server für den Einsatz von Datenzugriffsseiten zu betreiben.

Das Verfahren mit Netzwerkfreigaben ist für die Anwendung in einem Intranet, also beispielsweise in einem firmeninternen Netzwerk geeignet, nicht aber für die Bereitstellung im Internet, denn hier ist die Datensicherheit nicht zu gewährleisten.

Nach unserer Erfahrung werden Datenzugriffsseiten nur sehr selten eingesetzt, denn für eine professionelle Internetanwendung können sie nicht verwendet werden und für einen Einsatz im Intranet ist der Aufwand letztendlich zu hoch, denn es können beispielsweise für die Programmierung von Datenzugriffsseiten keine Access-Makros oder Visual Basic-Prozeduren verwendet werden, sondern es müssen Skriptsprachen wie JScript oder VBScript eingesetzt werden. Außerdem sind alle Eigenschaften der Datenzugriffsseiten und ihrer Steuerelemente in englischer Sprache; sie unterscheiden sich teilweise erheblich von den Steuerelement-Eigenschaften von Formularen und Berichten.

Darüber hinaus bestehen Restriktionen aufgrund der Lizenzierung: Jeder Anwender, der über Internet oder Intranet eine Datenzugriffsseite anzeigen und bearbeiten möchte, benötigt dazu Microsoft Internet Explorer (ab Version 5) sowie die Microsoft Office Web Components.

Die Microsoft Office Web Components werden bei der Installation von Microsoft Office 2003 bzw. Access 2003 im Normalfall automatisch mit eingerichtet.

Möchten Sie Datenzugriffsseiten über ein Intranet oder übers Internet aufrufen und der aufrufende PC verfügt nicht über die Office Web Components, so wird dort eine Installationsaufforderung ausgegeben. Bei entsprechender Vorbereitung können die Komponenten dann direkt über das Intranet oder das Internet installiert werden (siehe dazu Microsoft Office 2003 Resource Kit unter *www.microsoft.de*).

Beachten Sie dabei die Lizenzbestimmungen und die daraus resultierenden Einschränkungen:

- Anwender mit Microsoft Office 2003: Wenn eine Office 2003-Version auf dem entsprechenden Rechner installiert ist, können alle Funktionalitäten der Office Web Components genutzt werden.

- Anwender, deren Unternehmen über eine Office 2003-Standortlizenz verfügt, können die Web Components verwenden, wenn sie eine entsprechende Lizenzpaketdatei erhalten.

- Anwender, die weder über eine Office 2003-Installation noch über eine Standortlizenz verfügen, können die Web Components installieren. Sie können dann Datenzugriffsseiten in Internet Explorer anschauen, aber nicht interaktiv damit arbeiten, also keine Änderungen an Daten vornehmen.

Erstellen einer Seite

Als Beispiel möchten wir im Folgenden die Anzeige und Bearbeitung von Adressdaten mithilfe einer Datenzugriffsseite beschreiben. Für das schnelle Erstellen einer Datenzugriffsseite stellt Ihnen Access einen Assistenten zur Verfügung.

Wählen Sie zum Aufruf des Assistenten den Objekttyp *Seiten* im Datenbankfenster und selektieren Sie dann die Option *Erstellt eine Datenzugriffsseite unter Verwendung des Assistenten*.

Abbildg. 44.1 Erstes Dialogfeld des Seiten-Assistenten

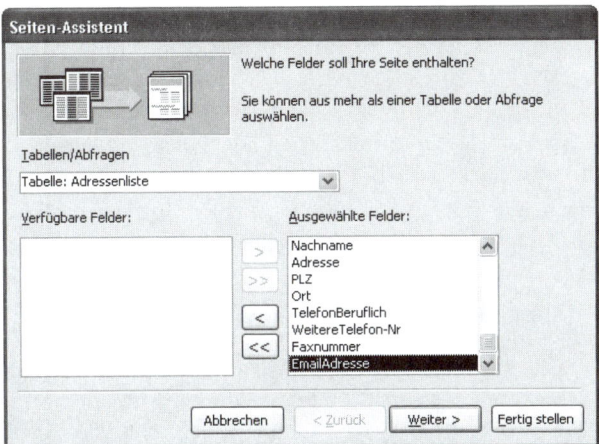

Die weiteren Dialogfelder des Assistenten entsprechen weitgehend denen des Assistenten zur Formularerstellung, so dass wir mithilfe der Schaltfläche *Fertig stellen* die in Abbildung 44.2 gezeigte Standarddatenzugriffsseite erzeugt haben.

Abbildg. 44.2 Entwurfsansicht der Datenzugriffsseite

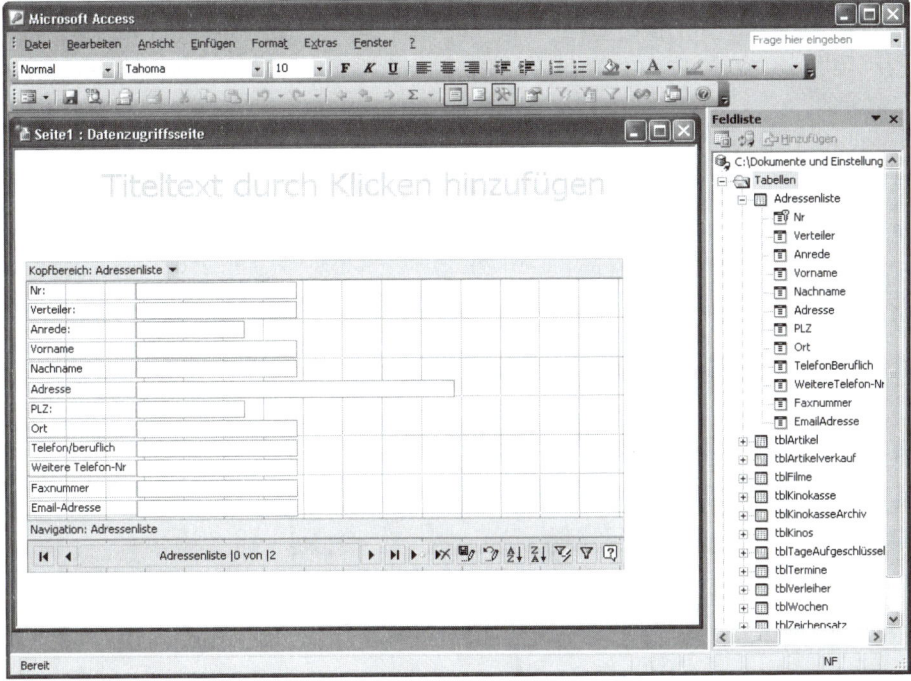

Über *Ansicht/Datenzugriffsansicht* oder die Schaltfläche *Ansicht* wird die Seite in der Darstellung gezeigt, die ein Intranet- oder Internetanwender zu sehen bekommt.

Abbildg. 44.3   Datenzugriffsansicht

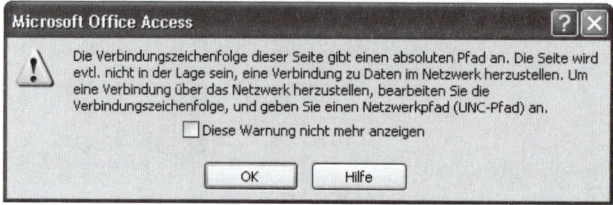

Adressenliste	
Nr:	1
Verteiler:	Allgemeine Zeitung
Anrede:	Frau
Vorname	Sabine
Nachname	Maier
Adresse	Hauptstr. 12
PLZ:	80321
Ort	Poing
Telefon/beruflich	089 1234567
Weitere Telefon-Nr	
Faxnummer	089 1234566
Email-Adresse	s.maier@allgemeine.de

Adressenliste 1 von 22

Speichern der Datenzugriffsseite

Wenn Sie eine Datenzugriffsseite speichern, wird die eigentliche Seite nicht in Ihrer Access-Datenbank abgelegt, sondern als eigenständige HTML-Datei in einem Ordner Ihrer Wahl. In der Access-Datenbank wird dabei eine Verknüpfung auf diese Datei erstellt.

Unsere Beispieldatenzugriffsseite haben wir im Ordner *C:\CineCity* unter dem Namen *Adressen.htm* abgelegt.

Eventuell erhalten Sie nun die in Abbildung 44.4 gezeigte Warnmeldung. Sie weist Sie darauf hin, dass der Ort, an dem Sie die Datenzugriffsseite abgespeichert haben bzw. die in der Datenzugriffsseite enthaltenen Verweise auf die Datenquelle, im Beispiel die Access-Datenbank *CineCity.mdb*, für andere Anwender im Netzwerk gegebenenfalls nicht erreichbar ist. Somit könnten Datenzugriffsseiten und Daten nicht von anderen Anwendern im Netzwerk genutzt werden.

Abbildg. 44.4   Warnmeldung

> **Microsoft Office Access**
>
> ⚠ Die Verbindungszeichenfolge dieser Seite gibt einen absoluten Pfad an. Die Seite wird evtl. nicht in der Lage sein, eine Verbindung zu Daten im Netzwerk herzustellen. Um eine Verbindung über das Netzwerk herzustellen, bearbeiten Sie die Verbindungszeichenfolge, und geben Sie einen Netzwerkpfad (UNC-Pfad) an.
>
> ☐ Diese Warnung nicht mehr anzeigen
>
> [OK]   [Hilfe]

Aufruf der Seite

Um die erstellte Datenzugriffsseite in Internet Explorer zu laden, geben Sie in der Adressleiste Pfad und Name ein. Oder Sie lassen die im Datenbankfenster markierte Seite über *Datei/Webseitenvorschau* anzeigen. Haben Sie Zugriff auf die der Seite zugrunde liegende Datenbank, so können Sie die Daten in Internet Explorer ansehen und modifizieren. Dabei müssen Sie bedenken, dass die Seite im Browser als Kopie angezeigt wird. Das bedeutet, dass Änderungen wie Filtern und Sortieren sowie andere Änderungen an der Anzeige der Daten nur Ihre Kopie der Datenzugriffsseite betreffen. Nehmen Sie jedoch Modifikationen an den Daten selbst vor, wie z.B. beim Ändern von Werten und dem Hinzufügen oder Löschen von Daten, wird dies in der zugrunde liegenden Datenbank gespeichert. Diese Änderungen sind nicht für diejenigen verfügbar, die ihrerseits die Seite gerade als Kopie in Internet Explorer anzeigen.

Abbildg. 44.5   Datenzugriff mit Internet Explorer 6

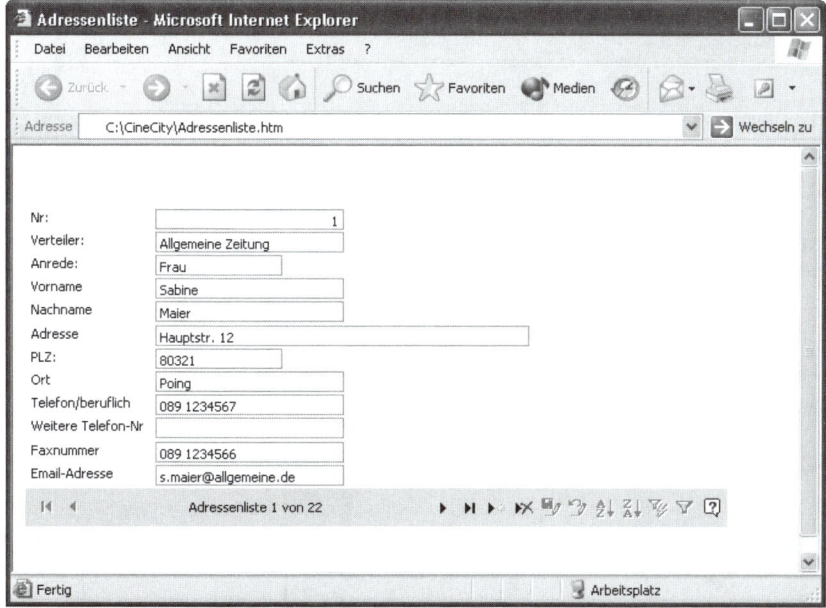

Unter den Feldern ist die Navigationsleiste eingeblendet. Sie ermöglicht ein Blättern in den Datensätzen und weitere Funktionen, die den bereits bekannten Schaltflächen eines Formulars entsprechen.

Gruppierte Daten

Wir möchten Ihnen ein zweites Beispiel vorstellen, bei dem Daten gruppiert dargestellt werden. Dazu wird wieder der Assistent eingesetzt.

Die Datenzugriffsseite soll das Kinoprogramm, gruppiert nach Monaten, Filmen und Kinos, ausgeben. Im ersten Dialogfeld des Assistenten wird dazu die Abfrage *qryKinoProgramm* als Datenquelle selektiert und die entsprechenden Felder ausgewählt, wie es Abbildung 44.6 zeigt.

Abbildg. 44.6 Daten für das Kinoprogramm

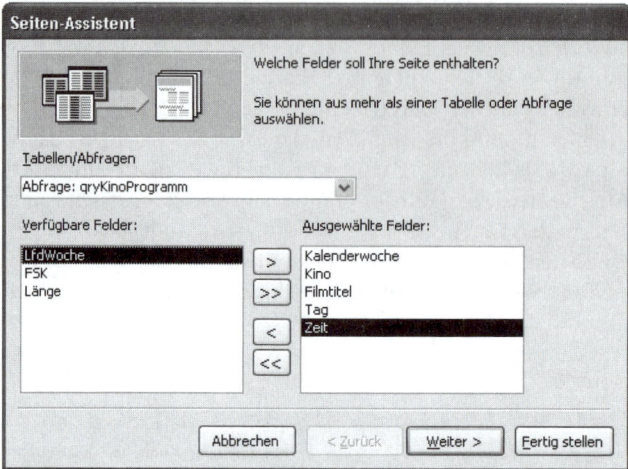

Im nächsten Dialogfeld des Assistenten bestimmen Sie die Gruppierungsebenen für die Datenzugriffsseite.

Abbildg. 44.7 Gruppierungsebenen

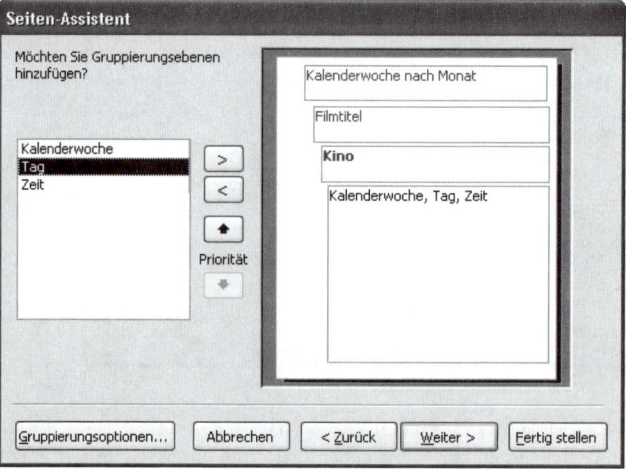

Damit die Tage und Zeiten sortiert ausgegeben werden, definieren Sie im nächsten Dialogfeld entsprechende Sortierkriterien.

Abbildg. 44.8 Sortierung

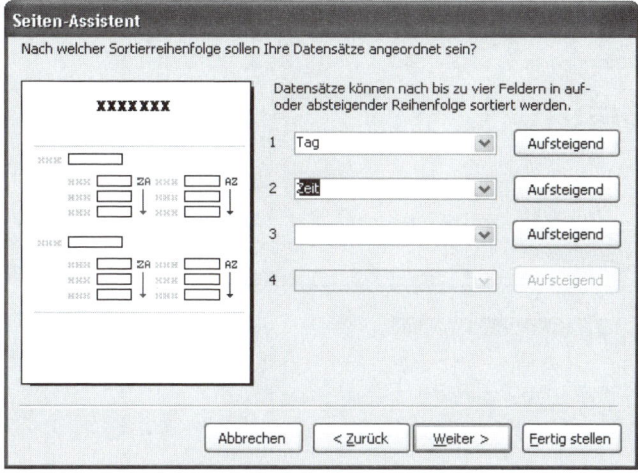

Im letzten Dialogfeld besteht über die Option *Möchten Sie Ihrer Seite ein Design zuweisen?* die Möglichkeit, die Gestaltung durch vordefinierte Designs zu beeinflussen.

Abbildg. 44.9 Letztes Dialogfeld des Assistenten

In der Liste der von Microsoft mitgelieferten Designs können Sie nun das gewünschte auswählen.

Abbildg. 44.10
Auswahl eines Designs

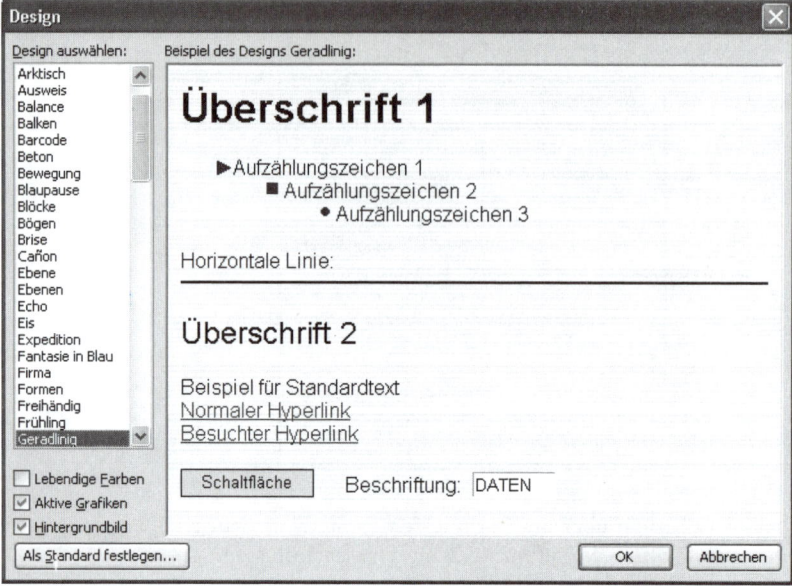

Darstellung der gruppierten Datenzugriffsseite

Die vom Assistenten erzeugte Datenzugriffsseite sehen Sie in Abbildung 44.11. Vor jeder Gruppierungsebene wird ein Pluszeichen eingeblendet.

Abbildg. 44.11
Darstellung des Kinoprogramms auf der obersten Ebene

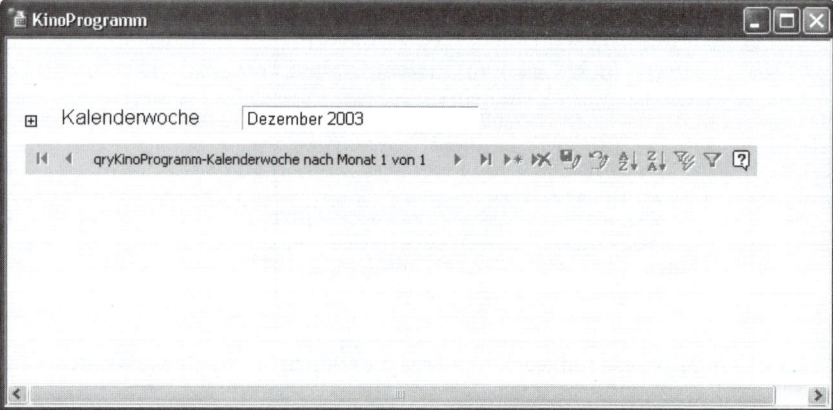

Ein Klick auf das Pluszeichen öffnet die nächste Ebene. In Abbildung 44.12 sind alle Gruppierungsebenen erweitert abgebildet. Für jede Ebene wird eine eigene Navigationsleiste eingeblendet.

Abbildg. 44.12 Aufgeklappte Gruppierungsebenen

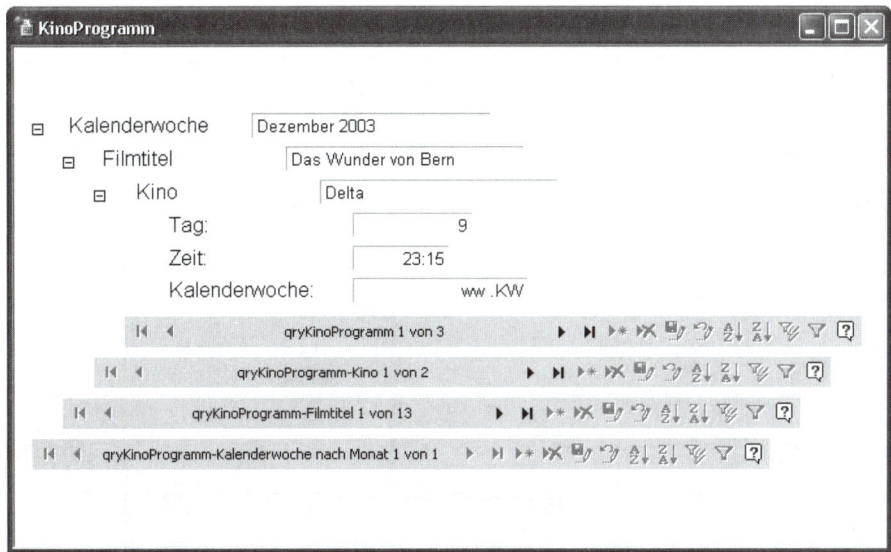

Wie Sie sehen, wird das für die Kalenderwoche vergebene Format nicht richtig übernommen. Im nächsten Abschnitt zeigen wir Ihnen, wie Sie dies korrigieren können. Außerdem beschreiben wir einige der wichtigsten Gestaltungsmöglichkeiten für Datenzugriffsseiten.

Gestaltungsmöglichkeiten

Im Prinzip bestehen für Datenzugriffsseiten ähnliche Gestaltungsmöglichkeiten wie für Formulare, allerdings mit einigen wesentlichen Unterschieden. Datenzugriffsformulare werden in dynamisches HTML, DHTML, übersetzt und können in Internet Explorer in beliebigen Abmessungen und Auflösungen aufgerufen werden. Die Eigenschaften von Datenzugriffsseiten und den darauf angeordneten Steuerelementen orientieren sich daher auch an den Möglichkeiten von DHTML und unterscheiden sich so von den Einstellungen für Formulare und den Steuerelementen für Formulare.

Wir möchten Ihnen an dieser Stelle nur einen kurzen Einblick in die Formatierungsmöglichkeiten geben. Wenn Sie Datenzugriffsseiten erstellen möchten, kommen Sie nicht umhin, sich mit den Gestaltungsmöglichkeiten für Internetseiten zu befassen.

Eigenschaften

Ein Blick auf die Eigenschaften einer Datenzugriffsseite (siehe Abbildung 44.13) zeigt eine Reihe von mit englischen Begriffen bezeichneten Eigenschaften.

Abbildg. 44.13 Eigenschaftenfenster

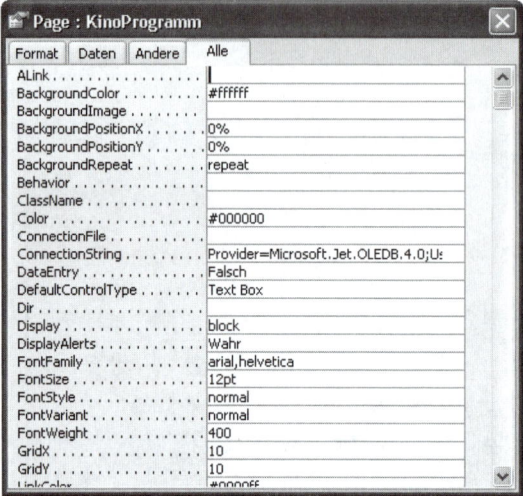

Für das Verständnis aller Eigenschaften von Datenzugriffsseiten und Steuerelementen müssen Sie sich mit HTML bzw. DHTML auseinander setzen.

Das Format der *Kalenderwoche* ändern Sie auf der Registerkarte *Daten* des Steuerelements. Hier löschen Sie den Eintrag im Feld *Format* und tragen stattdessen im Feld *ControlSource* als Ausdruck für die Datenquelle *KW:Format([Kalenderwoche], "ww")* ein.

Abbildg. 44.14 *Kalenderwoche*-Steuerelementeigenschaften ändern

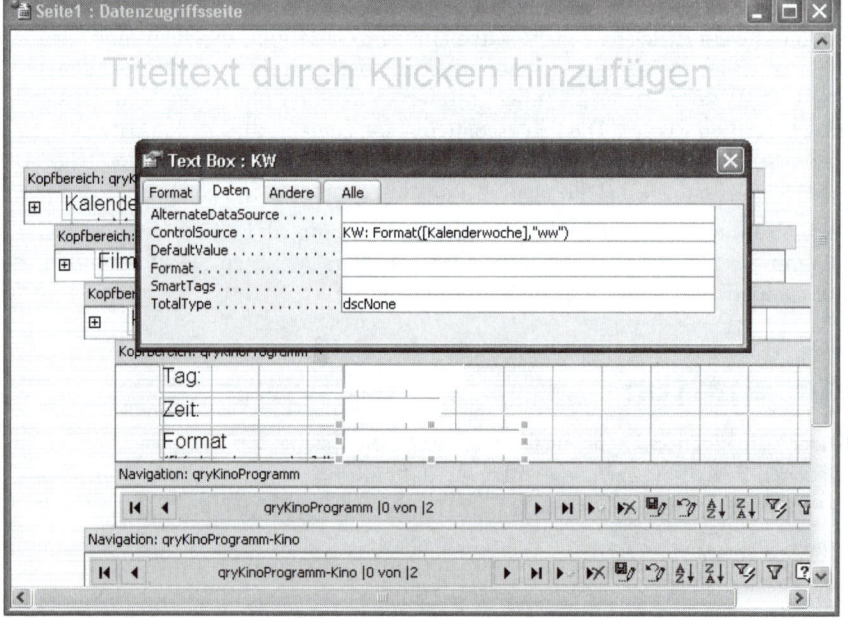

Anschließend sollten Sie noch den Text des *Label*-Steuerelements links der Textbox für die Kalenderwoche ändern, denn diese Aufschrift wurde durch die Änderung der Eigenschaft *ControlSource* der Textbox modifiziert.

Programmierung von Datenzugriffsseiten

Ähnlich wie für Formulare und Berichte lassen sich auch für Datenzugriffsseiten Prozeduren und Funktionen erfassen. Microsoft bietet Ihnen standardmäßig zwei Programmiersprachen zur Programmierung von Datenzugriffsseiten: VBScript und JScript. VBScript ist eine aus VBA abgeleitete Sprache, die speziell an die Bedürfnisse der Webprogrammierung angepasst wurde. JScript (auch JavaScript) ist aus der Programmiersprache Java abgeleitet, in der die meisten größeren Internetprojekte programmiert werden. VBScript ist sehr Microsoft-spezifisch, während fast alle anderen Anbieter JScript unterstützen. Interessant ist dabei, dass beispielsweise die Steuerelemente-Assistenten JScript-Prozeduren erzeugen, während Microsoft für den Anwender VBScript empfiehlt. Übrigens lassen sich beide Sprachen gleichzeitig innerhalb einer Datenzugriffsseite verwenden. Daneben werden die Dokumenteigenschaften in XML erfasst.

Zur Bearbeitung der Skriptprozeduren stellt Ihnen Access den Skript-Editor zur Verfügung, den Sie über das Kontextmenü der Datenzugriffsseite bzw. eines Steuerelements mit dem Microsoft Skript-Editor aufrufen können. Der Skript-Editor ermöglicht die Bearbeitung des HTML-Codes von Datenzugriffsseiten.

Zusammenfassung

In diesem Kapitel zeigten wir Ihnen die Darstellung von Access-Datenbankinhalten mithilfe von Datenzugriffsseiten.

- Zu Beginn werden die Einsatzmöglichkeiten vorgestellt.
- Einfache Seiten gestalten wir beispielsweise mit gruppierten Daten in den Beispielen ab Seite 889.
- Ab Seite 893 zeigen wir weitere Gestaltungsmöglichkeiten.

Kapitel 45

Windows SharePoint Services

Access im Internet

Um die Zusammenarbeit von Microsoft Office-Benutzern zu verbessern, bietet Microsoft als Bestandteil des Microsoft Windows 2003 Server die Windows SharePoint Services an. Windows SharePoint Services sind eine auf Internettechniken basierende Plattform, die zur Bereitstellung von Websites mit Inhalten dient. Die Inhalte können in einem Browser ebenso wie mit Microsoft Office-Programmen angesehen und genutzt werden.

Windows SharePoint Services setzen Windows 2003 Server voraus. Alle SharePoint-Daten werden in einer Microsoft SQL Server-Datenbank gespeichert. Sollten Sie nicht über eine Microsoft SQL Server-Lizenz verfügen, ist die Nutzung der mit SharePoint bzw. Microsoft Office gelieferten MSDE-Version möglich, die keine weiteren Lizenzkosten verursacht. Allerdings fehlt MSDE die grafische Verwaltungsoberfläche, so dass einige Aufgaben wie beispielsweise eine Datenbanksicherung etwas umständlich sind.

Unter Windows 2003 Server wird bei der Installation von Windows SharePoint Services eine Website für die zentrale Administration der gesamten SharePoint-Installation eingerichtet. Diese Website dient zum Festlegen allgemeiner technischer Einstellungen und wird in diesem Kapitel nicht beschrieben.

Was ist SharePoint?

Vielleicht geht es Ihnen wie den meisten Access-Anwendern und Sie haben noch nie etwas von SharePoint gehört. Deshalb einige einleitende Worte, für was SharePoint, man könnte es etwa mit »Verteilungspunkt« übersetzen, eingesetzt werden kann.

Verbesserung der Zusammenarbeit

In den meisten Firmen beschränkt sich die Zusammenarbeit von Microsoft Office-Benutzern auf die gemeinsame Ablage von Office-Dateien in freigegebenen Ordnern auf einem Server. SharePoint bietet mit so genannten Dokumentbibliotheken eine zentrale Verwaltung von Office-Dokumenten, die eine Versionierung von Dokumenten ermöglicht. Außerdem wird die Bearbeitung von Dokumenten koordiniert, so dass mehrere Benutzer ein und dasselbe Dokument gleichzeitig bearbeiten können.

Zentrale Informationsbereitstellung

SharePoint bietet die zentrale Bereitstellung von Informationen in beliebig definierbaren Listen. Die Listen können von den Benutzern, entsprechende Zugriffsberechtigungen vorausgesetzt, angesehen, bearbeitet und erweitert werden.

Mit SharePoint können fast unbegrenzt viele Websites bereitgestellt werden; es ist sogar möglich, dass Benutzer, die entsprechende Berechtigung vorausgesetzt, selbst Websites erstellen und veröffentlichen.

Es ist möglich, Daten aus Access-Datenbanken als SharePoint-Liste bereitzustellen und so im Internet oder Intranet zu veröffentlichen.

Zentraler Kalender

Termine und Ereignisse für die Mitarbeiter von Arbeitsgruppen sowie gemeinsame Adress- und Kontaktlisten können in vordefinierten SharePoint-Listen verwaltet werden.

Wissensmanagement

SharePoint bietet sich auch als Plattform zum Management von Wissen an. Fragen, Antworten, Problemlösungen und vieles mehr kann in vordefinierten Listen gesammelt und nach Bedarf durchsucht werden.

Intern und extern

SharePoint lässt sich als Internetanwendung sowohl intern als auch extern bereitstellen, so dass beispielsweise Mitarbeiter von zu Hause aus über das Internet auf ihre in SharePoint verwalteten Dokumente zugreifen können.

HINWEIS   Die Verwaltung von SharePoint-Benutzern basiert auf Windows-Benutzerkonten oder Active Directory-Konten. Für die dort angelegten Benutzer und Benutzergruppen lassen sich innerhalb von SharePoint detaillierte Berechtigungen vergeben. SharePoint kennt 21 verschiedene Benutzerrechte, die SharePoint-Benutzergruppen zugeordnet werden können.

SharePoint besitzt vier Standardgruppen:

- *Leser* haben einen lesenden Zugriff auf die entsprechende Website.

- *Teilnehmer* können Inhalte der Website ändern sowie so genannte Dokumentbibliotheken verwenden.

- *Webdesigner* können SharePoint-Websites erstellen und verändern.

- *Administratoren* haben die volle Kontrolle über eine SharePoint-Website.

Neben den vier Standardgruppen können beliebig viele benutzerdefinierte Gruppen angelegt werden, die jeweils mit spezifischen Benutzerrechten ausgestattet werden können.

Eine neue SharePoint-Website erstellen

Windows SharePoint Services werden im Browser über die Eingabe der entsprechenden Webadresse aufgerufen. In den meisten Fällen ist dies der Name des Windows 2003-Servers in Ihrem Netzwerk, also beispielsweise *http://beispielserver2003*.

HINWEIS   Die im Folgenden beschriebenen Funktionen und Beispiele sind nur mit einem Benutzer nachvollziehbar, der der SharePoint-Gruppe *Administratoren* angehört. Windows-Administratoren sind dieser Gruppe automatisch zugeordnet.

Nach der Installation von Windows SharePoint Services muss zuerst eine neue Website erstellt werden.

SharePoint bietet eine Auswahl von Vorlagen, auf denen verschiedene Komponenten, so genannte SharePoint-Listen, je nach Vorlagenschwerpunkt zusammengestellt sind. Eine kurze Beschreibung der Vorlagen finden Sie in Tabelle 45.1. Alle auf Basis der Vorlagen erstellten Websites können Sie mit wenig Aufwand an Ihre Bedürfnisse anpassen.

Abbildg. 45.1 Vorlagenauswahl für eine neue SharePoint-Website

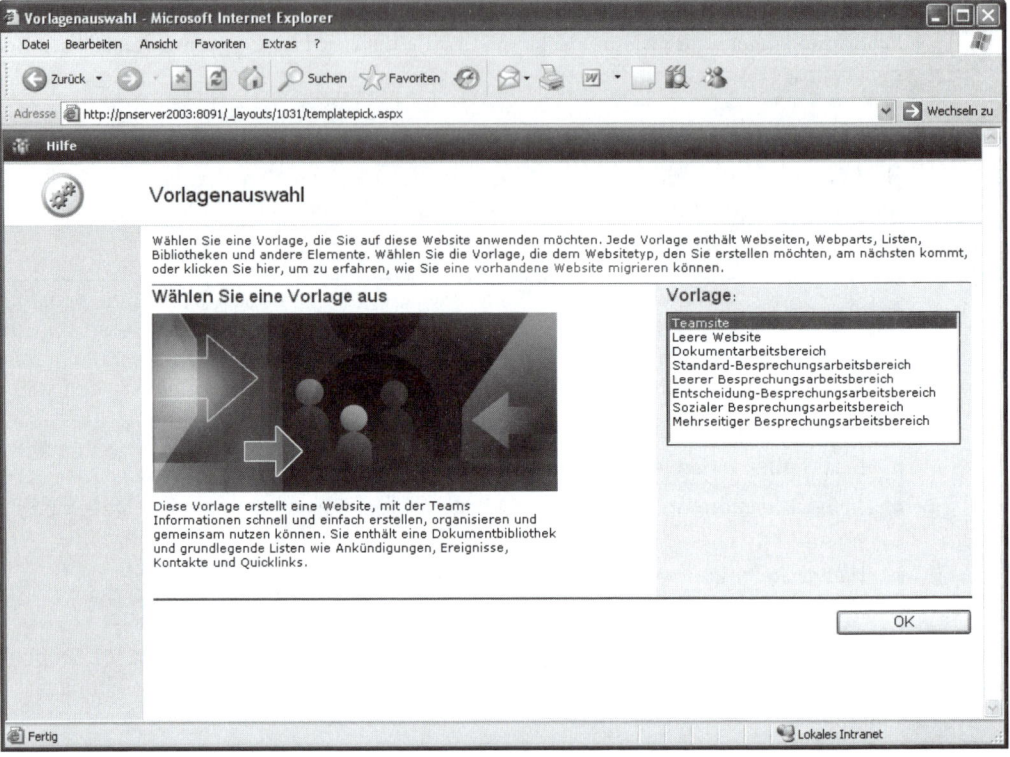

Tabelle 45.1 SharePoint-Websitevorlagen

Vorlage	Beschreibung
Teamsite	Die Standardsite für die Zusammenarbeit von Teams, die gemeinsame Informationen, Dokumente und Termine haben.
Leere Website	Die leere Website können Sie mit beliebigen SharePoint-Komponenten füllen.
Dokumentarbeitsbereich	Mit dieser Vorlage wird eine Website erstellt, die eine Dokumentbibliothek, eine Aufgabenliste und eine Hyperlinkleiste enthält.
Standard-Besprechungsarbeitsbereich	Ein Besprechungsarbeitsbereich ermöglicht die Planung und Organisation von Besprechungen mit Tagesordnung, Teilnehmerliste und vielem mehr.
Leerer Besprechungsarbeitsbereich	Diese Vorlage erstellt einen Besprechungsarbeitsbereich, den Sie mit SharePoint-Komponenten füllen können.
Entscheidung-Besprechungsarbeitsbereich	Dieser Besprechungsarbeitsbereich ist um Dokumentbibliotheken und Aufgabenlisten ergänzt.
Sozialer Besprechungsarbeitsbereich	Dieser Besprechungsarbeitsbereich ist geeignet, um Feste, Geburtstagsfeiern oder Ähnliches zu organisieren.

Tabelle 45.1   SharePoint-Websitevorlagen *(Fortsetzung)*

Vorlage	Beschreibung
Mehrseitiger Besprechungsarbeitsbereich	Diese Vorlage ist so gestaltet, dass Sie die SharePoint-Komponenten auf mehrere Seiten verteilen können, um so einen besseren Überblick zu behalten.

Im weiteren Kapitel verwenden wir die Vorlage *Teamwebsite*, mit der die in Abbildung 45.2 gezeigte Website erstellt wird.

Abbildg. 45.2   Die neue Teamwebsite

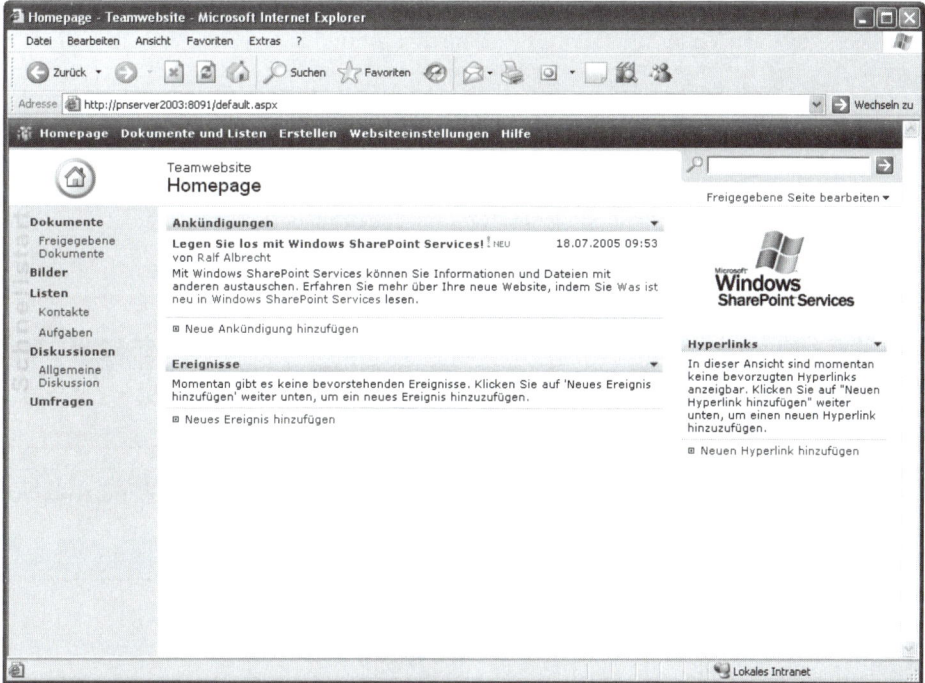

Jede SharePoint-Seite besteht aus mehreren Bereichen:

- *Menü* – Über das SharePoint-Menü gelangen Sie mit *Homepage* auf die Startseite, mit *Dokumente und Listen* wird eine Seite eingeblendet, die alle auf Ihrer Website definierten SharePoint-Listen zeigt, und über *Erstellen* wird die Seite aufgerufen, mit deren Hilfe Sie neue SharePoint-Listen und vieles mehr für Ihre Website definieren können. Der Link *Websiteeinstellungen* ruft eine Administrationsseite auf, während mit *Hilfe* ein SharePoint-Hilfefenster eingeblendet wird.

   Schnellstartleiste – Hier können Links zum schnellen Aufrufen von SharePoint-Komponenten Ihrer Website festgelegt werden.

   Suchfunktion – Die Suchfunktion durchsucht alle Inhalte der Website.

   Webpart-Bereiche – Auf einer SharePoint-Website können mehrere als Webparts bezeichnete Komponenten, wie hier auf der Homepage *Ankündigungen*, *Ereignisse* und *Hyperlinks*, angeordnet werden.

HINWEIS SharePoint-Webseiten bestehen in den meisten Fällen aus so genannten Webparts. Webparts sind Softwaremodule, die eine bestimmte Funktionalität bereitstellen. Alle SharePoint-Listen sind Webparts.

Zusätzlich können Webparts in Webpartzonen angeordnet werden. Webpartzonen sind Container, die unter anderem die personalisierte Verwaltung von Webparts ermöglichen.

In Abbildung 45.2 finden Sie rechts oben den Link *Freigegebene Seite bearbeiten*. Wenn Sie auf diesen Link klicken, können Sie die Webparts und Webpartzonen der Website verändern. Diese fortgeschrittenen Funktionen werden in diesem Kapitel jedoch nicht behandelt.

Oben rechts auf jeder SharePoint-Website finden Sie, gekennzeichnet mit einer Lupe, ein Suchfeld. Geben Sie hier einen Begriff ein, so wird die gesamte Website und die Inhalte aller in der Website gespeicherten Dateien nach diesem Begriff durchsucht und Sie erhalten eine Trefferliste angezeigt.

Websiteeinstellungen

Über den Link *Websiteeinstellungen* rufen Sie eine Verwaltungsseite auf, die Ihnen die Administration Ihrer Website ermöglicht. Sie ist in drei Bereiche gegliedert: *Verwaltung*, *Anpassung* und *Meine Informationen verwalten*.

Abbildg. 45.3 Websiteeinstellungen

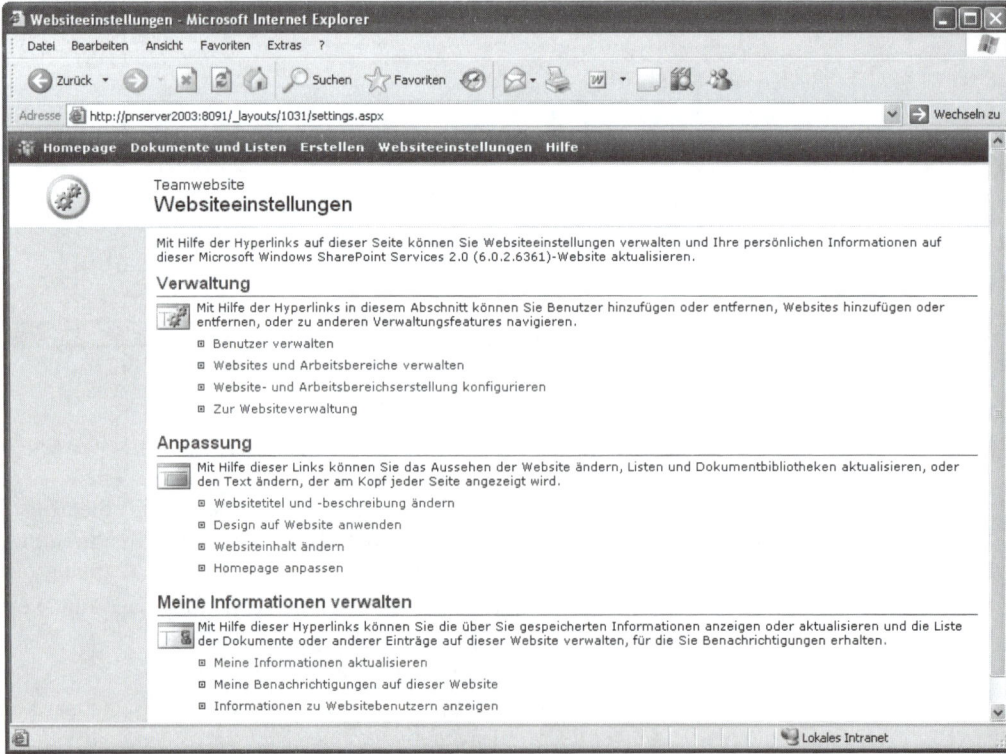

Verwaltung

Jede SharePoint-Website kann aus einer Vielzahl von untergeordneten Websites bestehen. Alle untergeordneten Websites können von hier aus administriert werden.

Verwaltungsmöglichkeiten für Ihre Website

Verwaltungsmöglichkeit	Beschreibung
Benutzer verwalten	Hier können Benutzer für diese Website hinzugefügt und verwaltet werden, also beispielsweise ihre Zugehörigkeit zu SharePoint-Benutzergruppen festgelegt werden.
Websites und Arbeitsbereiche verwalten	Eine Website kann eine beliebige Anzahl untergeordneter Websites enthalten, für die spezifische Einstellungen festgelegt werden können.
Website- und Arbeitsbereichserstellung konfigurieren	Hier kann definiert werden, welche Benutzergruppen untergeordnete Websites erstellen dürfen.
Zur Websiteverwaltung	Die Websiteverwaltung ermöglicht SharePoint-Administratoren weitergehende Konfigurationseinstellungen für die Website.

Anpassung

Einfache Anpassungen für die Website lassen sich mit den in Tabelle 45.3 aufgeführten Optionen vornehmen.

Anpassungsmöglichkeiten für Ihre Website

Anpassungsmöglichkeit	Beschreibung
Websitetitel und -beschreibung ändern	Eine neue Teamwebsite ist standardmäßig mit dem Titel *Teamwebsite* überschrieben. Hier können Sie den Titel und eine weitergehende Beschreibung festlegen.
Design auf Website anwenden	SharePoint wird mit einer großen Zahl von vorgefertigten Designs ausgeliefert. Sie können hier eines dieser Designs auf Ihre Website anwenden.
Websiteinhalt ändern	Über diesen Link können Sie zu den Bearbeitungsseiten der verschiedenen SharePoint-Komponenten Ihrer Website schalten.
Homepage anpassen	Über diesen Link erhalten Sie eine Ansicht, in der Sie die SharePoint-Webparts Ihrer Website bearbeiten können.

PROFITIPP

Eine weitergehende Anpassung und Umgestaltung von SharePoint-Websites können Sie mithilfe des Programms Microsoft FrontPage 2003 vornehmen. FrontPage kann SharePoint-Websites direkt zur Bearbeitung aufrufen und stellt eine Reihe von Werkzeugen bereit.

Meine Informationen verwalten

Im Bereich *Meine Informationen verwalten* können Sie Ihre Informationen, wie Ihre eigene E-Mail-Adresse, ändern oder die Informationen anderer Websitebenutzer ansehen.

Access im Internet

Eine SharePoint-Website kann, entsprechende Berechtigungen vorausgesetzt, personalisiert werden. Das bedeutet, Sie können Ihre SharePoint-Seiten nach Ihren Vorstellungen gestalten. Die Einstellungen für Ihre Seiten werden in SharePoint für Ihre Benutzerkennung gespeichert.

SharePoint-Listen

Die neu erstellte Teamwebsite (siehe Abbildung 45.2) stellt die vordefinierten SharePoint-Listen *Ankündigungen*, *Ereignisse*, *Kontakte*, *Hyperlinks* und *Aufgaben* bereit. Neben den auf der Teamwebsite in der Schnellstartleiste dargestellten Listen stellt Ihnen SharePoint noch eine Reihe weiterer vordefinierter Listen zur Verfügung, die Sie für Ihre Website nutzen und anpassen können. Diese Listen können Sie über den Link *Dokumente und Listen* erreichen. Zusätzlich besteht die Möglichkeit, eigene Listen zu definieren. Die vordefinierten Listen lassen sich auch als Grundlage für neue Listen verwenden.

In den folgenden Abschnitten möchten wir Ihnen die verschiedenen vordefinierten Listen kurz vorstellen, um dann anschließend die Möglichkeiten der Zusammenarbeit mit Access zu zeigen.

TIPP Alle vordefinierten Listen lassen sich über den Link *Dokumente und Listen* aufrufen, denn nur ein Teil der Listen ist in der Schnellstartleiste abrufbar.

TIPP Alle vordefinierten SharePoint-Listen können zum einen als Basis für neue Listen dienen und zum anderen mit wenigen Schritten angepasst werden. So kann jede Liste um die Felder ergänzt werden, die Sie zum Erledigen Ihrer Aufgaben benötigen. Außerdem lassen sich für alle SharePoint-Listen Ansichten definieren, mit deren Hilfe die Daten in anderer Zusammenstellung, Einschränkung und Sortierung angezeigt werden können.

SharePoint-Liste *Ankündigungen*

Hiermit lassen sich Informationen bereitstellen, die alle Benutzer der SharePoint-Site lesen können. Jede Ankündigung kann mit einem Ablaufdatum versehen werden, nach dem die Ankündigung nicht mehr gezeigt wird.

Um einen neuen Eintrag zu erstellen, wird nach einem Klick auf *Neuer Eintrag* zur entsprechenden Maske gewechselt. Neue Einträge sind sofort für alle SharePoint-Benutzer sichtbar.

Abbildg. 45.4 Liste *Ankündigungen*

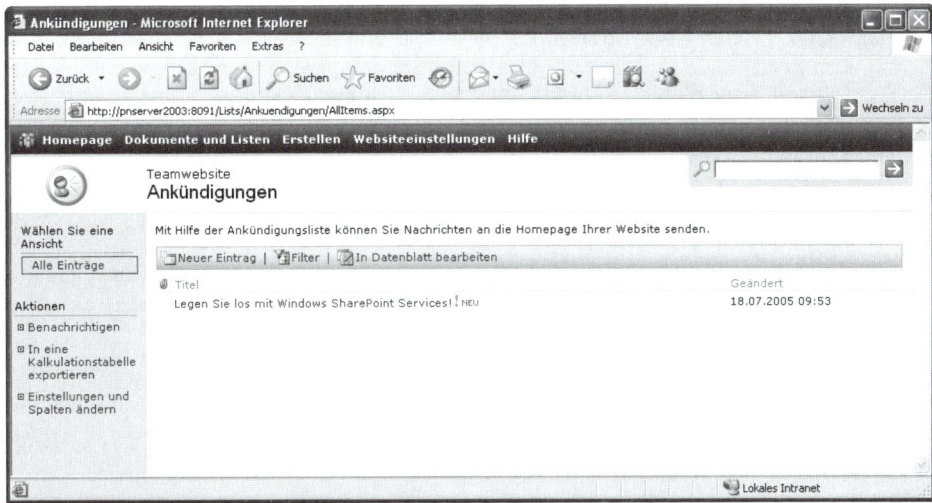

SharePoint-Liste *Ereignisse*

Hinter der Liste *Ereignisse* verbirgt sich ein Kalender mit Terminplanungsfunktionen. Es ist möglich, diesen Kalender mit Microsoft Outlook zu verknüpfen.

Abbildg. 45.5 Liste *Ereignisse*

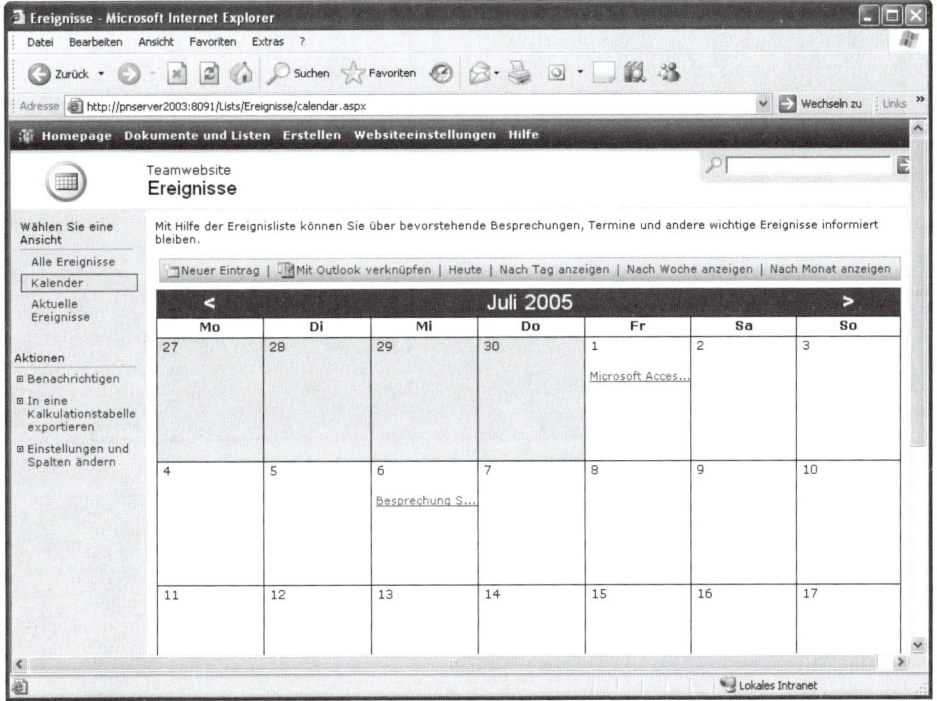

Jeder berechtigte Benutzer kann Termine und Ereignisse in den Kalender eintragen.

> **TIPP**   Über Neueintragungen und Änderungen von Daten in SharePoint-Listen kann man sich per E-Mail benachrichtigen lassen. Bei entsprechender Konfiguration des SharePoint-Servers kann über die in Abbildung 45.5 auf der linken Seite gezeigte Aktion *Benachrichtigen* festgelegt werden, dass Sie informiert werden wollen. Die *Benachrichtigen*-Funktionen kann bei allen SharePoint-Listen eingesetzt werden.

SharePoint-Liste *Hyperlinks*

Hyperlinks ermöglichen beliebige Verweise auf andere Internet- oder Intranetangebote (siehe Abbildung 45.2 rechts). Auf diese Weise können Sie beispielsweise alle Verweise bereitstellen, die für die Mitarbeiter Ihrer Firma von Interesse sind.

SharePoint-Liste *Kontakte*

Hier lassen sich Adressen mit Telefonnummern usw. speichern. Auch die *Kontakte*-Liste kann mit Microsoft Outlook verknüpft werden.

Abbildg. 45.6   Liste *Kontakte*

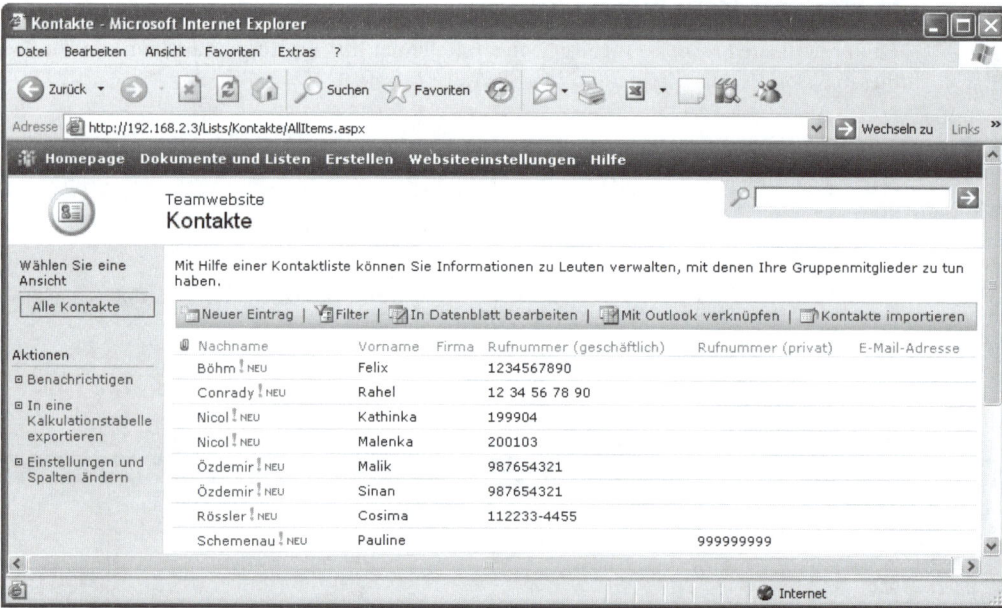

SharePoint-Liste *Aufgaben*

Offene Aufgaben lassen sich für alle SharePoint-Benutzer mit dieser Liste verwalten. Jede Aufgabe kann einem Mitarbeiter zugeordnet werden. Zusätzlich kann der Status, die Priorität und gegebenenfalls der Fertigstellungsgrad festgelegt werden.

Abbildg. 45.7 Liste *Aufgaben*

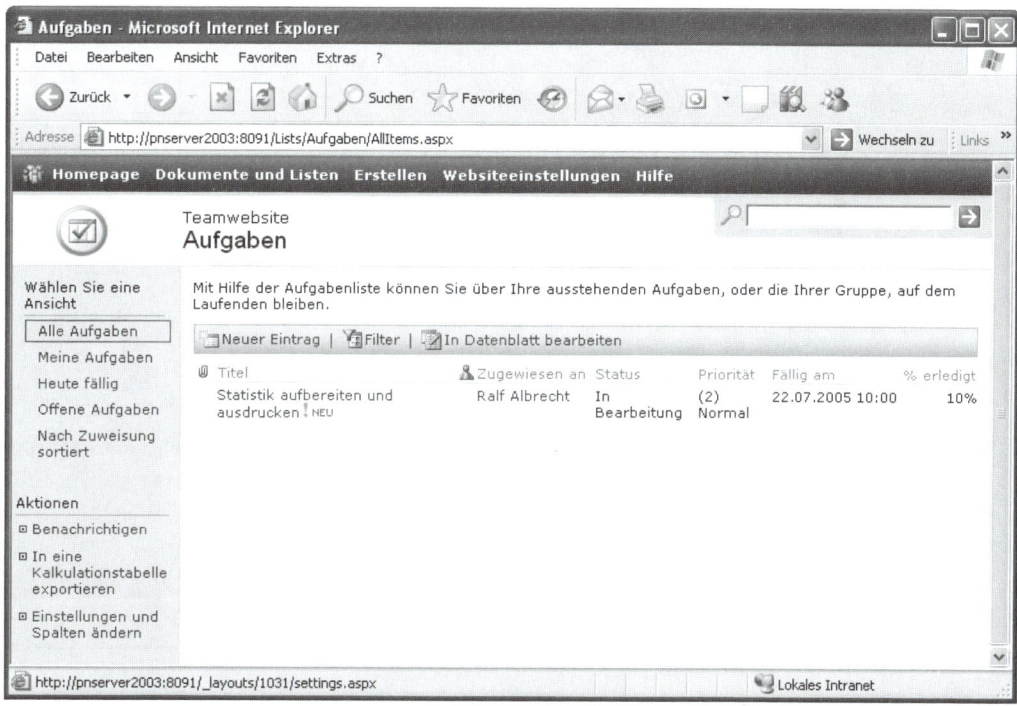

Über die *Aufgaben*-Liste können Sie beispielsweise eine einfache Projektsteuerung realisieren. Fügen Sie der SharePoint-Liste dafür entsprechende Felder wie beispielsweise Projektbezeichnungen, interne Nummern, Budgetzahlen und vieles mehr hinzu. Die Anpassung von SharePoint-Listen erreichen Sie über die Aktion *Einstellungen und Spalten ändern*.

SharePoint-Liste *Probleme*

Die SharePoint-Liste *Probleme* bietet, wie der Name schon sagt, eine Möglichkeit der Verwaltung von Problemen. Auftretende Probleme können priorisiert und kategorisiert sowie deren Lösung bestimmten Personen zugewiesen werden. SharePoint speichert jede Änderung der Daten eines Problemeintrags und erlaubt so die Aufstellung einer Historie einer Problemlösung.

Abbildg. 45.8 Liste *Probleme*

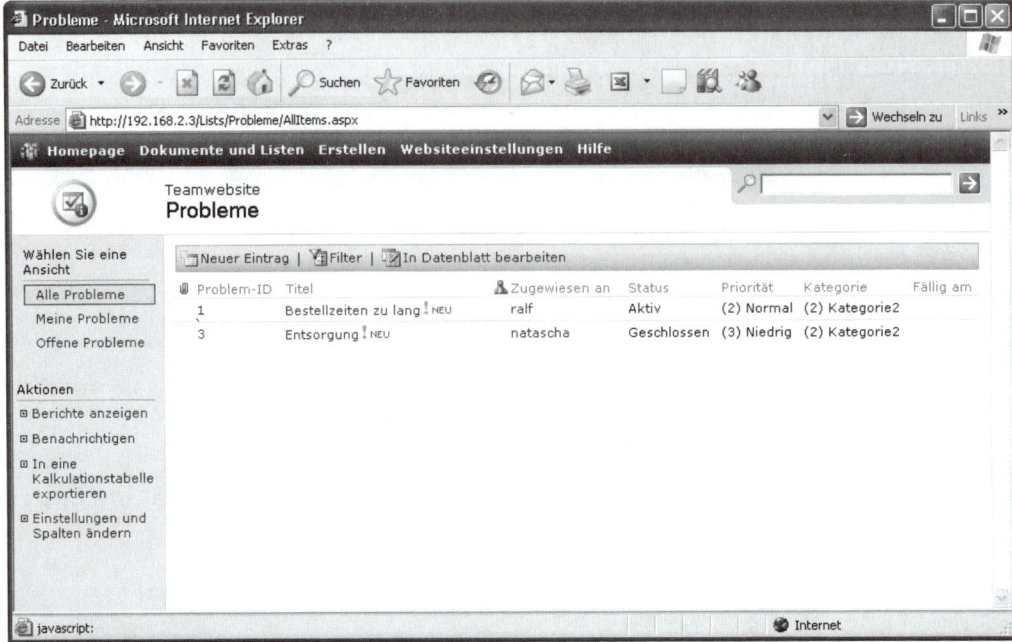

SharePoint-Liste *Diskussionen*

Mithilfe der SharePoint-Liste *Diskussionen* können die Benutzer der SharePoint-Website miteinander diskutieren. Jeder Beitrag zu einer Diskussion und alle Antworten darauf werden auf dem SharePoint-Server gespeichert; jede Diskussion kann so nachvollzogen werden.

Die Darstellung der Diskussionsbeiträge wird standardmäßig als so genannter Diskussionsfaden gezeigt. Hierbei werden Fragen und Antworten grafisch als Baum aufgezeichnet, so dass sich alle Beiträge sowohl thematisch als auch zeitlich einordnen lassen.

SharePoint-Liste *Umfragen*

Mit wenig Aufwand können Sie SharePoint dazu nutzen, eine Umfrage durchzuführen, um beispielsweise die Zufriedenheit mit Ihrer Betriebskantine oder die Stimmungslage vor Weihnachten abzufragen.

Zuerst müssen die Fragen definiert werden, die in der Umfrage gestellt werden sollen. In SharePoint können beliebig viele Umfragen angelegt werden. In Abbildung 45.9 sehen Sie beispielhaft eine Maske, die ein Teilnehmer einer Umfrage erhalten könnte.

Abbildg. 45.9 Teilnahme an einer Umfrage

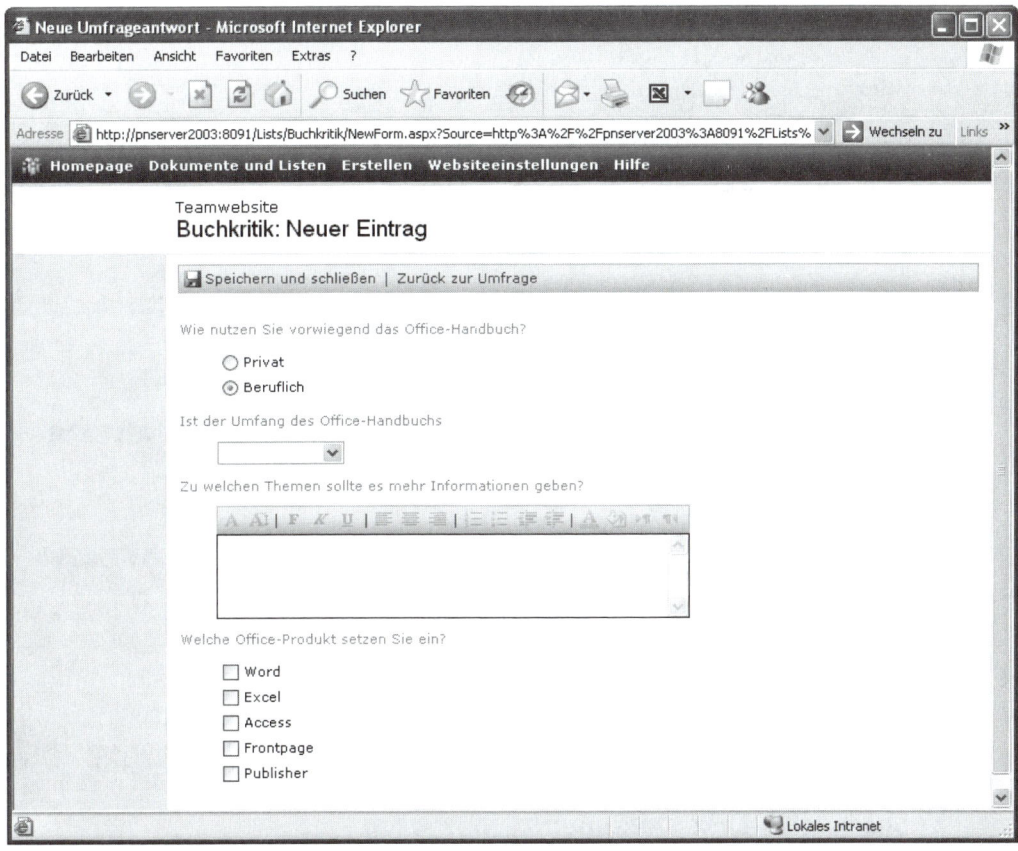

SharePoint protokolliert mit, welcher Benutzer an einer Umfrage teilgenommen hat, so dass kein Teilnehmer die Fragen mehrfach ausfüllen kann.

Jede Umfrage kann ausgewertet werden. Abbildung 45.10 zeigt das Ergebnis unserer Beispielumfrage.

Abbildg. 45.10 Ergebnis einer Umfrage

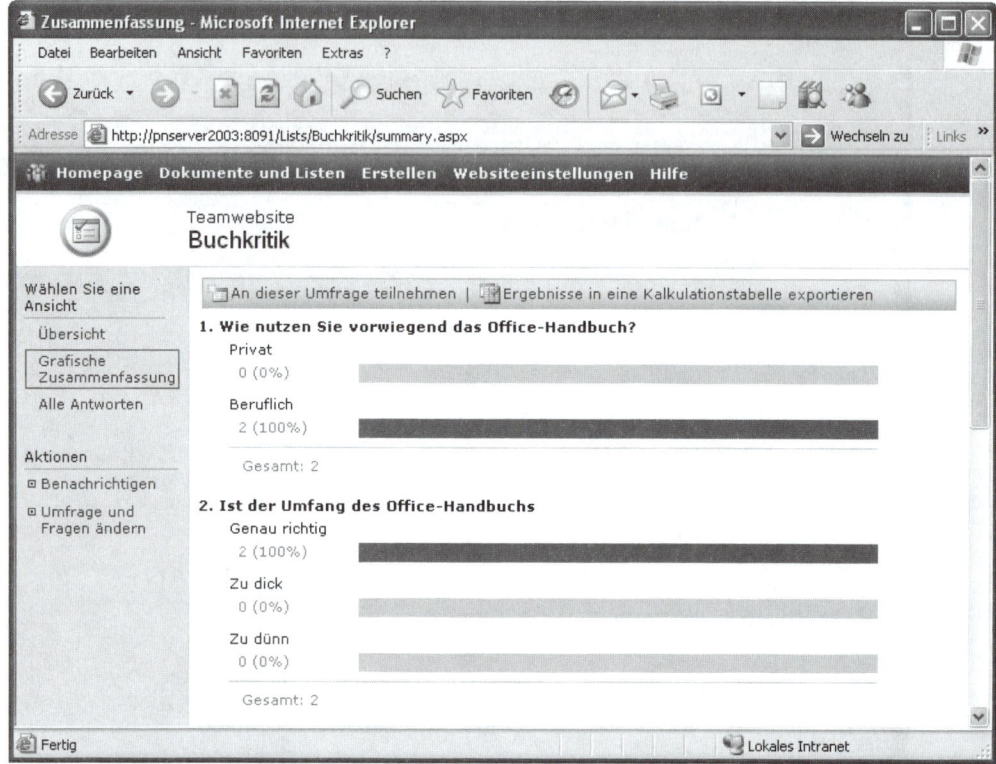

SharePoint-Liste *Dokumentbibliotheken*

Eine der für den Microsoft Office-Anwender interessantesten Funktionen von SharePoint sind Dokumentbibliotheken.

Es ist möglich, Dokumente einer Dokumentbibliothek mit Microsoft Office-Programmen wie Word, Excel oder PowerPoint zu öffnen, zu bearbeiten und dann direkt in der Dokumentbibliothek zu speichern.

Dokumentbibliotheken sind eine einfache und bequeme Möglichkeit, Dokumente, die beispielsweise eine ganze Abteilung einer Firma betreffen, so bereitzustellen, dass z.B. alle Änderungen protokolliert und der Zugriff auf Dokument kontrolliert wird. Mitarbeiter, die mit ihrem PC an das lokale Netzwerk angeschlossen sind, können ebenso die Dokumente benutzen wie auch über das Internet auf den SharePoint-Server zugreifende Kollegen. Das lästige Hin- und Herkopieren von Dateien (»Wer hat denn die aktuelle Version?«) könnte damit der Vergangenheit angehören.

Abbildg. 45.11 SharePoint-Dokumentbibliothek

Abbildg. 45.11 SharePoint-Dokumentbibliothek

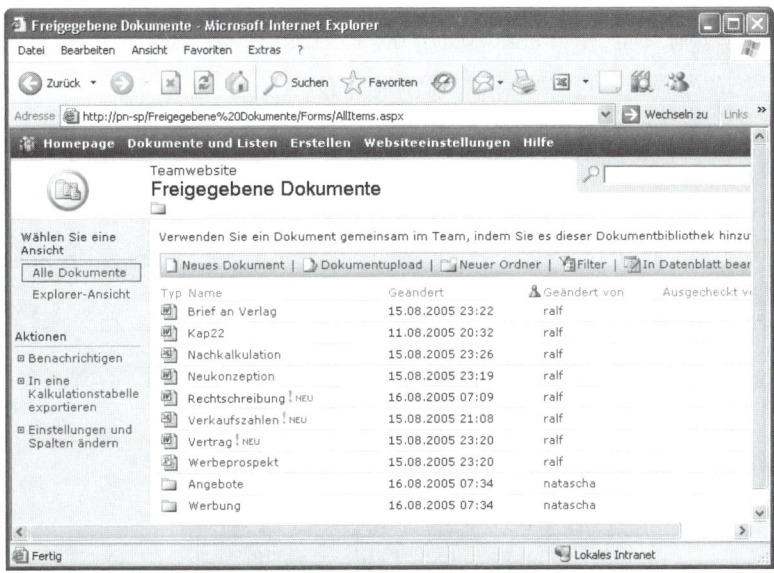

SharePoint-Liste *Bildbibliotheken*

Bildbibliotheken ermöglichen die Veröffentlichung von Bildern und Grafiken, beispielsweise der Fotos des letzten Betriebsausflugs oder der Bürorenovierung.

Abbildg. 45.12 SharePoint-Bildbibliothek

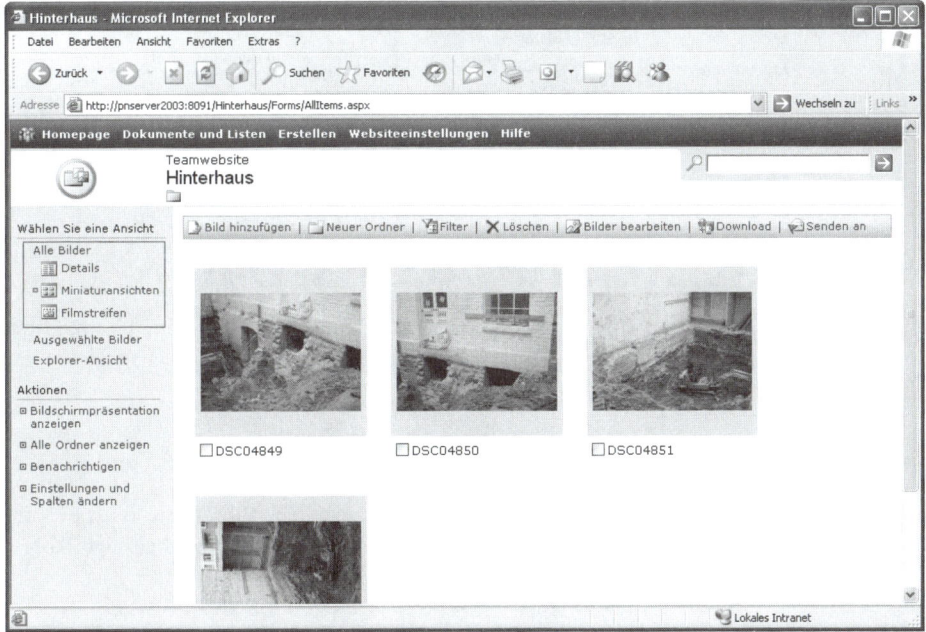

In eine Bildbibliothek können Bilder hochgeladen werden. SharePoint kann dabei mit dem Microsoft Office Picture Manager zusammenarbeiten, einem Programm, das zum Lieferumfang von Microsoft Office gehört. Das Programm erlaubt das Hochladen vieler Bilder ebenso wie das Bearbeiten von Bildern.

In SharePoint werden die Bilder im Original gespeichert, wobei SharePoint kleine Vorschauansichten der Bilder erstellen kann, die schneller angezeigt werden als die gegebenenfalls großen Originale.

Abbildg. 45.13 Microsoft Office Picture Manager

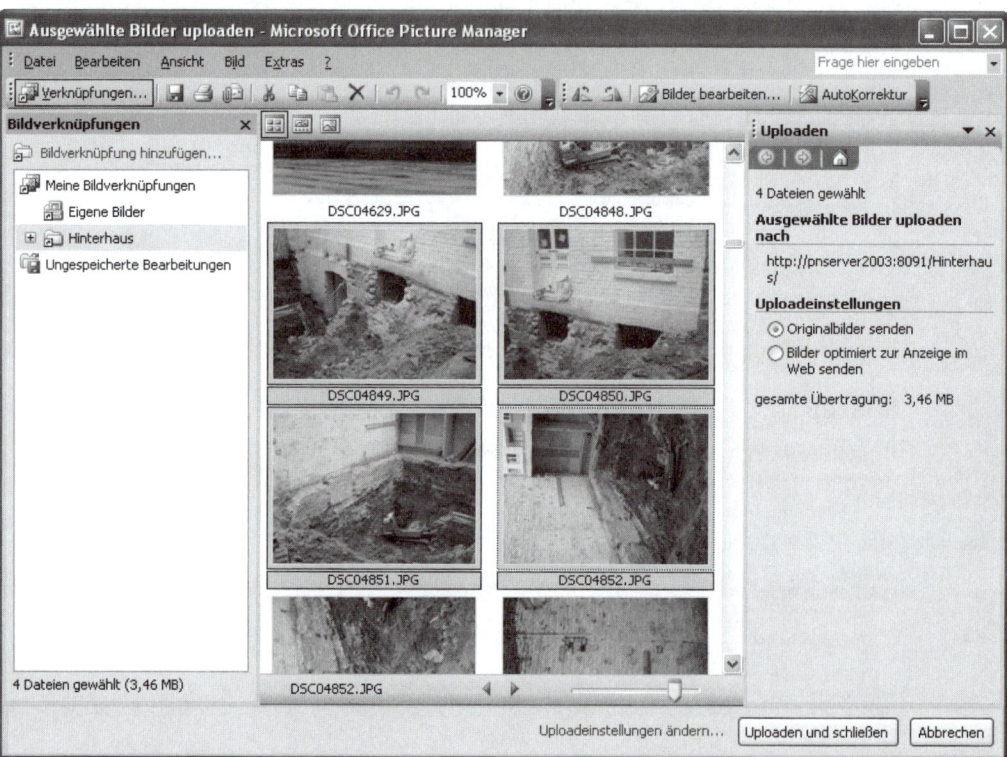

SharePoint-Listen für Access-Daten

Access-Daten lassen sich mit wenigen Schritten auf einer SharePoint-Seite veröffentlichen. Ebenso ist es möglich, Daten einer SharePoint-Liste direkt in Access zu bearbeiten.

Exportieren von Access-Daten

Um Access-Daten auf einer SharePoint-Seite bereitzustellen, führen Sie bitte die im Folgenden beschriebenen Schritte aus. Für den Export wurde die in Abbildung 45.14 gezeigte Abfrage definiert, die die entsprechenden Daten selektiert.

Abbildg. 45.14 Abfrage für Filmliste

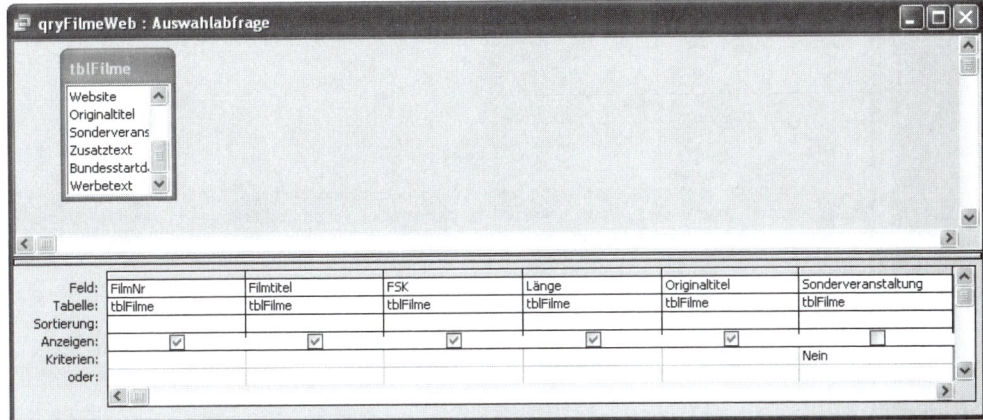

1. Im Access-Datenbankfenster selektieren Sie nun die Abfrage und wählen dann den Menübefehl *Datei/Exportieren*. In dem sich daraufhin öffnenden Dialogfeld selektieren Sie als *Dateityp* den Eintrag *Windows SharePoint Services*. Sie erhalten anschließend das in Abbildung 45.15 dargestellte Dialogfeld.

Abbildg. 45.15 Festlegen des SharePoint-Servers

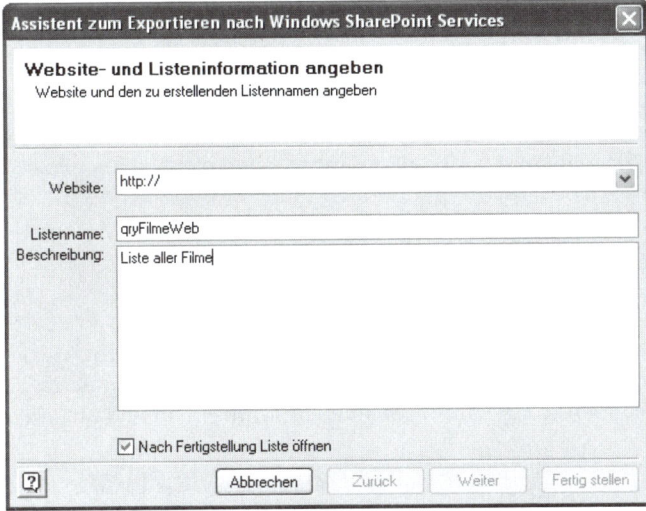

2. Wählen Sie den SharePoint-Server an, in dem Sie als *Website* die Internetadresse des Servers angeben.

3. Passen Sie *Listenname* und *Beschreibung* nach Ihren Vorstellungen an.

4. Nach dem Bestätigung mit *Fertig stellen* wird, wenn Sie das Kontrollkästchen *Nach Fertigstellung Liste öffnen* aktiviert haben, die SharePoint-Website mit Ihren Daten aufgerufen, wie es Abbildung 45.16 illustriert.

Abbildg. 45.16 Access-Daten in SharePoint

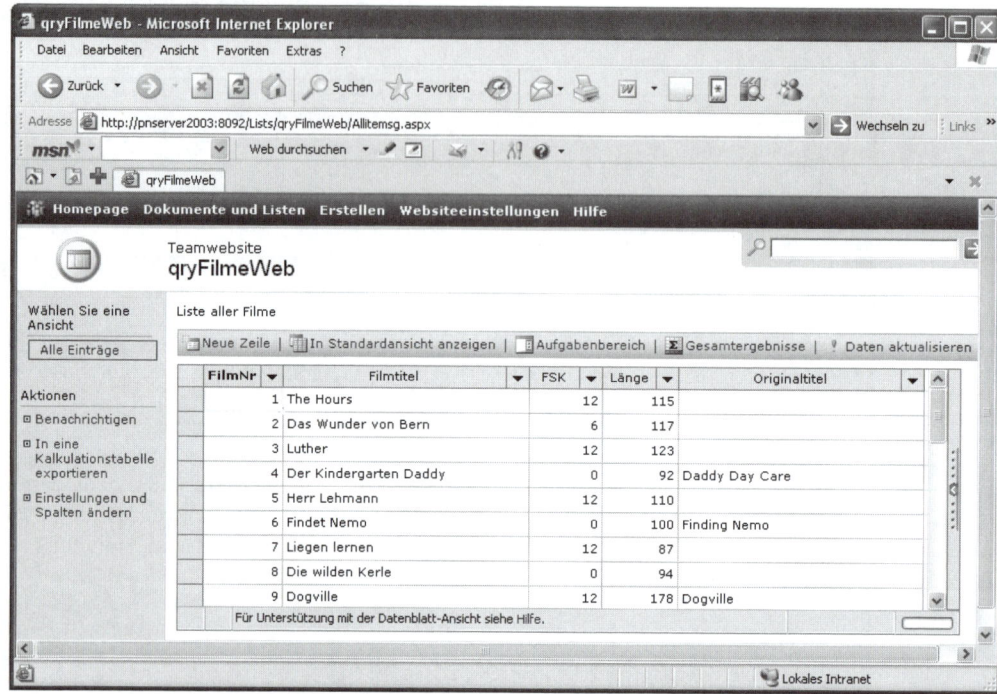

> **WICHTIG** Beachten Sie, dass beim Export der Access-Daten nach SharePoint eine Kopie der Daten in der dem SharePoint-Server zugrunde liegenden Microsoft SQL Server-Datenbank angelegt wird. Ändern Sie Daten in Access, sind diese Änderungen nicht in SharePoint zu sehen.

Verknüpfen von SharePoint-Listen

Access ermöglicht Ihnen, Daten in SharePoint-Listen direkt einzubinden, so dass Sie die Daten in Access ansehen und bearbeiten können. Wir möchten im Folgenden zeigen, wie Sie die Daten, die Sie im vorherigen Abschnitt auf den SharePoint-Server kopiert haben, so in Access verknüpfen, dass Änderungen an den Daten in Access sofort in SharePoint sichtbar sind und umgekehrt.

PROFITIPP

> Die Einbindung von SharePoint-Listen funktioniert auch über das Internet! Wenn der SharePoint-Server nicht in Ihrem lokalen Netzwerk angeschlossen ist, sondern über eine Internetadresse erreichbar ist, kann er, vorausgesetzt, die entsprechenden Sicherheitseinstellungen erlauben es, trotzdem direkt in Ihr Access verknüpft werden. Auf diesem Wege kann beispielsweise der Datenaustausch mit entfernten Niederlassungen oder Mitarbeitern mit Heimarbeitsplätzen realisiert werden.
>
> Zusätzlich können natürlich auch die anderen Funktionen von SharePoint über das Internet genutzt werden, wie beispielsweise das Speichern von Word- oder Excel-Dokumenten auf den SharePoint-Server.

Folgende Schritte sind zum Einbinden einer SharePoint-Liste in Access durchzuführen:

1. Rufen Sie den Menübefehl *Datei/Externe Daten/Tabelle verknüpfen* auf.

2. Selektieren Sie im Dialogfeld zur Dateiauswahl als *Dateityp* den Eintrag *Windows SharePoint Services*.

   Daraufhin wird das in Abbildung 45.17 gezeigte Dialogfeld eingeblendet. Sie sehen dort die *http*-Adresse eines von uns verwendeten SharePoint-Servers.

Abbildg. 45.17   Auswahl der SharePoint-Website

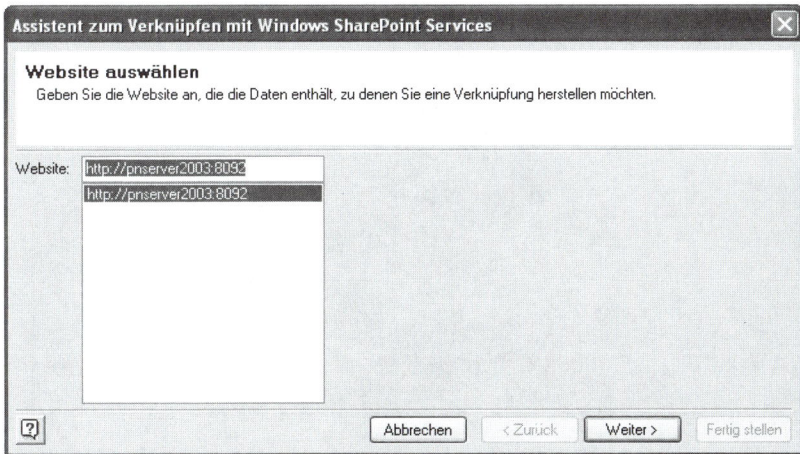

3. Geben Sie die *http*-Adresse Ihres SharePoint-Servers an. Nach Klicken auf die Schaltfläche *Weiter* wird der angegebene SharePoint-Server angefragt und liefert, wie in Abbildung 45.18 gezeigt, die SharePoint-Listen zurück, für die Sie eine Zugriffsberechtigung haben.

Abbildg. 45.18   Auswahl der SharePoint-Liste

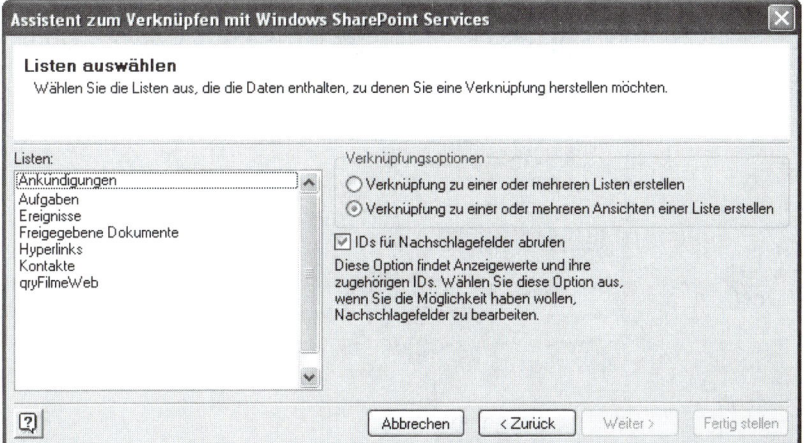

Access im Internet

4. Selektieren Sie die Liste *qryFilmeWeb*, die die Daten enthält, die beispielhaft im letzten Abschnitt auf den SharePoint-Server exportiert wurden.

5. Für eine SharePoint-Liste können mehrere Ansichten definiert sein. Eine Ansicht können Sie sich wie eine Access-Abfrage vorstellen; sie kann die Auswahl der Daten einschränken und eine andere Sortierung verwenden und vieles mehr.

Abbildg. 45.19 Auswahl der SharePoint-Listenansicht

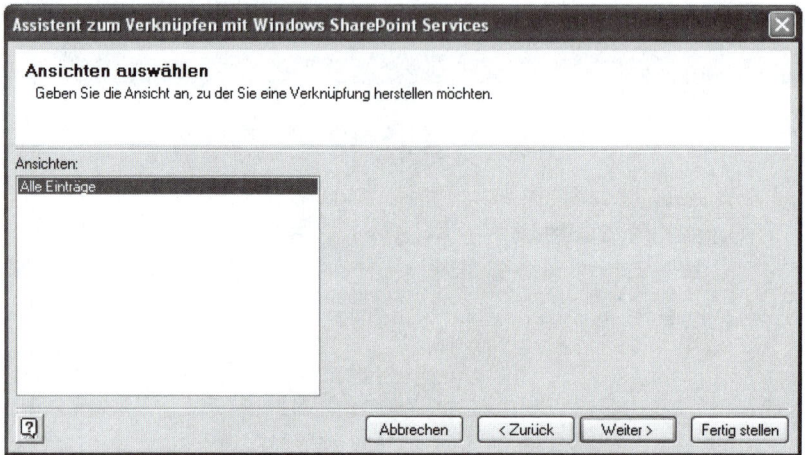

Unsere exportierte Liste besitzt nur eine Ansicht, die standardmäßig selektiert ist. Ein Klick auf *Weiter* verzweigt zum letzten Dialogfeld des Assistenten. SharePoint-Listen können untereinander verknüpft sein, um beispielsweise Nachschlagefunktionen zu realisieren. Bei vorhandenen Verknüpfungen wird ein weiteres Dialogfeld angezeigt, um zu bestimmen, ob auch alle verknüpften SharePoint-Listen in Access eingebunden werden sollen.

Abbildg. 45.20 SharePoint-Liste als Tabellenverknüpfung

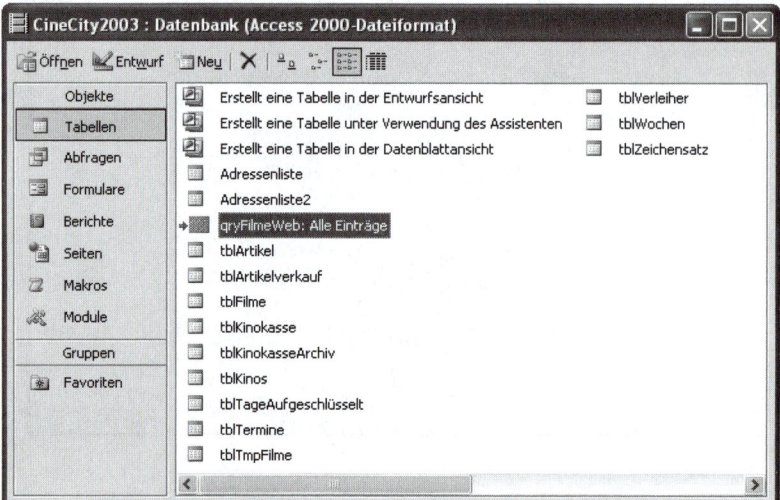

In Abbildung 45.20 sehen Sie die eingebundene SharePoint-Liste. Wenn Sie die Liste zum Bearbeiten in Access öffnen, erhalten Sie die in Abbildung 45.21 gezeigte Darstellung.

Abbildg. 45.21 Liste mit Hyperlink zur SharePoint-Website

ID	Bearbeiten	FilmNr	Filmtitel	FSK	Länge	Originaltitel
1	[...]	1	The Hours	12	115	
2	[...]	2	Das Wunder vo	6	117	
3	[...]	3	Luther	12	123	
4	[...]	4	Der Kindergarte	0	92	Daddy Day Car
5	[...]	5	Herr Lehmann	12	110	
6	[...]	6	Findet Nemo	0	100	Finding Nemo
7	[...]	7	Liegen lernen	12	87	
8	[...]	8	Die wilden Kerl	0	94	
9	[...]	9	Dogville	12	178	Dogville
10	[...]	10	Ferkels große A	0	75	Piglet's Big Mo
11	[...]	11	Rosenstraße	12	135	
12	[...]	12	Good bye, Leni	6	121	
13	[...]	13	Kops	12	91	
14	[...]	14	Whale Rider	6	101	
15	[...]	15	Bowling for Colt	12	119	
16	[...]	16	Ein Jahr Barcel	6	121	L' auberge espa
17	[...]	17	Tatsächlich...Li	6	135	Love Actually
18	[...]	18	Harry Potter un	6	152	Harry Potter an

qryFilmeWeb: Alle Einträge : Tabelle

Datensatz: 1 von 25

Die Darstellung der SharePoint-Liste weist eine Besonderheit auf. In der Spalte *Bearbeiten* wurden bei der Einbindung in Access Hyperlinks als […] eingefügt. Ein Klick auf einen der Hyperlinks ruft den jeweiligen Datensatz in SharePoint zur Bearbeitung im Browser auf.

Wir haben die verknüpfte SharePoint-Liste als Basis für ein einfaches Formular verwendet. Die Daten lassen sich in der gewohnten Weise bearbeiten. Jede Änderung wird sofort an SharePoint weitergegeben, so dass SharePoint-Benutzer ihre Änderungen sofort anschauen können.

Abbildg. 45.22 Einsatz der SharePoint-Liste als Formulardatenbasis

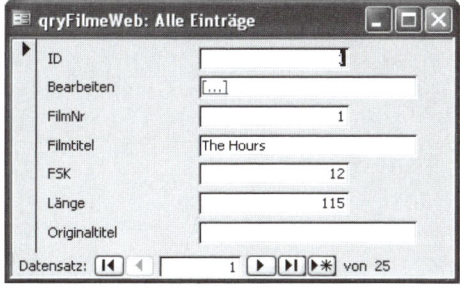

qryFilmeWeb: Alle Einträge

ID	1
Bearbeiten	[...]
FilmNr	1
Filmtitel	The Hours
FSK	12
Länge	115
Originaltitel	

Datensatz: 1 von 25

Zusammenfassung

SharePoint ist ein Programm zum Bereitstellen von Informationen und Dokumenten im Intranet und Internet.

In diesem Kapitel wurde ein Einblick in die verschiedenen Möglichkeiten und Komponenten von SharePoint gegeben.

- So erfahren Sie ab Seite 899, wie neue Websites unter SharePoint angelegt werden können und welche Vorlagen dafür bereitgestellt werden.

- SharePoint-Listen sind ein zentrales Thema. Es gibt vordefinierte Listen, die Sie für Ihre Anwendung verwenden können (ab Seite 904), oder Sie definieren eigene Listen.

- Ab Seite 912 wird besprochen, wie Sie Access-Daten in eine SharePoint-Liste exportieren können. Dabei wird eine Kopie der Daten auf dem SharePoint-Server angelegt.

- Am Schluss des Kapitels wird aufgezeigt, wie SharePoint-Listen in Access eingebunden werden können, so dass Datenänderungen von Access zu SharePoint und umgekehrt übertragen werden.

Teil K

Anhang

In diesem Teil:

Anhang A

Die Reddick-VBA-Namenskonventionen

In diesem Anhang:

Greg Reddick ist Präsident der Gregory Reddick & Associates, einer Unternehmensberatungsfirma, die auf Entwicklungen mit Microsoft Access, Visual Basic und C++ spezialisiert ist. Er arbeitete vier Jahre im Access-Entwicklungsteam bei Microsoft.

Der vorliegende Text ist eine eigene Übersetzung und Überarbeitung des Artikels »The Reddick VBA Naming Conventions«. Mit den Reddick-VBA (RVBA) -Namenskonventionen soll eine Richtlinie für die Benennung von Objekten in Microsoft Visual Basic for Applications (VBA) geschaffen werden. VBA ist als einheitliche Programmiersprache in Microsoft Access, Microsoft Word, Microsoft Excel und Microsoft Project implementiert worden. In dem hier abgedruckten Text sind nur die Teile aufgeführt, die für Access von Bedeutung sind.

Konventionen stellen eine Möglichkeit der Standardisierung für die Programmierung von Applikationen dar. Diese Konventionen sind als Richtlinie gedacht. Sollten Sie mit einem Teil nicht einverstanden sein, so ersetzen Sie ihn durch das, was in Ihren Augen besser funktioniert. Allerdings sollten Sie dabei bedenken, wer die Änderungen noch sehen wird, und einen Kommentar in den Kopf des Moduls übernehmen, der die Änderungen beschreibt.

Einige der hier dargestellten Typkürzel wurden gegenüber vorherigen Konventionen geändert. Es ist Ihre Entscheidung, welche der Typkürzel Sie verwenden möchten, die neuen oder die alten. An einigen Stellen werden in diesem Dokument die alten Typkürzel in { geschweiften Klammern } dargestellt.

Einführung in die ungarische Notation

Die RVBA-Konventionen basieren auf der ungarischen Notation, die nach der Heimat von Charles Simonyi benannt wurde, dem Erfinder dieses Stils der Objektbenennung. (Anmerkung der Übersetzer: Charles Simonyi ist Mitarbeiter von Microsoft und hat dort die Entwicklung von Microsoft Word geleitet.) Das Ziel der ungarischen Notation besteht darin, Informationen über ein Objekt prägnant und effizient auszudrücken. Die ungarische Notation ist gewöhnungsbedürftig, wird sie jedoch einmal angenommen, gerät sie schnell zur zweiten Natur. Das Format eines ungarischen Objektnamens wird durch

```
[Prefix]Tag[BaseName[Suffix]]
```

bzw. auf deutsch

```
[Präfix]Typkürzel[BasisName[Suffix]]
```

beschrieben. Hierbei bezeichnen die eckigen Klammern die optionalen Teile des Objektnamens. Die einzelnen Komponenten werden im Folgenden beschrieben.

Das *Präfix* ergänzt das Typkürzel um zusätzliche Informationen. Für das Präfix werden Kleinbuchstaben verwendet. Sie werden in der Regel einer vorgegebenen Liste entnommen, die später in diesem Artikel beschrieben wird.

Das *Typkürzel*, im Englischen kurz mit »Tag« benannt, besteht aus einer kurzen Folge von Buchstaben, die den Typ des Objekts anzeigt. Für das Typkürzel werden Kleinbuchstaben verwendet. Auch hierzu gibt es eine standardisierte Liste, die später im Artikel aufgeführt wird.

Der *BasisName* besteht aus einem oder mehreren Wörtern, die beschreiben, was das Objekt repräsentiert. Der erste Buchstabe jedes Wortes wird großgeschrieben.

Das *Suffix* bietet zusätzliche Informationen zur Bedeutung des BasisNamens. Der erste Buchstabe jedes Wortes des Suffixes wird großgeschrieben. Im Artikel finden Sie eine standardisierte Liste der Suffixe.

Beachten Sie dabei, dass der einzige wirklich benötigte Teil das Typkürzel ist. Dies erscheint nicht sehr logisch, wahrscheinlich haben Sie das Gefühl, dass der Basisname der wichtigste Teil eines Objektnamens ist. Aber stellen Sie sich eine allgemeine Prozedur vor, die für irgendein Formular verwendet werden kann. Dabei ist die Tatsache wichtig, dass die Routine für ein Formular funktioniert, nicht was das Formular darstellt. Weil die Routine für Formulare verschiedener Art verwendet werden kann, benötigen Sie nicht zwingenderweise einen Basisnamen. Setzen Sie allerdings mehr als ein Objekt desselben Typs in einer Routine ein, müssen Sie für alle bis auf ein Objekt Basisnamen verwenden, um sie unterscheiden zu können.

Typkürzel

Verwenden Sie Typkürzel, um den Datentyp eines Objekts anzuzeigen. Der folgende Abschnitt zeigt Ihnen, wie die Typkürzel zu verwenden sind.

Typkürzel für Variablen

Verwenden Sie die in Tabelle A.1 aufgeführten Typkürzel für VBA-Datentypen. Das Typkürzel »obj« kann durch das Typkürzel des jeweiligen Objekts einer Applikation wie Microsoft Access, Excel oder Word ersetzt werden (siehe Abschnitt »Applikationen und Erweiterungen für Komponenten«).

Tabelle A.1 Typkürzel für VBA-Variablen

Typkürzel	Variablentyp
byte {byt}	Byte
bool {f}	Boolean
int	Integer
lng	Long
sng	Single
dbl	Double
cur	Currency
date {dtm}	Date
obj	Object
str	String
stf	String (feste Länge)
var	Variant

Hier sind einige Beispiele:

```
lngCount
intValue
strInput
```

Sie sollten alle Variablen explizit in jeweils einer Zeile deklarieren. Verwenden Sie nicht die alte Basic-Deklaration der Variablen, wie %, & und $. Sie sind überflüssig, wenn Sie die Namenskonventionen verwenden. Zudem gibt es für einige Datentypen wie Boolean keine Zeichen. Deklarieren Sie alle Variablen des Datentyps Variant, dem Standarddatentyp, auch entsprechend als Variant wie

```
Dim intTotal As Integer
Dim varField As Variant
Dim strName As String
```

Zusammenstellen von Eigenschaftennamen

Eigenschaften einer Klasse erzeugen ein spezielles Problem: Sollen für sie die Namenskonventionen verwendet werden, um den Typ anzuzeigen? Sie sollten sie verwenden, um konsistent mit dem Rest der Namenskonventionen zu sein. Allerdings ist es erlaubt, Namen für Eigenschaften ohne Typkürzel zu verwenden, vor allem dann, wenn die Klasse von einem Kunden verwendet werden soll, der nicht an die Namenskonventionen gewöhnt ist.

Typkürzel für Auflistungen

Verwenden Sie für Auflistungen (Collections) spezielle Typkürzel, die sich aus dem Datentyp der Auflistung und dem Buchstaben »s« zusammensetzen. Haben Sie beispielsweise eine Auflistung von Zahlen des Datentyps Long, würde das entsprechende Kürzel der Auflistung lngs heißen. Theoretisch kann eine Auflistung Objekte verschiedener Datentypen enthalten. Möchten Sie verschiedene Datentypen in einer Auflistung verwenden, verwenden Sie das Typkürzel »objs«. Beispiele sind

```
intsEntries
frmsCustomerData
objsMisc
```

Typkürzel für Konstanten

Konstanten sind immer von einem bestimmten Datentyp. Da VBA den Datentyp für Sie bestimmt, falls Sie ihn nicht selbst festlegen, sollten Sie für eine Konstante immer den Datentyp spezifizieren. Konstanten, die im allgemeinen Deklarationsbereich eines Moduls deklariert werden, sollten immer das führende Schlüsselwort »Private« oder »Public« verwenden und zudem als Präfix »m« oder »g« verwenden. Eine Konstante wird dann durch den Buchstaben »c« am Ende des Datentyps gekennzeichnet, wie

```
Const intcGray As Integer = 3
Private Const mdblcPi As Double = 3.14159265358
```

Die oben beschriebene Technik wird empfohlen, um Konstanten zu benennen. Sollte für Sie jedoch der Umstand wichtiger sein, dass Sie mit Konstanten arbeiten als deren Datentyp, sollten Sie alternativ das allgemeine Typkürzel »con« verwenden.

```
Const conPi As Double  = 3.14159265358
```

Prozeduren

In VBA-Prozeduren sind verschiedenste Objekte zu benennen: die Prozeduren selbst, Sprungmarken und Parameter. Diese Objekte sollen im Folgenden beschrieben werden.

Prozedurnamen

Ereignisprozeduren werden von VBA benannt; diese Namen können Sie nicht verändern. Sie sollten die Großschreibung verwenden, die das System vorschlägt. Schreiben Sie für benutzerdefinierte Prozedurnamen den ersten Buchstaben jedes Wortes groß, wie

```
cmdOK_Click
GetTitelBarString
PerformInitialization
```

Für Prozeduren sollte immer der Gültigkeitsbereich angegeben werden, wenn sie deklariert werden.

```
Public Function GetTitelBarString() As String
Private Sub PerformInitialization()
```

Parameter benennen

Sie sollten für alle Parameter den Zusatz ByVal oder ByRef verwenden, auch wenn ByRef Standardwert ist und somit redundant. Parameter für Prozeduren werden genauso benannt wie einfache Variablen desselben Typs, außer dass Argumente, die »by Reference« übergeben werden, den Zusatz »r« erhalten, wie

```
Public Sub TestValue(ByVal intInput As Integer, _
    ByRef rlngOutput As Long)
Private Function GetValue(ByVal strKey As String, _
    ByRef rgph As Glyph) As Boolean
```

Sprungmarken

Sprungmarken werden mit Großbuchstaben für jedes Wort benannt:

```
ErrorHandler:
ExitProcedure:
```

Präfixe

Ein Präfix soll ein Typkürzel dahingehend verändern, dass mehr Informationen über das Objekt zur Verfügung stehen.

Präfixe für Datenfelder (Arrays) von Objekten

Verwenden Sie für Datenfelder des Typs `Objekt` die Vorsilbe »a« wie

```
aintFontSizes
astrNames
```

Präfixe für Indizes

Bezeichnen Sie einen Index in einem Datenfeld mit der Vorsilbe »i«, und aus Gründen der Konsistenz sollten Sie als Datentyp immer `Long Integer` verwenden. Sie können auch das Index-Präfix verwenden, um auf andere aufgezählte Objekte wie Auflistungen benutzerdefinierter Klassen hinzuweisen, z.B.

```
iaintFontSize
iastrNames
igphsGlyphCollection
```

Präfixe für Gültigkeitsbereiche und Lebensdauern

Für jede Variable gibt es in VBA drei Gültigkeitsebenen: `Public`, `Private` and `Local`. Eine Variable hat zusätzlich eine Lebensdauer der aktuellen Prozedur oder der Länge des Programms. Verwenden Sie die in Tabelle A.2 dargestellten Präfixe, um auf die Gültigkeitsebene und Lebensdauer hinzuweisen.

Tabelle A.2   Präfixe für Gültigkeit und Lebensdauer

Präfix	Objekttyp
(kein)	Lokale Variable, Lebenszeit auf Prozedurebene mit **Dim** deklariert
s	Lokale (static) Variable, Lebenszeit auf Programmebene mit **Static** deklariert
m	Private (Modul) Variable, Lebenszeit auf Programmebene mit **Private** deklariert
g	Public (globale) Variable, Lebensdauer auf Programmebene mit **Public** deklariert

Die Präfixe »m« und »g« werden auch verwendet, um die Gültigkeitsebenen anderer Objekte, z.B. von Konstanten, darzustellen:

```
intLocalVariable
mintPrivateVariable
gintPublicVariable
mdblcPi
```

VBA erlaubt verschiedene Typdeklarationen, um die Rückwärtskompatibilität zu ermöglichen. Das ältere Schlüsselwort `Global` sollte immer durch `Public`, `Dim` und `Static` durch `Private` ersetzt werden.

Andere Präfixe

In Tabelle A.3 werden weitere Präfixe aufgeführt und beschrieben.

Tabelle A.3   Andere häufig verwendete Präfixe

Präfix	Objekttyp
c	Zähler (Count) eines Objekttyps
h	Zeiger (Handle) auf ein Windows-Objekt
r	Parameter

Hier zwei Beispiele:

```
castrArray
hWndForm
```

Suffixe

Suffixe werden für weitere Informationen über eine Variable verwendet. Wahrscheinlich werden Sie eigene Nachsilben erstellen, die speziell an Ihre Entwicklungen angepasst sind.

Tabelle A.4   Häufig verwendete Suffixe

Suffix	Objekttyp
Min	ist das absolut erste Element eines Feldes oder einer Liste.
First	ist das erste Element, das in einem Feld oder einer Liste während der aktuellen Operation verwendet wird.
Last	ist das letzte Element, das in einem Feld oder einer Liste während der aktuellen Operation verwendet wird.
Lim	ist die obere Grenze von Elementen, die in einem Feld oder einer Liste verwendet werden. **Lim** ist kein gültiger Index. Normalerweise gilt **Lim=Last+1**.
Max	ist das absolut letzte Element eines Feldes oder einer Liste.
Cnt	wird mit Datenbankelementen verwendet, um anzuzeigen, dass es sich um einen Zähler handelt. Zähler (in Access: AutoWert) werden vom System automatisch hochgezählt, sie sind Zahlen vom Typ **Long** oder **ReplicationsID**.

Sehen Sie hier einige Beispiele:

```
iastrNamesMin
iastrNamesMax
iaintFontSizesFirst
igphsGlyphCollectionLast
lngCustomerIdCnt
varOrderIdCnt
```

Applikationen und Erweiterungen für Komponenten

Jede Applikation mit VBA und jede Komponente, die installiert werden kann, hat eine eigene Menge von verwendbaren Objekten. Dieser Abschnitt definiert Typkürzel für die Objekte in den verschiedenen Applikationen und Komponenten.

Access-Objekte

Tabelle A.5 führt die Typkürzel für Access-Objektvariablen auf. Außer, dass diese Typkürzel im Programm-Code verwendet werden, um auf die entsprechenden Objekttypen zu verweisen, werden dieselben Typkürzel auch dazu benutzt, um diese Objekte in Formularen und Berichten zu benennen.

Tabelle A.5   Typkürzel für Access-Objektvariablen

Typkürzel	Objekttyp (deutsch)	Objekttyp (englisch)
app	Applikation	Application
chk	Kontrollkästchen	CheckBox
cbo	Kombinationsfeld	ComboBox
cmd	Befehlsschaltfläche	CommandButton
ctl	Steuerelement	Control
ctls	Steuerelemente	Controls
ocx	Zusatzsteuerelement	CustomControl
dcm	DoCmd	DoCmd
frm	Formular	Form
frms	Formulare	Forms
grl	Gruppenebene	GroupLevel
img	Bild	Image
lbl	Bezeichnungsfeld	Label
lin	Linie	Line
lst	Listenfeld	ListBox
bas (oder mdl)	Modul	Module
ole	OLE-Objekt	ObjectFrame
opt	Optionsfeld	OptionButton
fra	Optionsgruppe	OptionGroup (frame)
brk	Seitenumbruch	PageBreak
pal	Farbpalette	PaletteButton

Tabelle A.5 Typkürzel für Access-Objektvariablen *(Fortsetzung)*

Typkürzel	Objekttyp (deutsch)	Objekttyp (englisch)
prps	Eigenschaften	Properties
shp	Rechteck	Rectangle (shape)
rpt	Bericht	Report
rpts	Berichte	Reports
scr	Bildschirm	Screen
sec	Bereich	Section
sfr	Unterformular	SubForm
srp	Unterbericht	SubReport
txt	Textfeld	TextBox
tgl	Umschaltfläche	ToggleButton

Dazu zwei Beispiele:

```
txtName
lblInout
```

ADO-Objekte

ADO, »ActiveX Data Objects«, sind eine Programmierschnittstelle für Datenzugriffe. Die für ADO zu verwendenden Typkürzel sind in Tabelle A.6 aufgelistet.

Tabelle A.6 ADO-Objekt-Typkürzel

Typkürzel	Objekttyp
cnn oder conn	Connection
cmd	Command
rs	Recordset
fld	Field
par	Parameter

ADOX-Objekte

ADOX, »ADO Extensions«, sind eine Programmierschnittstelle für den Zugriff auf Datenbankstrukturen.

ADOX-Objekt-Typkürzel

Typkürzel	Objekttyp
cat	Catalog
sp	Procedures (stored procedures)
vw	View
tbl	Table
idx	Index
col	Column
ky oder key	Key
cmd	Command
prm	Parameter
usr	User
grp	Group

DAO-Objekte

DAO, »Data Access Objects«, ist die Programmierschnittstelle zur Jet Database Engine, die sich Access, Visual Basic und C++ teilen. Die für DAO zu verwendenden Typkürzel sind in Tabelle A.8 zu sehen.

Tabelle A.8   DAO-3.5-Objekt-Typkürzel

Typkürzel	Objekttyp
cnt	Container
cnts	Containers
db	Database
dbs	Databases
dbe	DBEngine
doc	Document
docs	Documents
err	Error
errs	Errors
fld	Field
flds	Fields
grp	Group
grps	Groups
idx	Index

Tabelle A.8   DAO-3.5-Objekt-Typkürzel *(Fortsetzung)*

Typkürzel	Objekttyp
idxs	Indexes
prm	Parameter
prms	Parameters
pdbe	PrivDBEngine
prp	Property
prps	Properties
qry	QueryDef
qrys	QueryDefs
rst	Recordset
rsts	Recordsets
rel	Relation
rels	Relations
tbl	TableDef
tbls	TableDefs
usr	User
usrs	Users
wrk	Workspace
wrks	Workspaces

Auch hierzu zwei Beispiele:

```
rstCustomers
idxPrimaryKey
```

Tabelle A.9 listet die Typkürzel auf, die in einer Datenbank den Typ der Objekte identifizieren.

Tabelle A.9   Typkürzel für Access-Datenbankobjekte

Typkürzel	Objekttyp
tbl	Table
qry	Query
frm	Form
rpt	Report
mcr	Macro
bas	Module

Bei Bedarf können Sie auch exaktere Typkürzel oder Suffixe verwenden, um den Zweck und Typ eines Datenbankobjekts zu identifizieren. Setzen Sie Suffixe ein, benutzen Sie die in Tabelle A.9 dargestellten Typkürzel, um den Typ darzustellen. Verwenden Sie entweder Typkürzel oder Suffix, aber nicht beide gleichzeitig. Typkürzel und Suffixe sind in Tabelle A.10 dargestellt.

Tabelle A.10   Spezielle Objekttypkürzel und -suffixe für Access-Datenbankobjekte

Typkürzel	Suffix	Objekttyp
tlkp	Lookup	Table (lookup)
qsel	(none)	Query (select)
qapp	Append	Query (append)
qxtb	Xtab	Query (crosstab)
qddl	DDL	Query (DDL)
qdel	Delete	Query (delete)
qflt	Filter	Query (filter)
qlkp	Lookup	Query (lookup)
qmak	MakeTable	Query (make table)
qspt	PassThru	Query (SQL pass-through)
qtot	Totals	Query (totals)
quni	Union	Query (union)
qupd	Update	Query (update)
fdlg	Dlg	Form (dialog)
fmnu	Mnu	Form (menu)
fmsg	Msg	Form (message)
fsfr	SubForm	Form (subform)
rsrp	SubReport	Form (subreport)
mmnu	Mnu	Macro (menu)

Sehen Sie dazu folgende Beispiele:

```
tblValiNamesLookup
tlkpValidNames
fmsgError
mmnuFileMnu
```

Verwenden Sie keine Leerzeichen, um Objekte in einer Datenbank zu benennen. Schreiben Sie besser den ersten Buchstaben für jedes Wort groß. Schreiben Sie statt Quarterly Sales Values Table besser tblQuarterlySalesValues.

Zurzeit wird darüber diskutiert, ob Felder einer Tabelle Typkürzel erhalten sollen oder nicht. Ob Sie welche verwenden, liegt bei Ihnen. Falls Sie welche benutzen möchten, nehmen Sie die Typkürzel aus Tabelle A.11.

Tabelle A.11   Typkürzel für Felder (falls Sie sich dafür entscheiden)

Typkürzel	Objekttyp
bin	Binary
byte	Byte
lng	AutoWert-Felder (sequentiell oder zufällig) des Typs **Long** (verwendet mit Suffix **Cnt**)
cur	Currency
date	Date/Time
dbl	Double
guid	»Globally unique identifier«, für Replikation von AutoWert-Feldern eingesetzt
int	Integer
lng	Long
mem	Memo
ole	OLE
sng	Single
str	Text
bool	Yes/No

Anhang B

Operatoren und Funktionen

In diesem Anhang:

Operatoren

Operatoren werden in allen Programmteilen von Microsoft Access verwendet. Sie sind für Bedingungen in Tabellen und Abfragen, Formeln in Formularen sowie Berichten und für vieles mehr notwendig.

Tabelle B.1   Arithmetische Operatoren

Operator	Beschreibung
^	potenziert eine Zahl mit einem Exponenten.
-	negiert eine Zahl.
*	multipliziert zwei Zahlen.
/	dividiert zwei Zahlen, das Ergebnis ist eine Fließkommazahl.
\	dividiert zwei Zahlen, das Ergebnis ist ganzzahlig.
Mod	dividiert zwei Zahlen und gibt den Rest als Ergebnis zurück (Modulo).
+	addiert zwei Zahlen.
-	subtrahiert zwei Zahlen.
&	Textverkettung von Zeichenfolgen.

Tabelle B.2   Vergleichsoperatoren

Operator	Beschreibung
=	gleich
<>	ungleich
<	kleiner als
>	größer als
<=	kleiner als oder gleich
>=	größer als oder gleich
Wie (Like)	Vergleich von Zeichenfolgen
Is	Vergleich von Objekten

Tabelle B.3   Logische Operatoren

Operator	Beschreibung
Nicht (Not)	Logisches Nicht (Negation)
Und (And)	Logisches Und (Konjunktion)
Oder (Or)	Logisches Oder (Disjunktion)
ExOder (Xor)	Logisches exklusives Oder (Exklusion)

Tabelle B.3 Logische Operatoren *(Fortsetzung)*

Operator	Beschreibung
Äqv (Eqv)	Logische Gleichheit (Äquivalenz)
Imp	Logische Einschließung (Implikation)

Tabelle B.4 Weitere Operatoren

Operator	Beschreibung
Zwischen...Und (Between...And)	bestimmt, ob ein Ausdruck zwischen zwei Werten liegt.
In	vergleicht den Wert eines Ausdrucks mit mehreren Werten aus einer Liste.
Ist Null (Is Null)	bestimmt, ob ein Wert **Null**, also ohne Wert ist.

Funktionen

Im Folgenden erhalten Sie eine Liste mit Funktionen, die Sie in Abfragen, Formularen und Berichten einsetzen können. Diese Liste umfasst nicht alle Funktionen, die in Access möglich sind, sondern nur die am häufigsten verwendeten.

Aufgeführt sind nur die englischen Versionen der Funktionen. Benötigen Sie für Abfragen, Formulare, Berichte und Makros die deutschen Funktionsnamen, so verwenden Sie die entsprechende Übersetzungstabelle (siehe den Abschnitt »Funktionsnamenübersetzung englisch-deutsch« weiter unten in diesem Kapitel).

HINWEIS Beachten Sie, dass bei der Verwendung der deutschen Funktionsnamen in Abfragen, Formularen, Berichten und Makros die Argumente durch Semikolon getrennt werden, während die englischen Funktionen in Visual Basic Kommata zur Trennung verwenden.

Tabelle B.5 Funktionen

Funktion	Beschreibung
Abs(Zahl)	gibt den Absolutwert der **Zahl** zurück.
Array(ArgListe)	gibt einen Variant mit einem Datenfeld zurück. **ArgListe** enthält die Elemente des Datenfeldes durch Kommata getrennt.
Asc(string)	gibt den Zeichencode des ersten Buchstabens der Zeichenfolge zurück; **string** ist ein benanntes Argument, das eine gültige Zeichenfolge beschreibt.
Atn(Zahl)	berechnet den Arcustangens einer **Zahl**.
CBool(Ausdruck)	wandelt einen Ausdruck in den Datentyp *Boolean* um. **Ausdruck** kann eine beliebige numerische Zahl oder eine Zeichenfolge sein; ist der Wert ungleich Null, so gibt **CBool True** zurück, andernfalls **False.**
CByte(Ausdruck)	wandelt einen Ausdruck in den Datentyp *Byte* um. **Ausdruck** kann eine beliebige numerische Zahl oder eine Zeichenfolge sein.

Funktion	Beschreibung
CCur(Ausdruck)	wandelt einen Ausdruck in den Datentyp *Currency* um. **Ausdruck** kann eine beliebige numerische Zahl oder eine Zeichenfolge sein.
CDate(Ausdruck)	wandelt einen Ausdruck in den Datentyp *Date* um. **Ausdruck** kann ein beliebiger als Datum erkennbarer Ausdruck sein, wie ein Datum als Zeichenfolge.
CDbl(Ausdruck)	wandelt einen Ausdruck in den Datentyp *Double* um. **Ausdruck** kann eine beliebige numerische Zahl oder eine Zeichenfolge sein.
Chr(Zeichencode)	gibt ein Zeichen abhängig vom eingegebenen Code zurück. **Zeichencode** ist eine Zahl, die ein bestimmtes Zeichen kennzeichnet, **Chr(13)** beispielsweise steht für einen Zeilenumbruch, **Chr(65)** für den Buchstaben »A«.
CInt(Ausdruck)	wandelt einen Ausdruck in den Datentyp *Integer* um. **Ausdruck** kann eine beliebige numerische Zahl oder eine Zeichenfolge sein.
CLng(Ausdruck)	wandelt einen Ausdruck in den Datentyp *Long* um. **Ausdruck** kann eine beliebige numerische Zahl oder eine Zeichenfolge sein.
Cos(Zahl)	errechnet den Cosinus von **Zahl** im Bogenmaß.
CSng(Ausdruck)	wandelt einen Ausdruck in den Datentyp *Single* um. **Ausdruck** kann eine beliebige numerische Zahl oder eine Zeichenfolge sein.
CStr(Ausdruck)	wandelt einen Ausdruck in den Datentyp *String* um.
CurDir [(Laufwerk)]	gibt den aktuellen Pfad zurück. **Laufwerk** ist eine Zeichenfolge, die angibt, auf welchem Laufwerk der aktuelle Pfad zurückgegeben werden soll.
CurrentDb()	gibt einen Verweis auf das aktuelle Datenbankobjekt zurück.
CVar(Ausdruck)	wandelt einen Ausdruck in den Datentyp *Variant* um. **Ausdruck** kann eine beliebige numerische Zahl oder eine Zeichenfolge sein.
Date	gibt das aktuelle Systemdatum zurück.
DateAdd (interval, number, date)	gibt einen Wert des Datentyps *Variant* zurück. Dieser Wert enthält ein Datum, das um einen vorgegebenen Zeitraum in der Zukunft liegt. **Interval** ist eine Zeichenfolge, die das zu addierende Intervall festlegt; **number** ist ein numerischer Ausdruck, der die Anzahl der Intervalle definiert; **date** ist ein Datum, zu dem das Intervall addiert werden soll. Als Zeichenfolge für das Intervall werden folgende Ausdrücke verwendet: **yyyy** (Jahr), **q** (Quartal), **m** (Monat), **y** (Tag des Jahres), **d** (Tag), **w** (Wochentag), **ww** (Woche), **h** (Stunde), **n** (Minute) und **s** (Sekunde).
DateDiff interval, date1, date2, firstdayofweek[, firstweekofyear]])	gibt die Anzahl von Intervallen zwischen zwei definierten Terminen an. **Interval** ist eine Zeichenfolge, die das zu addierende Intervall festlegt (siehe **DateAdd()**); **date1**, **date2** sind zwei Termine zur Berechnung; **firstdayofweek** ist eine Konstante, die den ersten Tag der Woche festlegt, standardmäßig ist der Sonntag der erste Tag der Woche; **firstweekofyear** ist eine Konstante, die die erste Woche des Jahres festlegt; standardmäßig wird die Woche zur ersten, in der der 1. Januar liegt.

Tabelle B.5 Funktionen *(Fortsetzung)*

Funktion	Beschreibung
DatePart(interval, date [, firstdayofweek[, firstweekofyear]])	gibt einen bestimmten Teil eines vorgegebenen Datums zurück; **Interval** ist eine Zeichenfolge, die das zu addierende Intervall festlegt (siehe **DateAdd()**); **date** ist ein Datum zum Auswerten; **firstdayofweek** ist eine Konstante, die den ersten Tag der Woche festlegt, standardmäßig ist der Sonntag der erste Tag der Woche; **firstweekofyear** ist eine Konstante, die die erste Woche des Jahres festlegt, standardmäßig wird die Woche zur ersten, in der der 1. Januar liegt.
DateSerial(year, month, day)	gibt einen Datumswert mit dem angegebenen Tag, Monat und Jahr zurück.
DateValue(Datum)	wandelt eine Zeichenfolge in einen Datumswert um
Day(Datum)	gibt einen Wert vom Datentyp *Variant* zurück, der den Tag des Monats angibt, also eine Zahl zwischen 1 und 31.
Dir[(Pfadname[, Attribute])]	gibt den Namen einer Datei oder eines Verzeichnisses zurück.
EOF(Dateinummer)	überprüft, ob das Ende einer Datei erreicht ist. Die **Dateinummer** wird durch den Befehl **Open** vergeben.
Exp(Zahl)	gibt *e* (die Basis des natürlichen Logarithmus) potenziert mit **Zahl** zurück.
FileDateTime(Pfadname)	gibt Datum und Uhrzeit der Erstellung bzw. letzten Änderung der angegebenen Datei zurück.
FileLen(Pfadname)	gibt die Größe einer Datei in Byte an.
Fix(Zahl)	gibt den ganzzahligen Anteil einer Zahl zurück, schneidet bei positiven und negativen Zahlen die Nachkommastellen einfach ab.
Format(Ausdruck[, Format[, ErsterWochentag [, ErsteWocheImJahr]]])	formatiert einen **Ausdruck** nach den unter **Format** angegebenen Vorgaben.
GetAttr(Pfadname)	gibt einen Wert zurück, der Aufschluss über die Dateiattribute gibt.
Hex(Zahl)	gibt **Zahl** in hexadezimaler Form zurück.
Hour(Uhrzeit)	gibt einen Wert vom Typ *Variant* zurück, der die Stunde als Zahl zwischen 0 und 23 angibt.
Inputbox(prompt[,title] [, default] [, xpos] [, ypos], [helpfile, context])	aktiviert ein Dialogfeld mit Eingabefeld. **Inputbox** ergibt nach Klicken auf eine der Schaltflächen einen String mit dem Inhalt des Textfeldes. **Prompt** ist ein Text, der im Dialogfeld erscheinen soll; **title** ist eine Zeichenfolge, die in der Titelleiste des Dialogfeldes angezeigt werden soll; **default** ist ein Standardwert, der verwendet werden soll, wenn der Anwender keine Eingabe vornimmt; **xpos** gibt den horizontalen Abstand (in twips) des linken Randes des Dialogfeldes vom linken Rand des Bildschirms an; **ypos** gibt den vertikalen Abstand des oberen Randes des Dialogfeldes vom oberen Rand des Bildschirms an; **helpfile** ist ein Zeichenfolgenausdruck, der die Hilfedatei mit der kontextbezogenen Hilfe für das Dialogfeld angibt; **context** ist ein numerischer Ausdruck mit der Hilfekontextkennung.
InStr([start,]string1, string2[, compare])	sucht das Vorkommen einer Zeichenfolge in einer anderen.

Tabelle B.5   Funktionen *(Fortsetzung)*

Funktion	Beschreibung
Int(Zahl)	gibt den ganzzahligen Anteil einer Zahl zurück, rundet positive Zahlen immer ab, gibt für negative Zahlen die ganze Zahl zurück, die kleiner oder gleich dem Argument ist.
IsArray(VarName)	gibt **True** zurück, falls die Variable ein Datenfeld ist, sonst **False**. **VarName** kann eine beliebige Variable sein.
IsDate(Varname)	gibt **True** zurück, falls die Variable **Varname** ein Datumswert ist.
IsEmpty(Varname)	gibt **True** zurück, falls die Variable **Varname** ein leerer Variant ist.
IsNull(Varname)	gibt **True** zurück, falls die Variable **Varname** den Wert **Null** hat.
IsNumeric(Varname)	gibt **True** zurück, falls die Variable **Varname** einen numerischen Wert enthält.
IsObject(Varname)	gibt **True** zurück, falls die Variable **Varname** ein Objekt ist.
LBound(Datenfeldname [,Dimension])	gibt den kleinsten verfügbaren Index eines Datenfeldes zurück.
LCase(Zeichenfolge)	wandelt die angegebenen Zeichen in kleine Buchstaben um.
Left(string, length)	gibt **length** Zeichen links vom Ende von **string** zurück.
Len(String)	liefert die Länge einer Zeichenfolge zurück.
Log(Zahl)	berechnet den Logarithmus von **Zahl**.
LTrim(Zeichenfolge)	entfernt führende Leerzeichen in einer **Zeichenfolge**.
Mid(ZnFVariable, Anfang [,Länge])	liefert **Länge** Zeichen, gezählt vom **Anfang**, aus der Zeichenfolgevariablen **ZnFVariable** zurück. Ist **Länge** nicht angegeben, werden alle Zeichen bis zum Ende des Strings zurückgegeben.
Minute(Uhrzeit)	gibt einen Wert vom Typ *Variant* zurück, der die Minute als Zahl zwischen 0 und 59 angibt.
Month(Datum)	gibt eine Zahl zwischen 1 und 12 zurück.
Msgbox(prompt [, buttons] [, title] [, helpfile, context])	aktiviert ein Meldungsdialogfeld, das erst wieder verschwindet, wenn der Anwender eine Schaltfläche anklickt (siehe **InputBox()**).
Now	gibt das aktuelle Systemdatum sowie die aktuelle Systemuhrzeit zurück.
Oct(Zahl)	gibt **Zahl** in oktaler Form zurück.
Option Base{0|1}	legt die Untergrenzen in einem Datenfeld mit **0** bzw. **1** fest. Die Funktion wird auf Modulebene verwendet. Der Standardwert ist **0**.
Right(string, length)	gibt **length** Zeichen rechts vom Ende von **string** zurück.
Rnd [(Zahl)]	gibt eine Zufallszahl zurück, dabei bestimmt der Wert von Zahl, wie die Zufallszahl generiert wird.
RTrim(Zeichenfolge)	entfernt nachgestellte Leerzeichen in einer **Zeichenfolge**.
Second(Uhrzeit)	gibt einen Wert vom Typ *Variant* (*Integer*) zurück, der die Sekunde als Zahl zwischen 0 und 59 angibt.

Tabelle B.5 Funktionen *(Fortsetzung)*

Funktion	Beschreibung
Sgn(Zahl)	bestimmt das Vorzeichen der angegebenen **Zahl**. Gibt **1** für Zahlen größer 0, **0** für 0 und **-1** für Zahlen kleiner 0 zurück.
Sin(Winkel)	errechnet den Sinus von **Winkel** im Bogenmaß.
Space(Zahl)	gibt einen String mit **Zahl** Leerzeichen zurück.
Sqr(Zahl)	berechnet die Quadratwurzel aus **Zahl**.
Str(Zahl)	wandelt **Zahl** in eine Zeichenfolge um.
StrComp(string1, string2[, compare])	vergleicht zwei Zeichenketten.
Tan(Winkel)	von **Winkel** wird der Tangens im Bogenmaß errechnet.
Time	gibt die aktuelle Uhrzeit des Systems zurück.
TimeSerial(hour, minute, second)	gibt einen Wert vom Typ *Variant* mit der angegebenen Sekunde, Minute und Stunde zurück.
TimeValue(Zeichenfolge)	gibt einen Wert vom Typ *Date* zurück. **Zeichenfolge** ist ein Datum, das aus dem Bereich 1. Januar 100 bis 31. Dezember 9999 gewählt werden kann.
Trim(Zeichenfolge)	entfernt führende und nachgestellte Leerzeichen in einer **Zeichenfolge**.
UBound(Datenfeldname[, Dimension])	gibt den größten verfügbaren Index eines Datenfeldes zurück.
UCase(Zeichenfolge)	wandelt die angegebene **Zeichenfolge** in Großbuchstaben um.
Val(string)	gibt die Zahlen aus einem **string** zurück.
Weekday (date, [firstdayofweek])	gibt den Wochentag als ganze Zahl zurück; gezählt wird ab Sonntag.
Year(Datum)	gibt eine ganze Zahl als Jahreszahl zurück.

Funktionsnamen deutsch/englisch

Tabelle B.6 Funktionsnamenübersetzung deutsch-englisch

Deutsch	Englisch
Abs	Abs
AktVerz	CurDir
ArcTan	Atn
Asc	Asc
Ausführen	Shell
Bereich	Partition

Tabelle B.6 Funktionsnamenübersetzung deutsch-englisch *(Fortsetzung)*

Deutsch	Englisch
BW	PV
Cos	Cos
DatAdd	DateAdd
DatDiff	DateDiff
DatSeriell	DateSerial
DatTeil	DatePart
Datum	Date
DatWert	DateValue
DIA	SYD
Eingabefeld	InputBox
Exponential	Exp
Farbe	QBColor
Fix	Fix
Format	Format
GDA	DDB
Glätten	Trim
Großbst	UCase
Hex	Hex
InStr	InStr
Int	Int
IstDatum	IsDate
IstLeer	IsEmpty
IstNull	IsNull
IstNumerisch	IsNumeric
Jahr	Year
Jetzt	Now
KAPZ	PPmt
Kleinbst	LCase
Länge	Len
LeerZchn	Space
LGlätten	LTrim
LIA	SLN

Tabelle B.6   Funktionsnamenübersetzung deutsch-englisch *(Fortsetzung)*

Deutsch	Englisch
Links	Left
Log	Log
Meldung	MsgBox
Minute	Minute
Monat	Month
Oktal	Oct
QWurzel	Sqr
Rechts	Right
RGB	RGB
RGlätten	RTrim
RMZ	Pmt
Schalter	Switch
Sekunde	Second
Sin	Sin
Str	Str
String	String
StrVgl	StrComp
Stunde	Hour
Tag	Day
Tan	Tan
Teil	Mid
Umgebung	Environ
VarTyp	VarType
Verz	Dir
Vorzchn	Sgn
Wählen	Choose
Wenn	IIF
Wert	Val
Wochentag	Weekday
ZBoolean	CBool
ZByte	CByte
Zchn	Chr

Tabelle B.6   Funktionsnamenübersetzung deutsch-englisch *(Fortsetzung)*

Deutsch	Englisch
ZCurrency	CCur
ZDate	CDate
ZDouble	CDbl
Zeit	Time
Zeitgeber	Timer
ZeitSeriell	TimeSerial
ZeitSeriellStr	TimeValue
ZINS	Rate
ZINSZ	IPmt
ZInteger	CInt
ZLong	CLng
ZSingle	CSng
ZString	CStr
ZVariant	CVar
ZW	FV
ZZG	Rnd
ZZR	NPer

Funktionsnamen englisch/deutsch

Tabelle B.7   Funktionsnamenübersetzung englisch-deutsch

Englisch	Deutsch
Abs	Abs
Asc	Asc
AscB	AscB
Atn	ArcTan
CBool	ZBoolean
CByte	ZByte
CCur	ZCurrency
CDate	ZDate
CDbl	ZDouble
Choose	Wählen

Tabelle B.7   Funktionsnamenübersetzung englisch-deutsch *(Fortsetzung)*

Englisch	Deutsch
Chr	Zchn
CInt	ZInteger
CLng	ZLong
Cos	Cos
CSng	ZSingle
CStr	ZString
CurDir	AktVerz
CVar	ZVariant
Date	Datum
DateAdd	DatAdd
DateDiff	DatDiff
DatePart	DatTeil
DateSerial	DatSeriell
DateValue	DatWert
Day	Tag
DDB	GDA
Dir	Verz
Environ	Umgebung
Exp	Exponential
Fix	Fix
Format	Format
FV	ZW
Hex	Hex
Hour	Stunde
IIF	Wenn
InputBox	Eingabefeld
InStr	InStr
Int	Int
IPmt	ZINSZ
IsDate	IstDatum
IsEmpty	IstLeer
IsNull	IstNull

Tabelle B.7 Funktionsnamenübersetzung englisch-deutsch *(Fortsetzung)*

Englisch	Deutsch
IsNumeric	IstNumerisch
LCase	Kleinbst
Left	Links
Len	Länge
Log	Log
LTrim	LGlätten
Mid	Teil
MidB	TeilB
Minute	Minute
Month	Monat
MsgBox	Meldung
Now	Jetzt
NPer	ZZR
Oct	Oktal
Partition	Bereich
Pmt	RMZ
PPmt	KAPZ
PV	BW
QBColor	Farbe
Rate	ZINS
RGB	RGB
Right	Rechts
Rnd	ZZG
RTrim	RGlätten
Second	Sekunde
Sgn	Vorzchn
Shell	Ausführen
Sin	Sin
SLN	LIA
Space	LeerZchn
Sqr	QWurzel
Str	Str

Tabelle B.7   Funktionsnamenübersetzung englisch-deutsch *(Fortsetzung)*

Englisch	Deutsch
StrComp	StrVgl
String	String
Switch	Schalter
SYD	DIA
Tan	Tan
Time	Zeit
Timer	Zeitgeber
TimeSerial	ZeitSeriell
TimeValue	ZeitSeriellStr
Trim	Glätten
UCase	Großbst
Val	Wert
VarType	VarTyp
Weekday	Wochentag
Year	Jahr

Anweisungen

Im Folgenden erhalten Sie eine Liste mit Anweisungen, die Sie in Ihrem VBA-Code einsetzen können. Diese Liste umfasst nicht alle Anweisungen, die in Access möglich sind, sondern nur die am häufigsten verwendeten.

Tabelle B.8   Anweisungen

Anweisung	Beschreibung
ChDir Pfad	wechselt den Ordner.
ChDrive Laufwerk	wechselt das Laufwerk.
Close [Dateinummerliste]	schließt eine Datei; **Dateinummerliste** kann eine oder mehrere Nummern enthalten; ohne Nummer werden alle geöffneten Dateien geschlossen.
Const KonstName [As Typ] = Ausdruck	deklariert eine Konstante mit dem Wert **Ausdruck**.
Dim VarName[([Dimensionen])] [As [New] Typ][, VarName[([Dimensionen])] [As [New] Typ]]...	deklariert Variablen und reserviert Speicherplatz; **VarName** enthält den Namen der zu deklarierenden Variablen; **Dimensionen** gibt die Dimensionen bei einem Datenfeld an; **New** erstellt eine neue Instanz einer Objektvariablen; **Typ** legt den Datentyp für die Variable fest.

Anweisungen *(Fortsetzung)*

Anweisung	Beschreibung
DoEvents	der Befehl ermöglicht Windows, auf andere Ereignisse zu reagieren; in einer zeitlich lang laufenden Schleife sollte der Befehl eingesetzt werden, damit die Schleife nicht das gesamte Windows-System blockiert.
Erase Datenfeldliste	löscht die Inhalte von Datenfeldern.
FileCopy source, destination	kopiert eine Datei.
Input# Dateinummer, VarListe	liest die unter **VarListe** angegebenen Variablen aus der Datei ein.
Kill(Pfadname)	löscht die angegebene Datei; es besteht die Möglichkeit, die Platzhalter »*« und »?« für mehrere oder einzelne Zeichen einzusetzen.
Line Input# Dateinummer, Stringvariable	liest eine Zeile aus einer Textdatei und weist sie der angegebenen **Stringvariablen** zu.
MkDir Pfad	erstellt ein neues Verzeichnis.
Name AlterPfad As NeuerPfad	ändert den Namen einer Datei oder eines Verzeichnisses.
Open Pfad [For Modus] [Access Zugriff] [Sperre] As [#]Dateinummer [Len=Satzlänge]	ermöglicht die Eingabe in bzw. Ausgabe aus einer Datei; **Modus** kann als Append, Binary, Input, Output oder Random gesetzt werden; **Sperre** wird als Shared, Lock Read, Lock Write, Lock Read oder Write bestimmt.
Option Base{0|1}	legt die Untergrenzen in einem Datenfeld mit **0** bzw. **1** fest; wird auf Modulebene verwendet; der Standardwert ist 0.
Print# Dateinummer, [Ausgabeliste]	gibt Daten nach den Angaben der **Ausgabeliste** in eine Datei aus.
Private VarName [([Dimensionen])] [As [New] Typ][,VarName[([Dimensionen])] [As [New] Typ]]...	legt den Gültigkeitsbereich für Variablen als privat fest; wird auf Modulebene verwendet (siehe **Dim**).
Public VarName [([Dimensionen])] [As [New] Typ][,VarName[([Dimensionen])] [As [New] Typ]]...	legt den Gültigkeitsbereich für Variablen als öffentlich fest; wird auf Modulebene verwendet (siehe **Dim**).
Randomize [Zahl]	initialisiert den Zufallszahlengenerator; **Zahl** gibt den Startwert zum Initialisieren an.
ReDim [Preserve] VarName (Dimensionen) [As Typ][, VarName(Dimensionen) [As Typ]]...	reserviert Speicherplatz für dynamische Datenfelder; mit **Preserve** kann der Inhalt eines Datenfeldes bei einer dynamischen Vergrößerung behalten werden.
RmDir Pfad	löscht ein Verzeichnis; **Pfad** ist eine Zeichenfolge, die das zu löschende leere Verzeichnis mit Pfad angibt
SetAttr pathname, attributes	setzt Attribute für eine Datei.
Static VarName [([Dimensionen])] [As [New] Typ][,VarName [([Dimensionen])][As [New] Typ]]...	legt fest, dass Variablen, die als **Static** deklariert sind, ihren Wert auch über die Lebensdauer der Prozedur hinaus behalten, in der sie definiert sind (siehe **Dim**).

Anhang C

Spezifikationen und Felddatentypen

Spezifikationen

Datenbank-Spezifikationen

Maximale Größe einer MDB-Datenbank	2 Gigabyte
Anzahl der Zeichen für einen Objektnamen	64
Anzahl gleichzeitiger Benutzer	255
Anzahl der Zeichen in einem Tabellen- oder Feldnamen	64
Anzahl der Felder in einer Tabelle	255
Anzahl der geöffneten Tabellen	2.048
Maximale Größe einer Tabelle	2 Gigabyte
Anzahl der Zeichen in einem Feld vom Datentyp *Text*	255
Anzahl der Zeichen in einem Feld vom Datentyp *Memo*	65.535 (1 Gigabyte, wenn die Daten mithilfe eines VBA-Programms eingegeben werden)
Größe eines Feldes vom Datentyp *OLE-Objekt*	1 Gigabyte
Anzahl der Indizes in einer Tabelle	32
Anzahl der Felder in einem Index	10
Anzahl der Zeichen in einer Gültigkeitsmeldung bzw. in einer Tabellen- oder Feldbeschreibung	255
Anzahl der Zeichen in einer Gültigkeitsregel	2.048
Anzahl der Zeichen in einem Datensatz (ohne Felder vom Datentyp *Memo* und *OLE-Objekt*)	2.000

Tabellen-Spezifikationen

Anzahl von Tabellen in einer Abfrage	32
Anzahl von Feldern in einem Recordset	255
Maximale Anzahl von verschachtelten Abfragen	50
Anzahl der Zeichen für den Namen eines Parameters	255
Anzahl der AND-Verknüpfungen in einer WHERE- oder HAVING-Klausel	99

Formular- und Bericht-Spezifikationen

Anzahl der Zeichen in einem Bezeichnungsfeld	2.048
Anzahl der Zeichen in einem Textfeld	65.535

Breite des Formulars oder Berichts	55,88 cm (22 Zoll)
Höhe eines Bereichs	55,88 cm (22 Zoll)
Höhe aller Bereiche zuzüglich der Bereichsköpfe (in der Entwurfsansicht)	508 cm (200 Zoll)
Anzahl der Ebenen bei verschachtelten Formularen oder Berichten	7
Anzahl der Felder oder Ausdrücke, die in einem Bericht sortiert oder gruppiert werden können	50.000
Anzahl der Kopf- und Fußbereiche in einem Bericht	1 Berichtskopf/-fuß; 1 Seitenkopf/-fuß; 10 Gruppenköpfe/-füße
Anzahl der gedruckten Seiten in einem Bericht	65.536

Makro-Spezifikationen

Anzahl der Aktionen in einem Makro	999
Anzahl der Zeichen in einer Bedingung	255
Anzahl der Zeichen in einem Kommentar	255
Anzahl der Zeichen in einem Aktionsargument	255

Datentypen für Tabellenfelder

Feldgröße	Bereich	Dezimalstellen	Speicherplatzbedarf
Zahl: Byte	0...255	Keine	1 Byte
Zahl: Integer	-32.768...32.767	Keine	2 Byte
Zahl: Long Integer	-2.147.483.648... 2.147.483.647	Keine	4 Byte
Zahl: Single	$-3,4 \times 10^{38}...3,4 \times 10^{38}$	7	4 Byte
Zahl: Double	$-1,797 \times 10^{308}... 1,797 \times 10^{308}$	15	8 Byte
Zahl: Dezimal	$-10^{28}-1...10^{28}-1$	28	12 Byte
Währung	Wie Double	15 Stellen links, 4 rechts vom Dezimalkomma	8 Byte
Text	Bis 255 Zeichen		1 Byte pro Zeichen*
Memo	Bis 65.535 Zeichen		1 Byte pro Zeichen*
Ja/Nein	Ja/Nein bzw. True/False	1 Byte	
OLE-Objekt	Bis 1 Gigabyte		Nach Bedarf

Feldgröße	Bereich	Dezimalstellen	Speicherplatzbedarf
Hyperlink	Bis 65.535 Zeichen		1 Byte pro Zeichen*
Datum/Uhrzeit	1.1.100 0:00h bis 31.12.9999 23:59h		8 Bytes
AutoWert	Wie Long Integer		4 Byte

* Gespeichert wird nur die tatsächlich benötigte Anzahl von Zeichen

Praxisindex

Die Einträge in diesem Praxisindex verweisen auf Schritt-für-Schritt-Anleitungen zu spezifischen Arbeitsgängen.

Stichwortverzeichnis

G

U

W

X

Y

Z

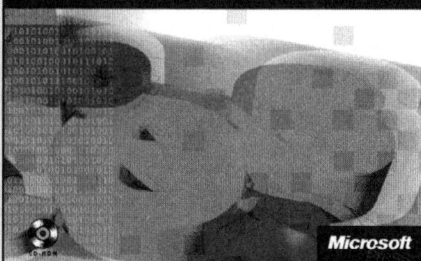